SCRIPTORVM CLASSICORVM
BIBLIOTHECA OXONIENSIS

OXONII
E TYPOGRAPHEO CLARENDONIANO

DEMOSTHENIS
ORATIONES

RECOGNOVIT
APPARATV TESTIMONIORVM ORNAVIT
ADNOTATIONE CRITICA INSTRVXIT

M. R. DILTS

TOMVS II

OXONII
E TYPOGRAPHEO CLARENDONIANO

OXFORD
UNIVERSITY PRESS

Great Clarendon Street, Oxford, OX2 6DP
Oxford University Press is a department of the University of Oxford.
It furthers the University's objective of excellence in research, scholarship,
and education by publishing worldwide in

Oxford New York

Auckland Cape Town Dar es Salaam Hong Kong Karachi
Kuala Lumpur Madrid Melbourne Mexico City Nairobi
New Delhi Shanghai Taipei Toronto

With offices in

Argentina Austria Brazil Chile Czech Republic France Greece
Guatemala Hungary Italy Japan South Korea Poland Portugal
Singapore Switzerland Thailand Turkey Ukraine Vietnam

Oxford is a registered trade mark of Oxford University Press
in the UK and in certain other countries

Published in the United States
by Oxford University Press Inc., New York

First published 2005

British Library Cataloguing in Publication Data
Data available

Library of Congress Cataloging in Publication Data
Data available

ISBN 0-19-872169-2 978-0-19-872169-7

1 3 5 7 9 10 8 6 4 2

Typeset by Regent Typesetting, London
Printed in Great Britain
on acid-free paper by
Biddles Ltd., Guildford and King's Lynn

PREFACE[1]

I. PRIMARY MANUSCRIPTS

S Paris, Bibliothèque Nationale de France, ms. gr. 2934, parchment, contains fifty-nine orations[2] in the following order: 1–4 8 7 5 6 9 10 11 22 24 23 20 21 18 19 25 26 59 36 45 46 37 38 32–5 27-31 54 56 48 47 55 50 51 53 49 52 39–44 57 58 61 60 13 14 16 15 17.1–10.

Codex S is the oldest medieval manuscript of Demosthenes, dating from the end of the ninth to the beginning of the tenth centuries, and palaeographical analysis may or may not indicate that it was copied in Southern Italy.[3] In terms of provenance a note on the last folio indicates that S was once in the Monastery of Sosandron (*βιβλίον μονῆς τῶν σωσάνδρου*). The whereabouts of this monastery had been the subject of speculation until Nigel Wilson identified it with the monastery of Sosandra near Nicaea founded by John III Doukas (1222–54).[4]

A Munich, Bayerische Staatsbibliothek, Cod. graec. 485, parchment, 10th c., contains fifty-four orations[5] in

[1] The following is largely derived from the preface to the first volume, where the reader can also find an account of the text history and editions of Demosthenes.

[2] Or. 12 is omitted and or. 17 ends abuptly at 17.10 *γεγραμμένου* on fo. 533^r; the remainder of this oration appears on fo. 533^v in a later hand.

[3] See G. Prato, 'Attività scrittoria in Calabria tra IX e X secolo' *Jahrb. d. Österr. Byzant.* 36 (1986), 219–28 and L. Perria, 'A proposito del codice S di Demostene', *Rivista di cultura classica e medievale*, 36 (1994) 235–56.

[4] 'The Libraries of the Byzantine World', *GRBS* 8 (1967), 78; on earlier speculation see Luciano Canfora, *Inventario dei manoscritti greci di Demostene* (Padua 1968) 49.

[5] Orr. 12 45 46 52 59–61 are missing; or. 51 appears twice.

the following order: 3 4 5–9 11 10 22 21 23 18 19 24 20 25 26 54 55 48 56 27–31 37 35 38 34 32 36 33 13 14 16 15 17 51 43 44 39–41 49 53 42 50 51 57 58 47 1 2. Two quires have been lost at the beginning of this codex, except for two folios from the first quire, which now appear as fos. 469 (or. 1.8 *ἡμᾶς*—15 *οὕτως ἐστίν*) and 470 (or. 2.16 *-πτόμενοι*—24 *ἐξιέναι*), and two folios from the second quire, which now appear as fos. 1 and 2 (or. 3.24 *κατέλιπον*—36 *μέλλει* and or. 4.1 *εἰ μὲν*—3 *ταῦτα*).[6] A further loss of folios occurs between fos. 409 and 410, where the text of or. 39.9 *τίς*—26 *γυναῖκα* is omitted. At the end of the codex, where or. 47.2 *ψευδῆ*—fin. is omitted, several quires seem to have been lost. Santo Lucà has shown that the main hand of A and that of Naples Biblioteca Nazionale gr. 4, containing Diodorus Siculus, derive from the same scriptorium, which he locates in Constantinople.[7]

F Venice, Biblioteca Nazionale Marciana, Marc. gr. 416, parchment, 10th c., contains sixty-one orations of Demosthenes in the standard order, except that or. 16 precedes or. 15 and or. 22 precedes or. 19.

Codex F appears as number 273 in the list of manuscripts acquired from Cardinal Bessarion: 'Demosthenis omnia opera, liber optimus, in pergameno'.

Q Venice, Biblioteca Nazionale Marciana, Marc. gr. 418, parchment, 10th c., is derived from the same exemplar as codex F. This manuscript contains thirty-two

[6] Fos. 3–12 contain or. 1.11 *τῶν θεῶν χρηστὸν*—or. 4.28 *ἐνενήκοντα* copied in a 15th-c. hand, A^sup^.

[7] See *Bolletino della Badia greca di Grottaferrata*, NS 44 (1990), 48–52. Also see Guglielmo Cavallo, who concludes that A derives from a scriptorium in the eastern Byzantine empire, 'verso la Palestina', in *Della parte del libro* (Urbino, 2002) 197 and n. 11.

orations: 18 19 32–61 and it is cited selectively for or. 19, but not for readings also found in S, A, F, or Y.

Y Paris, Bibliothèque Nationale de France, ms. gr. 2935, parchment, 10th c., is written in three principal hands:[8] (1) fos. 1–8 contain an anonymous life of Demosthenes as well as another life by Zosimus in a 10th-c. hand similar to the scribe of Sophocles and Apollonius of Rhodes in Florence, Bibl. Med. Laur. 32.9; (2) fos. 9–26 contain the text of orr. 1–7.19 *ψηφίσματος* in a hand of the 14/15th cc.; (3) fos. 27–301 contain the text of the following orations: 7.19 *ἐπαναγιγνωσκομένου*—fin. 8–21 23 22 24–6 59 61 60 as well as exordia in a hand identical with that of Vaticanus gr. 1.

P Florence, Biblioteca Medicea Laurenziana 59.9, parchment, contains orations 19 60 20 21 23 22 24 25 copied in a hand of the 10th c., except for a 16th c. hand, which copied fos. 1–18 (19.1–157) and fo. 156 (24.114–22). This manuscript has been shown to be a twin of Y for orr. 21 and 24 and the scholia, but it is less closely related to Y for orr. 19 and 60, where it has a text incorporating numerous readings from other primary mss.[9]

For orations contained in this volume codex P is cited on the rare occasions that it has a correct or plausible reading not found in S A F Q Y.

[8] On the hands of Y, see Nigel Wilson in *CQ* NS 10 (1960), 200–1.

[9] See *Demosthenes Against Meidias (Oration 21)*, ed. D. M. MacDowell (Oxford, 1990) 53–4; Ruth Passweg, 'The Manuscript Tradition of Demosthenes' Oration 24, *IN TIMOCRATEM*' (Diss. New York University, 1975) 33–6; M. R. Dilts, 'Demosthenic Scholia in codex Laurentianus 59,9', TAPA 104 (1974) 97–102; *Demosthenes On the False Embassy (oration 19)* ed. D. M. MacDowell (Oxford, 2000) 39–40; R. Clavaud, *Démosthène Discours d' Apparat (Épitaphios Éroticos)* (Paris, 1974) 43–4.

2. CONSTITUTION OF THE TEXT

(*a*) *Scriptio plena*

Contrary to an editorial convention dating to the nineteenth century, I rely closely on evidence of codices S and A in determining *scriptio plena*. Accordingly, where S and A allow hiatus or the juxtaposition of a word ending with a vowel or diphthong and a word beginning with a vowel or diphthong, the text has *scriptio plena*; and where S and A are at variance, hiatus is retained.

(*b*) *The apparatus of testimonia*

In this apparatus I list the following additional sources for the text: fragments of ancient manuscripts or papyri, which date from the first to the fifth/sixth centuries, and quotations of the orations from authors dating from the first century BC till the end of the fourteenth century AD. Authors include such critics as Didymus and Dionysius of Halicarnassus, lexicographers such as Harpocration, scholiasts and rhetoricians such as Apsines and Hermogenes. When these testimonia are very brief, remote, or inaccurate, or amount to a paraphrase of the text, I rarely report readings in the critical apparatus, though I sometimes do so in that of testimonia; any such notice belongs to the preceding, not the following, testimonium.

(*c*) *The critical apparatus*

In the critical apparatus I include variant readings for SAFQ[10]Y, papyri and testimonia. When these are not mentioned in the critical apparatus, they may be assumed to have the reading of the text, except for the following

[10] Q is cited selectively for or. 19.

types of readings, which are generally not reported to keep the critical apparatus within reasonable limits.

1. cases of itacism (confusion of *ω ο*, *οι ι*, *η ι*, *υ ι*, *ει ι*, *αι ε*, etc.)

2. most variants related to accents, breathings, iota-sub- or adscript, movable nu, and punctuation

3. isolated readings that are probably due to scribal negligence

4. simple blunders corrected corrected by the original scribe

5. variants related to *scriptio plena*

6. variants that are easily subject to scribal whim such as the following: *νῦν νυνί*, *ἀεὶ αἰεί*, *ἑαυ- αὑ-*, *σεαυ- σαυ*, *ἐὰν ἄν*, *οἴομαι οἶμαι*, *τοιοῦτο τοιοῦτον* (neuter) *βελτίονα βελτίω*, *πλέονα πλείω*, *ἕνεκα ἕνεκεν εἵν-*, *γιγν- γιν-*, *πᾶς ἅπας*, *ἐθέλ- θέλ-*, *ἄνδρες Ἀθηναῖοι ἄνδρες δικασταί*, *τοῦτον τουτονί*, *οὐδὲ εἷς οὐδείς*;

7. most variants related to the textual tradition of the testimonia.

The critical apparatus also includes variants from secondary manuscripts (*codices recentiores*) that offer correct or plausible readings,[11] selected readings from early printed editions, and emendations and conjectures by modern scholars.

In the following instances, where the orthography of the manuscripts is in error, I have silently restored correct readings. Thus *γίνομαι* is printed as *γίγνομαι*; *δωρειά* as *δωρεά*, *ἀπέτισεν* as *ἀπέτεισεν*, *λῃτουργία* as *λειτουργία*, *περιιών* as *περιών*, *συνεμίξαμεν* as *συνεμείξαμεν*, *φιλονεικεία* as *φιλονεικία*. In other instances, where the orthography

[11] For orations 19 and 21, the dissertation of Pilar Leganés ('El texto de Demóstenes en los manuscritos españoles: los discursos In Midiam y De falsa legatione', Tesis doctoral Universidad Complutense de Madrid, 2003) is a useful source of readings for manuscripts in Spain.

of the manuscripts varies and either orthography is acceptable,[12] I follow the evidence of the manuscripts for *ἠβουλόμην* or *ἐβουλόμην*, *ἠδυνάμην* or *ἐδυνάμην*, *ἤμελλον* or *ἔμελλον*, *ἡλωκέναι* or *ἑαλωκέναι*, *εἰργαζόμην* or *ἠργαζόμην*, *κλαιήσει* or *κλαήσει* or *κλαύσεται*, *ἑόρακα* or *ἑώρακα*.

The following signs also appear in the text and apparatuses: {} indicate word(s) that I consider spurious; ⟨⟩ indicate word(s) added by modern conjecture or additions to manuscript(s) other than papyri; [ ] indicate restorations in the text of the papyri; [SA] indicate that the readings of S and A cannot be determined.

[12] See L. Threatte, *The Grammar of Attic Inscriptions*, 2 vols. (Berlin and New York, 1980 and 1996) I. 159 ff., 311, 371; ii. 474.

FRAGMENTA PAPYRACEA[1]

19.1–13, 208–22, 309–10, 314–15 P. Oxy. LXVII 4569 + P. Lit. Lond. 126 (= Hausmann XXII), saec. iii/iv
19.10 P. Grenf. II 9 + Hausmann XXIII, saec. i/ii
19.11–32 M. Lit. Lond. 127[2] + JPh 22 (1894) 247–61 + Hausmann XXIV, saec. iv
19.13, 17, 155–6 P. Oxy. LXVII 4570,, saec. iii
19.30–1 P. Colon. I 16 + *ZPE* 3 (1968), 119–20,, saec. ii
19.40, 42, 47, 156, 158 P. Rain. I 25,, saec. iii
19.50–1 P. Oxy. LXVII 4571, saec. iii
19.53–7 P. Oxy. IX 1182 + Hausmann XXV, saec. ii
19.58–62 P. Yale I 22, saec. ii exeunt.
19.79–80 P. Oxy. LXVII 4572, saec. ii/iii
19.92–3 P. Oxy. LXVII 4573, saec. ii
19.101–2 P. Oxy. LXVII 4574, saec. ii
19.101–3, 104–11, 113–14, P. Yale II 101, saec. ii

[1] Of a total of 64 fragments of ancient mss copied on papyrus or parchment, 6 date to the 1st c. AD, 4 to the 1st or 2nd cc., 17 to the 2nd c., 7 to the 2nd or 3rd cc., 18 to the 3rd c., 3 to the 3rd or 4th cc., 4 to the 4th c., 2 to 4th or 5th cc., 2 to the 5th c. and 1 to the 5th or 6th cc. Moreover, 11 are papyrus codices and 4 are parchment codices. Of these codices, one is dated to the 2nd c. (P. Oxy. LXVI 3843), 5 to the 3rd c. (P. Rain. I 25, M. Berolin. 13276, P. Rain. I 9, P. Oxy. III 459, P. Berol. 21168), 2 to the 3rd or 4th cc. (P. Oxy. LXVII 4569 and 4579), 2 the 4th c. (M. Lit. Lond. 127, M. Ant. II 80), 2 the 4th or 5th cc. (P. Rain. 7, P. Rain. III 47), 2 the 5th c. (P. Berolin. 5008, M. Oxy. VIII 1094), and 1 to the 5th or 6th cc. (P. Oxy. LVI 3845).

[2] M. Lit. Lond. 127, which had been dated to the 2nd c. (see E. G. Turner, *Greek Manuscripts of the Ancient World*, rev. P. J. Parsons (London, 1987) 82), has been reassigned to a date soon after 300 by G. Cavallo and H. Maehler, *Greek Bookhands of the Early Byzantine Period, AD 300–800* (London, 1987), 3b.

19.148–9, 223–4, 316 P. Oxy. LXVII 4575, saec. iii
19.150–1 P. Oxy. LXVII 4576, saec. iii/iv
19.154–8, 173–5, 203–5, 211, 231–2, 234–40, 243–5, 293–4 P. Oxy. LXVII 4577, saec. iii
19.193–5 P. Mil. Vogl. I 13, saec. ii exeunt.
19.202–3 P. Colon. I 17 + *ZPE* 3 (1968), 120–3, saec. i
19.223 P. Berol. 21274 = *ZPE* 48 (1982), 65, saec. iii
19.237, 240, 306–7 P. Oxy. LXVII 4578, saec. ii/iii
19.241–3, 245–6 P. Oxy. LXVII 4579, saec. iii/iv
19.251–2, 253–4 PSI inv. 2012 = Manfredi, *Trenta Testi* 38–40, saec. ii/iii
19. 274–5, 279–80 M. Oxy. VIII 1094 + Hausmann XXVI, saec. v
19.293–5 P. Tebt. II 267 + Hausmann XXVII, saec. ii exeunt.
19.325 P. Oxy. LXVII 4580, saec. ii/iii
20.15–16 P. Oxy. LVI 3841 + *ZPE* 94 (1992) 1–3, saec. ii
20. 28–31, 39, 47, 49 P. Oxy. LVI 3842, saec. ii
20.33, 36 P. Oxy. LXVI 3843, saec. ii ?
20.44 P. Oxy. LVI 3844, saec. i
20.76, 78, 84–91 P. Aberdeen 137 + Lenaerts, *Papyrus*, 10 et P. Aberdeen 113 + *CQ* 1 (1907) 263 + Hausmann XXVIII et P. Berolin. 5879 + Hausmann XXIX, saec. i
20.123, 125 P. Oxy. LVI 3845 saec v/vi
20.161–2 PSI XI 1204, saec. ii exeunt.
21.1–3, 7, 9, 11 P. Lit. Lond. 179 + Hausmann XXXXVII, saec. i
21.6–8 P. Oxy. LVI 3846 + *ZPE* 94 (1992), 3–5, saec. iii
21.11–13 M. Berolin. 13276 + Hausmann XXX, saec. iii
21. 29–30, P. Oxy. LVI 3847, saec. iii
21.33, 39–43 P. Rain. I 8 + *Chr. Égypte* 42 (1967) 131–6 + Hausmann XXXI, saec. iv
21.48–51 P. Oxy. LVI 3848 + *ZPE* 94 (1992), 5–7, saec. iii

21.51–6 P. Oxy. LVI 3849, saec. ii/iii
21.91–130; 23.8, 10–11, 61, 62, 65–8, 69–72 P. Rain. III 47 + Lenaerts, *Papyrus*, 11, saec. iv/v
21.114–15 145, 157, 161, 184 P. Rain. 7 + Wessely, *St. Pal. Pap*. 4.111–13, saec. iv/v
21.104–5 P. Heidelberg NS II 207, saec. i
21.126 P. Dubl. C3 = *ZPE* 77 (1989), 271–2 + *ZPE* 99 (1993), 10, saec. i
21.131–7 P. Oxy. LVI 3850, saec. ii
21.147 P. Harris. 17, saec. iv
21.151–4 P. Oxy. XI 1378 + Hausmann XXXII, saec. iii
22.8–16 PSI XI 1203, saec. ii exeunt.
22.13–15 17, 21, 32 P. Strasb. inv. 84 + *Hermes* 42 (1907) 374–418, saec. i/ii
23.28, 53, 198, 205 P. Berolin. 5008 + Hausmann XXXXIX, saec. iv/v
23.51–4 P. Mich. III 142, saec. ii
23.53 P. Colon. VII 309, saec. iii
23.79–84 P. Rain. I 9 et P. Whitehouse, saec. iii
23.110–19 P. Oxy. III 459 + Hausmann XXXIII, saec. iii
23.149–50 P. Oxy. VI 883 + Hausmann XXXIV, saec. iii
23.166–73 P. Mich. inv. 5472 = *TAPA* 76 (1945) 120–5, saec. ii
24.3–5 P. Ct. YBR 3077, saec. ii init.
24.53–4, 56–8 P. Oxy. II 232 + Hausmann XXXV, saec. ii/iii
24.60 P. Oxy. XXXI 2548, saec. ii
24.63–5 P. Oxy. IV 701 + Hausmann XXXVI, saec. ii/iii
24.65–6 P. Aberdeen 120, saec. ii
24.73–7 M. Ant. II 80, saec. iv
24.83–4, 86–7 P. Berol. 21168 = *ZPE* 4 (1969) 116–22, saec. iii

24.145–6, 149–150 P. Oxy. II 233 + Hausmann XXXVII, saec. iii
24.183–7 P. Oxy. XV 1811, saec. iii

COMPENDIA AVCTORVM

AB	*Anecdota Graeca*, ed. I. Bekker (Berolini, 1814), 119–80
Alex.	Alexander Rhetor, *De figuris*, ed. L. Spengel, iii. 7–40
Anon. de Hermog. Fig.	*De Hermogenis figuris*, ed. C. Walz, iii. 704–11
Anon. Epit.	*Epitome rhetorica*, ed. C. Walz, iii. 619–69
Anon. Fig.	*De figuris*, ed. L. Spengel, iii. 110–60, 171–3, 174–88
Anon. Quattuor	*De quattuor partibus orationis*, ed. C. Walz, iii. 570–87
Anon. Schol. in Id.	*Scholia ad Hermogenis de ideis*, ed. C. Walz, vii. 861–1087
Anon. Schol. in Inv.	*Scholia ad Hermogenis de inventione*, ed. C. Walz, vii. 697–860
Anon. Schol. in Stat.	*Scholia ad Hermogenis de statibus*, ed. C. Walz, vii. 104–696
Anon. Seg.	Anononymus Seguerianus, *Ars orationis civilis*, edd. M. R. Dilts et G. A. Kennedy (Lugduni Batavorum, 1997)
Aphth.	Apthonius, *Progymnasmata*, ed. H. Rabe (Lipsiae, 1926)
Apostol.	Apostolius, *Collectio paroemiarum* (Corpus paroemiographorum Graecorum), ed. E. L. von Leutsch (Gottingae, 1851), ii. 233–744

Aps.	Apsines, *Art Rhétorique*, ed. M. Patillon (Lutetiae Parisiorum, 2001)
Aristid. Rh.	Aristides, *Libri rhetorici II*, ed. G. Schmidt (Lipsiae, 1926)
Caecil.	Caecilius Calactinus, *Fragmenta*, ed. E. Ofenloch (Lipsiae, 1907)
Ps. Castor	(Pseudo)-Castor, *Excerpta rhetorica*, ed. W. Studemund (Vratislaviae, 1888)
Clemens	Clemens Alexandrinus, *Stromata* (Die gr. christlichen Schriftsteller, 52 (15) 17), ed. O. Stählin, L. Früchtel, U. Treu (Berolini, 1960–70)
Demetr. Eloc. Ra.	Demetrius Phalereus, *De elocutione libellus*, ed. L. Radermacher (Lipsiae, 1901)
D.H.	Dionysius Halicarnaseus, *Opuscula*, ed. H. Usener et L. Radermacher (Lipsiae, 1899)
Did.	Didymus, *In Demosthenem commenta*, ed. L. Pearson et S. Stephens (Stutgardiae, 1983)
Doxopatr.	Doxopatres, *Rhetoricae sermones ad Aphthonii progymnasmata*, ed. C. Walz, ii. 81–564
Georg. Diaer.	Georgius Diaeretus, *Scholia ad Hermogenis de inventione*, ed. C. Walz, vi. 505–43
Grammatic.	*De emendanda ratione Graecae grammaticae*, ed. G. Hermann (Lipsiae, 1801)
Greg. Cor.	Gregorius Corinthius, *Commentarium ad Hermogenis de*

	methodo, ed. C. Walz, vii. 1090–1352
Harp.	Harpocratio, *Lexicon in decem oratores Atticos*, ed. J. Keaney (Amstelodami, 1991)
Hdn.	Herodianus, *Philetaerus*, ed. A. Dain (Lutetiae Parisiorum, 1954)
	— *De figuris*, ed. L. Spengel, iii. 83–103
Hermog. R.	Hermogenes, *Rhetorica*, ed. H. Rabe (Lipsiae, 1913)
Io. Sard. R.	Ioannes Sardianus, *Commentarium in Aphthonii progymnasmata*, ed. H. Rabe (Lipsiae, 1927)
Io. Sic. in Id.	Ioannes Siceliotes, *Commentarium ad Hermogenis de ideis*, ed. C. Walz, vi. 56–504
Ios. Rac. Syn.	Ioseph Rhacendyta, *Epitome rhetorica*, ed. C. Walz, iii. 467–569
Isidor. Pelus	S. Isidorus Pelusiotes, *Epistolarum libri quinque* PG 78 (Lutetiae Parisiorum 1864)
Lacapen.	Lacapenus, *Excerpta grammatica* (Lectiones Mosquenses), ed. C. F. Matthaeus (Lipsiae, 1779), 55–79
Lex. Cant.	*Lexicon rhetoricum Cantabrigiense*, ed. E. O. Houtsma (Lugduni Batavorum, 1870)
Lex. Pat.	*Lexicon Patmense*, ed. I. Sakkelion (*Bulletin de correspondance hellénique*, 1 (1877), 10–16, 137–55)
Lex. Vind.	*Lexicon Vindobonense*, ed. A. Nauck (Petropoli, 1867)

Longin. Rh.	Longinus, *Ars rhetorica, fragmenta*, ed. L. Spengel et C. Hammer, i. 179–207, 213–16
Menand.	*Menander Rhetor*, ed. D. A. Russell et N. G. Wilson (Oxonii, 1981)
Minuc.	Minucianus, *Περὶ ἐπιχειρημάτων*, ed. L. Spengel et C. Hammer, i. 340–51
Nicol.	Nicolaus, *Progymnasmata*, ed. I. Felten (Lipsiae, 1913)
Olymp.	Olympiodorus, *In Platonis Gorgiam commentaria*, ed. L. G. Westerink (Lipsiae, 1970) — *In Platonis Phaedonem commentaria (The Greek Commentaries on Plato's Phaedo)*, ed. L. G. Westerink (Amstelodami, 1976), 31–181
Ph.	Photius, *Bibliotheca*, ed. R. Henry (Lutetiae Parisiorum, 1959–77) — *Lexicon*, ed. S. A. Naber (Lugduni Batavorum, 1864–5) — *Lexicon Α–Δ, Ε–Μ*, ed. C. Theodoridis (Berolini, 1982, 1998)
Phoeb.	Phoebammon, *De figuris*, ed. L. Spengel, iii. 41–56
Plan.	Maximus Planudes, *Scholia ad Hermogenis rhetorica*, ed. C. Walz, v. 232–576
Prisc.	Priscianus, *Institutionum grammaticarum libri xiii–xviii*, ed. M. Hertz (Grammatici Latini, 3; Lipsiae, 1859)
Prol.	*Prolegomenon Sylloge*, ed. H. Rabe (Lipsiae, 1931)

Rhet. Lex.	*Rhetorikai lexeis*, ed. M. N. Naoumides (Athenis, 1975)
Roman.	Romanus Sophista, *Περὶ ἀνειμένου libellus*, ed. W. Camphausen (Lipsiae, 1922)
Ruf.	Rufus, *Ars rhetorica*, ed. L. Spengel et C. Hammer, i. 399–407
Σ^b Cunn.	*Synagoge*, ed. I. Cunningham (Sammlung griechischer und lateinischer Grammatiker; Berolini, 2003)
Schol. D.	*Scholia Demosthenica*, ed. M. R. Dilts (Lipsiae 1983, 1986)
Schol. in Aeschin.	*Scholia in Aeschinem*, ed. M. R. Dilts (Stutgardiae et Lipsiae, 1992)
Schol. in Aphth.	*Scholia in Aphthonii progymnasmata*, ed. C. Walz, ii. 565–684
Schol. Pl.	*Scholia Platonica*, ed. W. C. Greene (Haverfordiae, 1938)
Soptr.	Sopater, *Διαίρεσις ζητημάτων*, ed. C. Walz, viii. 1–385
	— *Scholia ad Hermogenis artem*, ed. C. Walz, v. 1–211
Sp.	*Rhetores Graeci*, ii–iii ed. L. Spengel (Lipsiae, 1854, 1856)
Sp.Ha.	*Rhetores Graeci*, i ed. C. Hammer et L. Spengel (Lipsiae, 1894)
Sublim.	*Libellus de sublimitate*, ed. D. A. Russell (Oxonii, 1968)
Syr.	Syrianus, *In Hermogenem commentaria*, ed. H. Rabe (Lipsiae, 1892–3)
Syr. Soptr. Marcell.	Syrianus Sopater Marcellinus, *Scholia ad Hermogenis status*, ed. C. Walz, iv. 39–846

Thom.	Thomas Magister, *Ecloga vocum Atticarum*, ed. F. Ritschl (Halis Saxonum, 1832)
Theodoret	Theodoretus, *Graecarum affectionum curatio*, ed. P. Canivet (Lutetiae Parisiorum, 1958)
Theon	Theon, *Progymnasmata*, ed. L. Spengel, ii. 57–130
	— (interp. Arm.), ed. M. Patillon et G. Bolognesi (Lutetiae Parisiorum, 1997), 99–112
Tib. Fig.	Tiberius, *De figuris Demosthenicis*, ed. G. Ballaira (Romae, 1968)
Tryph.	Trypho, *Περὶ τρόπων*, ed. L. Spengel, iii. 189–206
Tzet.	Tzetzes, *Scholia in Hermogenem* (*Anecdota Graeca*), ed. J. A. Cramer, iv. 1–148 (Oxonii, 1837)
W.	*Rhetores Graeci*, i–ix ed. C. Walz (Stutgardiae, 1832–6)
Zon.	Zonaeus, *De figuris*, ed. L. Spengel, iii. 161–70

SIGLA

Codices vetustissimi

Π(num.)	inter Fragmenta quaerendum Papyracea, quae in orationes singulosque locos digesta sunt
A	Monac. gr. 485, saec. x
F	Marc. gr. 416, saec. x
P	Laur. plut. 59.9, saec. x
Q	Marc. gr. 418, saec. xi
S	Paris. gr. 2934, saec. ix/x
Y	Paris. gr. 2935, saec. x

Codices recentiores

Af	Ambros. C 235 inf., saec. xiii/xiv
Ag	Ambros. D 39 sup., saec. xiv
B	Monac. gr. 85, saec. xiii
Ca	Cantab. Fitzw. 229, saec. xiv
Cd	Caesenas Malatestianus plut. D 27.1, saec. xiii
Eb	Scorial. Σ I 13, saec. xv
Ee	Scorial. Φ II 1, an. 1534
Eg	Matrit. 4647, quem scripsit Const. Lascaris an. 1486
Ej	Scorial. Σ III 16, saec. xv
Fi	Laur. plut. 59.10, saec. xv
Fj	Laur. plut. 59.19, saec. xv
Fo	Laur. plut. 59.46, saec. xv
Ft	Laur. conv. soppr. 136, saec. xiii/xiv
H	Paris. gr. 2508, saec. xv
k	Paris. gr. 2998, saec. xiii/xiv
Lb	Lugd. Bat. Periz. Q 4, an. 1457

Ll	Lond. Harl. 6322, saec. xiii
Ln	Lond. Addit. 39617, saec. xv
Lp	Lond. Lambeth 1207, saec. xiii
Mf	Monac. gr. 432, saec. xv
Mh	Monac. gr. 463, saec. xv
Mm	Marc. gr. 420, saec. xiv/xv
Mn	Marc. gr. 438, saec. xiv
O	Brux. Bibl. Regia 11294–5, saec. xv
Pq	Paris. gr. 2994, saec. xiii
Pu	Paris. gr. 2997, saec. xiii
R	Paris. gr. 2936, saec. xiv
Sb	Salaman. M 224, saec. xv
Sc	Salaman. M 231, saec. xv
Sf	Hispal. 330-155-1, saec. xv
T	Paris. gr. 2940, saec. xiii
v	Coislin. 339, saec. xv
Vb	Vatic. gr. 68, saec. xiv
vd	Palat. gr. 104, saec. xv
ve	Palat. gr. 113, saec. xv
vf	Palat. gr. 142, saec. xv/xvi
vh	Palat. gr. 193 (= Pii II 19), saec. xiii/xiv
vm	Regin. gr. 102, saec. xvi
Vz	Barb. gr. 141, saec. xv
Wb	Vind. phil. gr. 70, saec. xv
Wc	Vind. phil. gr. 101, saec. xv
Wd	Vind. phil. gr. 105, saec. xiv
We	Vind. phil. gr. 137, saec. xv
wj	Vratislav. R 19, saec. xv

Textus codicibus nititur hisce:

orr. 19–24 SAFY

Editiones

Ald.	Editio Aldina (Venetiis, 1504)
Bk.	Bekker, *Oratores Attici* (Oxonii, 1823)

SIGLA

Bl.	Blass, *Demosthenis Orationes* (Lipsiae, 1885–9)
Bodl.	editio an. 1532 Bibliothecae Bodleianae A 2.20 Art. Seld.
Feliciana	*Demosthenis orationes*, ed. Io. Felicianus (Venetiis, 1543)
Lamb.	Editio Lambini (Parisiis, 1570)
Schaefer	G. H. Schaefer, *Apparatus criticus et exegeticus ad Demosthenem* (Londini, 1824–7)
Wolf	*Demosthenis et Aeschinis opera* (Frankofurti, 1604)

Notae

A^{a}	ante correctionem
A^{c}	post correctionem
A^{mg}	in margine
$A^{(m.a.)}$	lectio manus primae
$A^{\gamma\rho}$	varia lectio cui librarius γρ(άφεται) vel sim. praescripsit
ὁμ.	praetermissio per homoeoteleuton facta

ΔΗΜΟΣΘΕΝΟΥΣ
ΠΕΡΙ ΤΗΣ ΠΑΡΑΠΡΕΣΒΕΙΑΣ

1. Ὅση μέν, ὦ ἄνδρες Ἀθηναῖοι, σπουδὴ περὶ τουτονὶ τὸν ἀγῶνα καὶ παραγγελία γέγονεν, σχεδὸν οἶμαι πάντας ὑμᾶς ᾐσθῆσθαι, ἑορακότας ἄρτι τοὺς ὅτ' ἐκληροῦσθε ἐνοχλοῦντας καὶ προσιόντας ὑμῖν. δεήσομαι δὲ πάντων ὑμῶν, ἃ καὶ τοῖς μὴ δεηθεῖσι δίκαιόν ἐστιν ὑπάρχειν, μηδεμίαν μήτε χάριν μήτε ἄνδρα ποιεῖσθαι περὶ πλείονος ἢ τὸ δίκαιον καὶ τὸν ὅρκον ὃν εἰσελήλυθεν ὑμῶν ἕκαστος ὀμωμοκώς, ἐνθυμουμένους ὅτι ταῦτα μέν ἐστιν ὑπὲρ ὑμῶν καὶ ὅλης τῆς πόλεως, αἱ δὲ τῶν παρακλήτων αὗται δεήσεις καὶ σπουδαὶ τῶν ἰδίων πλεονεξιῶν ἕνεκα γίγνονται, ἃς ἵνα κωλύηθ' οἱ νόμοι συνήγαγον ὑμᾶς, οὐχ ἵνα κυρίας τοῖς ἀδικοῦσι ποιῆτε. **(2)** τοὺς μὲν οὖν ἄλλους, ὅσοι πρὸς τὰ κοινὰ δικαίως προσέρχονται, κἂν δεδωκότες ὦσιν εὐθύνας, τὴν ἀειλογίαν ὁρῶ προτεινομένους, τουτονὶ δ' Αἰσχίνην πολὺ τἀναντία τούτου· πρὶν γὰρ εἰσελθεῖν εἰς ὑμᾶς καὶ λόγον δοῦναι τῶν πεπραγμένων τὸν μὲν ἀνῄρηκεν τῶν ἐπὶ τὰς εὐθύνας ἐλθόντων, τοῖς δ' ἀπειλεῖ περιιών, δεινότατον πάντων ἔθος εἰς τὴν πολιτείαν εἰσάγων καὶ ἀσυμφορώτατον ὑμῖν· εἰ γὰρ ὁ πράξας τι τῶν κοινῶν καὶ διοικήσας τῷ καθ' ἑαυτὸν φόβῳ καὶ μὴ τῷ δικαίῳ κατασκευάσει μηδένα εἶναι κατήγορον αὑτοῦ, παντάπασιν ἄκυροι πάντων ὑμεῖς γενήσεσθε.

1 *ὅση—γέγονεν* Schol. in Aeschin. 3.1.3 —*ᾐσθῆσθαι* Clemens Alex. 438.22 *δεήσομαι—ὑμῶν* Schol. D. 21.5.26 *κωλύητε*—**7** *διαφθαρέντα ὑπὸ* P. Oxy. LXVII 4569
2 *τοὺς—προσέρχονται* Grammatic. p. 391 —*προτεινομένους* Alex. 3.34.2 Sp. —*τούτου* Aps. 8.23 *τὸν μὲν—περιιών* Aristid. 40.9

1–2 *περὶ—ἀγῶνα* om. Schol. Aeschin. 4 *προιόντας* S[a] *δὲ* om. Schol. D. 7 *ἕκαστος ὑμῶν* AF 9 *ἰδίων* om. S[a] 10 *συνῆγον* S[c(m.a.)] : [S Π4569] 12–13 *ὅσοι—εὐθύνας* om. Aps. 13 *ὁρῶ τὴν ἀειλογίαν* Aps. 14 *τοὐναντίον* Aps. *τούτων* S[γρ]AF[c] Π4569 Aps. 18 *τῷ*] *τὸ* A 20 *αὑτοῦ* cod. Q : [SAFY Π4569]

3. *Τὸ μὲν οὖν ἐξελέγξειν πολλὰ καὶ δεινὰ πεποιηκότα τουτονὶ καὶ τῆς ἐσχάτης ὄντα τιμωρίας ἄξιον θαρρῶ καὶ πάνυ πιστεύω· ὃ δὲ καίπερ ὑπειληφὼς ταῦτα φοβοῦμαι, φράσω πρὸς ὑμᾶς καὶ οὐκ ἀποκρύψομαι, ὅτι μοι δοκοῦσιν ἅπαντες οἱ παρ᾽ ὑμῖν ἀγῶνες οὐχ ἧττον, ὦ ἄνδρες Ἀθηναῖοι, τῶν καιρῶν ἢ τῶν πραγμάτων εἶναι, καὶ τὸ χρόνον γεγενῆσθαι μετὰ τὴν πρεσβείαν πολὺν δέδοικα, μή τινα λήθην ἢ συνήθειαν τῶν ἀδικημάτων ὑμῖν ἐμπεποιήκῃ.* **(4)** *ὡς δή μοι δοκεῖτ᾽ ἂν ὅμως ἐκ τούτων καὶ γνῶναι τὰ δίκαια καὶ δικάσαι νυνί, τοῦθ᾽ ὑμῖν λέξω· εἰ σκέψαισθε παρ᾽ ὑμῖν αὐτοῖς, ὦ ἄνδρες δικασταί, καὶ λογίσαισθε τίνων προσήκει τῇ πόλει λόγον παρὰ πρεσβευτοῦ λαβεῖν. πρῶτον μὲν τοίνυν ὧν ἀπήγγειλεν, δεύτερον δε ὧν ἔπεισεν, τρίτον δὲ ὧν προσετάξατε αὐτῷ, μετὰ ταῦτα τῶν χρόνων, ἐφ᾽ ἅπασι δὲ τούτοις, εἰ ἀδωροδοκήτως ἢ μὴ πάντα ταῦτα πέπρακται.* **(5)** *τί δήποτε τούτων; ὅτι ἐκ μὲν τῶν ἀπαγγελιῶν τὸ βουλεύσασθαι περὶ τῶν πραγμάτων ὑμῖν ἐστίν· ἂν μὲν οὖν ὦσιν ἀληθεῖς, τὰ δέοντα ἔγνωτε, ἂν δὲ μὴ τοιαῦται, τἀναντία. τὰς δὲ συμβουλίας πιστοτέρας*

3 τὸ—πιστεύω Aristid. 37.16
4 σκέψαισθε—πέπρακται Hermog. 127.13 R. Anon. Fig. 3.126.24 Sp. Anon. Schol. in Inv. 7.744.21 W. τίνων—λαβεῖν cf. Aristid. 29.6 —ἀπήγγειλε Anon. Seg. 166 —ἔπεισε Hermog. 235.12 R. Anon. Seg. 13 —αὐτῷ Syr. 1.32.19 R. Anon. Schol. in Id. 7.940.31 W. πρῶτον—ἔπεισεν Plan. 5.475.23 W. —αὐτῷ Doxopatr. 2.169.27 W.

---

1 οὖν om. Aristid. ἐξελέγχειν AF[c]Y Aristid. : [Π4569] 2 ἄξιον [ὄντα τιμωρί]ας Π4569 : τιμωρίας ὄντα ἄξιον Aristid. 4 ἀποτρέψομαι A 6 ἢ] καὶ Π4569 8 πεποιήκῃ S[a] : ἐμπεποιήκει Y : ἐμπεποίηκεν Π4569 et Markland δο]κεῖ Π4569 9 τούτου A 10 ταῦθ᾽ AF λέξω—ὑμῖν (ὁμ.) om. Π4569 σκέψασθε S[a]AY[a] Hermog. Anon. Fig. αὐτοῖς om. Anon. Fig. 10–11 ὦ—λογίσαισθε om. Hermog. 11 ἀθηναῖοι Π4569 λογίσασθαι S : λογίσεσθε A : λογίσασθε Anon. Fig. προσήκει post λόγον Π4569 τῇ πόλει om. Aristid. Hermog. (127) Anon. Seg. Anon. Schol. 12 μὲν om. cod. Q τοίνυν om. Hermog. (235) Doxopatr. Anon. Seg. Anon. Schol. : οὖν Syr. 13 δεύτερον δὲ] εἶτα Hermog. (235) ἔπεισεν] ἔπραξεν Anon. Seg. 13–14 μετὰ ταῦτα] εἶτα A 14 τὸν χρόνον A : χρόνων F[a] 15 ταῦτα πάντα A Hermog. Anon. Fig. τούτων ⟨ἕκαστον⟩ S[c] Π4569 ut videtur : τ. ⟨ἑκάστου⟩ A 16 βουλεύεσθαι A : [Π4569] πραγμάτων ⟨ὀρθῶς⟩ AFY : [Π4569]

ὑπολαμβάνετ' εἶναι τὰς τῶν πρέσβεων· ὡς γὰρ εἰδότων περὶ ὧν ἐπέμφθησαν ἀκούετε· οὐδὲν οὖν ἐξελέγχεσθαι δίκαιός ἐστιν ὁ πρεσβευτὴς φαῦλον οὐδ' ἀσύμφορον ὑμῖν συμβεβουλευκώς. **(6)** καὶ μὴν περὶ ὧν γε προσετάξατ' εἰπεῖν ἢ πρᾶξαι καὶ διαρρήδην ἐψηφίσασθε ποιῆσαι, προσήκει διῳκηκέναι. εἶεν· τῶν δὲ δὴ χρόνων διὰ τί; ὅτι πολλάκις, ὦ ἄνδρες Ἀθηναῖοι, συμβαίνει πολλῶν πραγμάτων καὶ μεγάλων καιρὸν ἐν βραχεῖ χρόνῳ γίγνεσθαι, ὃν ἐάν τις ἑκὼν καθυφῇ τοῖς ἐναντίοις καὶ προδῷ, οὐδ' ἂν ὁτιοῦν ποιῇ πάλιν οἷός τ' ἔσται σῶσαι. **(7)** ἀλλὰ μὴν ὑπέρ γε τοῦ προῖκα ἢ μή, τὸ μὲν ἐκ τούτων λαμβάνειν, ἐξ ὧν ἡ πόλις βλάπτεται, πάντες οἶδ' ὅτι φήσαιτ' ἂν εἶναι δεινὸν καὶ πολλῆς ὀργῆς ἄξιον· ὁ μέντοι τὸν νόμον τιθεὶς οὐ διώρισε τοῦτο, ἀλλ' ἁπλῶς εἶπε μηδαμῶς δῶρα λαμβάνειν, ἡγούμενος, ὡς ἐμοὶ δοκεῖ, τὸν ἅπαξ λαβόντα καὶ διαφθαρέντα ὑπὸ χρημάτων οὐδὲ κριτὴν ἔτι τῶν συμφερόντων ἀσφαλῆ μένειν τῇ πόλει. **(8)** ἂν μὲν τοίνυν ἐξελέγξω καὶ δείξω σαφῶς Αἰσχίνην τουτονὶ καὶ μηδὲν ἀληθὲς ἀπηγγελκότα καὶ κεκωλυκότα ἐμοῦ τὸν δῆμον ἀκοῦσαι τἀληθῆ, καὶ πάντα τἀναντία τῶν συμφερόντων συμβεβουλευκότα, καὶ μηδὲν ὧν προσετάξατε ἐν τῇ πρεσβείᾳ πεποιηκότα, καὶ ἀνηλωκότα τοὺς χρόνους ἐν οἷς πολλῶν καὶ μεγάλων πραγμάτων καιροὶ προεῖνται τῇ πόλει, καὶ πάντων τούτων δῶρα καὶ μισθοὺς εἰληφότα μετὰ Φιλοκράτους, καταψηφίσασθε αὐτοῦ καὶ δίκην

8 ἂν—εἰληφότα Hermog. 429.1 R. καὶ μηδὲν ἀληθὲς—χρόνους Hermog. 300.23 R. μισθο]ὺς—**13** ἐβο[υλεύ P. Oxy. LXVII 4569

2 ὑμεῖ]ς ἀκούετε Π4569 δίκαιόν A : [Π4569] 4 γε om. Π4569 : ⟨ἐπέμφθησαν⟩ γε ⟨ἢ⟩ S^{c} καὶ] ἢ Π4569 6 τὸν . . . χρόνον A^{c} 9 ποιήσῃ Π4569 ἐστι cod. Q 11 ⟨εὖ⟩ οἶδ' AF Π4569 φήσετ' A 12 δεινὸν εἶναι Π4569 ἄξιον εἶναι Π4569 13 ἀπεῖπεν $S^{γρ}$ 14 ὡς om. Π4569 λαμβάνοντα A 16 μένειν ⟨ἐν⟩ F μὲν om. Hermog. Greg. ἐλέγξω F καὶ δείξω om. Hermog. Greg. 17 καὶ[1] om. Greg. 18 ἀκούσοντα τἀληθῆ ⟨λέγοντος⟩ Greg. 18–19 καὶ πάντα—συμβεβουλευκότα om. Hermog. (300) 18–20 καὶ πάντα—πεποιηκότα om. Hermog. (429) 19 συμφερόντων ⟨ὑμῖν⟩ FY : ⟨τῇ πόλει⟩ S^{c} βεβουλευκότα cod. Q 20 προσετάξατε ⟨ὑμεῖς⟩ Hermog. (300) ἐν τῇ πρεσβείᾳ om. Hermog. (300) ποιήσαντα SY 21–2 ἐν—πόλει om. Hermog. (429)

ἀξίαν τῶν ἀδικημάτων λάβετε· ἂν δὲ μὴ δείξω ταῦτα, ἢ μὴ πάντα, ἐμὲ μὲν φαῦλον ἡγεῖσθε τουτονὶ δὲ ἄφετε.

9. *Πολλὰ* δὲ καὶ δεινὰ κατηγορεῖν ἔχων ἔτι πρὸς τούτοις ἕτερα, ὦ ἄνδρες Ἀθηναῖοι, ἐξ ὧν οὐκ ἔσθ' ὅστις ἂν οὐκ εἰκότως μισήσειεν αὐτόν, βούλομαι πρὸ πάντων ὧν μέλλω λέγειν μνημονεύοντας ὑμῶν οἶδ' ὅτι τοὺς πολλοὺς ὑπομνῆσαι, τίνα τάξιν ἑαυτὸν ἔταξεν Αἰσχίνης ἐν τῇ πολιτείᾳ τὸ πρῶτον, καὶ τίνας λόγους κατὰ τοῦ Φιλίππου δημηγορεῖν ᾤετο δεῖν, ἵν' εἰδῆθ' ὅτι τοῖς ὑφ' ἑαυτοῦ πεπραγμένοις καὶ δεδημηγορημένοις ἐν ἀρχῇ μάλιστα ἐξελεγχθήσεται δῶρα ἔχων. **(10)** ἔστι τοίνυν οὗτος ὁ πρῶτος Ἀθηναίων αἰσθόμενος Φίλιππον, ὡς τότε δημηγορῶν ἔφη, ἐπιβουλεύοντα τοῖς Ἕλλησι καὶ διαφθείροντά τινας τῶν ἐν Ἀρκαδίᾳ προεστηκότων, καὶ ἔχων Ἴσχανδρον τὸν Νεοπτολέμου δευτεραγωνιστήν, προσιὼν μὲν τῇ βουλῇ, προσιὼν δὲ τῷ δήμῳ περὶ τούτων, καὶ πείσας ὑμᾶς πανταχοῖ πρέσβεις πέμψαι τοὺς συνάξοντας δεῦρο τοὺς βουλευσομένους περὶ τοῦ πρὸς Φίλιππον πολέμου, **(11)** καὶ ἀπαγγέλλων μετὰ ταῦθ' ἥκων ἐξ Ἀρκαδίας τοὺς καλοὺς ἐκείνους καὶ μακροὺς

8 *ἐμὲ—ἄφετε* Hermog. 322.9, 323.1 R.
9 *βούλομαι*—**13** *ἐλάνθανεν* D.H. 2.301.5 *τίνα—Αἰσχίνης* Lacapen. 77
10 *ἔστι—αἰσθόμενος Φιλίππον* Schol. D. 19.302.533b —*ἔφη* cf. Minuc. 1.351.2 Sp. Ha. —*Ἕλλησι* Hermog. 294.24, 314.13 R. Anon. Schol. in Inv. 3.711.8 W. *τοίνυν ο]ὗτος—πολέμου* P. Grenf. *II* 9 *οὗτος—αἰσθόμενος* cf. Anon. Seg. 109 *καὶ ἔχων—δευτεραγωνιστήν* Lex. Pat. ad loc. —*πέμψαι* Aristid. 34.6 *προσιὼν μὲν—δήμῳ* Hermog. 303.3 R. Anon. Fig. 3.131.26 Sp.

---

1 *ἐπι[δ]ε[ι]ξ[ω]* Π4569 2 *τοῦτον* SY Π4569 *δὲ* om. cod. Q 4 *οὐκ ἔσθ'* om. A[a] *ἂν οὐκ*] *ἂν οὖν* A : *οὐκ*] *ἂν* Π4569 5 *βούλομαι* ⟨*δὲ*⟩ D.H. 6 *εὖ οἶδ'* A Π4569 *τοὺς* om. A *πολλοὺς ὑμῶν μνημονεῦσαι* Π4569 7 ⟨*εἰς*⟩ *τίνα* AFY Lecapen. *ἔταξεν ἑαυτὸν* AF Lecapen. : *ἑαυτὸν*] *πρῶτον* Π4569 9 *καὶ δεδημηγορημένοις* om. A 10 *ἀρχῇ* ⟨*τούτοις*⟩ S[γρ]A : [Π4569] *μάλιστα* ⟨*πάντων*⟩ Y[c] : [4569] 11 *οὗτος* om. D.H. 12 *διαφθείραντά* Π4569 14 ⟨*καὶ*⟩ *προσιὼν μὲν* Π9 Aristid. Anon. *προσιὼν—βουλῇ* om. cod. Q 14–15 *τῷ δήμῳ . . . τῇ βουλῇ* Π4569 15 *πανταχοῦ* FY Π9 D.H. Aristid. : *–χῇ* A : [Π4569] 16 *πρέσβεις* ⟨*περὶ τούτων*⟩ Aristid. *πέμπειν* F : *περιπέμψαι* Π4569 *τοὺς*[1] del. Richards *ἄξαντας* Π9 16–17 *τοὺς—περὶ* om. Π9 18 *μακροὺς ἐκείνους καὶ καλοὺς* A

λόγους, οὓς ἐν τοῖς μυρίοις ἐν Μεγάλῃ πόλει πρὸς Ἱερώνυμον τὸν ὑπὲρ Φιλίππου λέγοντα ὑπὲρ ὑμῶν ἔφη δεδημηγορηκέναι, καὶ διεξιὼν ἡλίκα τὴν Ἑλλάδα πᾶσαν, οὐχὶ τὰς ἰδίας ἀδικοῦσι μόνον πατρίδας οἱ δωροδοκοῦντες καὶ χρήματα λαμβάνοντες παρὰ Φιλίππου. **(12)** *ἐπειδὴ τοίνυν ταῦτα πολιτευομένου τούτου τότε καὶ τοῦτο τὸ δεῖγμα ἐξενηνοχότος περὶ αὑτοῦ, τοὺς περὶ τῆς εἰρήνης πρέσβεις πέμπειν ὡς Φίλιππον ἐπείσθητε ὑπ' Ἀριστοδήμου καὶ Νεοπτολέμου καὶ Κτησιφῶντος καὶ τῶν ἄλλων τῶν ἐκεῖθεν ἀπαγγελλόντων οὐδ' ὁτιοῦν ὑγιές, γίγνεται τῶν πρέσβεων τούτων εἷς καὶ οὗτος, οὐχ ὡς τῶν ἀποδωσομένων τὰ ὑμέτερα, οὐδ' ὡς τῶν πεπιστευκότων τῷ Φιλίππῳ, ἀλλ' ὡς τῶν φυλαξόντων τοὺς ἄλλους· διὰ γὰρ τοὺς προειρημένους λόγους καὶ τὴν πρὸς τὸν Φίλιππον ἀπέχθειαν ταύτην εἰκότως περὶ αὐτοῦ πάντες εἴχετε τὴν δόξαν.*

13. *Προσελθὼν τοίνυν ἐμοὶ μετὰ ταῦτα συνετάττετο κοινῇ πρεσβεύειν, καὶ ὅπως τὸν μιαρὸν καὶ ἀναιδῆ φυλάξομεν ἀμφότεροι, τὸν Φιλοκράτην, πολλὰ παρεκελεύσατο. καὶ μέχρι τοῦ δεῦρ' ἐπανελθεῖν ἀπὸ τῆς πρώτης πρεσβείας ἐμέ γοῦν, ὦ ἄνδρες Ἀθηναῖοι, διεφθαρμένος καὶ πεπρακὼς ἑαυτὸν ἐλάνθανεν. χωρὶς γὰρ τῶν ἄλλων ὧν, ὅπερ εἶπον, εἰρήκει*

11 *τὸν ὑπὲρ*—**14** *λ]όγους* M. Lit. Lond. 127 *καὶ διεξιὼν—Φιλίππου* Aristid. 34.13

12 *οὐχ ὡς—φυλαξόντων* Anon. de Hermog. Fig. 3.709.8 W. *—ἄλλους* Hermog. 124.21, 293.17 R. Anon. Fig. 3.129.14 Sp.

13 *προσελθὼν—ἐλάνθανεν* D.H. 2.302.13 *πρώτ[ης—ἑ[αυτὸν* P. Oxy. LXVII 4570 *ἐμὲ—ἐλάθανε* Hermog. 298.22 R.

---

1 *οὓς* om. D.H. *ἐν*² ⟨*τῇ*⟩ D.H. 2 *ἡμῶν* D.H 3 *καὶ* del. Dobree *ἐξιὼν* S^a *πᾶσαν* om. Aristid. *ἀδικοῦσιν, οὐ τὰς ἰδίας* Aristid. 3–4 *μόνον ἀδικοῦσι* Π4569 4 *καὶ—λαμβάνοντες* del. Cobet 6 *τὸ* om. F *ἐξενηχότος* S^aY^a : *ἐ]ξενηνοχότος* Π4569 7 *ὡς φίλιππον πέμπειν* Π127 8 *ὑπὲρ* A *καὶ Κτησιφῶντος* om. D.H. 11 *ἀποδωσομένων* ⟨*ὧν*⟩ Richards 11–12 *οὐδ'—Φιλίππῳ* om. Hermog. Anon. 11 *τῷ* om. A 12 *τῶν* om. Anon. *ἀλλοτρίους* Anon. 13 *τὸν* om. F Π4569 Π127 D.H. 14 *εἰκότως ταύτην* Π127 *πάντες περὶ αὐτοῦ* Π4569 *ἔχετε* A 16 *καὶ*² ⟨*λίαν*⟩ D.H. : *κ]αὶ κοινῇ* Π4569 : [Π126] *φυλάξωμεν* AY 20 *ὧν ὅπερ*] *ὧνπερ* S^aF^a : *ὧν* Π4569 : [Π127] *εἶπον* om. Π4569 : [Π127] *προειρήκει* S^c Π4569 : [Π127]

πρότερον, ἀναστὰς τῇ προτέρᾳ τῶν ἐκκλησιῶν ἐν αἷς περὶ τῆς εἰρήνης ἐβουλεύεσθε, ἤρξατο ἀρχήν, ἣν ἐγὼ καὶ τοῖς ῥήμασιν οἶμαι τοῖς αὐτοῖς οἷσπερ οὗτος εἶπεν ἐν ὑμῖν ἀπομνημονεύσειν. **(14)** "εἰ πάνυ πολὺν" ἔφη "χρόνον ἐσκόπει Φιλοκράτης, ὦ ἄνδρες Ἀθηναῖοι, πῶς ἂν ἄριστα ἐναντιωθείη τῇ εἰρήνῃ, οὐκ ἂν αὐτὸν ἄμεινον εὑρεῖν οἶμαι ἢ τοιαῦτα γράφοντα. ἐγὼ δὲ ταύτην μὲν τὴν εἰρήνην, ἕως ἂν εἷς Ἀθηναίων λείπηται, οὐδέποτ᾽ ἂν συμβουλεύσαιμι ποιήσασθαι τῇ πόλει, εἰρήνην μέντοι φημὶ δεῖν ποιεῖσθαι." καὶ τοιούτους τινὰς εἶπε βραχεῖς καὶ μετρίους λόγους. **(15)** ὁ δὲ ταῦτ᾽ εἰπὼν τῇ προτεραίᾳ πάντων ἀκουόντων ὑμῶν, εἰς τὴν ὑστεραίαν, ἐν ᾗ τὴν εἰρήνην ἔδει κυροῦσθαι, ἐμοῦ τῷ τῶν συμμάχων συνηγοροῦντος δόγματι καὶ τὴν εἰρήνην ὅπως ἴση καὶ δικαία γένηται πράττοντος, καὶ ὑμῶν βουλομένων ταῦτα καὶ οὐδὲ φωνὴν ἐθελόντων ἀκούειν τοῦ καταπτύστου Φιλοκράτους, ἀναστὰς ἐδημηγόρει καὶ συνηγόρει ἐκείνῳ πολλῶν ἀξίους, ὦ Ζεῦ καὶ πάντες θεοί, θανάτων λόγους, **(16)** ὡς οὔτε τῶν προγόνων ὑμᾶς μεμνῆσθαι δέοι οὔτε τῶν τὰ τρόπαια καὶ τὰς ναυμαχίας λεγόντων ἀνέχεσθαι, νόμον τε θήσειν καὶ γράψειν μηδενὶ τῶν Ἑλλήνων ὑμᾶς βοηθεῖν, ὃς ἂν μὴ πρότερος βεβοηθηκὼς ὑμῖν ᾖ. καὶ ταῦθ᾽ ὁ σχέτλιος καὶ ἀναιδὴς οὗτος ἐτόλμα λέγειν ἐφεστηκότων τῶν πρέσβεων καὶ ἀκουόντων, οὓς ἀπὸ τῶν Ἑλλήνων μετεπέμψασθε ὑπὸ τούτου πεισθέντες, ὅτ᾽ οὔπω πεπρακὼς αὑτὸν ἦν.

15 ἀναστὰς—λόγους cf. Aristid. 109.10
16 οὔτε τῶν τὰ—ἀνέχεσθαι Prisc. 296.12 καὶ ταῦθ᾽—ἦν Schol. D. 19.10.38d με[τεπέμψασθε—**17** ν[ῦν M. Lit. Lond. 127

---

1 προτέρᾳ A Π127 : προτεραίᾳ SFY : προτέρᾳ τῇ προτεραίᾳ Π4569 τῶν ἐκκλησιῶν] ἐκκλησίᾳ A : ἐ[κκλησίᾳ τῶν] ἐκκλ[η]σιῶν Π4569 ἐν ᾗ Π4569 : [Π127] 3 ἐν om. F : [Π127] 6 ἂν om. S[a] 9 βραχ[εῖς εἶπε] Π127 10 προτέρᾳ S[a] 12–13 ἔδει—εἰρήνην (ὁμ.) om. A[a] 13–14 πράττοντος γένηται A : γενήσεται πράττοντος F 14 ταὐτὰ A 15 ἀκούειν ἐθελόντων AY 16 συνηγόρησεν A 17 πάντες om. F Aristid. 18–19 λεγόντων καὶ τὰς ναυμαχίας A 19 ἀνέχεσθε Prisc. γράφειν A 20 ὃς] ὡς cod. Q πρότερον A 20–1 ὑμῖν βεβοηθηκὼς A : ὑμῖν om. cod. Q 21 σχετλιώτατος Schol. D. 22 ἐφεστηκότων ⟨ἔτι⟩ A τῶν[1] om. F[a] 23 ⟨ὑμεῖς⟩ μετεπέμψασθε Schol. D. τούτου ⟨τότε⟩ S[c]F

17. Ὃν μὲν οὖν τρόπον, ὦ ἄνδρες Ἀθηναῖοι, χειροτονησάντων ὑμῶν ἐπὶ τοὺς ὅρκους αὐτὸν πάλιν τούς τε χρόνους κατέτριψε καὶ τὰ πράγματα πάντ᾽ ἐλυμήνατο τὰ τῆς πόλεως, καὶ ὅσαι περὶ τούτων ἐμοὶ πρὸς τοῦτον ἀπέχθειαι συνέβησαν βουλομένῳ κωλύειν, αὐτίκα ἀκούσεσθε. ἀλλ᾽ ἐπειδὴ πάλιν ἥκομεν ἐκ τῆς πρεσβείας ταύτης τῆς ἐπὶ τοὺς ὅρκους, ἧσπερ εἰσὶν αἱ νῦν εὔθυναι, οὔτε μικρὸν οὔτε μέγα οὐδ᾽ ὁτιοῦν εὑρημένοι τῶν ὅτε τὴν εἰρήνην ἐποιεῖσθε λεχθέντων καὶ προσδοκηθέντων, ἀλλὰ πάντ᾽ ἐξηπατημένοι, καὶ τούτων ἕτερ᾽ αὖθις αὖ πεπραχότων καὶ παρ᾽ αὐτὸ τὸ ψήφισμα πεπρεσβευκότων, προσῆμεν τῇ βουλῇ. καὶ ταυτὶ πολλοὶ συνίσασιν ἃ μέλλω λέγειν· τὸ γὰρ βουλευτήριον μεστὸν ἦν ἰδιωτῶν. **(18)** παρελθὼν δ᾽ ἐγὼ πάντα τἀληθῆ πρὸς τὴν βουλὴν ἀπήγγειλα, καὶ κατηγόρησα τούτων, καὶ ἀνηριθμησάμην ἀπὸ τῶν πρώτων ἐλπίδων ἐκείνων ὧν ὁ Κτησιφῶν καὶ ὁ Ἀριστόδημος ἀπήγγειλαν πρὸς ὑμᾶς, καὶ μετὰ ταῦτα, ὅτε τὴν εἰρήνην ἐποιεῖσθε, ἃ οὗτος ἐδημηγόρησεν καὶ εἰς ἃ προήχασι τὴν πόλιν, καὶ περὶ τῶν ὑπολοίπων (ταῦτα δ᾽ ἦν Φωκεῖς καὶ Πύλαι) μὴ προέσθαι συνεβούλευον, μηδὲ ταὐτὰ ⟨πάλιν⟩ παθεῖν, μηδ᾽ ἀναρτωμένους ἐλπίσιν ἐξ ἐλπίδων καὶ ὑποσχέσεσιν εἰς τοὔσχατον ἐλθεῖν τὰ πράγματ᾽ ἐᾶσαι. καὶ ἔπεισα ταῦτα τὴν βουλήν.

19. ἐπειδὴ δ᾽ ἧκεν ἡ ἐκκλησία καὶ πρὸς ὑμᾶς ἔδει λέγειν, παρελθὼν Αἰσχίνης οὑτοσὶ πρῶτος ἡμῶν ἁπάντων (καὶ

17 ὃν—πάλιν Schol. D. 19.10.38d ἐ]πὶ—αὐ[τὸ P. Oxy. LXVII 4570 ἀλλ᾽—προσδοκηθέντων Hermog. 282.18 R. —ἰδιωτῶν Anon. Fig. 3.146.14 Sp.
18 προέ]σθαι—**25** μ[άλιστα M. Lit. Lond. 127
19 ἐπειδὴ—ἁπάντων Aristid. 24.26

---

3 τὰ^{2} om. SY : [Π127] 5 αὐτίκα ⟨δὴ μάλα⟩ S$^{\gamma\rho}$ ἀκούεσθε A^{a}Y^{a} 6 ἐπὶ] περὶ A : [Π4570] 7 τῶν ⟨ὑπὸ τούτου ῥηθέντων⟩ Hermog. 9 ἐξηπατηθέντων S^{a} αὖ om. Anon. : αὖθις Π4570 πεπρακότων A : [Π4570] 10 αὐτὸ om. F πεπρεσβευκότων om. Anon. προσῄειμεν A : προσῄειν F 15 ὁ^{1} om. A Κτησιφῶν] ἀριστοφῶν S^{a} 16 ἃ] οἷς Weil 17 καὶ^{1} om. S^{a} : del. Weil προσήχασι SY : προήκασι S$^{\gamma\rho}$ 19 ταῦτα A : [Π127] add. van Herwerden 20 καὶ ὑποσχέσεσιν del. Bl. : καὶ ὑποσχ. ⟨ἐξ ὑποσχέσεων⟩ Markland 22 καὶ—λέγειν om. Aristid. 23 οὑτοσὶ om. Aristid.

πρὸς Διὸς καὶ θεῶν πειρᾶσθε συνδιαμνημονεύειν ἂν ἀληθῆ λέγω· τὰ γὰρ πάντα τὰ πράγματα λυμηνάμενα ὑμῶν καὶ διαφθείραντα ὅλως ταῦτ' ἐστὶν ἤδη) τοῦ μὲν ἀπαγγέλλειν τι τῶν πεπρεσβευμένων ἢ περὶ τῶν ἐν τῇ βουλῇ ῥηθέντων, εἰ ἄρα ἠμφεσβήτει μὴ ἀληθῆ λέγειν ἐμέ, μνησθῆναι παμπληθὲς ἀπέσχεν, εἶπεν δὲ τοιούτους λόγους καὶ τηλικαῦτα καὶ τοιαῦτ' ἔχοντας ἀγαθά, ὥσθ' ἅπαντας ὑμᾶς λαβὼν ᾤχετο. **(20)** ἔφη γὰρ ἥκειν πεπεικὼς Φίλιππον ἅπανθ' ὅσα συμφέρει τῇ πόλει, καὶ περὶ τῶν ἐν Ἀμφικτύοσιν καὶ περὶ τῶν ἄλλων ἁπάντων, καὶ διεξῆλθε λόγον μακρὸν ὑμῖν, ὃν κατὰ Θηβαίων εἰπεῖν πρὸς Φίλιππον ἔφη, καὶ τὰ κεφάλαια ἀπήγγελλεν πρὸς ὑμᾶς, καὶ ἀπελογίζετο ἐκ τῶν αὑτῷ πεπρεσβευμένων δυοῖν ἢ τριῶν ἡμερῶν ὑμᾶς, μένοντας οἴκοι καὶ οὐ στρατευομένους οὐδ' ἐνοχλουμένους, Θήβας μὲν πολιορκουμένας αὐτὰς καθ' αὑτὰς χωρὶς τῆς ἄλλης Βοιωτίας ἀκούσεσθαι, **(21)** Θεσπιὰς δὲ καὶ Πλαταιὰς οἰκιζομένας, τῷ θεῷ δὲ τὰ χρήματα εἰσπραττόμενα οὐ παρὰ Φωκέων, ἀλλὰ παρὰ Θηβαίων τῶν βουλευσάντων τὴν κατάληψιν τοῦ ἱεροῦ· διδάσκειν γὰρ αὐτὸς ἔφη τὸν Φίλιππον ὅτι οὐδὲν ἧττον ἠσεβήκασιν οἱ βεβουλευκότες τῶν ταῖς χερσὶ πραξάντων, καὶ διὰ τοῦτο χρήμαθ' ἑαυτῷ τοὺς Θηβαίους ἐπικεκηρυχέναι. **(22)** ἀκούειν δὲ καὶ τῶν Εὐβοέων ἐνίων ἔφη πεφοβημένων καὶ τεταραγμένων τὴν πρὸς τὴν πόλιν οἰκειότητα Φιλίππῳ γεγενημένην, ὅτι "οὐ λελήθατε ἡμᾶς, ὦ ἄνδρες πρέσβεις, ἐφ' οἷς πεποίησθε τὴν εἰρήνην πρὸς Φίλιππον, οὐδ' ἀγνοοῦμεν ὅτι ὑμεῖς μὲν Ἀμφίπολιν

19 τοῦ—ἀπέσχε Aristid. 25.4
21 οὐδὲν—πραξάντων Schol. D. 19.20.73b

1 τἀληθῆ Π127 2 ⟨τὰ⟩ λυμηνάμενα $S^{a}F^{c}Y$ ἡμῶν F 3 τι ⟨περὶ⟩ Aristid. 5 ἠμφισβήτει SAFY Aristid. : corr. Π127 : ἀμφισβήτει cod. P ⟨τ⟩ἀληθῆ A Aristid. μνησθῆναι om. Aristid. πάμπληθες FY : [Π127] 6 καὶ τοιούτους εἶπε λόγους Aristid. τοσαῦτ' F 10 εἰπ]εῖν ὑπὲρ φω[κέων Π127 11 ἀπήγγειλεν AF : [Π127] 12 ὑπελογίζετο A : [Π127] δυεῖν F 13 μὲν ὄντας A 15 ἀκούσεσθε AF 18 διδάξαι Π127 et Markland 20 διαπραξάντων Schol. D. τοῦτο Π127 et Voemel : ταῦτα SAFY 23 ⟨καὶ λεγόντων⟩ ὅτι A : καὶ λέγειν ὅτι $Π127^{a}$ 24 ἐφ' οἷς om. S^{a} 24–5 πρὸς φίλιππον τὴν εἰρήνην Π127

δεδώκατ᾽ ἐκείνῳ, Φίλιππος δ᾽ ὑμῖν Εὔβοιαν ὡμολόγηκεν παραδώσειν." εἶναι μέντοι τι καὶ ἄλλο διῳκημένον αὐτῷ, οὐ μήν πω τοῦτο βούλεσθαι λέγειν· καὶ γὰρ νῦν φθονεῖν τινας αὐτῷ τῶν συμπρέσβεων. ὑπῃνίττετο δ᾽ οὕτω καὶ παρεδήλου τὸν Ὠρωπόν. **(23)** εὐδοκιμῶν δ᾽ ἐπὶ τούτοις εἰκότως, καὶ δοκῶν καὶ ῥήτωρ ἄριστος εἶναι καὶ ἀνὴρ θαυμαστός, κατέβη μάλα σεμνῶς. ἀναστὰς δ᾽ ἐγὼ ταῦτά τε οὐκ ἔφην εἰδέναι καὶ ἐπειρώμην τι λέγειν τούτων ὧν εἰς τὴν βουλὴν ἀπήγγειλα. καὶ παραστὰς ὁ μὲν ἔνθεν, ὁ δ᾽ ἔνθεν, οὑτοσὶ καὶ Φιλοκράτης, ἐβόων, ἐξέκρουόν με, τελευτῶντες ἐχλεύαζον. ὑμεῖς δ᾽ ἐγελᾶτε, καὶ οὔτ᾽ ἀκούειν ἠθέλετε οὔτε πιστεύειν ἐβούλεσθε ἄλλα πλὴν ἃ οὗτος ἀπηγγέλκει. **(24)** καὶ νὴ τοὺς θεοὺς εἰκός τι παθεῖν ἔμοιγε δοκεῖτε· τίς γὰρ ἂν ἠνέσχετο, τηλικαῦτα καὶ τοσαῦτα ἔσεσθαι προσδοκῶν ἀγαθά, ἢ ταῦθ᾽ ὡς οὐκ ἔσται λέγοντός τινος, ἢ κατηγοροῦντος τῶν πεπραγμένων τούτοις; πάντα γὰρ τἄλλ᾽, οἶμαι, τότε δεύτερα ἦν τῶν ὑποκειμένων προσδοκιῶν καὶ τῶν ἐλπίδων, οἱ δ᾽ ἀντιλέγοντες ὄχλος ἄλλως καὶ βασκανία κατεφαίνετο, ταῦτα δὲ θαυμάσι᾽ ἡλίκα καὶ συμφέροντ᾽ ἐδόκει πεπρᾶχθαι τῇ πόλει.

25. *Τοῦ* χάριν δὴ ταῦθ᾽ ὑπέμνησα πρῶτα νῦν ὑμᾶς καὶ διεξῆλθον τούτους τοὺς λόγους; ἑνὸς μέν, ὦ ἄνδρες Ἀθηναῖοι, μάλιστα καὶ πρώτου, ἵνα μηδεὶς ὑμῶν, ἐπειδάν τι λέγοντος

23 οὔτε πιστεύειν—ἀπηγγέλκει Prisc. 347.8
25 τοῦ—πρῶτα Schol. D. 19.10.38d —λόγους AB 176.22 ἑνὸς—θαυμάζῃ Hermog. 240.8, 287.12 R. Anon. Fig. 3.121.15 Sp.

---

1 ἐκείνῳ] Φιλίππῳ Π127[a] ὡμολόγησεν εὔβοιαν Π127 2 δώσειν col. Q μέντοι] δὲ F Π127 τι om. SY αὐτῷ FY : corr. Taylor : [SA Π127] 3 μέν SY τοῦτό γε Π127 3–4 τινὰς αὐτῷ φθονεῖν A 4 οὕτω ⟨ποῦ⟩ A : οὕτω πω Π127[c] 6 καὶ[1] om. Π127 8 ⟨ἅμα⟩ ἐπειρώμην S[c] : ⟨μάλα⟩ cod. Q[γρ] : [Π127] 11 οὔτ᾽] οὐδ᾽ A 12 ἄλλα om. Prisc. ἀπήγγελκε S : ἀπήγγελλεν Prisc. 13 ἐδοκεῖτε FY Π127 14 τοιαῦτα Π127 16 τἄλλ᾽] τότ᾽ Y 17 καὶ—ἐλπίδων del. van Herwerden 18 καὶ[2] del. Cobet 19 τῇ πόλει πεπρᾶχθαι A 20 δὴ om. S[a] πρῶτον ὑπέμνησα Schol. D. πρῶτον S[γρ] ἡμᾶς AB 21 ἑνὸς] πρῶτον Hermog. (287) 22 μάλιστα—πρώτου om. Hermog. (287)

ἀκούῃ μου τῶν πεπραγμένων, καὶ δοκῇ δεινὸν αὐτῷ καὶ ὑπερβάλλον εἶναι, "εἶτα τότ' οὐκ ἔλεγες παραχρῆμα ταῦτα οὐδ' ἐδίδασκες ἡμᾶς;" θαυμάζῃ, **(26)** *ἀλλὰ μεμνημένοι τὰς ὑποσχέσεις τὰς τούτων, ἃς ἐφ' ἑκάστων ποιούμενοι τῶν καιρῶν ἐξέκλειον λόγου τυγχάνειν τοὺς ἄλλους, καὶ τὴν ἐπαγγελίαν τὴν τούτου ταύτην τὴν καλήν, εἰδῆθ' ὅτι πρὸς ἅπασι τοῖς ἄλλοις καὶ τοῦτ' ἠδίκησθ' ὑπ' αὐτοῦ, ὅτι τἀληθῆ παραχρῆμα καὶ ἡνίκ' ἔδει πυνθάνεσθαι διεκωλύθητε ἐλπίσι καὶ φενακισμοῖς καὶ ὑποσχέσεσιν.* **(27)** *πρώτου μὲν τούτου καὶ μάλισθ', ὅπερ εἶπον, ἕνεκα ταῦτα διεξῆλθον, δευτέρου δὲ τίνος καὶ οὐδὲν ἐλάττονος ἢ τούτου; ἵνα τὴν ὅτ' ἀδωροδόκητος ὑπῆρχεν προαίρεσιν αὐτοῦ τῆς πολιτείας ἀναμνησθέντες, ὡς προβεβλημένη καὶ ἄπιστος ἦν πρὸς τὸν Φίλιππον, τὴν μετὰ ταῦτ' ἐξαίφνης γεγονυῖαν πίστιν καὶ φιλίαν σκέψησθε,* **(28)** *εἶτ' εἰ μὲν ἐκβέβηκεν ὅσ' ἀπήγγειλεν πρὸς ὑμᾶς οὗτος καὶ καλῶς ἔχει τὰ πεπραγμένα, διὰ τὴν ἀλήθειαν καὶ τὸ συμφέρον τῇ πόλει γεγενῆσθαι νομίσητε, εἰ δὲ πάντα τἀναντία ὧν οὗτος εἶπεν πέπρακται, καὶ πολλὴν αἰσχύνην καὶ μεγάλους κινδύνους ταῦτ' ἔχει τῇ πόλει, διὰ τὴν αἰσχροκερδίαν τὴν ἑαυτοῦ καὶ τὸ χρημάτων ἀποδόσθαι τἀληθῆ μεταβεβλημένον αὐτὸν εἰδῆτε.*

29. *Βούλομαι δ', ἐπειδήπερ εἰς τούτους προήχθην τοὺς λόγους, ὃν τρόπον τὰ περὶ τοὺς Φωκέας πράγμαθ' ὑμῶν παρείλοντο, πρῶτον εἰπεῖν ἁπάντων. δεῖ δὲ μηδένα ὑμῶν, ὦ ἄνδρες δικασταί, εἰς τὸ τῶν πραγμάτων μέγεθος ἀποβλέψαντα*

27 *πρώτου—διεξῆλθον* Hermog. 287.14 R. *—τούτου*² Hermog. 240.11 R. Anon. Fig. 3.121.29 Sp. Anon. Quattuor 3.707.14. W. *ταῦτα*—**28** *ἔχει* M. Lit. Lond. 127 *ἵνα—Φίλιππον* Prisc. 280.5, 298.10

---

1 *μου ⟨καὶ κατηγοροῦντος⟩* AFY 1–3 *τῶν—ἡμᾶς* om. Hermog. (bis) Anon. 1 *δοκεῖ* A 4 *ἑκάστῳ* A 5 *ἐξέκρουον* S^γρ F^γρ 7 *ὑπ'*] *παρ'* A 9 *ὑποσχέσεσιν ⟨ἐξαπατώμενοι⟩* S^γρ AFY : *⟨ἐξαπατημένοι⟩* cod. Q *πρῶτον* Anon. *μὲν ⟨οὖν⟩* F^a Hermog. (240) Anon. Anon. Quat. *τούτου* om. Anon. 10 *οὗπερ* SAFY Hermog. Anon. Fig. Anon. et Quat. : corr. Wolf *εἶπον* om. Anon. *ταῦτα* om. A^a 11 *καὶ*] *κατ'* Badham *οὐδενὸς* Π127 15 *ἀπήγγελκε* A 16 *εἶχε* F 19 *αἰσχροκέρδειαν* S^c AF^c *ἑαυτοῦ*] *τούτου* AF 24 *βλέψαντα* SY

μείζους τὰς κατηγορίας καὶ τὰς αἰτίας τῆς τούτου δόξης νομίσαι, ἀλλ' ἐκεῖν' ὁρᾶν, ὅτι ὅντιν' ἂν ὑμεῖς εἰς ταύτην τὴν τάξιν κατεστήσατε καὶ τῶν συμβάντων καιρῶν ἐποιήσατε κύριον, οὗτος, εἴπερ ὥσπερ οὗτος ἐβουλήθη μισθώσας αὑτὸν ἐξαπατᾶν ὑμᾶς καὶ φενακίζειν, τῶν ἴσων αἴτιος ἦν ἂν κακῶν ὅσωνπερ καὶ οὗτος. **(30)** οὐ γὰρ εἰ φαύλοις χρῆσθ' ὑμεῖς εἰς τὰ κοινὰ πολλάκις ἀνθρώποις, καὶ τὰ πράγματ' ἐστὶ φαῦλα ὧν ἡ πόλις ἀξιοῦται παρὰ τοῖς ἄλλοις, οὐδὲ πολλοῦ δεῖ. εἶτα καὶ Φωκέας ἀπολώλεκεν μέν, οἶμαι, Φίλιππος, συνηγωνίσαντο δὲ οὗτοι· τοῦτο δὴ δεῖ σκοπεῖν καὶ ὁρᾶν, εἰ ὅσα τῆς Φωκέων σωτηρίας ἐπὶ τὴν πρεσβείαν ἧκεν, ταῦθ' ἅπαντ' ἀπώλεσαν οὗτοι καὶ διέφθειραν ἑκόντες, οὐχ ὡς ὅδε Φωκέας ἀπώλεσεν καθ' ἑαυτόν. πόθεν;

31. Δὸς δέ μοι τὸ προβούλευμα, ὃ πρὸς τὴν ἐμὴν ἀπαγγελίαν ἐψηφίσαθ' ἡ βουλή, καὶ τὴν μαρτυρίαν τὴν τοῦ γράψαντος αὐτὸ τότε, ἵν' εἰδῆτε ὅτι ἐγὼ μὲν οὐ τότε σιγήσας νῦν ἀφίσταμαι τῶν πεπραγμένων, ἀλλ' εὐθὺς κατηγόρουν καὶ προεώρων τὰ μέλλοντα, ἡ βουλὴ δέ, ἡ μὴ κωλυθεῖσ' ἀκοῦσαι τἀληθῆ παρ' ἐμοῦ, οὔτ' ἐπῄνεσε τούτους οὔτε εἰς τὸ πρυτανεῖον ἠξίωσεν καλέσαι. καίτοι τοῦτ', ἀφ' οὗ γέγονεν ἡ πόλις, οὐδεὶς πώποτέ φησι παθεῖν οὐδένας πρέσβεις, οὐδὲ Τιμαγόραν, οὗ θάνατον κατεχειροτόνησεν ὁ δῆμος. ἀλλ' οὗτοι πεπόνθασιν. **(32)** λέγε δ' αὐτοῖς πρῶτον μὲν τὴν μαρτυρίαν, εἶτα τὸ προβούλευμα.

30 *οὐ—ἀνθρώποις* Schol. Pl. Alc. II 147d —*ἀξιοῦται* Soptr. in Artem 5.129.4 W. —**32** *φησιν* M. Lit. Lond. 127 *Φωκέας ἀ]πολ[ώλεκεν*—**31** *δ[ὸς δέ μοι τὸ προβούλευμα* P. Colon. I 16 *εἰ ὅσα—ἑαυτόν* Syr. Soptr. Marcell. 4.600.3 W.

---

2 ⟨*εἰ καὶ*⟩ *ὅντιν' οὖν* AF 4 *οὗτος*[1] ⟨*δὲ*⟩ A : ⟨*εἶθ'*⟩ *οὗτος* FY 5 ⟨*τοῖς ἐχθροῖς*⟩ *ἐξαπατᾶν* FY *ἂν* om. A : ante *αἴτιος* F 6 ⟨*ὑμεῖς*⟩ *χρῆσθε* A 6–7 *χρῆσθ'—ἀνθρώποις*] *ὑμεῖς προστάταις χρῆσθε* Schol. Pl. 6 *εἰς*] *πρὸς* Soptr. 7 *πολλάκις ἀνθρώποις* om. Soptr. 8 *καὶ* om. Π127 10 *εἰ* om. A *τῆς* ⟨*τῶν*⟩ F Π127 11–12 *ταῦθ'—ἑκόντες*] *ταῦτ' ἀπήγγειλαν οὗτοι* Syr. Soptr. Marcell. 11 *ἀπώλεσεν* ⟨*ἂν*⟩ FY : [Π16] 13 *τὸ καθ'* Π127 : [Π16] 14 *ἐπαγγελίαν* FY 16 *γνῶτε* Π127 *ἐφίσταμαι* SF[c] 17 *προωρώμην* F 18–19 *ἀκούειν παρ' ἐμοῦ* [*τἀληθῆ* Π127 19 *ἐμοῦ* ⟨*τότε*⟩ S[c] : [Π127] 21 *φήσει* A 23 *μὲν* om. A

ΜΑΡΤΥΡΙΑ. ΠΡΟΒΟΥΛΕΥΜΑ

Ἐνταῦθα οὔτ' ἔπαινος οὔτε κλῆσις εἰς τὸ πρυτανεῖόν ἐστι τῶν πρέσβεων ὑπὸ τῆς βουλῆς. εἰ δέ φησιν οὗτος, δειξάτω καὶ παρασχέσθω, κἀγὼ καταβαίνω. ἀλλ' οὐκ ἔστιν. εἰ μὲν τοίνυν ταὐτὰ πάντες ἐπρεσβεύομεν, δικαίως οὐδένα ἐπῄνεσεν ἡ βουλή· δεινὰ γὰρ τὰ πεπραγμένα πᾶσιν· εἰ δ' οἱ μὲν τὰ δίκαια ἔπραττον ἡμῶν, οἱ δὲ τἀναντία, διὰ τοὺς πεπονηρευμένους, ὡς ἔοικε, τοῖς ἐπιεικέσι συμβεβηκὸς ἂν εἴη ταύτης τῆς ἀτιμίας μετεσχηκέναι. **(33)** πῶς οὖν ῥᾳδίως πάντες εἴσεσθε τίς ποτ' ἔσθ' ὁ πονηρός; ἀναμνήσθητε παρ' ὑμῖν αὐτοῖς τίς ἐσθ' ὁ κατηγορῶν τῶν πεπραγμένων ἐξ ἀρχῆς. δῆλον γὰρ ὅτι τῷ μὲν ἠδικηκότι σιγᾶν ἐξήρκει καὶ διακρουσαμένῳ τὸν παρόντα χρόνον μηκέτ' εἰς λόγον περὶ τῶν πεπραγμένων αὑτὸν καθιστάναι, τῷ δὲ μηδὲν ἑαυτῷ συνειδότι δεινὸν εἰσῄει, εἰ δεινῶν καὶ πονηρῶν ἔργων δόξει κοινωνεῖν τῷ σιωπῆσαι. εἰμὶ τοίνυν ὁ κατηγορῶν ἐξ ἀρχῆς ἐγὼ τούτων, τούτων δ' οὐδεὶς ἐμοῦ.

34. Ἡ μὲν τοίνυν βουλὴ ταῦτα προυβεβουλεύκει, τῆς δ' ἐκκλησίας γιγνομένης καὶ τοῦ Φιλίππου παρόντος ἐν Πύλαις ἤδη—ἦν γὰρ τοῦτο πρῶτον ἁπάντων τῶν ἀδικημάτων, τὸ τὸν Φίλιππον ἐπιστῆσαι τοῖς πράγμασι τούτοις καὶ δέον ὑμᾶς ἀκοῦσαι περὶ τῶν πραγμάτων, εἶτα βουλεύσασθαι, μετὰ ταῦτα δὲ πράττειν ὅ τι δόξαι, ἅμα ἀκούειν κἀκεῖνον παρεῖναι καὶ μηδ' ὅ τι χρὴ ποιεῖν ῥᾴδιον εἰπεῖν εἶναι. **(35)** πρὸς δὲ τούτοις τοῦτο μὲν οὐδεὶς ἀνέγνω τῷ δήμῳ τὸ προβούλευμα, οὐδ' ἤκουσεν ὁ δῆμος, ἀναστὰς δ' οὗτος ἐδημηγόρει ταῦθ' ἃ διεξῆλθον ἄρτι πρὸς ὑμᾶς ἐγώ, τὰ πολλὰ καὶ μεγάλα ἀγαθά, ἃ πεπεικὼς

32 διὰ—μετεσχηκέναι A*B* 156.23
33 τῷ²—κοινωνεῖν A*B* 150.27

---

2 ἐντεῦθεν A : [Π127] 6 γὰρ ⟨ὡς ἀληθῶς⟩ FY 10 ⟨ἂν⟩ ἀναμνησθῆτε Dobree 11 κατηγορῶν ⟨αὐτὸν περὶ⟩ A 12 καὶ] ὡς Naber 13 περὶ—πεπραγμένων post αὑτὸν A 14–15 εἰσῄει εἰ] εἰ σιγῴη F^c^Y A*B* : [F] 15 δεινῶν καὶ del. Dobree : πονηρῶν καὶ δεινῶν F 16 τούτων² om. AF^a^ 18 οὖν A προβεβουλεύκει SAFY : corr. Dindorf 23 δόξῃ A 24 χρῆν F

ἔφη τὸν Φίλιππον ἥκειν καὶ διὰ τοῦτο χρήμαθ᾽ ἑαυτῷ τοὺς Θηβαίους ἐπικεκηρυχέναι. ὥσθ᾽ ὑμᾶς, ἐκπεπληγμένους τῇ παρουσίᾳ τὸ πρῶτον τῇ τοῦ Φιλίππου καὶ τούτοις ὀργιζομένους ἐπὶ τῷ μὴ προηγγελκέναι, πραοτέρους γενέσθαι τινός, πάνθ᾽ ὅσ᾽ ἐβούλεσθ᾽ ὑμῖν ἔσεσθαι προσδοκήσαντας, καὶ μηδὲ φωνὴν ἐθέλειν ἀκούειν ἐμοῦ μηδ᾽ ἄλλου μηδενός. **(36)** καὶ μετὰ ταῦτα ἀνεγιγνώσκετο ἡ ἐπιστολὴ ἡ παρὰ τοῦ Φιλίππου, ἣν οὗτος ἔγραψεν ἀπολειφθεὶς ἡμῶν, ἄντικρυς οὑτωσὶ καὶ διαρρήδην ἀπολογία γεγραμμένη τῶν τούτοις ἡμαρτημένων. καὶ γὰρ ὡς αὐτὸς κατεκώλυσεν αὐτοὺς βουλομένους ἐπὶ τὰς πόλεις ἰέναι καὶ τοὺς ὅρκους ἀπολαμβάνειν, ἔνεστιν, καὶ ὡς, ἵνα συνδιαλλάττωσιν αὐτῷ τοὺς Ἁλέας πρὸς τοὺς Φαρσαλίους, κατέσχεν αὐτούς· καὶ πάντα ἀναδεχόμενος καὶ εἰς αὑτὸν ποιούμενος τὰ τούτων ἁμαρτήματά ἐστιν. **(37)** ὑπὲρ δὲ Φωκέων ἢ Θεσπιέων ἢ ὧν οὗτος ἀπήγγελλε πρὸς ὑμᾶς, ἀλλ᾽ οὐδὲ μικρόν. καὶ τοῦτο οὐκ ἀπὸ ταὐτομάτου τοῦτον ἐπράχθη τὸν τρόπον, ἀλλ᾽ ὑπὲρ μὲν ὧν παρὰ τούτων ὑμᾶς ἔδει δίκην λαμβάνειν οὐ πεποιηκότων οὐδὲ διῳκηκότων οὐδὲν ὧν ὑμεῖς προσετάξατ᾽ ἐν τῷ ψηφίσματι, ἐκεῖνος ἐκδέχεται τὴν αἰτίαν {καί φησιν αὐτὸς αἴτιος γεγενῆσθαι}, ὃν οὐκ ἐμέλλεθ᾽ ὑμεῖς, οἶμαι, δυνήσεσθαι κολάσαι· **(38)** ἃ δ᾽ ἐκεῖνος ἐξαπατῆσαι καὶ προλαβεῖν τῆς πόλεως ἐβούλετο, οὗτος ἀπήγγειλεν, ἵνα μηδ᾽ ἐγκαλέσαι μηδὲ μέμψασθαι μηδὲν ὕστερον ὑμεῖς ἔχοιτε Φιλίππῳ, μήτ᾽ ἐν ἐπιστολῇ μήτ᾽ ἄλλοθι μηδαμοῦ τῶν παρ᾽ ἐκείνου τούτων ἐνόντων. λέγε δ᾽ αὐτοῖς αὐτὴν τὴν ἐπιστολήν, ἣν ἔγραψε μὲν οὗτος, ἔπεμψε δ᾽ ἐκεῖνος· καὶ σκοπεῖθ᾽ ὅτι τοῦτον ἔχει τὸν τρόπον, ὃν διεξελήλυθ᾽ ἐγώ. λέγε.

36 Ἁλέας Harp. α 69

---

1 ταῦτα AF   2 ἡμᾶς A   4 προσηγγελκέναι SF[c]Y   τίνος A : τινάς cod. R : ἀρνός Reiske   6 ἀκούειν ἐθέλειν A   12 Ἁλέας Harp. : αλεις (variis spiritibus et vocibus) SAFY : αλεεις S[c]   13–14 καὶ[2] et ποιούμενος del. van Herwerden   15 ἢ[1]] καὶ SY : καὶ ⟨θετταλῶν⟩ ἢ S[c]F[c]   ἀπήγγειλεν AF   20 del. Cobet   22 ἐβούλετο om. A[a]   ἀπήγγελλεν A   23 ὑμεῖς om. A[a]   24 ἄλλοτε S   τῶν om. SY : τοῖς F : ⟨ἐν⟩ τοῖς S[γρ]   25 ὄντων F   αὐτὴν om. Schol. D. 19.38.105

ΕΠΙΣΤΟΛΗ

39. *Ἀκούετε, ὦ ἄνδρες Ἀθηναῖοι, τῆς ἐπιστολῆς, ὡς καλὴ καὶ φιλάνθρωπος. περὶ δὲ Φωκέων ἢ Θηβαίων ἢ τῶν ἄλλων ὧν οὗτος ἀπήγγειλε, οὐδὲ γρῦ. ταύτης τοίνυν οὐδ' ὁτιοῦν ἐσθ' ὑγιές. καὶ τοῦτ' αὐτίκα δὴ μάλα ὑμεῖς ὄψεσθε. οἱ μὲν γὰρ Ἀλεῖς, οὓς ἵνα συνδιαλλάττωσι κατασχεῖν φησι τούτους, τοιαύτης τετυχήκασι διαλλαγῆς ὥστ' ἐξελήλανται καὶ ἀνάστατος ἡ πόλις αὐτῶν γέγονεν· τοὺς δ' αἰχμαλώτους ὁ σκοπῶν τί ἂν ποιῶν ὑμῖν χαρίσαιτο οὐδέν' ἐνθυμηθῆναί φησι λύσασθαι. **(40)** μεμαρτύρηται δὲ δήπουθεν ὑμῖν ἐν τῷ δήμῳ πολλάκις, ὡς ἐγὼ τάλαντον ἔχων ἐπ' αὐτοὺς ᾠχόμην, καὶ νῦν μαρτυρηθήσεται· διὸ καὶ τὴν ἐμὴν φιλοτιμίαν οὗτος ἀφαιρούμενος τοῦτ' ἔπεισεν ἐκεῖνον ἐγγράψαι. ὃ τοίνυν μέγιστον ἁπάντων· ὁ γὰρ εἰς τὴν προτέραν γράψας ἐπιστολήν, ἣν ἠνέγκαμεν ἡμεῖς, ὅτι "ἔγραφον δ' ἂν καὶ διαρρήδην ἡλίκα ὑμᾶς εὖ ποιήσω, εἰ εὖ ᾔδειν καὶ τὴν συμμαχίαν μοι γενησομένην," γεγονυίας τῆς συμμαχίας οὔ φησιν εἰδέναι τί ἂν ποιῶν χαρίσαιτο, οὐδ' ὃ αὐτὸς ὑπέσχετο· τοῦτο γὰρ ᾔδει δηλονότι, εἴπερ μὴ ἐφενάκιζεν. ἀλλὰ μὴν ὅτι ταῦθ' οὕτω τότ' ἔγραψεν, λέγε μοι λαβὼν ἐκ τῆς προτέρας ἐπιστολῆς αὐτὸ τοῦτο, ἐνθένδε. λέγε.*

ΕΞ ΕΠΙΣΤΟΛΗΣ

41. *Οὐκοῦν πρὶν μὲν εἰρήνης τυχεῖν, εἰ καὶ συμμαχία προσγένοιτο αὐτῷ, γράψειν ὡμολόγει ἡλίκα τὴν πόλιν εὖ ποιήσει· ἐπειδὴ δ' ἀμφότερ' αὐτῷ γέγονεν, οὐκ εἰδέναι φησὶ*

39 *ἢ τῶν—γρῦ* Lex. Pat. ad loc.
40 *ἔγραφον—ποιήσω* AB 126.26 *τί ἂν—χαρίσαιτο* P. Rainer *I* 25

3 *θηβαίων ἢ φωκέων* F 4 *ἀπήγγειλε* ⟨*πρὸς ὑμᾶς*⟩ AFY Lex. Pat. ad loc. 6 *αλεις* (variis spiritibus et vocibus) FY : *αλεεις* S 7 ⟨*τῆς*⟩ *διαλλαγῆς* F 8 *ἀνάσπαστος* Y 9 *ποιῶν* om. SY *οὐδέν'* Bl. : *οὐδ'* SAFY 12 *νῦν* ⟨*δὲ*⟩ A 13 *ἐγκρύψαι* Y 15 *δ'*] *μὲν* F *καὶ* om. AB 16 *ἡνίκα* S 17 *γεγονυίας* ⟨*δὲ*⟩ F 18 *ποιῶν* ⟨*ὑμῖν*⟩ S[c]F[γρ] *ἃ* SA 19 *ἐφενάκιζεν* ⟨*ὑμᾶς*⟩ AF *οὗτος* F *τότ'* om. A[a]F[a] 20 *ἐκ τῆς*] *ἐκείνης* S[a] *ἐπιστολὴ* A 25 *οὔ φησιν εἰδέναι* A

τί ἂν ποιῶν χαρίσαιτο, ἂν δ᾽ ὑμεῖς λέγητε, ποιήσειν ὃ μήτ᾽ αἰσχύνην μήτ᾽ ἀδοξίαν αὐτῷ φέρει, εἰς ταύτας τὰς προφάσεις καταφεύγων, κἂν ἄρα εἴπητέ τι καὶ προαχθῆθ᾽ ὑμεῖς ἐπαγγείλασθαι, ἀναχώρησιν ἑαυτῷ καταλείπων.

42. *Ταῦτα τοίνυν καὶ πόλλ᾽ ἕτερ᾽ ἐνῆν παραχρῆμα τότ᾽ εὐθὺς ἐξελέγχειν καὶ διδάσκειν ὑμᾶς καὶ μὴ προέσθαι τὰ πράγματ᾽ ἐᾶν, εἰ μὴ Θεσπιαὶ καὶ Πλαταιαὶ καὶ τὸ Θηβαίους αὐτίκα δὴ μάλα δώσειν δίκην ἀφείλετο τὴν ἀλήθειαν. καίτοι ταῦτα, εἰ μὲν ἀκοῦσαι μόνον ἔδει καὶ φενακισθῆναι τὴν πόλιν, ὀρθῶς ἐλέγετο, εἰ δὲ πραχθῆναι τῷ ὄντι, σιωπᾶσθαι συνέφερεν. εἰ μὲν γὰρ ἐνταῦθ᾽ ἦν ἤδη τὰ πράγματα ὥστε μηδ᾽ αἰσθομένοις τοῖς Θηβαίοις πλέον εἶναι μηδέν, τί οὐ γέγονεν; εἰ δὲ παρὰ τὸ προαισθέσθαι κεκώλυται, τίς ὁ ἐκλαλήσας; οὐχ οὗτος;* **(43)** *ἀλλ᾽ οὔτ᾽ ἤμελλεν οὔτ᾽ ἠβουλήθη ταῦτ᾽ οὔτ᾽ ἤλπισεν οὗτος, ὥστε τοῦ γ᾽ ἐκλελαληκέναι μηδ᾽ αἰτίαν ἐχέτω· ἀλλὰ φενακισθῆναι τοῖς λόγοις τούτοις ὑμᾶς ἔδει, καὶ ἐμοῦ τἀληθῆ μὴ ἐθελῆσαι ἀκοῦσαι, καὶ αὐτοὺς οἴκοι καταμεῖναι, καὶ ψήφισμα νικῆσαι τοιοῦτο δι᾽ οὗ Φωκεῖς ἀπολοῦνται. διὰ ταῦτ᾽ ἐσπαθᾶτο ταῦτα καὶ διὰ ταῦτ᾽ ἐδημηγορεῖτο.*

44. *Ἀκούων τοίνυν ἐγὼ τηλικαῦτα καὶ τοιαῦτα ἐπαγγελλομένου τούτου, καὶ ἀκριβῶς εἰδὼς ὅτι ψεύδεται,—καὶ ὅθεν, φράσω πρὸς ὑμᾶς, πρῶτον μὲν ἐκ τοῦ, ὅτε τοὺς ὅρκους ἤμελλε Φίλιππος ὀμνύναι τοὺς περὶ τῆς εἰρήνης, ἐκσπόνδους ἀποφανθῆναι τοὺς Φωκέας ὑπὸ τούτων, ὃ σιωπᾶν καὶ ἐᾶν εἰκὸς ἦν, εἴπερ ἤμελλον σῴζεσθαι· ἔπειτα ἐκ τοῦ μὴ τοὺς παρὰ*

42 *εἰ μὴ—ἀλήθειαν* Aristid. 14.24 *ὀρθῶς—ἐλέγετο* P. Rainer I 25 *εἰ μὲν γὰρ—γέγονεν* Anon. Fig. 3.127.2 Sp. *—οὗτος* Hermog. 287.26 R.
43 *διὰ—ταῦτα* Lex. Pat. ad loc. *ἐσπαθᾶτο* Harp. ε 143 Ph. ε 2015 Sud. ε 3177

---

1 *ἃ* F 2 *φέροι* Cobet 3 ⟨*ἵνα*⟩ *κἂν* S*γρ*A : [F[a]] 4 *ἑαυτῷ*] *ὑμῖν* S*γρ* *καταλείπῃ* S*γρ*A : *-πει* F[c]Y : [F] 6 *προίεσθαι* FY 8 *δὴ* om. F[a] *ἀφείλατο* A 9 *μόνον*] *μὲν* S[a] *καὶ φεν.*] *φεν. δὲ* SA 11 *πράγματα* ⟨*Αἰσχίνη*⟩ Hermog. Anon. 12 *αἰσθανομένοις* A Hermog. Anon. : *αἰσθομένων τῶν θηβαίων* F 13 *αἰσθέσθαι* cod. Q 14 *οὔτ᾽*[2]] *οὐδ᾽* Bk. 15 *τοῦ γ᾽* om. cod. Q 16 *λόγοις* ⟨*καὶ*⟩ A 17 *μὴ* om. Y[a] *ἀκούειν . . . καταμένειν* A *καὶ* om. SY 20 *ἐγὼ* om. A 21 *τούτου* ⟨*τότε*⟩ AF 25–1 *μήτε . . . μήτε* AFY

τοῦ Φιλίππου πρέσβεις ταῦτα λέγειν μηδὲ τὴν ἐπιστολὴν τὴν Φιλίππου, ἀλλὰ τοῦτον—**(45)** ἐκ τούτων οὖν τεκμαιρόμενος, ἀναστὰς καὶ παρελθὼν ἐπειρώμην μὲν ἀντιλέγειν, ὡς δ' ἀκούειν οὐκ ἠθέλετε, ἡσυχίαν ἔσχον, τοσοῦτο μόνον διαμαρτυράμενος (καὶ πρὸς Διὸς καὶ θεῶν ἀναμιμνῄσκεσθε) ὅτι ταῦτ' οὔτ' οἶδα οὔτε κοινωνῶ, προσέθηκα δ' ὡς οὐδὲ προσδοκῶ. τραχέως δ' ὑμῶν τῷ μηδὲ προσδοκᾶν σχόντων, "καὶ ὅπως γε, ὦ ἄνδρες Ἀθηναῖοι," ἔφην, "ἄν τι τούτων γίγνηται, τούτους ἐπαινέσεσθε καὶ τιμήσετε καὶ στεφανώσετε, ἐμὲ δὲ μή· καὶ μέντοι κἄν τι τῶν ἐναντίων, ὅπως τούτοις ὀργιεῖσθε· ἐγὼ δ' ἀφίσταμαι." **(46)** "μὴ νῦν," ὑπολαβὼν ἔφη Αἰσχίνης οὑτοσί, "μὴ νῦν ἀφίστασο, ἀλλ' ὅπως τότε μὴ προσποιήσει." "νὴ Δί', ἢ ἀδικήσω γ'," ἔφην. ἐπαναστὰς δ' ὁ Φιλοκράτης μάλ' ὑβριστικῶς "οὐδὲν," ἔφη, "θαυμαστόν, ὦ ἄνδρες Ἀθηναῖοι, μὴ ταὐτὰ ἐμοὶ καὶ Δημοσθένει δοκεῖν· οὗτος μὲν γὰρ ὕδωρ, ἐγὼ δὲ οἶνον πίνω." καὶ ὑμεῖς ἐγελᾶτε.

47. Σκέψασθε δὴ τὸ ψήφισμα, ὃ δίδωσι γράψας μετὰ ταῦτα ὁ Φιλοκράτης· ἀκοῦσαι μὲν γὰρ οὑτωσὶ παγκάλως ἔχει· ἐπειδὰν δὲ τοὺς καιροὺς συλλογίσηταί τις ἐφ' ὧν ἐγράφη, καὶ τὰς ὑποσχέσεις ἃς οὗτος ὑπισχνεῖτο τότε, οὐδὲν ἄλλο φανήσονται πλὴν παραδόντες Φιλίππῳ καὶ Θηβαίοις Φωκέας, μόνον οὐκ ὀπίσω τὼ χεῖρε δήσαντες. λέγε τὸ ψήφισμα.

ΨΗΦΙΣΜΑ

48. Ὁρᾶτε, ὦ ἄνδρες Ἀθηναῖοι, τὸ ψήφισμα, ὅσων ἐπαίνων καὶ ὅσης εὐφημίας μεστόν ἐστι, καὶ "τὴν εἰρήνην εἶναι τὴν αὐτὴν ἥνπερ Φιλίππῳ καὶ τοῖς ἐκγόνοις, καὶ τὴν συμμαχίαν," καὶ "ἐπαινέσαι δὲ Φίλιππον, ὅτι ἐπαγγέλλεται τὰ δίκαια ποιήσειν." ἀλλ' οὐδὲν ἐκεῖνός γε ἐπηγγέλλετο,

47 τοὺς και[ρ]οὺς—τις P. Rainer I 25 τὼ χεῖρε P. Rainer I 25

1 τὴν^{2} ⟨τοῦ⟩ AF 3 μὲν om. F 7 ⟨ἐπὶ⟩ τῷ F ἐχόντων AF 8 γίγνεται F^{a} 9 ⟨μὲν⟩ ἐπαινέσετε A 10 ἐναντίων ⟨γίνηται⟩ S^{c}: ⟨γένηται⟩ F^{γρ} ὀργίζεσθε A^{a} 11 ἔφη post 12 ἀφίστασο A 12 προσποιήσῃ AFY 13 ἢ om. AFY ἀναστὰς A 14 οὐδέν ⟨ἐστιν⟩ AF 15 ⟨εἰ⟩ μὴ S^{γρ}F^{a} ταῦτα A δοκεῖ S^{γρ} 18 ὁ om. F^{a} πάνυ καλῶς A 26 ἐγγόνοις SF^{a}Y

ἀλλὰ τοσούτου ἔδει ἐπαγγέλλεσθαι ὥστε οὐδ' εἰδέναι φησὶ τί ἂν ποιῶν ὑμῖν χαρίσαιτο. **(49)** ἀλλ' οὗτος ἦν ὁ λέγων ὑπὲρ αὐτοῦ καὶ ὑπισχνούμενος. πρὸς δὲ τοὺς παρὰ τούτου λόγους ὡρμηκότας ὑμᾶς λαβὼν ὁ Φιλοκράτης ἐγγράφει τοῦτ' εἰς τὸ ψήφισμα, "ἐὰν δὲ μὴ ποιῶσι Φωκεῖς ἃ δεῖ καὶ παραδιδῶσι τοῖς Ἀμφικτύοσι τὸ ἱερόν, ὅτι βοηθήσει ὁ δῆμος ὁ Ἀθηναίων ἐπὶ τοὺς διακωλύοντας ταῦτα γίγνεσθαι." **(50)** οὐκοῦν, ἄνδρες Ἀθηναῖοι, μενόντων μὲν ὑμῶν οἴκοι καὶ οὐκ ἐξεληλυθότων, ἀπεληλυθότων δὲ τῶν Λακεδαιμονίων καὶ προῃσθημένων τὴν ἀπάτην, οὐδενὸς δ' ἄλλου παρόντος τῶν Ἀμφικτυόνων πλὴν Θετταλῶν καὶ Θηβαίων, εὐφημότατ' ἀνθρώπων τούτοις παραδοῦναι γέγραφε τὸ ἱερὸν γράψας τοῖς Ἀμφικτύοσιν παραδοῦναι (ποίοις; οὐ γὰρ ἦσαν αὐτόθι πλὴν Θηβαῖοι καὶ Θετταλοί), ἀλλ' οὐ "συγκαλέσαι δὲ τοὺς Ἀμφικτύονας," οὐδ' "ἐπισχεῖν ἕως ἂν συλλεγῶσιν," οὐδὲ "βοηθεῖν Πρόξενον εἰς Φωκέας," οὐδ' "ἐξιέναι Ἀθηναίους," οὐδὲ τοιοῦτ' οὐδέν. **(51)** καίτοι καὶ ἐπιστολὰς ἔπεμψεν ὁ Φίλιππος δύο καλούσας ὑμᾶς, οὐχ ἵν' ἐξέλθητε· πώμαλα· οὐ γὰρ ἄν ποτε τοὺς χρόνους ἀνελών, ἐν οἷς ἠδυνήθητ' ἂν ἐξελθεῖν, τηνικαῦτ' ἐκάλει· οὐδ' ἂν ἐμέ, ἡνίκα δεῦρο ἀποπλεῖν ἐβουλόμην, κατεκώλυεν· οὐδὲ τοιαῦτα λέγειν τούτῳ προσέταττεν, ἐξ ὧν ἥκισθ' ὑμεῖς ἐμέλλετ' ἐξιέναι· ἀλλ' ἵνα, ἃ ἐβούλεσθ' οἰόμενοι πράξειν αὐτόν, μηδὲν ἐναντίον ψηφίσαισθε αὐτῷ, μηδ' ἀμύνοιντο μηδ'

48 ἀλλ'—ἐπηγγέλλετο Schol. D. 19.47.121
49 πρὸς—ψήφισμα Schol. D. 19.47.121
50 οὐκοῦν—ἱερόν Anon. Fig. 3.127.17 Sp. παρόν]τος—**51** πώ[μαλα P. Oxy. LXVII 4571
51 καίτοι—πώμαλα Lex. Pat. ad loc. Sud. π 2177 πώμαλα Harp. π 132

1 τοσούτου ⟨γε⟩ F ἐπαγγέλλεσθαι del. Benseler 2 ἡμῖν A : [F[a]] 4 λαβὼν ὑμᾶς SY, sed vide 19 ὁ om. S[a] εἰς om. Schol. D. 5 δὲ om. S[a]Y 7 διακωλύσοντας A[c] αὐτὰ F[a] 8 ὑμῶν om. Anon. 10 δ' om. Anon. παρόντων A 11 εὐφημοτάτων Anon. : [Π4571] 12 γέγραφε παραδοῦναι A 14 οὐ συγκ. δὲ] οὐδὲ συγκ. FY Schol. D. 19.50.131 : [Π4571] ⟨ἔδει⟩ τοὺς S[c]F[γρ] 18 ἐξέλθοιτε Aldina 21 ὑμεῖς ἥκιστα F 23 ψηφίσησθε S[c]A : -σασθε S ἀμύναιντο SY

ἀντέχοιεν οἱ Φωκεῖς ἐπὶ ταῖς παρ' ὑμῶν ἐπανέχοντες ἐλπίσιν, ἀλλ' ἀπογνόντες ἅπαντα αὑτοὺς ἐγχειρίσαιεν. λέγε δ' αὐτοῖς αὐτὰς τὰς ἐπιστολὰς τὰς τοῦ Φιλίππου.

ΕΠΙΣΤΟΛΑΙ

52. Αἱ μὲν τοίνυν ἐπιστολαὶ καλοῦσιν αὗται, καὶ νὴ Δία ἤδη γε· τούτοις δ', εἴπερ ἦν ὑγιές τι τούτων, τί ἄλλο προσῆκεν ἢ συνειπεῖν ὅπως ἐξέλθητε ὑμεῖς, καὶ τὸν Πρόξενον ὃν περὶ τοὺς τόπους ᾔδεσαν ὄντα γράφειν εὐθέως βοηθεῖν; πάντα τοίνυν τἀναντία τούτων φαίνονται πεποιηκότες. εἰκότως· οὐ γὰρ οἷς ἐπέστελλε προσεῖχον τὸν νοῦν, ἀλλ' ἃ φρονῶν ταῦτ' ἔγραφεν συνῄδεσαν· τούτοις οὖν συνέπραττον καὶ τούτοις συνηγωνίζοντο. **(53)** οἱ μὲν τοίνυν Φωκεῖς, ὡς τὰ παρ' ὑμῶν ἐπύθοντο ἐκ τῆς ἐκκλησίας καὶ τό τε ψήφισμα τοῦτ' ἔλαβον τὸ τοῦ Φιλοκράτους καὶ τὴν ἀπαγγελίαν ἐπύθοντο τὴν τούτου καὶ τὰς ὑποσχέσεις, κατὰ πάντας τοὺς τρόπους ἀπώλοντο. σκοπεῖτε γάρ. ἦσαν ἀπιστοῦντές τινες αὐτόθι τῷ Φιλίππῳ καὶ νοῦν ἔχοντες· οὗτοι πιστεύειν ὑπήχθησαν. διὰ τί; ὅτι ἡγοῦντο, οὐδ' εἰ δεκάκις Φίλιππος αὐτοὺς ἐξηπάτα, οὐδέποτ' ἂν τούς γε Ἀθηναίων πρέσβεις Ἀθηναίους ἐξαπατᾶν τολμῆσαι, ἀλλ' εἶναι ταῦτ' ἀληθῆ ἃ οὗτος ἀπήγγελλε πρὸς ὑμᾶς, καὶ τοῖς Θηβαίοις ἥκειν, οὐχ αὑτοῖς ὄλεθρον. **(54)** ἦσαν ἄλλοι τινὲς οἳ πάσχειν ὁτιοῦν καὶ ἀμύνεσθαι δεῖν ᾤοντο· ἀλλὰ καὶ τούτους μαλακοὺς ἐποίησε τὸ τὸν Φίλιππον ὑπάρχειν αὑτοῖς πεισθῆναι, καὶ τὸ ταῦτ' εἰ μὴ ποιήσουσιν ὑμᾶς ἐπ' αὐτοὺς ἥξειν, οὓς βοηθήσειν αὑτοῖς ἤλπιζον ἐκεῖνοι. ἀλλὰ καὶ μεταμέλειν ὑμῖν ᾤοντό τινες πεποιημένοις τὴν πρὸς Φίλιππον εἰρήνην· τούτοις ὅτι καὶ τοῖς

52 *πάντα—πεποιηκότες* AB 138.10
53 *καὶ τὴν*—**57** *μὲν* P. Oxy. IX 1182

1 *ἐπέχοντες* S[c]FY : *ὑπέχοντες* S : del. Weil coll. 87, 121 2 *ἅπαντες* FY *ἐγχαιρήσαιεν* S[c]A[a] 3 *αὐτὰς* om. A 6 *προσῆκον* A 7 *ἐξέλθοιτε* F 13 *τε* om. FY[c] 14 *ἐπαγγελίαν* AF Π1182 15 *τοὺς* del. Dobree 17 *διὰ τί* om. cod. Q[a] 18 *γε* om. A 19 *πρέσβεις* ⟨*εἰς*⟩ S 20 *ἀπήγγειλε* AFY Π1182 21 *αὐτοῖς* SFY Π1182 23 *ὑπάρξειν* A *αὑτοῖς* Y : corr. Bk. : *αυτοῖς* SAF Π1182 : *αυτοὺς* cod. Q 24 *ποιήσωσιν* SA 26 ⟨*τὸν*⟩ *φίλιππον* A

ἐκγόνοις τὴν αὐτὴν ἐψηφίσασθ᾽ ἐπέδειξαν, ὥστε πανταχῇ τὰ παρ᾽ ὑμῶν ἀπογνωσθῆναι. διόπερ πάντα ταῦτα εἰς ἓν ψήφισμα συνεσκεύασαν. **(55)** ὃ καὶ μέγιστον ἔμοιγε δοκοῦσιν ἁπάντων ὑμᾶς ἠδικηκέναι· τὸ γὰρ πρὸς ἄνδρα θνητὸν καὶ διὰ καιρούς τινας ἰσχύοντα γράφοντας εἰρήνην ἀθάνατον συνθέσθαι τὴν κατὰ τῆς πόλεως αἰσχύνην, καὶ ἀποστερῆσαι μὴ μόνον τῶν ἄλλων, ἀλλὰ καὶ τῶν παρὰ τῆς τύχης εὐεργεσιῶν τὴν πόλιν, καὶ τοσαύτῃ περιουσίᾳ χρήσασθαι πονηρίας ὥστε μὴ μόνον τοὺς ὄντας Ἀθηναίους, ἀλλὰ καὶ τοὺς ὕστερόν ποτε μέλλοντας ἔσεσθαι πάντας ἠδικηκέναι, πῶς οὐχὶ πάνδεινόν ἐστιν; **(56)** τοῦτο τοίνυν οὐδέποθ᾽ ὑμεῖς ὑπεμείνατ᾽ ἂν ὕστερον προσγράψαι πρὸς τὴν εἰρήνην, τὸ καὶ τοῖς ἐκγόνοις, εἰ μὴ ταῖς παρ᾽ Αἰσχίνου ῥηθείσαις ὑποσχέσεσιν τότ᾽ ἐπιστεύσατε, αἷσπερ οἱ Φωκεῖς πιστεύσαντες ἀπώλοντο. καὶ γάρ τοι παραδόντες αὑτοὺς Φιλίππῳ καὶ ἑκόντες ἐγχειρίσαντες ἐκείνῳ τὰς πόλεις ἁπάντων τῶν ἐναντίων ὧν πρὸς ὑμᾶς οὗτος ἀπήγγειλεν ἔτυχον.

57. Ἵνα δ᾽ εἰδῆτε σαφῶς ὅτι ταῦθ᾽ οὕτω καὶ διὰ τούτους ἀπόλωλε, τοὺς χρόνους ὑμῖν λογιοῦμαι καθ᾽ οὓς ἐγίγνεθ᾽ ἕκαστα. περὶ ὧν δ᾽ ἄν τις ἀντιλέγῃ τούτων, ἀναστὰς ἐν τῷ ἐμῷ ὕδατι εἰπάτω. ἡ μὲν τοίνυν εἰρήνη Ἐλαφηβολιῶνος ἐνάτῃ ἐπὶ δέκα ἐγένετο, ἀπεδημήσαμεν δ᾽ ἡμεῖς ἐπὶ τοὺς ὅρκους τρεῖς μῆνας ὅλους· καὶ τοῦτον ἅπαντα τὸν χρόνον ἦσαν οἱ Φωκεῖς σῷοι. **(58)** ἥκομεν δὲ δεῦρ᾽ ἀπὸ τῆς πρεσβείας τῆς ἐπὶ τοὺς ὅρκους τρίτῃ ἐπὶ δέκα τοῦ Σκιροφοριῶνος μηνός, καὶ παρῆν ἐν Πύλαις ὁ Φίλιππος ἤδη καὶ τοῖς Φωκεῦσιν ἐπηγγέλλετο ὧν οὐδὲν ἐπίστευον ἐκεῖνοι. σημεῖον δέ· οὐ γὰρ ἂν δεῦρ᾽ ἧκον ὡς ὑμᾶς. ἡ δ᾽ ἐκκλησία μετὰ ταῦτα, ἐν ᾗ πάντα τὰ πράγματ᾽ ἀπώλεσαν οὗτοι ψευσάμενοι καὶ φενακίσαντες ὑμᾶς, τῇ ἕκτῃ

55 *τὸ—αἰσχύνην* Aristid. 23.28
58 *Φωκεῦσιν] ἐπηγγέλλετο*—**59** *ὑμῶ]ν ἀπ[ὸ* P. Yale I 22

---

1 *ἐγγόνοις* SF Π1182   2 *ὑμῖν* A   *ταῦτα πάντα* AF   *ψήφισμα ⟨οὗτοι⟩* S[c]F   6 *⟨παρὰ⟩ τῶν* FY[a]   8 *χρῆσθαι* A   11 *ὑπεμείνετ᾽* A   *ὕστερον* del. Weil   12 *ἐγγόνοις* SF[a] : [Π1182]   15 *ἐγχειρήσαντες* SA[a]   16 *ἡμᾶς* F   21 *δεκάτῃ* F[γρ]Y   *ἐγίγνετο* F   24 *δεκάτῃ* SF[γρ]Y   *τοῦ* om. SY   25 *ὁ φίλιππος ἐν πύλαις* SY   28 *ἀπολωλέκεσαν* A[c] : *ἐπώλεσαν* Π22 : [A]

ἐπὶ δέκα ἐγίγνετο τοῦ Σκιροφοριῶνος. **(59)** ἀπὸ τοίνυν ταύτης πεμπταῖα λογίζομαι τὰ παρ' ὑμῶν ἐν τοῖς Φωκεῦσι γενέσθαι· παρῆσαν γὰρ οἱ τῶν Φωκέων πρέσβεις ἐνθάδε, καὶ ἦν αὐτοῖς καὶ τί ἀπαγγελοῦσιν οὗτοι καὶ τί ψηφιεῖσθ' ὑμεῖς ἐπιμελές. οὐκοῦν εἰκάς, ᾗ τίθεμεν πυθέσθαι τοὺς Φωκέας τὰ παρ' ὑμῶν· ἀπὸ γὰρ τῆς ἕκτης εἰς ταύτην πέμπτη γίγνεται. ὑστέρα τοίνυν δεκάτη, ἐνάτη, ὀγδόη· ταύτῃ ἐγίγνονθ' αἱ σπονδαί, καὶ πάντα τἀκεῖ πράγματ' ἀπωλώλει καὶ τέλος εἶχεν. **(60)** τῷ τοῦτο δῆλον; τῇ τετράδι φθίνοντος ἠκκλησιάζετε μὲν τόθ' ὑμεῖς ἐν Πειραιεῖ περὶ τῶν ἐν τοῖς νεωρίοις, ἧκεν δὲ Δερκύλος ἐκ Χαλκίδος καὶ ἀπήγγελλεν ὑμῖν ὅτι πάντα τὰ πράγματ' ἐγκεχείρικε Θηβαίοις ὁ Φίλιππος, καὶ πέμπτην εἶναι ταύτην ἡμέραν ἐλογίζετ' ἀφ' οὗ γεγόνασιν αἱ σπονδαί. ὀγδόη τοίνυν, ἑβδόμη, ἕκτη, πέμπτη, τετράς· αὐτὸ συμβαίνει εἰς ταύτην εἶναι πέμπτην. οὐκοῦν τοῖς χρόνοις, οἷς ἀπήγγελλον, οἷς ἔγραφον, πᾶσιν ἐξελέγχονται συνηγωνισμένοι Φιλίππῳ καὶ συναίτιοι γεγονότες τοῦ τῶν Φωκέων ὀλέθρου. **(61)** ἔτι τοίνυν τὸ μηδεμίαν τῶν πόλεων τῶν ἐν Φωκεῦσιν ἁλῶναι πολιορκίᾳ μηδ' ἐκ προσβολῆς κατὰ κράτος, ἀλλ' ἐκ τοῦ σπείσασθαι πάντας ἄρδην ἀπολέσθαι, μέγιστόν ἐστι σημεῖον τοῦ διὰ τούτους πεισθέντας αὐτοὺς ὡς ὑπὸ τοῦ Φιλίππου σωθήσονται ταῦτα παθεῖν· οὐ γὰρ ἐκεῖνόν γε ἠγνόουν. φέρε δή μοι καὶ τὴν συμμαχίαν τὴν τῶν Φωκέων καὶ τὰ δόγματα ὑφ' ὧν καθεῖλον αὐτῶν τὰ τείχη, ἵν' εἰδῆθ' οἵων ὑπαρχόντων αὐτοῖς παρ' ὑμῶν οἵων ἔτυχον διὰ τούτους τοὺς θεοῖς ἐχθρούς. λέγε.

ΣΥΜΜΑΧΙΑ ΦΩΚΕΩΝ ΚΑΙ ΑΘΗΝΑΙΩΝ

60 *ἐξελέγχοντ]αι*—**61** *ἔτι* P. Yale I 22
61 *φέρε—Φωκέων* Plan. Schol. 5.478.13 W.

1 *ἐγίγνετο* post *σκιροφοριῶνος* F : *σκιροφοριῶνος μηνὸς* A Π22 2 *ὑμῖν* Π22 4 *ἀπαγγέλλουσιν* SA : [Π22] *ἐπιμελὲς ⟨εἰδέναι⟩* S^γρ AFY : [Π22] 8 *ἀπολώλει* SAF^a 9 *τόθ'* om. A 11 *ἀπήγγειλεν* A 12 *ἐγκεχείρηκε* cod. Q 12–13 *ἡμέραν εἶναι ταύτην* F 13 *ἐλογιζετ'* del. Cobet 19 *κατὰ κράτος* del. Cobet 22 *μοι καὶ* om. A 23 *καὶ* om. Plan. Schol. *καθεῖλεν* AFY 24 *οἵων*] *ὧν* SY 26 *καὶ ἀθηναίων* om. A : *καὶ θηβαίων* FY

62. Ἃ μὲν τοίνυν ὑπῆρχε παρ᾿ ὑμῶν αὐτοῖς, ταῦτ᾿ ἐστίν, φιλία, συμμαχία, βοήθεια· ὧν δ᾿ ἔτυχον διὰ τοῦτον τὸν βοηθῆσαι κωλύσαντα ὑμᾶς, ἀκούσατε. λέγε.

ΟΜΟΛΟΓΙΑ ΦΙΛΙΠΠΟΥ ΚΑΙ ΦΩΚΕΩΝ

Ἀκούετε, ὦ ἄνδρες Ἀθηναῖοι. "ὁμολογία Φιλίππου καὶ Φωκέων," φησίν, οὐχὶ Θηβαίων καὶ Φωκέων, οὐδὲ Θετταλῶν καὶ Φωκέων, οὐδὲ Λοκρῶν, οὐδὲ ἄλλου τῶν παρόντων οὐδενός· καὶ πάλιν "παραδοῦναι δὲ τὰς πόλεις Φωκέας," φησί, "Φιλίππῳ," οὐχὶ Θηβαίοις οὐδὲ Θετταλοῖς οὐδ᾿ ἄλλῳ οὐδενί. **(63)** διὰ τί; ὅτι Φίλιππος ἀπηγγέλλετο πρὸς ὑμᾶς ὑπὸ τούτου ἐπὶ τῇ τῶν Φωκέων σωτηρίᾳ παρεληλυθέναι. τούτῳ δὴ πάντ᾿ ἐπίστευον, καὶ πρὸς τοῦτον πάντ᾿ ἐσκόπουν, πρὸς τοῦτον ἐποιοῦντο τὴν εἰρήνην. λέγε δὴ τἀπίλοιπα. καὶ σκοπεῖτε τί πιστεύσαντες τί ἔπαθον. ἆρά γε ὅμοι᾿ ἢ παραπλήσια οἷς οὗτος ἀπήγγελλεν; λέγε.

ΔΟΓΜΑ ΑΜΦΙΚΤΥΟΝΩΝ

64. Τούτων, ὦ ἄνδρες Ἀθηναῖοι, δεινότερα οὐ γέγονεν οὐδὲ μείζω πράγματ᾿ ἐφ᾿ ἡμῶν ἐν τοῖς Ἕλλησιν, οἶμαι δ᾿ οὐδ᾿ ἐν τῷ πρόσθεν χρόνῳ. τηλικούτων μέντοι καὶ τοιούτων πραγμάτων κύριος εἷς ἀνὴρ {Φίλιππος} γέγονεν διὰ τούτους, οὔσης τῆς Ἀθηναίων πόλεως, ᾗ προεστάναι τῶν Ἑλλήνων πάτριον καὶ μηδὲν τοιοῦτον περιορᾶν γιγνόμενον. ὃν μὲν τοίνυν τρόπον οἱ ταλαίπωροι Φωκεῖς ἀπολώλασιν, οὐ μόνον ἐκ τῶν δογμάτων τούτων ἔστιν ἰδεῖν, ἀλλὰ καὶ ἐκ τῶν ἔργων ἃ πέπρακται,

62 βοη[θῆσαι—οὐδ[ενός P. Yale I 22
64 τούτων—γέγονεν Aristid. 45.10 —χρόνῳ Aps. 10.51

1 μὲν ⟨οὖν⟩ S^{c} : μόνον S : μὲν $S^{c(m.a.)}$AFY 3 κωλύσοντα A ἡμᾶς A : [Π22] 4 tit. om. Π22 6–7 οὐδὲ—φωκέων om. cod. Q 8 φησὶ φωκέας AF 9 οὐδὲ^{1}] οὐχὶ cod. Q 11–12 πάντ᾿—τοῦτον om. AF^{a} 13 ⟨πάντες⟩ ἐποιοῦντο F 13–14 τίνα . . . τί SY : οἷα . . . οἷα $S^{γρ}$A 14 ἔπασχον S^{a} 15 ἀπήγγειλε A 16 δόγματα cod. O 17 τούτων ⟨δὲ⟩ Aps. οὐ] οὔτε A : [F^{a}] οὐ γέγονεν ante ὦ Aristid. 20 del. Cobet 21 προσεστάναι $S^{a}Y^{a}$

(65) *θέαμα δεινόν, ὦ ἄνδρες Ἀθηναῖοι, καὶ ἐλεινόν· ὅτε γὰρ νῦν ἐπορευόμεθα εἰς Δελφούς, ἐξ ἀνάγκης ἦν ὁρᾶν ἡμῖν πάντα ταῦτα, οἰκίας κατεσκαμμένας, τείχη περιῃρημένα, χώραν ἔρημον τῶν ἐν ἡλικίᾳ, γύναια δὲ καὶ παιδάρια ὀλίγα καὶ πρεσβύτας ἀνθρώπους οἰκτρούς· οὐδ' ἂν εἷς δύναιτ' ἐφικέσθαι τῷ λόγῳ τῶν ἐκεῖ κακῶν νῦν ὄντων. ἀλλὰ μὴν ὅτι τὴν ἐναντίαν ποτὲ Θηβαίοις ψῆφον ἔθεντο οὗτοι περὶ ἡμῶν ὑπὲρ ἀνδραποδισμοῦ προτιθεῖσιν, ὑμῶν ἔγωγε ἀκούω πάντων.* **(66)** *τίν' ἂν οὖν οἴεσθε, ὦ ἄνδρες Ἀθηναῖοι, τοὺς προγόνους ὑμῶν, εἰ λάβοιεν αἴσθησιν, ψῆφον ἢ γνώμην θέσθαι περὶ τῶν αἰτίων τοῦ τούτων ὀλέθρου; ἐγὼ μὲν γὰρ οἶμαι κἂν καταλεύσαντας αὐτοὺς ταῖς ἑαυτῶν χερσὶν καθαροὺς ἔσεσθαι νομίζειν. πῶς γὰρ οὐκ αἰσχρόν, μᾶλλον δὲ εἴ τις ἔστιν ὑπερβολὴ τούτου, τοὺς σεσωκότας ἡμᾶς τότε καὶ τὴν σῴζουσαν περὶ ἡμῶν ψῆφον θεμένους, τούτους τῶν ἐναντίων τετυχηκέναι διὰ τούτους, καὶ περιῶφθαι τοιαῦτα πεπονθότας οἷα οὐδένες ἄλλοι*

65 *θέαμα δεινόν* Aristid. 47.16 Aps. 10.54, 55 Syr. Soptr. Marcell. 4.365.5 W. *θέαμα—ἐλεεινόν* Tib. Fig. 42.2 Ball. *—οἰκτρούς* Hermog. 124.10 R. Anon. Schol. in Inv. 7.732.24, 796n30 W. *—κακῶν* Greg. Cor. 7.1331.11 W. *ὅτε—περιῃρημένα* Plan. Schol. 5.418.6 W. *—οἰκτρούς* Theon 2.63.3 Sp. Alex. 3.25.21 Sp. *ἦν—οἰκτρούς* Hermog. 450.21 R. *οἰκίας—περιῃρημένα* Aps. 3.27, 10.55 *οὐδ'—ὄντων* AB 138.4 *ἀλλὰ—προτεθεῖσαν* Aps. 10.52
66 *τίν'—ὀλέθρου* cf. Aristid. 18.1

1 *ἐλεεινόν* SAFY : corr. Bl. *γὰρ*] *γοῦν* Theon 2 *νῦν* om. Alex. Theon Anon. (bis) Plan. Greg. Cor. : *νῦν* ⟨*δή*⟩ Cobet *εἰς Δελφοὺς ἐπορευόμεθα* Alex. *ἐξ ἀνάγκης* om. Alex. 2–3 *ἦν ἡμῖν ὁρᾶν ἅπαντα ταῦτα* A Greg. Cor. (*ἡμῖν* om. Greg. Cor.) : *ἦν ὁρᾶν ταῦτα πάντα* Hermog. (124) Alex. Anon. (796) Plan. : *ὁρᾶν ἦν ταῦτα πάντα* Theon : *ἦν ἰδεῖν* Hermog. (450) : *ἦν ὁρᾶν ταῦτα* Anon. (732) 3–4 *χώραν—ἡλικίᾳ* om. Alex. 4 *τῶν* om. Y[a] *δὲ* om. Alex. Anon. (796) *ὀλίγα* ⟨*καὶ ἄθλια*⟩ Alex. 5 *ἀνθρώπους* om. Alex. Anon. ⟨*ὅλως δὲ*⟩ *οὐδ'* AFY[c] AB Greg. Cor. *δύναιτ'* post *ἐφικέσθαι* F : post *λόγῳ* A Greg. Cor. 6 *ἀλλὰ*] *καὶ* Aps. 7 *ψῆφον* om. Aps. (cod. A) *ὑπὲρ ἡμῶν ἔθεντο* (*οὗτοι* om.) Aps. *ἡμῶν*] *ὑμῶν* A 8 *προτεθεῖσαν* SAFY : corr. MacDowell : *προτεθεισῶν* (sc. *ψήφων*) Weil 9 *ἂν* om. S[c]AF 10 *ψ. ἢ γν.*] *ὀργὴν ἢ ψῆφον* Aristid. *περὶ*] *κατὰ* Aristid. 11 *τούτων*] *τῶν φωκέων* S[c]AFY 14 *τούτου τοὺς*] *τούτους* S[a] *καὶ* del. Weidner

τῶν Ἑλλήνων; τίς οὖν ὁ τούτων αἴτιος; τίς ὁ ταῦτα φενακίσας; οὐχ οὗτος;

67. *Πολλὰ τοίνυν ἄν τις, ὦ ἄνδρες Ἀθηναῖοι, Φίλιππον εὐδαιμονίσας τῆς τύχης εἰκότως, τοῦτο μάλιστ᾽ ἂν εὐδαιμονίσειεν ἁπάντων, ὃ μὰ τοὺς θεοὺς καὶ τὰς θεὰς οὐκ ἔχω λέγειν ἔγωγε ἄλλον ὅστις εὐτύχηκεν ἐφ᾽ ἡμῶν. τὸ μὲν γὰρ πόλεις μεγάλας εἰληφέναι καὶ χώραν πολλὴν ὑφ᾽ ἑαυτῷ πεποιῆσθαι καὶ πάντα τὰ τοιαῦτα ζηλωτὰ μέν ἐστιν, οἶμαι, καὶ λαμπρά· πῶς γὰρ οὔ; ἔχοι δ᾽ ἄν τις εἰπεῖν πεπραγμένα καὶ ἑτέροις πολλοῖς.* **(68)** *ἀλλ᾽ ἐκεῖνο ἴδιον καὶ οὐδενὶ τῶν πάντων ἄλλῳ γεγονὸς εὐτύχημα. τὸ ποῖον; τὸ ἐπειδὴ πονηρῶν ἀνθρώπων εἰς τὰ πράγματ᾽ αὐτῷ ἐδέησεν, πονηροτέρους εὑρεῖν ἢ ἐβούλετο. πῶς γὰρ οὐχ οὗτοι τοιοῦτοι δικαίως ὑποληφθεῖεν ἄν, οἵ γε, ἃ ὑπὲρ αὑτοῦ Φίλιππος τηλικούτων ὄντων αὑτῷ τῶν διαφόρων οὐκ ἐτόλμα ψεύσασθαι, οὐδ᾽ ἔγραψεν οὔτ᾽ εἰς ἐπιστολὴν οὐδεμίαν, οὔτε πρεσβευτὴς οὐδεὶς εἶπεν τῶν παρ᾽ ἐκείνου, ἐπὶ ταῦτα μισθώσαντες ἑαυτοὺς ὑμᾶς ἐξηπάτων;* **(69)** *καὶ ὁ μὲν Ἀντίπατρος καὶ ὁ Παρμενίων, δεσπότῃ διακονοῦντες καὶ οὐ μέλλοντες ὑμῖν μετὰ ταῦτ᾽ ἐντεύξεσθαι, ὅμως τοῦθ᾽ εὕροντο, τὸ μὴ δι᾽ αὐτῶν ὑμᾶς ἐξαπατηθῆναι· οἱ δέ, Ἀθηναῖοι, τῆς ἐλευθερωτάτης πόλεως, πρέσβεις ταχθέντες ὑμᾶς, οἷς ἀπαντῶντας ἐμβλέπειν, οἷς συζῆν ἀνάγκη τὸν λοιπὸν βίον καὶ ἐν οἷς εὐθύνας ἤμελλον δώσειν τῶν πεπραγμένων, τούτους ἐξαπατᾶν ὑπέστησαν. πῶς ἂν ἄνθρωποι κακίους ἢ μᾶλλον ἀπονενοημένοι τούτων γένοιντο;*

70. *Ἵνα τοίνυν εἰδῆθ᾽ ὅτι καὶ κατάρατός ἐστιν ὑφ᾽ ὑμῶν, καὶ οὐδ᾽ ὅσιον ὑμῖν οὐδ᾽ εὐσεβές ἐστιν τοιαῦτ᾽ ἐψευσμένον*

1 *ταῦτα* om. F[a] 3 *πολλὰ* ⟨*μὲν*⟩ F *ἂν* om. A 4–5 *εὐδαιμονίσοιεν* A : [S[a]] 5 *ὃ*] *ὀύ* S : *οὗ* F[a] 6 *εὐτετύχηκεν* S 10 *ἐκεῖνό* ⟨*γε*⟩ A *ἄλλῳ* om. A : del. Dobree : *ἄλλο* F 12 *ἢ* om. cod. Q 13 *οἵ γε ἃ*] *εἴ γε* S[γρ]F 14 *αυτοῦ* SA : corr. cod. Lp : *ὧν αὐτὸς* FY : *ὧν* S[γρ] *οὐσῶν . . . διαφορῶν* cod. P 15 *οὐδ᾽ ἔγραψεν* om. F : *οὐδὲ γράψαι* A 15–16 *ἐπιστολὴν* ⟨*γράψαι*⟩ *οὐδεμίαν οὐδὲ* F 17 *ταῦτα* ⟨*οὗτοι*⟩ FY 19 *μετὰ ταῦθ᾽ ὑμῖν* F *ἐντεύξασθαι* AF[a] 20 *εὗρον* AY : *εὕραντο* F[a] *τὸ* om. S *ἀθηναῖοι* ⟨*οἱ*⟩ A : *ἀθηναίων* cod. Ft 22 *βίον*] *χρόνον* A 27 *ὑμῖν—εὐσεβές* om. F : del. Bl.

αὐτὸν ἀφεῖναι, λέγε τὴν ἀρὰν καὶ ἀνάγνωθι λαβὼν τὴν ἐκ τοῦ νόμου ταυτηνί.

ΑΡΑ

Ταῦθ᾽ ὑπὲρ ὑμῶν, ὦ ἄνδρες Ἀθηναῖοι, καθ᾽ ἑκάστην τὴν ἐκκλησίαν ὁ κῆρυξ εὔχεται νόμῳ προστεταγμένα, καὶ ὅταν ἡ βουλὴ καθῆται, παρ᾽ ἐκείνῃ πάλιν. καὶ ταῦτ᾽ οὐκ ἔνεστιν εἰπεῖν τούτῳ ὡς οὐκ εὖ ᾔδει· ὑπογραμματεύων γὰρ ὑμῖν καὶ ὑπηρετῶν τῇ βουλῇ αὐτὸς ἐξηγεῖτο τὸν νόμον τοῦτον τῷ κήρυκι. **(71)** *πῶς οὖν οὐκ ἄτοπον καὶ ὑπερφυὲς ἂν πεποιηκότες ὑμεῖς εἴητε, εἰ ἄρ᾽ ἃ προστάττετε, μᾶλλον δ᾽ ἀξιοῦτε ποιεῖν ὑπὲρ ὑμῶν τοὺς θεούς, ταῦτ᾽ αὐτοὶ κύριοι γεγενημένοι τήμερον μὴ ποιήσαιτε, ἀλλ᾽ ὃν ἐκείνοις εὔχεσθ᾽ ἐξώλη ποιεῖν αὐτὸν καὶ γένος καὶ οἰκίαν, τοῦτον ἀφείητε αὐτοί; μηδαμῶς· ὃς γὰρ ἂν ὑμᾶς λάθῃ, τοῦτον ἀφίετε τοῖς θεοῖς κολάζειν· ὃν δ᾽ ἂν αὐτοὶ λάβητε, μηκέτ᾽ ἐκείνοις περὶ τούτου προστάττετε.*

72. *Εἰς τοίνυν τοῦτ᾽ ἀναιδείας καὶ τόλμης αὐτὸν ἥξειν ἀκούω, ὥστε πάντων τῶν πεπραγμένων ἐκστάντα, ὧν ἀπήγγειλεν, ὧν ὑπέσχετο, ὧν πεφενάκικε τὴν πόλιν, ὥσπερ ἐν ἄλλοις τισὶ κρινόμενον καὶ οὐκ ἐν ὑμῖν τοῖς ἅπαντα εἰδόσιν, πρῶτον μὲν Λακεδαιμονίων, εἶτα Φωκέων, εἶτα Ἡγησίππου κατηγορήσειν. ἔστιν δὲ ταῦτα γέλως, μᾶλλον δ᾽ ἀναισχυντία δεινή.* **(73)** *ὅσα γὰρ νῦν ἐρεῖ περὶ τῶν Φωκέων ἢ τῶν Λακεδαιμονίων ἢ τοῦ Ἡγησίππου, ὡς Πρόξενον οὐχ ὑπεδέξαντο, ὡς ἀσεβεῖς εἰσίν, ὡς—ὅ τι ἂν δήποτ᾽ αὐτῶν κατηγορῇ, πάντα δήπου ταῦτα πρὸ τοῦ τοὺς πρέσβεις τούτους δεῦρ᾽ ἥκειν ἐπέπρακτο, καὶ οὐκ ἦν ἐμποδὼν τῷ τοὺς Φωκέας σῴζεσθαι, ὡς τίς φησιν; Αἰσχίνης αὐτὸς ουτοσί.* **(74)** *οὐ γὰρ*

70 *αὐτὸς —κήρυκι* Prisc. 311.9

---

1 *λέγε*] *λαβὲ* A 2 *ταύτην* A 3 tit. om. A 4 *τὴν* om. AF 6 *ἔστιν* F 7 *ἡμῖν* S[a] 8 *τοῦτον* om. Prisc. : del. Bl. 10 *ἄρ᾽* om. S[c]AF *προστάττεται* S *δ᾽* om. S[a] *ποιήσειν* FY 11 *αὐτοὶ*] *οἱ* S[a] 12 *ποιήσετε* AY 13 *ἀφίητε* S : corr. Bk. : *ἀφίετε* AFY : *ἀφήσετε* Lambinus *ἂν* om. F 16 *τοῦτο τοίνυν* A *ἥξειν αὐτὸν* F 23 ⟨*ἢ*⟩ *ὡς* ter S[γρ], duobus primis locis FY 24 *ἂν* om. S[γρ]

ὡς εἰ μὴ διὰ Λακεδαιμονίους, οὐδ᾽ ὡς εἰ μὴ Πρόξενον οὐχ ὑπεδέξαντο, οὐδ᾽ ὡς εἰ μὴ δι᾽ Ἡγήσιππον, οὐδ᾽ ὡς εἰ μὴ διὰ τὸ καὶ τὸ ἐσώθησαν ἂν οἱ Φωκεῖς, οὐχ οὕτω τότε ἀπήγγειλεν, ἀλλὰ πάντα ταῦθ᾽ ὑπερβὰς διαρρήδην ἥκειν πεπεικὼς ἔφη Φίλιππον Φωκέας σῴζειν, τὴν Βοιωτίαν οἰκίζειν, ὑμῖν τὰ πράγματα οἰκεῖα ποιεῖν· ταῦτα πεπράξεσθαι δυοῖν ἢ τριῶν ἡμερῶν· διὰ ταῦτα χρήμαθ᾽ ἑαυτῷ τοὺς Θηβαίους ἐπικεκηρυχέναι. **(75)** μὴ τοίνυν ἃ πρὸ τοῦ τοῦτον ἀπαγγεῖλαι ταῦτ᾽ ἐπέπρακτο ἢ Λακεδαιμονίοις ἢ Φωκεῦσιν ἀκούετε μηδ᾽ ἀνέχεσθε, μηδὲ κατηγορεῖν ἐᾶτε Φωκέων ὡς πονηροί. οὐδὲ γὰρ Λακεδαιμονίους διὰ τὴν ἀρετὴν αὐτῶν ποτ᾽ ἐσώσατε, οὐδὲ τοὺς καταράτους Εὐβοέας τουτουσί, οὐδ᾽ ἄλλους πολλούς, ἀλλ᾽ ὅτι συμφέρον ἦν σῶς εἶναι τῇ πόλει, ὥσπερ Φωκέας νυνί. καὶ τί τῶν Φωκέων ἢ τῶν Λακεδαιμονίων ἢ ὑμῶν ἢ ἄλλου τινὸς ἀνθρώπων μετὰ τοὺς παρὰ τούτου λόγους ἐξαμαρτόντος οὐκ ἀπέβη τὰ πρὸς ὑμᾶς ὑπὸ τούτου τότε ῥηθέντα; τοῦτ᾽ ἐρωτᾶτε· οὐ γὰρ ἕξει δεῖξαι. **(76)** πέντε γὰρ ἡμέραι γεγόνασι μόναι, ἐν αἷς οὗτος ἀπήγγειλε τὰ ψευδῆ, ὑμεῖς ἐπιστεύσατε, οἱ Φωκεῖς ἐπύθοντο, ἐνέδωκαν ἑαυτούς, ἀπώλοντο. ὅθεν οἶμαι καὶ δῆλόν ἐστι σαφῶς, ὅτι πᾶσα ἀπάτη καὶ τέχνη συνεσκευάσθη τοῦ περὶ Φωκέας ὀλέθρου. ὃν μὲν γὰρ χρόνον οὐχ οἷός τ᾽ ἦν ἐλθεῖν ὁ Φίλιππος διὰ τὴν εἰρήνην, ἀλλ᾽ ἦν ἐν παρασκευῇ, τοὺς Λακεδαιμονίους μετεπέμπετο, πάντα τὰ πράγμαθ᾽ ὑποσχόμενος πράξειν ἐκείνοις, ἵνα μὴ δι᾽ ὑμῶν αὐτοὺς οἱ Φωκεῖς ὑποποιήσωνται. **(77)** ἐπειδὴ δ᾽ ἧκεν εἰς Πύλας, οἱ Λακεδαιμόνιοι δ᾽ αἰσθόμενοι τὴν ἐνέδραν

75 *οὐδὲ γὰρ—πόλει* Prol. 432.6
76 *οὗτος—ἐπύθοντο* Sud. π 3173

---

1 διὰ om. F 3 ἂν om. F ἀπήγγελλεν AF 4 ταῦτα πάντα A ἔφη πεπεικὼς AF 5 ἡμῖν A 7 ⟨καὶ⟩ διὰ A τοῦτο Voemel 10 οὐδὲ] οὐ SY 11 ποτε αὐτῶν A 12—13 τουτουσί—πολλούς om. Prol. 13 συμφέρον—πόλει] συνέφερε ⟨τοῦτο⟩ τῇ πόλει Prol. 15 τούτων A 16 τότε om. F 18 γεγόνασιν ἡμέραι AF 20 ⟨ἡ⟩ πᾶσα Sauppe : πᾶσα ⟨ἡ⟩ Markland 21 ⟨τὸ⟩ τοῦ Richards ⟨τοὺς⟩ φωκέας AF[a] ⟨ἕνεκεν⟩ ὀλέθρου S[γρ] 22 ἦν om. F διὰ] μετὰ AY 24 ἐκείνοις ὑποσχόμενος πράξειν A 25 ἡμῶν A ποιήσωνται S : προσποιήσωνται van Herwerden

ὑπεχώρησαν, τοῦτον αὖ προκαθῆκεν ἐξαπατᾶν ὑμᾶς, ἵνα μὴ πάλιν, ὑμῶν αἰσθομένων ὅτι Θηβαίοις τὰ πράγματα πράττει, εἰς χρόνους καὶ πόλεμον καὶ τριβὴν ἐμπέσῃ, τῶν μὲν Φωκέων ἀμυνομένων, ὑμῶν δὲ βοηθούντων, ἀλλ' ἀκονιτὶ πάνθ' ὑφ' ἑαυτῷ ποιήσηται· ὅπερ καὶ γέγονεν. μὴ οὖν ὅτι καὶ Λακεδαιμονίους καὶ Φωκέας ἐξηπάτησε Φίλιππος, διὰ ταῦθ' ὧν ὑμᾶς οὗτος ἐξηπάτησε μὴ δότω δίκην· οὐ γὰρ δίκαιον.

78. Ἂν τοίνυν ἀντὶ Φωκέων καὶ Πυλῶν καὶ τῶν ἄλλων τῶν ἀπολωλότων Χερρόνησος ὡς περίεστι τῇ πόλει λέγῃ, πρὸς Διὸς καὶ θεῶν μὴ ἀποδέξησθε, ὦ ἄνδρες δικασταί, μηδ' ὑπομείνητε, πρὸς οἷς ἐκ τῆς πρεσβείας ἠδίκησθε, καὶ ἐκ τῆς ἀπολογίας ὄνειδος προσκατασκευασθῆναι τῇ πόλει, ὡς ἄρ' ὑμεῖς τῶν ἰδίων τι κτημάτων ὑπεξαιρούμενοι τὴν τῶν συμμάχων σωτηρίαν προήκασθε. οὐ γὰρ ἐποιήσατε τοῦτο, ἀλλ' ἤδη τῆς εἰρήνης γεγονυίας καὶ τῆς Χερρονήσου σῴας οὔσης τέτταρας μῆνας ὅλους ἐσῴζοντο οἱ Φωκεῖς τοὺς ὕστερον, ἡ δὲ τούτου ψευδολογία μετὰ ταῦθ' ὕστερον αὐτοὺς ἀπώλεσεν, ἐξαπατήσασα ὑμᾶς. **(79)** εἶτα καὶ νῦν ἐν μείζονι κινδύνῳ τὴν Χερρόνησον οὖσαν εὑρήσετε ἢ τότε. πότερον γὰρ εὐπορώτερον ἂν δίκην ἔδωκε Φίλιππος ἐξαμαρτὼν εἰς αὐτὴν πρὶν τούτων τι τῆς πόλεως προλαβεῖν, ἢ νυνί; ἐγὼ μὲν οἶμαι, τότε πολλῷ. τίς οὖν ἡ ταύτης περιουσία, τῶν φόβων ἀφῃρημένων καὶ τῶν κινδύνων τῶν τοῦ βουληθέντος ἂν αὐτὴν ἀδικῆσαι;

80. Ἔτι τοίνυν τοιοῦτό τι μέλλειν αὐτὸν ἀκούω λέγειν, ὅτι

78 *ἂν—πόλει*² Hermog. 139.13 R. —*ἀποδέξησθε* Prol. *πρὸς—ἀποδέξησθε* Hermog. 327.7 R.

79 *εἶτα—αὐτὴν* Hermog. 139.23 R. *ἀδικ]ῆσαι*—**80** *οἱ* P. Oxy. LXVII 4572

---

4 *ἀκονητὶ* AF[a] 5 *ὑπ' αυτων* A : *ὑπ' αυτὸν* A[c] 7 *οὗτος ἐξηπάτησεν ὑμᾶς* A *οὗτος* om. S[a] *διδότω* F 8 *Πυλῶν καὶ Φωκέων* Hermog. 8–9 *καὶ—ἀπολωλότων* om. Hermog. Prol. 9 *χερρόνησον* A : *ὡς Χερρόνησος* Hermog. *λέγει* A 10 *πρὸς—θεῶν* om. Hermog. (139) 11 *ὑπομείνητε* om. Hermog. 12 *προκατα-* A 13 *τι* om. cod. Q 16–17 *τοὺς ὕστερον* susp. Dobree 19 *οὖσαν* om. Hermog. 20 *ἂν* om. A 21 *τούτων τι*] *τι τῶν* S[γρ] *προσλαβεῖν* A 23 *ἂν* om. F[c]Y 25 ⟨*καὶ*⟩ *τοιοῦτό* AFY Π4572

θαυμάζει τί δήποτε Δημοσθένης αὐτοῦ κατηγορεῖ, Φωκέων δ᾽ οὐδείς. ὡς δὴ τοῦτ᾽ ἔχει, βέλτιον προακοῦσαι παρ᾽ ἐμοῦ. Φωκέων τῶν ἐκπεπτωκότων οἱ μὲν οἶμαι βέλτιστοι καὶ μετριώτατοι φυγάδες γεγενημένοι καὶ τοιαῦτα πεπονθότες ἡσυχίαν ἄγουσιν, καὶ οὐδεὶς ἂν αὐτῶν ἐθελήσειεν ὑπὲρ τῶν κοινῶν συμφορῶν ἰδίαν ἔχθραν ἀνελέσθαι· οἱ δ᾽ ὁτιοῦν ἂν ἀργυρίου ποιήσαντες τὸν δώσοντα οὐκ ἔχουσιν αὐτοῖς. **(81)** *οὐ γὰρ ἔγωγ᾽ ἂν ἔδωκ᾽ οὐδενὶ οὐδὲν ὥστε μοι παραστάντας ἐνταυθοῖ βοᾶν οἷα πεπόνθασιν· ἡ γὰρ ἀλήθεια καὶ τὰ πεπραγμένα αὐτὰ βοᾷ. ἀλλὰ μὴν ὅ γε δῆμος ὁ τῶν Φωκέων οὕτω κακῶς καὶ ἐλεινῶς διάκειται ὥστε μὴ περὶ τοῦ κατηγορεῖν ἑκάστῳ τὰς Ἀθήνησιν εὐθύνας εἶναι τὸν λόγον, ἀλλὰ δουλεύειν καὶ τεθνάναι τῷ φόβῳ Θηβαίους καὶ τοὺς Φιλίππου ξένους, οὓς ἀναγκάζονται τρέφειν, διῳκισμένοι κατὰ κώμας καὶ παρῃρημένοι τὰ ὅπλα.* **(82)** *μὴ δὴ ταῦτα λέγειν αὐτὸν ἐᾶτε, ἀλλ᾽ ὡς οὐκ ἀπολώλασι Φωκεῖς δεικνύναι, ἢ ὡς οὐχ ὑπέσχετο σώσειν αὐτοὺς Φίλιππον. τοῦτο γάρ εἰσι πρεσβείας εὔθυναι, τί πέπρακται; τί ἀπήγγειλας; εἰ μὲν ἀληθῆ, σῴζου· εἰ δὲ ψευδῆ, δίκην δός. εἰ δὲ μὴ πάρεισι Φωκεῖς, τί τοῦτο; οὕτω γὰρ διέθηκας αὐτούς, οἶμαι, τὸ μέρος σύ, ὥστε μήτε τοῖς φίλοις βοηθεῖν μήτε τοὺς ἐχθροὺς ἀμύνεσθαι δύνασθαι.*

83. *Καὶ μὴν ὅτι χωρὶς τῆς ἄλλης αἰσχύνης καὶ ἀδοξίας, ἣν τὰ πεπραγμένα ἔχει, καὶ μεγάλοι κίνδυνοι περιεστᾶσιν ἐκ τούτων τὴν πόλιν, ῥᾴδιον δεῖξαι. τίς γὰρ οὐκ οἶδεν ὑμῶν ὅτι*

80 *Φωκέων*—**81** *βοᾷ* Prol. 441.4 *τῶν*—*μετριώτατοι* Syr. Soptr. Marcell. 4.336.19 W.
83 *τίς*—*Φωκέας* Aristid. 113.5

---

1 *δημοσθένης μὲν* A Π45723 *δὴ*] *δὲ* AF : [Π4572] *προακοῦσαι* ⟨*ὑμᾶς*⟩ S[c] 4 *μετριώτατοι*] *δικαιότατοι* Syr. Soptr. Marcell. 5–6 *καὶ*—*ἀνελέσθαι* om. Prol. 6 *ἑλέσθαι* A[a] *ὁτιοῦν ἂν*] ⟨*μηδ᾽*⟩ *ὁτιοῦν ἄνευ* F[c]Y 7 *ἀργύριον* A *ποιήσοντες* AF[a]Y 8 *ἔδωκα ἂν* Prol. 8–9 *παραστάντα* A 9 *ἐνταυθὶ* S : *ἐνταῦθα* A 10 *βοᾶν* A[a] *τε* A[a] 11 *ἐλεεινῶς* SAFY : corr. Bl. 12 *ἄλλ᾽* ⟨*οὐ*⟩ S[a]F[c]Y[a] 13 ⟨*τοὺς*⟩ *θηβαίους* S[c] 14 *κώμας*] *χώραν* A 15 *περιῃρημένοι* S[γρ]F[c] 16 *ὡς*[2]] *οὓς* S[a] 17 *ἐστι* A 20 *τὸ* ⟨*κατὰ σαυτὸν*⟩ S[γρ] 21 *ἀμύνασθαι* SAF[c]Y 23–4 *τὴν πόλιν* ante *περιεστᾶσιν* A 24 *ὑμῶν* om. Aristid.

τῷ Φωκέων πολέμῳ καὶ τῷ κυρίους εἶναι Πυλῶν Φωκέας ἥ τε ἀπὸ Θηβαίων ἄδεια ὑπῆρχεν ἡμῖν, καὶ τὸ μηδέποτ᾽ ἐλθεῖν ἂν εἰς Πελοπόννησον μηδ᾽ εἰς Εὔβοιαν μηδ᾽ εἰς τὴν Ἀττικὴν Φίλιππον {μηδὲ Θηβαίους}; **(84)** *ταύτην μέντοι τὴν ἀπὸ τοῦ τόπου καὶ τῶν πραγμάτων αὐτῶν ἀσφάλειαν ὑπάρχουσαν τῇ πόλει ταῖς τούτων ἀπάταις καὶ ψευδολογίαις πεισθέντες προήκασθ᾽ ὑμεῖς, καὶ τετειχισμένην ὅπλοις καὶ πολέμῳ συνεχεῖ καὶ πόλεσιν μεγάλαις συμμάχων ἀνδρῶν καὶ χώρᾳ πολλῇ περιείδετ᾽ ἀνασταθεῖσαν. καὶ ματαία μὲν ἡ πρότερον βοήθεια εἰς Πύλας ὑμῖν γέγονεν, ἣν μετὰ πλειόνων ἢ διακοσίων ταλάντων ἐποιήσασθε, ἂν λογίσησθε τὰς ἰδίας δαπάνας τὰς τῶν στρατευσαμένων, μάταιαι δὲ καὶ αἱ κατὰ Θηβαίων ἐλπίδες.* **(85)** *ὃ δέ, πολλῶν ὄντων καὶ δεινῶν ὧν οὗτος ὑπηρέτηκε Φιλίππῳ, πλείστην ὕβριν ὡς ἀληθῶς ἔχει κατὰ τῆς πόλεως καὶ ἁπάντων ὑμῶν, τοῦτ᾽ ἀκούσατέ μου, ὅτι τοῖς Θηβαίοις ἐγνωκότος ἐξ ἀρχῆς τοῦ Φιλίππου πάνθ᾽ ἃ πεποίηκε ποιεῖν, οὗτος ἀπαγγείλας τἀναντία καὶ φανεροὺς ἐπιδείξας ὑμᾶς οὐχὶ βουλομένους, ὑμῖν μὲν τὴν ἔχθραν τὴν πρὸς Θηβαίους μείζω, Φιλίππῳ δὲ τὴν χάριν πεποίηκεν. πῶς ἂν οὖν ὑβριστικώτερον ἄνθρωπος ὑμῖν ἐχρήσατο;*

86. *Λέγε δὴ τὸ ψήφισμα λαβὼν τὸ τοῦ Διοφάντου καὶ τὸ τοῦ Καλλισθένους, ἵν᾽ εἰδῆτε ὅτι, ὅτε μὲν τὰ δέοντ᾽ ἐποιεῖτε, θυσιῶν καὶ ἐπαίνων ἠξιοῦσθε παρ᾽ ὑμῖν αὐτοῖς καὶ παρὰ τοῖς ἄλλοις, ἐπειδὴ δ᾽ ὑπὸ τούτων παρεκρούσθητε, παῖδας καὶ γυναῖκας ἐκ τῶν ἀγρῶν κατεκομίζεσθε καὶ τὰ Ἡράκλεια ἐντὸς τείχους θύειν ἐψηφίζεσθε, εἰρήνης οὔσης. ὃ καὶ θαυμάζω,*

84 *ταύτην—ἀσφάλειαν* Aristid. 113.6

---

2 *ὑμῖν* A   3 *ἂν ἐλθεῖν* F : *ἂν* om. A   4 del. Weidner   5 *αὐτῶν* om. F Aristid.   10 *προτέρα* AFY   ⟨*ἡ*⟩ *εἰς* A   *ἡμῖν* AF   11 *ἐποιήσασθε* ⟨*ὑμεῖς*⟩ A   *προσλογίσησθε* Cobet   12 *τὰς* om. AF   *καὶ* om. A   13 *ὧν* om. S[a]   15 ⟨*κατὰ*⟩ *πάντων* F   17 *ἃ πεποίηκε*] *ἅπερ προῄρητο* FY   *φανερῶς* Cobet   20 *οὖν* om. AF   *ὑμῖν ἄνθρωπος* A   21 *τὸ τοῦ διοφάντου λαβὼν* A   24 *ἄλλοις* ⟨*ἕλλησιν*⟩ A   25 *κατεκομίζετε* A : *κατακομίζετε* F : *κατακομίζεσθε* F[c] : *μετακομίζετε* cod. Sc   26 ⟨*τοῦ*⟩ *τείχους* cod. Q   *ἐψηφίσασθε* F[a]

εἰ τὸν μηδὲ τοὺς θεούς, καθ᾽ ὃ πάτριον ἦν, τιμᾶσθαι ποιήσαντα, τοῦτον ἀτιμώρητον ἀφήσετε. λέγε τὸ ψήφισμα.

ΨΗΦΙΣΜΑ

Ταῦτα μὲν τότε ἄξια, ὦ ἄνδρες Ἀθηναῖοι, τῶν πεπραγμένων ἐψηφίσασθε. λέγε δὴ τὰ μετὰ ταῦτα.

ΨΗΦΙΣΜΑ

87. *Ταῦτα τότ᾽ ἐψηφίζεσθ᾽ ὑμεῖς διὰ τούτους, οὐκ ἐπὶ ταύταις ταῖς ἐλπίσιν οὔτε κατ᾽ ἀρχὰς ποιησάμενοι τὴν εἰρήνην καὶ τὴν συμμαχίαν, οὔθ᾽ ὕστερον ἐγγράψαι πεισθέντες ⟨εἰς⟩ αὐτὴν "καὶ τοῖς ἐκγόνοις", ἀλλ᾽ ὡς θαυμάσι᾽ ἡλίκα πεισόμενοι διὰ τούτους ἀγαθά. καὶ μὴν καὶ μετὰ ταῦθ᾽ ὁσάκις πρὸς Πορθμῷ ἢ πρὸς Μεγάροις ἀκούοντες δύναμιν Φιλίππου καὶ ξένους ἐθορυβεῖσθε, πάντες ἐπίστασθε. οὐ τοίνυν εἰ μήπω τῆς Ἀττικῆς ἐπιβαίνει, δεῖ σκοπεῖν οὐδὲ ῥαθυμεῖν, ἀλλ᾽ εἰ διὰ τούτους ἐξουσία γέγονεν αὐτῷ τοῦθ᾽ ὅταν βούληται ποιῆσαι, τοῦθ᾽ ὁρᾶν, καὶ πρὸς ἐκεῖνο τὸ δεινὸν βλέπειν, καὶ τὸν αἴτιον καὶ παρασκευάσαντα τὴν ἐξουσίαν ταύτην ἐκείνῳ μισεῖν καὶ τιμωρεῖσθαι.*

88. *Οἶδα τοίνυν ὅτι τοὺς μὲν ὑπὲρ τῶν κατηγορημένων αὐτοῦ λόγους Αἰσχίνης φεύξεται, βουλόμενος δ᾽ ὑμᾶς ὡς πορρωτάτω τῶν πεπραγμένων ἀπάγειν διέξεισιν ἡλίκα πᾶσιν ἀνθρώποις ἀγαθὰ ἐκ τῆς εἰρήνης γίγνεται καὶ τοὐναντίον ἐκ τοῦ πολέμου κακά, καὶ ὅλως ἐγκώμια εἰρήνης ἐρεῖ, καὶ τοιαῦτα ἀπολογήσεται. ἔστι δὲ καὶ ταῦτα κατηγορήματα τούτου. εἰ γὰρ ἡ τοῖς ἄλλοις ἀγαθῶν αἰτία τοσούτων πραγμάτων καὶ*

88 *οἶδα—διέθηκαν* Prol. 435.9

1–2 *εἰ—ἀφήσετε* om. SY[a] 1 *μηδὲ τὸν* FY[c] 4 *τότε* post *τῶν* A 5 *ἐψηφίσασθε* om. A 8 *οὐδὲ* SF[c] : [Y[a]] 9 add. Markland 11 *καὶ*[2] om. A 17 *συμπαρασκευάσαντα* S[c] : ⟨*τὸν*⟩ *παρασκ.* AF 19 *κατηγορημένων*] *πεπραγμένων* Prol. 20 *αὐτοῦ* S[c]FY : corr. Bk. : [A] : *αὐτῶν* S : *αὐτοὺς* post 20 *λόγους* Prol. 21 *πραγμάτων* F *ἀπαγαγεῖν* Prol. 22 *καὶ* om. A 24 ⟨*αὐτὰ*⟩ *ταῦτα* Prol. : *ταῦτα* ⟨*πάντα*⟩ AFY 25 *ἀγαθοῖς* S[a] 25–1 *τοσούτων—αἰτία* (*ὁμ.*) om. cod. Q

τηλικαύτης ταραχῆς ἡμῖν αἰτία γέγονεν, τί τις εἶναι τοῦτο φῇ πλὴν ὅτι δῶρα λαβόντες οὗτοι καλὸν πρᾶγμα φύσει κακῶς διέθηκαν; **(89)** "τί δέ; οὐ τριήρεις τριακόσιαι καὶ σκεύη ταύταις καὶ χρήμαθ' ὑμῖν περίεστιν καὶ περιέσται διὰ τὴν εἰρήνην;" ἴσως ἂν εἴποι. πρὸς δὴ ταῦτα ἐκεῖνο ὑμᾶς ὑπολαμβάνειν δεῖ, ὅτι καὶ τὰ Φιλίππου πράγματα ἐκ τῆς εἰρήνης γέγονεν εὐπορώτερα πολλῷ, {καὶ} κατασκευαῖς ὅπλων καὶ χώρας καὶ προσόδων αἳ γεγόνασιν ἐκείνῳ μεγάλαι. γεγόνασιν δὲ καὶ ἡμῖν τινές. **(90)** ἡ δέ γε τῶν πραγμάτων κατασκευὴ καὶ τῶν συμμάχων, δι' ἣν ἢ αὑτοῖς ἢ τοῖς κρείττοσι τἀγαθὰ πάντες κέκτηνται, ἡ μὲν ἡμετέρα πραθεῖσα ὑπὸ τούτων ἀπόλωλεν καὶ γέγονεν ἀσθενής, ἡ δ' ἐκείνου φοβερὰ καὶ μείζων πολλῷ. οὐ δὴ δίκαιον ἐκείνῳ μὲν ἀμφότερ' ηὐξῆσθαι διὰ τούτους καὶ τὰ τῶν συμμάχων καὶ τὰ τῶν προσόδων, ἃ δ' ἡμῖν δικαίως ἂν ὑπῆρχεν ἐκ τῆς εἰρήνης, ταῦτα ἀνθ' ὧν ἀπέδοντο αὐτοὶ λογίζεσθαι. οὐ γὰρ ταῦτ' ἀντ' ἐκείνων γέγονεν, οὐδὲ πολλοῦ δεῖ, ἀλλὰ ταῦτα μὲν ἦν ἂν ὁμοίως ἡμῖν, ἐκεῖνα δὲ τούτοις ἂν προσῆν εἰ μὴ διὰ τούτους.

91. Ὅλως δ', ὦ ἄνδρες Ἀθηναῖοι, δίκαιον δήπου φήσαιτ' ἂν εἶναι, μήτ' εἰ πολλὰ καὶ δεινὰ τὰ συμβεβηκότ' ἐστὶν τῇ πόλει, μηδενὸς δ' Αἰσχίνης αἴτιος τούτων, εἰς τοῦτον ἐλθεῖν τὴν ὀργήν, μήτ' εἴ τι τῶν δεόντων πέπρακται δι' ἄλλον τινά, τοῦτο σῶσαι τουτονί· ἀλλ' ὅσων οὗτος αἴτιος σκεψάμενοι καὶ χάριν, ἂν ταύτης ἄξιος ᾖ, καὶ τοὐναντίον ὀργήν, ἂν

89 *τί—μεγάλαι* Prol. 436.6
90 *οὐ δὴ—τούτους* Prol. 436.13

---

1 *τηλικαύτης* om. SA *φαίη* FY 2 *λαμβάνοντες οὗτοι ⟨τὸ⟩* Schol. D. 19.88.205 3 *δέ*] *δαί* Prol. *διακόσιαι* A 4 *καὶ περιέσται* om. Prol. : del. Naber 5 *δὴ*] *δὲ* AF Prol. 6 *ἐκ τῆς εἰρήνης* post *εὐπορώτερα* Prol. 7 del. Schaefer : *κατασκευαῖς καὶ* Richards *ὅπλων* om. cod. Q *χώραις* $F^{c}Y^{c}$ Prol. 8 *προσόδοις* A Prol. 9 *ἡμῶν* F 10 *ἢ*[1] om. A 12 *ἐκείνων* F^{a} 13 *διὰ τούτους* om. Prol. 14 *τῶν προσόδων καὶ τὰ τῶν ξυμμάχων* A : *τῆς χώρας καὶ τὰ τῶν συμμάχων* Prol. *ἃ δ' ὑμῖν* SY Prol. : *ἡμῖν δὲ ἃ* F^{a} : *ὑμῖν δὲ ἃ* A *δικαίως*] *δὴ καὶ ὡς* Weil : *καὶ ὡς* Bl. 15 *ἂν* om. $F^{\gamma\rho}Y^{a}$ *ὑπῆρξεν* A *αὐτοὶ*] *οὗτοι* AF Prol. 19 *⟨καὶ⟩ δίκαιον* $F^{c}Y$ 20 *ἐστὶν* om. F^{a}

τοιαῦτα φαίνηται, ποιεῖσθε. **(92)** πῶς οὖν εὑρήσετε ταῦτα δικαίως; ἐὰν μὴ πάνθ' ἅμα ἐᾶτε ταράττειν αὐτόν, τὰ τῶν στρατηγῶν ἀδικήματα, τὸν πόλεμον τὸν πρὸς Φίλιππον, τἀπὸ τῆς εἰρήνης ἀγαθά, ἀλλ' ἕκαστον ἐφ' αὑτοῦ σκοπῆτε. οἷον, ἦν ἡμῖν πόλεμος πρὸς Φίλιππον; ἦν. ἐνταῦθ' ἐγκαλεῖ τις Αἰσχίνῃ; βούλεταί τις τούτου κατηγορεῖν περὶ τῶν ἐν τῷ πολέμῳ πραχθέντων; οὐδὲ εἷς. οὐκοῦν περὶ τούτου γ' ἀφεῖται καὶ οὐδὲν αὐτὸν δεῖ λέγειν· περὶ γὰρ τῶν ἀμφισβητουμένων καὶ τοὺς μάρτυρας παρέχεσθαι καὶ τὰ τεκμήρια δεῖ λέγειν τὸν φεύγοντα, οὐ τὰ ὁμολογούμενα ἀπολογούμενον ἐξαπατᾶν. ὅπως τοίνυν περὶ τοῦ πολέμου μηδὲν ἐρεῖς· οὐδεὶς γὰρ οὐδὲν αἰτιᾶται περὶ αὐτοῦ σε. **(93)** μετὰ ταῦτ' εἰρήνην τινὲς ἡμᾶς ἔπειθον ποιήσασθαι· ἐπείσθημεν· πρέσβεις ἐπέμψαμεν· ἤγαγον οὗτοι δεῦρο τοὺς ποιησομένους τὴν εἰρήνην. πάλιν ἐνταῦθα περὶ τούτου μέμφεταί τις Αἰσχίνην; φησί τις εἰσηγήσασθαι τοῦτον εἰρήνην, ἢ ἀδικεῖν ὅτι δεῦρ' ἤγαγε τοὺς ποιησομένους; οὐδὲ εἷς. οὔκουν οὐδ' ὑπὲρ αὐτοῦ τοῦ ποιήσασθαι τὴν πόλιν εἰρήνην οὐδὲν αὐτῷ λεκτέον· οὐ γὰρ οὗτος αἴτιος. **(94)** "τί οὖν, ἄνθρωπε, λέγεις," εἴ τις ἔροιτό με, "καὶ πόθεν ἄρχει κατηγορεῖν;" ὅθεν, ὦ ἄνδρες Ἀθηναῖοι, βουλευομένων ὑμῶν, οὐ περὶ τοῦ εἰ ποιητέον εἰρήνην ἢ μή (ἐδέδοκτο γὰρ ἤδη τοῦτό γε) ἀλλ' ὑπὲρ τοῦ ποίαν τινά, τοῖς τὰ δίκαια λέγουσιν ἀντειπὼν τῷ μισθοῦ γράφοντι συνεῖπε δῶρα λαβών, καὶ μετὰ ταῦτα ἐπὶ τοὺς ὅρκους αἱρεθείς, ὧν μὲν ὑμεῖς προσετάξατε, οὐδ' ὁτιοῦν ἐποίησεν, τοὺς δ' ἐπὶ τοῦ πολέμου διασωθέντας ἀπώλεσε

92 λεμος] πρὸς—μάρτ]υ[ρας P. Oxy. LXVII 4573
93 τ]ινὲς—ἀδι[κεῖν P. Oxy. LXVII 4573

1 τοιαῦτα] ταῦτα S[γρ] φαίνηται ⟨πεποιηκὼς⟩ S[γρ]FY ποιεῖσθε] ἀπονείματε ⟨αὐτῷ⟩ S[γρ] εὑρήσεται S 2 πράττειν S[a] 4 σκοπεῖτε Y : [F[a]] 5 siglum interogationis posuit Markland ἐντεῦθ' A : [Π4573] 6 τις[2]] τι A 7 τούτων S[c]FY : [S] ἀφεῖτε Feliciana 10 φυγόντα S[a] 12–13 ἔπει[θ]ον ἡμᾶς Π4573 14 αὐτοὶ Y 15 τούτων F[a] φήσει AF[c]Y[a] 16 ποιησομένους] σπεισομένους (τὴν εἰρήνην deleto) van Herwerden 17 οὐκοῦν SA 19 εἴ om. A[a] : ἢ S 22 γε om. A τοῖς ⟨γὰρ⟩ FY 23 γράφουσιν AF 25 ἐν τῷ πολέμῳ A

τῶν συμμάχων, καὶ τηλικαῦτα καὶ τοιαῦτα ἐψεύσατο ἡλίκα οὐδεὶς πώποτ' ἄλλος ἀνθρώπων οὔτε πρότερον οὔθ' ὕστερον. τὸ μὲν γὰρ ἐξ ἀρχῆς ἄχρι τοῦ λόγου τυχεῖν Φίλιππον ὑπὲρ τῆς εἰρήνης, Κτησιφῶν καὶ Ἀριστόδημος τὴν πρώτην ἔφερον τοῦ φενακισμοῦ, ἐπειδὴ δ' εἰς τὸ πράττειν ἤδη τὰ πράγμαθ' ἧκεν, Φιλοκράτει καὶ τούτῳ παρέδωκαν, ἐκδεξάμενοι δ' οὗτοι πάντ' ἀπώλεσαν. **(95)** *εἶτ' ἐπειδὴ δεῖ λόγον καὶ δίκην ὑπέχειν τῶν πεπραγμένων, ὤν, οἶμαι, πανοῦργος οὗτος καὶ θεοῖς ἐχθρὸς καὶ γραμματεύς, ὡς ὑπὲρ τῆς εἰρήνης κρινόμενος ἀπολογήσεται, οὐχ ἵνα πλειόνων ἢ κατηγορεῖ τις αὐτοῦ δῷ λόγον· μανία γὰρ τοῦτό γε· ἀλλ' ὁρᾷ τοῦθ' ὅτι ἐν μὲν τοῖς ὑφ' αὑτοῦ πεπραγμένοις ἀγαθὸν μὲν οὐδέν ἐστιν, ἅπαντα δὲ τἀδικήματα, ἡ δ' ὑπὲρ τῆς εἰρήνης ἀπολογία, καὶ εἰ μηδὲν ἄλλο, τοὔνομα γοῦν ἔχει φιλάνθρωπον.* **(96)** *ἣν δέδοικα μέν, ὦ ἄνδρες Ἀθηναῖοι, δέδοικα, μὴ λελήθαμεν, ὥσπερ οἱ δανειζόμενοι, ἐπὶ πολλῷ ἄγοντες· τὸ γὰρ ἀσφαλὲς αὐτῆς καὶ τὸ βέβαιον οὗτοι προύδοσαν, Φωκέας καὶ Πύλας· οὐ μὴν διὰ τοῦτόν γ' ἐξ ἀρχῆς ἐποιησάμεθα, ἀλλ'—ἄτοπον μέν ἐστιν ὃ μέλλω λέγειν, ἀληθὲς δὲ πάνυ· εἰ γάρ τις ὡς ἀληθῶς χαίρει τῇ εἰρήνῃ, τοῖς στρατηγοῖς, ὧν κατηγοροῦσιν ἅπαντες, χάριν αὐτῆς ἐχέτω· εἰ γὰρ ἐκεῖνοι ὡς ὑμεῖς ἐβούλεσθε ἐπολέμουν, οὐδ' ὄνομα εἰρήνης ἂν ὑμεῖς ἠνέσχεσθε.* **(97)** *εἰρήνη μὲν οὖν δι' ἐκείνους, ἐπικίνδυνος δὲ καὶ σφαλερὰ καὶ ἄπιστος διὰ τούτους γέγονεν δωροδοκήσαντας. εἴργετ' οὖν, εἴργετε αὐτὸν τῶν ὑπὲρ τῆς εἰρήνης λόγων, εἰς δὲ τοὺς ὑπὲρ τῶν πεπραγμένων*

94 *τὸ—φενακισμοῦ* Harp. κ 86
96 *δέδοικα—δέδοικα* Anon. Fig. 3.116.13 Sp. Anon. Schol. in Inv. 7.838.11 W.
97 *εἴργετ' οὖν—λόγων* Aristid. 45.7

---

1 *καὶ τοιαῦτα* om. F[a] 2 *ἄλλος* om. A 3 *τοῦ* om. A *ὑπὲρ* om. S[γρ]A 4 ⟨*τὴν ἀρχὴν*⟩ *τὴν* S[a]FY 5 *ἐπεὶ* F *ἤδη* om. A 6 *ἧκον* A *δεξάμενοι* S[a]F[c]Y 7 *λόγον* ⟨*αὐτὸν*⟩ S[γρ]A 8 *ὑποσχεῖν* S[γρ]A ⟨*ὁ*⟩ *πανοῦργος* F[c] 9 *καὶ* del. Schaefer *τῆς* om. S 10 *δώσῃ* F[a] 13 *δ' ἀδικήματα* Hertlein 15–16 *ὥσπερ οἱ δανειζόμενοι* del. Dobree 18 *τούτους* Markland *ἐποιησάμεθα* ⟨*τὴν εἰρήνην*⟩ S[c]F[γρ] 21 *αὐτῆς* om. A : *αὐτοῖς* F[c]Y 22 *ὑμεῖς* om. A 23 *τούτου* S[a]

ἐμβιβάζετε. οὐ γὰρ Αἰσχίνης ὑπὲρ τῆς εἰρήνης κρίνεται, οὔ, ἀλλ' ἡ εἰρήνη δι' Αἰσχίνην διαβέβληται. σημεῖον δέ· εἰ γὰρ ἡ μὲν εἰρήνη ἐγεγόνει, μηδὲν δ' ὕστερον ἐξηπάτησθε ὑμεῖς μηδ' ἀπωλώλει τῶν συμμάχων μηδείς, τίν' ἀνθρώπων ἐλύπησεν ἂν ἡ εἰρήνη, ἔξω τοῦ ἄδοξος γεγενῆσθαι; καίτοι καὶ τούτου συναίτιος οὗτος συνειπὼν Φιλοκράτει. ἀλλ' ἀνήκεστόν γ' οὐδὲν ἂν ἦν γεγονός. νῦν δ', οἶμαι, πόλλ', ὧν αἴτιος οὗτος.

98. Ὅτι μὲν τοίνυν αἰσχρῶς καὶ κακῶς πάντα ταῦθ' ὑπὸ τούτων ἀπόλωλεν καὶ διέφθαρται, οἶμαι πάντας ὑμᾶς εἰδέναι. ἐγὼ δ', ὦ ἄνδρες δικασταί, τοσοῦτ' ἀπέχω τοῦ συκοφαντίαν τινὰ τοῖς πράγμασι τούτοις προσάγειν ἢ ὑμᾶς ἀξιοῦν, ὥστ' εἰ ταῦθ' ὑπ' ἀβελτερίας ἢ δι' εὐήθειαν ἢ δι' ἄλλην ἄγνοιαν ἡντινοῦν οὕτω πέπρακται, αὐτός τ' ἀφίημι Αἰσχίνην καὶ ὑμῖν συμβουλεύω. **(99)** καίτοι τῶν σκήψεων τούτων οὐδεμί' ἐστὶν πολιτικὴ οὐδὲ δικαία. οὐδένα γὰρ τὰ κοινὰ πράττειν ὑμεῖς κελεύετε οὐδ' ἀναγκάζετε· ἀλλ' ἐπειδάν τις ἑαυτὸν πείσας δύνασθαι προσέλθῃ, πρᾶγμα ποιοῦντες ἀνθρώπων χρηστῶν καὶ φιλανθρώπων, εὐνοϊκῶς δέχεσθε καὶ οὐ φθονερῶς, ἀλλὰ καὶ χειροτονεῖτε καὶ τὰ ὑμέτερ' αὐτῶν ἐγχειρίζετε. **(100)** ἐὰν μὲν οὖν κατορθοῖ τις, τιμήσεται καὶ πλέον ἕξει τῶν πολλῶν κατὰ τοῦτο· ἂν δ' ἀποτυγχάνῃ, σκήψεις καὶ προφάσεις ἐρεῖ; ἀλλ' οὐ δίκαιον. οὐ γὰρ ἂν ἐξαρκέσειε τοῖς ἀπολωλόσιν συμμάχοις οὐδὲ τοῖς παισὶν αὐτῶν οὐδὲ ταῖς γυναιξὶν οὐδὲ τοῖς ἄλλοις διὰ τὴν ἀβελτερίαν τὴν ἐμήν, ἵνα μὴ τὴν τούτου λέγω, τοιαῦτα

97 οὐ—διαβέβληται Tib. Fig. 25.11 Ball.

---

1 συμβιβάζετε SF[c]Y : συνεμβιβάζετε cod. Hernandez ex cod. Ej   διὰ τὴν εἰρήνην Tib.   οὔκ Tib.   4 ἀπολώλει SA   τῶν συμμάχων om. S   ἄνθρωπον S[a]   5 ἡ εἰρήνη om. F   ἀδόξως FY   7 οἶμαι] οἶδα ὅτι S[γρ]   πόλλ', ὧν Badham : πολλῶν SAFY   ⟨κακῶν⟩ αἴτιος οὗτος S[γρ] : οὗτος αἴτιός ⟨ἐστι⟩ A : ⟨ἄλλων ἐστὶ κακῶν⟩ αἴτιος οὗτος F[c]Y : ⟨ἄλλων⟩ οὗτός ⟨ἐστι κακῶν⟩ αἴτιος cod. Q[γρ]   8 ταῦτα πάντα A   12 ἀβελτηρίας AF   13 οὕτω] αὐτῷ A   14 ⟨ἀφεῖναι⟩ συμβουλεύω AFY   16 ἐκελεύετε SY   17 ἀνθρώπων om. A   18 προσέχεσθε A   19 τὰ om. S[a]Y[a]   20 τιμηθήσεται F   20–1 κατὰ τοῦτο τῶν πολλῶν A   21–2 ἀλλ' οὐ] οὐ γὰρ cod. Q[a] : [F[a]]   23 αὐτῶν om. F   24 ἀβελτηρίαν F

πεπονθέναι· πολλοῦ γε καὶ δεῖ. **(101)** ἀλλ' ὅμως ὑμεῖς ἄφετ' Αἰσχίνῃ τὰ δεινὰ ταῦτα καὶ ὑπερβάλλοντα, ἂν δι' εὐήθειαν ἢ δι' ἄλλην ἄγνοιαν ἡντινοῦν λελυμασμένος φανῇ. ἂν μέντοι διὰ πονηρίαν ἀργύριον λαβὼν καὶ δῶρα, καὶ τοῦτ' ἐξελεγχθῇ σαφῶς ὑπ' αὐτῶν τῶν πεπραγμένων, μάλιστα μέν, εἰ οἷόν τε, ἀποκτείνατε, εἰ δὲ μή, ζῶντα τοῖς λοιποῖς παράδειγμα ποιήσατε. σκοπεῖτε δὴ τὸν ὑπὲρ τούτων ἔλεγχον, ὡς δίκαιος ἔσται, μεθ' ὑμῶν.

102. Ἀνάγκη δή που τοὺς λόγους τούτους Αἰσχίνην πρὸς ὑμᾶς εἰπεῖν τουτονί, τοὺς περὶ τῶν Φωκέων καὶ τῶν Θεσπέων καὶ τῆς Εὐβοίας, εἴπερ μὴ πεπρακὼς αὑτὸν ἑκὼν ἐξηπάτα, δυοῖν θάτερον, ἢ διαρρήδην ἀκούσαντα ὑποσχομένου Φιλίππου ὅτι πράξει ταῦτα καὶ ποιήσει, ἢ εἰ μὴ τοῦτο, γοητευθέντα καὶ φενακισθέντα τῇ περὶ τἆλλα φιλανθρωπίᾳ καὶ ταῦτ' ἐλπίσαντα παρ' αὐτοῦ. οὐκ ἔνεστι τούτων οὐδὲ ἓν χωρίς. **(103)** ἐκ τοίνυν τούτων ἀμφοτέρων μάλιστα πάντων ἀνθρώπων μισεῖν αὐτῷ προσήκει Φίλιππον. διὰ τί; ὅτι τὸ μὲν ἐκείνου μέρος πάντ' αὐτῷ γέγονεν τὰ δεινότατα καὶ τὰ αἴσχιστα. ὑμᾶς ἐξηπάτηκεν, ἀδοξεῖ, {δικαίως ἀπόλωλε,} κρίνεται· καὶ εἴ γέ τι τῶν προσηκόντων ἐγίγνετο, ἐν εἰσαγγελίᾳ πάλαι ἂν ἦν· νῦν δὲ διὰ τὴν ὑμετέραν εὐήθειαν καὶ πραότητα εὐθύνας δίδωσι, καὶ ταύτας ὁπηνίκα βούλεται. **(104)** ἔστιν οὖν ὅστις ὑμῶν φωνὴν ἀκήκοεν Αἰσχίνου κατηγοροῦντος Φιλίππου;

104 ad 109

101 ἀλλ'—φανῇ Schol. D. 19.98.221 π]αράδ[ειγμα—**103** μ[άλιστα P. Yale II 101 λ]ελυμ[ασμένος—**102** ὑποσχ[ομένου P. Oxy. LXVII 4574
103 τὴν ὑμετέραν—πραότητ' Thom. 149.6

---

1 ὅμως om. Schol. D. 2 αἰσχίνην F[a] 3 ἄλλην ⟨τινὰ⟩ A ἡντινοῦν om. Schol. D. 4 ἐλεγχθῇ A 5–6 εἰ οἷόν τε del. Cobet 6 λοιποῖς] πολλοῖς F : [Π4574] 7 τούτου S[a] : [Π4574] δικαίως Π101 9 τ[ο]ύτους τοὺ[ς λ]όγο[υς Π4574 Αἰσχίνην del. Weidner 9–10 τουτονὶ post αἰσχίνην AF Π101 Π4574 ut videtur 10 τῶν[2] om. F :[Π101] 13 ταῦτα πράξει A Π101 ut videtur 15 ἔστιν cod. Q 16 ἐκ om. F[a] 18 αἴσχιστα . . . δεινότατα van Herwerden 19 del. Weil : ἀπολωλέναι AFY καὶ om. S 21 ἡμ- F πραότητα καὶ εὐήθειαν F : εὐήθ. κ. φιλανθρωπίαν Thom.

τί δέ; ἐξελέγχοντα ἢ λέγοντά τι τοῦτον ἑόρακεν; οὐδὲ εἷς· ἀλλὰ πάντες Ἀθηναῖοι πρότερον κατηγοροῦσι Φιλίππου, καὶ ὁ τυχὼν ἀεί, ὧν οὐδὲν οὐδεὶς ἠδίκηται, ἰδίᾳ δήπου. ἐγὼ δ' ἐκείνους τοὺς λόγους ἐζήτουν παρὰ τούτου, εἴπερ μὴ πεπρακὼς αὑτὸν ἦν, "ἄνδρες Ἀθηναῖοι, ἐμοὶ μὲν χρήσασθε ὅ τι βούλεσθε· ἐπίστευσα, ἐξηπατήθην, ἥμαρτον, ὁμολογῶ. τὸν δὲ ἄνθρωπον, ἄνδρες Ἀθηναῖοι, φυλάττεσθε· ἄπιστος, γόης, πονηρός. οὐχ ὁρᾶτε οἷα πεποίηκεν ἐμέ; οἷα ἐξηπάτηκεν;" **(110)** τούτων οὐδένα ἀκούω τῶν λόγων, οὐδ' ὑμεῖς. διὰ τί; ὅτι οὐ παρακρουσθεὶς οὐδ' ἐξαπατηθείς, ἀλλὰ μισθώσας αὑτὸν καὶ λαβὼν ἀργύριον ταῦτ' εἶπε καὶ προύδωκεν ἐκείνῳ, καὶ γέγονεν καλὸς κἀγαθὸς καὶ δίκαιος μισθωτὸς ἐκείνῳ, πρεσβευτὴς μέντοι καὶ πολίτης ὑμῖν προδότης καὶ τρίς, οὐχ ἅπαξ, ἀπολωλέναι δίκαιος.

111. Οὐ τοίνυν μόνον ἐκ τούτων δῆλός ἐσθ' ὅτι χρημάτων ἅπαντ' εἶπεν ἐκεῖνα· ἀλλ' ἧκον ὡς ὑμᾶς ἔναγχος Θετταλοὶ καὶ Φιλίππου πρέσβεις μετ' αὐτῶν, ἀξιοῦντες ὑμᾶς Φίλιππον Ἀμφικτύονα εἶναι ψηφίσασθαι. τῷ προσῆκεν οὖν ἀντειπεῖν τούτοις μάλιστα πάντων ἀνθρώπων; Αἰσχίνῃ τουτῳί. διὰ τί; ὅτι οἷς οὗτος ἀπήγγειλε πρὸς ὑμᾶς, τούτοις τἀναντία ἐποίησεν ἐκεῖνος. **(112)** οὗτος μὲν γὰρ ἔφη Θεσπιὰς καὶ Πλαταιὰς αὐτὸν τειχιεῖν, καὶ τοὺς μὲν Φωκέας οὐκ ἀπολεῖν, τὴν δὲ Θηβαίων ὕβριν καταλύσειν· ὁ δὲ τοὺς μὲν Θηβαίους μείζους ἢ προσῆκε πεποίηκεν, τοὺς δὲ Φωκέας ἄρδην ἀπολώλεκε,

104 *ἄπιστος—ἐμέ* Soptr. in Artem 5.131.27 W. *οὐχ ὁρᾶ]θ'—* **111** *προσῆκεν ο]ὖν* P. Yale II 101
110 *οὐ—ἐκείνῳ* Schol. D. 19.101.228
111 *ἀξιοῦντες—ψηφίσασθαι* cf. Schol. D. 19.101.228

---

1 *τίς* Feliciana *τούτων* A 2 *πρότεροι* A 3 *οὐδεὶς οὐδὲν* AF *ἰδίᾳ ἠδίκηται* F 4 *ἐξήτουν* S : *ἐξῄτουν* $\mathrm{F}^{\gamma\rho}$Y : *ἐζήτουν* ⟨*ἂν*⟩ Markland 5 *χρῆσθε* F 7–8 *φυλάττεσθε τὸν ἄθρωπον* post *φοβερὸς* (*πονηρὸς* cod. D) Thom. 8 *οἷα ἃ* Soptr. 12 *ἐκείνῳ*] *φιλίππῳ* A 13 *ὑμῖν*] *ὑμέτερος* A 15 *μόνον ἐκ τούτων* A Π101 : *ἐκ τούτων μόνον* SFY *δῆλόν* A Π101 ut videtur 16 *ἡμᾶς* F *ἔναγχος* om. A : *ἔναγχος οἱ* Π101 18 *προσῆκον* ⟨*ἦν*⟩ A *οὖν* om. A 19 *τούτῳ* SAFY : corr. Dindorf 21 *ἔφη* om. S^{a} 23 *ὕβριν* ⟨*ὑμῖν*⟩ FY 24 *ἢ προσῆκε* del. Dobree, fort. recte

καὶ τὰς μὲν Θεσπιὰς καὶ Πλαταιὰς οὐ τετείχικεν, τὸν δὲ Ὀρχομενὸν καὶ τὴν Κορώνειαν προσεξηνδραπόδισται. πῶς ἂν ἐναντιώτερα πράγμαθ' ἑαυτοῖς τούτων γένοιτο; οὐ τοίνυν ἀντεῖπεν, οὐδὲ διῆρε τὸ στόμα, οὐδ' ἐφθέγξατο ἐναντίον οὐδέν. **(113)** καὶ οὐχὶ τοῦτό πω τηλικοῦτον, ἀλλὰ καὶ συνεῖπεν μόνος τῶν ἐν τῇ πόλει πάντων ἀνθρώπων. καίτοι τοῦτό γε οὐδὲ Φιλοκράτης ἐτόλμησε ποιῆσαι ὁ μιαρός, ἀλλ' Αἰσχίνης οὑτοσί. καὶ θορυβούντων ὑμῶν καὶ οὐκ ἐθελόντων ἀκούειν αὐτοῦ, καταβαίνων ἀπὸ τοῦ βήματος, ἐνδεικνύμενος τοῖς πρέσβεσιν τοῖς παρὰ τοῦ Φιλίππου παροῦσιν, πολλοὺς ἔφη τοὺς θορυβοῦντας εἶναι, ὀλίγους δὲ τοὺς στρατευσομένους ὅταν δέῃ, (μέμνησθε γὰρ δήπου), αὐτὸς ὤν, οἶμαι, θαυμάσιος στρατιώτης, ὦ Ζεῦ.

114. Ἔτι τοίνυν, εἰ μὲν μηδένα μηδὲν ἔχοντα εἴχομεν δεῖξαι τῶν πρέσβεων, μηδ' ἦν ὥστε ἰδεῖν ἅπαντας, βασάνους καὶ τὰ τοιαῦθ' ὑπόλοιπον ἂν ἦν σκοπεῖν. εἰ δὲ Φιλοκράτης μὴ μόνον ὡμολόγει παρ' ὑμῖν ἐν τῷ δήμῳ πολλάκις, ἀλλὰ καὶ ἐδείκνυεν ὑμῖν, πυροπωλῶν, οἰκοδομῶν, βαδιεῖσθαι φάσκων κἂν μὴ χειροτονῆτε ὑμεῖς, ξυληγῶν, τὸ χρυσίον καταλλαττόμενος φανερῶς ἐπὶ ταῖς τραπέζαις, οὐκ ἔνι δήπου τοῦτον εἰπεῖν ὡς οὐκ εἴληφε, τὸν αὐτὸν ὁμολογοῦντα καὶ δεικνύντα. **(115)** ἔστιν οὖν οὕτω τις ἀνθρώπων ἀνόητος ἢ κακοδαίμων, ὥσθ' ἵνα λαμβάνῃ μὲν Φιλοκράτης, ἀδοξῇ δ' αὐτὸς καὶ κινδυνεύῃ, ἐξὸν αὐτῷ μετὰ τῶν μηδὲν ἠδικηκότων ἐξετάζεσθαι, τούτοις μὲν

113 κατα]βαίνων—**114** βα]δ[ιεῖσθαι φάσκων P. Yale II 101 αὐτὸς—Ζεῦ Hermog. 352.24 R. Greg. Cor. 7.1098.2 W. Anon. Epit. 3.656.22 W.

114 ἀλλὰ—τραπέζαις Sud. α 2667

1 καὶ πλαταιὰς om. S[a] 3 ἂν] οὖν A 4 οὐδὲ—στόμα del. MacDowell coll. 207 5 πω ⟨δεινόν⟩ AFY[c] τηλικοῦτον ⟨ὄν⟩ FY : καίπερ ὂν δεινόν A 6 συνειπεῖν S[a] 7–8 ἀλλ'—οὑτοσί del. van Herwerden 10 τοῦ om. F πολλοὺς ⟨μὲν⟩ van Herwerden 11 στρατευομένους SAFY : corr. Markland : [Π101] 12 μεμνῆσθαι AF[c] : [Π101] γὰρ om. S[a] : [Π101] δήπουθεν A ὢν om. S[a] 14 μὲν om. S : [Π101] μηδὲν ἔχοντα om. Π101 18 ὑμᾶς Sud. πυροπωλῶν om. Π101, ut videtur : τυροπωλῶν Sud. 19 χειροτονεῖτε S 20 φανερῶς om. Sud. 22 ὥσθ'] ὅστις cod. Ll

πολεμεῖν, πρὸς δ᾽ ἐκεῖνον ἐλθὼν κρίνεσθαι βούλεται; ἐγὼ μὲν οὐδένα οἶμαι. ἀλλὰ πάντα ταῦτ᾽, ἐὰν ὀρθῶς σκοπῆτε, εὑρήσετε μεγάλα, ὦ ἄνδρες Ἀθηναῖοι, καὶ ἐναργῆ σημεῖα τοῦ χρήματα τοῦτον ἔχειν.

116. Ὃ τοίνυν ὕστατον μὲν γέγονεν, οὐδενὸς δ᾽ ἐστὶν ἔλαττον σημεῖον τοῦ πεπρακέναι τοῦτον ἑαυτὸν Φιλίππῳ, θεάσασθε. ἴστε δήπου πρώην, ὅτ᾽ εἰσήγγελλεν Ὑπερείδης Φιλοκράτην, ὅτι παρελθὼν ἐγὼ δυσχεραίνειν ἔφην ἕν τι τῆς εἰσαγγελίας, εἰ μόνος Φιλοκράτης τοσούτων καὶ τοιούτων ἀδικημάτων αἴτιος γέγονεν, οἱ δ᾽ ἐννέα τῶν πρέσβεων μηδενός. καὶ οὐκ ἔφην τοῦθ᾽ οὕτως ἔχειν· οὐδαμοῦ γὰρ ἂν φανῆναι καθ᾽ αὑτὸν ἐκεῖνον, εἰ μὴ τοὺς συναγωνιζομένους τούτων τινὰς εἶχεν. **(117)** "ἵν᾽ οὖν μήτ᾽ ἀφῶ μήτ᾽ αἰτιάσωμαι μηδένα", ἔφην, "ἐγώ, ἀλλὰ τὸ πρᾶγμ᾽ αὐτὸ τοὺς μὲν αἰτίους εὕρῃ, τοὺς δὲ μὴ μετεσχηκότας ἀφῇ, ἀναστὰς ὁ βουλόμενος καὶ παρελθὼν εἰς ὑμᾶς ἀποφηνάσθω μὴ μετέχειν μηδὲ ἀρέσκειν αὑτῷ τὰ ὑπὸ Φιλοκράτους πεπραγμένα. καὶ τὸν τοῦτο ποιήσαντα ἀφίημι ἔγωγ᾽", ἔφην. ταῦτα μνημονεύετε, ὡς ἐγὼ οἶμαι. οὐ τοίνυν παρῆλθεν οὐδεὶς οὐδ᾽ ἔδειξεν ἑαυτόν. **(118)** καὶ τῶν μὲν ἄλλων ἔστιν ἑκάστῳ τις πρόφασις· ὁ μὲν οὐχ ὑπεύθυνος ἦν, ὁ δ᾽ οὐχὶ παρῆν ἴσως, τῷ δὲ κηδεστής ἐστιν ἐκεῖνος· τούτῳ δ᾽ οὐδὲν τούτων. ἀλλ᾽ οὕτω καθάπαξ πέπρακεν ἑαυτὸν καὶ οὐκ ἐπὶ τοῖς παρεληλυθόσι μεμισθάρνηκε μόνον, ἀλλὰ καὶ μετὰ ταῦτα δῆλός ἐστιν, ἄν περ ἐκφύγῃ νῦν, καθ᾽ ὑμῶν ὑπάρξων ἐκείνῳ, ὥσθ᾽ ἵνα μηδὲν ἐναντίον μηδὲ ῥῆμα προῆται Φιλίππῳ οὐδ᾽ ἀφιέντων ἀφίεται, ἀλλ᾽ ἀδοξεῖν, κρίνεσθαι,

117 ἀναστὰς—πεπραγμένα AB 125.9
118 καὶ—τούτων Schol. D. 19.114.239c

---

1 βούλεσθαι Lamb.[c] 2 ταῦτα πάντα A 7 εἰσήγγειλεν AFY ὑπερίδης AY 9 τοιούτων] τηλικούτων FY 10 συμπρέσβεων A 12 συναγωνισομένους Dobree 14 τὰ πεπραγμένα ⟨τὰ⟩ αὐτὰ A 17 πεπραγμένα] εἰρημένα S[γρ] ποιήσοντα AF 18 ταῦτα ⟨γὰρ⟩ A : τ. ⟨καὶ⟩ FY ἐγὼ om. A 20 ἑκάστῳ ἔστι τις Schol. D. τις ⟨ὡς ἔοικε⟩ A 21 ἦν] ἐστιν A ἐστιν] ἦν FY ἐκεῖνος] ἐκεῖ S[γρ]AFY 25 μηδὲ . . . μηδὲν SY πρόηται AFY : [S] 26 ἀφίησιν FY[a] : ἀφίεισιν cod. Q : ἀφίσταται cod. Q[γρ]

πάσχειν ὁτιοῦν αἱρεῖται παρ᾽ ὑμῖν μᾶλλον ἢ Φιλίππῳ τι ποιῆσαι μὴ πρὸς ἡδονήν. **(119)** καίτοι τίς ἡ κοινωνία, τίς ἡ πολλὴ πρόνοια ὑπὲρ Φιλοκράτους αὕτη; ὃς εἰ τὰ κάλλιστα καὶ πάντα τὰ συμφέροντα ἐπεπρεσβεύκει, χρήματα δ᾽ ὡμολόγει λαβεῖν ἐκ τῆς πρεσβείας, ὥσπερ ὡμολόγει, τοῦτό γ᾽ αὐτὸ φυγεῖν καὶ διευλαβηθῆναι τῷ προῖκα πρεσβεύοντι προσῆκεν, καὶ διαμαρτύρεσθαι τὸ καθ᾽ αὑτόν. οὐ τοίνυν πεποίηκε τοῦτ᾽ Αἰσχίνης. ταῦτ᾽ οὐ φανέρ᾽, ὦ ἄνδρες Ἀθηναῖοι; ταῦτ᾽ οὐχὶ βοᾷ καὶ λέγει ὅτι χρήματ᾽ εἴληφεν Αἰσχίνης καὶ πονηρός ἐστιν ἀργυρίου συνεχῶς, οὐ δι᾽ ἀβελτερίαν οὐδὲ δι᾽ ἄγνοιαν, οὐδ᾽ ἀποτυγχάνων;

120. "Καὶ τίς μου καταμαρτυρεῖ", φήσει, "δῶρα λαβεῖν;" τοῦτο γάρ ἐστι τὸ λαμπρόν. τὰ πράγματ᾽, Αἰσχίνη, ἅπερ πιστότατ᾽ ἐστὶν ἁπάντων, καὶ οὐκ ἔνεστ᾽ εἰπεῖν οὐδ᾽ αἰτιάσασθαι ὡς ἢ πεπεισμένα ἢ χαριζόμενά τῳ ἐστιν τοιαῦτα, ἀλλ᾽ οἷάπερ αὐτὰ προδοὺς καὶ διαφθείρας σὺ πεποίηκας, τοιαῦτ᾽ ἐξεταζόμενα φαίνεται. πρὸς δὲ τοῖς πράγμασιν αὐτὸς αὐτίκα δὴ σὺ σαυτοῦ. ἀπόκριναι γὰρ δεῦρο ἀναστάς μοι. οὐ γὰρ δὴ δι᾽ ἀπειρίαν γε οὐ φήσεις ἔχειν ὅ τι εἴπῃς· ὃς γὰρ ἀγῶνας καινοὺς ὥσπερ δράματα, καὶ τούτους ἀμαρτύρους, πρὸς διαμεμετρημένην τὴν ἡμέραν αἱρεῖς διώκων, δῆλον ὅτι πάνδεινος εἶ τις.

121. Πολλῶν τοίνυν καὶ δεινῶν ὄντων τῶν πεπραγμένων Αἰσχίνῃ τουτῳί, καὶ πολλὴν κακίαν ἐχόντων, ὡς καὶ ὑμῖν οἴομαι δοκεῖν, οὐδέν ἐστιν οὗ μέλλω λέγειν, ὡς ἐγὼ κρίνω, δεινότερον, οὐδ᾽ ὅ τι μᾶλλον ἐπ᾽ αὐτοφώρῳ δεδωροδοκηκότ᾽

120 *τίς—λαβεῖν* AB 150.32 *ἀπόκριναι—μοι* Prol. 291.11 Σ^b *α* 1870 Harp. *α* 189 Sud. *α* 3367 *δ* 288 *—εἴπῃς* Hermog. 177.20 R.
121 *οὐδ᾽—δωροδοκητότ᾽* Lex. Pat. ad loc.

---

5 *ὁμολογεῖ* cod. Pq 7 *διαμαρτύρασθαι* AF[a] 9 *καὶ λέγει* del. Cobet 10 *ἀβελτηρίαν* AF 12 *φησίν* AF[a]Y : om. AB *δῶρα λαβεῖν* om. F[a] 13 *τοῦτο—λαμπρόν* del. Dobree coll. 279 15 *χαριζόμενα ἢ πεπεισμένα* A 16 *σὺ* ante *προδοὺς* A 18 *δὴ*[1] ⟨*μάλα*⟩ S[γρ] *σαυτοῦ* ⟨*καταμαρτυρήσεις*⟩ S[γρ]AFY *γὰρ* om. Σ^b AB Sud. (*α*) *ἀναστάς*] *παρελθών* Σ^b Harp. AB Sud. (*α*) *μοι* post *δεῦρο* Σ^b AB Sud. (*α*) 19 *γε* om. Hermog. 20–1 *μεμετρημένην* A 21 *αἵρεις* SA[a]FY[a] 22 *τῶν* om. S 23 *τούτῳ* SAFY : corr. Dindorf

αὐτὸν καὶ πεπρακότα πάντ' ἐξελέγξει. ἐπειδὴ γὰρ ἀπεστέλλετ' αὖθις αὖ τὸ τρίτον τοὺς πρέσβεις ὡς τὸν Φίλιππον, ἐπὶ ταῖς καλαῖς καὶ μεγάλαις ἐλπίσι ταύταις αἷς οὗτος ὑπέσχητο, ἐχειροτονήσατε καὶ τοῦτον κἀμὲ καὶ τῶν ἄλλων τοὺς πλείστους τοὺς αὐτούς. **(122)** ἐγὼ μὲν δὴ παρελθὼν ἐξωμοσάμην εὐθέως, καὶ θορυβούντων τινῶν καὶ κελευόντων βαδίζειν οὐκ ἂν ἔφην ἐλθεῖν· οὗτος δὲ ἐκεχειροτόνητο. ἐπειδὴ δὲ ἀνέστη μετὰ ταῦθ' ἡ ἐκκλησία, συνελθόντες ἐβουλεύονθ' οὗτοι τίν' αὐτοῦ καταλείψουσιν. ἔτι γὰρ τῶν πραγμάτων ὄντων μετεώρων καὶ τοῦ μέλλοντος ἀδήλου, σύλλογοι καὶ λόγοι παντοδαποὶ κατὰ τὴν ἀγορὰν ἐγίγνοντο τότε· **(123)** ἐφοβοῦντο δὴ μὴ σύγκλητος ἐκκλησία γένοιτο ἐξαίφνης, εἶτα ἀκούσαντες ὑμεῖς ἐμοῦ τἀληθῆ ψηφίσαισθέ τι τῶν δεόντων ὑπὲρ τῶν Φωκέων, καὶ τὰ πράγματ' ἐκφύγοι τὸν Φίλιππον. εἰ γὰρ ἐψηφίσασθε μόνον καὶ μικρὰν ὑπεφήνατ' ἐλπίδα ἡντινοῦν αὐτοῖς, ἐσώθησαν ἄν. οὐ γὰρ ἐνῆν, οὐκ ἐνῆν μὴ παρακρουσθέντων ὑμῶν μεῖναι Φιλίππῳ. οὔτε γὰρ σῖτος ἦν ἐν τῇ χώρᾳ, ἀσπόρῳ διὰ τὸν πόλεμον γεγονυίᾳ, οὔθ' ἡ σιτοπομπία δυνατὴ τριήρων οὐσῶν ὑμετέρων ἐκεῖ καὶ τῆς θαλάττης κρατουσῶν, αἵ τε πόλεις πολλαὶ καὶ χαλεπαὶ λαβεῖν αἱ τῶν Φωκέων, μὴ οὐ χρόνῳ καὶ πολιορκίᾳ· εἰ γὰρ ἐν ἡμέρᾳ πόλιν ᾕρει, δύο καὶ εἴκοσίν εἰσιν ἀριθμῷ. **(124)** διὰ δὴ ταῦτα πάντα, ἵνα μηδὲν μεταθῆσθε ὧν ἐξηπάτησθε, τοῦτον αὐτοῦ κατέλιπον. ἐξομόσασθαι μὲν δὴ μὴ μετ' αἰτίας τινὸς δεινὸν ἦν καὶ ὑποψία μεγάλη· "τί λέγεις; ἐπὶ τηλικαῦτα καὶ τοιαῦτ' ἀγαθὰ οὐχὶ βαδίζεις ἀπαγγείλας

122 *ἔτι—ἐγίγνοντο* Alex. 3.36.19 Sp. *σύλλογοι—παντοδαποὶ* Tib. Fig. 27.17 Ball.
123 *σύγκλητος ἐκκλησία* Harp. σ 59 Sud. σ 1292

---

1 *αὐτὸν—πάντ'*] *πάντα αὐτὸν* A *ἀπεστείλατ'* F 3 *ὑπέσχετο* A : *ὑπισχνεῖτο* F 5 *τοὺς αὐτοὺς* om. A *ἐξωμολογησάμην* S^a 7 *ἀπελθεῖν* S^cAFY 10 *παντοδαποὶ καὶ λόγοι* Alex. 12 *γένηται* A 13 *ψηφίσησθέ* $S^cF^cY^a$: *ψηφίσεσθέ* A 14 *ἐκφεύγοι* S^aY^a 15 *ἀπεφήνατ'* Y 16 *οὐκ ἐνῆν* om. S^a *μεῖναί ⟨τι⟩* FY : *⟨ἔτι⟩ μεῖναι* Feliciana 17 *ἐνῆν* F 18 *δύναται* S^a *τριηρῶν* SFY 19 *κρατούντων ⟨ὑμῶν⟩* $S^{\gamma\rho}$ 20 *οὐ* om. S^a : del. van Herwerden 22 *μεταθήσεσθε* S : *μετάθησθε* FY : *μεταθοῖσθε* Schaefer 25 *τοιαῦτ'*] *τοσαῦτα* FY *βαδίζειν* A *⟨ὁ⟩ ἀπαγγείλας* Dobree

οὐδὲ πρεσβεύεις;" ἔδει δὲ μένειν. πῶς οὖν; ἀρρωστεῖν προφασίζεται, καὶ λαβὼν Ἐξήκεστον τὸν ἰατρὸν ἀδελφὸς αὐτοῦ καὶ προσελθὼν τῇ βουλῇ ἐξώμοσεν ἀρρωστεῖν τουτονὶ καὶ αὐτὸς ἐχειροτονήθη. **(125)** ἐπειδὴ δὲ ἀπωλώλεσαν οἱ Φωκεῖς ὕστερον ἡμέραις πέντε ἢ ἕξ, καὶ τέλος εἶχε τὸ μίσθωμα ὥσπερ ἂν ἄλλο τι τούτῳ, καὶ ὁ Δερκύλος ἐκ τῆς Χαλκίδος ἧκεν ἀναστρέψας καὶ ἀπήγγειλεν ὑμῖν ἐκκλησιάζουσιν ἐν Πειραιεῖ ὅτι Φωκεῖς ἀπολώλασι, καὶ ὑμεῖς, ὦ ἄνδρες Ἀθηναῖοι, ταῦτ' ἀκούσαντες εἰκότως κἀκείνοις συνήχθεσθε καὶ αὐτοὶ ἐξεπέπληχθε, καὶ παῖδας καὶ γυναῖκας ἐκ τῶν ἀγρῶν κατακομίζειν ἐψηφίζεσθε καὶ τὰ φρούρια ἐπισκευάζειν καὶ τὸν Πειραιᾶ τειχίζειν καὶ τὰ Ἡράκλεια ἐν ἄστει θύειν, **(126)**—ἐπειδὴ ταῦτ' ἦν καὶ τοιαύτη ταραχὴ καὶ τοιοῦτος θόρυβος περιειστήκει τὴν πόλιν, τηνικαῦτα ὁ σοφὸς καὶ δεινὸς οὗτος καὶ εὔφωνος, οὔτε βουλῆς οὔτε δήμου χειροτονήσαντος αὐτόν, ᾤχετο πρεσβεύων ὡς τὸν ταῦτα πεποιηκότα, οὔτε τὴν ἀρρωστίαν ἐφ' ᾗ τότ' ἐξωμόσαθ' ὑπολογισάμενος, οὔθ' ὅτι πρεσβευτὴς ἄλλος ᾕρητο ἀνθ' αὑτοῦ, οὔθ' ὅτι τῶν τοιούτων ὁ νόμος θάνατον τὴν ζημίαν εἶναι κελεύει, **(127)** οὔθ' ὅτι πάνδεινόν ἐστιν ἀπηγγελκότα ὡς ἐπικεκήρυκται χρήματ' αὐτῷ ἐν Θήβαις, ἐπειδὴ Θηβαῖοι πρὸς τῷ τὴν Βοιωτίαν ἅπασαν ἔχειν καὶ τῆς Φωκέων χώρας ἐγκρατεῖς γεγόνασιν, τηνικαῦτα εἰς μέσας τὰς Θήβας καὶ τὸ τῶν Θηβαίων στρατόπεδον βαδίζειν· ἀλλ' οὕτως ἔκφρων ἦν

126 ἐπειδὴ—**127** ᾤχετο Anon. Schol. in Stat. 7.325.17 W. οὔτε τὴν—ὑπολογισάμενος Plan. Schol. 5.282.27 W.

127 ἀλλ'—δωροδοκήματι Syr. Soptr. Marcell. 4.406.1 W. Plan. Schol. 5.282.28 W. —ᾤχετο Schol. D. 19.126.271b

2 ἀδελφὸς FY : [SA] 3 ἐξωμόσατο S^{γρ}AFY 4 δὲ om. cod. Q 6 δερκύλλος A 7 ἡμῖν A 8 τοῦτ' A 9 αὐτοὶ] ἑαυτοῖς SF^{γρ}Y 12 ταῦτ' ἦν καὶ om. A 13 τοσαύτη FY : τηλικαύτη S^{γρ} τοσοῦτος S^{γρ}FY 14 σοφὸς οὑτοσὶ καὶ δεινὸς A : δεινὸς καὶ σοφὸς οὗτος F ἄφωνος Anon. 16 ᾗ] ἦν cod. Q^{γρ} τότ'] ταῦτα F 17 λογισάμενος Anon. Plan. ἄλλος πρεσβευτὴς εὕρηται Anon. 18 αὐτοῦ AF : τούτου Anon. 19 οὐδ' A ἀπηγγελκότων Anon. 21 τῆς] τῶν Anon. χώρας om. Anon. 22 ⟨τὸ⟩ τηνικαῦτα Anon. 23 οὗτος S ἦν ἔκφρων A 23–2 ἧς . . . ᾤχου Schol. D.

καὶ ὅλος πρὸς τῷ λήμματι καὶ τῷ δωροδοκήματι ὥστε πάντα ταῦτα ἀνελὼν καὶ παριδὼν ᾤχετο.

128. *Καὶ τοιούτου τοῦ πράγματος ὄντος, ἔτι πολλῷ δεινότερά ἐστιν ἃ ἐκεῖσε ἐλθὼν διεπράξατο. ἁπάντων γὰρ ὑμῶν τουτωνὶ καὶ τῶν ἄλλων Ἀθηναίων οὕτω δεινὰ καὶ σχέτλια ἡγουμένων τοὺς ταλαιπώρους πάσχειν Φωκέας ὥστε μήτε τοὺς ἐκ τῆς βουλῆς θεωροὺς μήτε τοὺς θεσμοθέτας εἰς τὰ Πύθια πέμψαι, ἀλλ' ἀποστῆναι τῆς πατρίου θεωρίας, οὗτος εἰς τἀπινίκια τῶν πραγμάτων καὶ τοῦ πολέμου, ἃ Θηβαῖοι καὶ Φίλιππος ἔθυον, εἱστιᾶτο ἐλθὼν καὶ σπονδῶν μετεῖχε καὶ εὐχῶν, ἃς ἐπὶ τοῖς τῶν συμμάχων τῶν ὑμετέρων τείχεσι καὶ χώρᾳ καὶ ὅπλοις ἀπολωλόσιν ηὔχετο ἐκεῖνος, καὶ συνεστεφανοῦτο καὶ συνεπαιώνιζεν Φιλίππῳ καὶ φιλοτησίας προύπινεν.*

129. *Καὶ ταῦτ' οὐκ ἔνεστιν ἐμοὶ μὲν οὕτω, τούτῳ δὲ ἄλλως πως εἰπεῖν· ἀλλ' ὑπὲρ μὲν τῆς ἐξωμοσίας ἐν τοῖς κοινοῖς τοῖς ὑμετέροις γράμμασιν ἐν τῷ μητρῴῳ ταῦτ' ἐστίν, ἐφ' οἷς ὁ δημόσιος τέτακται, καὶ ψήφισμα ἄντικρυς περὶ τοῦ τούτου ὀνόματος γέγραπται· ὑπὲρ δ' ὧν ἐκεῖ διεπράξατο, οἱ συμπρεσβεύοντες καὶ παρόντες καταμαρτυρήσουσιν, οἵπερ ἐμοὶ ταῦτα διηγοῦντο· οὐ γὰρ ἔγωγ' αὐτοῖς συνεπρέσβευσα, ἀλλ' ἐξωμοσάμην.* **(130)** *καί μοι λέγε τὸ ψήφισμα {καὶ τὰ γράμματα}, καὶ τοὺς μάρτυρας κάλει.*

ΨΗΦΙΣΜΑ. ΜΑΡΤΥΡΕΣ

Τίνας οὖν εὐχὰς ὑπολαμβάνετ' εὔχεσθαι τοῖς θεοῖς τὸν Φίλιππον, ὅτ' ἔσπενδεν, ἢ τοὺς Θηβαίους; ἆρ' οὐ κράτος

128 *τοὺς—Φωκέας* Hermog. 356.6 R. *καὶ φιλοτησίας προύπινεν* Ath. 11.502b

1 *ὅλως* Y Syr. Soptr. Marcell. Schol. D. *καὶ—δωροδοκήματι* om. A : del. Cobet 2 *ἀφελὼν* Anon. 3 *τοῦ* om. F *πολλῷ* om. A 5 *τουτωνὶ* om. F[a] 6 *πάσχειν* om. Hermog. : *φάσκειν* A 12 *χώραις* S[c]Y[c] 13 *συνεπαιάνιζε* A[c] 14 *προὔτεινεν* Y[a] : ⟨*καὶ*⟩ *προὔτ.* F[γρ] 18–19 *τούτου τοῦ* SAFY : corr. Butcher 19 *ἐκεῖσε* ⟨*ἐλθὼν*⟩ A 20 *συμπρεσβεύσαντες* A *καταμαρτυροῦσιν* A 22–3 del. Weil 24 titt. om. S 24 *ψήφισμα* ⟨*γράμματα*⟩ A 25–6 *τὸν φίλιππον τοῖς θεοῖς* A

πολέμου καὶ νίκην αὐτοῖς καὶ τοῖς συμμάχοις διδόναι, καὶ τἀναντία τοῖς τῶν Φωκέων; οὐκοῦν ταῦτα συνηύχετο οὗτος καὶ κατηρᾶτο τῇ πατρίδι, ἃ νῦν εἰς κεφαλὴν ὑμᾶς αὐτῷ δεῖ τρέψαι.

131. Οὐκοῦν ᾤχετο μὲν παρὰ τὸν νόμον, ὃς θάνατον κελεύει τούτων τὴν ζημίαν εἶναι· ἐλθὼν δ' ἐκεῖσε ἑτέρων θανάτων ἄξια ποιῶν πέφανται· τὰ δὲ πρόσθεν πεπραγμένα καὶ πεπρεσβευμένα {ὑπὲρ τούτων} ἀποκτείνειεν ἂν αὐτὸν δικαίως. σκοπεῖτε τοίνυν τί ἔσται τίμημα, ὃ ταύτην ἕξει τὴν ἀξίαν ὥστε τοσούτων πραγμάτων ἀξιόχρεων φαίνεσθαι. **(132)** πῶς γὰρ οὐκ αἰσχρόν, ὦ ἄνδρες Ἀθηναῖοι, δημοσίᾳ μὲν ἅπαντας ὑμᾶς καὶ ὅλον τὸν δῆμον πᾶσι τοῖς πεπραγμένοις ἐκ τῆς εἰρήνης ἐπιτιμᾶν, καὶ μήτε τῶν ἐν Ἀμφικτύοσι κοινωνεῖν ἐθέλειν, δυσκόλως τ' ἔχειν καὶ ὑπόπτως πρὸς τὸν Φίλιππον, ὡς ἀσεβῶν καὶ δεινῶν ὄντων τῶν πεπραγμένων καὶ οὔτε δικαίων οὔθ' ὑμῖν συμφερόντων, εἰς δὲ τὸ δικαστήριον εἰσελθόντας τὰς ὑπὲρ τούτων εὐθύνας δικάσοντας, ὅρκον ὑπὲρ τῆς πόλεως ὀμωμοκότας, τὸν ἁπάντων τῶν κακῶν αἴτιον καὶ ὃν εἰλήφατ' ἐπ' αὐτοφώρῳ τοιαῦτα πεποιηκότα, τοῦτον ἀφεῖναι; **(133)** καὶ τίς οὐ δικαίως ὑμῖν ἐγκαλέσει τῶν ἄλλων πολιτῶν, μᾶλλον δ' ἁπάντων τῶν Ἑλλήνων, ὁρῶν Φιλίππῳ μὲν ὑμᾶς ὀργιζομένους, ὃς ἐκ πολέμου ποιούμενος εἰρήνην παρὰ τῶν πωλούντων τὰς πράξεις ἐωνεῖτο, πρᾶγμα πολλὴν συγγνώμην ἔχον διαπραττόμενος, τουτονὶ δ' ἀφιέντας, ὃς τὰ ὑμέτερα οὕτως αἰσχρῶς ἀπέδοτο, τῶν νόμων τὰ ἔσχατα ταττόντων ἐπιτίμια, ἐάν τις ταῦτα ποιῇ;

132 πῶς—ἀφεῖναι Aristid. 24.5 ἅπαντας—δῆμον Aristid. 35.13
133 ὁρῶν—εἰρήνην Minuc. 1.347.16 Sp. Ha.

1 καὶ νίκην πολέμου S[a] αὐτοῖς FY : corr. Lambinus : [SA] 2 τἀναντία ⟨τούτων⟩ A 8 del. Hirshig ὑπὲρ] χωρὶς Dobree 9 τίμημα ἔσται F 10 πραγμάτων del. Weil : ἀδικημάτων A 12 καὶ—πᾶσι om. Aristid. (24) 13 ἐκ—εἰρήνης om. Aristid. 17 τὰς om. Y ⟨καὶ⟩ ὅρκον S[c] : ⟨καὶ⟩ ὅρκον ⟨τὸν⟩ Y : ⟨καὶ τὸν⟩ ὅρκον ⟨τὸν⟩ F 18–19 τὸν—καὶ om. Aristid. 18 τῶν om. Y 20 ⟨ἂν⟩ ὑμῖν ἐγκαλέσειε A 21 τῶν ⟨ἄλλων⟩ A 22 ⟨τὴν⟩ εἰρήνην F : εἰρήνην ante ἐκ Minuc. 23 ὠνεῖτο A

134. *Τάχα τοίνυν ἴσως καὶ τοιοῦτος ἥξει τις λόγος παρὰ τούτων, ὡς ἀρχὴ γενήσεται πρὸς Φίλιππον ἔχθρας, εἰ τῶν πρεσβευσάντων τὴν εἰρήνην καταψηφιεῖσθε. ἐγὼ δέ, εἰ τοῦτ' ἔστιν ἀληθές, οὐκ ἔχω σκοπούμενος εὑρεῖν ὅ τι μεῖζον τούτου κατηγορήσω. εἰ γὰρ ὁ τῆς εἰρήνης χρήματ' ἀναλώσας ὥστε τυχεῖν, οὗτος οὕτω γέγονεν φοβερὸς καὶ μέγας ὥστε τῶν ὅρκων καὶ τῶν δικαίων ἀμελήσαντας ὑμᾶς ἤδη τί Φιλίππῳ χαριεῖσθε σκοπεῖν, τί παθόντες ἂν οἱ τούτων αἴτιοι τὴν προσήκουσαν δίκην δεδωκότες εἶεν;* **(135)** *οὐ μὴν ἀλλ' ὅτι καὶ φιλίας ἀρχὴ συμφερούσης ὑμῖν οὕτω μᾶλλον ἐκ τῶν εἰκότων γενήσεται, καὶ τοῦτ' οἴομαι δείξειν. εὖ γὰρ εἰδέναι χρὴ τοῦτο ὅτι οὐ καταφρονεῖ Φίλιππος, ὦ ἄνδρες Ἀθηναῖοι, τῆς πόλεως τῆς ὑμετέρας, οὐδ' ἀχρηστοτέρους νομίσας Θηβαίων ἐκείνους εἵλετ' ἀνθ' ὑμῶν ἀλλ' ὑπὸ τούτων ἐδιδάχθη καὶ ταῦτ' ἤκουσεν, ἃ καὶ πρότερόν ποτ' εἶπον ἐγὼ πρὸς ὑμᾶς ἐν τῷ δήμῳ καὶ τούτων οὐδεὶς ἀντεῖπεν,* **(136)** *ὡς ὁ μὲν δῆμός ἐστιν ἀσταθμητότατον πρᾶγμα τῶν πάντων καὶ ἀσυνθετώτατον, ὥσπερ ἐν θαλάττῃ πνεῦμα ἀκατάστατον, ὡς ἂν τύχῃ κινούμενος. ὁ μὲν ἦλθεν, ὁ δ' ἀπῆλθεν· μέλει δὲ οὐδενὶ*

134 *εἰ—καταψηφιεῖσθε* AB 152.17 Hermog. 138.20 R. Anon. Schol. in Inv. 7.745.14 W. —*ἀναλώσας* Aps. 5.2. *ἐγὼ—κατηγορήσω* Aps. 5.25 —*εἶεν* Hermog. 139.4 R.
135 *οὐ—μᾶλλον* Aps. 5.25 *εὖ—ὑμετέρας* AB 151.11
136 *δῆμος—ἀπῆλθεν* cf. App. BC 3.20 *ἀσταθμητότατον* Harp. α 250 Σ[b] α 2282 Ph. α 2995 Sud. α 4218 *ἀσυνθετώτατον* Harp. α 254 Σ[b]2303 Ph. α 3032 Sud. α 4285 *ὥσπερ—κινούμενος* Aristid. 12.1 *μέλει—μέμνηται* Alex. 3.33.13 Sp.

1 *ἴσως* om. Schol. D. 19.134.288c 2 ⟨*τῆς*⟩ *πρὸς* AF 3 *ἐὰν . . . καταψηφίσησθε* Hermog. Anon. *πεποιημένων* Aps. *καταψηφιεῖσθε* ante *τῶν* Aps. 4 *τοῦτ'—ἀληθές*] *τοῦτο τοιοῦτόν ἐστιν* Aps. (25) *ἀληθές ἐστιν* Aps. (2) *σκοπούμενος εὑρεῖν* om. Aps. (25) 5 *τούτου μεῖζον* F : *τούτου* om. Aps. (bis) 6 *τυχεῖν* ⟨*αὐτῆς*⟩ Hermog. *οὕτω* ⟨*νῦν*⟩ AF Hermog. 7 *ἀμελήσοντας* F 8 *χαριεῖσθαι* F[a] 10 *ἡμῖν* AF Aps. *οὕτω* om. F 13 *ἡμ-* A AB 14 *νομίσας* ⟨*ὑμᾶς*⟩ F : ⟨*ἡμᾶς*⟩ cod. Q : ⟨*ὑμᾶς*⟩ *νομίσας* Y[c] 17 *ἐστιν* ⟨*ὄχλος*⟩ AFY *πραγμάτων πάντων* S 18 *ἀσυνετώτατον* SF[a]Y[a] *ὥσπερ* ⟨*ὅτ'*⟩ Weil *πνεῦμα*] *κῦμα* Feliciana coll. App. *πνεύματι* ⟨*κῦμα*⟩ Schaefer 19 *κινούμενον* AF[a] Aristid. App. *ὁ μὲν* om. S[a]

τῶν κοινῶν, οὐδὲ μέμνηται. δεῖ δέ τινας φίλους ὑπάρχειν τοὺς ἕκαστα πράξοντας ἐν ὑμῖν αὐτῷ καὶ διοικήσοντας, οἷον αὐτὸς δή· κἄνπερ αὐτῷ τοῦτο κατασκευασθῇ, πᾶν ὅ τι ἂν βούληται παρ' ὑμῖν ῥᾳδίως διαπράξεται. **(137)** εἰ μὲν οὖν ἤκουσεν, οἶμαι, τοὺς τότε ταῦτα πρὸς αὐτὸν εἰπόντας παραχρῆμα, ὡς δεῦρ' ἐπανῆλθον, ἀποτετυμπανισμένους, ἐποίησεν ἂν ταὐτὸ τῷ βασιλεῖ. τί δ' ἦν ὃ ἐκεῖνος ἐποίησεν; ἐξαπατηθεὶς ὑπὸ Τιμαγόρου καὶ τετταράκοντα τάλαντα, ὡς λέγεται, δεδωκὼς αὐτῷ, ἐπειδὴ παρ' ὑμῖν ἐπύθετ' αὐτὸν τεθνεῶτα καὶ οὐδὲ τοῦ ζῆν ὄντα κύριον αὑτῷ βεβαιῶσαι, μή τί γ' ἃ ἐκείνῳ τόθ' ὑπέσχετο πρᾶξαι, ἔγνω τὴν τιμὴν οὐχὶ τῷ κυρίῳ τῶν πραγμάτων δεδωκώς. καὶ γάρ τοι πρῶτον μὲν Ἀμφίπολιν πάλιν ὑμετέραν {δούλην} κατέπεμψεν, ἣν τότε σύμμαχον αὑτοῦ καὶ φίλην ἔγραψεν· εἶτ' οὐδενὶ πώποτ' ἔδωκε χρήματα τοῦ λοιποῦ. **(138)** ταὐτὸ τοίνυν τοῦτ' ἂν ἐποίησε Φίλιππος, εἴ τινα τούτων εἶδε δίκην δόντα, καὶ νῦν, ἂν ἴδῃ, ποιήσει. ἐπειδὰν δ' ἀκούῃ λέγοντας, εὐδοκιμοῦντας ἐν ὑμῖν, ἑτέρους κρίνοντας, τί καὶ ποιήσῃ; ζητῇ πόλλ' ἀναλίσκειν, ἐξὸν ἐλάττω, καὶ πάντας θεραπεύειν βούληται, δύ' ἢ τρεῖς ἐξόν; μαίνοιτο μέντἄν. οὐδὲ γὰρ τὴν τῶν Θηβαίων πόλιν εἵλετο δημοσίᾳ ποιεῖν ὁ Φίλιππος εὖ, πολλοῦ γε καὶ δεῖ, ἀλλ' ὑπὸ τῶν πρέσβεων ἐπείσθη. ὃν δὲ τρόπον, φράσω πρὸς ὑμᾶς ἐγώ. **(139)** ἦλθον ὡς αὐτὸν πρέσβεις ἐκ Θηβῶν ὅτε περ καὶ παρ' ὑμῶν ἡμεῖς ἦμεν ἐκεῖ. τούτοις χρήματ' ἐκεῖνος ἐβούλετο δοῦναι, καὶ πάνυ γε, ὡς ἔφασαν, πολλά. οὐκ ἐδέξαντο οὐδ'

137 *μή—πρᾶξαι* AB 177.12 *πρῶτον—ὑμετέραν* Tib. Fig. 27.18 Bal. *Ἀμφίπολιν—ὑμετέραν* Eust. B 756

---

1 *τῶν κοινῶν* om. Alex. *⟨ἀλλ'⟩ οὐδὲ* FY 2 *ἐν—αὐτῷ*] *παρ' ὑμῖν οὕτω* A 3 *οἷον—δή*] *ὅτι ἂν αὐτῷ δοκῇ* A *κατεσκευάσθη* A 5 *ταῦτα* om. Y 6 *ἀποτετυπανισμένους* Y^{a} 10 *αὐτῷ* SA : *αὑτῷ βεβαιῶσαι* del. Naber 11 *γ' ἂν* S^{a} *ὑπέσχητο* Y AB 13 *πόλιν* $SA^{c}F^{c}$ Tib. Eust. *ἡμ-* Eust. del. Funkhaenel : *δούλην ⟨εἶναι⟩* van Herwerden *κατέστησεν* $S^{γρ}AFY$ 14 *αὐτοῦ* F : [SA] 16 *⟨ὁ⟩ φίλιππος* A *διδόντα* AF *εἰδῇ* SAF^{a} 17 *ἀκούσῃ* FY 18 *ποιῆσαι* AFY *ζητεῖ* $F^{c}Y$ 19 *βούληται* om. cod. Cd : del. Weidner 22 *ἐγώ* om. A 23 *ἧκον πρὸς* A *πρέσβεις* om. A 25 *πολλὰ ⟨ἃ⟩* Markland

ἔλαβον ταῦτα οἱ τῶν Θηβαίων πρέσβεις. μετὰ ταῦτα ἐν θυσίᾳ τινὶ καὶ δείπνῳ πίνων καὶ φιλανθρωπευόμενος πρὸς αὐτοὺς ὁ Φίλιππος ἄλλα τε δὴ πολλά, οἷον αἰχμάλωτα καὶ τοιαῦτα, καὶ τελευτῶν ἐκπώματ' ἀργυρᾶ καὶ χρυσᾶ προύπινεν αὐτοῖς. πάντα ταῦτ' ἐκεῖνοι διεωθοῦντο καὶ οὐδαμῇ προΐεντο αὐτούς. **(140)** τελευτῶν δὲ Φίλων, εἷς τῶν πρέσβεων, εἶπεν, ὦ ἄνδρες Ἀθηναῖοι, λόγον οὐχ ὑπὲρ Θηβαίων ἀλλ' ὑπὲρ ὑμῶν ἄξιον εἰρῆσθαι. ἔφη γὰρ τὸν Φίλιππον ὁρῶν καὶ μεγαλοψύχως καὶ φιλανθρώπως ἔχοντα πρὸς αὐτοὺς ἥδεσθαι καὶ χαίρειν· αὐτοὶ μὲν οὖν ὑπάρχειν αὐτῷ φίλοι καὶ ξένοι καὶ ἄνευ τῶν δώρων τούτων, εἰς δὲ τὰ τῆς πόλεως πράγματα, ἐν οἷς ἦν τότε, τὴν φιλανθρωπίαν αὐτὸν ἠξίουν ταύτην προσθέντα ἄξιόν τι καὶ αὑτοῦ καὶ τῶν Θηβαίων πρᾶξαι, καὶ ὅλην τε τὴν πόλιν οὕτω καὶ σφεῖς ὡμολόγουν ὑπάρξειν αὐτῷ.

141. *Καὶ* γάρ τοι σκέψασθε τί τοῖς Θηβαίοις γέγονεν ἐκ τούτων καὶ τί ἡμῖν συμβέβηκεν, καὶ θεάσασθε ἐπ' αὐτῆς τῆς ἀληθείας ἡλίκον ἐστὶ τὸ μὴ πωλεῖν τὰ τῆς πόλεως. πρῶτον μὲν τοίνυν εἰρήνη γέγονεν αὐτοῖς πονοῦσι καὶ ταλαιπωρουμένοις ἤδη τῷ πολέμῳ καὶ ἡττωμένοις, εἶτα τῶν ἐχθρῶν Φωκέων ἄρδην ὄλεθρος καὶ ὅλων τῶν τειχῶν καὶ τῶν πόλεων ἀναίρεσις. ἆρα καὶ μόνα ταῦτα; οὐ μὰ Δί', ἀλλ' ἔτι πρὸς τούτοις Ὀρχομενός, Κορώνεια, Κορσιά, τὸ Τιλφωσαῖον, τῆς τῶν Φωκέων χώρας ὁπόσην βούλονται. **(142)** τοῖς μὲν δὴ Θηβαίοις ταῦτ' ἐκ τῆς εἰρήνης γέγονεν, ὧν οὐδ' ἂν εὔξαιντο δήπου μείζονα· τοῖς δὲ πρέσβεσι τοῖς τῶν Θηβαίων τί; οὐδὲν πλὴν τὸ τούτων αἰτίοις γεγενῆσθαι τῇ πατρίδι· τοῦτο δὲ καλόν, ὦ ἄνδρες Ἀθηναῖοι, καὶ σεμνὸν εἰς ἀρετῆς λόγον καὶ δόξης, ἣν οὗτοι χρημάτων ἀπέδοντο.

2 *καὶ δείπνῳ* om. A 3 ⟨*τὰ*⟩ *τοιαῦτα* AF 4 *προὔτεινεν* F[c] 5 *ταῦτα πάντα* AF 7 *λόγον* ⟨*ὃν*⟩ F *θηβῶν* A 8 *καὶ*[I] om. F 10 *καὶ*[I] om. F[a] 13 *αὐτοῦ* Y : [S] *τε*] *δὲ* F[a] 14 *σφᾶς* S[c]AFY *ὑπάρχειν* A 16 *ἡμῖν* om. SFY 17 *πόλεως* ⟨*πράγματα*⟩ FY 20 *Φωκέων* del. Cobet 21 *ἀναιρέσεις* S 22 *τιλφωσσαῖον* SF[c]Y Harp. 23 *τῶν* om. F *ὅσην* AF *ἠβούλοντο* A : *ἐβ-* F *δὴ* om. A 24 *εὔξαντο* SY 25 *ἀθηναίων* A[c] 26 *δὴ* F[a]

Ἀντιθῶμεν δὴ τί τῇ τῶν Ἀθηναίων πόλει γέγονεν ἐκ τῆς εἰρήνης, καὶ τί τοῖς πρέσβεσι τοῖς τῶν Ἀθηναίων, καὶ θεωρεῖτε εἰ παραπλήσια τῇ πόλει καὶ τούτοις αὐτοῖς. **(143)** τῇ πόλει μὲν τοίνυν ἀφεστηκέναι μὲν ἁπάντων καὶ τῶν κτημάτων καὶ τῶν συμμάχων, ὀμωμοκέναι δὲ Φιλίππῳ, κἂν ἄλλος τις ἴῃ ποτ᾿ ἐπ᾿ αὐτὰ βουλόμενος σῴζειν, ὑμᾶς κωλύσειν καὶ τὸν μὲν ὑμῖν βουλόμενον παραδοῦναι ἐχθρὸν ἡγήσεσθαι καὶ πολέμιον, τὸν δ᾿ ἀπεστερηκότα σύμμαχον καὶ φίλον. **(144)** ταῦτα γάρ ἐσθ᾿ ἃ συνεῖπε μὲν Αἰσχίνης οὑτοσί, ἔγραψε δ᾿ ὁ τούτου συνεργὸς Φιλοκράτης· καὶ κρατοῦντος ἐμοῦ τὴν προτέραν ἡμέραν, καὶ πεπεικότος ὑμᾶς τὸ τῶν συμμάχων δόγμα κυρῶσαι καὶ καλέσαι τοὺς πρέσβεις τοὺς τοῦ Φιλίππου, ἐκκρούσας οὗτος εἰς τὴν ὑστεραίαν τὴν Φιλοκράτους γνώμην ἔπεισεν ἑλέσθαι, ἐν ᾗ καὶ ταῦτα καὶ πόλλ᾿ ἄλλ᾿ ἔτι τούτων δεινότερα ἐστὶν γεγραμμένα. **(145)** τῇ μὲν δὴ πόλει ταῦτ᾿ ἐκ τῆς εἰρήνης γέγονεν, ὧν οὐδ᾿ εὑρεῖν αἴσχίω ῥᾴδιον· τοῖς δὲ πρέσβεσιν τί τοῖς ταῦτα πράξασιν; τὰ μὲν ἄλλα σιωπῶ πάνθ᾿, ὅσ᾿ ἑοράκαθ᾿ ὑμεῖς, οἰκίας, ξύλα, πυρούς, ἀλλ᾿ ἐν τῇ τῶν ἀπολωλότων συμμάχων χώρᾳ κτήματα καὶ γεωργίαι παμπληθεῖς, Φιλοκράτει μὲν τάλαντον ἔχουσαι πρόσοδον, τούτῳ δ᾿ Αἰσχίνῃ τριάκοντα μνᾶς. **(146)** καίτοι πῶς οὐ δεινόν, ὦ ἄνδρες Ἀθηναῖοι, καὶ σχέτλιον τὰς τῶν ὑμετέρων συμμάχων συμφορὰς προσόδους τοῖς πρέσβεσι τοῖς ὑμετέροις γεγενῆσθαι, καὶ τὴν αὐτὴν εἰρήνην τῇ μὲν ἐκπεμψάσῃ πόλει τῶν μὲν συμμάχων ὄλεθρον, τῶν δὲ κτημάτων ἀπόστασιν, ἀντὶ δὲ δόξης αἰσχύνην γεγενῆσθαι, τῶν δὲ πρέσβεων τοῖς κατὰ τῆς πόλεως ταῦτα πράξασι προσόδους, εὐπορίας, κτήματα,

144 *καὶ κρατοῦντος—ἑλέσθαι* Schol. D. 19.134.288c

1 *τί* om. A[a] 5 *κἂν*] *καὶ* A[a] *τις ἄλλος* F 6 *ἡμᾶς* A *κωλύειν* Y 7 *ἡμῖν* SAFY : corr. Aldina *ἡγήσασθαι* AF 12 *καὶ—Φιλίππου* om. Schol. D. *τοὺς* om. A 14 *ἑλέσθαι ἔπεισεν* Schol. D. *ἔπεισεν* ⟨*ὑμᾶς*⟩ A *ἄλλ᾿* om. A 15 *δεινὰ ἔνεστιν* A 21 *Αἰσχίνῃ* del. Weil 22–3 *ἡμ- . . . ἡμ-* A 24 *μὲν* om. S 26 *γεγενῆσθαι* del. Schaefer *τοῖς δὲ πρέσβεσι* AFY

πλοῦτον ἀντὶ τῶν ἐσχάτων ἀποριῶν εἰργάσθαι; ἀλλὰ μὴν ὅτι ταῦτ' ἀληθῆ λέγω, κάλει μοι τοὺς Ὀλυνθίους μάρτυρας.

ΜΑΡΤΥΡΕΣ

147. *Οὐ τοίνυν θαυμάσαιμ' ἂν εἰ καὶ τοιοῦτό τι τολμήσει λέγειν, ὡς οὐκ ἦν καλὴν οὐδ' οἵαν ἠξίουν ἐγὼ τὴν εἰρήνην ποιήσασθαι, κακῶς τῷ πολέμῳ τῶν στρατηγῶν κεχρημένων. ἂν δὴ ταῦτα λέγῃ, πρὸς θεῶν ἐρωτήσατ' αὐτὸν μεμνημένοι, πότερον ἐξ ἑτέρας ᾤχετο πρεσβεύων πόλεως ἢ ταύτης αὐτῆς. εἰ μὲν γὰρ ἐξ ἑτέρας, ἣν κεκρατηκέναι τε τῷ πολέμῳ φήσει καὶ χρηστοὺς ἔχειν στρατηγούς, εἰκότως χρήματ' εἴληφεν· εἰ δ' ἐκ ταύτης αὐτῆς, τίνος ἕνεκ' ἐφ' οἷς ἡ πέμψασα πόλις τῶν αὑτῆς ἀπέστη, ἐπὶ τούτοις οὗτος δωρεὰς προσλαβὼν φαίνεται; τῶν γὰρ αὐτῶν ἔδει τήν τε πέμψασαν πόλιν τυγχάνειν καὶ τοὺς ἐκ ταύτης πρέσβεις, εἴπερ τι τῶν δικαίων ἐγίγνετο.*

148. *ἔτι τοίνυν κἀκεῖνο σκέψασθε, ὦ ἄνδρες δικασταί. πότερ' οἴεσθε πλέον Φωκέας Θηβαίων ἢ Φίλιππον ὑμῶν κρατεῖν τῷ πολέμῳ; ἐγὼ μὲν γὰρ εὖ οἶδ' ὅτι Φωκεῖς Θηβαίων. εἶχόν γε Ὀρχομενὸν καὶ Κορώνειαν καὶ τὸ Τιλφωσαῖον, καὶ τοὺς ἐν Νέωσιν ἀπειλήφεσαν αὐτῶν, καὶ ἑβδομήκοντα καὶ διακοσίους ἀπεκτόνεσαν ἐπὶ τῷ Ἡδυλείῳ, καὶ τρόπαιον εἱστήκει, καὶ ἱπποκράτουν, καὶ κακῶν Ἰλιὰς περιειστήκει Θηβαίους.* **(149)** *ὑμῖν δὲ τοιοῦτο μὲν οὐδὲν οὔτ' ἦν μήτε γένοιτο τοῦ λοιποῦ, τοῦτο δ' ἦν τὸ δεινότατον τοῦ πρὸς*

147 *ἂν δὴ—φαίνεται* Prol. 429.9
148 *Κορώνει]αν*—**149** *γ[έ]νοι[το* P. Oxy. LXVII 4575
148 *Νέωσιν* Harp. *ν* 14 Sud. *ν* 238 *Ἡδυλείῳ* Harp. *η* 5
149 *ὑμῖν—λοιποῦ* AB 147.18

---

2 *μοι* ⟨*τούτων*⟩ AF *ὀλυνθίων* A 3 tit. om. S 5 *καλὴ* SFY[a] 8 *ἑτέρας* ⟨*τινὸς*⟩ SFY *πόλεως πρεσβεύων* Prol. ⟨*τῆς*⟩ *αὑτῆς* S[a]Y : *αὑτῆς* del. Dobree 9 *ἐξ*] *καὶ* A *τε* om. F 10 ⟨*τοὺς*⟩ *στρατηγούς* F 11 *ταύτης*] *τῆς* S[a]F[γρ]Y 14 *αὑτῆς* SY : *ἑαυ-* A : del. Dobree 12 *ἀφέστηκεν* Prol. *δῶρα* FY Prol. 14 *ἐγίγνετο* ⟨*νῦν δὲ ἡ μὲν πόλις τῶν αὑτῆς ἀφέστηκεν· οὗτος δὲ χρήματα εἴληφεν*⟩ A 15 *δικασταί*] *ἀθηναῖοι* AF 16 *πότερον* A *φωκέας πλέον* Y 17 *εὖ* om. A 18 ⟨*μέν*⟩ *γε* A : ⟨*μὲν*⟩ *γὰρ* FY *τιλφωσσαῖον* Y Π4575 19 *νεωσινας* A 22 *οὐδὲν* om. F *μηδὲ* AB

Φίλιππον πολέμου· οὐκ ἐδύνασθε κακῶς ἡλίκα ἐβούλεσθε ποιεῖν ἐκεῖνον· τοῦ δὲ μὴ πάσχειν αὐτοὶ πᾶσαν ἄδειαν ἤγετε. τί ποτ᾽ οὖν ἐκ τῆς αὐτῆς εἰρήνης τοῖς μὲν Θηβαίοις, τοῖς τοσοῦτο κρατουμένοις τῷ πολέμῳ, καὶ τὰ ἑαυτῶν κομίσασθαι καὶ τὰ τῶν ἐχθρῶν προσλαβεῖν γέγονεν, τοῖς δ᾽ Ἀθηναίοις ὑμῖν, καὶ ἃ τῷ πολέμῳ διεσῴζετο, ταῦτ᾽ ἐπὶ τῆς εἰρήνης ἀπολωλεκέναι; ὅτι τἀκείνων μὲν οὐκ ἀπέδονθ᾽ οἱ πρέσβεις, τὰ δ᾽ ὑμέτερα οὗτοι πεπράκασιν. {ἀλλὰ νὴ Δία τοὺς συμμάχους ἀπειρηκέναι φήσει τῷ πολέμῳ.} ὅτι γὰρ ταῦθ᾽ οὕτω πέπρακται, καὶ ἐκ τῶν ἐπιλοίπων ἔτι μᾶλλον εἴσεσθε.

150. *Ἐπειδὴ γὰρ ἡ μὲν εἰρήνη τέλος εἶχεν αὕτη, ἡ τοῦ Φιλοκράτους, ᾗ συνεῖπεν οὗτος, οἱ δὲ πρέσβεις ἀπήρκεσαν οἱ τοῦ Φιλίππου λαβόντες τοὺς ὅρκους (καὶ μέχρι τούτου γε οὐδὲν ἀνήκεστον ἦν τῶν πεπραγμένων, ἀλλ᾽ αἰσχρὰ μὲν ἡ εἰρήνη καὶ ἀναξία τῆς πόλεως, ἀντὶ δὲ τούτων δὴ τὰ θαυμάσια ἀγαθὸ ἡμῖν ἔμελλεν ἔσεσθαι), ἠξίουν ὑμᾶς ἐγὼ καὶ τούτοις ἔλεγον πλεῖν τὴν ταχίστην ἐφ᾽ Ἑλλησπόντου, καὶ μὴ προέσθαι μηδ᾽ ἐᾶσαι κατασχεῖν Φίλιππον μηδὲν ἐν τῷ μεταξὺ χρόνῳ τῶν ἐκεῖ χωρίων.* **(151)** *ᾔδειν γὰρ ἀκριβῶς ὅτι πάνθ᾽ ὅσ᾽ ἂν ἐκ πολέμου γιγνομένης εἰρήνης προεθῇ, ταῦτα τοῖς ἀμελήσασιν ἀπόλλυται· οὐδεὶς γὰρ πώποθ᾽ ὑπὲρ τῶν ὅλων πεισθεὶς εἰρήνην ἄγειν ὑπὲρ τῶν ἐγκαταλειφθέντων ἐξ ἀρχῆς ἠθέλησεν πολεμεῖν, ἀλλὰ ταῦθ᾽ οἱ προλαβόντες ἔχουσιν. χωρὶς δὲ τούτων δυοῖν χρησίμοιν οὐ διαμαρτήσεσθαι τὴν πόλιν ἡγούμην πλευσάντων ἡμῶν· ἢ γὰρ παρόντων καὶ κατὰ τὸ ψήφισμ᾽ αὐτὸν ἐξορκωσάντων, ἃ μὲν εἰλήφει τῆς πόλεως, ἀποδώσειν, τῶν δὲ*

150 *ἐπειδὴ—εἰρήνη* et *ἠξίουν—ἐγὼ* Schol. D. 19.149.317a *Ἐλ]λησπόν[του*—**151** *π[άνθ᾽* P. Oxy. LXVII 4576

---

1 *ἡνίκα* AF 3 *τοῖς*[2] om. A 5 *ἐκγέγονε* Dobree δ᾽ om. S[a] 7 *τὰ μὲν ἐκείνων* A *ἡμ-* A 8–9 del. Markland 9 *φησὶν* AF[a] 10 *ὑπολοίπων* A 13 *γε* om. A 15 *δὴ* om. A 16 *ἤμελλεν ἡμῖν ἀγαθὰ* A *ὑμᾶς* del. Weil : *ἡμᾶς* Feliciana 16–17 *καὶ—ἔλεγον* del. Weidner (*ἡμᾶς* recepto) coll. 154 17 *ταχίστην ⟨τὴν⟩* F 18 *φίλιππον μηδὲν κατασχεῖν* A 19 *ἐκεῖ⟨τι⟩* FY 20 *μελλήσασιν* A 22 *καταλειφθέντων* F[a] : *-ληφθ-* cod. Q *ἐθελῆσαι* A 26 *ὁρκωσάντων* A ⟨*τῶν*⟩ *τῆς* Y

λοιπῶν ἀφέξεσθαι, **(152)** ἢ μὴ ποιοῦντος ταῦτα ἀπαγγελεῖν ἡμᾶς εὐθέως δεῦρο, ὥστ᾽ ἐν ἐκείνοις τοῖς πόρρω καὶ ἐλάττοσι τὴν πλεονεξίαν καὶ τὴν ἀπιστίαν ἰδόντας ὑμᾶς περὶ τῶνδε τῶν ἐγγὺς καὶ μειζόνων, λέγω δὲ Φωκέων καὶ Πυλῶν, οὐ προήσεσθαι· μὴ προλαβόντος δ᾽ ἐκείνου ταῦτα μηδ᾽ ὑμῶν ἐξαπατηθέντων ἅπαντ᾽ ἐν ἀσφαλεῖ τὰ πράγμαθ᾽ ὑμῖν ἔσεσθαι, καὶ παρ᾽ ἑκόντος ὑπάρξειν αὐτοῦ τὰ δίκαια. **(153)** καὶ ταῦτ᾽ εἰκότως οὕτως ὑπελάμβανον ἕξειν. εἰ γὰρ ἦσαν, ὡς ἦσαν τότε, Φωκεῖς σῷοι καὶ Πύλας εἶχον, ἐκεῖνος μὲν οὐδὲν ἂν ὑμῖν εἶχεν ἀνατείνασθαι φοβερόν, δι᾽ ὃ τῶν δικαίων ἄν τι παρείδετε· οὔτε γὰρ κατὰ γῆν παρελθὼν οὔτε ναυσὶ κρατήσας εἰς τὴν Ἀττικὴν ἥξειν ἔμελλεν· ὑμεῖς δ᾽ ἐκείνου παραχρῆμα, εἰ μὴ τὰ δίκαια ποιοίη, κλείσειν τὰ ἐμπόρια, καὶ χρημάτων τ᾽ ἐν σπάνει καὶ τῶν ἄλλων ἐν πολιορκίᾳ πάλιν αὐτὸν καταστήσειν, ὥστ᾽ ἐκεῖνος ὁ δουλεύσων ἔμελλεν ἔσεσθαι τοῖς ἀπὸ τῆς εἰρήνης λυσιτελοῦσιν, οὐχ ὑμεῖς. **(154)** καὶ ταῦθ᾽ ὅτι οὐκ ἐπὶ τοῖς συμβεβηκόσιν νῦν πλάττομαι καὶ προσποιοῦμαι, ἀλλὰ τότ᾽ εὐθὺς ἐγνώκειν καὶ προεωρώμην ὑπὲρ ὑμῶν καὶ τούτοις ἔλεγον, ἐκεῖθεν εἴσεσθε. ἐπειδὴ γὰρ ἐκκλησία μὲν οὐκέτ᾽ ἦν ὑπόλοιπος οὐδεμία διὰ τὸ προκατακεχρῆσθαι, οὗτοι δ᾽ οὐκ ἀπῇσαν, ἀλλ᾽ αὐτοῦ διέτριβον, γράφω ψήφισμα βουλεύων, τὴν βουλὴν ποιήσαντος τοῦ δήμου κυρίαν, ἀπιέναι τοὺς πρέσβεις τὴν ταχίστην, τὸν δὲ στρατηγὸν Πρόξενον κομίζειν αὐτοὺς ἐπὶ τοὺς τόπους ἐν οἷς ἂν ὄντα Φίλιππον πυνθάνηται, γράψας ὥσπερ νῦν λέγω, τοῖς ῥήμασιν οὕτως ἄντικρυς. καί μοι λέγε τοῦτο τὸ ψήφισμα λαβών.

154 ἐπειδὴ—προκατακεχρῆσθαι Hermog. 290.14 R. γράψας—ἄντικρυς Schol. Pl. Charm. 153a γρά]ψας—**155** τὰ]ς δὲ P. Oxy. LXVII 4577

1 ποιοῦντος ⟨ἐκείνου⟩ A : ⟨τούτου⟩ F ἀπαγγέλλειν S[c]AFY 2 ⟨ὡς⟩ ἡμᾶς A 3 εἰδότας F[a] 4 ⟨τῶν⟩ μειζόνων F 6 ὑμῖν om. A 9 ⟨οἱ⟩ φωκεῖς F ὑμῖν οὐδὲν ἂν A 10 ἐπανατείνασθαι S[γρ]F[γρ] παρίδετε AF[a] 11 οὔτε[1]] οὐδὲ A 12 ἡμεῖς A 13 ποιοι S[a] 15 δουλεύων A ἔμελλεν om. S[a] : post ἔσεσθαι F[a] 18 τότ᾽] τοῦτ᾽ F[γρ] εὐθέως A 21 ἀπήεσαν SAY : corr. Dindorf : ἀπῄεσαν F 25 λέγω] ἐγὼ Schol. Pl. 26 τὸ ψήφισμα [τοῦτο Π4577

ΨΗΦΙΣΜΑ

155. Ἐνθένδε μὲν τοίνυν αὐτοὺς ἐξήγαγον οὕτως ἄκοντας, ὡς καθαρῶς οἷς μετὰ ταῦτ᾽ ἐποίουν εἴσεσθε. ἐπειδὴ δ᾽ ἀφικόμεθ᾽ εἰς Ὠρεὸν καὶ συνεμείξαμεν τῷ Προξένῳ, ἀμελήσαντες οὗτοι τοῦ πλεῖν καὶ τὰ προστεταγμένα πράττειν ἐπορεύοντο κύκλῳ, καὶ πρὶν εἰς Μακεδονίαν ἐλθεῖν, τρεῖς καὶ εἴκοσιν ἡμέρας ἀνηλώσαμεν· τὰς δὲ ἄλλας πάσας καθήμεθ᾽ ἐν Πέλλῃ, πρὶν Φίλιππον ἐλθεῖν, σὺν αἷς ἐπορεύθημεν ὁμοῦ πεντήκοντα ὅλας. **(156)** ἐν δὲ τούτῳ Δορίσκον, Θρᾴκην, τἀπὶ Τειχῶν, Ἱερὸν ὄρος, πάντα τὰ πράγματα, ἐν εἰρήνῃ καὶ σπονδαῖς ᾕρει καὶ διῳκεῖθ᾽ ὁ Φίλιππος, πολλὰ λέγοντος ἐμοῦ καὶ θρυλοῦντος ἀεί, τὸ μὲν πρῶτον ὡς ἂν εἰς κοινὸν γνώμην ἀποφαινομένου, μετὰ ταῦτα δ᾽ ὡς ἀγνοοῦντας διδάσκοντος, τελευτῶντος δὲ ὡς ἂν πρὸς πεπρακότας αὐτοὺς καὶ ἀνοσιωτάτους ἀνθρώπους οὐδὲν ὑποστελλομένου. **(157)** ὁ δὲ τούτοις ἀντιλέγων φανερῶς καὶ ἅπασιν ἐναντιούμενος οἷς ἔλεγον μὲν ἐγώ, ἐψήφιστο δὲ ὑφ᾽ ὑμῶν, οὗτος ἦν. εἰ δὲ καὶ πᾶσιν ἤρεσκεν ταῦτα τοῖς ἄλλοις πρέσβεσιν, αὐτίκ᾽ εἴσεσθε. ἐγὼ μὲν γὰρ οὐδέν πω λέγω περὶ οὐδενὸς οὐδ᾽ αἰτιῶμαι, οὐδ᾽ ἀναγκασθέντ᾽ αὐτῶν οὐδένα δεῖ δοκεῖν χρηστὸν εἶναι τήμερον, ἀλλὰ δι᾽ αὑτὸν καὶ τὸ μὴ κεκοινωνηκέναι τῶν ἀδικημάτων. ὅτι μὲν γὰρ αἰσχρὰ καὶ δεινὰ καὶ οὐ προῖκα τὰ πεπραγμένα, πάντες ὑμεῖς ἑοράκατε· οἵτινες δ᾽ οἱ τούτων μετεσχηκότες, αὐτὸ δηλώσει.

155 *ἐνθένδε—ἐξήγαγον* Schol. D. 19.149.317b *πορ]εύον[τ]ο*—**156** *θρυλ]οῦντ[ος* P. Oxy. LXVII 4570
156 *ὄρος*—**158** *τ]ἄλλα ἃ* P. Oxy. LXVII 4577
156 *καὶ θρυλοῦντος ἀεί* P. Rainer I 25

---

1 tit. om. S 3 *δ'] γ]ὰρ* Π4577 4 *συνεμίξαμεν* S[c]AFY : [Π4577] : *σύνεσμεν* Schol. D. 19.155.328 9 *ὅλαις* S[c]F[c]Y[c] 10 *τὰ* om. Π4577 11 *ὁ* om. A Π4577 13 ⟨*ἂν*⟩ *ἀγνοοῦντος* Markland 14 *ἂν* om. A *ὡς ἂν πεπρακότας* Y : *ὡς προπεπρακότας* A *ἑαυ-* F : [SA Π4577] 15 *ὑποστελλόμενος* F 19 *αὐτὸν* A : [Π4577] 20 *αὐτὸν* Y : [SA] *διὰ τὸ* Π4577 22 *τὰ* om. cod. O : del. Bl. *πεπρεσβευμένα* Π4577 23 *μετασχόντες* cod. Q[γρ] *αὐτὰ* AFY : [Π4577]

158. Ἀλλὰ νὴ Δί' ἐν τούτῳ τῷ χρόνῳ τοὺς ὅρκους ἔλαβον παρὰ τῶν συμμάχων, ἢ τἄλλ' ἃ προσῆκεν ἐποίησαν. πολλοῦ γε καὶ δεῖ, ἀλλὰ τρεῖς μῆνας ὅλους ἀποδημήσαντες καὶ χιλίας λαβόντες δραχμὰς ἐφόδιον παρ' ὑμῶν, παρ' οὐδεμιᾶς πόλεως, οὔθ' ὅτε ἐκεῖσε ἐπορεύοντο οὔθ' ὅτ' ἐκεῖθεν δεῦρο, τοὺς ὅρκους ἔλαβον, ἀλλ' ἐν τῷ πανδοκείῳ τῷ πρὸ τοῦ Διοσκουρείου (εἴ τις ὑμῶν εἰς Φερὰς ἀφῖκται, οἶδεν ὃ λέγω), ἐνταῦθ' ἐγίγνονθ' οἱ ὅρκοι, ὅτε δεῦρ' ἤδη τὸ στράτευμ' ἄγων ἐβάδιζεν Φίλιππος, αἰσχρῶς, ἄνδρες Ἀθηναῖοι, καὶ ἀναξίως ὑμῶν. **(159)** καίτοι τοῦτο Φίλιππος ἁπάντων ἂν ἐτιμήσατο πλείστου τοῦτον τὸν τρόπον πραχθῆναι. τήν τε γὰρ εἰρήνην οὐχὶ δυνηθέντων ὡς ἐπεχείρησαν οὗτοι, "πλὴν Ἀλέων καὶ Φωκέων", γράψαι, ἀλλ' ἀναγκασθέντος ὑφ' ὑμῶν τοῦ Φιλοκράτους ταῦτ' ἀπαλεῖψαι, γράψαι δὲ ἄντικρυς, "Ἀθηναίοις καὶ τοῖς Ἀθηναίων συμμάχοις", οὐκ ἐβούλετο τοῦτον ὀμωμοκέναι τὸν ὅρκον οὐδένα τῶν αὑτοῦ συμμάχων (οὐ γὰρ αὐτῷ συστρατεύσειν ἐφ' ἃ νῦν ἔχει τῶν ὑμετέρων ἔμελλον, ἀλλ' ἕξειν πρόφασιν τοὺς ὅρκους), **(160)** οὔτε μάρτυρας γενέσθαι τῶν ὑποσχέσεων, ἐφ' αἷς εὑρίσκετο τὴν εἰρήνην, οὐδὲ τοῦτο δειχθῆναι πᾶσιν, ὅτι οὐκ ἄρ' ἡ πόλις ἡ τῶν Ἀθηναίων ἥττητο τῷ πολέμῳ, ἀλλὰ Φίλιππός ἐστιν ὁ τῆς εἰρήνης ἐπιθυμῶν καὶ ὁ πολλὰ ὑπισχνούμενος τοῖς Ἀθηναίοις ἂν τύχῃ τῆς εἰρήνης. ἵνα δὴ μὴ

158 τοὺς—ἔλαβον et καὶ χιλίας—δραχμὰς P. Rainer I 25 ἀλλ'—ὅρκοι Hermog. 283.2 R. Anon. Fig. 3.146.26 Sp. ἐν—Διοσκουρείου Theodoret. 8.26.1 W. ὅτε δεῦρ'—Φίλιππος Plan. Schol. 5.465.4 W.
159 καίτοι—πραχθῆναι AB 175.8

2 ἢ] καὶ Dobree 4 δραχμὰς λαβόντες F ⟨ὅσον⟩ παρ'² A : ⟨ὅσα⟩ FY^c οὐδεμιᾶς ⟨ἄλλης⟩ A 6 ἐν] ἐπὶ Anon. τῷ¹ om. A διοσκορείου A (-ρίου A) Hermog. Theodoret. Anon. 7 ἐγένοντο Anon. 8 φίλιππος ⟨ἐφ' ὑμᾶς⟩ S^c 9 ⟨ὦ⟩ ἄνδρες A^cF 10 τοῦθ' ⟨ὁ⟩ F ⟨περὶ⟩ πλείστου F^a : πλείστου ⟨τοῦ⟩ AB 11 τε suspecit Fuhr 12 οὗτοι ⟨τὸ πρῶτον⟩ AFY ἀλέων F : [SA] 13 ταῦτα ⟨μὲν⟩ AFY 14–15 ἀθηναίους . . . τοὺς . . . συμμάχους SF^cY 16 αὐτοῦ SFY : corr. cod. B^c : [A] 17 ἡμ- A 18 οὐδὲ Bk. γενέσθαι om. S^a : ἔσεσθαι A 19 οὔτε A 21 ἀλλ' ⟨ὁ⟩ F^a 22 ὑποσχόμενος A ἂν τύχῃ] ὥστε τυχεῖν F^a δὲ S^aF

γένοιτο ταῦθ' ἃ λέγω φανερά, διὰ ταῦτα οὐδαμόσε ᾤετο δεῖν τούτους βαδίζειν. οὗτοι δ' ἐχαρίζοντο πάντα, ἐνδεικνύμενοι καὶ ὑπερκολακεύοντες ἐκεῖνον. **(161)** καίτοι ταῦθ' ὅταν ἐξελέγχωνται πάντα, τοὺς χρόνους ἀνηλωκότες, τὰ ἐν Θρᾴκῃ προειμένοι, μηδὲν ὧν ἐψηφίσασθε πεποιηκότες μηδ' ὧν συμφέρον ἦν, τὰ ψευδῆ δεῦρ' ἀπηγγελκότες, πῶς ἔνεστι παρ' εὖ φρονοῦσι δικασταῖς καὶ βουλομένοις εὐορκεῖν τούτῳ σῴζεσθαι; ἀλλὰ μὴν ὅτι ταῦτ' ἀληθῆ λέγω, λέγε πρῶτον μὲν τὸ ψήφισμα, ὡς ὁρκοῦν προσῆκεν ἡμῖν, εἶτα τὴν ἐπιστολὴν τὴν τοῦ Φιλίππου, εἶτα τὸ Φιλοκράτους ψήφισμα καὶ τὸ τοῦ δήμου.

ΨΗΦΙΣΜΑ. ΕΠΙΣΤΟΛΗ. ΨΗΦΙΣΜΑΤΑ

162. *Καὶ μὴν ὅτι τὸν Φίλιππον ἐν Ἑλλησπόντῳ κατελάβομεν ἄν, εἴ τις ἐπείθετό μοι καὶ τὰ προστεταγμένα ὑφ' ὑμῶν ἐποίει κατὰ τὰ ψηφίσματα, κάλει τοὺς ἐκεῖ παρόντας μάρτυρας.*

ΜΑΡΤΥΡΕΣ

Λέγε δὴ καὶ τὴν ἑτέραν μαρτυρίαν, ἃ πρὸς Εὐκλείδην ὕστερον ἐλθόντα τουτονὶ ἀπεκρίνατο Φίλιππος.

ΜΑΡΤΥΡΙΑ

163. Ὅτι τοίνυν οὐδ' ἄρνησίς ἐστιν αὐτοῖς τὸ μὴ ταῦθ' ὑπὲρ Φιλίππου πράττειν, ἀκούσατέ μου. ὅτε γὰρ τὴν προτέραν ἀπῄρομεν πρεσβείαν τὴν περὶ τῆς εἰρήνης, κήρυκα ὑμεῖς προαπεστείλατε ὅστις ἡμῖν σπείσεται. τότε μὲν τοίνυν,

160 *οὗτοι—ἐκεῖνον* AB 177.15
162 *καὶ—κατελάβομεν* Schol. D. 19.149.317b

---

1 *γένηται* FY *ὃ* S 1–2 *οὐδαμόσε—τούτους*] *ᾤετο δεῖν αὐτοὺς μηδαμόσε* F 2 *πάντας* Y 5 *προειμένοι* S^c et Bk. : *προϊέ-* A : *προέ-* FY : *προειρημένοι* S 7 *τούτῳ*] *τοῦτον* A : *-τοις* F^a : *-τους* cod. Q 9 *ὑμῖν* A 10 *τοῦ*^{1} om. A *καὶ*] *εἶτα* F 12 titt. om. S *ψηφίσματα*] *ψήφισμα* A 15 ⟨*καὶ*⟩ *κατὰ* F^a *τὰ* om. Y 16 tit. om. S 17 *καὶ* om. A 18 *ἐλθόντα τουτονὶ ὕστερον* A 19 tit. om. S 20 *τὸ*] *τοῦ* cod. Q 21 ⟨*τοῦτο*⟩ *ἀκούσατέ* A 22 *ἀπήραμεν* S^cAF^c : *ἀπηρόμην* Y^a : *ἀπηράμην* etiam S^c 23 *ὑμῖν* SAFY : corr. cod. Fo

ὡς τάχιστα εἰς Ὠρεὸν ἦλθον, οὐκ ἀνέμειναν τὸν κήρυκα οὐδ' ἐνεποίησαν χρόνον οὐδένα, Ἅλου δὲ πολιορκουμένου διέπλευσαν εἰς τοῦτον, καὶ πάλιν ἐντεῦθεν πρὸς Παρμενίωνα τὸν πολιορκοῦντα ἐξελθόντες ἀπῆραν διὰ τοῦ πολεμίου στρατεύματος εἰς Παγασάς, καὶ προϊόντες ἀπήντων ἐν Λαρίσῃ τῷ κήρυκι· τοσαύτῃ σπουδῇ καὶ προθυμίᾳ τότ' ἐχώρουν. **(164)** *ἐπειδὴ δὲ εἰρήνη μὲν ἦν, ἅπασα δὲ ἀσφάλεια ἰέναι καὶ πρόσταγμα παρ' ὑμῶν σπεύδειν, τηνικαῦτα οὔτ' ἐπείγεσθαι βαδίζουσιν οὔτε πλεῖν αὐτοῖς ἐπῄει. τί δήποτε; ὅτι τότε μὲν τὸ τὴν εἰρήνην ὡς τάχιστα γενέσθαι, τοῦτ' ἦν ὑπὲρ Φιλίππου, νῦν δὲ τὸ ὡς πλεῖστον τὸν μεταξὺ χρόνον διατριφθῆναι τοῦ τοὺς ὅρκους ἀπολαβεῖν.* **(165)** *ἀλλὰ μὴν ὅτι καὶ ταῦτ' ἀληθῆ λέγω, λαβέ μοι καὶ ταύτην τὴν μαρτυρίαν.*

ΜΑΡΤΥΡΙΑ

Ἔστιν οὖν ὅπως ἂν μᾶλλον ἄνθρωποι πάνθ' ὑπὲρ Φιλίππου πράττοντες ἐξελεγχθεῖεν, ἢ τὴν αὐτὴν ὁδὸν ἡνίκα μὲν σπεύδειν ὑπὲρ ὑμῶν ἔδει καθήμενοι, ὅτε δ' οὐδὲ βαδίζειν προσῆκε πρὶν ἐλθεῖν τὸν κήρυκα ἐπειγόμενοι;

166. *Ὃν τοίνυν χρόνον ἦμεν ἐκεῖ καὶ καθήμεθ' ἐν Πέλλῃ, σκέψασθε τί πράττειν ἕκαστος ἡμῶν προείλετο. ἐγὼ μὲν τοίνυν τοὺς αἰχμαλώτους ἀνασῴζειν καὶ ζητεῖν καὶ παρ' ἐμαυτοῦ τε χρήματ' ἀναλίσκειν καὶ Φίλιππον ἀξιοῦν, ὧν ἡμῖν ἐδίδου ξενίων, τούτους λύσασθαι· οὗτος δὲ αὐτίκα ἀκούσεσθε τί ποιῶν διετέλεσεν. τί οὖν ἦν τοῦτο τὸ κοινῇ χρήμαθ' ἡμῖν τὸν Φίλιππον διδόναι;* **(167)** *ἵνα μηδὲ τοῦτ'*

166 *ἐγὼ—διετέλεσεν* Aristid. 50.15
167 *ἵνα—ἅπαντας* Lex. Pat. ad loc.

---

1 *ἦλθον εἰς Ὠρεὸν ⟨οὗτοι⟩* Schol. D. 19.162.342 *ἤλθομεν* van Herwerden 2 *ἐποίησαν* SAFY : corr. Dobree *οὐδένα* om. S[a] *Ἅλου δὲ*] *ἀλλ' οὐδὲ* S[c]FY : *οὐδὲ* cod. Q : [S] 11 *τὸ* om. F[a] *τὸν*] *τὸ* Y ⟨*πρὸ*⟩ *τοῦ* FY 13 *λαβέ μοι*] *λέγε* A 14 tit. om. S 16 *ἢ* ⟨*οἱ*⟩ Y 21 *ἀναζητεῖν καὶ σώζειν* Cobet : *ἀνασώζειν καὶ ἀναζητεῖν* Aristid. 22 *ἐμοῦ* Aristid. *τε* om. AFY Aristid. 22–3 *καὶ—λύσασθαι* om. Aristid.28 *λύσεσθαι* A 23 *αὐτὸς* F 24 *ἀκούσετε* Aristid. 24–5 *τί οὖν . . . διδόναι·* cum Weilio interpunxi 25 *τὸν φίλιππον χρήμαθ' ἡμῖν* AF

ἀγνοῆτε, ἐκεῖνος ἡμᾶς διεκωδώνιζεν ἅπαντας· τίνα τρόπον; ἑκάστῳ προσπέμπων ἰδίᾳ καὶ πολύ γε, ὦ ἄνδρες Ἀθηναῖοι, διδοὺς χρυσίον. ὡς δ' ἀπετύγχανεν ὁτουδήποτε (οὐ γὰρ ἐμέ γ' εἰπεῖν ἐμαυτὸν δεῖ, ἀλλὰ τὰ ἔργα καὶ τὰ πεπραγμέν' αὐτὰ δηλώσει), τὰ κοινῇ δοθέντα πάντας ἡγεῖτο εὐήθως λήψεσθαι· ἀσφάλειαν οὖν ἔσεσθαι τοῖς ἰδίᾳ πεπρακόσιν αὐτούς, εἰ καὶ κατὰ μικρὸν τοῦ λαβεῖν κοινῇ πάντες μετάσχοιμεν. διὰ ταῦτα ἐδίδοτο, ξένια δὴ πρόφασιν. **(168)** ἐπειδὴ δ' ἐκώλυσ' ἐγώ, πάλιν προσδιενείμαντο οὗτοι. τῷ Φιλίππῳ δ', ἐπειδὴ ταῦτ' εἰς τοὺς αἰχμαλώτους ἠξίουν αὐτὸν ἀναλίσκειν ἐγώ, οὔτε κατειπεῖν τούτων εἶχεν καλῶς οὐδ' εἰπεῖν ὅτι "ἀλλ' ἔχουσιν ὁ δεῖνα καὶ ὁ δεῖνα", οὔτε φυγεῖν τἀνάλωμα· ὡμολόγησε μὲν δή, διεκρούσατο δὲ εἰς τὰ Παναθήναια φήσας ἀποπέμψειν. λέγε τὴν μαρτυρίαν τὴν Ἀπολλοφάνους, εἶτα τὴν τῶν ἄλλων τῶν παρόντων.

ΜΑΡΤΥΡΙΑ

169. Φέρε δὴ καὶ ὅσους αὐτὸς ἐλυσάμην τῶν αἰχμαλώτων εἴπω πρὸς ὑμᾶς. ἐν ὅσῳ γὰρ οὐχὶ παρόντος πω Φιλίππου διετρίβομεν ἐν Πέλλῃ, ἔνιοι τῶν ἑαλωκότων, ὅσοιπερ ἦσαν ἐξηγγυημένοι, ἀπιστοῦντες, ὡς ἐμοὶ δοκεῖ, μὴ δυνήσεσθαί με ταῦτα πεῖσαι τὸν Φίλιππον, ἑαυτοὺς ἔφασαν βούλεσθαι λύσασθαι καὶ μηδεμίαν τούτου χάριν ἔχειν τῷ Φιλίππῳ, καὶ ἐδανείζοντο ὁ μὲν τρεῖς μνᾶς, ὁ δὲ πέντε, ὁ δ' ὅπως συνέβαινεν ἑκάστῳ τὰ λύτρα. **(170)** ἐπειδὴ τοίνυν ὡμολόγησεν ὁ

167 διεκωδώνιζεν Harp. δ 56

1 διεκωδώνισεν A Harp. Lex. Pat. ad loc.: διεκωδώνησεν F   τινα F   2 ἑκάστῳ post 1 ἅπαντας F : post 4 προσπέμπων A   5 εὐθέως F[c] : ⟨εὐθέως⟩ εὐήθως Y   λήψεσθε S   6 ἔσεσθε S[c(m.a.)]   τοῖς διαπεπρακόσιν A   7 κοινῇ λαβεῖν F   8 δ' ἦν πρόφασις A : δ' ἦν ⟨ἡ⟩ πρόφασις FY : ἦν ⟨ἡ⟩ πρόφασις S[c]   9 ⟨τοῦθ'⟩ οὗτοι S   10 τοὺς om. F   ἀναλίσκειν αὐτὸν A   11 οὔτ' SAY   12 φεύγειν F   14 λέγε ⟨δὴ⟩ A   15 παρόντων. ⟨λέγε⟩ A   16 tit. om. S : μαρτυρία A   19 ⟨τοῦ⟩ φιλίππου AF   21 ἐξεγγυημένοι A : [F[a]]   22 με] μετὰ SAF[a]Y   23 λύσεσθαι cod. Q   φιλίππῳ χάριν ἔχειν F   τῷ om. AF   24 οἱ μὲν . . . οἱ δὲ πέντε A   25–1 τοὺς λοιποὺς ante ὡμολόγησεν A

Φίλιππος τοὺς λοιποὺς λύσεσθαι, συγκαλέσας ἐγὼ τούτους οἷς αὐτὸς ἔχρησα τὸ ἀργύριον, καὶ τὰ πεπραγμένα ὑπομνήσας, ἵνα μὴ δοκοῖεν ἔλαττον ἔχειν ἐπειχθέντες μηδ' ἐκ τῶν ἰδίων λελυτρῶσθαι πένητες ἄνθρωποι, τῶν ἄλλων ὑπὸ τοῦ Φιλίππου προσδοκωμένων ἀφεθήσεσθαι, ἔδωκα δωρεὰν τὰ λύτρα. καὶ ὅτι ταῦτ' ἀληθῆ λέγω, λέγε ταύτας τὰς μαρτυρίας.

ΜΑΡΤΥΡΙΑΙ

171. *Ὅσα μὲν τοίνυν ἀφῆκα χρήματα καὶ δωρεὰν ἔδωκα τοῖς ἀτυχήσασιν τῶν πολιτῶν, ταῦτ' ἐστίν. ὅταν δ' οὗτος αὐτίκα δὴ λέγῃ πρὸς ὑμᾶς "τί δήποτε, ὡς φῄς, ὦ Δημόσθενες, ἀπὸ τοῦ συνειπεῖν ἐμὲ Φιλοκράτει γνοὺς οὐδὲν ἡμᾶς ὑγιὲς πράττοντας, τὴν μετὰ ταῦτα πρεσβείαν τὴν ἐπὶ τοὺς ὅρκους συνεπρέσβευσας πάλιν καὶ οὐκ ἐξωμόσω;" ταῦτα μέμνησθε, ὅτι τούτοις ὡμολογήκειν οὓς ἐλυσάμην καὶ κομιεῖν λύτρα καὶ σώσειν εἰς δύναμιν.* **(172)** *δεινὸν οὖν ψεύσασθαι καὶ προέσθαι δυστυχοῦντας ἀνθρώπους πολίτας· ἰδίᾳ δ', ἐξομοσάμενον, οὐ πάνυ καλὸν οὐδ' ἀσφαλὲς ἦν ἐκεῖσε πλανᾶσθαι· ἐπεὶ εἰ μὴ διὰ τὸ τούτους βούλεσθαι σῶσαι, ἐξώλης ἀπολοίμην καὶ προώλης, εἰ προσλαβών γ' ἂν ἀργύριον πάνυ πολὺ μετὰ τούτων ἐπρέσβευσα. σημεῖον δέ· ἐπὶ γὰρ τὴν τρίτην πρεσβείαν δίς με χειροτονησάντων ὑμῶν δὶς ἐξωμοσάμην. καὶ παρὰ ταύτην τὴν ἀποδημίαν πάντα τἀναντία ἔπραττον.* **(173)** *ὧν μὲν τοίνυν αὐτοκράτωρ ἦν ἐγὼ κατὰ τὴν πρεσβείαν, τοῦτον*

171 *ὅταν*—**172** *πολίτας* Aristid. 50.20
171 *τί*—*ἐξωμόσω* cf. Aristid. 50.2
172 *ἐξώλης*—*προώλης* Lex. Pat. ad loc. *ἐπεὶ*—*ἐπρέσβευσα* Hermog. 354.11 R

1 *λύσασθαι* AF 2 *ἐχρήσατο ἀργύριον* F : *ἐχρήσατο ἀργύρια* F^{c}Y : *ἔχρησα τὰ ἀργύρια* cod. $Q^{γρ}$ 6 *λέγε* ⟨*καὶ*⟩ AF 7 tit. om. S 11 *ἐκ* Aristid. (50.2) *ὑμᾶς* F *ὑμᾶς* post *ὑγιὲς* A : post 12 *πράττοντας* Aristid. 13 *συνεπρεσβεύσω* F^{c} 14 *ὡμολογήκειν* ⟨*ἥξειν*⟩ AFY : [S^{a}] *οὓς* ⟨*αὐτὸς*⟩ Aristid. *ἐλυσάμην* ⟨*ἥξειν*⟩ Aristid. ⟨*τὰ*⟩ *λύτρα* F 15 *οὖν* ⟨*ἦν*⟩ A Aristid. *καὶ προέσθαι* om. A 17 *οὐ*—*οὐδ'*] *οὔτ' αὖ καλὸν οὔτε* A 19 *γ'* om. A Hermog. *ἂν* om. Hermog. 22 *αὐτὴν* A *ἔπραττον* ⟨*τούτοις*⟩ FY

ἔσχε τὸν τρόπον ὑμῖν· ἃ δ᾽ οὗτοι πλείους ὄντες ἐνίκων, ἅπαντ᾽ ἀπόλωλεν. καίτοι καὶ τἄλλ᾽ ἂν ἅπαντ᾽ ἀκολούθως τούτοις ἐπέπρακτο, εἴ τις ἐπείθετό μοι. οὐ γὰρ ἔγωγ᾽ οὕτως ἄθλιος οὐδ᾽ ἄφρων ὥστε χρήματα μὲν διδόναι, λαμβάνοντας ὁρῶν ἑτέρους, ὑπὲρ τῆς πρὸς ὑμᾶς φιλοτιμίας, ἃ δ᾽ ἄνευ μὲν δαπάνης οἷά τ᾽ ἦν πραχθῆναι, πολλῷ δὲ μείζονας εἶχεν ὠφελείας πάσῃ τῇ πόλει, ταῦτ᾽ οὐκ ἐβουλόμην γίγνεσθαι. καὶ σφόδρα γε, ὦ ἄνδρες Ἀθηναῖοι· ἀλλ᾽ οἶμαι περιῆσαν οὗτοί μου.

174. *Φέρε δή, τί τούτῳ πέπρακται παρὰ ταῦτα καὶ τί τῷ Φιλοκράτει θεάσασθε· παρ᾽ ἄλληλα γὰρ ἔσται φανερώτερα.* πρῶτον μὲν τοίνυν Φωκέας ἐκσπόνδους καὶ Ἁλέας ἀπέφηναν καὶ Κερσοβλέπτην παρὰ τὸ ψήφισμα καὶ τὰ πρὸς ὑμᾶς εἰρημένα· εἶτα τὸ ψήφισμα ἐπεχείρησαν κινεῖν καὶ μεταίρειν, ἐφ᾽ ᾧ πρεσβεύοντες ἥκομεν· εἶτα Καρδιανοὺς Φιλίππῳ συμμάχους ἐνέγραψαν καὶ τὴν μὲν γραφεῖσαν ἐπιστολὴν ὑπ᾽ ἐμοῦ πρὸς ὑμᾶς ἀπεψηφίσαντο μὴ πέμπειν, αὐτοὶ δ᾽ οὐδ᾽ ὁτιοῦν ὑγιὲς γράψαντες ἔπεμψαν. **(175)** εἶθ᾽ ὁ γενναῖος οὑτοσὶ ἐμὲ μὲν τὸν δῆμον ἔφη τὸν ὑμέτερον καταλύσειν ἐπηγγέλθαι Φιλίππῳ, ὅτι ταῦτ᾽ ἐπέπληττον, οὐ μόνον αἰσχρὰ νομίζων ἀλλὰ καὶ δεδιὼς μὴ συμπαραπόλωμαι διὰ τούτους, αὐτὸς δὲ ἰδίᾳ πάντα τὸν χρόνον ἐντυγχάνων οὐδ᾽ ὁτιοῦν ἐπαύσατο Φιλίππῳ. καὶ τὰ μὲν ἄλλα σιωπῶ, Δερκύλος δ᾽ αὐτὸν ἐν Φεραῖς τὴν νύκτ᾽ ἐφύλαττεν, οὐκ ἐγώ, τὸν παῖδα ἔχων τὸν ἐμὸν τουτονί, καὶ λαβὼν ἐξιόντα ἐκ τῆς Φιλίππου σκηνῆς ἐμοὶ τὸν παῖδα ἐκέλευσεν ἀπαγγέλλειν καὶ αὐτὸν μεμνῆσθαι, καὶ τὸ τελευταῖον ὁ βδελυρὸς καὶ ἀναιδὴς οὑτοσὶ νύκτα καὶ ἡμέραν ἀπιόντων ἡμῶν ἀπελείφθη παρὰ Φιλίππῳ. **(176)** καὶ ταῦτα ὅτι ἀληθῆ λέγω, πρῶτον μὲν αὐτὸς ἐγὼ συγγραψάμενος καὶ

173 *κα]ίτοι—ταῦτ᾽ οὐ[κ* P. Oxy. LXVII 4577
175 *αὐτὸς—Φιλίππῳ* AB 137.8 *χρόν]ον—ἐ]φ[ύλαττεν* P. Oxy. LXVII 4577

1 *ἅπαντ᾽* om. cod. Q 2 *ἀπολώλεκεν* F[γρ] *ἂν* post *ἀκολούθως* A 3 *οὕτως ⟨ἦν⟩* A 4 *ἄφρων ⟨ἦν⟩* F : [Π4577] 6 *ἦν οἷά τε* Π4577 *ὠφελείας εἶχε* A 9 *δέ* F[a] 11 *φωκεῖς . . . ἀλεῖς* SAFY : corr. Voemel 15 *ἀνέγραψαν* A 16 *δ᾽* om. cod. Q 17 *ἀπέπεμψαν* F 22 *δερκύλλος* A 25 *ἐκέλευεν* A 26 *οὗτος καὶ ἀναιδὴς* F

καταστήσας ἐμαυτὸν ὑπεύθυνον μαρτυρήσω, εἶτα τῶν ἄλλων πρέσβεων ἕκαστον καλῶ, καὶ δυοῖν θάτερον, ἢ μαρτυρεῖν ἢ ἐξόμνυσθαι ἀναγκάσω. ἂν δ' ἐξομνύωσιν, ἐπιορκοῦντας ἐξελέγξω παρ' ὑμῖν φανερῶς.

ΜΑΡΤΥΡΙΑ

177. *Οἵοις μὲν τοίνυν κακοῖς καὶ πράγμασι τὴν ἀποδημίαν πᾶσαν συνειχόμην ἑοράκατε. τί γὰρ αὐτοὺς οἴεσθ' ἐκεῖ ποιεῖν ἐγγὺς ὄντας τοῦ διδόντος, ὅθ' ὑμῶν ὁρώντων, τῶν καὶ τιμῆσαι κυρίων ὄντων καὶ τοὐναντίον κολάσαι, τοιαῦτα ποιοῦσιν;*

Συλλογίσασθαι δὴ βούλομαι τὰ κατηγορημένα ἀπ' ἀρχῆς, ἵν' ὅσα ὑμῖν ὑπεσχόμην ἀρχόμενος τοῦ λόγου δείξω πεποιηκώς. ἐπέδειξα οὐδὲν ἀληθὲς ἀπηγγελκότα, ἀλλὰ φενακίσανθ' ὑμᾶς, μάρτυσι τοῖς γεγενημένοις αὐτοῖς, οὐ λόγοις χρώμενος. **(178)** *ἐπέδειξα αἴτιον γεγενημένον τοῦ μὴ θέλειν ὑμᾶς ἀκούειν ἐμοῦ τἀληθῆ ταῖς ὑποσχέσεσιν καὶ τοῖς ἐπαγγέλμασιν τοῖς τούτου καταληφθέντας τότε, πάντα τἀναντία συμβουλεύσαντα ἢ ἔδει, καὶ τῇ μὲν τῶν συμμάχων ἀντειπόντα εἰρήνῃ, τῇ δὲ Φιλοκράτους συναγορεύσαντα, τοὺς χρόνους κατατρίψαντα,*

177 *συλλογίσασθαι—βούλομαι* Hermog. 428.5 R. —*κατηγορημένα* Doxopatr. 2.379.7 W. Plan. Schol. 5.286.10 W. —*ἀπηγγελκότα* Hermog. 52.12 R. Anon. Schol. in Stat. 7.334.7 W. —**178** *ἔδει* Greg. Cor. 7.1224.11 W. —**178** *ἐπέδειξα* Syr. 2.89.25 R. Syr. Soptr. Marcell. 4.413.1 W.

---

2 *ἕκαστον πρέσβεων* A 3 *ἐξομνύναι* Schol. D. 19.176.365 5 tit. om. S 6 *μέντοι νῦν* A ⟨*κατὰ*⟩ *τὴν* $\mathrm{S}^{\gamma\rho}$FY 7 *συνεσχόμην* SFY 8 *ὄντος* A *τῶν* om. SY 10 *κατηγορούμενα* Doxopatr. Greg. Cor. *ἀπ'*] *ἐξ* A Syr. Syr. Soptr. Marcell. Greg. Cor. Anon. 10–11 *ἀπ'—πεποιηκώς* om. Hermog. Anon. 11 *ἵν'—πεποιηκώς* om. Hermog. Syr. Syr. Soptr. Marcell. *ὅσα*] *ἃ* A Greg. Cor. *πεποιηκότα* ⟨*ἐμαυτόν*⟩ $\mathrm{S}^{\gamma\rho}$ 12 *ἀπέδειξα* Hermog. Anon. *μηδὲν* cod. Q Hermog. *ἀληθὲς* ⟨*αὐτὸν*⟩ Syr. *ἐπηγγελκότα* Anon. 14 *ἀπέδειξα* Greg. Cor. *αἴτιον* om. S^{a} : *αἰτίαν γεγενημένην* Syr. Soptr. Marcell. 14–15 *ἐμοῦ ἀκοῦσαι* Syr. Syr. Soptr. Marcell. Anon. 15 *τἀληθοῦς* Greg. Cor. 16 *προκαταληφθέντας* A : *καταληφθέντα* Greg. Cor. *τότε*] *καὶ* Syr. Syr. Soptr. Marcell. *τοὐναντία συμβουλεύσαντος* Syr. Soptr. Marcell. 18 *συνηγορεύσαντα* cod. Ft : *συνηγορήσαντα* Bl.

ἵνα μηδ' εἰ βούλοισθε δύναισθε ἐξελθεῖν εἰς Φωκέας, καὶ ἄλλα ἐπὶ τῆς ἀποδημίας πολλὰ καὶ δεινὰ εἰργασμένον, προδεδωκότα πάντα, πεπρακότα, δῶρα ἔχοντα, οὐδὲν ἐλλελοιπότα μοχθηρίας. οὐκοῦν ταῦθ' ὑπεσχόμην ἐν ἀρχῇ, ταῦτ' ἐπέδειξα.

179. ὁρᾶτε τοίνυν τὰ μετὰ ταῦτα· ἁπλοῦς γάρ ἐσθ' ὁ μέλλων λόγος οὑτοσὶ πρὸς ὑμᾶς ἤδη. ὀμωμόκατε ψηφιεῖσθαι κατὰ τοὺς νόμους καὶ τὰ ψηφίσματα τὰ τοῦ δήμου καὶ τῆς βουλῆς τῶν πεντακοσίων· φαίνεται δ' οὗτος πάντα τἀναντία τοῖς νόμοις, τοῖς ψηφίσμασιν, τοῖς δικαίοις πεπρεσβευκώς· οὐκοῦν ἡλωκέναι προσήκει παρά γε νοῦν ἔχουσι δικασταῖς. εἰ γὰρ ἄλλο μηδὲν ἠδίκει, δύο τῶν πεπραγμένων ἔσθ' ἱκανὰ αὐτὸν ἀποκτεῖναι· οὐ γὰρ μόνον Φωκέας, ἀλλὰ καὶ Θρᾴκην προδέδωκε Φιλίππῳ. **(180)** καίτοι δύο χρησιμωτέρους τόπους τῆς οἰκουμένης οὐδ' ἂν εἷς ἐπιδείξαι τῇ πόλει, κατὰ μὲν γῆν Πυλῶν, ἐκ θαλάττης δὲ τοῦ Ἑλλησπόντου· ἃ συναμφότερα οὗτοι πεπράκασιν αἰσχρῶς καὶ καθ' ὑμῶν ἐγκεχειρίκασι Φιλίππῳ. τοῦτο τοίνυν αὐτὸ ἄνευ τῶν ἄλλων ἡλίκον ἐστ' ἀδίκημα, τὸ Θρᾴκην καὶ τὰ Τείχη προέσθαι, μυρί' ἂν εἴη λέγειν, καὶ ὅσοι διὰ ταῦτ' ἀπολώλασι παρ' ὑμῖν, οἱ δὲ χρήματα πάμπολλ' ὠφλήκασιν, οὐ χαλεπὸν δεῖξαι, Ἐργόφιλος, Κηφισόδοτος, Τιμόμαχος, τὸ παλαιόν ποτε Ἐργοκλῆς, Διονύσιος, ἄλλοι, οὓς ὀλίγου δέω σύμπαντας εἰπεῖν ἐλάττω τὴν πόλιν βεβλαφέναι τούτου. **(181)** ἀλλ' ἔτι γὰρ τότε, ὦ ἄνδρες Ἀθηναῖοι, ἐκ λογισμοῦ τὰ δεινὰ ἐφυλάττεσθ' ὑμεῖς καὶ προεωρᾶσθε· νῦν δ' ὅ τι ἂν μὴ καθ' ἡμέραν ὑμᾶς ἐνοχλῇ καὶ παρὸν λυπῇ, παροράτε, εἶτα τὴν ἄλλως ἐνταῦθα ψηφίζεσθε,

178 *οὐδὲν—μοχθηρίας* Prisc. 341.25
180 *καὶ—Φιλίππῳ* AB 137.12

1 *βούλεσθε* A *δύνησθε* A Syr. Syr. Soptr. Marcell. 2 *ἐπιδημίας* Syr. Syr. Soptr. Marcell. *καὶ δεινὰ* om. Syr. Syr. Soptr. Marcell. 3 *πεπρακότα πάντα* Syr. Syr. Soptr. Marcell. 3 *μηδὲν λελοιπότα* Prisc. 5 *ὑπέδειξα* cod. Q Syr. Syr. Soptr. Marcell. 7 *οὑτοσὶ* om. A 8 *τὰ*² om. AFY 12 *ἱκανά ἐστιν* A 19 *τὸ—προέσθαι* del. Cobet 22 *τιμόμαχος κηφισόδοτος* A *τότε* A 23 *ἄλλοι* om. cod. Q *ὀλίγῳ* A 27 *λυπῇ*] *αὐτῇ* A

"ἀποδοῦναι δὲ καὶ Κερσοβλέπτῃ Φίλιππον τοὺς ὅρκους", "μὴ μετέχειν δὲ τῶν ἐν Ἀμφικτύοσιν," "ἐπανορθώσασθαι δὲ τὴν εἰρήνην". καίτοι τούτων οὐδενὸς ἂν τῶν ψηφισμάτων ἔδει, εἰ πλεῖν οὗτος ἤθελεν καὶ τὰ προσήκοντα ποιεῖν· νῦν δ' ἃ μὲν ἦν πλεύσασι σῶσαι, βαδίζειν κελεύων ἀπολώλεκεν, ἃ δ' εἰποῦσι τἀληθῆ, ψευδόμενος.

182. Ἀγανακτήσει τοίνυν αὐτίκα δὴ μάλα, ὡς ἐγὼ πυνθάνομαι, εἰ μόνος τῶν ἐν τῷ δήμῳ λεγόντων λόγων εὐθύνας ὑφέξει. ἐγὼ δ' ὅτι μὲν πάντες ἂν εἰκότως ὧν λέγουσι δίκην ὑπέχοιεν, εἴπερ ἐπ' ἀργυρίῳ τι λέγοιεν, παραλείψω, ἀλλ' ἐκεῖνο λέγω· εἰ μὲν Αἰσχίνης ἰδιώτης ὢν ἀπελήρησέ τι καὶ διήμαρτε, μὴ σφόδρα ἀκριβολογήσησθε, ἐάσατε, συγγνώμην ἔχετε· εἰ δὲ πρεσβευτὴς ὢν ἐπὶ χρήμασιν ἐπίτηδες ἐξηπάτηκεν ὑμᾶς, μὴ ἀφῆτε, μηδ' ἀνάσχησθε ὡς οὐ δεῖ δίκην ὧν εἶπεν ὑποσχεῖν. **(183)** τίνος γὰρ ἄλλου δεῖ δίκην παρὰ πρέσβεων ἢ λόγων λαμβάνειν; εἰσὶ γὰρ οἱ πρέσβεις οὐ τριήρων οὐδὲ τόπων οὐδ' ὁπλιτῶν οὐδ' ἀκροπόλεων κύριοι (οὐδεὶς γὰρ πρέσβεσι ταῦτ' ἐγχειρίζει), ἀλλὰ λόγων καὶ χρόνων. τοὺς μὲν τοίνυν χρόνους εἰ μὲν μὴ προανεῖλε τῆς πόλεως, οὐκ ἀδικεῖ, εἰ δ' ἀνεῖλεν, ἠδίκηκε· τοὺς δὲ λόγους εἰ μὲν ἀληθεῖς ἀπήγγελκεν ἢ συμφέροντας, ἀποφευγέτω, εἰ δὲ καὶ ψευδεῖς καὶ μισθοῦ καὶ ἀσυμφόρους, ἁλισκέσθω. **(184)** οὐδὲν γὰρ ἔσθ' ὅ τι μεῖζον

181 τὴν—ἐνταῦθα Prisc. 364.3 νῦν δ' ἃ—ψευδόμενος Hermog. 178.15, 179.18 R.
182 ἀγανακτήσει—μάλα cf. Tzet. in Hermog. 74.3 —ὑφέξει Hermog. 134.20, 135.2 R. ἐγὼ—παραλείψω Syr. Soptr. Marcell. 4.380.10 W.

---

1 ⟨τὸν⟩ φίλιππον FY : φίλιππον post ὅρκους A 2 τῶν] τὸν F[a] 3 ψηφισάντων A 5 πλεύσασιν ⟨ἦν⟩ Hermog. (bis) ἀπολώλεκεν ⟨οὗτος⟩ Hermog. (bis) 7–8 αὐτίκα—πυνθάνομαι om. Hermog. (135) 8 ἐν—λεγόντων] ἐνταυθοῖ πολιτευομένων Hermog. (bis) 9 μὲν om. Syr. Soptr. Marcell. 10 δίκην] εὐθύνας Syr. Soptr. Marcell. ὑπόσχοιεν A ἐάσω Syr. Soptr. Marcell. 12 ἀκριβῶς λογίσησθε SAY ⟨ἀλλ'⟩ ἐάσητε FY 13 ἐξεπίτηδες FY ἐξηπάτησεν A 15 πρεσβευτῶν A 16 λόγον A[c] 17 ὁπλιτῶν] ὅπλων Voemel ἀκροπόλεως S[c]F 18 τοίνυν] οὖν FY 19 μὴ om. F[a] 20 ἢ] καὶ Dobree 21 καὶ[1] om. A

ἂν ὑμᾶς ἀδικήσειέ τις ἢ ψευδῆ λέγων. οἷς γάρ ἐστ᾽ ἐν λόγοις ἡ πολιτεία, πῶς, ἂν οὗτοι μὴ ἀληθεῖς ὦσιν, ἀσφαλῶς ἔστι πολιτεύεσθαι; ἂν δὲ δὴ καὶ πρὸς ἃ τοῖς ἐχθροῖς συμφέρει δῶρά τις λαμβάνων λέγῃ, πῶς οὐχὶ καὶ κινδυνεύσετε; οὐδέ γε τοὺς χρόνους ἴσον ἔστ᾽ ἀδίκημα ὀλιγαρχίας ἢ τυράννου παρελέσθαι καὶ ὑμῶν· οὐδ᾽ ὀλίγου γε δεῖ. **(185)** ἐν ἐκείναις μὲν γάρ, οἶμαι, ταῖς πολιτείαις πάντ᾽ ἐξ ἐπιτάγματος ὀξέως γίγνεται· ὑμῖν δὲ πρῶτον μὲν τὴν βουλὴν ἀκοῦσαι περὶ πάντων καὶ προβουλεῦσαι δεῖ, καὶ τοῦθ᾽ ὅταν ᾖ κήρυξι καὶ πρεσβείαις προγεγραμμένον, οὐκ ἀεί· εἶτα ἐκκλησίαν ποιῆσαι, καὶ ταύτην ὅταν ἐκ τῶν νόμων καθήκῃ. εἶτα κρατῆσαι καὶ περιγενέσθαι δεῖ τοὺς τὰ βέλτιστα λέγοντας τῶν ἢ δι᾽ ἄγνοιαν ἢ διὰ μοχθηρίαν ἀντιλεγόντων. **(186)** ἐφ᾽ ἅπασι δὲ τούτοις, ἐπειδὰν καὶ δεδογμένον ᾖ καὶ συμφέρον ἤδη φαίνηται, χρόνον δεῖ δοθῆναι τῇ τῶν πολλῶν ἀδυναμίᾳ, ἐν ᾧ καὶ πoριοῦνται ταῦθ᾽ ὧν ἂν δέωνται, ὅπως τὰ δόξαντα καὶ δυνηθῶσι ποιῆσαι. ὁ δὴ τοὺς χρόνους τούτους ἀναιρῶν τῆς οἵα παρ᾽ ἡμῖν ἐστι πολιτείας, οὐ χρόνους ἀνῄρηκεν οὗτος, οὔ, ἀλλὰ τὰ πράγματα ἁπλῶς ἀφῄρηται.

187. Ἔστι τοίνυν τις πρόχειρος λόγος πᾶσι τοῖς ἐξαπατᾶν ὑμᾶς βουλομένοις, "οἱ ταράττοντες τὴν πόλιν, οἱ διακωλύοντες Φίλιππον εὖ ποιῆσαι τὴν πόλιν". πρὸς οὓς ἐγὼ λόγον μὲν οὐδένα ἐρῶ, τὰς δ᾽ ἐπιστολὰς ὑμῖν ἀναγνώσομαι τὰς τοῦ Φιλίππου, καὶ τοὺς καιροὺς ἐφ᾽ ὧν ἕκαστα ἐξηπάτησθε ὑπομνήσω, ἵν᾽ εἰδῆτε ὅτι τὸ ψυχρὸν τοῦτο ὄνομα, τὸ "ἄχρι κόρου", παρελήλυθ᾽ ἐκεῖνος φενακίζων ὑμᾶς.

184 *οἷς—πολιτεύεσθαι* Hermog. 144.12 R. *—κινδυνεύσεται* Stob. 3.13.35
187 *ἵν᾽—ὑμᾶς* AB 28.18

---

1 *ἂν ὑμᾶς* om. SY 2 *ὦσιν ἀληθεῖς* Hermog. *ἔνεστιν* A 3 *ἂν*] *εἰ* Stob. *συμφέρῃ* Y 5 *κινδυνεύσεται* AF^{a}Y Stob. 5 *γε* om. A 6 *ἐν* om. S 7 *μὲν* om. S^{a}A^{a} 8–9 *περὶ πάντων* ante *τὴν* AF 9 *καὶ προβουλεῦσαι* om. F^{a} 16 *ὅπως* ⟨*ἂν*⟩ A 17 *δὲ* F *τούτους* del. Dobree *οἵας* FY^{c} *ὑμῖν* A *ἐστι* del. Cobet 20 *τις* om. cod. Q 25 *τὸ*^{2} om. AB 26 *ἐκεῖνος* om. AB *ἡμᾶς φενακίζων* AB

ΕΠΙΣΤΟΛΑΙ ΦΙΛΙΠΠΟΥ

188. *Οὕτω τοίνυν αἰσχρὰ καὶ πολλὰ καὶ πάντα καθ' ὑμῶν πεπρεσβευκὼς περιὼν λέγει, "τί δ' ἂν εἴποις περὶ Δημοσθένους, ὃς τῶν συμπρέσβεων κατηγορεῖ;" νὴ Δί', εἴτε βούλομαί γ' εἴτε μή, παρ' ὅλην μὲν τὴν ἀποδημίαν ὑπὸ σοῦ τοιαῦτα ἐπιβεβουλευμένος, δυοῖν δ' αἱρέσεως οὔσης μοι νυνί, ἢ τοιούτων ὄντων τῶν πεπραγμένων δοκεῖν κοινωνεῖν ὑμῖν, ἢ κατηγορεῖν.* **(189)** *ἐγὼ δ' οὐδὲ συμπεπρεσβευκέναι φημί σοι, πρεσβεύειν μέντοι σὲ μὲν πολλὰ καὶ δεινά, ἐμαυτὸν δ' ὑπὲρ τούτων τὰ βέλτιστα. ἀλλὰ Φιλοκράτης σοι συμπεπρέσβευκεν, κἀκείνῳ σύ, καὶ Φρύνων· ὑμεῖς γὰρ ταὔτ' ἐπράττετε, καὶ ταὐτὰ πᾶσιν ὑμῖν ἤρεσκεν. "ποῦ δ' ἅλες; ποῦ τράπεζα; ποῦ σπονδαί;" ταῦτα γὰρ τραγῳδεῖ περιών, ὥσπερ οὐχὶ τοὺς ἀδικοῦντας τούτων ὄντας προδότας, ἀλλὰ τοὺς τὰ δίκαια ποιοῦντας.* **(190)** *ἐγὼ δ' οἶδ' ὅτι πάντες οἱ πρυτάνεις θύουσιν ἑκάστοτε κοινῇ καὶ συνδειπνοῦσιν ἀλλήλοις καὶ συσπένδουσιν· καὶ οὐ διὰ ταῦθ' οἱ χρηστοὶ τοὺς πονηροὺς μιμοῦνται, ἀλλ' ἐὰν ἀδικοῦντα λάβωσίν τιν' αὑτῶν, τῇ βουλῇ καὶ τῷ δήμῳ δηλοῦσιν. ἡ βουλὴ ταὐτὰ ταῦτα, εἰσιτητήρια ἔθυσεν, συνειστιάθη· σπονδῶν, ἱερῶν ἐκοινώνησαν οἱ στρατηγοί, σχεδὸν ὡς εἰπεῖν αἱ ἀρχαὶ πᾶσαι. ἆρ' οὖν διὰ ταῦτα τοῖς ἀδικοῦσιν ἑαυτῶν ἔδωκαν*

188 *οὕτω—κατηγορεῖ* Aps. 5.23 *τί—κατηγορεῖ* cf. Aps. 4.5 Anon. Fig. 3.124.11 Sp.
189 *ἐγὼ—βέλτιστα* Hermog. 374.5 R. Syr. 2.31.12 R. Ios. Rac. Syn. 3.505.24 W. *ποῦ δ'—σπονδαί* Prol. 446.9 Aps. 4.5 Anon. Fig. 3.124.13 Sp.
190 *ἀλλ'—δηλοῦσιν* AB 132.16 *ἡ—πᾶσαι* Sud. *ει* 273

---

1 *ἐπιστολὴ* SA^{a}FY 2 *αἰσχρὰ—πολλὰ*] *πολλὰ καὶ δεινὰ* Aps. 3 *εἴποι ⟨τις⟩* F 6 *αἱρέσεως οὐσῶν* A : *αἱρέσεων οὐσῶν* S^{γρ}F^{a} 8 *οὐ* Ios. Rac. 9 *δεινὰ ⟨κατὰ τῆς πατρίδος⟩* Syr. 11–13 *ταῦτα . . . ταῦτα* AF^{c} : *ταυτ' . . . ταῦτα* S 12 *δ'* om. Aps. Anon. *τράπεζαι* AF Prol. Anon. 17 *τοῦτο* F 18 *αὐτῶν* Y AB : [SA] *καὶ* ante *ἡ* FY 19 *ταὐτὰ ταῦτα* om. Sud. *εἰσιτητήρια* cod. Sb et Reiske : *εἰσιτήρια* SFY : *εἰσητήρια* A (*εἰσει-* A^{c}) : *⟨τὰ⟩ εἰσιτήρια* Sud. *συνεστιάθησαν* Sud. 19–20 *σπονδῶν ἱερῶν*] *δὲ καὶ τῶν* Sud. 20 *ἐκοινώνησεν* A *καὶ σχεδὸν εἰπεῖν* Sud. 21 *αὑτῶν* F : [A]

ἄδειαν; πολλοῦ γε καὶ δεῖ. **(191)** Λέων Τιμαγόρου κατηγόρει συμπεπρεσβευκὼς τέτταρα ἔτη, Εὔβουλος Θάρρηκος καὶ Σμικύθου συσσεσιτηκώς, Κόνων ὁ παλαιὸς ἐκεῖνος Ἀδειμάντου συστρατηγήσας. πότεροι οὖν τοὺς ἅλας παρέβαινον καὶ τὰς σπονδάς, Αἰσχίνη, οἱ προδιδόντες καὶ οἱ παραπρεσβεύοντες καὶ οἱ δωροδοκοῦντες, ἢ οἱ κατηγοροῦντες; οἱ ἀδικοῦντες δηλονότι τὰς ὅλης γε τῆς πατρίδος σπονδάς, ὥσπερ σύ, οὐ μόνον τὰς ἰδίας.

192. Ἵνα τοίνυν εἰδῆθ' ὅτι οὐ μόνον τῶν δημοσίᾳ πώποτ' ἐληλυθότων ὡς Φίλιππον ἀνθρώπων, ἀλλὰ καὶ τῶν ἰδίᾳ καὶ πάντων οὗτοι φαυλότατοι καὶ πονηρότατοι γεγόνασι, μικρὸν ἀκούσατέ μου ἔξω τι τῆς πρεσβείας ταύτης. ἐπειδὴ γὰρ εἷλεν Ὄλυνθον Φίλιππος, Ὀλύμπι' ἐποίει, εἰς δὲ τὴν θυσίαν ταύτην καὶ τὴν πανήγυριν πάντας τοὺς τεχνίτας συνήγαγεν. **(193)** ἑστιῶν δ' αὐτοὺς καὶ στεφανῶν τοὺς νενικηκότας ἤρετο Σάτυρον τουτονὶ τὸν κωμικὸν ὑποκριτήν, τί δὴ μόνος οὐδὲν ἐπαγγέλλεται; ἤ τινα ἐν ἑαυτῷ μικροψυχίαν ἢ πρὸς αὐτὸν ἀηδίαν ἐνεορακώς; εἰπεῖν δή φασι τὸν Σάτυρον ὅτι, ὧν μὲν οἱ ἄλλοι δέονται, οὐδενὸς ὧν ἐν χρείᾳ τυγχάνει, ἃ δ' ἂν αὐτὸς ἐπαγγείλαιτο ἡδέως, ῥᾷστα μέν ἐστι Φιλίππῳ δοῦναι καὶ χαρίσασθαι πάντων, δέδοικε δὲ μὴ διαμάρτῃ. **(194)** κελεύσαντος δ' ἐκείνου λέγειν καί τι καὶ νεανιευσαμένου

191 πότερ'—κατηγοροῦντες Anon. Fig. 3.124.14 Sp.
192 ἐπειδὴ—Φίλιππος Anon. Seg. 78 —**193** ἐπαγγέλλεται Ruf. 1. 403.9 Sp. Ha.
193 στεφανῶν—νενικηκότας Harp. σ 39 Sud. σ 1071 ἤρετο—ὑποκριτὴν Harp. π 101 Sud. π 2579 ἔ]στι Φιλίππῳ—**195** ἀκοῦσαι καὶ μα[θεῖν P. Mil. Vogl. I 13

---

1 κατηγορεῖ FY : [S] 3 σωκύθου S[a] συνσεσιτηκώς S : συσσεσιτικώς A[a]F ἀδημάντου S : ἀδιμ- A 4 πότερον A : πότερ' Benseler 4–5 καὶ τὰς σπονδὰς παρέβαινον F 7 γε om. cod. Q σπονδάς om. S 9 ποτ' SFY 10 ὡς] πρὸς F[c] καὶ[2] om. cod. O : del. Schaefer 11 καὶ πονηρότατοι om. A 11 μίκρ' Dobree 12 ταύτης] ταυτί (τι omisso) Dobree τι om. F : del. van Herwerden ἐπεὶ Ruf. 16 ἤρετο om. Ruf. κωμικὸν ⟨εἶδεν⟩ Ruf. τί δὴ μόνος] ὃς Ruf. 17 ἢ τίνα F : καὶ τίνα Richards αυτῷ A 18 αὐτὸν Aldina : [SAY] ἑορακώς F[c] : ἑωρ- AF -ρακὼς ⟨εἴη⟩ AFY 21 δεδοικέναι AF : [Π13] 22 νεανι]ευσαμένου τε Π13

τοιοῦτον, ὡς οὐδὲν ὅ τι οὐ ποιήσει, εἰπεῖν φασιν αὐτὸν ὅτι ἦν αὐτῷ Ἀπολλοφάνης ὁ Πυδναῖος ξένος καὶ φίλος, ἐπειδὴ δὲ δολοφονηθεὶς ἐτελεύτησεν ἐκεῖνος, φοβηθέντες οἱ συγγενεῖς αὐτοῦ ὑπεξέθεντο τὰς θυγατέρας παιδία ὄντα εἰς Ὄλυνθον. "αὗται τοίνυν τῆς πόλεως ἁλούσης αἰχμάλωτοι γεγόνασι καὶ εἰσὶν παρὰ σοί, ἡλικίαν ἔχουσαι γάμου. **(195)** ταύτας, αἰτῶ σε καὶ δέομαι, δός μοι. βούλομαι δέ σε ἀκοῦσαι καὶ μαθεῖν οἵαν μοι δώσεις δωρεάν, ἂν ἄρα δῷς· ἀφ' ἧς ἐγὼ κερδανῶ μὲν οὐδέν, ἂν λάβω, προῖκα δὲ προσθεὶς ἐκδώσω, καὶ οὐ περιόψομαι παθούσας οὐδὲν ἀνάξιον οὔθ' ἡμῶν οὔτε τοῦ πατρός." ὡς δ' ἀκοῦσαι τοὺς παρόντας ἐν τῷ συμποσίῳ, τοσοῦτον κρότον καὶ θόρυβον καὶ ἔπαινον παρὰ πάντων γενέσθαι ὥστε τὸν Φίλιππον παθεῖν τι καὶ δοῦναι. καίτοι τῶν ἀποκτεινάντων ἦν τὸν Ἀλέξανδρον τὸν ἀδελφὸν τὸν Φιλίππου οὗτος ὁ Ἀπολλοφάνης.

196. ἐξετάσωμεν δὴ πρὸς τὸ τοῦ Σατύρου τοῦτο συμπόσιον τὸ τούτων ἐν Μακεδονίᾳ γενόμενον, καὶ θεάσασθε ὡς παραπλήσιον τούτῳ καὶ ὅμοιον. κληθέντες γὰρ οὗτοι πρὸς Ξενόφρονα τὸν υἱὸν τὸν Φαιδίμου, τοῦ τῶν τριάκοντα, ᾤχοντο· ἐγὼ δ' οὐκ ἐπορεύθην. ἐπειδὴ δὲ ἧκον εἰς τὸ πίνειν, εἰσάγει τινὰ Ὀλυνθίαν γυναῖκα, εὐπρεπῆ μέν, ἐλευθέραν δὲ καὶ σώφρονα, ὡς τὸ ἔργον ἐδήλωσεν. **(197)** ταύτην τὸ μὲν πρῶτον οὑτωσὶ πίνειν ἡσυχῇ καὶ τρώγειν ἠνάγκαζον οὗτοί μοι δοκεῖ, ὡς διηγεῖτο Ἰατροκλῆς ἐμοὶ τῇ ὑστεραίᾳ· ὡς δὲ προῄει τὸ πρᾶγμα καὶ διεθερμαίνοντο, κατακλίνεσθαι καί τι καὶ ᾄδειν ἐκέλευον. ἀδημονούσης δὲ τῆς ἀνθρώπου καὶ

195 *ταύτας—μοι* AB 122.6 *καίτοι—Ἀπολλοφάνης* Harp. α 70
196 *κληθέντες—Φαιδίμου* Poll. 6.8

1 *αὐτὸν φασίν* F Π13 ut videtur 2 *φίλος* [*καὶ*] *ξέν*[*ος* Π13 4 *θυγατέ*]*ρας ἔτι* Π13 *οὔσας* AFY : [Π13] 5 *τοίνυν*] *νῦν ἔφη* AF[a] Π13 *ἁλο*]*ύσης καὶ* Π13 7 *δ*]*έομαί σου* Π13 *σε* om. cod. Q : [Π13] 9 *ἂν λάβω* om. F[c]Y 12 *ἔπαινον καὶ θόρυβον* F 14 *ἦν* post *Ἀλέξανδρον* Harp. *τὸν*[1] om. AF Harp. *τὸν*[2]] *τοῦ* F Harp. 15 *ὁ* om. Harp. 16 *τούτου* F : *τοσοῦτο* Y 16–17 *συμπόσιον* ⟨*ἕτερον συμπόσιον*⟩ S[c(m.a.)]AY 17 *τὸ* om. SAY *γενομένων* S[a] 18 *ὡς*] *εἰ* S[c]AFY 19 *τὸν*[2]] *τοῦ* F Poll. 24 *δοκεῖν* AFY

οὔτε ἐθελούσης οὔτε ἐπισταμένης, ὕβριν τὸ πρᾶγμα ἔφασαν οὑτοσὶ καὶ ὁ Φρύνων καὶ οὐκ ἀνεκτὸν εἶναι, τῶν θεοῖς ἐχθρῶν, τῶν ἀλιτηρίων Ὀλυνθίων αἰχμάλωτον οὖσαν τρυφᾶν· καὶ "κάλει παῖδα," καὶ "ἱμάντά τις φερέτω." ἧκεν οἰκέτης ἔχων ῥυτῆρα, καὶ πεπωκότων, οἶμαι, καὶ μικρῶν ὄντων τῶν παροξυνόντων, εἰπούσης τι καὶ δακρυσάσης ἐκείνης περιρρήξας τὸν χιτωνίσκον ὁ οἰκέτης ξαίνει κατὰ τοῦ νώτου πολλάς. **(198)** ἔξω δ' αὑτῆς οὖσ' ὑπὸ τοῦ κακοῦ καὶ τοῦ πράγματος ἡ γυνή, ἀναπηδήσασα προσπίπτει πρὸς τὰ γόνατα τῷ Ἰατροκλεῖ, καὶ τὴν τράπεζαν ἀνατρέπει. καὶ εἰ μὴ ἐκεῖνος ἀφείλετο, ἀπώλετ' ἂν παροινουμένη· καὶ γὰρ ἡ παροινία τοῦ καθάρματος τουτουὶ δεινή. καὶ περὶ ταύτης τῆς ἀνθρώπου καὶ ἐν Ἀρκαδίᾳ λόγος ἦν ἐν τοῖς μυρίοις, καὶ Διόφαντος ἐν ὑμῖν ἀπήγγελλεν ἃ νῦν μαρτυρεῖν αὐτὸν ἀναγκάσω, καὶ κατὰ Θετταλίαν πολὺς λόγος καὶ πανταχοῦ.

199. Καὶ τοιαῦτα συνειδὼς αὑτῷ πεπραγμένα ὁ ἀκάθαρτος οὗτος τολμήσει βλέπειν εἰς ὑμᾶς, καὶ τὸν βεβιωμένον αὑτῷ βίον αὐτίκα δὴ μάλ' ἐρεῖ λαμπρᾷ τῇ φωνῇ· ἐφ' οἷς ἔγωγε ἀποπνίγομαι. οὐκ ἴσασιν οὗτοι τὸ μὲν ἐξ ἀρχῆς τὰς βίβλους ἀναγιγνώσκοντά σε τῇ μητρὶ τελούσῃ, καὶ παῖδα ὄντα ἐν θιάσοις καὶ μεθύουσιν ἀνθρώποις καλινδούμενον; **(200)** μετὰ ταῦτα δὲ ταῖς ἀρχαῖς ὑπογραμματεύοντα καὶ δυοῖν ἢ

197 *εἰπούσης—πολλάς* Schol. Ar. Ach. 320a *περιρρήξας—πολλάς* AB 159.7 *ξαίνει—πολλάς* Sud. φ 788 Thom. 252.18
198 *καὶ ἐν—μυρίοις* Lex. Pat. ad loc. *καὶ Διόφαντος—ἀναγκάσω* AB 156.32 Sud. μ 238
199 *καὶ—πεπραγμένα* Schol. D. 19.198.418 *—οὗτος* Hermog. 356.4 R. *—σε* Hermog. 355.11 R. *ἐφ'—ἀποπνίγομαι* Syr. 1.56.15 R. Anon. Schol. in Id. 7.1021.11 W. *οὐκ—καλινδούμενον* Minuc. 1.350.19 Sp. Ha.

---

3 *τῶν*] *τε καὶ* FY *ἀλητηρίων* S 4 *κάλει* ⟨*δὴ*⟩ S[c]F *ἦλθεν* A 6 *διακρουσάσης* A 7 *χιτῶνα* Schol. Ar. *τοῦ* om. Sud. 11 *ἀφείλετο*⟨*αὐτὴν*⟩A 13 *Διόφαντον* AB Sud. 14 *ἀπήγγειλεν* AF : *ἀπήγγειλα* Sud. 16 *αὑτῷ πεπραγμένα*] *βεβιωμένα ἑαυτῷ* Hermog. (bis) 17 *βλέπειν*] *λέγειν* S[γρ] 17–18 *αὑτῷ βίον* om. A 18 *λαμπρᾷ*] *μακρᾷ* codd. Hermog. 19 *οὗτοί*⟨*σε*⟩ Minuc. Hermog. *βύβλους* A 19–20 *τὰς—ὄντα* om. Minuc. 21 *καὶ μεθύουσιν* om. A[a] 22 *ἢ*] *καὶ* SAY

τριῶν δραχμῶν πονηρὸν ὄντα; τὰ τελευταῖα δ᾽ ἔναγχος ἐν χορηγίοις ἀλλοτρίοις ἐπὶ τῷ τριταγωνιστεῖν ἀγαπητῶς παρατρεφόμενον; ποῖον οὖν ἐρεῖς βίον ὃν οὐ βεβίωκας, ἐπεὶ ὅ γε βεβιωμένος σοι τοιοῦτος φαίνεται; ἀλλὰ δὴ τὰ τῆς ἐξουσίας· οὗτος ἄλλον ἔκρινε παρ᾽ ὑμῖν ἐπὶ πορνείᾳ. ἀλλὰ μήπω ταῦτα, ἀλλὰ τὰς μαρτυρίας μοι λέγε πρῶτον ταυτασί.

ΜΑΡΤΥΡΙΑΙ

201. *Τοσούτων τοίνυν καὶ τοιούτων ὄντων, ὦ ἄνδρες* δικασταί, ὧν ἀδικῶν ὑμᾶς ἐξελήλεγκται, ἐν οἷς τί κακὸν οὐκ ἔνι; δωροδόκος, κόλαξ, ταῖς ἀραῖς ἔνοχος, ψεύστης, τῶν φίλων προδότης, πάντ᾽ ἔνεστιν τὰ δεινότατα· πρὸς ἓν οὐδ᾽ ὁτιοῦν τούτων ἀπολογήσεται, οὐδ᾽ ἕξει δικαίαν οὐδ᾽ ἁπλῆν εἰπεῖν ἀπολογίαν οὐδεμίαν. ἃ δ᾽ ἐγὼ πέπυσμαι μέλλειν αὐτὸν λέγειν, ἔστι μὲν ἐγγυτάτω μανίας, οὐ μὴν ἀλλ᾽ ἴσως τῷ μηδὲν ἔχοντι δίκαιον ἄλλ᾽ εἰπεῖν ἀνάγκη πάντα μηχανᾶσθαι. **(202)** ἀκούω γὰρ αὐτὸν ἐρεῖν ὡς ἄρ᾽ ἐγὼ πάντων ὧν κατηγορῶ κοινωνὸς γέγονα, καὶ συνήρεσκε ταῦτά μοι καὶ συνέπραττον αὐτῷ, ἔπειτ᾽ ἐξαίφνης μεταβέβλημαι καὶ κατηγορῶ. ἔστι δ᾽ ὑπὲρ μὲν τῶν πεπραγμένων οὔτε δικαία οὔτε προσήκουσα ἡ τοιαύτη ἀπολογία, ἐμοῦ μέντοι τις κατηγορία· ἐγὼ μὲν γάρ, εἰ ταῦτα πεποίηκα, φαῦλός εἰμι ἄνθρωπος, τὰ δὲ πράγματα οὐδὲν βελτίω διὰ τοῦτο, οὐδὲ πολλοῦ δεῖ. **(203)** οὐ μὴν ἀλλ᾽ ἔγωγ᾽ οἶμαί μοι προσήκειν ἀμφότερ᾽ ὑμῖν ἐπιδεῖξαι, καὶ ὅτι ψεύσεται, ταῦτ᾽ ἐὰν λέγῃ, καὶ τὴν δικαίαν ἥτις ἐστὶν ἀπολογία. ἡ μὲν τοίνυν δικαία καὶ ἁπλῆ, ἢ ὡς οὐ πέπρακται

202 *κοινωνὸς γ]έγο[να*—**203** *ἀλλ᾽ ἔγω]γ᾽ [οἶ-* P. Colon. I 16
203 *οὐ μὴν—ποιῆσαι* Anon. Fig. 3.124.21 Sp. *δι]καία[ν—δ[ύναιτ᾽* P. Oxy. LXVII 4577

---

2 *τριταγωνιστεῖ* Y 3 post *βίον* interrogandi signum posuit Cobet *οὐ*] *ποῦ* Bl. 4 *τοιοῦτος* ⟨*ὢν*⟩ A 5 *ἀλλὰ—ταῦτα* (*ὁμ.*) om. A 6 *μαρτυρία* F 9 *κακῶν* S[a]A 11 *ἔνεστιν* om. F 19 *οὔτε προσήκουσα* [*οὔτε δικαί*]*α* Π16[a] 19–20 *ἡ—ἀπολογία*] *ἡ ἀπολογία αὕτη* S[γρ] : *αὕτη ἀπολογία* F[a] Π16[a] : *ἀπολογία αυτη* Π16[c] : *τοιαύτη* del. Weil 21 *ταὐτὰ* S 23 *μοι* om. A *ἀποδεῖξαι* Anon. 25 *ἀπολογία* ⟨*φεύξεται*⟩ FY Π4577 ut videtur : *ἀπολογίαν* ⟨*φεύξεται*⟩ Anon. *ἢ—οὐ*] *καὶ ὡς* Anon.

τὰ κατηγορημένα δεῖξαι, ἢ ὡς πεπραγμένα συμφέρει τῇ πόλει. τούτων δ᾽ οὐδέτερον δύναιτ᾽ ἂν οὗτος ποιῆσαι. **(204)** οὔτε γὰρ ὡς συμφέρει δήπου Φωκέας ἀπολωλέναι καὶ Πύλας Φίλιππον ἔχειν καὶ Θηβαίους ἰσχύειν καὶ ἐν Εὐβοίᾳ στρατιώτας εἶναι καὶ Μεγάροις ἐπιβουλεύειν καὶ ἀνώμοτον εἶναι τὴν εἰρήνην, ἔνεστι λέγειν αὐτῷ, οἷς τότ᾽ ἐναντία ἀπήγγειλε πρὸς ὑμᾶς ὡς συμφέροντα καὶ γενησόμενα· οὔθ᾽ ὡς οὐ πέπρακται ταῦτα, δυνήσεται πεῖσαι τοὺς αὐτοὺς ἑορακότας ὑμᾶς καὶ εὖ εἰδότας. **(205)** οὐκοῦν ὡς οὐ κεκοινώνηκα τούτοις οὐδενός, λοιπόν μοι δεῖξαι. βούλεσθ᾽ οὖν ὑμῖν, πάντα τἄλλ᾽ ἀφείς, ἃ παρ᾽ ὑμῖν ἀντεῖπον, ἃ ἐν τῇ ἀποδημίᾳ προσέκρουον, ὡς ἅπαντα τὸν χρόνον ἠναντίωμαι, αὐτοὺς παράσχωμαι μάρτυρας τούτους ὅτι πάντα τἀναντία ἐμοὶ καὶ τούτοις πέπρακται, καὶ χρήματα οὗτοι μὲν ἔχουσιν ἐφ᾽ ὑμῖν, ἐγὼ δ᾽ οὐκ ἠθέλησα λαβεῖν; θεάσασθε δή.

206. Τίνα τῶν ἐν τῇ πόλει φήσαιτ᾽ ἂν βδελυρώτατον εἶναι καὶ πλείστης ἀναιδείας καὶ ὀλιγωρίας μεστόν; οὐδεὶς οὐδ᾽ ἂν ἁμαρτὼν ὑμῶν ἄλλον εὖ οἶδ᾽ ὅτι φήσειεν ἢ Φιλοκράτην. τίνα δὲ φθέγγεσθαι μέγιστον ἁπάντων καὶ σαφέστατ᾽ ἂν εἰπεῖν ὅ τι βούλοιτο τῇ φωνῇ; Αἰσχίνην οἶδ᾽ ὅτι τουτονί. τίνα δ᾽ οὗτοι μὲν ἄτολμον καὶ δειλὸν πρὸς τοὺς ὄχλους φασὶν εἶναι, ἐγὼ δ᾽ εὐλαβῆ; ἐμέ· οὐδὲν γὰρ πώποτε οὔτ᾽ ἠνώχλησα οὔτε μὴ βουλομένους ὑμᾶς βεβίασμαι. **(207)** οὐκοῦν ἐν πάσαις ταῖς ἐκκλησίαις, ὁσάκις λόγος γέγονεν περὶ τούτων, καὶ κατηγοροῦντος ἀκούετέ μου καὶ ἐλέγχοντος ἀεὶ τούτους καὶ

204 *πεῖσ]αι*—**205** *π]άντα* P. Oxy. LXVII 4577
205 *χρήμαθ᾽*—*λαβεῖν* Anon. Fig. 3.124.28 Sp.
206 *τῶν ἐν*—*Φιλοκ]ρά[την* P. Colon. I 16

---

1 *τῇ πόλει συμφέρει* Anon. 2 *δύναιτ᾽*—*ποιῆσαι*] *δύναται εἰπεῖν* A : *δύναται οὗτος* cod. Sc : [Π4577] 3 *δήπου* om. A 5 *ἀνόνητον* vel *ἀνήνυτον* Dobree : *ὄνομα γεγονέναι* vel *ἀνώμαλον* Weil 6 *ἐνέσται* van Herwerden *λέγειν αὐτῷ ἔνεστιν* F *οἷς*] *ὃς* Dobree ⟨*τ*⟩*ἀναντία* AF 8 *πεῖσ]αί γε* Π4577 *τοὺς* om. cod. Q 11 *ἃ* om. S^aY 13 *ὅτι*] *ὡς* F 14 *ὑφ᾽ ὑμῶν* Anon. 17 *ὀλιγωρίας κ. ἀναιδείας* AF Π1618 *φήσειεν* ⟨*ἂν*⟩ A : [Π16] 20 ⟨*λαμπρᾷ*⟩ *τῇ* A 23 *βουλόμενος* cod. Q *ἐβιασάμην* A

λέγοντος ἄντικρυς ὅτι χρήματ᾽ εἰλήφασι καὶ πάντα πεπράκασι τὰ πράγματα τῆς πόλεως. καὶ τούτων οὐδεὶς πώποτ᾽ ἀκούων ταῦτ᾽ ἀντεῖπεν οὐδὲ διῆρεν τὸ στόμα, οὐδ᾽ ἔδειξεν ἑαυτόν. **(208)** τί ποτ᾽ οὖν ἐστιν τὸ αἴτιον ὅτι οἱ βδελυρώτατοι τῶν ἐν τῇ πόλει καὶ μέγιστον φθεγγόμενοι τοῦ καὶ ἀτολμοτάτου πάντων ἐμοῦ καὶ οὐδενὸς μεῖζον φθεγγομένου τοσοῦτον ἡττῶνται; ὅτι τἀληθὲς ἰσχυρόν, καὶ τοὐναντίον ἀσθενὲς τὸ συνειδέναι πεπρακόσιν αὑτοῖς τὰ πράγματα. τοῦτο παραιρεῖται τὴν θρασύτητα τὴν τούτων, τοῦτ᾽ ἀποστρέφει τὴν γλῶτταν, ἐμφράττει τὸ στόμα, ἄγχει, σιωπᾶν ποιεῖ. **(209)** τὸ τοίνυν τελευταῖον ἴστε δήπου πρώην ἐν Πειραιεῖ, ὅτ᾽ αὐτὸν οὐκ εἰᾶτε πρεσβεύειν, βοῶντα ὡς εἰσαγγελεῖ με καὶ γράψεται καὶ ἰοὺ ἰού. καίτοι ταῦτα μέν {ἐστι} μακρῶν καὶ πολλῶν ἀγώνων καὶ λόγων ἀρχή, ἐκεῖνα δὲ ἁπλᾶ καὶ δύ᾽ ἢ τρία ἴσως ῥήματα, ἃ κἂν ἐχθὲς ἐωνημένος ἄνθρωπος εἰπεῖν ἠδυνήθη, "ἄνδρες Ἀθηναῖοι, τουτὶ τὸ πρᾶγμα πάνδεινόν ἐστιν· οὑτοσὶ κατηγορεῖ ταῦτ᾽ ἐμοῦ ὧν αὐτὸς κοινωνὸς γέγονεν, καὶ χρήματ᾽ εἰληφέναι φησὶν ἐμέ, αὐτὸς εἰληφὼς ἢ μετειληφώς." **(210)** τούτων μὲν τοίνυν οὐδὲν εἶπεν οὐδ᾽ ἐφθέγξατο, οὐδ᾽ ἤκουσεν ὑμῶν οὐδείς, ἄλλα δὲ ἠπείλει. διὰ τί; ὅτι ταῦτα μὲν αὑτῷ συνῄδει πεπραγμένα, καὶ δοῦλος ἦν τῶν ῥημάτων τούτων. οὔκουν προσῄει πρὸς ταῦθ᾽ ἡ διάνοια, ἀλλ᾽ ἀνεδύετο· ἐπελαμβάνετο γὰρ αὐτῆς τὸ συνειδέναι. λοιδορεῖσθαι δὲ ἄλλ᾽ ἄττα οὐδὲν ἐκώλυεν αὐτὸν οὐδὲ βλασφημεῖν.

208 *ληθὲς*—**222** *πεπ[ρ]α[γμ]έν[ων* P. Oxy. LXVII 4569 *ἀποστρέφει*—*ποιεῖ* Plu. Mor. 88c
209 *οὑτοσὶ*—*εἰληφὼς* Anon. Fig. 3.124.30 Sp.
210 *ἐπελαμβάνετο*—*συνειδέναι* AB 141.12

1–2 *τὰ πράγματα πεπράκασι* A 2 *οὐδέτερός ποτ᾽* Weil 4 ⟨*πάντων*⟩ *τῶν* FY 7 *ἰσχυρόν* ⟨*ἐστι*⟩ F : [Π4569] 9 *ἀποστρέφεται* SY : [Π4569] 10 *σιωπᾶν ποιεῖ* del. Cobet, fort. recte 12 *εἴων* Weil *εἰσαγγέλλει* SY 13 *τοιαῦτα* Y[a] del. Weil *ἐστιν καὶ*] *μα*]*κρῶν καὶ* Π4569 14 *δυοῖν ἴσως ἢ τριῶν ῥημάτων* Dobree 15 *δυνηθείη* F : [Π4569] 16 *πρᾶγμ᾽ ἅπαν δεινόν* Y : [Π4569] 18 *εἰληφὼς ἢ* del. Schaefer : *εἰληφὼς*—*μετειληφώς* om. Π4569 19 *εἶπεν* del. Weidner 22 ⟨*εἶτ᾽*⟩ *ἐλαμβάνετο* S[γρ] 23 *γὰρ*] *παρ᾽* S[a] : [Π4569] *τὸ*] *τῷ* A*B* *δέ γ᾽* Π4569 *ἀλλ᾽* om. A *ἄττα* om. Π4569 23 *οὐδὲν* Lambinus[c] : *μηδὲν* SAFY : [Π4569]

211. ὃ τοίνυν μέγιστον ἁπάντων, καὶ οὐ λόγος ἀλλ' ἔργον· βουλομένου γὰρ ἐμοῦ τὰ δίκαια, ὥσπερ ἐπρέσβευσα δίς, οὕτω καὶ λόγον ὑμῖν δοῦναι δίς, προσελθὼν Αἰσχίνης οὑτοσὶ τοῖς λογισταῖς ἔχων μάρτυρας πολλοὺς ἀπηγόρευε μὴ καλεῖν ἐμὲ εἰς τὸ δικαστήριον ὡς δεδωκότα εὐθύνας καὶ οὐκ ὄντα ὑπεύθυνον· καὶ τὸ πρᾶγμ' ἦν ὑπεργέλοιον. τί οὖν ἦν τοῦτο; τῆς προτέρας ἐκείνης πρεσβείας, ἧς οὐδεὶς κατηγόρει, δοὺς λόγον οὐκέτ' ἐβούλετ' αὖθις εἰσιέναι περὶ ταύτης ἧς νῦν εἰσέρχεται, ἐν ᾗ πάντα τἀδικήματ' ἐνῆν· **(212)** ἐκ δὲ τοῦ δὶς ἐμὲ εἰσελθεῖν ἀνάγκη περιίστατο καὶ τούτῳ πάλιν εἰσιέναι· διὰ ταῦτ' οὐκ εἴα καλεῖν. καίτοι τοῦτο τὸ ἔργον, ὦ ἄνδρες Ἀθηναῖοι, ἀμφότερ' ὑμῖν ἐπιδείκνυσιν σαφῶς, καὶ κατεγνωκόθ' ἑαυτοῦ τοῦτον ὥστε μηδενὶ νῦν ὑμῶν εὐσεβῶς ἔχειν ἀποψηφίσασθαι αὐτοῦ, καὶ μηδὲν ἀληθὲς ἐροῦντα περὶ ἐμοῦ· εἰ γὰρ εἶχεν, τότ' ἂν καὶ λέγων καὶ κατηγορῶν ἐξητάζετο, οὐ μὰ Δί' οὐκ ἀπηγόρευε καλεῖν.

213. Ὡς τοίνυν ταῦτ' ἀληθῆ λέγω, κάλει μοι τούτων τοὺς μάρτυρας.

{ΜΑΡΤΥΡΕΣ}

Ἀλλὰ μὴν ἄν γέ τι ἔξω τῆς πρεσβείας βλασφημῇ περὶ ἐμοῦ, κατὰ πολλὰ οὐκ ἂν εἰκότως ἀκούοιτε αὐτοῦ. οὐ γὰρ ἐγὼ κρίνομαι τήμερον, οὐδ' ἐγχεῖ μετὰ ταῦθ' ὕδωρ οὐδεὶς ἐμοί. τί οὖν ἐστιν ταῦτα πλὴν δικαίων λόγων ἀπορία; τίς γὰρ ἂν κατηγορεῖν ἕλοιτο κρινόμενος, ἔχων ὅ τι ἀπολογήσεται; **(214)** ἔτι τοίνυν κἀκεῖνο σκοπεῖτε, ἄνδρες δικασταί. εἰ

211 βουλομένου—ὑπεργέλοιον Anon. Fig. 3.125.3 Sp. ἐ]πρέσ-β[ευσα—λογ[ισταῖς P. Oxy. LXVII 4577
212 μηδενὶ—αὐτοῦ Prisc. 327.18
214 εἰ—κρίνων Soptr. in Artem 5.72.25 W.

---

1 ἔργον ⟨ἤδη⟩ A 2 γὰρ om. Anon. 3 δίς om. Π4577. 4 ἀπαγορεύει Anon. 5–6 δικαστήριον—πρᾶγμ' ἦν om. Π4569 καὶ—ὑπεύθυνον del. van Herwerden 7 κατηγορεῖ A : [Π4569] 8 οὐκ F : [Π4569] 10 ταῦτ'] τοῦτο A 11 εἴα με Π4569 12 κατεγνῶτα Π4569 13 νῦν om. A Prisc. 19 del. Feliciana 20 γ' ἔξω τι Weil 25 σκοπεῖτε κἀκεῖνο A ⟨ὦ⟩ ἄνδρες A^{c}F

ἐκρινόμην μὲν ἐγώ, κατηγόρει δ' Αἰσχίνης οὑτοσί, Φίλιππος δ' ἦν ὁ κρίνων, εἶτ' ἐγὼ μηδὲν ἔχων εἰπεῖν ὡς οὐκ ἀδικῶ κακῶς ἔλεγον τουτονὶ καὶ προπηλακίζειν ἐπεχείρουν, οὐκ ἂν οἴεσθε καὶ κατ' αὐτὸ τοῦτο ἀγανακτῆσαι τὸν Φίλιππον, εἰ παρ' ἐκείνῳ τοὺς ἐκείνου τις εὐεργέτας κακῶς λέγει; μὴ τοίνυν ὑμεῖς χείρους γένησθε Φιλίππου, ἀλλ' ὑπὲρ ὧν ἀγωνίζεται, περὶ τούτων ἀναγκάζετε ἀπολογεῖσθαι. λέγε τὴν μαρτυρίαν.

ΜΑΡΤΥΡΙΑ

215. *Οὐκοῦν* ἐγὼ μέν, ἐκ τοῦ μηδὲν ἐμαυτῷ συνειδέναι, καὶ λόγον διδόναι καὶ πάντα τἀκ τῶν νόμων ὑπέχειν ᾤμην δεῖν, οὗτος δὲ τἀναντία. πῶς οὖν ταὐτὰ ἐμοὶ καὶ τούτῳ πέπρακται; ἢ πῶς ἔνεστι τούτῳ ταῦτα πρὸς ὑμᾶς λέγειν, ἃ μηδ' ᾐτίαται πρότερον πώποτε; οὐδαμῶς δήπου. ἀλλ' ὅμως ἐρεῖ, καὶ νὴ Δί' εἰκότως γε. ἴστε γὰρ δήπου τοῦθ', ὅτι ἀφ' οὗ γεγόνασιν ἄνθρωποι καὶ κρίσεις γίγνονται, οὐδεὶς πώποτε ὁμολογῶν ἀδικεῖν ἑάλω, ἀλλ' ἀναισχυντοῦσιν, ἀρνοῦνται, ψεύδονται, προφάσεις πλάττονται, πάντα ποιοῦσιν ὑπὲρ τοῦ μὴ δοῦναι δίκην. **(216)** ὧν οὐδενὶ δεῖ παρακρουσθῆναι τήμερον ὑμᾶς, ἀλλ' ἀφ' ὧν ἴστε αὐτοὶ τὰ πράγματα κρῖναι, μὴ τοῖς ἐμοῖς λόγοις μηδὲ τοῖς τούτου προσέχειν, μηδέ γε τοῖς μάρτυσιν, οὓς οὗτος ἑτοίμους ἕξει μαρτυρεῖν ὁτιοῦν, Φιλίππῳ χορηγῷ

215 *οὐκοῦν—ὑπέχειν* AB 171.14 *ἴστε—γίγνονται* Ph. α 3389 *οὐδεὶς—ἑάλω* Anon. Schol. in Stat. 7.196.28 W. *—δίκην* Syr. Soptr. Marcell. 4.232.14 W.
216 *ὧν—ὑμᾶς* A*B* 163.5

1 *οὑτοσὶ* om. Soptr. 2 *δ'* om. Soptr. 4 ⟨*τ*⟩*αὐτὸ* SY : [Π4569] 5 *εἰ κακῶς* Π4569 *λέγοι* A 7 *ἀγαγκάζετε* ⟨*αὐτὸν*⟩ A 9 *μαρτυρίαι* S : [Π4569] 10 *μέν* om. SY A*B* *συνειδέναι* ⟨*δεινὸν*⟩ F 11 *λόγον* ⟨*ἤθελον*⟩ A *κἀκ* A*B* *ᾤμην δεῖν*] *ὠμόσην* Π4569 13 *ταὐτὰ* A : [Π4569] *ᾐτιᾶτο* FY : [Π4569] 14 *πρότερον* om. A : [Π4569] 15 *γε* om. A 16 *οὐδεὶς* ⟨*γὰρ*⟩ Syr. Soptr. Marcell. *πώποτε* om. Anon. 17–18 *ψεύδομαι προφάσεις*] *λόγους* Syr. Soptr. Marcell. 19 *ἐφ' ὧν* [*ο*]*ὐδενὸς δεῖ τήμερον ὑμᾶ*[*s*] *π*[*αρακρουσθῆναι* Π4569 20 *κρίνειν* A : [Π4569] 22 *οἷς* SY *ἑτοίμως* F

χρώμενος· ὄψεσθε δ’ ὡς ἑτοίμως αὐτῷ μαρτυρήσουσιν· μηδέ γε εἰ καλὸν καὶ μέγα οὗτος φθέγξεται, μηδ’ εἰ φαῦλον ἐγώ. **(217)** οὐδὲ γὰρ ῥητόρων οὐδὲ λόγων κρίσιν ὑμᾶς τήμερον, εἴπερ εὖ φρονεῖτε, προσήκει ποιεῖν, ἀλλ’ ὑπὲρ πραγμάτων αἰσχρῶς καὶ δεινῶς ἀπολωλότων τὴν ὑπάρχουσαν αἰσχύνην εἰς τοὺς αἰτίους ἀπώσασθε, τὰ πεπραγμένα, ἃ πάντες ἐπίστασθε, ἐξετάσαντες. τί οὖν ἐστι ταῦτα ἃ ὑμεῖς ἴστε καὶ οὐ παρ’ ἡμῶν ὑμᾶς ἀκοῦσαι δεῖ; **(218)** εἰ μὲν ἅπανθ’ ὅσ’ ὑπέσχονθ’ ὑμῖν ἐκ τῆς εἰρήνης γέγονεν, καὶ τοσαύτης ἀνανδρίας καὶ κακίας ὑμεῖς ὁμολογεῖτε εἶναι μεστοί, ὥστε μήτ’ ἐν τῇ χώρᾳ τῶν πολεμίων ὄντων μήτ’ ἐκ θαλάττης πολιορκούμενοι μήτ’ ἐν ἄλλῳ μηδενὶ δεινῷ τῆς πόλεως οὔσης, ἀλλὰ καὶ σῖτον εὔωνον ὠνούμενοι καὶ τἄλλα οὐδὲν χεῖρον πράττοντες ἢ νῦν, **(219)** προειδότες καὶ προακηκοότες παρὰ τούτων καὶ τοὺς συμμάχους ἀπολουμένους καὶ Θηβαίους ἰσχυροὺς γενησομένους καὶ τἀπὶ Θρᾴκης Φίλιππον ληψόμενον καὶ ἐν Εὐβοίᾳ κατασκευασθησόμενα ὁρμητήρια ἐφ’ ὑμᾶς καὶ πάνθ’ ἃ πέπρακται γενησόμενα, εἶτα τὴν εἰρήνην ἐποιήσασθε ἀγαπητῶς, ἀποψηφίσασθε Αἰσχίνου, καὶ μὴ πρὸς τοσούτοις αἰσχροῖς καὶ ἐπιορκίαν προσκτήσησθε· οὐδὲν γὰρ ὑμᾶς ἀδικεῖ, ἀλλ’ ἐγὼ μαίνομαι καὶ τετύφωμαι νῦν κατηγορῶν αὐτοῦ. **(220)** εἰ δὲ πάντα τἀναντία τούτων καὶ πολλὰ καὶ φιλάνθρωπα εἰπόντες, Φίλιππον φιλεῖν τὴν πόλιν, Φωκέας σώσειν, Θηβαίους παύσειν τῆς ὕβρεως, ἔτι πρὸς τούτοις μείζονα ἢ κατ’ Ἀμφίπολιν εὖ ποιήσειν ὑμᾶς, ἐὰν τύχῃ τῆς εἰρήνης, Εὔβοιαν, Ὠρωπὸν ἀποδώσειν· εἰ ταῦτ’ εἰπόντες καὶ ὑποσχόμενοι πάντ’ ἐξηπατήκασι καὶ πεφενακίκασι καὶ μόνον

2 *φθέγγεται* F 3 *οὐ γὰρ* AFY : [Π4569] *κρίσιν* ante *τήμερον* Π4569 4 *ποιεῖσθαι* Π4569 6 *ἀπώσασθαι* SAF^{c}Y : [F Π4569] 7 *ἐξετάσαντας* A : [Π4569] *τίνα* S^{γρ}AF : [Π4569] 8 *μὲν* ⟨*γὰρ*⟩ FY *ὑπέσχεθ’* AF 9 *ὑμῖν* ⟨*ὅσ’*⟩ Weil 10 *ὁμολογεῖτε ὑμεῖς* F : *ὁμολόγησα* Π4569 ut videtur 14 *περὶ* A : [Π4569] 16 *γεγενημένους* A 18 *ἐποιήσατε* A 20 *προσκτήσεσθε* A : [Π4569] *οὐδὲν*] *οὐ* Π4569 21 *ἠδίκει* Dobree *καὶ τετύφωμαι* om. cod. Q^{a} 22 *καὶ*^{2} om. Π4569 24 *σώζειν* SF^{c}Y 25–6 *ἐὰν—ἀποδώσειν*] *εὔβοιαν ὠρω*]*πὸν* [*ἀποδώσειν ἐὰν τύχ*]*ῃ τῆς εἰρή*[*νης* Π4569

οὐ τὴν Ἀττικὴν ὑμῶν περιῄρηνται, καταψηφίσασθε, καὶ μὴ πρὸς τοῖς ἄλλοις οἷς ὕβρισθε (οὐ γὰρ ἔγωγ' οἶδ' ὅ τι χρὴ λέγειν ἄλλο) καὶ ὑπὲρ ὧν οὗτοι δεδωροδοκήκασιν ὑμεῖς τὴν ἀρὰν καὶ τὴν ἐπιορκίαν οἴκαδ' εἰσενέγκησθε.

221. Ἔτι τοίνυν κἀκεῖνο σκοπεῖτε, ὦ ἄνδρες δικασταί, τίνος εἵνεκ' ἐγὼ μηδὲν ἠδικηκότων τούτων κατηγορεῖν ἂν προειλόμην. οὐ γὰρ εὑρήσετε. ἡδὺ πολλοὺς ἐχθροὺς ἔχειν; οὐδέ γε ἀσφαλές. ἀλλ' ὑπῆρχέ μοι πρὸς τοῦτον ἀπέχθειά τις; οὐδεμία. τί οὖν; "ἐφοβοῦ περὶ σαυτοῦ, καὶ διὰ δειλίαν ταύτην ἡγήσω σωτηρίαν"· καὶ γὰρ ταῦτ' ἀκήκο' αὐτὸν λέγειν. καὶ τί μηδενός γ' ὄντος, Αἰσχίνη, δεινοῦ μηδὲ ἀδικήματος, ὡς σὺ φῄς, εἰ γὰρ αὖ ταῦτ' ἐρεῖ, σκοπεῖτ', ἄνδρες δικασταί, {εἰ} ἐφ' οἷς ὁ μηδ' ὁτιοῦν ἀδικῶν ἐφοβούμην ἐγὼ μὴ διὰ τούτους ἀπόλωμαι, τί τούτους προσήκει παθεῖν τοὺς αὐτοὺς ἠδικηκότας; **(222)** ἀλλ' οὐ διὰ ταῦτα. ἀλλὰ διὰ τί σου κατηγορῶ; συκοφαντῶ νὴ Δία, ἵν' ἀργύριον λάβω παρὰ σοῦ. καὶ πότερον κρεῖττον ἦν μοι παρὰ Φιλίππου λαβεῖν, τοῦ διδόντος πολὺ καὶ μηδενὸς τούτων ἔλαττον, καὶ φίλον κἀκεῖνον ἔχειν καὶ τούτους (ἦσαν γὰρ ἄν, ἦσαν μοι φίλοι τῶν αὐτῶν κεκοινωνηκότι· οὐδὲ γὰρ νῦν ἔχθραν πατρικὴν ἔχουσι πρός με, ἀλλ' ὅτι τῶν πεπραγμένων οὐ μετέσχηκα), ἢ παρὰ τούτων ἀφ' ὧν εἰλήφασι μεταιτεῖν, κἀκείνῳ τε ἐχθρὸν εἶναι καὶ τούτοις; καὶ τοὺς μὲν αἰχμαλώτους ἐκ τῶν ἰδίων τοσούτων χρημάτων λύεσθαι, μικρὰ δ' ἀξιοῦν παρὰ τούτων αἰσχρῶς μετ' ἔχθρας λαμβάνειν; **(223)** οὐκ ἔστι ταῦτα, ἀλλ' ἀπήγγειλα μὲν τἀληθῆ καὶ ἀπεσχόμην τοῦ λαβεῖν τοῦ δικαίου καὶ τῆς ἀληθείας εἵνεκα καὶ τοῦ λοιποῦ βίου, νομίζων, ὥσπερ ἄλλοι τινὲς παρ' ὑμῖν, καὶ αὐτὸς ὢν ἐπιεικὴς τιμηθήσεσθαι,

1 *οὐχὶ* A *περιῄρηντο* S : *παρῄρηνται* S[γρ] 4 *ἀπενέγκησθε* FY 8 *γε*] *αὖ* F 9 *δειλίαν κ*]*αὶ* [*ταύτην* Π4569 10–11 *καὶ τί* cod. P : *καί τι* A : [S] : *καίτοι* S[c]FY Π4569 11 *γ'* om. F 12 *αὖ* om. S[c]A : *ἂν* S : [Π4569] ⟨*ὦ*⟩ *ἄνδρες* A[c]F 13 del. Seager : om. cod. Eb *ὃ . . . ἀδικῶ* Y : [Π4569] 17 *ἦν μοι κρεῖττ*[*ον* Π4569 19 *ἂν* om. A *μοι* om. A Π4569 : *φίλοι μοι* F 23 *τούτους* Y 24 *λύσασθαι* F[a] 28 *τιμήσεσθαι* Weil : *τιμηθήσεσθαι* ⟨*καὶ πλέον ἕξειν τῶν πολλῶν κατὰ τοῦτο*⟩ A cf. 100

καὶ οὐκ ἀνταλλακτέον εἶναί μοι τὴν πρὸς ὑμᾶς φιλοτιμίαν οὐδενὸς κέρδους· μισῶ δὲ τούτους, ὅτι μοχθηροὺς καὶ θεοῖς ἐχθροὺς εἶδον ἐν τῇ πρεσβείᾳ, καὶ ἀπεστέρημαι καὶ τῶν ἰδίων φιλοτιμιῶν διὰ τὴν τούτων δωροδοκίαν πρὸς ὅλην δυσχερῶς ὑμῶν τὴν πρεσβείαν ἐσχηκότων· κατηγορῶ δὲ νυνὶ καὶ ἐπὶ τὰς εὐθύνας ἥκω τὸ μέλλον προορώμενος, καὶ βουλόμενος ἀγῶνι καὶ δικαστηρίῳ μοι διωρίσθαι παρ᾽ ὑμῖν ὅτι τἀναντία ἐμοὶ καὶ τούτοις πέπρακται. **(224)** *καὶ δέδοικα, δέδοικα (εἰρήσεται γὰρ πάνθ᾽ ἃ φρονῶ πρὸς ὑμᾶς) μὴ τότε μὲν συνεπισπάσησθέ με τὸν μηδ᾽ ὁτιοῦν ἀδικοῦντα, νῦν δ᾽ ἀναπεπτωκότες ἦτε. παντάπασι γάρ, ἄνδρες Ἀθηναῖοι, ἐκλελύσθαι μοι δοκεῖτε καὶ παθεῖν ἀναμένειν τὰ δεινά, ἑτέρους δὴ πάσχοντας ὁρῶντες, οὐ φυλάττεσθαι, οὐδὲ φροντίζειν τῆς πόλεως πάλαι κατὰ πολλοὺς καὶ δεινοὺς τρόπους διαφθειρομένης.*

225. *οὐκ οἴεσθε δεινὸν εἶναι καὶ ὑπερφυές; (καὶ γὰρ εἴ τι σιωπᾶν ἐγνώκειν, λέγειν ἐξάγομαι.) ἴστε δήπου Πυθοκλέα τουτονὶ τὸν Πυθοδώρου. τούτῳ πάνυ φιλανθρώπως ἐκεχρήμην ἐγώ, καὶ ἀηδὲς ἐμοὶ καὶ τούτῳ γέγονεν εἰς τὴν ἡμέραν ταύτην οὐδέν. οὗτος ἐκτρέπεταί με νῦν ἀπαντῶν, ἀφ᾽ οὗ πρὸς Φίλιππον ἀφῖκται, κἂν ἀναγκασθῇ που συντυχεῖν, ἀπεπήδησεν εὐθέως, μή τις αὐτὸν ἴδῃ λαλοῦντα ἐμοί· μετὰ δ᾽ Αἰσχίνου περιέρχεται τὴν ἀγορὰν κύκλῳ καὶ βουλεύεται.* **(226)** *οὔκουν δεινόν, ὦ ἄνδρες Ἀθηναῖοι, καὶ σχέτλιον τοῖς μὲν τὰ Φιλίππου πράγμαθ᾽ ᾑρημένοις θεραπεύειν οὕτως ἀκριβῆ τὴν παρ᾽ ἐκείνου πρὸς ἑκάτερα αἴσθησιν ὑπάρχειν, ὥστε ἕκαστον, ὥσπερ ἂν παρεστηκότος αὐτοῦ, μηδ᾽ ὧν ἂν ἐνθάδε πράξῃ*

223 *καὶ οὐκ—κέρδους* AB 122.10 *ἐν τῇ πρ]εσβείᾳ—μέλ[λον* P. Berolin. 21274 *τ[ο]ύτοις*—**224** *ὅτι*[P. Oxy. LXVII 4575
224 *παντάπασι—φυλάττεσθαι* Hermog. 256.11 R. Tib. Fig. 4.4 Ball.

---

7 *μοι δικαστηρίῳ* S[a] 9 *μὲν ⟨τούτοις⟩* FY : *με ⟨τούτοις⟩* S[γρ] 10 *με* om. S[γρ] 11 *παντάπασι γάρ] ὑμεῖς δὲ* Tib. *⟨ὦ⟩ ἄνδρες* A[c]F *μοι* om. A 12 *ἑτέρους—πάσχοντας] πόρρωθεν δ᾽* Tib. *δὴ* Weil : *δὲ* SAFY 13 *φυλάττεσθε* A[c]FY Hermog. : [A] *φροντίζετε* F[a] 14 *διεφθαρμένης* A : *ἀδικουμένης* F 16 *⟨νῦν⟩ λέγειν* FY 21 *δ᾽* om. A 22 *⟨κατὰ⟩ τὴν* Cobet *κύκλῳ ⟨καὶ σκοπεῖ⟩* S[c] : *βουλεύεται ⟨καὶ σκοπεῖ⟩* AFY *οὐκοῦν* SAFY : corr. Denniston 26 *ἂν ⟨εἰ⟩* AF *ἐνθαδὶ* S

μηδὲν ἡγεῖσθαι λήσειν, ἀλλὰ φίλους τε νομίζειν οὓς ἂν ἐκείνῳ δοκῇ καὶ μὴ φίλους ὡσαύτως, τοῖς δὲ πρὸς ὑμᾶς ζῶσιν καὶ τῆς παρ' ὑμῶν τιμῆς γλιχομένοις καὶ μὴ προδεδωκόσι ταύτην τοσαύτην κωφότητα καὶ τοσοῦτο σκότος παρ' ὑμῶν ἀπαντᾶν, ὥστε τοῖς ἀλιτηρίοις τούτοις ἐξ ἴσου νῦν ἐμὲ ἀγωνίζεσθαι, καὶ ταῦτα παρ' ὑμῖν τοῖς ἅπαντ' εἰδόσιν; **(227)** βούλεσθ' οὖν εἰδέναι καὶ ἀκοῦσαι τὸ τούτων αἴτιον; ἐγὼ δὴ φράσω, ἀξιῶ δὲ μηδέν' ἄχθεσθαί μοι λέγοντι τἀληθῆ. ὅτι ἐκεῖνος μὲν ἕν, οἶμαι, σῶμα ἔχων καὶ ψυχὴν μίαν παντὶ θυμῷ καὶ φιλεῖ τοὺς ἑαυτὸν εὖ ποιοῦντας καὶ μισεῖ τοὺς τἀναντία, ὑμῶν δ' ἕκαστος πρῶτον μὲν οὔτε τὸν εὖ ποιοῦντα τὴν πόλιν αὑτὸν εὖ ποιεῖν ἡγεῖται, οὔτε τὸν κακῶς ⟨κακῶς⟩, **(228)** ἀλλ' ἕτερά ἐστιν ἑκάστῳ προυργιαίτερα, ὑφ' ὧν παράγεσθε πολλάκις, ἔλεος, φθόνος, ὀργή, χαρίσασθαι τῷ δεηθέντι, ἄλλα μυρία· ἂν δ' ἄρ' ἅπαντά τις ἐκφύγῃ, τἄλλὰ τούς γε οὐδένα βουλομένους εἶναι τοιοῦτον οὐ διαφεύξεται. ἡ δ' ἐφ' ἑκάστου τούτων ἁμαρτία κατὰ μικρὸν ὑπορρέουσα ἀθρόος τῇ πόλει βλάβη γίγνεται.

229. Ὧν μηδέν, ὦ ἄνδρες Ἀθηναῖοι, πάθητε τήμερον, μηδ' ἀφῆτε τοῦτον ὃς ὑμᾶς τηλικαῦτα ἠδίκηκεν. καὶ γὰρ ὡς ἀληθῶς τίς ἔσται λόγος περὶ ὑμῶν, εἰ τοῦτον ἀφήσετε; Ἀθήνηθεν ἐπρέσβευσάν τινες ὡς Φίλιππον τουτονί, Φιλοκράτης, Αἰσχίνης, Φρύνων, Δημοσθένης. τί οὖν; ὁ μὲν πρὸς τῷ μηδὲν ἐκ τῆς πρεσβείας λαβεῖν τοὺς αἰχμαλώτους ἐκ τῶν ἰδίων ἐλύσατο· ὁ δέ, ὧν τὰ τῆς πόλεως πράγματα χρημάτων ἀπέδοτο, τούτων πόρνας ἠγόραζεν καὶ ἰχθῦς

226 *τοῖς δὲ—ζῶσι* Prisc. 358.3
229 *καὶ—τινες* Io. Sard. 211.25 R. *—Δημοσθένης* Plan. Schol. 5. 516.11 W. *ὁ δέ—ἠγόραζεν* AB 120.18 *πόρνας—ἰχθῦς* cf. Ath. 8.343e, Plu. Mor. 97c, 510b

1 *φίλους γε* F : *καὶ φίλους* A 3 *τῆς*] *τοῖς* AF[a] 5 *ἀλητηρίοις* SF[a] 8 *δὲ* om. Y *μηδὲν* SFY *ἀχθεσθῆναί* A *λέγοντί μοι* Y 8–9 *οἶμαι ἓν* A : *οἶμαι* om. F 10 *ἑαυτὸν* om. A 11 *πρῶτον μὲν* om. F 12 add. Lamb. : *κακῶς* ⟨***⟩ Weil 14 *ἂν δ' ἄρ'* Schaefer : *ἂν γὰρ* SAFY : *κἂν* Bl. 15 *ἀλλὰ* Cobet 17 *ἀθρόως* A *γίγνεται βλάβη* A 19 *ἀνῆτε* SF[a]Y 20 *ἔσται τις* Plan. *περὶ ὑμῶν* om. Io. Sard. *ἀφῆτε* A 21 *οὑτοσί* van Herwerden 25 *κ. ἰχθῦς ἠγόραζε* Plu. (bis) Ath.

περιών. **(230)** *καὶ ὁ μὲν τὸν υἱὸν ἔπεμψεν Φιλίππῳ, πρὶν εἰς ἄνδρας ἐγγράψαι, ὁ μιαρὸς Φρύνων· ὁ δ' οὐδὲν ἀνάξιον οὔτε τῆς πόλεως οὔθ' αὑτοῦ διεπράξατο. καὶ ὁ μὲν χορηγῶν καὶ τριηραρχῶν ἔτι καὶ ταῦτ' ᾤετο δεῖν ἐθελοντὴς ἀναλίσκειν, {λύεσθαι,} μηδένα ἐν συμφορᾷ τῶν πολιτῶν δι' ἔνδειαν περιορᾶν· ὁ δὲ τοσούτου δεῖ τῶν ὑπαρχόντων τινὰ αἰχμαλώτων σῶσαι, ὥσθ' ὅλον τόπον καὶ πλεῖν ἢ μυρίους μὲν ὁπλίτας, ὁμοῦ δὲ χιλίους ἱππέας τῶν ὑπαρχόντων συμμάχων ὅπως αἰχμάλωτοι γένωνται Φιλίππῳ, συμπαρεσκεύασεν.* **(231)** *τί οὖν μετὰ ταῦτα; Ἀθηναῖοι λαβόντες, ᾔδεσαν μὲν γὰρ πάλαι· τί δέ; τοὺς μὲν χρήματ' εἰληφότας καὶ δῶρα καὶ καταισχύναντας ἑαυτούς, τὴν πόλιν, τοὺς ἑαυτῶν παῖδας, ἀφεῖσαν καὶ νοῦν ἔχειν ἡγοῦντο καὶ τὴν πόλιν †εὐθενεῖσθαι†· τὸν δὲ κατηγοροῦντα τί; ἐμβεβροντῆσθαι, τὴν πόλιν ἀγνοεῖν, οὐκ ἔχειν ὅποι τὰ ἑαυτοῦ ῥίπτῃ.* **(232)** *καὶ τίς, ὦ ἄνδρες Ἀθηναῖοι, τοῦτ' ἰδὼν τὸ παράδειγμα, δίκαιον αὑτὸν παρασχεῖν ἐθελήσει; τίς προῖκα πρεσβεύειν, εἰ μήτε λαβεῖν μήτε τῶν εἰληφότων ἀξιοπιστότερον παρ' ὑμῖν εἶναι δοκεῖν ὑπάρξει; οὐ μόνον κρίνετε τούτους τήμερον, οὔ, ἀλλὰ καὶ νόμον τίθεσθε εἰς ἅπαντα τὸν μετὰ ταῦτα χρόνον, πότερον χρημάτων αἰσχρῶς ὑπὲρ τῶν ἐχθρῶν πρεσβεύειν ἅπαντας προσήκει ἢ προῖκα ὑπὲρ ὑμῶν τὰ βέλτιστα ἀδωροδοκήτως.* **(233)** *ἀλλὰ μὴν περὶ μὲν τῶν ἄλλων οὐδενὸς προσδεῖσθε μάρτυρος· ὡς δὲ τὸν υἱὸν ἔπεμψεν ὁ Φρύνων, κάλει μοι τούτων τοὺς μάρτυρας.*

231 *χ]ρήμα[τα—ἀφεῖ[σαν* P. Oxy. LXVII 4577 *τὸν δὲ—ἀγνοεῖν* Lex. Pat. ad loc.

232 *οὐ—οὔ* Tib. Fig. 26.3 Ball. *κρί]νετε—αἰσχρῶς* P. Oxy. LXVII 4577

---

5 del. Cobet : *λύεσθαι ⟨τοὺς αἰχμαλώτους⟩* AF$^{\gamma\rho}$Y *δι' ἔνδειαν* om. cod. Q 6 *τῶν ὑπαρχόντων* del. Schaefer *αἰχμάλωτον* SFY 7 *πλέον* A : *πλείους* FY 10–11 *τί δέ*] *ἤδη* Madvig 11 *δαί* A : *δή* S^{c}F^{c} 12 *ἀφίεσαν* FY 13 cruces posuit Butcher : *εὖ διαθεῖναι* Madvig : *εὐνομεῖσθαι* Hernandez : *εὖ σταθμᾶσθαι* vel *εὖ συννοῆσαι* Weil 15 *ὅπου* A *ῥιπτεῖ* A^{c} : [AY^{a}] 16 *αὐτὸν* om. cod. Q *παρέχειν* A 18 *⟨ὥστε⟩ οὐ μόνον* FY^{c} 19 *οὔ* om. Y Π4577 ut videtur *νόμον ⟨τούτοις⟩* Y^{c} *θέσθε* Y^{a} 22 *ἀδωροδοκήτως* del. Cobet 23 *μὲν* om. SA *ὡς δέ*] *ὥστε* A 24 *μοι* om. A *τούτου* van Herwerden

ΜΑΡΤΥΡΕΣ

Τοῦτον μὲν τοίνυν οὐκ ἔκρινεν Αἰσχίνης, ὅτι τὸν αὑτοῦ παῖδα ἐπ' αἰσχύνῃ πρὸς Φίλιππον ἔπεμψεν. εἰ δέ τις ὢν ἐφ' ἡλικίας ἑτέρου βελτίων τὴν ἰδέαν, μὴ προϊδόμενος τὴν ἐξ ἐκείνης τῆς ὄψεως ὑποψίαν, ἰταμώτερον τῷ μετὰ ταῦτα ἐχρήσατο βίῳ, τοῦτον ὡς πεπορνευμένον κέκρικεν.

234. *Φέρε δὴ περὶ τῆς ἑστιάσεως καὶ τοῦ ψηφίσματος εἴπω·* μικροῦ γε, ἃ μάλιστά μ' ἔδει πρὸς ὑμᾶς εἰπεῖν, παρῆλθον. τῆς πρώτης ἐκείνης πρεσβείας γράφων τὸ προβούλευμα ἐγὼ καὶ πάλιν ἐν τῷ δήμῳ ταῖς ἐκκλησίαις, ἐν αἷς ἐμέλλετε βουλεύεσθαι περὶ τῆς εἰρήνης, οὐδενὸς οὔτε λόγου πω παρὰ τούτων οὔτ' ἀδικήματος ὄντος φανεροῦ, τὸ νόμιμον {ἔθος} ποιῶν, καὶ ἐπῄνεσα τούτους καὶ εἰς πρυτανεῖον ἐκάλεσα. **(235)** καὶ νὴ Δί' ἔγωγε καὶ τοὺς παρὰ τοῦ Φιλίππου πρέσβεις ἐξένισα, καὶ πάνυ γε, ὦ ἄνδρες Ἀθηναῖοι, λαμπρῶς· ἐπειδὴ γὰρ ἑώρων αὐτοὺς καὶ ἐπὶ τοῖς τοιούτοις ἐκεῖ σεμνυνομένους ὡς εὐδαίμονας καὶ λαμπρούς, εὐθὺς ἡγούμην ἐν τούτοις πρῶτον αὐτὸς περιεῖναι δεῖν αὐτῶν καὶ μεγαλοψυχότερος φαίνεσθαι. ταῦτα δὴ παρέξεται νῦν οὗτος λέγων ὡς "αὐτὸς ἐπῄνεσεν ἡμᾶς, αὐτὸς εἱστία τοὺς πρέσβεις", τὸ πότε οὐ διορίζων. **(236)** ἔστιν δὲ ταῦτα πρὸ τοῦ τὴν πόλιν ἠδικῆσθαί τι καὶ φανεροὺς τούτους πεπρακότας αὑτοὺς γενέσθαι, ὅτ' ἄρτι μὲν ἧκον οἱ πρέσβεις τὸ πρῶτον, ἔδει δὲ ἀκοῦσαι τὸν

234 *μικροῦ—προσῆλθον* Aristid. 40.13 *τὰς ἐ[κκλησίας*—**235** *τ[οιούτοις* P. Oxy. LXVII 4577
236 *ἠδικῆ]σθαι—γέ[γονεν* P. Oxy. LXVII 4577

---

1 tit. del. Sauppe. coll. 236 et 213 2 *αὑ-* cod. Cd : *αὐ-* FY : *ἑαυ-* A : [S] 4 *τὴν ἰδέαν* ante *ἑτέρου* F[a] *προειδ-* AFY 8 *ὃ* Aristid. *με δεῖ* FY : corr. Reiske : *μεδει* SA[a] : *ἔδει* A[c] : *μέλλει* Aristid. *παρῆλθεν* Y : *προσῆλθον* Aristid. 10 ⟨*ἐν*⟩ *ταῖς* A : *τὰς ἐ[κκλησίας* Π4577 : ⟨*πρὶν γενέσθαι*⟩ *τὰς ἐκκλησίας* Weil 11 *βουλεύεσθε* S : [Π4577] 12 *νόμιμον*] *κοινὸν* S[γρ]AF[γρ] : *κοινὸν νόμιμον* Y del. Weil 13 ⟨*τὸ*⟩ *πρυτανεῖον* AF[c]Y Π4577 14 *καὶ*[2] om. A 16 *καὶ* om. A 18 *πρῶτος* FY *αὐτὸς* om. A *αὐτῶν*] *αὐτὸν* Y 19 *παράξει* Y : *πράξει* A 20 *ἡμᾶς* ⟨*καὶ*⟩ FY 22 *τι* om. Π4577 23 *ἀκοῦσαι δὲ ἔδει* F

δῆμον τί λέγουσιν, οὐδέπω δὲ οὔθ' οὗτος συνερῶν δῆλος ἦν τῷ Φιλοκράτει οὔτ' ἐκεῖνος τοιαῦτα γράψων. ἂν δὴ ταῦτα λέγῃ, μέμνησθε τοὺς χρόνους ὅτι τῶν ἀδικημάτων εἰσὶν πρότεροι. μετὰ ταῦτα δὲ οὐδὲν ἐμοὶ πρὸς τούτους οἰκεῖον οὐδὲ κοινὸν γέγονεν. λέγε τὴν μαρτυρίαν.

ΜΑΡΤΥΡΙΑ

237. Ἴσως τοίνυν ἀδελφὸς αὐτῷ συνερεῖ Φιλοχάρης καὶ Ἀφόβητος· πρὸς οὓς ἀμφοτέρους ὑμῖν πολλὰ καὶ δίκαια ἔστιν εἰπεῖν. ἀνάγκη δέ, ὦ ἄνδρες Ἀθηναῖοι, μετὰ παρρησίας διαλεχθῆναι, μηδὲν ὑποστελλόμενον. ἡμεῖς, Ἀφόβητε καὶ σὺ Φιλόχαρες, σὲ μὲν τὰς ἀλαβαστροθήκας γράφοντα καὶ τὰ τύμπανα, τούτους δ' ὑπογραμματέας καὶ τοὺς τυχόντας ἀνθρώπους (καὶ οὐδεμιᾶς κακίας ταῦτα, ἀλλ' οὐ στρατηγίας γε ἄξια) πρεσβειῶν, στρατηγιῶν, τῶν μεγίστων τιμῶν ἠξιώσαμεν. **(238)** εἰ τοίνυν μηδὲν ὑμῶν ἠδίκει μηδείς, οὐχ ἡμεῖς χάριν ὑμῖν οὐδενός, ἀλλ' ὑμεῖς ἡμῖν δικαίως ἂν ἔχοιτε τούτων· πολλοὺς γὰρ ὑμῶν μᾶλλον ἀξίους τιμᾶσθαι παρέντες ἡμεῖς ὑμᾶς ἐσεμνύνομεν. εἰ δὲ δὴ καὶ ἐν αὐτοῖς οἷς ἐτιμᾶσθε ἠδίκηκέν τις ὑμῶν, καὶ ταῦτα τοιαῦτα, πόσῳ μᾶλλον ἂν μισοῖσθε δικαίως ἢ σῴζοισθε; ἐγὼ μὲν οἶμαι πολλῷ. βιάσονται τοίνυν ἴσως, μεγαλόφωνοι καὶ ἀναιδεῖς ὄντες, καὶ τὸ "συγγνώμη ἀδελφῷ βοηθεῖν" προσειληφότες. **(239)** ὑμεῖς

237 ὑ[πο]στελλό[μενον—**238** ὑ[μῶν P. Oxy. LXVII 4577 κας [γράφοντα—μεγίσ[των P. Oxy. LXVII 4578

238 εἰ δὲ—τις Io. Sic. in Id. 6.435.3 W. —σῴζοιθε Hermog. 367.19 R. —ὄντες Hermog. 362.9 R. σ]ῴζ[οισθε—**239** τ[ὴν P. Oxy. LXVII 4577

---

1 οὔθ'] οὐ]δ' Π4577 2 τοιαῦτα ἐκεῖνος γράφων A Π4577 10 ὑποστειλάμενον A : ὑποκρινόμενον F ὑμεῖς A : ἡμεῖς δ' Π4577 11 ⟨ἴσμεν⟩ σὲ FY ἀλαβαστοθήκας Harp. α 66 13 οὐδὲ AFY Π4577 : [Π4578] 14 γε om. S[c] Π4577 : ante 13 στρατηγίας A : [S Π4578] 16 ἡμῖν] ὑμεῖς Π4577 16 εἴχετε A Π4577 19 τι Io. Sic. καὶ—τοιαῦτα om. Hermog. (367) πόσῳ] πῶς ⟨οὐ⟩ A 20 μισοῖσθ' ἂν ⟨διὰ ταῦτα⟩ δικαίως Hermog. (bis) σώζεσθε A 22 συγγνώμην SAFY : corr. Feliciana

δὲ μὴ ἥττᾶσθε, ἐκεῖνο ἐνθυμούμενοι, ὅτι τούτοις μὲν τούτου προσήκει φροντίζειν, ὑμῖν δὲ τῶν νόμων καὶ ὅλης τῆς πόλεως καὶ παρὰ πάντα τῶν ὅρκων, οὓς αὐτοὶ κάθησθε ὀμωμοκότες. καὶ γὰρ εἰ τινῶν δεδέηνται τουτονὶ σῴζειν, πότερ᾽ ἂν μηδὲν ἀδικῶν φαίνηται τὴν πόλιν ἢ κἂν ἀδικῶν, σκοπεῖτε. εἰ μὲν γὰρ ἂν μή, κἀγώ φημι δεῖν, εἰ δ᾽ ὅλως κἂν ὁτιοῦν, ἐπιορκεῖν δεδέηνται. οὐ γὰρ εἰ κρύβδην ἐστὶν ἡ ψῆφος, λήσει τοὺς θεούς, ἀλλὰ τοῦτο καὶ πάντων ἄριστα ὁ τιθεὶς τὸν νόμον εἶδεν {τὸ κρύβδην ψηφίζεσθαι}, ὅτι τούτων μὲν οὐδεὶς εἴσεται τὸν ἑαυτῷ κεχαρισμένον ὑμῶν, οἱ θεοὶ δὲ εἴσονται καὶ τὸ δαιμόνιον τὸν μὴ τὰ δίκαια ψηφισάμενον. **(240)** *παρ᾽ ὧν κρεῖττόν ἐστιν ἑκάστῳ τὰς ἀγαθὰς ἐλπίδας τοῖς παισὶ καὶ ἑαυτῷ, τὰ δίκαια γνόντα καὶ τὰ προσήκοντα, περιποιήσασθαι ἢ τὴν ἀφανῆ καὶ ἄδηλον τούτοις χάριν καταθέσθαι, καὶ ἀφεῖναι τοῦτον ὃς αὐτὸς ἑαυτοῦ καταμεμαρτύρηκεν. τίνα γάρ, Αἰσχίνη, μάρτυρα μείζω παράσχωμαι τοῦ πολλὰ καὶ δεινὰ πεπρεσβεῦσθαί σοι ἢ σὲ κατὰ σαυτοῦ; ὃς γὰρ ᾠήθης χρῆναι τὸν φανερόν τι ποιῆσαι βουληθέντα τῶν σοὶ πεπρεσβευμένων τηλικαύτῃ καὶ τοιαύτῃ συμφορᾷ περιβαλεῖν, δῆλον ὅτι δεινὸν ἄν τι παθεῖν σαυτὸν ἤλπιζες, εἰ πύθοινθ᾽ οὗτοι τὰ πεπραγμένα σοι.*

241. *Τοῦτο τοίνυν, ἄνπερ ὑμεῖς εὖ φρονῆτε, καθ᾽ αὐτοῦ συμβήσεται τούτῳ πεπρᾶχθαι, οὐ μόνον κατὰ τοῦθ᾽ ὅτι παμμέγεθες σημεῖόν ἐστι τῶν πεπρεσβευμένων, ἀλλ᾽ ὅτι καὶ κατηγορῶν ἐκείνους τοὺς λόγους εἶπεν οἳ κατ᾽ αὐτοῦ νῦν ὑπάρχουσιν· ἃ γὰρ ὡρίσω σὺ δίκαια, ὅτε Τίμαρχον ἔκρινες, ταὐτὰ δήπου ταῦτα καὶ κατὰ σοῦ προσήκει τοῖς ἄλλοις ἰσχύειν.* **(242)** *ἔλεγεν τοίνυν τότε πρὸς τοὺς δικαστὰς ὅτι*

239 *οὐ—ψῆφος* Thom. 210.3 *τ]ὸν*—**240** *κ[ρεῖττόν* P. Oxy. LXVII 4577
240 *σχωμ[αι—φ[ανερόν* P. Oxy. LXVII 4578
241 *κατ᾽ α]ὐτοῦ*—**243** *λ[αοὶ* P. Oxy. LXVII 4579

1 *ἐνθυμηθέντες* A *τούτοις] τούτους* S^{a}Y 6 *ἂν μή] μὴ ἀδικῶν* FY 7 *οὐδὲ* A 8–9 del. van Herwerden 8 *τὸ] τοῦ* A 9 ⟨*διὰ τί*⟩ *ὅτι* S$^{\gamma\rho}$AFY Π4577 ut videtur 19 *περιβάλλειν* A 22 *τούτῳ] τοῦτο* Y *ὅτι] τι* S^{a}Y^{a} 23 *σημεῖόν* om. S^{a} : post *ἐστι* Y 25 *ὑπάρξουσιν* AFY : [Π4579] 26 *ταὐτὰ] ταῦτα* FY : [S Π4579]

"ἀπολογήσεται δὲ Δημοσθένης ὑπὲρ αὐτοῦ, καὶ κατηγορήσει τῶν ἐμοὶ πεπρεσβευμένων· εἶτ', ἐὰν ὑμᾶς ἀπαγάγῃ τῷ λόγῳ, νεανιεύσεται καὶ περιὼν ἐρεῖ· πῶς τι τοὺς δικαστὰς ἀπαγαγὼν ἀπὸ τῆς ὑποθέσεως ᾠχόμην τὸ πρᾶγμ' αὐτῶν ὑφελόμενος;' μὴ σύ γε, ἀλλ' ὑπὲρ ὧν ἀγωνίζει, περὶ τούτων ἀπολογοῦ· τότε δ', ἡνίκ' ἐκεῖνον ἔκρινες, ἐξῆν σοι κατηγορεῖν καὶ λέγειν ὅ τι ἐβούλου.

243. Ἀλλὰ μὴν καὶ ἔπη τοῖς δικασταῖς ἔλεγες, οὐδένα μάρτυρα ἔχων ἐφ' οἷς ἔκρινες τὸν ἄνθρωπον παρασχέσθαι·

φήμη δ' οὔ τις πάμπαν ἀπόλλυται, ἥντινα λαοὶ
πολλοὶ φημίξωσι· θεός νύ τίς ἐστι καὶ αὐτή.

οὐκοῦν, Αἰσχίνη, καὶ σὲ πάντες οὗτοι χρήματ' ἐκ τῆς πρεσβείας φασὶν εἰληφέναι, ὥστε καὶ κατὰ σοῦ δήπουθεν "φήμη δ' οὔ τις πάμπαν ἀπόλλυται, ἥντινα λαοὶ πολλοὶ φημίξωσιν." **(244)** ὅσῳ γὰρ αὖ σὲ πλείους ἢ ἐκεῖνον αἰτιῶνται, θεώρησον ὡς ἔχει. τὸν μὲν Τίμαρχον οὐδ' οἱ πρόσχωροι πάντες ἐγίγνωσκον, ὑμᾶς δὲ τοὺς πρέσβεις οὐδεὶς Ἑλλήνων οὐδὲ βαρβάρων ἔσθ' ὅστις οὔ φησι χρήματ' ἐκ τῆς πρεσβείας εἰληφέναι. ὥστ', εἴπερ ἐστ' ἀληθὴς ἡ φήμη, καθ' ὑμῶν ἐστιν ἡ παρὰ τῶν πολλῶν, ἣν ὅτι πιστὴν εἶναι δεῖ καὶ "θεός νύ τίς ἐστι καὶ αὐτή", καὶ ὅτι σοφὸς ἦν ὁ ποιητὴς ὁ ταῦτα ποιήσας, σὺ διώρισας αὐτός.

245. Ἔτι τοίνυν ἰαμβεῖα δήπου συλλέξας ἐπέραινεν, οἷον

ὅστις δ' ὁμιλῶν ἥδεται κακοῖς ἀνήρ,
οὐ πώποτ' ἠρώτησα, γιγνώσκων ὅτι
τοιοῦτός ἐστιν οἷσπερ ἥδεται ξυνών.

243 φήμη—αὐτή Hes. Op. 763-4 Aeschin. 1.129 π]ολ[λοὶ—πρ]εσβείας P. Oxy. LXVII 4577
244 ἐ]στι[ν ἑλλήνων] οὐδὲ—**245** οὐ[κοῦν P. Oxy. LXVII 4577
245 ἔτι—Φιλοκράτης Greg. Cor. 7.1322.15 W.

---

1 τότε om. A 4 περὶ ὧν Y : [Π4579] τί AF : [Π4579] 6 περὶ] ὑπὲρ F 9 ἔπη cod. Q : ἐπὶ SAFY : [Π4579] 11–12 πολλοὶ λαοὶ Hes. 12 φημίξουσι A 15 φημίζουσιν· ⟨θεὸς νύ τίς ἐστι καὶ αὐτή⟩ A 16 ἔχει] ἔσῃ S[a] : ἔσει Voemel : ἔχει ⟨σοι⟩ Rauchenstein : {θεώρησον} ὧδ' εἴσει Cobet : εἴσει Butcher 18 ἔσθ' post οὐδεὶς Π4577 19 ἐστ' om. F 20 ⟨καὶ⟩ καθ' AF 22 αὐτόν A[a] 23 δήπου om. A Greg. Cor. 26 ἐσθ' οἵοισπερ Wolf

εἶτα "τὸν εἰς τοὺς ὄρνεις εἰσιόντα καὶ μετὰ Πιτταλάκου περιόντα," καὶ τοιαῦτ' εἰπών, "ἀγνοεῖτ'", ἔφη, "ποῖόν τινα ἡγεῖσθαι δεῖ;' οὐκοῦν, Αἰσχίνη, καὶ κατὰ σοῦ τὰ ἰαμβεῖα ταῦθ' ἁρμόσει νῦν ἐμοί, κἂν ἐγὼ λέγω πρὸς τούτους, ὀρθῶς καὶ προσηκόντως ἐρῶ· "ὅστις δ' ὁμιλῶν ἥδεται", καὶ ταῦτα πρεσβεύων, Φιλοκράτει, "οὐ πώποτ' ἠρώτησα, γιγνώσκων ὅτι" ἀργύριον εἴληφ' οὗτος, ὥσπερ Φιλοκράτης ὁ ὁμολογῶν.

246. Λογογράφους τοίνυν καὶ σοφιστὰς ἀποκαλῶν τοὺς ἄλλους καὶ ὑβρίζειν πειρώμενος, αὐτὸς ἐξελεγχθήσεται τούτοις ὢν ἔνοχος. ταῦτα μὲν γὰρ τὰ ἰαμβεῖα ἐκ Φοίνικός ἐστιν Εὐριπίδου· τοῦτο δὲ τὸ δρᾶμα οὐδεπώποτε οὔτε Θεόδωρος οὔτε Ἀριστόδημος ὑπεκρίναντο, οἷς οὗτος τὰ τρίτα λέγων διετέλεσεν, ἀλλὰ Μόλων ἠγωνίζετο καὶ εἰ δή τις ἄλλος τῶν παλαιῶν ὑποκριτῶν. Ἀντιγόνην δὲ Σοφοκλέους πολλάκις μὲν Θεόδωρος, πολλάκις δὲ Ἀριστόδημος ὑποκέκριται, ἐν ᾗ πεποιημένα ἰαμβεῖα καλῶς καὶ συμφερόντως ὑμῖν πολλάκις αὐτὸς εἰρηκὼς καὶ ἀκριβῶς ἐξεπιστάμενος παρέλιπεν. **(247)** ἴστε γὰρ δήπου τοῦθ' ὅτι ἐν ἅπασιν τοῖς δράμασι τοῖς τραγικοῖς ἐξαίρετόν ἐστιν ὥσπερ γέρας τοῖς τριταγωνισταῖς τὸ τοὺς τυράννους καὶ τοὺς τὰ σκῆπτρα ἔχοντας εἰσιέναι.

245 *ὅστις—ξυνών* Eur. Stheneb. Fr. 672 N. D.S. 12.14.1 Plin. Ep. 4.27.6 Hermog. 9.9 R. Doxopatr. 2.288.17 W. Greg. Cor. 7.1322.17 W. *προσ]ηκόντως*—**246** *σ]υμφερ[όντως* fragmenta P. Oxy. LXVII 4579 *ὅστις*[2]—*ὁμολογῶν* Hermog. 447.21 R.

246 *λογογράφους—πειρώμενος* Thom. 224.8 *ταῦτα*—**247** *λέγε* Greg. Cor. 7.1241.3 W.

---

1 *τὰς* AY Π4577 Greg. Cor. 4 *τοῦτον* Greg. Cor. 5 *καὶ προσηκόντως* om. A Greg. Cor. *καὶ*[2] om. Hermog. *ταὐτὰ* FY Hermog. : om. Greg. Cor. 6 *Φιλοκράτει] αἰσχίν[η* Π4579 7 *ὁ* om. AF Hermog. 8 *καλῶν* S : [Π4579] 8–9 *τοὺς—καὶ] τοιαῦθ'* Thom. 10 *γὰρ* om. Greg. Cor. *τὰ* om. Y^a : [Π4579] 11 *οὔτε] οὐδὲ* A 12 *ὑπεκρίνατο* A Greg. Cor. : [Π4579] 13 *εἰ* om. Y^a 14–15 *πολλάκις—θεόδωρος* om. F^a 15 *ὑποκέκρινται* Y : *ὑπεκρίνατο* $S^{γρ}$A Greg. Cor. : [Π4579] 17 *οὗτος* AF : om. Greg. Cor. : del. Bl. *παρέλειπεν* S^c : om. S : *ὑπερέβη* A Greg. Cor. 19 *γέρας ⟨τι⟩* F

ταῦτα τοίνυν ἐν τῷ δράματι τούτῳ σκέψασθε ὁ Κρέων Αἰσχίνης οἷα λέγων πεποίηται τῷ ποιητῇ, ἃ οὔτε πρὸς αὑτὸν οὗτος ὑπὲρ τῆς πρεσβείας διελέχθη οὔτε πρὸς τοὺς δικαστὰς εἶπεν. λέγε.

ΙΑΜΒΕΙΑ ΣΟΦΟΚΛΕΟΥΣ ΕΞ ΑΝΤΙΓΟΝΗΣ

ἀμήχανον δὲ παντὸς ἀνδρὸς ἐκμαθεῖν
ψυχήν τε καὶ φρόνημα καὶ γνώμην, πρὶν ἂν
ἀρχαῖς τε καὶ νόμοισιν ἐντριβὴς φανῇ.
ἐμοὶ γὰρ ὅστις πᾶσαν εὐθύνων πόλιν
μὴ τῶν ἀρίστων ἅπτεται βουλευμάτων,
ἀλλ' ἐκ φόβου του γλῶσσαν ἐγκλείσας ἔχει,
κάκιστος εἶναι νῦν τε καὶ πάλαι δοκεῖ·
καὶ μείζον' ὅστις ἀντὶ τῆς αὑτοῦ πάτρας
φίλον νομίζει, τοῦτον οὐδαμοῦ λέγω.
ἐγὼ γάρ, ἴστω Ζεὺς ὁ πάνθ' ὁρῶν ἀεί,
οὔτ' ἂν σιωπήσαιμι τὴν ἄτην ὁρῶν
στείχουσαν ἀστοῖς ἀντὶ τῆς σωτηρίας,
οὔτ' ἂν φίλον ποτ' ἄνδρα δυσμενῆ χθονὸς
θείμην ἐμαυτῷ, τοῦτο γιγνώσκων ὅτι
ἥδ' ἐστὶν ἡ σῴζουσα, καὶ ταύτης ἔπι
πλέοντες ὀρθῆς τοὺς φίλους ποιούμεθα.

248. Τούτων οὐδὲν Αἰσχίνης εἶπεν πρὸς αὑτὸν ἐν τῇ πρεσβείᾳ, ἀλλ' ἀντὶ μὲν τῆς πόλεως τὴν Φιλίππου ξενίαν καὶ φιλίαν πολλῷ μείζονα ἡγήσατο αὑτῷ καὶ λυσιτελεστέραν,

247 Soph. Antig. 175 sqq. ἀμήχανον—ἐκμαθεῖν Hermog. 338.13 R.
248–9 τούτων—σῴζουσα Greg. Cor. 7.1241.17 W.

1 ταῦτα—ἐν] ἐν τοίνυν S[γρ]AF[γρ] Greg. Cor. σκέψασθε om. Greg. Cor. 3 ὑπὲρ] ὕστερον Greg. Cor. 5 ἰάμβια AF σοφοκλέους ἐξ ἀντιγόνης om. A 6–21 ἀμήχανον—ποιούμεθα om. A[a] 10 ἅπτηται A[c] 13 μείζων S : μεῖζον Y αὐτοῦ Y : [SA] 14 λέγων S[c] 15 ἴσθ' ⟨ὁ⟩ S : ἴσθ' ⟨θ' ὧ⟩ Y 17 στίχουσαν SF[a]Y[a] ἀστοῖς] ἆσσον Dobree coll. 248 ὁμοῦ 18 δυσμενῆ] συμμάχου A 20 ἐστι (ἡ om.) S[a] 21 ὀρθῶς A 22 οὐδὲν om. Y[a] : post αἰσχίνης A Greg. Cor.

ἐρρῶσθαι πολλὰ φράσας τῷ σοφῷ Σοφοκλεῖ, τὴν δὲ ἄτην ὁρῶν στείχουσαν ὁμοῦ, τὴν ἐπὶ Φωκέας στρατείαν, οὐ προεῖπεν οὐδὲ προεξήγγειλεν, ἀλλὰ τοὐναντίον συνέκρυψεν καὶ συνέπραξεν καὶ τοὺς βουλομένους εἰπεῖν διεκώλυσεν, **(249)** οὐκ ἀναμνησθεὶς ὅτι "ἥδ᾽ ἐστὶν ἡ σῴζουσα καὶ ταύτης ἔπι" τελοῦσα μὲν ἡ μήτηρ αὐτοῦ καὶ καθαίρουσα καὶ καρπουμένη τὰς τῶν χρωμένων οὐσίας ἐξέθρεψε τοσούτους τουτουσί, διδάσκων δ᾽ ὁ πατὴρ γράμματα, ὡς ἐγὼ τῶν πρεσβυτέρων ἀκούω, πρὸς τῷ τοῦ ἥρω τοῦ ἰατροῦ, ὅπως ἠδύνατο, ἀλλ᾽ οὖν ἐν ταύτῃ γε ἔζη, ὑπογραμματεύοντες δ᾽ αὐτοὶ καὶ ὑπηρετοῦντες ἁπάσαις ταῖς ἀρχαῖς ἀργύριον εἰλήφεσαν, καὶ τὸ τελευταῖον ὑφ᾽ ὑμῶν γραμματεῖς χειροτονηθέντες δύ᾽ ἔτη διετράφησαν ἐν τῇ θόλῳ, πρεσβεύων δ᾽ ἀπέσταλτο νῦν οὗτος ἐκ ταύτης. **(250)** τούτων οὐδὲν ἐσκέψατο, οὐδ᾽ ὅπως ὀρθὴ πλεύσεται προείδετο, ἀλλ᾽ ἀνέτρεψεν καὶ κατέδυσεν καὶ τὸ καθ᾽ αὑτὸν ὅπως ἐπὶ τοῖς ἐχθροῖς ἔσται παρεσκεύασεν. εἶτ᾽ οὐ σὺ σοφιστής; καὶ πονηρός γε. οὐ σὺ λογογράφος; καὶ θεοῖς ἐχθρός γε· ὃς ἃ μὲν πολλάκις ἠγωνίσω καὶ ἀκριβῶς ἐξηπίστασο, ὑπερέβης, ἃ δ᾽ οὐδεπώποτ᾽ ἐν τῷ βίῳ ὑπεκρίνω, ταῦτα ζητήσας ἐπὶ τῷ τῶν πολιτῶν βλάψαι τινα εἰς μέσον ἤνεγκας.

251. Φέρε δὴ καὶ περὶ τοῦ Σόλωνος ὃν εἶπε λόγον σκέψασθε. ἔφη τὸν Σόλωνα ἀνακεῖσθαι τῆς τῶν τότε δημηγορούντων σωφροσύνης παράδειγμα, εἴσω τὴν χεῖρα ἔχοντα ἀναβεβλημένον, ἐπιπλήττων τι καὶ λοιδορούμενος τῇ τοῦ Τιμάρχου προπετείᾳ. καίτοι τὸν μὲν ἀνδριάντα τοῦτον οὔπω

248 ἐρρῶσθαι—Σοφοκλεῖ Hermog. 429.17 R.
249 καὶ τὸ—θόλῳ Lex. Pat. ad loc.
251 -βλημένον ἐπιπ]λήττω[ν—**252** ταύτην PSI inv. 2012 καίτοι—τετταράκοντα Schol. Pl. Phd. 72c

---

2 στίχουσιν S : [F[a]] Φωκέων Greg. Cor. στρατιὰν SAF[γρ]Y 3 ἐξήγγειλεν A Greg. Cor. 7 οἰκίας SAFY : corr. Markland 9 τῷ] τὸ F ἥρωος FY 10 οὗτοι AFY 11 ὑφ᾽ ὑμῶν om. A Lex. Pat. ad loc. 13 αὐτὸς SAY ταύτης ⟨αὐτῆς⟩ A 14 οὔθ᾽ F ὀρθῇ AFY πλευσεῖται A προείλετο S 15 κατέλυσεν F[c]Y[c] 16 καὶ om. cod. Q 17 λογοτρόφος S[a]F[c]Y γε om. AF 18 ἐξεπίστατο A 22 ἔφη ⟨γὰρ⟩ F[c]Y

πεντήκοντα ἔτη φάσιν ἀνακεῖσθαι Σαλαμίνιοι, ἀπὸ Σόλωνος δὲ ὁμοῦ διακόσια ἐστὶν ἔτη καὶ τετταράκοντα εἰς τὸν νυνὶ παρόντα χρόνον, ὥσθ' ὁ δημιουργὸς ὁ τοῦτο πλάσας τὸ σχῆμα οὐ μόνον οὐκ αὐτὸς ἦν κατ' ἐκεῖνον, ἀλλ' οὐδ' ὁ πάππος αὐτοῦ. τοῦτο μὲν τοίνυν εἶπεν τοῖς δικασταῖς καὶ ἐμιμήσατο· **(252)** *ὃ δὲ τοῦ σχήματος ἦν τούτου πολλῷ τῇ πόλει λυσιτελέστερον, τὸ τὴν ψυχὴν τὴν Σόλωνος ἰδεῖν καὶ τὴν διάνοιαν, ταύτην οὐκ ἐμιμήσατο, ἀλλὰ πᾶν τοὐναντίον. ἐκεῖνος μέν γε ἀφεστηκυίας Σαλαμῖνος Ἀθηναίων καὶ θάνατον ζημίαν ψηφισαμένων, ἄν τις εἴπῃ κομίζεσθαι, τὸν ἴδιον κίνδυνον ὑποθεὶς ἐλεγεῖα ποιήσας ᾖδε, καὶ τὴν μὲν χώραν ⟨ἀν⟩έσωσε τῇ πόλει, τὴν δ' ὑπάρχουσαν αἰσχύνην ἀπήλλαξεν·* **(253)** *οὗτος δέ, ἣν βασιλεὺς καὶ πάντες οἱ Ἕλληνες ὑμετέραν ἔγνωσαν, Ἀμφίπολιν, ταύτην ἐξέδωκεν καὶ ἀπέδοτο καὶ τῷ ταῦτα γράφοντι συνεῖπεν Φιλοκράτει. ἄξιόν γε (οὐ γάρ;) ἦν Σόλωνος αὐτῷ μεμνῆσθαι. καὶ οὐ μόνον ἐνταῦθα ταῦτ' ἐποίησεν, ἀλλ' ἐκεῖσ' ἐλθὼν οὐδὲ τοὔνομα ἐφθέγξατο τῆς χώρας ὑπὲρ ἧς ἐπρέσβευεν. καὶ ταῦτα αὐτὸς ἀπήγγειλεν πρὸς ὑμᾶς· μέμνησθε γὰρ δήπου λέγοντ' αὐτὸν ὅτι "περὶ Ἀμφιπόλεως εἶχον μὲν κἀγὼ λέγειν· ἵνα δ' ἐγγένηται Δημοσθένει περὶ αὐτῆς εἰπεῖν, παρέλιπον."* **(254)** *ἐγὼ δὲ παρελθὼν οὐδὲν ἔφην τοῦτον ὧν ἐβούλετ' εἰπεῖν πρὸς Φίλιππον ἐμοὶ παραλιπεῖν· θᾶττον γὰρ ἂν τοῦ αἵματος ἢ λόγου μεταδοῦναί τινι. ἀλλ', οἶμαι, χρήματ' εἰληφότα οὐκ ἦν ἀντιλέγειν πρὸς Φίλιππον τὸν ὑπὲρ τούτου δεδωκότα, ὅπως ἐκείνην μὴ ἀποδῷ. λέγε δή μοι λαβὼν καὶ τὰ τοῦ Σόλωνος ἐλεγεῖα ταυτί, ἵν' ἴδηθ' ὅτι καὶ Σόλων ἐμίσει τοὺς οἷος οὗτος ἀνθρώπους.*

253 -λ[ε πρὸς ὑμᾶς—**254** ἠβ[ούλετ' εἰπεῖν πρὸς Φι- PSI inv. 2012

---

2 δὲ ὁμοῦ] δεῖ Π2012   δὲ—τετταράκοντα] ὁ δ' ἐστὶν ὁμοῦ σ' ἔτη καὶ μ' Schol. Pl.   ἐστὶν om. Π2012   3 παρόντα om. F[c]   ταῦτα Π2012[a]   4 ἐκεῖνον ⟨τὸν χρόνον⟩ AFY   6 ἦν ante τῇ Π2012   7 τὴν[2]] τοῦ A[a]   9 ⟨τὴν⟩ ζημίαν AF[c]   11 add. van Herwerden   15 οὐ γὰρ om. SF[γρ]Y   αὐτῷ om. Y   μνησθῆναι A   16 τοῦτ' AF   κἀκεῖσε F   18 δήπου] δὴ A   19 δὲ ἀμφιπόλεως A Π2012[c]   μεν τι Π2012   20 ἐγγίγνηται A : γένηται cod. Q[γρ]   21 τούτων SA[c]FY : [Π2012]   22 παραλείπειν S   ἂν om. A   25 λαβόντα A   καὶ om. A   26 οἵους cod. Ln et Cobet

255. *Οὐ λέγειν εἴσω τὴν χεῖρ᾿ ἔχοντ᾿, Αἰσχίνη, δεῖ, οὔ, ἀλλὰ πρεσβεύειν εἴσω τὴν χεῖρ᾿ ἔχοντα. σὺ δ᾿ ἐκεῖ προτείνας καὶ ὑποσχὼν καὶ καταισχύνας τούτους ἐνθάδε σεμνολογεῖ, καὶ λογάρια δύστηνα μελετήσας καὶ φωνασκήσας οὐκ οἴει δίκην δώσειν τηλικούτων καὶ τοσούτων ἀδικημάτων, κἂν πιλίδιον λαβὼν περὶ τὴν κεφαλὴν περινοστῇς καὶ ἐμοὶ λοιδορῇ; λέγε σύ.*

ΕΛΕΓΕΙΑ

Ἡμετέρη δὲ πόλις κατὰ μὲν Διὸς οὔποτ᾿ ὀλεῖται
αἶσαν καὶ μακάρων θεῶν φρένας ἀθανάτων·
τοίη γὰρ μεγάθυμος ἐπίσκοπος ὀβριμοπάτρη
Παλλὰς Ἀθηναίη χεῖρας ὕπερθεν ἔχει.
αὐτοὶ δὲ φθείρειν μεγάλην πόλιν ἀφραδίῃσιν
ἀστοὶ βούλονται, χρήμασι πειθόμενοι,
δήμου θ᾿ ἡγεμόνων ἄδικος νόος, οἷσιν ἑτοῖμον
ὕβριος ἐκ μεγάλης ἄλγεα πολλὰ παθεῖν.
οὐ γὰρ ἐπίστανται κατέχειν κόρον, οὐδὲ παρούσας
εὐφροσύνας κοσμεῖν δαιτὸς ἐν ἡσυχίῃ.

. . . . .

πλουτοῦσιν δ᾿ ἀδίκοις ἔργμασι πειθόμενοι.

. . . . .

οὔθ᾿ ἱερῶν κτεάνων οὔτε τι δημοσίων
φειδόμενοι κλέπτουσιν ἀφαρπαγῇ ἄλλοθεν ἄλλος,
οὐδὲ φυλάσσονται σεμνὰ Δίκης θέμεθλα,
ἣ σιγῶσα σύνοιδε τὰ γιγνόμενα πρό τ᾿ ἐόντα,
τῷ δὲ χρόνῳ πάντως ἦλθ᾿ ἀποτεισομένη.
τοῦτ᾿ ἤδη πάσῃ πόλει ἔρχεται ἕλκος ἄφυκτον,
εἰς δὲ κακὴν ταχέως ἤλυθε δουλοσύνην,

255 *οὐ—οὔ* Anon. Fig. 3.116.15 Sp. —*ἔχοντα* Demetr. Eloc. 56. 25 Ra. Hermog. 271.20 R.

---

1 *δεῖ Αἰσχίνη* Demetr. : *δεῖ* om. Anon. *οὔ* om. A Demetr. 3 *σεμνολογῇ* FY 5 *ἂν* SA : *καὶ* Schol. D. 19.255.479 6 *ἐπὶ* SFY 8 sqq. carmen om. S et (praeter 2–3 et 6–7) A[a] 8 *ἡμετέρα* AFY : corr. Sylburg 22 *ἐφ᾿ ἁρπαγῇ* cod. Lp : *ἀφ᾿ ἁρπαγῆς* cod. Fj 23 *θέμεθλα Δίκης* Bergk 24 *σιγῶσα* ⟨*δ᾿ ἔληθε*⟩ cod. Q : ⟨*λέληθε*⟩ cod. P : [F] 25 *ἀποτισαμένη* FY : corr. Hiller : *ἀποτισομένη* cod. B[c]

ἢ στάσιν ἔμφυλον πόλεμόν θ' εὕδοντ' ἐπεγείρει,
　ὃς πολλῶν ἐρατὴν ὤλεσεν ἡλικίην.
ἐκ γὰρ δυσμενέων ταχέως πολυήρατον ἄστυ
　τρύχεται ἐν συνόδοις τοῖς ἀδικοῦσι φίλαις.
ταῦτα μὲν ἐν δήμῳ στρέφεται κακά· τῶν δὲ πενιχρῶν
　ἱκνοῦνται πολλοὶ γαῖαν ἐς ἀλλοδαπήν,
πραθέντες δεσμοῖσί τ' ἀεικελίοισι δεθέντες.
. . . . . .
οὕτω δημόσιον κακὸν ἔρχεται οἴκαδ' ἑκάστῳ,
　αὔλειοι δ' ἔτ' ἔχειν οὐκ ἐθέλουσι θύραι,
ὑψηλὸν δ' ὑπὲρ ἕρκος ὑπέρθορεν, εὗρε δὲ πάντως,
　εἰ καί τις φεύγων ἐν μυχῷ ᾖ θαλάμου.
ταῦτα διδάξαι θυμὸς Ἀθηναίους με κελεύει,
　ὡς κακὰ πλεῖστα πόλει Δυσνομία παρέχει,
Εὐνομία δ' εὔκοσμα καὶ ἄρτια πάντ' ἀποφαίνει,
　καὶ θαμὰ τοῖς ἀδίκοις ἀμφιτίθησι πέδας,
τραχέα λειαίνει, παύει κόρον, ὕβριν ἀμαυροῖ,
　αὐαίνει δ' ἄτης ἄνθεα φυόμενα,
εὐθύνει δὲ δίκας σκολιάς, ὑπερήφανά τ' ἔργα
　πραΰνει, παύει δ' ἔργα διχοστασίης,
παύει δ' ἀργαλέης ἔριδος χόλον· ἔστι δ' ὑπ' αὐτῆς
　πάντα κατ' ἀνθρώπους ἄρτια καὶ πινυτά.

256. Ἀκούετε, ὦ ἄνδρες Ἀθηναῖοι, περὶ τῶν τοιούτων ἀνθρώπων οἷα Σόλων λέγει, καὶ περὶ τῶν θεῶν, οὕς φησι τὴν πόλιν σῴζειν. ἐγὼ δ' ἀεὶ μὲν ἀληθῆ τὸν λόγον τοῦτον ἡγοῦμαι καὶ βούλομαι, ὡς ἄρ' οἱ θεοὶ σῴζουσιν ἡμῶν τὴν πόλιν· τρόπον δέ τινα ἡγοῦμαι καὶ τὰ νῦν συμβεβηκότα πάντ' ἐπὶ ταῖς εὐθύναις ταυταισὶ δαιμονίας τινὸς εὐνοίας ἔνδειγμα

1 ἢ] ἦ cod. Ca　ἐπεγείρειν F : corr. cod. P[c] : ἐπαγείρειν Y　2 ἐρατῶν F[c]Y　4 φίλοις Y : corr. Bergk : φίλους F　7 δεθέντες cod. P[c] : δοθέντες FY　10 ἔτ'] ὅτ' Y　11 πάντων FY : corr. cod. Fi[c] : πάντας cod. P[c]　12 εἰ] ἢ cod. Lp　καί cod. Xm[c] : γε FY　ἢ θαλάμῳ FY : corr. Schneidewin　17 τραχέα δ' ἰαίνει cod. Q　25 ἀεὶ] εἶναι A : εἰ S[a]　27 ἡγοῦμαι] οἶμαι A　28 ταυταισὶ om. A

τῇ πόλει γεγενῆσθαι. **(257)** *σκοπεῖτε γάρ. ἄνθρωπος πολλὰ καὶ δεινὰ πρεσβεύσας, καὶ χώρας ἐκδεδωκὼς ἐν αἷς τοὺς θεοὺς ὑφ' ὑμῶν καὶ τῶν συμμάχων τιμᾶσθαι προσῆκεν, ἠτίμωσεν ὑπακούσαντά τι τὸν αὑτοῦ κατήγορον. διὰ τί; ἵνα μήτε ἐλέου μήτε συγγνώμης ἐφ' οἷς αὐτὸς ἠδίκηκεν τύχῃ. ἀλλὰ καὶ κατηγορῶν ἐκείνου κακῶς λέγειν προείλετο ἐμέ, καὶ πάλιν ἐν τῷ δήμῳ γραφὰς ἀποίσειν καὶ τοιαῦτ' ἠπείλει. ἵνα τί; ἵνα ὡς μετὰ πλείστης συγγνώμης παρ' ὑμῶν ὁ τὰ τούτου πονηρεύματα ἀκριβέστατα εἰδὼς ἐγὼ καὶ παρηκολουθηκὼς ἅπασι κατηγορῶ.* **(258)** *ἀλλὰ καὶ διακρουόμενος πάντα τὸν ἔμπροσθεν χρόνον εἰσελθεῖν εἰς τοιοῦτον ὑπῆκται καιρὸν ἐν ᾧ τῶν ἐπιόντων ἕνεκα, εἰ μηδενὸς ἄλλου, οὐχ οἷόν τε οὐδ' ἀσφαλὲς ὑμῖν δεδωροδοκηκότα τοῦτον ἀθῷον ἐᾶσαι· ἀεὶ μὲν γάρ, ὦ ἄνδρες Ἀθηναῖοι, προσήκει μισεῖν καὶ κολάζειν τοὺς προδότας καὶ δωροδόκους, μάλιστα δὲ νῦν ἐπὶ καιροῦ τοῦτο γένοιτ' ἂν καὶ πάντας ὠφελήσειεν ἀνθρώπους κοινῇ.* **(259)** *νόσημα γάρ, ὦ ἄνδρες Ἀθηναῖοι, δεινὸν ἐμπέπτωκεν εἰς τὴν Ἑλλάδα, καὶ χαλεπὸν καὶ πολλῆς τινὸς εὐτυχίας καὶ παρ' ὑμῶν ἐπιμελείας δεόμενον. οἱ γὰρ ἐν ταῖς πόλεσιν γνωριμώτατοι καὶ προεστάναι τῶν κοινῶν ἀξιούμενοι, τὴν αὑτῶν προδιδόντες ἐλευθερίαν οἱ δυστυχεῖς, αὐθαίρετον αὑτοῖς*

258 *ἀεὶ*—**259** *δεόμενον* D.H. 1.159.7

259 *νόσημα*—*Ἑλλάδα* Demetr. Eloc. 57.10 Ra. Aristid. 14.12 —*χαλεπὸν* Aristid. 63.7 —*δεόμενον* Aristid. 47.17 Hermog. 270.4 R. Io. Sard. 97.22 R. Theon 2.107.11 Sp. *αὐθαίρετον*—*ὑποκοριζόμενοι* Sud. υ 517 Ph. s.v. Σ[b] υ145 Cunn.

---

4 *τι τὸν αὑτοῦ* Weil : *τιν' αὑτοῦ* SAFY *διὰ*] *ἵνα* cod. Mm et Schaefer 5 *ἠδίκησε* A 7 *ἠπείλει* S[γρ]AF : *ἀπειλεῖν* S : *ἀπειλεῖ* S[c]Y *ἵνα*] *διὰ* S[γρ]AF 8 *ὑμῖν* A 9 *ἀκριβῶς* A 12 *ἄλλου* ⟨*γ'*⟩ S[c] 15 *προδότας καὶ* om. A 15–16 ⟨*τοῦ*⟩ *καιροῦ τούτου* D.H. 16 *ἀνθρώπους* om. A 17 *γάρ* om. Aristid. (14) *γάρ*—*Ἀθηναῖοι* om. Aristid. (47) ⟨*νόσημα*⟩ *δεινὸν* S[γρ] : *δεινὸν* om. Aristid. (63) : ante *ὦ* Io. Sard. 17–18 *ἐμπέπτωκεν*—*Ἑλλάδα* om. Aristid. (47) 18 *καὶ*[1] om. Aristid. (63) *καὶ*[2]] *ὃ* D.H. *καὶ*[2] ⟨*φυλακῆς*⟩ Aristid. (47) *εὐτυχίας τινὸς* Theon : om. Aristid. (47) *συντυχίας* D.H. 19 ⟨*τῆς*⟩ *παρ'* F[c]Y Aristid. (47) Hermog. Theon Io. Sard. 19 *ἐπιμελείας*] *ἐπαρανορθώσεως* Aristid. (47)

ἐπάγονται δουλείαν, Φιλίππῳ ξενίαν καὶ ἑταιρίαν καὶ φιλίαν καὶ τοιαῦθ᾽ ὑποκοριζόμενοι· οἱ δὲ λοιποὶ καὶ τὰ κύρι᾽ ἅττα ποτ᾽ ἐστὶν ἐν ἑκάστῃ τῶν πόλεων, οὓς ἔδει τούτους κολάζειν καὶ παραχρῆμα ἀποκτιννύναι, τοσοῦτ᾽ ἀπέχουσι τοῦ τοιοῦτόν τι ποιεῖν ὥστε θαυμάζουσι καὶ ζηλοῦσι καὶ βούλοιντ᾽ ἂν αὐτὸς ἕκαστος τοιοῦτος εἶναι. **(260)** καίτοι τοῦτο τὸ πρᾶγμα καὶ τὰ τοιαῦτα ζηλώματα Θετταλῶν μέν, ὦ ἄνδρες Ἀθηναῖοι, μέχρι μὲν χθὲς ἢ πρώην τὴν ἡγεμονίαν καὶ τὸ κοινὸν ἀξίωμ᾽ ἀπωλωλέκει, νῦν δ᾽ ἤδη καὶ τὴν ἐλευθερίαν παραιρεῖται· τὰς γὰρ ἀκροπόλεις αὐτῶν ἐνίων Μακεδόνες φρουροῦσιν· εἰς Πελοπόννησον δ᾽ εἰσελθὸν τὰς ἐν Ἤλιδι σφαγὰς πεποίηκεν, καὶ τοσαύτης παρανοίας καὶ μανίας ἐνέπλησε τοὺς ταλαιπώρους ἐκείνους ὥσθ᾽, ἵν᾽ ἀλλήλων ἄρχωσι καὶ Φιλίππῳ χαρίζωνται, συγγενεῖς αὑτῶν καὶ πολίτας μιαιφονεῖν. **(261)** καὶ οὐδ᾽ ἐνταῦθ᾽ ἕστηκεν, ἀλλ᾽ εἰς Ἀρκαδίαν εἰσελθὸν πάντ᾽ ἄνω καὶ κάτω τἀκεῖ πεποίηκεν, καὶ νῦν Ἀρκάδων πολλοί, προσῆκον αὐτοῖς ἐπ᾽ ἐλευθερίᾳ μέγιστον φρονεῖν ὁμοίως ὑμῖν (μόνοι γὰρ πάντων αὐτόχθονες ὑμεῖς ἐστε κἀκεῖνοι) Φίλιππον θαυμάζουσι καὶ χαλκοῦν ἱστᾶσι καὶ στεφανοῦσι, καὶ τὸ τελευταῖον, ἂν εἰς Πελοπόννησον ἴῃ, δέχεσθαι ταῖς πόλεσίν εἰσιν ἐψηφισμένοι. ταὐτὰ δὲ ταῦτα Ἀργεῖοι. **(262)** ταῦτα νὴ τὴν Δήμητρα, εἰ δεῖ μὴ ληρεῖν, εὐλαβείας οὐ μικρᾶς δεῖται, ὡς βαδίζον γε κύκλῳ καὶ δεῦρ᾽ ἐλήλυθεν, ὦ ἄνδρες Ἀθηναῖοι, τὸ νόσημα τοῦτο. ἕως οὖν ἔτ᾽ ἐν ἀσφαλεῖ, φυλάξασθε καὶ τοὺς

260 καὶ τοσαύτης—ἄρχωσι AB 163.8
261 μόνοι—ἐστε Harp. α 272

---

1 φιλίππου A Σ^b Sud. Ph.   φιλίαν . . . ἑταιρίαν A : καὶ φιλίαν om. Σ^b Sud. Ph., quod del. Weil   2 ⟨τὰ⟩ τοιαῦ- A Σ^b Sud. Ph.   3 τούτους del. van Herwerden   4 τοσοῦτόν AFY   5 βούλοιτο A   οὗτος cod. P^a 6 τουτί FY   7 τὰ om. S^a 8 ἢ] καὶ AF   9 ἀπολωλέκει S : ἀπολώλεκε A   10 αὐτῶν om. A   11 εἰσελθὼν A^aY^c 12 μανίας καὶ παρανοίας A : παρανομίας καὶ μανίας F : παροινίας καὶ μανίας AB   ἀνέπλησεν van Herwerden   14 αὐτῶν Y : corr. cod. Cd^c : [SAF]   17 ἡμῖν S   18 ⟨τῶν⟩ ἁπάντων A : ⟨τῶν⟩ πάντων Harp.   21 ⟨εἰσιν⟩ ἀργεῖοι SY   νὴ] μὰ A   22 μὴ om. cod. Q   23 εἰσελήλυθεν AFY   24 ἔτ᾽] ἐστ᾽ $S^{\gamma\rho}$AFY

πρώτους εἰσαγαγόντας ἀτιμώσατε· εἰ δὲ μή, σκοπεῖθ' ὅπως μὴ τηνικαῦτα εὖ λέγεσθαι δόξει τὰ νῦν εἰρημένα, ὅτε οὐδ' ὅ τι χρὴ ποιεῖν ἕξετε.

263. οὐχ ὁρᾶτε ὡς ἐναργές, ὦ ἄνδρες Ἀθηναῖοι, καὶ σαφὲς παράδειγμα οἱ ταλαίπωροι γεγόνασιν Ὀλύνθιοι; οἳ παρ' οὐδὲν οὕτως ὡς τὸ τὰ τοιαῦτα ποιεῖν ἀπολώλασιν οἱ δείλαιοι. ἔχοιτε δ' ἂν ἐξετάσαι καθαρῶς ἐκ τῶν συμβεβηκότων αὐτοῖς. ἐκεῖνοι γάρ, ἡνίκα μὲν τετρακοσίους ἱππέας ἐκέκτηντο μόνον καὶ σύμπαντες οὐδὲν ἦσαν πλείους πεντακισχιλίων τὸν ἀριθμόν, οὔπω Χαλκιδέων πάντων εἰς ἓν συνῳκισμένων, **(264)** Λακεδαιμονίων ἐπ' αὐτοὺς ἐλθόντων πολλῇ καὶ πεζῇ καὶ ναυτικῇ δυνάμει (ἴστε γὰρ δήπου τοῦθ' ὅτι γῆς καὶ θαλάττης ἦρχον ὡς ἔπος εἰπεῖν Λακεδαιμόνιοι κατ' ἐκείνους τοὺς χρόνους), ἀλλ' ὅμως τηλικαύτης ἐπ' αὐτοὺς ἐλθούσης δυνάμεως οὔτε τὴν πόλιν οὔτε φρούριον οὐδὲν ἀπώλεσαν, ἀλλὰ καὶ μάχας πολλὰς ἐκράτησαν καὶ τρεῖς τῶν πολεμάρχων ἀπέκτειναν καὶ τὸ τελευταῖον, ὅπως ἐβούλοντο, οὕτω τὸν πόλεμον κατέθεντο. **(265)** ἐπειδὴ δὲ δωροδοκεῖν ἤρξαντό τινες, καὶ δι' ἀβελτερίαν οἱ πολλοί, μᾶλλον δὲ διὰ δυστυχίαν, τούτους πιστοτέρους ἡγήσαντο τῶν ὑπὲρ αὐτῶν λεγόντων, καὶ Λασθένης μὲν ἤρεψε τὴν οἰκίαν τοῖς ἐκ Μακεδονίας δοθεῖσι ξύλοις, Εὐθυκράτης δὲ βοῦς ἔτρεφεν πολλὰς τιμὴν οὐδενὶ δούς, ἕτερος δέ τις ἧκεν ἔχων πρόβατα, ἄλλος δέ τις ἵππους, οἱ δὲ πολλοί, καὶ καθ' ὧν ταῦτ' ἐγίγνετο, οὐχ ὅπως ὠργίζοντο ἢ κολάζειν ἠξίουν τοὺς ταῦτα ποιοῦντας, ἀλλ'

263 *οὐχ—Ὀλύνθιοι* Hermog. 259.1 R. Anon. Fig. 3.123.12 Sp.
264 *ἀλλὰ—ἐκράτησαν* AB 151.5 *καὶ τρεῖς—ἀπέκτειναν* Lex. Pat. ad loc.
265 *ἐπειδὴ—λεγόντων* Anon. Fig. 3.127.28 Sp. Anon. de Hermog. Fig.3.709.1 W. *ἤρεψε—ξύλοις* Plu. Mor. 510B

---

1 *σκοπεῖσθ'* A 2 *δόξῃ* AY *ὅτι* A 4 *σαφὲς ⟨τούτων⟩* Hermog. Anon. 6 *τὸ* om. S[a] *τὰ* om. A *ταῦτα* A 9 *τετρακισχιλίων* A 11–12 *ναυτικῇ καὶ πεζῇ* A 13 *ἔπος* om. cod. Q[γρ] 18 *δὲ*] *γὰρ* Anon. Anon. de Hermog. 19 *ἀβελτηρίαν* S[c]AF 21 *λακεδαιμονίας* S[a] 22 *δοθεῖσι* om. Plu. : del. Bl. 24 *καὶ* del. Dobree

ἀπέβλεπον, ἐζήλουν, ἐτίμων, ἄνδρας ἡγοῦντο· **(266)** ἐπειδὴ ταῦθ' οὕτω προήγετο καὶ τὸ δωροδοκεῖν ἐκράτησεν, χιλίους μὲν ἱππέας κεκτημένοι, πλείους δ' ὄντες ἢ μύριοι, πάντας δὲ τοὺς περιχώρους ἔχοντες συμμάχους, μυρίοις δὲ ξένοις καὶ τριήρεσι πεντήκοντα ὑμῶν βοηθησάντων αὐτοῖς, καὶ ἔτι τῶν πολιτῶν τετρακισχιλίοις, οὐδὲν αὐτοὺς τούτων ἠδυνήθη σῶσαι, ἀλλὰ πρὶν μὲν ἐξελθεῖν ἐνιαυτὸν τοῦ πολέμου τὰς πόλεις ἁπάσας ἀπωλωλέκεσαν τὰς ἐν τῇ Χαλκιδικῇ οἱ προδιδόντες, καὶ Φίλιππος οὐκέτ' εἶχεν ὑπακούειν τοῖς προδιδοῦσιν, οὐδ' εἶχεν ὅ τι πρῶτον λάβῃ. **(267)** πεντακοσίους δ' ἱππέας προδοθέντας ὑπ' αὐτῶν τῶν ἡγουμένων ἔλαβεν αὐτοῖς ὅπλοις ὁ Φίλιππος, ὅσους οὐδεὶς πώποτε ἄλλος ἀνθρώπων. καὶ οὔτε τὸν ἥλιον ᾐσχύνοντο οἱ ταῦτα ποιοῦντες οὔτε τὴν γῆν πατρίδα οὖσαν, ἐφ' ἧς ἕστασαν, οὔτε ἱερὰ οὔτε τάφους οὔτε τὴν μετὰ ταῦτα γενησομένην αἰσχύνην ἐπὶ τοιούτοις ἔργοις· οὕτως ἔκφρονας, ὦ ἄνδρες Ἀθηναῖοι, καὶ παραπλῆγας τὸ δωροδοκεῖν ποιεῖ. ὑμᾶς οὖν, ὑμᾶς εὖ φρονεῖν δεῖ τοὺς πολλούς, καὶ μὴ ἐπιτρέπειν τὰ τοιαῦτα, ἀλλὰ κολάζειν δημοσίᾳ. καὶ γὰρ ἂν καὶ ὑπερφυὲς εἴη, εἰ κατὰ μὲν τῶν Ὀλυνθίους προδόντων πολλὰ καὶ δεινὰ ἐψηφίσασθε, τοὺς δὲ παρ' ὑμῖν αὐτοῖς ἀδικοῦντας μὴ κολάζοντες φαίνοισθε. λέγε τὸ ψήφισμά μοι τὸ περὶ τῶν Ὀλυνθίων.

ΨΗΦΙΣΜΑ

268. Ταῦθ' ὑμεῖς, ὦ ἄνδρες δικασταί, ὀρθῶς καὶ καλῶς πᾶσιν Ἕλλησι καὶ βαρβάροις δοκεῖτε ἐψηφίσθαι κατ' ἀνδρῶν

266 ἐπειδὴ—σῶσαι Anon. Fig. 3.128.3 Sp. πάντας—συμμάχους Lex. Pat. ad loc.

---

1 ἐπεὶ δὲ A 2 οὕτως ταῦτα Anon. 4 μυρίους δὲ ξένους cod. Q 5 πεντήκοντα om. Anon. ἡμῶν Anon. 8 ἀπολωλέκεσαν SAF[a]Y[a] οἱ om. SA : οἱ προδιδόντες del. Markland 9 οὐχ ὑπεῖχεν ὑπακούων SA : οὐκ ἔτ' εἶχεν ὑπακούων Y : οὐκ ἐπεῖχεν ὑπακούων Weil 10 εἶχεν del. Bu. 9–10 οὐδ'—λάβῃ del. Dobree 11 ἡγεμόνων AF 15 ⟨τοῖς⟩ τοιούτοις AF 17 ὑμᾶς² om. A 19 ὀλυνθίοις cod. Q 21 λέγε ⟨οὖν⟩ A μοι om. F 23 ψηφίσματα S 25 ⟨τε⟩ καὶ F[c]Y ψηφίσασθαι A

προδοτῶν καὶ θεοῖς ἐχθρῶν. ἐπειδὴ τοίνυν τὸ δωροδοκεῖν πρότερον τοῦ τὰ τοιαῦτα ποιεῖν ἐστιν καὶ δι' ἐκεῖνο καὶ τάδε πράττουσί τινες, ὃν ἄν, ὦ ἄνδρες Ἀθηναῖοι, δωροδοκοῦντα ἴδητε, τοῦτον καὶ προδότην εἶναι νομίζετε. εἰ δ' ὁ μὲν καιρούς, ὁ δὲ πράγματα, ὁ δὲ στρατιώτας προδίδωσιν, ὧν ἂν ἕκαστος, οἶμαι, κύριος γένηται, ταῦτα διαφθείρει· μισεῖν δ' ὁμοίως τοὺς τοιούτους πάντας προσήκει. **(269)** *ἔστι δ' ὑμῖν, ὦ ἄνδρες Ἀθηναῖοι, περὶ τούτων μόνοις τῶν πάντων ἀνθρώπων οἰκείοις χρῆσθαι παραδείγμασι, καὶ τοὺς προγόνους, οὓς ἐπαινεῖτε δικαίως, ἔργῳ μιμεῖσθαι. καὶ γὰρ εἰ μὴ τὰς μάχας μηδὲ τὰς στρατείας μηδὲ τοὺς κινδύνους, ἐν οἷς ἦσαν ἐκεῖνοι λαμπροί, συμβαίνει καιρός, ἀλλ' ἄγεθ' ἡσυχίαν ὑμεῖς ἐν τῷ παρόντι, ἀλλὰ τό γ' εὖ φρονεῖν αὐτῶν μιμεῖσθε.* **(270)** *τούτου γὰρ πανταχοῦ χρεία, καὶ οὐδέν ἐστιν πραγματωδέστερον οὐδ' ὀχληρότερον τὸ καλῶς φρονεῖν τοῦ κακῶς, ἀλλ' ἐν τῷ ἴσῳ χρόνῳ νυνὶ καθήμενος ὑμῶν ἕκαστος, ἂν μὲν ἃ χρὴ γιγνώσκῃ περὶ τῶν πραγμάτων καὶ ψηφίζηται, βελτίω τὰ κοινὰ ποιήσει τῇ πόλει καὶ ἄξια τῶν προγόνων πράξει, ἂν δ' ἃ μὴ δεῖ, φαυλότερα, καὶ ἀνάξια τῶν προγόνων ποιήσει. τί οὖν ἐκεῖνοι περὶ τούτων ἐφρόνουν; ταυτὶ λαβὼν ἀνάγνωθι, γραμματεῦ· δεῖ γὰρ ὑμᾶς ἰδεῖν ὅτι ἐπὶ τοῖς τοιούτοις {ἔργοις} ῥαθυμεῖτε, ὧν θάνατον κατεγνώκασιν οἱ πρόγονοι. λέγε.*

ΓΡΑΜΜΑΤΑ ΕΚ ΣΤΗΛΗΣ

271. *Ἀκούετε, ὦ ἄνδρες Ἀθηναῖοι, τῶν γραμμάτων λεγόντων Ἄρθμιον τὸν Πυθώνακτος τὸν Ζελείτην ἐχθρὸν εἶναι καὶ πολέμιον τοῦ δήμου τοῦ Ἀθηναίων καὶ τῶν συμμάχων αὐτὸν καὶ γένος πᾶν. διὰ τί; ὅτι τὸν χρυσὸν τὸν ἐκ τῶν*

5 *ἕκαστος ⟨ὑμῶν⟩* SFY : *⟨παρ' ὑμῶν⟩* Voemel : *⟨ὑμῖν⟩* Rauchenstein 6 *γίγνηται* F 8 *πάντων*] *ἄλλων* A 10 *καὶ γὰρ* om. S[a]FY 12 *⟨ἐν τοῖς νῦν⟩ συμβαίνει καιροῖς* S[γρ] : *⟨ἐν τοῖς νῦν⟩ συμβαίνει ⟨μιμεῖσθαι⟩ καιροῖς* A 16 *γιγνώσκειν* Y 18 *πράξει* del. Weil 19 *⟨τε⟩ καὶ* F *τῶν—ποιήσει* del. MacDowell : *ποιήσει* del. Dobree 21 *εἰδέναι* AFY *τοῖς* om. A del. Weil 22 *κατεγνώκασιν ⟨ὑμῶν⟩* A *λέγε* om. A 23 *γράμματα* om. A *ἐκ στήλης* Lamb.[c] : *ἐκλογης* SY : *στηλη* A : om. F 25 *ἀρίθμιον* A 27 *αὐτῶν* F *καὶ γένος* om. S[a] *τὸν*[2] om. SFY

βαρβάρων εἰς τοὺς Ἕλληνας ἤγαγεν. οὐκοῦν ἔστιν, ὡς ἔοικεν, ἐκ τούτων ἰδεῖν ὅτι οἱ πρόγονοι μὲν ὑμῶν, ὅπως μηδ' ἄλλος ἀνθρώπων μηδεὶς ἐπὶ χρήμασι μηδὲν ἐργάσεται κακὸν τὴν Ἑλλάδα, ἐφρόντιζον, ὑμεῖς δὲ οὐδὲ τὴν πόλιν αὐτὴν ὅπως μηδεὶς τῶν πολιτῶν ἀδικήσει προορᾶσθε. **(272)** νὴ Δί', ἀλλ' ὅπως ἔτυχεν ταῦτα τὰ γράμμαθ' ἕστηκεν. ἀλλ' ὅλης οὔσης ἱερᾶς τῆς ἀκροπόλεως ταυτησὶ καὶ πολλὴν εὐρυχωρίαν ἐχούσης, παρὰ τὴν χαλκῆν τὴν μεγάλην Ἀθηνᾶν ἐκ δεξιᾶς ἕστηκεν, ἣν ἀριστεῖον ἡ πόλις τοῦ πρὸς τοὺς βαρβάρους πολέμου, δόντων τῶν Ἑλλήνων τὰ χρήματα ταῦτα, ἀνέθηκεν. τότε μὲν τοίνυν οὕτω σεμνὸν ἦν τὸ δίκαιον καὶ τὸ κολάζειν τοὺς τὰ τοιαῦτα ποιοῦντας ἔντιμον, ὥστε τῆς αὐτῆς ἠξιοῦτο στάσεως τό τε ἀριστεῖον τῆς θεοῦ καὶ αἱ κατὰ τῶν τὰ τοιαῦτ' ἀδικούντων τιμωρίαι· νῦν δὲ γέλως, ἄδεια, αἰσχύνη, εἰ μὴ τὴν ἄγαν ταύτην ἐξουσίαν σχήσετε νῦν ὑμεῖς.

273. Νομίζω τοίνυν ὑμᾶς, ὦ ἄνδρες Ἀθηναῖοι, οὐ καθ' ἕν τι μόνον τοὺς προγόνους μιμουμένους ὀρθῶς ἂν ποιεῖν, ἀλλὰ καὶ κατὰ πάντα ὅσα ἔπραττον ἐφεξῆς. ἐκεῖνοι τοίνυν, ὡς ἅπαντες εὖ οἶδ' ὅτι τὸν λόγον τοῦτον ἀκηκόατε, Καλλίαν τὸν Ἱππονίκου ταύτην τὴν ὑπὸ πάντων θρυλουμένην εἰρήνην πρεσβεύσαντα, ἵππου μὲν δρόμον ἡμέρας πεζῇ μὴ καταβαίνειν ἐπὶ τὴν θάλατταν βασιλέα, ἐντὸς δὲ Χελιδονέων καὶ Κυανέων πλοίῳ μακρῷ μὴ πλεῖν, ὅτι δῶρα λαβεῖν ἔδοξε πρεσβεύσας, μικροῦ μὲν ἀπέκτειναν, ἐν δὲ ταῖς εὐθύναις πεντήκοντα ἐπράξαντο τάλαντα. **(274)** καίτοι καλλίω ταύτης εἰρήνην οὔτε πρότερον

272 ἀλλ' ὅλης—ἕστηκεν Hermog. 278.20 R. Syr. 1.26.16 R. cf. Minuc. 1.345.16 Sp. Ha. Plan. Schol. 5.464.8 W.
273 ἐντὸς—Κυανέων Olymp. in Grg. 103.21 W.
274 καίτοι—**275** τ[ὰς M. Oxy. VIII 1094

2 μὲν om. Y[a] ἡμῶν SFY 3 μηδεὶς om. cod. Q ἐργάσηται S[c]F 5 ἀδικήσῃ Y 7 ταυτησὶ om. Syr. Plan. 8–9 ἐν δεξιᾷ ἕστηκεν F : ἕστηκεν ἐκ δεξιᾶς Syr. Plan. (δεξιῶν Plan.) 10 ταῦτα om. cod. Sf : del. Dobree 13 αἱ om. Y τὰ τοιαῦτ' del. Bl. 14 ἄδεια del. Taylor αἰσχύνη om. S 21 τὴν om. F[a] 22 χελειδονείων S : χελιδοναιῶν A : Χελιδόνων Olymp. : χελιδονίων Wolf κυαναιῶν A 24–5 τάλαντα ἐπράξαντο A

οὔθ᾽ ὕστερον οὐδεὶς ἂν εἰπεῖν ἔχοι πεποιημένην τὴν πόλιν. ἀλλ᾽ οὐ τοῦτ᾽ ἐσκόπουν. τούτου μὲν γὰρ ἡγοῦντο τὴν αὑτῶν ἀρετὴν καὶ τὴν τῆς πόλεως δόξαν αἰτίαν εἶναι, τοῦ δὲ προῖκα ἢ μὴ τὸν τρόπον τοῦ πρεσβευτοῦ· τοῦτον οὖν δίκαιον ἠξίουν παρέχεσθαι καὶ ἀδωροδόκητον τὸν προσιόντα τοῖς κοινοῖς. **(275)** ἐκεῖνοι μὲν τοίνυν οὕτως ἐχθρὸν ἡγοῦντο τὸ δωροδοκεῖν καὶ ἀλυσιτελὲς τῇ πόλει, ὥστε μήτ᾽ ἐπὶ πράξεως μηδεμιᾶς μήτ᾽ ἐπ᾽ ἀνδρὸς ἐᾶν γίγνεσθαι· ὑμεῖς δέ, ὦ ἄνδρες Ἀθηναῖοι, τὴν αὐτὴν εἰρήνην ἑορακότες τὰ μὲν τῶν συμμάχων τῶν ὑμετέρων τείχη καθῃρηκυῖαν, τὰς δὲ τῶν πρέσβεων οἰκίας οἰκοδομοῦσαν, καὶ τὰ μὲν τῆς πόλεως κτήματα ἀφῃρημένην, τούτοις δ᾽ ἃ μηδ᾽ ὄναρ ἤλπισαν πώποτε κτησαμένην, οὐκ αὐτοὶ τούτους ἀπεκτείνατε, ἀλλὰ κατηγόρου προσδεῖσθε, καὶ λόγῳ κρίνετε ὧν ἔργῳ τἀδικήματα πάντες ὁρῶσιν.

276. Οὐ τοίνυν τὰ παλαί᾽ ἄν τις ἔχοι μόνον εἰπεῖν καὶ διὰ τούτων τῶν παραδειγμάτων ὑμᾶς ἐπὶ τιμωρίαν παρακαλέσαι· ἀλλ᾽ ἐφ᾽ ὑμῶν τουτωνὶ τῶν ἔτι ζώντων ἀνθρώπων πολλοὶ δίκην δεδώκασιν, ὧν ἐγὼ τοὺς μὲν ἄλλους παραλείψω, τῶν δ᾽ ἐκ πρεσβείας, ἣ πολὺ ταύτης ἐλάττω κακὰ τὴν πόλιν εἴργασται, θανάτῳ ζημιωθέντων ἑνὸς ἢ δυοῖν ἐπιμνησθήσομαι. καί μοι λέγε τουτὶ τὸ ψήφισμα λαβών.

ΨΗΦΙΣΜΑ

277. Κατὰ τουτὶ τὸ ψήφισμ᾽, ὦ ἄνδρες Ἀθηναῖοι, τῶν πρέσβεων ἐκείνων ὑμεῖς θάνατον κατέγνωτε, ὧν εἷς ἦν Ἐπικράτης, ἀνήρ, ὡς ἐγὼ τῶν πρεσβυτέρων ἀκούω, σπουδαῖος καὶ πολλὰ χρήσιμος τῇ πόλει, καὶ τῶν ἐκ Πειραιῶς καταγαγόντων τὸν δῆμον καὶ ἄλλως δημοτικός. ἀλλ᾽ ὅμως οὐδὲν αὐτὸν ὠφέλησε τούτων, δικαίως· οὐ γὰρ ἐφ᾽ ἡμισείᾳ

2 τούτου] τοῦτο Y : [Π1094] 4 τὸ[ν τοῦ πρεσβευ]τοῦ τρόπον Π1094 5 προ]σόντα Π1094 6 οὖν A 10 ἡμ- A Π1094 12 ποτε A 13 ἀποκτενεῖτε AF 14 ὁρᾶτε cod. Q[γρ] : [Π1094] 15 πάλαι SY 17 τουτωνί ⟨τινων⟩ Weil τῶν—ἀνθρώπων del. Cobet : del. Bl. 19 κακὰ] κατὰ S 20 μνησθήσομαι A 26 πειραιέως SY 28–1 οὐ—εἶναι] μισείᾳ δεῖ S[a]

χρηστὸν εἶναι δεῖ τὸν τηλικαῦτα διοικεῖν ἀξιοῦντα, οὐδὲ τὸ πιστευθῆναι προλαβόντα παρ' ὑμῶν εἰς τὸ μείζω δύνασθαι κακουργεῖν καταχρῆσθαι, ἀλλ' ἁπλῶς μηδὲν ὑμᾶς ἀδικεῖν ἑκόντα. **(278)** *εἰ τοίνυν τι τούτοις ἄπρακτόν ἐστι τούτων ἐφ' οἷς ἐκείνων θάνατος κατέγνωσται, ἐμὲ ἀποκτείνατε ἤδη. σκοπεῖτε γάρ. "ἐπειδὴ παρὰ τὰ γράμματα" φησὶν "ἐπρέσβευσαν ἐκεῖνοι." καὶ τοῦτ' ἔστιν τῶν ἐγκλημάτων πρῶτον. οὗτοι δὲ οὐ παρὰ τὰ γράμματα; οὐ τὸ μὲν ψήφισμα "Ἀθηναίοις καὶ τοῖς Ἀθηναίων συμμάχοις," οὗτοι δὲ Φωκέας ἐκσπόνδους ἀπέφηναν; οὐ τὸ μὲν ψήφισμα "τοὺς ἄρχοντας ὁρκοῦν τοὺς ἐν ταῖς πόλεσιν", οὗτοι δέ, οὓς Φίλιππος αὐτοῖς προσέπεμψεν, τούτους ὥρκισαν; οὐ τὸ μὲν ψήφισμα "οὐδαμοῦ μόνους ⟨μόνῳ⟩ ἐντυγχάνειν Φιλίππῳ", οὗτοι δ' οὐδὲν ἐπαύσαντο ἰδίᾳ χρηματίζοντες;* **(279)** *"καὶ ἠλέγχθησάν τινες αὐτῶν ἐν τῇ βουλῇ οὐ τἀληθῆ ἀπαγγέλλοντες." οὗτοι δέ γε καὶ ἐν τῷ δήμῳ. καὶ ὑπὸ τοῦ; τοῦτο γάρ ἐστιν τὸ λαμπρόν· ὑπ' αὐτῶν τῶν πραγμάτων· οἷς γὰρ ἀπήγγειλαν οὗτοι, πάντα δήπου γέγονεν τἀναντία. "οὐδ' ἐπιστέλλοντες" φησὶ "τἀληθῆ". οὐκοῦν οὐδ' οὗτοι. "καὶ καταψευδόμενοι τῶν συμμάχων καὶ δῶρα λαμβάνοντες." ἀντὶ μὲν τοίνυν τοῦ "καταψευδόμενοι" παντελῶς ἀπολωλεκότες· πολλῷ δὲ δήπου τοῦτο δεινότερον τοῦ καταψεύσασθαι. ἀλλὰ μὴν ὑπέρ γε τοῦ δῶρα εἰληφέναι, εἰ μὲν ἠρνοῦντο, ἐλέγχειν λοιπὸν ἂν ἦν, ἐπειδὴ δ' ὡμολόγουν, ἀπάγειν δήπου προσῆκεν.*

278 *ἐπειδὴ—γράμματα* Syr. Soptr. Marcell. 4.427.4 W.
279 *το]ῦ δῶρα*—**280** *σπο]νδῶν καὶ* M. Oxy. VIII 1094

1 *⟨τὰ⟩ τηλικαῦτα* S[c]F 3 *καταχρήσασθαι* A 4 *τούτων . . . τούτοις* A *τούτων] τῶν* van Herwerden 7 *ἐκεῖνοι ⟨τὸ ψήφισμα⟩* S : *⟨καὶ τὸ ψήφισμα⟩* FY 7–8 *ἐκεῖνοι—πρῶτον* om. Syr. Soptr. Marcell. 8 *⟨τὸ⟩ πρῶτον* AFY 9 *συμμάχοις ⟨εἶναι κελεύει τὴν εἰρήνην⟩* FY 11 *⟨ὁ⟩ φίλιππος* F 12 *προσέπεμψαν* cod. Q 13 add. Cobet 16 *τοῦ; τοῦτο] τούτου· τὸ* S : *τούτου· τοῦτο* S[c(m.a.)] 19 *οὔκουν* S *καταψεύδεσθαι* FY 22 *δεινότερον τοῦ καταψεύδεσθαι* A : *τοῦ καταψεύσασθαι δεινότερον* F : *τοῦ καταψεύσασθαι* del. van Herwerden 23 *ἐξελέγχειν* AF Π1094 *ἂν ἦν λοιπόν* S[a] : *λοιπὸν ἦν* Y[c] : *⟨τὸ⟩ λοιπὸν ἂν ἦν* F 24 *ὁμολογοῦσιν* AF Π1094 ut videtur *προσήκει* A Π1094

280. *Τί οὖν, ὦ ἄνδρες Ἀθηναῖοι; τούτων οὕτως ἐχόντων, ὑμεῖς ⟨ἐξ⟩ ἐκείνων τῶν ἀνδρῶν ὄντες, οἱ δὲ καὶ τινὲς αὐτῶν ἔτι ζῶντες, ὑπομενεῖτε τὸν μὲν εὐεργέτην τοῦ δήμου καὶ τὸν ἐκ Πειραιῶς, Ἐπικράτην, ἐκπεσεῖν καὶ κολασθῆναι; καὶ πάλιν πρώην Θρασύβουλον ἐκεῖνον τὸν Θρασυβούλου τοῦ δημοτικοῦ καὶ τοῦ ἀπὸ Φυλῆς καταγαγόντος τὸν δῆμον, τάλαντα δέκα ὠφληκέναι, καὶ τὸν ἀφ' Ἁρμοδίου καὶ τῶν τὰ μέγιστ' ἀγαθὰ ὑμᾶς εἰργασμένων, οὓς νόμῳ διὰ τὰς εὐεργεσίας ἃς ὑπῆρξαν εἰς ὑμᾶς ἐν ἅπασι τοῖς ἱεροῖς ἐπὶ ταῖς θυσίαις σπονδῶν καὶ κρατήρων κοινωνοὺς πεποίησθε, καὶ ᾄδετε καὶ τιμᾶτε ἐξ ἴσου τοῖς ἥρωσι καὶ τοῖς θεοῖς,* **(281)** *τούτους μὲν πάντας τὴν ἐκ τῶν νόμων δίκην ὑπεσχηκέναι, καὶ μήτε συγγνώμην μήτ' ἔλεον μήτε παιδία κλαίοντα ὁμώνυμα τῶν εὐεργετῶν μήτ' ἄλλο μηδὲν αὐτοὺς ὠφεληκέναι· τὸν δὲ Ἀτρομήτου τοῦ γραμματιστοῦ καὶ Γλαυκοθέας τῆς τοὺς θιάσους συναγούσης, ἐφ' οἷς ἑτέρα τέθνηκεν ἱέρεια, τοῦτον ὑμεῖς λαβόντες, τὸν τῶν τοιούτων, τὸν οὐδὲ καθ' ἓν χρήσιμον τῇ πόλει, οὐκ αὐτόν, οὐ πατέρα, οὐκ ἄλλον οὐδένα τῶν τούτου, ἀφήσετε;* **(282)** *ποῖος γὰρ ἵππος, ποία τριήρης, ποία στρατεία, τίς χορός, τίς λειτουργία, τίς εἰσφορά, τίς εὔνοια, ποῖος κίνδυνος, τί τούτων ἐν παντὶ τῷ χρόνῳ γέγονεν παρὰ τούτων τῇ πόλει; καίτοι κἂν εἰ ταῦτα πάνθ' ὑπῆρχεν, ἐκεῖνα δὲ μὴ προσῆν, δικαίως καὶ προῖκα πεπρεσβευκέναι, ἀπολωλέναι δήπου προσῆκεν αὐτῷ. εἰ δὲ μήτε ταῦτα μήτ' ἐκεῖνα, οὐ τιμωρήσεσθε;* **(283)** *οὐκ ἀναμνησθήσεσθε ὧν κατηγορῶν ἔλεγεν Τιμάρχου, ὡς οὐδέν*

2 add. Dobree 3 *τὸν*[2]] *τῶν* A[a] 4 *πειραιέως* SY *καὶ*[1]] *ἢ* Weil 5–6 *θρασύβουλον—τὸν* om. S[a]Y 5 *ἐκεῖνον* om. Π1094 *δημοτικοῦ ⟨υἱὸν⟩* F 6 *καὶ* om. Π1094 : del. Dobree *δῆμον κ]αί τινας ἄλλους* Π1094 7 *καὶ*[2] *⟨ἀριστογείτονος⟩* S[c] : *καὶ ⟨ἀριστογείτονος καὶ⟩* FY 8 *ὑμᾶς* cod. P[c] : *ἡμᾶς* SFY : om. A : *]μᾶς ἀγαθὰ* Π1094 *ἐργασαμένων* F[a] : *εἰργα[* Π1094 9 *ἡμᾶς* SFY : [Π1094] *ἱεροῖς καὶ* Π1094 13 *κλάοντα* FY 17 *τοιούτων ⟨αἴτιον⟩* van Herwerden 18 *ἀφήσετε* ante 16 *τὸν τῶν* A 19 *στρατεία ⟨ποία χορηγία⟩* AF *χορηγός* FY[c] : [Y] 20 *ποῖος*] *τίς* A : *ποῖοι κίνδυνοι* Y *τούτων ⟨ἁπάντων⟩* FY : *τῶν ⟨πάντων⟩* A 21 *τούτου* A 22 *ἐκεῖνο* AFY *μὴ ⟨δὲ⟩* Y *⟨τὸ⟩ δικαίως* AFY 23 *αυτόν* A 25 *ἀναμνήσεσθε* A *ὧν ⟨οὗτος⟩* F

ἐστ' ὄφελος πόλεως ἥτις μὴ νεῦρα ἐπὶ τοὺς ἀδικοῦντας ἔχει, οὐδὲ πολιτείας ἐν ᾗ συγγνώμη καὶ παραγγελία τῶν νόμων μεῖζον ἰσχύουσιν· οὐδ' ἐλεεῖν ὑμᾶς οὔτε τὴν μητέρα δεῖν τὴν Τιμάρχου, γραῦν γυναῖκα, οὔτε τὰ παιδία οὔτ' ἄλλον οὐδένα, ἀλλ' ἐκεῖνο ὁρᾶν, ὅτι, εἰ προήσεσθε τὰ τῶν νόμων καὶ τῆς πολιτείας, οὐχ εὑρήσετε τοὺς ὑμᾶς αὐτοὺς ἐλεήσοντας. **(284)** ἀλλ' ὁ μὲν ταλαίπωρος ἄνθρωπος ἠτιμώσεται, ὅτι τοῦτον εἶδεν ἀδικοῦντα, τούτῳ δ' ἀθῴῳ δώσετ' εἶναι; διὰ τί; εἰ γὰρ παρὰ τῶν εἰς ἑαυτοὺς ἐξαμαρτόντων τηλικαύτην ἠξίωσε δίκην Αἰσχίνης λαβεῖν, παρὰ τῶν εἰς τὰ τῆς πόλεως τηλικαῦθ' ἡμαρτηκότων, ὧν εἷς οὗτος ὢν ἐξελέγχεται, πηλίκην ὑμᾶς προσήκει λαβεῖν τοὺς ὀμωμοκότας καὶ δικάζοντας; **(285)** νὴ Δί', οἱ νέοι γὰρ ἡμῖν δι' ἐκεῖνον ἔσονται τὸν ἀγῶνα βελτίους. οὔκουν καὶ διὰ τόνδε οἱ πολιτευόμενοι, δι' ὧν τὰ μέγιστα κινδυνεύεται τῇ πόλει· προσήκει δὲ καὶ τούτων φροντίζειν. ἵνα τοίνυν εἰδῆθ' ὅτι καὶ τοῦτον ἀπώλεσεν, {τὸν Τίμαρχον,} οὐ μὰ Δί' οὐχὶ τῶν ὑμετέρων παίδων, ὅπως ἔσονται σώφρονες, προορῶν (εἰσὶν γάρ, ὦ ἄνδρες Ἀθηναῖοι, καὶ νῦν σώφρονες· μὴ γὰρ οὕτω γένοιτο κακῶς τῇ πόλει ὥστε Ἀφοβήτου καὶ Αἰσχίνου σωφρονιστῶν δεηθῆναι τοὺς νεωτέρους), **(286)** ἀλλ' ὅτι βουλεύων ἔγραψεν, ἄν τις ὡς Φίλιππον ὅπλα ἄγων ἁλῷ ἢ σκεύη τριηρικά, θάνατον εἶναι τὴν ζημίαν· σημεῖον δέ· πόσον γὰρ ἐδημηγόρει χρόνον Τίμαρχος; πολύν. οὐκοῦν τοῦτον ἦν Αἰσχίνης ἅπαντα ἐν τῇ πόλει, καὶ οὐδεπώποτε ἠγανάκτησεν οὐδὲ δεινὸν ἡγήσατο εἶναι τὸ πρᾶγμα, εἰ ὁ τοιοῦτος λέγει, ἕως εἰς Μακεδονίαν ἐλθὼν ἑαυτὸν ἐμίσθωσεν· λέγε δή μοι τὸ ψήφισμα λαβὼν αὐτὸ τὸ τοῦ Τιμάρχου.

ΨΗΦΙΣΜΑ

284 ἀλλ'—ἠτιμώσεται Hermog. 356.7 R.

3 πλέον ἰσχύει A οὔτε] οὐδὲ S δεῖ A 4 τὰ om. A 6 ⟨τὰ⟩ τῆς AF 7 ἄθλιος Hermog. ἠτίμωται S^c AFY : ἠτιμωταί ⟨τε καὶ ὕβρισται⟩ Hermog. 9 ἑαυτὸν S^c : [SA] ἐξαμαρτανόντων AFY 13 ὑμῖν A τὸν ἀγῶνα ἔσονται A 14 οὐκοῦν AFY : corr. Denniston : [S] καὶ⟨οἱ⟩ Y τόνδε] τοῦτόν γε A 15 δὲ] τοίνυν A 16 del. Cobet 17 ἡμ- A 22 δέ om. S^a 26 ἐμίσθωσε ⟨φιλίππῳ⟩ A

287. Ὁ μὲν τοίνυν ὑπὲρ ὑμῶν γράψας μὴ ἄγειν ἐν τῷ πολέμῳ πρὸς Φίλιππον ὅπλα, εἰ δὲ μή, θανάτῳ ζημιοῦσθαι, ἀπόλωλε καὶ ὕβρισται· ὁ δὲ καὶ τὰ τῶν ὑμετέρων συμμάχων ὅπλα ἐκείνῳ παραδοὺς οὑτοσὶ κατηγόρει, καὶ περὶ πορνείας ἔλεγεν, ὦ γῆ καὶ θεοί, δυοῖν μὲν κηδεσταῖν παρεστηκότοιν, οὓς ἰδόντες ἂν ὑμεῖς ἀνακράγοιτε, Νικίου τε τοῦ βδελυροῦ, ὃς ἑαυτὸν ἐμίσθωσεν εἰς Αἴγυπτον Χαβρίᾳ, καὶ τοῦ καταράτου Κυρηβίωνος, ὃς ἐν ταῖς πομπαῖς ἄνευ τοῦ προσώπου κωμάζει. καὶ τί ταῦτα; ἀλλὰ τὸν ἀδελφὸν ὁρῶν Ἀφόβητον. ἀλλὰ δῆτ᾽ ἄνω ποταμῶν ἐκείνῃ τῇ ἡμέρᾳ πάντες οἱ περὶ πορνείας ἐρρύησαν λόγοι.

288. Καὶ μὴν εἰς ὅσην ἀτιμίαν τὴν πόλιν ἡμῶν ἡ τούτου πονηρία καὶ ψευδολογία καταστήσασα ἔχει, πάντα τἄλλ᾽ ἀφείς, ὃ πάντες ὑμεῖς ἴστε ἐρῶ. πρότερον μὲν γάρ, ὦ ἄνδρες Ἀθηναῖοι, τί παρ᾽ ὑμῖν ἐψήφισται, τοῦτ᾽ ἐπετήρουν οἱ ἄλλοι πάντες Ἕλληνες· νῦν δ᾽ ἤδη περιερχόμεθ᾽ ἡμεῖς τί δέδοκται τοῖς ἄλλοις σκοποῦντες, καὶ ὠτακουστοῦντες τί τὰ τῶν Ἀρκάδων, τί τὰ τῶν Ἀμφικτυόνων, ποῖ πάρεισι Φίλιππος, ζῇ ἢ τέθνηκεν. οὐ τοιαῦτα ποιοῦμεν; **(289)** ἐγὼ δ᾽ οὐ δέδοικα εἰ Φίλιππος ζῇ, ἀλλ᾽ εἰ τῆς πόλεως τέθνηκεν τὸ τοὺς ἀδικοῦντας μισεῖν καὶ τιμωρεῖσθαι. οὐδὲ φοβεῖ με Φίλιππος, ἂν τὰ παρ᾽ ὑμῶν ὑγιαίνῃ, ἀλλ᾽ εἰ παρ᾽ ὑμῖν ἄδεια

287 *τοῦ καταράτου—πομπαῖς* Hermog. 324.23 R. *ὃς—κωμάζει* Schol. in Aeschin. 2.151.327 *ἄνευ—κωμάζει* Hermog. 324.21 R. *ἄνω—λόγοι* Zenob. 2.56 Sud. *α* 2590

288–9 *νῦν—τιμωρεῖσθαι* Anon. Schol. in Id. 7.1078.20 W.

289 *ἐγὼ—μισεῖν* Ios. Rac. Syn. 3.502.16 W. *—τιμωρεῖσθαι* Hermog. 343.4 R. Syr. 1.16.20 R. Anon. Schol. in Id. 7.889.3 R. *τῆς—μισεῖν* Hermog. 343.10 R.

---

4 *κατηγορεῖ* AY 5 *παρεστηκότων* S[a]F[a] 8 *κηρυβίωνος* A *τοῦ* om. Schol. Aeschin. *προσωπείου* FY Hermog. Schol. Aeschin. 10 *οἱ*] *ὅσοι* F[a] 12 ⟨*αἰσχύνην καὶ*⟩ *ἀτιμίαν* A *τούτων* A 13 *πονηρία*] *βδελυρία* cod. Q[γρ] 14 *ἃ* A 15 *ἡμῖν* A 16 *δὲ δὴ* F[c]Y : [F] 18 *τὰ*[1] om. Y[a] *ποι*⟨*εῖ*⟩ Anon. 19 *ταῦτα* A 20 ⟨*τοῦτο*⟩ *δέδοικα* Hermog. Ios. Rac. *ζῇ* ⟨*ἢ τέθνηκεν*⟩ Hermog. Ios. Rac. : *ζῇ* ⟨*ἢ τέθν.*⟩ *φίλιππος* Syr. Anon. *τέθνηκε τῆς πόλεως* Hermog. (343) 22 *ὑμῶν*] *ὑμῖν* A *ἡμῖν* SF[a]Y

γενήσεται τοῖς παρ᾽ ἐκείνου μισθαρνεῖν βουλομένοις, καὶ συνεροῦσί τινες τούτοις τῶν ὑφ᾽ ὑμῶν πεπιστευμένων, καὶ πάντα τὸν ἔμπροσθεν χρόνον ἀρνούμενοι μὴ πράττειν ὑπὲρ Φιλίππου νῦν ἀναβήσονται, ταῦτα φοβεῖ με. **(290)** *τί γὰρ δή ποτε, Εὔβουλε, Ἡγησίλεῳ μὲν κρινομένῳ, ὃς ἀνεψιός ἐστί σοι, καὶ Θρασυβούλῳ πρώην, τῷ Νικηράτου θείῳ, ἐπὶ μὲν τῆς πρώτης ψήφου οὐδ᾽ ὑπακοῦσαι καλούμενος ἤθελες, εἰς δὲ τὸ τίμημα ἀναβὰς ὑπὲρ μὲν ἐκείνων οὐδ᾽ ὁτιοῦν ἔλεγες, ἐδέου δὲ τῶν δικαστῶν συγγνώμην ἔχειν σοί; εἶτα ὑπὲρ μὲν συγγενῶν καὶ ἀναγκαίων ἀνθρώπων οὐκ ἀναβαίνεις, ὑπὲρ Αἰσχίνου δὲ ἀναβήσει,* **(291)** *ὅς, ἡνίκ᾽ ἔκρινεν Ἀριστοφῶν Φιλόνικον καὶ δι᾽ ἐκείνου τῶν σοὶ πεπραγμένων κατηγόρει, συγκατηγόρει μετ᾽ ἐκείνου σοῦ καὶ τῶν ἐχθρῶν τῶν σῶν εἷς ἐξητάζετο; ἐπειδὴ δὲ σὺ μὲν τουτουσὶ δεδιξάμενος καὶ φήσας καταβαίνειν εἰς Πειραιᾶ δεῖν ἤδη καὶ χρήματ᾽ εἰσφέρειν καὶ τὰ θεωρικὰ στρατιωτικὰ ποιεῖν, ἢ χειροτονεῖν ἃ συνεῖπε μὲν οὗτος, ἔγραψεν δ᾽ ὁ βδελυρὸς Φιλοκράτης, ἐξ ὧν αἰσχρὰν ἀντ᾽ ἴσης συνέβη γενέσθαι τὴν εἰρήνην,* **(292)** *οὗτοι δὲ τοῖς μετὰ ταῦτ᾽ ἀδικήμασι πάντ᾽ ἀπολωλέκασι, τηνικαῦτα διήλλαξαι; καὶ ἐν μὲν τῷ δήμῳ κατηρῶ Φιλίππῳ καὶ κατὰ τῶν παίδων ὤμνυες ἦ μὴν ἀπολωλέναι Φίλιππον ἂν βούλεσθαι· νῦν δὲ βοηθήσεις τούτῳ; πῶς οὖν ἀπολεῖται, ὅταν τοὺς παρ᾽ ἐκείνου δωροδοκοῦντας σὺ σῴζῃς;* **(293)** *τί γὰρ δήποτε Μοιροκλέα μὲν ἔκρινες, εἰ παρὰ τῶν τὰ μέταλλα ἐωνημένων εἴκοσιν ἐξέλεξε δραχμὰς παρ᾽ ἑκάστου, καὶ Κηφισοφῶντα γραφὴν*

290 *τί—Εὔβουλε* Io. Sic. in Id. 6.433.1 W.
293 *δή*]*ποτε*—**294** *κλέπτοντ*[*ες* P. Tebt. II 267

---

2 *συναιροῦσι* S^{a}A^{a} *παρ᾽ ἡμῖν* A 5 *ποτ᾽*] *που* cod. Q 6 *καὶ* ⟨*πάλιν*⟩Hermog. *νεικηρ-* A 7 *ἠθέλησας* AF^{a} 11 *δὲ*] *οὐδὲ* A *ἀναβήσῃ* AFY 12 *φιλόνεικον* SFY 14 *δεδειξάμενος* AY^{c} 17 *ἐξ ὧν* om. S^{a} 18 *ἴσης*] *καλῆς* S^{c}FY : [S] *συνέβη*] *ἐποίησας* Bk. : *εἴασας* Nitsche : *ἐφῆκας* Fuhr *γεγενῆσθαι* A ⟨*ἐπειδὴ*⟩ *τοῖς* F 20 *κατηρῶ*] *κατηγορῶν* F$^{\gamma\rho}$Y : *κατηγορῶ* cod. Q : *κατηγορῳ* S^{a} *φιλίππου* F$^{\gamma\rho}$Y : del. Dobree 21 *βούλησθε* Y 22 *ἐκείνῳ* A 23 *σὺ* om. cod. Q *μυροκλέα* F^{a} 24 *ἔκρινας* SFY Π4577 : *ἔκρειναс* Π267

ἱερῶν χρημάτων ἐδίωκες, εἰ τρισὶν ὕστερον ἡμέραις ἐπὶ τὴν τράπεζαν ἔθηκεν ἑπτὰ μνᾶς· τοὺς δὲ ἔχοντας, ὁμολογοῦντας, ἐξελεγχομένους ἐπ' αὐτοφώρῳ ἐπὶ τῷ τῶν συμμάχων ὀλέθρῳ ταῦτα πεποιηκότας, τούτους οὐ κρίνεις, ἀλλὰ καὶ σῴζειν κελεύεις; **(294)** καὶ μὴν ὅτι ταῦτα μέν ἐστιν φοβερὰ καὶ προνοίας καὶ φυλακῆς πολλῆς δεόμενα, ἐφ' οἷς δ' ἐκείνους σὺ ἔκρινες, γέλως, ἐκεῖθεν ὄψεσθε. ἦσαν ἐν Ἤλιδι κλέπτοντες τὰ κοινά τινες; καὶ μάλ' εἰκός γε. ἔστιν οὖν ὅστις μετέσχεν αὐτόθι νῦν τούτων τοῦ καταλῦσαι τὸν δῆμον; οὐδὲ εἷς. τί δέ; ἦσαν, ὅτ' ἦν Ὄλυνθος, τοιοῦτοί τινες ἄλλοι; ἐγὼ μὲν οἴομαι. ἆρ' οὖν διὰ τούτους ἀπώλετ' Ὄλυνθος; οὔ. τί δ'; ἐν Μεγάροις οὐκ οἴεσθ' εἶναί τινα καὶ κλέπτην καὶ παρεκλέγοντα τὰ κοινά; ἀνάγκη. καὶ πέφηνέ τις αἴτιος αὐτόθι νῦν τούτων τῶν συμβεβηκότων πραγμάτων; οὐδὲ εἷς. **(295)** ἀλλὰ ποῖοί τινες οἱ τὰ τηλικαῦτα καὶ τοιαῦτ' ἀδικοῦντες; οἱ νομίζοντες αὑτοὺς ἀξιόχρεως εἶναι τοῦ Φιλίππου ξένοι καὶ φίλοι προσαγορεύεσθαι, οἱ στρατηγιῶντες καὶ προστασίας ἀξιούμενοι, οἱ μείζους τῶν πολλῶν οἰόμενοι δεῖν εἶναι. οὐ Περίλαος ἐκρίνετο ἔναγχος ἐν Μεγάροις ἐν τοῖς τριακοσίοις, ὅτι πρὸς Φίλιππον ἀφίκετο, καὶ παρελθὼν Πτοιόδωρος αὐτὸν ἐξῃτήσατο, καὶ πλούτῳ καὶ γένει καὶ δόξῃ πρῶτος Μεγαρέων, καὶ πάλιν ὡς Φίλιππον ἐξέπεμψεν, καὶ μετὰ ταῦτα ὁ μὲν ἧκεν ἄγων τοὺς ξένους, ὁ δ' ἔνδον ἐτύρευεν; τοιαῦτα. **(296)** οὐ γὰρ ἔστιν, οὐκ ἔσθ' ὅ τι τῶν πάντων μᾶλλον εὐλαβεῖσθαι δεῖ ἢ τὸ μείζω τινὰ τῶν πολλῶν

294 *καὶ σῴζειν*—**294** *αὐ[τόθι* P. Oxy. LXVII 4577
294–5 *τις*—*μ[ὲν* P. Tebt. II 267
295 *ὁ δ'*—*ἐτύρευεν* Poll. 6.130

---

4 ⟨*δὲ οὐ μόνον*⟩ *οὐ* S^{γρ} 5 *ἐστιν* om. Π4577 5–6 *καὶ προνοίας* om. A 6 *σὺ* om. A : ante *ἐκείνους* Π4577 7 *ἔκρεινας* Π267^{c} *ἐκεῖθεν*] *ἐκείνως* SF^{γρ}Y Π267 *εἴσεσθε* S^{γρ} 7–8 *τὰ κοινὰ κλέ[πτον]τες* Π4577 Π267 8 *γε* om. A : [Π4577] *μετέσχηκεν* A : om. Π4577 9 *τί δέ* om. A 12 *καὶ*^{1} om. AFY 13 *πέφηνε. τίς* ⟨*οὖν*⟩ F 14 *ποῖοι* ⟨*καὶ*⟩ S^{c}FY *τινες* ⟨*εἰσιν*⟩ A : *τίνες* ⟨*εἰσὶ*⟩ F 14–15 *τοιαῦτα καὶ τηλικαῦτ'* A : [Π267] 15 *αὑτοὺς* del. Richards 17 *στρατηγιῶν τε* F^{c}Y : [F Π267] *προστασιῶν* cod. Q : [Π267] 18 *Πέριλλος* Harp. 20 *αὐτὸν* om. cod. Q 21 *δόξῃ καὶ γένει* A Π267, ut videtur

ἐᾶν γίγνεσθαι. μή μοι σῳζέσθω μηδ' ἀπολλύσθω μηδείς, ἐὰν ὁ δεῖνα ἢ ὁ δεῖνα βούληται, ἀλλ' ὃν ἂν τὰ πεπραγμένα σῴζῃ καὶ τοὐναντίον, τούτῳ τῆς προσηκούσης ψήφου παρ' ὑμῶν ὑπαρχέτω τυγχάνειν· τοῦτο γάρ ἐστιν δημοτικόν. **(297)** ἔτι τοίνυν πολλοὶ παρ' ὑμῖν ἐπὶ καιρῶν γεγόνασιν ἰσχυροί, Καλλίστρατος, αὖθις Ἀριστοφῶν, Διόφαντος, τούτων ἕτεροι πρότερον. ἀλλὰ ποῦ τούτων ἕκαστος ἐπρώτευεν; ἐν τῷ δήμῳ· ἐν δὲ τοῖς δικαστηρίοις οὐδείς πω μέχρι τῆς τήμερον ἡμέρας ὑμῶν οὐδὲ τῶν νόμων οὐδὲ τῶν ὅρκων κρείττων γέγονεν. μὴ τοίνυν μηδὲ νῦν τοῦτον ἐάσητε. ὅτι γὰρ ταῦτα φυλάττοισθ' ἂν εἰκότως μᾶλλον ἢ πιστεύοιτε, τῶν θεῶν ὑμῖν μαντείαν ἀναγνώσομαι, οἵπερ ἀεὶ σῴζουσι τὴν πόλιν πολλῷ τῶν προεστηκότων μᾶλλον. λέγε τὰς μαντείας.

ΜΑΝΤΕΙΑΙ

298. Ἀκούετε, ὦ ἄνδρες Ἀθηναῖοι, τῶν θεῶν οἷα ὑμῖν προλέγουσιν. εἰ μὲν τοίνυν πολεμούντων ὑμῶν ταῦτ' ἀνῃρήκασι, τοὺς στρατηγοὺς λέγουσι φυλάττεσθαι· πολέμου γάρ εἰσιν ἡγεμόνες οἱ στρατηγοί· εἰ δὲ πεποιημένων εἰρήνην, τοὺς ἐπὶ τῆς πολιτείας ἐφεστηκότας· οὗτοι γὰρ ἡγοῦνται, τούτοις πείθεσθε ὑμεῖς, ὑπὸ τούτων δέος ἐστὶ μὴ παρακρουσθῆτε. "καὶ τὴν πόλιν συνέχειν φησὶν {ἐν τῇ μαντείᾳ}, ὅπως ἂν μίαν

296 *μή—μηδείς* Schol. D. 21.207.695 *—βούληται* Hermog. 270.19 R.
297 *θεῶν—μᾶλλον* Io. Sard. 64.7 R.
298 *εἰ—ἐφεστηκότας* Soptr. In Artem 5.108.18 W. *οὗτοι—παρακρουσθῆτε* Hermog. 306.19 R. Alex. 3.34.30 Sp. Anon. Fig. 3.139.6 Sp. Anon. de Hermog. Fig. 3.711.6 W.

---

1 *μηδείς, ⟨ὃν⟩* FY Hermog. 2 *ἢ—δεῖνα (ὁμ.)* om. S^{a} 3 *ὑμῖν* A 6 *καλλίστρατος ⟨ἐκεῖνος⟩* S^{c}F 7 *ποῦ* om. cod. Q 10 *τούτους* Dobree 11 *⟨ὑμεῖς⟩ ἢ ⟨τούτοις⟩* F *ὑμῖν ⟨αὐτῶν⟩* Io. Sard. *μαντείας* Richards : *μαρτυρίαν* S : [F^{a}] 13 *μᾶλλον*] *πλέον* Io. Sard. 15 *οἷα*] *ἃ* SF^{a} 16 *ἡμῶν* SF^{a}Y : *ἡμῖν* Soptr. *ἀνειρήκ-* SF^{c} : *ἂν εἰρήκ-* FY 18 *οἱ* om. S^{a} 19 *ἡγοῦνται*] *κατέχουσι* Alex. *⟨καὶ⟩ τούτοις* S^{c} : *τούτους* Y 20 *ὑμεῖς* om. Hermog. Anon. Anon. de Hermog. 21 *⟨δεῖν⟩ συνέχειν* FY *φασὶν—μαντείᾳ* del. Bl. *ἐν—μαντείᾳ* del. Sauppe : *ἡ μαντεία* S^{γρ}AF^{c}Y^{c}, quod del. Bk. : [FY] *ὅπως*] *ὅπου* Dobree : *ὁπότ'* Weil

γνώμην ἔχωσιν ἅπαντες καὶ μὴ τοῖς ἐχθροῖς ἡδονὴν ποιῶσιν." **(299)** πότερον οὖν οἴεσθ' ἄν, ὦ ἄνδρες Ἀθηναῖοι, τὸν τοσαῦτα κακὰ εἰργασμένον σωθέντα, ἢ δίκην δόντα, ἡδονὴν Φιλίππῳ ποιῆσαι; ἐγὼ μὲν οἴομαι σωθέντα. φησὶ δέ γε ἡ μαντεία δεῖν ὅπως ἂν μὴ χαίρωσιν οἱ ἐχθροὶ ποιεῖν. ἅπασι τοίνυν μιᾷ γνώμῃ παρακελεύεται κολάζειν τοὺς ὑπηρετηκότας τι τοῖς ἐχθροῖς ὁ Ζεύς, ἡ Διώνη, πάντες οἱ θεοί. ἔξωθεν οἱ ἐπιβουλεύοντες, ἔνδοθεν οἱ συμπράττοντες. οὐκοῦν τῶν ἐπιβουλευόντων μὲν ἔργον διδόναι, τῶν συμπραττόντων δὲ λαμβάνειν καὶ τοὺς εἰληφότας ἐκσῴζειν.

300. Ἔτι τοίνυν κἂν ἀπ' ἀνθρωπίνου λογισμοῦ τοῦτ' ἴδοι τις, ὅτι πάντων ἐχθρότατον καὶ φοβερώτατον τὸ τὸν προεστηκότα ἐᾶν οἰκεῖον γίγνεσθαι τοῖς μὴ τῶν αὐτῶν ἐπιθυμοῦσι τῷ δήμῳ. τίσι γὰρ τῶν πραγμάτων ἐγκρατὴς γέγονεν Φίλιππος ἁπάντων, καὶ τίσι τὰ μέγιστα κατείργασται τῶν πεπραγμένων, σκέψασθε. τῷ παρὰ τῶν πωλούντων τὰς πράξεις ὠνεῖσθαι, τῷ τοὺς προεστηκότας ἐν ταῖς πόλεσιν διαφθείρειν καὶ ἐπαίρειν τούτους. **(301)** ταῦτα τοίνυν ἐφ' ὑμῖν ἐστιν ἀμφότερα, ἐὰν βούλησθε, ἀχρεῖα ποιῆσαι τήμερον, ἂν τῶν μὲν μὴ ἐθέλητε ἀκούειν τοῖς τοιούτοις συνηγορούντων, ἀλλ' ἐπιδείξητε ἀκύρους ὄντας ὑμῶν (νῦν γάρ φασιν εἶναι κύριοι), τὸν δὲ πεπρακόθ' ἑαυτὸν κολάσητε, καὶ τοῦθ' ἅπαντες ἴδωσιν. **(302)** παντὶ μὲν γὰρ εἰκότως ἂν ὀργισθείητε, ὦ ἄνδρες Ἀθηναῖοι, τοιαῦτα πεποιηκότι καὶ προδεδωκότι συμμάχους καὶ φίλους καὶ καιρούς, μεθ' ὧν ἢ καλῶς ἢ κακῶς ἑκάστοις ἔχει τὰ πάντα, οὐ μὴν οὐδενὶ μᾶλλον οὐδὲ δικαιότερον ἢ τούτῳ. ὃς γὰρ ἑαυτὸν τάξας τῶν ἀπιστούντων εἶναι Φιλίππῳ, καὶ μόνος καὶ πρῶτος ἰδὼν ὅτι κοινὸς ἐχθρὸς ἐκεῖνός ἐστιν ἁπάντων τῶν Ἑλλήνων, ηὐτομόλησε καὶ προύδωκε καὶ γέγονεν ἐξαίφνης ὑπὲρ Φιλίππου, πῶς οὐ πολλάκις οὗτος ἄξιός ἐστ' ἀπολωλέναι;

2 πότερ' Y   ἄν om. AF   3 ἡδονὴν ⟨ἂν⟩ A   4 μαντεία ⟨ἀεὶ⟩ Y   5 ἂν om. A   τοίνυν ⟨ὑμῖν⟩ A   9 ⟨τὸ⟩ διδόναι F[a]   12 ⟨ἂν⟩ ἴδοι F[a] ⟨ἐστι⟩ τὸ A   18 τούτοις Reiske   ἡμῖν F   20 ⟨τῶν⟩ τοῖς S[c(m.a.)]A   22 ταῦτα A : τοῦτον cod. Q[γρ]   ἅπαντες om. cod. Q[a]   25 καὶ καιρούς del. Dobree   26 οὐδὲ om. F   28 ἐκεῖνος ἐχθρός A

303. Ἀλλὰ μὴν ὅτι ταῦθ᾽ οὕτως ἔχει, αὐτὸς οὐχ οἷός τε ἀντειπεῖν ἔσται. τίς γάρ ἐσθ᾽ ὁ τὸν Ἴσχανδρον προσάγων ὑμῖν τὸ κατ᾽ ἀρχάς, ὃν παρὰ τῶν ἐν Ἀρκαδίᾳ φίλων τῇ πόλει δεῦρ᾽ ἥκειν ἔφη; τίς ὁ συσκευάζεσθαι τὴν Ἑλλάδα καὶ Πελοπόννησον Φίλιππον βοῶν, ὑμᾶς δὲ καθεύδειν; τίς ὁ τοὺς μακροὺς καὶ καλοὺς λόγους ἐκείνους δημηγορῶν, καὶ τὸ Μιλτιάδου καὶ Θεμιστοκλέους ψήφισμα ἀναγιγνώσκων καὶ τὸν ἐν τῷ τῆς Ἀγλαύρου τῶν ἐφήβων ὅρκον; οὐχ οὗτος; **(304)** τίς ὁ πείσας ὑμᾶς μόνον οὐκ ἐπὶ τὴν Ἐρυθρὰν θάλατταν πρεσβείας πέμπειν, ὡς ἐπιβουλευομένης μὲν ὑπὸ Φιλίππου τῆς Ἑλλάδος, ὑμῖν δὲ προσῆκον προορᾶν ταῦτα καὶ μὴ προΐεσθαι τὰ τῶν Ἑλλήνων; οὐχ ὁ μὲν γράφων τὸ ψήφισμα Εὔβουλος ἦν, ὁ δὲ πρεσβεύων εἰς Πελοπόννησον Αἰσχίνης οὑτοσί; ἐλθὼν δ᾽ ἐκεῖσε ἅττα μέν ποτε διελέχθη καὶ ἐδημηγόρησεν, αὐτὸς ἂν εἰδείη, ἃ δ᾽ ἀπήγγειλεν πρὸς ὑμᾶς, ὑμεῖς οἶδ᾽ ὅτι μέμνησθε πάντες. **(305)** βάρβαρόν τε γὰρ πολλάκις καὶ ἀλάστορα τὸν Φίλιππον ἀποκαλῶν ἐδημηγόρει, καὶ τοὺς Ἀρκάδας ὑμῖν ἀπήγγελλεν ὡς ἔχαιρον, εἰ προσέχει τοῖς πράγμασιν ἤδη καὶ ἐγείρεται ἡ τῶν Ἀθηναίων πόλις. ὃ δὲ πάντων μάλιστ᾽ ἀγανακτῆσαι ἔφη· συντυχεῖν γὰρ ἀπιὼν Ἀτρεστίδᾳ παρὰ Φιλίππου πορευομένῳ, καὶ μετ᾽ αὐτοῦ γύναια καὶ παιδάρια ὡς τριάκοντα βαδίζειν, αὐτὸς δὲ θαυμάσας ἐρέσθαι τινὰ τῶν ὁδοιπόρων τίς ἄνθρωπός ἐστι καὶ τίς ὄχλος ὁ μετ᾽ αὐτοῦ, **(306)** ἐπειδὴ δὲ ἀκοῦσαι ὅτι Ἀτρεστίδας παρὰ Φιλίππου τῶν Ὀλυνθίων αἰχμάλωτα

303 καὶ τὸν—ὅρκον Lex. Pat. ad loc.
304 ὁ δὲ—διελέχθη Schol. Pl. Soph. 220a
305 βάρβαρόν—ἐδημηγόρει Ph. α 897

2 ἴσχρανδρον SY 5–6 καλοὺς κ. μακροὺς A : καλοὺς κ. μακροὺς ⟨καὶ πολλοὺς⟩ F 6 ἐκείνους om. Schol. D. 19.303.535 7 ⟨τὸ⟩ Θεμιστοκλέους Schol. D. 19.303.535 et Weil ἀναγνοὺς Schol. D. 8 ἀγραύλου A Lex. Pat. ad loc. 9 πρεσβείαν A 11 προσῆκεν SF[a] 13 εἰς Πελοπόννησον om. Schol. Pl. 13–14 δ᾽—μέν] πῶς μὲν καὶ ἅττα Schol. Pl. 14 τότε A 16 τε γὰρ om. Ph. 17 δημηγορῶν ἀπεκάλει Ph. 21 αὐτοῦ] του S[a] : τούτου A 22 ἔρεσθαι θαυμάσας A ἄνθρωπος FY : corr. Bk. : [SA] 23 ἀκούσαι cod. Ft : [SA]

δωρεὰν ταῦτ' ἔχων ἀπέρχεται, δεινὸν αὑτῷ τι δόξαι καὶ δακρῦσαι καὶ ὀδύρασθαι τὴν Ἑλλάδα, ὡς κακῶς διάκειται, ἢ τοιαῦτα πάθη περιορᾷ γιγνόμενα. καὶ συνεβούλευεν ὑμῖν πέμπειν τινὰς εἰς Ἀρκαδίαν, οἵτινες κατηγορήσουσιν τῶν τὰ Φιλίππου πραττόντων· ἀκούειν γὰρ ἔφη τῶν φίλων, ὡς ἐὰν ἐπιστροφὴν ἡ πόλις ποιήσηται καὶ πρέσβεις πέμψῃ, δίκην ἐκεῖνοι δώσουσιν.

307. *Ταῦτα μὲν τοίνυν τότε καὶ μάλα, ὦ ἄνδρες Ἀθηναῖοι, καλὰ καὶ τῆς πόλεως ἄξια ἐδημηγόρει. ἐπειδὴ δὲ ἀφίκετο εἰς Μακεδονίαν καὶ τὸν ἐχθρὸν εἶδε τὸν αὑτοῦ καὶ τῶν Ἑλλήνων, {τὸν Φίλιππον,} ἆρά γε ὅμοια ἢ παραπλήσια τούτοις; πολλοῦ γε καὶ δεῖ, ἀλλὰ μήτε τῶν προγόνων μεμνῆσθαι μήτε τρόπαια λέγειν μήτε βοηθεῖν μηδενί, τῶν τε κελευόντων μετὰ τῶν Ἑλλήνων περὶ τῆς πρὸς Φίλιππον εἰρήνης βουλεύεσθαι θαυμάζειν, εἰ περὶ τῶν ὑμετέρων ἰδίων ἄλλον τινὰ δεῖ πεισθῆναι·* **(308)** *εἶναί τε τὸν Φίλιππον αὐτόν, Ἡράκλεις, Ἑλληνικώτατον ἀνθρώπων, δεινότατον λέγειν, φιλαθηναιότατον· οὕτω δὲ ἀτόπους τινὰς ἐν τῇ πόλει καὶ δυσχερεῖς ἀνθρώπους εἶναι ὥστε οὐκ αἰσχύνεσθαι λοιδορουμένους αὐτῷ καὶ βάρβαρον αὐτὸν ἀποκαλοῦντας. ἔστιν οὖν ὅπως ταῦτ' ἄν, ἐκεῖνα προειρηκώς, ὁ αὐτὸς ἀνὴρ μὴ διαφθαρεὶς ἐτόλμησεν εἰπεῖν;* **(309)** *τί δέ; ἔσθ' ὅστις ἂν τὸν Ἀτρεστίδαν τότε μισήσας διὰ τοὺς τῶν Ὀλυνθίων παῖδας καὶ γύναια, ταὐτὰ Φιλοκράτει νῦν πράττειν ὑπέμεινεν, ὃς γυναῖκας ἐλευθέρας τῶν Ὀλυνθίων ἤγαγεν δεῦρο {ἐφ' ὕβρει}, καὶ οὕτως ἐπὶ τῷ βδελυρῶς βεβιωκέναι γιγνώσκεται ὥστε μηδὲν ἐμὲ αἰσχρὸν εἰπεῖν νυνὶ περὶ αὐτοῦ δεῖν μηδὲ δυσχερές, ἀλλὰ τοσοῦτον εἰπόντος μόνον, ὅτι Φιλοκράτης γυναῖκας*

306 *τ[α]ῦτ'*—**307** *ἄξ[ι'* P. Oxy. LXVII 4578
307 *ἆρά—τούτοις* AB 163.11

---

1 *ἔχων ταῦτα ἄγει* cod. $Q^{γρ}$ *αὐτῷ* FY : corr. Bk. : [SA Π4578] 3 *ἢ*] *εἰ* A : [Π4578] 4 *τὰ*] *ὑπὲρ* A : [Π4578] 11 del. Cobet *ἢ*] *καὶ* AB et Naber 13 *λέγει* S *βοηθεῖ* S^a 17 *ἄνθρωπον* F 20 *αὐτὸν* del. van Herwerden 21 *ὅπως* om. A^a 24 ⟨*τὰ*⟩ *γύναια* A *νῦν πράττειν*] *συμπράττειν* A 25 del. Weil 27 *αἰσχρὸν ἐμὲ* A

ἤγαγεν, πάντας ὑμᾶς εἰδέναι καὶ τοὺς περιεστηκότας τὰ μετὰ ταῦτα, καὶ ἐλεεῖν εὖ οἶδ᾽ ὅτι τὰς ἀτυχεῖς καὶ ταλαιπώρους ἀνθρώπους, ἃς οὐκ ἠλέησεν Αἰσχίνης, οὐδ᾽ ἐδάκρυσεν ἐπὶ ταύταις τὴν Ἑλλάδα, εἰ παρὰ τοῖς συμμάχοις ὑπὸ τῶν πρέσβεων ὑβρίζονται. **(310)** ἀλλ᾽ ὑπὲρ αὑτοῦ κλαήσει τοῦ τὰ τοιαῦτα πεπρεσβευκότος, καὶ τὰ παιδία ἴσως παράξει καὶ ἀναβιβᾶται. ὑμεῖς δ᾽ ἐνθυμεῖσθε, ὦ ἄνδρες δικασταί, πρὸς μὲν τὰ τούτου παιδία, ὅτι πολλῶν συμμάχων ὑμετέρων καὶ φίλων παῖδες ἀλῶνται καὶ πτωχοὶ περιέρχονται δεινὰ πεπονθότες διὰ τοῦτον, οὓς ἐλεεῖν πολλῷ μᾶλλον ὑμῖν ἄξιον ἢ τοὺς τοῦ ἠδικηκότος καὶ προδότου πατρός, καὶ ὅτι τοὺς ὑμετέρους παῖδας οὗτοι, "καὶ τοῖς ἐκγόνοις" προσγράψαντες ⟨εἰς⟩ τὴν εἰρήνην, καὶ τῶν ἐλπίδων ἀπεστερήκασι· πρὸς δὲ τὰ αὐτοῦ τούτου δάκρυα, ὅτι νῦν ἔχετε ἄνθρωπον, ὃς εἰς Ἀρκαδίαν ἐκέλευεν ἐπὶ τοὺς ὑπὲρ Φιλίππου πράττοντας πέμπειν τοὺς κατηγορήσοντας.

311. νῦν τοίνυν ὑμᾶς οὐκ εἰς Πελοπόννησον δεῖ πρεσβείαν πέμπειν, οὐδ᾽ ὁδὸν μακρὰν βαδίσαι, οὐδ᾽ ἐφόδια ἀναλίσκειν, ἀλλ᾽ ἄχρι τοῦ βήματος ἐνταυθοῖ προσελθόντα ἕκαστον ὑμῶν τὴν ὁσίαν καὶ δικαίαν ψῆφον ὑπὲρ τῆς πατρίδος θέσθαι κατ᾽ ἀνδρός, ὅς, ὦ γῆ καὶ θεοί, ἐκεῖνα ἃ διεξῆλθον ἐν ἀρχῇ δεδημηγορηκώς, τὸν Μαραθῶνα, τὴν Σαλαμῖνα, τὰς μάχας, τὰ τρόπαια, ἐξαίφνης ὡς ἐπέβη Μακεδονίας, πάντα τἀναντία τούτοις, μὴ προγόνων μεμνῆσθαι, μὴ τρόπαια λέγειν, μὴ βοηθεῖν μηδενί, μὴ κοινῇ μετὰ τῶν Ἑλλήνων βουλεύεσθαι, μόνον οὐ καθελεῖν τὰ τείχη. **(312)** καίτοι τούτων αἰσχίους

309 *εἰδέναι*—**310** *ὑμεῖς δὲ* P. Oxy. LXVII 4569

1 *τὰ* om. SFY : [Π4569] 4 *τούτο*[*ις* Π4569 *ἐλπίδα* A 5 *αὐτοῦ* FY : corr. cod. Mm : [SA] 10 *τοὺς* om. cod. Q *τοῦ* om. FY : del. Aldina : *τοῦ* ⟨*τοιαῦτα*⟩ A : *τῷ* ⟨*τοσαῦτα*⟩ FY 11 *ἠδικηκότας* F *καὶ*[2]—*ὑμετέρους* om. A 12 ⟨*οὓς*⟩ *οὗτοι* A add. Reiske : *τῇ εἰρήνῃ* Lamb.[c] 13 *αὐτοῦ* om. A 15 *ἐκέλευσεν* A 16 *κατηγορήσαντας* A 19 *ἐνταυθὶ* S *προελθόντα* A : *παρελθόντα* F[γρ] 20 *τὴν ὁσίαν καὶ* ⟨*τὴν*⟩ *δικαίαν* SY : *τὴν δικαίαν καὶ ὁσίαν* A ⟨*ταύτην*⟩ *ψῆφον* F 24 *τούτοις* ⟨*ἔλεγεν*⟩ AF[γρ]Y 25 *βούλεσθαι* S

λόγοι οὐδένες πώποτ᾽ ἐν τῷ παντὶ χρόνῳ γεγόνασι παρ᾽ ὑμῖν. τίς γάρ ἐστιν Ἑλλήνων ἢ βαρβάρων οὕτω σκαιὸς ἢ ἀνήκοος ἢ σφόδρα μισῶν τὴν πόλιν τὴν ἡμετέραν, ὅστις, εἴ τις ἔροιτο, "εἰπέ μοι, τῆς νῦν οὔσης Ἑλλάδος ταυτησὶ καὶ οἰκουμένης ἔσθ᾽ ὅ τι ταύτην ἂν τὴν προσηγορίαν εἶχεν ἢ ᾤκεῖτο ὑπὸ τῶν νῦν ἐχόντων Ἑλλήνων, εἰ μὴ τὰς ἀρετὰς ὑπὲρ αὐτῶν ἐκείνας οἱ Μαραθῶνι καὶ Σαλαμῖνι παρέσχοντο, οἱ ἡμέτεροι πρόγονοι;" οὐδ᾽ ἂν εἷς εὖ οἶδ᾽ ὅτι φήσειεν, ἀλλὰ πάντα ταῦθ᾽ ὑπὸ τῶν βαρβάρων ἂν ἑαλωκέναι. **(313)** *εἶθ᾽ οὓς μηδὲ τῶν ἐχθρῶν μηδεὶς ἂν τούτων τῶν ἐγκωμίων καὶ τῶν ἐπαίνων ἀποστερήσειεν, τούτων Αἰσχίνης ὑμᾶς οὐκ ἐᾷ μεμνῆσθαι, τοὺς ἐξ ἐκείνων, ἵν᾽ αὐτὸς ἀργύριον λάβῃ; καὶ μὴν τῶν μὲν ἄλλων ἀγαθῶν οὐ μέτεστι τοῖς τεθνεῶσιν, οἱ δ᾽ ἐπὶ τοῖς καλῶς πραχθεῖσιν ἔπαινοι τῶν οὕτω τετελευτηκότων ἴδιον κτῆμά εἰσίν· οὐδὲ γὰρ ὁ φθόνος αὐτοῖς ἔτι τηνικαῦτ᾽ ἐναντιοῦται. ὧν ἀποστερῶν ἐκείνους οὗτος, αὐτὸς ἂν τῆς ἐπιτιμίας δικαίως νῦν στερηθείη, καὶ ταύτην ὑπὲρ τῶν προγόνων ὑμεῖς δίκην λάβοιτε παρ᾽ αὐτοῦ. τοιούτοις μέντοι λόγοις, ὦ κακὴ κεφαλή, σὺ τὰ τῶν προγόνων ἔργα συλήσας καὶ διασύρας, τῷ λόγῳ πάντα τὰ πράγματ᾽ ἀπώλεσας.* **(314)** *εἶτα γεωργεῖς ἐκ τούτων καὶ σεμνὸς γέγονας. καὶ γὰρ τοῦτο. πρὸ μὲν τοῦ πάντα κακὰ εἰργάσθαι τὴν πόλιν ὡμολόγει γεγραμματευκέναι καὶ χάριν ὑμῖν ἔχειν τοῦ χειροτονηθῆναι, καὶ μέτριον παρεῖχεν ἑαυτόν· ἐπειδὴ δὲ μυρία εἴργασται κακά, τὰς ὀφρῦς ἀνέσπακε, κἂν "ὁ γεγραμματευκὼς Αἰσχίνης" εἴπῃ τις, ἐχθρὸς εὐθέως καὶ κακῶς φησιν ἀκηκοέναι, καὶ διὰ τῆς ἀγορᾶς πορεύεται θοἰμάτιον καθεὶς ἄχρι τῶν σφυρῶν, ἴσα βαίνων Πυθοκλεῖ, τὰς*

314 *πορεύεται—Πυθοκλεῖ* Demetr. Eloc. 55.18 Ra. *ἴσα—Πυθοκλεῖ* Ath. 5.213e Harp. ι 19 Ph. ι 200 Sud. ι 607 *—φυσῶν* Minuc. 1.343.1 Sp. Ha.

1 *παντὶ τῷ* A 2 *ἢ*^{2} om. S^{a} 7 *καὶ*] *κἂν* van Herwerden *ὑμ-* SFY 8 *ταῦτα πάντα* A 9 *μηδὲ*] *μὴ* A^{a} 11 *ὑμᾶς* om. A 19 *τῷ λόγῳ* del. Taylor 21 *γὰρ* ⟨*αὖ*⟩ F *πρὸς* Y 22 *πάντα* ⟨*τὰ*⟩ AF 23 *εἶχεν* Dobree 25 *εὐθέως ἐχθρὸς* A 26–1 *διὰ—Πυθοκλεῖ*] *πορεύεται διὰ τῆς ἀγορᾶς τὰς γνάθους φυσῶν, τὰς ὀφρῦς ἐπηρκώς, ἴσα βαίνων Πυθοκλεῖ* Demetr.

γνάθους φυσῶν, τῶν Φιλίππου ξένων καὶ φίλων εἷς οὗτος ὑμῖν ἤδη, τῶν ἀπαλλαγῆναι τοῦ δήμου βουλομένων καὶ κλύδωνα καὶ μανίαν τὰ καθεστηκότα πράγμαθ' ἡγουμένων, ὁ τέως προσκυνῶν τὴν θόλον.

315. *Βούλομαι τοίνυν ὑμῖν ἐπελθεῖν ἐπὶ κεφαλαίων ὃν τρόπον ὑμᾶς κατεπολιτεύσατο Φίλιππος προσλαβὼν τούτους τοὺς θεοῖς ἐχθρούς. πάνυ δ' ἄξιον ἐξετάσαι καὶ θεάσασθαι τὴν ἀπάτην ὅλην. τὸ μὲν γὰρ ἀπ' ἀρχῆς τῆς εἰρήνης ἐπιθυμῶν, διαφορουμένης αὐτοῦ τῆς χώρας ὑπὸ τῶν λῃστῶν καὶ κεκλειμένων τῶν ἐμπορίων, ὥστ' ἀνόνητον ἐκεῖνον ἁπάντων εἶναι τῶν ἀγαθῶν, τοὺς τὰ φιλάνθρωπα λέγοντας ἐκείνους ἀπέστειλεν ὑπὲρ αὐτοῦ, τὸν Νεοπτόλεμον, τὸν Ἀριστόδημον, τὸν Κτησιφῶντα·* **(316)** *ἐπειδὴ δὲ ἤλθομεν ὡς αὐτὸν ἡμεῖς οἱ πρέσβεις, ἐμισθώσατο μὲν τοῦτον εὐθέως, ὅπως συνερεῖ καὶ συναγωνιεῖται τῷ μιαρῷ Φιλοκράτει καὶ τῶν τὰ δίκαια βουλομένων ἡμῶν πράττειν περιέσται, συνέγραψε δ' ἐπιστολὴν ὡς ὑμᾶς, ᾗ μάλιστ' ἂν ᾤετο τῆς εἰρήνης τυχεῖν.* **(317)** *ἦν δ' οὐδὲν μᾶλλον μέγ' αὐτῷ καθ' ὑμῶν οὐδ' οὕτω πρᾶξαι, εἰ μὴ Φωκέας ἀπολεῖ. τοῦτο δ' οὐκ ἦν εὔπορον· συνῆκτο γὰρ αὐτῷ τὰ πράγματα, ὥσπερ ἐκ τύχης, εἰς καιρὸν τοιοῦτον, ὥστ' ἢ μηδὲν ὧν ἐβούλετο εἶναι διαπράξασθαι, ἢ ἀνάγκην εἶναι ψεύσασθαι καὶ ἐπιορκῆσαι καὶ μάρτυρας τῆς αὑτοῦ κακίας πάντας Ἕλληνας καὶ βαρβάρους ποιήσασθαι.* **(318)** *εἰ μὲν γὰρ προσδέξαιτο Φωκέας συμμάχους καὶ μεθ' ὑμῶν τοὺς ὅρκους αὐτοῖς ἀποδοίη, τοὺς πρὸς Θετταλοὺς καὶ Θηβαίους ὅρκους παραβαίνειν εὐθὺς ἀναγκαῖον ἦν, ὧν τοῖς μὲν τὴν Βοιωτίαν συνεξαιρήσειν ὠμωμόκει, τοῖς δὲ τὴν πυλαίαν συγκαταστήσειν· εἰ δὲ μὴ προσδέχοιτο, ὥσπερ οὐ προσίετο,*

314 *φυ]σῶν*—**315** *ἐπ[α]νελθεῖν* P. Oxy. LXVII 4569 *ὁ—θόλον* Schol. Pl. Hipparch. 229d
316 *ο]ἱ—τῶν* P. Oxy. LXVII 4575

3 *τέως ⟨πρώην⟩* SFY 5 *ἐπανελθεῖν* AF Π4569 *ἐπὶ κεφαλαίων* post *ὑμῖν* F 12 *αὐτοῦ* SA : [F] 14 *εὐθέως τοῦτον* A 16 *ὑμῶν* A : del. Cobet 17 *ᾗ*] *δι' ἧς* F^{γρ}Y 18 *⟨οὕτω⟩ μέγα* A *αὐτῷ* om. A *οὐδ' οὕτω καθ' ὑμῶν* S^{a} *⟨οὐδὲν⟩ οὐδ'* Dobree 22 *αὑτοῦ* Y : [SA] 26 *ὅρκους* del. van Herwerden 27 *ὀμωμόκει* SAY^{a}

οὐκ ἐάσειν ὑμᾶς παρελθεῖν αὐτὸν ἡγεῖτο, ἀλλὰ βοηθήσειν εἰς Πύλας, ὅπερ, εἰ μὴ παρεκρούσθητε, ἐποιήσατ᾽ ἄν· εἰ δὲ τοῦτο γένοιτο, οὐκ ἐνεῖναι παρελθεῖν ἐλογίζετο. **(319)** καὶ τοῦτο οὐ παρ᾽ ἄλλων αὐτὸν ἔδει πυθέσθαι, ἀλλ᾽ αὐτὸς ὑπῆρχεν μάρτυς ἑαυτῷ τοῦ πράγματος· ὅτε γὰρ Φωκέας ἐκράτησε τὸ πρῶτον καὶ διέφθειρε τοὺς ξένους αὐτῶν καὶ τὸν ἡγούμενον καὶ στρατηγοῦντα Ὀνόμαρχον, τότε τῶν ὄντων ἀνθρώπων ἁπάντων οὐδενός, οὔτε Ἕλληνος οὔτε βαρβάρου, Φωκεῦσι βοηθήσαντος πλὴν ὑμῶν, οὐχ ὅπως παρῆλθεν ἢ διεπράξαθ᾽ ὧν ἠβουλήθη τι παρελθών, ἀλλ᾽ οὐδὲ προσελθεῖν ἐγγὺς ἐδυνήθη. **(320)** ᾔδει δὴ σαφῶς, οἶμαι, τοῦτο ὅτι νῦν, ἡνίκ᾽ ἐστασίαζε μὲν αὐτῷ τὰ Θετταλῶν, καὶ Φεραῖοι πρῶτον οὐ συνηκολούθουν, ἐκρατοῦντο δὲ Θηβαῖοι καὶ μάχην ἥττηντο καὶ τρόπαιον ἀπ᾽ αὐτῶν εἱστήκει, οὐκ ἔνεστι παρελθεῖν, εἰ βοηθήσεθ᾽ ὑμεῖς, οὐδ᾽, ἂν ἐπιχειρῇ, χαίρειν, εἰ μή τις τέχνη προσγενήσεται. "πῶς οὖν μήτε ψεύσομαι φανερῶς, μήτ᾽ ἐπιορκεῖν δόξας πάνθ᾽ ἃ βούλομαι διαπράξομαι; πῶς; οὕτως, ἂν Ἀθηναίων τινὰς εὕρω τοὺς Ἀθηναίους ἐξαπατήσοντας· ταύτης γὰρ οὐκέτ᾽ ἐγὼ τῆς αἰσχύνης κληρονομῶ." **(321)** ἐντεῦθεν οἱ μὲν παρ᾽ ἐκείνου πρέσβεις προύλεγον ὑμῖν ὅτι Φωκέας οὐ προσδέχεται Φίλιππος συμμάχους, οὗτοι δ᾽ ἐκδεχόμενοι τοιαῦτ᾽ ἐδημηγόρουν, ὡς φανερῶς μὲν οὐχὶ καλῶς ἔχει τῷ Φιλίππῳ προσδέξασθαι τοὺς Φωκέας συμμάχους διὰ τοὺς Θηβαίους καὶ τοὺς Θετταλούς, ἂν δὲ γένηται τῶν πραγμάτων κύριος καὶ τῆς εἰρήνης τύχῃ, ἅπερ ἂν συνθέσθαι νῦν ἀξιώσαιμεν αὐτόν, ταῦτα ποιήσει τότε. **(322)** τὴν μὲν τοίνυν εἰρήνην ταύταις ταῖς ἐλπίσιν καὶ ταῖς ἐπαγωγαῖς εὕροντο παρ᾽ ὑμῶν

320 *ταύτης—κληρονομῶ* AB 150.24

1 *ἡγεῖτο—βοηθήσειν* om. cod. $Q^{\gamma\rho}$ 3 *ταῦτα* F 5–6 *φωκέας—πρῶτον*] *φωκέας ἐκτήσατο πρῶτον* SY : *τὸ πρῶτον ἐκράτησε φωκέας* ⟨*ὁ φίλιππος*⟩ F 7–8 *ἁπάντων ἀνθρώπων* A 11 *ἐστασιάζετο* A 12 *τὰ* ⟨*τῶν*⟩ A 13 *ἐκράτουν* S^{a}Y *μάχῃ* A : *μάχῃ* ⟨*τε*⟩ F 14 *ἐνεῖναι* $S^{\gamma\rho}F^{\gamma\rho}$ *εἰ* ⟨*μὴ*⟩ $S^{\gamma\rho}$ 15 *χαιρήσειν* $S^{\gamma\rho}$A : *τοῖς ὅπλοις δυνήσεται* FY^{c} : [Y] : *χαιρήσει* Dobree 16 *ψεύσωμαι* Y *μηδ᾽* A 17 *ὅσα* AF *διαπράξωμαι* cod. P *οὕτως* om. A 19 *ἐγὼ οὐκέτι* AB 24 *τοὺς* om. F^{a} 27 *ὑπαγωγαῖς εὕρετο* A

ἄνευ Φωκέων· τὴν δὲ βοήθειαν ἔδει κωλῦσαι τὴν εἰς τὰς Πύλας, ἐφ᾽ ἣν αἱ πεντήκοντα τριήρεις ὅμως ἐφώρμουν, ἵν᾽, εἰ πορεύοιτο Φίλιππος, κωλύοιθ᾽ ὑμεῖς. **(323)** πῶς οὖν; τίς τέχνη πάλιν αὖ γενήσεται περὶ ταύτης; τοὺς χρόνους ὑμῶν ἀφελέσθαι καὶ ἐπιστῆσαι τὰ πράγματα {ἀγαγόντας} ἄφνω, ἵνα μηδ᾽ ἂν βούλησθε δύνησθε ἐξελθεῖν. οὐκοῦν τοῦθ᾽ οὗτοι πράττοντες φαίνονται, ἐγὼ δ᾽, ὥσπερ ἀκηκόατ᾽ ἤδη πολλάκις, οὐχὶ δυνηθεὶς προαπελθεῖν, ἀλλὰ καὶ μισθωσάμενος πλοῖον κατακωλυθεὶς ἐκπλεῦσαι. **(324)** ἀλλὰ καὶ πιστεῦσαι Φωκέας ἔδει Φιλίππῳ καὶ ἑκόντας ἑαυτοὺς ἐνδοῦναι, ἵνα μηδεὶς χρόνος ἐγγένηται τοῖς πράγμασι μηδ᾽ ἐναντίον ἔλθῃ ψήφισμα παρ᾽ ὑμῶν μηδέν. "οὐκοῦν ὡς μὲν οἱ Φωκεῖς σωθήσονται, παρὰ τῶν Ἀθηναίων πρέσβεων ἀπαγγελθήσεται, ὥστε καὶ εἴ τις ἐμοὶ διαπιστεῖ, τούτοις πιστεύσας αὑτὸν ἐγχειριεῖ· τοὺς δ᾽ Ἀθηναίους αὐτοὺς μεταπεμψόμεθ᾽ ἡμεῖς, ἵνα πάνθ᾽, ὅσα ἂν βούλωνται, νομίσαντες ὑπάρχειν σφίσιν μηδὲν ἐναντίον ψηφίσωνται· οὗτοι δὲ τοιαῦτ᾽ ἀπαγγελοῦσι παρ᾽ ἡμῶν καὶ ὑποσχήσονται ἐξ ὧν μηδ᾽ ἂν ὁτιοῦν ᾖ κινηθήσονται."

325. Τοῦτον τὸν τρόπον καὶ τοιαύταις τέχναις ὑπὸ τῶν κάκιστ᾽ ἀπολουμένων ἀνθρώπων πάντα τὰ πράγματ᾽ ἀπώλετο. καὶ γάρ τοι παραχρῆμα, ἀντὶ μὲν τοῦ Θεσπιὰς καὶ Πλαταιὰς ἰδεῖν οἰκιζομένας, Ὀρχομενὸν καὶ Κορώνειαν ἠκούσατε ἠνδραποδισμένας, ἀντὶ δὲ τοῦ τὰς Θήβας ταπεινὰς γενέσθαι καὶ περιαιρεθῆναι τὴν ὕβριν καὶ τὸ φρόνημα αὐτῶν, τὰ τῶν συμμάχων τῶν ὑμετέρων {Φωκέων} τείχη κατεσκάπτετο·

324 ὥστε—διαπιστεῖ A*B* 132.14
325 πράγμα]τ᾽—περι]αιρε[θῆναι P. Oxy. LXVII 4580 ἀντὶ μὲν—ἠνδραποδισμένας Aristid. 32.19

1 ἔδει ⟨μετὰ ταῦτα⟩ AFY τὰς om. A 2 ὁμόσε A^{a} 2–3 ἵν᾽ εἰ] ἣν S^{a} 4 πάλιν om. S : post γενήσεται S^{c} 5 del. MacDowell : ἀγαγέντας A : ἄγοντ᾽ Dobree 6 δυνήσεσθε SFY ταῦθ᾽ AF 7 πράξαντες A 9 κατεκωλύθην F 10 ἑαυτοὺς om. S^{a}Y ἐκδοῦναι SY 11 ἐλθεῖν S^{a} 13 ἀπαγγέλλονται S^{a} 14 ἑαυ- AF 16 ἂν om. A ὑπάρξειν van Herwerden 17 ἀπαγγέλλουσι SF^{a}Y ὑμῶν FY 19 ⟨τούτων⟩ τῶν AF 21 μὲν ⟨γὰρ⟩ Aristid. 23 ἐξηνδρ- A Aristid. 24 αὐτῶν del. van Herwerden 25 ἡμ- A del. Cobet

Θηβαῖοι δ' ἦσαν οἱ κατασκάπτοντες, οἱ διοικισθέντες ὑπ' Αἰσχίνου τῷ λόγῳ. **(326)** *ἀντὶ δὲ τοῦ τὴν Εὔβοιαν ἀντ' Ἀμφιπόλεως ὑμῖν παραδοθῆναι, ὁρμητήρι' ἐφ' ὑμᾶς ἐν Εὐβοίᾳ Φίλιππος προσκατασκευάζεται καὶ Γεραιστῷ καὶ Μεγάροις ἐπιβουλεύων διατελεῖ. ἀντὶ δὲ τοῦ τὸν Ὠρωπὸν ὑμῖν ἀποδοθῆναι, περὶ Δρυμοῦ καὶ τῆς πρὸς Πανάκτῳ χώρας μεθ' ὅπλων ἐξερχόμεθα, ὅ, τέως ἦσαν Φωκεῖς σῶοι, οὐδεπώποτ' ἐποιήσαμεν.* **(327)** *ἀντὶ δὲ τοῦ τὰ πάτρια ἐν τῷ ἱερῷ κατασταθῆναι καὶ τὰ χρήματ' εἰσπραχθῆναι τῷ θεῷ, οἱ μὲν ὄντες Ἀμφικτύονες φεύγουσι καὶ ἐξελήλανται, καὶ ἀνάστατος αὐτῶν ἡ χώρα γέγονεν, οἱ δ' οὐπώποτ' ἐν τῷ πρόσθεν χρόνῳ γενόμενοι Μακεδόνες καὶ βάρβαροι, νῦν Ἀμφικτύονες εἶναι βιάζονται· ἐὰν δέ τις περὶ τῶν ἱερῶν χρημάτων μνησθῇ, κατακρημνίζεται, ἡ πόλις δὲ τὴν προμαντείαν ἀφῄρηται.*

328. *Καὶ γέγονεν τὰ πράγματα πάνθ' ὥσπερ αἴνιγμα τῇ πόλει. ὁ μὲν οὐδὲν ἔψευσται καὶ πάνθ' ὅσ' ἐβουλήθη διαπέπρακται, ὑμεῖς δ' ἅπερ εὔξαισθ' ἂν ἐλπίσαντες, τἀναντία τούτων ἑοράκατε γιγνόμενα, καὶ δοκεῖτε μὲν εἰρήνην ἄγειν, πεπόνθατε δὲ δεινότερα ἢ πολεμοῦντες· οὗτοι δὲ χρήματ' ἔχουσιν ἐπὶ τούτοις καὶ μέχρι τῆς τήμερον ἡμέρας δίκην οὐ δεδώκασιν.*

329. *Ὅτι γὰρ ταῦθ' ἁπλῶς δεδωροδόκηται καὶ τιμὴν ἔχουσιν ἁπάντων τούτων οὗτοι, πολλαχόθεν μὲν ἔγωγ' οἶμαι δῆλον ὑμῖν εἶναι πάλαι, καὶ δέδοικα μὴ τοὐναντίον οὗ βούλομαι ποιῶ, σφόδρα ἀκριβῶς δεικνύναι πειρώμενος*

326 *ἀντὶ*[1]—*ἐποιήσαμεν* Schol. Pl. Hipparch. 229d   *ἀντὶ*[2] *δὲ τοῦ τὸν*—*ἐποιήσαμεν* Sud. *τ* 322

---

2 *τὴν* om. Schol. Pl.   2–3 *ἄντ'*—*ὑμῖν* om. Schol. Pl.   3 *ἡμῖν* A   4 *κατασκευάζετο* A   *γεραστῷ* A   5 *δὲ* om. Sud.   6 *παραδοθῆναι* Sud.   ⟨*τοῦ*⟩ *δρυμοῦ* Sud.   7 *ἐξέρχεσθε* Sud.   *ὅ* om. Schol. Pl.   *ἕως* S[c]   *ἦσαν* ⟨*ἔσω οἱ*⟩ Schol. Pl.   *σῶοι* om. Schol. Pl. : ante *φωκεῖς* Sud.   *οὐδέποτε* Schol. Pl. Sud.   10 *ὄντως* Dobree   11 *οὐδεπώποτ'* AF   12 *καὶ* om. Y   16 *πάνθ'* om. A   17 *εὔξεσθ'* A   22 *γὰρ*] *δὲ* F[c]Y   *ταῦθ'* del. MacDowell   *ἁπλῶς*] *οὕτως ἔχει καὶ* S[γρ]   *δεδωροδόκηνται* SFY   25 *οὗ*] *ἢ* A   *ποιήσω* A : del. Dobree

διοχλῶ πάλαι τοῦτ' αὐτοὺς ὑμᾶς εἰδότας· ὅμως δ' ἔτι καὶ τόδ' ἀκούσατε. **(330)** *ἔστιν ὅντιν' ὑμεῖς, ὦ ἄνδρες δικασταί, τῶν πρέσβεων ὧν ἔπεμψεν Φίλιππος χαλκοῦν στήσαιτ' ἂν ἐν ἀγορᾷ; τί δέ; δοίητ' ἂν ἐν πρυτανείῳ σίτησιν ἢ ἄλλην τινὰ δωρεάν, αἷς τιμᾶτε τοὺς εὐεργέτας; ἐγὼ μὲν οὐκ οἶμαι. διὰ τί; (οὔτε γὰρ ὑμεῖς γε ἀχάριστοί ἐστε οὔτ' ἄδικοι ἄνθρωποι οὔτε κακοί.) ὅτι πάνθ' ὑπὲρ Φιλίππου καὶ οὐδ' ὁτιοῦν ὑπὲρ ὑμῶν ἔπραξαν, εἴποιτ' ἄν, καὶ ἀληθῆ καὶ δίκαια.* **(331)** *εἶτ' οἴεσθε ὑμεῖς μὲν οὕτω γιγνώσκειν, τὸν δὲ Φίλιππον οὐχ οὕτως, ἀλλὰ τούτοις διδόναι τηλικαύτας καὶ τοσαύτας δωρεὰς διότι ὑπὲρ ὑμῶν καλῶς καὶ δικαίως ἐπρέσβευσαν; οὐκ ἔστι ταῦτα. τὸν γὰρ Ἡγήσιππον ὁρᾶτε καὶ τοὺς μετ' αὐτοῦ πρέσβεις πῶς ἐδέξατο. τὰ μὲν ἄλλα σιωπῶ, ἀλλὰ Ξενοκλείδην τουτονὶ τὸν ποιητὴν ἐξεκήρυξεν, ὅτι αὐτοὺς ὑπεδέξατο πολίτας ὄντας. τοῖς μὲν γὰρ ὑπὲρ ὑμῶν λέγουσιν δικαίως ὅσ' ἂν φρονῶσιν τοῦτον τὸν τρόπον προσφέρεται, τοῖς δὲ πεπρακόσιν αὐτοὺς ὡς τούτοις. ταῦτ' οὖν μαρτύρων, ταῦτ' ἐλέγχων τινῶν ἔτι δεῖται μειζόνων; ταῦτ' ἀφαιρήσεταί τις ὑμῶν;*

332. *Εἶπε τοίνυν μοί τις ἄρτι προσελθὼν πρὸ τοῦ δικαστηρίου πρᾶγμα καινότατον πάντων, Χάρητος κατηγορεῖν αὐτὸν παρεσκευάσθαι, καὶ διὰ τούτου τοῦ τρόπου καὶ τούτων τῶν λόγων ἐξαπατήσειν ὑμᾶς ἐλπίζειν. ἐγὼ δ' ὅτι μὲν πάντα τρόπον κρινόμενος Χάρης εὕρηται πιστῶς καὶ εὐνοϊκῶς, ὅσον ἦν ἐπ' ἐκείνῳ, πράττων ὑπὲρ ὑμῶν, διὰ δὲ τοὺς ἐπὶ χρήμασι λυμαινομένους τοῖς πράγμασι πολλῶν ὑστερῶν, οὐ σφόδρα ἰσχυρίζομαι, ἀλλ' ὑπερβολὴν ποιήσομαι·*

329 *ὅμως—ἀκούσατε* AB 122.12
332–3 *εἶπε—εἰληφέναι* Prol. 431.3 *ἐγὼ—ἄρχομαι κατηγορεῖν* Syr. Soptr. Marcell. 4.426.8 W.

---

1 *ἐνοχλῶ* A *τοῦτ'*] *τοὺς* S[γρ]A ⟨*ἑωρακότας καὶ εὖ*⟩ *εἰδότας* S[γρ] *δ'* ⟨*οὖν*⟩ F 2 *ἀκούσατέ* ⟨*μου*⟩ A *ὅντιν'* ⟨*ἂν*⟩ A 6 *γε* om. A 7 ⟨*ἀλλ'*⟩ *ὅτι* FY *ἡμῶν* cod. k 8 *δίκαια* ⟨*ἂν εἴποιτε*⟩ A 10 *τούτους* F[a] *τηλικ. καὶ τοιαύτας* A : *τοσαύτας κ. τηλικ.* F *ὑπὲρ* om. A 14 ⟨*δι'*⟩ *αὐτοὺς* S : ⟨*νὴ δι'*⟩ S[c] 20 *πρᾶγμα—πάντων* om. Prol. 21 *τούτων* om. A 23 *πάντα* ⟨*μὲν*⟩ Prol. *εὑρεθήσεται* A Prol. : *εὑρήσεται* F[c]Y *καὶ* om. SY 24 *ἐν* A *ἡμῶν* Y

ἔστω γὰρ πάντα τἀληθῆ λέξειν περὶ αὐτοῦ τουτονί. καὶ οὕτω τοίνυν κομιδῇ γέλως ἐστὶ κατηγορεῖν ἐκείνου τουτονί. **(333)** *ἐγὼ γὰρ Αἰσχίνην οὐδενὸς αἰτιῶμαι τῶν ἐν τῷ πολέμῳ πραχθέντων (τούτων γάρ εἰσιν οἱ στρατηγοὶ ὑπεύθυνοι), οὐδὲ τοῦ ποιήσασθαι τὴν πόλιν εἰρήνην, ἀλλ' ἄχρι τούτου πάντ' ἀφίημι. τί οὖν λέγω καὶ πόθεν ἄρχομαι κατηγορεῖν; τοῦ ποιουμένης τῆς πόλεως εἰρήνην Φιλοκράτει συνειπεῖν, ἀλλὰ μὴ τοῖς τὰ βέλτιστα γράφουσι, καὶ τοῦ δῶρα εἰληφέναι· τοῦ μετὰ ταῦτα ἐπὶ τῆς ὑστέρας πρεσβείας τοὺς χρόνους κατατρῖψαι καὶ μηδὲν ὧν προσετάξαθ' ὑμεῖς ποιῆσαι, τοῦ φενακίσαι τὴν πόλιν καὶ παραστήσαντα ἐλπίδας, ὡς ὅσα βουλόμεθ' ἡμεῖς Φίλιππος πράξει, πάντ' ἀπολωλεκέναι, τοῦ μετὰ ταῦθ', ἑτέρων προλεγόντων φυλάττεσθαι τὸν τοσαῦτα ἠδικηκότα, τοῦτον ἐκείνῳ συνηγορεῖν.* **(334)** *ταῦτα κατηγορῶ, ταῦτα μέμνησθε, ἐπεὶ δικαίαν εἰρήνην καὶ ἴσην καὶ μηδὲν πεπρακότας ἀνθρώπους μηδὲ ψευσαμένους ὕστερον κἂν ἐπῄνουν καὶ στεφανοῦν ἐκέλευον. στρατηγὸς δ' εἴ τις ἠδίκηκεν ὑμᾶς, οὐχὶ κοινωνεῖ ταῖς νῦν εὐθύναις. ποῖος γὰρ στρατηγὸς Ἅλον, τίς δὲ Φωκέας ἀπολώλεκεν; τίς δὲ Δορίσκον; τίς δὲ Κερσοβλέπτην; τίς δὲ Ἱερὸν ὄρος; τίς δὲ Πύλας; τίς δὲ πεποίηκεν ἄχρι τῆς Ἀττικῆς ὁδὸν διὰ συμμάχων καὶ φίλων εἶναι Φιλίππῳ; τίς δὲ Κορώνειαν, τίς δ' Ὀρχομενόν, τίς Εὔβοιαν ἀλλοτρίαν; τίς Μέγαρα πρώην ὀλίγου; τίς Θηβαίους ἰσχυρούς;* **(335)** *τούτων γὰρ οὐδὲν τοσούτων καὶ τηλικούτων ὄντων διὰ τοὺς στρατηγοὺς ἀπώλετο, οὐδ' ἐν τῇ εἰρήνῃ συγχωρηθὲν πεισθέντων ὑμῶν ἔχει Φίλιππος, ἀλλὰ διὰ τούτους ἀπόλωλε καὶ τὴν τούτων δωροδοκίαν. ἂν τοίνυν ταῦτα μὲν φεύγῃ, πλανᾷ δὲ καὶ πάντα μᾶλλον λέγῃ, ἐκείνως αὐτὸν δέχεσθε.*

1 *ἀληθῆ* cod. P *λέγειν* A 2 *τοῦτον* Prol. 3 *οὐδὲν Αἰσχίνην* Syr. Soptr. Marcell. : *αἰσχίνην οὐδαμῶς* Y ⟨*τούτων*⟩ *τῶν* Syr. Soptr. Marcell. 4 *ὑπεύθυνοι οἱ στρατηγοί* Prol. 5 *οὐδὲ*—6 *κατηγορεῖν* om. Prol. 7 ⟨*ὑπὲρ*⟩ *τοῦ* Syr. Soptr. Marcell. ⟨*ἀλλὰ*⟩ *τοῦ* Prol. 8 *καὶ* om. Prol. : del. Markland ⟨*τοῦ*⟩ *τοῦ* S 11 *παραστήσαντας* S[a] ⟨*τὰς*⟩ *ἐλπίδας* S[c]Y 15 *ἴσην* ⟨*πεποιημένους*⟩ S[γρ]F[γρ] 19 *ἅλον* FY : corr. cod. P : [SA] *δὲ*[2] om. A 22 ⟨*δ'*⟩ *εὔβοιαν* A 25 *οὐδ' ἐν*] *οὐδὲν* F[a] 26 ⟨*οὐδὲ*⟩ *πεισθέντων* A

"οὐ στρατηγῷ δικάζομεν, οὐ περὶ τούτων κρίνει. μὴ λέγε εἴ τις αἴτιός ἐστι καὶ ἄλλος τοῦ Φωκέων ὀλέθρου, ἀλλ' ὡς οὐ σὺ αἴτιος δεῖξον. τί οὖν, εἴ τι Δημοσθένης ἠδίκει, νῦν λέγεις, ἀλλ' οὐχ ὅτε τὰς εὐθύνας ἐδίδου κατηγόρεις; δι' αὐτὸ γὰρ εἶ τοῦτο ἀπολωλέναι δίκαιος. **(336)** μὴ λέγε ὡς καλὸν εἰρήνη, μηδ' ὡς συμφέρον· οὐδεὶς γὰρ αἰτιᾶταί σε τοῦ ποιήσασθαι τὴν πόλιν εἰρήνην· ἀλλ' ὡς οὐκ αἰσχρὰ καὶ ἐπονείδιστος, καὶ πολλὰ ὕστερον ἐξηπατήμεθα, καὶ πάντ' ἀπώλετο, ταῦτα λέγε. τούτων γὰρ ἁπάντων ἡμῖν αἴτιος σὺ δέδειξαι. καὶ τί δὴ μέχρι νυνὶ τὸν τὰ τοιαῦτα πεποιηκότα ἐπαινεῖς;' ἂν οὕτω φυλάττητε αὐτόν, οὐχ ἕξει τί λέγῃ, ἀλλὰ τὴν ἄλλως ἐνταῦθ' ἐπαρεῖ τὴν φωνὴν καὶ πεφωνασκηκὼς ἔσται.

337. *Καίτοι* καὶ περὶ τῆς φωνῆς ἴσως εἰπεῖν ἀνάγκη· πάνυ γὰρ μέγα καὶ ἐπὶ ταύτῃ φρονεῖν αὐτὸν ἀκούω, ὡς καθυποκρινούμενον ὑμᾶς. ἐμοὶ δὲ δοκεῖτε ἀτοπώτατον ἁπάντων ἂν ποιῆσαι, εἰ, ὅτε μὲν τὰ Θυέστου καὶ τῶν ἐπὶ Τροίᾳ κακὰ ἠγωνίζετο, ἐξεβάλλετε αὐτὸν καὶ ἐξεσυρίττετε ἐκ τῶν θεάτρων καὶ μόνον οὐ κατελεύετε οὕτως ὥστε τελευτῶντα τοῦ τριταγωνιστεῖν ἀποστῆναι, ἐπειδὴ δὲ οὐκ ἐπὶ τῆς σκηνῆς, ἀλλ' ἐν τοῖς κοινοῖς καὶ μεγίστοις τῆς πόλεως πράγμασι μυρί' εἴργασται κακά, τηνικαῦθ' ὡς καλὸν φθεγγομένῳ προσέχοιτε. **(338)** μηδαμῶς· μηδὲν ὑμεῖς ἀβέλτερον πάθητε, ἀλλὰ λογίζεσθ' ὅτι δεῖ κήρυκα μὲν ἂν δοκιμάζητε, εὔφωνον σκοπεῖν, πρεσβευτὴν δὲ καὶ τῶν κοινῶν ἀξιοῦντά τι πράττειν δίκαιον καὶ φρόνημ' ἔχονθ' ὑπὲρ μὲν ὑμῶν μέγα, πρὸς δ' ὑμᾶς ἴσον, ὥσπερ ἐγὼ Φίλιππον μὲν οὐκ ἐθαύμασα, τοὺς δ' αἰχμαλώτους

335 *οὐ—δικάζομεν* AB 132.20

1 *λέγε*] *δέ γε* S 2 *τοῦ* ⟨*τῶν*⟩ FY 3 *σὺ* om. cod. Q[a] *αἴτιος* ⟨*εἶ*⟩ Y : *συναίτιος* ⟨*εἶ*⟩ F *ἠδίκηκε* A 5 ⟨*ἡ*⟩ *εἰρήνη* A 6 *ὡς* om. A *ποιῆσαι* A 7 *ὡς* om. A[a] 8 *λέγε*] *ἔλεγχε* van Herwerden 9 *ἁπάντων* ⟨*ὧν*⟩ Cobet 14 *αὐτῇ* Y 14–15 *καθυποκρινόμενον* A 15–16 *ἂν πάντων* A 18 *κατελύετε* S[c] : *καταλεύσετε* cod. Q 19 *ἐπεὶ δὲ* A 23 ⟨*εἰ*⟩ *εὔφωνος* F 25 *μὲν* om. SY 26 *μὲν* om. Y 26–1 *τοὺς—ἐθαύμασα* (*ὁμ.*) om. Y[a]

ἐθαύμασα, ἔσωσα, οὐδὲν ὑπεστειλάμην. οὗτος δ' ἐκείνου μὲν προὐκυλινδεῖτο καὶ τοὺς παιᾶνας ᾖδεν, ὑμῶν δ' ὑπερορᾷ. **(339)** ἔτι τοίνυν ὅταν μὲν ἴδητε δεινότητ' ἢ εὐφωνίαν ἤ τι τῶν ἄλλων τῶν τοιούτων ἀγαθῶν ἐπὶ χρηστοῦ καὶ φιλοτίμου γεγενημένον ἀνθρώπου, συγχαίρειν καὶ συνασκεῖν πάντας δεῖ· κοινὸν γὰρ ὑμῖν πᾶσι τοῖς ἄλλοις τοῦτ' ἀγαθὸν γίγνεται· ὅταν δ' ἐπὶ δωροδόκου καὶ πονηροῦ καὶ παντὸς ἥττονος λήμματος, ἀποκλείειν καὶ πικρῶς καὶ ἐναντίως ἀκούειν, ὡς πονηρία δυνάμεως δόξαν εὑρομένη παρ' ὑμῶν ἐπὶ τὴν πόλιν ἐστίν. **(340)** ὁρᾶτε δέ, ἀφ' ὧν οὗτος εὐδοκιμεῖ πηλίκα τῇ πόλει περιέστηκε πράγματα. αἱ μὲν τοίνυν ἄλλαι δυνάμεις ἐπιεικῶς εἰσιν αὐτάρκεις, ἡ δὲ τοῦ λέγειν, ἂν τὰ παρ' ὑμῶν τῶν ἀκουόντων ἀντιστῇ, διακόπτεται. οὕτως οὖν ἀκούετε τούτου ὡς πονηροῦ καὶ δωροδόκου καὶ οὐδ' ὁτιοῦν ἐροῦντος ἀληθές.

341. Ὅτι δ' οὐ μόνον κατὰ τἄλλα, ἀλλὰ καὶ τὰ πρὸς αὐτὸν τὸν Φίλιππον πράγματα πανταχῶς συμφέρει τοῦτον ἑαλωκέναι, θεάσασθε. εἴτε γὰρ ἥξει ποτὲ εἰς ἀνάγκην τῶν δικαίων τι ποιεῖν τῇ πόλει, τὸν τρόπον μεταθήσεται· νῦν μὲν γὰρ ᾕρηται τοὺς πολλοὺς ἐξαπατῶν ὀλίγους θεραπεύειν, ἂν δὲ τούτους ἀπολωλότας πύθηται, ὑμῖν τοῖς πολλοῖς καὶ πάντων κυρίοις τὰ λοιπὰ ποιεῖν βουλήσεται. **(342)** εἴτ' ἐπὶ τῆς αὐτῆς ἧσπερ νῦν ἐξουσίας καὶ ἀσελγείας μενεῖ, τοὺς ὁτιοῦν ἂν ἐκείνῳ ποιήσαντας ἀνῃρηκότες ἐκ τῆς πόλεως ἔσεσθε, ἂν τούτους ἀνέλητε· οἳ γὰρ οἰόμενοι δίκην ὑφέξειν τοιαῦτ' ἔπραξαν, τούτους, ἂν τὰ παρ' ὑμῶν αὐτοῖς ἐφεθῇ, τί οἴεσθε ποιήσειν; ποῖον Εὐθυκράτη, ποῖον Λασθένη, τίν' οὐχ

340 αἱ—διακόπτεται Prol. 172.3 ἡ—διακόπτεται Soptr. 5.15. 22 W.

1 θαυμάσας F : om. A : del. Cobet ⟨καὶ⟩ οὐδὲν A : οὐδὲν ⟨δὲ⟩ F
2 προὐκαλινδεῖτο Cobet καὶ om. S[a] ὑπερεώρα S[γρ]AF : ὑπερώρᾳ Y
5 συνασκεῖν] συναύξειν Richards 6 ἡμῖν F[c] 7 καὶ[2] om. S
8 ἀκούειν ⟨δεῖ⟩ A 9 εὑραμένη A 10 ἡλίκα A 12 λέγειν ⟨δύναμις⟩ Soptr. τῶν ἀκουόντων om. Prol. 15 καὶ ⟨κατὰ⟩ MacDowell 16 πανταχοῦ S[γρ]AF[c] 19 προῄρηται FY
22 καὶ ἀσελγείας om. cod. Q μένει A 23 ποιήσοντας SFY
24 οἱ SY[a] : εἰ AF 25 ἀφεθῇ AF 26 ποιεῖν A ποῖον[1] om. Y[a] εὐθυκράτην AF[c]Y λασθένην AF[c]Y

ὑπερβαλεῖσθαι προδότην; **(343)** τίνα δ' οὐ πάντων τῶν ἄλλων χείρω πολίτην ὑπάρξειν, ὁρῶντα τοῖς μὲν ἅπαντα πεπρακόσι χρήματα, δόξαν, ἀφορμὴν τὴν Φιλίππου ξενίαν περιοῦσαν, τοῖς δὲ δικαίους τε παρέχουσιν ἑαυτοὺς καὶ προσανηλωκόσιν χρήματα πράγματα, ἀπεχθείας, φθόνον περιόντα παρ' ἐνίων; μηδαμῶς· οὔτε γὰρ πρὸς δόξαν οὔτε πρὸς εὐσέβειαν οὔτε πρὸς ἀσφάλειαν οὔτε πρὸς ἄλλο οὐδὲν ὑμῖν συμφέρει τοῦτον ἀφεῖναι, ἀλλὰ τιμωρησαμένους παράδειγμα ποιῆσαι πᾶσι, καὶ τοῖς πολίταις καὶ τοῖς ἄλλοις Ἕλλησιν.

3 *τὴν* om. A   4 *δικαίοις* A

In SFY subscriptum est

ΠΕΡῚ ΤΗ͂Σ ΠΑΡΑΠΡΕΣΒΕΊΑΣ XXX HH 𐅃 ΔΔΔ

(⟨*ἀντεβλήθη*⟩ S^{c} : ⟨*διώρθωται* F^{c}⟩).

In A subscriptum est

ΚΑΤ' ἈΙΣΧΊΝΟΥ ΠΕΡῚ ΤΗ͂Σ ΠΑΡΑΠΡΕΣΒΕΊΑΣ

ΔΗΜΟΣΘΕΝΟΥΣ
ΠΡΟΣ ΛΕΠΤΙΝΗΝ ΠΕΡΙ ΤΗΣ ΑΤΕΛΕΙΑΣ

1. Ἄνδρες δικασταί, μάλιστα μὲν εἵνεκα τοῦ νομίζειν συμφέρειν τῇ πόλει λελύσθαι τὸν νόμον, εἶτα καὶ τοῦ παιδὸς εἵνεκα τοῦ Χαβρίου ὡμολόγησα τούτοις, ὡς ἂν οἷός τε ὦ, συνερεῖν. ἔστι δ' οὐκ ἄδηλον, ὦ ἄνδρες Ἀθηναῖοι, τοῦθ', ὅτι Λεπτίνης, κἂν τις ἄλλος ὑπὲρ τοῦ νόμου λέγῃ, δίκαιον μὲν οὐδὲν ἐρεῖ περὶ αὐτοῦ, φήσει δ' ἀναξίους τινὰς ἀνθρώπους εὑρομένους ἀτέλειαν ἐκδεδυκέναι τὰς λειτουργίας, καὶ τούτῳ πλείστῳ χρήσεται τῷ λόγῳ. **(2)** ἐγὼ δ' ὅτι μὲν τινῶν κατηγοροῦντα πάντας ἀφαιρεῖσθαι τὴν δωρεὰν τῶν ἀδίκων ἐστίν, ἐάσω· καὶ γὰρ εἴρηται τρόπον τινὰ καὶ ὑφ' ὑμῶν ἴσως γιγνώσκεται· ἀλλ' ἐκεῖνα ἂν ἐροίμην ἡδέως αὐτόν, τίνος εἵνεκα, εἰ τὰ μάλιστα μὴ τινὲς ἀλλὰ πάντες ἦσαν ἀνάξιοι, τῶν αὐτῶν ἠξίωσεν ὑμᾶς τε καὶ τούτους. ἐν μὲν γὰρ τῷ γράψαι

1 *ἄνδρες—συνερεῖν* Aristid. 64.6 Hermog. 99.4 R. Syr. 1.17.21 R. Anon. Schol. in Id. 7.891.6 W. *μάλιστα—νομίζειν* Georg. Diaer. 6.509.3 W. Prol. 354.4 *—πόλει* Prol. 333.12 *—Χαβρίου* Hermog. 287.23 R. *—συνερεῖν* Doxopatr. 2.333.15. W. Demetr. 6.4, 8.18 Ra. *ὡμολόγησα—συνερεῖν* Demetr. 51.21 Ra. *ἔστι—Λεπτίνης* Hermog. 306.10 R. *—ἐρεῖ* Hermog. 310.17 R. *—ἀνθρώπους* Aps. 4.13 *—λειτουργίας* Hermog. 135.6, 439.22 R. Greg. Cor. 7.1298.1 W. *—λόγῳ* Hermog. 307.17 R. Aristid. or. 53.5.27 Di. *ἐκδεδυκέναι—λειτουργίας* Hermog. 309.22 R. *καὶ τούτῳ—λόγῳ* Hermog. 309.26 R. Syr. 1.67.1 R.

2 *ἐγὼ—ἐάσω* D.H. 2.35.8 Hermog. 135.11 R. Aps. 5.22 *—γιγνώσκεται* Tib. Fig. 5.3 Ball. Hermog. 177.23, 181.3 R. *τίνος—τούτους* Hermog. 349.5 R. *—ὑμῖν ἐξεῖναι* cf. Anon. Fig. 3.148.28 Sp. *ἐν μὲν—ἀτελῆ* Schol. D. 2.3.17c

---

tit. *περὶ τῆς ἀτελείας πρὸς λεπτίνην* SY

2 *τῇ πόλει* om. Aristid. Hermog. (287) 5 *λέγει* A 6 *περὶ αὐτοῦ* om. Hermog. (310) Aps. *ἀνθρώπους* om. Hermog. (439) Aps. 7 *εὑραμένους* A Greg. Cor. 9 *τὴν δωρεὰν* om. Aps. : *τὴν ἀτέλειαν* D.H. *ἀδικούντων* F[a] : *ἀτόπων* Aps. 10 *ἐάσω*] *παραλείψω* Aps. 11 *ἐκεῖνο* AF *τίνος* ⟨*οὖν*⟩ Hermog. Anon. 13 *ὑμᾶς τε* om. Schol. D. 20.2.11 *καὶ τούτους*] *κἀκείνους* Hermog.

"μηδένα εἶναι ἀτελῆ", τοὺς ἔχοντας ἀφείλετο τὴν ἀτέλειαν, ἐν δὲ τῷ προσγράψαι "μηδὲ τὸ λοιπὸν ἐξεῖναι δοῦναι". ὑμᾶς τὸ δοῦναι ὑμῖν ἐξεῖναι. οὐ γὰρ ἐκεῖνό γ' ἔνεστιν εἰπεῖν, ὡς τὸν αὐτὸν τρόπον, ὅνπερ τοὺς ἔχοντας {ἀφείλετο} τὴν δωρεὰν ἀναξίους ἐνόμιζεν, οὕτω καὶ τὸν δῆμον ἀνάξιον ἡγεῖτο κύριον εἶναι τοῦ δοῦναι, ἐάν τῳ βούληται. **(3)** ἀλλὰ νὴ Δι' ἐκεῖν' ἂν ἴσως εἴποι πρὸς ταῦτα, ὅτι διὰ τὸ ῥᾳδίως ἐξαπατᾶσθαι τὸν δῆμον, διὰ τοῦθ' οὕτως ἔθηκε τὸν νόμον. τί οὖν κωλύει πάντα ἀφῃρῆσθαι καὶ ὅλως τὴν πολιτείαν ὑμᾶς κατὰ τοῦτον τὸν λόγον; οὐ γὰρ ἔστιν ἐφ' ὅτου τοῦτο οὐ πεπόνθατε τῶν πάντων, ἀλλὰ καὶ ψηφίσματα πολλὰ πολλάκις ἐξαπατηθέντες κεχειροτονήκατε, καὶ συμμάχους ἤδη τινὰς ἥττους ἀντὶ κρειττόνων ἐπείσθητε ἑλέσθαι, καὶ ὅλως ἐν οἶμαι πολλοῖς οἷς πράττετε καὶ τοιοῦτό τι συμβαίνειν ἀνάγκη. **(4)** ἆρ' οὖν θησόμεθα νόμον διὰ ταῦτα "μηδὲ τὸ λοιπὸν ἐξεῖναι τῇ βουλῇ μηδὲ τῷ δήμῳ μήτε προβουλεύειν μήτε χειροτονεῖν μηδέν"; ἐγὼ μὲν οὐκ οἶμαι· οὐ γάρ ἐσμεν ἀφαιρεθῆναι δίκαιοι περὶ ὧν ἂν ἐξαπατηθῶμεν, ἀλλὰ διδαχθῆναι πῶς τοῦτο μὴ πεισόμεθα, καὶ θέσθαι νόμον οὐχ ὃς ἀφαιρήσεται τὸ κυρίους ἡμᾶς εἶναι, ἀλλὰ δι' οὗ τὸν ἐξαπατῶντα τιμωρησόμεθα.

5. *Εἰ* τοίνυν τις ἐάσας ταῦτα αὐτὸ καθ' αὐτὸ ἐξετάσειεν, πότερόν ποτε λυσιτελέστερόν ἐστι κυρίους μὲν ὑμᾶς εἶναι τῆς δωρεᾶς, ἐξαπατηθέντας δέ τι καὶ φαύλῳ τινὶ δοῦναι,

2 ἐν δὲ—λοιπὸν ἐξεῖναι Tib. Fig. 25.13 Ball. ὑμᾶς²—ἐξεῖναι Demetr. 51.26 Ra. οὐ—εἰπεῖν Aps. 4.4
3 διὰ—κωλύει Aristid. (or. 54) 2.657.25 D. ἐξαπατᾶσθαι—ἀνάγκη cf. Aps. 5.18 ἀφῃρῆσθαι—λόγον cf. Minuc. 1.349.1 Sp. Ha.

2 προγράψαι Tib. ἐξεῖναι et ὑμᾶς del. Naber ὑμᾶς] ὑμῖν Schol. D. 3 ὑμῖν ἐξεῖναι del. Wolf : ἡμῖν ἐξ- A ἔστιν A Aps. 4 ἀφείλετο del. S[ma] et Reiske 5 νομίζων F[a] ἡγεῖτο ⟨τὸ⟩ Y 6 δοῦναι ⟨τὰ ἑαυτοῦ⟩ FY ἐκεῖνο ⟨γ'⟩ A 7 διὰ ⟨γὰρ⟩ Aristid. 8 ⟨καὶ⟩ διὰ Aps. διὰ—νόμον] ταῦτ' εἰκότως προσγράψαι Aristid. ἔθηκα AF[c]Y Aps. ἐκώλυεν Aristid. 9 ἀνῃρῆσθαι Aps. καὶ—ὑμᾶς om. Aps. 10 ὅτῳ AFY Aps. 11 πολλὰ om. Minuc. ἐψηφίσασθε Aps. 12–13 καὶ—ἑλέσθαι om. Aps. 18 ὅπως AF πεισώμεθα A 19 εἶναι ⟨τῆς δωρεᾶς⟩ FY 22 ποτε del. Cobet 23 τι] ποτε S[γρ]AFY

ἢ διὰ τοῦ παντελῶς ἀκύρους γενέσθαι μηδ᾽ ἂν ἄξιόν τινα εἰδῆτε ἐξεῖναι τιμῆσαι, εὕροιτ᾽ ἂν μᾶλλον ἐκεῖνο λυσιτελοῦν. διὰ τί; ὅτι ἐκ μὲν τοῦ πλείονας ἢ προσήκει τιμᾶν πολλοὺς εὖ ποιεῖν προκαλεῖσθ᾽ ὑμᾶς, ἐκ δὲ τοῦ μηδενὶ μηδέν, μηδ᾽ ἂν ἄξιος ᾖ, διδόναι, πάντας ἀπείρξετε τοῦ φιλοτιμεῖσθαι. **(6)** πρὸς δὲ τούτῳ καὶ δι᾽ ἐκεῖνο, ὅτι οἱ μὲν ἀνάξιόν τινα τιμήσαντες εὐηθείας τινὰ δόξαν ἔχοιεν ἄν, οἱ δὲ τοὺς ἀγαθόν τι ποιοῦντας ἑαυτοὺς μὴ τοῖς ὁμοίοις ἀμειβόμενοι, κακίας. ὅσῳ δὴ κρεῖττον εὐήθη δοκεῖν ἢ πονηρὸν εἶναι, τοσούτῳ λῦσαι τὸν νόμον κάλλιον ἢ θέσθαι.

7. Οὐ τοίνυν ἔμοιγε οὐδ᾽ ἐκεῖνο εὔλογον, ὦ ἄνδρες Ἀθηναῖοι, σκοπουμένῳ φαίνεται, καταμεμφόμενόν τινας ἐπὶ ταῖς ὑπαρχούσαις δωρεαῖς τοὺς χρησίμους ὄντας τῶν τιμῶν ἀποστερεῖν. εἰ γὰρ ὑπαρχουσῶν τούτων φαῦλοι καὶ ἀνάξιοί τινες κατὰ τὸν τούτων λόγον εἰσίν, τί χρὴ προσδοκᾶν ἔσεσθαι τότε, ὅταν παντελῶς μηδὲν πλέον μέλλῃ {μηδὲν} εἶναι τοῖς χρηστοῖς οὖσιν;

8. Ἔτι τοίνυν ὑμᾶς κἀκεῖνο ἐνθυμεῖσθαι δεῖ, ὅτι ἐκ τῶν νῦν ὑπαρχόντων νόμων καὶ πάλαι κυρίων, οὓς οὐδ᾽ ἂν αὐτὸς οὗτος ἀντείποι μὴ οὐχὶ καλῶς ἔχειν, ἐνιαυτὸν διαλιπὼν ἕκαστος λειτουργεῖ, ὥστε τὸν ἥμισύν ἐστ᾽ ἀτελὴς τοῦ χρόνου. εἶθ᾽ ἧς πᾶσι μέτεστι τὸ ἥμισυ καὶ τοῖς μηδ᾽ ὁτιοῦν ἀγαθὸν πεποιηκόσιν ὑμᾶς, ταύτης τοὺς εὖ ποιήσαντας, ὃ προστεθείκαμεν αὐτοῖς, τοῦτ᾽ ἀφελώμεθα; μηδαμῶς· οὔτε γὰρ ἄλλως καλὸν οὔθ᾽ ὑμῖν πρέπον. **(9)** πῶς γὰρ οὐκ αἰσχρόν, ὦ ἄνδρες Ἀθηναῖοι,

7 καταμεμφόμενον—ἀποστερεῖν AB 151.9   εἰ—χρηστοῖς cf. Minuc. 1.347.24 Sp. Ha.

---

1 τοῦ] τὸ AF   3 προσῆκε F[c]   4 μηδέν om. SFY   6 καὶ om. S[a]   8 αὐτοὺς FY   12 τινας] τοὺς S[a]Y AB : ⟨ὀλίγους⟩ τινὰς Cobet   14–15 φαῦλοι—εἰσίν] φαίνονταί τινες ἀνάξιοι Minuc.   15 τούτου Dindorf   ἔσεσθαι om. Minuc.   16 μηδὲν πλέον Minuc. et Cobet : μηδὲ πλέον S : πλέον AFY   16 del. Cobet : om. Minuc., qui praeb. εἶναι μέλλῃ   17 οὖσιν om. Minuc.   18 ὑμᾶς om. Schol. D. 20.8.22a   19 ἂν post 20 ἀντείποι SF[c]Y : [F]   21 τὸ ἥμισύ AY   23–4 ἃ—ταῦτ᾽ S[a]   23 αὐτοί A

κατὰ μὲν τὴν ἀγορὰν ἀψευδεῖν νόμον γεγράφθαι, ἐφ᾽ οἷς οὐδέν ἐστι δημοσίᾳ βλάβος εἴ τις ψεύδεται, ἐν δὲ τῷ κοινῷ μὴ χρῆσθαι τῷ νόμῳ τούτῳ τὴν πόλιν αὐτὴν τὴν ἐπιτάξασαν τοῖς ἰδιώταις, ἀλλὰ τοὺς ἀγαθόν τι πεποιηκότας ἐξαπατῆσαι, καὶ ταῦτ᾽ οὐ μικρὰν ζημίαν ὀφλήσειν μέλλουσαν; **(10)** οὐ γὰρ εἰ μὴ χρήματ᾽ ἀπόλλυτε μόνον σκεπτέον, ἀλλ᾽ εἰ καὶ δόξαν χρηστήν, περὶ ἧς μᾶλλον σπουδάζετε ἢ περὶ χρημάτων, καὶ οὐ μόνον ὑμεῖς, ἀλλὰ καὶ οἱ πρόγονοι. τεκμήριον δέ· χρήματα μὲν γὰρ πλεῖστά ποτε κτησάμενοι πάνθ᾽ ὑπὲρ φιλοτιμίας ἀνήλωσαν, ὑπὲρ δὲ δόξης οὐδένα πώποτε κίνδυνον ἐξέστησαν, ἀλλὰ καὶ τὰς ἰδίας οὐσίας προσαναλίσκοντες διετέλουν. νῦν τοίνυν οὗτος ὁ νόμος ταύτην ἀντὶ καλῆς αἰσχρὰν τῇ πόλει περιάπτει, καὶ οὔτε τῶν προγόνων οὔθ᾽ ὑμῶν ἀξίαν. τρία γὰρ τὰ μέγιστα ὀνείδη κτᾶται, φθονεροὺς ἀπίστους ἀχαρίστους εἶναι δοκεῖν.

11. Ὅτι τοίνυν οὐδ᾽ ἐστὶν ὅλως, ὦ ἄνδρες Ἀθηναῖοι, τοῦ ἤθους τοῦ ὑμετέρου κύριον ποιῆσαι τοιοῦτον νόμον, καὶ τοῦτο πειράσομαι δεῖξαι διὰ βραχέων, ἕν τι τῶν πρότερον πεπραγμένων τῇ πόλει διεξελθών. λέγονται χρήμαθ᾽ οἱ τριάκοντα δανείσασθαι παρὰ Λακεδαιμονίων ἐπὶ τοὺς ἐν Πειραιεῖ. ἐπειδὴ δ᾽ ἡ πόλις εἰς ἓν ἦλθεν καὶ τὰ πράγματ᾽ ἐκεῖνα κατέστη, πρέσβεις πέμψαντες οἱ Λακεδαιμόνιοι τὰ χρήματα

10 οὐ—χρημάτων Plan. Schol. 5.506.7 W. χρήματα—διετέλουν Prisc. 2.313.3 ὑπὲρ δὲ—ἐξέτησαν Prisc. 2.288.22 νῦν—δοκεῖν Syr. 2.187.13 R. τρία—ἀχαρίστους Plan. Schol. 5.467.21 W. —δοκεῖν Hermog. 279.5 R. Syr. 1.35.16 R.

11 λέγονται—δανείσασθαι Hermog. 268.19. R. Minuc. 1.346.17 Sp. Ha. —Λακεδαιμονίων Schol. D. 1.1.1d Anon. Schol. in Id. 7.916. 16 W. —Πειραιεῖ Hermog. 227.7, 268.4 R. Aps. 6.14 —ἀπῄτουν Aristid. 11.1

---

1 ἀψευδῆ A^c F^c Y^c ἐφ᾽] ἐν A 2 ψεύσεται AFY 3 τὴν αὐτὴν SAFY : corr. Hertlein 9 ὑπὸ φιλοτιμίας cod. Ft 10 ποτὲ Prisc. (bis) 11 ἐτέλουν Prisc. 12 τοίνυν] γὰρ Syr. ταύτην om. Syr. 13 περιάπτει ⟨δόξαν⟩ Syr. 14 ἀχαρίστους ἀπίστους Hermog. Plan. 19–20 οἱ τριάκοντα χρήματα Hermog. (227) Aristid. Aps. 20 παρὰ ⟨τῶν⟩ Anon. ἐμ S Aristid. 21 ἐπεὶ A ἡ—καὶ om. Aristid. συνῆλθεν A

ταῦτ' ἀπῄτουν. **(12)** *λόγων δὲ γιγνομένων καὶ τῶν μὲν τοὺς δανεισαμένους ἀποδοῦναι κελευόντων, τοὺς ἐξ ἄστεως, τῶν δὲ τοῦτο πρῶτον ὑπάρξαι τῆς ὁμονοίας σημεῖον ἀξιούντων, κοινῇ διαλῦσαι τὰ χρήματα, φασὶ τὸν δῆμον ἑλέσθαι συνεισενεγκεῖν αὐτὸν καὶ μετασχεῖν τῆς δαπάνης, ὥστε μὴ λῦσαι τῶν ὡμολογημένων μηδέν. πῶς οὖν οὐ δεινόν, ὦ ἄνδρες Ἀθηναῖοι, εἰ τότε μὲν τοῖς ἠδικηκόσιν ὑμᾶς ὑπὲρ τοῦ μὴ ψεύσασθαι τὰ χρήματ' εἰσφέρειν ἠθελήσατε, νῦν δ' ἐξὸν ὑμῖν ἄνευ δαπάνης τὰ δίκαια ποιῆσαι τοῖς εὐεργέταις, λύσασι τὸν νόμον, ψεύδεσθαι μᾶλλον αἱρήσεσθε; ἐγὼ μὲν οὐκ ἀξιῶ.*

13. *Τὸ μὲν τοίνυν τῆς πόλεως ἦθος, ὦ ἄνδρες Ἀθηναῖοι, καὶ ἐπ' ἄλλων πολλῶν καὶ ἐφ' ὧν εἶπον ἴδοι τις ἂν τοιοῦτον, ἀψευδὲς καὶ χρηστόν, οὐ τὸ λυσιτελέστατον πρὸς ἀργύριον σκοποῦν, ἀλλὰ τί καὶ καλὸν πρᾶξαι. τὸ δὲ τοῦ θέντος τὸν νόμον, τὰ μὲν ἄλλ' ἔγωγε οὐκ οἶδα, οὐδὲ λέγω φλαῦρον οὐδὲν οὐδὲ σύνοιδα, ἐκ δὲ τοῦ νόμου σκοπῶν εὑρίσκω πολὺ τούτου κεχωρισμένον.* **(14)** *φημὶ τοίνυν ἐγὼ κάλλιον εἶναι τοῦτον ὑμῖν ἀκολουθῆσαι περὶ τοῦ λῦσαι τὸν νόμον ἢ ὑμᾶς τούτῳ περὶ τοῦ θέσθαι, καὶ λυσιτελέστερον εἶναι καὶ ὑμῖν καὶ τούτῳ τὴν πόλιν πεπεικέναι Λεπτίνην ὅμοιον αὐτῇ γενέσθαι δοκεῖν ἢ αὐτὴν ὑπὸ τούτου πεπεῖσθαι ὁμοίαν εἶναι τούτῳ· οὐδὲ γὰρ εἰ πάνυ χρηστός ἐσθ', ὡς ἐμοῦ γ' ἕνεκα ἔστω, βελτίων ἐστὶ τῆς πόλεως τὸ ἦθος.*

12 *λόγων—γιγνομένων* Aps. 6.14 *καὶ τῶν—χρήματα* Aristid. 26.19 *εἰ—αἱρήσεσθε* cf. Minuc. 1.346.19 Sp. Ha.
13 *τῆς—ἦθος* cf. Thom. 173.10 *τὸ δὲ—κεχωρισμένον* Hermog. 349.10 R. *τοῦ θέντος—κεχωρισμένον* Anon. Fig. 3.148.25 Sp.
14 *οὐδὲ—ἔστω* Syr. 2.26.16 R.

---

1 *ταῦτ'* om. A Aristid. *γενομένων* Aps. 3 *τῆς ὁμονοίας* om. Aristid. 4 *διαλύσασθαι* Aristid. 6 *ὀμωμοσμένων* A 7 *εἰ τότε*] *ἐκεῖνοι* Minuc. 8 *ψεύδεσθαι* A *χρήματα* ⟨*ταῦτα*⟩ F *νῦν*] *ὑμῖν* Minuc. 9–10 *λύσασι—νόμον* om. Minuc. 10 *ψεύσασθαι* A : *ψεύσεσθαι* Minuc 12 *τοιοῦτον* ⟨*ὄν*⟩ Cobet 13 *οὐ τὸ*] *οὔτε* A : *οὐ* ⟨*τί*⟩ Dobree 15–16 *οὐδὲ—σύνοιδα* om. Anon. 16 *νόμου* ⟨*τούτου*⟩ AF*γρ* *τούτου πολὺ* Hermog. 20 *δοκεῖν* transp. post 19 *θέσθαι* A 21 *οὐδὲ*] *καὶ* Syr. 22 *ἐστι* ⟨*Λεπτίνης*⟩ Syr. 23 *τὸ* om. A

15. *Νομίζω τοίνυν ὑμᾶς, ὦ ἄνδρες δικασταί, ἄμεινον ἂν περὶ τοῦ παρόντος βουλεύσασθαι, εἰ κἀκεῖνο μάθοιτε, ὅτι ᾧ μόνῳ μείζους εἰσὶν αἱ παρὰ τῶν δήμων δωρεαὶ τῶν παρὰ τῶν ἄλλων πολιτειῶν διδομένων, καὶ τοῦτο ἀφαιρεῖται νῦν τῷ νόμῳ. τῇ μὲν γὰρ χρείᾳ τῇ τῶν εὑρισκομένων τὰς δωρεὰς οἱ τύραννοι καὶ οἱ τὰς ὀλιγαρχίας ἔχοντες μάλιστα δύνανται τιμᾶν· πλούσιον γὰρ ὃν ἂν βούλωνται παραχρῆμ' ἐποίησαν· τῇ δὲ τιμῇ καὶ τῇ βεβαιότητι τὰς παρὰ τῶν δήμων δωρεὰς εὑρήσετε οὔσας βελτίους.* **(16)** *τό τε γὰρ μὴ μετ' αἰσχύνης ὡς κολακεύοντα λαμβάνειν, ἀλλ' ἐν ἰσηγορίᾳ δοκοῦντα ἄξιόν τινος εἶναι τιμᾶσθαι τῶν καλῶν ἐστι, τό τε ὑπὸ τῶν ὁμοίων ἑκόντων θαυμάζεσθαι τοῦ παρὰ τοῦ δεσπότου λαμβάνειν ὁτιοῦν κρεῖττον εἶναι δοκεῖ. παρὰ μὲν γὰρ ἐκείνοις μείζων ἐστὶν ὁ τοῦ μέλλοντος φόβος τῆς παρούσης χάριτος, παρὰ δ' ὑμῖν ἀδεῶς ἃ ἂν λάβῃ τις ἔχειν ὑπῆρχε τὸν γοῦν ἄλλον χρόνον.* **(17)** *ὁ τοίνυν τὴν πίστιν ἀφαιρῶν τῶν δωρεῶν νόμος, οὗτος, ᾧ μόνῳ κρείττους εἰσὶν αἱ παρ' ὑμῶν δωρεαί, τοῦτ' ἀφαιρεῖται. καίτοι τῶν ἁπασῶν ἧς ἄν τινος πολιτείας τὸ κομίζεσθαι τοὺς εὔνους τοῖς καθεστῶσιν χάριν ἂν ἐξέλῃς, οὐ μικρὰν φυλακὴν αὐτῶν ταύτην ἀφῃρηκὼς ἔσει.*

18. *Τάχα τοίνυν ἴσως ἐκεῖνο λέγειν ἂν ἐπιχειρήσειε Λεπτίνης, ἀπάγων ὑμᾶς ἀπὸ τούτων, ὡς αἱ λειτουργίαι νῦν μὲν εἰς πένητας ἀνθρώπους ἔρχονται, ἐκ δὲ τοῦ νόμου τούτου λειτουργήσουσιν οἱ πλουσιώτατοι. ἔστι δὲ τοῦτο οὑτωσὶ μὲν ἀκοῦσαι λόγον τιν' ἔχον· εἰ δέ τις αὐτὸ ἀκριβῶς ἐξετάσειε, ψεῦδος ἂν φανείη. εἰσὶ γὰρ δήπου παρ' ἡμῖν αἵ τε τῶν μετοίκων λειτουργίαι καὶ αἱ πολιτικαί, ὧν ἑκατέρων*

15 *μὲ]ν γὰρ*—**16** *τ[ό] θ' ὑ[πὸ* P. Oxy. LVI 3841
18 *ἐκ—πλουσιώτατος* Aps. 4.2

---

2 *παρόντος*] *νόμου* A 3 *τοῦ δήμου* A 4 *διδομένων* del. Cobet *ἀναιρεῖται* AFY : *ἀνερεῖτε* S[a] 7 *τιμᾶν* del. Bake 8 *καὶ—βεβαιότητι* om. S[a]Y Π3841 *τοῦ δήμου* A 11 *τιμᾶσθαι* del. Halbertsma 15 *ἃ ἀνὰ* S[a] *ὑπῆρξε* AF[c]Y *γοῦν* om. A 16 *νόμος, οὗτος* sic dist. Schaefer 17 *ταῦτ'* A 18 *ἧστινος ἂν* ⟨*οὖν*⟩ S[c]F[a] : *ἧστινος ἂν* A *ἂν* del. Dindorf 19 *ἀφέλῃς* F 23 *δὲ* om. Aps. 26 *ἂν* ⟨*ὂν*⟩ AY

ἐστὶ τοῖς εὑρημένοις ἡ ἀτέλεια ἣν οὗτος ἀφαιρεῖται. τῶν γὰρ εἰς τὸν πόλεμον καὶ τὴν σωτηρίαν τῆς πόλεως εἰσφορῶν καὶ τριηραρχιῶν ὀρθῶς καὶ δικαίως οὐδείς ἐστ᾽ ἀτελὴς ἐκ τῶν παλαιῶν νόμων, οὐδ᾽ οὓς οὗτος ἔγραψε, τοὺς ἀφ᾽ Ἁρμοδίου καὶ Ἀριστογείτονος. **(19)** σκεψώμεθα δὴ τίνας ἡμῖν εἰσποιεῖ χορηγοὺς εἰς ἐκείνας τὰς λειτουργίας, καὶ πόσους, ἐὰν μὴ τούτῳ προσέχωμεν, ἀφήσει. οἱ μὲν τοίνυν πλουσιώτατοι τριηραρχοῦντες ἀεὶ τῶν χορηγιῶν ἀτελεῖς ὑπάρχουσιν, οἱ δ᾽ ἐλάττω τῶν ἱκανῶν κεκτημένοι, τὴν ἀναγκαίαν ἀτέλειαν ἔχοντες, ἔξω τοῦ τέλους εἰσὶ τούτου· οὐκοῦν τούτων μὲν οὐδετέρων οὐδεὶς διὰ τὸν νόμον ἡμῖν προσέσται χορηγός. **(20)** ἀλλὰ νὴ Δία εἰς τὰς τῶν μετοίκων λειτουργίας εἰσποιεῖ πολλούς. ἀλλ᾽ ἐὰν δείξῃ πέντε, ἐγὼ ληρεῖν ὁμολογῶ. θήσω τοίνυν ἐγὼ μὴ τοιοῦτον εἶναι τοῦτο, ἀλλὰ καὶ τῶν μετοίκων πλείονας ἢ τοσούτους, ἐὰν ὁ νόμος τεθῇ, τοὺς λειτουργοῦντας ἔσεσθαι, καὶ τῶν πολιτῶν μηδένα ἐκ τριηραρχίας ὑπάρξειν ἀτελῆ. σκεψώμεθα δὴ τί τοῦτο τῇ πόλει, ἐὰν ἅπαντες οὗτοι λειτουργῶσιν· φανήσεται γὰρ οὐδὲ πολλοῦ δεῖ τῆς γενησομένης ἄξιον αἰσχύνης. **(21)** ὅρα δ᾽ οὑτωσί. εἰσὶ τῶν ξένων ἀτελεῖς—δέκα θήσω· καὶ μὰ τοὺς θεούς, ὅπερ εἶπον ἀρτίως, οὐκ οἶμαι πέντε εἶναι. καὶ μὴν τῶν γε πολιτῶν οὐκ εἰσὶ ⟨πλείους ἢ⟩ πέντ᾽ ἢ ἕξ. οὐκοῦν ἀμφοτέρων ἑκκαίδεκα. ποιήσωμεν αὐτοὺς εἴκοσιν, εἰ δὲ βούλεσθε, τριάκοντα. πόσοι δή ποτ᾽ εἰσὶν οἱ κατ᾽ ἐνιαυτὸν τὰς ἐγκυκλίους λειτουργίας λειτουργοῦντες, χορηγοὶ καὶ γυμνασίαρχοι καὶ ἑστιάτορες; ἑξήκοντ᾽ ἴσως ἢ μικρῷ πλείους σύμπαντες οὗτοι. **(22)** ἵν᾽ οὖν τριάκοντ᾽ ἄνθρωποι πλείους παρὰ πάντα τὸν χρόνον λειτουργήσωσιν

21 εἰσὶ—τριάκοντα Aristid. 38.11 πόσοι—γυμνασίαρχοι Lex. Pat. ad loc.

---

2 ⟨πασῶν⟩ εἰσφορῶν A 5 καὶ ἀριστογείτονος om. S^{a}A 7 ἀφήσομεν van Herwerden 8 τριηραρχοῦντες] λειτουργοῦντες Schol. D. 20.19.48 13 πέντε ⟨μόνον⟩ A 15 τοὺς ⟨ἀεὶ⟩ F^{c}Y 17 τοῦτο ⟨ἔσται⟩ S^{c}AFY 18 ⟨οὐδὲν⟩ οὐδὲ Richards 19 αἰσχύνης ἄξιον A ὁρᾶτε S^{c}AF 20 καὶ] ἀλλὰ Aristid. 21 add. Weil 24 ἐγκύκλους S^{a}Y λειτουργοῦντες ⟨ὑμῖν⟩ F 27 ⟨ἢ⟩ πλείους SFY Schol. D. 20.22.52 : ⟨μὴ⟩ πλείους Naber

ἡμῖν, τοὺς ἅπαντας ἀπίστως πρὸς ἡμᾶς αὐτοὺς διαθῶμεν; ἀλλ᾽ ἴσμεν ἐκεῖνο δήπου, ὅτι λειτουργήσουσιν μέν, ἄνπερ ἡ πόλις ᾖ, πολλοὶ καὶ οὐκ ἐπιλείψουσιν, εὖ δὲ ποιεῖν ἡμᾶς οὐδεὶς ἐθελήσει, τοὺς πρότερον ποιήσαντας ἐὰν ἠδικημένους ἴδῃ. **(23)** εἶεν. εἰ δὲ δὴ τὰ μάλιστα ἐπέλειπον οἱ χορηγεῖν οἷοί τε, πρὸς Διὸς πότερον κρεῖττον ἦν εἰς συντέλειαν ἀγαγεῖν τὰς χορηγίας ὥσπερ τὰς τριηραρχίας, ἢ τοὺς εὐεργέτας ἀφελέσθαι τὰ δοθέντα; ἐγὼ μὲν ἐκεῖνο οἶμαι. νῦν μέν γε τὸν χρόνον, ὃν ἂν τούτων ἕκαστος λειτουργῇ, δίδωσι τὴν ἀνάπαυσιν αὐτοῖς μόνον, μετὰ ταῦτα δ᾽ οὐδὲν ἔλαττον ἕκαστος αὐτῶν ἀναλώσει· τότε δ᾽ ἄν, μικρᾶς συντελείας ἀπὸ τῶν ὑπαρχόντων ἑκάστῳ γιγνομένης, οὐδὲν ἔπασχε δεινὸν οὐδείς, οὐδ᾽ εἰ πάνυ μικρὰ κεκτημένος ἦν.

24. Οὕτω τοίνυν τινές, ὦ ἄνδρες Ἀθηναῖοι, σφόδρ᾽ ἔχουσιν ἀλογίστως ὥστ᾽ ἐπιχειροῦσι λέγειν πρὸς μὲν ταῦτ᾽ οὐδέν, ἄλλα δὲ τοιαδί. ὡς ἄρα δεινόν, εἰ ἐν κοινῷ μὲν μηδ᾽ ὁτιοῦν ὑπάρχει τῇ πόλει, ἰδίᾳ δέ τινες πλουτήσουσιν ἀτελείας ἐπειλημμένοι. ἔστι δὲ ταῦτα ἀμφότερα οὐχὶ δίκαιον λέγειν. εἰ μὲν γάρ τις ἔχει πολλὰ μηδὲν ὑμᾶς ἀδικῶν, οὐχὶ δεῖ δήπου τούτῳ βασκαίνειν· εἰ δ᾽ ὑφῃρημένον φήσουσιν ἤ τινα ἄλλον οὐχ ὃν προσήκει τρόπον, εἰσὶ νόμοι καθ᾽ οὓς προσήκει κολάζειν. ὅτε δὲ τοῦτο μὴ ποιοῦσιν, οὐδὲ τὸν λόγον αὐτοῖς τοῦτον λεκτέον. **(25)** καὶ μὴν περὶ τοῦ γε μὴ εἶναι χρήματα κοινὰ τῇ πόλει, ἐκεῖν᾽ ὑμᾶς δεῖ σκοπεῖν, ὅτι οὐδὲν ἔσεσθ᾽ εὐπορώτεροι, τὰς ἀτελείας ἐὰν ἀφέλησθε· οὐ γὰρ κοινωνεῖ ταῖς δημοσίαις προσόδοις καὶ περιουσίαις ταῦτα τἀναλώματα οὐδέν. χωρὶς δὲ τούτων νυνὶ τῇ πόλει, δυοῖν ἀγαθοῖν, πλούτου καὶ τοῦ πρὸς

22 τοὺς—διαθῶμεν cf. Aps. 5.8
23 εἰς—τριηραρχίας Aps. 5.8
24 εἰ μὲν—βασκαίνειν AB 130.21

2 ἅπερ S[a]Y 3 ὑμᾶς A 5 ἐπέλιπον AFY 10 ἀναλώσειν S[a]Y[a] 16 ὑπάρχειν A : ὑπάρξει F[a] et Richards 18 ⟨ἅμ᾽⟩ ἀμφότερα AF 19 τοῦτο SF[a] 20 ἤ om. SAY 21 τρόπον ⟨κεκτῆσθαι⟩ F 22 ποιῶσιν A τοῦτο S[a] 26 ἀναλώματα A 27 ἀγαθοῖν ⟨ὄντοιν⟩ S[c]AFY[c] Schol. D. 20.25.59a πλούτου ⟨τε⟩ F

ἅπαντας πιστεύεσθαι, ἐστὶ τὸ τῆς πίστεως ὑπάρχον. εἰ δέ τις οἴεται δεῖν, ὅτι χρήματ᾽ οὐκ ἔχομεν, μηδὲ δόξαν ἔχειν ἡμᾶς χρηστήν, οὐ καλῶς φρονεῖ. ἐγὼ μὲν γὰρ εὔχομαι τοῖς θεοῖς, μάλιστα μὲν ἡμῖν καὶ χρήματα πολλὰ γενέσθαι, εἰ δὲ μή, τό γε πιστοῖς εἶναι καὶ βεβαίοις δοκεῖν διαμεῖναι.

26. Φέρε δὴ καὶ τὰς εὐπορίας, ἃς ἀναπαυομένους τινὰς εὐπορήσειν οὗτοι φήσουσιν, εἰς δέον ὑμῖν γιγνομένας δείξω. ἴστε γὰρ δήπου τοῦθ᾽ ὅτι τῶν τριηραρχιῶν οὐδείς ἐστ᾽ ἀτελὴς οὐδὲ τῶν εἰσφορῶν τῶν εἰς τὸν πόλεμον. οὐκοῦν ὁ πολλὰ κεκτημένος, οὗτος, ὅστις ἂν ᾖ, πολλὰ εἰς ταῦτα συντελεῖ. πᾶσα ἀνάγκη. καὶ μὴν ὅτι δεῖ τὴν εὐπορίαν εἰς ταῦθ᾽ ὑπάρχειν πλείστην τῇ πόλει, πάντες ἂν ὁμολογήσειαν· παρὰ μὲν γὰρ τὰς ἐπὶ τῶν χορηγιῶν δαπάνας ἡμέρας μέρος μικρὸν ἡ χάρις τοῖς θεωμένοις ἡμῶν, παρὰ δὲ τὰς τῶν εἰς τὸν πόλεμον παρασκευῶν ἀφθονίας πάντα τὸν χρόνον ἡ σωτηρία πάσῃ τῇ πόλει. **(27)** ὥσθ᾽ ὅσον ἐνθάδ᾽ ἀφίετε, ἐκεῖ κομίζεσθε, καὶ δίδοτε ἐν τιμῆς μέρει ταῦτα ἃ καὶ μὴ λαβοῦσιν ἔστιν ἔχειν τοῖς τοῦ τριηραρχεῖν ἄξια κεκτημένοις. ἀλλὰ μὴν ὅτι τῶν τριηραρχιῶν οὐδείς ἐστ᾽ ἀτελής, οἶμαι μὲν ὑμᾶς εἰδέναι πάντας, ὅμως δὲ καὶ τὸν νόμον ὑμῖν αὐτὸν ἀναγνώσεται. λαβὲ τὸν περὶ τῶν τριηραρχιῶν νόμον καὶ λέγε τοῦτ᾽ αὐτό.

ΝΟΜΟΣ

Ἀτελῆ δὲ μηδένα εἶναι τριηραρχίας πλὴν τῶν ἐννέα ἀρχόντων.

28. Ὁρᾶθ᾽ ὡς σαφῶς, ὦ ἄνδρες Ἀθηναῖοι, μηδένα εἶναι

26 *παρὰ μὲν—πόλει* Hermog. 291.23 R. Tib. Fig. 41.3 Ball. Anon. Fig. 3.129.6 Sp.

---

1 *ἅπαντα* S[a]Y　⟨*μεῖζόν*⟩ *ἐστι* S[c]FY[c] : ⟨*κρεῖττόν*⟩ *ἐστι* A　*ὑπάρχον* ⟨*ἡμῖν*⟩ FY　2 *ἡμᾶς ἔχειν* A　4 *καὶ*] *ἀεὶ* Naber　5 *διαμένειν* F[a]　7 *ἐπιδείξω* A　9–10 *οὔκουν . . . συντελεῖ;* Major　12 *μὲν γὰρ* om. Tib.　13 *ἐπὶ* om. Hermog. Tib. Anon.　*χορῶν* F[c] : *χορηγῶν* Tib. Anon.　*μικρὸν ἡμέρας μέρος* AF Hermog. Tib. Anon. : *ἡμέρας μέρος* Y　14 *ἡμῶν*] *ἐστί* Tib. : *γίνεται* Hermog. Anon. : *ἡμῶν* ⟨*ἐστι*⟩ AF　*τῶν* om. Tib.　15–16 *τῇ πόλει πάσῃ* Y : *πάσῃ* om. A Hermog. Anon.　20 *αὐτὸν* om. A　21 *τοῦτον αὐτοῖς* S[c]FY : *τοῦτο αὐτοῦ* Dindorf　23 *δὲ* om. A　24–1 *ὁρᾶθ᾽—ἀρχόντων* (*ὁμ.*) om. A

τριηραρχίας ἀτελῆ διείρηκεν ὁ νόμος πλὴν τῶν ἐννέα ἀρχόντων. οὐκοῦν οἱ μὲν ἐλάττω κεκτημένοι τοῦ τριηραρχίας ἄξι' ἔχειν ἐν ταῖς εἰσφοραῖς συντελοῦσιν εἰς τὸν πόλεμον, οἱ δ' ἐφικνούμενοι τοῦ τριηραρχεῖν εἰς ἀμφότερ' ὑμῖν ὑπάρξουσι χρήσιμοι, καὶ τριηραρχεῖν καὶ εἰσφέρειν. τίν' οὖν ῥᾳστώνην τοῖς πολλοῖς ὁ σός, ὦ Λεπτίνη, ποιεῖ νόμος, εἰ μιᾶς ἢ δυοῖν φυλαῖν ἕνα χορηγὸν καθίστησιν, ὃς ἀνθ' ἑνὸς ἄλλου τοῦτο ἅπαξ ποιήσας ἀπηλλάξεται; ἐγὼ μὲν οὐχ ὁρῶ. τῆς δέ γ' αἰσχύνης ὅλην ἀναπίμπλησι τὴν πόλιν καὶ τῆς ἀπιστίας. οὔκουν ὅτε πολλῷ μείζονα βλάψει τῶν ὠφελειῶν ὧν ἔχει, προσήκει λελύσθαι παρὰ τοῖσδ' αὐτόν; ἔγωγ' ἂν φαίην.

29. *Ἔτι δ', ὦ ἄνδρες δικασταί, διὰ τὸ γεγράφθαι ἐν τῷ νόμῳ διαρρήδην αὐτοῦ "μηδένα μήτε τῶν πολιτῶν μήτε τῶν ἰσοτελῶν μήτε τῶν ξένων εἶναι ἀτελῆ," μὴ διῃρῆσθαι δὲ ὅτου ἀτελῆ, χορηγίας ἤ τινος ἄλλου τέλους, ἀλλ' ἁπλῶς "ἀτελῆ μηδένα πλὴν τῶν ἀφ' Ἁρμοδίου καὶ Ἀριστογείτονος", καὶ ἐν μὲν τῷ "μηδένα" πάντας περιλαμβάνειν τοὺς ἄλλους, ἐν δὲ τῷ "τῶν ξένων" μὴ διορίζειν τῶν οἰκούντων Ἀθήνησιν, ἀφαιρεῖται καὶ Λεύκωνα τὸν ἄρχοντα Βοσπόρου καὶ τοὺς παῖδας αὐτοῦ τὴν δωρεὰν ἣν ὑμεῖς ἔδοτ' αὐτοῖς.* **(30)** *ἔστι γὰρ γένει μὲν δήπου ὁ Λεύκων ξένος, τῇ δὲ παρ' ὑμῶν ποιήσει πολίτης· κατ' οὐδέτερον δ' αὐτῷ τὴν ἀτέλειαν ἔστιν ἔχειν ἐκ τούτου τοῦ νόμου. καίτοι τῶν μὲν ἄλλων εὐεργετῶν χρόνον τινα ἕκαστος ἡμῖν χρήσιμον αὑτὸν παρέσχεν, οὗτος δ', ἂν σκοπῆτε, φανήσεται συνεχῶς ἡμᾶς εὖ ποιῶν, καὶ ταῦθ' ὧν μάλισθ' ἡμῶν ἡ πόλις δεῖται.* **(31)** *ἴστε γὰρ δήπου τοῦθ', ὅτι πλείστῳ τῶν πάντων ἀνθρώπων ἡμεῖς ἐπεισάκτῳ σίτῳ χρώμεθα. πρὸς*

28 *ἀναπίμπλ]ησι*—**29** *δια]ρρήδην* P. Oxy. LVI 3842
30 *ἔστι*—*ξένος* Prisc. 2.285.19 *χρή[σιμον*—**31** *πά[ντων* P. Oxy. LVI 3842 *ὧν*—*δεῖται* Io. Sard. 189.12 R.

---

1 *διήρηκεν* cod. Ft[c] et Dobree : *διαρρήδην εἶπεν* Schol. D. 20.28.66 2 *τριηραρχίας*] *λειτουργίας* Y 8 *ἀπαλλάξεται* SAFY : corr. Cobet 9 *οὐκοῦν* SAFY Schol. D. 20.28.71 : corr. Lamb. : [Π3842] 14 *διειρῆσθαι* SFY 17 *περιλαμβάνει* S[a]Y 20 *ἔστι* ⟨*μὲν*⟩ S[a] 21 *ὁ λεύκων δήπου* A Prisc. 25 *ὑμᾶς* A *τοῦθ'* Π3842 *ὧν*] *τῷ σίτῳ οὗ* Io. Sard.

τοίνυν ἅπαντα τὸν ἐκ τῶν ἄλλων ἐμπορίων ἀφικνούμενον ὁ ἐκ τοῦ Πόντου σῖτος εἰσπλέων ἐστίν. εἰκότως· οὐ γὰρ μόνον διὰ τὸ τὸν τόπον τοῦτον σῖτον ἔχειν πλεῖστον τοῦτο γίγνεται, ἀλλὰ διὰ τὸ κύριον ὄντα τὸν Λεύκωνα αὐτοῦ τοῖς ἄγουσιν Ἀθήναζε ἀτέλειαν δεδωκέναι, καὶ κηρύττειν πρώτους γεμίζεσθαι τοὺς ὡς ὑμᾶς πλέοντας. ἔχων γὰρ ἐκεῖνος ἑαυτῷ καὶ τοῖς παισὶ τὴν ἀτέλειαν ἅπασι δέδωκεν ὑμῖν. **(32)** τοῦτο δ' ἡλίκον ἐστὶ θεωρήσατε. ἐκεῖνος πράττεται τοὺς παρ' αὑτοῦ σῖτον ἐξάγοντας τριακοστήν. αἱ τοίνυν παρ' ἐκείνου δεῦρ' ἀφικνούμεναι σίτου μυριάδες περὶ τετταράκοντα εἰσί· καὶ τοῦτ' ἐκ τῆς παρὰ τοῖς σιτοφύλαξιν ἀπογραφῆς ἄν τις ἴδοι. οὐκοῦν παρὰ μὲν τὰς τριάκοντα μυριάδας μυρίους δίδωσι μεδίμνους ἡμῖν, παρὰ δὲ τὰς δέκα ὡσπερανεὶ τρισχιλίους. **(33)** τοσούτου τοίνυν δεῖ ταύτην ἀποστερῆσαι τὴν δωρεὰν τὴν πόλιν, ὥστε προσκατασκευάσας ἐμπόριον Θευδοσίαν, ὅ φασιν οἱ πλέοντες οὐδ' ὁτιοῦν χεῖρον εἶναι τοῦ Βοσπόρου, κἀνταῦθ' ἔδωκε τὴν ἀτέλειαν ἡμῖν. καὶ τὰ μὲν ἄλλα σιωπῶ, πόλλ' ἂν ἔχων εἰπεῖν, ὅσ' εὐεργέτηκεν ὑμᾶς οὗτος ἁνὴρ καὶ αὐτὸς καὶ οἱ πρόγονοι· ἀλλὰ προπέρυσι σιτοδείας παρὰ πᾶσιν ἀνθρώποις γενομένης οὐ μόνον ὑμῖν ἱκανὸν σῖτον ἀπέστειλεν, ἀλλὰ τοσοῦτον ὥστε πεντεκαίδεκα ἀργυρίου τάλαντα, ἃ Καλλισθένης διῴκησε, προσπεριγενέσθαι. **(34)** τί οὖν οἴεσθε, ὦ ἄνδρες Ἀθηναῖοι,

31 *οὐ γὰρ—δεδωκέναι* Anon. Fig. 3.130.14 Sp.
32 *παρὰ μὲν—τρισχιλίους* Minuc. 1.345.6 Sp. Ha.
33 *ἀποστερῆσ[αι—πόλλ' ἂν] ἔ[χων* P. Oxy. LVI 3843 *προσκατασκευάσας—ἀτέλειαν* Io. Sard. 189.11 *τὰ μὲν—πρόγονοι* Aristid. 42.22 *πόλλ'—ἀνὴρ* AB 137.14 *ἀλλὰ τοσοῦτον—προσπεριγενέσθαι* cf. Aps. 3.7

---

3 *ἀλλὰ* ⟨*καὶ*⟩ S^c AF Anon. 4 *αὐτοῦ* om. Y Anon. : *αὐτοῦ τοῖς* in ras. S *ἄγουσιν* ⟨*αὖ τὸν σῖτον*⟩ Y : ⟨*αὐτῷ σῖτον*⟩ Anon. 6 *ἡμᾶς* A 8 *ἐκείνοις* S^a : [Y^a] 12 *μὲν* ⟨*τοίνυν*⟩ Minuc. 13 *ἡμῖν* om. Minuc. *δὲ* om. S^a : post *δέκα* Bl. 13 *τοσοῦτον* Y 15 *προκατασκευάσας* AF Io. Sard. ⟨*ἄλλο*⟩ *ἐμπόριον* Io. Sard. *θευδασίαν* SY : [Π3843] 15–16 *ὅ—Βοσπόρου* om. Io. Sard. 16 *δέδωκε* F Io. Sard. : [Π3843] 17 *μὲν* ⟨*οὖν*⟩ Aristid. 17–18 *σιωπῶ—ὑμᾶς*] *ὅσα χρήσιμον ἑαυτὸν παρέσχεν* Aristid. 18 *ἡμᾶς* A *ἀνὴρ* FY AB : corr. Bk. : [SA] : *ὁ ἀνὴρ* Aristid. 20 *τοσούτου* Wolf 21 *πεντεκαιδέκα*] *διακόσια* Aps. *διῴκησε Καλλισθένης* Aps.

τοῦτον τὸν τοιοῦτον περὶ ὑμᾶς γεγενημένον, ἐὰν ἀκούσῃ νόμῳ τὴν ἀτέλειαν ὑμᾶς ἀφῃρημένους αὐτὸν καὶ μηδ' ἂν μεταδόξῃ ποτὲ ψηφισαμένους ἐξεῖναι δοῦναι; ἆρ' ἀγνοεῖτε ὅτι ὁ αὐτὸς νόμος οὗτος ἐκεῖνόν τ' ἀφαιρήσεται τὴν ἀτέλειαν, κύριος ἂν γένηται, καὶ ὑμῶν τοὺς παρ' ἐκείνου σιτηγοῦντας; **(35)** *οὐ γὰρ δήπου τοῦτό γε ὑπείληφεν οὐδείς, ὡς ἐκεῖνος ὑπομενεῖ ἑαυτῷ μὲν ἀκύρους εἶναι τὰς παρ' ὑμῶν δωρεάς, ὑμῖν δὲ μένειν τὰς παρ' ἑαυτῷ. οὐκοῦν πρὸς πολλοῖς οἷς ὑμᾶς βλάψειν ὁ νόμος φαίνεται, καὶ προσαφαιρεῖταί τι τῶν ὑπαρχόντων ἤδη. εἶθ' ὑμεῖς ἔτι σκοπεῖτε εἰ χρὴ τοῦτον ἐξαλεῖψαι, καὶ οὐ πάλαι βεβούλευσθε; ἀνάγνωθι λαβὼν αὐτοῖς τὰ ψηφίσματα τὰ περὶ τοῦ Λεύκωνος.*

ΨΗΦΙΣΜΑΤΑ

36. *Ὡς μὲν εἰκότως καὶ δικαίως τετύχηκεν τῆς ἀτελείας παρ' ὑμῶν ὁ Λεύκων, ἀκηκόατ' ἐκ τῶν ψηφισμάτων, ὦ ἄνδρες δικασταί. τούτων δ' ἁπάντων στήλας ἀντιγράφους ἐστήσαθ' ὑμεῖς κἀκεῖνος, τὴν μὲν ἐν Βοσπόρῳ, τὴν δ' ἐν Πειραιεῖ, τὴν δ' ἐφ' Ἱερῷ. σκοπεῖτε δὴ πρὸς ὅσης κακίας ὑπερβολὴν ὑμᾶς ὁ νόμος προάγει, ὃς ἀπιστότερον τὸν δῆμον καθίστησιν ἑνὸς ἀνδρός.* **(37)** *μὴ γὰρ οἴεσθ' ὑμῖν ἄλλο τι τὰς στήλας ἑστάναι ταύτας ἢ τούτων πάντων ὧν ἔχετε ἢ δεδώκατε συνθήκας, αἷς ὁ μὲν Λεύκων ἐμμένων φανεῖται καὶ ποιεῖν ἀεί τι προθυμούμενος ὑμᾶς εὖ, ὑμεῖς δ' ἑστώσας ἀκύρους πεποιηκότες, ὃ πολὺ δεινότερον τοῦ καθελεῖν· αὗται γὰρ οὑτωσὶ τοῖς βουλομένοις κατὰ τῆς πόλεως βλασφημεῖν τεκμήριον ὡς ἀληθῆ λέγουσιν ἑστήξουσιν.* **(38)** *φέρε, ἐὰν δὲ*

35 *οὐκοῦν—φαίνεται* AB 127.28
36 *δικαίω*]*ς—Ἱερ*]*ῷ* P. Oxy. LVI 3843
38 *φέρε—ἐρωτᾷ* Plan. Schol. 5.516.10 W. —*ἐροῦμεν* Ruf. 1.406.3 Sp. Ha. *ἐὰν—ἐροῦμεν* Tib. Fig. 12.16 Ball.

---

5 *σιτηγοὺς* Schol. D. 20.34.85 8 *ἑαυτοῦ* F[c] *οἷς* ⟨*ἂν*⟩ SFY 8–9 *βλάψειν ὑμᾶς ὁ νόμος* A et (*βλάψειν* ⟨*ἂν*⟩) AB 11 ⟨*αὐτὰ*⟩ *τὰ ψ.* Schol. D. 20.35.87 : *τὰ ψηφίσματα* ⟨*αὐτὰ*⟩ F : *τὰ ψηφίσματα* om. A 13 *ψήφισμα* A 17 *ἐστήσασθ'* AF : [Π3843] *ὑμεῖς*⟨*τε*⟩ F : [Π3843] 24 ⟨*ἔσεσθε*⟩ *πεποιηκότες* S[c]F *καθελεῖν* ⟨*ἐστιν*⟩ AF 26 *ἐὰν*] *ἂν* Tib. Ruf. Plan.

δὴ πέμψας ὡς ἡμᾶς ὁ Λεύκων ἐρωτᾷ, τί ἔχοντες ἐγκαλέσαι καὶ τί μεμφόμενοι τὴν ἀτέλειαν αὐτὸν ἀφῄρησθε, τί πρὸς θεῶν ἐροῦμεν ἢ τί γράψει ποτε ὁ τὸ ψήφισμα ὑπὲρ ἡμῶν γράφων; ὅτι νὴ Δί' ἦσαν τῶν εὑρημένων τινὲς ἀνάξιοι. **(39)** ἐὰν οὖν εἴπῃ πρὸς ταῦτα ἐκεῖνος "καὶ γὰρ Ἀθηναίων τινές εἰσιν ἴσως φαῦλοι, καὶ οὐ διὰ ταῦτ' ἐγὼ τοὺς χρηστοὺς ἀφειλόμην, ἀλλὰ τὸν δῆμον νομίζων χρηστὸν πάντας ἔχειν ἐῶ", οὐ δικαιότερ' ἡμῶν ἐρεῖ; ἐμοὶ γοῦν δοκεῖ. παρὰ πᾶσι γὰρ ἀνθρώποις μᾶλλόν ἐστιν ἔθος διὰ τοὺς εὐεργέτας καὶ ἄλλους τινὰς εὖ ποιεῖν τῶν μὴ χρηστῶν ἢ διὰ τοὺς φαύλους τοὺς ὁμολογουμένως ἀξίους χάριτος τὰ δοθέντ' ἀφαιρεῖσθαι. **(40)** καὶ μὴν οὐδ' ὅπως οὐκ ἀντιδώσει τῷ Λεύκωνί τις, ἂν βούληται, δύναμαι σκοπούμενος εὑρεῖν. χρήματα μὲν γάρ ἐστιν ἀεὶ παρ' ὑμῖν αὐτοῦ, κατὰ δὲ τὸν νόμον τοῦτον, ἐάν τις ἐπ' αὔτ' ἔλθῃ, ἢ στερήσεται τούτων ἢ λειτουργεῖν ἀναγκασθήσεται. ἔστι δ' οὐ τὸ τῆς δαπάνης μέγιστον ἐκείνῳ, ἀλλ' ὅτι τὴν δωρεὰν ὑμᾶς αὐτὸν ἀφῃρῆσθαι νομιεῖ.

41. *Οὐ τοίνυν*, ὦ ἄνδρες Ἀθηναῖοι, μὴ Λεύκων ἀδικηθῇ μόνον δεῖ σκοπεῖν, ᾧ φιλοτιμίας ἕνεκα ἡ περὶ τῆς δωρεᾶς σπουδὴ γένοιτ' ἄν, οὐ χρείας, ἀλλὰ καὶ εἴ τις ἄλλος εὖ μὲν ἐποίησεν ὑμᾶς εὖ πράττων, εἰς δέον δὲ νῦν γέγον' αὐτῷ τὸ παρ' ὑμῶν λαβεῖν τότε τὴν ἀτέλειαν. τίς οὖν οὗτός ἐστιν;

39 νὴ—ἀνάξιοι Aps. 4.13
39 ἐὰν—φαῦλοι cf. Io. Sard. 212.2 διὰ τ[αῦ]τ'—χρησ]τὸν ἅπαν[P. Oxy. LVI 3842
41 οὐ τοίνυν—ἄλλος Aristid. 32.4 —ὑμᾶς Hermog. 237.15 R. —αὐτῷ Anon. Fig. 3.130.18 Sp. —ἀτέλειαν Hermog. 307.12 R. —**42** ἑκατὸν Aristid. 21.6

---

1 ὡς] πρὸς Ruf. : εἰς Plan ὁ om. Ruf. Tib. 2 αὐτὸν Bk. : [SAY] ἀφῃρήμεθα Ruf. 3 ἐροῦμεν ⟨ἡμεῖς⟩ Tib. ὅ ⟨τε⟩ S : ὅ ⟨γε⟩ S[c]Y ὑμῶν SAY 4 ἦσαν—ἀνάξιοι] ἀνάξιοι γάρ τινές εἰσι Aps. τινες τῶν εὑρημένων AF 5 ταῦτα ἐκεῖνος] ἡμᾶς Io. Sard. εἰσιν om. SY ἴσως τινές εἰσι A : τινες ἴσως εἰσι A[c] : εἰσί τινες (ἴσως om.) Io. Sard. 10 μὴ om. A ὁμολογουμένους F[c] 15 ἀναγκασθήσεται ⟨τούτων⟩ Y 17 αὐτὸν Baiter Sauppe : [S] 18 ἠδικήθη Aristid. (32) : ἀδικηθεὶς Schol. D. 20.41.104a 19 μόνον post (18) τοίνυν Hermog. (bis) : post σκοπεῖν Anon. 19–20 ᾧ—χρείας om. Aristid. (bis) Hermog. (237) 22 λαβεῖν παρ' ὑμῶν Aristid. (bis) τότε om. Aristid.

Ἐπικέρδης ὁ Κυρηναῖος, ὅς, εἴπερ τις ἄλλος τῶν εἰληφότων, δικαίως ἠξιώθη ταύτης τῆς τιμῆς, οὐ τῷ μεγάλα ἢ θαυμάσια ἡλίκα δοῦναι, ἀλλὰ τῷ παρὰ τοιοῦτον καιρὸν ἐν ᾧ καὶ τῶν εὖ πεπονθότων ἔργον ἦν εὑρεῖν ἐθέλοντά τινα ὧν εὐεργέτητο μεμνῆσθαι. **(42)** οὗτος γὰρ ἁνήρ, ὡς τὸ ψήφισμα τοῦτο δηλοῖ τὸ τότε αὐτῷ γραφέν, τοῖς ἁλοῦσι τότε ἐν Σικελίᾳ τῶν πολιτῶν, ἐν τοιαύτῃ συμφορᾷ καθεστηκόσιν, ἔδωκε μνᾶς ἑκατὸν καὶ τοῦ μὴ τῷ λιμῷ πάντας αὐτοὺς ἀποθανεῖν αἰτιώτατος ἐγένετο. καὶ μετὰ ταῦτα, δοθείσης ἀτελείας αὐτῷ διὰ ταῦτα παρ᾽ ὑμῶν, ὁρῶν ἐν τῷ πολέμῳ {πρὸ τῶν τριάκοντα μικρὸν} σπανίζοντα τὸν δῆμον χρημάτων, τάλαντον ἔδωκεν αὐτὸς ἐπαγγειλάμενος. **(43)** σκέψασθε δὴ πρὸς Διὸς καὶ θεῶν, ἄνδρες Ἀθηναῖοι, πῶς ἂν ἄνθρωπος μᾶλλον φανερὸς γένοιτο εὔνους ὢν ὑμῖν, ἢ πῶς ἧττον ἄξιος ἀδικηθῆναι, ἢ πρῶτον μὲν εἰ παρὼν τῷ τῆς πόλεως ἀτυχήματι μᾶλλον ἕλοιτο τοὺς ἀτυχοῦντας καὶ τὴν παρὰ τούτων χάριν, ἥτις ποτ᾽ ἔμελλεν ἔσεσθαι, ἢ τοὺς ἐν ἐκείνῳ τῷ χρόνῳ κεκρατηκότας καὶ παρ᾽ οἷς ἦν, δεύτερον δ᾽, ἑτέραν χρείαν ἰδών, εἰ φαίνοιτο διδοὺς καὶ μὴ πῶς ἰδίᾳ τὰ ὄντα σώσει προνοούμενος, ἀλλ᾽ ὅπως τῶν ὑμετέρων μηδὲν ἐνδεῶς ἕξει τὸ καθ᾽ αὑτόν. **(44)** τοῦτον μέντοι τὸν τῷ μὲν ἔργῳ παρὰ τοὺς μεγίστους καιροὺς οὑτωσὶ κοινὰ τὰ ὄντα τῷ δήμῳ κεκτημένον, τῷ δὲ ῥήματι καὶ τῇ τιμῇ τὴν ἀτέλειαν ἔχοντα, οὐχὶ τὴν ἀτέλειαν ἀφαιρήσεσθε (οὐδὲ γὰρ οὔσῃ χρώμενος φαίνεται), ἀλλὰ τὸ πιστεύειν ὑμῖν, οὗ τί γένοιτ᾽ ἂν αἴσχιον; τὸ τοίνυν ψήφισμα ὑμῖν αὐτὸ ἀναγνώσεται τὸ τότε ψηφισθὲν τῷ ἀνδρί. καὶ θεωρεῖτε, ὦ

42 τοῖς—ἐγένετο Syr. Soptr. Marcell. 4.523.22 W.
44 τῷ ἀνδρὶ—ἥ[κιστα P. Oxy. LVI 3844

1–3 ὅς—δοῦναι om. Aristid. (21) 3 τοιοῦτον] τοῦτον A^a 4 εὐηργέτητο F^c 5 ἀνὴρ FY Aristid. : corr. cod. P : [SA] 5–6 ὡς—γραφέν om. Aristid. 6 ἁλοῦσι τότε] ἠτυχηκόσιν Aristid. : om. Syr. Soptr. Marcell. 7 ἐν τοιαύτῃ—καθεστηκόσιν om. Aristid. 9 γέγονεν Syr. Soptr. Marcell. καὶ om. Syr. Soptr. Marcell. 10–11 del. Weil 10 ⟨τῷ⟩ πρὸ $S^{c(ma)}$ AFP 12 αὐτοῖς S^a 13 ἂν om. S^aY^a μᾶλλον om. S^aY 14 ἡμῖν A 19 ὅπως S^cAF σώσῃ SAF^aY 20 κατ᾽ αὐτὸν A 21 μέντοι] μὲν τοίνυν A

ἄνδρες Ἀθηναῖοι, ὅσα ψηφίσματ' ἄκυρα ποιεῖ ὁ νόμος, καὶ ὅσους ἀνθρώπους ἀδικεῖ, καὶ ἐν ὁποίοις καιροῖς χρησίμους ὑμῖν παρασχόντας ἑαυτούς· εὑρήσετε γὰρ τούτους, οὓς ἥκιστα προσῆκεν, ἀδικοῦντα. λέγε.

ΨΗΦΙΣΜΑ

45. *Τὰς μὲν εὐεργεσίας ἀνθ' ὧν εὕρετο τὴν ἀτέλειαν ὁ Ἐπικέρδης ἀκηκόατ' ἐκ τῶν ψηφισμάτων, ὦ ἄνδρες δικασταί.* σκοπεῖτε δὲ μὴ τοῦτο, εἰ μνᾶς ἑκατὸν καὶ πάλιν τάλαντον ἔδωκεν (οὐδὲ γὰρ τοὺς λαβόντας ἔγωγ' ἡγοῦμαι τὸ πλῆθος τῶν χρημάτων θαυμάσαι), ἀλλὰ τὴν προθυμίαν καὶ τὸ αὐτὸν ἐπαγγειλάμενον ποιεῖν καὶ τοὺς καιροὺς ἐν οἷς. **(46)** πάντες μὲν γάρ εἰσιν ἴσως ἄξιοι χάριν ἀνταπολαμβάνειν οἱ προϋπάρχοντες τοῦ ποιεῖν εὖ, μάλιστα δ' οἱ παρὰ τὰς χρείας, ὧν εἷς οὗτος ἀνὴρ ὢν φαίνεται. εἶτ' οὐκ αἰσχυνόμεθ', ὦ ἄνδρες Ἀθηναῖοι, τοὺς τοῦ τοιούτου παῖδας εἰ μηδεμίαν ποιησάμενοι τούτων μηδενὸς μνείαν ἀφῃρημένοι φανούμεθα τὴν δωρεάν, μηδὲν ἔχοντες ἐγκαλέσαι; **(47)** οὐ γὰρ εἰ ἕτεροι μὲν ἦσαν οἱ τότε σωθέντες ὑπ' αὐτοῦ καὶ δόντες τὴν ἀτέλειαν, ἕτεροι δ' ὑμεῖς οἱ νῦν ἀφαιρούμενοι, ἀπολύει τοῦτο τὴν αἰσχύνην, ἀλλ' αὐτὸ δὴ τοῦτο καὶ τὸ δεινόν ἐστιν. εἰ γὰρ οἱ μὲν εἰδότες καὶ παθόντες ἄξια τούτων ἐνόμιζον εὖ πάσχειν, ἡμεῖς δ' οἱ λόγῳ ταῦτ' ἀκούοντες ὡς ἀναξίων ἀφαιρησόμεθα, πῶς οὐχ ὑπέρδεινον ποιήσομεν; **(48)** ὁ αὐτὸς τοίνυν ἐστί μοι λόγος οὗτος καὶ περὶ τῶν τοὺς τετρακοσίους καταλυσάντων, καὶ περὶ τῶν ὅτ' ἔφευγεν ὁ δῆμος χρησίμους αὑτοὺς παρασχόντων· πάντας γὰρ αὐτοὺς ἡγοῦμαι δεινότατ' ἂν παθεῖν, εἴ τι τῶν τότε ψηφισθέντων αὐτοῖς λυθείη.

46 ἀνταπολαμβάνειν Σ^{b} α 1471 Sud. α 2614 AB 78.3
47 ἀ]τέλεια[ν—εὖ π[άσχειν P. Oxy. LVI 3842

1 καὶ om. A 2 οἵους Dobree 14 τοῦ Seager : τῷ SAFY ⟨ὑμᾶς⟩ εὖ F 15 ἀνὴρ SFY : corr. Bk. : [A] 16 τοῦ om. Y 20 ἀπολύσει A : λύει Bl. τῆς αἰσχύνης F^{c} 21 τὸ om. Π3842 παρόντες AF^{c} 23 ⟨τετυχηκότος⟩ ἀφαιρησόμεθα Cahen 24 ὁ om. A : αὑ- FY

49. *Εἰ* τοίνυν τις ὑμῶν ἐκεῖνο πέπεισται, πολὺ τοῦ δεηθῆναί τινος τοιούτου νῦν ἀπέχειν τὴν πόλιν, ταῦτα μὲν εὐχέσθω τοῖς θεοῖς, κἀγὼ συνεύχομαι, λογιζέσθω δὲ πρῶτον μὲν ὅτι περὶ νόμου μέλλει φέρειν τὴν ψῆφον ᾧ μὴ λυθέντι δεήσει χρῆσθαι, δεύτερον δ᾽ ὅτι βλάπτουσιν οἱ πονηροὶ νόμοι καὶ τὰς ἀσφαλῶς οἰκεῖν οἰομένας πόλεις. οὐ γὰρ ἂν μετέπιπτε τὰ πράγματ᾽ ἐπ᾽ ἀμφότερα, εἰ μὴ τοὺς μὲν ἐν κινδύνῳ καθεστηκότας καὶ πράξεις χρησταὶ καὶ νόμοι καὶ ἄνδρες χρηστοὶ καὶ πάντ᾽ ἐξητασμέν᾽ ἐπὶ τὸ βέλτιον προῆγε, τοὺς δ᾽ ἐν ἁπάσῃ καθεστάναι δοκοῦντας εὐδαιμονίᾳ πάντα ταῦτ᾽ ἀμελούμενα ὑπέρρει κατὰ μικρόν. **(50)** τῶν γὰρ ἀνθρώπων οἱ πλεῖστοι κτῶνται μὲν τἀγαθὰ τῷ καλῶς βουλεύεσθαι καὶ μηδενὸς καταφρονεῖν, φυλάττειν δ᾽ οὐκ ἐθέλουσι τοῖς αὐτοῖς τούτοις. ὃ μὴ πάθητε νῦν ὑμεῖς, μηδ᾽ οἴεσθε νόμον τοιοῦτον θέσθαι δεῖν, ὃς καλῶς τε πράττουσαν τὴν πόλιν ἡμῶν πονηρᾶς δόξης ἀναπλήσει, ἐάν τέ τι συμβῇ ποτέ, ἔρημον τῶν ἐθελησόντων ἀγαθόν τι ποιεῖν καταστήσει.

51. *Οὐ* τοίνυν μόνον, ὦ ἄνδρες Ἀθηναῖοι, τοὺς ἰδίᾳ γνόντας εὖ ποιεῖν ὑμᾶς καὶ παρασχόντας χρησίμους αὑτοὺς ἐπὶ τηλικούτων καὶ τοιούτων καιρῶν, οἵων μικρῷ πρότερον Φορμίων διεξελήλυθε κἀγὼ νῦν εἴρηκα, ἄξιόν ἐστιν εὐλαβηθῆναι ἀδικῆσαι, ἀλλὰ καὶ πολλοὺς ἄλλους, οἳ πόλεις ὅλας, τὰς ἑαυτῶν πατρίδας, συμμάχους ὑμῖν ἐπὶ τοῦ πρὸς Λακεδαιμονίους πολέμου παρέσχον, καὶ λέγοντες ἃ συμφέρει τῇ πόλει τῇ ὑμετέρᾳ καὶ πράττοντες· **(52)** ὧν ἔνιοι διὰ τὴν πρὸς ὑμᾶς εὔνοιαν στέρονται τῆς πατρίδος. ὧν ἐπέρχεταί μοι πρώτους ἐξετάσαι τοὺς ἐκ Κορίνθου φεύγοντας. ἀναγκάζομαι δὲ λέγειν πρὸς ὑμᾶς ταῦτα ἃ παρ᾽ ὑμῶν τῶν πρεσβυτέρων αὐτὸς

49 *νόμοι²—π[άντ᾽* P. Oxy. LVI 3482
51 *οὐ—παρέσχον* Aristid. 32.7

3 *δὲ* om. Y[a] 10 *ταῦτ᾽* del. Dobree 11 *ὑπήρειπε* van Herwerden 14–15 *δεῖν θέσθαι* A 15 *ὑμῖν* Feliciana *δόξης* ⟨*τε*⟩ A 16 *ποτε* ⟨*ἀλλοιότερον*⟩ S[γρ] AB (78.28) 16 *ἐθελησάντων* A 17 *ποιεῖν* ⟨*αὐτὴν*⟩ FY 20–1 *ἐπὶ—εἴρηκα* om. Aristid. 20 *οἷον* A 22 *ἄλλους* om. Aristid. 23 *ἡμῖν* SFY Aristid. 24 *πολέμου* om. Aristid. 27 *φυγόντας* SAF[a]Y 28 *αὐτὸς* om. A

ἀκήκοα. τὰ μὲν οὖν ἄλλα ὅσα χρησίμους ὑμῖν ἑαυτοὺς ἐκεῖνοι παρέσχον, ἐάσω· ἀλλ᾽ ὅθ᾽ ἡ μεγάλη μάχη πρὸς Λακεδαιμονίους ἐγένετο ἡ ἐν Κορίνθῳ, τῶν ἐν τῇ πόλει βουλευσαμένων μετὰ τὴν μάχην μὴ δέχεσθαι τῷ τείχει τοὺς στρατιώτας, ἀλλὰ πρὸς Λακεδαιμονίους ἐπικηρυκεύεσθαι, **(53)** ὁρῶντες ἠτυχηκυῖαν τὴν πόλιν καὶ τῆς παρόδου κρατοῦντας Λακεδαιμονίους, οὐχὶ προύδωκαν οὐδ᾽ ἐβουλεύσαντο ἰδίᾳ περὶ τῆς αὑτῶν σωτηρίας, ἀλλὰ πλησίον ὄντων μεθ᾽ ὅπλων ἁπάντων Πελοποννησίων ἀνέῳξαν τὰς πύλας ὑμῖν βίᾳ τῶν πολλῶν, καὶ μᾶλλον εἵλοντο μεθ᾽ ὑμῶν τῶν τότε στρατευσαμένων, εἴ τι δέοι, πάσχειν ἢ χωρὶς ὑμῶν ἀκινδύνως σεσῶσθαι, καὶ εἰσέφρουν τὸ στράτευμα, καὶ διέσωσαν καὶ ὑμᾶς καὶ τοὺς συμμάχους. **(54)** ἐπειδὴ δὲ ἡ πρὸς Λακεδαιμονίους εἰρήνη μετὰ ταῦτ᾽ ἐγένετο, ἡ ἐπὶ Ἀνταλκίδου, ἀντὶ τῶν ἔργων τούτων ὑπὸ Λακεδαιμονίων ἐξέπεσον. ὑποδεξάμενοι δ᾽ ὑμεῖς αὐτοὺς ἐποιήσατε ἔργον ἀνθρώπων καλῶν κἀγαθῶν· ἐψηφίσασθε γὰρ αὐτοῖς ἅπανθ᾽ ὧν ἐδέοντο. εἶτα ταῦτα νῦν εἰ χρὴ κύρια εἶναι σκοποῦμεν; ἀλλ᾽ ὁ λόγος πρῶτον αἰσχρὸς {τοῖς σκοπουμένοις}, εἴ τις ἀκούσειεν ὡς Ἀθηναῖοι σκοποῦσιν εἰ χρὴ τοὺς εὐεργέτας ἐᾶν τὰ δοθέντα ἔχειν· πάλαι γὰρ ἐσκέφθαι ταῦτα καὶ ἐγνῶσθαι προσῆκεν. ἀνάγνωθι καὶ τοῦτο τὸ ψήφισμα αὐτοῖς.

ΨΗΦΙΣΜΑ

55. Ἃ μὲν ἐψηφίσασθε τοῖς φεύγουσιν δι᾽ ὑμᾶς Κορινθίων ταῦτ᾽ ἐστίν, ὦ ἄνδρες δικασταί. ὅρα δέ, εἴ τις ἐκείνους τοὺς καιροὺς ἰδών, ἢ παρὼν ἢ τινος εἰδότος διεξιόντος ἀκούσας, ἀκούσαι τοῦ νόμου τούτου ⟨τοῦ⟩ τὰς τότε δωρεὰς δοθείσας ἀφαιρουμένου, ὅσην ἂν κακίαν τῶν θεμένων τὸν

52 ἃ—ἀκήκοα Aristid. 40.3

1 ἡμῖν SAF^{a}Y 9 ἡμῖν SAFY : corr. Schaefer πολιτῶν Weil 10 στρατευομένων A 11 εἰσεφροῦντο Cobet 13 ⟨ἡ⟩ πρὸς A 13–14 ἡ—Ἀνταλκίδου del. Cobet 18 del. Dobree 21 προσήκει S^{a}F^{a} ἀνάγνωθι ⟨δέ μοι⟩ FY Schol. D. 20.53.136 24 ὁρᾶτε S$^{c\,(m.a.)}$ AFY 25 εἰδὼς A ἢ παρὼν del. Bl. : ἢ ἰδὼν παρὼν Baiter Sauppe ⟨καὶ⟩ διεξιόντος FY Schol. D. 20.55.137 26 ἀκούσαι om. A : del. Reiske add. Dobree 27 ἀφαιρουμένου δοθείσας A πόσην A

νόμον καταγνοίη, οἳ παρὰ μὲν τὰς χρείας οὕτω φιλάνθρωποι καὶ πάντα ποιοῦντες, ἐπειδὴ δ' ἐπράξαμεν πάνθ' ὅσ' ἂν εὐξαίμεθα, οὕτως ἀχάριστοι καὶ κακοί, ὥστε τούς τ' ἔχοντας ἀφῃρήμεθα καὶ τὸ λοιπὸν μηδενὶ δοῦναι ταῦτ' ἐξεῖναι νόμον τεθείκαμεν.

56. "νὴ Δί' ἀνάξιοι γάρ τινες τῶν εὑρημένων ταῦτ' ἦσαν"· τουτὶ γὰρ παρὰ πάντ' ἔσται τὸν λόγον αὐτοῖς. ἔπειτ' ἐκεῖν' ἀγνοεῖν φήσομεν, ὅτι τὴν ἀξίαν, ὅταν διδῶμεν, δεῖ σκοπεῖν, οὐ μετὰ ταῦθ' ὕστερον χρόνῳ παμπληθεῖ. τὸ μὲν γὰρ ἐξ ἀρχῆς τι μὴ δοῦναι γνώμῃ χρησαμένων ἔργον ἀνθρώπων ἐστί· τὸ δὲ τοὺς ἔχοντας ἀφαιρεῖσθαι φθονούντων, τοῦτο δ' οὐ δεῖ δοκεῖν ὑμᾶς πεπονθέναι. **(57)** καὶ μὴν οὐδ' ἐκεῖν' ὀκνήσω περὶ τῆς ἀξίας αὐτῆς πρὸς ὑμᾶς εἰπεῖν. ἐγὼ γὰρ οὐ τὸν αὐτὸν τρόπον νομίζω πόλει τὸν ἄξιον ἐξεταστέον εἶναι καὶ ἰδιώτῃ· οὐδὲ γὰρ περὶ τῶν αὐτῶν ἡ σκέψις. ἰδίᾳ μὲν γὰρ ἕκαστος ἡμῶν σκοπεῖ τίς ἄξιός ἐστιν ἑκάστου κηδεστὴς ἢ τῶν τοιούτων τι γίγνεσθαι, ταῦτα δὲ καὶ νόμοις τισὶ καὶ δόξαις διώρισται· κοινῇ δ' ἡ πόλις καὶ ὁ δῆμος, ὅστις ἂν αὐτὸν εὖ ποιῇ καὶ σῴζῃ, τοῦτο δ' οὐ γένει καὶ δόξῃ ἴδοι τις ἄν, ἀλλ' ἔργῳ. ὅταν μὲν οὖν εὖ πάσχειν δέῃ, τὸν βουλόμενον εὖ ποιεῖν ἡμᾶς ἐάσομεν, ἐπειδὰν δὲ πάθωμεν, τότε τὴν ἀξίαν τοῦ ποιήσαντος σκεψόμεθα; οὐκ ἄρ' ὀρθῶς βουλευσόμεθα.

58. Ἀλλὰ νὴ Δί' οὗτοι μόνοι τοῦτο πείσονται, καὶ περὶ τούτων μόνων ποιοῦμαι λόγον τοσοῦτον. πολλοῦ γε καὶ δέω. ἀλλὰ πάντας μὲν οὐδ' ἂν ἐγχειρήσαιμι ἐξετάζειν ὅσοι πεποιηκότες ὑμᾶς εὖ διὰ τὸν νόμον, εἰ μὴ λυθήσεται, τὰ δοθέντ' ἀφαιρεθήσονται· ἓν δὲ ἢ δύο δείξας ἔτι ψηφίσματα, ἀπαλλάττομαι τοῦ περὶ τούτων λέγειν. **(59)** τοῦτο μὲν τοίνυν Θασίους τοὺς μετ' Ἐκφάντου πῶς οὐκ ἀδικήσετε, ἐὰν ἀφαιρῆσθε τὴν

56 τὸ μὲν—φθονούντων Aristid. 64.4

3 κακοὶ ⟨φανησόμεθα⟩ FY 10 ἐστὶν ἀνθρώπων Aristid. 11 ἀφελέσθαι Aristid. οὐχὶ AFY οὐ—δοκεῖν] δοκεῖ Schol. D. 20. 56.141 14 τὸν ἄξιον πόλει S[a] 16 τι del. S[c] 19 δόξῃ ⟨κρινόμενον⟩ S[c]F 21 δ' ⟨εὖ⟩ F 24 τοσοῦτον λόγον AF 26 τὸν ⟨τοῦ λεπτίνου⟩ S[c] 29 ἀφέλησθε S[γρ]F

ἀτέλειαν, οἳ παραδόντες ὑμῖν Θάσον καὶ τὴν Λακεδαιμονίων φρουρὰν μεθ' ὅπλων ἐκβαλόντες καὶ Θρασύβουλον εἰσαγαγόντες καὶ παρασχόντες φίλην ὑμῖν τὴν αὑτῶν πατρίδα αἴτιοι τοῦ γενέσθαι σύμμαχον τὸν περὶ Θρᾴκην τόπον ὑμῖν ἐγένοντο; **(60)** τοῦτο δ' Ἀρχέβιον καὶ Ἡρακλείδην, οἳ Βυζάντιον παραδόντες Θρασυβούλῳ κυρίους ὑμᾶς ἐποίησαν τοῦ Ἑλλησπόντου, ὥστε τὴν δεκάτην ἀποδόσθαι καὶ χρημάτων εὐπορήσαντας Λακεδαιμονίους ἀναγκάσαι τοιαύτην, οἵαν ὑμῖν ἐδόκει, ποιήσασθαι τὴν εἰρήνην; ὧν, ὦ ἄνδρες Ἀθηναῖοι, μετὰ ταῦτ' ἐκπεσόντων ἐψηφίσασθε ἅπερ, οἶμαι, φεύγουσιν εὐεργέταις δι' ὑμᾶς προσῆκε, προξενίαν, εὐεργεσίαν, ἀτέλειαν ἁπάντων. εἶτα τοὺς δι' ὑμᾶς φεύγοντας καὶ δικαίως τι παρ' ὑμῶν εὑρομένους ἐάσωμεν ἀφαιρεθῆναι ταῦτα, μηδὲν ἔχοντες ἐγκαλέσαι; ἀλλ' αἰσχρὸν ἂν εἴη. **(61)** μάθοιτε δὲ τοῦτο μάλιστ' ἄν, ἐκείνως εἰ λογίσαισθε πρὸς ὑμᾶς αὐτούς· εἴ τινες νυνὶ τῶν ἐχόντων Πύδναν ἢ Ποτείδαιαν ἤ τι τῶν ἄλλων χωρίων, ἃ Φιλίππῳ μέν ἐστιν ὑπήκοα, ὑμῖν δ' ἐχθρά, τὸν αὐτὸν τρόπον ὅνπερ ἡ Θάσος ἦν τότε καὶ τὸ Βυζάντιον Λακεδαιμονίοις μὲν οἰκεῖα, ὑμῖν δ' ἀλλότρια, παραδώσειν ταῦτ' ἐπαγγείλαιντο, ἂν αὐτοῖς τὰς αὐτὰς δῶτε δωρεὰς ὥσπερ Ἐκφάντῳ τῷ Θασίῳ καὶ Ἀρχεβίῳ τῷ Βυζαντίῳ, **(62)** καί τινες τούτων ἀντιλέγοιεν αὐτοῖς ταῦτα λέγοντες, ὡς δεινὸν εἴ τινες μόνοι τῶν ἄλλων μετοίκων μὴ χορηγοῖεν, πῶς ποτ' ἂν ἔχοιτε πρὸς τοὺς ταῦτα λέγοντας; ἢ δῆλον ὅτι φωνὴν οὐκ ἂν ἀνάσχοισθε ὡς συκοφαντούντων; οὐκοῦν αἰσχρὸν εἰ μέλλοντες μὲν εὖ πάσχειν συκοφάντην ἂν τὸν ταῦτα λέγοντα ἡγοῖσθε, ἐπὶ τῷ δ' ἀφελέσθαι τὰς τῶν προτέρων εὐεργετῶν δωρεὰς ταῦτα λεγόντων ἀκούσεσθε. **(63)** φέρε δὴ κἀκεῖνο ἐξετάσωμεν. οἱ προδόντες τὴν Πύδναν

60 δι' ὑμᾶς—εὐεργεσίαν Lex. Pat. ad loc.

1 καὶ del. Weil 2 καὶ del. Weil 12 εὑρημένους Naber 13 ἐάσομεν AF ταῦτα] τὰ δοθέντα FY 14–15 ἂν ἐκείνως, εἰ interpunctio ante Taylorum 15 τῶν νυνὶ ἐχόντων F 20 ὥσπερ SAY 21–2 ταῦτα λέγοντες del. Cobet 22 μόνοι om. A 25–7 οὔκουν . . . ἀκούσεσθε; J. B. Mayor 27 ταὐτὰ Zuborg 28 πύδναν ⟨καὶ ποτίδαιαν⟩ A

καὶ τἄλλα χωρία τῷ Φιλίππῳ τῷ ποτ' ἐπαρθέντες ἡμᾶς ἠδίκουν; ἢ πᾶσι πρόδηλον τοῦτο, ὅτι ταῖς παρ' ἐκείνου δωρεαῖς, ἃς διὰ ταῦτ' ἔσεσθαι σφίσιν ἡγοῦντο; πότερον οὖν μᾶλλον ἔδει σε, ὦ Λεπτίνη, τοὺς ἐχθρούς, εἰ δύνασαι, πεῖσαι τοὺς ἐπὶ τοῖς πρὸς ἡμᾶς ἀδικήμασι γιγνομένους ἐκείνων εὐεργέτας μὴ τιμᾶν, ἢ θεῖναι νόμον ἡμῖν ὃς τῶν τοῖς ἡμετέροις εὐεργέταις ὑπαρχουσῶν δωρεῶν ἀφαιρεῖταί τι; ἐγὼ μὲν ἐκεῖνο οἴομαι. ἀλλ' ἵνα μὴ πόρρω τοῦ παρόντος γένωμαι, λαβὲ τὰ ψηφίσματα ἃ τοῖς Θασίοις καὶ Βυζαντίοις ἐγράφη. λέγε.

ΨΗΦΙΣΜΑΤΑ

64. Ἠκούσατε μὲν τῶν ψηφισμάτων, ὦ ἄνδρες δικασταί. τούτων δ' ἴσως ἔνιοι τῶν ἀνδρῶν οὐκέτ' εἰσίν. ἀλλὰ τὰ ἔργα τὰ πραχθέντ' ἔστιν, ἐπειδήπερ ἅπαξ ἐπράχθη. προσήκει τοίνυν τὰς στήλας ταύτας κυρίας ἐᾶν τὸν πάντα χρόνον, ἵν', ἕως μὲν ἄν τινες ζῶσι, μηδὲν ὑφ' ὑμῶν ἀδικῶνται, ἐπειδὰν δὲ τελευτήσωσιν, ἐκεῖναι τοῦ τῆς πόλεως ἤθους μνημεῖον ὦσι, καὶ παραδείγματα ἑστῶσι τοῖς βουλομένοις τι ποιεῖν ὑμᾶς ἀγαθόν, ὅσους εὖ ποιήσαντας ἡ πόλις ἀντ' εὖ πεποίηκεν. **(65)** καὶ μὴν μηδ' ἐκεῖν' ὑμᾶς, ὦ ἄνδρες Ἀθηναῖοι, λανθανέτω, ὅτι τῶν αἰσχίστων ἐστὶν πάντας ἀνθρώπους ἰδεῖν καὶ ἀκοῦσαι τὰς μὲν συμφοράς, αἷς δι' ὑμᾶς ἐχρήσαντο οἱ ἄνδρες οὗτοι, πάντα τὸν χρόνον κυρίας αὐτοῖς γεγενημένας, τὰς δὲ δωρεάς, ἃς ἀντὶ τούτων ἔλαβον παρ' ὑμῶν, καὶ δὴ λελυμένας. **(66)** πολὺ γὰρ μᾶλλον ἥρμοττεν τὰ δοθέντα ἐῶντας τῶν ἀτυχημάτων ἀφαιρεῖν ἢ τούτων μενόντων τὰς δωρεὰς ἀφαιρεῖσθαι. φέρε γὰρ πρὸς Διός, τίς ἔστιν ὅστις εὖ ποιεῖν ὑμᾶς βουλήσεται, μέλλων, ἂν μὲν ἀποτύχῃ, παραχρῆμα

64 *τὰς στήλας—ἐᾶν* cf. Aristid. 16.3 *τοῦ—ἤθους* Thom. cf. 173.10

6–7 *ὃς—τι*] *ὃς τῶν ἡμετέρων εὐεργετῶν τὰς ὑπαρχούσας δωρεὰς ἀφαιρήσεται* S^c^A 6 *τῶν*] *τὸν* S^a^Y 10 *ψήφισμα* F 12 *τὰ* ⟨*γ'*⟩ A 14 *ἐᾶν*] *τηρεῖν* Aristid. 15 *ἄν* om. S^a^ 18 *ὑμᾶς τι ποιεῖν* A *ὅσους*] *ὡς τοὺς* A : *ὅτι τοὺς* FY 19 *ἐκεῖνο* ⟨*γ'*⟩ F

δίκην δώσειν τοῖς ἐχθροῖς, ἂν δὲ κατορθώσῃ, τὰς χάριτας παρ' ὑμῶν ἀπίστους ἕξειν;

67. Πάνυ τοίνυν ἀχθοίμην ἄν, ὦ ἄνδρες δικασταί, εἰ τοῦτο μόνον δόξαιμι δίκαιον κατηγορεῖν τοῦ νόμου, ὅτι πολλοὺς ξένους εὐεργέτας ἀφαιρεῖται τὴν ἀτέλειαν, τῶν δὲ πολιτῶν μηδέν' ἄξιον δοκοίην ἔχειν δεῖξαι τῶν εὑρημένων ταύτην τὴν τιμήν. καὶ γὰρ τἄλλ' ἀγαθὰ εὐξαίμην ἂν ἔγωγε παρ' ἡμῖν εἶναι πλεῖστα, καὶ ἄνδρας ἀρίστους καὶ πλείστους εὐεργέτας τῆς πόλεως πολίτας εἶναι. **(68)** πρῶτον μὲν τοίνυν Κόνωνα σκοπεῖτε, εἰ ἄρ' ἄξιον, καταμεμψαμένους ἢ τὸν ἄνδρα ἢ τὰ πεπραγμένα, ἄκυρόν τι ποιῆσαι τῶν ἐκείνῳ δοθέντων. οὗτος γάρ, ὡς ὑμῶν τινων ἔστιν ἀκοῦσαι τῶν κατὰ τὴν αὐτὴν ἡλικίαν ὄντων, μετὰ τὴν τοῦ δήμου κάθοδον τὴν ἐκ Πειραιῶς ἀσθενοῦς ἡμῶν τῆς πόλεως οὔσης καὶ ναῦν οὐδεμίαν κεκτημένης, στρατηγῶν βασιλεῖ, παρ' ὑμῶν οὐδ' ἡντινοῦν ἀφορμὴν λαβών, κατεναυμάχησεν Λακεδαιμονίους, καὶ πρότερον τοῖς ἄλλοις ἐπιτάττοντας εἴθισεν ἀκούειν ὑμῶν, καὶ τοὺς ἁρμοστὰς ἐξήλασεν ἐκ τῶν νήσων, καὶ μετὰ ταῦτα δεῦρ' ἐλθὼν ἀνέστησε τὰ τείχη, καὶ πρῶτος πάλιν περὶ τῆς ἡγεμονίας ἐποίησε τῇ πόλει τὸν λόγον πρὸς Λακεδαιμονίους εἶναι. **(69)** καὶ γάρ τοι μόνῳ τῶν πάντων αὐτῷ τοῦτ' ἐν τῇ στήλῃ γέγραπται· "ἐπειδὴ Κόνων" φησὶν "ἠλευθέρωσε τοὺς Ἀθηναίων συμμάχους." ἔστι δὲ τοῦτο τὸ γράμμα, ὦ ἄνδρες δικασταί, ἐκείνῳ μὲν φιλοτιμία πρὸς ὑμᾶς αὐτούς, ὑμῖν δὲ πρὸς πάντας τοὺς Ἕλληνας· ὅτου γὰρ ἄν τις παρ' ὑμῶν ἀγαθοῦ τοῖς ἄλλοις αἴτιος γένηται, τούτου τὴν δόξαν τὸ τῆς πόλεως ὄνομα καρποῦται. **(70)** διόπερ οὐ μόνον αὐτῷ τὴν ἀτέλειαν ἔδωκαν οἱ τότε, ἀλλὰ καὶ χαλκῆν εἰκόνα, ὥσπερ

68 πρῶτον—οὔσης D.H. 1.159.20 κατεναυμάχησεν Aristid. 27.15

2 ⟨τὰς⟩ παρ' Cobet 7 ⟨καὶ⟩ τἄλλ' AF 8 πλείστους] πιστοὺς S[a] 11 πεπραγμένα⟨αὐτῷ⟩F 12 γὰρ⟨ἀνήρ⟩AF (lege ἁνὴρ) 14 ⟨τοῦ⟩ πειραῶς F : Πειραιέως D.H. Aristid. 15 ⟨καὶ⟩ παρ' S[c]A ἡμῶν A Aristid. 16 ἥντιν' A 21 τῶν om. S[a]A 22 Κόνων del. Bl. 25 ἡμῶν S[a]AFY

Ἁρμοδίου καὶ Ἀριστογείτονος, ἔστησαν πρώτου· ἡγοῦντο γὰρ οὐ μικρὰν τυραννίδα καὶ τοῦτον τὴν Λακεδαιμονίων ἀρχὴν καταλύσαντα πεπαυκέναι. ἵν' οὖν μᾶλλον οἷς λέγω προσέχητε, τὰ ψηφίσμαθ' ὑμῖν αὔτ' ἀναγνώσεται τὰ τότε ψηφισθέντα τῷ Κόνωνι. λέγε.

ΨΗΦΙΣΜΑΤΑ

71. *Οὐ τοίνυν ὑφ' ὑμῶν μόνον ὁ Κόνων, ὦ ἄνδρες Ἀθηναῖοι, τότ' ἐτιμήθη πράξας ἃ διεξῆλθον ἐγώ, ἀλλὰ καὶ ὑπ' ἄλλων πολλῶν, οἳ δικαίως ὧν εὐεργέτηντο χάριν ᾤοντο δεῖν ἀποδιδόναι. οὔκουν αἰσχρόν, ὦ ἄνδρες Ἀθηναῖοι, εἰ αἱ μὲν παρὰ τοῖς ἄλλοις δωρεαὶ βέβαιοι μένουσιν αὐτῷ, τῆς δὲ παρ' ὑμῶν μόνης τοῦτ' ἀφαιρήσεται;* **(72)** *καὶ μὴν οὐδ' ἐκεῖνο καλόν, ζῶντα μὲν αὐτὸν οὕτω τιμᾶν ὥστε τοσούτων ὅσων ἀκηκόατε ἀξιοῦν, ἐπειδὴ δὲ τετελεύτηκεν, {μηδεμίαν ποιησαμένους τούτων μνείαν} ἀφελέσθαι τι τῶν δοθέντων τότε. πολλὰ μὲν γάρ ἐστιν, ὦ ἄνδρες Ἀθηναῖοι, τῶν ὑπ' ἐκείνου πραχθέντων ἄξια ἐπαίνου, δι' ἃ πάντα προσήκει μὴ λύειν τὰς ἐπὶ τούτοις δοθείσας δωρεάς, κάλλιστον δὲ πάντων ἡ τῶν τειχῶν ἀνάστασις.* **(73)** *γνοίη δ' ἄν τις εἰ παραθείη πῶς Θεμιστοκλῆς, ὁ τῶν καθ' ἑαυτὸν ἁπάντων ἀνδρῶν ἐνδοξότατος, ταὐτὸ τοῦτ' ἐποίησεν. λέγεται τοίνυν*

71 *οὐ τοίνυν—πολλῶν* Artistid. 32.12
72 *πολλὰ—ἀνάστασις* Aristid. 21.1
73 *λέγεται—Λακεδαιμονίους* Hermog. 195.15 R. —*ἀρνεῖσθαι* Aps. 6.15

---

1 *πρῶτον* Schol. D. 20.70.164 7 *ὑφ' ὑμῶν μόνον* (*μόνων* F) *ὁ κόνων* SF[c]Y : *μόνον ὑφ' ὑμῶν ὁ κόνων* A : *μόνον ὁ Κόνων ὑφ' ἡμῶν* Aristid. 8 *ἐτιμήθη τότε* Aristid. *ἐπετιμήθη* SFY[a] *ἄλλων* om. Aristid. 9 *εὐηργέτηντο* F[c] 10 *οὐκοῦν* SAFY : corr. Voemel 11 *μενοῦσιν* Tournier 12 *ἀφαιρήσεται* cod. B et Bl. : *ἀφαιρεθήσεται* SAFY Schol. D. 20.71.161 : siglum interrogationis add. Voemel 14 *ἐτελεύτησε* AF 14–15 delevit Dobree 15 *τούτων*⟨*μηδενὸς*⟩ F 16 *γάρ ἐστιν*] *οὖν* Aristid. 17–18 *δι' ἃ—δωρεάς* om. Aristid. 18 *κάλλιστον*] *μέγιστον* Aristid. 20–1 *ἀνδρῶν ἁπάντων* A

ἐκεῖνος, τειχίζειν εἰπὼν τοῖς πολίταις, κἂν ἀφικνῆταί τις ἐκ Λακεδαίμονος, κατέχειν κελεύσας, οἴχεσθαι πρεσβεύων αὐτὸς ὡς τοὺς Λακεδαιμονίους, λόγων δὲ γιγνομένων ἐκεῖ καί τινων ἀπαγγελλόντων ὡς Ἀθηναῖοι τειχίζουσιν, ἀρνεῖσθαι καὶ πρέσβεις πέμπειν σκεψομένους κελεύειν, ἐπειδὴ δ᾽ οὐχ ἧκον οὗτοι, πέμπειν ἑτέρους παραινεῖν. καὶ πάντες ἴσως ἀκηκόατε ὃν τρόπον ἐξαπατῆσαι λέγεται. **(74)** φημὶ τοίνυν ἐγώ (καὶ πρὸς Διός, ἄνδρες Ἀθηναῖοι, μηδεὶς φθόνῳ τὸ μέλλον ἀκούσῃ, ἀλλ᾽ ἂν ἀληθὲς ᾖ σκοπείτω), ὅσῳ τὸ φανερῶς τοῦ λάθρᾳ κρεῖττον, καὶ τὸ νικῶντας τοῦ παρακρουσαμένους πράττειν ὁτιοῦν ἐντιμότερον, τοσούτῳ κάλλιον Κόνωνα τὰ τείχη στῆσαι Θεμιστοκλέους· ὁ μὲν γὰρ λαθών, ὁ δὲ νικήσας τοὺς κωλύσοντας αὔτ᾽ ἐποίησεν. οὐ τοίνυν ἄξιον τὸν τοιοῦτον ὑφ᾽ ὑμῶν ἀδικηθῆναι, οὐδ᾽ ἔλαττον σχεῖν τῶν ῥητόρων τῶν διδαξόντων ὡς ἀφελέσθαι τι χρὴ τῶν ἐκείνῳ δοθέντων.

75. *Εἶεν.* ἀλλὰ νὴ Δία τὸν παῖδα τὸν Χαβρίου περιίδωμεν ἀφαιρεθέντα τὴν ἀτέλειαν, ἣν ὁ πατὴρ αὐτῷ δικαίως παρ᾽ ὑμῶν λαβὼν κατέλιπεν. ἀλλ᾽ οὐδένα ἀνθρώπων εὖ φρονοῦντ᾽ οἶμαι ταῦτ᾽ ἂν φῆσαι καλῶς ἔχειν. ἴστε μὲν οὖν ἴσως, καὶ ἄνευ τοῦ παρ᾽ ἐμοῦ λόγου, ὅτι σπουδαῖος Χαβρίας ἦν ἀνήρ,

73 *καὶ πάντες—λέγεται* Hermog. 195.17 R.
74 *φημὶ—Θεμιστοκλέους* Syr. Soptr. Marcell. 4.528.11 W. *ὅσῳ—ἐποίησεν* Isidor. 5.465 *τοσούτῳ—Θεμιστοκλέους* cf. Minuc. 1.349.20 Sp. Ha.
75 *ἴστε—ἀνήρ* Aristid. 41.23

---

1 *τειχίζειν ἐκεῖνος* Hermog. 1–2 *τοῖς—κελεύσας* om. Hermog. 1 *τοῖς* om. A : *τοῖς πολίταις* om. Aps. *ἀφίκηταί* Aps. 2 *κελεύσας* del. Cobet 3 *αὐτὸς* om. Hermog. Aps. (cod. A) *εἰς Λακεδαίμονα* Hermog. 4 *τειχίζουσιν* ⟨*τὴν πόλιν*⟩ Aps. (cod. A) 5 ⟨*τοὺς*⟩ *σκεψομένους* AF 6–7 *ἴσως ἀκηκόατε*] *ἴστε* Hermog. : *ἴσως ἐπίστασθε* Aps. (cod. A) 7 *λέγεται* ⟨*λακεδαιμονίους*⟩ FY 8 *Διὸς* ⟨*καὶ θεῶν*⟩ Syr. Soptr. Marcell. *μέλλον* ⟨*ῥηθήσεσθαι*⟩ Cobet 9 *ἀκούσει* Syr. Soptr. Marcell. *ἂν—ᾖ*] *τἀληθὲς* Syr. Soptr. Marcell. 10 *κρεῖττόν* ⟨*ἐστιν*⟩ Syr. Soptr. Marcell. 10–11 *καὶ—ἐντιμότερον* om. Syr. Soptr. Marcell. 10 *τοῦ*] *ἢ* Isidor. et (*τὸ* deleto) Bl. 11–12 *κάλλιον—στῆσαι*] *Κόνωνος τὰ τείχη* Syr. Soptr. Marcell. 13 *αὔτ᾽*] *ταῦτ᾽* A Isidor. : ⟨*ταὐτὸ*⟩ *τοῦτο* F 14 *ἔχειν* A 15 *διδαξόντων* ⟨*ἡμᾶς*⟩ F 16 *τὸν²*] *τοῦ* S 19 *ἂν* ante *οἶμαι* F

οὐ μὴν κωλύει γ' οὐδὲν κἀμὲ διὰ βραχέων ἐπιμνησθῆναι τῶν πεπραγμένων αὐτῷ. **(76)** *ὃν μὲν οὖν τρόπον ὑμᾶς ἔχων πρὸς ἅπαντας Πελοποννησίους παρετάξατο ἐν Θήβαις, καὶ ὡς Γοργώπαν ἀπέκτεινεν ἐν Αἰγίνῃ, καὶ ὅσα ἐν Κύπρῳ τρόπαια ἔστησεν καὶ μετὰ ταῦτ' ἐν Αἰγύπτῳ, καὶ ὅτι πᾶσαν ἐπελθὼν ὀλίγου δέω λέγειν χώραν οὐδαμοῦ τὸ τῆς πόλεως ὄνομ' οὐδ' αὐτὸν κατῄσχυνεν, οὔτε πάνυ ῥᾴδιον κατὰ τὴν ἀξίαν εἰπεῖν, πολλή τ' αἰσχύνη λέγοντος ἐμοῦ ταῦτ' ἐλάττω φανῆναι τῆς ἐν ἑκάστῳ νῦν περὶ αὐτοῦ δόξης ὑπαρχούσης· ἃ δ' οὐδαμῶς ἂν εἰπὼν οἴομαι μικρὰ ποιῆσαι, ταῦθ' ὑπομνῆσαι πειράσομαι.* **(77)** *ἐνίκησεν μὲν τοίνυν Λακεδαιμονίους ναυμαχίᾳ καὶ πεντήκοντα μιᾶς δεούσας ἔλαβεν αἰχμαλώτους τριήρεις, εἷλε δὲ τῶν νήσων τούτων τὰς πολλὰς καὶ παρέδωκεν ὑμῖν καὶ φιλίας ἐποίησεν ἐχθρῶς ἐχούσας πρότερον, τρισχίλια δ' αἰχμάλωτα σώματα δεῦρ' ἤγαγεν, καὶ πλέον ἢ δέκα καὶ ἑκατὸν τάλαντ' ἀπέφηνεν ἀπὸ τῶν πολεμίων. καὶ τούτων πάντων ὑμῶν τινὲς οἱ πρεσβύτατοι μάρτυρές εἰσί μοι. πρὸς δὲ τούτοις ἄλλας τριήρεις πλέον ἢ εἴκοσιν εἷλε, κατὰ μίαν καὶ δύο λαμβάνων, ἃς ἁπάσας εἰς τοὺς ὑμετέρους λιμένας κατήγαγεν.* **(78)** *ἑνὶ δὲ κεφαλαίῳ μόνος τῶν πάντων στρατηγῶν οὐ πόλιν, οὐ φρούριον, οὐ ναῦν, οὐ στρατιώτην ἀπώλεσεν οὐδένα ἡγούμενος ὑμῶν, οὐδ' ἔστιν οὐδενὶ τῶν ὑμετέρων ἐχθρῶν τρόπαιον οὐδὲν ἀφ' ὑμῶν τε κἀκείνου, ὑμῖν δ' ἀπὸ πολλῶν πολλὰ ἐκείνου στρατηγοῦντος. ἵνα δὲ μὴ λέγων παραλίπω*

75 *οὐ μὴν—αὐτῷ* AB 137.18
76 *ὃν—ὑπαρχούσης* Aristid. 30.14 *ελθὼν ὀλ]ίγου—ἑκάστ[ῳ νυν* P. Aberdeen 137
77 *ἐνίκησεν—τριήρεις* AB 158.15 *—πολεμίων* Aristid. 47.5

---

3 *Πελοποννησίους ἅπαντας* Aristid. 4–5 *τρόπαια ἔστησεν*] *ἐποίησε* Aristid. 6 *δέω λέγειν* om. Aristid. 7 *οὔτε—εἰπεῖν* om. Aristid. 9 *ἐν*] *παρ'* Aristid. : *ἐφ'* Naber *νῦν* om. Aristid. : [Π137] 11 *ναυμαχίᾳ λακεδαιμονίους* A : *Λακ. ναυμαχῶν* Aristid. : *Λακ. μάχῃ* AB 12 *δεούσης* F[c] Aristid. AB *αἰχμαλώτους* om. AB 13 *τούτων* om. Aristid. 13—14 *παρέδωκεν—πρότερον* om. Aristid. 14 *φίλας* AFY 15 *δ'* om. Aristid. *πλέον ἢ* om. Aristid. 17 *τινὲς ὑμῶν* A *πρεσβύτεροι* F[c] 20 *δ'* ⟨*ἐν*⟩ Bl. 23 *ἀφ'*] *καθ'* S[γρ] *τε* om. SAY *ἀπὸ*] *αὖ* F[c]Y 24–1 *τι παραλίπω* A : *παραλείπω τι* Schol. D.20.173.183

τι τῶν πεπραγμένων αὐτῷ, ἀναγνώσεται γεγραμμένας ὑμῖν τάς τε ναῦς ὅσας ἔλαβεν καὶ οὗ ἑκάστην, καὶ τῶν πόλεων τὸν ἀριθμὸν καὶ τῶν χρημάτων τὸ πλῆθος, καὶ τῶν τροπαίων οὗ ἕκαστον. λέγε.

ΠΡΑΞΕΙΣ ΧΑΒΡΙΟΥ

79. Δοκεῖ τισιν ὑμῶν, ὦ ἄνδρες δικασταί, οὗτος ὁ τοσαύτας πόλεις λαβὼν καὶ τριήρεις τῶν πολεμίων ναυμαχίᾳ νικήσας, καὶ τοσούτων καλῶν αἴτιος ὤν, αἰσχροῦ δ' οὐδενὸς τῇ πόλει, ἄξιος εἶναι ἀποστερηθῆναι τὴν ἀτέλειαν ἣν εὕρετο παρ' ὑμῶν καὶ τῷ υἱεῖ κατέλιπεν; ἐγὼ μὲν οὐκ οἴομαι. καὶ γὰρ ἂν ἄλογον εἴη· μίαν μὲν πόλιν εἰ ἀπώλεσεν ἢ ναῦς δέκα μόνας, περὶ προδοσίας ἂν αὐτὸν εἰσήγγελλον οὗτοι, καὶ εἰ ἑάλω, τὸν ἅπαντ' ἂν ἀπωλώλει χρόνον· **(80)** ἐπειδὴ δὲ τοὐναντίον ἑπτακαίδεκα μὲν πόλεις εἷλεν, ἑβδομήκοντα δὲ ναῦς ἔλαβεν, τρισχιλίους δ' αἰχμαλώτους, δέκα δὲ καὶ ἑκατὸν τάλαντ' ἀπέφηνεν, τοσαῦτα δ' ἔστησε τρόπαια, τηνικαῦτα δ' οὐκ ἔσται κύρι' αὐτῷ τὰ δοθέντ' ἐπὶ τούτοις; καὶ μήν, ὦ ἄνδρες Ἀθηναῖοι, καὶ ζῶν πάνθ' ὑπὲρ ὑμῶν φανήσεται πράξας Χαβρίας, καὶ τὴν τελευτὴν αὐτὴν τοῦ βίου πεποιημένος οὐχ ὑπὲρ ἄλλου τινός, ὥστε δικαίως ἂν οὐ μόνον διὰ τὰ ζῶντι πεπραγμένα φαίνοισθε εὐνοϊκῶς διακείμενοι πρὸς τὸν υἱὸν αὐτοῦ, ἀλλὰ καὶ διὰ ταύτην. **(81)** ἄξιον τοίνυν, ὦ ἄνδρες Ἀθηναῖοι, κἀκεῖνο σκοπεῖν, ὅπως μὴ φανούμεθα φαυλότεροι Χίων περὶ τοὺς εὐεργέτας γεγενημένοι. εἰ γὰρ ἐκεῖνοι μέν, ἐφ' οὓς μεθ' ὅπλων ἦλθεν ἐν ἐχθροῦ τάξει, μηδὲν ὧν ἔδοσαν πρότερον νῦν ἀφῄρηνται, ἀλλὰ τὰς πάλαι χάριτας μείζους

78 ὑμῖν τὰς—ο]ὗ ἕκ[αστον λέγε P. Aberdeen 113
79 καὶ γὰρ—ἀπώλεσεν Plan. Schol. 5.506.3 W. μίαν—εἰσήγγελον cf. Hermog. 160.19 R. Minuc. 1.346.10 Sp. Ha.
80 ἑπτακαίδεκα—τρόπαια Aristid. 47.10

9 ἀφαιρεθῆναι S^{γρ}A 10 κατέλειπεν S : [F^{a}] 10–11 ἄλογον ἂν ἦν Plan. 11 εἰ ante μίαν Plan. : εἰ μὲν ante μίαν Hermog. Minuc. 14 μὲν om. S πόλεις om. Aristid. ναῦς] τριήρεις Aristid. 15 τρισχιλίους—δέκα om. Aristid. 16 δ'^{1} om. Aristid. 26 παλαιὰς F

τῶν καινῶν ἐγκλημάτων πεποίηνται, ὑμεῖς δέ, ὑπὲρ ὧν ἐπ' ἐκείνους ἐλθὼν ἐτελεύτησεν, ἀντὶ τοῦ διὰ ταῦτ' ἔτι μᾶλλον αὐτὸν τιμᾶν καὶ τῶν ἐπὶ ταῖς πρότερον εὐεργεσίαις τι δοθέντων ἀφῃρημένοι φανήσεσθε, πῶς οὐκ εἰκότως αἰσχύνην ἕξετε; **(82)** *καὶ μὴν καὶ κατ' ἐκεῖνο ἀνάξι' ἂν εἴη πεπονθὼς ὁ παῖς εἴ ⟨τι⟩ τῆς δωρεᾶς ἀφαιρεθείη, καθ' ὃ πολλάκις ὑμῶν στρατηγήσαντος Χαβρίου οὐδενὸς πώποθ' υἱὸς ὀρφανὸς δι' ἐκεῖνον ἐγένετο, αὐτὸς δ' ἐν ὀρφανίᾳ τέθραπται διὰ τὴν πρὸς ὑμᾶς φιλοτιμίαν τοῦ πατρός. οὕτω γὰρ ὡς ἀληθῶς ἔμοιγε φαίνεται βεβαίως πως ἐκεῖνος φιλόπολις, ὥστε δοκῶν καὶ ὢν ἀσφαλέστατος στρατηγὸς ἁπάντων, ὑπὲρ μὲν ὑμῶν, ὁπόθ' ἡγοῖτο, ἐχρῆτο τούτῳ, ὑπὲρ αὑτοῦ δέ, ἐπειδὴ τὸ καθ' αὑτὸν ἐτάχθη κινδυνεύειν, παρεῖδε, καὶ μᾶλλον εἵλετο μὴ ζῆν ἢ καταισχῦναι τὰς παρ' ὑμῶν ὑπαρχούσας αὐτῷ τιμάς.* **(83)** *εἶθ' ὑπὲρ ὧν ἐκεῖνος ᾤετο δεῖν ἀποθνῄσκειν ἢ νικᾶν, ταῦθ' ἡμεῖς ἀφελώμεθα τὸν υἱὸν αὐτοῦ; καὶ τί φήσομεν, ὦ ἄνδρες Ἀθηναῖοι, ὅταν τὰ μὲν τρόπαια ἑστήκῃ δῆλα πᾶσιν ἀνθρώποις, ἃ ὑπὲρ ὑμῶν στρατηγῶν ἐκεῖνος ἔστησεν, τῶν δ' ἐπὶ τούτοις δωρεῶν ἀφῃρημένον τι φαίνηται; οὐ σκέψεσθε, ὦ ἄνδρες Ἀθηναῖοι, καὶ λογιεῖσθε, ὅτι νῦν οὐχ ὁ νόμος κρίνεται πότερον ἔστιν ἐπιτήδειος ἢ οὔ, ἀλλ' ὑμεῖς δοκιμάζεσθε εἴτ' ἐπιτήδειοι πάσχειν ἔστε εὖ τὸν λοιπὸν χρόνον εἴτε μή;*

84. *Λαβὲ δὴ καὶ τὸ τῷ Χαβρίᾳ ψήφισμα ψηφισθέν. ὅρα δὴ καὶ σκόπει· δεῖ γὰρ αὐτὸ ἐνταῦθ' εἶναί που.*

Ἐγὼ δ' ἔτι τοῦτ' εἰπεῖν ὑπὲρ Χαβρίου βούλομαι. ὑμεῖς, ὦ ἄνδρες Ἀθηναῖοι, τιμῶντές ποτ' Ἰφικράτην, οὐ μόνον αὐτὸν ἐτιμήσατε, ἀλλὰ καὶ δι' ἐκεῖνον Στράβακα καὶ Πολύστρατον· καὶ πάλιν, Τιμοθέῳ διδόντες τὴν δωρεάν, δι' ἐκεῖνον ἐδώκατε

84 *λαβὲ—εἶναι* Aristid. 40.15 *Χ]αβρίᾳ*—**88** *ἀντείποι* P. Berolin. 5879 *ὅρα—σκόπει* Sud. ο 493 Ph. s.v. *ὑμεῖς—ἐτιμήσατε* cf. Aps. 8.18

---

3 *τιμᾶν αὐτὸν* A *προτέραις* F[c] 6 add. Dobree 10 *πως* susp. Schaefer ⟨*εἶναι*⟩ *φιλόπολις* A : ⟨*ἐγένετο*⟩ *φιλ.* FY 11 *ὢν*] *ὡς* A 22 *ἔστε πάσχειν* A 23 *ψηφισθὲν ψήφισμα* A 25–6 *ὑμεῖς δ' ἄνδρες* S 26–7 *οὐ—ἐτιμήσατε*] *καὶ ἄλλους τινὰς εὖ πεποιήκατε* Aps. 27 *ὀλύστρατον* F[γρ]Y : [*Π*5879] 28 *τὴν* om. Π5879

καὶ Κλεάρχῳ καί τισιν ἄλλοις πολιτείαν· Χαβρίας δὲ αὐτὸς ἐτιμήθη παρ' ὑμῖν μόνος. **(85)** *εἰ δὴ τότε, ὅθ' εὑρίσκετο τὴν δωρεάν, ἠξίωσεν ὑμᾶς, ὥσπερ δι' Ἰφικράτην καὶ Τιμόθεον εὖ τινὰς πεποιήκατε, οὕτω καὶ δι' αὐτὸν εὖ ποιῆσαι τούτων τινὰς τῶν εὑρημένων τὴν ἀτέλειαν, οὓς νῦν οὗτοι μεμφόμενοι πάντας ἀφαιρεῖσθαι κελεύουσιν ὁμοίως, οὐκ ἂν ἐδώκατε ταύτην αὐτῷ τὴν χάριν; ἔγωγ' ἡγοῦμαι.* **(86)** *εἶθ' οἷς δι' ἐκεῖνον ἂν τότ' ἐδώκατε δωρεάν, διὰ τούτους νῦν αὐτὸν ἐκεῖνον ἀφαιρήσεσθε τὴν ἀτέλειαν; ἀλλ' ἄλογον. οὐδὲ γὰρ ὑμῖν ἁρμόττει δοκεῖν παρὰ μὲν τὰς εὐεργεσίας οὕτω προχείρως ἔχειν ὥστε μὴ μόνον αὐτοὺς τοὺς εὐεργέτας τιμᾶν, ἀλλὰ καὶ τοὺς ἐκείνων φίλους, ἐπειδὰν δὲ χρόνος διέλθῃ βραχύς, καὶ ὅσα αὐτοῖς δεδώκατε, ταῦτ' ἀφαιρεῖσθαι.*

ΨΗΦΙΣΜΑΤΑ ΤΩΝ ΧΑΒΡΙΟΥ ΤΙΜΩΝ

87. *Οὓς μὲν τοίνυν ἀδικήσετε, εἰ μὴ λύσετε τὸν νόμον, πρὸς πολλοῖς ἄλλοις, οὓς ἀκηκόατε, εἰσίν, ὦ ἄνδρες δικασταί. σκοπεῖτε δὴ καὶ λογίσασθ' ἐν ὑμῖν αὐτοῖς, εἴ τινες τούτων τῶν τετελευτηκότων λάβοιεν τρόπῳ τινὶ τοῦ νυνὶ γιγνομένου πράγματος αἴσθησιν, ὡς ἂν εἰκότως ἀγανακτήσειαν. εἰ γὰρ ὧν ἔργῳ πεποίηκεν ἕκαστος αὐτῶν ὑμᾶς εὖ, τούτων ἐκ λόγου κρίσις γίγνεται, καὶ τὰ καλῶς πραχθένθ' ὑπ' ἐκείνων, ἂν ὑφ' ἡμῶν μὴ καλῶς ῥηθῇ τῷ λόγῳ, μάτην τοῖς πονήσασιν εἴργασται, πῶς οὐ δεινὰ πάσχουσιν;*

88. *Ἵνα τοίνυν εἰδῆτε, ὦ ἄνδρες Ἀθηναῖοι, ὅτι ὡς ἀληθῶς*

85 *εἰ—ἡγοῦμαι* Aps. 8.18

---

2 *εὕρισ]κε* Π5879 3–4 *Τιμόθεον—τινὰς] Πολύστρατον ⟨καὶ ἄλλους⟩ τινὰς εὖ* Aps. 4–5 *τούτων—μεμφόμενοι] καὶ Χαβρίας ἠξίωσεν ὑμᾶς τινας τούτων εὖ ποιῆσαι, οὓς νῦν αἰτιώμενοι* Aps. 6 *ὁμοίως* om. Aps. : post *ὁμοίως* dist. Reiske : post *κελεύουσιν* F. A. Wolf 7 *ταύτην—χάριν* om. Aps. *ἐγὼ ⟨μὲν⟩ οἶμαι* Aps. 8 *τότε ⟨ἂν⟩* S[a] *⟨τὴν⟩ δωρέαν* F Π5879 ut videtur 11 *μόνους* Bl. coll. 20.85 12 *διέλθοι* S : [Π5879] 13 *ἐδώκατε* F *ἀφαιρεῖσθε* S[a]AY : [Π5879] 14 *ψήφισμα* SFY Π5879 *τῶν* cod. Wb : om. SAFY Π5879 16 *οἷς* F : [Π5879] *εἰσὶν ⟨οὗτοι⟩* F 17 *δὲ* F *ἐν] παρ'* F Π5879 19 *πῶς ἂν* S[γρ]AF[γρ] : om. Π5879 21 *ἂν] ἃ* Y 22 *ὑμῶν* S[c]AFY Π5879

ἐπὶ πᾶσι δικαίοις ποιούμεθα τοὺς λόγους πάντας οὓς λέγομεν πρὸς ὑμᾶς, καὶ οὐδὲν ἔσθ᾽ ὅ τι τοῦ παρακρούσασθαι καὶ φενακίσαι λέγεται παρ᾽ ἡμῶν εἵνεκα, ἀναγνώσεται τὸν νόμον ὑμῖν ὃν παρεισφέρομεν γράψαντες ἀντὶ τοῦδε, ὃν οὐκ ἐπιτήδειον εἶναί φαμεν. γνώσεσθε γὰρ ἐκ τούτου πρόνοιάν τινα ἔχοντας ἡμᾶς καὶ ὅπως ὑμεῖς μηδὲν αἰσχρὸν ποιῆσαι δόξετε, καὶ ὅπως, εἴ τινά τις καταμέμφεται τῶν εὑρημένων τὰς δωρεάς, ἂν δίκαιον ᾖ, κρίνας παρ᾽ ὑμῖν ἀφαιρήσεται, καὶ ὅπως, οὓς οὐδεὶς ἂν ἀντείποι μὴ οὐ δεῖν ἔχειν, ἕξουσι τὰ δοθέντα. **(89)** καὶ τούτων πάντων οὐδὲν ἔστιν καινὸν οὐδ᾽ ἡμέτερον εὕρημα, ἀλλ᾽ ὁ παλαιός, ὃν οὗτος παρέβη, νόμος οὕτω κελεύει νομοθετεῖν, γράφεσθαι μέν, ἄν τίς τινα τῶν ὑπαρχόντων νόμων μὴ καλῶς ἔχειν ἡγῆται, παρεισφέρειν δ᾽ αὐτὸν ἄλλον, ὃν ἂν τιθῇ λύων ἐκεῖνον, ὑμᾶς δ᾽ ἀκούσαντες ἑλέσθαι τὸν κρείττω. **(90)** οὐ γὰρ ᾤετο δεῖν ὁ Σόλων, ὁ τοῦτον τὸν τρόπον προστάξας νομοθετεῖν, τοὺς μὲν θεσμοθέτας τοὺς ἐπὶ τοὺς νόμους κληρουμένους δὶς δοκιμασθέντας ἄρχειν, ἔν τε τῇ βουλῇ καὶ παρ᾽ ὑμῖν ἐν τῷ δικαστηρίῳ, τοὺς δὲ νόμους αὐτούς, καθ᾽ οὓς καὶ τούτοις ἄρχειν καὶ πᾶσι τοῖς ἄλλοις πολιτεύεσθαι προσήκει, ἐπὶ καιροῦ τεθέντας, ὅπως ἔτυχον, μὴ δοκιμασθέντας κυρίους εἶναι. **(91)** καὶ γάρ τοι τότε μέν, τέως τὸν τρόπον τοῦτον ἐνομοθέτουν, τοῖς μὲν ὑπάρχουσι νόμοις ἐχρῶντο, καινοὺς δ᾽ οὐκ ἐτίθεσαν· ἐπειδὴ δὲ τῶν πολιτευομένων τινὲς δυνηθέντες, ὡς ἐγὼ πυνθάνομαι, κατεσκεύασαν αὐτοῖς ἐξεῖναι νομοθετεῖν, ὅταν τις βούληται

89 *καὶ τούτων—νομοθετεῖν* Aristid. 13.19
90 *θ[έντας ἄρχειν*—**91** *τίθεσ[αν* P. Berolin. 5879
91 *τέως—ἐνομοθέτουν* Prisc. 370.4

---

1 *οὓς*] *ὅσους* F 2 *ὑμῶν* A 5 *φαμεν εἶναι* A 9 *οὓς* om. Y *ἂν* om. Π5879 *ἐξουσίαν* S[a]F[c]Y 10 *πάντων* om. Aristid. 10–11 *ἔστιν καινὸν οὐδ᾽ ἡμέτερον εὕρημα* Feliciana : *ἐστιν ἡμέτερον καινὸν οὐδ᾽* (*οὐδ᾽* om. AF) *εὕρημα* SAFY : *καινὸν οὐδὲ εὕρημα ἐμὸν* (*ἡμέτερον* Bl.) Aristid. : *ἔσθ᾽ ἡμέτερον οὐδὲ καινὸν εὕρημα* Fox 11 *ὁ* om. Aristid. 15 *δεῖν* om. SAY Schol. D. 20.90.198 19 *πᾶσι* om. A 20 *προσῆκεν* F[a] : [Π5879] 21 *ἔτυχεν* S[a]F Π5879 22 *ἕως* Prisc. : *ἕως* ⟨*μὲν*⟩ Dindorf 23 *ἐτίθεσαν* ⟨*εἰκῇ*⟩ Weil

καὶ ὃν ἂν τύχῃ τρόπον, τοσοῦτοι μὲν οἱ ἐναντίοι σφίσιν αὐτοῖς εἰσὶ νόμοι, ὥστε χειροτονεῖθ' ὑμεῖς τοὺς διαλέξοντας τοὺς ἐναντίους ἐπὶ πάμπολυν ἤδη χρόνον, **(92)** *καὶ τὸ πρᾶγμα οὐδὲν μᾶλλον δύναται πέρας ἔχειν· ψηφισμάτων δ' οὐδ' ὁτιοῦν διαφέρουσιν οἱ νόμοι, ἀλλὰ νεώτεροι οἱ νόμοι, καθ' οὓς τὰ ψηφίσματα δεῖ γράφεσθαι, τῶν ψηφισμάτων αὐτῶν ὑμῖν εἰσίν. ἵν' οὖν μὴ λόγον λέγω μόνον, ἀλλὰ καὶ τὸν νόμον αὐτὸν ὅν φημι δείξω, λαβέ μοι τὸν νόμον καθ' ὃν ἦσαν οἱ πρότερον νομοθέται. λέγε.*

ΝΟΜΟΣ

93. *Συνίεθ' ὃν τρόπον, ὦ ἄνδρες Ἀθηναῖοι, ὁ Σόλων τοὺς νόμους ὡς καλῶς κελεύει τιθέναι, πρῶτον μὲν παρ' ὑμῖν, ἐν τοῖς ὀμωμοκόσιν, παρ' οἷσπερ καὶ τἄλλα κυροῦται, ἔπειτα λύοντα τοὺς ἐναντίους, ἵν' εἷς ᾖ περὶ τῶν ὄντων ἑκάστου νόμος, καὶ μὴ τοὺς ἰδιώτας αὐτὸ τοῦτο ταράττῃ καὶ ποιῇ τῶν ἅπαντας εἰδότων τοὺς νόμους ἔλαττον ἔχειν, ἀλλὰ πᾶσιν ᾖ ταὐτὰ γνῶναι καὶ μαθεῖν ἁπλᾶ καὶ σαφῆ τὰ δίκαια.* **(94)** *καὶ πρὸ τούτων γ' ἐπέταξεν ἐκθεῖναι πρόσθε τῶν ἐπωνύμων καὶ τῷ γραμματεῖ παραδοῦναι, τοῦτον δ' ἐν ταῖς ἐκκλησίαις ἀναγιγνώσκειν, ἵν' ἕκαστος ὑμῶν ἀκούσας πολλάκις καὶ κατὰ σχολὴν σκεψάμενος, ἃ ἂν ᾖ καὶ δίκαια καὶ συμφέροντα, ταῦτα νομοθετῇ. τούτων τοίνυν τοσούτων ὄντων δικαίων τὸ πλῆθος, οὑτοσὶ μὲν οὐδ' ὁτιοῦν ἐποίησε {Λεπτίνης}· οὐδὲ γὰρ ἂν ὑμεῖς ποτ' ἐπείσθητε, ὡς ἐγὼ νομίζω, θέσθαι τὸν νόμον· ἡμεῖς δ', ὦ ἄνδρες Ἀθηναῖοι, πάντα, καὶ παρεισφέρομεν πολλῷ καὶ*

93 *ἀλλὰ—δίκαια* Hermog. 27.3 R. Rhet. Lat. 560.4

1 *τοσοῦτον* Y *οἱ* del. Bl. 4 *σχεῖν* Y 5 *νεώτεροι*] *καινότεροι* Hernandez : *κενώτεροι* Bake : *ἐναντιώτεροι* Lipsius : *ἀκυρότεροι* Cobet 6 *αὐτῶν* om. Y 8 *πρότεροι* A 11 ⟨*καθ'*⟩ *ὃν* F 12 ⟨*καὶ*⟩ *ὡς* Richards *ἐν* om. F 14 *ᾖ*] *εἶναι* Hermog. 17 *ταῦτ'* AFY Hermog. : corr. Reiske : [S] *γνῶμαι* Hermog. : *ἀναγνῶναι* SAFY : *discere* Rhet. Lat. 19 *ταῖς*] *τρισὶν* Dobree 21 *ἃ ἂν*] *ἂν* S^aY *καὶ*[1] om. AF 22 *νομοθετεῖ* A *δικαίων* om. F^a : del. Cobet : ⟨*τῶν*⟩ *δικαίων* Dobree 23 del. Cobet *οὐδὲ*] *οὐ* AF 25 *καὶ*[2] om. FY

κρείττω καὶ δικαιότερον τοῦ τούτου νόμον. γνώσεσθε δ' ἀκούοντες. **(95)** *λαβὲ καὶ λέγε πρῶτον μὲν ἃ τοῦ τούτου νόμου γεγράμμεθα, εἶθ' ἃ φαμεν δεῖν ἀντὶ τούτων τεθῆναι. λέγε.*

ΝΟΜΟΣ

Ταῦτα μέν ἐστιν ἃ τοῦ τούτου νόμου διώκομεν ὡς οὐκ ἐπιτήδεια. τὰ δ' ἑξῆς λέγε, ἃ τούτων εἶναι βελτίω φαμέν. προσέχετε, ἄνδρες δικασταί, τούτοις ἀναγιγνωσκομένοις τὸν νοῦν. λέγε.

ΝΟΜΟΣ

96. *Ἐπίσχες. τοῦτο μέν ἐστιν ἐν τοῖς οὖσι νόμοις κυρίοις ὑπάρχον καλόν, ὦ ἄνδρες Ἀθηναῖοι, καὶ σαφές, "τὰς δωρεὰς ὅσας ὁ δῆμος ἔδωκεν κυρίας εἶναι"· δίκαιον, ὦ γῆ καὶ θεοί. χρῆν τοίνυν Λεπτίνην μὴ πρότερον τιθέναι τὸν ἑαυτοῦ νόμον πρὶν τοῦτον ἔλυσεν γραψάμενος. νῦν δὲ μαρτυρίαν καθ' ἑαυτοῦ καταλείπων ὅτι παρανομεῖ τουτονὶ τὸν νόμον, ὅμως ἐνομοθέτει, καὶ ταῦθ' ἑτέρου κελεύοντος νόμου καὶ κατ' αὐτὸ τοῦτο ἔνοχον εἶναι τῇ γραφῇ, ἐὰν ἐναντίος ᾖ τοῖς πρότερον κειμένοις νόμοις. λαβὲ δ' αὐτὸν τὸν νόμον.*

ΝΟΜΟΣ

97. *Οὔκουν ἐναντίον, ὦ ἄνδρες Ἀθηναῖοι, τῷ "κυρίας εἶναι τὰς δωρεάς, ὅσας ὁ δῆμος ἔδωκε", τὸ "μηδέν' εἶναι ἀτελῆ" τούτων οἷς ὁ δῆμος ἔδωκεν; σαφῶς γ' οὑτωσί. ἀλλ' οὐκ ἐν ᾧ νῦν ὅδε ἀντεισφέρει νόμῳ, ἀλλ' ἅ τ' ἐδώκατε, κύρια, καὶ πρόφασις δικαία κατὰ τῶν ἢ παρακρουσαμένων ἢ μετὰ ταῦτ' ἀδικούντων ἢ ὅλως ἀναξίων, δι' ἣν ὃν ἂν ὑμῖν δοκῇ κωλύσετ' ἔχειν τὴν δωρεάν. λέγε τὸν νόμον.*

96 *τοῦτο—θεοί* Aristid. 27.3

---

1 *τούτου τοῦ* SA : *τούτου* S[c]F   2 *ἀκούσαντες* S[γρ]AF   2 *τούτου τοῦ* SAFY Schol. D. 20.95.214 : corr. cod. P   4 *ΓΡΑΦΗ* Reiske 5 *τούτου τοῦ* SFY   6 *ἐφεξῆς* F   10 *ἐστιν* om. Aristid. 12 *ἃς* F   ⟨*καὶ*⟩ *δίκαιον* Weil   13 *χρὴ* S[a]   14 ⟨*τὸν παλαιὸν*⟩ *τοῦτον* F   15 *καταλιπὼν* A   20 *οὔκουν* Bk. : *οὐκοῦν* SAFY 21 *ἃς* AF   21–2 *τούτων ἀτελῆ* F   23 *τε δεδώκατε* F 25 *ὃν* om. A

ΝΟΜΟΣ

98. Ἀκούετ', ὦ ἄνδρες Ἀθηναῖοι, καὶ καταμανθάνετε, ὅτι ἐνταῦθ' ἔνι καὶ τοὺς ἀξίους ἔχειν τὰ δοθέντα καὶ τοὺς μὴ τοιούτους κριθέντας, ἐὰν ἀδίκως τι λάβωσιν, ἀφαιρεθῆναι, καὶ τὸ λοιπὸν ἐφ' ὑμῖν εἶναι πάνθ', ὥσπερ ἐστὶ δίκαιον, καὶ δοῦναι καὶ μή. ὡς μὲν τοίνυν οὐχὶ καλῶς οὗτος ἔχει καὶ δικαίως ὁ νόμος, οὔτ' ἐρεῖν οἴομαι Λεπτίνην οὔτ', ἐὰν λέγῃ, δεῖξαι δυνήσεσθαι· ἃ δὲ πρὸς τοῖς θεσμοθέταις ἔλεγεν, ταῦτ' ἴσως λέγων παράγειν ὑμᾶς ζητήσει. ἔφη γὰρ ἐξαπάτης εἵνεκα παραγεγράφθαι τοῦτον τὸν νόμον, ἐὰν δ' ὃν αὐτὸς ἔθηκεν λυθῇ, τοῦτον οὐ τεθήσεσθαι. **(99)** ἐγὼ δ', ὅτι μὲν τῇ ὑμετέρᾳ ψήφῳ τοῦ τούτου νόμου λυθέντος τὸν παρεισενεχθέντα κύριον εἶναι σαφῶς ὁ παλαιὸς κελεύει νόμος, καθ' ὃν οἱ θεσμοθέται τοῦτον ὑμῖν παρέγραψαν, ἐάσω, ἵνα μὴ περὶ τούτου τις ἀντιλέγῃ μοι, ἀλλ' ἐπ' ἐκεῖνο εἶμι. ὅταν ταῦτα λέγῃ δήπου, ὁμολογεῖ μὲν εἶναι βελτίω καὶ δικαιότερον τόνδε τὸν νόμον οὗ τέθεικεν αὐτός, ὑπὲρ δὲ τοῦ πῶς τεθήσεται ποιεῖται τὸν λόγον. **(100)** πρῶτον μὲν τοίνυν εἰσὶν αὐτῷ κατὰ τοῦ παρεισφέροντος πολλοὶ τρόποι, δι' ὧν, ἂν βούληται, θεῖναι τὸν νόμον αὐτὸν ἀναγκάσει. ἔπειτ' ἐγγυώμεθ' ἡμεῖς, ἐγώ, Φορμίων, ἄλλον εἴ τινα βούλεται, θήσειν τὸν νόμον. ἔστι δὲ δήπου νόμος ὑμῖν, ἐάν τις ὑποσχόμενός τι τὸν δῆμον ἢ βουλὴν ἢ δικαστήριον ἐξαπατήσῃ, τὰ ἔσχατα πάσχειν. ἐγγυώμεθα, ὑπισχνούμεθα· οἱ θεσμοθέται ταῦτα γραφόντων, ἐπὶ τούτοις τὸ πρᾶγμα γιγνέσθω. **(101)** μήθ' ὑμεῖς ποιήσητε μηδὲν ἀνάξιον ὑμῶν αὐτῶν, μήτ', εἴ τις φαῦλός ἐστι τῶν εὑρημένων τὴν δωρεάν, ἐχέτω, ἀλλ' ἰδίᾳ κατὰ τόνδε κριθήτω τὸν νόμον. εἰ δὲ ταῦτα λόγους καὶ φλυαρίας εἶναι φήσει, ἐκεῖνό γ' οὐ λόγος· αὐτὸς

100 *ἐγγυώμεθ'—νόμον* et *ἐγγυώμεθα—γιγνέσθω* Aristid. 42.7

4 *ἐὰν—λάβωσιν* del. van Herwerden 5 *καὶ*[I] om. F 8 ⟨*τὰ*⟩ *πρὸς* F 12 *τούτου τοῦ* SAFY : corr. Westermann 14 *ὑμῖν* cod. Ft : *ἡμῖν* SAFY 19 ⟨*μὴ*⟩ *βούληται* F 20 *ἄλλον*] *μᾶλλον* Y 21 *βούληται* Aristid. 22 ⟨*τὴν*⟩ *βουλὴν* A 23 *ἐξαπατήσειν* Y 25 *ποιήσετε* A 28 *εἶναι* om. F[a]

θέτω, καὶ μὴ λεγέτω τοῦτο, ὡς οὐ θήσομεν ἡμεῖς. κάλλιον δὲ δήπου τὸν ὑφ᾽ ὑμῶν κριθέντα καλῶς ἔχειν νόμον εἰσφέρειν ἢ ὃν νῦν ἀφ᾽ αὑτοῦ τίθησιν.

102. Ἐμοὶ δ᾽, ὦ ἄνδρες Ἀθηναῖοι, δοκεῖ Λεπτίνης (καί μοι μηδὲν ὀργισθῇς· οὐδὲν γὰρ φλαῦρον ἐρῶ σε) ἢ οὐκ ἀνεγνωκέναι τοὺς Σόλωνος νόμους ἢ οὐ συνιέναι. εἰ γὰρ ὁ μὲν Σόλων ἔθηκεν νόμον ἐξεῖναι δοῦναι τὰ ἑαυτοῦ ᾧ ἄν τις βούληται, ἐὰν μὴ παῖδες ὦσι γνήσιοι, οὐχ ἵν᾽ ἀποστερήσῃ τοὺς ἐγγυτάτω γένει τῆς ἀγχιστείας, ἀλλ᾽ ἵν᾽ εἰς τὸ μέσον καταθεὶς τὴν ὠφέλειαν ἐφάμιλλον ποιήσῃ τὸ ποιεῖν ἀλλήλους εὖ, **(103)** σὺ δὲ τοὐναντίον εἰσενήνοχας μὴ ἐξεῖναι τῷ δήμῳ τῶν αὑτοῦ δοῦναι μηδενὶ μηδέν, πῶς σέ τις φήσει τοὺς Σόλωνος ἀνεγνωκέναι νόμους ἢ συνιέναι; ὃς ἔρημον ποιεῖς τὸν δῆμον τῶν φιλοτιμησομένων, προλέγων καὶ δεικνὺς ὅτι τοῖς ἀγαθόν τι ποιοῦσιν οὐδ᾽ ὁτιοῦν ἔσται πλέον. **(104)** καὶ μὴν κἀκεῖνος τῶν καλῶς δοκούντων ἔχειν νόμων Σόλωνός ἐστι, μὴ λέγειν κακῶς τὸν τεθνεῶτα, μηδ᾽ ἂν ὑπὸ τῶν ἐκείνου τις ἀκούῃ παίδων αὐτός· σὺ δὲ ποιεῖς, οὐ λέγεις κακῶς τοὺς τετελευτηκότας τῶν εὐεργετῶν, τῷ δεῖνι μεμφόμενος καὶ τὸν δεῖν᾽ ἀνάξιον εἶναι φάσκων, ὧν ⟨οὐδεὶς⟩ οὐδὲν ἐκείνοις προσήκει. ἆρ᾽ οὐ πολὺ τοῦ Σόλωνος ἀποστατεῖς τῇ γνώμῃ;

105. *Πάνυ τοίνυν σπουδῇ τις ἀπήγγελλέ μοι περὶ τοῦ μηδενὶ δεῖν μηδὲν διδόναι, μηδ᾽ ἂν ὁτιοῦν πράξῃ, τοιοῦτόν τι λέγειν αὐτοὺς παρεσκευάσθαι, ὡς ἄρ᾽ οἱ Λακεδαιμόνιοι καλῶς πολιτευόμενοι καὶ Θηβαῖοι οὐδενὶ τῶν παρ᾽ ἑαυτοῖς διδόασι τοιαύτην οὐδεμίαν τιμήν· καίτοι καὶ παρ᾽ ἐκείνοις

102 *καί—φλαῦρον* Isidor. 2.216 —*σε* Hermog. 271.24, 349.9 R. *μηδὲν—ἐρῶ* Anon. Fig. 3.148.24 Sp. *οὐδὲν—σε* Syr. 2.26.15 R.
105 *Λακεδαιμόνιοι—τιμήν* et *οὐ γὰρ—πολιτείᾳ* cf. Aps. 5.16

---

5 *μοι ⟨πρὸς διὸς⟩* AFY Schol. D. 20.102.235 *φλαῦρον ἐρῶ σε* SAFY Syr. : *ἐρῶ σε φλαῦρον* Hermog. (bis) : *ἐρῶ φλαῦρον* (*σε* om.) Anon. 7 *ὅτῳ* F 9 *ἐγγύτατα ⟨τῷ⟩* F[a] 10 *ἀλλήλοις* A 19 *⟨εὖ⟩ τετελευτηκότας* S 20 add. Dobree 21 *προσῆκεν* SAFY : corr. Dobree *τῆς γνώμης* S[γρ] 22 *ἀπήγγειλε* S[a]A Schol. D. 20. 105.241 24 *οἱ* del. Schaefer 25 *⟨οἱ⟩ θηβαῖοι* A 26 *καὶ* om. Y

τινές εἰσιν ἴσως ἀγαθοί. ἐμοὶ δὲ δοκοῦσιν, ὦ ἄνδρες Ἀθηναῖοι, πάντες οἱ τοιοῦτοι λόγοι παροξυντικοὶ μὲν εἶναι πρὸς τὸ τὰς ἀτελείας ὑμᾶς ἀφελέσθαι πεῖσαι, οὐ μέντοι δίκαιοί γ' οὐδαμῇ. οὐ γὰρ ἀγνοῶ τοῦθ' ὅτι Θηβαῖοι καὶ Λακεδαιμόνιοι καὶ ἡμεῖς οὔτε νόμοις οὔτ' ἔθεσιν χρώμεθα τοῖς αὐτοῖς οὔτε πολιτείᾳ. **(106)** *αὐτὸ γὰρ τοῦτο πρῶτον, ὃ νῦν οὗτοι ποιήσουσιν, ἐὰν ταῦτα λέγωσιν, οὐκ ἔξεστι ποιεῖν παρὰ τοῖς Λακεδαιμονίοις, τὰ τῶν Ἀθηναίων ἐπαινεῖν νόμιμα οὐδὲ τὰ τῶν δείνων, πολλοῦ γε καὶ δεῖ, ἀλλ' ἃ τῇ παρ' ἐκείνοις πολιτείᾳ συμφέρει, ταῦτ' ἐπαινεῖν ἀνάγκη {καὶ ποιεῖν}. εἶτα καὶ Λακεδαιμόνιοι τῶν μὲν τοιούτων ἀφεστᾶσιν, ἄλλαι δέ τινες παρ' ἐκείνοις εἰσὶ τιμαί, ἃς ἀπεύξαιτ' ἂν ἅπας ὁ δῆμος ἐνταυθοῖ γενέσθαι. τίνες οὖν εἰσιν αὗται;* **(107)** *τὰς μὲν καθ' ἕκαστον ἐάσω, μίαν δ', ἣ συλλαβοῦσα τὰς ἄλλας ἔχει, δίειμι. ἐπειδάν τις εἰς τὴν καλουμένην γερουσίαν ἐγκριθῇ παρασχὼν αὑτὸν οἷον χρή, δεσπότης ἐστὶ τῶν πολλῶν. ἐκεῖ μὲν γάρ ἐστι τῆς ἀρετῆς ἆθλον τῆς πολιτείας κυρίῳ γενέσθαι μετὰ τῶν ὁμοίων, παρὰ δ' ἡμῖν ταύτης μὲν ὁ δῆμος κύριος, καὶ ἀραὶ καὶ νόμοι καὶ φυλακαὶ ὅπως μηδεὶς ἄλλος κύριος γενήσεται, στέφανοι δὲ καὶ ἀτέλειαι καὶ σιτήσεις καὶ τοιαῦτα ἐστίν, ὧν ἄν τις ἀνὴρ ἀγαθὸς ὢν τύχοι.* **(108)** *καὶ ταῦτ' ἀμφότερ' ὀρθῶς ἔχει, καὶ τἀκεῖ καὶ τὰ παρ' ἡμῖν. διὰ τί; ὅτι τὰς μὲν διὰ τῶν ὀλίγων πολιτείας τὸ πάντας ἔχειν ἴσον ἀλλήλοις τοὺς τῶν κοινῶν κυρίους ὁμονοεῖν ποιεῖ, τὴν δὲ τῶν δήμων ἐλευθερίαν ἡ τῶν ἀγαθῶν ἀνδρῶν ἅμιλλα, ἣν ἐπὶ ταῖς παρὰ τοῦ δήμου δωρεαῖς πρὸς ἑαυτοὺς ποιοῦνται, φυλάττει.* **(109)** *καὶ μὴν περὶ τοῦ γε μηδὲ Θηβαίους μηδένα τιμᾶν, ἐκεῖν' ἂν ἔχειν εἰπεῖν ἀληθὲς οἴομαι. μεῖζον, ὦ ἄνδρες Ἀθηναῖοι, Θηβαῖοι φρονοῦσιν ἐπ' ὠμότητι καὶ πονηρίᾳ ἢ ὑμεῖς ἐπὶ φιλανθρωπίᾳ καὶ τῷ τὰ*

109 *Θηβαίους—τιμᾶν* et *Θηβαῖοι—βούλεσθαι* Aps. cf. 7.2

---

1 *δὴ* SAY   5 *ἔθεσιν . . . νόμοις* A   6 *ποιοῦσιν* A   8 ⟨*ἢ*⟩ *ἐπαινεῖν* FY   9–10 *ταῦτ' ἀνάγκη καὶ ἐπαινεῖν* (*ποιεῖν* deleto) Cobet   10 del. Hirschig   11 *μὲν* om. Schol. D. 20.106.243   *τοιούτων* ⟨*ἐθῶν*⟩ FY   18 *ἀρχαὶ* FY   22 ⟨*τῶν*⟩ *διὰ τῶν* SY   26 *γε τοῦ* F

δίκαια βούλεσθαι. μήτ᾽ οὖν ἐκεῖνοί ποτε παύσαιντο, εἰ ἄρ᾽ εὔξασθαι δεῖ, τοὺς μὲν ἑαυτοὺς ἀγαθόν τι ποιοῦντας μήτε τιμῶντες μήτε θαυμάζοντες, τοὺς δὲ συγγενεῖς (ἴστε γὰρ ὃν τρόπον Ὀρχομενὸν διέθηκαν) οὕτω μεταχειριζόμενοι, μήθ᾽ ὑμεῖς τἀναντία τούτοις τοὺς μὲν εὐεργέτας τιμῶντες, παρὰ δὲ τῶν πολιτῶν λόγῳ μετὰ τῶν νόμων τὰ δίκαια λαμβάνοντες. **(110)** ὅλως δ᾽ οἶμαι τότε δεῖν τοὺς ἑτέρων ἐπαινεῖν τρόπους καὶ ἔθη τοῖς ὑμετέροις ἐπιτιμῶντας, ὅταν ᾖ δεῖξαι βέλτιον ἐκείνους πράττοντας ὑμῶν. ὅτε δ᾽ ὑμεῖς, καλῶς ποιοῦντες, καὶ κατὰ τὰς κοινὰς πράξεις καὶ κατὰ τὴν ὁμόνοιαν καὶ κατὰ τἄλλα πάντα ἄμεινον ἐκείνων πράττετε, τοῦ χάριν ἂν τῶν ὑμετέρων αὐτῶν ἐθῶν ὀλιγωροῦντες ἐκεῖνα διώκοιτε; εἰ γὰρ καὶ κατὰ τὸν λογισμὸν ἐκεῖνα φανείη βελτίω, τῆς γε τύχης ἕνεκα ᾗ παρὰ ταῦτ᾽ ἀγαθῇ κέχρησθε, ἐπὶ τούτων ἄξιον μεῖναι. **(111)** εἰ δὲ δεῖ παρὰ πάντα ταῦτ᾽ εἰπεῖν ὃ δίκαιον ἡγοῦμαι, ἐκεῖν᾽ ἂν ἔγωγ᾽ εἴποιμι. οὐκ ἔστι δίκαιον, ὦ ἄνδρες Ἀθηναῖοι, τοὺς Λακεδαιμονίων νόμους οὐδὲ τοὺς Θηβαίων λέγειν ἐπὶ τῷ τοὺς ἐνθάδε λυμαίνεσθαι, οὐδὲ δι᾽ ὧν μὲν ἐκεῖνοι μεγάλοι {τῆς ὀλιγαρχίας καὶ δεσποτείας εἰσί}, κἂν ἀποκτεῖναι βούλεσθαι τὸν παρ᾽ ἡμῖν τούτων τι κατασκευάσαντα, διὰ δ᾽ ὧν ὁ παρ᾽ ἡμῖν δῆμος εὐδαίμων, ταῦθ᾽ ὡς ἀνελεῖν δεῖ λεγόντων τινῶν ἐθέλειν ἀκούειν.

112. Ἔστι τοίνυν τις πρόχειρος λόγος, ὡς ἄρα καὶ παρ᾽ ἡμῖν ἐπὶ τῶν προγόνων πόλλ᾽ ἀγάθ᾽ εἰργασμένοι τινὲς οὐδενὸς ἠξιοῦντο τοιούτου, ἀλλ᾽ ἀγαπητῶς ἐπιγράμματος ἐν τοῖς Ἑρμαῖς ἔτυχον· καὶ ἴσως τοῦθ᾽ ὑμῖν ἀναγνώσεται τὸ ἐπίγραμμα. ἐγὼ δ᾽ ἡγοῦμαι τοῦτον τὸν λόγον, ὦ ἄνδρες Ἀθηναῖοι, κατὰ πόλλ᾽ ἀσύμφορον εἶναι τῇ πόλει λέγεσθαι,

111 *οὐκ—λυμαίνεσθαι* Schol. in Aphth. 2.676.24 W.

---

4 *ὀρχομενίους* AF 5 *ἡμεῖς* SAFY : corr. Aldina 7 *τρόπους*] *νόμους* AF[a] 8–9 *βέλτιον δεῖξαι ἐκείνους* Y 13 *τὸν* om. Schol. D. 20.110.257 : del. Cobet 16 *ἔγωγ᾽ ἂν* F *ἔστι* om. Schol. 17 *οὐδὲ—λέγειν*] *ἐπαινεῖν* Schol. 18 *λυμήνασθαι* Schol. 18–19 del. Westermann : *τῆς—δεσποτείας* del. Lamb. 21 *ἡμῶν* SY26 *ἐτύγχανον* F 26–7 *τοιοῦθ᾽ . . . ⟨τι⟩ ἐπίγραμμα* F. A. Wolf : *ταῦτα . . . τἀπιγράμματα* Dobree

πρὸς δὲ καὶ οὐδὲ δίκαιον. **(113)** εἰ μὲν γὰρ ἀναξίους εἶναί τις φήσει κἀκείνους τιμᾶσθαι, τίς ἄξιος, εἰπάτω, εἰ μήτε τῶν προτέρων μηδεὶς μήτε τῶν ὑστέρων· εἰ δὲ μηδένα φήσει, συναχθεσθείην ἂν ἔγωγε τῇ πόλει, εἰ μηδεὶς ἐν ἅπαντι τῷ χρόνῳ γέγονεν ἄξιος εὖ παθεῖν. καὶ μὴν εἴ γ' ὁμολογῶν ἐκείνους εἶναι σπουδαίους μὴ τετυχηκότας δείξει μηδενός, τῆς πόλεως ὡς ἀχαρίστου δήπου κατηγορεῖ. ἔστι δ' οὐχ οὕτω ταῦτ' ἔχοντα, οὐδ' ὀλίγου δεῖ· ἀλλ' ἐπειδάν τις οἶμαι κακουργῶν ἐπὶ μὴ προσήκοντα πράγματα τοὺς λόγους μεταφέρῃ, δυσχερεῖς ἀνάγκη φαίνεσθαι. **(114)** ὡς δὲ τἀληθές τ' ἔχει καὶ δίκαιόν ἐστι λέγειν, ἐγὼ πρὸς ὑμᾶς ἐρῶ. ἦσαν, ὦ ἄνδρες Ἀθηναῖοι, πολλοὶ τῶν πρότερον σπουδαῖοι, καὶ ἡ πόλις ἡμῶν ἐτίμα καὶ τότε τοὺς ἀγαθούς· αἱ μέντοι τιμαὶ καὶ τἄλλα πάντα τὰ μὲν τότ' ἦν ἐπὶ τοῖς τότ' ἔθεσιν, τὰ δὲ νῦν ἐπὶ τοῖς νῦν. πρὸς οὖν τί τοῦτο λέγω; ὅτι φήσαιμ' ἂν ἔγωγ' ἐκείνους οὐκ ἔστιν ὅτου παρὰ τῆς πόλεως οὐ τυχεῖν ὧν ἐβουλήθησαν. **(115)** τίνι χρώμενος τεκμηρίῳ; ὅτι Λυσιμάχῳ δωρεάν, ἑνὶ τῶν τότε χρησίμων, ἑκατὸν μὲν ἐν Εὐβοίᾳ πλέθρα γῆς πεφυτευμένης ἔδοσαν, ἑκατὸν δὲ ψιλῆς, ἔτι δ' ἀργυρίου μνᾶς ἑκατόν, καὶ τέτταρας τῆς ἡμέρας δραχμάς. καὶ τούτων ψήφισμά ἐστιν Ἀλκιβιάδου, ἐν ᾧ ταῦτα γέγραπται. τότε μὲν γὰρ ἡ πόλις ἡμῶν καὶ γῆς ηὐπόρει καὶ χρημάτων, νῦν δ' εὐπορήσει· δεῖ γὰρ οὕτω λέγειν καὶ μὴ βλασφημεῖν. καίτοι τίν' οὐκ ἂν οἴεσθε νῦν τὸ τρίτον μέρος τούτων ἀντὶ τῆς ἀτελείας ἑλέσθαι; ὅτι τοίνυν ἀληθῆ λέγω, λαβέ μοι τὸ ψήφισμα τουτί.

ΨΗΦΙΣΜΑ

116. Ὅτι μὲν τοίνυν, ὦ ἄνδρες Ἀθηναῖοι, καὶ τοῖς προγόνοις ὑμῶν ἔθος ἦν τοὺς χρηστοὺς τιμᾶν, δηλοῖ τὸ ψήφισμα τουτί·

115 ἑκατὸν—ἔδοσαν Lex. Pat. ad loc.

1 οὐ AF 2–3 εἰ μήτε—ὑστέρων del. Markland 3 πρότερον . . . ὕστερον FY[a] 8 δεῖν SAFY : corr. Wolf 9–10 τοὺς λόγους post φαίνεσθαι Schol. D. 20.113.269 10 τ' om. F Schol. D. 20.114.270 12 προτέρων cod. Wb 22 εὐπόρει S[a]AFY 25 ⟨ταῦτ'⟩ ἀληθῆ F τουτί. ⟨λέγε.⟩ F

εἰ δὲ μὴ τοῖς αὐτοῖς οἷσπερ ἡμεῖς νῦν, ἕτερόν τι τοῦτ᾽ ἂν εἴη. εἰ τοίνυν μήτε Λυσίμαχον μήτ᾽ ἄλλον μηδένα μηδὲν εὑρῆσθαι παρὰ τῶν προγόνων ἡμῶν συγχωρήσαιμεν, τί μᾶλλον, οἷς ἔδομεν νῦν ἡμεῖς, διὰ τοῦτο δικαίως ἂν ἀφαιρεθεῖεν; **(117)** οὐ γὰρ οἱ μὴ δόντες ἃ μὴ 'δόκει δεινόν εἰσιν οὐδὲν εἰργασμένοι, ἀλλ᾽ οἱ δόντες μέν, πάλιν δ᾽ ὕστερον μηδὲν ἐγκαλοῦντες ἀφαιρούμενοι. εἰ μὲν γάρ τις ἔχει δεῖξαι κἀκείνους ὧν ἔδοσάν τῳ τι, τοῦτ᾽ ἀφῃρημένους, συγχωρῶ καὶ ὑμᾶς ταὐτὸ τοῦτο ποιῆσαι, καίτοι τοῦτό γ᾽ αἰσχρὸν ὁμοίως· εἰ δὲ μηδ᾽ ἂν εἷς ἐν ἅπαντι τῷ χρόνῳ τοῦτ᾽ ἔχοι δεῖξαι γεγονός, τίνος εἵνεκ᾽ ἐφ᾽ ἡμῶν πρώτων καταδειχθῇ τοιοῦτον ἔργον;

118. Χρὴ τοίνυν, ὦ ἄνδρες Ἀθηναῖοι, κἀκεῖνο ἐνθυμεῖσθαι καὶ ὁρᾶν, ὅτι νῦν ὀμωμοκότες κατὰ τοὺς νόμους δικάσειν ἥκετε, οὐχὶ τοὺς Λακεδαιμονίων οὐδὲ Θηβαίων, οὐδ᾽ οἷς ποτ᾽ ἐχρήσανθ᾽ οἱ πρῶτοι τῶν προγόνων, ἀλλὰ καθ᾽ οὓς ἔλαβον τὰς ἀτελείας οὓς ἀφαιρεῖται νῦν οὗτος τῷ νόμῳ, καὶ περὶ ὧν ἂν νόμοι μὴ ὦσι, γνώμῃ τῇ δικαιοτάτῃ κρινεῖν. {καλῶς}. τὸ τοίνυν τῆς γνώμης πρὸς ἅπαντ᾽ ἀνενέγκατε τὸν νόμον. **(119)** ἆρ᾽ οὖν δίκαιον, ὦ ἄνδρες Ἀθηναῖοι, τοὺς εὐεργέτας τιμᾶν; δίκαιον. τί δέ; ὅσ᾽ ἂν δῷ τις ἅπαξ, δίκαιον ἔχειν ἐάν; δίκαιον. ταῦτα τοίνυν αὐτοί τε ποιεῖτε, ἵν᾽ εὐορκῆτε, καὶ τοὺς προγόνους ὀργίζεσθε ἂν μή τις φῇ ποιεῖν, καὶ τοὺς τὰ τοιαῦτα λέγοντας παραδείγματα, ὡς ἄρ᾽ ἐκεῖνοι μεγάλα εὖ παθόντες οὐδέν᾽ ἐτίμησαν, καὶ πονηροὺς καὶ ἀπαιδεύτους ἡγεῖσθ᾽ εἶναι, πονηροὺς μὲν διότι καταψεύδονται τῶν προγόνων ὑμῶν ὡς

117 μηδὲν—ἐγκαλοῦντες Schol. D. 20.116.280
118 γνώμῃ—**119** εὐορκῆτε Tib. Fig. 19.15 Ball.

1 ὥσπερ Y ἕτερον τί S[c] 5 δοκεῖ SAFY : corr. Weil 8 τοῦτον Bake ἡμᾶς S[a]AY 9 καίτοι τοῦτό γ᾽ Wolf : καὶ τοιοῦτό γ᾽ S : καίτοι τό γ᾽ S[c]AFY : καίτοι αἰσχρόν γ᾽ Dobree μηδ᾽—εἷς] μηδεὶς FY 11 πρῶτον SA[a]FY καταδειχθείη AF 14 ⟨τοὺς⟩ θηβαίων F 15 οἱ πρῶτοι] οἱ πρὸ τοῦ (τῶν προγόνων deleto) Dobree 17 κρίνειν AFY : [S] : corr. Bernard : δικάσειν τῇ δικαιοτάτῃ Tib. καλῶς om. Tib. : del. van Herwerden 18 πρὸς] εἰς Tib. 19 οὖν] οὐ S[γρ]AF : ὑμῖν Tib. δίκαιον ⟨εἶναι δοκεῖ⟩ Tib. 20 ὁπόσα Tib. δῷ—ἅπαξ] λάβῃ τις Tib. ἐὰν om. Tib. 21 ἵν᾽] εἰ Y εὐορκεῖτε Y Tib. (cod. x)

ἀχαρίστων, ἀμαθεῖς δὲ διότι ἐκεῖνο ἀγνοοῦσιν, ὅτι εἰ τὰ μάλιστα ταῦθ' οὕτως εἶχεν, ἀρνεῖσθαι μᾶλλον ἢ λέγειν αὐτοῖς προσῆκεν.

120. *Οἴομαι* τοίνυν καὶ τοῦτον τὸν λόγον Λεπτίνην ἐρεῖν, ὡς τὰς εἰκόνας καὶ τὴν σίτησιν οὐκ ἀφαιρεῖται τῶν εἰληφότων ὁ νόμος, οὐδὲ τῆς πόλεως τὸ τιμᾶν τοὺς ὄντας ἀξίους, ἀλλ' ἔσται χαλκοῦς ἱστάναι καὶ σίτησιν διδόναι καὶ ἄλλο ὅ τι ἂν βούλησθε, πλὴν τούτου. ἐγὼ δ' ὑπὲρ ὧν μὲν τῇ πόλει καταλείπειν φήσει, τοσοῦτο λέγω· ὅταν ὧν ἐδώκατέ τῳ πρότερόν τι, τοῦτ' ἀφέλησθε, καὶ τὰς ὑπολοίπους ἀπίστους ποιήσετε πάσας δωρεάς. τί γὰρ ἔσται πιστότερον τὸ τῆς εἰκόνος καὶ τῆς σιτήσεως ἢ τὸ τῆς ἀτελείας, ἣν πρότερόν τισι δόντες ἀφῃρημένοι φανεῖσθε; **(121)** ἔτι δ' εἰ μηδὲν ἔμελλε τοῦτ' ἔσεσθαι δυσχερές, οὐδ' ἐκεῖνο καλῶς ἔχειν ἡγοῦμαι, εἰς τοιαύτην ἄγειν ἀνάγκην τὴν πόλιν δι' ἧς ἅπαντας ἐξ ἴσου τῶν αὐτῶν ἀξιώσει τοῖς τὰ μέγιστ' εὐεργετοῦσιν, ἢ μὴ τοῦτο ποιοῦσα χάριν τισὶν οὐκ ἀποδώσει. μεγάλων μὲν οὖν εὐεργεσιῶν οὔθ' ἡμῖν συμφέρει συμβαίνειν πολλάκις καιρόν, οὔτ' ἴσως ῥᾴδιον αἰτίῳ γενέσθαι· **(122)** μετρίων δὲ καὶ ὧν ἐν εἰρήνῃ τις καὶ πολιτείᾳ δύναιτ' ἂν ἐφικέσθαι, εὐνοίας, δικαιοσύνης, ἐπιμελείας, τῶν τοιούτων, καὶ συμφέρειν ἔμοιγε δοκεῖ καὶ χρῆναι διδόναι τὰς τιμάς. δεῖ τοίνυν μεμερίσθαι καὶ τὰ τῶν δωρεῶν, ἵν' ἧς ἂν ἄξιος ὢν ἕκαστος φαίνηται, ταύτην παρὰ τοῦ δήμου λαμβάνῃ τὴν δωρεάν. **(123)** ἀλλὰ μὴν ὑπὲρ ὧν γε τοῖς εὑρημένοις τὰς τιμὰς καταλείπειν φήσει, οἱ μὲν ἁπλᾶ πάνυ καὶ δίκαι' ἂν εἴποιεν, πάνθ' ὅσα τῶν αὐτῶν ἕνεκ' αὐτοῖς ἔδοτ' εὐεργεσιῶν ἀξιοῦντες ἔχειν, οἱ δὲ φενακίζειν τὸν ὡς καταλείπεται λέγοντά τι αὐτοῖς. ὁ γὰρ ἄξια τῆς ἀτελείας

123 *οἱ δὲ—πολί]της* P. Oxy. LVI 3845

---

7 *ἐξέσται* S^c^AF ⟨*καὶ*⟩ *χαλκοῦς* F 8 *μὲν* om. A 9 *καταλιπεῖν* FY Schol. D. 20.120.290a *φησὶ* A *ὅτι ἂν* S^c^F^c^ 12 *καὶ* Schaefer : *ἢ* ⟨*τὸ*⟩ SFY : *ἢ* A 15 *ἀνάγκην ἄγειν* A 18 *ὑμῖν* A 19 *ὧν* ⟨*ἂν*⟩ A 20 *ἂν* om. S^a^ : del. Bl. 24 *λαμβάνει* A 25 *καὶ καταλείπεται* Π3845 : *καταλιπεῖν* FY *φήσει* om. Π3485 : *φησὶν* A 28 *καταλείπεσθαι* S^c^FY et (*ὡς* omisso) Bl.

εὖ πεποιηκέναι δόξας καὶ ταύτην παρ᾽ ὑμῶν λαβὼν τὴν τιμὴν μόνην, ἢ ξένος ἢ καί τις πολίτης, ἐπειδὰν ἀφαιρεθῇ ταύτην, τίν᾽ ἔχει λοιπὴν δωρεάν, Λεπτίνη; οὐδεμίαν δήπου. μὴ τοίνυν διὰ μὲν τὸ τῶνδε κατηγορεῖν ὡς φαύλων ἐκείνους ἀφαιροῦ, δι᾽ ἃ δ᾽ αὖ καταλείπειν ἐκείνοις φήσεις, τούσδε ὃ μόνον λαβόντες ἔχουσι, τοῦτ᾽ ἀφέλῃ. **(124)** ὡς δ᾽ ἁπλῶς εἰπεῖν, οὐκ, εἰ τῶν πάντων ἀδικήσομέν τινα μείζονα ἢ ἐλάττονα, δεινόν ἐστιν, ἀλλ᾽ εἰ τὰς τιμάς, αἷς ἂν ἀντ᾽ εὖ ποιήσωμέν τινας, ἀπίστους καταστήσομεν· οὐδ᾽ ὁ πλεῖστος ἔμοιγε λόγος περὶ τῆς ἀτελείας ἐστίν, ἀλλ᾽ ὑπὲρ τοῦ πονηρὸν ἔθος τὸν νόμον εἰσάγειν καὶ τοιοῦτον δι᾽ οὗ πάντ᾽ ἄπιστα ὅσα ὁ δῆμος δίδωσιν ἔσται.

125. Ὃν τοίνυν κακουργότατον οἴονται λόγον εὑρηκέναι πρὸς τὸ τὰς ἀτελείας ὑμᾶς ἀφελέσθαι πεῖσαι, βέλτιόν ἐστι προειπεῖν, ἵνα μὴ λάθητ᾽ ἐξαπατηθέντες. ἐροῦσιν ὅτι ταῦθ᾽ ἱερῶν ἐστιν ἅπαντα τἀναλώματα {αἱ χορηγίαι καὶ αἱ γυμνασιαρχίαι}· δεινὸν οὖν, εἰ τῶν ἱερῶν ἀτελής τις ἀφεθήσεται. ἐγὼ δὲ τὸ μέν τινας, οἷς ὁ δῆμος ἔδωκεν, ἀτελεῖς εἶναι τούτων δίκαιον ἡγοῦμαι, ὃ δὲ νῦν οὗτοι ποιήσουσιν, ἐὰν ἄρα ταῦτα λέγωσι, τοῦτ᾽ εἶναι δεινὸν νομίζω. **(126)** εἰ γὰρ ἃ {κατὰ} μηδέν᾽ ἄλλον ἔχουσι τρόπον δεῖξαι δίκαιον ὑμᾶς ἀφελέσθαι, ταῦτ᾽ ἐπὶ τῷ τῶν θεῶν ὀνόματι ποιεῖν ζητήσουσιν, πῶς οὐκ ἀσεβέστατον ἔργον καὶ δεινότατον πράξουσιν; χρὴ γάρ, ὥς γοῦν ἐμοὶ δοκεῖ, ὅσα τις πράττει τοὺς θεοὺς ἐπιφημίζων, τοιαῦτα φαίνεσθαι οἷα μηδ᾽ ἂν ἐπ᾽ ἀνθρώπου πραχθέντα πονηρὰ φανείη. ὅτι δ᾽ οὐκ ἔστι ταὐτὸν ἱερῶν ἀτέλειαν ἔχειν καὶ λειτουργιῶν, ἀλλ᾽ οὗτοι τὸ τῶν λειτουργιῶν ὄνομ᾽ ἐπὶ τὸ τῶν ἱερῶν μεταφέροντες ἐξαπατᾶν

125 ἐξα[πα]τηθέντες—ἱε]ρῶν P. Oxy. LVI 3845

3 δήπου om. S[a] 4 τὸ Richards : τοῦ SAFY τῶνδε] τούτων A Schol. D. 20.123.297 5 καταλιπεῖν FY 7 ⟨ἢ⟩ μείζονα A 8 ἂν om. F 10 τοῦ ⟨μὴ⟩ cod. Ft 11–12 ἄπιστα post δίδωσιν F 15 ἐροῦσιν ⟨γὰρ⟩ S[c]A Π3845 Schol. D. 20.125.299 16–17 del. F. A. Wolf 17 γυμνασίαι S[a] ⟨τις⟩ ἀτελής Y 21 del. Weil coll. 93 24 γοῦν ἐμοὶ] ἔμοιγε F ⟨πάνθ'⟩ ὅσα F 26 ταὐτὸ S[a]FY

ζητοῦσι, Λεπτίνην ὑμῖν αὐτὸν ἐγὼ παρασχήσομαι μάρτυρα. **(127)** γράφων γὰρ ἀρχὴν τοῦ νόμου "Λεπτίνης εἶπεν" φησίν, "ὅπως ἂν οἱ πλουσιώτατοι λειτουργῶσιν, ἀτελῆ μηδένα εἶναι πλὴν τῶν ἀφ' Ἁρμοδίου καὶ Ἀριστογείτονος." καίτοι εἰ ἦν ἱερῶν ἀτέλειαν ἔχειν ταὐτὸ καὶ λειτουργιῶν, τί τοῦτο μαθὼν προσέγραψεν; οὐδὲ γὰρ τούτοις ἀτέλεια τῶν γ' ἱερῶν ἐστιν δεδομένη. ἵνα δ' εἰδῆτε ὅτι ταῦτα τοῦτον ἔχει τὸν τρόπον, λαβέ μοι πρῶτον μὲν τῆς στήλης τὰ ἀντίγραφα, εἶτα τὴν ἀρχὴν τοῦ νόμου τοῦ Λεπτίνου. λέγε.

ΑΝΤΙΓΡΑΦΑ ΣΤΗΛΗΣ

128. Ἀκούετε τῶν ἀντιγράφων τῆς στήλης, ὦ ἄνδρες Ἀθηναῖοι, ἀτελεῖς αὐτοὺς εἶναι κελευόντων πλὴν ἱερῶν. λέγε δὴ τὴν ἀρχὴν τοῦ νόμου τοῦ Λεπτίνου.

ΝΟΜΟΣ

Καλῶς· κατάθες. γράψας "ὅπως ἂν οἱ πλουσιώτατοι λειτουργῶσι", "μηδέν' εἶναι ἀτελῆ προσέγραψεν" πλὴν τῶν ἀφ' Ἁρμοδίου καὶ Ἀριστογείτονος." τίνος εἵνεκα, εἴ γε τὸ τῶν ἱερῶν τέλος ἐστὶ λειτουργεῖν; αὐτὸς γὰρ οὑτωσὶ τἀναντία τῇ στήλῃ γεγραφώς, ἂν τοῦτο λέγῃ, φανήσεται. **(129)** ἡδέως δ' ἂν ἔγωγ' ἐροίμην Λεπτίνην· τίνος αὐτοῖς τὴν ἀτέλειαν ἢ σὺ νῦν καταλείπειν φήσεις ἢ ἐκείνους τότε δοῦναι, τὰς λειτουργίας ὅταν εἶναι φῇς ἱερῶν; τῶν μὲν γὰρ εἰς τὸν πόλεμον πασῶν εἰσφορῶν καὶ τριηραρχιῶν ἐκ τῶν παλαιῶν νόμων οὐκ εἰσὶν ἀτελεῖς· τῶν δὲ λειτουργιῶν, εἴπερ εἰσὶν ἱερῶν, οὐδ' ἔχουσιν. ἀλλὰ μὴν γέγραπταί γ' ἀτελεῖς αὐτοὺς εἶναι. **(130)** τίνος; ἢ τοῦ μετοικίου; τοῦτο γὰρ λοιπόν. οὐ δήπου, ἀλλὰ τῶν ἐγκυκλίων λειτουργιῶν, ὡς ἥ τε στήλη δηλοῖ καὶ σὺ προσδιώρισας ἐν τῷ νόμῳ καὶ μαρτυρεῖ πᾶς ὁ πρὸ τοῦ χρόνος γεγονώς, ἐν ᾧ τοσούτῳ τὸ πλῆθος ὄντι οὔτε φυλὴ

2 *ἀρχὴν—νόμου* del. Dobree   3 *λειτουργήσωσι* A   5 *παθὼν* Lamb.   15 *πλούσιοι* Schol. D 20.128.309   16 *προσέγραψεν ἀτελῆ* SY Schol. D. 20.128.310   21 *καταλιπεῖν* FY   24 *δέ* ⟨*γε*⟩ F   25 *οὐδ' ἔχουσιν* ⟨*ἀτέλειαν*⟩ Reiske : *οὐδ' ἀρχὴν* Weil   *εἶναι αὐτοὺς* A   26 *ἤ* Dobree   29 *ᾧ* ⟨*δὲ*⟩ Schol. D. 20.130.314

πώποτ᾿ ἐνεγκεῖν ἐτόλμησεν οὐδεμία οὐδένα τῶν ἀπ᾿ ἐκείνων χορηγόν, οὔτ᾿ ἐνεχθεὶς αὐτοῖς ἄλλος οὐδεὶς ἀντιδοῦναι. οἷς οὐκ ἀκουστέον ἂν ἐναντία τολμᾷ λέγειν.

131. *Ἔτι τοίνυν ἴσως ἐπισύροντες ἐροῦσιν ὡς Μεγαρεῖς καὶ Μεσσήνιοί τινες εἶναι φάσκοντες, ἔπειτ᾿ ἀτελεῖς εἰσιν, ἁθρόοι παμπληθεῖς ἄνθρωποι, καί τινες ἄλλοι δοῦλοι καὶ μαστιγίαι, Λυκίδας καὶ Διονύσιος, καὶ τοιούτους τινὰς ἐξειλεγμένοι. ὑπὲρ δὴ τούτων ὡδὶ ποιήσαθ᾿ ὅταν ταῦτα λέγωσι· κελεύετ᾿, εἴπερ ἀληθῆ λέγουσι πρὸς ὑμᾶς, τὰ ψηφίσματα ἐν οἷς ἀτελεῖς εἰσιν οὗτοι δεῖξαι. οὐ γάρ ἐστ᾿ οὐδεὶς ἀτελὴς παρ᾿ ὑμῖν ὅτῳ μὴ ψήφισμα ἢ νόμος δέδωκε τὴν ἀτέλειαν.* **(132)** *πρόξενοι μέντοι πολλοὶ διὰ τῶν πολιτευομένων γεγόνασι παρ᾿ ὑμῖν τοιοῦτοι, ὧν εἷς ἐστιν ὁ Λυκίδας. ἀλλ᾿ ἕτερον πρόξενόν ἐστ᾿ εἶναι καὶ ἀτέλειαν εὑρῆσθαι. μὴ δὴ παραγόντων ὑμᾶς, μηδ᾿, ὅτι δοῦλος ὢν ὁ Λυκίδας καὶ Διονύσιος καί τις ἴσως ἄλλος διὰ τοὺς μισθοῦ τὰ τοιαῦτα γράφοντας ἑτοίμως πρόξενοι γεγόνασι, διὰ τοῦθ᾿ ἑτέρους {ἀξίους} καὶ ἐλευθέρους καὶ πολλῶν ἀγαθῶν αἰτίους, ἃς ἔλαβον δικαίως παρ᾿ ὑμῶν δωρεὰς ἀφελέσθαι ζητούντων.* **(133)** *πῶς γὰρ οὐχὶ καὶ κατὰ τοῦτο δεινότατ᾿ ἂν πεπονθὼς ὁ Χαβρίας φανείη, εἰ μὴ μόνον ἐξαρκέσει τοῖς τὰ τοιαῦτα πολιτευομένοις τὸν ἐκείνου δοῦλον Λυκίδαν πρόξενον ὑμέτερον πεποιηκέναι, ἀλλ᾿ εἰ καὶ διὰ τοῦτον πάλιν τῶν ἐκείνῳ τι δοθέντων ἀφέλοιντο, καὶ ταῦτ᾿ αἰτίαν λέγοντες ψευδῆ; οὐ γάρ ἐστιν οὔθ᾿ οὗτος οὔτ᾿ ἄλλος οὐδεὶς πρόξενος ὢν ἀτελής, ὅτῳ μὴ διαρρήδην ἀτέλειαν ἔδωκεν ὁ δῆμος. τούτοις δ᾿ οὐ δέδωκεν, οὐδ᾿ ἕξουσιν οὗτοι δεικνύναι, λόγῳ δ᾿ ἂν ἀναισχυντῶσιν, οὐχὶ καλῶς ποιήσουσιν.*

131 *ἐπισύροντες—μαστιγίαι* Aps. 4.13
132 *πρόξενοι—ὑμῖν* AB 163.23

---

1 *ἐκείνου* A 5 ⟨*πρόξενοι*⟩ *εἶναι* Weil : *εἶναι—ἔπειτ᾿* om. Aps. : *φάσκοντες ἀτελεῖς ἔπειτ᾿* van Herwerden 6 ⟨*καὶ*⟩ *παμπληθεῖς* Aps. *ἄνθρωποι—ἄλλοι*] *καὶ* Aps. 7 *Διονυσίους* Reiske 10 *δεικνύναι* F 14 *πραττόντων* F^{a} 15 ⟨*ὁ*⟩ *διονύσιος* F *ἄλλος ἴσως* F 17 del. Dobree 20 *ἐξαρκέσειε* F 22 *καὶ* post *πάλιν* Bl. 25 *μὴ* om. A 26 *οὔτ᾿ ἔδωκεν οὔθ᾿* A : *οὐκ ἔδωκεν οὐδ᾿* F *ἂν* om. SF^{a}

134. Ὃ τοίνυν μάλιστα πάντων οἶμαι δεῖν ὑμᾶς, ὦ ἄνδρες Ἀθηναῖοι, φυλάξασθαι, τοῦτ᾽ εἰπεῖν ἔτι βούλομαι. εἰ γάρ τις πάνθ᾽ ὅσα Λεπτίνης ἐρεῖ περὶ τοῦ νόμου διδάσκων ὑμᾶς ὡς καλῶς κεῖται, συγχωρήσειεν ἀληθῆ λέγειν αὐτόν, ἕν γ᾽ αἰσχρὸν οὐδ᾽ ἂν εἴ τι γένοιτο ἀναιρεθείη, ὃ συμβήσεται διὰ τοῦ νόμου κυρίου γενομένου τῇ πόλει. τί οὖν τοῦτ᾽ ἔστιν; τὸ δοκεῖν ἐξηπατηκέναι τοὺς ἀγαθόν τι ποιήσαντας. **(135)** ὅτι μὲν τοίνυν τοῦθ᾽ ἕν τι τῶν αἰσχρῶν ἐστιν πάντας ἂν ἡγοῦμαι φῆσαι, ὅσῳ δ᾽ ὑμῖν αἴσχιον τῶν ἄλλων, ἀκούσατέ μου. ἔστιν ὑμῖν νόμος ἀρχαῖος, τῶν καλῶς δοκούντων ἔχειν, ἄν τις ὑποσχόμενός τι τὸν δῆμον ἐξαπατήσῃ, κρίνειν, κἂν ἁλῷ, θανάτῳ ζημιοῦν. εἶτ᾽ οὐκ αἰσχύνεσθ᾽, ὦ ἄνδρες Ἀθηναῖοι, εἰ ἐφ᾽ ᾧ τοῖς ἄλλοις θάνατον τὴν ζημίαν ἐτάξατε, τοῦτ᾽ αὐτοὶ ποιοῦντες φανήσεσθε; καὶ μὴν πάντα μὲν εὐλαβεῖσθαι δεῖ ποιεῖν τὰ δοκοῦντα καὶ ὄντ᾽ αἰσχρά, μάλιστα δὲ ταῦτ᾽ ἐφ᾽ οἷς τοῖς ἄλλοις χαλεπῶς τις ἔχων ὁρᾶται· οὐδὲ γὰρ ἀμφισβήτησις καταλείπεται τὸ μὴ ταῦτα ποιεῖν ἃ πονηρὰ αὐτὸς ἔκρινεν εἶναι πρότερον.

136. Ἔτι τοίνυν ὑμᾶς κἀκεῖνο εὐλαβεῖσθαι δεῖ, ὅπως μηδὲν ὧν ἰδίᾳ φυλάξαισθ᾽ ἄν, τοῦτο δημοσίᾳ ποιοῦντες φανήσεσθε. ὑμῶν τοίνυν οὐδ᾽ ἂν εἷς οὐδὲν ὧν ἰδίᾳ τινὶ δοίη, τοῦτ᾽ ἀφέλοιτο πάλιν, ἀλλ᾽ οὐδ᾽ ἐπιχειρήσειεν ἄν. **(137)** μὴ τοίνυν μηδὲ δημοσίᾳ τοῦτο ποιήσητε, ἀλλὰ κελεύετε τούτους τοὺς ἐροῦντας ὑπὲρ τοῦ νόμου, εἴ τινα τῶν εὑρημένων τὴν δωρεὰν ἀνάξιον εἶναί φασιν ἢ μὴ πεποιηκότα ἐφ᾽ οἷς εὕρετ᾽ ἔχειν, ἢ ἄλλ᾽ ὁτιοῦν ἐγκαλοῦσίν τινι, γράφεσθαι κατὰ τὸν νόμον ὃν παρεισφέρομεν νῦν ἡμεῖς, ἢ θέντων ἡμῶν, ὥσπερ ἐγγυώμεθα καὶ φαμὲν θήσειν, ἢ θέντας αὐτούς, ὅταν πρῶτον γένωνται νομοθέται. ἔστι δ᾽ ἑκάστῳ τις αὐτῶν, ὡς ἔοικεν, ἐχθρός,

134 ὃ—πόλει Aristid. 40.22

4 καλῶς κεῖται] κακῶς χρῆται Aristid. συγχωρήσειεν ⟨τούτοις⟩ Aristid. 8 ἕν τι τοῦτο A 9 τῶν ἄλλων αἴσχιον F 10 νόμος ὑμῖν A καλῶς τῶν S[a] 13 τὴν om. SAY τοῦτο αὐτὸ S[a]F[c]Y 16 οὐδὲ] οὔτε F[c]Y 17 ⟨ἔτι⟩ καταλείπεται F πονηρά ⟨τις⟩ AF 23 τούτους om. F 25 πεποιηκότα ⟨τὰ⟩ Cobet 28 αὐτούς] ὑμᾶς Schol. D. 20.137.332

τῷ μὲν Διόφαντος, τῷ δ' Εὔβουλος, τῷ δ' ἴσως ἄλλος τις. **(138)** εἰ δὲ τοῦτο φεύξονται καὶ μὴ 'θελήσουσι ποιεῖν, σκοπεῖτ', ὦ ἄνδρες Ἀθηναῖοι, εἰ καλῶς ὑμῖν ἔχει, ἃ τούτων ἕκαστος ὀκνεῖ τοὺς ἐχθροὺς ἀφαιρούμενος ὀφθῆναι, ταῦθ' ὑμᾶς τοὺς εὐεργέτας ἀφῃρημένους φαίνεσθαι, καὶ τοὺς εὖ τι πεποιηκότας ὑμᾶς, οἷς οὐδεὶς ἂν ἐγκαλέσαι, νόμῳ τὰ δοθέντ' ἀπολωλεκέναι δι' ὑμῶν ἀθρόους, παρόν, εἴ τις ἄρ' ἐστὶν ἀνάξιος, εἷς ἢ δύο ἢ πλείους, γραφῇ διὰ τούτων ταὐτὸ τοῦτο παθεῖν κατ' ἄνδρα κριθέντας. ἐγὼ μὲν γὰρ οὐχ ὑπολαμβάνω ταῦτα καλῶς ἔχειν οὐδέ γ' ἀξίως ὑμῶν.

139. {Σκοπῶ δὲ καὶ τοῦτο} καὶ μὴν οὐδ' ἐκείνου γ' ἀποστατέον τοῦ λόγου, ὅτι τῆς μὲν ἀξίας, ὅτ' ἐδώκαμεν, ἦν δίκαιον τὴν ἐξέτασιν λαμβάνειν, ὅτε τούτων οὐδεὶς ἀντεῖπεν, μετὰ ταῦτα δ' ἐάν, εἴ τι μὴ πεπόνθατε ὑπ' αὐτῶν ὕστερον κακόν. εἰ δ' οὗτοι τοῦτο φήσουσι (δεῖξαι μὲν γὰρ οὐκ ἔχουσιν), δεῖ κεκολασμένους αὐτοὺς παρ' αὐτὰ τἀδικήματα φαίνεσθαι. εἰ δὲ μηδενὸς ὄντος τοιούτου τὸν νόμον ποιήσετε κύριον, δόξετε φθονήσαντες, οὐχὶ πονηροὺς λαβόντες ἀφῃρῆσθαι. **(140)** ἔστι δὲ πάντα μὲν ὡς ἔπος εἰπεῖν ὅσα ἔστιν ὀνείδη φευκτέον, τοῦτο δὲ πάντων μάλιστ', ὦ ἄνδρες Ἀθηναῖοι. διὰ τί; ὅτι παντάπασι φύσεως κακίας σημεῖόν ἐστιν ὁ φθόνος, καὶ οὐκ ἔχει πρόφασιν δι' ἣν ἂν τύχοι συγγνώμης ὁ τοῦτο πεπονθώς. εἶτα καὶ οὐδ' ἔστιν ὄνειδος ὅτου πορρώτερόν ἐστιν ἡμῶν ἡ πόλις ἢ τοῦ φθονερὰ δοκεῖν εἶναι, ἁπάντων ἀπέχουσα τῶν αἰσχρῶν. **(141)** τεκμήρια δ' ἡλίκα τούτου θεωρήσατε. πρῶτον μὲν μόνοι τῶν πάντων ἀνθρώπων ἐπὶ τοῖς τελευτήσασι δημοσίᾳ {καὶ ταῖς ταφαῖς ταῖς δημοσίαις}

140 πορρώτερον AB 111.14

---

2 θελήσωσι A 8 γραφῇ post ταὐτὸ A 9 κριθέντα SA 11 del. Reiske 12–13 τὴν ἐξέτασιν ἦν δίκαιον F 15 ἕξουσιν AFY 16 αὐτὰ om. SY 19 ὅσα ἐστιν] τὰ A : om. SY 21 φύσει Y Schol. D. 20.140.346 23 οὐδ'] οὐκ A : οὐδὲν F πορρωτέρω AFY : utramque agnoscit AB 24 ὑμῶν A : ἡ πόλις ἡμῶν S^{c}F 26 μὲν ⟨γὰρ⟩ F τῶν om. F 27 τοῖς ⟨ὑπὲρ αὐτῆς⟩ Weil coll. Aristid. or. 13.190.11 del. Schaefer 27–1 καὶ— λόγους] ταφὰς (⟨τὰς⟩ τ. F) ποιεῖτε (ποιεῖσθε S$^{\gamma\rho}$F) καὶ λόγους S$^{\gamma\rho}$AF

ποιεῖτε λόγους ἐπιταφίους, ἐν οἷς κοσμεῖτε τὰ τῶν ἀγαθῶν ἀνδρῶν ἔργα. καίτοι τοῦτ᾽ ἔστι τὸ ἐπιτήδευμα ζηλούντων ἀρετήν, οὐ τοῖς ἐπὶ ταύτῃ τιμωμένοις φθονούντων. εἶτα μεγίστας δίδοτ᾽ ἐκ παντὸς τοῦ χρόνου δωρεὰς τοῖς τοὺς γυμνικοὺς νικῶσιν ἀγῶνας τοὺς στεφανίτας, καὶ οὐχ, ὅτι τῇ φύσει τούτων ὀλίγοις μέτεστιν, ἐφθονήσατε τοῖς ἔχουσιν, οὐδ᾽ ἐλάττους ἐνείματε τὰς τιμὰς διὰ ταῦτα. πρὸς δὲ τούτοις τοιούτοις οὖσιν οὐδεὶς πώποτε τὴν πόλιν ἡμῶν εὖ ποιῶν δοκεῖ νικῆσαι· τοσαύτας ὑπερβολὰς τῶν δωρεῶν αἷς ἀντ᾽ εὖ ποιεῖ παρέσχηται. **(142)** ἔστι τοίνυν πάντα ταῦτ᾽, ὦ ἄνδρες Ἀθηναῖοι, δικαιοσύνης, ἀρετῆς, μεγαλοψυχίας ἐπιδείγματα. μὴ τοίνυν δι᾽ ἃ πάλαι παρὰ πάντα τὸν χρόνον ἡ πόλις εὐδοξεῖ, ταῦτ᾽ ἀνέλητε νῦν· μηδ᾽ ἵνα Λεπτίνης ἰδίᾳ τισίν, οἷς ἀηδῶς ἔχει, ἐπηρεάσῃ, τῆς πόλεως ἀφέλησθε καὶ ὑμῶν αὐτῶν ἣν διὰ παντὸς ἀεὶ τοῦ χρόνου δόξαν κέκτησθε καλήν· μηδ᾽ ὑπολαμβάνετ᾽ εἶναι τὸν ἀγῶνα τόνδε ὑπὲρ ἄλλου τινὸς ἢ τοῦ τῆς πόλεως ἀξιώματος, πότερον αὐτὸ δεῖ σῶν εἶναι καὶ ὅμοιον τῷ προτέρῳ, ἢ μεθεστάναι καὶ λελυμάνθαι.

143. *Πολλὰ* δὲ θαυμάζων Λεπτίνου κατὰ τὸν νόμον, ἓν μάλιστα τεθαύμακα πάντων, εἰ ἐκεῖν᾽ ἠγνόηκεν, ὅτι ὥσπερ ἂν εἴ τις μεγάλας τὰς τιμωρίας τῶν ἀδικημάτων τάττοι, οὐκ ἂν αὐτός γ᾽ ἀδικεῖν παρεσκευάσθαι δόξαι, οὕτως, ἄν τις ἀναιρῇ τὰς τιμὰς τῶν εὐεργεσιῶν, οὐδὲν αὐτὸς ποιεῖν ἀγαθὸν παρεσκευάσθαι δόξει. εἰ μὲν τοίνυν ἠγνόησε ταῦτα (γένοιτο γὰρ ἂν καὶ τοῦτο), αὐτίκα δηλώσει· συγχωρήσεται γὰρ ὑμῖν λῦσαι περὶ ὧν αὐτὸς ἥμαρτεν. εἰ δὲ φανήσεται σπουδάζων καὶ διατεινόμενος κύριον ποιεῖν τὸν νόμον, ἐγὼ μὲν οὐκ ἔχω πῶς ἐπαινέσω, ψέγειν δ᾽ οὐ βούλομαι. **(144)** μηδὲν οὖν

143 πολλὰ—νόμον[1] AB 148.27 —τεθαύμακα AB 148.20 ὥσπερ—δόξαι cf. Isidor. II 27

5 ἀγῶνας νικῶσι F 6 μέτεστιν ὀλίγοις Y Schol. D. 10.141.350 10 ταῦτα πάντα A Schol. D. 20.142.353 : ταῦτα om. Y 19 δὲ om. AB (148.27) τὸν om. AB (148.21) 23 εὐεργετῶν F οὐδὲν ⟨ἂν⟩ A 27 ὑπερδιατεινόμενος F ποιῆσαι AF

φιλονίκει, Λεπτίνη, μηδὲ βιάζου τοιοῦτον δι᾿ οὗ μήτ᾿ αὐτὸς δόξεις βελτίων εἶναι μήθ᾿ οἱ πεισθέντες σοι, ἄλλως τε καὶ γεγενημένου σοι τοῦ ἀγῶνος ἀκινδύνου. διὰ γὰρ τὸ τελευτῆσαι Βάθιππον τὸν τουτουὶ πατέρα Ἀψεφίωνος, ὃς αὐτὸν ἔτ᾿ ὄντα ὑπεύθυνον ἐγράψατο, ἐξῆλθον οἱ χρόνοι, καὶ νυνὶ περὶ αὐτοῦ τοῦ νόμου πᾶς ἐστιν ὁ λόγος, τούτῳ δ᾿ οὐδείς ἐστι κίνδυνος.

145. Καίτοι καὶ τοῦτ᾿ ἀκούω σε λέγειν, ὡς ἄρα τρεῖς σέ τινες γραψάμενοι πρότεροι τοῦδε οὐκ ἐπεξῆλθον. εἰ μὲν τοίνυν ἐγκαλῶν αὐτοῖς λέγεις ὅτι σε οὐ κατέστησαν εἰς κίνδυνον, φιλοκινδυνότατος πάντων ἀνθρώπων εἶ· εἰ δὲ τεκμήριον ποιῇ τοῦ τὰ δίκαια εἰρηκέναι, λίαν εὔηθες ποιεῖς. τί γὰρ εἵνεκα τούτου βελτίων ἔσθ᾿ ὁ νόμος, εἴ τις ἢ τετελεύτηκε τῶν γραψαμένων πρὶν εἰσελθεῖν, ἢ πεισθεὶς ὑπὸ σοῦ διεγράψατο, ἢ καὶ ὅλως ὑπὸ σοῦ παρεσκευάσθη; ἀλλὰ ταῦτα μὲν οὐδὲ λέγειν καλόν.

146. Ἥιρηνται δὲ τῷ νόμῳ σύνδικοι καὶ μάλισθ᾿ οἱ δεινοὶ λέγειν ἄνδρες, Λεωδάμας Ἀχαρνεὺς καὶ Ἀριστοφῶν Ἀζηνιεὺς καὶ Κηφισόδοτος ἐκ Κεραμέων καὶ Δεινίας Ἑρχιεύς. ἃ δὴ πρὸς τούτους ὑπολαμβάνοιτ᾿ ἂν εἰκότως, ἀκούσατε, καὶ σκοπεῖτε ἂν ὑμῖν δίκαια φαίνηται. πρῶτον μὲν πρὸς Λεωδάμαντα. οὗτος ἐγράψατο τὴν Χαβρίου δωρεάν, ἐν ᾗ τοῦτ᾿ ἔνεστιν τὸ τῆς ἀτελείας τῶν ἐκείνῳ τι δοθέντων, καὶ πρὸς ὑμᾶς εἰσελθὼν ἡττήθη· **(147)** οἱ νόμοι δ᾿ οὐκ ἐῶσι δὶς πρὸς τὸν αὐτὸν περὶ

144 *μηδὲν—Λεπτίνη* Tib. Fig. 7.3 Ball. Plan. Schol. 5.490.7 W.
145 *καίτοι—ἐπεξῆλθον* AB 131.7
146 *ἥρηνται—Κεραμέων, ἃ—ἀκούσατε, πρῶτον—Λεωδάμαντα* Aristid. 22.2

---

1 *φιλονείκει* SAFY : corr. Weil *τοιοῦτον ⟨μηδὲν⟩* AF 2 *δόξῃς* A Schol. D. 20.144.358 *εἶναι βελτίων* F 3 *τετελευτηκέναι* A 4 *Ἀφεψίωνος* A 5 *οἱ ⟨τῆς κρίσεως⟩ χρόνοι* F 6 *τούτου* S[γρ]F[c] *δ᾿* om. F 7 *καὶ* om. AB 8 *ἐξῆλθον* AB *τοίνυν*] *οὖν* F 10 *εἶ πάντων ἀνθρώπων* F *ποιεῖ* Dindorf 16 *μάλα* (*οἱ* deleto) Dobree 17 *ἀξηνιεὺς* SFY : *καὶ Ἀρ. Ἀζ.* om. Aristid. 18 *ἐρχιεύς* SAFY : corr. Voemel : *καὶ—Ἑρχιεύς* om. Aristid. *δὲ* Aristid. 19 *τούτοις* SY[a] *εἰκότως*] *δικαίως* Aristid. 21–2 *ἐν—δοθέντων* del. Dobree : *τὸ—δοθέντων* del. Taylor : *τῶν—δοθέντων* del. F. A. Wolf

τῶν αὐτῶν οὔτε δίκας οὔτ' εὐθύνας οὔτε διαδικασίαν οὔτ' ἄλλο τοιοῦτ' οὐδὲν εἶναι. χωρὶς δὲ τούτων ἀτοπώτατον ἂν πάντων συμβαίη, εἰ τότε μὲν τὰ Χαβρίου παρ' ὑμῖν ἔργα μεῖζον ἴσχυε τῶν Λεωδάμαντος λόγων, ἐπειδὴ δὲ ταῦτά τε ὑπάρχει καὶ τὰ τῶν ἄλλων εὐεργετῶν προσγέγονεν, τηνικαῦτα σύμπαντα ταῦτα ἀσθενέστερα τῶν τούτου λόγων γένοιτο. **(148)** καὶ μὴν πρός γε Ἀριστοφῶντα πολλὰ καὶ δίκαι' ἂν ἔχειν εἰπεῖν οἶμαι. οὗτος εὕρετο τὴν δωρεὰν παρ' ὑμῖν, ἐν ᾗ τοῦτ' ἐνῆν. καὶ οὐ τοῦτ' ἐπιτιμῶ· δεῖ γὰρ ἐφ' ὑμῖν εἶναι διδόναι τὰ ὑμέτερ' αὐτῶν οἷς ἂν βούλησθε. ἀλλ' ἐκεῖνό γ' οὐχὶ δίκαιον εἶναί φημι, τὸ ὅτε μὲν τούτῳ ταῦτ' ἔμελλεν ὑπάρχειν λαβόντι, μηδὲν ἡγεῖσθαι δεινόν, ἐπειδὴ δ' ἑτέροις δέδοται, τηνικαῦτ' ἀγανακτεῖν καὶ πείθειν ὑμᾶς ἀφελέσθαι. **(149)** καὶ μὴν καὶ Γελάρχῳ πέντε τάλαντ' ἀποδοῦναι γέγραφεν οὗτος ὡς παρασχόντι τοῖς ἐν Πειραιεῖ τοῦ δήμου, καὶ καλῶς ἐποίει. μὴ τοίνυν ἃ μὲν ἦν ἀμάρτυρα, ταῦτ' ἐπὶ τῇ τοῦ δήμου προφάσει διὰ σοῦ δεδόσθω, ὧν δ' αὐτὸς ὁ δῆμος μαρτυρίας ἔστησεν ἐν τοῖς ἱεροῖς ἀναγράψας καὶ πάντες συνίσασιν, ταῦτ' ἀφελέσθαι παραίνει· μηδ' ὁ αὐτὸς φαίνου τά τ' ὀφειλόμενα ὡς ἀποδοῦναι δεῖ γράφων, καὶ ἅ τις παρὰ τοῦ δήμου κεκόμισται, ταῦτ' ἀφελέσθαι παραινῶν. **(150)** καὶ μὴν πρός γε Κηφισόδοτον τοσοῦτ' ἂν εἴποιμι. οὗτός ἐστιν οὐδενὸς ἧττον, ὦ ἄνδρες Ἀθηναῖοι, τῶν λεγόντων δεινὸς εἰπεῖν. πολὺ τοίνυν κάλλιον τῇ δεινότητι ταύτῃ χρῆσθαι ἐπὶ τὸ τοὺς ἀδικοῦντας ὑμᾶς κολάζειν ἢ τοὺς ἀγαθοῦ τινος αἰτίους ἀδικεῖν. εἰ γὰρ ἀπεχθάνεσθαί τισι δεῖ, τοῖς ἀδικοῦσι τὸν δῆμον, οὐ τοῖς ἀγαθόν τι ποιοῦσιν ἔγωγε νομίζω δεῖν. **(151)** πρὸς τοίνυν Δεινίαν· οὗτος ἴσως ἐρεῖ τριηραρχίας αὑτοῦ καὶ λειτουργίας. ἐγὼ δ', εἰ πολλοῦ τῇ πόλει Δεινίας ἄξιον αὑτὸν παρέσχηκεν, ὡς ἔμοιγε δοκεῖ νὴ τοὺς θεούς, μᾶλλον ἂν παραινέσαιμι αὐτῷ τινὰ τιμὴν ὑμᾶς

150 εἰ γὰρ—δεῖν AB 122.18

11 ὑπάρξειν AF[a]　14 Τελάρχῳ vel Ἀγελάρχῳ Reiske
15 παρασχὼν Y　16 τοῦ δήμου del. Taylor　17 ὁ δῆμος om. S[a]
24 χρήσασθαι A　25–6 δεῖ τισι Schol. D. 20.150.374
26 οὐχὶ A

ἀξιοῦν δοῦναι ἢ τὰς ἑτέροις πρότερον δοθείσας ἀφελέσθαι κελεύειν· πολὺ γὰρ βελτίονος ἀνδρός ἐστιν ἐφ᾽ οἷς αὐτὸς εὖ πεποίηκεν ἀξιοῦν τιμᾶσθαι ἢ ἐφ᾽ οἷς ἕτεροι ποιήσαντες ἐτιμήθησαν φθονεῖν. **(152)** ὃ δὲ δὴ μέγιστον ἁπάντων καὶ κοινὸν ὑπάρχει κατὰ πάντων τῶν συνδίκων· τούτων πολλάκις εἷς ἕκαστος πρότερόν τισι πράγμασι σύνδικος γέγονεν. ἔστι δὲ καὶ μάλ᾽ ἔχων νόμος ὑμῖν καλῶς, οὐκ ἐπὶ τούτοις τεθείς, ἀλλ᾽ ἵνα μὴ τὸ πρᾶγμα ὥσπερ ἐργασία τισὶν ᾖ καὶ συκοφαντία, μὴ ἐξεῖναι ὑπὸ τοῦ δήμου χειροτονηθέντα πλέον ἢ ἅπαξ συνδικῆσαι. **(153)** τοὺς δὴ συνεροῦντας νόμῳ καὶ διδάξοντας ὑμᾶς ὡς ἐπιτήδειός ἐστιν, αὐτοὺς τοῖς ὑπάρχουσι νόμοις δεῖ πειθομένους φαίνεσθαι· εἰ δὲ μή, γελοῖον νόμῳ μὲν συνδικεῖν, νόμον δ᾽ αὐτοὺς παραβαίνειν ἕτερον. ἀνάγνωθι λαβὼν τὸν νόμον αὐτοῖς ὃν λέγω.

ΝΟΜΟΣ

Οὗτος, ὦ ἄνδρες Ἀθηναῖοι, καὶ παλαιός ἐσθ᾽ ὁ νόμος καὶ καλῶς ἔχων, ὃν ἐὰν σωφρονῶσι φυλάξονται παραβαίνειν οὗτοι.

154. Ἐγὼ δ᾽ ἔτι μικρὰ πρὸς ὑμᾶς εἰπὼν καταβήσομαι. ἔστι γάρ, ὦ ἄνδρες Ἀθηναῖοι, πάντας μὲν τοὺς νόμους ὑμῖν, ὡς ἐγὼ νομίζω, σπουδαστέον ὡς κάλλιστ᾽ ἔχειν, μάλιστα δὲ τούτους δι᾽ ὧν ἢ μικρὰν ἢ μεγάλην ἔστ᾽ εἶναι τὴν πόλιν. εἰσὶ δ᾽ οὗτοι τίνες; οἵ τε τοῖς ἀγαθόν τι ποιοῦσι τὰς τιμὰς διδόντες καὶ οἱ τοῖς τἀναντία πράττουσι τὰς τιμωρίας. εἰ γὰρ ἅπαντες ὡς ἀληθῶς τὰς ἐν τοῖς νόμοις ζημίας φοβούμενοι τοῦ κακόν τι ποιεῖν ἀποσταῖεν, καὶ πάντες τὰς ἐπὶ ταῖς εὐεργεσίαις δωρεὰς ζηλώσαντες ἃ χρὴ πράττειν προέλοιντο, τί κωλύει

153 *τοὺς—ἕτερον* Io. Sard. 73.24   *οὗτος—ἔχων* Aristid. 47.23 Aps. 9.3

3–4 *ἐτιμήθησαν ποιήσαντες* A^{a} 6 *παραδείγμασι* F   8 *τις* Schol. D. 20.152.380   9 *χειροτονηθέντα ὑπὸ τοῦ δήμου* AF   *πλεῖον* SY : *πλεῖν* Dindorf   10 *δὲ* AF : ⟨*γὰρ*⟩ *δὴ* Io. Sard.   *συναιροῦντας* S^{a} F^{a} 12 *γέλοιον* AFY   *νόμοις* Io. Sard.   *μὲν* om. S^{a}Y   13–14 *αὐτοῖς τὸν νόμον* A *μεγίστην εἶναι τὴν πόλιν καὶ πάντας χρηστοὺς καὶ μηδέν' εἶναι πονηρόν;*

155. *Ὁ τοίνυν νόμος οὗτος ὁ Λεπτίνου, οὐ μόνον, ὦ ἄνδρες Ἀθηναῖοι, τοῦτ' ἀδικεῖ, ὅτι τὰς τιμὰς ἀναιρῶν τῶν εὐεργεσιῶν ἀχρεῖον τὴν ἐπιείκειαν τοῖς φιλοτιμεῖσθαι βουλομένοις καθίστησιν, ἀλλ' ὅτι καὶ παρανομίας δόξαν αἰσχίστην τῇ πόλει καταλείπει. ἴστε γὰρ δήπου τοῦθ' ὅτι τῶν τὰ δεινόταθ' ὑμᾶς ἀδικούντων ἓν ἑκάστῳ τίμημα ὑπάρχει διὰ τὸν νόμον, ὃς διαρρήδην λέγει "μηδὲ {ὡς χρὴ} τίμημα ὑπάρχειν ἐπὶ κρίσει πλέον ἢ ἕν, ὁπότερον ἂν τὸ δικαστήριον τιμήσῃ, παθεῖν ἢ ἀποτεῖσαι· ἀμφότερα δὲ μὴ ἐξέστω."* **(156)** *ἀλλ' οὐχ οὗτος ἐχρήσατο τούτῳ τῷ μέτρῳ, ἀλλ' ἐάν τις ἀπαιτήσῃ χάριν ὑμᾶς, "ἄτιμος ἔστω" φησὶ "καὶ ἡ οὐσία δημοσία ἔστω." δύο τιμήματα ταῦτα. "εἶναι δὲ καὶ ἐνδείξεις καὶ ἀπαγωγάς· ἐὰν δ' ἁλῷ, ἔνοχος ἔστω τῷ νόμῳ ὃς κεῖται, ἐάν τις ὀφείλων ἄρχῃ τῷ δημοσίῳ." θάνατον λέγει· τοῦτο γάρ ἐστ' ἐπ' ἐκείνῳ τοὐπιτίμιον. οὐκοῦν τρία τιμήματα ταῦτα. πῶς οὖν οὐ σχέτλιον καὶ δεινόν, ὦ ἄνδρες Ἀθηναῖοι, εἰ χαλεπώτερον εἶναι παρ' ὑμῖν δόξει χάριν εὖ ποιήσαντ' ἀπαιτεῖν ἢ τὰ δεινότατ' ἐργαζόμενον ληφθῆναι;*

157. *Αἰσχρός, ὦ ἄνδρες Ἀθηναῖοι, καὶ κακῶς ἔχων ὁ νόμος, καὶ ὅμοιος φθόνῳ τινὶ καὶ φιλονικίᾳ καὶ—τὸ λοιπὸν ἐῶ· τοιούτοις δέ τισιν προσέοικεν ὁ γράφων χρῆσθαι. ὑμῖν δ' οὐχὶ πρέπει τὰ τοιαῦτα μιμεῖσθαι, οὐδ' ἀνάξια φαίνεσθαι φρονοῦντας ὑμῶν αὐτῶν. φέρε γὰρ πρὸς Διός, τί μάλιστ' ἂν*

155 *ἴστε—ὑπάρχει* Aristid. 41.22 *τίμημα* Sud. *τ* 608
157 *αἰσχρός—φιλονεικίᾳ* Aristid. 45.5 Io. Sard. 76.24 *ὑμῖν—τοιαῦτα* Io. Sard. 77.2

---

2 *εἶναι* del. van Herwerden ⟨*τὸν*⟩ *πονηρόν* F[c]Y 4 *εὐεργετῶν* F cf. 143 6 *παρανοίας* SAFY : corr. Lamb. 7 *τὰ δεινόταθ'* om. Aristid. 8 *ὑμᾶς* cod. Wb et F. A. Wolf : *ἡμᾶς* SAFY 9 del. F. A. Wolf 11 *ἀποτῖσαι* SAFY : corr. Bl. *οὕτως* AF[a] 12 *μετρίῳ* S[a] : [Y[a]] *αἰτήσῃ* F 15 *ἔστω*] *ἔσται* A *τις* ⟨*δ'*⟩ A 16 *τῷ δημοσίῳ ἄρχῃ* A 19 *δόξει παρ' ὑμῖν* F 21 *αἰσχρῶς* Io. Sard. et Richards 22 *ὁμοίως* Aristid. *φιλονεικίᾳ* SAFY : corr. Weil 24 *πρέπει—τοιαῦτα*] *καλῶς ἔχει ταῦτα* Io. Sard.

ἀπευξαίμεθα πάντες, καὶ τί μάλιστ' ἐν ἅπασι διεσπούδασται τοῖς νόμοις; ὅπως μὴ γενήσονται οἱ περὶ ἀλλήλους φόνοι, περὶ ὧν ἐξαίρετος ἡ βουλὴ φύλαξ ἡ ἐν Ἀρείῳ πάγῳ τέτακται. **(158)** ἐν τοίνυν τοῖς περὶ τούτων νόμοις ὁ Δράκων φοβερὸν κατασκευάζων καὶ δεινὸν τό τινα αὐτόχειρα ἄλλον ἄλλου γίγνεσθαι, καὶ γράφων χέρνιβος εἴργεσθαι τὸν ἀνδροφόνον, σπονδῶν, κρατήρων, ἱερῶν, ἀγορᾶς, πάντα τἄλλα διελθὼν οἷς μάλιστ' ἄν τινας ᾤετ' ἐπισχεῖν τοῦ τοιοῦτόν τι ποιεῖν, ὅμως οὐκ ἀφείλετο τὴν τοῦ δικαίου τάξιν, ἀλλ' ἔθηκεν ἐφ' οἷς ἐξεῖναι ἀποκτιννύναι, κἂν οὕτω τις δράσῃ, καθαρὸν διώρισεν εἶναι. εἶτ' ἀποκτεῖναι μὲν δικαίως ἔν γε τοῖς παρ' ὑμῖν νόμοις ἐξέσται, χάριν δ' ἀπαιτεῖν οὔτε δικαίως οὔθ' ὁπωσοῦν διὰ τὸν τούτου νόμον; **(159)** μηδαμῶς, ὦ ἄνδρες Ἀθηναῖοι· μὴ βούλεσθε δοκεῖν πλείω πεποιῆσθαι σπουδὴν ὅπως μηδενὶ τῶν εὖ τι ποιούντων ὑμᾶς χάριν ἐξέσται κομίσασθαι ἢ ὅπως μηδεὶς φόνος ἐν τῇ πόλει γενήσεται· ἀλλ' ἀναμνησθέντες τῶν καιρῶν, παρ' οὓς εὖ πεπονθότες εὖ πεποιήκατε τοὺς εὑρομένους, καὶ τῆς Δημοφάντου στήλης περὶ ἧς εἶπε Φορμίων, ἐν ᾗ γέγραπται καὶ ὀμώμοται, ἄν τις ἀμύνων τι πάθῃ τῇ δημοκρατίᾳ, τὰς αὐτὰς δώσειν δωρεὰς ἅσπερ Ἁρμοδίῳ καὶ Ἀριστογείτονι, καταψηφίσασθε τοῦ νόμου. οὐ γὰρ ἔνεστ' εὐορκεῖν, εἰ μὴ τοῦτο ποιήσετε.

160. *Παρὰ πάντα δὲ ταῦτα ἐκεῖνο ἔτι ἀκούσατέ μου.* οὐκ ἔνι τοῦτον ἔχειν καλῶς τὸν νόμον, ὃς περὶ τῶν παρεληλυθότων καὶ τῶν μελλόντων ταὐτὰ λέγει. "μηδέν' εἶναί" φησιν "ἀτελῆ πλὴν τῶν ἀφ' Ἁρμοδίου καὶ Ἀριστογείτονος." καλῶς. "μηδὲ τὸ λοιπὸν ἐξεῖναι δοῦναι." μηδ' ἂν τοιοῦτοί τινες γένωνται, Λεπτίνη; εἰ τὰ πρὸ τοῦ κατεμέμφου, τί; μὴ καὶ τὰ μέλλοντα ᾔδεις; **(161)** ὅτι νὴ Δία πόρρω τοῦ τι τοιοῦτον ἐλπίζειν

159 ἀλλ'—πεπονθότες εὖ Schol. D. 20.154.385

6 χερνίβων S$^{\gamma\rho}$AF^{a} 8 τινας] τινα F^{a} 10 ἀποκτειννύναι SA 11 ἡμῖν SAFY : corr. Aldina 16 μνησθέντες Schol. D. 17 ⟨οἱ⟩ πεπονθότες (priore εὖ om.) Schol. D. 19 ὀμώμοσται AFY 22 ποιήσητε SFY 25 ⟨περὶ⟩ τῶν A : τῶν om. FY 28 τί om. AF^{a} 29–1 νῦν ἐλπίζειν Butcher

νῦν ἐσμέν. καὶ εἴημέν γ', ὦ ἄνδρες Ἀθηναῖοι· ἀλλὰ χρή γε ἀνθρώπους ὄντας τοιαῦτα καὶ λέγειν καὶ νομοθετεῖν οἷς μηδεὶς ἂν νεμεσήσαι, καὶ τἀγαθὰ μὲν προσδοκᾶν καὶ τοῖς θεοῖς εὔχεσθαι διδόναι, πάντα δ' ἀνθρώπινα ἡγεῖσθαι. οὐδὲ γὰρ ἂν Λακεδαιμόνιοί ποτ' ἤλπισαν εἰς τοιαῦτα πράγματ' ἀφίξεσθαι, οὐδέ γ' ἴσως Συρακόσιοι, τὸ πάλαι δημοκρατούμενοι καὶ φόρους Καρχηδονίους πραττόμενοι καὶ πάντων τῶν περὶ αὑτοὺς ἄρχοντες καὶ ναυμαχίᾳ νενικηκότες ἡμᾶς, ὑφ' ἑνὸς γραμματέως, ὃς ὑπηρέτης ἦν, ὥς φασι, τυραννήσεσθαι. **(162)** οὐδέ γ' ὁ νῦν ὢν Διονύσιος ἤλπισεν ἄν ποτ' ἴσως πλοίῳ στρογγύλῳ καὶ στρατιώταις ὀλίγοις Δίωνα ἐλθόντα ἐφ' αὑτὸν ἐκβαλεῖν τὸν τριήρεις πολλὰς καὶ ξένους καὶ πόλεις κεκτημένον. ἀλλ', οἶμαι, τὸ μέλλον ἄδηλον πᾶσιν ἀνθρώποις, καὶ μικροὶ καιροὶ μεγάλων πραγμάτων αἴτιοι γίγνονται. διὸ δεῖ μετριάζειν ἐν ταῖς εὐπραξίαις καὶ προορωμένους τὸ μέλλον φαίνεσθαι.

163. Πολλὰ δ' ἄν τις ἔχοι λέγειν ἔτι καὶ διεξιέναι περὶ τοῦ μηδαμῇ μηδὲ καθ' ἓν τοῦτον ἔχειν καλῶς τὸν νόμον μηδὲ συμφέρειν ὑμῖν· ἀλλ' ἵν' ἐν κεφαλαίῳ τοῦτο μάθητε κἀγὼ παύσωμαι λέγων, τάδε ποιήσατε· σκέψασθε παρ' ἄλληλα καὶ λογίσασθε πρὸς ὑμᾶς αὐτοὺς τί συμβήσεται καταψηφισαμένοις ὑμῖν τοῦ νόμου καὶ τί μή· εἶτα φυλάττετε καὶ μέμνησθε ἃ ἂν ὑμῖν ἐξ ἑκατέρου φανῇ, ἵν' ἕλησθε τὰ κρείττω. **(164)** ἂν μὲν

161 *γ]ε ὦ*—**163** *πολ]λὰ δ'* PSI XI 1204
161 *ἀλλὰ—νεμεσήσαι* AB 158.12 *οὐδὲ γ'—πραττόμενοι* AB 162.6
162 *ἀλλ'—φαίνεσθαι* Apostol. 2.50b *καὶ προορωμένους—φαίνεσθαι* AB 162.11
163 *σκέψασθε—αὐτοὺς* Schol. D. 20.154.385 *τί—νόμου* AB 150.4

2 *καὶ*[1] om. AB 2–3 *ἂν μηδεὶς* AB 3 *ἂν* om. Π1204 6–7 *καὶ . . . πραττόμενοι* om. A 9 *ὃς—ἦν* del. Reiske : *ὃς ὑπηρέτης ἦν* ⟨*ἀρχαῖς τισιν*⟩ Weil coll. Polyaen. 5.2.2 *τυραννηθήσεσθαι* AF 11 *στοργύλῳ* S[a] 12 *ἐκβάλλειν* Π1204 13 *ἅπασιν ἀνθρώποις ἄδηλον* Apostol. 17 *διεξεῖναι* S[a] 20 *τάδε*] *ὧδὶ* F 21 *πρὸς—αὐτοὺς*] *παρ' ὑμῖν αὐτοῖς* Schol. D. *τί* ⟨*τε*⟩ F 22 *τὸν νόμον* AB

τοίνυν καταψηφίσησθε, ὥσπερ ἡμεῖς κελεύομεν, οἱ μὲν ἄξιοι παρ' ὑμῶν τὰ δίκαια ἕξουσιν, εἰ δέ τις ἔστιν ἀνάξιος, ὡς ἔστω, πρὸς τῷ τὴν δωρεὰν ἀφαιρεθῆναι δίκην ἣν ἂν ὑμῖν δοκῇ δώσει κατὰ τὸν παρεισενηνεγμένον νόμον· ἡ δὲ πόλις πιστή, δικαία, πρὸς ἅπαντας ἀψευδὴς φανήσεται. ἐὰν δ' ἀποψηφίσησθε, ὃ μὴ ποιήσαιτε, οἱ μὲν χρηστοὶ διὰ τοὺς φαύλους ἀδικήσονται, οἱ δ' ἀνάξιοι συμφορᾶς ἑτέροις αἴτιοι γενήσονται, δίκην δ' οὐδ' ἡντινοῦν αὐτοὶ δώσουσιν, ἡ δὲ πόλις τἀναντία ὧν εἶπον ἀρτίως, δόξει ἄπιστος, φθονερά, φαύλη παρὰ πᾶσιν εἶναι. **(165)** οὔκουν ἄξιον, ὦ ἄνδρες Ἀθηναῖοι, τοσαύτην βλασφημίαν ἀντὶ καλῶν καὶ προσηκόντων ὑμῖν ἀγαθῶν ἑλέσθαι. καὶ γὰρ ἕκαστος ὑμῶν ἰδίᾳ μεθέξει τῆς δόξης τῶν κοινῇ γνωσθέντων. οὐ γὰρ ἀγνοεῖ τοῦτ' οὐδεὶς οὔτε τῶν περιεστηκότων οὔτε τῶν ἄλλων, ὅτι ἐν μὲν τῷ δικαστηρίῳ Λεπτίνης πρὸς ἡμᾶς ἀγωνίζεται, ἐν δὲ τῇ τῶν καθημένων ὑμῶν ἑνὸς ἑκάστου γνώμῃ φιλανθρωπία πρὸς φθόνον καὶ δικαιοσύνη πρὸς κακίαν καὶ πάντα τὰ χρηστὰ πρὸς τὰ πονηρότατα ἀντιτάττεται. **(166)** ὧν τοῖς βελτίοσι πειθόμενοι καὶ κατὰ ταῦθ' ἡμῖν θέμενοι τὴν ψῆφον, αὐτοί τε ἃ προσήκει δόξετ' ἐγνωκέναι, καὶ τῇ πόλει τὰ κράτιστ' ἔσεσθ' ἐψηφισμένοι, κἄν τις ἄρ' ἔλθῃ ποτὲ καιρός, οὐκ ἀπορήσετε τῶν ἐθελησόντων ὑπὲρ ὑμῶν κινδυνεύειν. ὑπὲρ οὖν τούτων ἁπάντων οἶμαι δεῖν ὑμᾶς σπουδάζειν καὶ προσέχειν τὸν νοῦν, ὅπως μὴ βιασθῆτε ἁμαρτάνειν. πολλὰ γὰρ ὑμεῖς, ὦ ἄνδρες Ἀθηναῖοι, πολλάκις οὐκ ἐδιδάχθητε ὡς ⟨οὐκ⟩ ἔστι δίκαια, ἀλλ' ἀφῃρέθητε ὑπὸ τῆς τῶν λεγόντων κραυγῆς καὶ βίας καὶ ἀναισχυντίας. ὃ μὴ πάθητε νῦν· οὐ γὰρ ἄξιον. **(167)** ἀλλ' ἃ δίκαια ἐγνώκατε, ταῦτα φυλάξατε καὶ μνημονεύετε, ἕως ἂν ψηφίσησθε, ἵνα εὔορκον θῆσθε τὴν ψῆφον κατὰ τῶν τὰ πονηρὰ

166 *καὶ τῇ—ἐψηφισμένοι* AB 179.29 *κἄν τις—κινδυνεύειν* AB 120.22

---

2 *ἡμῶν* S[a]A : *τὰ δίκαια παρ' ὑμῶν* AF 3 *τῷ*] *τὸ* AF[a] 5 *ἅπαντα* SF[c]A[c]Y 6 *ποιήσητε* S[c]A *ἀδικηθήσονται* A 13 *τοῦτ'*] *γε* F 14 *ὑμᾶς* A 17 *πονηρὰ* FY 18 *ταῦθ'* A 19 *κράτιστ'*] *κάλλιστα* F[a] 20 *τις* om. Y[a] AB 23 *ἁμαρτεῖν* S[γρ]AF Schol. D. 20.166.415 24 add. Weil 26 *πάθοιτε* cod. Wb 27 *φυλάττετε* F *μνημονεύσατε* A

συμβουλευόντων. θαυμάζω δ' ἔγωγε, εἰ τοῖς μὲν τὸ νόμισμα διαφθείρουσιν θάνατος παρ' ὑμῖν ἐστιν ἡ ζημία, τοῖς δ' ὅλην τὴν πόλιν κίβδηλον καὶ ἄπιστον ποιοῦσι λόγον δώσετε. οὐ δή πού γ', ὦ Ζεῦ καὶ θεοί.

Οὐκ οἶδ' ὅ τι δεῖ πλείω λέγειν· οἶμαι γὰρ ὑμᾶς οὐδὲν ἀγνοεῖν τῶν εἰρημένων.

167 *εἰ—ζημία* cf. Aristid. Or. 50.416.7

---

5 *μηδὲν* A   6 In SY subscriptum *ΠΕΡΙ ΤΗΣ ΑΤΕΛΕΙΑΣ ΠΡΟΣ ΛΕΠΤΙΝΗΝ Χ 𐅅 Η Π ΙΙΙ 4* *μετρίως* (δ. μ. om. Y)· in F, *ΠΡΟΣ ΛΕΠΤΙΝΗΝ* (haec etiam A) *ΠΕΡΙ ΤΩΝ ΑΤΕΛΕΙΩΝ Χ 𐅅 Π Ι Η*

ΔΗΜΟΣΘΕΝΟΥΣ ΚΑΤΑ ΜΕΙΔΙΟΥ ΠΕΡΙ ΤΟΥ ΚΟΝΔΥΛΟΥ

1. Τὴν μὲν ἀσέλγειαν, ὦ ἄνδρες δικασταί, καὶ τὴν ὕβριν, ᾗ πρὸς ἅπαντας ἀεὶ χρῆται Μειδίας, οὐδένα οὔθ' ὑμῶν οὔτε τῶν ἄλλων πολιτῶν ἀγνοεῖν οἴομαι. ἐγὼ δ', ὅπερ ἂν καὶ ὑμῶν ἕκαστος ὑβρισθεὶς προείλετο πρᾶξαι, τοῦτο καὶ αὐτὸς ἐποίησα, καὶ προὐβαλόμην ἀδικεῖν τοῦτον περὶ τὴν ἑορτήν, οὐ μόνον πληγὰς ὑπ' αὐτοῦ λαβὼν τοῖς Διονυσίοις, ἀλλὰ καὶ ἄλλα πολλὰ καὶ βίαια παθὼν παρὰ πᾶσαν τὴν χορηγίαν. **(2)** ἐπειδὴ δὲ καλῶς καὶ τὰ δίκαια ποιῶν ὁ δῆμος ἅπας οὕτως ὠργίσθη καὶ παρωξύνθη καὶ σφόδρα ἐσπούδασεν ἐφ' οἷς ἠδικημένῳ μοι συνῄδει, ὥστε πάντα ποιοῦντος τούτου καί τινων ἄλλων ὑπὲρ αὐτοῦ, οὐκ ἐπείσθη οὐδ' ἀπέβλεψεν εἰς τὰς οὐσίας τὰς τούτων οὐδὲ τὰς ὑποσχέσεις, ἀλλὰ μιᾷ γνώμῃ κατεχειροτόνησεν αὐτοῦ, πολλοί μοι προσιόντες, ὦ ἄνδρες δικασταί, καὶ τῶν ἐν τῷ δικαστηρίῳ νῦν ὄντων ὑμῶν καὶ τῶν ἄλλων πολιτῶν ἠξίουν καὶ παρεκελεύοντο ἐπεξελθεῖν καὶ παραδοῦναι τοῦτον εἰς ὑμᾶς, ὡς μὲν ἐμοὶ δοκεῖ, δι' ἀμφότερα, ὦ ἄνδρες Ἀθηναῖοι,

1 τὴν μὲν—ὦ P. Lit. Lond. 179 —ἄνδρες Schol. D. 54.1.1 —ὕβριν Aristid. Rh. 35.8 Soptr. 8.111.16 W. Plan. Schol. 5.377.16 W. Ios. Rac. Syn. 3.506.13 W. —χρῆται Σ^{b} α 2216 —Μειδίας Greg. Cor. 7.1152.2 W. —οἴομαι Hermog. 99.12, 418.6 R. Ruf. 1.400.10 Sp. Ha. Doxopatr. 2.546.20 W. καὶ—Μειδίας P. Lit. Lond. 179 W. ἐγὼ—ἐποίησα Hermog. 345.19 R. καὶ προὐβ.—τουτονὶ P. Lit. Lond. 179 —ἑορτὴν Syr. 2.101.14 R. Plan. Schol. 5.300.27 W. Harp. π 87 Sud. π 2327

2 ἐπειδὴ—βδελυρὸν Greg. Cor. 7.1279.8 W. οὕτως—παρωξύνθη Long. Rh. 1.216.1 Sp. Ha. εἰς τὰς—ὑποσχήσεις P. Lit. Lond. 179 ἀλλὰ—αὐτοῦ AB 151.12 ὡς—πεπονθέναι Hermog. 436.1 R.

Tit. περὶ—κονδύλου om. A

1 τὴν² om. Greg. Cor. 2 οὔθ' om. Ruf. Doxopatr. 2–3 οὔτε—πολιτῶν om. Doxopatr. 5 τουτονὶ AFY Π179 Syr. Plan. 7 παρὰ] κατὰ S^{c} 9 ἐσπούδαζεν Greg. Cor. μοι om. F 11 οὐσίας] ὑπωμοσίας Naber 12 οὐδ' εἰς Π179 Greg. Cor. 13 αὐτὸν AB

νὴ τοὺς θεούς, καὶ δεινὰ πεπονθέναι νομίζοντες ἐμὲ καὶ δίκην ἅμα βουλόμενοι λαβεῖν ὧν ἐπὶ τῶν ἄλλων ἐτεθέαντο θρασὺν ὄντα καὶ βδελυρὸν καὶ οὐδὲ καθεκτὸν ἔτι. **(3)** οὕτω δὲ τούτων ἐχόντων, ὅσα μὲν παρ' ἐμοῦ προσῆκε φυλαχθῆναι, πάντα δικαίως ὑμῖν τετήρηται, καὶ κατηγορήσων, ἐπειδή τις εἰσάγει, πάρειμι, ὡς ὁρᾶτε, πολλὰ μέν, ὦ ἄνδρες Ἀθηναῖοι, χρήματα, ἐξόν μοι λαβεῖν ὥστε μὴ κατηγορεῖν, οὐ λαβών, πολλὰς δὲ δεήσεις καὶ χάριτας καὶ νὴ Δία ἀπειλὰς ὑπομείνας. **(4)** ἃ δ' ἐν ὑμῖν μετὰ ταῦτά ἐσθ' ὑπόλοιπα, ὅσῳ πλείοσιν οὗτος ἠνώχληκε καὶ παρήγγελκεν (ἑώρων γὰρ αὐτὸν ἄρτι πρὸ τῶν δικαστηρίων οἷα ἐποίει), τοσούτῳ μᾶλλον ἐλπίζω τὸ δίκαιον ἕξειν. οὐ γὰρ ἂν καταγνοίην ὑμῶν οὐδενὸς οὔθ' ὡς περὶ ὧν πρὸς ἐμὲ ἐσπουδάσατε αὐτοί, τούτων ἀμελήσετε, οὔθ' ὡς, ἵνα Μειδίας ἀδεῶς τὸ λοιπὸν ὑβρίζῃ, ψηφιεῖταί τις ὑμῶν ὀμωμοκὼς ἄλλο τι πλὴν ὅ τι ἂν δίκαιον ἡγῆται. **(5)** εἰ μὲν οὖν, ὦ ἄνδρες Ἀθηναῖοι, παρανόμων ἢ παραπρεσβείας ἤ τινος ἄλλης αἰτίας ἔμελλον αὐτοῦ κατηγορεῖν τοιαύτης, οὐδὲν ἂν ὑμῶν ἠξίουν δεῖσθαι, νομίζων τῷ μὲν κατηγόρῳ περὶ τῶν τοιούτων προσήκειν ἐλέγχειν μόνον, τῷ δὲ φεύγοντι καὶ παραιτεῖσθαι. ἐπειδὴ δὲ τούς τε κριτὰς διαφθείραντος τούτου καὶ διὰ τοῦτο τῆς φυλῆς ἀδίκως ἀφαιρεθείσης τὸν τρίποδα, **(6)** καὶ αὐτὸς πληγὰς εἰληφὼς καὶ ὑβρισμένος οἷα οὐκ οἶδ' εἴ τις ἄλλος πώποτε χορηγὸς ὑβρίσθη, ἣν ὑπὲρ τούτων

3 ἐπειδὴ—εἰσάγει et πολλὰ—λαβεῖν P. Lit. Lond. 179   πολλὰ—ὑπομείνας Greg. Cor. 7.1279.22 W.   πολλὰς—ὑπομείνας P. Lit. Lond. 179 Hermog. 436.3 R.
4 ὅσῳ—ἠνώχληκεν Longin. Rh. 1.216.1 Sp. Ha.
5 εἰ—αὐτοῦ P. Lit. Lond. 179   —κατηγορεῖν Prisc. 321.8   τῷ²—παραιτεῖσθαι Schol. Aeschin. 3.198.444

1 καὶ—ἐμὲ] κἀμὲ νομίζοντες δεινὰ πεπονθέναι Hermog.   ⟨πολλὰ⟩ δεινὰ Greg. Cor.   2 ὃν . . . τεθέανται Schol. D. 21.2.16   4 φυλαχθῆναι del. Weil   7 μὴ ⟨οὐ⟩ Greg. Cor.   8 δὲ om. S   καὶ χάριτας om. Hermog.   νὴ δί' om. Π179ᵃ   9 ὅσῳ ⟨γὰρ⟩ Y   10 περιήγγελκεν SAY   13 αὐτοὶ ⟨πρότερον⟩ FY   14 τὸ λοιπὸν ἀδεῶς ὑβρίζει A   15 ἡγῆται δίκαιον F   17 ἄλλης τινος A   αἰτίας om. Π179   τοιαύτης ante αἰτίας AF Prisc.   19 ἐξελέγχειν SᶜFY   20 τούτου ⟨τότε⟩ AF

ἀγανακτήσας καὶ συνοργισθεὶς καταχειροτονίαν ὁ δῆμος ἐποιήσατο, ταύτην εἰσέρχομαι, οὐκ ὀκνήσω καὶ δεῖσθαι. εἰ γὰρ οἷόν τε τοῦτ' εἰπεῖν, ἐγὼ νῦν φεύγω, εἴπερ ὑβρισθέντα μηδεμιᾶς δίκης τυχεῖν ἐστί τις συμφορά. **(7)** δέομαι οὖν ὑμῶν ἁπάντων, ὦ ἄνδρες δικασταί, καὶ ἱκετεύω, πρῶτον μὲν εὐνοϊκῶς ἀκοῦσαί μου λέγοντος, ἔπειτ', ἐὰν ἐπιδείξω Μειδίαν τουτονὶ μὴ μόνον εἰς ἐμὲ ἀλλὰ καὶ εἰς ὑμᾶς καὶ εἰς τοὺς νόμους καὶ εἰς τοὺς ἄλλους ἅπαντας ὑβρικότα, βοηθῆσαι καὶ ἐμοὶ καὶ ὑμῖν αὐτοῖς. καὶ γὰρ οὕτω πως ἔχει, ὦ ἄνδρες Ἀθηναῖοι· ὕβρισμαι μὲν ἐγὼ καὶ προπεπηλάκισται τὸ σῶμα τοὐμὸν τότε, ἀγωνιεῖται δὲ καὶ κριθήσεται τὸ πρᾶγμα νυνί, πότερον ἐξεῖναι δεῖ τὰ τοιαῦτα ποιεῖν καὶ εἰς τὸν τυχόνθ' ὑμῶν ἀδεῶς ὑβρίζειν ἢ μή. **(8)** εἴ τις οὖν ὑμῶν ἄρα καὶ τὸν ἔμπροσθεν χρόνον τῶν ἰδίων τινὸς ἕνεκα γίγνεσθαι τὸν ἀγῶνα τόνδ' ὑπελάμβανεν, ἐνθυμηθεὶς νῦν ὅτι δημοσίᾳ συμφέρει μηδενὶ μηδὲν ἐξεῖναι τοιοῦτο ποιεῖν, ὡς ὑπὲρ κοινοῦ τοῦ πράγματος ὄντος καὶ προσέχων ἀκουσάτω, καὶ τὰ φαινόμεν' αὐτῷ δικαιότατα εἶναι, ταῦτα ψηφισάσθω. ἀναγνώσεται δὲ πρῶτον μὲν ὑμῖν τὸν νόμον καθ' ὃν εἰσὶν αἱ προβολαί· μετὰ δὲ ταῦτα καὶ περὶ τῶν ἄλλων πειράσομαι διδάσκειν. λέγε τὸν νόμον.

ΝΟΜΟΣ

Τοὺς πρυτάνεις ποιεῖν ἐκκλησίαν ἐν Διονύσου τῇ ὑστεραίᾳ τῶν Πανδίων. ἐν δὲ ταύτῃ χρηματίζειν πρῶτον μὲν περὶ ἱερῶν, ἔπειτα

6 *εἴπερ συμφορά* Schol. D. 21.120.431 *μηδεμ]ιᾶς*—**8** *ν]όμος* P. Oxy. LVI 3846
7 *δέομαι—ἱκέτεύω* Schol. D. 21.5.26 *ἔπειτ'—ὑβρικότα* P. Lit. Lond. 179 *καὶ γὰρ—τότε* Aristid. Rh. 10.14 *ὕβρισμαι—τοὐμὸν* Ammon. 20

1–2 *ἀγανακτήσας—ταύτην* om. A 2 *ὀκνήσων* Y 5 *ἁπάντων* om. F 6 *ἔπειτ' ἐὰν*] *ἐπειδὰν* Π179 : [Π3846] 7 *καὶ εἰς τοὺς νόμους* (*ὁμ.*) om. F Π179 8 *καὶ εἰς τοὺς ἄλλους ἅπαντας* del. Weil (post Dobree) 9 *πως* om. Aristid. 12 *τὰ* om. Y 13 *οὖν* om. F[a] *καὶ*] *κατὰ* Dobree *τῶν* om. A 14 *ἕνεκά τινος* A 16 *τοιοῦτο*] *τοῦτο* F : *τοιοῦτόν* ⟨*τι*⟩ A *ὄντος* om. Y[a] 17 *αὐτῷ* SAFY : corr. Markland : [Π3846] *δικαιότερ'* SY : [Π3846] 18 *δὲ* om. S[a]Y 20 *διδάσκειν* ⟨*ὑμᾶς*⟩ F 22–3 *τῶν Πανδίων* Palmer : *ἐν πανδίονι* SFY *τὰς προβολὰς παραδιδότωσαν τὰς γεγενημένας ἕνεκα τῆς πομπῆς ἢ τῶν ἀγώνων τῶν ἐν τοῖς Διονυσίοις, ὅσαι ἂν μὴ ἐκτετισμέναι ὦσιν.*

9. *Ὁ μὲν νόμος οὗτός ἐστιν, ὦ ἄνδρες Ἀθηναῖοι, καθ' ὃν αἱ προβολαὶ γίγνονται, λέγων, ὥσπερ ἠκούσατε, ποιεῖν τὴν ἐκκλησίαν ἐν Διονύσου μετὰ τὰ Πάνδια, ἐν δὲ ταύτῃ ἐπειδὰν χρηματίσωσιν οἱ πρόεδροι περὶ ὧν διῴκηκεν ὁ ἄρχων, χρηματίζειν καὶ περὶ ὧν ἄν τις ἠδικηκὼς ᾖ περὶ τὴν ἑορτὴν ἢ παρανενομηκώς, καλῶς, ὦ ἄνδρες Ἀθηναῖοι, καὶ συμφερόντως ἔχων ὁ νόμος, ὡς τὸ πρᾶγμ' αὐτὸ μαρτυρεῖ. ὅπου γὰρ ἐπόντος τοῦ φόβου τούτου φαίνονταί τινες οὐδὲν ἧττον ὑβρισταί, τί χρὴ τοὺς τοιούτους προσδοκᾶν ἂν ποιεῖν, εἰ μηδεὶς ἐπῆν ἀγὼν μηδὲ κίνδυνος;*

10. *Βούλομαι τοίνυν ὑμῖν καὶ τὸν ἑξῆς νόμον ἀναγνῶναι τούτῳ· καὶ γὰρ ἐκ τούτου φανερὰ πᾶσιν ὑμῖν ἥ τε τῶν ἄλλων ὑμῶν εὐλάβεια γενήσεται καὶ τὸ τούτου θράσος. λέγε τὸν νόμον.*

ΝΟΜΟΣ

Εὐήγορος εἶπεν· ὅταν ἡ πομπὴ ᾖ τῷ Διονύσῳ ἐν Πειραιεῖ καὶ οἱ κωμῳδοὶ καὶ οἱ τραγῳδοί, καὶ ἐπὶ Ληναίῳ ⟨ἡ⟩ πομπὴ καὶ οἱ τραγῳδοὶ καὶ οἱ κωμῳδοί, καὶ τοῖς ἐν ἄστει Διονυσίοις ἡ πομπὴ καὶ οἱ παῖδες καὶ ὁ κῶμος καὶ οἱ κωμῳδοὶ καὶ οἱ τραγῳδοί, καὶ Θαργηλίων τῇ πομπῇ καὶ τῷ ἀγῶνι, μὴ ἐξεῖναι μήτε ἐνεχυράσαι μήτε λαμβάνειν ἕτερον ἑτέρου, μηδὲ τῶν ὑπερημέρων, ἐν ταύταις ταῖς ἡμέραις. ἐὰν δέ τις τούτων τι παραβαίνῃ, ὑπόδικος ἔστω τῷ παθόντι, καὶ προβολαὶ αὐτοῦ ἔστωσαν ἐν τῇ ἐκκλησίᾳ τῇ ἐν Διονύσου ὡς ἀδικοῦντος, καθὰ περὶ τῶν ἄλλων τῶν ἀδικούντων γέγραπται.

9 *ὁ μὲν—ὦ* P. Lit. Lond. 179   *ἐπειδὰν—μαρτυρεῖ* Anon. Fig. 3.122.8 Sp.   *καλῶς—ὑβρισταί* Aps. 9.6

---

1 *παραδότωσαν* F   3–4 *καθ'—γίγνονται* del. Cobet   5 ⟨*εὐθὺς*⟩ *μετὰ* van Herwerden   7 *χρηματίζειν* ⟨*κελεύει*⟩ AFY[c] Anon.   *περὶ*[1]] *τι ἐπὶ* Anon.   8–9 *καλῶς—νόμος*] *ὀρθῶς καὶ καλῶς ἔχων ὁ νόμος* Aps.   10 *φόνου* Aps.   11 *προσδοκᾶν τοὺς τοιούτους* AF   13 *τοίνυν*] *δὲ* A   *ἀναγνῶναι νόμον* F   14 *τούτῳ*] *τουτονί* S[c]AF   *ἄλλων* ⟨*ἁπάντων*⟩ A   19–21 *καὶ*[2]*—τραγῳδοί* om. F   19 add. MacDowell : ante *ἐπὶ* add. Reiske   22 ⟨*ὁ*⟩ *θαργηλιὼν* SFY : corr. Wolf   *μὴ* cod. Bc et Wolf : *μήτε* SFY   *μήτε* om. S[c]   23 *ἕτερον*] *ὁτιοῦν* Weil   25 *αὐτῷ* Y   *τῇ ἐν Διονύσου* del. Humbert   26 *τῶν*[2]] *πως* Spalding

11. Ἐνθυμεῖσθε, ὦ ἄνδρες δικασταί, ὅτι ἐν τῷ προτέρῳ νόμῳ κατὰ τῶν περὶ τὴν ἑορτὴν ἀδικούντων οὔσης τῆς προβολῆς, ἐν τούτῳ καὶ κατὰ τῶν τοὺς ὑπερημέρους εἰσπραττόντων ἢ καὶ ἄλλ' ὁτιοῦν τινὸς λαμβανόντων ἢ βιαζομένων ἐποιήσατε τὰς προβολάς. οὐ γὰρ ὅπως τὸ σῶμα ὑβρίζεσθαί τινος ἐν ταύταις ταῖς ἡμέραις, ἢ τὴν παρασκευὴν ἣν ἂν ἐκ τῶν ἰδίων πορίσαιτό τις εἰς λειτουργίαν, ᾤεσθε χρῆναι, ἀλλὰ καὶ τὰ δίκῃ καὶ ψήφῳ τῶν ἑλόντων γιγνόμενα τῶν ἑαλωκότων καὶ κεκτημένων ἐξ ἀρχῆς τὴν γοῦν ἑορτὴν ἀπεδώκατε εἶναι. **(12)** ὑμεῖς μὲν τοίνυν, ὦ ἄνδρες Ἀθηναῖοι, πάντες εἰς τοσοῦτον ἀφῖχθε φιλανθρωπίας καὶ εὐσεβείας ὥστε καὶ τῶν πρότερον γεγενημένων ἀδικημάτων τὸ λαμβάνειν δίκην ἐπέσχετε ταύτας τὰς ἡμέρας· Μειδίας δ' ἐν αὐταῖς ταύταις ταῖς ἡμέραις ἄξια τοῦ δοῦναι τὴν ἐσχάτην δίκην ποιῶν δειχθήσεται. βούλομαι δ' ἕκαστον ἀπ' ἀρχῆς ὧν πέπονθα ἐπιδείξας καὶ περὶ τῶν πληγῶν εἰπεῖν ἃς τὸ τελευταῖον προσενέτεινέ μοι· ἓν γὰρ οὐδέν ἐστιν ἐφ' ᾧ τῶν πεπραγμένων οὐ δίκαιος ὢν ἀπολωλέναι φανήσεται.

13. Ἐπειδὴ γὰρ οὐ καθεστηκότος χορηγοῦ τῇ Πανδιονίδι

11 *ἀλλὰ—ἑαλωκότων* P. Lit. Lond. 179 *τὴν γοῦν*—**12** *τοῦ*] *δο[ῦναι* M. Berolin. 13276

12 *βούλομαι—φανήσεται* Anon. Schol. In Inv. 7.721.5 W. Io. Sard. 238.15 R. Ruf. 1.401.26 Sp. Ha. Syr. 2.64.16 R. Doxopatr. 2.546.5 W. *κ]αὶ περὶ*—**13** *α]ὐλ[ητὰς* M. Berolin. 13276 *προσενέτεινέ μοι* Rhet. Lex. 44 *ἓν—φαινήσεται* AB 138.23

13 *ἐπειδὴ—χορηγοῦ* Anon. Seg. 112 *—φυλῇ* Hermog. 288.24 R. Syr. Soptr. Marcell. 4.489.1 W. *—τουτὶ* Anon. Schol. in Stat. 7.409.2 W. *—ἐθελοντής* Greg. Cor. 7.1185.8 W. Ruf. 1.402.26 Sp. Ha.

---

2 *περὶ τῶν κατὰ* SFY 5 *ὅπως* ⟨*μὴ*⟩ S^c AFY 6 *ἂν* del. Dobree 7 *εἰς* ⟨*τὴν*⟩ F 9 *ἀποδεδώκατε* A 11 *φιλανθρωπίας* ⟨*τε*⟩ F 12 *ἐπέχετε* Dobree 13 *ταύταις ταῖς ἡμέραις* A Π 13276 ut videtur 15 (*δὲ*) ⟨*καθ'*⟩ *ἕκαστον* A : *ἕκαστα* Ruf. Io. Sard. Doxopatr. *ἀπ' ἀρχῆς* om. Ruf. Io. Sard. Doxopatr. : *ἐξ ἀρχῆς* post *ὧν πέπονθα* A ⟨*ἔτι*⟩ *καὶ* FY 16 *προσέτεινέ* cod. Vb Anon. Ruf. Io. Sard. Doxopatr. 17 *ἓν—οὐδέν*] *οὐδὲν γάρ* Ruf. Io. Sard. Doxopatr. 18 *φαίνεται* Anon. 19 *ἐπεὶ* Ruf. ⟨*τοῦ*⟩ *χορηγοῦ* Anon. Seg.

φυλῇ, τρίτον ἔτος τουτί, παρούσης δὲ τῆς ἐκκλησίας ἐν ᾗ τὸν ἄρχοντα ἐπικληροῦν ὁ νόμος τοῖς χορηγοῖς τοὺς αὐλητὰς κελεύει, λόγων καὶ λοιδορίας γιγνομένης, καὶ κατηγοροῦντος τοῦ μὲν ἄρχοντος τῶν ἐπιμελητῶν τῆς φυλῆς, τῶν δ' ἐπιμελητῶν τοῦ ἄρχοντος, παρελθὼν ὑπεσχόμην ἐγὼ χορηγήσειν ἐθελοντής, καὶ κληρουμένων πρῶτος αἱρεῖσθαι τὸν αὐλητὴν ἔλαχον, **(14)** ὑμεῖς μέν, ὦ ἄνδρες Ἀθηναῖοι, πάντες ἀμφότερ' ὡς οἷόν τε μάλιστ' ἀπεδέξασθε, τήν τε ἐπαγγελίαν τὴν ἐμὴν καὶ τὸ συμβὰν ἀπὸ τῆς τύχης, καὶ θόρυβον καὶ κρότον τοιοῦτον ὡς ἂν ἐπαινοῦντές τε καὶ συνησθέντες ἐποιήσατε, Μειδίας δ' οὑτοσὶ μόνος τῶν πάντων, ὡς ἔοικεν, ἠχθέσθη, καὶ παρηκολούθησε παρ' ὅλην τὴν λειτουργίαν ἐπηρεάζων μοι συνεχῶς καὶ μικρὰ καὶ μείζω. **(15)** ὅσα μὲν οὖν τοὺς χορευτὰς ἐναντιούμενος ἡμῖν ἀφεθῆναι τῆς στρατείας ἠνώχλησεν, ἢ προβαλλόμενος καὶ κελεύων ἑαυτὸν εἰς Διονύσια χειροτονεῖν ἐπιμελητήν, ἢ τἄλλα πάντα ὅσα τοιαῦτα, ἐάσω· οὐ γὰρ ἀγνοῶ τοῦθ' ὅτι τῷ μὲν ἐπηρεαζομένῳ τότ' ἐμοὶ καὶ ὑβριζομένῳ τὴν αὐτὴν ὀργὴν ἕκαστον τούτων ἥνπερ ἄλλ' ὁτιοῦν τῶν δεινοτάτων παρίστη, ὑμῖν δὲ τοῖς ἄλλοις τοῖς ἔξω τοῦ πράγματος οὖσιν, οὐκ ἂν ἴσως ἄξια ταῦτα καθ' αὑτὰ ἀγῶνος

13 *τρίτον—τουτί* Lex. Vind. 174.5   *ὑπεσχόμην*—**14** *τύχης* Greg. Cor. 7.1181.29 W.

15 *ὅσα—ἠνώχλησεν* *AB* 138.12   —*ἐάσω* Aristid. Rh. 29.15 Alex. 3.23.17 Sp. Anon. Fig. 3.142.16 Sp. Anon. de Hermog. Fig. 3.711.13 W.   —*φανείη* Hermog. 420.17 R.

---

1 *τρίτον*] *τέταρτον* F[γρ] : *τρίτον* ⟨*ἢ τέταρτον*⟩ A Greg. Cor.   2 *χοροῖς* S[a]AFY Greg. Cor. (1185) Ruf. : [Π13276]   3 *λόγου* Ruf. *γενομένης* Ruf.   5 *ἐγὼ ὑπεσχόμην* Greg. Cor.   6 *ἐθελοντί* Ruf. 7 ⟨*καὶ*⟩ *ὑμεῖς* Greg. Cor.   12 *παρ'*] *κατὰ* S[c]   13 ⟨*ἢ*⟩ *τοὺς* AF Aristid. Hermog.   14 *ἐναντιούμενος ἡμῖν*] *κωλύων* Hermog.   ⟨*μὴ*⟩ *ἀφεθῆναι* Lamb.[c]   *στρατιᾶς* *A* Aristid.   *ἠνώχληκεν* Hermog.   *ἢ*] *καὶ* Alex.   15 *καὶ κελεύων* om. Aristid. : *καὶ χειροτονῶν* (*χειροτονεῖν* omisso) Alex.   16 *ἢ*] *καὶ* Aristid.   *ἢ—τοιαῦτα* om. Alex.   *πάντα* om. Hermog.   17 *τότ'—ὑβριζομένῳ*] om. Hermog. 18 *τούτων ἕκαστον ὀργὴν* Hermog.   ⟨*ἂν*⟩ *ἄλλ'* Dobree   19 *τοῖς ἄλλοις* om. Hermog.   *τοῖς*[2] om. S   *ἔξωθεν* A[a]   20 *αὑτὰ καθ' αὑτὰ ἄξια* A : *ἄξια αὑτὰ καθ' ἑαυτὰ* Hermog.

φανείη· ἀλλ' ἃ πάντες ὁμοίως ἀγανακτήσετε, ταῦτ' ἐρῶ. **(16)** ἔστι δ' ὑπερβολὴ τῶν μετὰ ταῦτα, ἃ μέλλω λέγειν, καὶ οὐδ' ἂν ἐπεχείρησα ἔγωγε κατηγορεῖν αὐτοῦ νῦν, εἰ μὴ καὶ τότε ἐν τῷ δήμῳ παραχρῆμα ἐξήλεγξα. τὴν γὰρ ἐσθῆτα τὴν ἱεράν (ἱερὰν γὰρ ἔγωγε νομίζω πᾶσαν ὅσην ἄν τις ἕνεκα τῆς ἑορτῆς παρασκευάζηται, τέως ἂν χρησθῇ) καὶ τοὺς στεφάνους τοὺς χρυσοῦς, οὓς ἐποιησάμην ἐγὼ κόσμον τῷ χορῷ, ἐπεβούλευσεν, ὦ ἄνδρες Ἀθηναῖοι, διαφθεῖραί μοι νύκτωρ ἐλθὼν ἐπὶ τὴν οἰκίαν τὴν τοῦ χρυσοχόου. καὶ διέφθειρεν, οὐ μέντοι πᾶσάν γε· οὐ γὰρ ἐδυνήθη. καὶ τοιοῦτον οὐδεὶς πώποτε οὐδένα φησὶν ἀκηκοέναι τολμήσαντα οὐδὲ ποιήσαντα ἐν τῇ πόλει. **(17)** οὐκ ἀπέχρησε δ' αὐτῷ τοῦτο, ἀλλὰ καὶ τὸν διδάσκαλον, ὦ ἄνδρες Ἀθηναῖοι, διέφθειρέ μου τοῦ χοροῦ· καὶ εἰ μὴ Τηλεφάνης ὁ αὐλητὴς ἀνδρῶν βέλτιστος περὶ ἐμὲ τότε ἐγένετο, καὶ τὸ πρᾶγμα αἰσθόμενος τὸν ἄνθρωπον ἀπελάσας αὐτὸς συγκροτεῖν καὶ διδάσκειν ᾤετο δεῖν τὸν χορόν, οὐδ' ἂν ἠγωνισάμεθα, ὦ ἄνδρες Ἀθηναῖοι, ἀλλ' ἀδίδακτος ἂν εἰσῆλθεν ὁ χορὸς καὶ πράγματα αἴσχιστ' ἂν ἐπάθομεν. καὶ οὐδ' ἐνταῦθ' ἔστη τῆς ὕβρεως, ἀλλὰ τοσοῦτον αὐτῷ περιῆν ὥστε τὸν ἐστεφανωμένον ἄρχοντα διέφθειρεν, τοὺς χορηγοὺς συνῆγεν ἐπ' ἐμέ, βοῶν, ἀπειλῶν, ὀμνύουσι παρεστηκὼς τοῖς κριταῖς, τὰ παρασκήνια φράττων, προσηλῶν, ἰδιώτης ὢν τὰ δημόσια, κακὰ καὶ πράγματα ἀμύθητά μοι παρέχων διετέλεσεν. **(18)** καὶ τούτων, ὅσα γε ἐν τῷ δήμῳ γέγονεν ἢ πρὸς τοῖς κριταῖς ἐν τῷ θεάτρῳ, ὑμεῖς ἐστέ μοι μάρτυρες πάντες, ἄνδρες δικασταί. καίτοι τῶν λόγων τούτους χρὴ

16 *καὶ οὐδ'—ἐξήλεγξα* Anon. Schol. in Stat. 7.408.22 W.
17 *ἀλλὰ—χοροῦ AB* 132.5 *καὶ εἰ—ἐγένετο* Schol. Ar. Pax 531a *ἀδίδακτος—χορὸς* Σ^b *α* 369 Ph. *α* 360

1 *ἃ*] *ἐφ' οἷς* A ⟨*ἂν*⟩ *ὁμοίως* F^c : *ὁμοίως* ⟨*ἀκούσαντες*⟩ S^cF *ἀγανακτήσετε* ⟨*ἀκούσαντες*⟩ A : *ἀγανακτήσαιτε* S^aF 3 *κατηγορεῖν ἔγωγε* Anon. 6 *παρασκευάσηται* AF *τέως*] *ὡς* cod. P^c : *ἕως* Dindorf 8 *μου* SAFY : corr. Iurinus 10 *πάντας* AF Menand. (ap. Schol. D. 20.16.68b) *καὶ*] *καίτοι* AF *τοιοῦτον*] *τοῦτό γ'* A 11 *οὐδὲ ποιήσαντα* del. Cobet : *οὐδ' ἐπινοήσαντα* Weil 14 *τότε* om. Schol. Ar. 22 *φράττων* del. Naber coll. *AB* 297.20 24 *γε*] *μὲν* F

δικαιοτάτους ἡγεῖσθαι, οὓς ἂν οἱ καθήμενοι τῷ λέγοντι μαρτυρῶσιν ἀληθεῖς εἶναι. προδιαφθείρας τοίνυν τοὺς κριτὰς τῷ ἀγῶνι τῶν ἀνδρῶν, δύο ταῦτα ὡσπερεὶ κεφάλαια ἐφ' ἅπασι τοῖς ἑαυτῷ νενεανιευμένοις ἐπέθηκεν, ἐμοῦ μὲν ὕβρισεν τὸ σῶμα, τῇ φυλῇ δὲ κρατούσῃ τὸν ἀγῶνα αἰτιώτατος τοῦ μὴ νικῆσαι κατέστη.

19. *Τὰ* μὲν οὖν εἰς ἐμὲ καὶ τοὺς φυλέτας ἠσελγημένα καὶ περὶ τὴν ἑορτὴν ἀδικήματα τούτῳ πεπραγμένα, ἐφ' οἷς αὐτὸν προὐβαλόμην, ταῦτ' ἔστιν, ὦ ἄνδρες Ἀθηναῖοι, καὶ πόλλ' ἕτερα, ὧν ὅσ' ἂν οἷός τε ὦ διέξειμι πρὸς ὑμᾶς αὐτίκα δὴ μάλα. ἔχω δὲ λέγειν καὶ πονηρίας ἑτέρας παμπληθεῖς αὐτοῦ καὶ ὕβρεις εἰς πολλοὺς ὑμῶν καὶ τολμήματα τοῦ μιαροῦ τούτου πολλὰ καὶ δεινά, **(20)** ἐφ' οἷς τῶν πεπονθότων οἱ μέν, ὦ ἄνδρες δικασταί, καταδείσαντες τοῦτον καὶ τὸ τούτου θράσος καὶ τοὺς περὶ αὐτὸν ἑταίρους καὶ πλοῦτον καὶ τἄλλα ὅσα δὴ πρόσεστι τούτῳ, ἡσυχίαν ἔσχον, οἱ δ' ἐπιχειρήσαντες δίκην λαμβάνειν οὐκ ἠδυνήθησαν, εἰσὶ δ' οἳ διελύσαντο, ἴσως λυσιτελεῖν ἡγούμενοι. τὴν μὲν οὖν ὑπὲρ αὑτῶν δίκην ἔχουσιν οἵ γε πεισθέντες· τῆς δ' ὑπὲρ τῶν νόμων, οὓς παραβὰς οὗτος κἀκείνους ἠδίκει καὶ νῦν ἐμὲ καὶ πάντας τοὺς ἄλλους, ὑμεῖς ἐστὲ κληρονόμοι. **(21)** πάντων οὖν ἀθρόων ἓν τίμημα

19 *τὰ—ἐστίν* Anon. Seg. 112 Syr. Soptr. Marcell. 4.309.27 W. Anon. Schol. in Stat. 7.408.26 W. Soptr. in Artem. 5.119.31 W.
20 *καταδείσαντες—ἔσχον* Schol. Hom. *O* 496–8

---

1 *δικαιοτάτους* ⟨*καὶ πιστοτάτους*⟩ A 2 *προσδιαφθείρας* SAFY : corr. cod. Cd et Wolf 3 *τῷ ἀγῶνι τῶν*] *τῶν ἀγωνιστῶν* Schol. D. 21.18.80 et cod. Vd 5 ⟨*εἰς*⟩ *τὸ* F 7 *οὖν* om. Anon. Seg. Syr. Soptr. Marcell. *ἠσελγημένα* om. Soptr. : *ἡμαρτημένα* Syr. Soptr. Marcell. 7–8 *καὶ περὶ—πεπραγμένα* om. Anon. Seg. 8 ⟨*τὰ*⟩ *περὶ* A Syr. Soptr. Marcell. Soptr. Anon. *τούτῳ πεπραγμένα* om. Syr. Soptr. Marcell. Soptr. 11 *αὐτοῦ παμπληθεῖς* A : *αὐτοῦ* del. Cobet 15 *ἑτέρους* S *πλοῦτον* ⟨*καὶ ὕβριν*⟩ AF *καὶ*[3] om. Schol. Hom. 16 *δὴ ὅσα* SFY Schol. Hom. *πρόσεστι τούτῳ*] *πρὸς αὐτὸν τούτων* Schol. Hom. *ἔσχον ἡσυχίαν* Schol. Hom. 17 *λαβεῖν* A *δ' οἳ* ⟨*καὶ*⟩ A : *δὲ* ⟨*καὶ*⟩ *οἱ* F 18 *λυσιτελεῖν* ⟨*αὐτοῖς*⟩ AY[c] : ⟨*αὐτοὺς*⟩ F *αὐτῶν* FY : corr. cod. P[c] : [SA] 20 *ἠδίκει* ⟨*τότε*⟩ A 21 *οὖν* ⟨*τούτων*⟩ A *ἀθρόων*] *ἀνθρώπων* S[a]

ποιήσασθε, ὅ τι ἂν δίκαιον ἡγῆσθε. ἐξελέγξω δὲ πρῶτον μὲν ὅσ' αὐτὸς ὑβρίσθην, ἔπειθ' ὅσα ὑμεῖς· μετὰ ταῦτα δὲ καὶ τὸν ἄλλον, ὦ ἄνδρες Ἀθηναῖοι, βίον αὐτοῦ πάντα ἐξετάσω, καὶ δείξω πολλῶν θανάτων, οὐχ ἑνὸς ὄντα ἄξιον. λέγε μοι τὴν τοῦ χρυσοχόου πρώτην λαβὼν μαρτυρίαν.

ΜΑΡΤΥΡΙΑ

(22) {*Παμμένης Παμμένους †ἔπερχος† ἔχων χρυσοχοεῖον ἐν τῇ ἀγορᾷ, ἐν ᾧ καὶ καταγίγνομαι καὶ ἐργάζομαι τὴν χρυσοχοϊκὴν τέχνην. ἐκδόντος δέ μοι Δημοσθένους, ᾧ μαρτυρῶ, στέφανον χρυσοῦν ὥστε κατασκευάσαι καὶ ἱμάτιον διάχρυσον ποιῆσαι, ὅπως πομπεύσαι ἐν αὐτοῖς τὴν τοῦ Διονύσου πομπήν, καὶ ἐμοῦ συντελέσαντος αὐτὰ καὶ ἔχοντος παρ' ἐμαυτῷ ἕτοιμα, εἰσπηδήσας πρός με νύκτωρ Μειδίας ὁ κρινόμενος ὑπὸ Δημοσθένους, ἔχων μεθ' ἑαυτοῦ καὶ ἄλλους, ἐπεχείρησε διαφθείρειν τὸν στέφανον καὶ τὸ ἱμάτιον, καὶ τινὰ μὲν αὐτῶν ἐλυμήνατο, οὐ μέντοι πάντα γε ἠδυνήθη διὰ τὸ ἐπιφανέντα με κωλῦσαι.*}

23. *Πολλὰ μὲν τοίνυν, ὦ ἄνδρες Ἀθηναῖοι, καὶ περὶ ὧν τοὺς ἄλλους ἠδίκηκεν ἔχω λέγειν, ὥσπερ εἶπον ἐν ἀρχῇ τοῦ λόγου, καὶ συνείλοχα ὕβρεις αὐτοῦ καὶ ἀτιμίας τοσαύτας ὅσας ἀκούσεσθε αὐτίκα δὴ μάλα. ἦν δ' ἡ συλλογὴ ῥᾳδία· αὐτοὶ γὰρ οἱ πεπονθότες προσῇσάν μοι.* **(24)** *βούλομαι δὲ πρὸ τούτων εἰπεῖν οἷς ἐπιχειρήσειν αὐτὸν ἀκήκοα ἐξαπατᾶν ὑμᾶς· τοὺς γὰρ ὑπὲρ τούτων λόγους ἐμοὶ μὲν ἀναγκαιοτάτους προειπεῖν ἡγοῦμαι, ὑμῖν δὲ χρησιμωτάτους ἀκοῦσαι. διὰ τί; ὅτι τοῦ δικαίαν καὶ εὔορκον θέσθαι τὴν ψῆφον ὁ κωλύσας ἐξαπατηθῆναι λόγος ὑμᾶς οὗτος αἴτιος ἔσται. πολὺ δὴ μάλιστα*

21 *ἐξελέγξω—ἄξιον* Ruf. 1.401.22 Sp. Ha.
22 *ἐπεχείρησεν—στέφανον* *AB* 132.27

---

1 *δὲ* om. Ruf. 2 *ὅσ'*] *ὡς* Ruf. *ὑμεῖς* ⟨*ἠδίκησθε*⟩ S[c]AF : *ὑμεῖς ὅσα* ⟨*ἠδίκησθε*⟩ Ruf. 3 *αὐτοῦ βίον* Ruf. 4–5 *λέγε—μαρτυρίαν* del. Goodwin 7 *ἔπαρχος* F : *ὑπάρχω* Meir : *ἐπέρχομαι* MacDowell : *Ἐρχιεὺς* Buttman : *Θορίκιος* Oeconomides *ἔχω* cod. k[c] et Wolf 8 *καὶ*[1] del. Bk. 9 *ᾧ* ⟨*καὶ*⟩ Y 12 *νύκτωρ* ⟨*καὶ*⟩ S[a] 18 *ἐν ἀρχῇ εἶπον* Y 19 *αὐτοῦ—ἀτιμίας*] *αὐτοῦ καὶ πονηρίας* F : *καὶ πονηρίας αὐτοῦ* AF[γρ] 21 *προσῄεσάν* SAFY : corr. Dindorf 23 *ἀναγκαιοτάτους* ante *ἐμοὶ* S[a] 25 *κωλύσων* A 26 *ἔσται αἴτιος* S[a]

πάντων τούτῳ τῷ λόγῳ προσέχειν ὑμᾶς δεῖ, καὶ μνημονεῦσαι τοῦτον, καὶ πρὸς ἕκαστον ἀπαντᾶν, ὅταν οὗτος λέγῃ. **(25)** *ἔστι δὲ πρῶτον μὲν ἐκεῖνο οὐκ ἄδηλος ἐρῶν, ἐξ ὧν ἰδίᾳ πρός τινας αὐτὸς διεξιὼν ἀπηγγέλλετό μοι, ὡς εἴπερ ἀληθῶς ἐπεπόνθειν ταῦτα ἃ λέγω, δίκας ἰδίας μοι προσῆκεν αὐτῷ λαχεῖν, τῶν μὲν ἱματίων καὶ τῶν χρυσῶν στεφάνων τῆς διαφθορᾶς καὶ τῆς περὶ τὸν χορὸν πάσης ἐπηρείας, βλάβης, ὧς δ' εἰς τὸ σῶμα ὑβρίσθαι φημί, ὕβρεως, οὐ μὰ Δί' οὐχὶ δημοσίᾳ κρίνειν αὐτὸν καὶ τίμημα ἐπάγειν ὅ τι χρὴ παθεῖν ἢ ἀποτεῖσαι.* **(26)** *ἐγὼ δὲ ἓν μὲν ἐκεῖνο εὖ οἶδα, καὶ ὑμᾶς δὲ εἰδέναι χρή, ὅτι εἰ μὴ προὐβαλόμην αὐτόν, ἀλλ' ἐδικαζόμην, οὑναντίος ἧκεν ἂν εὐθύς μοι λόγος, ὡς εἴπερ ἦν τι τούτων ἀληθές, προβαλέσθαί μ' ἔδει καὶ παρ' αὐτὰ τἀδικήματα τὴν τιμωρίαν ποιεῖσθαι· ὅ τε γὰρ χορὸς ἦν τῆς πόλεως, ἥ τε ἐσθὴς τῆς ἑορτῆς ἕνεκα πᾶσα παρεσκευάζετο, ἐγώ τε ὁ πεπονθὼς ταῦτα χορηγὸς ἦν· τίς ἂν οὖν ἑτέραν εἵλετο τιμωρίαν ἢ τὴν ἐκ τοῦ νόμου κατὰ τῶν περὶ τὴν ἑορτὴν ἀδικούντων οὖσαν;* **(27)** *ταῦτ' εὖ οἶδ' ὅτι πάντ' ἂν ἔλεγεν οὗτος τότε. φεύγοντος μὲν γάρ, οἶμαι, καὶ ἠδικηκότος ἐστὶν τὸ τὸν παρόντα τρόπον τοῦ μὴ δοῦναι δίκην διακρουόμενον τὸν οὐκ ὄνθ' ὡς ἔδει γενέσθαι λέγειν, δικαστῶν δέ γε σωφρόνων τούτοις τε μὴ προσέχειν καὶ ὃν*

25 *ἔστι—μοι*[I] Hermog. 439.14 R. —*ὕβρεως* Syr. Soptr. Marcell. 4.500.16 W. —*ἀποτεῖσαι* Greg. Cor. 7.1291.11 W. Anon. Schol. in Stat. 7.417.11 W.
26 *ἐγὼ—ἔδει* Aps. 5.15

---

4 *αὐτὸς* om. Greg. Cor. Anon. *ἀπηγγείλατό* Anon. *ἀληθὲς* SY 4–5 *ταῦτα ἐπεπόνθειν* Syr. Soptr. Marcell. Anon. 5 *δίκην ἰδίως* Syr. Soptr. Marcell. *λαχεῖν*] *λαβεῖν* Syr. Soptr. Marcell. 7 *παρὰ* Syr. Soptr. Marcell. ⟨*καὶ*⟩ *βλάβης* Greg. Cor. Anon. 8 *ὑβρίζεσθαι φημί* S[a]Y : *φημὶ ὑβρίσθαι* Greg. Cor. : *ὑβρίσθαι φαμέν* Syr. Soptr. Marcell. *ὕβρεων* Anon. *αὐτὸν* del. Cobet 9 *παθεῖν* ⟨*αὐτὸν*⟩ Anon. *ἀποτίσαι* SAFY Greg. Cor. Anon. : corr. Bl. 10 *ἓν—εὖ* om. Aps. 10 *καὶ—χρή* om. Aps. 11 *προὐβαλλόμην* cod. Bc et Cobet *ἂν ἧκεν* F 12 *προβάλλεσθαι* S 15 *παρεσκεύαστο* A 16 *ἑτέραν* ⟨*μᾶλλον*⟩ AFY *τῶν νόμων* A 18 *ἂν* om. Y *μὲν* om. S[a] *γὰρ* ⟨*ἂν*⟩ S 19 *μὴ* om. A

ἂν λάβωσιν ἀσελγαίνοντα κολάζειν. **(28)** μὴ δὴ τοῦτο λέγειν αὐτὸν ἐᾶτε, ὅτι καὶ δίκας ἰδίας δίδωσ' ὁ νόμος μοι καὶ γραφὴν ὕβρεως· δίδωσιν γάρ· ἀλλ' ὡς οὐ πεποίηκεν ἃ κατηγόρηκα, ἢ πεποιηκὼς οὐ περὶ τὴν ἑορτὴν ἀδικεῖ, τοῦτο δεικνύτω· τοῦτο γὰρ αὐτὸν ἐγὼ προὐβαλόμην, καὶ περὶ τούτου τὴν ψῆφον οἴσετε νῦν ὑμεῖς. εἰ δ' ἐγὼ τὴν ἐπὶ τῶν ἰδίων δικῶν πλεονεξίαν ἀφεὶς τῇ πόλει παραχωρῶ τῆς τιμωρίας, καὶ τοῦτον εἱλόμην τὸν ἀγῶνα ἀφ' οὗ μηδέν ἔστι λῆμμα λαβεῖν ἐμοί, χάριν, οὐ βλάβην δήπου τοῦτ' ἂν εἰκότως ἐνέγκοι μοι παρ' ὑμῶν.

29. *Οἶδα τοίνυν ὅτι καὶ τούτῳ πολλῷ χρήσεται τῷ λόγῳ* "μή με Δημοσθένει παραδῶτε, μηδὲ διὰ Δημοσθένην με ἀνέλητε. ὅτι ἐκείνῳ πολεμῶ, διὰ τοῦτό με ἀναιρήσετε;" τὰ τοιαῦτα πολλάκις οἶδ' ὅτι φθέγξεται, βουλόμενος φθόνον τινὰ ἐμοὶ διὰ τούτων τῶν λόγων συνάγειν. **(30)** ἔχει δ' οὐχ οὕτω ταῦτα, οὐδ' ἐγγύς. οὐδένα γὰρ τῶν ἀδικούντων ὑμεῖς οὐδενὶ τῶν κατηγόρων ἐκδίδοτε· οὐδὲ γὰρ ἐπειδὰν ἀδικηθῇ τις, ὡς ἂν ἕκαστος ὑμᾶς ὁ παθὼν πείσῃ, ποιεῖσθε τὴν τιμωρίαν, ἀλλὰ τοὐναντίον νόμους ἔθεσθε πρὸ τῶν ἀδικημάτων, ἐπ' ἀδήλοις μὲν τοῖς ἀδικήσουσιν, ἀδήλοις δὲ τοῖς ἀδικησομένοις. οὗτοι δὲ τί ποιοῦσιν οἱ νόμοι; πᾶσιν ὑπισχνοῦνται τοῖς ἐν τῇ πόλει, δίκην, ἂν ἀδικηθῇ τις, ἔσεσθαι δι' αὐτῶν λαβεῖν. ὅταν τοίνυν τῶν παραβαινόντων τινὰ τοὺς νόμους κολάζητε, οὐ τοῖς κατηγόροις τοῦτον ἐκδίδοτε, ἀλλὰ τοὺς νόμους ὑμῖν αὐτοῖς βεβαιοῦτε. **(31)** ἀλλὰ μὴν πρός γε τὸ τοιοῦτον, ὅτι "Δημοσθένης" φησὶν "ὕβρισται", δίκαιος καὶ κοινὸς καὶ

28 *μὴ—δεικνύτω* Syr. Soptr. Marcell. 4.500.26 W. Anon. Schol. in Stat. 7.418.1 W. *εἰ—ἀφεὶς* Schol. D. 21.45.139 *τῇ πόλει—τιμωρίας AB* 161.25

29 *μή—ἀνέλητε* cf. Io. Sic. in Id. 6.119.11 W. Prol. 447.7 *λό]γων*—**30** *ἐ]π' ἀδη[* P. Oxy. LVI 3847

2–3 *καὶ γραφὴν ὕβρεως* om. Syr. Soptr. Marcell. 3 *κατηγόρηκεν* Syr. Soptr. Marcell. 4 *οὐ* om. Syr. Soptr. Marcell. 6 *ἐγὼ* om. A 9 *ἐνέγκαι μοι* AF : *ἐνέγκοιμι* F^c^Y 11 *μή με*] *μηδὲ* A 12 *ἐκείνῳ*] *τούτῳ* AF Schol. D. 21.29.98c 14 *συλλέγειν* S^c^F^γρ^ 16 *γὰρ* om. A *ἀδικηθείς* Y 20 *ποιήσουσιν* SF 23 *οὐχὶ* A 24 *αὐτοὺς* A 25 *ὑβρίσθαι* S^c^

ὑπὲρ ἁπάντων ἔσθ' ὁ λόγος. οὐ γὰρ εἰς Δημοσθένην ὄντα με ἠσέλγαινε μόνον ταύτην τὴν ἡμέραν, ἀλλὰ καὶ εἰς χορηγὸν ὑμέτερον· τοῦτο δ' ὅσον δύναται γνοίητ' ἂν ἐκ τωνδί. **(32)** ἴστε δήπου τοῦθ' ὅτι τῶν θεσμοθετῶν τούτων οὐδενὶ θεσμοθέτης ἔστ' ὄνομα, ἀλλ' ὁτιδήποθ' ἑκάστῳ. ἂν μὲν τοίνυν ἰδιώτην ὄντα τινὰ αὐτῶν ὑβρίσῃ τις ἢ κακῶς εἴπῃ, γραφὴν ὕβρεως καὶ δίκην κακηγορίας ἰδίαν φεύξεται, ἐὰν δὲ θεσμοθέτην, ἄτιμος ἔσται καθάπαξ. διὰ τί; ὅτι τοὺς νόμους ἤδη ὁ τοῦτο ποιῶν προσυβρίζει καὶ τὸν ὑμέτερον κοινὸν στέφανον καὶ τὸ τῆς πόλεως ὄνομα· ὁ γὰρ θεσμοθέτης οὐδενὸς ἀνθρώπων ἔστ' ὄνομα, ἀλλὰ τῆς πόλεως. **(33)** καὶ πάλιν γε τὸν ἄρχοντα, ταὐτὸ τοῦτο, ἐὰν μὲν ἐστεφανωμένον πατάξῃ τις ἢ κακῶς εἴπῃ, ἄτιμος, ἐὰν δὲ ἰδιώτην, ἰδίᾳ ὑπόδικος. καὶ οὐ μόνον περὶ τούτων οὕτω ταῦτ' ἔχει, ἀλλὰ καὶ περὶ πάντων οἷς ἂν ἡ πόλις τινὰ ἄδειαν ἢ στεφανηφορίαν ἤ τινα τιμὴν δῷ. οὕτω τοίνυν καὶ ἐμέ, εἰ μὲν ἐν ἄλλαις τισὶν ἡμέραις ἠδίκησέν τι τούτων Μειδίας ἰδιώτην ὄντα, ἰδίᾳ καὶ δίκην προσῆκεν αὐτῷ διδόναι· **(34)** εἰ δὲ χορηγὸν ὄντα ὑμέτερον ἱερομηνίας οὔσης πάνθ' ὅσα ἠδίκηκεν ὑβρίσας φαίνεται, δημοσίας ὀργῆς καὶ τιμωρίας δίκαιός ἐστι τυγχάνειν· ἅμα γὰρ τῷ Δημοσθένει καὶ ὁ χορηγὸς ὑβρίζετο, τοῦτο δ' ἐστὶ τῆς πόλεως, καὶ τὸ ταύταις ταῖς ἡμέραις, αἷς οὐκ ἐῶσιν οἱ νόμοι. χρὴ δέ, ὅταν μὲν τιθῆσθε τοὺς νόμους, ὁποῖοί τινές εἰσιν σκοπεῖν, ἐπειδὰν δὲ θῆσθε, φυλάττειν καὶ χρῆσθαι· καὶ γὰρ εὔορκα ταῦθ' ὑμῖν ἐστιν καὶ ἄλλως δίκαια. **(35)** ἦν ὁ τῆς βλάβης ὑμῖν νόμος πάλαι, ἦν ὁ τῆς αἰκείας, ἦν ὁ τῆς ὕβρεως. εἰ τοίνυν ἀπέχρη τοὺς τοῖς Διονυσίοις τι

31 *οὐ—ὑμέτερον* Minuc. 1.345.8 Sp. Ha.
33 *τ]ις—ἰδ[ιώτην* P. Rain. I 8 et P. Whitehouse

1–2 *μόνον* ante *ὄντα* Minuc. 2 *ταύτην—ἡμέραν* om. Minuc. 3 *τῶνδε* AF 7 *κατηγορίας* S[c] 8–10 *ὁ—πόλεως* del. Dobree 10 *θεσμοθέτης γὰρ* (*ὁ* deleto) van Herwerden 12–13 *πατάξῃς . . . εἴπῃς* S[a] 15 *ἄδειαν ἢ* del. MacDowell *τινα*[2] del. van Herwerden 16 *ἐν* om. cod. Vb : [Π8] 17 *εἰ*] *ἐπεὶ* Cobet 18 *ἱερονομίας* Y 19 *δίκαιός*] *ἄξιός* A 21–2 *τοῦτο—νόμοι* del. Dobree 21 *πόλεως* ⟨*ὄνομα*⟩ S[γρ]AF *καίτοι ταύταις* S[c]F : *καὶ ταῦτ' αὐταῖς* Reiske 24 *ἔνορκα* AF[c] 25 *αἰκίας* S[c]AFY

ποιοῦντας τούτων κατὰ τούτους τοὺς νόμους δίκην διδόναι, οὐδὲν ἂν προσέδει τοῦδε τοῦ νόμου. ἀλλ᾽ οὐκ ἀπέχρη. σημεῖον δέ· ἔθεσθε ἱερὸν νόμον αὐτῷ τῷ θεῷ περὶ τῆς ἱερομηνίας. εἴ τις οὖν κἀκείνοις τοῖς προϋπάρχουσι νόμοις καὶ τούτῳ τῷ μετ᾽ ἐκείνους τεθέντι καὶ πᾶσι τοῖς λοιποῖς ἔστ᾽ ἔνοχος, ὁ τοιοῦτος πότερα μὴ δῷ διὰ τοῦτο δίκην ἢ ⟨κἂν⟩ μείζω δοίη δικαίως; ἐγὼ μὲν οἴομαι μείζω. **(36)** Ἀπήγγελλε τοίνυν τίς μοι περιόντ᾽ αὐτὸν συλλέγειν καὶ πυνθάνεσθαι τίσιν πώποτε συμβέβηκεν ὑβρισθῆναι, καὶ λέγειν τούτους καὶ διηγεῖσθαι πρὸς ὑμᾶς μέλλειν, οἷον, ὦ ἄνδρες Ἀθηναῖοι, τὸν πρόεδρον ὅν ποτέ φασιν ἐν ὑμῖν ὑπὸ Πολυζήλου πληγῆναι, καὶ τὸν θεσμοθέτην ὃς ἔναγχος ἐπλήγη τὴν αὐλητρίδα ἀφαιρούμενος, καὶ τοιούτους τινάς, ὡς, ἐὰν πολλοὺς ἑτέρους δεινὰ καὶ πολλὰ πεπονθότας ἐπιδείξῃ, ἧττον ὑμᾶς ἐφ᾽ οἷς ἐγὼ πέπονθα ὀργιουμένους. **(37)** ἐμοὶ δ᾽ αὖ τοὐναντίον, ὦ ἄνδρες Ἀθηναῖοι, δοκεῖτε ποιεῖν ἂν εἰκότως, εἴπερ ὑπὲρ τοῦ κοινῇ βελτίστου δεῖ μέλειν ὑμῖν. τίς γὰρ οὐκ οἶδεν ὑμῶν τοῦ μὲν πολλὰ τοιαῦτα γίγνεσθαι τὸ μὴ κολάζεσθαι τοὺς ἐξαμαρτάνοντας αἴτιον ὄν, τοῦ δὲ μηδένα ὑβρίζειν τὸ λοιπὸν τὸ δίκην τὸν ἀεὶ ληφθέντα ἣν προσήκει διδόναι μόνον αἴτιον ἂν γενόμενον; εἰ μὲν τοίνυν ἀποτρέψαι συμφέρει τοὺς ἄλλους, τοῦτον καὶ δι᾽ ἐκεῖνα κολαστέον, καὶ μᾶλλόν γε ὅσῳπερ ἂν ᾖ πλείω καὶ μείζω· εἰ δὲ παροξῦναι καὶ τοῦτον καὶ πάντας, ἐατέον. **(38)** ἔτι τοίνυν οὐδ᾽ ὁμοίαν οὖσαν τούτῳ κἀκείνοις συγγνώμην εὑρήσομεν. πρῶτον μὲν γὰρ ὁ τὸν θεσμοθέτην πατάξας τρεῖς εἶχεν προφάσεις, μέθην, ἔρωτα, ἄγνοιαν διὰ τὸ σκότους καὶ νυκτὸς

37 *τίς—γενόμενον* Theon 2.64.5 Sp.
38 *ἔτι—γενέσθαι* Syr. Soptr. Marcell. 4.529.30 W. *ὁ τὸν—ἄγνοιαν* Syr. Soptr. Marcell. 4.250.2 W.

2 *ἂν ⟨ὑμῖν⟩* AF *τοῦδε*] *τούτου* A 3 *ἔσεσθε ⟨γὰρ⟩* Cobet 5 *λοιποῖς*] *ἄλλοις* A 6 add. Schaefer 7–8 *τίς μοι* om. Y^{a} 13–14 *πολλὰ καὶ δεινὰ* F 16 *ὑπὲρ* om. SY 17 *ἡμῶν οὐκ οἶδε* Theon 18 *γενέσθαι* Theon *ὄν* om. A 20 *μόνον*] *νόμον* A *ἂν* om. Theon 22 *ᾖ* om. A 23 *πάντας ⟨τοὺς ἄλλους⟩* A 24 *εὑρήσετε* Syr. Soptr. Marcell. 26 *ἔρωτα ἄνοιαν* Syr. Soptr. Marcell. (250) : *ἄγνοιαν ἔρωτα* Syr. Soptr. Marcell. (529)

τὸ πρᾶγμα γενέσθαι. ἔπειθ' ὁ Πολύζηλος ὀργῇ καὶ τρόπου προπετείᾳ φθάσας τὸν λογισμὸν ἁμαρτὼν ἔπαισεν· οὐ γὰρ ἐχθρός γε ὑπῆρχεν ὤν, οὐδ' ἐφ' ὕβρει τοῦτ' ἐποίησεν. ἀλλ' οὐ Μειδίᾳ τούτων οὐδὲν ἔστ' εἰπεῖν· καὶ γὰρ ἐχθρὸς ἦν, καὶ μεθ' ἡμέραν εἰδὼς ὕβριζεν, καὶ οὐκ ἐπὶ τούτου μόνον, ἀλλ' ἐπὶ πάντων φαίνεται προῃρημένος μ' ὑβρίζειν. **(39)** *καὶ μὴν οὐδὲ τῶν πεπραγμένων ἐμοὶ καὶ τούτοις οὐδὲν ὅμοιον ὁρῶ. πρῶτον μὲν γὰρ ὁ θεσμοθέτης οὐχ ὑπὲρ ὑμῶν οὐδὲ τῶν νόμων φροντίσας οὐδ' ἀγανακτήσας φανήσεται, ἀλλ' ἰδίᾳ πεισθεὶς ὁπόσῳ δήποτε ἀργυρίῳ καθυφεὶς τὸν ἀγῶνα· ἔπειθ' ὁ πληγεὶς ἐκεῖνος ὑπὸ τοῦ Πολυζήλου, ταὐτὸ τοῦτο, ἰδίᾳ διαλυσάμενος, ἐρρῶσθαι πολλὰ τοῖς νόμοις εἰπὼν καὶ ὑμῖν, οὐδ' εἰσήγαγε τὸν Πολύζηλον.* **(40)** *εἰ μὲν τοίνυν ἐκείνων κατηγορεῖν βούλεταί τις ἐν τῷ παρόντι, δεῖ λέγειν ταῦτα· εἰ δ' ὑπὲρ ὧν ἐγὼ τούτου κατηγόρηκα ἀπολογεῖσθαι, πάντα μᾶλλον ἢ ταῦτα λεκτέον. πᾶν γὰρ τοὐναντίον ἐκείνοις αὐτὸς μὲν οὔτε λαβὼν οὐδὲν οὔτ' ἐπιχειρήσας λαβεῖν φανήσομαι, τὴν δ' ὑπὲρ τῶν νόμων καὶ τὴν ὑπὲρ τοῦ θεοῦ καὶ τὴν ὑπὲρ ὑμῶν τιμωρίαν δικαίως φυλάξας καὶ νῦν ἀποδεδωκὼς ὑμῖν. μὴ τοίνυν ἐᾶτε ταῦτ' αὐτὸν λέγειν, μηδ', ἂν βιάζηται, πείθεσθε ὡς δίκαιόν τι λέγοντι.* **(41)** *ἂν γὰρ ταῦθ' οὕτως ἐγνωσμένα ὑπάρχῃ παρ' ὑμῖν, οὐκ ἔνεστ' αὐτῷ λόγος οὐδείς. ποία γὰρ πρόφασις, τίς ἀνθρωπίνη καὶ μετρία σκῆψις φανεῖται τῶν πεπραγμένων αὐτῷ; ὀργὴ νὴ Δία· καὶ γὰρ τοῦτο τυχὸν λέξει. ἀλλ' ἃ μὲν ἄν τις ἄφνω τὸν λογισμὸν*

38 *ὀργῇ—ἔπαισεν* Syr. Soptr. Marcell. 4.250.4 W.
39 *ἔ]πειθ'*—**43** *το]ύτων* P. Rain. I 8 et P. Whitehouse
41 *ἀλλ'—πεποιηκέναι* Gal. Plac. Hipp. Pl. 5.7.86 Syr. Soptr. Marcell. 4.535.16 W.

---

1 *γεγενῆσθαι* A *πολύζηλος ⟨ἐκεῖνος⟩* A 2 *φθάσαι* SF[a]Y : *προφθάσας* S[γρ] : *φθασάσῃ* Wolf *ἁμαρτὼν* om. Syr. Soptr. Marcell. : *ἁμαρτεῖν* Wolf *ἔπαισεν*] *ἔφησεν* SF[a]Y : *ἔπεσεν* S[γρ] : *ἐφάνη* Naber 5 *ὑβρίζειν* Y *τούτων* F 15 *λεκτέα* SA 16 *πάντα* S[a]Y : [Π8] *οὐδὲν* om. A 19 *αὐτὸν ταῦτα* A : [Π8] 21 *ἐνέσται* FY : [Π8] 24 *ἀλλ' ἃ μὲν*] *ἀλλὰ μὴν* S Gal. : *ἀλλ' ἣν* Syr. Soptr. Marcell.

φθάσας ἐξαχθῇ πρᾶξαι, κἂν ὑβριστικῶς ποιήσῃ, δι᾽ ὀργήν γ᾽ ἔνι φῆσαι πεποιηκέναι· ἃ δ᾽ ἂν ἐκ πολλοῦ συνεχῶς ἐπὶ πολλὰς ἡμέρας παρὰ τοὺς νόμους πράττων τις φωρᾶται, οὐ μόνον δήπου τοῦ μὴ μετ᾽ ὀργῆς ἀπέχει, ἀλλὰ καὶ βεβουλευμένως ὁ τοιοῦτος ὑβρίζων ἐστὶν ἤδη φανερός.

42. Ἀλλὰ μὴν ὁπηνίκα καὶ πεποιηκὼς ἃ κατηγορῶ καὶ ὕβρει πεποιηκὼς φαίνεται, τοὺς νόμους ἤδη δεῖ σκοπεῖν, ὦ ἄνδρες δικασταί· κατὰ γὰρ τούτους δικάσειν ὀμωμόκατε. καὶ θεωρεῖθ᾽ ὅσῳ μείζονος ὀργῆς καὶ ζημίας ἀξιοῦσι τοὺς ἑκουσίως καὶ δι᾽ ὕβριν πλημμελοῦντας τῶν ἄλλως πως ἐξαμαρτανόντων. **(43)** πρῶτον μὲν τοίνυν οἱ περὶ τῆς βλάβης οὗτοι νόμοι πάντες, ἵν᾽ ἐκ τούτων ἄρξωμαι, ἂν μὲν ἑκὼν βλάψῃ, διπλοῦν, ἂν δ᾽ ἄκων, ἁπλοῦν τὸ βλάβος κελεύουσιν ἐκτίνειν. εἰκότως· ὁ μὲν γὰρ παθὼν πανταχοῦ βοηθείας δίκαιος τυγχάνειν, τῷ δράσαντι δ᾽ οὐκ ἴσην τὴν ὀργήν, ἄν θ᾽ ἑκὼν ἄν τ᾽ ἄκων, ἔταξ᾽ ὁ νόμος. ἔπειθ᾽ οἱ φονικοὶ τοὺς μὲν ἐκ προνοίας ἀποκτιννύντας θανάτῳ καὶ ἀειφυγίᾳ καὶ δημεύσει τῶν ὑπαρχόντων ζημιοῦσι, τοὺς δ᾽ ἀκουσίως αἰδέσεως καὶ φιλανθρωπίας πολλῆς ἠξίωσαν. **(44)** οὐ μόνον δ᾽ ἐπὶ τούτων τοῖς ἐκ προαιρέσεως ὑβρισταῖς χαλεποὺς ὄντας ἰδεῖν ἔστιν τοὺς νόμους, ἀλλὰ καὶ ἐφ᾽ ἁπάντων. τί γὰρ δή ποτ᾽, ἄν τις ὀφλὼν δίκην μὴ ἐκτίνῃ, οὐκέτ᾽ ἐποίησεν ὁ νόμος τὴν ἐξούλην ἰδίαν, ἀλλὰ προστιμᾶν ἐπέταξεν τῷ δημοσίῳ; καὶ πάλιν τί δή ποτε, ἂν μὲν ἑκὼν παρ᾽ ἑκόντος τις λάβῃ τάλαντον ἓν ἢ δύο ἢ δέκα καὶ ταῦτ᾽ ἀποστερήσῃ, οὐδὲν αὐτῷ πρὸς τὴν πόλιν ἐστίν,

43 *τοὺς δ᾽—ἠξίωσαν* Σ[b] α 626 Ph. α 550

1 *ἐξαχθῇ—ποιήσῃ*] *ποιῆσαι* Syr. Soptr. Marcell. ⟨*τι*⟩ *πρᾶξαι* (*τί* A) AF : *τα πρᾶξαι* Π8 *πρᾶξαι—ποιήσῃ*] *πράξεις ὑβριστιστικῶς ποιήσει* Gal. ⟨*τι*⟩ *ποιήσῃ* A : ⟨*τοῦτο*⟩ *ποιήσῃ* F *δι᾽ ὀργὴν* om. S[a] 1–2 *γ᾽ ἔνι* om. Y : *με ἔνι* Syr. Soptr. Marcell. : [Π8] : *δ᾽ ὁ Πλάτων* Gal. 2 *ἔφησε* Gal. : *φησὶ* Syr. Soptr. Marcell. 4 *μὴ* om. cod. O[c] : del. Schaefer *ἀπέχε*]*ιν* Π8 *βεβουλευμένος* AF : [Π8] 5 *φανερῶς* A 7 *ὕβριν* Y : [Π8] *σκοπεῖν δεῖ* SY 10 *ὕβριν* ⟨*τι*⟩ A 12 *ἑκών* ⟨*τις*⟩ A 15 *δίκαιός* ⟨*ἐστι*⟩ AFY 18 *τοὺς*] *τοῦ* Σ[b] Ph. 19 *ἠξίωσεν* Σ[b] Ph. 21 *δὴ γὰρ* S[a]Y[a] 22 *ὀφείλων* A *ἐκτίσῃ* AFY[c] *ἐξούλης* Y 25 ⟨*καὶ*⟩ *δέκα καὶ* F

ἂν δὲ μικροῦ πάνυ τι τιμήματος ἄξιόν τις λάβῃ, βίᾳ δὲ τοῦτο ἀφέληται, τὸ ἴσον τῷ δημοσίῳ προστιμᾶν οἱ νόμοι κελεύουσιν ὅσον περ δὴ τῷ ἰδιώτῃ; **(45)** ὅτι πάνθ' ὅσα τις βιαζόμενος πράττει κοινὰ ἀδικήματα καὶ κατὰ τῶν ἔξω τοῦ πράγματος ὄντων ἡγεῖτο ὁ νομοθέτης· τὴν μὲν γὰρ ἰσχὺν ὀλίγων, τοὺς δὲ νόμους ἁπάντων εἶναι, καὶ τὸν μὲν πεισθέντα ἰδίας, τὸν δὲ βιασθέντα δημοσίας δεῖσθαι βοηθείας. διόπερ καὶ τῆς ὕβρεως αὐτῆς τὰς μὲν γραφὰς ἔδωκεν ἅπαντι τῷ βουλομένῳ, τὸ δὲ τίμημα ἐποίησεν ὅλον δημόσιον· τὴν γὰρ πόλιν ἡγεῖτο ἀδικεῖν, οὐ τὸν παθόντα μόνον, τὸν ὑβρίζειν ἐπιχειροῦντα, καὶ δίκην ἱκανὴν τὴν τιμωρίαν εἶναι τῷ παθόντι, χρήματα δ' οὐ προσήκειν τῶν τοιούτων ἐφ' ἑαυτῷ λαμβάνειν. **(46)** καὶ τοσαύτῃ γε ἐχρήσατο ὑπερβολῇ, ὥστε κἂν εἰς δοῦλον ὑβρίζῃ τις, ὁμοίως ἔδωκεν ὑπὲρ τούτου γραφήν. οὐ γὰρ ὅστις ὁ πάσχων ᾤετο δεῖν σκοπεῖν, ἀλλὰ τὸ πρᾶγμα ὁποῖόν τι τὸ γιγνόμενον· ἐπειδὴ δ' εὗρεν οὐκ ἐπιτήδειον, μήτε πρὸς δοῦλον μήθ' ὅλως ἐξεῖναι πράττειν ἐπέταξεν. οὐ γὰρ ἔστιν, οὐκ ἔστιν, ὦ ἄνδρες Ἀθηναῖοι, τῶν πάντων οὐδὲν ὕβρεως ἀφορητότερον, οὐδ' ἐφ' ὅτῳ μᾶλλον ὑμῖν ὀργίζεσθαι προσήκει. ἀνάγνωθι δ' αὐτόν μοι λαβὼν τὸν τῆς ὕβρεως νόμον· οὐδὲν γὰρ οἷον ἀκούειν αὐτοῦ τοῦ νόμου.

ΝΟΜΟΣ

47. Ἐάν τις ὑβρίζῃ εἴς τινα, ἢ παῖδα ἢ γυναῖκα ἢ ἄνδρα, τῶν ἐλευθέρων ἢ τῶν δούλων, ἢ παράνομόν τι ποιήσῃ εἰς τούτων τινά, γραφέσθω πρὸς τοὺς θεσμοθέτας ὁ βουλόμενος Ἀθηναίων οἷς ἔξεστιν, οἱ δὲ θεσμοθέται εἰσαγόντων εἰς τὴν ἡλιαίαν τριάκοντα ἡμερῶν ἀφ' ἧς ἂν ἡ γραφή, ἐὰν μή τι δημόσιον κωλύῃ, εἰ δὲ μή, ὅταν

45 *τὰς μὲν—δημόσιον* Schol. D. 21.7.45
46 *οὐδὲν—νόμου* Ph. s. vv. *οὐδὲν* . . ., *οἷον* Sud. *ο* 784 *οι* 147 Σ[b] *ο* 68
47 *ἐάν—ἄνδρα* *AB* 176.26

---

1 *τι* cod. Aa : om. SAFY *τις*] *τι* Reiske 3 *δὴ* om. F : *ἂν* A *ἰδιώτῃ*] *ἑλόντι* Cobet coll. Harp. *β* 12 ⟨*διὰ τί;*⟩ *ὅτι* AF *ὅσα* ⟨*ἂν*⟩ A 10 *οὐχὶ* AFY 11 *τὴν* om. S 16 *ἐπεὶ* A 17 ⟨*ταῦτα*⟩ *πράττειν* A *ἐπέτρεψεν* SF[γρ]Y 20 *λαβὼν* om. SAY 21 ⟨*τὸ*⟩ *ἀκούειν* Sud. (*οι* 147) 27 *ἂν* ⟨*ᾖ*⟩ *ἡ* Markland

ἢ πρῶτον οἷόν τε. ὅτου δ' ἂν καταγνῷ ἡ ἡλιαία, τιμάτω περὶ αὐτοῦ παραχρῆμα, ὅτου ἂν δοκῇ ἄξιος εἶναι παθεῖν ἢ ἀποτεῖσαι. ὅσοι δ' ἂν γράφωνται {γραφὰς ἰδίας} κατὰ τὸν νόμον, ἐάν τις μὴ ἐπεξέλθῃ ἢ ἐπεξιὼν μὴ μεταλάβῃ τὸ πέμπτον μέρος τῶν ψήφων, ἀποτεισάτω χιλίας δραχμὰς τῷ δημοσίῳ. ἐὰν δὲ ἀργυρίου τιμηθῇ τῆς ὕβρεως, δεδέσθω, ἐὰν {δὲ} ἐλεύθερον ὑβρίσῃ, μέχρι ἂν ἐκτείσῃ.

48. Ἀκούετε, ὦ ἄνδρες Ἀθηναῖοι, τοῦ νόμου τῆς φιλανθρωπίας, ὃς οὐδὲ τοὺς δούλους ὑβρίζεσθαι ἀξιοῖ. τί οὖν πρὸς θεῶν; εἴ τις εἰς τοὺς βαρβάρους ἐνεγκὼν τὸν νόμον τοῦτον, παρ' ὧν τὰ ἀνδράποδα εἰς τοὺς Ἕλληνας κομίζεται, ἐπαινῶν ὑμᾶς καὶ διεξιὼν περὶ τῆς πόλεως εἴποι πρὸς αὐτοὺς ὅτι **(49)** "εἰσὶν Ἕλληνές τινες ἄνθρωποι οὕτως ἥμεροι καὶ φιλάνθρωποι τοὺς τρόπους ὥστε πολλὰ ὑφ' ὑμῶν ἠδικημένοι, καὶ φύσει τῆς πρὸς ὑμᾶς ἔχθρας αὐτοῖς ὑπαρχούσης πατρικῆς, ὅμως οὐδ' ὅσων ἂν τιμὴν καταθέντες δούλους κτήσωνται, οὐδὲ τούτους ὑβρίζειν ἀξιοῦσιν, ἀλλὰ νόμον δημοσίᾳ τὸν ταῦτα κωλύσοντα τέθεινται τουτονὶ καὶ πολλοὺς ἤδη παραβάντας τὸν νόμον τοῦτον ἐζημιώκασιν θανάτῳ," **(50)** εἰ ταῦτα ἀκούσαιεν καὶ συνεῖεν οἱ βάρβαροι, οὐκ ἂν οἴεσθε δημοσίᾳ πάντας ὑμᾶς προξένους αὑτῶν ποιήσασθαι; τὸν τοίνυν οὐ παρὰ τοῖς Ἕλλησιν μόνον εὐδοκιμοῦντα νόμον, ἀλλὰ καὶ παρὰ τοῖς βαρβάροις εὖ δόξαντ' ἂν ἔχειν, σκοπεῖσθ' ὁ παραβὰς ἥντινα δοὺς δίκην ἀξίαν ἔσται δεδωκώς.

51. Εἰ μὲν τοίνυν, ὦ ἄνδρες Ἀθηναῖοι, μὴ χορηγὸς ὢν

48 *τί—τοῦτον* Io. Sard. 211.23 R. *καὶ διεξιὼν*—**51** *νῦν* P. Oxy. LVI 3848
50 *τὸν—βαρβάροις* Aps. 9.7 —**51** *ποιεῖν* Syr. Soptr. Marcell. 4.524. 15 W. *εἰ—ποιεῖν* Anon. Schol. In Stat. 7. 433.26 W.
51 *Ἀθην]αῖοι*—**54** *Ἀθ]ηναῖοι* P. Oxy. LVI 3849

1 *καταγνῶτε* SFY : corr. Lamb. *ἡ* om. S^{a}Y 2 et 4 *ἀποτι-* SFY : corr. Bl. 3 del. MacDowell 5 *τῆς ὕβρεως* del. Taylor : *τις ὑβρίσας* Westermann : *τῆς ὕβρεως* ⟨*τῷ αἰτίῳ*⟩ Weil 6 del. Oporinus *ἐκτί-* SFY : corr. Bl. 10 *τοῦτον* om. Y^{a} 14 *ἡμᾶς* Schol. D. 21.49.151 15 *δούλους* del. Cobet 17 *τέθειναι* S^{a} : *τε θῆναι* Y : [Π3848] *ἤδη* om. S Π3848 17–18 *καὶ πολλοὺς—θανάτῳ* susp. Guenther 20 *αὐτῶν* SFY : corr. cod. P : *αυτῶν προξένους* A : [Π3848] 22 *ἂν* om. A : [Π3848] 23 *δεδοκώς* S : [Π3848]

ταῦτ' ἐπεπόνθειν ὑπὸ Μειδίου, ὕβριν ἄν τις μόνον κατέγνω τῶν πεπραγμένων αὐτῷ· νῦν δέ μοι δοκεῖ, κἂν ἀσέβειαν εἰ καταγιγνώσκοι, τὰ προσήκοντα ποιεῖν. ἴστε γὰρ δήπου τοῦθ' ὅτι τοὺς χοροὺς ὑμεῖς ἅπαντας τούτους καὶ τοὺς ὕμνους τῷ θεῷ ποιεῖτε, οὐ μόνον κατὰ τοὺς νόμους τοὺς περὶ τῶν Διονυσίων, ἀλλὰ καὶ κατὰ τὰς μαντείας, ἐν αἷς ἁπάσαις ἀνῃρημένον εὑρήσετε τῇ πόλει, ὁμοίως ἐκ Δελφῶν καὶ ἐκ Δωδώνης, χοροὺς ἱστάναι κατὰ τὰ πάτρια καὶ κνισᾶν ἀγυιὰς καὶ στεφανηφορεῖν. **(52)** *ἀνάγνωθι δέ μοι λαβὼν αὐτὰς τὰς μαντείας.*

ΜΑΝΤΕΙΑΙ

Αὐδῶ Ἐρεχθείδαισιν, ὅσοι Πανδίονος ἄστυ
ναίετε καὶ πατρίοισι νόμοις ἰθύνεθ' ἑορτάς,
μεμνῆσθαι Βάκχοιο, καὶ εὐρυχόρους κατ' ἀγυιὰς
ἱστάναι ὡραίων Βρομίῳ χάριν ἄμμιγα πάντας,
καὶ κνισᾶν βωμοῖσι κάρη στεφάνοις πυκάσαντας.

Περὶ ὑγιείας θύειν καὶ εὔχεσθαι Διὶ ὑπάτῳ, {καὶ} Ἡρακλεῖ, Ἀπόλλωνι προστατηρίῳ· περὶ τύχας ἀγαθᾶς Ἀπόλλωνι Ἀγυιεῖ, Λατοῖ, Ἀρτέμιδι, καὶ κατ' ἀγυιὰς κρατῆρας ἱστάμεν καὶ χοροὺς καὶ στεφανηφορεῖν καὶ κατὰ τὰ πάτρια θεοῖς Ὀλυμπίοις πάντεσσι καὶ πάσαις, {ἰδίας} δεξιὰς καὶ ἀριστερὰς ἀνίσχοντας, {καὶ} μνασιδωρεῖν.

ΕΚ ΔΩΔΩΝΗΣ ΜΑΝΤΕΙΑΙ

53. *Τῷ δήμῳ τῷ Ἀθηναίων ὁ τοῦ Διὸς σημαίνει. ὅτι τὰς ὥρας παρηνέγκατε τῆς θυσίας καὶ τῆς θεωρίας, αἱρετοὺς πέμπειν κελεύει*

51 *τὰ—ἀγυιὰς* Harp. α 22

---

1 *ἐπεπόνθειν ταῦτα* AΠ3848 Π3949 *μόνον* om. Syr. Soptr. Marcell. : post *κατέγνω* F 3 *καταγιγνώσκοι* ⟨*τις*⟩ FY : *καταγιγνώσκοι* ⟨*τις αὐτοῦ*⟩ Syr. Soptr. Marcell. : [Π3849] 4 *καὶ τοὺς* om. AF : *τοὺς* om. Y : [Π3849] *ὕμνους* ⟨*οὓς*⟩ S^aY : [Π3849] 5 *ποιεῖσθε* F 8 *ἀγυιᾶς* Harp. 11 *μαντεια* A : [Π3849] 12 *αὐδῶ*—**53**.9 *λευκόν* om. Π3849 12 *ἐρεχθίδεσσιν* SF : *Ἐρεχθείδῃσιν* Meier 13 *ναίοιτε* F^cY 15 *ὡραῖον* ... *χορὸν* Hemsterhuys : *ὡραίῳ* ... *χορὸν* Meir16 *πυκνάσαντας* S 17 del. Lamb.^{c} 18 *ἀγυιεῖ* cod. U : *ἀγυεῖ* SFY 19 *λατου* SF : *λάτω* S^c 20 *στεφαναφορεῖν* Bl. *καὶ κατὰ τὰ* cod. T : *κατὰ τὰ* SF : *κατὰ* Y : *καττὰ* Buttmann 21 *ἰδίας* del. Taylor coll. 43.66 : *λιτὰς* Weil : *λαιὰς* Richards : *ἰθείας* Buttmann *ἀνίσχοντας* cod. Ln et Lamb. : *ἀνίσχοντες* S^cFY : [S] *καὶ* del. Buttmann 25 *παρήκατε* Spalding *κελεύει* om. cod. Vd^a : del. Cobet

θεωροὺς ἐννέα καὶ τούτους διὰ ταχέων, τῷ Διὶ τῷ Ναΐῳ τρεῖς βοῦς καὶ πρὸς ἑκάστῳ δύο βοῒ σῦς, τῇ δὲ Διώνῃ βοῦν καλλιερεῖν, καὶ τράπεζαν χαλκῆν καθιστάναι πρὸς τὸ ἀνάθημα ὃ ἀνέθηκεν ὁ δῆμος ὁ Ἀθηναίων.

Ὁ τοῦ Διὸς σημαίνει ἐν Δωδώνῃ, Διονύσῳ δημοτελῆ ἱερὰ τελεῖν καὶ κρατῆρας κεράσαι καὶ χοροὺς ἱστάναι, Ἀπόλλωνι Ἀποτροπαίῳ βοῦν θῦσαι, καὶ στεφανηφορεῖν ἐλευθέρους καὶ δούλους, καὶ ἐλινύειν μίαν ἡμέραν. Ἀπόλλωνι Ἀποτροπαίῳ βοῦν θῦσαι, Διὶ Κ*τησίῳ βοῦν λευκόν.*

54. *Εἰσίν, ὦ ἄνδρες Ἀθηναῖοι, καὶ αὗται καὶ ἄλλαι πολλαὶ μαντεῖαι τῇ πόλει καὶ ἀγαθαί. τί οὖν ἐκ τούτων ὑμᾶς ἐνθυμεῖσθαι δεῖ; ὅτι τὰς μὲν ἄλλας θυσίας τοῖς ἐφ᾽ ἑκάστης μαντείας προφαινομένοις θεοῖς προστάττουσι θύειν, ἱστάναι δὲ χοροὺς καὶ στεφανηφορεῖν κατὰ τὰ πάτρια πρὸς ἁπάσαις ταῖς ἀφικνουμέναις μαντείαις προσαναιροῦσιν ὑμῖν.* **(55)** *οἱ τοίνυν χοροὶ πάντες οἱ γιγνόμενοι καὶ οἱ χορηγοὶ δῆλον ὅτι τὰς μὲν ἡμέρας ἐκείνας ἃς συνερχόμεθα ἐπὶ τὸν ἀγῶνα, κατὰ τὰς μαντείας ταύτας ὑπὲρ ὑμῶν ἐστεφανώμεθα, ὁμοίως ὅ τε μέλλων νικᾶν καὶ ὁ πάντων ὕστατος γενήσεσθαι, τῇ δὲ τῶν ἐπινικίων ὑπὲρ αὑτοῦ τότ᾽ ἤδη στεφανοῦται ὁ νικῶν. τὸν οὖν εἴς τινα τούτων τῶν χορευτῶν ἢ τῶν χορηγῶν ὑβρίζοντα ἐπ᾽ ἔχθρᾳ, καὶ ταῦτα ἐν αὐτῷ τῷ ἀγῶνι καὶ ἐν τῷ τοῦ θεοῦ ἱερῷ, τοῦτον ἄλλο τι πλὴν ἀσεβεῖν φήσομεν;*

55 *οὖν*—**56** *ἐστεφα[ν]ωμέν[ον* P. Oxy. LVI 3849

---

1 *ἐννέα καὶ τούτους* cod. P[c] : *ἐννέα καὶ τούτου τοὺς* SFY : *ἕνεκα τούτου* Buttmann ⟨*καὶ*⟩ *τῷ*[1] Boeckh *τῷ Ναΐῳ τρεῖς* Buttmann : *τῶν ἀρωτρὶς* SF : *τῶν ἀρωτρεῖς* F[c]Y : *τῷ Δωδωναίῳ ἀροτρεῖς* Feliciana 2 *δύο βοῒ σῦς* Radermacher : *δύο βοιήσεις* SFY : *βοῒ δύο οἶς* Dobree *δὲ* om. SFY[a] *καλλιερεῖν* Sauppe : *καὶ ἄλλα ἱερεῖα* SFY : *καὶ ἄρνα ἱερεῖα* Boeckh 3 *καθιστάναι* MacDowell : *καὶ* SAFY : om. cod. Vf : del. Reiske 5 *σημαίν᾽* SFY : corr. cod. Vf *δημοτελῆ* cod. Bc et Buttmann : *δημοτελεῖ* SFY *ἱερὰ τελεῖν* Buttmann : *ἱερεῖον τέλειον* SFY 6 *κρατῆρα* SFY : corr. cod. Ee et Humbert 7 *ἐλεεινύειν* S : *ἐλεεῖν θύειν* F[a]Y 8 *Ἀπόλλωνι—θῦσαι* post *ἡμέραν* Weil : post 6 *ἱστάναι* SFY *θῦσαι* om. Y[a] 10 *εἰσὶ* ⟨*μέν*⟩ A : [Π3849] 11 ⟨*ἐν*⟩ *τῇ* F ⟨*καλαὶ*⟩ *καὶ* AFY[c] 14 *ἁπάσαις* ⟨*ἀεὶ*⟩ A 17 *ἐπὶ*] *εἰς* Y[c] 18 *ὑμῶν*] *αὐτῶν* S : *ὑμῶν* ⟨*αὐτῶν*⟩ Y *ἐστεφανούμεθα* SFY 19 *τὴν* SAFY : corr. van Herwerden 20 *αὐτοῦ* FY : corr. cod. T[c] : [SA] 21 *τῶν χορευτῶν ἢ* om. Π3849 ut videtur

56. *Καὶ μὴν ἴστε γε τοῦθ' ὅτι βουλόμενοι μηδέν' ἀγωνίζεσθαι ξένον οὐκ ἐδώκαθ' ἁπλῶς τῶν χορηγῶν οὐδενὶ προσκαλέσαντι τοὺς χορευτὰς σκοπεῖν, ἀλλ' ἐὰν μὲν καλέσῃ, πεντήκοντα δραχμάς, ἐὰν δὲ καθίζεσθαι κελεύσῃ, χιλίας ἀποτίνειν ἐτάξατε. τίνος ἕνεκα; ὅπως μὴ τὸν ἐστεφανωμένον καὶ λειτουργοῦντα τῷ θεῷ ταύτην τὴν ἡμέραν καλῇ μηδ' ἐπηρεάζῃ μηδ' ὑβρίζῃ μηδεὶς ἐξεπίτηδες.* **(57)** *εἶτα τὸν μὲν χορευτὴν οὐδ' ὁ προσκαλέσας κατὰ τὸν νόμον ἀζήμιος ἔσται, τὸν δὲ χορηγὸν οὐδ' ὁ συγκόψας παρὰ πάντας τοὺς νόμους οὕτω φανερῶς δώσει δίκην; ἀλλὰ μὴν οὐδέν ἐστ' ὄφελος καλῶς καὶ φιλανθρώπως τοὺς νόμους ὑπὲρ τῶν πολλῶν κεῖσθαι, εἰ τοῖς ἀπειθοῦσι καὶ βιαζομένοις αὐτοὺς ἡ παρ' ὑμῶν ὀργὴ τῶν ἀεὶ κυρίων μὴ γενήσεται.*

58. *Φέρε δὴ πρὸς θεῶν κἀκεῖνο σκέψασθε. παραιτήσομαι δ' ὑμᾶς μηδὲν ἀχθεσθῆναί μοι, ἐὰν ἐπὶ συμφορᾶς τινων γεγονότων ὀνομαστὶ μνησθῶ· οὐ γὰρ ὀνειδίσαι μὰ τοὺς θεοὺς οὐδενὶ δυσχερὲς οὐδὲν βουλόμενος τοῦτο ποιήσω, ἀλλὰ δεῖξαι τὸ βιάζεσθαι καὶ ὑβρίζειν καὶ τὰ τοιαῦτα ποιεῖν ὡς ἅπαντες ὑμεῖς οἱ ἄλλοι φεύγετε. Σαννίων ἐστὶ δήπου τις ὁ τοὺς τραγικοὺς χοροὺς διδάσκων· οὗτος ἀστρατείας ἑάλω καὶ κέχρηται συμφορᾷ.* **(59)** *τοῦτον μετὰ τὴν ἀτυχίαν ταύτην ἐμισθώσατό τις φιλονικῶν χορηγὸς τραγῳδῶν, οἶμαι,*

57 *εἶτα—νόμους* Anon. Seg. 242 —*δίκην* Minuc. 1.346.12 Sp. Ha. Plan. Schol. 5.506.10 W.

58 *παραιτήσομαι—μοι* *AB* 163.14 *Σαννίων—τις* Anon. Schol. in Id. 7.881.16, 924.25 W. —*χορούς* Io. Sic. In Id. 6.141.11 W. —*διδάσκων* Hermog. 225.16, 227.6, 268.16 R. Plan. Schol. 5.454.4 W. *οὗτος—συμφορᾷ* Hermog. 233.9, 289.3 R. Castor 14.7 Anon. Schol. In Id. 7.935.20 W.

---

2 *τῶν χορηγῶν* om. Π3849 ut videtur 4 *καθ*]*έζεσθαι* Π3849 Schol. D. 21.56.168c, 169 5 *μὴ* om. A : [Π3849] 8 *προκαλέσας* F *κατὰ—νόμον* om. Anon. Seg. : post *ἔσται* Minuc. 9 *χορηγὸν* ⟨*αὐτὸν*⟩ AF Plan. Schol. 9–10 *παρὰ—φανερῶς* om. Minuc. 9 *πάντα τὸν νόμον* Anon. Seg. 10 ⟨*οὐ*⟩ *δώσει* AFY : *ὑφέξει* Minuc. 15 *συμφοραῖς* SAFY : corr. Schaefer 16 *γεγονυίαις* Weil *ὀνόματι* SAFY : corr. Reiske 18 ⟨*τὸ*⟩ *ὑβρίζειν καὶ* ⟨*τὸ*⟩ A 21 *τοῦτο* S^a 22 *φιλονεικῶν* AF^cY

Θεοζοτίδης. τὸ μὲν οὖν πρῶτον ἠγανάκτουν οἱ ἀντιχορηγοὶ καὶ κωλύσειν ἔφασαν, ὡς δ᾽ ἐπληρώθη τὸ θέατρον καὶ τὸν ὄχλον συνειλεγμένον εἶδον ἐπὶ τὸν ἀγῶνα, ὤκνησαν, εἴασαν, οὐδεὶς ἥψατο, ἀλλὰ τοσοῦτον τῆς εὐσεβείας ἐν ἑκάστῳ τις ἂν ὑμῶν ἴδοι τὸ συγκεχωρηκὸς ὥστε πάντα τὸν μετὰ ταῦτα χρόνον διδάσκει τοὺς χοροὺς καὶ οὐδὲ τῶν ἰδίων ἐχθρῶν οὐδεὶς κωλύει· τοσοῦτ᾽ ἀπέχει τῶν χορηγῶν. **(60)** *ἄλλος ἐστὶν Ἀριστείδης Οἰνῇδος φυλῆς, ἠτυχηκώς τι καὶ οὗτος τοιοῦτον, ὃς νῦν μὲν καὶ γέρων ἐστὶν ἤδη καὶ ἴσως ἥττων χορευτής, ἦν δέ ποθ᾽ ἡγεμὼν τῆς φυλῆς {κορυφαῖος}. ἴστε δὲ δήπου τοῦθ᾽ ὅτι τὸν ἡγεμόνα ἂν ἀφέλῃ τις, οἴχεται ὁ λοιπὸς χορός. ἀλλ᾽ ὅμως πολλῶν χορηγῶν φιλονικησάντων, οὐδεὶς πώποτε τοῦτ᾽ εἶδεν τὸ πλεονέκτημα, οὐδ᾽ ἐτόλμησε τοῦτον ἐξαγαγεῖν οὐδὲ κωλῦσαι· διὰ γὰρ τὸ δεῖν αὐτὸν ἐπιλαβόμενον τῇ χειρὶ τοῦτο ποιῆσαι καὶ μὴ προσκαλέσασθαι πρὸς τὸν ἄρχοντα ἐξεῖναι, ὥσπερ ἂν εἰ ξένον τις ἐξαγαγεῖν ἠβούλετο, ἅπας τις ὤκνει τῆς ἀσελγείας ταύτης αὐτόχειρ ὀφθῆναι γιγνόμενος.* **(61)** *οὔκουν δεινόν, ὦ ἄνδρες δικασταί, καὶ σχέτλιον τῶν μὲν νικᾶν ἂν παρὰ τοῦτ᾽ οἰομένων χορηγῶν, τῶν ἀνηλωκότων πολλάκις πάντα τὰ ὄντα εἰς τὰς λειτουργίας, μηδένα τολμῆσαι πώποτε μηδ᾽ ὧν οἱ νόμοι διδόασιν ἅψασθαι, ἀλλ᾽ οὕτως εὐλαβῶς, οὕτως εὐσεβῶς, οὕτω μετρίως διακεῖσθαι ὥστ᾽ ἀναλίσκοντας, ἀγωνιῶντας ὅμως ἀπέχεσθαι καὶ προορᾶσθαι τὰς ὑμετέρας βουλήσεις καὶ τὴν περὶ τὴν ἑορτὴν σπουδήν, Μειδίαν δὲ ἰδιώτην ὄντα, μηδὲν ἀνηλωκότα, ὅτι τῳ προσέκρουσεν καὶ ἐχθρὸς ὑπῆρχεν, τοῦτον ἀναλίσκοντα, χορηγοῦντα, ἐπίτιμον ὄντα προπηλακίζειν καὶ τύπτειν, καὶ μήτε τῆς ἑορτῆς μήτε τῶν νόμων μήτε τί ὑμεῖς ἐρεῖτε μήτε τοῦ θεοῦ φροντίζειν;*

1 *θεοσδοτίδης* AFY : [S^{a}] 5 *τὸ* om. SFY 6–7 *οὐδεὶς ἐχθρῶν ἐκώλυσε* Schol. D. 21.59.187 7 *τῶν* SF : *τοῦ* AF^{c}Y Schol. D. 21.59.187 : *τοῦ* ⟨*τὸν*⟩ S^{γρ} *χορηγῶν* ⟨*τινος ἅψασθαι*⟩ F^{c}Y : *χορηγόν* ⟨*τινος ἅψασθαι*⟩S^{γρ} (*ἅπτεσθαι* S^{γρ}) A Schol. D. 21.59.187 10 del. Reiske *δὲ* om. AF 11 *ἀφέληται* A 12 *φιλονεικησάντων* SAFY : corr. Baiter 17 *οὐκοῦν* SAFY : corr. Buttmann 18 *ἂν* ⟨*ταυτὶ*⟩ SY 19 *ταῦτ᾽* A 22 *οὕτως εὐσεβῶς* om. S^{a} 23 *ἀπέχεσθαι* F 24 *βοηθήσεις* Y^{c} 26 ⟨*καὶ*⟩ *χορηγοῦντα* S^{c} 27 *τῆς* om. F

62. *Πολλῶν τοίνυν, ὦ ἄνδρες Ἀθηναῖοι, γεγενημένων ἐχθρῶν ἀλλήλοις, οὐ μόνον ἐξ ἰδίων ἀλλὰ καὶ ἐκ κοινῶν πραγμάτων, οὐδεὶς πώποτ' εἰς τοσοῦτ' ἀναιδείας ἀφίκετο ὥστε τοιοῦτόν τι τολμῆσαι ποιεῖν. καίτοι φασὶν Ἰφικράτην ποτ' ἐκεῖνον Διοκλεῖ τῷ Πιθεῖ τὰ μάλιστα ἐλθεῖν εἰς ἔχθραν, καὶ ἔτι πρὸς τούτῳ συμβῆναι Τεισίαν τὸν Ἰφικράτους ἀδελφὸν ἀντιχορηγῆσαι τῷ Διοκλεῖ. ἀλλ' ὅμως πολλοὺς μὲν ἔχων φίλους Ἰφικράτης, πολλὰ δὲ χρήματα κεκτημένος, φρονῶν δ' ἐφ' αὑτῷ τηλικοῦτον ἡλίκον εἰκὸς ἄνδρα καὶ δόξης καὶ τιμῶν τετυχηκότα ὧν ἐκεῖνος ἠξίωτο παρ' ὑμῶν,* **(63)** *οὐκ ἐβάδιζεν ἐπὶ τὰς τῶν χρυσοχόων οἰκίας νύκτωρ, οὐδὲ κατερρήγνυε τὰ παρασκευαζόμενα ἱμάτια εἰς τὴν ἑορτήν, οὐδὲ διέφθειρεν διδάσκαλον, οὐδὲ χορὸν μανθάνειν ἐκώλυεν, οὐδὲ τῶν ἄλλων οὐδὲν ὧν οὗτος διεπράττετ' ἐποίει, ἀλλὰ τοῖς νόμοις καὶ τῇ τῶν ἄλλων βουλήσει συγχωρῶν ἠνείχετο καὶ νικῶντα καὶ στεφανούμενον τὸν ἐχθρὸν ὁρῶν, εἰκότως· ἐν ᾗ γὰρ αὐτὸς εὐδαίμων ᾔδει γεγονὼς πολιτείᾳ, ταύτῃ συγχωρεῖν τὰ τοιαῦτα ἠξίου.* **(64)** *πάλιν Φιλόστρατον πάντες ἴσμεν τὸν Κολωνῆθεν Χαβρίου κατηγοροῦντα, ὅτ' ἐκρίνετο τὴν περὶ Ὠρωποῦ κρίσιν θανάτου, καὶ πάντων τῶν κατηγόρων πικρότατον γενόμενον, καὶ μετὰ ταῦτα χορηγοῦντα παισὶν Διονύσια καὶ νικῶντα, καὶ Χαβρίαν οὔτε τύπτοντα οὔτε ἀφαρπάζοντα τὸν στέφανον οὔθ' ὅλως προσιόνθ' ὅποι μὴ προσῆκεν αὐτῷ.* **(65)** *πολλοὺς δ' ἂν ἔχων εἰπεῖν ἔτι καὶ διὰ πολλὰς προφάσεις ἐχθροὺς γεγενημένους ἀλλήλοις, οὐδένα πώποτε οὔτε ἀκήκοα οὔτε ἑόρακα ὅστις εἰς τοσοῦτον ἐλήλυθεν ὕβρεως ὥστε τοιοῦτόν*

62 *καίτοι—Ἰφικράτης* Alex. 3.24.13 Sp.
63 *οὐκ—ἑορτήν* Alex. 3.24.18 Sp. —*ἐκώλυεν* Tib. Fig. 15.6 Ball.
64 *χορηγοῦντα—Διονύσια* Schol. D. 21.18.80 *καὶ Χαβρίαν—στέφανον* AB 122.21

5 *πιτθεῖ* S^c^AF^c^ Alex. : *πειθεῖ* Y 6 *τισίαν* S^c^AFY Alex. : corr. Bl. : [S] ⟨*τὸν*⟩ *ἀδελφὸν τὸν Ἰφικράτους* Alex. 7 *μὲν* om. A Alex. 8 *φίλους* om. Alex. 9 *τιμῶν καὶ δόξης* A 11 *κατερρήγνυ* Alex. 12 *κατεσκευασμένα* Alex. 15 *ἄλλων*] *πολλῶν* A 20 *γεγενημένον* A 21 *καὶ νικῶντα* om. A 25 *ἀλλήλοις* ⟨*γενομένων*⟩ A

τι ποιεῖν. οὐδέ γε ἐκεῖνο οὐδεὶς ὑμῶν οἶδ' ὅτι μνημονεύει πρότερον, τῶν ἐπὶ τοῖς ἰδίοις ἢ καὶ τοῖς κοινοῖς ἐχθρῶν ἀλλήλοις οὐδένα οὔτε καλουμένων τῶν κριτῶν παρεστηκότα, οὔθ' ὅταν ὀμνύωσιν ἐξορκοῦντα, οὔθ' ὅλως ἐπ' οὐδενὶ τῶν τοιούτων ἐχθρὸν ἐξεταζόμενον. **(66)** ταῦτα γὰρ πάντα καὶ τὰ τοιαῦτα, ὦ ἄνδρες Ἀθηναῖοι, φιλονικίᾳ μὲν ὑπαχθέντα χορηγὸν ὄντα ποιεῖν ἔχει τινὰ συγγνώμην· ἔχθρᾳ δ' ἐλαύνοντά τινα, ἐκ προαιρέσεως, ἐφ' ἅπασι, καὶ τὴν ἰδίαν δύναμιν κρείττω τῶν νόμων οὖσαν ἐνδεικνύμενον, Ἡράκλεις, βαρὺ κοὐχὶ δίκαιόν ἐστιν οὐδὲ συμφέρον ὑμῖν. εἰ γὰρ ἑκάστῳ τῶν χορηγούντων τοῦτο πρόδηλον γένοιτο, ὅτι ἂν ὁ δεῖνα ἐχθρὸς ᾖ μοι, Μειδίας ἤ τις ἄλλος θρασὺς οὕτω καὶ πλούσιος, πρῶτον μὲν ἀφαιρεθήσομαι τὴν νίκην, κἂν ἄμεινον ἀγωνίσωμαί τινος, ἔπειτα ἐφ' ἅπασιν ἐλαττωθήσομαι καὶ προπηλακιζόμενος διατελέσω, τίς οὕτως ἀλόγιστος ἢ τίς οὕτως ἄθλιός ἐστιν, ὅστις ἑκὼν ἂν μίαν δραχμὴν ἐθελήσειεν ἀναλῶσαι; οὐδεὶς δήπου. **(67)** ἀλλ', οἶμαι, τὸ πάντας ποιοῦν καὶ φιλοτιμεῖσθαι καὶ ἀναλίσκειν ἐθέλειν ἐκεῖν' ἐστίν, ὅτι τῶν ἴσων καὶ τῶν δικαίων ἕκαστος ἡγεῖται ἑαυτῷ μετεῖναι ἐν δημοκρατίᾳ. ἐγὼ τοίνυν, ὦ ἄνδρες Ἀθηναῖοι, τούτων οὐκ ἔτυχον διὰ τοῦτον, ἀλλὰ χωρὶς ὧν ὑβρίσθην, καὶ τῆς νίκης προσαπεστερήθην. καίτοι πᾶσιν ὑμῖν ἐγὼ τοῦτο δείξω σαφῶς, ὅτι μηδὲν ἀσελγὲς ἐξῆν ποιοῦντι Μειδίᾳ μηδ' ὑβρίζοντι μηδὲ τύπτοντι καὶ λυπεῖν ἐμὲ καὶ κατὰ τοὺς νόμους αὐτῷ φιλοτιμεῖσθαι πρὸς ὑμᾶς, καὶ μηδὲ διᾶραι τὸ στόμα περὶ αὐτοῦ νῦν ἔχειν ἐμέ. **(68)** ἐχρῆν γὰρ αὐτόν, ὦ ἄνδρες Ἀθηναῖοι, ὅτ' ἐγὼ τῆς Πανδιονίδος χορηγὸς

67 ἀλλ'—δημοκρατίᾳ AB 156.15
68 ἐχρῆν—τότε Syr. Soptr. Marcell. 4. 4.523.5 W.

---

3 κληρουμένων van Herwerden 5 πάντα γὰρ ταῦτα A 6 φιλονεικίᾳ SAFY : corr. cod. O 7 ἔχειν A 9 ⟨καὶ βίαν⟩ κρείττω A : κρείττω ⟨καὶ βίαν⟩ F 11 χορηγῶν A 15 οὕτως[1]] οὗτος SA οὕτως[2] om. SY : οὗτος A 16 ἐθελήσῃ A 21 χωρὶς] χωρηγὸς S[c] 23 μήτε . . . μήτε A 24 ἀντιφιλοτιμεῖσθαι (αὐτῷ deleto) van Herwerden 25 περὶ αὐτοῦ τὸ στόμα A νῦν om. SY[a] 26 ⟨ἔσθ'⟩ ὅτε Syr. Soptr. Marcell.

ὑπέστην ἐν τῷ δήμῳ, τότε τῆς Ἐρεχθῇδος ἀναστάντα, τῆς ἑαυτοῦ φυλῆς, ἀνθυποστῆναι, καὶ καταστήσανθ' ἑαυτὸν ἐξ ἴσου καὶ τὰ ὄντα ἀναλίσκοντα ὥσπερ ἐγώ, οὕτω μ' ἀφαιρεῖσθαι τὴν νίκην, ὑβρίζειν δὲ τοιαῦτα καὶ τύπτειν μηδὲ τότε. **(69)** νῦν δὲ τοῦτο μὲν οὐκ ἐποίησεν, ἐν ᾧ τὸν δῆμον ἐτίμησεν ἄν, οὐδ' ἐνεανιεύσατο τοιοῦτον οὐδέν· ἐμοὶ δ', ὃς εἴτε τις, ὦ ἄνδρες Ἀθηναῖοι, βούλεται νομίσαι μανίαν (μανία γὰρ ἴσως ἐστὶν ὑπὲρ δύναμίν τι ποιεῖν), εἴτε καὶ φιλοτιμίᾳ χορηγὸς ὑπέστην, οὕτω φανερῶς καὶ μιαρῶς ἐπηρεάζων παρηκολούθησεν ὥστε μηδὲ τῶν ἱερῶν ἱματίων μηδὲ τοῦ χοροῦ μηδὲ τοῦ σώματος τὼ χεῖρε τελευτῶν ἀποσχέσθαι μου.

70. *Εἰ* τοίνυν τις ὑμῶν, ὦ ἄνδρες Ἀθηναῖοι, ἄλλως πως ἔχει τὴν ὀργὴν ἐπὶ Μειδίαν ἢ ὡς δέον αὐτὸν τεθνάναι, οὐκ ὀρθῶς ἔχει. οὐ γάρ ἐστι δίκαιον οὐδὲ προσῆκον τὴν τοῦ παθόντος εὐλάβειαν τῷ μηδὲν ὑποστειλαμένῳ πρὸς ὕβριν μερίδα εἰς σωτηρίαν ὑπάρχειν, ἀλλὰ τὸν μὲν ὡς ἁπάντων τῶν ἀνηκέστων αἴτιον κολάζειν προσήκει, τῷ δ' ἐπὶ τοῦ βοηθεῖν ἀποδιδόναι τὴν χάριν. **(71)** οὐδὲ γὰρ αὖ τοῦτ' ἔστιν εἰπεῖν, ὡς οὐ γεγενημένου πώποτ' οὐδενὸς ἐκ τῶν τοιούτων δεινοῦ τῷ λόγῳ τὸ πρᾶγμ' ἐγὼ νῦν αἴρω καὶ φοβερὸν ποιῶ.

69 *νῦν—μου* D.H. 1.146.22 *ἐμοὶ—ποιεῖν* Hermog. 364.23, 366.6 R. Syr. 1.74.1 R. Plan. Schol. 5.528.6 W. *μανία—ποιεῖν* Hermog. 281.11, 348.9 R. *—φιλοτιμία* Alex. 3.13.26 Sp. *—ὑπέστην* Tib. Fig. 3.9 Ball.

71 *ἰσχυρός—μέλας* Anon. Seg. 92 Io.Sard. 23.19 R. Doxopatr. 2.234.18 W. Plan. Schol. 5.516.8 W. *ἴσασιν Εὐαίωνα—ἀδελφόν* Tib. Fig. 40.5 Ball. *—δείπνῳ* Theon 2.82.31 Sp. Doxopatr. 2.225.6 W. *—μίαν* Syr. 2.112.9 R. —**72** *ὕβρει* Syr. Soptr. Marcell. 4.529.7 W.

---

1 *ἐν τῷ δήμῳ* om. Syr. Soptr. Marcell. 3 *μ'*] *μὲν* Syr. Soptr. Marcell. 6 *τοιοῦτον οὐδέν*] *τοῦτο* S[a] *ἐμοὶ*] *ἐγὼ* Tib. : *ἐμὲ* Syr. *ὃς*] *ὡς* Tib. Syr. Plan. : *ὅσον* Alex. 7 *βούλεται* om. S *μανίαν* S[γρ]FY D.H. Hermog. (bis) Alex. Tib. Plan. : *μανεὶς* S : *μανίᾳ* A Syr. 7–8 *μανία—ποιεῖν* om. Alex. 8 ⟨*τὸ*⟩ *ὑπὲρ* Hermog. (348, 364, 366) Tib. Plan. : ⟨*τὸ*⟩ *παρὰ* Hermog. (281) *καὶ* om. Tib. *φιλοτιμίαν* D.H. Alex. Tib. 9 *καὶ μιαρῶς* om. D.H. *ἐπηκολούθησαν* Y 13 ⟨*οὐ*⟩ *δέον* AFY 14 *ἔχει*] *γινώσκει* A 16 *εἰς*] *πρὸς* Y 18 *ἔνεστιν* A 19 *οὐ*] *οὐδὲ* S[c] 20 *δεινοῦ—αἴρω*] *νῦν αἴρω τὸ πρᾶγμα* Syr. Soptr. Marcell.

πολλοῦ γε καὶ δεῖ. ἀλλ' ἴσασιν ἅπαντες, εἰ δὲ μή, πολλοί γε, Εὔθυνον τὸν παλαίσαντά ποτ' ἐκεῖνον, τὸν νεανίσκον, {καὶ} Σώφιλον τὸν παγκρατιαστήν (ἰσχυρός τις ἦν, μέλας, εὖ οἶδ' ὅτι γιγνώσκουσίν τινες ὑμῶν ὃν λέγω), τοῦτον ἐν Σάμῳ ἐν συνουσίᾳ τινὶ καὶ διατριβῇ οὕτως ἰδίᾳ, ὅτι {ὁ τύπτων} αὐτὸν ὑβρίζειν ᾤετο, ἀμυνάμενον οὕτως ὥστε καὶ ἀποκτεῖναι. ἴσασιν Εὐαίωνα πολλοὶ τὸν Λεωδάμαντος ἀδελφόν, ἀποκτείναντα Βοιωτὸν ἐν δείπνῳ καὶ συνόδῳ οἰκείων διὰ πληγὴν μίαν. **(72)** οὐ γὰρ ἡ πληγὴ παρέστησε τὴν ὀργήν, ἀλλ' ἡ ἀτιμία· οὐδὲ τὸ τύπτεσθαι τοῖς ἐλευθέροις ἐστὶ δεινόν, καίπερ ὂν δεινόν, ἀλλὰ τὸ ἐφ' ὕβρει. πολλὰ γὰρ ἂν ποιήσειεν ὁ τύπτων, ὦ ἄνδρες Ἀθηναῖοι, ὧν ὁ παθὼν ἔνι' οὐδ' ἂν ἀπαγγεῖλαι δύναιθ' ἑτέρῳ, τῷ σχήματι, τῷ βλέμματι, τῇ φωνῇ, ὅταν ὡς ὑβρίζων, ὅταν ὡς ἐχθρὸς ὑπάρχων, ὅταν κονδύλοις, ὅταν ἐπὶ κόρρης. ταῦτα κινεῖ, ταῦτ' ἐξίστησιν ἀνθρώπους αὑτῶν, ἀήθεις ὄντας τοῦ προπηλακίζεσθαι. οὐδεὶς ἄν, ὦ ἄνδρες Ἀθηναῖοι, ταῦτ' ἀπαγγέλλων δύναιτο τὸ δεινὸν παραστῆσαι τοῖς ἀκούουσιν

72 οὐ—ὕβρει Syr. 2.105.6 R. πολλὰ—προπηλακίζεσθαι Plu. Mor. 1010f Syr. Soptr. Marcell. 4.530.15 W. —παραστῆσαι Sublim. 20 Ru. τῷ σχήματι—φωνῇ Olymp. In Grg. 83.14 We. Prol. 176.2 R. ὅταν ὡς ὑβρίζων—κόρρης Minuc. 1.345.20 Sp. Ha. ὅταν κονδύλοις—κόρρης Tib. Fig. 29.2 Ball. Anon. Seg. 111 —ἐξίστησιν Tib. Fig. 40.7 Ball.

2 τὸν νεανίσκον del. Dobree : ⟨ὄντα⟩ νεανίσκον MacDowell : τὸν Νεμεόνικον Weil del. Reiske 3 τις om. Anon. Seg. Io. Sard. Doxopatr. ἦν om. Io. Sard. Doxopatr. μέγας Anon. Seg. Io. Sard. Doxopatr. (234) 5 del. Boeckh : ὁ del. Schaefer 6 ᾤετο ⟨δεῖν⟩ Schaefer coll. 81 : ἐδόκει Weil ἀμυνόμενον F 7 ⟨τὸν⟩ Εὐαίωνα πολλὰ Doxopatr. λαοδάμαντος A Tib. Doxopatr. 8 ⟨τὸν⟩ Βοιωτὸν Doxopatr. ἐν—οἰκείων om. Syr. Soptr. Marcell. οἰκείων Weil : κοινῇ SAFY Syr. Syr. Soptr. Marcell. 9 παρίστησι Syr. 10 τοὺς ἐλευθέρους Syr. Soptr. Marcell. ἐστὶ om. Syr. Soptr. Marcell. 11 ἂν om. Syr. Soptr. Marcell. 12 ἔνια ὁ παθὼν Syr. Soptr. Marcell. 13–14 ὡς utrumque om. Plu. 14 ὅταν¹—ὑπάρχων om. Minuc. ὑπάρχων om. Sublim. : ὢν Syr. Soptr. Marcell. ὅταν κονδύλοις ante ὅταν ὡς ἐχθρὸς Syr. Soptr. Marcell. Plu. : post κόρρης Tib. (bis) Anon. Seg. 15 αὑτῶν SY : [A] : αὐτῶν ante ἀνθρώπους Plu. : om. Sublim. Syr. Soptr. Marcell. ὄντας om. Plu. 16 ἂν om. A Sublim. 17 δύναιτο ⟨ἂν⟩ A

οὕτως ὡς ἐπὶ τῆς ἀληθείας καὶ τοῦ πράγματος τῷ πάσχοντι καὶ τοῖς ὁρῶσιν ἐναργὴς ἡ ὕβρις φαίνεται. **(73)** *σκέψασθε δὴ πρὸς Διὸς καὶ θεῶν, ὦ ἄνδρες Ἀθηναῖοι, καὶ λογίσασθε παρ' ὑμῖν αὐτοῖς, ὅσῳ πλείονα ὀργὴν ἐμοὶ προσῆκε παραστῆναι πάσχοντι τοιαῦτα ὑπὸ Μειδίου ἢ τότ' ἐκείνῳ τῷ Εὐαίωνι τῷ τὸν Βοιωτὸν ἀποκτείναντι. ὁ μέν γε ὑπὸ γνωρίμου, καὶ τούτου μεθύοντος, ἐναντίον ἓξ ἢ ἑπτὰ ἀνθρώπων ἐπλήγη, καὶ τούτων γνωρίμων, οἳ τὸν μὲν κακιεῖν οἷς ἔπραξε, τὸν δ' ἐπαινέσεσθαι μετὰ ταῦτ' ἀνασχόμενον καὶ κατασχόνθ' ἑαυτὸν ἤμελλον, καὶ ταῦτα εἰς οἰκίαν ἐλθὼν ἐπὶ δεῖπνον, οἷ μηδὲ βαδίζειν ἐξῆν αὐτῷ·* **(74)** *ἐγὼ δ' ὑπ' ἐχθροῦ, νήφοντος, ἕωθεν, ὕβρει καὶ οὐκ οἴνῳ τοῦτο ποιοῦντος, ἐναντίον πολλῶν καὶ ξένων καὶ πολιτῶν ὑβριζόμην, καὶ ταῦτ' ἐν ἱερῷ καὶ οἷ πολλή μοι ἦν ἀνάγκη βαδίζειν χορηγοῦντι. καὶ ἐμαυτὸν μέν γε, ὦ ἄνδρες Ἀθηναῖοι, σωφρόνως, μᾶλλον δ' εὐτυχῶς οἶμαι βεβουλεῦσθαι, ἀνασχόμενον τότε καὶ οὐδὲν ἀνήκεστον ἐξαχθέντα πρᾶξαι· τῷ δ' Εὐαίωνι καὶ πᾶσιν, εἴ τις αὐτῷ βεβοήθηκεν ἀτιμαζόμενος, πολλὴν συγγνώμην ἔχω.* **(75)** *δοκοῦσι δέ μοι καὶ τῶν δικασάντων τότε πολλοί· ἀκούω γὰρ αὐτὸν ἔγωγε μιᾷ μόνον ἁλῶναι ψήφῳ, καὶ ταῦτα οὔτε κλαύσαντα οὔτε δεηθέντα τῶν δικαστῶν οὐδενός, οὔτε φιλάνθρωπον οὔτε μικρὸν οὔτε μέγα οὐδ' ὁτιοῦν πρὸς τοὺς δικαστὰς ποιήσαντα. θῶμεν τοίνυν οὑτωσί, τοὺς μὲν καταγνόντας αὐτοῦ μὴ ὅτι ἠμύνατο, διὰ τοῦτο καταψηφίσασθαι, ἀλλ' ὅτι τοῦτον τὸν τρόπον ὥστε καὶ*

73 *σκέψασθε—γνωρίμων* Syr. Soptr. Marcell. 4.529.12 W. *Εὐαίωνι—ἀποκτείναντι* Tib. 37.1 Ball.
74 *ἐγὼ—ἱερῷ* Syr. Soptr. Marcell. 4.529.18 W. —*ὑβριζόμην* Alex. 3.18.6 Sp. *πολλὴν*—**75** *τότε* Tib. Fig. 37.2 Ball.

---

2 *δὴ*] *δὲ* Syr. Soptr. Marcell. 3 *λογίζεσθε* A 3–4 *ὦ—αὐτοῖς* om. Syr. Soptr. Marcell. 4 *παραστῆναι*] *γενέσθαι* Syr. Soptr. Marcell. 5 *πάσχοντι—Μειδίου* om. Syr. Soptr. Marcell. 6 *γε*] *γὰρ* Syr. Soptr. Marcell. 8 ⟨*ἐφ'*⟩ *οἷς A* : *οἷ'* Cobet 9 *ταῦτ'* ⟨*ἔπαθεν*⟩ A 10 ⟨*τὸ*⟩ *δεῖπνον* S^a *μηδὲ*] *μὴ* S^a *ἐξὸν* F^c 12 *ταῦτα* A Alex. 13 *ὑβριζόμην* del. van Herwerden *οἷ*] *οὗ* SAF 16 *μηδὲν* AF 17 *εἴ τις* om. S^a *ἀτιμαζομένῳ* Y 19 *δικαστῶν* A *αὐτὸν* post *μόνον* A 21 *οὐδὲ φιλάνθρωπον* Richards 24 *καταψηφίσασθαι*] *καὶ ψηφίσασθαι* Y

ἀποκτεῖναι, τοὺς δ' ἀπογνόντας καὶ ταύτην τὴν ὑπερβολὴν τῆς τιμωρίας τῷ γε τὸ σῶμα ὑβρισμένῳ δεδωκέναι. **(76)** τί οὖν; ἐμοὶ τῷ τοσαύτῃ κεχρημένῳ προνοίᾳ τοῦ μηδὲν ἀνήκεστον γενέσθαι, ὥστε μηδ' ἀμύνασθαι, παρὰ τοῦ τὴν τιμωρίαν ὧν πέπονθα ἀποδοθῆναι προσήκει; ἐγὼ μὲν οἶμαι παρ' ὑμῶν καὶ τῶν νόμων, καὶ παράδειγμά γε πᾶσι γενέσθαι τοῖς ἄλλοις, ὅτι τοὺς ὑβρίζοντας ἅπαντας καὶ τοὺς ἀσελγεῖς οὐκ αὐτὸν ἀμύνεσθαι μετὰ τῆς ὀργῆς, ἀλλ' ἐφ' ὑμᾶς ἄγειν δεῖ, ὡς βεβαιούντων ὑμῶν καὶ φυλαττόντων τὰς ἐν τοῖς νόμοις τοῖς παθοῦσι βοηθείας.

77. *Οἶμαι* τοίνυν τινὰς ὑμῶν, ὦ ἄνδρες δικασταί, ποθεῖν ἀκοῦσαι τὴν ἔχθραν, ἥτις ἦν ἡμῖν πρὸς ἀλλήλους· νομίζειν γὰρ οὐδένα ἂν ἀνθρώπων οὕτως ἀσελγῶς καὶ βιαίως οὐδενὶ τῶν πολιτῶν χρήσασθαι, μὴ μεγάλου τινὸς ὄντος ὃ αὐτῷ προωφείλετο. βούλομαι δὴ καὶ περὶ ταύτης ὑμῖν ἐξ ἀρχῆς εἰπεῖν καὶ διηγήσασθαι, ἵν' εἰδῆθ' ὅτι καὶ τούτων ὀφείλων δίκην φανήσεται. ἔσται δὲ βραχὺς περὶ αὐτῶν ὁ λόγος, κἂν ἄνωθεν ἄρχεσθαι δοκῶ. **(78)** ἡνίκα τὰς δίκας ἔλαχον τῶν πατρῴων τοῖς ἐπιτρόποις, μειρακύλλιον ὢν κομιδῇ καὶ τοῦτον οὐδ' εἰ γέγονεν εἰδὼς οὐδὲ γιγνώσκων (ὡς μηδὲ νῦν ὤφελον), τότε μοι μελλουσῶν εἰσιέναι τῶν δικῶν εἰς ἡμέραν ὡσπερεὶ τετάρτην ἢ πέμπτην εἰσεπήδησαν ἀδελφὸς ὁ τούτου καὶ οὗτος εἰς τὴν οἰκίαν ἀντιδιδόντες τριηραρχίαν. τοὔνομα μὲν δὴ παρέσχεν ἐκεῖνος, καὶ ἦν ὁ ἀντιδιδοὺς Θρασύλοχος· τὰ δ' ἔργα

77 οἶμαι—ἡμῖν Prol. 359.20 R.
78 ἡνίκα—ὤφελον Hermog. 354.24 R. τὰς—ἐπιτρόποις Rhet. Lex. 61 Naoumides καὶ—ὤφελον Syr. 1.56.14 R. Anon. Schol. in Id. 7.1021.10 W. τοῦτον—γιγνώσκων D.H. 1.251.12

6 γε πᾶσι] τοῦτον A : με πᾶσι cod. P 8 ἀμύνασθαι A τῆς del. Dobree 9 νόμοις ⟨κατὰ τῶν ἀδικούντων⟩ FY 10 βοηθείας] τιμωρίας A 11 ὑμῶν τινας A 12 πρὸς ἀλλήλους om. Prol. 13 ἂν om. SA 14 ⟨ἂν⟩ χρῆσθαι A 16 τούτων ⟨τὴν μεγίστην⟩ AF ὀφείλων ⟨δοῦναι⟩ AFY 17 περὶ αὐτῶν βραχὺς SFY κἂν] καὶ S^a 18–19 δίκας τοῖς ἐπιτρόποις ἔλαχον (τῶν πατρῴων om.) Hermog. 20 οὐδ'—εἰδὼς] οὐχ εἰδὼς ⟨ὅστις ποτ' ἐστὶν⟩ D.H. οὐδὲ γιγνώσκων del. Cobet 22 ἀδελφὸς Y : corr. Bk. : ὁ ἀδ. F : [SA] 23 ἀντιδιδόντος A 24 ἐκεῖνος del. Taylor

πάντ᾽ ἦν καὶ τὰ πραττόμενα ὑπὸ τούτου. **(79)** καὶ πρῶτον μὲν κατέσχισαν τὰς θύρας τῶν οἰκημάτων, ὡς αὑτῶν ἤδη γιγνομένας κατὰ τὴν ἀντίδοσιν· εἶτα τῆς ἀδελφῆς, ἔτ᾽ ἔνδον οὔσης τότε καὶ παιδὸς οὔσης κόρης, ἐναντίον ἐφθέγγοντο αἰσχρὰ καὶ τοιαῦτα οἷ᾽ ἂν ἄνθρωποι τοιοῦτοι φθέγξαιντο (οὐ γὰρ ἔγωγε προαχθείην ἂν εἰπεῖν πρὸς ὑμᾶς τῶν τότε ῥηθέντων οὐδέν), καὶ τὴν μητέρα κἀμὲ καὶ πάντας ἡμᾶς ῥητὰ καὶ ἄρρητα κακὰ ἐξεῖπον· ὃ δ᾽ οὖν δεινότατον καὶ οὐ λόγος, ἀλλ᾽ ἔργον ἤδη· τὰς δίκας ὡς αὑτῶν οὔσας ἠφίεσαν τοῖς ἐπιτρόποις. **(80)** καὶ ταῦτ᾽ ἐστὶ μὲν παλαιά, ὅμως δέ τινας ὑμῶν μνημονεύειν οἴομαι· ὅλη γὰρ ἡ πόλις τὴν ἀντίδοσιν καὶ τὴν ἐπιβουλὴν τότε ταύτην καὶ τὴν ἀσέλγειαν ᾔσθετο. κἀγὼ τότε παντάπασιν ἔρημος ὢν καὶ νέος κομιδῇ, ἵνα μὴ τῶν παρὰ τοῖς ἐπιτρόποις ἀποστερηθείην, οὐχ ὅσα ἐδυνήθην ἀνακομίσασθαι προσδοκῶν εἰσπράξειν, ἀλλ᾽ ὅσων ἐμαυτῷ συνῄδειν ἀπεστερημένῳ, δίδωμι εἴκοσι μνᾶς τούτοις, ὅσου τὴν τριηραρχίαν ἦσαν μεμισθωκότες. τὰ μὲν δὴ τότε ὑβρίσματα τούτων εἰς ἐμὲ ταῦτ᾽ ἐστίν. **(81)** δίκην δὲ τούτῳ λαχὼν ὕστερον τῆς κακηγορίας εἷλον ἐρήμην· οὐ γὰρ ἀπήντα. λαβὼν δ᾽ ὑπερήμερον καὶ ἐξόν, οὐδενὸς ἡψάμην πώποτε τῶν τούτου, ἀλλὰ λαχὼν ἐξούλης πάλιν οὐδέπω καὶ τήμερον εἰσελθεῖν δεδύνημαι· τοσαύτας τέχνας καὶ σκήψεις οὗτος εὑρίσκων ἐκκρούει. κἀγὼ μὲν οὕτως εὐλαβῶς τῇ δίκῃ, τοῖς νόμοις ἅπαντα πράττειν ἀξιῶ· ὁ δ᾽, ὡς ὑμεῖς ἀκούετε, ἀσελγῶς οὐ μόνον εἰς ἐμὲ καὶ τοὺς ἐμοὺς ᾤετο δεῖν ὑβρίζειν, ἀλλὰ καὶ εἰς

79 τῆς—κόρης D.H. 1.251.13　　ῥητὰ—κακὰ Ph. α 2870
80 ὅλη—ᾔσθετο AB 122.3
81 δίκην—ἀπήντα Lex. Pat. ad loc. Sud. ε 1815

1 ἦν post πραττόμενα A　　2 αὐτῶν F : corr. Taylor : [SAY]　　3–4 κόρης—ἐναντίον] τῆς ἀδελφῆς ἐναντίον κόρης ἔτι καὶ παιδὸς οὔσης D.H.　　4 οὔσης[1] del. Weil　　5 ἂν om. SA　　8 εἶπον Wolf : ⟨ἑξῆς⟩εἶπον Bl. coll. 22.61　　9 ἀφίεσαν SA　　11 μνημονεύειν ὑμῶν A　　12 ταύτην τότε S[a]　　15 κομίσασθαι AF　　17 ὑβρίσματα] ἠσελγημένα F[γρ]　　17–18 τούτων ὑβρίσματα A　　18 τούτῳ] τούτων S[c]FY : del. Sauppe　　19 κατηγορίας Lex. Pat. Sud.　　20 ἐξόν van Herwerden : ἔχων SAFY　　πω A　　23 τοῖς νόμοις τῇ δίκῃ A

τοὺς φυλέτας δι᾽ ἐμέ. **(82)** *ὡς οὖν ταῦτ᾽ ἀληθῆ λέγω, κάλει μοι τούτων τοὺς μάρτυρας, ἵν᾽ εἰδῆθ᾽ ὅτι, πρὶν κατὰ τοὺς νόμους δίκην ὧν πρότερον ἠδικήθην λαβεῖν, πάλιν τοιαῦτα οἷα ἀκηκόατε ὕβρισμαι.*

ΜΑΡΤΥΡΙΑ

{*Καλλισθένης Σφήττιος, Διόγνητος Θορίκιος, Μνησίθεος Ἀλωπεκῆθεν, οἴδαμεν Δημοσθένη, ᾧ μαρτυροῦμεν, κρίσιν λελογχότα Μειδίᾳ ἐξούλης, τῷ καὶ νῦν ὑπ᾽ αὐτοῦ κρινομένῳ δημοσίᾳ, καὶ ἤδη τῇ κρίσει ἐκείνῃ διαγεγονότα ἔτη ὀκτώ, καὶ τοῦ χρόνου γεγενημένον παντὸς αἴτιον Μειδίαν ἀεὶ προφασιζόμενον καὶ ἀναβαλλόμενον*}

83. *Ὃ τοίνυν πεποίηκεν, ὦ ἄνδρες Ἀθηναῖοι, περὶ τῆς δίκης, ἀκούσατε, καὶ θεωρεῖτε ἐφ᾽ ἑκάστου τὴν ὕβριν καὶ τὴν ὑπερηφανίαν αὐτοῦ. τῆς γὰρ δίκης, ταύτης λέγω ἧς εἷλον αὐτόν, γίγνεταί μοι διαιτητὴς Στράτων Φαληρεύς, ἄνθρωπος πένης μέν τις καὶ ἀπράγμων, ἄλλως δ᾽ οὐ πονηρός, ἀλλὰ καὶ πάνυ χρηστός· ὅπερ τὸν ταλαίπωρον οὐκ ὀρθῶς οὐδὲ δικαίως, ἀλλὰ καὶ πάνυ αἰσχρῶς ἀπολώλεκεν.* **(84)** *οὗτος διαιτῶν ἡμῖν ὁ Στράτων, ἐπειδή ποθ᾽ ἧκεν ἡ κυρία, πάντα δ᾽ ἤδη διεξεληλύθει ταῦτα τἀκ τῶν νόμων, ὑπωμοσίαι καὶ παραγραφαί, καὶ οὐδὲν ἔτ᾽ ἦν ὑπόλοιπον, τὸ μὲν πρῶτον ἐπισχεῖν ἐδεῖτό μου τὴν δίαιταν, ἔπειτα εἰς τὴν ὑστεραίαν ἀναβαλέσθαι· τὸ τελευταῖον δ᾽, ὡς οὔτ᾽ ἐγὼ συνεχώρουν οὔθ᾽ οὗτος ἀπήντα, τῆς δ᾽ ὥρας ἐγίγνετ᾽ ὀψέ, κατεδιῄτησεν.* **(85)** *ἤδη δ᾽ ἑσπέρας οὔσης καὶ σκότους ἔρχεται Μειδίας οὑτοσὶ πρὸς τὸ τῶν ἀρχόντων οἴκημα, καὶ καταλαμβάνει τοὺς ἄρχοντας ἐξιόντας καὶ τὸν Στράτωνα ἀπιόντ᾽ ἤδη, τὴν ἔρημον δεδωκότα, ὡς ἐγὼ τῶν παραγενομένων τινὸς ἐπυνθανόμην. τὸ μὲν οὖν πρῶτον οἷός τε ἦν πείθειν αὐτόν, ἣν κατεδεδιῄτήκει, ταύτην ἀποδεδιῃτημένην*

83 *διαιτητὴς* P. Rain. inv. 7

5 *μάρτυρες* Y 6 *θεωρίσκος* SFY : corr. Palmer 7 *δημοσθένην* F 8 *αὐτῷ* SY 10 ⟨*δ᾽*⟩ *ἀεὶ* Y[c] 11 *πεποίηκε* ⟨*κακὸν*⟩ F 13 *ἧς λέγω ταύτης* ⟨*ἣν*⟩ S[γρ] 17 *αἰσχρῶς* ⟨*οὐδὲ δικαίως*⟩ SFY : *ἀλλὰ— αἰσχρῶς* susp. Weil 19 *ταῦτα* om. AFY 21 *τελευτῶν* (*τὸ* om.) A 27 *τε* om. S[a] 28 *αὐτὸν* ⟨*τὴν δίκην*⟩ A *καταδ-* SAFY : corr. Dindorf

ἀποφαίνειν, καὶ τοὺς ἄρχοντας μεταγράφειν, καὶ πεντήκοντα δραχμὰς αὐτοῖς ἐδίδου· **(86)** ὡς δ' ἐδυσχέραινον οὗτοι τὸ πρᾶγμα καὶ οὐδετέρους ἔπειθεν, ἀπειλήσας καὶ διαλοιδορηθεὶς ἀπελθὼν τί ποιεῖ; καὶ θεάσασθε τὴν κακοήθειαν. τὴν μὲν δίαιταν ἀντιλαχὼν οὐκ ὤμοσεν, ἀλλ' εἴασε καθ' ἑαυτοῦ κυρίαν γενέσθαι, καὶ ἀνώμοτος ἀπηνέχθη· βουλόμενος δὲ τὸ μέλλον λαθεῖν, φυλάξας τὴν τελευταίαν ἡμέραν τῶν διαιτητῶν, {τὴν τοῦ Θαργηλιῶνος ἢ τοῦ Σκιροφοριῶνος γιγνομένην}, εἰς ἣν ὁ μὲν ἦλθεν τῶν διαιτητῶν, ὁ δ' οὐκ ἦλθεν, **(87)** πείσας τὸν πρυτανεύοντα δοῦναι τὴν ψῆφον παρὰ πάντας τοὺς νόμους, κλητῆρα οὐδ' ὁντινοῦν ἐπιγραψάμενος, κατηγορῶν ἔρημον, οὐδενὸς παρόντος, ἐκβάλλει καὶ ἀτιμοῖ τὸν διαιτητήν· καὶ νῦν εἷς Ἀθηναίων, ὅτι Μειδίας ἔρημον ὦφλεν δίκην, ἁπάντων ἀπεστέρηται τῶν ἐν τῇ πόλει καὶ καθάπαξ ἄτιμος γέγονεν· καὶ οὔτε λαχεῖν ἀδικηθέντα οὔτε διαιτητὴν γενέσθαι Μειδίᾳ οὔθ' ὅλως τὴν αὐτὴν ὁδὸν βαδίζειν, ὡς ἔοικεν, ἔστ' ἀσφαλές. **(88)** δεῖ δὴ τοῦτο τὸ πρᾶγμα ὑμᾶς οὑτωσὶ σκέψασθαι, καὶ λογίσασθαι τί ποτ' ἔστιν ὃ παθὼν Μειδίας οὕτως ὠμὸν τηλικαύτην ἐπεβούλευσε λαβεῖν τῶν πεπραγμένων παρ' ἀνδρὸς πολίτου δίκην, κἂν μὲν ᾖ τι δεινὸν ὡς ἀληθῶς καὶ ὑπερφυές, συγγνώμην ἔχειν, ἐὰν δὲ μηδέν, θεάσασθε τὴν ἀσέλγειαν καὶ τὴν ὠμότητα, ᾗ καθ' ἁπάντων χρῆται τῶν ἐντυγχανόντων. τί οὖν ἔσθ' ὃ πέπονθεν; μεγάλην νὴ Δί' ὦφλε δίκην καὶ τοσαύτην ὥστε ἀποστερεῖσθαι τῶν ὄντων. ἀλλὰ χιλίων ἡ δίκη μόνον ἦν δραχμῶν. **(89)** πάνυ γε, ἀλλὰ δάκνει καὶ τοῦτο, φαίη τις ἄν, ὅταν ἐκτίνειν ἀδίκως δέῃ, συνέβη δὲ ὑπερημέρῳ γενομένῳ λαθεῖν αὐτῷ διὰ τὸ ἀδικηθῆναι. ἀλλ' αὐθημερὸν μὲν ᾔσθετο, ὃ καὶ μέγιστόν ἐστι τεκμήριον

86 *θέασασθαι—κακοήθειαν* Schol. D. 21.86.294

---

1 ἀποφαίνειν] ἀποφέρειν SF[a]Y[a]   3 καὶ[2] om. A   7–9 διαιτῶν . . . διαιτῶν Dobree   7–8 del. Schaefer   8 ἢ ⟨τὴν⟩ A Lex. Pat.   10 τὴν om. Y Schol. D. 21.87.298   11 ὅντιν' Y   κατηγόρων F[a]Y   ἐρήμην S[γρ]F[γρ]   15 λαχεῖν ⟨δίκην⟩ S[c]F : ⟨δίκην⟩ λαχεῖν A   19 ⟨ὥστε⟩ ἐπιβουλεῦσαι ante τηλικαύτην S[γρ]   21 ἔχει S[a]Y   θεάσασθαι Spalding   22 ⟨ἀεὶ⟩ χρῆται A

τοῦ μηδὲν ἠδικηκέναι τὸν ἄνθρωπον, δραχμὴν δ᾽ οὐδέπω μίαν ἐκτέτεικεν. **(90)** ἀλλὰ μή πω τοῦτο. ἀλλὰ τὴν μὴ οὖσαν ἀντιλαχεῖν ἐξῆν αὐτῷ δήπου, καὶ πρὸς ἐμὲ τὸ πρᾶγμα καταστήσασθαι, πρὸς ὅνπερ ἐξ ἀρχῆς ἦν ἡ δίκη. ἀλλ᾽ οὐκ ἐβούλετο· ἀλλ᾽ ἵνα μὴ Μειδίας ἀτίμητον ἀγωνίσηται δέκα μνῶν δίκην, πρὸς ἣν οὐκ ἀπήντα δέον, καὶ εἰ μὲν ἠδίκηκεν, δίκην δῷ, εἰ δὲ μή, ἀποφύγῃ, ἄτιμον Ἀθηναίων ἕνα εἶναι δεῖ καὶ μήτε συγγνώμης μήτε λόγου μή τ᾽ ἐπιεικείας μηδεμιᾶς τυχεῖν, ἃ καὶ τοῖς ὄντως ἀδικοῦσιν ἅπαντα ὑπάρχει. **(91)** ἀλλ᾽ ἐπειδή γε ἠτίμωσεν ὃν ἠβουλήθη, καὶ τοῦτ᾽ ἐχαρίσασθε αὐτῷ, καὶ τὴν ἀναιδῆ γνώμην, ᾗ ταῦτα προαιρεῖται ποιεῖν, ἐνέπλησεν αὐτοῦ, ἐκεῖν᾽ ἐποίησε, τὴν καταδίκην ἐκτέτεικε, δι᾽ ἣν τὸν ἄνθρωπον ἀπώλεσεν; οὐδὲ χαλκοῦν οὐδέπω καὶ τήμερον, ἀλλὰ δίκην ἐξούλης ὑπομένει φεύγειν. οὐκοῦν ὁ μὲν ἠτίμωται καὶ παραπόλωλεν, ὁ δ᾽ οὐδ᾽ ὁτιοῦν πέπονθεν, ἀλλ᾽ ἄνω κάτω τοὺς νόμους, τοὺς διαιτητάς, πάνθ᾽ ὅσ᾽ ἂν βούληται στρέφει. **(92)** καὶ τὴν μὲν κατὰ τοῦ διαιτητοῦ γνῶσιν, ἣν ἀπρόσκλητον κατεσκεύασεν, αὐτὸς κυρίαν αὑτῷ πεποίηται· ἣν δ᾽ αὐτὸς ὦφλεν ἐμοὶ προσκληθείς, εἰδώς, οὐκ ἀπαντῶν, ἄκυρον ποιεῖ. καίτοι εἰ παρὰ τῶν ἔρημον καταδιαιτησάντων αὐτοῦ τηλικαύτην δίκην οὗτος ἀξιοῖ λαμβάνειν, τίν᾽ ὑμῖν προσήκει παρὰ τούτου λαβεῖν, τοῦ φανερῶς τοὺς ὑμετέρους νόμους ἐφ᾽ ὕβρει παραβαίνοντος; εἰ γὰρ ἀτιμία καὶ νόμων καὶ δικῶν καὶ πάντων στέρησις ἐκείνου τἀδικήματος προσήκουσα

91 τὴν κατ[αδίκην—ὁ δ᾽ P. Rain. III 47   οὐδὲ—τήμερον Poll. 9.92

92 καίτοι—λαμβάνειν AB 150.7

---

2 ἐκτέτικεν SAFY : corr. Bl.   3 αὐτῷ ἐξῆν SY   5 μὴ om. A   8 λόγου] ἐλέου S^{c} 8–9 τυχεῖν μηδεμιᾶς F   10 ἐβούλετο A   11 τοιαῦτα Weil   12 αὐτοῦ SFY : corr. cod. P : [A]   ἐκτέτικε SAFY : corr. Bl. : ἐ]ξετι[σ]ε Π47   13 ἧς Y   ⟨ἀλλ᾽⟩ οὐδὲ F Π47   14 τήμερον ⟨οὐδένα⟩ Poll.   φεύγων Y^{c} : [Π47]   16 ⟨καὶ⟩ κάτω AF   ἅπανθ᾽ ὅσα βούλεται A   17 μὲν om. A   18 αὐτὸς del. Dobree : κατεσκ. αὐτὸς, dist. Bl.   αὐτῷ F : corr. cod. Bc^{c} : ἑαυτῷ A : [SY]   πεποίηκεν F^{a} 20 παρὰ τῶν] πάντες AB   ἐρήμην AB   22 φανερῶς ⟨οὕτως⟩ F

ἐστὶν δίκη, τῆς γε ὕβρεως μικρὰ θάνατος φαίνεται. **(93)** ἀλλὰ μὴν ὡς ἀληθῆ λέγω, κάλει μοι τούτων τοὺς μάρτυρας, καὶ τὸν τῶν διαιτητῶν ἀνάγνωθι νόμον.

ΜΑΡΤΥΡΙΑ

{Νικόστρατος Μυρρινούσιος, Φανίας Ἀφιδναῖος οἴδαμεν Δημοσθένην, ᾧ μαρτυροῦμεν, καὶ Μειδίαν τὸν κρινόμενον ὑπὸ Δημοσθένους, ὅτ᾽ αὐτῷ Δημοσθένης ἔλαχεν τὴν τοῦ κακηγορίου δίκην, ἑλομένους διαιτητὴν Στράτωνα, καὶ ἐπεὶ ἧκεν ἡ κυρία τοῦ νόμου, οὐκ ἀπαντήσαντα Μειδίαν ἐπὶ τὴν δίαιταν, ἀλλὰ καταλιπόντα. γενομένης δὲ ἐρήμου κατὰ Μειδίου, ἐπιστάμεθα Μειδίαν πείθοντα τόν τε Στράτωνα τὸν διαιτητὴν καὶ ἡμᾶς, ὄντας ἐκείνοις τοῖς χρόνοις ἄρχοντας, ὅπως τὴν δίαιταν αὐτῷ ἀποδιαιτήσομεν, καὶ διδόντα δραχμὰς πεντήκοντα. καὶ ἐπειδὴ οὐχ ὑπεμείναμεν, προσαπειλήσαντα ἡμῖν καὶ οὕτως ἀπαλλαγέντα. καὶ διὰ ταύτην τὴν αἰτίαν ἐπιστάμεθα Στράτωνα ὑπὸ Μειδίου καταβραβευθέντα καὶ παρὰ πάντα τὰ δίκαια ἀτιμωθέντα.}

94. *Λέγε δὴ καὶ τὸν τῶν διαιτητῶν νόμον.*

ΝΟΜΟΣ

{Ἐὰν δέ τινες περὶ συμβολαίων ἰδίων πρὸς ἀλλήλους ἀμφισβητῶσιν καὶ βούλωνται διαιτητὴν ἑλέσθαι ὁντινοῦν, ἐξέστω αὐτοῖς αἱρεῖσθαι ὃν ἂν βούλωνται {διαιτητὴν ἑλέσθαι}. ἐπειδὰν δ᾽ ἕλωνται κατὰ κοινόν, μενέτωσαν ἐν τοῖς ὑπὸ τούτου διαγνωσθεῖσι, καὶ μηκέτι μεταφερέτωσαν ἀπὸ τούτου ἐφ᾽ ἕτερον δικαστήριον ταὐτὰ ἐγκλήματα, ἀλλ᾽ ἔστω τὰ κριθέντα ὑπὸ τοῦ διαιτητοῦ κύρια.}

95. *Κάλει δὴ καὶ τὸν Στράτωνα αὐτὸν τὸν τὰ τοιαῦτα πεπονθότα· ἑστάναι γὰρ ἐξέσται δήπουθεν αὐτῷ.*

Οὗτος, ὦ ἄνδρες Ἀθηναῖοι, πένης μὲν ἴσως ἐστίν, οὐ πονηρὸς

93 οἴδαμεν—κρινόμενον AB 150.11
95 κάλει—ὀδύρασθαι cf. Aps. 10.32

1 ⟨ἔμοιγε⟩ φαίνεται F 2 τοὺς om. SY 4 μάρτυρες FY : μαρτύρια ⟨νόμος⟩ S 5 ἀφνιδαῖος F 7 κατηγορίου SFY: corr. Ald. : κατηγόρου Y 9 καταλείποντα S 12 ἀποδιαιτήσωμεν F[c]Y 17 λέγε—νόμον om. A 21 del. Sauppe : ἑλέσθαι om. cod. Eg : del. Ald. δ᾽ ἕλωνται Reiske : βούλωνται SFY 22–3 καταφερέτωσαν SFY : corr. cod. O[c] 23 ὑπὸ SF 25 δὴ] δὲ Aps. τὰ om. S

δέ γε. οὗτος μέντοι πολίτης ὤν, ἐστρατευμένος ἁπάσας τὰς ἐν ⟨τῇ⟩ ἡλικίᾳ στρατείας καὶ δεινὸν οὐδὲν εἰργασμένος, ἕστηκεν νυνὶ σιωπῇ, οὐ μόνον τῶν ἄλλων ἀγαθῶν τῶν κοινῶν ἀπεστερημένος, ἀλλὰ καὶ τοῦ φθέγξασθαι ἢ ὀδύρασθαι· καὶ οὐδ᾽ εἰ δίκαι᾽ ἢ ἄδικα πέπονθεν, οὐδὲ ταῦτ᾽ ἔξεστιν αὐτῷ πρὸς ὑμᾶς εἰπεῖν. **(96)** καὶ ταῦτα πέπονθεν ὑπὸ Μειδίου καὶ τοῦ Μειδίου πλούτου καὶ τῆς ὑπερηφανίας παρὰ τὴν πενίαν καὶ ἐρημίαν καὶ τὸ τῶν πολλῶν εἷς εἶναι. καὶ εἰ μὲν παραβὰς τοὺς νόμους ἔλαβεν τὰς πεντήκοντα δραχμὰς παρ᾽ αὐτοῦ, καὶ τὴν δίκην ἣν κατεδιῄτησεν ἀποδεδιῃτημένην ἀπέφηνεν, ἐπίτιμος ἂν ἦν καὶ οὐδὲν ἔχων κακὸν τῶν ἴσων μετεῖχε τοῖς ἄλλοις ἡμῖν· ἐπειδὴ δὲ παρεῖδεν πρὸς τὰ δίκαια Μειδίαν, καὶ τοὺς νόμους μᾶλλον ἔδεισεν τῶν ἀπειλῶν τῶν τούτου, τηνικαῦτα τηλικαύτῃ καὶ τοιαύτῃ συμφορᾷ περιπέπτωκεν ὑπὸ τούτου. **(97)** εἶθ᾽ ὑμεῖς τὸν οὕτως ὠμόν, τὸν οὕτως ἀγνώμονα, τὸν τηλικαύτας δίκας λαμβάνοντα ὧν αὐτὸς ἠδικῆσθαι φησὶ μόνον (οὐ γὰρ ἠδίκητό γε), τοῦτον ὑβρίζοντα λαβόντες εἴς τινα τῶν πολιτῶν ἀφήσετε, καὶ μήτε ἑορτῆς μήτε ἱερῶν μήτε νόμου μήτε ἄλλου μηδενὸς πρόνοιαν ποιούμενον, οὐ καταψηφιεῖσθε; οὐ παράδειγμα ποιήσετε; **(98)** καὶ τί φήσετε, ὦ ἄνδρες δικασταί; καὶ τίνα, ὢ πρὸς τῶν θεῶν, ἕξετ᾽ εἰπεῖν πρόφασιν δικαίαν ἢ καλήν; ὅτι νὴ Δί᾽ ἀσελγής ἐστιν καὶ βδελυρός· ταῦτα γάρ ἐστι τἀληθῆ· ἀλλὰ μισεῖν ὀφείλετ᾽, ἄνδρες Ἀθηναῖοι, δήπου τοὺς τοιούτους μᾶλλον ἢ σῴζειν. ἀλλ᾽ ὅτι πλούσιός ἐστιν· ἀλλὰ τοῦτό γε τῆς ὕβρεως αὐτοῦ σχεδὸν αἴτιον εὑρήσετε ὄν, ὥστε ἀφελεῖν τὴν ἀφορμήν, δι᾽ ἣν ὑβρίζει, προσῆκε μᾶλλον ἢ σῶσαι

96 *καὶ ταῦτα—πλούτου* Aps. 10.52 —*εἶναι* AB 163.16
98 *σχ]εδὸν—κύ[ριον* P. Rain. III 47

2 *ἐφ᾽ ἡλικίας* Aps. add. MacDowell 4 *ἢ*[1]] *καὶ* A *οὐδ᾽*] *οὔτ᾽* A 8 ⟨*τὴν*⟩ *ἐρημίαν* A 10 *καταδιῄτησεν* F[c] 13–14 *τηνικαῦτα—τούτου* om. F[a] 14 *περιπέπτωκεν* ⟨*ἀδίκως*⟩ A 17 *λαμβάνοντες* A 18 *ἀφήσετε* del. Butcher *καὶ*] *κἂν ἴδητε* Demoulin *νόμων* A 19 *ποιουμένου* Buttmann : om. S[a] : *καὶ μήτε—ποιούμενον* del. Schaefer : *ποιούμενον* ⟨*προνοήσεσθε*⟩ Weil 20 *παράδειγμα* ⟨*τοῖς ἄλλοις*⟩ A 21 *καὶ* om. AF 22 *ἔσται* A 23–4 *δήπου* post *τοιούτους* A : om. F 26 *ὑβρίζειν* A[c] : [Π47] *προσήκει* A : [Π47]

διὰ ταύτην· τὸ γὰρ χρημάτων πολλῶν θρασὺν καὶ βδελυρὸν καὶ τοιοῦτον ἄνθρωπον ἐᾶν εἶναι κύριον, ἀφορμήν ἐστιν ἐφ' ὑμᾶς αὐτοὺς δεδωκέναι. **(99)** τί οὖν ὑπόλοιπον; ἐλεῆσαι νὴ Δία· παιδία γὰρ παραστήσεται καὶ κλαήσει καὶ τούτοις αὐτὸν ἐξαιτήσεται· τοῦτο γὰρ λοιπόν. ἀλλ' ἴστε δήπου τοῦθ' ὅτι τοὺς ἀδίκως τι πάσχοντας, ὃ μὴ δυνήσονται φέρειν, ἐλεεῖν προσήκει, οὐ τοὺς ὧν πεποιήκασι δεινῶν δίκην διδόντας. καὶ τίς ἂν ταῦτ' ἐλεήσειεν δικαίως, ὁρῶν τὰ τοῦδε οὐκ ἐλεηθέντα ὑπὸ τούτου; ἃ τῇ τοῦ πατρὸς συμφορᾷ χωρὶς τῶν ἄλλων κακῶν οὐδ' ἐπικουρίαν ἐνοῦσαν ὁρᾷ. οὐ γάρ ἐστιν ὄφλημα ὅ τι χρὴ καταθέντα ἐπίτιμον γενέσθαι τουτονί, ἀλλ' ἁπλῶς οὕτως ἠτίμωται τῇ ῥύμῃ τῆς ὀργῆς καὶ τῆς ὕβρεως τῆς Μειδίου. **(100)** τίς οὖν ὑβρίζων παύσεται καὶ δι' ἃ ταῦτα ποιεῖ χρήματα ἀφαιρεθήσεται, εἰ τοῦτον ὥσπερ δεινὰ πάσχοντα ἐλεήσετε; εἰ δέ τις πένης μηδὲν ἠδικηκὼς ταῖς ἐσχάταις συμφοραῖς ἀδίκως ὑπὸ τούτου περιπέπτωκεν, τούτῳ δ' οὐδὲ συνοργισθήσεσθε; μηδαμῶς· οὐδεὶς γάρ ἐστιν δίκαιος τυγχάνειν ἐλέου τῶν μηδένα ἐλεούντων, οὐδὲ συγγνώμης τῶν ἀσυγγνωμόνων. **(101)** ἐγὼ γὰρ οἶμαι πάντας ἀνθρώπους φέρειν ἀξιοῦν παρ' αὑτῶν εἰς τὸν βίον αὑτοῖς ἔρανον παρὰ πάνθ' ὅσα πράττουσιν· οἷον ἐγώ τις οὑτοσὶ μέτριος πρὸς ἅπαντάς εἰμι, ἐλεήμων, εὖ ποιῶν πολλούς· ἅπασι προσήκει τῷ τοιούτῳ ταὐτὰ εἰσφέρειν,

99 *παιδία—ἄλλων* Anon. Schol. in Stat. 7.336.4 W. *τίς—ἐλεηθέντα* Io. Sard. 103.17 R. *κα]ταθέν[τα—ἠ[τίμωται* P. Rain. III 47 *ἀλλ'—Μειδίου* Alex. 3.32.10 Sp. *ἠτίμωται—Μειδίου* Tib. Fig. 35.4 Ball.
101 *ἐγὼ—συλλέξασθαι* cf. 21.184–5

---

4 *κλαύσει* Anon. 5 *ὑπόλοιπον* A Anon. *που* A *τοῦθ'* om. SY 6 *τι ⟨κακὸν⟩* F *δύναιτο* Anon. *φέρειν] ἀφαιρεῖν* $S^{γρ}$ 6–7 *προσήκει ἐλεεῖν* Anon. 9 *ὑπὸ τούτου* om. Anon. *ἃ] ἂν* Anon. 10 *ὁρῶ* $S^{γρ}$ 11 *οὗτος* SA : [Π47] 12 *καὶ—ὕβρεως* om. Tib. *τῆς*[3]] *τῇ* Tib. 13 *διὰ ταῦθ' ἃ* A 15 *⟨ὧν⟩ μηδὲν* A : *μὲν* F 16 *τούτου] τούτων* A *δ' οὐδὲ] δ' οὐ* AF 19 *ἡγοῦμαι* A *ἀξιοῦν* del. Reiske 19–20 *παρ'—βίον* om. $S^{γρ}$ 20 *αὑτοῖς—πράττουσιν] αὑτοῖς ἐράνους οὐ τούτους μόνους οὓς οὗτοι συλλέγουσιν ἀλλὰ καὶ ἄλλους* $S^{γρ}$: *πράττουσιν ⟨οὐ τοῦτον μόνον ὃν συλλέγουσιν καὶ ὧν πληρωταὶ γίγνονταί τινες ἀλλὰ καὶ ἄλλων⟩* FY^{c} 22 *ταῦτα* AFY : corr. cod. Cd^{c} : [S]

ἐάν του καιρὸς ἢ χρεία παραστῇ. ἕτερος οὑτοσί τις βίαιος, οὐδένα οὔτ᾽ ἐλεῶν οὔθ᾽ ὅλως ἄνθρωπον ἡγούμενος· τούτῳ τὰς ὁμοίας φορὰς παρ᾽ ἑκάστου δίκαιον ὑπάρχειν. σὺ δή, πληρωτὴς τοιούτου γεγονὼς ἐράνου σεαυτῷ, τοῦτον δίκαιος εἶ συλλέξασθαι.

102. Ἡγοῦμαι μὲν τοίνυν, ὦ ἄνδρες Ἀθηναῖοι, καὶ εἰ μηδὲν ἔτι ἄλλο εἶχον κατηγορεῖν Μειδίου, μηδὲ δεινότερα ἦν ἃ μέλλω λέγειν ὧν εἴρηκα, δικαίως ἂν ὑμᾶς ἐκ τῶν εἰρημένων καὶ καταψηφίσασθαι καὶ τιμᾶν αὐτῷ τῶν ἐσχάτων. οὐ μὴν ἐνταῦθ᾽ ἕστηκεν τὸ πρᾶγμα, οὐδ᾽ ἀπορήσειν μοι δοκῶ τῶν μετὰ ταῦτα· τοσαύτην ἀφθονίαν οὗτος πεποίηκε κατηγοριῶν. **(103)** ὅτι μὲν δὴ λιποταξίου γραφὴν κατεσκεύασεν κατ᾽ ἐμοῦ καὶ τὸν τοῦτο ποιήσοντα ἐμισθώσατο, τὸν μιαρὸν καὶ λίαν εὐχερῆ, τὸν κονιορτὸν Εὐκτήμονα, ἐάσω. καὶ γὰρ οὔτ᾽ ἀνεκρίνατο ταύτην ὁ συκοφάντης ἐκεῖνος, οὔθ᾽ οὗτος οὐδενὸς ἕνεκ᾽ αὐτὸν ἐμισθώσατο πλὴν ἵν᾽ ἐκκέοιτο πρὸ τῶν ἐπωνύμων καὶ πάντες ὁρῷεν "Εὐκτήμων Λουσιεὺς ἐγράψατο Δημοσθένην Παιανιέα λιποταξίου·" καί μοι δοκεῖ κἂν προσγράψασθαι τοῦθ᾽ ἡδέως, εἴ πως ἐνῆν, ὅτι Μειδίου μισθωσαμένου γέγραπται. ἀλλ᾽ ἐῶ τοῦτο· ἐφ᾽ ᾗ γὰρ ἐκεῖνος ἠτίμωκεν αὑτὸν οὐκ ἐπεξελθών, οὐδεμιᾶς ἔγωγ᾽ ἔτι προσδέομαι δίκης, ἀλλ᾽ ἱκανὴν ἔχω. **(104)** ἀλλ᾽ ὃ καὶ δεινόν, ὦ ἄνδρες Ἀθηναῖοι, καὶ σχέτλιον καὶ κοινὸν ἔμοιγ᾽ ἀσέβημα, οὐκ ἀδίκημα μόνον, τούτῳ πεπρᾶχθαι

101 *σὺ—συλλέξασθαι* Aristid. Rh. 14.14
102 *δικαίως—ἐσχάτων* AB 175.4 *ἐσχάτω]ν—ἀφ[θο* P.Rainer III 47
103 *ὅτι—ἐάσω* Aristid. Rh. 29.18
104 *ἀλλ᾽—δοκεῖ* Aristid. Rh. 47.19 *ὦ—συμβάσης* P. Heidelberg N.S. II 207

1 του] *που* AF : *ποι* Y *βίαιος* ⟨*ὠμός*⟩ A 2 *οὐδένα* ⟨*δ᾽*⟩ SY *ἡγούμενος ἄνθρωπον* F 3 *ὁμοίας*] *αὐτὰς* F 4 ⟨*τοῦ*⟩ *τοιούτου* F 6 *μὲν* om. A 7 *ἔτι* om. A *κατηγορεῖν εἶχον* A 8 *καὶ* om. A 12 *δὴ* om. Aristid. *γραφὴν λειποταξίου* Aristid. 13 *ποιήσαντα* SY Aristid. 14 *τὸν κονιορτὸν* del. Cobet *ἀνεκρίνετο* AFY 18 *προσγράψαι* Cobet 19 *γέγραπται* del. Jahn 20 *ᾗ*] *ᾧ* S[γρ]F[c] *κἀκεῖνος* Schol. D. 21.103.360 *ἑαυτὸν ἠτίμωκεν* A 22–3 *καὶ κοινὸν* om. Aristid. 23 *τούτῳ*] *τοῦτο* Aristid.

δοκεῖ, τοῦτ᾽ ἐρῶ. τῷ γὰρ ἀθλίῳ καὶ ταλαιπώρῳ κακῆς καὶ χαλεπῆς συμβάσης αἰτίας Ἀριστάρχῳ τῷ Μόσχου, τὸ μὲν πρῶτον, ὦ ἄνδρες Ἀθηναῖοι, κατὰ τὴν ἀγορὰν περιὼν ἀσεβεῖς καὶ δεινοὺς λόγους ἐτόλμα περὶ ἐμοῦ λέγειν, ὡς ἐγὼ τὸ πρᾶγμ᾽ εἰμὶ τοῦτο δεδρακώς· ὡς δ᾽ οὐδὲν ἤνυεν τούτοις, προσελθὼν τοῖς ἐπ᾽ ἐκεῖνον ἄγουσιν τὴν αἰτίαν τοῦ φόνου, τοῖς τοῦ τετελευτηκότος οἰκείοις, χρήμαθ᾽ ὑπισχνεῖτο δώσειν εἰ τοῦ πράγματος αἰτιῷντο ἐμέ, καὶ οὔτε θεοὺς οὔθ᾽ ὁσίαν οὔτ᾽ ἄλλο οὐδὲν ἐποιήσατ᾽ ἐμποδὼν τοιούτῳ λόγῳ, οὐδ᾽ ὤκνησεν. **(105)** ἀλλ᾽ οὐδὲ πρὸς οὓς ἔλεγεν αὐτοὺς ᾐσχύνθη, εἰ τοιοῦτο κακὸν καὶ τηλικοῦτο ἀδίκως ἐπάγει τῳ, ἀλλ᾽ ἕνα ὅρον θέμενος παντὶ τρόπῳ με ἀνελεῖν, οὐδὲν ἐλλείπειν ᾤετο δεῖν, ὡς δέον, εἴ τις ὑβρισθεὶς ὑπὸ τούτου δίκης ἀξιοῖ τυχεῖν καὶ μὴ σιωπᾷ, τοῦτον ἐξόριστον ἀνῃρῆσθαι καὶ μηδαμῇ παρεθῆναι, ἀλλὰ καὶ λιποταξίου γραφὴν ἡλωκέναι καὶ ἐφ᾽ αἵματι φεύγειν καὶ μόνον οὐ προσηλῶσθαι. καίτοι ταῦθ᾽ ὅταν ἐξελεγχθῇ ποιῶν πρὸς οἷς ὕβριζέ με χορηγοῦντα, τίνος συγγνώμης ἢ τίνος ἐλέου δικαίως τεύξεται παρ᾽ ὑμῶν; **(106)** ἐγὼ μὲν γὰρ αὐτόν, ὦ ἄνδρες Ἀθηναῖοι, νομίζω αὐτόχειρά μου γεγενῆσθαι τούτοις τοῖς ἔργοις, καὶ τότε μὲν τοῖς Διονυσίοις τὴν παρασκευὴν καὶ τὸ σῶμα καὶ τἀναλώμαθ᾽ ὑβρίζειν, νῦν δὲ τούτοις οἷς ἐποίει καὶ διεπράττετο ἐκεῖνά τε καὶ τὰ λοιπὰ πάντα, τὴν πόλιν, τὸ γένος, τὴν ἐπιτιμίαν, τὰς ἐλπίδας· εἰ γὰρ ἓν ὧν ἐπεβούλευσεν κατώρθωσεν, ἁπάντων ἂν ἀπεστερήμην ἐγὼ καὶ μηδὲ ταφῆναι προσυπῆρχεν οἴκοι μοι. διὰ τί, ἄνδρες δικασταί; εἰ γάρ, ἐάν τις παρὰ πάντας τοὺς νόμους ὑβρισθεὶς

104 *τῷ—αἰτίας* Aristid. Rh. 38.1 *—Μόσχου* Syr. Soptr. Marcell. 4.459.8 W. *χα]λεπῆς—περ[ιὼν* P. Rain. III 47
105 *α[ὐ]τ[οὺς—ἀ[ξιοῖ* P. Heidelberg II 207 *ὡς—σι[ωπᾷ* P. Rain. III 47 Aristid. Rh. 25.22 *τα]ῦ[θ'—ὕβρι]ζε* P. Rain. III 47

---

1 *κακῆς*] ⟨*καὶ*⟩ *δεινῆς* Aristid. 5 *εἴην* cod. Cd[c] et Cobet *δεδρακὼς τοῦτο* F 9 *ἄλλο* om. SY : post *οὐδὲν* A ⟨*τῷ*⟩ *τοιούτῳ* F 11 *ἀδίκως* om. A 13 *ὀργισθεὶς* Schol. D. 21.105.369 : [Π47] *σιωπᾶν* Aristid. : [Π47] 14 *ἀνηρπάσθαι* Naber 16 *ἐξελέγχηται* F : [Π47] 18–19 *νομίζω* post *αὐτὸν* A 21 *τἀναλώματα* ⟨*πάντα*⟩ A 23 *τὰς ἐλπίδας τὴν ἐπιτιμίαν* A 25 *οὐδὲ* A *προσυπῆρξεν* A

ὑπὸ Μειδίου βοηθεῖν αὐτῷ πειρᾶται, ταῦτα καὶ τοιαῦτα ἕτερ' αὐτῷ παθεῖν ὑπάρξει, προσκυνεῖν τοὺς ὑβρίζοντας ὥσπερ ἐν τοῖς βαρβάροις, οὐκ ἀμύνεσθαι κράτιστον ἔσται. **(107)** ἀλλὰ μὴν ὡς ἀληθῆ λέγω καὶ προσεξείργασται ταῦτα τῷ βδελυρῷ τούτῳ καὶ ἀναιδεῖ, κάλει μοι καὶ τούτων τοὺς μάρτυρας.

ΜΑΡΤΥΡΕΣ

{Διονύσιος Ἀφιδναῖος, Ἀντίφιλος Παιανιεὺς διαφθαρέντος Νικοδήμου τοῦ οἰκείου ἡμῶν βιαίῳ θανάτῳ ὑπὸ Ἀριστάρχου τοῦ Μόσχου ἐπεξῆμεν τοῦ φόνου τὸν Ἀρίσταρχον. αἰσθόμενος δὲ ταῦτα Μειδίας ὁ νῦν κρινόμενος ὑπὸ Δημοσθένους, ᾧ μαρτυροῦμεν, ἔπειθεν ἡμᾶς διδοὺς κέρματα τὸν μὲν Ἀρίσταρχον ἀθῷον ἀφεῖναι, Δημοσθένει δὲ τὴν γραφὴν τοῦ φόνου παραγράψασθαι.}

Λαβὲ δή μοι καὶ τὸν περὶ τῶν δώρων νόμον.

108. Ἐν ὅσῳ δὲ τὸν νόμον, ὦ ἄνδρες Ἀθηναῖοι, λαμβάνει, βούλομαι μικρὰ πρὸς ὑμᾶς εἰπεῖν, δεηθεὶς ὑμῶν ἁπάντων πρὸς Διὸς καὶ θεῶν, ὦ ἄνδρες δικασταί· περὶ πάντων ὧν ἂν ἀκούητε, τοῦθ' ὑποθέντες ἀκούετε τῇ γνώμῃ, τί ἄν, εἴ τις ἔπασχε ταῦθ' ὑμῶν, ἐποίει, καὶ τίν' ἂν εἶχεν ὀργὴν ὑπὲρ αὑτοῦ πρὸς τὸν ποιοῦντα. ἐγὼ γὰρ ἐνηνοχὼς χαλεπῶς ἐφ' οἷς περὶ τὴν λειτουργίαν ὑβρίσθην, ἔτι πολλῷ χαλεπώτερον, ὦ ἄνδρες Ἀθηναῖοι, τούτοις τοῖς μετὰ ταῦτ' ἐνήνοχα καὶ μᾶλλον ἠγανάκτηκα. **(109)** τί γὰρ ὡς ἀληθῶς πέρας ἂν φήσειέ τις εἶναι κακίας καὶ τίν' ὑπερβολὴν ἀναιδείας καὶ ὠμότητος καὶ ὕβρεως, ἄνθρωπος εἰ ποιήσας δεινὰ νὴ Δία καὶ πολλὰ ἀδίκως τινά, ἀντὶ τοῦ ταῦτ' ἀναλαμβάνειν καὶ μεταγιγνώσκειν, ἔτι πολλῷ δεινότερα ὕστερον ἄλλα προσεξεργάζοιτο, καὶ χρῷτο τῷ πλουτεῖν μὴ ἐπὶ ταῦτα ἐν οἷς μηδένα βλάπτων αὐτὸς

106 *προσκυνεῖν—ἔσται* Aristid. Rh. 46.5
107 *ἐπεξῆμεν—Ἀρίσταρχον* AB 141.33

3 *ἀμύνασθαι* AF^{a} *ἔστιν* A 4 *προσεξείργασθαι* S^{a}Y 5 *καὶ*^{2} om. F 9 *ἐπέξιμεν* AB 11 *κέρματα*] *χρήματα* Iurinus 13 *καὶ* om. S 15 *ἁπάντων*] *τοσοῦτον* Weil 17 *ἀκούσητε* SY : *ἀκούητέ* ⟨*μου*⟩ A 18 *τοιαῦθ'* F 19 *αὐτοῦ* Y : [SA] 22 *ἠγανάκτησα* A 23 *κακίας* ⟨*ἢ*⟩ *καὶ* F 24 *νὴ δία δεινὰ* A 25 *τινά* om. S *ἔτι* om. S 26 *ὕστερον* om. F

ἄμεινόν τι τῶν ἰδίων θήσεται, ἀλλ᾽ ἐπὶ τἀναντία, ἐν οἷς ἀδίκως ἐκβαλὼν τινὰ καὶ προπηλακίσας αὐτὸν εὐδαιμονιεῖ τῆς περιουσίας; **(110)** ταῦτα τοίνυν, ὦ ἄνδρες Ἀθηναῖοι, πάντα τούτῳ πέπρακται κατ᾽ ἐμοῦ. καὶ γὰρ αἰτίαν ἐπήγαγέ μοι φόνου ψευδῆ καὶ οὐδὲν ἐμοὶ προσήκουσαν, ὡς τὸ πρᾶγμα αὐτὸ ἐδήλωσεν, καὶ γραφὴν λιποταξίου με ἐγράψατο τρεῖς αὐτὸς τάξεις λελοιπώς, καὶ τῶν ἐν Εὐβοίᾳ πραγμάτων (τουτὶ γὰρ αὖ μικροῦ παρῆλθέ με εἰπεῖν), ἃ Πλούταρχος ὁ τούτου ξένος καὶ φίλος διεπράξατο, ὡς ἐγὼ αἴτιός εἰμι, κατεσκεύαζε πρὸ τοῦ τὸ πρᾶγμα γενέσθαι πᾶσιν φανερὸν διὰ Πλουτάρχου γεγονός. **(111)** καὶ τελευτῶν βουλεύειν μου λαχόντος δοκιμαζομένου κατηγόρει, καὶ τὸ πρᾶγμα εἰς ὑπέρδεινόν μοι περιέστη· ἀντὶ γὰρ τοῦ δίκην ὑπὲρ ὧν ἐπεπόνθειν λαβεῖν, δοῦναι πραγμάτων ὧν οὐδὲν ἐμοὶ προσῆκεν ἐκινδύνευον. καὶ ταῦτα πάσχων ἐγὼ καὶ τοῦτον τὸν τρόπον ὃν διεξέρχομαι νυνὶ πρὸς ὑμᾶς ἐλαυνόμενος, οὐκ ὢν οὔτε τῶν ἐρημοτάτων οὔτε τῶν ἀπόρων κομιδῇ, οὐκ ἔχω, ὦ ἄνδρες Ἀθηναῖοι, τί χρὴ ποιῆσαι. **(112)** εἰ γὰρ εἰπεῖν τι καὶ περὶ τούτων ἤδη δεῖ, οὐ μέτεστι τῶν ἴσων οὐδὲ τῶν ὁμοίων, ὦ ἄνδρες Ἀθηναῖοι, πρὸς τοὺς πλουσίους τοῖς λοιποῖς ἡμῖν, οὐ μέτεστιν, οὔ· ἀλλὰ καὶ χρόνοι τούτοις τοῦ τὴν δίκην ὑποσχεῖν, οὓς ἂν αὐτοὶ βούλωνται, δίδονται, καὶ τἀδικήματα ἕωλα τὰ τούτων ὡς ὑμᾶς καὶ ψυχρὰ ἀφικνεῖται, τῶν δ᾽ ἄλλων ἡμῶν ἕκαστος, ἄν τι συμβῇ, πρόσφατος κρίνεται. καὶ μάρτυρές εἰσιν ἕτοιμοι

110 πέπρακτα]ι—ψευδ[ῆ P. Rain. III 47 τουτὶ—παρῆλθέ cf. Hermog. 359.10 R. —με Tib. Fig. 17.4 Ball. —εἰπεῖν Alex. 3.14.9 Sp.
111 ἀντὶ—ἐκινδύνευον AB 132.1 καὶ ταῦτα—ἐλαυνόμενος Aristid. Rh. 45.8
112 λοιποῖς—δ]ίκην P. Rain. III 47

2 ἐκβάλλων S 5–6 αὐτὸ τὸ πρᾶγμα A 8 γὰρ αὖ om. Alex. : αὖ om. A με παρῆλθε Hermog. Alex. Tib. 9 εἴην Cobet κατεσκεύασε A 11 λαχόντος ⟨καὶ⟩ A 13 ὑπὲρ om. AF 14 ⟨δίκην⟩ ἐκινδύνευον SY AB 15 τοῦτον ὃν διεξέρχομαι τρόπον Aristid. 17 ὅτι AF 19 ὁμοίων] νόμων SY 20 λοιποῖς] πολλοῖς AF :]λοις Π47 ἡμῶν SFY : corr. Taylor : ὑμῶν A : ἡ[Π47 21 τὴν om. AF : [Π47] 23 καὶ ψυχρὰ del. Jahn ὑμῶν A

τούτοις καὶ συνήγοροι πάντες καθ᾽ ἡμῶν εὐτρεπεῖς· ἐμοὶ δὲ οὐδὲ τἀληθῆ μαρτυρεῖν ἐθέλοντας ὁρᾶτ᾽ ἐνίους. ταῦτα μὲν οὖν ἀπείποι τις ἄν, οἶμαι, θρηνῶν. **(113)** τὸν δὲ νόμον μοι λέγ᾽ ἐφεξῆς, ὥσπερ ἠρξάμην. λέγε.

ΝΟΜΟΣ

Ἐάν τις Ἀθηναίων λαμβάνῃ παρά τινος, ἢ αὐτὸς διδῷ ἑτέρῳ, ἢ διαφθείρῃ τινὰς ἐπαγγελλόμενος, ἐπὶ βλάβῃ τοῦ δήμου ἢ ἰδίᾳ τινὸς τῶν πολιτῶν, τρόπῳ ἢ μηχανῇ ἡτινιοῦν, ἄτιμος ἔστω καὶ παῖδες καὶ τὰ ἐκείνου.

114. Οὕτω τοίνυν οὗτός ἐστιν ἀσεβὴς καὶ μιαρὸς καὶ πᾶν ἂν ὑποστὰς εἰπεῖν καὶ πρᾶξαι, εἰ δ᾽ ἀληθὲς ἢ ψεῦδος ἢ πρὸς ἐχθρὸν ἢ φίλον ἢ τὰ τοιαῦτα, ἀλλ᾽ οὐδ᾽ ὁτιοῦν διορίζων, ὥστ᾽ ἐπαιτιασάμενός με φόνου καὶ τοιοῦτο πρᾶγμα ἐπαγαγών, εἴασε μέν με εἰσιτητήρια ὑπὲρ τῆς βουλῆς ἱεροποιῆσαι καὶ θῦσαι καὶ κατάρξασθαι τῶν ἱερῶν ὑπὲρ ὑμῶν καὶ ὅλης τῆς πόλεως, **(115)** εἴασε δ᾽ ἀρχιθεωροῦντα ἀγαγεῖν τῷ Διὶ τῷ Νεμείῳ τὴν κοινὴν ὑπὲρ τῆς πόλεως θεωρίαν, περιεῖδε δὲ ταῖς σεμναῖς θεαῖς ἱεροποιὸν αἱρεθέντα ἐξ Ἀθηναίων ἁπάντων τρίτον αὐτὸν καὶ καταρξάμενον τῶν ἱερῶν. ἆρ᾽ ἄν, εἴ γ᾽ εἶχε στιγμὴν ἢ σκιὰν τούτων ὧν κατεσκεύαζεν κατ᾽ ἐμοῦ, ταῦτ᾽ ἂν εἴασεν; ἐγὼ μὲν οὐκ οἶμαι. οὐκοῦν ἐξελέγχεται τούτοις ἐναργῶς ὕβρει ζητῶν με ἐκβαλεῖν ἐκ τῆς πατρίδος.

116. Ἐπειδὴ τοίνυν τοῦτο τὸ πρᾶγμα οὐδὲ καθ᾽ ἕν, πανταχῇ στρέφων, οἷός τ᾽ ἦν ἀγαγεῖν ἐπ᾽ ἐμέ, φανερῶς ἤδη δι᾽ ἐμὲ τὸν Ἀρίσταρχον ἐσυκοφάντει. καὶ τὰ μὲν ἄλλα σιωπῶ·

114 *εἰσιτη]τήρια* P. Rain. 7
115 *σεμναῖς—αἱρεθ[έντα* P. Rain. 7
116 *φανερῶς—ἐσυκοφάντει* Syr. Soptr. Marcell. 4.459.10 W.

---

1 *ὑμῶν* A *εὐτρεπεῖς* ante *καθ᾽* F 3 *εἴποι* AF : ⟨*ἂ*⟩ *εἴποι* Y 4 *λέγε*] *λέγων* S 7 *ἢ* Iurinus : *καὶ* SFY *ἰδίᾳ* Reiske : *διά* SFY 10 *ἀσεβὴς* ⟨*ἄνθρωπος*⟩ AFY 11 *διαπρᾶξαι* Y *ἢ*[2] ⟨*εἰ*⟩ Dobree 12 *ἢ τὰ*] *καὶ τὰ* cod. Bc et Markland 13 *αἰτιασάμενός* A 14 *εἰσιτήρια* SAFY : corr. van Herwerden : [Π7] 16 *ἀρχεθεωροῦντ᾽* Bl. 17 *περιεῖλε* S[a] 18 *ἀναρρηθέντα* cod. P : *αἱρηθ[* Π7 20 *κατεσκεύασε* A 22 *ἐκβάλλειν* SY 24 *ἐμέ* Syr. Soptr. Marcell. : *ἐμοῦ* SAFY

τῆς δὲ βουλῆς περὶ τούτων καθημένης καὶ σκοπουμένης, παρελθὼν οὗτος "ἀγνοεῖτ'" ἔφη "ὦ βουλή, τὸ πρᾶγμα; καὶ τὸν αὐτόχειρα ἔχοντες" λέγων τὸν Ἀρίσταρχον "μέλλετε καὶ ζητεῖτε καὶ τετύφωσθε; οὐκ ἀποκτενεῖτε; οὐκ ἐπὶ τὴν οἰκίαν βαδιεῖσθε; οὐχὶ συλλήψεσθε;" **(117)** καὶ ταῦτ' ἔλεγεν ἡ μιαρὰ καὶ ἀναιδὴς αὕτη κεφαλή, ἐξεληλυθὼς τῇ προτεραίᾳ παρ' Ἀριστάρχου, καὶ χρώμενος ὥσπερ ἂν ἄλλος τις αὐτῷ τὰ πρὸ τούτου, καί, ὅτ' ηὐτύχει, πλεῖστα παρεσχηκότος ἐκείνου πράγματά μοι περὶ τῶν πρὸς τοῦτον διαλλαγῶν. εἰ μὲν οὖν εἰργάσθαι τι τούτων ἐφ' οἷς ἀπόλωλεν ἡγούμενος τὸν Ἀρίσταρχον καὶ πεπιστευκὼς τοῖς τῶν αἰτιασαμένων λόγοις ταῦτ' ἔλεγεν, χρῆν μὲν οὐδ' οὕτω· **(118)** μετρία γὰρ δίκη παρὰ τῶν φίλων ἐστίν, ἄν τι δοκῶσιν πεποιηκέναι δεινόν, μηκέτι τοῦ λοιποῦ φιλίας κοινωνεῖν, τὸ δὲ τιμωρεῖσθαι καὶ ἐπεξιέναι τοῖς πεπονθόσιν καὶ τοῖς ἐχθροῖς παραλείπεται· ὅμως δ' ἔστω τούτῳ γε συγγνώμη. εἰ δὲ λαλῶν μὲν καὶ ὁμωρόφιος γιγνόμενος ὡς οὐδὲν εἰργασμένῳ φανήσεται, λέγων δὲ καὶ καταιτιώμενος ταῦθ' ἕνεκα τοῦ συκοφαντεῖν ἐμέ, πῶς οὐ δεκάκις, μᾶλλον δὲ μυριάκις δίκαιός ἐστ' ἀπολωλέναι; **(119)** ἀλλὰ μὴν ὡς ἀληθῆ λέγω καὶ τῇ μὲν προτεραίᾳ ὅτε ταῦτ' ἔλεγεν, εἰσεληλύθει καὶ διείλεκτο ἐκείνῳ, τῇ δ' ὑστεραίᾳ πάλιν (τοῦτο γάρ, τοῦτο οὐκ ἔχον ἐστὶν ὑπερβολὴν ἀκαθαρσίας, ἄνδρες Ἀθηναῖοι) εἰσελθὼν οἴκαδε ὡς ἐκεῖνον καὶ ἐφεξῆς οὑτωσὶ καθιζόμενος, τὴν δεξιὰν ἐμβαλών, παρόντων πολλῶν, μετὰ τοὺς ἐν τῇ βουλῇ τούτους λόγους, ἐν οἷς αὐτόχειρα καὶ τὰ

116 *μέλλετε—τετύφωσθε* Schol. D. 21.130.458
117 *καὶ—κεφαλή* Schol. in Ar. Ach. 285a
119 *τοῦτο—ἀκαθαρσίας* Aristid. Rh. 44.14

2 *ἀγνοεῖτ'⟨ἔτ'⟩* van Herwerden *τὸ πρᾶγμα ὦ βουλή* AF 3 *ἔχοντες*] *λέγοντες* A 4 *⟨καὶ⟩ οὐκ*[1] Y 7 *αὐτῷ* om. SY 8 *τούτου*] *τοῦ* Reiske 9 *⟨πάντων⟩ ἐκείνου* AFY : *⟨πάντων⟩ τούτου* S[γρ] *ἀπαλλαγῶν* S : *διὰ ἀπαλλαγῶν* Y 10 *εἴργασταί* SY 14 *τῆς λοιπῆς* SAFY : corr. Dobree 15 *ὑπολείπεται* A : *καταλείπεται* F 16 *λαλῶν*] *ἄλλων* Y : [A] : *ἁλῶν μὲν ⟨κοινωνήσας⟩* Stephanus 17 *γενόμενος* A 19 *δίκαιος* post *ἀπολωλέναι* F 20 *μὲν* om. SFY 21 *πάλιν ⟨αὖ⟩* A 22 *τοῦτο ⟨μὲν⟩ γὰρ οὐκ* Aristid. *ἔχων* A Aristid. *ὑπερβολὴ* Aristid. 24 *καθεζόμενος* AF

δεινότατ᾽ εἰρήκει τὸν Ἀρίσταρχον, ὤμνυε μὲν κατ᾽ ἐξωλείας μηδὲν εἰρηκέναι περὶ αὐτοῦ φλαῦρον, καὶ οὐδὲν ἐφρόντιζεν ἐπιορκῶν, καὶ ταῦτα παρόντων τῶν συνειδότων, ἠξίου δὲ καὶ πρὸς ἐμὲ αὐτῷ δι᾽ ἐκείνου γίγνεσθαι τὰς διαλύσεις, τούτων τοὺς παρόντας ὑμῖν καλῶ μάρτυρας. **(120)** καίτοι πῶς οὐ δεινόν, ὦ ἄνδρες Ἀθηναῖοι, μᾶλλον δὲ ἀσεβές, λέγειν ὡς φονεύς, καὶ πάλιν ὡς οὐκ εἴρηκεν ταῦτα ἀπομνύναι, καὶ φόνον μὲν ὀνειδίζειν, τούτῳ δ᾽ ὁμωρόφιον γίγνεσθαι; κἂν μὲν ἀφῶ τοῦτον ἐγὼ καὶ προδῶ τὴν ὑμετέραν καταχειροτονίαν, οὐδέν, ὡς ἔοικ᾽, ἀδικῶ· ἂν δ᾽ ἐπεξίω, λέλοιπα τὴν τάξιν, φόνον κοινωνῶ, δεῖ με ἀνηρπάσθαι. ἐγὼ δ᾽ αὖ τοὐναντίον οἶμαι, εἰ τοῦτον ἀφῆκα, λελοιπέναι μὲν ⟨ἂν⟩, ὦ ἄνδρες Ἀθηναῖοι, τὴν τοῦ δικαίου τάξιν, φόνου δ᾽ ἂν εἰκότως ἐμαυτῷ λαχεῖν· οὐ γὰρ ἦν μοι δήπου βιωτὸν τοῦτο ποιήσαντι. **(121)** ὅτι τοίνυν καὶ ταῦτ᾽ ἀληθῆ λέγω, κάλει μοι καὶ τούτων τοὺς μάρτυρας.

ΜΑΡΤΥΡΑ

{Λυσίμαχος Ἀλωπεκῆθεν, Δημέας Σουνιεύς, Χάρης Θορίκιος, Φιλήμων Σφήττιος, Μόσχος Παιανιεύς, καθ᾽ οὓς καιροὺς ἡ εἰσαγγελία ἐδόθη {ἣ} εἰς τὴν βουλὴν ὑπὲρ Ἀριστάρχου τοῦ Μόσχου, ὅτι εἴη Νικόδημον ἀπεκτονώς, οἴδαμεν Μειδίαν τὸν κρινόμενον ὑπὸ Δημοσθένους, ᾧ μαρτυροῦμεν, ἐλθόντα πρὸς τὴν βουλὴν καὶ λέγοντα μηδένα ἕτερον εἶναι τὸν Νικοδήμου φονέα, ἀλλ᾽ Ἀρίσταρχον, καὶ τοῦτον αὐτοῦ γεγονέναι αὐτόχειρα, καὶ συμβουλεύοντα τῇ βουλῇ βαδίζειν ἐπὶ τὴν οἰκίαν τὴν Ἀριστάρχου καὶ συλλαμβάνειν αὐτόν. ταῦτα δ᾽ ἔλεγεν πρὸς τὴν βουλὴν τῇ προτεραίᾳ μετ᾽ Ἀριστάρχου καὶ μεθ᾽ ἡμῶν συνδεδειπνηκώς. οἴδαμεν δὲ καὶ Μειδίαν, ὡς ἀπῆλθεν ἀπὸ τῆς βουλῆς τούτους τοὺς λόγους εἰρηκώς, εἰσεληλυθότα πάλιν ὡς Ἀρίσταρχον καὶ τὴν δεξιὰν {ὡς} ἐμβεβληκότα καὶ ὀμνύοντα κατ᾽

121 καθ᾽—ἀπεκτονώς AB 176.30

2 περὶ] κατ᾽ A φαῦλον SY 4 αὐτῷ FY : corr. ed. Lond. an. 1586 : [SA] ⟨καὶ⟩ τούτων AFY 5 μάρτυρας ⟨μαρτύρια⟩ SY : ⟨μάρτυρες⟩ AF 11 αὖ] αὐτὸ S 12 add. Bl. 13 γὰρ ⟨ἂν⟩ van Herwerden 14 δήπου μοι A 16 μάρτυρες AF : μαρτυρίαι Y 17 σουνιεὺς cod. B : σουνεὺς SFY χιάρης SFY : corr. Reiske 19 del. Schaefer Μόσχου] Νικοδήμου AB 23 αὐτὸν SF 25 προτέρᾳ SY : [F[a]] 28 del. Taylor : οἵ Schaefer

ἐξωλείας μηδὲν κατ᾽ αὐτοῦ πρὸς τὴν βουλὴν εἰρηκέναι φαῦλον, καὶ ἀξιοῦντα Ἀρίσταρχον ὅπως ἂν διαλλάξῃ αὐτῷ Δημοσθένην.}

122. Τίς οὖν ὑπερβολή, τίς ὁμοία τῇ τούτου γέγονεν ἢ γένοιτ᾽ ἂν πονηρία; ὃς ἄνδρ᾽ ἀτυχοῦντα, οὐδὲν αὐτὸν ἠδικηκότα (ἐῶ γὰρ εἰ φίλον), ἅμα συκοφαντεῖν ᾤετο δεῖν καὶ πρὸς ἐμὲ αὑτὸν διαλύειν ἠξίου, καὶ ταῦτ᾽ ἔπραττεν καὶ χρήματ᾽ ἀνήλισκεν ἐπὶ τῷ μετ᾽ ἐκείνου κἀμὲ προσεκβαλεῖν ἀδίκως.

123. Τοῦτο μέντοι τὸ τοιοῦτον ἔθος καὶ τὸ κατασκεύασμα, ὦ ἄνδρες Ἀθηναῖοι, τὸ τοῖς ὑπὲρ αὑτῶν ἐπεξιοῦσι δικαίως ἔτι πλείω περιιστάναι κακά, οὐκ ἐμοὶ μὲν ἄξιόν ἐστ᾽ ἀγανακτεῖν καὶ βαρέως φέρειν, ὑμῖν δὲ τοῖς ἄλλοις παριδεῖν, πολλοῦ γε καὶ δεῖ, ἀλλὰ πᾶσιν ὁμοίως ὀργιστέον, ἐκλογιζομένοις καὶ θεωροῦσιν ὅτι τοῦ μέν, ὦ ἄνδρες Ἀθηναῖοι, ῥᾳδίως κακῶς παθεῖν ἐγγύτατα ὑμῶν εἰσιν οἱ πενέστατοι καὶ ἀσθενέστατοι, τοῦ δ᾽ ὑβρίσαι καὶ τοῦ ποιήσαντας μὴ δοῦναι δίκην, ἀλλὰ τοὺς ἀντιπαρέξοντας πράγματα μισθώσασθαι, οἱ βδελυροὶ καὶ χρήματ᾽ ἔχοντές {εἰσιν ἐγγυτάτω}. **(124)** οὔ δὴ δεῖ παροράν τὰ τοιαῦτα, οὐδὲ τὸν ἐξείργοντα δέει καὶ φόβῳ τὸ δίκην ὧν ἂν ἡμῶν ἀδικηθῇ τις λαμβάνειν παρ᾽ αὑτοῦ ἄλλο τι χρὴ νομίζειν ποιεῖν ἢ τὰς τῆς ἰσηγορίας καὶ τὰς τῆς ἐλευθερίας ἡμῶν μετουσίας ἀφαιρεῖσθαι. ἐγὼ μὲν γὰρ ἴσως διεωσάμην, καὶ ἄλλος τις ἄν, ψευδῆ λόγον καὶ συκοφαντίαν, καὶ οὐκ ἀνήρπασμαι· οἱ δὲ πολλοὶ τί ποιήσετε, ἂν μὴ δημοσίᾳ πᾶσιν φοβερὸν καταστήσητε τὸ εἰς ταῦτα ἀποχρῆσθαι τῷ πλουτεῖν; **(125)** δόντα λόγον καὶ ὑποσχόντα κρίσιν περὶ ὧν ἄν τις ἐγκαλῇ, τότ᾽ ἀμύνεσθαι τοὺς ἀδίκως ἐφ᾽ αὑτὸν ἐλθόντας χρή,

124 ἐλε]υθερ[ίας—ψ[ευδῆ P. Rain. III 47

1 φλαῦρον Dindorf 4 πονηρίᾳ S^{a}Y αὐτὸν FY : corr. Bk. : [SA] 5 εἰ] εἰπεῖν cod. k^c et Reiske 6 αὐτὸν FY : corr. Markland : [SA] διαλῦσαι Lex. Pat. 15 παθεῖν] πάλιν AF^{γρ} ἡμῶν F 16 ποιήσαντάς ⟨τι⟩ A 17 οἱ ⟨δὲ⟩ A 18 del. Reiske 18–19 παρορῶντα τοιαῦτα A 20 αὐτοῦ Bk. 21 ποιεῖν susp. van Herwerden ἐλευθερίας . . . ἰσηγορίας A 22 ὑμῶν A : [Π47] διεσωσάμην S : [Π47] 24–5 φοβερὸν πᾶσι A : π. φανερὸν Y 27 ἐγκαλέσῃ A ἀμύνασθαι A ἀδίκως del. Weil

{καὶ τότ', ἂν ἀδικοῦντας ὁρᾷ τις,} οὐ προαναρπάζειν, οὐδ' ἐπάγοντ' αἰτίας ψευδεῖς ἄκριτον ζητεῖν ἀποφεύγειν, οὐδ' ἐπὶ τῷ διδόναι δίκην ἀσχάλλειν, ἀλλὰ μὴ ποιεῖν ἐξ ἀρχῆς ἀσελγὲς μηδέν.

126. Ὅσα μὲν τοίνυν εἴς τε τὴν λειτουργίαν καὶ τὸ σῶμα ὑβρίσθην, καὶ ⟨ὅσα⟩ πάντ' ἐπιβουλευόμενος τρόπον καὶ πάσχων κακῶς ἐκπέφευγα, ἀκηκόατε, ὦ ἄνδρες Ἀθηναῖοι. καὶ παραλείπω δὲ πολλά· οὐ γὰρ ἴσως ῥᾴδιον πάντ' εἰπεῖν. ἔχει δ' οὕτως. οὐκ ἔστ' ἐφ' ὅτῳ τῶν πεπραγμένων ἐγὼ μόνος ἠδίκημαι, ἀλλ' ἐπὶ μὲν τοῖς εἰς τὸν χορὸν γεγενημένοις ἀδικήμασιν ἡ φυλή, τὸ δέκατον μέρος ὑμῶν, συνηδίκηται, ἐπὶ δ' οἷς ἔμ' ὕβρισεν καὶ ἐπεβούλευσεν οἱ νόμοι, δι' οὓς εἷς ἕκαστος ὑμῶν σῶς ἐστιν· ἐφ' ἅπασι δὲ τούτοις ὁ θεός, ᾧ χορηγὸς ἐγὼ καθειστήκειν, καὶ τὸ τῆς ὁσίας, ὁτιδήποτ' ἐστίν, τὸ σεμνὸν καὶ τὸ δαιμόνιον {συνηδίκηται}. **(127)** δεῖ δὴ τούς γε βουλομένους ὀρθῶς τὴν κατ' ἀξίαν τῶν πεπραγμένων παρὰ τούτου δίκην λαβεῖν, οὐχ ὡς ὑπὲρ ἡμῶν ὄντος μόνον τοῦ λόγου τὴν ὀργὴν ἔχειν, ἀλλ' ὡς ἐν ταὐτῷ τῶν νόμων, τοῦ θεοῦ, τῆς πόλεως, ὁμοῦ πάντων ἠδικημένων, οὕτω ποιεῖσθαι τὴν τιμωρίαν, καὶ τοὺς βοηθοῦντας καὶ τοὺς συνεξεταζομένους μετὰ τούτου μὴ συνηγόρους μόνον, ἀλλὰ καὶ δοκιμαστὰς τῶν τούτῳ πεπραγμένων ὑπολαμβάνειν εἶναι.

128. *Εἰ* μὲν τοίνυν, ὦ ἄνδρες Ἀθηναῖοι, σώφρονα καὶ μέτριον πρὸς τἄλλα παρεσχηκὼς αὑτὸν Μειδίας καὶ μηδένα τῶν ἄλλων πολιτῶν ἠδικηκὼς εἰς ἐμὲ ἀσελγὴς μόνον οὕτω καὶ βίαιος ἐγεγόνει, πρῶτον μὲν ἔγωγ' ἀτύχημ' ἂν ἐμαυτοῦ τοῦτο ἡγούμην, ἔπειτ' ἐφοβούμην ἂν μὴ τὸν ἄλλον ἑαυτοῦ βίον οὗτος μέτριον δεικνύων καὶ φιλάνθρωπον διακρούσηται τούτῳ τὸ

127 ὡς—νόμ]ων P. Rain. III 47

1 del. Sykutris   ἀδικοῦντα SY   6 add. van Herwerden   9 ἔσται A : [Π47)   11 τὸ om. S   12 ἐπεβούλευεν Π47   εἷς om. S[a]AY   15 del. Bl.   17 ⟨τὴν⟩ δίκην S[a]   λαμβάνειν A   ὑμῶν SF[c]Y : ἐμοῦ AF[γρ] : [Π47]   μόνον ὄντος A   19 ὁμοῦ] ἐμοῦ SFY   20 τοὺς[2] om. F   22 ὑπολαμβάνετ' SFY   25 ⟨μηδὲν⟩ ἠδικηκὼς AF   μόνον ἀσελγὴς FY   28 δεικνύων μέτριον S[γρ]   διακρούσηται om. S[γρ]AF   τούτῳ] οὕτω S[γρ]

δίκην ὧν ἔμ' ὕβρικεν δοῦναι. **(129)** *νυνὶ δὲ τοσαῦτ' ἐστὶ τἄλλα ἃ πολλοὺς ὑμῶν ἠδίκησεν καὶ τοιαῦτα, ὥστε τούτου μὲν τοῦ δέους ἀπήλλαγμαι, φοβοῦμαι δὲ πάλιν τοὐναντίον μή, ἐπειδὰν πολλὰ καὶ δείν' ἑτέρους ἀκούηθ' ὑπ' αὐτοῦ πεπονθότας, τοιοῦτός τις ὑμῖν λογισμὸς ἐμπέσῃ "τί οὖν; σὺ δεινότερα ἢ τῶν ἄλλων εἷς ἕκαστος πεπονθὼς ἀγανακτεῖς; πάντα μὲν δὴ τὰ τούτῳ πεπραγμένα οὔτ' ἂν ἐγὼ δυναίμην πρὸς ὑμᾶς εἰπεῖν, οὔτ' ἂν ὑμεῖς ὑπομείναιτ' ἀκούειν, οὐδ', εἰ τὸ παρ' ἀμφοτέρων ἡμῶν ὕδωρ ὑπάρξειεν πρὸς τὸ λοιπόν, πᾶν τό τ' ἐμὸν καὶ τὸ τούτου προστεθέν, οὐκ ἂν ἐξαρκέσειεν· ἃ δ' ἐστὶ μέγιστα καὶ φανερώτατα, ταῦτ' ἐρῶ.* **(130)** *μᾶλλον δ' ἐκεῖνο ποιήσω· ἀναγνώσομαι μὲν ὑμῖν, ὡς ἐμαυτῷ γέγραμμαι, πάντα τὰ ὑπομνήματα, λέξω δ' ὅ τι ἂν πρῶτον ἀκούειν βουλομένοις ὑμῖν ᾖ, τοῦτο πρῶτον, εἶθ' ἕτερον, καὶ τἄλλα τὸν αὐτὸν τρόπον, ἕως ἂν ἀκούειν βούλησθε. ἔστι δὲ ταῦτα παντοδαπά, καὶ ὕβρεις πολλαὶ καὶ περὶ τοὺς οἰκείους κακουργήματα καὶ περὶ τοὺς θεοὺς ἀσεβήματα, καὶ τόπος οὐδείς ἐστιν ἐν ᾧ τοῦτον οὐ θανάτου πεποιηκότα ἄξια πολλὰ εὑρήσετε.*

ΥΠΟΜΝΗΜΑΤΑ ΤΩΝ ΜΕΙΔΙΟΥ ΑΔΙΚΗΜΑΤΩΝ

131. *Ὅσα μὲν τοίνυν, ὦ ἄνδρες δικασταί, τὸν ἀεὶ προστυχόντ' αὐτῷ πεποίηκεν, ταῦτ' ἐστίν. καὶ παραλέλοιφ' ἕτερα· οὐ γὰρ ἂν δύναιτ' οὐδεὶς εἰσάπαξ εἰπεῖν ἃ πολὺν χρόνον οὗτος ὑβρίζων συνεχῶς ἅπαντα τὸν βίον εἴργασται. ἄξιον*

129 *δ[εινὰ—ἄ[λλων* P. Rain. III 47 *πάντα—ἀκούειν* Aristid. Rh. 29.23

130 *ἀκούει[ν—τα[ῦτα* P. Rain. III 47

---

1 *ὧν—δοῦναι*] *ὧν ἐμὲ ὕβρικεν δοῦναι διακρούσηται* S^{γρ}F : *δοῦναι ὧν ἐμὲ ὕβρικε διακρούσηται* A *ἐστὶ* ⟨*δὴ*⟩ F *τἄλλα* om. A 4 *ἀκούσητε* F : [Π47] 5 *τις* om. Π47 *τί οὖν* om. S^{a} *σὺ*] *οὐ* Reiske *δεινότερον* Schol. D. 21.129.455a 6–7 *δὴ—πεπραγμένα* om. Aristid. 7 *ἔγωγε* F Aristid. 8 *ὑπομείνετ'* S : *ὑπομενεῖτ'* AY : *βούλοισθε* Aristid. ⟨*ἂν*⟩ *ἀκούειν* F 9 *ὑμῶν* SY 9–10 *τό τ'—προστεθέν* del. Jahn et van Herwerden 12–13 *τὰ ὑπομνήματα πάντα* A 13–14 *βουλομένοις—πρῶτον* om. Π47 ut vid. : *τοῦτο* om. F 19 tit. om. A 22 *δύνοιτ'* A *ἅπαξ* S^{a}

δ᾽ ἰδεῖν ἐφ᾽ ὅσον φρονήματος ἤδη προελήλυθεν τῷ τούτων δίκην μηδενὸς δεδωκέναι. οὐ γὰρ ἡγεῖθ᾽, ὡς ἐμοὶ δοκεῖ, λαμπρὸν οὐδὲ νεανικὸν οὐδ᾽ ἄξιον {θανάτου} ὅ τι ἄν τις πρὸς ἕν᾽ εἷς διαπράττηται, ἀλλ᾽ εἰ μὴ φυλὴν ὅλην καὶ βουλὴν καὶ ἔθνος προπηλακιεῖ καὶ πολλοὺς ἁθρόους ὑμῶν ἅμα ἐλᾷ, ἀβίωτον ᾤετ᾽ ἔσεσθαι τὸν βίον αὑτῷ. **(132)** καὶ τὰ μὲν ἄλλα σιωπῶ, μυρία εἰπεῖν ἔχων, περὶ δὲ τῶν συστρατευσαμένων ἱππέων εἰς Ἄργουραν ἴστε δήπου πάντες οἷα ἐδημηγόρησεν παρ᾽ ὑμῖν, ὅθ᾽ ἧκεν ἐκ Χαλκίδος, κατηγορῶν καὶ φάσκων ὄνειδος ἐξελθεῖν τὴν στρατιὰν ταύτην τῇ πόλει· καὶ τὴν λοιδορίαν ἣν ἐλοιδορήθη Κρατίνῳ περὶ τούτων, τῷ νῦν, ὡς ἐγὼ πυνθάνομαι, μέλλοντι βοηθεῖν αὐτῷ, μέμνησθε. τὸν δὴ τοσούτοις ἁθρόοις τῶν πολιτῶν ἔχθραν ἐπ᾽ οὐδενὶ τηλικαύτην ἀράμενον πόσῃ πονηρίᾳ καὶ θρασύτητι ταῦτα χρὴ νομίζειν πράττειν; **(133)** καίτοι πότερ᾽ εἰσὶν ὄνειδος, ὦ Μειδία, τῇ πόλει οἱ διαβάντες ἐν τάξει καὶ τὴν σκευὴν ἔχοντες ἣν προσῆκε τοὺς ἐπὶ τοὺς πολεμίους ἐξιόντας καὶ συμβαλουμένους τοῖς συμμάχοις, ἢ σὺ ὁ μὴ λαχεῖν εὐχόμενος τῶν ἐξιόντων ὅτ᾽ ἐκληροῦ, τὸν θώρακα δὲ οὐδεπώποτ᾽ ἐνδύς, ἐπ᾽ ἀστράβης δὲ ὀχούμενος ἀργυρᾶς, χλανίδας δὲ καὶ κυμβία καὶ κάδους ἔχων, ὧν ἐπελαμβάνοντο οἱ πεντηκοστολόγοι; ταῦτα γὰρ εἰς

131 φρονή]ματο[ς—**132** πα]ρ᾽ ὑμ[ῖν P. Oxy. LVI 3850
132 ταύτη]ν—**133** συ[μβαλου P. Oxy. LVI 3850
133 ἐπ᾽—ἀργυρᾶς Helladius ap. Ph. Bibl. 533a —πεντηκοστολόγοι Macr. Sat. 5.21.8 ἀργυρᾶς Menand. ap. schol. D. 21.133.470a Hdn. Gr. 2.920.9 χλανίδας—πεντηκοστολόγοι Lex. Pat. s.v. χλ]ανί[δας—**135** ἄλ[λους P. Oxy. LVI 3850

3 ⟨οὐδὲν⟩ οὐδὲ A : οὐδὲν Y : [Π3850] ἄξιον ⟨εἶναι⟩ F : [Π3850] del. Schaefer : θαύματος van Herwerden : αὑτοῦ Buttmann : [Π3850] τις ἄ[ν Π3850 : ἄν τι F 7 μυρία ⟨ἂν⟩ AF Π3850 ut vid. ἔχων εἰπεῖν AF 10 στρατείαν A^{a}Y 11 ἣν om. F τῷ νῦν om. S^{a}AFY Π3850 12 αὑτῷ S : [Π3850] 14 αἱράμενον S πο]νηρίᾳ καὶ π[όσῃ Π3850 17 ἐξιόντας κ. συμβαλουμένους om. Y 18 μὴ] μηδὲ S^{c}AFY 20 ἀργυρᾶς Menand. Helladius : ἀργυρᾶς ⟨τῆς ἐξ εὐβοίας⟩ S : ⟨ἐξ⟩ ἀργούρας ⟨τῆς εὐβοίας⟩ AF Hdn. Macr. : ἀργούρας ⟨τῆς ἐξ εὐβοίας⟩ Y: vide vol. i, p. vii δὲ καὶ om. A : δὲ om. Macr. Lex. Pat. καὶ κάδους om. Macr. 22 ἐπηγγέλλετο A : [Π3850] ταὐτὸ SY : [Π3850]

τοὺς ὁπλίτας ἡμᾶς ἀπηγγέλλετο· οὐ γὰρ εἰς ταὐτὸν ἡμεῖς τούτοις διέβημεν. **(134)** εἶτα, εἴ σ' ἐπὶ τούτοις ἔσκωψεν Ἀρχετίων ἤ τις ἄλλος, πάντας ἤλαυνες; εἰ μὲν γὰρ ἐποίεις ταῦτα, ὦ Μειδία, ἅ σέ φασιν οἱ συνιππεῖς καὶ κατηγόρεις ὡς λέγοιεν περὶ σοῦ, δικαίως κακῶς ἤκουες· καὶ γὰρ ἐκείνους καὶ τουτουσὶ καὶ ὅλην τὴν πόλιν ἠδίκεις καὶ κατῄσχυνες. εἰ δὲ μὴ ποιοῦντός σου κατεσκεύαζόν τινες καταψευδόμενοί σου, οἱ δὲ λοιποὶ τῶν στρατιωτῶν οὐκ ἐκείνοις ἐπετίμων, ἀλλὰ σοὶ ἐπέχαιρον, δῆλον ὅτι ἐκ τῶν ἄλλων ὧν ἔζης ἄξιος αὐτοῖς ἐδόκεις εἶναι τοῦ τοιαῦτ' ἀκούειν· σαυτὸν οὖν μετριώτερον ἐχρῆν παρέχειν, οὐκ ἐκείνους διαβάλλειν. **(135)** σὺ δ' ἀπειλεῖς πᾶσιν, ἐλαύνεις πάντας· τοὺς ἄλλους ἀξιοῖς ὅ τι σὺ βούλει σκοπεῖν, οὐκ αὐτὸς σκοπεῖς ὅ τι μὴ λυπήσεις τοὺς ἄλλους ποιῶν. καὶ τὸ δὴ σχετλιώτατον καὶ μέγιστον ἔμοιγε δοκοῦν ὕβρεως εἶναι σημεῖον· τοσούτων ἀνθρώπων, ὦ μιαρὰ κεφαλή, σὺ παρελθὼν ἀθρόων κατηγόρεις, ὃ τίς οὐκ ἂν ἔφριξε ποιῆσαι τῶν ἄλλων;

136. Τοῖς μὲν τοίνυν ἄλλοις ἅπασιν ἀνθρώποις ὁρῶ τοῖς κρινομένοις, ὦ ἄνδρες δικασταί, ἓν μὲν ἢ δύο ὄντα τἀδικήματα ἃ κατηγορεῖται, λόγους δ' ἀφθόνους τοιούτους ὑπάρχοντας "τίς ὑμῶν ἐμοί τι σύνοιδε τοιοῦτον; τίς ὑμῶν ἐμὲ ταῦτα ἑόρακε ποιοῦντα; οὐκ ἔστιν, ἀλλ' οὗτοι δι' ἔχθραν καταψεύδονταί μου, καταψευδομαρτυροῦμαι", τὰ τοιαῦτα· τούτῳ δ' αὖ τἀναντία τούτων. **(137)** πάντας γὰρ ὑμᾶς εἰδέναι νομίζω τὸν τρόπον καὶ τὴν ἀσέλγειαν καὶ τὴν ὑπερηφανίαν τοῦ βίου,

135 *σὺ*[I]*—πᾶσιν* AB 120.29 *τοσούτων—κατηγόρεις* Schol. D. 21.135.476
136 *καταψευδομαρτυροῦμαι* Poll. 6.153, 8.31

---

2 *εἴ σ'*] *εἷς* S[γρ] : [Π3850] *εἰσκώψομεν* S[a] : [Π3850] 4 *ταῦτα* post *Μειδία* Π3850 ut vid. 9 *ἐπεχείρουν* S : [Π3850] 9–10 *ἄξιος ἐδόκεις αὐτοῖς* A : [Π3850] : *αὐτοῖς ἄξιος ἐδόκεις* YP 10 *τοῦ* ⟨*τὰ*⟩ A : [Π3850] 12–13 *ὅ*[1,2] om S[a] 12 *σὺ*] *σοι* A 16 *ἀθρόον* AF : *ἀθρόως* Schol. D. *κατηγορεῖς* AF Schol. D. 16–17 *τῶν ἄλλων ποιῆσαι* A 18 *ἀνθρώποις* om. A 20 *κατηγοροῦνται* FY 21 ⟨*ἢ*⟩ *τίς* A 24 *εἰδέναι ὑμᾶς* A 25 *τρόπον* ⟨*τὸν τούτου*⟩ FY Π3850 *καὶ τὴν ἀσέλγειαν* om. F ⟨*τὴν*⟩ *τοῦ* F : [Π3850]

καὶ πάλαι θαυμάζειν ἐνίους οἴομαι ὧν αὐτοὶ μὲν ἴσασιν, οὐκ ἀκηκόασι δὲ νῦν ἐμοῦ. πολλοὺς δὲ τῶν πεπονθότων οὐδὲ πάνθ' ὅσα ἠδίκηνται μαρτυρεῖν ἐθέλοντας ὁρῶ, τὴν βίαν καὶ τὴν φιλοπραγμοσύνην ὀρρωδοῦντας τὴν τούτου καὶ τὴν ἀφορμήν, ἥπερ ἰσχυρὸν ποιεῖ καὶ φοβερὸν τὸν κατάπτυστον τουτονί. **(138)** *τὸ γὰρ ἐπ' ἐξουσίας καὶ πλούτου πονηρὸν εἶναι καὶ ὑβριστὴν τεῖχός ἐστι πρὸς τὸ μηδὲν ἂν αὐτὸν ἐξ ἐπιδρομῆς παθεῖν, ἐπεὶ περιαιρεθεὶς οὗτος τὰ ὄντα ἴσως μὲν οὐκ ἂν ὑβρίζοι, εἰ δ' ἄρα, ἐλάττονος ἄξιος ἔσται τοῦ μικροτάτου παρ' ὑμῖν· μάτην γὰρ λοιδορήσεται καὶ βοήσεται, δίκην δ', ἂν ἀσελγαίνῃ τι, τοῖς ἄλλοις ἡμῖν ἐξ ἴσου δώσει.* **(139)** *νῦν δ', οἶμαι, τούτου προβέβληται Πολύευκτος, Τιμοκράτης, Εὐκτήμων ὁ κονιορτός· τοιοῦτοί τινές εἰσι μισθοφόροι περὶ αὐτόν, καὶ πρὸς ἔτι ἕτεροι τούτοις, μαρτύρων συνεστῶσα ἑταιρεία, φανερῶς μὲν οὐκ ἐνοχλούντων ὑμῖν, σιγῇ δὲ τὰ ψευδῆ ῥᾶστ' ἐπινευόντων. οὓς μὰ τοὺς θεοὺς οὐδὲν ὠφελεῖσθαι νομίζω παρὰ τούτου· ἀλλὰ δεινοί τινές εἰσιν, ὦ ἄνδρες Ἀθηναῖοι, φθείρεσθαι πρὸς τοὺς πλουσίους καὶ παρεῖναι καὶ μαρτυρεῖν.* **(140)** *πάντα δὲ ταῦτα, οἶμαι, φοβερά ἐστιν τῶν ἄλλων ὑμῶν ἑκάστῳ καθ' ἑαυτὸν ὅπως δύναται ζῶντι. οὗπερ ἕνεκα συλλέγεσθ' ὑμεῖς, ἵνα, ὧν καθ' ἕνα ἐστὶν ἕκαστος ὑμῶν ἐλάττων ἢ φίλοις ἢ τοῖς οὖσιν ἢ τῶν ἄλλων τινί, τούτων συλλεγέντες ἑκάστου κρείττους τε γίγνησθε καὶ παύητε τὴν ὕβριν.*

141. *Τάχα τοίνυν καὶ τοιοῦτός τις ἥξει πρὸς ὑμᾶς λόγος,*

137 τ[ὸν τ]οῦτο[ν—ἀ]φο[ρμήν P. Oxy. LVI 3850
138 τὸ¹—ἔσται Tib. Fig. 24.3 Ball.
139 νῦν—προβέβληται Tib. Fig. 24.7 Ball. Εὐκτήμων—ἑταιρεία cf. Schol. D. 21.2.11

4 ὀρρωδοῦντας Taylor : ὁρῶντας SFY : δεδιότας A Π3850 ut vid. 5 καὶ φοβερὸν ποιεῖ AF 6 πονηρὸν] θρασὺν A : ἐξουσίαις κ. πλούτῳ εἶναι πονηρὸν Tib. 6–7 καὶ ὑβριστὴν om. Tib. 7 ἂν om. A Tib. αὐτὸν om. Tib. 8 περιαιρεθείς ⟨γε⟩ Tib. 8–9 ἴσως—ἔσται] οὐδενός ἐστιν ἄξιος Tib. 12 προβέβληνται AF πολύευκτος om. S[a] 14 ἔτι om. S[a] τούτοις ἕτεροι F : τούτοις del. van Herwerden 15 ἑταιρία S[c]AFY Schol. D. 18 καὶ παρεῖναι del. Naber 22–3 συλλεγέντας A 23 τε om. A γίγνεσθε F 24 τοίνυν ⟨ἴσως⟩ A

"τί δὴ τὰ καὶ τὰ πεπονθὼς ὁ δεῖνα οὐκ ἐλάμβανεν δίκην παρ' ἐμοῦ;" ἢ "τί δή;" πάλιν ἄλλον ἴσως τινὰ τῶν ἠδικημένων ὀνομάζων. ἐγὼ δὲ δι' ἃς μὲν προφάσεις ἕκαστος ἀφίσταται τοῦ βοηθεῖν αὑτῷ, πάντας ὑμᾶς εἰδέναι νομίζω· καὶ γὰρ ἀσχολία καὶ ἀπραγμοσύνη καὶ τὸ μὴ δύνασθαι λέγειν καὶ ἀπορία καὶ μυρία ἐστὶν αἴτια· **(142)** προσήκειν μέντοι τούτῳ μὴ ταῦτα λέγειν ἡγοῦμαι νυνί, ἀλλ' ὡς οὐ πεποίηκέν τι τούτων ὧν αὐτοῦ κατηγόρηκα διδάσκειν, ἐὰν δὲ μὴ δύνηται, διὰ ταῦτ' ἀπολωλέναι πολὺ μᾶλλον, εἰ γὰρ τηλικοῦτός τίς ἐστιν ὥστε τοιαῦτα ποιῶν δύνασθαι καθ' ἕνα ἕκαστον ἡμῶν ἀποστερεῖν τοῦ δίκης παρ' αὐτοῦ τυχεῖν, κοινῇ νῦν, ἐπειδήπερ εἴληπται, πᾶσιν ὑπὲρ ἁπάντων ἐστὶ τιμωρητέος ὡς κοινὸς ἐχθρὸς τῇ πολιτείᾳ.

143. Λέγεται τοίνυν ποτὲ ἐν τῇ πόλει κατὰ τὴν παλαιὰν ἐκείνην εὐδαιμονίαν Ἀλκιβιάδης γενέσθαι, ᾧ σκέψασθε τίνων εὐεργεσιῶν ὑπαρχουσῶν καὶ ποίων τινῶν πρὸς τὸν δῆμον πῶς ἐχρήσαντο ὑμῶν οἱ πρόγονοι, ἐπειδὴ βδελυρὸς καὶ ὑβριστὴς ᾤετο δεῖν εἶναι. καὶ οὐκ ἀπεικάσαι δήπου Μειδίαν Ἀλκιβιάδῃ βουλόμενος τούτου μέμνημαι τοῦ λόγου (οὐχ οὕτως εἴμ' ἄφρων οὐδ' ἀπόπληκτος ἐγώ), ἀλλ' ἵν' εἰδῆθ' ὑμεῖς, ὦ ἄνδρες Ἀθηναῖοι, καὶ γνῶθ' ὅτι οὐδὲν οὔτ' ἔστιν οὔτ' ἔσται, οὐ γένος, οὐ πλοῦτος, οὐ δύναμις, ὅ τι τοῖς πολλοῖς ὑμῶν,

143 λέγεται—Ἀλκιβιάδης Hermog. 268.17 —γενέσθαι Aps. 6.1, 13 —ὑπαρχουσῶν Aps. 6.14 —φέρειν Syr. Soptr. Marcell. 4.539.1 W. κατὰ τὴν—εὐδαιμονίαν Minuc. 1.342.7 Sp. Ha.

---

6 αἴτια] ἕτερα AF^{γρ} 7–8 τι—ὧν] ταῦτ' ἐφ' οἷς AF^{γρ} 9 δι' ⟨αὐτὰ⟩ Dobree μᾶλλόν ⟨ἐστι δίκαιος⟩ S^{c}AF 10 ἡμῶν ἕκαστον F 11 τυγχάνειν AF^{γρ} 12 ἐστὶ om. Y 14 τοίνυν om. Hermog. Aps. (bis) ποτὲ om. Aps. (bis) ἐν—πόλει om. Hermog. Aps. (bis) Syr. Soptr. Marcell. 14–15 κατὰ—Ἀλκιβιάδης] ἐπὶ τῆς παλαιᾶς ἐκείνης εὐδαιμονίας Hermog. 15 Ἀλκιβιάδην Syr. Soptr. Marcell. 16 εὐεργεσιῶν ὑπαρχουσῶν] ὑπαρχόντων Aps. τινῶν] τιμῶν AF^{γρ} : οἵων δὴ τότε Syr. Soptr. Marcell. 18 δήπου om. Syr. Soptr. Marcell. 19 μέμνηται Syr. Soptr. Marcell. οὐχ] οὐδ' F 20–21 ὑμεῖς, καὶ γνῶθ' et οὔτ' ἔσται om. Syr. Soptr. Marcell. 21 οὔτ' ἔστιν] ἔτ' ἔστιν SY 22 ὅ τι] ὃ AF Syr. Soptr. Marcell. ὑμῖν SF^{c}

ἂν ὕβρις προσῇ, προσήκει φέρειν. **(144)** ἐκεῖνος γάρ, ὦ ἄνδρες Ἀθηναῖοι, λέγεται πρὸς πατρὸς μὲν Ἀλκμεωνιδῶν εἶναι (τούτους δέ φασιν ὑπὸ τῶν τυράνων ὑπὲρ τοῦ δήμου στασιάζοντας ἐκπεσεῖν, καὶ δανεισαμένους χρήματ' ἐκ Δελφῶν ἐλευθερῶσαι τὴν πόλιν καὶ τοὺς Πεισιστράτου παῖδας ἐκβαλεῖν), πρὸς δὲ μητρὸς Ἱππονίκου καὶ ταύτης τῆς οἰκίας οἷς ὑπάρχουσιν πολλαὶ καὶ μεγάλαι πρὸς τὸν δῆμον εὐεργεσίαι. **(145)** οὐ μόνον δὲ ταῦθ' ὑπῆρχεν αὐτῷ, ἀλλὰ καὶ αὐτὸς ὑπὲρ τοῦ δήμου θέμενος τὰ ὅπλα δὶς μὲν ἐν Σάμῳ, τρίτον δ' ἐν αὐτῇ τῇ πόλει, τῷ σώματι τὴν εὔνοιαν, οὐ χρήμασιν οὐδὲ λόγοις ἐνεδείξατο τῇ πατρίδι. ἔτι δὲ ἵππων Ὀλυμπίασιν ἀγῶνες ὑπῆρχον αὐτῷ καὶ νῖκαι καὶ στέφανοι, καὶ στρατηγὸς ἄριστος, καὶ λέγειν ἐδόκει πάντων, ὥς φασιν, εἶναι δεινότατος. **(146)** ἀλλ' ὅμως οἱ κατ' ἐκεῖνον ὑμέτεροι πρόγονοι οὐδενὸς τούτων αὐτῷ συνεχώρησαν ὑβρίζειν αὑτούς, ἀλλὰ ποιήσαντες φυγάδα ἐξέβαλον· καὶ Λακεδαιμονίων ὄντων ἰσχυρῶν τότε, καὶ Δεκέλειαν ἑαυτοῖς ἐπιτειχισθῆναι καὶ τὰς ναῦς ἁλῶναι καὶ πάντα ὑπέμειναν, ὁτιοῦν ἄκοντες παθεῖν κάλλιον εἶναι νομίζοντες ἢ ἑκόντες ὑβρίζεσθαι {συγχωρῆσαι}. **(147)** καίτοι τί τοσοῦτον ἐκεῖνος ὕβρισεν, ἡλίκον οὗτος νῦν ἐξελήλεγκται; Ταυρέαν ἐπάταξεν χορηγοῦντα ἐπὶ κόρρης. ἔστω ταῦτα, ἀλλὰ χορηγῶν γε χορηγοῦντα τοῦτ' ἐποίησεν, οὔπω τόνδε τὸν νόμον παραβαίνων· οὐ γὰρ ἔκειτό πω. εἷρξεν Ἀγάθαρχον τὸν γραφέα· καὶ γὰρ ταῦτα λέγουσιν. λαβὼν γέ τι πλημμελοῦντα, ὥς φασιν· ὅπερ οὐδ' ὀνειδίζειν ἄξιον.

145 αὐτὸς—ὅπλα Schol. Hom. Γ 336 θ[έμ]ενος τὰ ὅπλ[α P. Rain. 7 Harp. θ 1 Sud. θ 112
147 τό] πω—ὅπε[ρ P. Harris 17 εἶρξεν—γραφέα Lex. Cant. s.v. εἰργμοῦ

---

1 προσῇ] ᾖ F 3 ὑπὲρ] ὑπὸ F 4 στασιάσαντας F 5 τοὺς] τοῦ F 6 ταύτης ⟨δὴ⟩ A 7 οἰκίας ⟨συγγενὴς⟩ S^c : οἰκίας ⟨συγγενεῖς⟩ $F^{γρ}$ οἷς] ἧς AFY : ᾗ Dobree 11 ἱππέων FY 12 καὶ στέφανοι om. S^aAY 14 ἐκεῖνον ⟨τὸν χρόνον⟩ ἡμ- FY 15 αὐτούς FY : corr. Lamb. : [SA] 16 ποιήσαντες del. Spalding : ποιήσαντες φυγάδα del. van Herwerden ⟨ἄτιμον καὶ⟩ φυγάδα $S^cF^{γρ}$ 16–17 ἰσχυρῶν ὄντων F 19 del. Cobet 20 ὕβρισεν ἐκεῖνος A νῦν οὗτος A 22 γε om. F 25 φα[σιν.........]τεροι ὅπε[ρ Π17

τοὺς Ἑρμᾶς περιέκοπτεν. ἅπαντα μέν, οἶμαι, τἀσεβήματα τῆς αὐτῆς ὀργῆς δίκαιον ἀξιοῦν· τὸ δ' ὅλως ἀφανίζειν ἱερὰ ἔσθ' ὅ τι τοῦ κόπτειν {τοὺς Ἑρμᾶς} διαφέρει· οὐκοῦν οὗτος ἐξελήλεγκται τοῦτο ποιῶν.

148. ἀντιθῶμεν δὴ τίς ὢν καὶ τίσι ταῦτ' ἐνδεικνύμενος. μὴ τοίνυν ὑμῖν, πρὸς τῷ μὴ καλόν, μηδὲ θεμιτὸν νομίζετε, ἄνδρες δικασταί, μηδ' ὅσιον εἶναι τοιούτων ἀνδρῶν οὖσιν ἀπογόνοις, πονηρὸν καὶ βίαιον καὶ ὑβριστὴν λαβοῦσιν ἄνθρωπον καὶ μηδένα μηδαμόθεν, συγγνώμης ἢ φιλανθρωπίας ἢ χάριτός τινος ἀξιῶσαι. τίνος γὰρ ἕνεκα; τῶν στρατηγιῶν· ἀλλ' οὐδὲ καθ' αὑτὸν στρατιώτης οὗτος οὐδενός ἐστ' ἄξιος, μή τί γε τῶν ἄλλων ἡγεμών. ἀλλὰ τῶν λόγων. ἐν οἷς κοινῇ μὲν οὐδὲν πώποτ' εἶπεν ἀγαθόν, κακῶς δὲ ἰδίᾳ πάντας ἀνθρώπους λέγει. **(149)** γένους ἕνεκα νὴ Δία. καὶ τίς οὐκ οἶδεν ὑμῶν τὰς ἀπορρήτους, ὥσπερ ἐν τραγῳδίᾳ, τὰς τούτου γονάς; ᾧ δύο τὰ ἐναντιώτατα συμβέβηκεν εἶναι· ἡ μὲν γὰρ ὡς ἀληθῶς μήτηρ, ἡ τεκοῦσ' αὐτόν, πλεῖστον ἁπάντων ἀνθρώπων εἶχε νοῦν, ἡ δὲ δοκοῦσα καὶ ὑποβαλομένη πασῶν ἦν ἀνοητοτάτη γυναικῶν. σημεῖον δέ· ἡ μὲν γὰρ ἀπέδοτο εὐθὺς γενόμενον, ἡ δ' ἐξὸν αὐτῇ βελτίω πρίασθαι ταύτης τῆς τιμῆς τοῦτον ἠγόρασεν. **(150)** καὶ γάρ τοι διὰ τοῦτο τῶν οὐ προσηκόντων ἀγαθῶν κύριος γεγονώς, καὶ πατρίδος τετυχηκὼς ἣ νόμοις τῶν ἁπασῶν πόλεων μάλιστ' οἰκεῖσθαι δοκεῖ, οὐδένα οἶμαι τρόπον φέρειν

147 *τὸ δ'—διαφέρει* Syr. Soptr. Marcell. 4.546.8 W. *ἱερὰ* Schol. D. 21.147.508
149 *γένους—γονάς* Syr. Soptr. Marcell. 4.538.31 W.

2 *ἱερὰν* ⟨*ἐσθῆτα*⟩ S^c AFY Syr. Soptr. Marcell. : vide vol. i, p. vii 3 *περικόπτειν* AFY Syr. Soptr. Marcell. del. Dobree 5 *ἀντιθῶμεν—ἐνδεικνύμενος* del. Dobree *δὲ* A *ἠδικημένος* Lamb. : *ἐξακούμενος* Weil : ⟨*ἐποίησεν*⟩ *δακνόμενος* MacDowell : *ἐνδεικνύμενος* ⟨*ἐπήρθη ταῦτα ποιεῖν*⟩ S^c 5–6 *μὴ—ὑμῖν*] *μήτ' οὖν ὑμεῖς* S^γρ 6 *ὑμῖν* om. F : *ὑμῖν* post *καλὸν* A *τῷ*] *τὸ* Schol. D. 21.148.511 11 *οὗτός* ⟨*γε*⟩ SAY *γε* om. SY Schol. D. 21.148.516 14 *ὑμῶν* om. Syr. Soptr. Marcell. 15 *ὥσπερ—τὰς* om. Syr. Soptr. Marcell. *τὰ* om. SA 18 *ὑποβαλλομένη* Y : *ὑπολαμβανομένη* A 19 *γενομένῳ* Y 20 *ταύτης τῆς*] *τῆς ἴσης* AF : *τῆς αὐτῆς* Dobree 21 *τῶν* om. AF 22 *τετευχὼς* SY

οὐδὲ χρῆσθαι τούτοις δύναται, ἀλλὰ τὸ τῆς φύσεως βάρβαρον ἀληθῶς καὶ θεοῖς ἐχθρὸν ἕλκει καὶ βιάζεται, καὶ φανερὸν ποιεῖ τοῖς παροῦσιν ὥσπερ ἀλλοτρίοις, ὅπερ ἔστιν, αὐτὸν χρώμενον.

(151) Τοσούτων τοίνυν καὶ τοιούτων ὄντων ἃ τῷ βδελυρῷ τούτῳ καὶ ἀναιδεῖ βεβίωται, ἔνιοί μοι προσιόντες, ὦ ἄνδρες δικασταί, τῶν χρωμένων αὐτῷ, παραινοῦντες ἀπαλλαγῆναι καὶ καθυφεῖναι τὸν ἀγῶνα τουτονί, ἐπειδή με μὴ πείθοιεν, ὡς μὲν οὐ πολλὰ καὶ δεινὰ πεποίηκεν οὗτος καὶ δίκην ἡντινοῦν ἂν δοίη δικαίως τῶν πεπραγμένων, οὐκ ἐτόλμων λέγειν, ἐπὶ ταῦτα δ' ἀπήντων ὡς "ἥλωκεν ἤδη καὶ κατεψήφισται· τίνος τιμήσειν αὐτῷ προσδοκᾷς τὸ δικαστήριον; οὐχ ὁρᾷς ὅτι πλουτεῖ καὶ τριηραρχίας ἐρεῖ καὶ λειτουργίας; σκόπει δὴ μὴ τούτοις αὐτὸν ἐξαιτήσηται, καὶ ἐλάττω πολὺ τῇ πόλει καταθεὶς ἢ ὅσα σοι δίδωσι καταγελάσῃ." **(152)** ἐγὼ δὲ πρῶτον μὲν οὐδὲν ἀγεννὲς ὑμῶν καταγιγνώσκω, οὐδ' ὑπολαμβάνω τιμήσειν οὐδενὸς ἐλάττονος τούτῳ ἢ ὅσον καταθεὶς οὗτος παύσεται τῆς ὕβρεως· τοῦτο δ' ἐστὶ μάλιστα μὲν θάνατος, εἰ δὲ μή, πάντα τὰ ὄντα ἀφελέσθαι. ἔπειθ' ὑπὲρ τῶν τούτου λειτουργιῶν καὶ τῶν τριηραρχιῶν καὶ τῶν τοιούτων λόγων ὡδὶ γιγνώσκω. **(153)** εἰ μέν ἐστιν, ὦ ἄνδρες Ἀθηναῖοι, τὸ λειτουργεῖν τοῦτο, τὸ ἐν ὑμῖν λέγειν ἐν ἁπάσαις ταῖς ἐκκλησίαις καὶ πανταχοῦ "ἡμεῖς οἱ λειτουργοῦντες, ἡμεῖς οἱ προεισφέροντες ὑμῖν, ἡμεῖς οἱ πλούσιοί ἐσμεν," εἰ τὸ τὰ τοιαῦτα λέγειν, τοῦτ' ἔστιν λειτουργεῖν, ὁμολογῶ Μειδίαν ἁπάντων τῶν ἐν τῇ πόλει λαμπρότατον γεγενῆσθαι· ἀποκναίει

150 ἀλλὰ—βάρβαρον Schol. D. 21.149.519
151 λειτουργία]ς—**152** τι]μήσειν P. Oxy. XI 1378
152 ἐγὼ—καταγιγνώσκω *AB* 150.16
153 Μει]δίαν—**154** κατ' ἐ[κείνους P. Oxy. XI 1378

1–2 ⟨ὡς⟩ ἀληθῶς βάρβαρον AF : ἀληθῶς βάρβαρον Schol. D. 4 ἃ om. SF[c]Y 5 ⟨ὧν⟩ βεβίωται SFY 8 δεινὰ καὶ πολλὰ A 9 δικαίως ἂν δοίη A : ἂν δικαίως δοίη F 13 ἐξαιτήσεται SF[c]Y :]ηται Π1378 13–14 καταθείσῃ S[a]Y : [Π1378] 14 καταγελάσει F : [Π1378] 16 οὐδὲν Bl. ἢ ὅσον] ἧς ὂν S 19 τῶν[1] om. AF 21 ἐν ἁπάσαις λέγειν Y 23 ἡμῖν Y οἳ Weil τὰ om. Schol. D. 21.153.525 24 ἔστι ⟨τὸ⟩ F 25 γενέσθαι A

γὰρ ἀηδίᾳ δήπου καὶ ἀναισθησίᾳ καθ᾽ ἑκάστην τὴν ἐκκλησίαν ταῦτα λέγων. **(154)** εἰ μέντοι τί ποτ᾽ ἐστὶν ἃ λειτουργεῖ τῇ ἀληθείᾳ δεῖ σκοπεῖν, ἐγὼ πρὸς ὑμᾶς ἐρῶ· καὶ θεάσασθε ὡς δικαίως αὐτὸν ἐξετάσω, πρὸς ἐμαυτὸν κρίνων.

Οὗτος, ὦ ἄνδρες Ἀθηναῖοι, γεγονὼς ἔτη περὶ πεντήκοντα ἴσως ἢ μικρὸν ἐλάττω οὐδὲν ἐμοῦ πλείους λειτουργίας ὑμῖν λελητούργηκεν, ὃς †δύο† καὶ τριάκοντα ἔτη γέγονα. κἀγὼ μὲν κατ᾽ ἐκείνους τοὺς χρόνους ἐτριηράρχουν, εὐθὺς ἐκ παίδων ἐξελθών, ὅτε σύνδυο ἦμεν οἱ τριήραρχοι καὶ τἀναλώματα πάντα ἐκ τῶν ἰδίων {οἴκων} καὶ τὰς ναῦς ἐπληρούμεθ᾽ αὐτοί· **(155)** οὗτος δέ, ὅτε μὲν κατὰ ταύτην τὴν ἡλικίαν ἦν ἣν ἐγὼ νῦν, οὐδέπω λειτουργεῖν ἤρχετο, τηνικαῦτα δὲ τοῦ πράγματος ἧπται, ὅτε πρῶτον μὲν διακοσίους καὶ χιλίους πεποιήκατε συντελεῖς ὑμεῖς, παρ᾽ ὧν εἰσπραττόμενοι τάλαντον ταλάντου μισθοῦσι τὰς τριηραρχίας οὗτοι, εἶτα πληρώματα ἡ πόλις παρέχει καὶ σκεύη δίδωσιν, ὥστ᾽ αὐτῶν ἐνίοις τῇ ἀληθείᾳ τὸ μηδὲν ἀναλῶσαι καὶ δοκεῖν λελειτουργηκέναι καὶ τῶν ἄλλων λειτουργιῶν ἀτελεῖς γεγενῆσθαι περίεστιν. **(156)** ἀλλὰ μὴν τί ἄλλο; τραγῳδοῖς κεχορήγηκέν ποθ᾽ οὗτος, ἐγὼ δε αὐληταῖς {ἀνδράσιν}. καὶ ὅτι τοῦτο τἀνάλωμα ἐκείνης τῆς δαπάνης πλέον ἐστὶν πολλῷ, οὐδεὶς ἀγνοεῖ δήπου. κἀγὼ μὲν ἐθελοντὴς νῦν, οὗτος δὲ καταστὰς ἐξ ἀντιδόσεως τότε, οὗ χάριν οὐδεμίαν δήπου δικαίως ἄν τις ἔχοι. τί ἔτι; εἱστίακα τὴν φυλὴν ἐγὼ καὶ Παναθηναίοις κεχορήγηκα, οὗτος δ᾽ οὐδέτερα. **(157)** ἡγεμὼν συμμορίας ὑμῖν ἐγενόμην ἐγὼ ἔτη

154 *ὡς—κρίνων* Io. Sard. 181.1 R.
157 *ἡγεμὼν συμμορίας—τήμερον συ[μμορίας* P. Rain. 7

1 *τὴν* om. AF 3 *ἀληθείᾳ* ⟨*μειδίας*⟩ A 4 *δικαίως*] *καὶ ὡς* Π1378 *ἐξετάσεις* ⟨*ὡς*⟩ *πρὸς* Io. Sard. *κρίνω* S^{a} : *κρινῶ* Weil 6 *ἐλάττον* S : *ἔλαττον* Bk. : [Π1378] 7 *δύο*] δ´ Goodwin : *ἑπτὰ* (*ΔΔΔΠΙΙ* pro *ΔΔΔΙΙ*) MacDowell 9 *ἦσαν* F^{a} 10 del. Reiske : *ἐδαπανῶμεν* A : *διῳκοῦμεν* Schaefer : *ἧκεν* Dobree *ἐπληροῦμεν* AF 11 *ἣν* om. SY 13 *ἧπται*] *ἧρκται* S^{γρ}F^{γρ} 14 *τάλαντον*] *ταλάντων* S 15 *εἶτα* ⟨*τὰ*⟩ S^{c}F : *ἔπειτα* A 17 *μηδένα* S^{a}Y 18 *ἀτελέσι* F 20 del. MacDowell 21 *πολλῷ* post *δαπάνης* F 23 *δήπου* ⟨*αὐτῷ*⟩ A : ⟨*αὐτῷ*⟩ *δήπου* FY *τί ἔτι* om. A

δέκα, ἴσον Φορμίωνι καὶ Λυσιθείδῃ καὶ Καλλαίσχρῳ καὶ τοῖς πλουσιωτάτοις, εἰσφέρων οὐκ ἀπὸ ὑπαρχούσης οὐσίας (ὑπὸ γὰρ τῶν ἐπιτρόπων ἀπεστερήμην), ἀλλ' ἀπὸ τῆς δόξης ὧν ὁ πατήρ μοι κατέλιπεν καὶ ὧν δίκαιον ἦν με δοκιμασθέντα κομίσασθαι. ἐγὼ μὲν οὖν οὕτως ὑμῖν προσενήνεγμαι, Μειδίας δὲ πῶς; οὐδέπω καὶ τήμερον συμμορίας ἡγεμὼν γέγονεν, οὐδὲν τῶν πατρῴων ἀποστερηθεὶς ὑπ' οὐδενός, ἀλλὰ παρὰ τοῦ πατρὸς πολλὴν οὐσίαν παραλαβών. **(158)** τίς οὖν ἐστιν ἡ λαμπρότης, ἢ τίνες αἱ λειτουργίαι καὶ τὰ σεμνὰ ἀναλώματα τούτου; ἐγὼ μὲν γὰρ οὐχ ὁρῶ, πλὴν εἰ ταῦτά τις θεωρεῖ· οἰκίαν ᾠκοδόμηκεν Ἐλευσῖνι τοσαύτην ὥστε πᾶσιν ἐπισκοτεῖν τοῖς ἐν τῷ τόπῳ, καὶ εἰς μυστήρια τὴν γυναῖκ' ἄγει, κἂν ἄλλοσέ ποι βούληται, ἐπὶ τοῦ λευκοῦ ζεύγους τοῦ ἐκ Σικυῶνος, καὶ τρεῖς ἀκολούθους ἢ τέτταρας αὐτὸς ἔχων διὰ τῆς ἀγορᾶς σοβεῖ, κυμβία καὶ ῥυτὰ καὶ φιάλας ὀνομάζων οὕτως ὥστε τοὺς παριόντας ἀκούειν. **(159)** ἐγὼ δ' ὅσα μὲν τῆς ἰδίας τρυφῆς ἕνεκα Μειδίας καὶ περιουσίας κτᾶται, οὐκ οἶδ' ὅ τι τοὺς πολλοὺς ὑμῶν ὠφελεῖ· ἃ δ' ἐπαιρόμενος τούτοις ὑβρίζει, ἐπὶ πολλοὺς καὶ τοὺς τυχόντας ἡμῶν ἀφικνούμενα ὁρῶ. οὐ δεῖ δὴ τὰ τοιαῦθ' ἑκάστοτε τιμᾶν οὐδὲ θαυμάζειν ὑμᾶς, οὐδὲ τὴν φιλοτιμίαν ἐκ τούτων κρίνειν, εἴ τις οἰκοδομεῖ λαμπρῶς ἢ θεραπαίνας κέκτηται πολλὰς ἢ σκεύη καλά, ἀλλ' ὃς ἂν ἐν τούτοις λαμπρὸς καὶ φιλότιμος ᾖ, ὧν ἅπασι μέτεστι τοῖς πολλοῖς ὑμῶν· ὧν οὐδὲν εὑρήσετε τούτῳ προσόν.

160. Ἀλλὰ νὴ Δία τριήρη ἐπέδωκεν· ταύτην γὰρ οἶδ' ὅτι

158 *τρεῖς—σοβεῖ* Schol. D. 24.200.361a *κυμβία—ῥυτὰ* Ath. 11.481e *—φιάλας* Ath. 496f Hdn. ap. Schol. D. 21.133.471b

5 *οὖν* om. F 6 *ἡγεμὼν συμμορίας* A 8 *ἐστιν* om. F Schol. D. 21.158.536 10 ⟨*τὰ*⟩ *τούτου* A *γὰρ* om. A 11 ⟨*ἐν*⟩ *ἐλευσῖνι* AF 14–15 *διὰ—σοβεῖ* ante *τρεῖς* Schol. D. 24.200. 361a 15 *ῥυτὰ καὶ κυμβία* Ath. (bis) Hdn. *φιάλας* ⟨*καὶ τὰ τοιαῦτα*⟩ A 16 *παρόντας* F 17 *μειδίας* om. A 18 *τούτους* Y^{c} 19 *ὑμῶν* AF 20 *δὴ δεῖ* AFY 22 *καλά* del. Meier : *λαμπρά* A : *πολλά* F : *πολλὰ καὶ καλά* Schaefer 23 *ἦν* Y 25 *νὴ*] *μὴν* S^{c}F^{γρ} *διὰ* F^{γρ} *τριήρη* ⟨*ἣν*⟩ SFY ⟨*εὖ*⟩ *οἶδ'* AF

θρυλήσει, καὶ φήσει "ἐγὼ ὑμῖν τριήρη ἐπέδωκα." οὑτωσὶ δὴ ποιήσατε. εἰ μέν, ὦ ἄνδρες Ἀθηναῖοι, φιλοτιμίας ἕνεκα ταύτην ἐπέδωκεν, ἣν προσήκει τῶν τοιούτων ἔχειν χάριν, ταύτην ἔχετε αὐτῷ καὶ ἀπόδοτε, ὑβρίζειν δὲ μὴ δῶτε· οὐδενὸς γὰρ πράγματος οὐδ' ἔργου τοῦτο συγχωρητέον. εἰ δὲ δὴ καὶ δειλίας καὶ ἀνανδρίας ἕνεκα δειχθήσεται τοῦτο πεποιηκώς, μὴ παρακρουσθῆτε. πῶς οὖν εἴσεσθε; ἐγὼ καὶ τοῦτο διδάξω· ἄνωθεν δέ, βραχὺς γάρ ἐσθ' ὁ λόγος, λέξω. **(161)** *ἐγένοντο εἰς Εὔβοιαν ἐπιδόσεις παρ' ὑμῖν πρῶται· τούτων οὐκ ἦν Μειδίας, ἀλλ' ἐγώ, καὶ συντριήραρχος ἦν μοι Φιλῖνος ὁ Νικοστράτου. ἕτεραι δεύτεραι μετὰ ταῦτα εἰς Ὄλυνθον· οὐδὲ τούτων ἦν Μειδίας. καίτοι τόν γε δὴ φιλότιμον πανταχοῦ προσῆκεν ἐξετάζεσθαι. τρίται τοίνυν αὗται γεγόνασιν ἐπιδόσεις· ἐνταῦθα ἐπέδωκεν. πῶς; ἐν τῇ βουλῇ γιγνομένων ἐπιδόσεων παρὼν οὐκ ἐπεδίδου τότε·* **(162)** *ἐπειδὴ δὲ πολιορκεῖσθαι τοὺς ἐν Ταμύναις στρατιώτας ἐξηγγέλλετο, καὶ πάντας ἐξιέναι τοὺς ὑπολοίπους ἱππέας, ὧν εἷς οὗτος ἦν, προεβούλευσεν ἡ βουλή, τηνικαῦτα φοβηθεὶς τὴν στρατείαν ταύτην εἰς τὴν ἐπιοῦσαν ἐκκλησίαν, πρὶν καὶ προέδρους καθίζεσθαι, παρελθὼν ἐπέδωκεν.*

Τῷ δῆλον, ὥστε μηδ' ἀντειπεῖν αὐτὸν ἔχειν, ὅτι τὴν στρατείαν φεύγων, οὐ φιλοτιμίᾳ, τοῦτ' ἐποίησεν; τοῖς μετὰ ταῦτα πραχθεῖσιν ὑπ' αὐτοῦ. **(163)** *τὸ μὲν γὰρ πρῶτον, ὡς οὐκ ἐδόκει, προϊούσης τῆς ἐκκλησίας καὶ λόγων γιγνομένων, τῆς τῶν ἱππέων βοηθείας ἤδη δεῖν, ἀλλ' ἀνεπεπτώκει τὰ τῆς ἐξόδου, οὐκ ἀνέβαινεν ἐπὶ τὴν ναῦν ἣν ἐπέδωκεν, ἀλλὰ*

161 *ἐγένοντο—ἐπιδόσεις*[1] Anon. Seg. 59 *ἕτεραι—ταῦτα* P. Rain. 7
162 *τῷ—ἐποίησεν* Syr. 2.27.21 R. Io. Sard. 101.20 R.

---

8 *ἄνωθεν—λέξω* om. A *γάρ* om. S[a] *λόγος* ⟨*ὢν*⟩ S[c]FY *λέξω* ⟨*κἂν ἄνωθεν ἄρχεσθαι δοκῇ*⟩ FY 8–9 *ἐπιδόσεις εἰς εὔβοιαν* Anon. Seg. 11 *ἕτεροι δεύτεροι* Π7 12 *δὴ* om. A 13 *τοίνυν*] *νῦν* AF 16 *ἐξήγγελτο* Cobet 19 *καθέζεσθαι* Lamb. *προελθὼν* F[c] 21 *τῷ*⟨*δὴ*⟩ van Herwerden *ὥστε*] *ὡς* Syr. Io. Sard. 24 *προϊούσης* ⟨*ἤδη*⟩ A 25 *ἀναπεπτώκει* SAFY : corr. Dindorf 26 *ἐνέβαινεν* AF

τὸν μέτοικον ἐξέπεμψε τὸν Αἰγύπτιον, Πάμφιλον, αὐτὸς δὲ μένων ἐνθάδε τοῖς Διονυσίοις διεπράττετο ταῦτ᾽ ἐφ᾽ οἷς νυνὶ κρίνεται· **(164)** *ἐπειδὴ δὲ ὁ στρατηγὸς Φωκίων μετεπέμπετο τοὺς ἐξ Ἀργούρας ἱππέας ἐπὶ τὴν διαδοχὴν καὶ κατείληπτο σοφιζόμενος, τότε ὁ δειλὸς καὶ κατάρατος οὑτοσὶ λιπὼν τὴν τάξιν ταύτην ἐπὶ τὴν ναῦν ᾤχετο, καὶ ὧν ἱππαρχεῖν ἠξίωσε παρ᾽ ὑμῖν ἱππέων, τούτοις οὐ συνεξῆλθεν. εἰ δ᾽ ἐν τῇ θαλάττῃ κίνδυνός τις ἦν, εἰς τὴν γῆν δῆλον ὅτι ᾤχετ᾽ ἄν.* **(165)** *οὐ μὴν Νικήρατός γε οὕτως ὁ τοῦ Νικίου, ὁ ἀγαπητός, ὁ ἄπαις, ὁ παντάπασιν ἀσθενὴς τῷ σώματι· οὐδ᾽ Εὐκτήμων ὁ τοῦ Αἰσίωνος, οὐχ οὕτως· οὐδ᾽ Εὐθύδημος ὁ τοῦ Στρατοκλέους· ἀλλ᾽ αὐτῶν ἕκαστος ἑκὼν ἐπιδοὺς τριήρη οὐκ ἀπέδρα ταύτην τὴν στρατείαν, ἀλλὰ τὴν μὲν {ἐπίδοσιν} ἐν χάριτος μέρει καὶ δωρεᾶς παρεῖχον πλέουσαν τῇ πόλει, οὗ δὲ ὁ νόμος προσέταττεν, ἐνταῦθα τοῖς σώμασιν αὐτοὶ λειτουργεῖν ἠξίουν.* **(166)** *ἀλλ᾽ οὐχ ὁ ἵππαρχος Μειδίας, ἀλλὰ τὴν ἐκ τῶν νόμων τάξιν λιπών, οὗ δίκην ὀφείλει τῇ πόλει δοῦναι, τοῦτ᾽ ἐν εὐεργεσίας ἀριθμήσει μέρει. καίτοι τὴν τοιαύτην τριηραρχίαν, ὦ πρὸς θεῶν, πότερον τελωνίαν καὶ πεντηκοστὴν καὶ λιποτάξιον καὶ στρατείας ἀπόδρασιν καὶ πάντα τὰ τοιαῦτα ἁρμόττει καλεῖν, ἢ φιλοτιμίαν; οὐδένα γὰρ τρόπον ἄλλον ἐν τοῖς ἱππεῦσιν αὑτὸν ἀτελῆ ποιῆσαι στρατείας δυνάμενος ταύτην εὕρηκε Μειδίας καινὴν ἱππικῆς τινα πεντηκοστήν.* **(167)** *καὶ γὰρ αὖ τοῦτο. τῶν ἄλλων ἁπάντων τῶν ἐπιδόντων τριηράρχων παραπεμπόντων ὑμᾶς ὅτε δεῦρ᾽ ἀπεπλεῖτ᾽ ἐκ Στύρων, μόνος οὗτος οὐ παρέπεμπεν, ἀλλ᾽ ἀμελήσας ὑμῶν χάρακας καὶ βοσκήματα καὶ θυρώματα ὡς αὑτὸν καὶ ξύλα*

166 *πεντηκοστὴν* Harp. *π* 50 Sud. *π* 983

2 *ἐνθάδε* ⟨*ἐν*⟩ Y 4 *ἀργυρας* S[a] 9 *γε* ⟨*οὐχ*⟩ A *οὗτος* Y *παῖς* AF Schol. D. 21.165.566 : *ὁ ἄπαις* del. Dobree: utrumque del. Dindorf 12 *ταύτῃ* Bk. 13 *στρατιὰν* A del. Bk. 18 *εὐεργεσίαις* S 19 ⟨*τῶν*⟩ *θεῶν* AF 20 *λιποταξίαν* SAFY : corr. Cobet 22 *αὐτὸν* SFY *δυνάμενος στρατείας* A 23 *ταύτην εὕρηκε*] *καινὴν ἐξεῦρε* Schol. D. 21.166.569 *καινὴν*] *κενὴν* S *ἱππικήν* S Schol. D. 24 *αὖ τοῦτο*] *αὐτοῦ τὸ* SY : *αὖ τότε* F[c] : [F] 26 *σκυθῶν* S[c] 27 *αὐτὸν* FY : corr. cod. P : [SA] *καὶ ξύλα* om. A

εἰς τὰ ἔργα τὰ ἀργύρεια ἐκόμιζεν, καὶ χρηματισμός, οὐ λειτουργία γέγονεν ἡ τριηραρχία τῷ καταπτύστῳ τούτῳ. ἀλλὰ μὴν ὡς ἀληθῆ λέγω σύνιστε μὲν τὰ πολλὰ τούτων, ὅμως δὲ καὶ μάρτυρας ὑμῖν καλῶ.

ΜΑΡΤΥΡΕΣ

168. {*Κλέων Σουνιεύς, Ἀριστοκλῆς Παιανιεύς, Πάμφιλος, Νικήρατος Ἀχερδούσιος, Εὐκτήμων Σφήττιος, καθ' ὃν καιρὸν ἐκ Στύρων ἀπεπλέομεν δεῦρο τῷ στόλῳ παντί, ἐτύχομεν τριηραρχοῦντες καὶ αὐτοὶ καὶ Μειδίας ὁ νῦν κρινόμενος ὑπὸ Δημοσθένους, ᾧ μαρτυροῦμεν. παντὸς δὲ τοῦ στόλου πλεόντων ἐν τάξει, καὶ τῶν τριηράρχων ἐχόντων παράγγελμα μὴ χωρίζεσθαι ἕως ἂν δεῦρο καταπλεύσωμεν, Μειδίας ὑπολειφθεὶς τοῦ στόλου, καὶ γεμίσας τὴν ναῦν ξύλων καὶ χαράκων καὶ βοσκημάτων καὶ ἄλλων τινῶν, κατέπλευσεν εἰς Πειραιᾶ μόνος μεθ' ἡμέρας δύο, καὶ οὐ συγκατέστησε τὸν στόλον μετὰ τῶν ἄλλων τριηράρχων.*}

169. Εἰ τοίνυν ὡς ἀληθῶς, ἄνδρες Ἀθηναῖοι, οἷάπερ φήσει καὶ καταλαζονεύσεται πρὸς ὑμᾶς αὐτίκα δὴ μάλα, τοιαῦτ' ἦν αὐτῷ τὰ λελειτουργημένα καὶ πεπραγμένα, καὶ μὴ τοιαῦτα οἷα ἐγὼ δεικνύω, οὐδ' οὕτω δήπου τό γε δοῦναι δίκην ὧν ὕβρικεν ἐκφυγεῖν ταῖς λειτουργίαις δίκαιος ἂν ἦν. ἐγὼ γὰρ οἶδ' ὅτι πολλοὶ πολλὰ κἀγάθ' ὑμᾶς εἰσιν εἰργασμένοι, οὐ κατὰ τὰς Μειδίου λειτουργίας, οἱ μὲν ναυμαχίας νενικηκότες, οἱ δὲ πόλεις εἰληφότες, οἱ δὲ πολλὰ καὶ καλὰ ὑπὲρ τῆς πόλεως στήσαντες τρόπαια· **(170)** ἀλλ' ὅμως οὐδενὶ πώποτε τούτων δεδώκατε τὴν δωρεὰν ταύτην οὐδ' ἂν δοίητε, ἐξεῖναι τοὺς ἰδίους ἐχθροὺς ὑβρίζειν αὐτῶν ἑκάστῳ, ὁπόταν βούληται καὶ

167 *καὶ χρηματισμὸς—τούτῳ* Syr. 2.27.24 R.
168 *Μειδίας*[2] *δ'—ξύλων* AB 177.17 *—τινῶν* AB 131.9
169 *οἱ δὲ—εἰληφότες* AB 155.7

---

1 *τὰ*[2] om. SY *οὐχὶ* A 3 *μὲν τὰ*] *μετὰ* Y *τούτων* ⟨*ὑμεῖς*⟩ A 7 *Νικήρατος* del. Boeckh 8 *σκυθῶν* S^{c} 9 *καὶ*[2] om. SY 10 *δὲ τοῦ*] *δεκάτου* SY : *δὲ καὶ τοῦ* S^{c} 12 *μειδίας* ⟨*δ'*⟩ SAF^{a}Y AB *ἀπολειφθεὶς* AB 16 ⟨*ὦ*⟩ *ἄνδρες* A^{c}F *ἅπερ* SAFY : corr. Reiske *φησὶ* AY 17 *καταλαζονεύεται* SAY : *καὶ ἀλαζονεύσεται* Dobree 18 ⟨*καὶ*⟩ *τὰ* Y 19–20 *ὧν* ⟨*ἐμὲ*⟩ . . . *ἐκφεύγειν* F 21 *εἰσιν ὑμᾶς* A 23 *ὑπὲρ—πόλεως*] *τῇ πόλει* A 24 *ὅμως* ⟨*ὑμεῖς*⟩ A *τούτων πώποτε* F 25 *ἐδώκατε* AF 26 *ὁπόταν*] *ὅπου ἐὰν* SY

ὃν ἂν δύνηται τρόπον. οὐδὲ γὰρ Ἁρμοδίῳ καὶ Ἀριστογείτονι· τούτοις γὰρ δὴ μέγισται δέδονται δωρεαὶ παρ᾽ ὑμῶν καὶ ὑπὲρ μεγίστων. οὐδ᾽ ἂν ἠνέσχεσθε, εἰ προσέγραψέ τις ἐν τῇ στήλῃ "ἐξεῖναι δὲ καὶ ὑβρίζειν αὐτοῖς ὃν ἂν βούλωνται·" ὑπὲρ γὰρ αὐτοῦ τούτου τὰς ἄλλας ἔλαβον δωρεάς, ὅτι τοὺς ὑβρίζοντας ἔπαυσαν.

171. Ὅτι τοίνυν καὶ κεκόμισται χάριν, ὦ ἄνδρες Ἀθηναῖοι, παρ᾽ ὑμῶν, οὐ μόνον ὧν αὐτὸς λελειτούργηκεν λειτουργιῶν ἀξίαν (μικρὰ γὰρ αὕτη γέ τις ἦν), ἀλλὰ καὶ τῶν μεγίστων, καὶ τοῦτο βούλομαι δεῖξαι, ἵνα μηδ᾽ ὀφείλειν οἴησθέ τι τῷ καταπτύστῳ τούτῳ. ὑμεῖς γάρ, ὦ ἄνδρες Ἀθηναῖοι, ἐχειροτονήσατε τοῦτον τῆς Παράλου ταμίαν, ὄντα τοιοῦτον οἷός ἐστιν, καὶ πάλιν ἵππαρχον, ὀχεῖσθαι διὰ τῆς ἀγορᾶς ταῖς πομπαῖς οὐ δυνάμενον, καὶ μυστηρίων ἐπιμελητὴν καὶ ἱεροποιόν ποτε καὶ βοώνην, καὶ τὰ τοιαῦτα δή. **(172)** εἶτα πρὸς τῶν θεῶν τὸ τὴν τῆς φύσεως κακίαν καὶ ἀνανδρίαν καὶ πονηρίαν ταῖς παρ᾽ ὑμῶν ἀρχαῖς καὶ τιμαῖς καὶ χειροτονίαις ἐπανορθοῦσθαι μικρὰν ὑπολαμβάνετ᾽ εἶναι δωρεὰν καὶ χάριν; καὶ μὴν εἴ τις αὐτοῦ ταῦτ᾽ ἀφέλοιτο "ἱππάρχηκα, τῆς Παράλου ταμίας γέγονα," τίνος ἄλλου ἔστ᾽ ἄξιος οὗτος; **(173)** ἀλλὰ μὴν κἀκεῖνό γ᾽ ἐπίστασθε, ὅτι τῆς μὲν Παράλου ταμιεύσας Κυζικηνῶν ἥρπασε πλεῖον ἢ πέντε τάλαντα, ὑπὲρ ὧν ἵνα μὴ δῷ δίκην, πάντα τρόπον περιωθῶν καὶ ἐλαύνων τοὺς ἀνθρώπους καὶ τὰ σύμβολα συγχέων τὴν μὲν πόλιν ἐχθρὰν τῇ πόλει πεποίηκεν, τὰ χρήματα δ᾽ αὐτὸς ἔχει· ἵππαρχος δὲ χειροτονηθεὶς λελύμανται τὸ ἱππικὸν ὑμῶν, τοιούτους θεὶς νόμους οὓς πάλιν αὐτὸς ἔξαρνος ἦν μὴ τεθεικέναι.

171 *ἵνα—τούτῳ* AB 160.15
173 *ἀλλὰ*—**174** *ἱππεῖς* Greg. Cor. 7.1200.9 W.

2 *δὴ* om. S^γρ *δέδονται* ante *μέγισται* S^γρ: post *δωρεαὶ* A 3 *μεγίστων* ⟨*οὐ δέδοται τοῦτο*⟩ S^γρ 7 *καὶ* om. S 9 *γὰρ* ⟨*ἂν*⟩ Spalding 10 *καὶ* om. A 11–12 *τοῦτον ἐχειροτονήσατε* A 15 *δή* om. A 20 *ἔστ᾽ ἄλλου ἄξιος* F : *ἄξιός ἐστιν* A 23 *περιωθῶν*] *περιάγων* S^c F^c 25 *αὐτὰ* Greg. Cor. 26 *ἡμῶν* Greg. Cor. 27 *οὓς* om. S^a *τεθηκέναι* Goodwin

(174) *καὶ τῆς μὲν Παράλου ταμιεύων τότε, ὅτε τὴν ἐπὶ Θηβαίους ἔξοδον εἰς Εὔβοιαν ἐποιεῖσθ' ὑμεῖς, δώδεκα τῆς πόλεως τάλαντ' ἀναλίσκειν ταχθείς, ἀξιούντων ὑμῶν πλεῖν καὶ παραπέμπειν τοὺς στρατιώτας οὐκ ἐβοήθησεν, ἀλλ' ἤδη τῶν σπονδῶν γεγονυιῶν, ἃς Διοκλῆς ἐσπείσατο Θηβαίοις, ἧκεν. καὶ τότε ἡττᾶτο πλέων τῶν ἰδιωτικῶν τριήρων μιᾶς· οὕτως εὖ τὴν ἱερὰν τριήρη παρεσκευάκει. ἱππαρχῶν τοίνυν, τί οἴεσθε τἄλλα; ἀλλ' ἵππον, ἵππον οὐκ ἐτόλμησεν ὁ λαμπρὸς καὶ πλούσιος οὗτος πρίασθαι, ἀλλ' ἐπ' ἀλλοτρίου τὰς πομπὰς ἡγεῖτο, τοῦ Φιλομήλου τοῦ Παιανιέως ἵππου· καὶ ταῦτα πάντες ἴσασιν οἱ ἱππεῖς. καὶ ὅτι ταῦτ' ἀληθῆ λέγω, κάλει μοι καὶ τούτων τοὺς μάρτυρας.*

ΜΑΡΤΥΡΕΣ

175. *Βούλομαι τοίνυν ὑμῖν, ὦ ἄνδρες Ἀθηναῖοι, καὶ ὅσων ἤδη καταχειροτονήσαντος τοῦ δήμου περὶ τὴν ἑορτὴν ἀδικεῖν ὑμεῖς κατεγνώκατε, εἰπεῖν, καὶ δεῖξαι τί πεποιηκότες αὐτῶν ἔνιοι τίνος ὀργῆς τετυχήκασι παρ' ὑμῶν, ἵνα ταῦτα πρὸς τὰ τούτῳ πεπραγμένα ἀντιθῆτε. πρῶτον μὲν τοίνυν, ἵνα πρώτης τῆς τελευταίας γεγονυίας μνησθῶ καταγνώσεως, περὶ τὰ μυστήρια ἀδικεῖν Εὐάνδρου κατεχειροτόνησεν ὁ δῆμος τοῦ Θεσπέως, προβαλομένου αὐτὸν Μενίππου, Καρός τινος ἀνθρώπου. ἔστι δ' ὁ αὐτὸς νόμος τῷδε τῷ περὶ τῶν Διονυσίων ὁ περὶ τῶν μυστηρίων, κἀκεῖνος ὕστερος τοῦδε ἐτέθη.* **(176)** *τί οὖν ποιήσαντος, ὦ ἄνδρες Ἀθηναῖοι, κατεχειροτονήσατε τοῦ Εὐάνδρου; τοῦτ' ἀκούσατε. ὅτι δίκην ἐμπορικὴν καταδικασάμενος τοῦ Μενίππου, οὐκ ἔχων πρότερον λαβεῖν*

174 *καὶ*[1]*—ὑμεῖς* AB 175.31   *ἀλλ' ἐπ'—πρίασθαι* Hermog. 425.6 R.

---

1 *ὅτε* om. Greg. Cor.   2 *ἐποιεῖτο ἔξοδον εἰς Εὔβοιαν* (*ὑμεῖς* om.) Greg. Cor.   8–9 *ἵππον οὐκ—οὗτος*] *ἵππον* ⟨*μὲν*⟩ *οὐκ ἐτόλμησεν ὁ κατάρατος οὑτοσὶ* Hermog.   10 *ἡγεῖτο*] *ἐποιεῖτο* S[γρ]   *ταῦτα* ⟨*ἐξιόντων*⟩ SY   11 *πάντα* F   *συνιππεῖς* A Greg. Cor.   12 *καὶ*] *ἀλλὰ μὴν* AF   *τοὺς* om. SFY   17 *αὐτῶν* om. A   18 *ἵν' αὐτὰ* AF   19 *τιθῆτε* Y[a]   *πρώτης* SFY   22 *θεσπειέως* A[a]   *προβαλλομένου* AY

αὐτόν, ὡς ἔφη, τοῖς μυστηρίοις ἐπιδημοῦντος ἐπελάβετο. κατεχειροτονήσατε μὲν διὰ ταῦτα, καὶ οὐδ' ὁτιοῦν ἄλλο προσῆν, εἰσελθόντα δ' εἰς τὸ δικαστήριον ἠβούλεσθε μὲν θανάτῳ κολάσαι, τοῦ δὲ προβαλομένου πεισθέντος τὴν δίκην τε πᾶσαν ἀφεῖναι ἠναγκάσατε αὐτόν, ἣν ᾑρήκει πρότερον (ἦν δὲ δυοῖν αὕτη ταλάντοιν), καὶ προσετιμήσατε τὰς βλάβας, ἃς ἐπὶ τῇ καταχειροτονίᾳ μένων ἐλογίζετο αὑτῷ γεγενῆσθαι πρὸς ὑμᾶς ἅνθρωπος. **(177)** *εἷς μὲν οὗτος ἐξ ἰδίου πράγματος, οὐδεμιᾶς ὕβρεως προσούσης, ὑπὲρ αὐτοῦ τοῦ παραβῆναι τὸν νόμον τοσαύτην ἔδωκε δίκην. εἰκότως· τοῦτο γάρ ἐσθ' ὃ φυλάττειν ὑμᾶς δεῖ, τοὺς νόμους, τὸν ὅρκον· ταῦτ' ἔχεθ' ὑμεῖς οἱ δικάζοντες ἀεὶ παρὰ τῶν ἄλλων ὡσπερεὶ παρακαταθήκην, ἣν ἅπασιν, ὅσοι μετὰ τοῦ δικαίου πρὸς ὑμᾶς ἔρχονται, σῶν ὑπάρχειν δεῖ.* **(178)** *ἕτερος ἀδικεῖν ποτ' ἔδοξεν ὑμῖν περὶ τὰ Διονύσια, καὶ κατεχειροτονήσατε αὐτοῦ παρεδρεύοντος ἄρχοντι τῷ υἱεῖ, ὅτι θέαν τινὸς καταλαμβάνοντος ἥψατο, ἐξείργων ἐκ τοῦ θεάτρου· ἦν δ' οὗτος ὁ τοῦ βελτίστου πατὴρ Χαρικλείδου, τοῦ ἄρξαντος.* **(179)** *καὶ μέγα γ' ὑμῖν τοῦτ' ἐδόκει δίκαιον ἔχειν ὁ προβαλλόμενος λέγειν, "εἰ κατελάμβανον, ἄνθρωπε, θέαν, εἰ μὴ τοῖς κηρύγμασιν, ὥς σύ με φής, ἐπειθόμην, τίνος ἐκ τῶν νόμων εἶ κύριος, καὶ ὁ ἄρχων αὐτός; τοῖς ὑπηρέταις ἐξείργειν εἰπεῖν, οὐκ αὐτὸς τύπτειν. οὐδ' οὕτω πείθομαι· ἐπιβολὴν ἐπιβάλλειν, πάντα μᾶλλον πλὴν αὐτὸς ἅψασθαι τῇ χειρί· πολλὰ γὰρ πρὸ τοῦ μὴ τὸ σῶμα ἕκαστον ὑβρίζεσθαι πεποιήκασιν οἱ νόμοι." ταῦτ' ἔλεγεν μὲν ἐκεῖνος, ἐχειροτονήσατε δ' ὑμεῖς· οὐ μὴν εἰσῆλθεν εἰς τὸ δικαστήριον οὗτος, ἀλλ' ἐτελεύτησεν πρότερον.* **(180)** *ἑτέρου τοίνυν ὅ τε δῆμος ἅπας κατεχειροτόνησεν ἀδικεῖν περὶ τὴν ἑορτήν, καὶ*

3 *ἐβουλεύσασθε* A 4 *κολάσαι]* *ζημιῶσαι* F *προβαλλομένου* Schol. D. 21.176.602 5 *τε* om. S^{c}F 7 *χειροτονίᾳ* $S^{c(m.a.)}$ *αὐτῷ* FY : corr. Taylor : [SA] 8 *ἄνθρωπος* SY : corr. Bk. : [AF] 12 *ἀεὶ δικάζοντες* Cobet *ὥσπερ* F^{a} 13 *σώαν* S^{c}Y : *σῴιαν* F : [S] 16 *καταλαμβόντος* A 18 *ἐδόκει ⟨καὶ⟩* SFY 19 *ἔχων* Weil *προβαλόμενος* AFY 20 *ἄνθρωπε θέαν* om. A *με* om. A 23 *ἐπιβαλεῖν* Bl. *μᾶλλον* om. A 24 *πρὸ τοῦ]* *πρὸς τὸ* F 26 *καταχειροτονήσατε* AFY

ὑμεῖς εἰσελθόντα ἀπεκτείνατε τοῦτον, Κτησικλέα, ὅτι σκῦτος ἔχων ἐπόμπευεν, καὶ τούτῳ μεθύων ἐπάταξέν τινα ἐχθρὸν ὑπάρχοντα ἑαυτῷ· ἐδόκει γὰρ ὕβρει καὶ οὐκ οἴνῳ τύπτειν, ἀλλὰ τὴν ἐπὶ τῆς πομπῆς καὶ τοῦ μεθύειν πρόφασιν λαβὼν ἀδικεῖν, ὡς δούλοις χρώμενος τοῖς ἐλευθέροις. **(181)** ἁπάντων τοίνυν, ὦ ἄνδρες Ἀθηναῖοι, τούτων, ὧν ὁ μὲν ὧν εἷλεν ἀποστάς, ὁ δὲ καὶ θανάτῳ ζημιωθεὶς φαίνεται, πολλῷ δεινότερ' εὖ οἶδ' ὅτι πάντες ἂν εἶναι φήσειαν τὰ Μειδίᾳ πεπραγμένα· οὔτε γὰρ πομπεύων οὔτε δίκην ᾑρηκὼς οὔτε παρεδρεύων οὔτ' ἄλλην σκῆψιν ἔχων οὐδεμίαν πλὴν ὕβριν, τοιαῦτα πεποίηκεν οἷα οὐδεὶς ἐκείνων. **(182)** καὶ τούτους μὲν ἐάσω. ἀλλὰ Πύρρον, ὦ ἄνδρες Ἀθηναῖοι, τὸν Ἐτεοβουτάδην, ἐνδειχθέντα δικάζειν ὀφείλοντα τῷ δημοσίῳ, θανάτῳ ζημιῶσαί τινες ὑμῶς ᾤοντο χρῆναι, καὶ τέθνηκεν ἁλοὺς παρ' ὑμῖν· καίτοι τοῦτο τὸ λῆμμα δι' ἔνδειαν, οὐ δι' ὕβριν λαμβάνειν ἐπεχείρησεν ἐκεῖνος. καὶ πολλοὺς ἂν ἑτέρους ἔχοιμι λέγειν, ὧν οἱ μὲν τεθνᾶσιν, οἱ δ' ἠτιμωμένοι διὰ πολλῷ τούτων εἰσὶν ἐλάττω πράγματα. ὑμεῖς δ', ὦ ἄνδρες Ἀθηναῖοι, Σμίκρῳ δέκα ταλάντων ἐτιμήσατε καὶ Σκίτωνι τοσούτων ἑτέρων, δόξαντι παράνομα γράφειν, καὶ οὔτε παιδί' οὔτε φίλους οὔτε συγγενεῖς οὐθ' ὁντινοῦν ἠλεήσατε τῶν παρόντων ἐκείνοις. **(183)** μὴ τοίνυν, ἐὰν μὲν εἴπῃ τις παράνομα, οὕτως ὀργιζόμενοι φαίνεσθε, ἐὰν δὲ ποιῇ, μὴ λέγῃ, πράως διάκεισθε. οὐδὲν γὰρ ῥῆμα οὐδ' ὄνομα οὕτως ἐστὶ τοῖς πολλοῖς ὑμῶν χαλεπόν, ὡς ὅσα ὑβρίζων τις τὸν ἐντυχόντα ὑμῶν διαπράττεται. μὴ τοίνυν αὐτοὶ καθ' ὑμῶν αὐτῶν δεῖγμα τοιοῦτον ἐξενέγκητε, ἄνδρες Ἀθηναῖοι, ὡς ἄρα ὑμεῖς, ἐὰν μὲν τῶν μετρίων τινὰ καὶ δημοτικῶν λάβητε ὁτιοῦν

1 τοῦτον om. AF κτησικλέα ⟨λέγω τί δή; ἀπεκτείνατε τοῦτον⟩ S^{γρ}AFY (τοῦτον ἀπεκτ. F : om. Y) 4 λαμβάνων A 6 ὧν^{2} om. SFY 7 εὖ om. F 8 φήσετε A 10 οὐδεμίαν ἔχων SY 11 μὲν ⟨δὴ⟩ F ἐῶμεν F 13 θάνατον A 16 ἂν om. A 17 ⟨ἀλλ'⟩ ὑμεῖς A : ⟨ἔτι τοίνυν⟩ ὑμεῖς S^{γρ} 18 δ' om. cod. U : del. Weil σμικρῷ AY : corr. Bk. : σμίκρωνι S^{c}F : [S] 20 ὁντινοῦν] ἄλλον οὐδένα A 23 μὴ λέγῃ del. Cobet οὐδὲν] οὐδὲ S 24 τοῖς πολλοῖς ἐστὶν A 25 ἐντυγχάνοντα A 26 ⟨ὦ⟩ ἄνδρες F

ἀδικοῦντα, οὔτ᾽ ἐλεήσετε οὔτ᾽ ἀφήσετε, ἀλλ᾽ ἀποκτενεῖτε ἢ ἀτιμώσετε, ἐὰν δὲ πλούσιος ὤν τις ὑβρίζῃ, συγγνώμην ἕξετε. μὴ δῆτα· οὐ γὰρ δίκαιον· ἀλλ᾽ ἐπὶ πάντων ὁμοίως ὀργιζόμενοι φαίνεσθε.

184. *Ἃ τοίνυν οὐδενὸς τῶν εἰρημένων ἧττον ἀναγκαῖον εἶναι νομίζω πρὸς ὑμᾶς εἰπεῖν, ταῦτ᾽ εἰπὼν ἔτι καὶ βραχέα περὶ τούτων διαλεχθεὶς καταβήσομαι. ἔστιν, ὦ ἄνδρες Ἀθηναῖοι, μεγάλη τοῖς ἀδικοῦσιν ἅπασι μερὶς καὶ πλεονεξία ἡ τῶν ὑμετέρων τρόπων πραότης. ὅτι δὴ ταύτης οὐδ᾽ ὁτιοῦν ὑμῖν μεταδοῦναι τούτῳ προσήκει, ταῦτ᾽ ἀκούσατέ μου. ἐγὼ νομίζω πάντας ἀνθρώπους ἐράνους φέρειν παρὰ τὸν βίον αὑτοῖς, οὐχὶ τούσδε μόνους οὓς συλλέγουσί τινες καὶ ὧν πληρωταὶ γίγνονται, ἀλλὰ καὶ ἄλλους.* **(185)** *οἷον ἔστι μέτριος καὶ φιλάνθρωπός τις ἡμῶν καὶ πολλοὺς ἐλεῶν· τούτῳ ταὐτὸ δίκαιον ὑπάρχειν παρὰ πάντων, ἄν ποτε εἰς χρείαν καὶ ἀγῶν᾽ ἀφίκηται. ἄλλος οὑτοσί τις ἀναιδὴς καὶ πολλοὺς ὑβρίζων, καὶ τοὺς μὲν πτωχούς, τοὺς δὲ καθάρματα, τοὺς δ᾽ οὐδὲν ὑπολαμβάνων εἶναι· τούτῳ τὰς αὐτὰς δίκαιον ὑπάρχειν φοράς, ἅσπερ αὐτὸς εἰσενήνοχεν τοῖς ἄλλοις. ἂν τοίνυν ὑμῖν ἐπίῃ σκοπεῖν, τούτου πληρωτὴν εὑρήσετε Μειδίαν ὄντα τοῦ ἐράνου, καὶ οὐκ ἐκείνου.*

186. *Οἶδα τοίνυν ὅτι τὰ παιδία ἔχων ὀδυρεῖται, καὶ πολλοὺς λόγους καὶ ταπεινοὺς ἐρεῖ, δακρύων καὶ ὡς ἐλεινότατον ποιῶν ἑαυτόν. ἔστι δ᾽, ὅσῳ περ ἂν αὐτὸν νῦν ταπεινότερον ποιῇ, τοσούτῳ μᾶλλον ἄξιον μισεῖν αὐτόν, ὦ ἄνδρες Ἀθηναῖοι. διὰ*

184 *ἐγὼ—ἀνθρ[ώπους* P. Rainer 7 —**185** cf. 21.101

1 *ἀποκτείνετε* SY 2 *τις* om. A 3 *ὁμοίως* om. A 6 *βραχέα* post 7 *τούτων* A : om. F 9 *δὲ* A : *ἂν* $\mathrm{F^c}$ 10 *τούτῳ*] *μειδίᾳ* A : *προσήκει μειδίᾳ* F *τοῦτ᾽* AF 11 *εἰσφέρειν* A *παρὰ* ⟨*πάντα*⟩ A 12 *τούσδε μόνους*] *τοὺς δεομένους* $\mathrm{S^aY}$ 14 *τις* ante *μέτριος* AF *ὑμῶν* A 15 ⟨*εἰκὸς*⟩ *ὑπάρχειν* $\mathrm{S^cF^c}$: *ὑπάρχειν* ⟨*εἰκὸς*⟩ A 17 *τοὺς μὲν καθάρματα τοὺς δὲ πτωχοὺς* F 18 *οὐδὲν*] *οὐδ᾽* ⟨*ἀνθρώπους*⟩ Markland *εἶναι* om. AF 18–19 *δίκαιόν* ⟨*ἐστι*⟩ *φορὰς ὑπάρχειν* A 19 *ὑμῖν* ⟨*ὀρθῶς*⟩ AFY 20 *σκοπεῖν* ⟨*ὀρθῶς*⟩ $\mathrm{S^c}$ 21 *καὶ* om. AF 22 *ὅτι* ⟨*καὶ*⟩ AF 24 *ἂν* om. $\mathrm{S^aY}$ *νῦν* om. A

τί; ὅτι εἰ μὲν μηδαμῶς δυνηθεὶς ταπεινὸς γενέσθαι οὕτως ἀσελγὴς καὶ βίαιος ἦν ἐπὶ τοῦ παρεληλυθότος βίου, τῇ φύσει καὶ τῇ τύχῃ, δι' ἣν τοιοῦτος ἐγένετο, ἄξιον ἦν ἄν τι τῆς ὀργῆς ἀνεῖναι· εἰ δ' ἐπιστάμενος μέτριον παρέχειν ἑαυτὸν ὅταν βούληται τὸν ἐναντίον ἢ τοῦτον τὸν τρόπον εἵλετο ζῆν, εὔδηλον δήπου τοῦθ' ὅτι καὶ νῦν ἐὰν διακρούσηται, πάλιν ὁ αὐτὸς ἐκεῖνος ὃν ὑμεῖς ἴστε γενήσεται. **(187)** οὐ δεῖ δὴ προσέχειν, οὐδὲ τὸν παρόντα καιρόν, ὃν οὗτος ἐξεπίτηδες πλάττεται, κυριώτερον οὐδὲ πιστότερον τοῦ παντός, ὃν αὐτοὶ σύνιστε, χρόνου ποιήσασθαι. ἐμοὶ παιδία οὐκ ἔστιν, οὐδ' ἂν ἔχοιμι ταῦτα παραστησάμενος κλάειν καὶ δακρύειν ἐφ' οἷς ὑβρίσθην. διὰ τοῦτ' ἄρα τοῦ πεποιηκότος ὁ πεπονθὼς ἔλαττον ἕξω παρ' ὑμῖν; μὴ δῆτα· **(188)** ἀλλ' ὅταν οὗτος ἔχων τὰ παιδία τούτοις ἀξιοῖ δοῦναι τὴν ψῆφον ὑμᾶς, τότε ὑμεῖς τοὺς νόμους ἔχοντά με πλησίον ἡγεῖσθε παρεστάναι {καὶ τὸν ὅρκον ὃν ὀμωμόκατε}, τούτοις ἀξιοῦντα καὶ ἀντιβολοῦντα ἕκαστον ὑμῶν ψηφίσασθαι. οἷς ὑμεῖς κατὰ πολλὰ δικαιότερον προσθοῖσθ' ἂν ἢ τούτῳ· καὶ γὰρ ὀμωμόκατε, ὦ ἄνδρες Ἀθηναῖοι, τοῖς νόμοις πείσεσθαι, καὶ τῶν ἴσων μέτεστιν ὑμῖν διὰ τοὺς νόμους, καὶ πάνθ' ὅσα ἔστιν ἀγαθὰ ὑμῖν διὰ τοὺς νόμους ἐστίν, οὐ διὰ Μειδίαν οὐδὲ διὰ τοὺς Μειδίου παῖδας.

189. *Καὶ* "ῥήτωρ ἐστὶν οὗτος" ἴσως ἐμὲ φήσει λέγων. ἐγὼ δ', εἰ μὲν ὁ συμβουλεύων ὅ τι ἂν συμφέρειν ὑμῖν ἡγῆται, καὶ τοῦτ' ἄχρι τοῦ μηδὲν ὑμῖν ἐνοχλεῖν μηδὲ βιάζεσθαι, ῥήτωρ

188 ἀλλ'—παρεστάναι Syr. Soptr. Marcell. 4.419.17 W. —ὀμωμόκατε Anon. Schol. in Stat. 7.335.19 W. ὑμεῖς[1]—ὑμῶν *AB* 126.5 Sud. α 2656

189 ἐγὼ—οὗτος ἐγώ Sud. ρ 152 Ph. s.v. ῥήτωρ

5 ὅταν βούληται om. A 6 ἐὰν om. S 7 ὁ om. SFY ἐκεῖνος αὐτὸς Schol. D. 21.186.633 δὴ δεῖ AF 9 οὐδὲ πιστότερον om. A 12 ταῦτ' A 13 οὗτος om. Syr. Soptr. Marcell. 14 τούτοις—ὑμᾶς] κλαίῃ Syr. Soptr. Marcell. : ὑμᾶς ante ἀξιοῖ Anon. 15–16 del. Dobree 16 τούτους ἀξιοῦντας καὶ ἀντιβολοῦντας Sud. 18 πρόσθοισθ' AFY 19 πείθεσθαι SAFY : corr. van Herwerden 23 ὑμῖν post συμβουλεύων Sud. Ph. ἡγῶμαι AF[γρ]

ἐστίν, οὔτε φύγοιμ᾽ ἂν οὔτ᾽ ἀπαρνοῦμαι τοῦτο τοὔνομα· εἰ μέντοι ῥήτωρ ἐστὶν οἵους ἐνίους τῶν λεγόντων ἐγὼ καὶ ὑμεῖς δὲ ὁρᾶτε, ἀναιδεῖς καὶ ἐξ ὑμῶν πεπλουτηκότας, οὐκ ἂν εἴην οὗτος ἐγώ· εἴληφα μὲν γὰρ οὐδ᾽ ὁτιοῦν παρ᾽ ὑμῶν, τὰ δ᾽ ὄντ᾽ εἰς ὑμᾶς πλὴν πάνυ μικρῶν ἅπαντ᾽ ἀνήλωκα. καίτοι καὶ εἰ τούτων ἦν πονηρότατος, κατὰ τοὺς νόμους ἔδει παρ᾽ ἐμοῦ δίκην λαμβάνειν, οὐκ ἐφ᾽ οἷς ἐλειτούργουν ὑβρίζειν. **(190)** ἔτι τοίνυν οὐδὲ εἷς ἐστιν ὅστις ἐμοὶ τῶν λεγόντων συναγωνίζεται. καὶ οὐδενὶ μέμφομαι· οὐδὲ γὰρ αὐτὸς οὐδενὸς ἕνεκα τούτων οὐδὲν ἐν ὑμῖν πώποτ᾽ εἶπον, ἀλλ᾽ ἁπλῶς κατ᾽ ἐμαυτὸν ἔγνων καὶ λέγειν καὶ πράττειν ὅ τι ἂν συμφέρειν ὑμῖν ἡγῶμαι. ἀλλὰ τούτῳ πάντας αὐτίκα δὴ μάλα συνεξεταζομένους τοὺς ῥήτορας ὄψεσθ᾽ ἐφεξῆς. καίτοι πῶς ἐστι δίκαιον, τοὔνομα μὲν τοῦτο ὡς ὄνειδος προφέρειν, διὰ τούτων δ᾽ αὐτὸν τῶν ἀνδρῶν ἀξιοῦν σωθῆναι;

191. *Τάχα* τοίνυν ἴσως καὶ τὰ τοιαῦτα ἐρεῖ, ὡς ἐσκεμμένα καὶ παρεσκευασμένα πάντα λέγω νῦν. ἐγὼ δ᾽ ἐσκέφθαι μέν, ὦ ἄνδρες Ἀθηναῖοι, φημὶ καὶ οὐκ ἂν ἀρνηθείην, καὶ μεμελετηκέναι γ᾽ ὡς ἐνῆν μάλιστα ἐμοί (καὶ γὰρ ἂν ἄθλιος ἦν, εἰ τοιαῦτα παθὼν καὶ πάσχων ἠμέλουν ὧν περὶ τούτων ἐρεῖν ἤμελλον πρὸς ὑμᾶς), γεγραφέναι μέντοι μοι τὸν λόγον Μειδίαν· **(192)** ὁ γὰρ τὰ ἔργα παρεσχηκὼς περὶ ὧν εἰσιν οἱ λόγοι δικαιότατ᾽ ἂν ταύτην ἔχοι τὴν αἰτίαν, οὐχ ὁ ἐσκεμμένος

190 *καὶ—μέμφομαι AB* 156.7

191 *τάχα—ἐρεῖ* Hermog. 438.17 —*ἐμοὶ* cf. Aristid. Rh. 41.11 *ἐγὼ—ἤμελλον* Plu. Mor. 6d

1 *οὔτ᾽ ἀρνοῦμαι οὔτε φύγοιμι ἂν* Sud. Ph. *τοὔνομα τοῦτο* Sud. Ph. : *τοῦτο* om. F^{c} 1–2 *εἰ—ἐγὼ*] *εἰ δὲ οἵους ἐγὼ* Sud. Ph. 3 *ἀναιδεῖς*] *ἀπαιδεύτους* Sud. Ph. *ἐξ*] *ὑφ᾽* S : *ἀφ᾽* Sud. Ph. Cobet 5 *εἰ καὶ* A 8 *οὐδεὶς* AF 9 *οὔτε* A 10 *ἐν* om. S^{a} : *ἐν οὐδενὶ ὑμῖν* F^{γρ}Y *ἁπλῶς*] *ὅπως* SY 11 *συμφέρει* S^{a} 12 *ἐξεταζομένους* A 14 *προφέρειν* ⟨*ἐμοὶ*⟩ FY *αὑτὸν* S 16 *τοίνυν ἴσως*] *νῦν* Aristid. *καὶ—τοιαῦτα* om. Hermog. *τὰ* om. Y Aristid. Schol. D. 21.191.640 17 *καὶ παρεσκευασμένα* om. Aristid. 18 *φημὶ*] *ὁμολογῶ* Aristid. *καὶ—ἀρνηθείην* om. Aristid. *ἂν ἀρνηθείην*] *ἀπαρνηθείην* S^{a}Y 18–19 *καὶ μεμελετηκέναι*] *καταμεμ.* Plu. 19 *γ᾽* om. Aristid. 21 *πρὸς ὑμᾶς* om. Plu.

οὐδ᾽ ὁ μεριμνήσας τὰ δίκαια λέγειν νῦν. ἐγὼ μὲν οὖν τοῦτο ποιῶ, ὦ ἄνδρες Ἀθηναῖοι, καὶ αὐτὸς ὁμολογῶ· Μειδίαν μέντοι μηδὲν ἐσκέφθαι πώποτ᾽ ἐν παντὶ τῷ βίῳ δίκαιον εἰκός ἐστιν· εἰ γὰρ καὶ κατὰ μικρὸν ἐπῄει τὰ τοιαῦτ᾽ αὐτῷ σκοπεῖν, οὐκ ἂν τοσοῦτον διημάρτανε τοῦ πράγματος.

193. Οἶμαι τοίνυν αὐτὸν οὐδὲ τοῦ δήμου κατηγορεῖν ὀκνήσειν οὐδὲ τῆς ἐκκλησίας, ἀλλ᾽ ἅπερ τότε ἐτόλμα λέγειν ὅτ᾽ ἦν ἡ προβολή, ταῦτα καὶ νῦν ἐρεῖ, ὡς ὅσοι δέον ἐξιέναι κατέμενον καὶ ὅσοι τὰ φρούρια ἦσαν ἔρημα λελοιπότες, ἐξεκλησίασαν, καὶ χορευταὶ καὶ ξένοι καὶ τοιοῦτοί τινες ἦσαν οἳ κατεχειροτόνησαν αὐτοῦ. **(194)** εἰς γὰρ τοῦτο θράσους καὶ ἀναιδείας τότε ἀφίκετο, ὦ ἄνδρες δικασταί, ὡς ἴσασιν ὅσοι παρῆσαν ὑμῶν, ὥστε κακῶς λέγων καὶ ἀπειλῶν καὶ βλέπων εἰς τὸν ἀεὶ θορυβοῦντα τόπον τῆς ἐκκλησίας καταπλήξειν ᾤετο τὸν δῆμον ἅπαντα. ᾗ καὶ γέλοια εἶναι τὰ νῦν, οἶμαι, δάκρυα εἰκότως ἂν αὐτοῦ δοκοίη. **(195)** τί λέγεις, ὦ μιαρὰ κεφαλή; σὺ τὰ σαυτοῦ παιδία ἀξιώσεις ἐλεεῖν ἢ σὲ τούσδε, ἢ σπουδάζειν εἰς τὰ σά, τοὺς ὑπὸ σοῦ δημοσίᾳ προπεπηλακισμένους; σὺ μόνος τῶν ὄντων ἀνθρώπων ἐπὶ μὲν τοῦ βίου τοσαύτης ὑπερηφανίας πλήρης ὢν πάντων ἀνθρώπων ἔσει φανερώτατος, ὥστε καὶ πρὸς οὓς μηδέν ἐστί σοι πρᾶγμα, λυπεῖσθαι τὴν σὴν θρασύτητα καὶ φωνὴν καὶ {τὸ} σχῆμα καὶ τοὺς σοὺς ἀκολούθους καὶ πλοῦτον καὶ ὕβριν θεωροῦντας, ἐν

193 ὡς—κατέμενον *AB* 132.30 χορευταὶ—ἦσαν Schol. D. 21.13.50b —κατεχειροτόνησαν Schol. D. 21.2.8
195 τί—προπεπηλακισμένους Aristid. Rh. 45.19

---

1 νῦν del. Weil 2 ποιῶν F : om. Y^{a} 3 ποτὲ SY 4 ἐπῄει] ἐπῆν F 5 διήμαρτε A 8 ἐρεῖν A 9 ἔρημα om. A 10 ἐκκλη- A : ἐξεκκλη- FY : [S^{a}] -σίαζον AF^{c} Schol. D. 21.193.646 : [Y^{a}] ⟨οὐ παρῆν ὁ δῆμος, ἀλλὰ⟩ χορευταὶ Schol. D. (50b) 11 ἦσαν οἳ om. Schol. D. (8) 12 ἀφίκτο A 14 βλέπων ⟨οὗτος⟩ AF 15 ᾗ] οἷς Dobree γελοῖα Y 16 οἶμαι om. A 17–18 ἀξιώσεις—σά] σώζειν ἢ ἐλεεῖν σε τούτους Aristid. 18 εἰς om. S^{a} 20 ὑπερηφανίας ⟨καὶ ὑπεροψίας⟩ AF : ⟨καὶ τοσαύτης ὑπεροψίας⟩ Y πλήρης] μεστὸς AF πάντων ἀνθρώπων ante μεστὸς F : del. Bl. 22 del. Weil : τὸ ⟨σὸν⟩ AF 23 σοὺς om. cod. Fu : del. Cobet

δὲ τῷ κρίνεσθαι παραχρῆμα ἐλεηθήσει; **(196)** μεγάλην μένταν ἀρχήν, μᾶλλον δὲ τέχνην, εἴης εὑρηκώς, εἰ δύο τἀναντιώταθ' ἑαυτοῖς ἐν οὕτω βραχεῖ χρόνῳ περὶ σεαυτὸν δύναιο ποιεῖσθαι, φθόνον ἐξ ὧν ζῇς, καὶ ἐφ' οἷς ἐξαπατᾷς ἔλεον. οὐκ ἔστιν οὐδαμόθεν σοι προσήκων ἔλεος οὐδὲ καθ' ἕν, ἀλλὰ τοὐναντίον μῖσος καὶ φθόνος καὶ ὀργή· τούτων γὰρ ἄξια ποιεῖς.

Ἀλλ' ἐπ' ἐκεῖνο ἐπάνειμι, ὅτι τοῦ δήμου κατηγορήσει καὶ τῆς ἐκκλησίας. **(197)** ὅταν οὖν τοῦτο ποιῇ, ἐνθυμεῖσθε παρ' ὑμῖν αὐτοῖς, ἄνδρες δικασταί, ὅτι οὗτος τῶν μεθ' ἑαυτοῦ στρατευσαμένων ἱππέων, ὅτ' εἰς Ὄλυνθον διέβησαν, ἐλθὼν πρὸς ὑμᾶς εἰς τὴν ἐκκλησίαν κατηγόρει. πάλιν νῦν μείνας πρὸς τοὺς ἐξεληλυθότας τοῦ δήμου κατηγορήσει. πότερον οὖν ὑμεῖς, ἐάν τε μένητε ἐάν τε ἐξίητε, ὁμολογήσετε εἶναι τοιοῦτοι οἵους Μειδίας ὑμᾶς ἀποφαίνει, ἢ τοὐναντίον τοῦτον ἀεὶ καὶ πανταχοῦ θεοῖς ἐχθρὸν καὶ βδελυρόν; ἐγὼ μὲν οἶμαι τοῦτον τοιοῦτον· ὃν γὰρ οὐχ ἱππεῖς, οὐ συνάρχοντες, οὐ φίλοι δύνανται φέρειν, τί τοῦτον εἴπῃ τις; **(198)** ἐμοὶ μὲν νὴ τὸν Δία καὶ τὸν Ἀπόλλω καὶ τὴν Ἀθηνᾶν (εἰρήσεται γάρ, εἴτ' ἄμεινον εἴτε μή,) ὅθ' οὗτος ὡς ἀπήλλαγμαι περιὼν ἐλογοποίει, ἔνδηλοί τινες ἦσαν ἀχθόμενοι τῶν πάνυ τούτῳ λαλούντων ἡδέως. καὶ νὴ Δία αὐτοῖς πολλὴ συγγνώμη· οὐ γάρ ἐστι φορητὸς ἄνθρωπος, ἀλλὰ καὶ πλουτεῖ μόνος καὶ λέγειν δύναται μόνος, καὶ πάντες εἰσὶ τούτῳ καθάρματα καὶ πτωχοὶ καὶ οὐδ' ἄνθρωποι. **(199)** τὸν οὖν ἐπὶ ταύτης τῆς ὑπερηφανίας ὄντα, νῦν ἂν ἀποφύγῃ, τί ποιήσειν οἴεσθε; ἐξ ὅτου δὲ τοῦτ' ἂν εἰδείητε ἐγὼ φράσω· εἰ τοῖς μετὰ τὴν καταχειροτονίαν τεκμηρίοις θεωρήσαιτε. τίς γάρ ἐστιν ὅστις καταχειροτονηθὲν αὐτοῦ, καὶ ταῦτ' ἀσεβεῖν περὶ τὴν ἑορτήν,

199 *τίς*—**200** *Μειδίας AB* 160.18

1 *κρίνεσθαί* ⟨*σε*⟩ A 2 *εἴης* ⟨*ἂν*⟩ AFY 3 *ἐν* om. Y *οὕτω*] *τῷ* A *ποιήσασθαι* F 4 *ἐξ ὧν*] *ἐφ' οἷς* A 11 *νῦν πάλιν* AF 15 *καὶ*[1] om. SAY 17 ⟨*ἂν*⟩ *εἴποι* F *μὲν* om. AF 20 *τούτων* Y 22 *ἄνθρωπος* FY : corr. Bk. : [SA] 24 *τὸν οὖν*] *τουτονὶ τοίνυν τὸν* S[γρ] 25 ⟨*οὐ*⟩ *ποιήσειν* van Herwerden 26 *ταῦτ'* A 27 *χειροτονίαν* S[a] *τεκμηρίοις* om. A *θεωρήσετε* SAFY : corr. Bk. *ὅστις* ⟨*ἂν*⟩ S[a] 28 *καταχειροτονηθέντος* S[c]FY AB

εἰ καὶ μηδεὶς ἄλλος ἐπῆν ἀγὼν ἔτι μηδὲ κίνδυνος, οὐκ ἂν ἐπ' αὐτῷ τούτῳ κατέδυ καὶ μέτριον παρέσχεν ἑαυτὸν τόν γε δὴ μέχρι τῆς κρίσεως χρόνον, εἰ καὶ μὴ πάντα; οὐδεὶς ὅστις οὐκ ἄν. **(200)** ἀλλ' οὐ Μειδίας, ἀλλ' ἀπὸ τῆς ἡμέρας ταύτης λέγει, λοιδορεῖται, βοᾷ. χειροτονεῖταί τις· Μειδίας Ἀναγυράσιος προβέβληται. Πλουτάρχου προξενεῖ, τἀπόρρητα οἶδεν, ἡ πόλις αὐτὸν οὐ χωρεῖ. καὶ ταῦτα πάντα ποιεῖ δῆλον ὅτι οὐδὲν ἄλλ' ἐνδεικνύμενος ἢ ὅτι "ἐγὼ οὐδὲν πέπονθα ὑπὸ τῆς καταχειροτονίας, οὐδὲ δέδοικα οὐδὲ φοβοῦμαι τὸν μέλλοντα ἀγῶνα." **(201)** ὃς οὖν, ὦ ἄνδρες Ἀθηναῖοι, τὸ μὲν ὑμᾶς δεδιέναι δοκεῖν αἰσχρὸν ἡγεῖται, τὸ δὲ μηδὲν φροντίζειν ὑμῶν νεανικόν, τοῦτον οὐκ ἀπολωλέναι δεκάκις προσήκει; οὐδὲ γὰρ ἕξειν ὑμᾶς ὅ τι χρήσεσθε αὐτῷ νομίζει. πλούσιος, θρασύς, μέγα φρονῶν, μέγα φθεγγόμενος, βίαιος, ἀναιδής—ποῦ ληφθήσεται, νῦν ἐὰν διακρούσηται;

202. Ἀλλ' ἔγωγε, εἰ μηδενὸς ἕνεκα τῶν ἄλλων, τῶν γε δημηγοριῶν ὧν ἑκάστοτε δημηγορεῖ, καὶ ἐν οἷς καιροῖς, τὴν μεγίστην ἂν αὐτὸν δικαίως οἶμαι δίκην δοῦναι. ἴστε γὰρ δήπου τοῦθ' ὅτι, ἂν μέν τι τῶν δεόντων ἀπαγγελθῇ τῇ πόλει καὶ τοιοῦτον οἷον εὐφρᾶναι πάντας, οὐδαμοῦ πώποτε Μειδίας τῶν συνηδομένων οὐδὲ τῶν συγχαιρόντων ἐξητάσθη τῷ δήμῳ, **(203)** ἂν δέ τι φλαῦρον, ὃ μηδεὶς ἂν βούλοιτο τῶν ἄλλων, πρῶτος ἀνέστηκεν εὐθέως καὶ δημηγορεῖ, ἐπεμβαίνων τῷ καιρῷ καὶ τῆς σιωπῆς ἀπολαύων ἣν ἐπὶ τῷ περὶ τῶν συμβεβηκότων ἄχθεσθαι ποιεῖσθε ὑμεῖς· "τοιοῦτοι γάρ ἐστε,

200 ἀλλ' οὐ—χωρεῖ Plu. Mor. 1010f Μειδίας Ἀναγυράσιος—χωρεῖ Aristid. Rh. 13.25 Πλουτάρχου προξενεῖ AB 163.21 ἡ—χωρεῖ Aristid. Rh. 46.3
201 πλούσιος—ἀναιδής Aristid. Rh. 46.1

---

1 κίνδυνος μηδὲ ἀγὼν (ἔτι omisso) AF 4 ταύτης τῆς ἡμέρας AF Plu. 5 τι Plu. 6 Πλουτάρχῳ προξενεῖ Plu. : om. Aristid. 8 πέπονθα οὐδὲν SY 9 οὐ δέδοικα AY[a] 12 προσήκει; ⟨ἐγὼ μὲν ἡγοῦμαι⟩ A 13 θρασὺς ⟨καὶ⟩ μεγαλόφρων Schol. D. 21.201.672 17 ἐδημηγόρει SAF 18 οἶμαι δικαίως A διδόναι A 19 ἀγγελθῇ A 21 οὐδὲ τῶν συγχαιρόντων] ἢ τῶν συνευφραινομένων A 22 ⟨λυπηρὸν ἢ⟩ φλαῦρον A οὗ μηδείς ⟨γ'⟩ A 23 ἀνέστησεν F

ὦ ἄνδρες Ἀθηναῖοι· οὐ γὰρ ἐξέρχεσθε, οὐδ' οἴεσθε δεῖν χρήματ' εἰσφέρειν. εἶτα θαυμάζετε εἰ κακῶς τὰ πράγματα ὑμῖν ἔχει; ἐμὲ οἴεσθε ὑμῖν εἰσοίσειν, ὑμεῖς δὲ νεμεῖσθαι; ἐμὲ οἴεσθε τριηραρχήσειν, ὑμεῖς δ' οὐκ ἐμβήσεσθαι;" **(204)** *τοιαῦτα ὑβρίζων καὶ τὴν ἀπὸ τῆς ψυχῆς πικρίαν καὶ κακόνοιαν, ἣν κατὰ τῶν πολλῶν ὑμῶν ἔχων ἀφανῆ παρ' ἑαυτῷ περιέρχεται, φανερὰν ἐπὶ τοῦ καιροῦ καθιστάς. δεῖ τοίνυν, ὦ ἄνδρες Ἀθηναῖοι, καὶ ὑμᾶς οὕτω νῦν, ὅταν ἐξαπατῶν καὶ φενακίζων ὀδύρηται καὶ κλάῃ καὶ δέηται, ταῦθ' ὑποβάλλειν αὐτῷ· "τοιοῦτος γὰρ εἶ, Μειδία· ὑβριστὴς γὰρ εἶ, οὐκ ἐθέλεις ἔχειν παρὰ σεαυτῷ τὼ χεῖρε. εἶτα θαυμάζεις εἰ κακὸς κακῶς ἀπολεῖ; ἀλλὰ νομίζεις ἡμᾶς μὲν ἀνέξεσθαί σου, αὐτὸς δὲ τυπτήσειν; καὶ ἡμᾶς μὲν ἀποψηφιεῖσθαί σου, σὲ δ' οὐ παύσεσθαι;"*

205. *Καὶ βοηθήσουσιν οἱ λέγοντες ὑπὲρ αὐτοῦ, ⟨***⟩ οὐχ οὕτω τούτῳ χαρίζεθαι μὰ τοὺς θεοὺς βουλόμενοι, ὡς ἐπηρεάζειν ἐμοὶ διὰ τὴν ἰδίαν ἔχθραν, ἣν οὗτος αὐτῷ πρὸς ἐμέ, ἄν τ' ἐγὼ φῶ ἄν τε μὴ φῶ, φησὶν εἶναι καὶ βιάζεται, οὐκ ὀρθῶς· ἀλλὰ κινδυνεύει τὸ λίαν εὐτυχεῖν ἐνίοτε ἐπαχθεῖς ποιεῖν· ὅπου γὰρ ἐγὼ μὲν οὐδὲ πεπονθὼς κακῶς ἐχθρὸν εἶναί μοι τοῦτον ὁμολογῶ, οὗτος δ' οὐδ' ἀφιέντα ἀφίησιν, ἀλλὰ καὶ ἐπὶ τοῖς ἀλλοτρίοις ἀγῶσιν ἀπαντᾷ καὶ νῦν ἀναβήσεται μηδὲ τῆς κοινῆς τῶν νόμων ἐπικουρίας ἀξιῶν ἐμοὶ μετεῖναι, πῶς οὐχ οὗτος ἐπαχθής ἐστιν ἤδη καὶ μείζων ἢ καθ' ὅσον ἡμῶν*

204 *ἀλλὰ—παύσεσθαι* AB 122.27
205 *ἀλλὰ*[1]*—ποιεῖν* AB 151.14

---

1 *οὐ*] *οὐδὲ* SY *οὐδ'*] *οὐ ⟨γὰρ⟩* AF *χρήματα δεῖν* S[a] 2 *ὑμῖν τὰ πράγματ'* F 3 *ἐμὲ ⟨δὲ⟩* A *ὑμᾶς δὲ νεμεῖσθαι* Schol. D. 21.2.12 3–4 *νεμεῖσθε . . . ἐμβήσεσθε* SAFY : corr. Feliciana 4 *τριηραρχεῖν* A 7 *τοῦ* om. Schol. D. 21.204.680 8 *ὅταν ⟨οὗτος⟩* F 9 *ταῦθ'*] *τοῦθ'* S : *τοιαῦθ'* A 10 *ὑβριστὴς—εἶ* del. Naber *⟨καὶ⟩ οὐκ* AF 12 *μὲν* om. AB *σου* om. AF 13 *σὲ*] *σὺ* A *οὐ*] *οὐδὲ* A 14 *βοηθοῦσιν* S[a] 14–17 *αὐτοῦ ⟨***⟩ . . . βουλόμενος ὡς . . . ἣν {οὗτος} . . . {φῶ*[2]*} φησὶν* Cobet (quae sequuntur enim in unum oratorem, Eubulum scilicet, manifeste dici) 15 *χαρίσασθαι* SF[c]Y 16 *οὗτος*] *εὔβουλος* S[c] : *τις* Dobree *αὐτῷ* FY : [SA] 17 *βιάζεται ⟨τοῦτο⟩* F 18 *κινδυνεύει ⟨καὶ⟩* AB 19 *οὐδὲ*] *ὁ* Y 20 *ἀνίησιν* S[a]Y 23 *ἀπεχθής* A *μεῖζον* SAY

ἑκάστῳ συμφέρει; **(206)** ἔτι τοίνυν παρῆν, ὦ ἄνδρες Ἀθηναῖοι, καὶ καθῆτ' Εὔβουλος ἐν τῷ θεάτρῳ, ὅτε ὁ δῆμος κατεχειροτόνησε Μειδίου, καὶ καλούμενος ὀνομαστί, καὶ ἀντιβολοῦντος τούτου καὶ λιπαροῦντος, ὡς ὑμεῖς ἴστε, οὐκ ἀνέστη. καὶ μὴν εἰ μὲν μηδὲν ἠδικηκότος ἡγεῖτο τὴν προβολὴν γεγενῆσθαι, τότ' ἔδει τόν γε φίλον δήπου συνειπεῖν καὶ βοηθῆσαι· εἰ δὲ καταγνοὺς ἀδικεῖν τότε, διὰ ταῦτ' οὐχ ὑπήκουσεν, νῦν δ', ὅτι προσκέκρουκεν ἐμοί, διὰ ταῦτα τοῦτον ἐξαιτήσεται, ὑμῖν οὐχὶ καλῶς ἔχει χαρίσασθαι· **(207)** μὴ γὰρ ἔστω μηδεὶς ἐν δημοκρατίᾳ τηλικοῦτος, ὥστε συνειπὼν τὸν μὲν ὑβρίσθαι, τὸν δὲ μὴ δοῦναι δίκην ποιῆσαι. ἀλλ' εἰ κακῶς ἐμὲ βούλει ποιεῖν, Εὔβουλε, ὡς ἔγωγε μὰ τοὺς θεοὺς οὐκ οἶδα ἀνθ' ὅτου, δύνασαι μὲν καὶ πολιτεύει, κατὰ τοὺς νόμους δ' ἥντινα βούλει παρ' ἐμοῦ δίκην λάμβανε, ὧν δ' ἐγὼ παρὰ τοὺς νόμους ὑβρίσθην, μή μ' ἀφαιροῦ τὴν τιμωρίαν. εἰ δ' ἀπορεῖς ἐκείνως με κακῶς ποιῆσαι, εἴη ἂν καὶ τοῦτο σημεῖον τῆς ἐμῆς ἐπιεικείας, εἰ τοὺς ἄλλους ῥᾳδίως κρίνων ἐμὲ μηδὲν ἔχεις ἐφ' ὅτῳ τοῦτο ποιήσεις.

208. Πέπυσμαι τοίνυν καὶ Φιλιππίδην καὶ Μνησαρχίδην καὶ Διότιμον τὸν Εὐωνυμέα καὶ τοιούτους τινὰς πλουσίους καὶ τριηράρχους ἐξαιτήσεσθαι καὶ λιπαρήσειν παρ' ὑμῶν αὐτόν, αὑτοῖς ἀξιοῦντας δοθῆναι τὴν χάριν ταύτην. περὶ ὧν οὐδὲν ἂν εἴποιμι πρὸς ὑμᾶς φλαῦρον ἐγώ (καὶ γὰρ ἂν μαινοίμην)· ἀλλ' ἃ θεωρεῖν ὑμᾶς, ὅταν οὗτοι δέωνται, δεῖ καὶ λογίζεσθαι, ταῦτ' ἐρῶ. **(209)** ἐνθυμεῖσθ', ὦ ἄνδρες δικασταί, εἰ γένοιντο (ὃ μὴ γένοιτο οὐδ' ἔσται) οὗτοι κύριοι τῆς πολιτείας μετὰ Μειδίου καὶ τῶν ὁμοίων τούτῳ, καί τις ὑμῶν τῶν πολλῶν καὶ δημοτικῶν ἀνθρώπων ἁμαρτὼν εἴς τινα τούτων, μὴ τοιαῦθ' οἷα Μειδίας εἰς ἐμέ, ἀλλ' ὁτιοῦν ἄλλο, εἰς δικαστήριον εἰσίοι πεπληρωμένον ἐκ τούτων, τίνος συγγνώμης ἢ τίνος ἐλέου τυχεῖν ἂν οἴεσθε; ταχύ γ' ἂν χαρίσαιντο, οὐ γάρ; ἢ δεηθέντι

2 ἐκάθητο SAF 3 καὶ[2] om. AF 7 τοῦτο A 8 τοῦτο A
13 πολιτεύῃ SAFY : corr. Dindorf 18 πέπεισμαι S[a]AY
20 ἐξαιτήσεσθαι ⟨τοῦτον⟩ A αὐτόν om. A 21 αὐτοῖς FY : corr. Feliciana : [SA] 25 ἔσται ⟨πότε⟩ A ⟨νῦν⟩ οὗτοι F 27 ἀνθρώπων om. F 29 ἐλέου] λόγου S 30 ἂν[1] om. S ἢ] οὐ S[c] : δὴ F : om. Y : [S]

τῳ τῶν πολλῶν προσσχοῖεν, ἀλλ' οὐκ ἂν εὐθέως εἴποιεν "τὸν δὲ βάσκανον, τὸν δὲ ὄλεθρον, τοῦτον δ' ὑβρίζειν, ἀναπνεῖν δέ· ὃν εἴ τις ἐᾷ ζῆν, ἀγαπᾶν δεῖ;" **(210)** μὴ τοίνυν, ὦ ἄνδρες Ἀθηναῖοι, τούτοις τοῖς οὕτω χρησαμένοις ἂν ὑμῖν ἄλλως πως ἔχετε ὑμεῖς, μηδὲ τὸν πλοῦτον μηδὲ τὴν δόξαν τὴν τούτων θαυμάζετε, ἀλλ' ὑμᾶς αὐτούς. πολλὰ τούτοις ἀγαθά ἐστίν, ἃ τούτους οὐδεὶς κωλύει κεκτῆσθαι· μὴ τοίνυν μηδ' οὗτοι τὴν ἄδειαν, ἣν ἡμῖν κοινὴν οὐσίαν οἱ νόμοι παρέχουσιν, κωλυόντων κεκτῆσθαι. **(211)** οὐδὲν δεινὸν οὐδ' ἐλεινὸν Μειδίας πείσεται, ἂν ἴσα κτήσηται τοῖς πολλοῖς ὑμῶν, οὓς νῦν ὑβρίζει καὶ πτωχοὺς ἀποκαλεῖ, ἃ δὲ νῦν περιόντ' αὐτὸν ὑβρίζειν ἐπαίρει, περιαιρεθῇ. οὐδ' οὗτοι δήπου ταῦθ' ὑμῶν εἰσι δίκαιοι δεῖσθαι, "μὴ κατὰ τοὺς νόμους δικάσητε, ἄνδρες δικασταί· μὴ βοηθήσητε τῷ πεπονθότι δεινά· μὴ εὐορκεῖτε· ἡμῖν δότε τὴν χάριν ταύτην." ταῦτα γάρ, ἄν τι δέωνται περὶ τούτου, δεήσονται, κἂν μὴ ταῦτα λέγωσι τὰ ῥήματα. **(212)** ἀλλ' εἴπερ εἰσὶ φίλοι καὶ δεινὸν εἰ μὴ πλουτήσει Μειδίας ἡγοῦνται, εἰσὶ μὲν εἰς τὰ μάλιστ' αὐτοὶ πλούσιοι, καὶ καλῶς ποιοῦσι, χρήματα δ' αὐτῷ παρ' ἑαυτῶν δόντων, ἵν' ὑμεῖς μὲν ἐφ' οἷς εἰσήλθετε ὀμωμοκότες δικαίως ψηφίσησθε, οὗτοι δὲ παρ' αὑτῶν τὰς χάριτας, μὴ μετὰ τῆς ὑμετέρας αἰσχύνης, ποιῶνται. εἰ δ' οὗτοι χρήματ' ἔχοντες μὴ προοῖντ' ἄν, πῶς ὑμῖν καλὸν τὸν ὅρκον προέσθαι;

213. *Πλούσιοι* πολλοὶ συνεστηκότες, ὦ ἄνδρες Ἀθηναῖοι, τὸ δοκεῖν τινὲς εἶναι δι' εὐπορίαν προσειληφότες, ὑμῶν

211 οὐδὲν—πολλοῖς ἡμῶν Aristid. Rh. 9.3
213 πλούσιοι—προσειληφότες Aristid. Rh. 9.5

1 πρόσχοιεν FY : corr. MacDowell : προσχοῖεν S : προσσχοῖεν Bk. : προσέχοιεν A ἂν—εἴποιεν om. AF 3 δέ· ὃν] δέον SF ἔδει AF 5 ὑμεῖς ἔχετε A τὴν² om. SY 7 τούτους] τούτοις A 8 κοινὴν ὑμῖν A οὖσαν S^γρ 9 ἐλεεινὸν SAFY : corr. Bl. 10 πείσεται μειδίας A ἡμῶν SY : ὑμῖν Aristid. 13 ⟨ὦ⟩ ἄνδρες A^c F 14 βοηθήσετε A μηδ' εὐορκεῖτε SFY (εὐορκῆτε F) 15 ταύτην om. Schol. D. 21.208.703 16 ταὐτὰ F 18 εἰς] εἰσι S^γρ A 20 εἰσεληλύθατε F 22 πρόοιντ' SFAY : corr. MacDowell 25 προειληφότες Aristid.

παρίασι δεησόμενοι. τούτων μηδενί με, ὦ ἄνδρες Ἀθηναῖοι, προῆσθε, ἀλλ' ὥσπερ ἕκαστος τούτων ὑπὲρ τῶν ἰδίᾳ συμφερόντων καὶ ὑπὲρ τούτου σπουδάσεται, οὕτως ὑμεῖς ὑπὲρ ὑμῶν αὐτῶν καὶ τῶν νόμων καὶ ἐμοῦ τοῦ ἐφ' ὑμᾶς καταπεφευγότος σπουδάσατε, καὶ τηρήσατε τὴν γνώμην ταύτην ἐφ' ἧς νῦν ἐστέ. **(214)** *καὶ γὰρ εἰ μέν, ὦ ἄνδρες Ἀθηναῖοι, τότε ὅτ' ἦν ἡ προβολή, τὰ πεπραγμένα ὁ δῆμος ἀκούσας ἀπεχειροτόνησε Μειδίου, οὐκ ἂν ὁμοίως ἦν δεινόν· καὶ γὰρ ⟨ὕβριν⟩ μὴ γεγενῆσθαι, καὶ μὴ περὶ τὴν ἑορτὴν ἀδικήματα ταῦτ' εἶναι, καὶ πολλὰ ἂν εἶχέν τις αὐτὸν παραμυθήσασθαι.* **(215)** *νῦν δὲ τοῦτο καὶ πάντων ἄν μοι δεινότατον συμβαίη, εἰ παρ' αὐτὰ μὲν τἀδικήματα οὕτως ὀργίλως καὶ πικρῶς καὶ χαλεπῶς ἅπαντες ἔχοντες ἐφαίνεσθε, ὥστε Νεοπτολέμου καὶ Μνησαρχίδου καὶ Φιλιππίδου καί τινος τῶν σφόδρα τούτων πλουσίων δεομένων καὶ ἐμοῦ καὶ ὑμῶν, ἐβοᾶτε μὴ ἀφεῖναι, καὶ προσελθόντος μοι Βλεπαίου τοῦ τραπεζίτου, τηλικοῦτ' ἀνεκράγετε, ὡς, τοῦτ' ἐκεῖνο, χρήματά μου ληψομένου,* **(216)** *ὥστε με, ὦ ἄνδρες Ἀθηναῖοι, φοβηθέντα τὸν ὑμέτερον θόρυβον θοἰμάτιον προέσθαι καὶ μικροῦ γυμνὸν ἐν τῷ χιτωνίσκῳ γενέσθαι, φεύγοντα ἐκεῖνον ἕλκοντά με, καὶ μετὰ ταῦτα ἀπαντῶντες "ὅπως ἐπέξει τῷ μιαρῷ καὶ μὴ διαλύσει· θεάσονταί σε τί ποιήσεις Ἀθηναῖοι" τοιαῦτα λέγοντες· ἐπειδὴ δὲ κεχειροτόνηται μὲν ὕβρις τὸ πρᾶγμα εἶναι, ἐν ἱερῷ δ' οἱ ταῦτα κρίνοντες καθεζόμενοι διέγνωσαν, διέμεινα δὲ ἐγὼ καὶ οὐ προύδωκα οὔθ' ὑμᾶς οὔτ' ἐμαυτόν, τηνικαῦτ' ἀποψηφιεῖσθε ὑμεῖς.* **(217)** *μηδαμῶς· πάντα γὰρ τὰ αἴσχιστα ἔνεστιν ἐν τῷ πράγματι. εἰμὶ δ' οὐ τούτων ὑμῖν ἄξιος (πῶς γάρ, ὦ ἄνδρες*

214 *καὶ γὰρ—δεινόν* AB 122.31

---

1 *με*] *μὲν* A   2 *πρόησθε* SAFY : corr. Bk.   *ἕκαστοι* S[a]   *ἰδίων* F   8 *Μειδίαν* AB   9 add. van Herwerden (post Reiske)   *γεγενῆσθαι*] *κατεγνῶσθαι* Weil   12 *μὲν* om. SAY   13 *ἔχοντες πάντες* A   *φαίνεσθε* S : del. Weil   14 *τινος*] *τῶν ἄλλων* A : *τινων* F[a]   14–15 *πλουσίων τούτων* Y   15 *δεομένου* S[c] : [S]   17 *ἐκείνου* S   20 *ἐκεῖνον* ⟨*δ'*⟩ SAY : *ἐκ.* ⟨*δ' ἕπεσθαι*⟩ Weil   21 *μὴ* om. A   *διαλύσῃ* A : [S[a]]   23 *δὲ* om. SAY   24 *κρίναντες* A   *δὲ ἐγὼ*] *δὲ κἀγὼ* AF   27–1 ⟨*ὅστις*⟩ *ὦ ἄνδρες ἀθηναῖοι κρίνω* S[γρ]F[c]

Ἀθηναῖοι;) κρίνων ἄνθρωπον καὶ δοκοῦντα καὶ ὄντα βίαιον καὶ ὑβριστήν, ἡμαρτηκότα ἀσελγῶς ἐν πανηγύρει, μάρτυρας τῆς ὕβρεως τῆς ἑαυτοῦ πεποιημένον οὐ μόνον ὑμᾶς, ἀλλὰ καὶ τοὺς ἐπιδημήσαντας ἅπαντας τῶν Ἑλλήνων. ἤκουσεν ὁ δῆμος τὰ πεπραγμένα τούτῳ. τί οὖν; ὑμῖν καταχειροτονήσας παρέδωκεν. **(218)** οὐ τοίνυν οἷόν τε ἀφανῆ τὴν γνῶσιν ὑμῶν γενέσθαι, οὐδὲ λαθεῖν, οὐδ᾽ ἀνεξέταστον εἶναι τί ποθ᾽ ὡς ὑμᾶς τοῦ πράγματος ἐλθόντος ἔγνωτε· ἀλλ᾽ ἐὰν μὲν κολάσητε, δόξετε σώφρονες εἶναι καὶ καλοὶ κἀγαθοὶ καὶ μισοπόνηροι, ἂν δ᾽ ἀφῆτε, ἄλλου τινὸς ἡττῆσθαι. οὐ γὰρ ἐκ πολιτικῆς αἰτίας, οὐδ᾽ ὥσπερ Ἀριστοφῶν ἀποδοὺς τοὺς στεφάνους ἔλυσε τὴν προβολήν, ἀλλ᾽ ἐξ ὕβρεως, ἐκ τοῦ μηδὲν ἂν ὧν πεποίηκεν ἀναλῦσαι δύνασθαι κρίνεται. πότερ᾽ οὖν τούτου γενομένου κρεῖττον αὖθις ἢ νυνὶ κολάσαι; ἐγὼ μὲν οἶμαι νῦν· κοινὴ γὰρ ἡ κρίσις, καὶ τἀδικήματα πάντ᾽ ἐφ᾽ οἷς νῦν κρίνεται κοινά.

219. Ἔτι δὲ οὐκ ἐμὲ ἔτυπτεν, ἄνδρες Ἀθηναῖοι, μόνον οὗτος οὐδ᾽ ὕβριζε τῇ διανοίᾳ τότε ποιῶν οἷα ἐποίει, ἀλλὰ πάντας ὅσους περ ἂν οἴηταί τις ἧττον ἐμοῦ δύνασθαι δίκην ὑπὲρ αὑτῶν λαβεῖν. εἰ δὲ μὴ πάντες ἐπαίεσθε μηδὲ πάντες ἐπηρεάζεσθε χορηγοῦντες, ἴστε δήπου τοῦθ᾽ ὅτι οὐδ᾽ ἐχορηγεῖθ᾽ ἅμα πάντες, οὐδὲ δύναιτ᾽ ἄν ποθ᾽ ὑμᾶς οὐδεὶς ἅπαντας μιᾷ χειρὶ προπηλακίσαι. **(220)** ἀλλ᾽ ὅταν εἷς ὁ παθὼν μὴ λάβῃ δίκην, τόθ᾽ ἕκαστον αὐτὸν χρὴ προσδοκᾶν τὸν πρῶτον μετὰ ταῦτα ἀδικησόμενον γενήσεσθαι, καὶ μὴ παρορᾶν τὰ τοιαῦτα, μηδ᾽ ἐφ᾽ ἑαυτὸν ἐλθεῖν περιμένειν, ἀλλ᾽ ὡς ἐκ πλείστου φυλάττεσθαι. μισεῖ Μειδίας ἴσως ἐμέ, ὑμῶν δέ γε ἕκαστον ἄλλος τις. ἆρ᾽ οὖν συγχωρήσαιτ᾽ ἂν τοῦτον, ὅστις ἐστὶν ἕκαστος ὁ μισῶν, κύριον γίγνεσθαι τοῦ ταῦθ᾽ ἅπερ οὗτος ἐμὲ ὑμῶν ἕκαστον ποιῆσαι;

220 μὴ παρορᾶν—φυλάττεσθαι AB 138.19 μισεῖ—ἐμὲ Aristid. Rh. 9.6

4 ἐπιδημοῦντας A ἅπαντα S[a]Y[a] 10 ἥττησθε SY : corr. Lamb.[c] : ἡττᾶσθε AF 12 ⟨καὶ⟩ ἐκ F[c] 13 πότερον AF 14 κρεῖττον ⟨ἦν⟩ SFY 15 νῦν om. AF[a] 16 ⟨ὦ⟩ ἄνδρες A[c]F 17 οἷα] ἃ A 20 χορηγεῖθ᾽ F 21 οὐδεὶς post χειρὶ SFY ⟨ἅμα⟩ πάντας AF 23 τόθ᾽] τοῦθ᾽ Y 24 ἀδικηθησόμενον AF 28 γενέσθαι F ἕκαστον ὑμῶν A

ἐγὼ μὲν οὐκ οἶμαι. μὴ τοίνυν μηδ' ἐμέ, ὦ ἄνδρες Ἀθηναῖοι, προῆσθε τούτῳ. **(221)** ὁρᾶτε δέ· αὐτίκα δὴ μάλα, ἐπειδὰν ἀναστῇ τὸ δικαστήριον, εἷς ἕκαστος ὑμῶν, ὁ μὲν θᾶττον ἴσως, ὁ δὲ σχολαίτερον, οἴκαδε ἄπεισιν οὐδέν γε φροντίζων οὐδὲ μεταστρεφόμενος οὐδὲ φοβούμενος, οὔτ' εἰ φίλος οὔτ' εἰ μὴ φίλος αὐτῷ συντεύξεταί τις, οὐδέ γε εἰ μέγας ἢ μικρός, οὐδ' εἰ ἰσχυρὸς ἢ ἀσθενής, οὐδὲ τῶν τοιούτων οὐδέν. τί δήποτε; ὅτι τῇ ψυχῇ τοῦτ' οἶδε καὶ θαρρεῖ καὶ πεπίστευκε τῇ πολιτείᾳ, μηδένα ἕλξειν μηδ' ὑβριεῖν μηδὲ τυπτήσειν. **(222)** εἶτ' ἐφ' ἧς ἀδείας αὐτοὶ πορεύεσθε, ταύτην οὐ βεβαιώσαντες ἐμοὶ βαδιεῖσθε; καὶ τίνι χρή με λογισμῷ περιεῖναι ταῦτα παθόντα, εἰ περιόψεσθέ με νῦν ὑμεῖς; "θάρρει νὴ Δία", φήσειέ τις ἄν· "οὐ γὰρ ἔτ' οὐδὲν ὑβρισθήσει". ἐὰν δέ, τότε ὀργιεῖσθε, νῦν ἀφέντες; μηδαμῶς, ὦ ἄνδρες δικασταί, μὴ προδῶτε μήτ' ἐμὲ μήθ' ὑμᾶς αὐτοὺς μήτε τοὺς νόμους. **(223)** καὶ γὰρ αὐτὸ τοῦτ' εἰ 'θέλοιτε σκοπεῖν καὶ ζητεῖν, τῷ ποτ' εἰσὶν ὑμῶν οἱ ἀεὶ δικάζοντες ἰσχυροὶ καὶ κύριοι τῶν ἐν τῇ πόλει πάντων, ἐάν τε διακοσίους ἐάν τε χιλίους ἐάν τε ὁποσουσοῦν ἡ πόλις καθίσῃ, οὔτε τῷ μεθ' ὅπλων εἶναι συντεταγμένοι μόνοι τῶν ἄλλων πολιτῶν, εὕροιτ' ἄν, οὔτε τῷ τὰ σώματ' ἄριστ' ἔχειν καὶ μάλιστ' ἰσχύειν {τοὺς δικάζοντας}, οὔτε τῷ τὴν ἡλικίαν εἶναι νεώτατοι, οὔτε τῶν τοιούτων οὐδενί, ἀλλὰ τῷ τοῖς νόμοις ἰσχύειν. **(224)** ἡ δὲ τῶν νόμων ἰσχὺς τίς ἐστιν; ἆρα ἐάν τις ὑμῶν ἀδικούμενος ἀνακράγῃ, προσδραμοῦνται καὶ παρέσονται βοηθοῦντες; οὔ· γράμματα γὰρ γεγραμμένα ἐστίν, καὶ οὐχὶ δύναιτ' ἂν τοῦτο ποιῆσαι. τίς οὖν ἡ δύναμις αὐτῶν

2 προῆσθε cod. V[c] et Dindorf : πρόησθε SAY : πρόεσθε F δέ om. SFY 4 γε om. SY 5–6 οὔτ' εἰ μὴ φίλος om. F 5 εἰ[2]] ἢ SA 6–7 οὐδ' εἰ Reiske : οὐδ' A : ἢ SFY : ἢ Meier 9 μηδένα ⟨αὐτὸν⟩ AFY ὑβρίσειν A 10 ἣν ἄδειαν SAFY : corr. Reiske ταύτην om. Y 11 με χρὴ S[c] περιεῖναι om. S[γρ]A παθόντα ⟨ζῆν⟩ S[γρ]AF 12 εἴπερ ὄψεσθε A ὑμεῖς om. F 13 ὑβρισθήσῃ AFY 14 μὴ προδῶτε ante ὦ A 15 αὐτὸ] αὖ Dobree 16 ⟨τίνι⟩ τῳ F 17 πόλει] πολιτείᾳ A 18 ὁπόσους οὖν A : corr. cod. Cd[c] : ὁπόσους ἂν SFY 21 del. Bk. 22–3 ⟨τῇ⟩ τῶν νόμων ἰσχύι SY : ⟨τῷ⟩ τοὺς νόμους ἰσχύειν Lamb. : τοῖς νόμοις Bl. 26 δύναιντ' A αὐτῶν ἡ δύναμις AF

ἐστιν; ὑμεῖς ἐὰν βεβαιῶτ' αὐτοὺς καὶ παρέχητε κυρίους ἀεὶ τῷ δεομένῳ. οὐκοῦν οἱ νόμοι τε ὑμῖν εἰσιν ἰσχυροὶ καὶ ὑμεῖς τοῖς νόμοις. **(225)** *δεῖ τοίνυν τούτοις βοηθεῖν ὁμοίως ὥσπερ ἂν αὑτῷ τις ἀδικουμένῳ, καὶ τὰ τῶν νόμων ἀδικήματα κοινὰ νομίζειν, ἐφ' ὅτου περ ἂν λαμβάνηται, καὶ μήτε λειτουργίας μήτ' ἔλεον μήτ' ἄνδρα μηδένα μήτε τέχνην μηδεμίαν μήτ' ἄλλο μηδὲν εὑρῆσθαι, δι' ὅτου παραβάς τις τοὺς νόμους οὐ δώσει δίκην.*

226. *Ὑμῶν οἱ θεώμενοι τοῖς Διονυσίοις εἰσιόντ' εἰς τὸ θέατρον τοῦτον ἐσυρίττετε καὶ ἐκλώζετε, καὶ πάντα ἃ μίσους ἐστὶ σημεῖ' ἐποιεῖτε, οὐδὲν ἀκηκοότες πω περὶ αὐτοῦ παρ' ἐμοῦ. εἶτα πρὶν μὲν ἐλεγχθῆναι τὸ πρᾶγμα, ὠργίζεσθε, προὐκαλεῖσθ' ἐπὶ τιμωρίαν τὸν παθόντα, ἐκροτεῖτε ὅτε προὐβαλόμην αὐτὸν ἐν τῷ δήμῳ·* **(227)** *ἐπειδὴ δὲ ἐξελήλεγκται, καὶ προκατέγνωκεν ὁ δῆμος τούτου εἰς ἱερὸν καθεζόμενος, καὶ τἄλλα προσεξήτασται τὰ πεπραγμένα τῷ μιαρῷ τούτῳ, καὶ δικάσοντες εἰλήχατε, καὶ πάντ' ἐστὶν ἐν ὑμῖν μιᾷ ψήφῳ διαπράξασθαι, νῦν ὀκνήσετε ἐμοὶ βοηθῆσαι, τῷ δήμῳ χαρίσασθαι, τοὺς ἄλλους σωφρονίσαι, μετὰ πολλῆς ἀσφαλείας αὐτοὶ τὸ λοιπὸν διάγειν, παράδειγμα ποιήσαντες τοῦτον τοῖς ἄλλοις;*

Πάντων οὖν ἕνεκα τῶν εἰρημένων, καὶ μάλιστα τοῦ θεοῦ χάριν περὶ οὗ τὴν ἑορτὴν ἀσεβῶν οὗτος ἥλωκεν, τὴν ὁσίαν καὶ δικαίαν θέμενοι ψῆφον τιμωρήσασθε τοῦτον.

1 *κυρίως* A   1–2 *τῷ ἀεὶ* Schaefer   4 *αὐτῷ* FY : [S]   6–7 *μήτ' ἄλλο μηδὲν* om. SFY   10 *καὶ ἐκλώζετε* Lamb. coll. Harp. ε 24 : *καὶ ἐκεκράγετε* SF^{γρ}Y : om. AF   *καὶ πάντα*] *ὥστε* AF   11 *ἐστὶ* om. F^{γρ} *σημεῖ'*] *ταῦτ'* F : *σημ.* ⟨*ταῦτα*⟩ A   15 *τούτου* del. Bl.   20 *αὐτοὶ* om. A   24 ⟨*τὴν*⟩ *δικαίαν* F

Subscriptio: In SFY subscriptum *ΚΑΤΑ ΜΕΙΔΙΟΥ ΠΕΡΙ ΤΟΥ ΚΟΝΔΥΛΟΥ* (*π. τ. κ.* om. S) *XXIII διώρθωται μετρίως* (*δ. μ.* om. FY); in A, *ΔΗΜΟΣΘΕΝΟΥΣ ΚΑΤΑ ΜΕΙΔΙΟΥ*

ΔΗΜΟΣΘΕΝΟΥΣ ΚΑΤΑ ΑΝΔΡΟΤΙΩΝΟΣ ΠΑΡΑΝΟΜΩΝ

1. *Ὅπερ Εὐκτήμων, ὦ ἄνδρες δικασταί, παθὼν ὑπὸ Ἀνδροτίωνος κακῶς, ἅμα τῇ τε πόλει βοηθεῖν οἴεται δεῖν καὶ δίκην ὑπὲρ αὑτοῦ λαβεῖν, τοῦτο κἀγὼ πειράσομαι ποιεῖν, ἐὰν ἄρα οἷός τε ὦ. συμβέβηκε δέ, πολλὰ καὶ δεινὰ καὶ παρὰ πάντας τοὺς νόμους Εὐκτήμονος ὑβρισμένου, ἐλάττω ταῦτ᾽ εἶναι τῶν ἐμοὶ γεγενημένων δι᾽ Ἀνδροτίωνος πραγμάτων. οὗτος μέν γε εἰς χρήματα καὶ τὸ παρ᾽ ὑμῶν ἀδίκως ἐκπεσεῖν ἐπεβουλεύθη· ἐμὲ δὲ οὐδ᾽ ἂν ἐδέξατο τῶν ὄντων ἀνθρώπων οὐδὲ εἷς, εἰ τὰ κατασκευασθέντα ὑπὸ τούτου παρ᾽ ὑμῖν ἐπιστεύθη.* **(2)** *αἰτιασάμενος γάρ με, ἃ καὶ λέγειν ἂν ὀκνήσειέ τις, εἰ μὴ τύχοι προσόμοιος ὢν τούτῳ, τὸν πατέρα ὡς ἀπέκτονα ἐγὼ τὸν ἐμαυτοῦ, καὶ κατασκευάσας ἀσεβείας γραφὴν οὐκ ἐπ᾽ ἐμέ, ἀλλ᾽ ἐπὶ τὸν θεῖόν μου, γράψας ἀσεβεῖν ἐμοὶ συνιόντα εἰς ταὐτὸν ὡς πεποιηκότι ταῦτα, εἰς ἀγῶνα κατέστησεν· ὃν εἰ συνέβη τότε ἁλῶναι, τίς ἂν ἀθλιώτερα ἐμοῦ πεπονθὼς ἦν ὑπὸ τούτου; τίς γὰρ ἂν ἢ φίλος ἢ ξένος εἰς ταὐτό ποτ᾽ ἐλθεῖν ἠθέλησεν ἐμοί; τίς δ᾽ ἂν εἴασε πόλις που παρ᾽ ἑαυτῇ γενέσθαι τὸν τὸ τοιοῦτο ἀσέβημα δοκοῦντα εἰργάσθαι; οὐκ ἔστιν οὐδὲ*

1 *ὅπερ—ὦ*² Hermog. 97.21 R. Greg. Cor. 7.1228.11 W. —*κακῶς* Schol. D. 21.103.360 *τῇ τε—λαβεῖν* Anon. Fig. 3.132.2 Sp. —*ποιεῖν* Hermog. 299.13 R. *συμβέβηκε—πραγμάτων* Georg. Diaer. 6.534.10 W.

2 *αἰτιασάμενος—ἐμαυτοῦ* Aristid. 37.24 —*γραφὴν* cf. 24.7 *τὸν*¹—*ἐμαυτοῦ* Prisc. 2.291.2

---

tit. *παρανόμων* om. A

2 *κακῶς* ante 1 *ὑπὸ* Schol. D. *ἅμα* om. Greg. Cor. *ᾤετο* A Hermog. (97) Greg. Cor. 3 *αὑτῶν* Anon. : *αὐτοῦ* Greg. Cor. 4 *ἆρα* S 6 *Ἀνδροτίωνα* Georg. *γε*] *γὰρ* F^γρ^Y 7 *παρ᾽ ὑμῶν*] *πατρῴων* Weil : *παρ᾽ ὑμῖν* Schol. D. 22.1.4a 10 *αἰτιασόμενος* Weil 10–11 *ὀκνήσειέ—τούτῳ*] *τις ὀκνήσειεν εὖ φρονῶν* Aristid. 12 *καὶ* om. cod. O : del. Weil 14 *ταὐτὸ* SFY 16 *ὑπὸ τούτου* del. Weil *ἂν* om. A 17 *που* om. A 18 *τὸ* om. AF^c^Y

μία. **(3)** ἐγὼ τοίνυν ταῦτα μὲν οὐ παρὰ μικρὸν ἀγωνιζόμενος παρ' ὑμῖν ἀπελυσάμην, ἀλλ' ὥστε τὸ πέμπτον μέρος μὴ λαβεῖν τοῦτον τῶν ψήφων· τοῦτον δὲ μεθ' ὑμῶν πειράσομαι καὶ νῦν καὶ τὸν ἄλλον ἅπαντα ἀμύνεσθαι χρόνον.

Καὶ περὶ μὲν τῶν ἰδίων ἔχων ἔτι πολλὰ λέγειν ἐάσω· περὶ δ' ὧν οἴσετε τὴν ψῆφον νυνὶ καὶ περὶ ὧν οὗτος δημοσίᾳ πεπολιτευμένος οὐκ ὀλίγα ὑμᾶς ἔβλαψεν, ἅ μοι παραλείπειν Εὐκτήμων ἐδόκει, βέλτιον δ' ὑμᾶς ἀκοῦσαι, ταῦτα διεξελθεῖν ἐν βραχέσι πειράσομαι. **(4)** ἐγὼ γὰρ εἰ μὲν ἑώρων τινα ἁπλῆν τούτῳ περὶ ὧν φεύγει πρὸς ὑμᾶς οὖσαν ἀπολογίαν, οὐκ ἂν ἐποιούμην περὶ αὐτῆς μνείαν οὐδεμίαν. νῦν δ' οἶδα σαφῶς ὅτι οὗτος ἁπλοῦν μὲν οὐδὲ δίκαιον οὐδὲν ἂν εἰπεῖν ἔχοι, ἐξαπατᾶν δ' ὑμᾶς πειράσεται πλάττων καὶ παράγων πρὸς ἕκαστα τούτων κακούργους λόγους. ἔστι γάρ, ὦ ἄνδρες Ἀθηναῖοι, τεχνίτης τοῦ λέγειν καὶ πάντα τὸν βίον ἐσχόλακεν {ἐν} τούτῳ. ὑπὲρ οὖν τοῦ μὴ παρακρουσθέντας ὑμᾶς ἐναντία μὲν τοῖς ὀμωμοσμένοις πεισθῆναι ψηφίσασθαι, ἀφεῖναι δὲ τοῦτον ὃν ὑμῖν πολλῶν ἕνεκα ἄξιον κολάσαι, προσέχετε τὸν νοῦν οἷς ἐρῶ, ἵνα ἀκούσαντες ἐμοῦ πρὸς ἕκαστον τῶν ὑπὸ τούτου ῥηθησομένων ἔχηθ' ὑπολαμβάνειν ἃ δεῖ.

5. Ἔστι γὰρ εἷς μὲν ὃν οἴεται τεχνικῶς ἔχειν αὐτῷ λόγος περὶ τοῦ ἀπροβουλεύτου. νόμος ἐστί, φησίν, ἐὰν ἀξίως ἡ βουλὴ δοκῇ βουλεῦσαι δωρεᾶς, διδόναι τὸν δῆμον τὴν δωρεὰν αὐτῇ. ταῦτ' ἐπήρετο, φησίν, ὁ ἐπιστάτης, διεχειροτόνησεν ὁ δῆμος, ἔδοξεν. οὐδὲν δεῖ, φησί, προβουλεύματος ἐνταῦθα· κατὰ γὰρ νόμον ἦν τὰ γιγνόμενα. ἐγὼ δ' αὐτὸ τοὐναντίον

4 τεχνίτης—λέγειν Plan Schol. 5.513.24 W.
5 ἀπροσβουλεύτου Σ[b] α 2054 ἐὰν—αὐτῇ Schol. D. 22.1.1a ἐγὼ—νόμοι Sopatr. in Artem 5.36.3 W.

---

3 μεταλαβεῖν A τούτους τῶν F[c] : τούτοις τῶν A τουτονὶ A πειράσομαι μεθ' ὑμῶν A 7 παραλιπεῖν SAFY : corr. Bl. coll. 25.69 11 αὐτῶν cod. P[a] οὐδεμίαν om. S 13 παράγων καὶ πλάττων Dobree 15 del. Bl. : ἑνὶ Reiske 17 πεισθῆναι om. Y 19 ἕκαστα A 24 αὐτὴ F[c] : αὐτὴν Y 26 ⟨τὸν⟩ νόμον A αὐτὸ] αὖ A Sopatr.

οἴομαι, νομίζω δὲ καὶ ὑμῖν συνδόξειν, περὶ τούτων τὰ προβουλεύματα ἐκφέρειν μόνων περὶ ὧν κελεύουσιν οἱ νόμοι, ἐπεὶ περὶ ὧν γε μὴ κεῖνται νόμοι οὐδὲ γράφειν τὴν ἀρχὴν προσήκει οὐδὲ ἕν δήπου. **(6)** φησὶ τοίνυν τοῦτον ἁπάσας τὸν τρόπον εἰληφέναι τὰς βουλάς, ὅσαι πώποτ' ἔχουσι παρ' ὑμῶν δωρεάν, καὶ οὐδὲ μιᾷ γεγενῆσθαι προβούλευμα πώποτε. ἐγὼ δὲ οἴομαι μὲν οὐχὶ λέγειν αὐτὸν ἀληθῆ, μᾶλλον δὲ οἶδα σαφῶς· οὐ μὴν ἀλλ' εἰ τοῦτο τοιοῦτ' ἐστὶ τὰ μάλιστα, ὁ νόμος δὲ λέγει τἀναντία, οὐχ ὅτι πολλάκις ἡμάρτηται δήπου πρότερον, διὰ τοῦτ' ἐπεξαμαρτητέον ἐστὶ καὶ νῦν, ἀλλὰ τοὐναντίον ἀρκτέον, ὡς ὁ νόμος κελεύει, τὰ τοιαῦτα ποιεῖν ἀναγκάζειν ἀπὸ σοῦ πρώτου. **(7)** σὺ δὴ μὴ λέγε ὡς γέγονε τοῦτο πολλάκις, ἀλλ' ὡς οὕτω προσήκει γίγνεσθαι. οὐ γὰρ εἴ τι πώποτε μὴ κατὰ τοὺς νόμους ἐπράχθη, σὺ δὲ τοῦτ' ἐμιμήσω, διὰ τοῦτ' ἀποφεύγοις ἂν δικαίως, ἀλλὰ πολλῷ μᾶλλον ἁλίσκοιο· ὥσπερ γὰρ εἴ τις ἐκείνων προήλω, σὺ τάδ' οὐκ ἂν ἔγραψας, οὕτως, ἂν σὺ νῦν δίκην δῷς, ἄλλος οὐ γράψει.

8. *Περὶ* τοίνυν τοῦ νόμου τοῦ διαρρήδην οὐκ ἐῶντος ἐξεῖναι μὴ ποιησαμένῃ τῇ βουλῇ τὰς τριήρεις αἰτῆσαι τὴν

6 *φησὶ—βουλὰς* Soptr. in Artem 5.28.16 W. *—δωρεάν* Aps. 7.1 cf. 7.4 *ἐγὼ—σαφῶς* Aps. 5.25, 7.1 *ἐγὼ δ'* et *εἰ—τἀναντία* Aps. 7.4

7 *σὺ δὴ—ἐπράχθη* Anon. Seg. 187 *—γράψει* Gell. 10.19 *οὐ γὰρ—ἁλίσκοιο* Aps. 7.5 *—γράψει* 23.99 Quint. 5.14.4 Theon 2.64.11 Sp. *ὥσπερ—γράψει* 23.99 Hermog. 179.6 R. Aps. 8.13 Anon. de Hermog. Fig. 3.704.6 W. Anon. Fig. 3.111.23 Sp.

---

1 *οἴομαι*] *ἡγοῦμαι* Sopatr. *νομίζω—συνδόξειν* om. Sopatr. *τούτων* ⟨*δεῖν*⟩ Soptr. et Wolf 2 *μόνον* Soptr. 3 *γε ὧν* A : *ὧν* Y 4 *προσῆκεν* A *φήσει* A^c^FY Aps. (cod. B) 4–5 *ἁπάσας* post *τρόπον* A Soptr. : ante *τοῦτον* F 5 *πώποτ'*] *περ* Weil *ἡμῶν* Aps. (cod. A) 7 *ἀλήθειαν* SFY 8 *τοιοῦτόν* A Aps. 12 *δὴ*] *δ' ἡμῖν* Anon. Seg. 12–13 *ἀλλ'—γίγνεσθαι* om. Anon. Seg. 14 *ἀποφύγοις* AF Theon Gell. 14–15 *ἀποφεύγοις—δικαίως*] *ἀποφεύγειν σοι προσήκει* 23.99 15 *ἀλλὰ* ⟨*τοὐναντίον*⟩ 23.99 Theon *πολλῷ—ἁλίσκοιο*] *πολὺ μᾶλλον ἁλίσκεσθαι διὰ ταῦτα* Theon 16 *ἐκείνων* om. Gell. *ἑάλω* 23.99 Theon Gell. Anon. Anon. Fig. *τάδ'*] *ταῦτα* Gell. *ἔγραψας ἂν* Hermog. *νῦν* om. Theon Quint. 17 *δίκην δῷς*] *ἁλῷς* 23.99 Anon. Anon. Fig.

δωρεάν, ἄξιόν ἐστιν ἀκοῦσαι τὴν ἀπολογίαν ἣν ποιήσεται, καὶ θεωρῆσαι τὴν ἀναίδειαν τοῦ τρόπου δι᾽ ὧν ἐγχειρεῖ λέγειν. "ὁ νόμος", φησίν, "οὐκ ἐᾷ τὴν βουλὴν αἰτῆσαι τὴν δωρεάν, ἐὰν μὴ ποιήσηται τὰς τριήρεις· ὁμολογῶ. δοῦναι δέ γε οὐδαμοῦ, φησί, κωλύει τὸν δῆμον. ἐγὼ δή, εἰ μὲν ἔδωκ᾽ αἰτούσῃ, παρὰ τὸν νόμον εἴρηκα· εἰ δὲ μὴ πεποίημαι μνείαν περὶ τῶν νεῶν ἐν ὅλῳ τῷ ψηφίσματι, ἀλλ᾽ ἕτερ᾽ ἅττα λέγω δι᾽ ἃ τὴν βουλὴν στεφανῶ, πῶς παρὰ τὸν νόμον εἴρηκα;" **(9)** ἔστι δὴ πρὸς ταῦτ᾽ οὐ χαλεπὸν τὰ δίκαια ὑμῖν ἀντειπεῖν, ὅτι πρῶτον μὲν οἱ προεδρεύοντες τῆς βουλῆς καὶ ὁ ταῦτ᾽ ἐπιψηφίζων ἐπιστάτης ἠρώτων καὶ διαχειροτονίαν ἐδίδοσαν, ὅτῳ δοκεῖ δωρεᾶς ἀξίως ἡ βουλὴ βεβουλευκέναι καὶ ὅτῳ μή· καίτοι τούς γε μὴ αἰτοῦντας μηδὲ λαβεῖν ἀξιοῦντας τὴν ἀρχὴν οὐδ᾽ ἐπερωτᾶν προσῆκεν. **(10)** πρὸς τοίνυν τούτοις ἔστιν ἃ Μειδίου κατηγοροῦντος τῆς βουλῆς καὶ ἄλλων τινῶν, ἀναπηδῶντες οἱ βουλευταὶ ἐδέοντο μὴ σφᾶς ἀφελέσθαι τὴν δωρεάν. καὶ ταῦτα οὐ παρ᾽ ἐμοῦ δεῖ πυθέσθαι τοὺς δικάζοντας ὑμᾶς, ἀλλ᾽ αὐτοὶ παρόντες ἴστε ἐν τῷ δήμῳ γενόμενα. ὥστε ὅταν μὲν μὴ φῇ τὴν βουλὴν αἰτεῖν, ταῦτα ὑπολαμβάνετε· ὅτι δὲ οὐδὲ τὸν δῆμον ἐᾷ διδόναι μὴ ποιησαμένοις τὰς ναῦς ὁ νόμος, καὶ τοῦτ᾽ ἐπιδείξω. **(11)** διὰ ταῦτα γάρ, ὦ ἄνδρες Ἀθηναῖοι, τοῦτον ἔχει τὸν τρόπον ὁ νόμος, μὴ ἐξεῖναι τῇ βουλῇ μὴ ποιησαμένῃ

8 τρόπο]υ δι᾽ ὧν—**9** διαχειροτο]νίαν frustula PSI XI 1203   ἐγὼ—εἴρηκα Schol. D. 22.5.21b   εἰ—εἴρηκα Schol. D. 22.4.21a
9 ὅτι—βουλῆς Lex. Pat. ad loc.   οἱ—ἐδίδοσαν Schol. D. 22.8.30a   καίτοι—προσῆκεν Syr. Soptr. Marcell. 4.77.27 W.
10 πρὸς—κατηγοροῦντος Schol. D. 22.8.30a   ὅτι—διδόναι Schol. D. 22.8.30a

2 δι᾽] ἐξ Dobree   4 γε om. SFY[a] : [Π1203]   οὐδαμῶς Schol. D. 22.10.39a : [Π1203]   5 κωλύειν SF[c]Y : [Π1203]   δή Bk. : δέ SAFY Schol. D. 22.8.33a : [Π1203]   6 μή, ⟨μηδὲ⟩ Weil   8 δὲ A : [Π1203]   10 πρόεδροι Schol. D.   βουλῆς ⟨ἦσαν⟩ Schol. D.   ταῦτ᾽ om. Schol. D.   13 γε om. Syr. Soptr. Marcell.   ἀξιοῦντας λαβεῖν F   τὴν ἀρχὴν del. Bl. : post 14 προσῆκεν Syr. Soptr. Marcell.   14 προσῆκεν ⟨οὐδὲ ἓν δήπου⟩ S[γρ] : προσήκει A Syr. Soptr. Marcell.   ⟨τοῦ⟩ Μειδίου Schol. D.   18 ἴστε ⟨τὰ⟩ AF[a]   20 ποιησαμένῃ A Schol. D. 22.10.38a   22–1 μὴ[1]—δωρεάν del. Cobet

τὰς τριήρεις αἰτῆσαι τὴν δωρεάν, ἵνα μηδὲ πεισθῆναι μηδ' ἐξαπατηθῆναι γένοιτ' ἐπὶ τῷ δήμῳ. οὐ γὰρ ᾤετο δεῖν ὁ τιθεὶς τὸν νόμον ἐπὶ τῇ τῶν λεγόντων δυνάμει τὸ πρᾶγμα καταστῆσαι, ἀλλ' ὃ δίκαιον ἦν εὑρεῖν ἅμα καὶ συμφέρον τῷ δήμῳ, νόμῳ τετάχθαι. τὰς τριήρεις οὐ πεποίησαι; μὴ τοίνυν αἴτει τὴν δωρεάν. ὅπου δ' αἰτεῖν οὐκ ἐᾷ, πῶς οὐ σφόδρα γε δοῦναί κωλύει;

12. Ἄξιον τοίνυν, ὦ ἄνδρες Ἀθηναῖοι, κἀκεῖνο ἐξετάσαι, τί δήποτε, ἂν τἆλλα πάντα ἡ βουλὴ καλῶς βουλεύσῃ καὶ μηδεὶς ἔχῃ μηδὲν ἐγκαλέσαι, τὰς δὲ τριήρεις μὴ ποιήσηται, τὴν δωρεὰν οὐκ ἔξεστιν αἰτῆσαι. εὑρήσετε γὰρ τοῦτο τὸ ἰσχυρὸν ὑπὲρ τοῦ δήμου κείμενον. οἶμαι γὰρ ἂν μηδένα ἀντειπεῖν ὡς οὐχ, ὅσα πώποτε τῇ πόλει γέγονεν ἢ νῦν ἔστιν ἀγαθὰ ἢ θάτερα, ἵνα μηδὲν εἴπω φλαῦρον, ἐκ τῆς τῶν τριήρων τὰ μὲν κτήσεως, τὰ δ' ἀπουσίας γέγονεν. **(13)** οἷον πολλὰ μὲν ἄν τις ἔχοι λέγειν καὶ παλαιὰ καὶ καινά· ἃ δ' οὖν πᾶσι μάλιστα ἀκοῦσαι γνώριμα, τοῦτο μέν, εἰ βούλεσθε, οἱ τὰ προπύλαια καὶ τὸν Παρθενῶνα οἰκοδομήσαντες ἐκεῖνοι καὶ τἄλλ' ἀπὸ τῶν βαρβάρων ἱερὰ κοσμήσαντες, ἐφ' οἷς φιλοτιμούμεθα πάντες εἰκότως, ἴστε δήπου τοῦτο ἀκοῇ, ὅτι τὴν πόλιν ἐκλιπόντες καὶ κατακλεισθέντες εἰς Σαλαμῖνα, ἐκ τοῦ τριήρεις ἔχειν πάντα μὲν τὰ σφέτερα αὐτῶν καὶ τὴν πόλιν τῇ ναυμαχίᾳ νικήσαντες ἔσωσαν, πολλῶν δὲ καὶ μεγάλων ἀγαθῶν τοῖς ἄλλοις Ἕλλησι κατέστησαν αἴτιοι, ὧν οὐδ' ὁ χρόνος τὴν μνήμην ἀφελέσθαι δύναται. **(14)** εἶεν· ἀλλ' ἐκεῖνα μὲν ἀρχαῖα καὶ παλαιά. ἀλλ' ἃ πάντες ἑοράκατε, ἴσθ' ὅτι πρώην Εὐβοεῦσιν ἡμερῶν τριῶν

11 *οὐ]κ ἐᾷ*—**12** *γέγονεν* PSI XI 1203
12 *ἄξιον—κείμενον* Aps. 9.5
13 *οἷον—οἷς* PSI XI 1203 *οἱ τὰ—ἐκεῖνοι* Lex. Pat. ad loc. *τὰ προύλαι]α—Παρθενῶνα* P. Strasb. 84
14 *ὅτι—ἐβοηθήσατε* cf. P. Strasb. 84

6–7 *δοῦναι γε* AF Π1203 8 *κἀκεῖνο ἐξετάσαι*] *ἰδεῖν* Aps. 9 *πάντα* om. Aps. ⟨*δοκῇ*⟩ *καλῶς βουλεῦσαι* Aps. 10–11 *οὐκ ἔξεστι λαβεῖν τὴν δωρεὰν* Aps. 11 *τὸ* om. AF Π1203 Aps. 13 *ἢ*[1]—15 *γέγονεν* (*ὁμ.*) om. Π1203 17 *βούλεσθε ποιήσω* Π1203 18 *τἆλλα*⟨*πάντα*⟩ F[c]: [Π1203] 20 *ἴστε*⟨*γὰρ*⟩ SFY 23 *ἐσώθησαν* Y 24 *μνείαν* Y 25–6 *ἀλλ' ἃ* ⟨*δὲ*⟩ A : *ἀλλὰ* (*ἑοράκατε* deleto) Cobet

ἐβοηθήσατε καὶ Θηβαίους ὑποσπόνδους ἀπεπέμψατε. ἆρ᾽ οὖν ταῦτ᾽ ἐπράξατ᾽ ἂν οὕτως ὀξέως, εἰ μὴ ναῦς εἴχετε καινὰς ἐν αἷς ἐβοηθήσατε; ἀλλ᾽ οὐκ ἂν ἠδύνασθε. ἄλλα πολλα ἔχοι τις ἂν εἰπεῖν ἃ τῇ πόλει γέγον᾽ ἐκ τοῦ ταύτας κατεσκευάσθαι καλῶς ἀγαθά. **(15)** εἶεν· ἐκ δὲ τοῦ κακῶς πόσα δεινά; τὰ μὲν πόλλ᾽ ἐάσω· ἀλλ᾽ ἐπὶ τοῦ Δεκελεικοῦ πολέμου (τῶν γὰρ ἀρχαίων ἕν, ὃ πάντες ἐμοῦ μᾶλλον ἐπίστασθε, ὑπομνήσω) πολλῶν καὶ δεινῶν ἀτυχημάτων συμβάντων τῇ πόλει οὐ πρότερον τῷ πολέμῳ παρέστησαν πρὶν τὸ ναυτικὸν αὐτῶν ἀπώλετο. καὶ τί δεῖ τὰ παλαιὰ λέγειν; τὸν τελευταῖον γὰρ ἴστε τῶν πρὸς Λακεδαιμονίους πόλεμον, ὅτε μὲν ναῦς οὐκ ἐδοκεῖτε ἀποστεῖλαι δυνήσεσθαι, πῶς διέκειθ᾽ ἡ πόλις· ἴστε ὀρόβους ὄντας ὠνίους. ἐπειδὴ δ᾽ ἀπεστείλατε, εἰρήνης ἐτύχεθ᾽ ὁποίας τινὸς ἐβούλεσθε. **(16)** ὥστε δικαίως, ὦ ἄνδρες Ἀθηναῖοι, τηλικαύτην ἐχουσῶν ῥοπὴν ἐφ᾽ ἑκάτερα τῶν τριήρων, τοῦτον ὅρον τεθείκατε τῇ βουλῇ, πότερ᾽ αὐτὴν δεῖ λαβεῖν τὴν δωρεὰν ἢ οὔ. εἰ γὰρ πάντα τἄλλα διοικήσειε καλῶς, δι᾽ ὧν δὲ τό τε ἐξ ἀρχῆς ταῦτ᾽ ἐκτησάμεθα καὶ νῦν σῴζομεν, ταύτας μὴ ποιήσαιτο, τὰς τριήρεις λέγω, οὐδὲν ἐκείνων ὄφελος· τὴν γὰρ τῶν ὅλων σωτηρίαν πρῶτον ὑπάρχειν δεῖ παρεσκευασμένην τῷ δήμῳ. οὗτος τοίνυν εἰς τοῦτ᾽ ἐλήλυθε τοῦ νομίζειν αὑτῷ καὶ λέγειν καὶ γράφειν ἐξεῖναι πᾶν ὅ τι ἂν βούληται, ὥστε βεβουλευκυίας μὲν τἄλλ᾽ ὃν τρόπον ὑμεῖς ἀκούετε τῆς βουλῆς, οὐ πεποιημένης δὲ τὰς τριήρεις, γέγραφε δοῦναι τὴν δωρεάν.

17. *Καὶ* ταῦτα μὲν ὡς οὐ παρὰ τὸν νόμον ἐστίν, οὔτ᾽ ἂν οὗτος ἔχοι λέγειν οὔθ᾽ ὑμεῖς πεισθείητε· ἀκούω δ᾽ αὐτὸν

15 ἀλλ᾽ ἐπὶ—ὑπομνήσω Plan. Schol. 5.471.2 W. —συμβάντων Tib. 32.8 Δεκελεικοῦ πολέμου P. Strasb. 84 οὐ πρότερον—ἀπώλετο AB 164.9 τῷ—παρέστησαν P. Strasb. 84 ὀρό]βου[ς— **16** γράφειν PSI XI 1203

3 ἂν ἔχοι τις A 6–7 τῶν—ἕν] ἓν γὰρ Tib. 7 ⟨μὴ⟩ ὑπομνησθῶ Tib. πολλῶν ⟨γὰρ⟩ F 8 ἀτυχημάτων om. Tib. 9 πρὶν ⟨ἢ⟩ AF 10 τῶν Weil : τὸν SAFY, quod del. Bl. 16 τὴν δωρεὰν λαβεῖν A[c] : [Π1203] 17 τἄλλα πάντα A διοικήσει SY : [Π1203] 17–18 τό—ταῦτ᾽] ταῦτα ἐξ ἀρχῆς A 25 ὡς μὲν A 26 οὗτος] αὐτὸς F πεισθείητε ⟨ἄν⟩ AF

τοιοῦτον ἐρεῖν τινα ἐν ὑμῖν λόγον, ὡς οὐχ ἡ βουλὴ γέγονεν αἰτία τοῦ μὴ πεποιῆσθαι τὰς ναῦς, ἀλλ' ὁ τῶν τριηροποιικῶν ταμίας ἀποδρὰς ᾤχετο ἔχων πένθ' ἡμιτάλαντα, καὶ τὸ πρᾶγμα ἀτύχημα συμβέβηκεν. ἐγὼ δὲ πρῶτον μὲν αὐτὸ τοῦτο θαυμάζω, εἰ στεφανοῦν ἐπὶ τοῖς ἠτυχημένοις ἠξίου τὴν βουλήν· τῶν κατορθουμένων γὰρ ἔγωγε ἡγούμην ἔργων τὰς τοιαύτας ὡρίσθαι τιμάς· ἔπειτα κἀκεῖνο ἔτι βούλομαι φράσαι πρὸς ὑμᾶς. **(18)** οὔ φημι δίκαιον εἶναι περὶ ἀμφοῖν λέγειν, καὶ ὡς οὐ παρὰ τὸν νόμον ἡ δωρεὰ δέδοται, καὶ ὡς οὐ διὰ τὴν βουλὴν οὐκ εἰσὶν αἱ τριήρεις. εἰ μὲν γὰρ διδόναι καὶ μὴ ποιησαμένῃ προσήκει, τί τοῦτο δεῖ λέγειν, δι' ὅντινα δήποτε οὐ πεποίηνται; εἰ δ' οὐκ ἔξεστι, τί μᾶλλον, ἂν διὰ τὸν δεῖνα ἢ τὸν δεῖνα ἐπιδείξῃ μὴ πεποιημένας, ἐκείνῃ προσήκει λαβεῖν; **(19)** χωρὶς δὲ τούτων ἔμοιγε δοκοῦσιν αἵρεσιν ὑμῖν οἱ τοιοῦτοι λόγοι διδόναι, πότερ' οἴεσθε δεῖν προφάσεις καὶ λόγους ἀκούειν τῶν ἀδικούντων ὑμᾶς ἢ ναῦς κεκτῆσθαι. εἰ μὲν γὰρ τούτου ταῦτ' ἀποδέξεσθε, ἔσται δῆλον ἁπάσαις ταῖς βουλαῖς ὅτι δεῖ πρόφασιν πιθανὴν ἐξευρεῖν πρὸς ὑμᾶς, οὐχὶ τριήρεις ποιήσασθαι· ἐκ δὲ τούτου τὰ μὲν χρήματα ἀναλωθήσεται, ναῦς δ' οὐχ ἕξετε ὑμεῖς. **(20)** ἐὰν δ', ὡς ὁ νόμος λέγει καὶ δεῖ τοὺς ὀμωμοκότας, πικρῶς καὶ ἁπλῶς τὰς μὲν προφάσεις ἀνέλητε, φανῆτε δὲ ἀφῃρημένοι τὴν δωρεὰν ὅτι τὰς ναῦς οὐ πεποίηνται, πάντες, ὦ ἄνδρες Ἀθηναῖοι, πεποιημένας ὑμῖν παραδώσουσι τὰς τριήρεις, πάντα τἆλλα παρ' ὑμῖν ἑορακότες ἀσθενέστερα τοῦ νόμου γεγενημένα. ὅτι τοίνυν οὐδ' αἴτιος ἄλλος οὐδεὶς ἀνθρώπων ἐστὶ τοῦ μὴ πεποιῆσθαι τὰς ναῦς,

17 ὡς οὐχ—ἡμιτάλαντα Aps. 4.7 ὁ τῶν—ἡμιτάλαντα Aps. 4.9 τῶν[1]—ᾤχετ' P. Strasb. 84
18 οὔ—πεποίηνται Aps. 5.3

1 ⟨καὶ⟩ τοιοῦτόν τινα ἐρεῖν A 2 τριηροποιῶν SAFY Aps. (bis) : corr. Weil : [Π84] 3 τὸ ⟨ὅλον⟩ Aps. (bis) 6 ἔργον ἔγωγε ἡγοῦμαι A 7 ἔπειτα ⟨δὲ⟩ SA 9 καὶ ὡς οὐ Dobree : ὡς καὶ S : ὡς καὶ οὐ S[c] : ὡς οὐ AFY Aps. ἡ—δέδοται] ἐστὶ τὸ ψήφισμα Aps. 11 προσήκει] ⟨τὰς ναῦς⟩ ἔξεστι Aps. δεῖ τοῦτο A 12 ἔξεστιν ⟨αἰτεῖν⟩ F 13 προσῆκε SY 18 τριήρεις ⟨καινὰς⟩ A[c] 26 ἐστὶν ante οὐδεὶς AF

τοῦτο σαφῶς ὑμῖν ἐπιδείξω· ἀνελοῦσα γὰρ ἡ βουλὴ τὸν νόμον, τοῦτον ἐχειροτόνησεν αὐτή.

21. *Ἔτι τοίνυν ἐπιχειρεῖ λέγειν περὶ τοῦ τῆς ἑταιρήσεως νόμου, ὡς ὑβρίζομεν ἡμεῖς καὶ βλασφημίας οὐχὶ προσηκούσας κατ᾽ αὐτοῦ ποιούμεθα. καὶ φησὶ δεῖν ἡμᾶς, εἴπερ ἐπιστεύομεν εἶναι ταῦτ᾽ ἀληθῆ, πρὸς τοὺς θεσμοθέτας ἀπαντᾶν, ἵν᾽ ἐκεῖ περὶ χιλιῶν ἐκινδυνεύομεν, εἰ καταψευδόμενοι ταῦτ᾽ ἐφαινόμεθα· νῦν δὲ φενακίζειν αἰτίας καὶ λοιδορίας κενὰς ποιουμένους, καὶ ἐνοχλεῖν οὐ δικασταῖς τούτων οὖσιν ὑμῖν.* **(22)** *ἐγὼ δ᾽ οἴομαι δεῖν ὑμᾶς πρῶτον μὲν ἐκεῖνο λογίζεσθαι παρ᾽ ὑμῖν αὐτοῖς, ὅτι πάμπολυ λοιδορία τε καὶ αἰτία κεχωρισμένον ἐστὶν ἐλέγχου. αἰτία μὲν γάρ ἐστιν, ὅταν τις ψιλῷ χρησάμενος λόγῳ μὴ παράσχηται πίστιν ὧν λέγει, ἔλεγχος δέ, ὅταν ὧν ἂν εἴπῃ τις καὶ τἀληθὲς ὁμοῦ δείξῃ. ἔστι τοίνυν ἀνάγκη τοὺς ἐλέγχοντας ἢ τεκμήρια δεικνύναι δι᾽ ὧν ἐμφανιοῦσι τὸ πιστὸν ὑμῖν, ἢ τὰ εἰκότα φράζειν, ἢ μάρτυρας παρέχεσθαι· οὐ γὰρ οἷόν τε ἐνίων αὐτόπτας ἐστὶ καταστῆσαι, ἀλλ᾽ ἐὰν ἐπιδεικνύῃ τίς τι τούτων, ἱκανὸν νομίζετε ἔλεγχον ἔχειν ὑμεῖς εἰκότως τῆς ἀληθείας ἑκάστοτε.* **(23)** *ἡμεῖς τοίνυν οὐκ ἐκ λόγων εἰκότων οὐδὲ τεκμηρίων, ἀλλὰ παρ᾽ οὗ μάλιστα δίκην ἔστι λαβεῖν τούτῳ, ταῦτ᾽ ἐπιδείκνυμεν—ἄνδρα παρεσχηκότα γραμματεῖον, ἐν ᾧ τὰ τούτῳ βεβιωμένα ἔνεστιν, ὃς αὐτὸν ὑπεύθυνον ποιήσας μαρτυρεῖ ταῦτα. ὥσθ᾽ ὅταν μὲν λοιδορίαν ταῦτα καὶ αἰτίαν εἶναι φῇ, ὑπολαμβάνεθ᾽ ὡς ταῦτα μέν ἐστιν ἔλεγχος, ἃ δ᾽*

20 *ἀνελοῦσα—αὐτή* Harp. α 134 Sud. α 2248 Ph. α 1836
21 *ἔτι—ἐκινδυνεύομεν* cf. Prol. 430.4 *περὶ—νόμου* et *πρὸς—θεσμοθέτας* cf. P. Strasb. 84 *ἵν᾽—ἐφαινόμεθα* AB 149.10

---

1 ⟨*καὶ*⟩ *τοῦτο* AF *ὑμῖν* om. A *ἡ βουλὴ* om. codd. Attic. Harp. : del. Bl. 2 *αὐτή* Iurinus : *αὐτήν* SA : *αὐτήν* cod. Attic. : *αὐτῇ* F: *αὐτή* Y : ⟨*λαβοῦσα ἐκεῖνον*⟩ *αὐτῇ* al. cod. Attic. 5 *φήσει* S 6 *ἀπαντᾶν*] *ἐλέγχειν* Prol. 7 *χιλίων* SAFY AB Prol. : corr. Dindorf 10 *λογίσασθαι* A 13 *ὅταν ὧν*] *ὅταν οἷς* FY : *ὡς ἂν* Dobree 16 *ἐνίων*] *ἔργων* Weil 17 *αὐτόπτας* ⟨*ὑμᾶς*⟩ AFY *ἐστι* om. Y[a] *ἐὰν*] *ὅταν* F *τις ἐπιδεικνύῃ* AFY 19 *οὐδ᾽ ἐκ* A 21 *ἀνδρὸς παρεσχηκότος* Bk. : *ἄνδρα παρεσχηκότες* ⟨*ἔχοντα*⟩ Lambinus 23 *καὶ αἰτίαν ταῦτα* A

οὗτος ποιεῖ, ταῦτα λοιδορία καὶ αἰτία· ὅταν δ᾽ ὅτι πρὸς τοὺς θεσμοθέτας προσῆκεν ἐπαγγέλλειν ἡμῖν, ἐκεῖνο ὑπολαμβάνετε, ὅτι καὶ τοῦτο ποιήσομεν καὶ νῦν προσηκόντως περὶ τοῦ νόμου λέγομεν. **(24)** εἰ μὲν γὰρ ἄλλον τινα ἀγῶνα ἀγωνιζομένου σου ταῦτα κατηγοροῦμεν, δικαίως ἂν ἠγανάκτεις· εἰ δ᾽ ὁ μὲν νῦν ἐνεστηκὼς ἀγών ἐστιν παρανόμων, οἱ νόμοι δ᾽ οὐκ ἐῶσι λέγειν οὐδὲ τὰ ἔννομα τοὺς οὕτω βεβιωκότας, ἡμεῖς δ᾽ ἐπιδείκνυμεν οὐ μόνον εἰρηκότα αὐτὸν παράνομα, ἀλλὰ καὶ βεβιωκότα παρανόμως, πῶς οὐχὶ προσήκει λέγειν περὶ τούτου τοῦ νόμου δι᾽ οὗ ταῦτ᾽ ἐλέγχεται;

25. *Καὶ* μὴν κἀκεῖνό γε δεῖ μαθεῖν ὑμᾶς, ὅτι τοὺς νόμους ὁ τιθεὶς τούτους Σόλων καὶ τῶν ἄλλων τοὺς πολλούς, οὐδὲν ὅμοιος ὢν τούτῳ νομοθέτης, οὐχ ἑνὶ ἔδωκε τρόπῳ περὶ τῶν ἀδικημάτων ἑκάστων λαμβάνειν δίκην τοῖς βουλομένοις παρὰ τῶν ἀδικούντων, ἀλλὰ πολλαχῶς. ᾔδει γάρ, οἶμαι, τοῦθ᾽ ὅτι τοὺς ἐν τῇ πόλει γενέσθαι πάντας ὁμοίους ἢ δεινοὺς καὶ θρασεῖς ἢ μετρίους οὐκ ἂν εἴη. εἰ μὲν οὖν, ὡς τοῖς μετρίοις δίκην ἐξαρκέσει λαβεῖν, οὕτω τοὺς νόμους θήσει, μετ᾽ ἀδείας ἔσεσθαι πολλοὺς πονηροὺς ἡγεῖτο· εἰ δ᾽ ὡς τοῖς θρασέσι καὶ δυνατοῖς λέγειν, τοὺς ἰδιώτας οὐ δυνήσεσθαι τὸν αὐτὸν τούτοις τρόπον λαμβάνειν δίκην. **(26)** δεῖν δ᾽ ᾤετο μηδένα ἀποστερεῖσθαι τοῦ δίκης τυχεῖν, ὡς ἕκαστος δύναται. πῶς οὖν ἔσται τοῦτο; ἐὰν πολλὰς ὁδοὺς δῷ διὰ τῶν νόμων ἐπὶ τοὺς ἠδικηκότας οἷον τῆς κλοπῆς. ἔρρωσαι καὶ σαυτῷ πιστεύεις· ἄπαγε· ἐν χιλίαις δ᾽ ὁ κίνδυνος. ἀσθενέστερος εἶ· τοῖς ἄρχουσιν

23 *ὅταν δ᾽—ἐπαγγέλλειν* Lex. Pat. ad loc. *ὅτι—ποιήσομεν* Prol. 430.8
25 *καὶ—Σόλων* Schol. D. 22.22.65
26 *ἔρρωσαι—πιστεύεις* Aristid. 35.7 *ἀσθενέστερος—ἐκεῖνοι* Lex. Pat. ad loc.

---

1 ⟨*τε*⟩ *καὶ* A *ὅτε* S[a]Y 2 *ἡμῖν ἐπαγγέλλειν* A Lex. Pat. 3 *ποιήσομεν* ⟨*ὕστερον ἐπειδὰν νῦν περὶ ὧν εἰσῆκται δῷ λόγον*⟩ Prol. et Bl. 12 *ὁ* om. Schol. D. *τούτους ὁ τιθεὶς* A 13 *δέδωκε* AY[c(m.a.)] : *ἕν᾽ ἔδωκε τρόπον* Bl. 14 *ἑκάστου* Dobree *λαβεῖν* F 16 *γενέσθαι* post *ὁμοίους* A *ὁμοίως* SY *ἢ* del. Dobree *καὶ* Dobree : *ἢ* SAFY 17 *ἢ μετρίους* del. Dobree *οὖν* om. A 21 *τρόπον τούτοις* A δ᾽ om. A : *δὴ* Dobree 23 *διδῷ* A

ἐφηγοῦ· τοῦτο ποιήσουσιν ἐκεῖνοι. φοβῇ καὶ τοῦτο· γράφου. **(27)** καταμέμφει σεαυτὸν καὶ πένης ὢν οὐκ ἂν ἔχοις χιλίας ἐκτεῖσαι· δικάζου κλοπῆς πρὸς διαιτητὴν καὶ οὐ κινδυνεύσεις. {οὐδέτερον βούλει τούτων· γράφου. κατοκνεῖς καὶ τοῦτο· ἐφηγοῦ.} τούτων οὐδέν ἐστι τὸ αὐτό. τῆς ἀσεβείας κατὰ ταὔτ' ἔστιν ἀπάγειν, γράφεσθαι, δικάζεσθαι πρὸς Εὐμολπίδας, φαίνειν πρὸς τὸν βασιλέα. περὶ τῶν ἄλλων ἁπάντων τὸν αὐτὸν τρόπον σχεδόν. **(28)** εἰ δή τις ὡς μὲν οὐχὶ κακοῦργός ἐστι μὴ λέγοι, ἢ ὡς οὐκ ἀσεβής, ἢ ὅ τι δήποτ' εἴη δι' ὃ κρίνοιτο, διὰ ταῦτα δ' ἐκφεύγειν ἀξιοίη, εἰ μὲν ἀπηγμένος εἴη, διότι πρὸς διαιτητὴν ἐξῆν αὐτῷ λαχεῖν καὶ γράφεσθαι χρῆν, εἰ δὲ πρὸς διαιτητῇ φεύγοι, ὅτι χρῆν σε ἀπάγειν, ἵν' ἐκινδύνευες περὶ χιλιῶν, γέλως ἂν εἴη δήπουθεν. οὐ γὰρ τόν γε μηδὲν πεποιηκότα δεῖ περὶ τοῦ τρόπον ὅντινα χρὴ διδόναι δίκην ἀντιλέγειν, ἀλλ' ὡς οὐ πεποίηκεν ἐπιδεικνύναι. **(29)** τὸν αὐτὸν δὴ τρόπον, Ἀνδροτίων, καὶ σὺ μὴ διὰ ταῦτ' οἴου σοι προσήκειν μὴ δοῦναι δίκην εἰ γράφεις ἡταιρηκώς, ὅτι καὶ πρὸς τοὺς θεσμοθέτας ἔσθ' ἡμῖν ἐπαγγελία· ἀλλ' ἢ δεῖξον οὐ πεποιηκότα ταῦτα σεαυτόν, ἢ δίκην ὕπεχε ὧν γέγραφας {τι} τοιοῦτος ὤν· οὐ γὰρ ἔξεστί σοι. εἰ δέ σε μὴ πάντας ὅσους οἱ νόμοι διδόασιν τρόπους τιμωρούμεθα, χάριν ἡμῖν ὧν παραλείπομεν, ἐκείνων ἔχε, μὴ διὰ ταῦτα ἀξίου μηδένα τρόπον δοῦναι δίκην.

30. Ἄξιον τοίνυν, ὦ ἄνδρες Ἀθηναῖοι, καὶ τὸν θέντα τὸν νόμον ἐξετάσαι Σόλωνα, καὶ θεάσασθαι ὅσην πρόνοιαν

27 *καταμέμφει σεαυτὸν* AB 151.11 *καὶ*[1]*—κινδυνεύσεις* Lex. Pat. ad loc.

30 *ἄξιον—πολιτείας* Aps. 9.5

---

3 *ἐκτῖσαι* SAFY : corr. Bl. *κινδυνεύεις* F 4–5 del. Taylor : usque ad *τὸ αὐτὸ* del. Weil 7 *φαίνειν* Weil : *φράζειν* SAFY 10 *ἐκφυγεῖν* A ⟨*καὶ*⟩ *εἰ* FY 11 *καὶ*] *ἢ* Dobree 12 *διαιτητὴν* A *ἐχρῆν* SF[γρ]Y : *χρὴ* F[c] : del. Sauppe 13 *χιλίων* SAFY : corr. Dindorf 14 *τοῦ τρόπον* Reiske : *τὸν τρόπον* SAFY : *τοῦ τρόπου* F[c] *διδόναι* A 19 *ὧν* : *εἰ* AFY del. Schaefer 20 *διδόασιν οἱ νόμοι* A 21 *παραλίπομεν* A 22 *μηδένα*] *μηδὲ καθ' ἕνα* AF[a] *δοῦναι τρόπον δίκην* SY : *τρόπον δίκην διδόναι* A : *τρόπον* del. Bl. 24 *καὶ θεάσασθαι* om. Aps.

ἐποιεῖτο ἐν ἅπασιν οἷς ἐτίθει νόμοις τῆς πολιτείας, καὶ ὅσῳ περὶ τούτου μᾶλλον ἐσπούδαζεν ἢ περὶ τοῦ πράγματος οὗ τιθείη τὸν νόμον. πολλαχόθεν μὲν οὖν ἄν τις ἴδοι τοῦτο, οὐχ ἥκιστα δὲ ἐκ τούτου τοῦ νόμου, μήτε λέγειν μήτε γράφειν ἐξεῖναι τοῖς ἡταιρηκόσιν. ἑώρα γὰρ ἐκεῖνο, ὅτι τοῖς πολλοῖς ὑμῶν ἐξὸν λέγειν οὐ λέγετε, ὥστε τοῦτ᾽ οὐδὲν ἡγεῖτο βαρύ, καὶ πόλλ᾽ ἂν εἶχεν, εἴ γε κολάζειν ἐβούλετο τούτους, χαλεπώτερα θεῖναι. **(31)** ἀλλ᾽ οὐ τοῦτο ἐσπούδασεν, ἀλλὰ ταῦτα ἀπεῖπεν ὑπὲρ ὑμῶν καὶ τῆς πολιτείας. ᾔδει γάρ, ᾔδει τοῖς αἰσχρῶς βεβιωκόσιν ἁπασῶν οὖσαν ἐναντιωτάτην πολιτείαν ἐν ᾗ πᾶσιν ἔξεστι λέγειν τἀκείνων ὀνείδη. ἔστι δὲ αὕτη τίς; δημοκρατία. οὔκουν ἐνόμιζεν ἀσφαλές, εἴ ποτε συμβήσεται γενέσθαι συχνοὺς ἀνθρώπους κατὰ τοὺς αὐτοὺς χρόνους εἰπεῖν μὲν δεινοὺς καὶ θρασεῖς, τοιούτων δ᾽ ὀνειδῶν καὶ κακῶν μεστούς· **(32)** πολλὰ γὰρ ἂν τὸν δῆμον ὑπ᾽ αὐτῶν ὑπαχθέντα ἐξαμαρτεῖν, κἀκείνους ἤτοι καταλῦσαί γ᾽ ἂν πειρᾶσθαι τὸ παράπαν τὸν δῆμον (ἐν γὰρ ταῖς ὀλιγαρχίαις, οὐδ᾽ ἂν ὦσιν ἔτ᾽ Ἀνδροτίωνός τινες αἴσχιον βεβιωκότες, οὐκ ἔστι λέγειν κακῶς τοὺς ἄρχοντας), ἢ προάγειν ἂν ὡς πονηροτάτους εἶναι, ἵν᾽ ὡς ὁμοιότατοι σφίσιν ὦσι. τὴν οὖν ἀρχὴν τοῖς τοιούτοις ἀπεῖπε μὴ μετέχειν τοῦ συμβουλεύειν, ἵνα μὴ φενακισθεὶς ὁ δῆμος ἐξαμάρτοι μηδέν. ὧν ὀλιγωρήσας ὁ καλὸς κἀγαθὸς οὗτος οὐ μόνον ᾤετο δεῖν λέγειν καὶ γράφειν οὐκ ἐξόν, ἀλλὰ καὶ παρὰ τοὺς νόμους ταῦτα ποιεῖν.

33. *Περὶ* μὲν τοίνυν τοῦ νόμου καθ᾽ ὅν, ὠφληκότος αὐτοῦ τοῦ πατρὸς τῷ δημοσίῳ χρήματα καὶ οὐκ ἐκτετεικότος, οὐκ ἔξεστι λέγειν οὐδὲ γράφειν τούτῳ, ταὐτὰ δίκαια λέγειν ἂν

31 ᾔδει γάρ—βεβιωκόσιν Aps. 9.5

1 ἐποιήσατο (ἐν—νόμοις transp. post πολιτείας) Aps. 2 ἐσπούδασεν A ἢ om. Y[a] πράγματος ⟨αὐτοῦ⟩ FY 4 τοῦ νόμου τούτου A ⟨τοῦ⟩ μήτε λέγειν S[c (ma)]F[c] 6 τοῦτό ⟨γε⟩ AF 7 καί⟨τοι⟩ AFY τούτου A 14 εἰπεῖν] λέγειν A 19 ἔξεστι S[γρ]A 20 εἶναι ⟨τοὺς πολίτας⟩ A οὖν om. F[a] 21 ἀπεῖπε τοῖς τοιούτοις A 22 ἵνα ⟨δὴ⟩ AY ἐξαμάρτῃ A[c]F 25 μὲν om. A τοίνυν] οὖν F[a] 27 ταῦτα SFY

ἔχοιτε εἰκότως, ἐὰν φῇ δεῖν ἡμᾶς ἐνδεικνύναι. τότε γὰρ τοῦτο ποιήσομεν, οὐ μὰ Δί' οὐχὶ νῦν, ἡνίκα δεῖ σε ἑτέρων ὧν ἀδικεῖς δοῦναι λόγον, ἀλλ' ὅταν ᾖ προσῆκον ἐκ τοῦ νόμου, καὶ νῦν δὲ δείκνυμεν οὐκ ἐῶντα γράφειν σε, οὐδ' ἃ τοῖς ἄλλοις ἔξεστι, τὸν νόμον. **(34)** ὡς οὖν οὐκ ὦφλεν ὁ πατήρ σου, τοῦτ' ἐπίδειξον, ἢ ὡς οὐκ ἀποδρὰς ἐξῆλθεν ἐκ τοῦ δεσμωτηρίου, ἀλλὰ τὰ χρήματα ἐκτείσας. εἰ δὲ μὴ ταῦτα ἕξεις δεικνύναι, οὐκ ἐξὸν γέγραφας· κληρονόμον γάρ σε καθίστησιν ὁ νόμος τῆς ἀτιμίας τῆς τοῦ πατρός, ὄντι δ' ἀτίμῳ σοι λέγειν οὐ προσῆκεν οὐδὲ γράφειν. καὶ περὶ μὲν τῶν νόμων οὓς παρεγραψάμεθα, οἶμαι δεῖν ὑμᾶς, ἄν τι φενακίζειν ἐγχειρῇ καὶ παράγειν οὗτος, ταῦθ' ὑπολαμβάνειν ἃ διεξελήλυθα ἐγώ.

35. *Εἰσὶ* δὲ καὶ περὶ τῶν ἄλλων αὐτῷ λόγοι πρὸς τὸ φενακίζειν ὑμᾶς εὖ μεμηχανημένοι, περὶ ὧν βέλτιον ὑμᾶς προακοῦσαι. ἔστι γὰρ εἷς αὐτῷ τοιοῦτος, μὴ πεντακοσίους ὑμῶν αὐτῶν ἀφελέσθαι τὴν δωρεὰν μηδὲ ὀνείδει περιβαλεῖν· ἐκείνων ἀγών, οὐκ ἐμός. ἐγὼ δ' εἰ μὲν ἐμέλλετε ἀφαιρήσεσθαι τούτους μόνον, ἄλλο δὲ μηδὲν ὠφελήσειν τὴν πόλιν, οὐδὲν ἂν ὑμᾶς σφόδρα σπουδάζειν ἠξίουν· εἰ δὲ τῷ τοῦτο ποιῆσαι πλείους ἢ μυρίους τοὺς ἄλλους πολίτας βελτίους εἶναι προτρέψετε, πόσῳ κάλλιον τοσούτους παρασκευάσαι χρηστοὺς ἢ πεντακοσίοις ἀδίκως χαρίσασθαι; **(36)** ὡς δ' οὐδ' ἔστιν ἁπάσης τὸ πρᾶγμα τῆς βουλῆς, ἀλλὰ τινῶν, οἵπερ εἰσὶν αἴτιοι τῶν κακῶν, καὶ Ἀνδροτίωνος, ἔχω λέγειν. τῷ γάρ ἐστιν ὄνειδος, εἰ σιωπῶντος αὐτοῦ καὶ μηδὲν γράφοντος, ἴσως δὲ οὐδὲ τὰ πολλὰ εἰς τὸ βουλευτήριον εἰσιόντος, μὴ λάβοι ἡ βουλὴ τὸν στέφανον; οὐδενὶ δήπουθεν, ἀλλὰ τοῦ γράφοντος καὶ πολιτευομένου καὶ πείθοντος ἃ βούλοιτο τὴν βουλήν· διὰ γὰρ τούτους ἀνάξια τοῦ στεφανωθῆναι βεβούλευκεν. **(37)** οὐ μὴν ἀλλ' εἰ καὶ τὰ μάλιστα πάσης ἔσθ' ὁ ἄγων τῆς βουλῆς,

1 ὑμᾶς SFY ⟨αὐτὸν⟩ ἐνδεικνύναι AFY τοῦτο om. AF 3–4 δείκνυμεν δὲ S 6 ᾤχετο A 7 ἐκτίσας SAFY : corr. Bl. δεικνύειν SFY 8–9 τῆς τοῦ πατρός ἀτιμίας A 11 ἐπιχειρῇ A 16 ἀφέλησθε $\mathrm{S}^{\gamma\rho}\mathrm{AF}^{c}$ ὀνείδη $\mathrm{S}^{\gamma\rho}$ περιβάλητε $\mathrm{S}^{\gamma\rho}\mathrm{F}^{c}$ 20 τοὺς ἄλλους πολίτας del. Richards 22 οὐκ A 24 ἔχω] ἐῶ Naber

ὅσῳ συμφέρει μᾶλλον ὑμῖν καταγνοῦσιν ἢ μή, θεάσασθε. εἰ μὲν ἀπογνώσεσθε, ἐπὶ τοῖς λέγουσι τὸ βουλευτήριον ἔσται, ἐὰν δὲ καταγνῶτε, ἐπὶ τοῖς ἰδιώταις· ἑορακότες γὰρ οἱ πολλοὶ διὰ τὴν τῶν λεγόντων πονηρίαν τήνδ' ἀφῃρημένην τὴν βουλὴν τὸν στέφανον, οὐχὶ προήσονται τούτοις τὰς πράξεις, ἀλλὰ τὰ βέλτιστα ἐροῦσιν αὐτοί. εἰ δὲ γενήσεται τοῦτο καὶ τῶν ἐθάδων καὶ συνεστηκότων ῥητόρων ἀπαλλαγήσεσθε, ὄψεσθε, ὦ ἄνδρες Ἀθηναῖοι, πάνθ' ἃ προσήκει γιγνόμενα. ὥστ' εἰ μηδενὸς ἄλλου ἕνεκα, διὰ ταῦτα καταψηφιστέον.

38. *Ὃ τοίνυν ἕτερον δεῖ μὴ λαθεῖν ὑμᾶς, ἀκούσατε. ἴσως ἀναβήσεται καὶ συνερεῖ τῇ βουλῇ Φίλιππος καὶ Ἀντιγένης καὶ ὁ ἀντιγραφεὺς καί τινες ἄλλοι, οἵπερ ἐκεῖ δι' ἑαυτῶν εἶχον μετὰ τούτου τὸ βουλευτήριον καὶ τούτων τῶν κακῶν εἰσιν αἴτιοι. δεῖ δὴ πάντας ὑμᾶς γιγνώσκειν ὅτι τούτοις ἐστὶ μὲν ἡ πρόφασις τῆς συνηγορίας τῇ βουλῇ βοηθεῖν, τῇ δ' ἀληθείᾳ ὑπὲρ αὑτῶν ἀγωνιοῦνται καὶ τῶν εὐθυνῶν ἃς αὐτοὺς προσήκει δοῦναι τῶν πεπραγμένων.* **(39)** *ἔχει γὰρ οὕτως. ἂν μὲν ἀπογνῶτε τὴν γραφὴν ταύτην, ἅπαντές εἰσιν ἀπηλλαγμένοι καὶ δίκην οὐδεὶς οὐδεμίαν μὴ δῷ· τίς γὰρ ἔτ' ἂν καταψηφίσαιτο ἐκείνων, τὴν βουλὴν ὑμῶν ἐστεφανωκότων ἧς οὗτοι προέστασαν; ἐὰν δὲ καταγνῶτε, πρῶτον μὲν τὰ εὔορκα ἔσεσθ' ἐψηφισμένοι, εἶτ' ἐπὶ ταῖς εὐθύναις ἕκαστον τούτων λαμβάνοντες, ὃς μὲν ἂν ὑμῖν ἀδικεῖν δοκῇ, κολάσετε, ὃς δ' ἂν μή, τότ' ἀφήσετε. μὴ οὖν ὡς ὑπὲρ τῆς βουλῆς λεγόντων καὶ τῶν πολλῶν ἀκούετε, ἀλλ' ὡς ὑπὲρ αὑτῶν παρακρουομένοις ὀργίζεσθε.*

40. *Ἔτι τοίνυν Ἀρχίαν οἶμαι τὸν Χολαργέα (καὶ γὰρ οὗτος ἐβούλευεν πέρυσιν) ὡς ἐπιεικῆ δεήσεσθαι καὶ συνερεῖν αὐτοῖς. ἐγὼ δ' οἴομαι δεῖν ὑμᾶς ὡδί πως ἀκούειν Ἀρχίου, ἐρωτᾶν αὐτὸν ταῦτα ἃ κατηγόρηται τῆς βουλῆς, πότερ' αὐτῷ δοκεῖ καλῶς ἔχειν ἢ κακῶς· κἂν μὲν φῇ καλῶς, μηκέτι τὸν νοῦν*

7 *ἠθάδων* S^{a}Y   *παρεστηκότων* S^{a}F^{c}Y   9 *εἵνεκ' ἄλλου* coni. Weil   *διά* ⟨*γε*⟩ AF   12 *ἐκεῖ*] *ἐπεὶ* Richards : *ἀεὶ* Naber   16 *περὶ* Bl.   23 *κολάσατε* S^{a} 28 *συνεργεῖν* S^{a} 29 *ὑμᾶς* om. SFY   30 *κατηγορεῖται* A

ὡς ἐπιεικεῖ προσέχειν, ἂν δὲ κακῶς, τί δὴ ταῦτ᾽ εἴα φάσκων ἐπιεικὴς εἶναι, πάλιν αὐτὸν ἐρωτᾶτε. **(41)** κἂν μὲν ἀντιλέγειν φῇ, μηδένα δ᾽ αὐτῷ πείθεσθαι, ἄτοπον δήπου νῦν λέγειν ὑπὲρ τῆς τὰ βέλτιστα οὐχὶ πειθομένης ἑαυτῷ βουλῆς· ἂν δὲ σιωπᾶν, πῶς οὐκ ἀδικεῖ, εἰ, παρὸν ἐξαμαρτάνειν μέλλοντας ἀποτρέπειν, τοῦτο μὲν οὐκ ἐποίει, νῦν δὲ λέγειν τολμᾷ ὡς δεῖ τοὺς τοσαῦτα κακὰ εἰργασμένους στεφανῶσαι;

42. Οἴομαι τοίνυν αὐτὸν οὐδ᾽ ἐκείνων ἀφέξεσθαι τῶν λόγων, ὅτι ταῦτα πάντ᾽ αὐτῷ διὰ τὰς εἰσπράξεις γέγονεν, ἃς ὑπὲρ ὑμῶν ὀλίγους εἰσπρᾶξαι φήσει πολλὰ χρήματ᾽ ἀναιδῶς οὐ τιθέντας. καὶ κατηγορήσει τούτων, πρᾶγμα ῥᾴδιον, οἶμαι, {τῶν μὴ τιθέντων τὰς εἰσφοράς,} καὶ φήσει πᾶσαν ἄδειαν ἔσεσθαι τοῦ μὴ τιθέναι τὰς εἰσφοράς, εἰ καταψηφιεῖσθε αὐτοῦ. **(43)** ὑμεῖς δέ, ὦ ἄνδρες Ἀθηναῖοι, πρῶτον μὲν ἐκεῖνο ἐνθυμεῖσθε, ὅτι οὐ περὶ τούτων δικάσειν ὀμωμόκατε, ἀλλ᾽ εἰ κατὰ τοὺς νόμους τὸ ψήφισμα εἶπεν, εἶθ᾽ ὅτι πάνδεινόν ἐστι, κατηγορίαν ποιούμενον ὡς ἀδικοῦσί τινες τὴν πόλιν, αὐτὸν ἀξιοῦν ὧν ἀδικεῖ μειζόνων ὄντων μὴ δοῦναι δίκην· πολὺ γὰρ δήπου μεῖζόν ἐστ᾽ ἀδίκημα γράφειν παρὰ τοὺς νόμους ἢ τὴν εἰσφορὰν μὴ τιθέναι. **(44)** ὅτι τοίνυν οὐδ᾽ εἰ φανερῶς ἔμελλεν ἁλόντος τούτου μηδεὶς εἰσοίσειν μηδ᾽ ἐθελήσειν εἰσπράττειν, οὐδ᾽ οὕτως ἀποψηφιστέον, ἐκ τῶνδε γνώσεσθε. ὑμῖν παρὰ τὰς εἰσφορὰς τὰς ἀπὸ Ναυσινίκου, παρ᾽ ἴσως τάλαντα τριακόσια ἢ μικρῷ πλείω, ἔλλειμμα τέτταρα καὶ δέκα ἐστὶ τάλαντα, ὧν ἑπτὰ οὗτος εἰσέπραξεν, ἐγὼ δὲ τίθημ᾽ ἅπαντα. ἐπὶ μὲν δὴ τοὺς ἑκόντας τιθέντας οὐ δεῖσθε Ἀνδροτίωνος, ἐπὶ δὲ τοὺς ἐλλείποντας. **(45)** ἔστι τοίνυν ὑμῖν νυνὶ σκεπτέον, εἰ

43 *οὐ—εἶπεν* Schol. D. 22.42.115b

1 *ἐπιεικῇ* SY[a] *δὴ ταῦτ᾽*] *δῆτα* S[a]Y 2 *ἀντιλέγειν*] *ἐναντία λέγειν* SF[γρ]Y[a] 4 *αὑτῷ* AF 11 *οἶμαι* ⟨*διαπραξάμενος*⟩ SF[c]Y : ⟨*διαπραξόμενος*⟩ Schaefer 12 del. Dobree 16 *εἶπεν*] *εἴρηται* A 20 *θεῖναι* F[a] 22 *τωνδὶ* F[γρ]Y *παρὰ* om. S 23 *παρίσως* SY : *πάρεισι* Y[c] 23 *τριακόσια*] *͵α τ´*(i.e. 1300) pro *τ´*(i.e. 300) Wardale 24 *ἐλλείματα* SFY 25 *ἑπτὰ* ⟨*τάλαντα*⟩ SAY *εἰσέπραξεν* ⟨*οὗτος*⟩ A 27 *ἐλλείποντας* ⟨*εὖ*⟩ F[γρ]Y

τοσούτου τιμᾶσθε τὴν πολιτείαν καὶ τοὺς κειμένους νόμους καὶ τὸ εὐορκεῖν· εἰ γὰρ ἀποψηφιεῖσθε τούτου φανερῶς οὕτως παρὰ τοὺς νόμους εἰρηκότος, δόξετε πᾶσιν τὰ χρήματα ταῦτα ἀντὶ τῶν νόμων καὶ τῆς εὐορκίας ᾑρῆσθαι. ἃ οὐδ᾽ ἂν εἰ παρ᾽ ἑαυτοῦ δοίη τις ὑμῖν, λαβεῖν ἄξιον, μή τί γε ἐφ᾽ ᾧ ἑτέρους εἰσπράττειν. **(46)** ὥσθ᾽ ὅταν ταῦτα λέγῃ, μέμνησθε τῶν ὅρκων καὶ τὴν γραφὴν ἐνθυμεῖσθε, ὅτι νῦν οὐ περὶ πράξεως εἰσφορῶν ἐστιν, ἀλλ᾽ εἰ δεῖ κυρίους εἶναι τοὺς νόμους.

Καὶ περὶ τούτων μέν, ὃν τρόπον ὑμᾶς ἀπαγαγὼν ἀπὸ τοῦ νόμου παρακρούεσθαι ζητήσει, καὶ ἃ πρὸς ταῦθ᾽ ὑμᾶς μνημονεύοντας μὴ ἐπιτρέπειν προσήκει, πολλὰ λέγειν ἔχων ἔτι, καὶ ταῦθ᾽ ἱκανὰ εἶναι νομίζων, ἐάσω.

47. *Βούλομαι* δὲ καὶ τὰ πολιτεύματα ἐξετάσαι τοῦ καλοῦ κἀγαθοῦ τούτου, δι᾽ ὧν οὐκ ἔσθ᾽ ὅ τι τῶν δεινοτάτων ἐλλείπων φανήσεται· καὶ γὰρ ἀναιδῆ καὶ θρασὺν καὶ κλέπτην καὶ ὑπερήφανον καὶ πάντα μᾶλλον ἢ ἐν δημοκρατίᾳ πολιτεύεσθαι ἐπιτήδειον ὄντ᾽ αὐτὸν δείξω. καὶ πρῶτον μέν, ἐφ᾽ ᾧ μέγιστον φρονεῖ, τὴν τῶν χρημάτων εἴσπραξιν ἐξετάσωμεν αὐτοῦ, μὴ τῇ τούτου προσέχοντες ἀλαζονείᾳ τὸν νοῦν, ἀλλὰ τὸ πρᾶγμα οἷον γέγονεν τῇ ἀληθείᾳ σκοποῦντες. **(48)** οὗτος Εὐκτήμονα φήσας τὰς ὑμετέρας ἔχειν εἰσφορὰς καὶ τοῦτ᾽ ἐξελέγξειν ἢ παρ᾽ ἑαυτοῦ καταθήσειν, καταλύσας ψηφίσματι κληρωτὴν ἀρχὴν ἐπὶ τῇ προφάσει ταύτῃ, ἐπὶ τὴν εἴσπραξιν παρέδυ. δημηγορίας δ᾽ ἐπὶ τούτοις ποιούμενος, ὡς ἔστι τριῶν αἵρεσις ὑμῖν, ἢ τὰ πομπεῖα κατακόπτειν ἢ πάλιν εἰσφέρειν ἢ τοὺς ὀφείλοντας εἰσπράττειν, **(49)** αἱρουμένων εἰκότως ὑμῶν τοὺς

45 εἰ—πολιτείαν AB 175.12 —ᾑρῆσθαι Schol. D. 22.42.115b
47 καὶ πρῶτον—αὐτοῦ 24.160
48 οὗτος—**49** οἰκίας 24.160–2 πομπεῖα Harp. π 80

---

1 τιμᾶσθαι S πολιτείαν] πόλιν AB κειμένους om. Schol. D. 2 ἀποψηφιεῖσθαι ⟨καὶ ἀθωώσετε⟩ F[c] 9 περὶ μὲν τούτων AY : περὶ μὲν ⟨οὖν⟩ τούτων F[a] ἀπάγων AF[a] 14 οὐκ] οὐδὲν F[a] ἐλλιπὼν A 17 ἐπιδείξω F 18 ἐξετάσομεν A 22 καταθήσειν ⟨ὑποσχόμενος⟩ S[c]AFY 24.160 κλήρῳ τὴν SA[a] 24.160 (AFY) 23 τῇ om. SY 24 δημογορίαν 24.161 (S) 25 ὑμῖν S[c (m.a.)]AFY : om. S 24.161 (SA)

ὀφείλοντας εἰσπράττειν, ταῖς ὑποσχέσεσιν κατέχων καὶ διὰ τὸν καιρὸν ὃς ἦν τότε ἔχων ἐξουσίαν, τοῖς μὲν κειμένοις νόμοις περὶ τούτων οὐκ ᾤετο δεῖν χρῆσθαι, οὐδ', εἰ μὴ τούτους ἐνόμιζεν ἱκανούς, ἑτέρους τιθέναι, ψηφίσματα δ' εἶπεν ἐν ὑμῖν δεινὰ καὶ παράνομα, δι' ὧν ἠργολάβει καὶ πολλὰ τῶν ὑμετέρων κέκλοφεν, τοὺς ἕνδεκα γράψας ἀκολουθεῖν μεθ' ἑαυτοῦ. **(50)** εἶτ' ἔχων τούτους ἦγεν ἐπὶ τῶν πολιτῶν οἰκίας. καὶ τὸν μὲν Εὐκτήμονα, ὃν εἰσπράξειν ἢ καταθήσειν αὐτὸς ἔφη τὰς εἰσφοράς, οὐδὲν εἶχεν ἐλέγχειν περὶ τούτων, ὑμᾶς δὲ εἰσέπραττεν, ὥσπερ οὐ διὰ τὴν Εὐκτήμονος ἔχθραν ἐπὶ ταῦτ' ἐλθών, ἀλλὰ διὰ τὴν ὑμετέραν. **(51)** καὶ μηδεὶς ὑπολαμβανέτω με λέγειν ὡς οὐ χρῆν εἰσπράττειν τοὺς ὀφείλοντας. χρῆν γάρ. ἀλλὰ πῶς; ὡς ὁ νόμος κελεύει· τῶν ἄλλων ἕνεκα· τοῦτο γάρ ἐστι δημοτικόν. οὐ γὰρ τοσοῦτον, ὦ ἄνδρες Ἀθηναῖοι, τοσούτων χρημάτων τοῦτον τὸν τρόπον εἰσπραχθέντων ὠφέλησθε, ὅσον ἐζημίωσθε τοιούτων ἐθῶν εἰς τὴν πολιτείαν εἰσαγομένων. εἰ γὰρ θέλετ' ἐξετάσαι τίνος ἕνεκα μᾶλλον ἂν τις ἕλοιτο ἐν δημοκρατίᾳ ζῆν ἢ ἐν ὀλιγαρχίᾳ, τοῦτ' ἂν εὕροιτε προχειρότατον, ὅτι πάντα πραότερ' ἐστὶν ἐν δημοκρατίᾳ. **(52)** ὅτι μὲν τοίνυν τῆς ὅπου βούλεσθε ὀλιγαρχίας οὗτος ἀσελγέστερος γέγονεν, παραλείψω. ἀλλὰ παρ' ἡμῖν πότε πώποτε δεινότατα ἐν τῇ πόλει γέγονεν; ἐπὶ τῶν τριάκοντα, πάντες ἂν εἴποιτε. τότε τοίνυν, ὡς ἔστιν ἀκούειν, οὐδεὶς ἔστιν ὅστις ἀπεστερεῖτο τοῦ σωθῆναι, ὅστις ἑαυτὸν οἴκοι κρύψειεν, ἀλλὰ τοῦτο κατηγοροῦμεν τῶν τριάκοντα, ὅτι τοὺς ἐκ τῆς

49 δι' ὧν—ἑαυτοῦ Lex. Pat. ad loc.
51 καὶ—**56** ἕλκεσθαι 24.162–8

2 ὅσην SFY 24.161 (S[a]F) 3 περὶ τούτων om. 24.161 (F) 5 ἐν om. F[a] 6 γράψας τοὺς ἕνδεκα 24.162 7 τῶν πολιτῶν] τὰς ὑμετέρας 24.162 et Bl. 13 κελεύει] ἀγορεύει 24.162 (SAY) ἄλλων] πολλῶν Dobree : ἀνθρώπων Weil 15 τοῦτον τὸν τρόπον ante τοσούτων A : del. Bl. 16 ἐζημίωσθε] βέβλασφε 24.162 17 ἐθέλοιτ' AF 24.163 (AFY) 19 ἐστὶ πραότερα A 20 ὅποι AF[a] 24.163 22 ⟨τῶν⟩ πώποτε (post Reiske) Cobet ⟨εὖ οἶδ' ὅτι⟩ ἐπὶ 24.163 23 οὐδεὶς] οὐκ A 24 ἀπεστέρητο A ὅστις] ὃς F : εἴ τι 24.164 (F) 25 ⟨αὐτὸ⟩ τοῦτο 24.164 κατηγοροῦσι 24.164 (SAY)

ἀγορᾶς ἀδίκως ἀπῆγον. οὗτος τοίνυν τοσαύτην ὑπερβολὴν ἐποιήσατο ἐκείνων τῆς αὑτοῦ βδελυρίας ὥστ' ἐν δημοκρατίᾳ πολιτευόμενος τὴν ἰδίαν οἰκίαν ἑκάστῳ δεσμωτήριον καθίστη, τοὺς ἕνδεκα ἄγων ἐπὶ τὰς οἰκίας. **(53)** καίτοι, ὦ ἄνδρες Ἀθηναῖοι, τί οἴεσθε ὁπότ' ἄνθρωπος πένης (ἢ καὶ πλούσιος, πολλὰ δ' ἀνηλωκὼς καί τιν' ἴσως τρόπον εἰκότως οὐκ εὐπορῶν ἀργυρίου), ἢ τέγος ὡς τοὺς γείτονας ὑπερβαίνοι, ἢ ὑποδύοιτο ὑπὸ κλίνην ὑπὲρ τοῦ μὴ τὸ σῶμα ἁλοὺς εἰς τὸ δεσμωτήριον ἕλκεσθαι, ἢ ἄλλα ἀσχημονοίη ἃ δούλων, οὐκ ἐλευθέρων ἐστὶν ἔργα, καὶ ταῦθ' ὑπὸ τῆς ἑαυτοῦ γυναικὸς ὁρῷτο ποιῶν, ἣν ὡς ἐλεύθερος ἠγγυήσατο καὶ τῆς πόλεως πολίτης, ὁ δὲ τούτων αἴτιος Ἀνδροτίων εἴη, ὃν οὐδ' ὑπὲρ αὑτοῦ δίκην λαμβάνειν ἐᾷ τὰ πεπραγμένα καὶ βεβιωμένα, μή τί γε ὑπὲρ τῆς πόλεως; **(54)** καίτοι εἴ τις ἔροιτο αὐτόν, τὰς εἰσφορὰς πότερον τὰ κτήματα ἢ τὰ σώματα ὀφείλει, τὰ κτήματα φήσειεν ἄν, εἴπερ ἀληθῆ λέγειν βούλοιτο· ἀπὸ γὰρ τούτων εἰσφέρομεν. τίνος οὖν ἕνεκα ἀφεὶς τὸ τὰ χωρία δημεύειν καὶ τὰς οἰκίας καὶ ταῦτ' ἀπογράφειν, ἔδεις καὶ ὕβριζες πολίτας ἀνθρώπους καὶ τοὺς ταλαιπώρους μετοίκους, οἷς ὑβριστικώτερον ἢ τοῖς οἰκέταις τοῖς σαυτοῦ κέχρησαι; **(55)** καὶ μὴν εἰ θέλετε σκέψασθαι τί δοῦλον ἢ ἐλεύθερον εἶναι διαφέρει, τοῦτο μέγιστον ἂν εὕροιτε, ὅτι τοῖς μὲν δούλοις τὸ σῶμα τῶν ἀδικημάτων ἁπάντων ὑπεύθυνόν ἐστιν, τοῖς δ' ἐλευθέροις, κἂν τὰ μέγιστα ἀτυχῶσιν, τοῦτό γ' ἔνεστι σῶσαι· εἰς χρήματα γὰρ τὴν δίκην περὶ τῶν πλείστων παρὰ τούτων προσήκει λαμβάνειν. ὁ δὲ τοὐναντίον

55 *τί—διαφέρει* Thom. 353.4 —*λαμβάνειν* cf. Minuc. 1.345.21 Sp. Ha.

---

1 *οὑτοσὶ* F 2 *ἐκείνων* om. 24.161 (AY) : del. Bl. *βδελυρίας*] *πονηρίας* 24.164 5 *ὁπότ'* ⟨*ἂν*⟩ F 24.165 (SF) 6 *δ'* om. F^c^Y 24.165 (S) 7 *ἀργύριον* A *ἢ*^1^] *εἰ* S 8 *τὸ σῶμα* del. Cobet 11 *ἐνεγγυήσατο* (-*εγυ*- F) AF 12–13 *ἐᾷ λαβεῖν* 24.165 Schol. D. 22.53.145 13 *πόλεως* ⟨*εἰσπράττειν εἰσφοράς*⟩ 24.165 14 *καίτοι* ⟨*γε*⟩ A *πότερον* ⟨*ἢ*⟩ S 15–16 *φήσαιτ'* . . . *βούλοισθε* 24.166 18 *ἀνθρώπους πολίτας* A 19 ⟨*ὑμεῖς*⟩ *ἢ* 24.166 20 *τίνι* Minuc. 22 *ὅτι*] *οὐ* Minuc. *τῷ* . . . *δούλῳ* Minuc. *πάντων* ante *τῶν* Minuc. 23 *τύχωσιν* ⟨*ἀδικοῦντες*⟩ AF 24 *ἔσται* A *τὴν* om. SAY

εἰς τὰ σώματα, ὥσπερ ἀνδραπόδοις, ἐποιήσατο τὰς τιμωρίας. **(56)** οὕτω δὲ αἰσχρῶς καὶ πλεονεκτικῶς ἔσχε πρὸς ὑμᾶς ὥστε τὸν μὲν ἑαυτοῦ πατέρα ᾤετο δεῖν, δημοσίᾳ δεθέντα ἐπὶ χρήμασιν ἐν τῷ δεσμωτηρίῳ, μήτε ἀποδόντα ταῦτα μήτε κριθέντα ἀποδρᾶναι, τῶν δ' ἄλλων πολιτῶν τὸν μὴ δυνάμενον τὰ ἑαυτοῦ θεῖναι οἴκοθεν εἰς τὸ δεσμωτήριον ἕλκεσθαι. εἶτ' ἐπὶ τούτοις, ὡς ὁτιοῦν ἐξὸν ἑαυτῷ ποιεῖν, *Σινώπην* προσηνεχύραζεν καὶ *Φανοστράτην*, ἀνθρώπους πόρνας, οὐ μέντοι ὀφειλούσας εἰσφοράς. **(57)** καίτοι εἴ τισιν ἄρα δοκοῦσιν ἐπιτήδειαι ἐκεῖναι παθεῖν, ἀλλὰ τὸ πρᾶγμά γε οὐκ ἐπιτήδειον γίγνεσθαι, τηλικοῦτό τινας φρονεῖν διὰ καιρὸν ὥστε βαδίζειν ἐπ' οἰκίας καὶ σκεύη φέρειν μηδὲν ὀφειλόντων ἀνθρώπων. πολλὰ γὰρ ἄν τις ἴδοι πολλοὺς ἐπιτηδείους ὄντας πάσχειν καὶ πεπονθέναι. ἀλλ' οὐ ταῦτα λέγουσιν οἱ νόμοι, οὐδὲ τὰ τῆς πολιτείας ἔθη, ἃ φυλακτέον ὑμῖν· ἀλλ' ἔνεστιν ἔλεος, συγγνώμη, πάνθ' ἃ προσήκει τοῖς ἐλευθέροις. **(58)** ὧν οὗτος ἁπάντων εἰκότως οὐ μετέχει τῇ φύσει οὐδὲ τῇ παιδείᾳ· πολλὰ γὰρ ὕβρισται καὶ προπεπηλάκισται συνὼν οὐκ ἀγαπῶσιν αὐτὸν ἀνθρώποις, ἀλλὰ δοῦναι μισθὸν δυναμένοις· ὧν προσῆκέ σοι τὴν ὀργὴν οὐκ εἰς τῶν πολιτῶν τὸν τυχόντα ἀφιέναι οὐδ' εἰς τὰς ὁμοτέχνους {πόρνας}, ἀλλ' εἰς τὸν τοῦτον τὸν τρόπον σε θρέψαντα.

59. *Ταῦτα* τοίνυν ὡς μὲν οὐ κακὰ καὶ παρὰ πάντας τοὺς νόμους, οὐχ ἕξει λέγειν οὗτος· οὕτω δ' ἐστὶν ἀναιδὴς ὥστε ἐν τῷ δήμῳ, προάγωνας ἀεὶ κατασκευάζων αὑτῷ τῆσδε τῆς γραφῆς, ἐτόλμα λέγειν ὡς ὑπὲρ ὑμῶν καὶ δι' ὑμᾶς

56 *Σινώπην—Φανοστράτην* cf. Ath. 13.585f Harp. σ 15 φ 4
57–64 eadem fere 24.169–71
59 *ὥστε—αὑτῷ* Lex. Pat. ad loc.

1 ἐποιεῖτο S   2 αἰσχρῶς] ἀνίσως 24.168   ὑμᾶς ⟨Ἀνδροτίων⟩ 24.168   6 ἕλκεσθαι] ἀχθέντα ὑφ' ἑαυτοῦ δεδέσθαι 24.168   8 μέντοι ⟨γε⟩ AF   9 καίτοι ⟨γε⟩ A   11 τηλικοῦτόν AF^c 13 ὄντας om. SY   πάσχειν] παθεῖν A   15 ἃ] ὅσα SFY   19 ἑαυτὸν SF^aY προσήκει A   20 ἀφεῖναι A   21 ὁμοτέχνους ⟨σοι⟩ AF del. Cobet   22 σε θρέψαντα ⟨πατέρα⟩ $S^{γρ}Y$: θρέψαντα σε ⟨πατέρα⟩ AF   24 ἀναιδής ἐστιν A

ἐχθροὺς ἐφ᾽ ἑαυτὸν εἵλκυκε καὶ νῦν ἐν τοῖς ἐσχάτοις ἐστὶ κινδύνοις. ἐγὼ δ᾽ ὑμῖν, ὦ ἄνδρες Ἀθηναῖοι, βούλομαι δεῖξαι τοῦτον οὔτε πεπονθότα οὐδ᾽ ὁτιοῦν κακὸν οὔτε μέλλοντα πάσχειν οὐδὲν δι᾽ ὧν ὑπὲρ ὑμῶν ἔπραξε, διὰ μέντοι τὴν αὑτοῦ βδελυρίαν καὶ θεοισεχθρίαν πεπονθότα μὲν μέχρι τῆσδε τῆς ἡμέρας οὐδέν, πεισόμενον δ᾽, ἂν τὰ δίκαια ποιῆτε ὑμεῖς. **(60)** *σκέψασθε γὰρ ὡδί. τί ποθ᾽ ὑμῖν οὗτος ὑπέσχετο καὶ τί ποιεῖν αὐτὸν ἐχειροτονήσαθ᾽ ὑμεῖς; χρήματα εἰσπράττειν. ἄλλο δὲ πρὸς τούτῳ τί ποιεῖν; οὐδὲ ἕν. φέρε δὴ καθ᾽ ἕκαστον ὑπομνήσω τὴν εἴσπραξιν ὑμᾶς. οὗτος εἰσέπραξε Λεπτίνην τὸν ἐκ Κοίλης τέτταρας καὶ τριάκοντα δραχμάς, καὶ Θεόξενον τὸν Ἀλωπεκῆθεν δραχμὰς ἑβδομήκοντα καὶ μικρόν τι πρός, καὶ τὸν Εὐφήρου Καλλικράτην καὶ τὸν Τελέστου νεανίσκον· οὐκ ἔχω γὰρ τοὔνομα εἰπεῖν· σχεδὸν δὲ πάντας οὓς εἰσέπραξεν, ἵνα μὴ καθ᾽ ἕκαστον λέγω, οὐκ οἶδ᾽ εἴ τινα ὑπὲρ μνᾶν ὀφείλοντα.* **(61)** *πότερ᾽ οὖν οἴεσθε τούτων ἕκαστον μισεῖν καὶ πολεμεῖν αὐτῷ διὰ τὴν εἰσφορὰν ταύτην, ἢ τὸν μὲν αὐτῶν, ὅτι πάντων ἀκουόντων ὑμῶν ἐν τῷ δήμῳ δοῦλον ἔφη καὶ ἐκ δούλων εἶναι καὶ προσήκειν αὐτῷ τὸ ἕκτον μέρος εἰσφέρειν μετὰ τῶν μετοίκων, τῷ δ᾽ ὅτι παῖδας ἐκ πόρνης εἶναι, τοῦ δὲ τὸν πατέρ᾽ ἡταιρηκέναι, τοῦ δὲ τὴν μητέρα πεπορνεῦσθαι, τὸν δὲ ἀπογράφειν ὅσα ὑφείλετ᾽ ἐξ ἀρχῆς, τὸν δὲ τὸ δεῖνα, τὸν δὲ ὁμοῦ ῥητὰ καὶ ἄρρητα κακά, ἑξῆς ἅπαντας;* **(62)** *ἐγὼ μὲν γὰρ οἶδα ὅτι πάντες, εἰς οὓς ἐπαρῴνησεν οὗτος, τὴν μὲν εἰσφορὰν ἕκαστος ἀναγκαῖον ἀνάλωμα ὑπελάμβανεν εἶναι, τοιαῦτα δ᾽ ἀτιμασθεὶς καὶ προπηλακισθεὶς χαλεπῶς ἐνήνοχεν. κἀκεῖνο οἶδα, ὅτι χρήματα εἰσπράττειν τοῦτον ἐχειροτονήσαθ᾽ ὑμεῖς, οὐχὶ τὰς ἰδίας συμφορὰς ὀνειδίζειν καὶ προφέρειν ἑκάστῳ.*

61 *τοῦ δὲ—πεπορνεῦσθαι* Thom. 130.5

---

1 *εἵλκυσεν* SAY 5 *θεοῖς ἐχθρίαν* S : corr. Dindorf : *θεοῖς ἐχθρὰν* ⟨*αἰσχροκέρδειαν*⟩ (-*δίαν* FY) AFY 5–6 *μέχρι τῆς τήμερον ἡμέρας* A 9 *τοῦτο* A 13 *εὐφήμου* $S^{γρ}$AF *τελεστοῦ* SFY 14 *οὓς*] *ὅσους* A 17 *ταύτην*] *αὐτήν* Dobree coll. 65 20 *ὅτι* del. Reiske 22 *ἀπογράψειν* Reiske *τὸ δεῖνα*] *τόδ᾽ εἶναι* SFY 23 *ἅπαντας* ⟨*ἀπεῖπεν*⟩ S 25 *ταῦτα* $SF^{a}Y$ 26 *κἀκεῖνο* ⟨*δὲ*⟩ A

εἴτε γὰρ ἦσαν ἀληθεῖς, οὐ σοὶ ῥητέαι (πολλὰ γὰρ ἡμῶν ἕκαστος οὐχ ὡς βούλεται πράττει)· εἴτε μὴ προσηκούσας κατεσκεύαζες, πῶς οὐχ ὁτιοῦν ἂν πάθοις δικαίως; **(63)** ἔτι τοίνυν ἐκ τοῦδ' ἀκριβέστερον γνώσεσθε ὅτι μισεῖ τοῦτον ἕκαστος οὐ διὰ τὴν εἴσπραξιν, ἀλλ' ὑπὲρ ὧν ὑβρίσθη καὶ ἐπαρῳνήθη. Σάτυρος γὰρ ὁ τῶν νεωρίων ἐπιμελητὴς οὐχ ἑπτὰ τάλαντα εἰσέπραξεν ὑμῖν, ἀλλὰ τέτταρα καὶ τριάκοντα τοὺς αὐτοὺς τούτους ἀνθρώπους, ἐξ ὧν παρέθηκε τὰ σκεύη ταῖς ἐκπλευσάσαις ναυσί· καὶ οὔτε ἐκεῖνος διὰ ταῦτα οὐδένα ἐχθρὸν αὐτῷ φησὶν εἶναι, οὔτε τῶν εἰσπραχθέντων οὐδεὶς ἐκείνῳ πολεμεῖ. εἰκότως ὁ μὲν γὰρ τὸ προστεταγμένον, οἶμαι, διεπράττετο, σὺ δὲ τῇ σαυτοῦ προπετείᾳ καὶ θρασύτητι λαβὼν ἐξουσίαν πόλλ' ἀνηλωκότας εἰς τὴν πόλιν ἀνθρώπους καὶ σοῦ βελτίους καὶ ἐκ βελτιόνων ψευδέσι καὶ χαλεποῖς ὀνείδεσιν ᾤου δεῖν περιβάλλειν. **(64)** εἶτα ταῦθ' οὗτοι πεισθῶσιν ὑπὲρ αὐτῶν σε ποιεῖν, καὶ τὰ τῆς σῆς ἀναισθησίας καὶ πονηρίας ἔργα ἐφ' αὑτοὺς ἀναδέξωνται; ἀλλὰ μισεῖν δικαιότερον διὰ ταῦτά σε ὀφείλουσιν ἢ σῴζειν. τὸν γὰρ ὑπὲρ πόλεως πράττοντά τι δεῖ τὸ τῆς πόλεως ἦθος μιμεῖσθαι, καὶ σῴζειν ὑμῖν τοὺς τοιούτους, ὦ ἄνδρες Ἀθηναῖοι, προσήκει, καὶ μισεῖν τοὺς οἷουσπερ οὗτος. ὡς ἐκεῖνο εἰδόσιν μὲν ἴσως, ὅμως δὲ ἐρῶ· ὁποίους τινὰς ἂν φαίνησθ' ἀγαπῶντες καὶ σῴζοντες, τούτοις ὅμοιοι δόξετ' εἶναι.

65. Ὅτι τοίνυν ὅλως οὐδὲ τὴν εἴσπραξιν αὐτὴν ὑπὲρ ὑμῶν πεποίηται, καὶ τοῦτο αὐτίκα δὴ μάλ' ὑμῖν δῆλον ποιήσω. εἰ

64 τὸν γὰρ—εἶναι Stob. 4.1.36   ὁποίους—εἶναι cf. Syr. 1.44.23 R. Anon. Schol. in Id. 7.977.29 W.
65 ὅτι—**67** λέγω 24.172–4

4 τῶνδε A   7 τάλανατα ⟨μόνον⟩ A   8 ἐξ] ἀφ' A   ὧνπερ ἔθηκε van Herwerden   9 ἐκπλεούσαις AF^{a} 10 αὐτῷ ἐχθρὸν εἶναι (φησὶν post 9 ἐκεῖνος) A   11 εἰκότως om. SFY   14 ψεύδεσι A   16 ἀναισθησίας] ἀναισχυντίας S$^{\gamma\rho}$F   18 ⟨τῆς⟩ πόλεως AF 24.170 Stob.   19 ⟨δεῖ⟩ σῴζειν SY^{a} 20 προσήκει post 19 ὑμῖν A   21 οἷόσπερ A   ἐκεῖνό ⟨γε⟩ AFY   22 ὁποίους γὰρ ἄν τινας Syr. Anon.   τοιούτοις Naber   24 ὅλως om. 24.172   25 πεποίηνται 24.172 (SFY)   δῆλον ὑμῖν F : δῆλον om. S

γάρ τις ἔροιτο αὐτὸν πότερ᾽ αὐτῷ δοκοῦσιν ἀδικεῖν μᾶλλον τὴν πόλιν οἱ γεωργοῦντες καὶ φειδόμενοι, διὰ παιδοτροφίας δὲ καὶ οἰκεῖα ἀναλώματα καὶ λειτουργίας ἑτέρας ἐλλελοιπότες εἰσφοράν, ἢ οἱ τὰ τῶν ἐθελησάντων εἰσενεγκεῖν χρήματα καὶ τὰ παρὰ τῶν συμμάχων κλέπτοντες καὶ ἀπολλύντες, οὐκ ἂν εἰς τοῦτο τόλμης δήπου, καίπερ ὢν ἀναιδής, ἔλθοι, ὥστε φῆσαι τοὺς τὰ ἑαυτῶν μὴ εἰσφέροντας μᾶλλον ἀδικεῖν ἢ τοὺς τὰ κοινὰ ὑφαιρουμένους. **(66)** τίνος οὖν ἕνεκα, ὦ βδελυρέ, ἐτῶν ὄντων πλειόνων ἢ τριάκοντα ἀφ᾽ οὗ σὺ πολιτεύῃ, καὶ ἐν τούτῳ τῷ χρόνῳ πολλῶν μὲν στρατηγῶν ἠδικηκότων τὴν πόλιν, πολλῶν δὲ ῥητόρων, οἳ παρὰ τουτοισὶ κέκρινται, ὧν οἱ μὲν τεθνᾶσιν ἐφ᾽ οἷς ἠδίκουν, οἱ δ᾽ ὑποχωρήσαντες φεύγουσιν, οὐδενὸς πώποτε ἐξητάσθης κατήγορος οὐδ᾽ ἀγανακτῶν ὤφθης ὑπὲρ ὧν ἡ πόλις πάσχει, οὕτως ὢν θρασὺς καὶ λέγειν δεινός, ἀλλ᾽ ἐνταῦθ᾽ ἐφάνης κηδεμὼν ὤν, οὗ σε πολλοὺς ἔδει κακῶς ποιῆσαι; **(67)** βούλεσθ᾽, ὦ ἄνδρες Ἀθηναῖοι, τὸ τούτων αἴτιον ἐγὼ ὑμῖν εἴπω; ὅτι τῶν μὲν {μετέχουσιν ὧν ἀδικοῦσιν ὑμᾶς τινες, ἀπὸ δὲ τῶν εἰσπραττομένων ὑφαιροῦνται· δι᾽ ἀπληστίαν δὲ τρόπων διχόθεν καρποῦνται τὴν πόλιν. οὔτε γὰρ ῥᾷον πολλοῖς καὶ {τὰ} μικρὰ ἀδικοῦσιν ἀπεχθάνεσθαι

65 πότερ᾽—**67** ὑφαιροῦνται cf. Tib. 19.7 Ball.
66 οἳ—κέκρινται Schol. D. 22.62.157c

---

1 πότεροι SAFY : corr. Benseler 4 ⟨τὰς⟩ εἰσφορὰς AFY 24.172 (AFY) 5 τὰ om. F 6 δήπου τόλμης A 24.172 8–9 τίνος—ὄντων] τίποτ᾽ οὖν ὄντων ἐτῶν Tib. 9–11 ἀφ᾽—οἳ] ἐν οἷς πολλοὶ Tib. 11 τούτοις ἐπικέκρινται Tib. 11–12 ὧν—φεύγουσιν om. Tib. 12 ἀποχωρήσαντες SFY φεύγουσιν] ᾤχοντο καταγνόντες αὐτῶν 24.173 13 πώποτε ⟨τούτων⟩ A 24.173 : ⟨τῶν⟩ πώποτε Tib. κατήγορος ⟨ὑμῶν οὐδέτερος⟩ 24.173 14 ὑπὲρ ὧν] ἐφ᾽ οἷς A πάσχοι Bk. : ἠδικεῖτο A 14–15 οὕτως—δεινός om. 24.173 15 ὤν S^{c}FY : ἡμῶν A 24.173 : [S] : ὢν ἡμῶν Schaefer πολλούς σε A : σε om. 24.173 : del. Bl. 16 βούλεσθε ⟨γὰρ⟩ F ὦ om. SY 17 τῶν] τούτων $S^{γρ}$AF 24.174 17–3 del. Funkhaenel (ex 24.174 interpolato) 17–18 μετέχουσιν—εἰσπραττομένων om. S^{a}Y 17 μετέχει Baiter Sauppe 18 τινες ὑμᾶς $S^{γρ}$ ὑφαιρεῖται SY : ⟨οὐδὲν⟩ ὑφαιροῦνται $S^{γρ}$ 19 καρποῦται SY 20 καὶ τὰ] καὶ κατὰ AF 24.174 (AF) : del. Schaefer

ἢ ὀλίγοις καὶ μεγάλα, οὔτε δημοτικώτερον δήπου τὰ τῶν πολλῶν ἀδικήματα ὁρᾶν ἢ τὰ τῶν ὀλίγων. ἀλλὰ τοῦτ᾽ αἴτιον οὑγὼ λέγω. τῶν μὲν} οἶδεν ἑαυτὸν ὄντα, τῶν ἀδικούντων, ὑμᾶς δὲ οὐδενὸς ἀξίους ἡγήσατο· διὸ τοῦτον ἐχρήσατο τὸν τρόπον ὑμῖν. **(68)** εἰ γὰρ ἀνδραπόδων πόλις, ἀλλὰ μὴ τῶν ἄρχειν ἑτέρων ἀξιούντων ὡμολογεῖτε εἶναι, οὐκ ἄν, ὦ ἄνδρες Ἀθηναῖοι, τὰς ὕβρεις ἠνέσχεσθε τὰς τούτου, ἃς κατὰ τὴν ἀγορὰν ὕβριζεν ὁμοῦ μετοίκους, Ἀθηναίους· δέων, ἀπάγων, βοῶν ἐν ταῖς ἐκκλησίαις ἐπὶ τοῦ βήματος· δούλους καὶ ἐκ δούλων καλῶν αὑτοῦ βελτίους καὶ ἐκ βελτιόνων· ἐρωτῶν εἰ μάτην τὸ δεσμωτήριον ᾠκοδομήθη. καταφαίην ἂν ἔγωγε, εἴ γ᾽ ὁ πατὴρ ὁ σὸς ᾤχετο αὐτόθεν αὐταῖς πέδαις ἐξορχησάμενος Διονυσίων τῇ πομπῇ. ἄλλα δὲ ὅσα ὕβρικεν οὐδ᾽ ἂν ἔχοι τις εἰπεῖν· τοσαῦτα τὸ πλῆθός ἐστιν. ὧν ἁθρόων ἄξιον λαβόντας δίκην τήμερον παράδειγμα ποιῆσαι τοῖς ἄλλοις, ἵν᾽ ὦσι μετριώτεροι.

69. Ἀλλὰ νὴ Δία ταῦτα μὲν τοιοῦτός ἐστιν ἐν οἷς πεπολίτευται, ἄλλα δ᾽ ἔσθ᾽ ἃ καλῶς διῴκηκεν. ἀλλὰ καὶ τἄλλ᾽ οὕτως προσελήλυθε πάντα πρὸς ὑμᾶς ὥστε ἥκιστα ἐν οἷς ἀκηκόατε ἄξιός ἐστι μισεῖσθαι. τί γὰρ βούλεσθε εἴπω; τὰ πομπεῖα ὡς ἐπεσκεύασεν, καὶ τὴν τῶν στεφάνων καθαίρεσιν, ἢ τὴν τῶν φιαλῶν ποίησιν τὴν καλήν; ἀλλ᾽ ἐπὶ τούτοις γε, εἰ καὶ μηδὲν ἄλλο ἀδικῶν ἔτυχεν τὴν πόλιν, τρίς, οὐχ ἅπαξ τεθνάναι δίκαιος ὢν φανεῖται· καὶ γὰρ ἱεροσυλίᾳ καὶ ἀσεβείᾳ καὶ κλοπῇ καὶ πᾶσι τοῖς δεινοτάτοις ἐστὶν ἔνοχος.

68 *δέων—βοῶν* Thom. 80.2
69 *ἀλλὰ*—**78** *βεβίωται* 24.176-86

2 *τοῦτ᾽ αἴτιον*] *τοὐναντίον* F[γρ]Y[c] 3 *ἑαυτὸν*] *ἕνα αὐτὸν* AF *ὄντα* om. A 4 *ἡμᾶς* A *ἐχρῆτο* AF 6 *ὡμολογεῖτο* SF[a]Y *οὐδ᾽ ἂν ⟨ὡς⟩* van Herwerden 7 *ἀνέσχεσθε* S 8 *δῶν* Cobet 13 *οὐκ* A 14 *ἀθρόον* FY 17 *μὲν* om. S[a]Y : *μόνον* 24.176 18 *καὶ* om. S[a]FY 19 *πάντα* om. 24.176 *ἐν*] *ἐφ᾽* Cobet 20 *ἄξιον . . . μισεῖν ⟨αὐτοὺς⟩* 24.176 23 *καὶ* om. A 24.177 *ἀδικῶν ἔτυχεν*] *ἠδίκουν* 24.177 24 *τεθνάναι*] *ἀπολωλέναι* A *φαίνεται* A *δικαίως ἄν μοι δοκοῦσιν* 24.177 25 *πᾶσι τοῖς*] *πλείστοις* S[a]

(70) τὰ μὲν οὖν πολλὰ ὧν λέγων ὑμᾶς ἐφενάκιζεν παραλείψω· φήσας δ' ἀπορρεῖν τὰ φύλλα τῶν στεφάνων καὶ σαπροὺς εἶναι διὰ τὸν χρόνον, ὥσπερ ἴων ἢ ῥόδων ὄντας, ἀλλ' οὐ χρυσίου, συγχωνεύειν ἔπεισεν. κᾆτ' ἐπὶ μὲν ταῖς εἰσφοραῖς τὸν δημόσιον παρεῖναι προσέγραψεν ὡς δὴ δίκαιος ὤν, ὧν ἕκαστος ἀντιγραφεὺς ἔμελλεν ἔσεσθαι τῶν εἰσενεγκόντων· ἐπὶ τοῖς στεφάνοις δὲ οὓς κατέκοπτεν οὐχὶ προσήγαγεν ταὐτὸ δίκαιον τοῦτο, ἀλλ' αὐτὸς ῥήτωρ, χρυσοχόος, ταμίας, ἀντιγραφεὺς γέγονεν. **(71)** καὶ μὴν εἰ μὲν ἅπαντ' ἠξίους, ὅσα πράττεις τῇ πόλει, σαυτῷ πιστεύειν, οὐκ ἂν ὁμοίως κλέπτης ὢν ἐφωρῶ· νῦν δ' ἐπὶ ταῖς εἰσφοραῖς ὃ δίκαιόν ἐσθ' ὁρίσας, μὴ σοὶ πιστεύειν, ἀλλὰ τοῖς ἑαυτῆς δούλοις τὴν πόλιν, ὁπότ' ἄλλο τι πράττων καὶ χρήματα κινῶν ἱερά, ὧν ἔνια οὐδ' ἐπὶ τῆς ἡμετέρας γενεᾶς ἀνετέθη, μὴ προσγραψάμενος τὴν αὐτὴν φυλακὴν ἥνπερ περὶ τῶν εἰσφορῶν φαίνει, οὐκ εὔδηλον δι' ὃ τοῦτ' ἐποίησας; ἐγὼ μὲν οἶμαι. **(72)** καὶ μήν, ὦ ἄνδρες Ἀθηναῖοι, καὶ κατὰ παντὸς τοῦ χρόνου σκέψασθε ὡς καλὰ καὶ ζηλωτὰ ἐπιγράμματα τῆς πόλεως ἀνελὼν ὡς ἀσεβῆ καὶ δεινὰ ἀντεπιγέγραφεν. οἶμαι γὰρ ὑμᾶς ἅπαντας ὁρᾶν ὑπὸ τῶν στεφάνων ταῖς χοινικίσιν κάτωθεν γεγραμμένα "οἱ σύμμαχοι τὸν δῆμον ἀνδραγαθίας ἕνεκα καὶ δικαιοσύνης", ἢ "οἱ σύμμαχοι ἀριστεῖον τῇ Ἀθηναίᾳ", ἢ κατὰ πόλεις "οἱ δεῖνες τὸν δῆμον, σωθέντες ὑπὸ τοῦ δήμου", οἷον "*Εὐβοεῖς* ἐλευθερωθέντες ἐστεφάνωσαν τὸν δῆμον", πάλιν "*Κόνων* ἀπὸ τῆς ναυμαχίας τῆς πρὸς *Λακεδαιμονίους*"· τοιαῦτα γὰρ ἦν τὰ τῶν στεφάνων

72 οἱ σύμμαχοι ἀριστεῖον—Ἀθηναίᾳ Eust. Od. 1456.45

1 ἐφενάκιζεν ὑμᾶς ⟨Ἀνδροτίων⟩ 24.177 (ὑ. ἐφ. AFY) 3 ἢ] καὶ S[a] (?) et cod. Ft 4 κᾆτ'] καί τ' SF 5 δὴ] ἂν SY δικαίως ὢν Y[c] : δίκαιος A : δίκαιον ὄν Bernard 8 αὐτὸς SY : corr. Dobree : [AF] ⟨ὁ⟩ ῥήτωρ S 8–9 γέγονεν ἀντιγραφεὺς S 10 πράττει ⟨τις⟩ A 11 ἐπὶ ⟨μὲν⟩ A 12 ὁπότε ⟨δὲ⟩ F 15 ἣν S[a] : ἧν Y[a] περὶ] ἐπὶ S[γρ]AF[c]Y[c] 24.179 φαίνει 24.179 : φανείη SF[γρ] : φαίνῃ AFY[c] : [Y] εὖ δῆλον S : ἤδη δῆλον 24.179 15–16 δι' ἃ S 19 ἀντεπέγραψεν 24.180 22 τῇ om. S ἀθηνᾷ AFY : ἀθηνᾷ ⟨ἀνέθεσαν⟩ 24.180 δῆμον ⟨ἐστεφάνωσαν⟩ 24.180 24 δῆμον ⟨ἐπεγέγραπτό που⟩ AF 24.180

ἐπιγράμματα. **(73)** ταῦτα μὲν τοίνυν, ἃ ζῆλον πολὺν εἶχεν καὶ φιλοτιμίαν ὑμῖν, ἠφάνισται καθαιρεθέντων τῶν στεφάνων· ἐπὶ ταῖς φιάλαις δ' ἃς ἀντ' ἐκείνων ἐποιήσατο ὑμῖν ὁ πόρνος οὗτος, "Ἀνδροτίωνος ἐπιμελουμένου" {ἐποιήθησαν} ἐπιγέγραπται· καὶ οὗ τὸ σῶμα ἡταιρηκότος οὐκ ἐῶσιν οἱ νόμοι εἰς τὰ ἱερὰ εἰσιέναι, τούτου τοὔνομα ἐν τοῖς ἱεροῖς ἐπὶ τῶν φιαλῶν γεγραμμένον ἐστίν. ὅμοιόν γε, οὐ γάρ; τοῦτο τοῖς προτέροις ἐπιγράμμασιν, ἢ φιλοτιμίαν ἴσην ἔχον ὑμῖν. **(74)** {τρία τοίνυν ἐκ τούτου τὰ δεινότατ' ἄν τις ἴδοι πεπραγμέν' αὐτοῖς. τὴν μὲν γὰρ θεὸν τοὺς στεφάνους σεσυλήκασιν· τῆς πόλεως δὲ τὸν ζῆλον ἠφανίκασι τὸν ἐκ τῶν ἔργων ὧν ὑπόμνημα ἦσαν ὄντες οἱ στέφανοι· τοὺς δ' ἀναθέντας δόξαν οὐ μικρὰν ἀφῄρηνται, τὸ δοκεῖν ὧν ἂν εὖ πάθωσιν ἐθέλειν μεμνῆσθαι. καὶ τοιαῦτα καὶ τοσαῦτα τὸ πλῆθος κακὰ εἰργασμένοι εἰς τοῦθ' ἅμα ἀναισθησίας καὶ τόλμης προεληλύθασιν, {ὥστε μέμνηνται τούτων ὡς καλῶς αὐτοῖς διῳκημένων,} ὥσθ' ὁ μὲν οἴεται δι' ἐκεῖνον ὑφ' ὑμῶν σωθήσεσθαι, ὁ δὲ παρακάθηται καὶ οὐ καταδύεται τοῖς πεπραγμένοις.} **(75)** οὕτω δ' οὐ μόνον εἰς χρήματα ἀναιδής, ἀλλὰ καὶ σκαιός ἐστιν, ὥστ' οὐκ οἶδεν ἐκεῖνο, ὅτι στέφανοι μέν εἰσιν ἀρετῆς σημεῖον, φιάλαι δὲ καὶ τὰ τοιαῦτα πλούτου, καὶ στέφανος μὲν ἅπας, κἂν μικρὸς ᾖ, τὴν ἴσην φιλοτιμίαν ἔχει τῷ μεγάλῳ, ἐκπώματα δὲ ἢ θυμιατήρια, ἂν μὲν ὑπερβάλλῃ τῷ πλήθει, πλούτου τινὰ δόξαν προσετρίψατο τοῖς κεκτημένοις, ἐὰν δ' ἐπὶ μικροῖς τις σεμνύνηται, τοσοῦτ' ἀπέχει τοῦ τιμῆς τινος διὰ ταῦτα τυχεῖν

75 πλούτου[2]—κεκτημένοις Thom. 295.4

1 ἃ ⟨πρότερον⟩ 24.181   1–2 ὑμῖν καὶ φιλοτιμίαν A   3 δὲ ταῖς φιάλαις 24.181 (SAY)   ὁ—οὗτος om. S[a]   4 ἐποιήθησαν om. 24.181 (S) : del. Bk.   6 ἐν—ἱεροῖς post 7 ἐστίν A   8 ἢ] καὶ Dobree   ἔχων A[a]   8–18 τρία—πεπραγμένοις del. Sauppe (ex 24.182 huc illata esse)   10 δὲ πόλεως 24.182 (S)   11 ὑπομνήματα AF 24.182 (AY)   ὄντες om. AF 24.182 (F)   14 ἅμα om. A 24.182   15 ἀναισθησίας] ἀναισχυντίας A   ἐληλύθασιν A   15–16 ὥστε—διῳκημένων om. 24.182 : del. Dobree   22 τῷ μεγάλῳ del. Bl.   23 θυμιατήρια ⟨ἢ τὰ τοιαῦτα κτήματα⟩ 24.183   ὑπερβάλῃ 24.183 (AY)   24–5 σεμνύνηταί τις 24.183 (SAY)

ὥστε ἀπειρόκαλος πρὸς ἔδοξεν εἶναι. οὗτος τοίνυν ἀνελὼν τὰ τῆς δόξης κτήματα τὰ τοῦ πλούτου πεποίηται μικρὰ καὶ οὐχ ὑμῶν ἄξια. **(76)** καὶ οὐδ' ἐκεῖν' εἶδεν, ὅτι πρὸς μὲν χρημάτων κτῆσιν οὐδεπώποτε ὁ δῆμος ἐσπούδασεν, πρὸς δὲ δόξης ὡς οὐδὲ πρὸς ἓν τῶν ἄλλων. τεκμήριον δέ· χρήματα μὲν γὰρ πλεῖστα τῶν Ἑλλήνων ποτὲ σχὼν ἅπανθ' ὑπὲρ φιλοτιμίας ἀνήλωσεν, εἰσφέρων δ' ἐκ τῶν ἰδίων οὐδένα κίνδυνον ὑπὲρ δόξης ἐξέστη. ἀφ' ὧν κτήματα ἀθάνατα αὐτῷ περίεστιν, τὰ μὲν τῶν ἔργων ἡ μνήμη, τὰ δὲ τῶν ἀναθημάτων τῶν ἐπ' ἐκείνοις σταθέντων τὸ κάλλος, προπύλαια ταῦτα, ὁ Παρθενών, στοαί, νεώσοικοι, οὐκ ἀμφορίσκοι δύο οὐδὲ χρυσίδες τέτταρες ἢ τρεῖς, ἄγουσα ἑκάστη μνᾶν, ἅς, ὅταν σοι δοκῇ, σὺ πάλιν γράψεις καταχωνεύειν. **(77)** οὐ γὰρ αὑτοὺς δεκατεύοντες, οὐδ' ἃν καταράσαιντ' {ἂν} οἱ ἐχθροὶ ποιοῦντες, διπλᾶς πράττοντες τὰς εἰσφοράς, ταῦτ' ἀνέθεσαν, οὐδ' οἵοισπερ σὺ χρώμενοι συμβούλοις ἐπολιτεύοντο, ἀλλὰ τοὺς ἐχθροὺς κρατοῦντες, καὶ ἃ πᾶς τις ἂν εὖ φρονῶν εὔξαιτο, τὴν πόλιν εἰς ὁμόνοιαν ἄγοντες, ἀθάνατον κλέος αὑτῶν λελοίπασι, τοὺς ἐπιτηδεύοντας οἷα σοὶ βεβίωται τῆς ἀγορᾶς εἴργοντες. **(78)** ὑμεῖς δ' εἰς τοῦτο,

75 οὗτος—**77** ἀνέθεσαν Greg. Cor. 7.1196.16 W.
76 προπύλαια ταῦτα Harp. π 101

---

1 προσέδοξεν SAFY : corr. Dindorf   ἀφελὼν AF^γρ   2 τὰ om. A 24.183 Greg. Cor. : del. Bl., qui post δόξης dist.   2–3 καὶ ἀνάξια ἡμῶν Greg. Cor. 24.183   3 οἶδεν A 24.184 Greg. Cor.   κτημάτων Greg. Cor.   4 οὐδὲν πώποτε Greg. Cor.   πρὸς—δόζης om. Greg. Cor.   5 ἑνὸς Greg. Cor.   6 ἔχων AF 24.184 (AF) Greg. Cor.   ⟨τὰ⟩ πάνθ' F : πάνθ' 24.184 (AY) 20.10 Greg. Cor.   7–8 εἰσφέρων—ἐξέστη] ὑπὲρ δὲ δόξης οὐδένα ⟨πώποτε⟩ κίνδυνον ἐξέστη A 20.10 : ὑπὲρ δὲ δόξης εἰσφέρων ἐκ τῶν ἰδίων οὐδένα ⟨πώποτε⟩ κίνδυνον ἐξέστη A^c   8 ἀφ'] ἀνθ' Greg. Cor.   11 στοά S   12 ἢ τρεῖς del. Dobree   ἑκάστη ἄγουσα μνᾶς (ἅς om.) Greg. Cor.   ⟨ὡς⟩ ὅταν Greg. Cor.   δοκεῖ Greg. Cor.   σὺ om. Greg. Cor.   13 γράφεις A 24.184 (FY) : γράφει ⟨καὶ⟩ καταχωνεύει Greg. Cor.   αὑτοὺς om. Greg. Cor.   οὔτ' Greg. Cor.   14 ἃν Bl. coll. epist. 4.11 : ἂν S : ἃ S^cAFY Greg. Cor.   del. Bl.   15 οἷσπερ cod. k : οἵοις ⟨τότε⟩ cod. T   17 ἀνάγοντες S   18 τοὺς ⟨δ'⟩ F   ἐπιτηδεύσαντας SF^cY 24.185 (F^c)   19 βεβίωνται SY   τοσοῦτον 24.186 (SAF^cY)

ὦ ἄνδρες Ἀθηναῖοι, προῆχθε εὐηθείας καὶ ῥαθυμίας ὥστ' οὐδὲ τοιαῦτα ἔχοντες παραδείγματα ταῦτα μιμεῖσθε, ἀλλ' Ἀνδροτίων ὑμῖν πομπείων ἐπισκευαστής, Ἀνδροτίων, ὦ γῆ καὶ θεοί. καὶ τοῦτο ἀσέβημα ἔλαττον τίνος ἡγεῖσθε; ἐγὼ μὲν γὰρ οἴομαι δεῖν τὸν εἰς ἱερὰ εἰσιόντα καὶ χερνίβων καὶ κανῶν ἁψόμενον, καὶ τῆς πρὸς τοὺς θεοὺς ἐπιμελείας προστάτην ἐσόμενον οὐχὶ προειρημένον ἡμερῶν ἀριθμὸν ἁγνεύειν, ἀλλὰ τὸν βίον ἡγνευκέναι τοιούτων ἐπιτηδευμάτων οἷα τούτῳ βεβίωται.

78 ἀλλ'—θεοὶ Hermog. 353.3, 425.1 R. —βεβίωται Greg. Cor. 7.1197.5 W. Ἀνδροτίων ὦ—θεοὶ Hermog. 356.15 R. Olymp. In Grg. 32.4 W. Prol. 392.11n Plan. Schol. 5.527.2, 538.9 W. καὶ χερνίβων—ἁψόμενον Sud. χ 212

1 πρόηχθε 24.186 (S) : corr. Bl. : προήχθητε SAFY 24.186 (AFY Π1811) 3 ἡμῖν Hermog. (425) 4 τοῦτο ⟨τὸ⟩ A : τὸ F ἐλάττονός Greg. Cor. τινος A Greg. Cor. 24.186 (AY) 5 ἡγοῦμαι 24.186 (SAY) Greg. Cor. 6 τῆς] ταῖς Greg. Cor. τοὺς om. S 7 προειρημένων SAFY 24.186 (AY) et hic Bl. (deleto ἀριθμὸν) : corr. Greg. Cor. : τακτὸν 24.186 (S) : προειρημένων ⟨τακτὸν⟩ 24.186 (F) ἀριθμὸν ἡμερῶν Greg. Cor. ἁγνεύειν ⟨μόνον⟩ A 8 βίον ⟨ὅλον⟩ AFY 24.186 (*A*F^{γρ}Y) Greg. Cor. τοῦτο Greg. Cor.

In SFY subscriptum

ΚΑΤΑ ΑΝΔΡΟΤΙΩΝΟΣ ΠΑΡΑΝΟΜΩΝ

ΓΗΗΓΔΔΔ

In A

ΚΑΤΑ ΑΝΔΡΟΤΙΩΝΟΣ.

ΔΗΜΟΣΘΕΝΟΥΣ ΚΑΤΑ ΑΡΙΣΤΟΚΡΑΤΟΥΣ

1. *Μηδεὶς ὑμῶν, ὦ ἄνδρες Ἀθηναῖοι, νομίσῃ μήτε ἰδίας ἔχθρας ἐμὲ μηδεμιᾶς ἕνεχ᾽ ἥκειν Ἀριστοκράτους κατηγορήσοντα τουτουί, μήτε μικρὸν ὁρῶντά τι καὶ φαῦλον ἁμάρτημα ἑτοίμως οὕτως ἐπὶ τούτῳ προάγειν ἐμαυτὸν εἰς ἀπέχθειαν, ἀλλ᾽ εἴπερ ἄρ᾽ ὀρθῶς ἐγὼ λογίζομαι καὶ σκοπῶ, ὑπὲρ τοῦ Χερρόνησον ἔχειν ὑμᾶς ἀσφαλῶς καὶ μὴ παρακρουσθέντας ἀποστερηθῆναι πάλιν αὐτῆς, περὶ τούτου μοί ἐστιν ἅπασ᾽ ἡ σπουδή.* **(2)** *δεῖ δὴ πάντας ὑμᾶς, εἰ βούλεσθε ὀρθῶς περὶ τούτων μαθεῖν καὶ κατὰ τοὺς νόμους δικαίως κρῖναι τὴν γραφήν, μὴ μόνον τοῖς γεγραμμένοις ἐν τῷ ψηφίσματι ῥήμασιν προσέχειν, ἀλλὰ καὶ τὰ συμβησόμενα ἐξ αὐτῶν σκοπεῖν. εἰ μὲν γὰρ ἦν ἀκούσασιν εὐθὺς εἰδέναι τὰ κεκακουργημένα, τὴν ἀρχὴν ἴσως ἂν οὐκ ἐξηπάτησθε·* **(3)** *ἐπειδὴ δὲ τοῦθ᾽ ἕν ἐστι τῶν ἀδικημάτων, τὸ τοῦτον τὸν τρόπον καὶ λέγειν καὶ γράφειν ἐνίους ὃν ἂν ἥκιστα ὑμεῖς ὑπίδοισθέ τι καὶ φυλάξαισθε, προσήκει μὴ πάνυ θαυμάζειν, εἰ καὶ τοῦτο τὸ ψήφισμα ἡμεῖς οὕτω γεγραμμένον ἐπιδείξομεν ὥστε δοκεῖν μὲν Χαριδήμῳ φυλακήν τινα τοῦ σώματος διδόναι, τὴν ὡς ἀληθῶς δὲ δικαίαν καὶ βεβαίαν φυλακὴν Χερρονήσου τῆς πόλεως ἀποστερεῖν.*

1 *μηδεὶς—τουτουί* Hermog. 96.20 R. *—σπουδή* D.H. 2.123.7 *μήτε—ἥκειν* D.H. 2.30.4 *ἰδίας—μηδεμιᾶς* Schol. D. 23.23.29 *ἀλλ᾽—σπουδή* Ruf. Rh. 1.401.8 Sp. Ha. *ὑπὲρ—αὐτῆς* Hermog. 107.16, 236.7 R.

---

2 *ἐμὲ* om. A D.H. (30) : *με* post 1 *νομίσῃ* D.H. (123) *μηδεμιᾶς* ante 1 *ἰδίας* Schol. D. *ἕνεκα ⟨ἄλλης⟩* Hermog. 4 *ἰταμῶς* Bl. *προσάγειν* S[a] ut videtur 5 *ἆρ᾽* D.H. *περὶ* D.H. Ruf. 6 *ἡμᾶς* Ruf. : *αὐτοὺς* Hermog. (236) *ἀσφαλῶς* om. Y : del. Bl. 7 *τούτου ⟨τοίνυν⟩* D.H. *ἐστί μοι ἅπασα ἡ σπουδὴ* D.H. : *μοί ἐστιν* del. Bl. 11 *προσέχειν ⟨τὸν νοῦν⟩* AFY 15 *ὑπίδοισθ᾽ ἔτι* Reiske 18 *τὴν* post *δὲ* Weil 19 *βέβαιον* A *φυλακὴν Χερρονήσου* del. Rosenberg : *Χερρονήσου* del. Sykutris *τὴν πόλιν* Dobree

(4) εἰκότως δ᾽ ἄν, ὦ ἄνδρες Ἀθηναῖοι, καὶ προσέχοιτέ μοι τὸν νοῦν καὶ μετ᾽ εὐνοίας ἀκούσαιθ᾽ ἃ λέγω. ἐπειδὴ γάρ, οὐχὶ τῶν ἐνοχλούντων ὑμᾶς οὐδὲ τῶν πολιτευομένων καὶ πιστευομένων παρ᾽ ὑμῖν ὤν, πρᾶγμα τηλικοῦτόν φημι δείξειν πεπραγμένον, ἐάν, ὅσον ἐστὶν ἐν ὑμῖν, συναγωνίσησθέ μοι καὶ προθύμως ἀκούσητε, τοῦτό τε σώσετε καὶ ποιήσετε μὴ κατοκνεῖν, ἐάν τίς τι καὶ ἡμῶν οἴηται δύνασθαι ποιῆσαι τὴν πόλιν ἀγαθόν. οἰήσεται δέ, ἂν μὴ χαλεπὸν εἶναι νομίζῃ τὸ παρ᾽ ὑμῖν λόγου τυχεῖν. **(5)** νῦν δὲ πολλοῖς τοῦτο φοβουμένοις, λέγειν μὲν ἴσως οὐ δεινοῖς, βελτίοσι δ᾽ ἀνθρώποις τῶν δεινῶν, οὐδὲ σκοπεῖν ἐπέρχεται τῶν κοινῶν οὐδέν. ἐγὼ γοῦν (ὀμνύω τοὺς θεοὺς ἅπαντας) ἀπώκνησ᾽ ἄν, εὖ ἴστε, καὶ αὐτὸς τὴν γραφὴν ταύτην ἀπενεγκεῖν, εἰ μὴ πάνυ τῶν αἰσχρῶν ἐνόμιζον εἶναι νῦν μὲν ἡσυχίαν ἄγειν καὶ σιωπῆσαι, πρᾶγμ᾽ ἀλυσιτελὲς τῇ πόλει κατασκευάζοντας ὁρῶν τινας ἀνθρώπους, πρότερον δ᾽, ὅτ᾽ ἔπλευσα τριηραρχῶν εἰς Ἑλλήσποντον, εἰπεῖν καὶ κατηγορῆσαί τινων, οὓς ἀδικεῖν ὑμᾶς ἡγούμην.

6. Οὐκ ἀγνοῶ μὲν οὖν ὅτι τὸν Χαρίδημον εὐεργέτην εἶναί τινες τῆς πόλεως οἴονται· ἐγὼ δέ, ἄν περ ἃ βούλομαί τε καὶ οἶδα πεπραγμένα ἐκείνῳ δυνηθῶ πρὸς ὑμᾶς εἰπεῖν, οἴομαι δείξειν οὐ μόνον οὐκ εὐεργέτην, ἀλλὰ καὶ κακονούστατον ἀνθρώπων ἁπάντων καὶ πολὺ τἀναντία ἢ προσῆκεν ὑπειλημ-

4 *εἰκότως—λέγω* AB 163.25 *—ἀγαθόν* Aristid. 22.14 *καὶ μετ᾽—λέγω* AB 122.13 *ἐπειδὴ—πεπραγμένον* Hermog. 346.16 R.
5 *νῦν—ἀπενεγκεῖν* Aristid. 23.5
6 *οὐκ—ὑπειλημμένον* Hermog. 99.15 R. *ἐγὼ—ὑπειλημμένον* Syr. 2.188.21 R.

1 *ἄν* om. AB 2 *ἀκούσατε* AB (122) 3–4 *ἐνοχλούντων—ὤν*] *πεπολιτευμένων οὐδὲ τῶν ἐνοχλούντων ὑμᾶς ὢν* Hermog. 3 *καὶ πιστευομένων* om. Aristid. 4 ⟨*τι*⟩ *πρᾶγμα* Aristid. 6 *τε*] *δὲ* Aristid. 7 *τίς τι καὶ . . . ποιῆσαι*] *τις καὶ . . . τι ποιῆσαι* F 8 *νομίσῃ* F[a]Y 10 ⟨*ὅμως*⟩ *ἀνθρώποις* Aristid. 11 *ἔγωγ᾽ οὖν* SAFY : corr. Bk. ex Aristid. 11–12 *ὀμνύω—ἅπαντας* om. Aristid. 14 *ἀγαγεῖν* AF *καὶ σιωπῆσαι* del. Cobet 18–19 *εὐεργέτην—πόλεως*] *τινες εὐεργέτην* Hermog. 20 *τούτῳ πεπραγμένα* Hermog. 22 *ἄνθρωπον* S *ἀνθρώπων ἁπάντων* om. Hermog. : *ἁπάντων ἀνθρώπων* Syr.

μένον. **(7)** εἰ μὲν οὖν, ὦ ἄνδρες Ἀθηναῖοι, τοῦτο μέγιστον Ἀριστοκράτης ἠδίκει, τὸ τοιούτου, οἷον ἐγώ φημι δείξειν τὸν Χαρίδημον ὄντα, τοσαύτην πεποιῆσθαι πρόνοιαν ἐν τῷ ψηφίσματι ὥστε ἰδίαν παρὰ τοὺς νόμους, ἄν τι πάθῃ, τιμωρίαν αὐτῷ δεδωκέναι, ταῦτ᾽ ἂν ἤδη λέγειν πρὸς ὑμᾶς ἐπεχείρουν, ἵν᾽ εἰδῆτε πολλοῦ δεῖν ἄξιον ὄντα τυχεῖν τοῦ ψηφίσματος αὐτὸν τουτουί. νυνὶ δ᾽ ἕτερον τούτου μεῖζον διὰ τοῦ ψηφίσματος ἔστ᾽ ἀδίκημα, ὃ δεῖ πρότερον καὶ μαθεῖν ὑμᾶς καὶ φυλάξασθαι.

8. Ἀνάγκη δὲ ἐστὶ πρῶτον ἁπάντων εἰπεῖν καὶ δεῖξαι τί ποτ᾽ ἐστὶ τὸ Χερρόνησον ὑμᾶς ἀσφαλῶς ἔχειν πεποιηκός· διὰ γὰρ τοῦ μαθεῖν τοῦτο καὶ τἀδίκημα σαφῶς ὄψεσθε. ἔστι τοίνυν, ὦ ἄνδρες Ἀθηναῖοι, τοῦτο, τὸ τελευτήσαντος Κότυος Βηρισάδην καὶ Ἀμάδοκον καὶ Κερσοβλέπτην τρεῖς ἀνθ᾽ ἑνὸς γενέσθαι Θρᾴκης βασιλέας· συμβέβηκε γὰρ ἐκ τούτου αὑτοῖς μὲν ἀντιπάλους εἶναι τούτους, ὑμᾶς δὲ ὑπέρχεσθαι καὶ θεραπεύειν. **(9)** τοῦτο τοίνυν, ὦ ἄνδρες Ἀθηναῖοι, βουλόμενοί τινες παῦσαι, καὶ καταλῦσαι μὲν τοὺς ἑτέρους βασιλέας, παραδοῦναι δ᾽ ἑνὶ τῷ Κερσοβλέπτῃ τὴν ἀρχὴν ἅπασαν, διαπράττονταί σφισι τοῦτο γενέσθαι τὸ προβούλευμα, τῷ μὲν ἀκοῦσαι κεχωρισμένοι τοῦ τι τοιοῦτον δοκεῖν διαπράξασθαι, τῷ δ᾽ ἔργῳ πάντων μάλιστα τοῦτο περαίνοντες, ὡς ἐγὼ

7 εἰ—Ἀριστοκράτης Schol. D. 23 Arg.
8 ἀνάγκη—δεῖξαι Syr. 1.33.1 R. Anon. Schol. in Id. 7.942.10 W. Schol. D. 23.7.12 —πεποιηκός Hermog. 235.21, 444.1 R. —**9** προβούλευμα Aristid. 49.15 τοῦτο κ]αὶ—ὄψεσθ[ε P. Rain. III 47 τελευτήσαντος—θεραπεύειν Hermog. 124.2 R. Anon. Schol. in Inv. 7.732.15 W.

---

1 οὖν—Ἀθηναῖοι] δὴ Schol. D. 6 ᾔδειτε Dobree 10 ἔστι δ᾽ ἀνάγκη Aristid. : δεῖ δὲ ὑμᾶς Hermog. (235) ἐστὶ om. Schol. D. ἁπάντων om. Anon. εἰπεῖν καὶ om. Hermog. (444) εἰπεῖν—δεῖξαι] ἀκοῦσαι καὶ μαθεῖν Hermog. (235) 11 ἡμᾶς, sed ante πεποιηκός Hermog. (444) 12 τἀδίκημα ⟨ὅ φημι⟩ A 13 τοίνυν—Ἀθηναῖοι] γὰρ Hermog. τὸ om. A Aristid. Hermog. Anon. 15 Θρᾴκης γενέσθαι Hermog. Anon. ἐκ τούτου om. Aristid. 19 ἑνὶ om. Aristid. 21 κεχωρισμένον SAFY (ante 22 περαῖνον Reiske) : corr. Feliciana (unde 22 περαῖνον Reiske) τοῦ τι cod. P[c] : τουτὶ SAY : τοῦ τί F

διδάξω. **(10)** ἐπειδὴ γὰρ ἑνὸς τελευτήσαντος τῶν βασιλέων Βηρισάδου, παραβὰς τοὺς ὅρκους καὶ τὰς συνθήκας ἃς μεθ' ὑμῶν ἐποιήσατο, Κερσοβλέπτης ἐξέφερεν πόλεμον πρός τε τοὺς Βηρισάδου παῖδας καὶ πρὸς Ἀμάδοκον, εὔδηλον ἦν ὅτι τοῖς μὲν Βηρισάδου παισὶν Ἀθηνόδωρος βοηθήσοι, τῷ δ' Ἀμαδόκῳ Σίμων καὶ Βιάνωρ· ὁ μὲν γὰρ Βηρισάδου κηδεστής, οἱ δὲ Ἀμαδόκου γεγόνασιν. **(11)** ἐσκόπουν οὖν τίν' ἂν τρόπον ἡσυχίαν μὲν ἔχειν ἀναγκασθεῖεν οὗτοι, ἐρήμων δὲ ὄντων ἐκείνων ὁ Κερσοβλέπτῃ πράττων τὴν ἀρχὴν Χαρίδημος ἀσφαλῶς πάντα καταστρέψαιτο. ⟨***⟩ εἰ πρῶτον μέν, ἄν τις αὐτὸν ἀποκτείνῃ, ψήφισμα ὑμέτερον γένοιτο, ἀγώγιμον εἶναι· δεύτερον δέ, εἰ χειροτονηθείη στρατηγὸς ὑφ' ὑμῶν {Χαρίδημος}. **(12)** οὔτε γὰρ ὑμετέρῳ στρατηγῷ προχείρως ἐναντία θήσεσθαι τὰ ὅπλα ἔμελλ' ὁ Σίμων οὐδ' ὁ Βιάνωρ, πολῖται γεγενημένοι καὶ ἄλλως ἐσπουδακότες πρὸς ὑμᾶς· ὁ δὲ δὴ γένει πολίτης Ἀθηνόδωρος οὐδὲ βουλεύσεσθαι· οὔτε τὴν διὰ τοῦ ψηφίσματος αἰτίαν ὑποδύσεσθαι, ἣ πρόδηλος ἦν ἐπ' ἐκείνους ἥξουσα, εἴ τι πάθοι Χαρίδημος. ἐκ δὲ τούτου τοῦ τρόπου τῶν μὲν ἐρήμων ὄντων βοηθῶν, αὐτοῖς δ' ἀδείας δοθείσης, ῥᾳδίως ἐκβαλεῖν ἐκείνους καὶ κατασχήσειν τὴν ἀρχήν. **(13)** καὶ ὅτι ταῦθ' οὕτως ᾤοντο καὶ τοῦτ' ἦν τὸ κατασκεύασμα αὐτοῖς, τὰ πραχθέντα αὐτὰ κατηγορεῖ. ἅμα γὰρ τῷ πολέμῳ τε ἐνεχείρουν αὐτοὶ καὶ πρὸς ὑμᾶς ἧκεν Ἀριστόμαχος πρεσβευτὴς παρ' αὐτῶν ὁ Ἀλωπεκῆθεν οὑτοσί, ὃς ἄλλα τε ἐδημηγόρει παρ' ὑμῖν ἐπαινῶν καὶ διεξιὼν τὸν Κερσοβλέπτην καὶ τὸν Χαρίδημον, ὡς φιλανθρώπως ἔχουσι πρὸς ὑμᾶς, **(14)** καὶ μόνον ἀνθρώπων ἂν ἔφη Χαρίδημον Ἀμφίπολιν κομίσασθαι τῇ πόλει δύνασθαι, καὶ παρῄνει

10 -γόνασι]ν—**11** ἀναγκα]σθεῖ[εν P. Rain. III 47

5 βοηθήσει F   8 μὲν om. SY : [Π47]   10 κατεστρέψατο S[a]Y   lac. statuit Wolf : ἄν—ἀποκτείνῃ transp. post 12 εἶναι Schaefer : post 11 γένοιτο Cobet   13 del. Dobree   ⟨τῷ⟩ ὑμετέρῳ A   16 βουλεύσασθαι SY   οὔτε Weil : οὐδὲ SAFY   19 αὑτοῖς Sauppe   20 ἐκβάλλειν SFY   26 ⟨τε⟩ κερσοβλέπτην AFY   28 κομίσασθαι] χαρίσασθαι F

στρατηγὸν χειροτονῆσαι. ἡτοίμαστο δ᾽ αὐτοῖς τοῦτο τὸ προβούλευμα καὶ προδιῴκητο, ἵν᾽ εἰ πεισθείητε ἐκ τῶν ὑποσχέσεων καὶ τῶν ἐλπίδων ἃς ὑπέτεινεν ὁ Ἀριστόμαχος, εὐθὺς ἐπικυρώσειεν ὁ δῆμος καὶ μηδὲν ἐμποδὼν εἴη. **(15)** καίτοι πῶς ἂν τεχνικώτερον ἢ κακουργότερον συμπαρεσκεύασαν ἄνθρωποι, ὅπως οἱ μὲν ἐκπεσοῦνται τῶν βασιλέων, εἷς δ᾽ ὃν αὐτοὶ βούλονται πᾶσαν ὑφ᾽ αὑτῷ ποιήσεται τὴν ἀρχήν, ἢ τοὺς μὲν τοῖν δυοῖν βοηθήσαντας ἂν εἰς φόβον καὶ συκοφαντίας εὐλάβειαν καθιστάντες, {ἣν εἰκὸς προσδοκᾶν ἐκείνους ἐφ᾽ ἑαυτοὺς ἐλθεῖν ἂν διὰ τοῦ ψηφίσματος τουτουί,} τῷ δ᾽ ἑνὶ πράττοντι τὴν ἀρχὴν καὶ πάντα τἀναντία τοῖς ὑμῖν συμφέρουσι κατασκευάζοντι τοσαύτην ἐξουσίαν διδόντες τοῦ ταῦτ᾽ ἀδεῶς πράττειν; **(16)** οὐ τοίνυν μόνον ἐκ τούτων δῆλόν ἐσθ᾽ ὅτι τούτων ἕνεκ᾽ ἐρρήθη τὸ προβούλευμα ὧν λέγω, ἀλλὰ καὶ ἐκ τοῦ ψηφίσματος αὐτοῦ μαρτυρία τίς ἐστιν εὐμεγέθης. "ἂν γὰρ ἀποκτείνῃ τις Χαρίδημον" γράψας καὶ παραβὰς τὸ τί πράττοντα εἰπεῖν, πότερ᾽ ἡμῖν συμφέροντα ἢ οὔ, γέγραφεν εὐθὺς "ἀγώγιμον ἐκ τῶν συμμάχων εἶναι." **(17)** οὐκοῦν τῶν μὲν ἐχθρῶν ὁμοίως ἡμῖν τε κἀκείνῳ οὐδέποτ᾽ εἰς τοὺς ἡμετέρους ἥξει συμμάχους οὐδείς, οὔτ᾽ ἀποκτείνας ἐκεῖνον οὔτε μή, ὥστε οὐ κατὰ τούτων γέγραφε ταύτην τὴν τιμωρίαν. τῶν δὲ ἡμετέρων μὲν φίλων, ἐκείνου δέ, ὅταν ἐγχειρῇ τι πράττειν ἐναντίον ὑμῖν, ἐχθρῶν, τούτων δ᾽ ἄν τίς ἐστιν ὁ τοῦτο τὸ ψήφισμα φοβηθεὶς καὶ φυλαξάμενος μὴ δι᾽ ἀνάγκην ἡμῖν εἰς ἔχθραν ἐλθεῖν. ἔστι τοίνυν οὗτος Ἀθηνόδωρος, Σίμων, Βιάνωρ, οἱ Θρᾴκης βασιλεῖς, ἄλλος ὅστις ἂν εἰς εὐεργεσίας μέρος καταθέσθαι βούλοιτο τὸ πράττειν ὑπεναντία ἐκεῖνον ἐγχειροῦνθ᾽ ὑμῖν ἐπισχεῖν.

4 *κυρώσειεν* Bl. coll. 18 7 *ὑφ᾽ αὐτὸν* SAY 9–10 del. Dobree coll. 12 10 *τούτου* ⟨*εἴ τι πάθοι χαρίδημος*⟩ A ⟨*τῷ*⟩ *ἑνὶ* Dobree 11 *πράττοντι* del. Rosenberg 19 *τε* om. A 21 *οὐ κατὰ*] *οὐκ ἀπὸ* A 22 *τι* om. SY 23 ⟨*δή*⟩ *τις* (*ἂν* om.) S^{γρ} : om. SAFY 24 *φοβηθεὶς* ⟨*ἂν*⟩ S^{γρ} : *ἂν* ante 23 *τίς* SAFY *φυλαξόμενος* AF 24–5 *μὴ—ἔχθραν*] *διὰ* ⟨*μηδεμίαν*⟩ *ἀνάγκην εἰς ἔχθραν ἡμῖν* S^{γρ} 26 *τις* S^{a}

18. Ὧν μὲν τοίνυν ἕνεκ᾽ ἐρρήθη τὸ προβούλευμα, ἵνα κυρώσειεν ὁ δῆμος ἐξαπατηθείς, καὶ δι᾽ ἃ τὴν γραφὴν ἐποιησάμεθα ἡμεῖς ταυτηνί, βουλόμενοι κωλῦσαι, ταῦτ᾽ ἐστίν, ὦ ἄνδρες Ἀθηναῖοι. δίκαιον δ᾽ ἐστὶν ἴσως ἐμὲ ὑπεσχημένον τρία ἐπιδείξειν, ἓν μὲν ὡς παρὰ τοὺς νόμους τὸ ψήφισμα εἴρηται, δεύτερον δὲ ὡς ἀσύμφορόν ἐστι τῇ πόλει, τρίτον δ᾽ ὡς ἀνάξιός ἐστι τυχεῖν τούτων ᾧ γέγραπται, πάντων αἵρεσιν ὑμῖν δοῦναι τοῖς ἀκουσομένοις, τί πρῶτον ἢ τί δεύτερον ἢ τί τελευταῖον βουλομένοις ἀκούειν ὑμῖν ἐστιν. **(19)** ὅ τι δὴ βούλεσθε, ὁρᾶτε, ἵνα τοῦτο λέγω πρῶτον ὑμῖν. περὶ τοῦ παρανόμου βούλεσθε πρῶτον; τοῦτο τοίνυν ἐροῦμεν. ἃ δὴ δέομαι καὶ ἀξιῶ παρὰ πάντων ὑμῶν τυχεῖν, δίκαια, ὥς γ᾽ ἐμαυτὸν πείθω· μηδεὶς ὑμῶν, ὦ ἄνδρες Ἀθηναῖοι, τῷ διεψεῦσθαι τοῦ Χαριδήμου καὶ νομίζειν εὐεργέτην εἶναι φιλονικῶν δυσχερέστερον τοὺς περὶ τῶν νόμων λόγους ἀκούσῃ μου, μηδ᾽ ἀποστερήσῃ διὰ τοῦτο μήθ᾽ ἑαυτὸν τοῦ θέσθαι τὴν ψῆφον εὔορκον μήτ᾽ ἐμὲ τοῦ διδάξαι περὶ πάντων ὑμᾶς ὡς βούλομαι. ἀλλὰ ποιησάσθω τὴν ἀκρόασιν ὡδί· καὶ σκοπεῖσθε ὡς δίκαι᾽ ἐρῶ· **(20)** ὅταν

18 *δίκαιον—νόμους* Hermog. 427.18 R. —*ἀκούειν* Hermog. 127.1 R. —**19** *πρῶτον* Hermog. 236.22 R.
19 *περὶ—ἐροῦμεν* Schol. D. 23.1.1 (297.8) *τοῦτο—δέομαι* Sud. δ 241

---

3 *βουλόμενοι κωλῦσαι* del. Cobet 4 *δ᾽* et *ἴσως* om. Hermog. (427) *⟨ὑμῖν⟩ τρία ὑπεσχημένον* A : *τρία ⟨ὑμῖν⟩ ὑπεσχ.* Hermog. (127, 427) : *τρία ὑπεσχ. ⟨ὑμῖν⟩* Hermog. (236) 5 *ἀποδείξειν* Hermog. (427) : om. Hermog. (127) 6 *ἐστι ⟨τοῦτο⟩* Hermog. (127) 7 *ἐστι* om. A *τυχεῖν—γέγραπται*] *Χαρίδημος τούτου τυχεῖν* Hermog. (236) : *τούτων τυχεῖν Χαρίδημος* Hermog. (127) *τούτων* del. Rosenberg *ᾧ*] *ὧν* FY 7–9 *πάντων—ἐστιν* om. Hermog. (236) 7 *ἁπάντων ⟨τούτων⟩* AF Hermog. *ὑμῖν αἵρεσιν* Hermog. 8 *τοῖς ἀκουσομένοις* om. Hermog. *ἢ . . . ἢ*] *καὶ . . . καὶ* Cobet 9 *ἀκούειν* del. Weil *ἀκούειν ὑμῖν* del. Bl. *ὑμῖν ἐστιν ἀκούειν* AF Hermog. (*ἀκοῦσαι* Hermog.) *δὴ* om. Hermog. 9–10 *ὁρᾶτε—ὑμῖν*] *τοῦτο πρῶτον διδάσκειν ὑμᾶς* Hermog. 10 *παρανόμου*] *νομίμου* Schol. D. 11 *τοῦτον* Sud. *τοίνυν* om. Schol. D. *δέομαί ⟨τε⟩* AFY Sud. *ἀξιῶ*] *ἀντιβολῶ* Sud. 12 *γ᾽* om. A 14 *νομίζειν* del. Weil *φιλονεικῶν* SAFY : corr. Weil 15 *ἡμῶν ἀκούσῃ* AF

μὲν λέγω περὶ τῶν νόμων, ἀφελὼν ὅτῳ τὸ ψήφισμα εἴρηται καὶ ποίῳ τινί, σκοπείσθω πότερον παρὰ τοὺς νόμους ἢ κατ' αὐτοὺς εἴρηται, καὶ μηδὲν ἄλλο· ὅταν δ' ἐλέγχω τὰ πεπραγμένα καὶ διεξίω τὸν τρόπον ὃν πεφενάκισθε ὑπ' αὐτοῦ, τὰς πράξεις σκοπείσθω, πότερον γεγονυίας ἢ ψευδεῖς ἐρῶ· **(21)** ὅταν δ' ἐξετάζω περὶ τοῦ συμφέρειν ἢ μὴ τῇ πόλει ταῦτα ψηφίσασθαι, πάντα τἄλλα ἀφεὶς τοὺς λογισμοὺς ὁράτω τοὺς περὶ τούτων, πότερ' ὀρθῶς ἔχοντας ποιοῦμαι ἢ οὔ. ἐὰν γὰρ τοῦτον ἔχοντες τὸν τρόπον ἀκροάσησθέ μου, αὐτοί τε ἄριστα ἃ προσήκει συνήσετε, χωρὶς ἕκαστα σκοποῦντες καὶ οὐχ ἅμα πάντα ἀθρόα ἐξετάζοντες, κἀγὼ ῥᾷστα ἃ βούλομαι δυνήσομαι διδάξαι. ἔσονται δὲ βραχεῖς περὶ πάντων οἱ λόγοι.

22. *Λαβὲ δὴ τοὺς νόμους αὐτοὺς καὶ λέγε, ἵν' ἐξ αὐτῶν ἐπιδεικνύω τούτων τὸ παράνομον.*

ΝΟΜΟΣ ΕΚ ΤΩΝ ΦΟΝΙΚΩΝ ΝΟΜΩΝ ΤΩΝ ΕΞ ΑΡΕΙΟΥ ΠΑΓΟΥ

Δικάζειν δὲ τὴν βουλὴν τὴν ἐν Ἀρείῳ πάγῳ φόνου καὶ τραύματος ἐκ προνοίας καὶ πυρκαϊᾶς καὶ φαρμάκων, ἐάν τις ἀποκτείνῃ δούς.

23. Ἐπίσχες. ἠκούσατε μὲν τοῦ τε νόμου καὶ τοῦ ψηφίσματος, ὦ ἄνδρες Ἀθηναῖοι· ὡς δ' ἂν μοι δοκεῖτε τοὺς περὶ τοῦ παρανόμου λόγους αὐτοὺς ῥᾷστα μαθεῖν, τοῦθ' ὑμῖν φράσω· εἰ σκέψαισθε ἐν τίνι τάξει ποτ' ἔστιν ὑπὲρ οὗ τὸ ψήφισμα εἴρηται, πότερα ξένος ἢ μέτοικος ἢ πολίτης ἐστίν. εἰ μὲν δὴ μέτοικον φήσομεν, οὐκ ἐροῦμεν ἀληθῆ, εἰ δ' αὖ ξένον, οὐχὶ δίκαια ποιήσομεν· τὴν γὰρ τοῦ δήμου δωρεάν, ἐν ᾗ πολίτης γέγονεν, κυρίαν αὐτῷ δίκαιόν ἐστιν εἶναι. ὡς ὑπὲρ πολίτου τοίνυν, ὡς ἔοικε, ποιητέον τοὺς λόγους.

1 *μὲν ⟨γὰρ⟩* A   2 *σκοπείσθω* SY : *σκοπεῖν* AF : om. S^γρ   2–3 *σκοπείσθω* et *εἴρηται* del. Rosenberg   *πότερον—εἴρηται*] *περὶ τοῦ* (⟨*πότερα*⟩ A) *παρὰ τοὺς νόμους ἢ κατὰ τοὺς νόμους εἴρηται* ⟨*σκοπείσθω*⟩ S^γρAF   9 *ἀκροᾶσθε* AF   9–10 *ἄριστα . . . συνήσετε*] *ῥᾷστα . . . συνίετε* A   10 *ἕκαστον* AF^a   15 *νόμος* om. F   15–16 *ἐκ—πάγου* om. cod. V : del. Dindorf coll. 51   19 *τε* om. A   22 *σκέψασθε* SA

(24) θεάσασθε δὴ πρὸς Διὸς ὡς ἁπλῶς καὶ δικαίως χρήσομαι τῷ λόγῳ, ὃς εἰς μὲν ταύτην τίθεμαι τὴν τάξιν αὐτὸν ἐν ᾗ πλείστης ἂν τυγχάνοι τιμῆς, ἃ δ' οὐδ' ἡμῖν τοῖς γένει πολίταις ἐστίν, οὐδ' ἐκείνῳ δεῖν οἶμαι γενέσθαι παρὰ τοὺς νόμους. τίν' οὖν ἐστι ταῦτα; ἃ νυνὶ γέγραφεν οὑτοσί. γέγραπται γὰρ ἐν μὲν τῷ νόμῳ "τὴν βουλὴν δικάζειν φόνου καὶ τραύματος ἐκ προνοίας καὶ πυρκαϊᾶς καὶ φαρμάκων, ἐάν τις ἀποκτείνῃ δούς." **(25)** καὶ προσειπὼν ὁ θεὶς τὸν νόμον "ἐὰν ἀποκτείνῃ", κρίσιν πεποίηκεν ὅμως, οὐ πρότερον τί χρὴ πάσχειν τὸν δεδρακότα εἴρηκεν, καλῶς, ὦ ἄνδρες Ἀθηναῖοι, τοῦθ' ὑπὲρ εὐσεβείας ὅλης τῆς πόλεως προϊδών. πῶς; οὐκ ἔνεστιν ἅπαντας ἡμᾶς εἰδέναι τίς ποτ' ἐστὶν ὁ ἀνδροφόνος. τὸ μὲν δὴ τὰ τοιαῦτα ἄνευ κρίσεως πιστεύειν, ἄν τις ἐπαιτιάσηται, δεινὸν ἡγεῖτο, δεῖν δ' ὑπελάμβανεν, ἐπειδήπερ ἡμεῖς τιμωρήσομεν τῷ πεπονθότι, πεισθῆναι καὶ μαθεῖν ἡμᾶς διδασκομένους ὡς δέδρακεν· τηνικαῦτα γὰρ εὐσεβὲς ἤδη κολάζειν εἰδόσιν εἶναι, πρότερον δ' οὔ. **(26)** καὶ ἔτι πρὸς τούτῳ διελογίζετο, ὅτι πάντα τὰ τοιαῦτα ὀνόματα, οἷον ἐάν τις ἀποκτείνῃ, ἐάν τις ἱεροσυλήσῃ, ἐάν τις προδῷ, καὶ τὰ τοιαῦτα πάντα πρὸ μὲν τοῦ κρίσιν γενέσθαι αἰτιῶν ὀνόματα ἐστίν, ἐπειδὰν δὲ κριθείς τις ἐξελεγχθῇ, τηνικαῦτα ἀδικήματα γίγνεται. οὐ δὴ δεῖν ᾤετο τῷ τῆς αἰτίας ὀνόματι τιμωρίαν προσγράφειν, ἀλλὰ κρίσιν. καὶ διὰ ταῦτα, ἄν τις ἀποκτείνῃ τινά, τὴν βουλὴν δικάζειν ἔγραψεν, καὶ οὐχ ἅπερ, ἂν ἁλῷ, παθεῖν εἶπεν. **(27)** ὁ μὲν δὴ τὸν νόμον τιθεὶς οὕτως, ὁ δὲ τὸ ψήφισμα γράφων πῶς; "ἐὰν

24 *θεάσασθε—τιμῆς* Hermog. 346.5 R. —*νόμους* Hermog. 444.5 R. **27** *ὁ μὲν—πῶς* Tib. Fig. 13.7 Ball. (= Caecil. 38.10) Greg. Cor. 7.1204.17 W. (= Caecil. 41.14)

---

1 *θεάσασθε—χρήσομαι*] *καὶ θεάσασθαι, ὦ Ἀθηναῖοι, ὡς ἐπιεικῶς καὶ ἁπλῶς χρήσομαι* Hermog. (346) 1–2 *θεάσασθε—λόγῳ*] *θεάσασθε τοίνυν ὡς δικαίως καὶ ἁπλῶς ποιήσομαι τοὺς λόγους* Hermog. (444) 1 *χρήσομαι*] *θήσομαι* A 3 *οὐδ'*] *οὐχ* Dobree 8 *προειπὼν* A 12 *τις* S 16 *εἰδόσιν* susp. van Herwerden 17 *τοῦτο* A 20 ⟨*τὴν*⟩ *κρίσιν* Aldina 24 *παθεῖν εἶπεν*] *εἶναι* S[a] et Weil (*οὐχ, ἅπερ ἂν ἁλοίη, εἶναι* sic distincto) *δὴ* om. Tib. Greg. Cor. 25 *οὗτος* Greg. Cor. ⟨*λέγων καὶ*⟩ *γράφων* Greg. Cor. *πῶς*] *τίς* Greg. Cor.

τις ἀποκτείνῃ” φησὶν “Χαρίδημον.” τὴν μὲν δὴ προσηγορίαν τοῦ πάθους τὴν αὐτὴν ἐποιήσατο, “ἄν τις ἀποκτείνῃ” γράψας, ἥνπερ ὁ τὸν νόμον τιθείς· μετὰ ταῦτα δ’ οὐκέτι ταὐτά, ἀλλ’ ἀνελὼν τὸ δίκην ὑπέχειν ἀγώγιμον εὐθὺς ἐποίησεν, καὶ παραβὰς τὸ διωρισμένον ἐκ τοῦ νόμου δικαστήριον, ἄκριτον τοῖς ἐπαιτιασαμένοις παρέδωκεν ὅ τι ἂν βούλωνται χρῆσθαι τὸν οὐδ’ εἰ πεποίηκέ πω φανερόν. **(28)** καὶ λαβοῦσιν ἐκείνοις ἐξέσται στρεβλοῦν, αἰκίσασθαι, χρήματα πράξασθαι. καίτοι πάντα ταῦτ’ ἀπείρηκεν ἄντικρυς καὶ σαφῶς ὁ κάτωθεν νόμος μηδὲ τοὺς ἑαλωκότας καὶ δεδογμένους ἀνδροφόνους ἐξεῖναι ποιεῖν. λέγε δ’ αὐτοῖς αὐτὸν τὸν νόμον τὸν μετὰ ταῦτα.

ΝΟΜΟΣ

Τοὺς δ’ ἀνδροφόνους ἐξεῖναι ἀποκτείνειν ἐν τῇ ἡμεδαπῇ καὶ ἀπάγειν, ὡς ἐν τῷ ἄξονι ἀγορεύει, λυμαίνεσθαι δὲ μή, μηδὲ ἀποινᾶν, ἢ διπλοῦν ὀφείλειν ὅσον ἂν καταβλάψῃ. εἰσφέρειν δὲ ⟨εἰς⟩ τοὺς ἄρχοντας, ὧν ἕκαστοι δικασταί εἰσιν, τῷ βουλομένῳ. τὴν δ’ ἡλιαίαν διαγιγνώσκειν.

29. Ἠκούσατε μὲν τοῦ νόμου, σκέψασθε δέ, ὦ ἄνδρες Ἀθηναῖοι, καὶ θεωρήσατε ὡς καλῶς καὶ σφόδρ’ εὐσεβῶς ἔθηκεν ὁ τιθεὶς τὸν νόμον. “τοὺς ἀνδροφόνους” φησίν. πρῶτον μὲν δὴ τοῦτον ἀνδροφόνον λέγει, τὸν ἑαλωκότα ἤδη τῇ ψήφῳ. οὐ γάρ ἐστ’ οὐδεὶς ὑπὸ ταύτῃ τῇ προσηγορίᾳ, πρὶν ἂν ἐξελεγχθεὶς ἁλῷ. **(30)** ποῦ τοῦτο δηλοῖ; ἔν τε τῷ προτέρῳ νόμῳ καὶ τούτῳ. ἐν μὲν γὰρ ἐκείνῳ γράψας “ἐάν τις ἀποκτείνῃ” “τὴν βουλὴν δικάζειν” εἶπεν, ἐν δὲ τούτῳ τὸν ἀνδροφόνον προσειπών, ἃ χρὴ πάσχειν εἴρηκεν· οὗ μὲν γὰρ ἦν αἰτία τὸ

28 *ὁ κάτωθεν νόμος* P. Berol. 5008 Harp. ο 14 *εἰσφέρειν—διαγιγνώσκειν* Lex. Pat. ad loc.
29 *ἠκούσατε—δέ* Plan. Schol. 5.306.19 W. *—ἁλῷ* Anon. Schol. in Stat. 7.427.18 W.
30 *τοῦτο—τούτῳ*[1] Tib. Fig. 13.9 Ball. (= Caecil. 38.12)

9 *ταῦτα πάντα* A[a] 10 *δεδειγμένους* Y 11 *δ’*] *δὴ* A 13 *δ’* om. A 14 ⟨*α′*⟩ *ἄξονι* Cobet *ἀπαγορεύει* A 15 add. Schelling 16 *δ’* om. Y 17 *ἀναγινώσκειν* S[a]Y 20–1 *μὲν—τοῦτον*] *τοῦτον μὲν* A 21 *ἤδη* om. Anon. 24 ⟨*ἐν*⟩ *τούτῳ* F

πρᾶγμα, τὴν κρίσιν εἴρηκεν, οὗ δ᾿ ὁ ἁλοὺς ἔνοχος τῷ προσρήματι τούτῳ καθέστηκεν, τὴν τιμωρίαν ἔγραψεν. περὶ μὲν δὴ τῶν ἑαλωκότων ἂν λέγοι. λέγει δὲ τί; "ἐξεῖναι ἀποκτείνειν καὶ ἀπάγειν." **(31)** ἆρ᾿ ὡς αὑτόν; ἢ ὡς ἂν βούληταί τις; πολλοῦ γε καὶ δεῖ. ἀλλὰ πῶς; "ὡς ἐν τῷ ἄξονι εἴρηται" φησίν. τοῦτο δ᾿ ἐστὶν τί; ὃ πάντες ἐπίστασθ᾿ ὑμεῖς. οἱ θεσμοθέται τοὺς ἐπὶ φόνῳ φεύγοντας κύριοι θανάτῳ ζημιῶσαί εἰσι, καὶ τὸν ἐκ τῆς ἐκκλησίας πέρυσι πάντες ἑωρᾶτε ὑπ᾿ ἐκείνων ἀπαχθέντα. ὡς τούτους οὖν ἀπάγειν λέγει. **(32)** διαφέρει δὲ τί τοῦτο τοῦ ὡς αὑτὸν ἄγειν; ὅτι ὁ μὲν ἀπάγων, ὦ ἄνδρες Ἀθηναῖοι, ὡς τοὺς θεσμοθέτας, τοὺς νόμους κυρίους ποιεῖ τοῦ δεδρακότος, ὁ δὲ ὡς αὑτὸν ἄγων ἑαυτόν. ἔστι δ᾿ ἐκείνως μέν, ὡς ὁ νόμος τάττει, δοῦναι δίκην, οὕτω δέ, ὡς ὁ λαβὼν βούλεται. πλεῖστον δὲ δήπου διαφέρει τὸν νόμον κύριον τῆς τιμωρίας ἢ τὸν ἐχθρὸν γίγνεσθαι. **(33)** "λυμαίνεσθαι δὲ" φησὶ "μή, μηδὲ ἀποινᾶν". ταῦτα δὲ ἐστὶν τί; τὸ μὲν δὴ μὴ λυμαίνεσθαι γνώριμον οἶδ᾿ ὅτι πᾶσιν μὴ μαστιγοῦν, μὴ δεῖν, μὴ τὰ τοιαῦτα ποιεῖν λέγει, τὸ δὲ μηδ᾿ ἀποινᾶν μὴ χρήματα πράττεσθαι· τὰ γὰρ ἄποινα χρήματα ὠνόμαζον οἱ παλαιοί. **(34)** ὁ μὲν δὴ νόμος οὕτως τὸν ἀνδροφόνον καὶ τὸν ἑαλωκότα ἤδη διώρισεν ὡς κολαστέον καὶ οὗ, τὴν τοῦ πεπονθότος εἰπὼν πατρίδα, καὶ περὶ τοῦ μηδέν᾿ ἄλλον τρόπον ἢ τοῦτον μηδ᾿ ἄλλοθι πλὴν ἐνταῦθα ἄντικρυς εἴρηκεν. ὁ δὲ τὸ ψήφισμα γράφων, πολλοῦ γε δεῖ, διώρισεν, ὅς γε πάντα τούτοις τἀναντία εἴρηκεν· γράψας γὰρ "ἐάν τις ἀποκτείνῃ Χαρίδημον", "ἀγώγιμος ἔστω" φησὶν "πανταχόθεν". **(35)** τί λέγεις; τῶν νόμων οὐδὲ τοὺς ἑαλωκότας διδόντων

31 *ἀλλὰ—φησίν* Tib. Fig. 13.11 Ball. *ὡς ἐν—εἴρηται* Harp. α 166 *οἱ—εἰσι* AB 146.16
33 *τὸ δὲ—παλαιοί* Theon 2.81.20 Sp.
34 *ὁ δὲ—εἴρηκεν* AB 138.15 *ἐὰν—ἔστω* Syr. Soptr. Marcell. 4.845.30 W.

---

5 ⟨*α´*⟩ *ἄξονι* Cobet 7 *εἰσι* del. Bl. 8 *ἐπ᾿ ἐκείνους* Feliciana 10 *αὐτὸν* S[a]A[a]FY 13 *πράττει* F : *προστάττει* Cobet at cf. 20.143, 37.59 18–19 *τὰ—παλαιοί* del. Dobree 18–19 *χρήματα ἄποινα* Theon et Reiske 23 ⟨*καὶ*⟩ *δεῖ* A 25 *ἀγώγιμον εἶναι* Syr. Soptr. Marcell. 25–6 *πανταχόθεν* del. Weil

ἀπάγειν πλὴν ἐν τῇ ἡμεδαπῇ, σὺ γράφεις ἄνευ κρίσεώς τινα ἀγώγιμον ἐκ τῆς συμμαχίδος πάσης; καὶ οὐδ' ἐν τῇ ἡμεδαπῇ ἄγειν κελευόντων τῶν νόμων, σὺ δίδως ἄγειν πανταχόθεν; καὶ μὴν ἕν γε τῷ ποιεῖν ἀγώγιμον πάνθ' ὅσα ἀπείρηκεν ὁ νόμος δέδωκας, χρήματα πράξασθαι, ζῶντα λυμαίνεσθαι, κακοῦν ἔχοντα, αὐτὸν ἀποκτιννύναι. **(36)** πῶς οὖν ἄν τις μᾶλλον ἐλεγχθείη παράνομα εἰρηκὼς ἢ πῶς δεινότερ' ἂν γράφων ἢ τοῦτον τὸν τρόπον; ὃς δυοῖν ὑποκειμένων ὀνομάτων, κατὰ μὲν τῶν ἐν αἰτίᾳ, "ἐάν τις ἀποκτείνῃ", κατὰ δὲ τῶν ἑαλωκότων, "ἐάν τις ἀνδροφόνος ᾖ," ἐν μὲν τῇ προσηγορίᾳ τὸ τοῦ τὴν αἰτίαν ἔχοντος ἔλαβες ὄνομα, τὴν δὲ τιμωρίαν, ἣν οὐδὲ κατὰ τῶν ἐξεληλεγμένων διδόασιν οἱ νόμοι, ταύτην κατὰ τῶν ἀκρίτων ἔγραψας, καὶ τὸ μέσον τούτων ἐξεῖλες. μέσον γάρ ἐστιν αἰτίας καὶ ἐλέγχου κρίσις, ἣν οὐδαμοῦ γέγραφεν οὗτος ἐν τῷ ψηφίσματι.

37. *Λέγε τοὺς ἐφεξῆς νόμους.*

ΝΟΜΟΣ

Ἐὰν δέ τις τὸν ἀνδροφόνον κτείνῃ ἢ αἴτιος ᾖ φόνου, ἀπεχόμενον ἀγορᾶς ἐφορίας καὶ ἄθλων καὶ ἱερῶν Ἀμφικτυονικῶν, ὥσπερ τὸν Ἀθηναῖον κτείναντα, ἐν τοῖς αὐτοῖς ἐνέχεσθαι, διαγιγνώσκειν δὲ τοὺς ἐφέτας.

Τουτονὶ δεῖ μαθεῖν ὑμᾶς, ὦ ἄνδρες Ἀθηναῖοι, τὸν νόμον τί ποτ' ἐβούλεθ' ὁ θείς· ὄψεσθε γὰρ ὡς ἅπαντ' εὐλαβῶς διώρισε καὶ νομίμως. **(38)** "ἐάν τις ἀποκτείνῃ τὸν ἀνδροφόνον" φησὶν "ἢ αἴτιος ᾖ φόνου, ἀπεχόμενον ἀγορᾶς ἐφορίας καὶ ἄθλων καὶ ἱερῶν Ἀμφικτυονικῶν, ὥσπερ τὸν Ἀθηναῖον κτείναντα, ἐν τοῖς αὐτοῖς ἐνέχεσθαι, διαγιγνώσκειν δὲ τοὺς ἐφέτας." τί δὴ ταῦτ' ἐστίν; ἐκεῖνος ᾤετο τὸν πεφευγότα ἐπ' αἰτίᾳ φόνου καὶ ἑαλωκότα, ἐάνπερ ἅπαξ ἐκφύγῃ καὶ σωθῇ, εἴργειν μὲν

37 ὥσπερ—ἐφέτας Lex. Pat. ad loc.

3 πανταχόθεν om. SFY 5 post κακοῦν dist. edd. ante Bl. : κακοῦν del. van Herwerden 8 ὡς Y : [S[a]] δυεῖν FY ὑποκειμένοιν ὀνομάτοιν F 9 αἰτίᾳ ⟨ὄντων⟩ A 18 δέ om. SY 20 ἐν del. van Herwerden 23 βούλεται A 27 ἐν del. van Herwerden

τῆς τοῦ παθόντος πατρίδος δίκαιον εἶναι, κτείνειν δὲ οὐχ ὅσιον πανταχοῦ. τί σκοπῶν; ὅτι καὶ τοὺς δεῦρο πεφευγότας, ἐὰν ἡμεῖς τοὺς ἑτέρωσε ἀποκτιννύωμεν, ἀποκτενοῦσιν ἕτεροι. **(39)** εἰ δὲ τοῦτ' ἔσται, ἡ μόνη λοιπὴ τοῖς ἀτυχοῦσιν ἅπασι σωτηρία διαφθαρήσεται. ἔστι δ' αὕτη τίς; ἐκ τῆς τῶν πεπονθότων μεταστάντα εἰς τὴν τῶν μηδὲν ἠδικημένων ἀδεῶς μετοικεῖν. ἵνα δὴ μὴ τοῦτο ᾖ μηδ' ἀπέραντοι τῶν ἀτυχημάτων αἱ τιμωρίαι γίγνωνται, ἔγραψεν "ἐάν τις τὸν ἀνδροφόνον κτείνῃ ἀπεχόμενον" φησὶν "ἀγορᾶς ἐφορίας." τί τοῦτο λέγων; τῶν ὁρίων τῆς χώρας· ἐνταῦθα γάρ, ὥς γ' ἐμοὶ δοκεῖ, τἀρχαῖα συνῇσαν οἱ πρόσχωροι παρά τε ἡμῶν καὶ τῶν ἀστυγειτόνων, ὅθεν ὠνόμακεν "ἀγορὰν ἐφορίαν". **(40)** καὶ πάλιν "ἱερῶν Ἀμφικτυονικῶν". τί δήποτε καὶ τούτων ἀπέκλεισε τὸν ἀνδροφόνον; ὅσων τῷ παθόντι ζῶντι μετῆν, τούτων εἴργει τὸν δεδρακότα, πρῶτον μὲν τῆς πατρίδος καὶ τῶν ἐν ταύτῃ πάντων καὶ ὁσίων καὶ ἱερῶν, τὴν ἐφορίαν ἀγορὰν ὅρον προσγράψας ἧς εἴργεσθαί φησιν, εἶτα τῶν ἱερῶν τῶν ἐν Ἀμφικτύοσιν· καὶ γὰρ τούτων, εἴπερ ἦν Ἕλλην ὁ παθών, μετῆν αὐτῷ. "καὶ ἄθλων". διὰ τί; ὅτι κοινοὶ πᾶσίν εἰσιν οἱ κατὰ τὴν Ἑλλάδα ἀγῶνες, κατὰ δὲ τὴν πάντων μετουσίαν μετῆν καὶ τούτων τῷ πεπονθότι· καὶ τούτων οὖν ἀπεχέσθω. **(41)** τούτων μὲν δὴ τὸν εἰργασμένον εἴργει. ἂν δ' ἔξω τούτων κτείνῃ τις αὐτὸν ἄλλοθι, τὴν αὐτὴν ὑπὲρ αὐτοῦ δίκην δέδωκεν ἥνπερ ἂν τὸν Ἀθηναῖον κτείνῃ. τὸν γὰρ φυγάδα τὸ τῆς πόλεως οὐ προσεῖπεν ὄνομα, ἧς οὐκ ἔστι μετουσία αὐτῷ, ἀλλὰ τὸ τοῦ πράγματος, ᾧ κατέστησεν αὐτὸν ἐκεῖνος ἔνοχον· καὶ διὰ

38 ὅτι—**39** μετοικεῖν Anon. Schol. in Stat. 7.600.28 W.
40 καὶ ὁσίων—ἐφορίαν Lex. Pat. ad loc. εἴπερ—παθών Schol. D. 19.244.463

2 ἁπανταχοῦ SFY 3 ἑτέρωθι Anon. 4 ⟨καὶ⟩ λοιπὴ A 5–6 ⟨τοὺς⟩ ἐκ . . . μεταστάντας Anon. 8 ἀδικημάτων A[a] 11 τἀρχαῖον Cobet συνήεσαν SFAY : corr. Dindorf 16 ταύτῃ] αὐτῇ A 17 ἧς del. Reiske : ἧς—φησιν del. Bl. 20 δὲ post πάντων Bl. 21 παθόντι F 23 ⟨ἢ⟩ ἄλλοθί ⟨που⟩ AF : ἄλλοθί ⟨που⟩ Y 24 οὐ ante τὸ A 25 προσειπεῖν A αὐτῷ μετουσία Weil

ταῦτ' "ἄν τις ἀποκτείνῃ" φησὶ "τὸν ἀνδροφόνον". εἶτ' εἰπὼν ὧν εἰργόμενον, ἐπὶ τῷ τὴν τιμωρίαν νομίμως ἐπιθεῖναι τὸ τῆς πόλεως ὄνομα ὠνόμασεν, "τοῖς αὐτοῖς ἐνεχέσθω καθάπερ ἂν τὸν Ἀθηναῖον ἀποκτείνῃ" γράψας, ἀνομοίως, ὦ ἄνδρες Ἀθηναῖοι, τῷ τουτὶ τὸ ψήφισμα εἰρηκότι. **(42)** καίτοι πῶς οὐχὶ δεινὸν εἰ, οἷς ὁ νόμος δέδωκεν, ἐὰν ὧν εἶπον εἴργωνται, μετ' ἀσφαλείας ζῆν φυγοῦσιν, τούτους ἐκδότους τις εἶναι γράφει, καὶ ἀφαιρεῖται τὸ τῆς συγγνώμης ὠφέλιμον, ὃ τοῖς ἀτυχοῦσιν ὑπάρχειν εἰκὸς παρὰ τῶν ἔξω τῶν ἐγκλημάτων ὄντων, ὅτῳ ποτὲ τῶν πάντων ἀπόκειται ἄδηλον ὄν, μὴ προδήλου τῆς ἐπιούσης τύχης οὔσης ἑκάστῳ; καὶ νυνὶ τὸν ἀποκτείναντα Χαρίδημον, ὄντως ἂν ἄρα τοῦτο γένηται, ἐὰν ἀνταποκτείνωσί τινες λαβόντες ἔκδοτον, πεφευγότα καὶ τῶν νομίμων εἰργόμενον, **(43)** ἔνοχοι μὲν αὐτοὶ ταῖς φονικαῖς δίκαις ἔσονται, ἔνοχος δὲ σύ· καὶ γὰρ "ἄν τις αἴτιος ᾖ" γέγραπται, ἔσῃ δ' αἴτιος τὴν διὰ τοῦ ψηφίσματος ἐξουσίαν δεδωκώς. οὐκοῦν εἰ μὲν ἐάσομεν ὑμᾶς τούτων συμβάντων, οὐ καθαροῖς οὖσιν ὁμοῦ διατρίψομεν· εἰ δ' ἐπέξιμεν, οἷς ἐγνώκαμεν αὐτοὶ τἀναντία πράττειν ἀναγκασθησόμεθα. ἆρά γε μικρὸν ἢ τὸ τυχόν ἐστιν ὑπὲρ οὗ δεῖ λῦσαι τὸ ψήφισμ' ὑμᾶς;

44. Λέγε δὴ τὸν μετὰ ταῦτα νόμον.

ΝΟΜΟΣ

Ἐάν τίς τινα τῶν ἀνδροφόνων τῶν ἐξεληλυθότων, ὧν τὰ χρήματα ἐπίτιμα, πέρα ὅρου ἐλαύνῃ ἢ φέρῃ ἢ ἄγῃ, τὰ ἴσα ὀφείλειν ὅσα περ ἂν ἐν τῇ ἡμεδαπῇ δράσῃ.

Ἄλλος οὗτος, ὦ ἄνδρες Ἀθηναῖοι, νόμος ἀνθρωπίνως καὶ καλῶς κείμενος, ὃν παραβὰς οὗτος ὁμοίως φανήσεται.

43 οὐκοῦν—διατρίψομεν Schol. Pl. Phaed. 72c

1 τοῦτ' F[a] εἶτ' εἰπὼν] ἐπειπὼν SY 4 post γράψας dist. Weil ἀνόμοιος ⟨ὢν⟩ AF 6 εἶπεν F 7 φεύγουσιν Cobet 10 ὂν om. S 10–11 μὴ—ἑκάστῳ del. Cobet 16 ἐξουσίαν] αἰτίαν F 17 ὑμᾶς post συμβάντων Schol. Pl. 18 οὖσιν om. Schol. Pl. συνδιατρίψομεν A ἐπεξίομεν F : ἐπεξίοιμεν cod. k αὐτοὶ] αὐτοῖς Y 20 δεῖ λῦσαι] διαλῦσαι A 23 τινα om. SF[a]Y 24 ἢ φέρῃ del. van Herwerden coll. 46, 49 ὀφείλει SFY

(45) "ἐάν τίς τινα τῶν ἀνδροφόνων" φησὶ "τῶν ἐξεληλυθότων, ὧν τὰ χρήματα ἐπίτιμα". τῶν ἐπ' ἀκουσίῳ φόνῳ λέγει μεθεστηκότων. τῷ τοῦτο δῆλον; τῷ τε "ἐξεληλυθότων" εἰπεῖν, ἀλλὰ μὴ φευγόντων, καὶ τῷ διορίζειν "ὧν τὰ χρήματα ἐπίτιμα"· τῶν γὰρ ἐκ προνοίας δεδήμευται τὰ ὄντα. περὶ μὲν δὴ τῶν ἀκουσίων ἂν λέγοι. **(46)** λέγει δὲ τί; "ἐὰν πέρα ὅρου" φησὶν "ἐλαύνῃ ἢ φέρῃ ἢ ἄγῃ". τοῦτο δὲ ἐστὶν τί, τὸ "πέρα ὅρου"; ἔστι πᾶσιν ὅρος τοῖς ἀνδροφόνοις τῆς τοῦ παθόντος εἴργεσθαι πατρίδος. ἐκ μὲν δὴ ταύτης δίδωσιν ἐλαύνειν καὶ ἄγειν, πέρα δ' οὐκ ἐᾷ τούτων οὐδέτερον ποιεῖν. ἐὰν δέ τις παρὰ ταῦτα ποιῇ, τὴν αὐτὴν ἔδωκεν ὑπὲρ αὐτοῦ δίκην ἥνπερ ἂν εἰ μένοντα ἠδίκει {οἴκοι}, γράψας ταὐτὰ ὀφείλειν ἅπερ ἂν οἴκοι δράσῃ. **(47)** εἰ δή τις ἔροιτ' Ἀριστοκράτην τουτονί (καὶ μὴ νομίσητε εὔηθες τὸ ἐρώτημα) πρῶτον μὲν εἰ οἶδεν εἴ τις ἀποκτενεῖ Χαρίδημον, ἢ καὶ ἄλλως πως τελευτήσει, οὐκ ἄν, οἶμαι, φαίη. θήσομεν τοίνυν ἀποκτενεῖν. πάλιν οἶσθα, ἑκὼν ἢ ἄκων, καὶ ξένος ἢ πολίτης ὁ τοῦτο ποιήσων ἔσται; οὐκ ἔνεστ' εἰπεῖν ὡς οἶσθα. **(48)** οὐκοῦν ταῦτά γε δήπου προσῆκε γράψαι "ἐάν τις ἀποκτείνῃ" γράφοντα, ἄκων ἢ ἑκών, ἀδίκως ἢ δικαίως, ξένος ἢ πολίτης, ἵν' ὅτῳ ποτὲ τοὔργον ἐπράχθη, τούτῳ τὰ ἐκ τῶν νόμων ὑπῆρχε δίκαια, μὴ μὰ Δί' αὐτὸ τὸ τῆς αἰτίας ὄνομ' εἰπόντα "ἀγώγιμος ἔστω" προσγράψαι. τίνα γὰρ σὺ λέλοιπας ὅρον τῷ γράμματι τούτῳ, τοῦ νόμου σαφῶς οὑτωσὶ λέγοντος μὴ πέρα ὅρων ἐλαύνειν, ὃς πανταχόθεν δίδως ἄγειν; **(49)** ὁ νόμος δὲ οὐκ ἐλαύνειν τῶν ὅρων πέρα, ἀλλ' οὐδ' ἄγειν ἐᾷ. ἐκ δὲ τοῦ σοῦ ψηφίσματος ὁ βουλόμενος ἄξει τὸν ἄκοντα ἀπεκτονότα, ἔκδοτον λαβών, εἰς τὴν τοῦ παθόντος βίᾳ πατρίδα. ἆρ' οὐ πάντα συγχεῖς τἀνθρώπινα, καὶ ἀφαιρεῖ

45 *τῷ τοῦτο—ἐπίτιμα* cf. Minuc. 1.349.16 Sp. Ha.

---

4 *πεφευγότων* FY : *⟨τῶν⟩ πεφευγότων* Minuc. *καὶ—διορίζειν* om. Minuc. 7 *ἢ φέρῃ* del. van Herwerden 10 *τούτων ⟨δὲ⟩* SF[a]Y 12 del. Bl. coll. 24.149 *ταῦτα* SAFY : corr. Lamb. 16 *ἀποκτείνειν* S 19 *γράφοντα* om. F 21 *αὐτὸ* del. Schaefer 23 *γράμματι] πράγματι* F[γρ] 25 *⟨οὐ μόνον⟩ οὐκ* AFY : *οὐχ ⟨ὅτι⟩* Cobet 25–6 *οὐκ ἄγειν . . . ἐλαύνειν ἐᾷ* Weil 28 *τὰ ἀνθρώπεια* A *ἀφαιρῇ* AFY

τὴν πρόφασιν μεθ' ἧς ἢ καλόν ἐστιν ἕκαστον τῶν ἔργων ἢ αἰσχρόν; **(50)** *ὁρᾶτε γὰρ ὡς ἐπὶ πάντων, οὐκ ἐπὶ τῶν φονικῶν μόνον, οὕτω τοῦτ' ἔχει. "ἄν τις τύπτῃ τινά" φησὶν "ἄρχων χειρῶν ἀδίκων", ὡς, εἴ γε ἠμύνατο, οὐκ ἀδικεῖ. "ἄν τις κακῶς ἀγορεύῃ", "τὰ ψευδῆ" προσέθηκεν, ὡς, εἴ γε τἀληθῆ, προσῆκον. "ἄν τις ἀποκτείνῃ", "ἐκ προνοίας", ὡς, εἴ γε ἄκων, οὐ ταὐτόν. "ἄν τις καταβλάψῃ τινά", "ἑκὼν ἀδίκως". πανταχοῦ τὴν πρόφασιν βεβαιοῦσαν τὸ πρᾶγμα εὑρήσομεν. ἀλλ' οὐ σοί, ἀλλ' ἁπλῶς, "ἄν τις ἀποκτείνῃ Χαρίδημον, ἀγέσθω," κἂν ἄκων, κἂν δικαίως, κἂν ἀμυνόμενος, κἂν ἐφ' οἷς διδόασιν οἱ νόμοι, κἂν ὁπωσοῦν.*

51. *Λέγε τὸν μετὰ ταῦτα νόμον.*

ΝΟΜΟΣ

Φόνου δὲ δίκας μὴ εἶναι μηδαμοῦ κατὰ τῶν τοὺς φεύγοντας ἐνδεικνύντων, ἐάν τις κατίῃ ὅποι μὴ ἔξεστιν.

Ὁ μὲν νόμος ἐστὶν οὗτος Δράκοντος, ὦ ἄνδρες Ἀθηναῖοι, καὶ οἱ ἄλλοι δὲ ὅσους ἐκ τῶν φονικῶν νόμων παρεγραψάμην· δεῖ δὲ ἃ λέγει σκέψασθαι. "κατὰ τῶν ἐνδεικνύντων" φησὶ "τοὺς κατιόντας ἀνδροφόνους ὅποι μὴ ἔξεστι δίκας φόνου μὴ εἶναι." ἐνταυθὶ δύο δηλοῖ δίκαια, ἃ παρ' ἀμφότερα οὗτος εἴρηκεν τὸ ψήφισμα, ὅτι τε ἐνδεικνύναι δίδωσι τὸν ἀνδροφόνον καὶ οὐκ αὐτὸν ἀγώγιμον οἴχεσθαι λαβόντα, καὶ ὅτι, ἐὰν κατίῃ τις ὅποι μὴ ἔξεστι, καὶ αὐτὸ τοῦτο δίδωσιν, οὐχ ὅπου βούλεταί τις. **(52)** *οὐκ ἔξεστι δὲ ποῖ; ἐξ ἧς ἂν φεύγῃ τις πόλεως. ποῦ καὶ σφόδρα σαφῶς τοῦτο δηλοῖ; "ἐάν τις κατίῃ" φησί. τοῦτο δ' οὐκ ἔστ' ἐπενεγκεῖν ἄλλῃ πόλει πλὴν ἣν ἂν φεύγῃ τις· ὅθεν γὰρ μηδ' ἐξέπεσέν τις τὴν ἀρχήν, οὐκ ἔνι δήπου κατελθεῖν*

51 *νόμος*—**54** *οὐ τὸ* P. Mich. III 142 *κατὰ—ἐνδεικνύντων* Schol. D. 22.33.97c *ἐνταυθὶ δύο* cf. Hermog. 238.18 R.
52 *ποῦ—δηλοῖ* Minuc. 3.349.16 Sp.

3 *μόνων* cod. B 6 *ἀποκτείνῃ*] *τρώσῃ* Weil 9 ⟨*παρὰ*⟩ *σοί* S^c^F^c^ : *σύ* A *ἄν τις ἁπλῶς* Y 21 *ἐνταυθοῖ* A^c^F^c^ Hermog. : [Π142] 24 *ὅποι* SAFY : corr. Weil : [Π142] 25 *ἧς ἂν*] *ἀρχῆς ἐὰν* Π142 26 *σαφῶς* om. Minuc. Π142 ut videtur 27 *ἀπενεγκεῖν* A : [Π142] *πόλει* ⟨*τοὔνομα*⟩ S^c^F^γρ^ Π142 28 *μηδ'*] *μὴ* A : [Π142]

εἰς ταύτην. ὁ μὲν τοίνυν νόμος ἔνδειξιν δέδωκεν, καὶ ταύτην, "ἂν κατίῃ ὅποι μὴ ἔξεστιν"· ὁ δὲ "ἀγώγιμος ἔστω" γέγραφεν κἀντεῦθεν, ὅποι φεύγειν οὐδεὶς κωλύει νόμος.

53. *Λέγ' ἄλλον νόμον.*

ΝΟΜΟΣ

Ἐάν τις ἀποκτείνῃ ἐν ἄθλοις ἄκων, ἢ ἐν ὁδῷ καθελὼν ἢ ἐν πολέμῳ ἀγνοήσας, ἢ ἐπὶ δάμαρτι ἢ ἐπὶ μητρὶ ἢ ἐπὶ ἀδελφῇ ἢ ἐπὶ θυγατρί, ἢ ἐπὶ παλλακῇ ἣν ἂν ἐπὶ ἐλευθέροις παισὶν ἔχῃ, τούτων ἕνεκα μὴ φεύγειν κτείναντα.

Πολλῶν, ὦ ἄνδρες Ἀθηναῖοι, νόμων ὄντων, παρ' οὓς εἴρηται τὸ ψήφισμα, παρ' οὐδένα μᾶλλον ἢ παρὰ τοῦτον τὸν ἀνεγνωσμένον νῦν εἴρηται. διδόντος γὰρ τοῦ νόμου σαφῶς οὑτωσὶ καὶ λέγοντος ἐφ' οἷς ἐξεῖναι κτεῖναι, οὗτος ἅπαντα παρεῖδε ταῦτα, καὶ γέγραφεν, οὐδὲν ὑπειπὼν ὅπως, ἄν τις ἀποκτείνῃ, τὴν τιμωρίαν. **(54)** *καίτοι σκέψασθε ὡς ὁσίως καὶ καλῶς ἕκαστα διεῖλεν ὁ ταῦτ' ἐξ ἀρχῆς διελών. ἄν τις ἐν ἄθλοις ἀποκτείνῃ τινά, τοῦτον ὥρισεν οὐκ ἀδικεῖν. διὰ τί; οὐ τὸ συμβὰν ἐσκέψατο, ἀλλὰ τὴν τοῦ δεδρακότος διάνοιαν. ἔστι δ' αὕτη τίς; ζῶντα νικῆσαι καὶ οὐκ ἀποκτεῖναι. εἰ δ' ἐκεῖνος ἀσθενέστερος ἦν τὸν ὑπὲρ τῆς νίκης ἐνεγκεῖν πόνον, ἑαυτῷ τοῦ πάθους αἴτιον ἡγήσατο, διὸ τιμωρίαν οὐκ ἔδωκεν ὑπὲρ αὐτοῦ.* **(55)** *πάλιν "ἂν ἐν πολέμῳ" φησὶν "ἀγνοήσας", καὶ τοῦτον εἶναι καθαρόν. καλῶς· εἰ γὰρ ἐγώ τινα τῶν ἐναντίων οἰηθεὶς εἶναι διέφθειρα, οὐ δίκην ὑπέχειν, ἀλλὰ συγγνώμης τυχεῖν δίκαιός εἰμι. "ἢ ἐπὶ δάμαρτι" φησὶν "ἢ ἐπὶ μητρὶ ἢ ἐπ' ἀδελφῇ ἢ θυγατρί, ἢ ἐπὶ παλλακῇ ἣν ἂν ἐπ' ἐλευθέροις*

53 *ἢ—καθελὼν* Harp. *κ* 5, *ο* 2 Sud. *ο* 47 Eust. 1.110.5 *-μων*] *ὄντων—γὰρ* [*τοῦ* P. Colon. VII 309
54 *ἄν—ἀποκτεῖναι* Alex. 3.17.6 Sp.

---

2 *κατίῃ τις* Π142 *γέγραφεν*] *ὁ ἀνδροφό*]*νος* Π142 6 *ὁδῷ*] *λόχῳ καὶ ἐνέδρᾳ* testimoniorum var. 7 *ἢ ἐπὶ μητρὶ* om. S 9 *τὸν κτείνοντα* Π142 11 *τουτονὶ* A Π142 : [Π309] 14 *πῶς* A 16 *διελών*] *διεξελθών* Π142 17 *τινὰ ἀποκτείνῃ* Alex. : [Π142] ⟨*ὁ νομοθέτης*⟩ *ὥρισε* Alex. *οὐκ*] *μὴ* Alex. ⟨*ὅτι*⟩ *οὐ* Alex. 18 *τὸ*] *τι* Π142 *δράσαντος* Alex. 19 *καὶ* om. Alex. 20 ⟨*αὐτὸν*⟩ *ἑαυτῷ* Aldina 26 ⟨*ἐπὶ*⟩ *θυγατρί* A

παισὶν ἔχῃ", καὶ τὸν ἐπὶ τούτων τινὰ κτείναντα ἀθῷον ποιεῖ, πάντων γε ὀρθότατα, ὦ ἄνδρες Ἀθηναῖοι, τοῦτον ἀφιείς. **(56)** *τί δήποτε; ὅτι ὑπὲρ ὧν τοῖς πολεμίοις μαχόμεθα, ἵνα μὴ πάσχωσιν ὑβριστικὸν μηδ' ἀσελγὲς μηδέν, ὑπὲρ τούτων καὶ τοὺς φιλίους, ἐὰν παρὰ τὸν νόμον εἰς αὐτοὺς ὑβρίζωσι καὶ διαφθείρωσιν, ἔδωκεν ἀποκτεῖναι. ἐπειδὴ γὰρ οὐ γένος ἐστὶ φιλίων καὶ πολεμίων, ἀλλὰ τὰ πραττόμενα ἐξεργάζεται τούτων ἑκάτερον, τοὺς ἐχθρὰ ποιοῦντας ἐν ἐχθροῦ μέρει κολάζειν ἀπέδωκεν ὁ νόμος. οὐκοῦν δεινόν, εἰ τοσούτων ὄντων ἐφ' οἷς τοὺς ἄλλους ἔξεστιν ἀποκτιννύναι, μόνον ἀνθρώπων ἐκεῖνον μηδ' ἐπὶ τούτοις ἐξέσται {ἀποκτεῖναι}.* **(57)** *φέρε, ἂν δέ τι συμβῇ τοιοῦτον οἷον ἴσως ἤδη τῳ καὶ ἄλλῳ, ἀπαλλαγῇ μὲν ἐκ Θρᾴκης, ἐλθὼν δ' εἰς πόλιν οἰκῇ που, τῆς μὲν ἐξουσίας μηκέτι κύριος ὢν δι' ἧς πολλὰ ποιεῖ τῶν ἀπειρημένων ὑπὸ τῶν νόμων, τοῖς δ' ἔθεσι καὶ ταῖς ἐπιθυμίαις ταῦτ' ἐπιχειρῶν πράττειν, ἄλλο τι ἢ σιγῶντα δεήσει Χαρίδημον ἐᾶν αὐτὸν ὑβρίζειν; οὐ γὰρ ἀποκτεῖναί γε ἀσφαλὲς οὐδὲ τιμωρίαν λαβεῖν ἣν δίδωσ' ὁ νόμος, διὰ τὸ ψήφισμα τουτί.* **(58)** *καὶ μὴν εἴ τις ἐκεῖν' ὑπολαμβάνει, ποῦ δὲ γένοιτ' ἂν ταῦτα; τί κωλύει κἀμὲ λέγειν, τίς δ' ἂν ἀποκτείναι Χαρίδημον; ἀλλὰ μὴ τοῦτο σκοπῶμεν· ἀλλ' ἐπειδήπερ ἐστὶ τὸ φεῦγον ψήφισμα οὐκ ἐπ' ἤδη γεγενημένῳ τινὶ πράγματι, ἀλλ' ἐπὶ τοιούτῳ ὃ μηδ' εἰ γενήσεται μηδεὶς οἶδεν, τὸ μὲν τοῦ μέλλοντος ἔσεσθαι κοινὸν ἀμφοῖν ὑπαρχέτω, πρὸς δὲ τοῦτο ὑποθέντες ἀνθρωπίνως τὰς ἐλπίδας οὕτω σκοπῶμεν, ὡς τάχ' ἄν, εἰ τύχοι, καὶ τούτων κἀκείνων συμβάντων.* **(59)** *λύσασι μὲν τοίνυν τὸ ψήφισμα, ἂν ἄρα συμβῇ τι παθεῖν ἐκείνῳ, εἰσὶν αἱ κατὰ τοὺς νόμους ὑπὲρ αὐτοῦ τιμωρίαι· ἐῶσι δέ, ἂν ἄρα ἐκεῖνος ζῶν ἀδικῇ τινα, ἀνῄρηται τοῖς ὑβριζομένοις ἡ μετὰ τῶν νόμων δίκη. ὥστε*

56 *γὰρ—πολεμίων* Aristid. 3.11

---

1 *τινὰ* S[c]AF : *τῳ* Y[c] : *τινι* Lamb. : *τινι τούτων* Taylor : [SY] 2 *τοῦτον ἀφιείς* del. Weil 5 *φίλους* SAFY : corr. Bk. 6 *καὶ διαφθείρωσιν* del. Cobet *οὐ γὰρ* Aristid. 7 *φίλων* AY 8 *ἑκάτερα* A 11 del. Bl. 13 *οἰκεῖ* S 15 *ταὔτ'* Lamb.[c] : [S] 19 *δὲ* om. A 20 *ἀποκτείνειεν* Westermann

πανταχῇ καὶ ἐναντίον ἐστὶ τοῖς νόμοις τὸ ψήφισμα καὶ λῦσαι συμφέρει.

60. Λέγε τὸν μετὰ ταῦτα νόμον.

ΝΟΜΟΣ

Καὶ ἐὰν φέροντα ἢ ἄγοντα βίᾳ ἀδίκως εὐθὺς ἀμυνόμενος κτείνῃ, νηποινεὶ τεθνάναι.

Ἄλλα ταῦτα ἐφ' οἷς ἔξεστι κτεῖναι. "ἐὰν ἄγοντα ἢ φέροντα βίᾳ ἀδίκως εὐθὺς ἀμυνόμενος κτείνῃ, νηποινεὶ τεθνάναι" {κελεύει}. θεάσασθε πρὸς Διὸς ὡς εὖ· τῷ μὲν ὑπειπών, ἐφ' οἷς ἐξεῖναι κτείνειν, προσγράψαι τὸ "εὐθὺς" ἀφεῖλε τὸν τοῦ βουλεύσασθαί τι κακὸν χρόνον· τῷ δὲ "ἀμυνόμενος" γράψαι δηλοῖ τῷ πάσχοντι διδοὺς τὴν ἐξουσίαν, οὐκ ἄλλῳ τινί. ὁ μὲν δὴ νόμος εὐθὺς ἀμυνομένῳ δέδωκεν ἀποκτιννύναι, ὁ δ' οὐδὲν εἴρηκεν, ἀλλ' ἁπλῶς "ἐάν τις ἀποκτείνῃ", κἂν ὡς οἱ νόμοι διδόασιν. **(61)** ἀλλὰ νὴ Δία συκοφαντοῦμεν τὸ πρᾶγμα· τίνα γὰρ οἴσει ἢ ἄξει βίᾳ ἀδίκως Χαρίδημος; πάντας ἀνθρώπους. ἴστε γὰρ δήπου τοῦθ' ὅτι πάντες οἱ στράτευμ' ἔχοντες, ὧν ἂν οἴωνται κρείττους ἔσεσθαι, ἄγουσι καὶ φέρουσι χρήματ' αἰτοῦντες. εἶτ' οὐ δεινόν, ὦ γῆ καὶ θεοί, καὶ φανερῶς παράνομον, οὐ μόνον παρὰ τὸν γεγραμμένον νόμον, ἀλλὰ καὶ παρὰ τὸν κοινὸν ἁπάντων ἀνθρώπων, τὸν ἄγοντα ἢ φέροντα βίᾳ τἀμὰ ἐν πολεμίου μοίρᾳ μὴ ἐξεῖναί μοι ἀμύνεσθαι, εἴ γε μηδὲ τοῦτον τὸν τρόπον ἐξέσται Χαρίδημον ἀποκτεῖναι, ἀλλ', ἐὰν ἀδικῶν ἄγῃ καὶ φέρῃ βίᾳ τά τινος ληζόμενος, ἀγώγιμος ὁ κτείνας ἔσται, τοῦ νόμου διδόντος, ἐὰν ἐπὶ τούτοις, ἀθῷον εἶναι;

62. Λέγε τὸν μετὰ ταῦτα νόμον.

61 ἔχοντε]ς—ἁ]πάντ[ων P. Rain. III 47

7 κρῖναι AF^γρ 9 κελεύει om. cod. T : del. Dobree
10 προσγράψας AF^c ἀφείλετο A 13 νόμος ⟨διὰ ταῦτα⟩ AFY
14 ἀποκτείνῃ ⟨κἂν δικαίως⟩ A cf. 75 16 βίᾳ om. A
17–18 στρατεύματ' ἔχοντες ⟨οὗτοι⟩ A 19 οὐ] οὖν Π47
21 ἀνθρώπων ⟨νόμον⟩ A ἢ φέροντα om. Y 22 μοι] μ' Bl.
ἀμύνασθαι AF^c γε om. A 23 τὸν τρόπον τοῦτον Y

ΝΟΜΟΣ

Ὃς ἂν ἄρχων ἢ ἰδιώτης αἴτιος ᾖ τὸν θεσμὸν συγχυθῆναι τόνδε, ἢ μεταποιήσῃ αὐτόν, ἄτιμον εἶναι καὶ παῖδας {ἀτίμους} καὶ τὰ ἐκείνου.

Ἠκούσατε μὲν τοῦ νόμου λέγοντος ἄντικρυς, ὦ ἄνδρες Ἀθηναῖοι, "ὃς ἂν ἄρχων ἢ ἰδιώτης αἴτιος ᾖ ⟨τοῦ⟩ τὸν θεσμὸν συγχυθῆναι τόνδε, ἢ μεταποιήσῃ αὐτόν, ἄτιμος ἔστω καὶ οἱ παῖδες καὶ τὰ ἐκείνου." ἆρ' οὖν μικρὰν ἢ φαύλην πρόνοιαν ἔχειν ὑμῖν ὁ θεὶς τὸν νόμον δοκεῖ, ὅπως κύριος ἔσται καὶ μήτε συγχυθήσεται μήτ' αὖ μεταποιηθήσεται; ἀλλ' Ἀριστοκράτης οὑτοσὶ μικρὰ φροντίσας αὐτοῦ μεταποιεῖ καὶ συγχεῖ. τί γὰρ ἄλλ' ἐστὶν τὸ μεταποιεῖν ἢ ὅταν ἔξω τῶν τεταγμένων δικαστηρίων καὶ ὅρων, ὧν εἴργεσθαι δεῖ, διδῷ τις τὰς τιμωρίας, καὶ τὸ λόγου τυχεῖν ἀναιρῶν ἐκδότους ποιῇ; τί δ' ἄλλο τὸ συγχεῖν ἢ ὅταν ἑξῆς οὑτωσὶ πάντα τἀναντία τῶν ἐν τοῖς νόμοις τις γεγραμμένων γράφῃ;

63. *Οὐ τοίνυν τούτους μόνον τοὺς νόμους, ὦ ἄνδρες Ἀθηναῖοι, παραβέβηκεν, ἀλλὰ καὶ ἄλλους πολλοὺς οὓς οὐ παραγεγράμμεθα διὰ τὸ πλῆθος. ἀλλ' ἐν κεφαλαίῳ λέγω· ὁπόσοι νόμοι περὶ τῶν φονικῶν δικαστηρίων εἰσίν, καλεῖσθαι λέγοντες ἢ μαρτυρεῖν ἢ διόμνυσθαι τοὺς ἀγωνιζομένους ἢ ἄλλ' ὁτιοῦν προστάττοντες, πάντας ὑπερβέβηκε τούτους καὶ πᾶσιν ἐναντίον εἴρηκε τὸ ψήφισμα τουτί. οὐ γὰρ οὐ κλῆσις, {οὐ κρίσις}, οὐ μαρτυρία συνειδότος, οὐ διωμοσία, ἀλλ' ἀπ' αἰτίας εὐθὺς ἡ τιμωρία γέγραπται, καὶ αὕτη ἣν ἀπαγορεύουσιν οἱ νόμοι, τί ἂν ἄλλο τις εἴποι; καίτοι ταῦτα πάντα ἐπὶ πέντε δικαστηρίοις γίγνεται προστεταγμένα τοῖς νόμοις.* **(64)** *νὴ Δί', ἴσως εἴποι τις ἄν, ἀλλὰ ταῦτα μὲν οὐδενός*

62 *κύρ]ιο[ς—δεῖ* P. Rain. III 47
63 *οὐ—γέγραπται* Lex. Pat. ad loc.

2 ⟨*τοῦ*⟩ *τὸν* Lamb. 3 del. Taylor 5 *μὲν* om. A 6 add. Lamb. 7 *ἔσται* Y 11 *μικρὸν* AF[c] Π47 13 *ὧν—δεῖ* del. Dobree *δεῖν* Y 16 *τις* del. Cobet 24 del. Reiske 25 *αὐτὴ* Y : [S] : *ταῦθ'* Bl. 28 *ἴσως* om. A[a]

ἐστ' ἄξια οὐδὲ δικαίως εὑρημένα, ἃ δ' ἔγραψεν οὗτος, δίκαια καὶ καλά. ἀλλὰ τοὐναντίον τούτου μὲν τοῦ ψηφίσματος οὐκ οἶδ' εἴ τι δεινότερον γέγονεν πώποτε ἐν ὑμῖν, τούτων δὲ τῶν πάντων ὁπόσα ἐστὶ δικαστήρια ἐν ἀνθρώποις οὐδὲν οὔτε σεμνότερον οὔτε δικαιότερον φανήσεται. βούλομαι δ' εἰπεῖν διὰ βραχέων ἃ καὶ ζῆλόν τινα καὶ τιμὴν φέρει τῇ πόλει ῥηθέντα καὶ ἡδίους ἔσεσθε ἀκούσαντες. ἄρξομαι δ' ἐντεῦθεν ὅθεν μάλιστα μαθήσεσθε, ἐπὶ τὴν δωρεὰν ἐπανελθὼν ἣ τῷ Χαριδήμῳ δέδοται.

65. Ἡμεῖς, ὦ ἄνδρες Ἀθηναῖοι, Χαρίδημον ἐποιησάμεθα πολίτην, καὶ διὰ τῆς δωρεᾶς ταύτης μετεδώκαμεν αὐτῷ καὶ ἱερῶν καὶ ὁσίων καὶ νομίμων καὶ πάντων ὅσων περ αὐτοῖς μέτεστιν ἡμῖν. πολλὰ μὲν δὴ παρ' ἡμῖν ἐστι τοιαῦτα οἷα οὐχ ἑτέρωθι, ἓν δ' οὖν ἰδιώτατον πάντων καὶ σεμνότατον, τὸ ἐν Ἀρείῳ πάγῳ δικαστήριον, ὑπὲρ οὗ τοσαῦτ' ἔστιν εἰπεῖν καλὰ παραδεδομένα καὶ μυθώδη καὶ ὧν αὐτοὶ μάρτυρές ἐσμεν, ὅσα περὶ οὐδενὸς ἄλλου δικαστηρίου· ὧν ὡσπερεὶ δείγματος ἕνεκ' ἄξιόν ἐστιν ἓν ἢ δύο ἀκοῦσαι. **(66)** τοῦτο μὲν τοίνυν τὰ παλαιά, ὡς ἡμῖν ἀκούειν παραδέδοται, ἐν μόνῳ τούτῳ τῷ δικαστηρίῳ δίκας φόνου θεοὶ καὶ δοῦναι καὶ λαβεῖν ἠξίωσαν καὶ δικασταὶ γενέσθαι διενεχθεῖσιν ἀλλήλοις, ὡς λόγος· λαβεῖν μὲν Ποσειδῶν' ὑπὲρ Ἁλιρροθίου τοῦ υἱοῦ παρὰ Ἄρεως, δικάσαι δ' Εὐμενίσιν καὶ Ὀρέστῃ τοὺς δώδεκα θεούς. καὶ τὰ μὲν δὴ παλαιὰ ταῦτα· τὰ δ' ὕστερον, τοῦτο μόνον τὸ δικαστήριον οὐ τύραννος, οὐκ ὀλιγαρχία, οὐ δημοκρατία

65 *πολλὰ—δικαστηρίου* D.H. 1.159.14 *ὑπὲ]ρ—δι[καστηρίου* P. Rain. III 47
66 *τοῦτ]ο—Ἁ]λιρρο* P. Rain. III 47 *ὡς ἡμῖν—παραδέδοται* Plu. Mor. 6D *ἐν μόνῳ—ἠξίωσαν* et *δικάσαι δ'—θεοὺς* Hermog. 330.9 R.

---

1 *εἰρημένα* F[c] 2 *ψήφισμα* (*τοῦ* om.) A 13 *τοιαῦτα*] *ταῦτα* A 15 *περὶ* D.H. *εἰπεῖν* om. D.H. : [Π47] 17 *περὶ* del. Bl. *ἐστι δι[καστηρίου* Π47 19 *τούτῳ μόνῳ* Hermog. : [Π47] 20 *δίκας—θεοὶ καὶ*] *θεοὶ δίκας* Hermog. *θεοὶ λαβεῖν κ[αὶ* Π47 21 *ἠξίωσαν* ⟨*παρ' ἀλλήλων*⟩ Hermog. 22 *ποσειδῶν* SF: *ποσειδῶ* A : [Π47] *ἀλλι-* SAY 23 *τοὺς . . . θεούς* Hermog. et Bl. : *οἱ . . . θεοὶ* SAFY 25 *οὐ*[1]] *οὐχὶ* SAF

τὰς φονικὰς δίκας ἀφελέσθαι τετόλμηκεν, ἀλλὰ πάντες ἀσθενέστερον ἂν τὸ δίκαιον εὑρεῖν ἡγοῦνται περὶ τούτων αὐτοὶ τοῦ παρὰ τούτοις εὑρημένου δικαίου. πρὸς δὲ τούτοις τοιούτοις οὖσιν, ἐνταυθοῖ μόνον οὐδεὶς πώποτε οὔτε φεύγων ἁλοὺς οὔτε διώκων ἡττηθεὶς ἐξήλεγξεν ὡς ἀδίκως ἐδικάσθη τὰ κριθέντα. **(67)** ταύτην τοίνυν τὴν φυλακὴν καὶ τὰς ἐν ταύτῃ νομίμους τιμωρίας παραβὰς ὁ γράφων τὸ ψήφισμα τοδὶ ζῶντι μὲν ἐξουσίαν γέγραφεν τῷ Χαριδήμῳ ποιεῖν ὅ τι ἂν βούληται, παθόντος δέ τι τοῖς οἰκείοις συκοφαντίαν δέδωκεν. σκέψασθε γὰρ οὑτωσί. ἴστε δήπου τοῦθ᾽ ἅπαντες, ὅτι ἐν Ἀρείῳ πάγῳ, οὗ δίδωσιν ὁ νόμος καὶ κελεύει τοῦ φόνου δικάζεσθαι, πρῶτον μὲν διομεῖται κατ᾽ ἐξωλείας αὐτοῦ καὶ γένους καὶ οἰκίας ὅ τινα αἰτιώμενος εἰργάσθαι τι τοιοῦτον, **(68)** εἶτ᾽ οὐδὲ τὸν τυχόντα τρόπον τοῦτο ποιήσει ἀλλ᾽ ὃν οὐδεὶς ὄμνυσιν ὑπὲρ οὐδενὸς ἄλλου, στὰς ἐπὶ τῶν τομίων κάπρου καὶ κριοῦ καὶ ταύρου, καὶ τούτων ἐσφαγμένων ὑφ᾽ ὧν δεῖ καὶ ἐν αἷς ἡμέραις καθήκει, ὥστε καὶ ἐκ τοῦ χρόνου καὶ ἐκ τῶν μεταχειριζομένων ἅπαν, ὅσον ἔσθ᾽ ὅσιον, πεπρᾶχθαι. καὶ μετὰ ταῦτα ὁ τὸν τοιοῦτον ὅρκον ὀμωμοκὼς οὔπω πεπίστευται, ἀλλ᾽ ἐὰν ἐξελεγχθῇ μὴ λέγων ἀληθῆ, τὴν ἐπιορκίαν ἀπενεγκάμενος τοῖς αὑτοῦ παισὶν καὶ τῷ γένει πλέον οὐδ᾽ ὁτιοῦν ἕξει. **(69)** ἂν δὲ δόξῃ τὰ δίκαια ἐγκαλεῖν καὶ ἕλῃ τὸν δεδρακότα τοῦ φόνου, οὐδ᾽ οὕτω κύριος γίγνεται τοῦ ἁλόντος, ἀλλ᾽ ἐκείνου μὲν οἱ νόμοι κύριοι κολάσαι καὶ οἷς προστέτακται, τῷ δὲ ἐπιδεῖν διδόντα δίκην ἔξεστιν, ἣν ἔταξεν ὁ νόμος, τὸν ἁλόντα, πέρᾳ δ᾽ οὐδὲν τούτου. καὶ τῷ μὲν διώκοντι ὑπάρχει ταῦτα, τῷ δὲ φεύγοντι τὰ μὲν τῆς διωμοσίας ταὐτά, τὸν πρότερον δ᾽ ἔξεστιν εἰπόντα λόγον μεταστῆναι, καὶ οὔθ᾽ ὁ διώκων οὔθ᾽ οἱ δικάζοντες οὔτ᾽

67 ὅ[τι—**68** ἐσφαγ[μένων P. Rain. III 47
69 τούτου κ]αὶ—**70** κα[λῶς P. Rain. III 47

4 ἐνταυθὶ Weil coll. 51 : ἐνταῦθα Dindorf 7 τουτὶ A 14 τρόπον Bernard : τιν᾽ ὅρκον SAFY : [Π47] τοῦτον F : [Π47] : τοῦτο ποιήσει del. Butcher 20 ἐπενεγκάμενος cod. V αὐτοῦ SAFY : corr. Dindorf 24 προστέτακται ⟨ταῦτα⟩ AFY 26 τούτων F[c] : [Π47]

ἄλλος ἀνθρώπων οὐδεὶς κύριος κωλῦσαι. **(70)** τί δήποτε, ὦ ἄνδρες Ἀθηναῖοι, τοῦθ' οὕτως ἔχει; ὅτι οἱ ταῦτ' ἐξ ἀρχῆς τὰ νόμιμα διαθέντες, οἵτινές ποτ' ἦσαν, εἴθ' ἥρωες εἴτε θεοί, οὐκ ἐπέθεντο τοῖς ἀτυχήσασιν, ἀλλ' ἀνθρωπίνως ἐπεκούφισαν, εἰς ὅσον εἶχε καλῶς, τὰς συμφοράς. ταῦτα μέντοι πάνθ' οὕτω καλῶς καὶ νομίμως ἔχοντα ὁ γράφων τὸ ψήφισμα τουτὶ παραβεβηκὼς φαίνεται· ἓν γὰρ οὐδ' ὁτιοῦν ἔνι τούτων ἐν τῷ ψηφίσματι τῷ τούτου. καὶ πρῶτον μὲν παρ' ἑνὸς τούτου δικαστηρίου καὶ {παρὰ} τοὺς γεγραμμένους νόμους καὶ ⟨τὰ⟩ ἄγραφα νόμιμα τὸ ψήφισμα εἴρηται.

71. Δεύτερον δ' ἕτερον δικαστήριον τὸ τῶν ἀκουσίων φόνων φανήσεται συγχέων, τὸ ἐπὶ Παλλαδίῳ, καὶ τοὺς παρὰ τούτῳ νόμους παραβαίνων. καὶ γὰρ ἐνταῦθ' ὑπόκειται πρῶτον μὲν διωμοσία, δεύτερον δὲ λόγος, τρίτον δὲ γνῶσις τοῦ δικαστηρίου, ὧν οὐδέν ἐστιν ἐν τῷ τούτου ψηφίσματι. ἂν δ' ἁλῷ καὶ δοκῇ τοὔργον εἰργάσθαι, οὔθ' ὁ διώκων τοῦ δεδρακότος κύριος οὔτ' ἄλλος οὐδεὶς πλὴν ὁ νόμος. **(72)** τί οὖν ὁ νόμος κελεύει; τὸν ἁλόντα ἐπ' ἀκουσίῳ φόνῳ ἔν τισιν εἰρημένοις χρόνοις ἀπελθεῖν τακτὴν ὁδόν, καὶ φεύγειν ἕως ἂν †αἰδέσηταί τινα† τῶν ἐν γένει τοῦ πεπονθότος. τηνικαῦτα δ' ἥκειν δέδωκεν ἔστιν ὃν τρόπον, οὐχ ὃν ἂν τύχῃ, ἀλλὰ καὶ θῦσαι καὶ καθαρθῆναι καὶ ἄλλ' ἄττα διείρηκεν ἃ χρὴ

70 *τί—συμφοράς* Anon. Schol. in Stat. 7.341.12 W. *εἴθ'—θεοὶ* Hermog. 246.14 R. Anon. Schol. in Id. 7.963.1 W. *ἓν—ὁτιοῦν* AB 138.29

71 *δεύτερον—παραβαίνων* Lex. Pat. ad loc. 71 -*τῷ* [*νόμους*—**72** *ἕω*[*ς* P. Rain. III 47

72 *καὶ—πεπονθότος* Σ[b] α 626

---

1 *οὐ*]*δεὶς κωλῦ*[*σαι κύριος* Π47 2 *τοῦθ'*] *ταῦτα* Anon. *οἱ* om. S[a] 3 *διελόντες* Anon. : [Π47] *ἥρωες* ⟨*ἦσαν*⟩ Hermog. Anon. 4 *ἐπέθεντο*] *ἰῶντο* Anon. : [Π47] *ἀτυχήμασιν* SAFY Π47 Anon. : corr. Weil 5 *καλῶς ἔχει* Anon. *τὰς συμφοράς* del. Rosenberg 7–8 *ἐν—τούτου* del. Rosenberg 8 *μὲν* ⟨*εἰ*⟩ F *ἓν* F 8–9 *τούτου* ⟨*τοῦ*⟩ *δικαστηρίου* A : *τοῦτο δικαστήριον* (-*ίου* F[c]) F : *τοῦτο* ⟨*τὸ*⟩ *δικαστήριον* Y 9 del. Reiske *νόμους* om. SY[a] add. Reiske 18 *ὁ νόμος* om. A 20 cruces posuit Butcher : *αἰδέσηταί τις* Lamb.[c] : fort *αἰδέσηταί τις* ⟨*αὐτὸν*⟩ cf. 23. 77 : *αἰδεσθῇ παρὰ* Bl. *ἐν γένει*] *προσγενῶν* Σ[b] 22 *διῄρηκεν* Dobree

ποιῆσαι, ὀρθῶς, ὦ ἄνδρες Ἀθηναῖοι, πάντα ταῦτα λέγων ὁ νόμος. **(73)** καὶ γὰρ τὸ τῶν ἀκουσίων ἐλάττω τὴν τιμωρίαν ἢ τῶν ἑκουσίων τάξαι δίκαιον, καὶ τὸ παρασχόντ' ἀσφάλειαν ἀπελθεῖν οὕτω προστάττειν φεύγειν ὀρθῶς ἐστιν ἔχον, καὶ τὸ τὸν κατιόνθ' ὁσιοῦν καὶ καθαίρεσθαι νομίμοις τισί, καὶ τὸ τοὺς νόμους κυρίους ἁπάντων εἶναι, καὶ πάντα ταῦτα ἔχει καλῶς. ταῦτα τοίνυν ἅπαντα δικαίως οὕτω διορισθέντα ὑπὸ τῶν ἐξ ἀρχῆς νομοθετησάντων παρέβη γράφων τὸ ψήφισμα οὑτοσί.

Ταῦτα μὲν δὴ δύο τηλικαῦτα καὶ τοιαῦτα δικαστήρια καὶ νόμιμ' ἐκ παντὸς τοῦ χρόνου παραδεδομένα οὕτως ἀναιδῶς ὑπερπεπήδηκεν.

74. Τρίτον δ' ἕτερον πρὸς τούτοις δικαστήριον, ὃ πάντων ἁγιώτατα τούτων ἔχει καὶ φρικωδέστατα, ἄν τις ὁμολογῇ μὲν κτεῖναι, ἐννόμως δὲ φῇ δεδρακέναι. τοῦτο δ' ἐστὶ τὸ ἐπὶ Δελφινίῳ. δοκοῦσι γάρ μοι, ὦ ἄνδρες δικασταί, ζητῆσαι τοῦτο πρῶτον ἁπάντων οἱ περὶ τούτων ἐν ἀρχῇ τὰ δίκαια ὁρίσαντες, πότερ' οὐδένα χρὴ φόνον ὅσιον εἶναι νομίζειν ἢ τινά γ' ἔσθ' ὅσιον νομιστέον, λογιζόμενοι δ' ὅτι μητέρα Ὀρέστης ἀπεκτονὼς ὁμολογῶν θεῶν δικαστῶν τυχὼν ἀποφυγγάνει, νομίσαι δίκαιόν τιν' εἶναι φόνον· οὐ γὰρ ἂν τά γε μὴ δίκαια θεοὺς ψηφίσασθαι. ὡς δὲ τοῦτ' ἐνόμισαν, γράφουσιν ἤδη καὶ διορίζουσι σαφῶς ἐφ' οἷς ἐξεῖναι ἀποκτιννύναι. **(75)** ἀλλ' οὐχ οὗτος οὐδὲν ἀφεῖλεν, ἀλλ' ἁπλῶς, ἐάν τις ἀποκτείνῃ Χαρίδημον, κἂν δικαίως, κἂν ὡς οἱ νόμοι διδόασιν, ἔκδοτον ποιεῖ. καίτοι πᾶσίν εἰσι πράγμασι καὶ λόγοις δύο προσθῆκαι, ἡ τοῦ δικαίου καὶ ἀδίκου· ἃς ἅμα μὲν τὸ αὐτὸ πρᾶγμα οὐδὲν ἂν δύναιτο σχεῖν οὐδὲ λόγος οὐδείς (πῶς γὰρ ἂν δίκαια ἅμα ταὐτὰ καὶ μὴ γένοιτο;) τὴν ἑτέραν δ' ἕκαστον ἔχον δοκιμάζεται, κἂν

74 τρίτον—Δελφινίῳ Lex. Pat. ad loc. λογιζόμενοι—ἀποφυγγάνει Aristid. 6.10 Syr. Soptr. Marcell. 4.828.31 W.

3 τῷ παρασχόντι A 6 ταῦτα πάντα A 12 ὑπερβέβηκεν F[γρ] 19 ἔσεσθ' A δ'] τε Syr. Soptr. Marcell. 20 ὁμολογῶν] εὐμενῶν Aristid. : om. Syr. Soptr. Marcell. 24 οὐδὲν ἀφεῖλεν susp. Weil : διεῖλεν coni. Butcher 25 ὡς ⟨οὐχ⟩ Y 29 ⟨δ'⟩ ἑτέραν δ' S[a] : δ' ἑτέραν F ἕκαστον ⟨αἰτίαν⟩ F

μὲν τὴν ἄδικον φανῇ, πονηρὸν κρίνεται, ἂν δὲ τὴν δικαίαν, χρηστὸν καὶ καλόν. σὺ τοίνυν οὐδετέραν προσέθηκας τούτων, "ἄν τις ἀποκτείνῃ" γράφων· ἀλλ᾽ ἀόριστον εἰπὼν αὐτὴν τὴν αἰτίαν, καὶ μετὰ ταῦτα εὐθὺς προσγράψας ἀγώγιμον εἶναι, τρίτον τουτὶ δικαστήριον καὶ τὰ τούτου νόμιμα παραβεβηκὼς φαίνει.

76. *Τέταρτον τοίνυν ἄλλο πρὸς τούτοις τὸ ἐπὶ Πρυτανείῳ. τοῦτο δ᾽ ἐστὶν ἐὰν λίθος ἢ ξύλον ἢ σίδηρος ἤ τι τοιοῦτον ἐμπεσὸν πατάξῃ, καὶ τὸν μὲν βαλόντα ἀγνοῇ τις, αὐτὸ δ᾽ εἰδῇ καὶ ἔχῃ τὸ τὸν φόνον εἰργασμένον, τούτοις ἐνταῦθα λαγχάνεται. εἰ τοίνυν τῶν ἀψύχων καὶ μὴ μετεχόντων τοῦ φρονεῖν οὐδέν ἐσθ᾽ ὅσιον, τοιαύτην ἔχον αἰτίαν, ἐᾶν ἄκριτον, ἦ που τόν γε ἀδικοῦντα μὲν οὐδέν, ἐὰν τύχῃ, θήσω δὲ ἀδικοῦντα, ἀλλ᾽ ἄνθρωπόν γε ὄντα καὶ μετειληφότα {τῇ τύχῃ} τῆς αὐτῆς ἡμῖν φύσεως, ἀνόσιον καὶ δεινὸν ἄνευ λόγου καὶ ψήφου ποιεῖν ἔκδοτον ἐπ᾽ αἰτίᾳ τοιαύτῃ.*

77. *Ἔτι τοίνυν πέμπτον δικαστήριον ἄλλο θεάσασθε οἷον ὑπερβέβηκε, τὸ ἐν Φρεαττοῖ. ἐνταῦθα γάρ, ὦ ἄνδρες Ἀθηναῖοι, κελεύει δίκας ὑπέχειν ὁ νόμος, "ἐάν τις ἐπ᾽ ἀκουσίῳ φόνῳ πεφευγώς, μήπω τῶν ἐκβαλόντων αὐτὸν ᾐδεσμένων, αἰτίαν ἔχῃ ἑτέρου φόνου ἑκουσίου". καὶ οὐχ, ὅτι δεῦρο οὐχ οἷόν τε ἐλθεῖν αὐτῷ, παρεῖδεν αὐτὸν ὁ ταῦτα ἕκαστα τάξας, οὐδ᾽, ὅτι καὶ πρότερόν τι τοιοῦτον ἐποίησε, καὶ δὴ τὴν ὁμοίαν ἐποιήσατο πιστὴν αἰτίαν κατ᾽ αὐτοῦ,* **(78)** *ἀλλὰ τό τε εὐσεβὲς εὗρεν ὅπως ἔσται, κἀκεῖνον οὐκ ἀπεστέρησε λόγου καὶ κρίσεως. τί οὖν ἐποίησεν; ἤγαγε τοὺς δικάσοντας οἷ προσελθεῖν οἷόν τε ἐκείνῳ, τῆς χώρας ἀποδείξας τόπον τινα ἐν Φρεαττοῖ*

76 *τέταρτον—Πρυτανείῳ* Lex. Pat. ad loc.
77 *ἔτι—ἑκουσίου* Harp. ε 61
78 *ἤγαγε—ὑπέχει* Harp. ε 61

---

8 *ἐστὶ ⟨τί;⟩* A 10 *ἴδῃ* AY 11 *λαγχάνει* S[γρ]A 14 del. Taylor 15 *λόγου καὶ* om. A 17 *ἄλλο* om. S 18 *φρεαττοῦ* S : *φρεάτου* Harp. 20 *ἐκβαλλόντων* S[a] 21 *οὐδ᾽ ὅτι* SF[a] : *οὐ διότι* S[c]Y 26 *⟨ἐκεῖσε⟩ οἷ* F 27 *τε ⟨ἦν⟩* AF *φρεαττοῦ* S : *Φρεάτου* Y Harp.

καλούμενον ἐπὶ θαλάττῃ. εἶθ' ὁ μὲν ἐν πλοίῳ προσπλεύσας λέγει τῆς γῆς οὐχ ἁπτόμενος, οἱ δ' ἀκροῶνται καὶ δικάζουσιν ἐν τῇ γῇ· κἂν μὲν ἁλῷ, τὴν ἐπὶ τοῖς ἑκουσίοις φόνοις δίκην ἔδωκε δικαίως, ἐὰν δ' ἀποφύγῃ, ταύτης μὲν ἀθῷος ἀφίεται, τὴν δ' ἐπὶ τῷ πρότερον φόνῳ {φυγὴν} ὑπέχει. **(79)** τίνος οὖν ποτε ἕνεκα ταῦθ' οὕτω διεσπούδασται; ἴσον ἡγεῖτο ἀσέβημ' ὁ ταῦτα διαιρῶν τόν τε ἀδικοῦντα ἐᾶν καὶ τὸν ἀναίτιον ἐκδιδόναι πρὸ δίκης. καίτοι εἰ περὶ τῶν ἀνδροφόνων τῶν ἤδη κεκριμένων τοσαύτη σπουδή, ὅπως λόγου καὶ κρίσεως καὶ πάντων ὁπόσ' ἐστὶ δίκαια τεύξονται περὶ τῶν ὕστερον αἰτιῶν, ἦ που περί γε τοῦ μήθ' ἑαλωκότος μήτ' ἐγνωσμένου πότερον δέδρακεν ἢ οὒ καὶ πότερ' ἄκων ἢ ἑκών, πάνδεινον γράφειν ὡς ἐκδοτέον τοῖς ἐγκαλοῦσιν.

80. Ἔτι τοίνυν ἔστιν ἕκτη τιμωρία πρὸς ἁπάσαις ταύταις, ἣν ὁμοίως παραβὰς γέγραφεν τὸ ψήφισμα οὑτοσί. εἰ πάντα ταῦτά τις ἠγνόηκεν, ἢ καὶ παρεληλύθασιν οἱ χρόνοι ἐν οἷς ἔδει τούτων ἕκαστα ποιεῖν, ἢ δι' ἄλλο τι οὐχὶ βούλεται τούτους τοὺς τρόπους ἐπεξιέναι, τὸν ἀνδροφόνον δ' ὁρᾷ περιόντα ἐν τοῖς ἱεροῖς καὶ κατὰ τὴν ἀγοράν, ἀπάγειν ἔξεστιν εἰς τὸ δεσμωτήριον, οὐκ οἴκαδε οὐδ' ὅποι βούλεται, ὥσπερ σὺ δέδωκας. κἀνταῦθ' ἀπαχθεὶς οὐδ' ὁτιοῦν, πρὶν ἂν κριθῇ, πείσεται, ἀλλ' ἐὰν μὲν ἁλῷ, θανάτῳ ζημιωθήσεται, ἐὰν δὲ μὴ μεταλάβῃ τὸ πέμπτον μέρος τῶν ψήφων ὁ ἀπαγαγών, χιλίας προσοφλήσει. **(81)** ἀλλ' οὐχ οὗτος ἔγραψε ταῦτα, ἀλλὰ τὸν μὲν ἀθῷον αἰτιᾶσθαι, τὸν δὲ ἄκριτον παραχρῆμα ἐκδίδοσθαι. ἐὰν δέ τις ἀνθρώπων ἢ καὶ ὅλη πόλις τοσούτοις νομίμοις ἀναιρουμένοις ὅσοις ἐγὼ διεξελήλυθα, καὶ τοσούτοις δικαστηρίοις καταλυομένοις ὅσοις εἴρηκα, ἃ θεοὶ κατέδειξαν καὶ μετὰ ταῦτα ἄνθρωποι χρῶνται πάντα τὸν χρόνον,

79 π]ρὸ—**80** ἐν ο[ἷς P. Rain. I 9

---

1 θαλάττης Harp. 3 ἐπὶ τῆς γῆς Harp. 4 δικαίαν Harp. 5 τῷ προτέρῳ AF : ἑτέρῳ Harp. del. Dobree : δίκην A 8 πρὸ δίκης del. Weil τῶν[2] om. A 9 σπουδὴ ⟨γίνεται⟩ A : ⟨γίνεται⟩ σπ. F 13 ἐγκαλοῦσιν ⟨αὐτοῖς πρὸ δίκης⟩ A 20 βούλεταί ⟨τις⟩ F 25 αἰτιάσασθαι SAFY : corr. Cobet

βοηθήσῃ καὶ τὸν ὑβριζόμενον καὶ παρανομούμενον ἀφέληται, ἔκσπονδον ἔγραψεν εἶναι, καὶ οὐδὲ τούτῳ λόγον οὐδὲ κρίσιν πεποίηκεν, ἀλλὰ καὶ τοῦτον εὐθὺς ἄνευ κρίσεως κολάζει. πῶς ἂν ἢ δεινότερον γένοιτο ἢ παρανομώτερον τούτου ψήφισμα; **82.** Ἆρά τις ἡμῖν ἔτι λοιπός ἐστι νόμος; δεῖξον. οὑτοσί. λέγε τοῦτον.

ΝΟΜΟΣ

Ἐάν τις βιαίῳ θανάτῳ ἀποθάνῃ, ὑπὲρ τούτου τοῖς προσήκουσιν εἶναι τὰς ἀνδροληψίας, ἕως ἂν ἢ δίκας τοῦ φόνου ὑπόσχωσιν ἢ τοὺς ἀποκτείναντας ἐκδῶσιν. τὴν δὲ ἀνδροληψίαν εἶναι μέχρι τριῶν, πλέον δὲ μή.

Πολλῶν, ὦ ἄνδρες Ἀθηναῖοι, καλῶς ἐχόντων νόμων οὐκ οἶδ᾽ εἴ τινος ἧττον οὗτος ἔχει καλῶς καὶ δικαίως ὁ νόμος. σκέψασθε γὰρ ὡς νομίμως καὶ σφόδρα ἀνθρωπίνως κεῖται. **(83)** "ἐάν τις βιαίῳ θανάτῳ ἀποθάνῃ," φησίν. πρῶτον μὲν δὴ τοῦτο προσγράψας τὸ "βιαίως", σύμβολον πεποίηκεν ᾧ γιγνώσκομεν ὅτι, ἂν ἀδίκως, λέγει. "ὑπὲρ τούτου" φησὶ "τοῖς προσήκουσιν εἶναι τὰς ἀνδροληψίας, ἕως ἂν ἢ δίκας τοῦ φόνου ὑπόσχωσιν ἢ τοὺς ἀποκτείναντας ἐκδῶσιν." σκοπεῖσθε ὡς καλῶς. πρότερον μὲν ὑποσχεῖν δίκας ἀξιοῖ, μετὰ ταῦτα δέ, ἂν τοῦτο μὴ βούλωνται, προσέταξεν ἐκδοῦναι· ἐὰν δὲ μηδέτερον τούτων ἐθέλωσι, "τὸ ἀνδρολήψιόν" φησιν "εἶναι μέχρι τριῶν, πλέον δὲ μή." παρὰ τοίνυν ὅλον τοῦτον τὸν νόμον εἴρηται τὸ ψήφισμα. **(84)** πρῶτον μὲν γάρ, "ἐάν τις ἀποκτείνῃ" γράφων, οὐ προσέγραψεν ἀδίκως οὐδὲ βιαίως οὐδ᾽ ὅλως οὐδέν. εἶτα πρὸ τοῦ δίκην ἀξιῶσαι λαβεῖν, εὐθὺς ἔγραψεν ἀγώγιμον εἶναι. πρὸς δὲ τούτοις ὁ μὲν νόμος, ἐὰν μήτε δίκας ὑπόσχωσι παρ᾽ οἷς ἂν τὸ πάθος γένηται, μήτε τοὺς δεδρακότας ἐκδῶσι, κελεύει κατὰ τούτων εἶναι μέχρι τριῶν τὸ ἀνδρολήψιον· **(85)** ὁ δὲ

82 ἀνδ]ρ[οληψίαν—**83** ἕω[ς ἂν P. Rainer I 9
84 πρὸς—ἀνδρολήψιον Sud. α 2184

12 post ἀθηναῖοι δ[lac. 8–9 litt.] (fort. δ[ικαίως καὶ]) Π9 13 ὁ νόμος del. Cobet 16 βιαίῳ A 17 λέγῃ SAFY : corr. Dindorf : [Π9] 27 μὲν om. Sud. ὑπέχωσι A 28 ἐκδίδωσι SAFY : corr. van Herwerden : [F^c] : ἐκδιδῶσιν Sud.

τούτους μὲν ἀθῴους παρῆκε, καὶ οὐδὲ λόγον πεποίηται περὶ αὐτῶν οὐδένα, τοὺς δὲ τὸν ἤδη πεφευγότα (θήσω γὰρ οὕτω) κατὰ τὸν κοινὸν ἁπάντων ἀνθρώπων νόμον, ὃς κεῖται τὸν φεύγοντα δέχεσθαι, {τοὺς} ὑποδεξαμένους ἐκσπόνδους εἶναι γράφει, ἐὰν μὴ τὸν ἱκέτην ἔκδοτον διδῶσιν. οὐκοῦν καὶ τῷ μὴ προσθεῖναι πῶς, ἐὰν ἀποκτείνῃ, καὶ τῷ μηδεμίαν κρίσιν εἰπεῖν, καὶ τῷ μὴ δίκας αἰτεῖν, καὶ τῷ πανταχόθεν διδόναι λαβεῖν, καὶ τῷ τοὺς ὑποδεξαμένους, ἀλλὰ μὴ παρ᾽ οἷς ἂν τὸ πάθος γένηται κολάζειν, καὶ πᾶσιν οὑτωσὶ φανερῶς καὶ παρὰ τοῦτον εἴρηκε τὸν νόμον.

86. *Λέγε δὴ τὸν ἐφεξῆς.*

ΝΟΜΟΣ

Μηδὲ νόμον ἐπ᾽ ἀνδρὶ ἐξεῖναι θεῖναι, ἐὰν μὴ τὸν αὐτὸν ἐπὶ πᾶσιν Ἀθηναίοις.

Ἔστι μὲν οὐκέτι τῶν φονικῶν ὅδ᾽ ὁ νῦν ἀνεγνωσμένος νόμος, ὦ ἄνδρες δικασταί, οὐδ᾽ ὁτιοῦν δ᾽ ἧττον ἔχει καλῶς, εἴπερ καὶ ἄλλος τις. ὥσπερ γὰρ τῆς ἄλλης πολιτείας ἴσον μέτεστιν ἑκάστῳ, οὕτως ᾤετο δεῖν καὶ τῶν νόμων ἴσον μετέχειν πάντας ὁ θεὶς αὐτόν, καὶ διὰ ταῦτ᾽ ἔγραψεν "μηδὲ νόμον ἐπ᾽ ἀνδρὶ ἐξεῖναι θεῖναι, ἐὰν μὴ τὸν αὐτὸν ἐφ᾽ ἅπασιν Ἀθηναίοις." ὁπότε τοίνυν τὰ ψηφίσματα δεῖν κατὰ τοὺς νόμους ὁμολογεῖται γράφειν, ὁ γράφων ἰδίᾳ τι Χαριδήμῳ τοιοῦτον ὃ μὴ πᾶσι καὶ ὑμῖν ἔσται, σαφῶς παρὰ τοῦτον ἂν εἰρηκὼς εἴη τὸν νόμον. οὐ γὰρ δήπου, ἃ μηδὲ νομοθετεῖν ἔξεστιν, ταῦτα ἐν ψηφίσματι γράψας τις ἔννομ᾽ ἂν εἰρηκὼς εἴη.

87. *Λέγε τὸν μετὰ ταῦτα νόμον. ἢ οὗτοι πάντες εἰσίν;*

ΝΟΜΟΣ

Ψήφισμα δὲ μηδὲν μήτε βουλῆς μήτε δήμου νόμου κυριώτερον εἶναι.

86 *νόμος* Andoc. 1.87, D. 24.59, 46.12
87 *νόμος* Andoc. 1.87 cf. D. 24.30

4 del. Feliciana 5 *δίδωσιν* A : [S] 13 *ἐπ᾽ ἀνδρὶ νόμον* Andoc. *ἐξεῖναι ἐπ᾽ ἀνδρὶ* 24.59, 46.12 (S) 15 *ὅδε νῦν* SY[c] 23 ⟨*καὶ*⟩ *παρὰ* A 28 *νόμου* om. F

Κατάθου. πάνυ μικρὸν ὑπείληφά μοι τὸν λόγον, ὦ ἄνδρες δικασταί, καὶ ῥᾴδιον εἶναι περὶ τοῦ παρὰ τοῦτον εἰρῆσθαι τὸν νόμον τὸ ψήφισμα. ὃς γὰρ ὑπαρχόντων τοσούτων νόμων πάντας ὑπερβὰς τούτους γέγραφεν καὶ κατέκλεισεν ἴδιον πρᾶγμα ψηφίσματι, τοῦτον τί τις ἄλλο ποιεῖν φήσει πλὴν ψήφισμα νόμου κυριώτερον ἀξιοῦν εἶναι;

88. Βούλομαι τοίνυν ὑμῖν καὶ ἓν ἢ δύο ψηφίσματα δεῖξαι τῶν γεγραμμένων τοῖς ὡς ἀληθῶς εὐεργέταις τῆς πόλεως, ἵν' εἰδῆτε ὅτι ῥᾴδιόν ἐστι γράφειν τὰ δίκαια, ὅταν αὐτοῦ τις ἕνεκα τούτου γράφῃ, τοῦ τιμῆσαί τινα καὶ μεταδοῦναι τῶν ἡμῖν ὑπαρχόντων, καὶ μὴ διὰ τοῦ ταῦτα δοκεῖν ποιεῖν βούληται κακουργεῖν καὶ παρακρούεσθαι. λέγε τὰ ψηφίσματα ταυτί. ἀλλ' ἵνα μὴ μακρὸν ἀκούειν ὑμῖν ᾖ, ἐξ ἑκάστου τῶν ψηφισμάτων αὐτὸ τοῦτ' ἐξείλεκται περὶ οὗ τούτου κατηγορῶ. λέγε.

ΨΗΦΙΣΜΑΤΑ

89. Ὁρᾶθ' ὅτι πάντες, ὦ ἄνδρες Ἀθηναῖοι, τὸν αὐτὸν τρόπον γεγράφασιν. "ἔστω" φησὶν "ὑπὲρ αὐτοῦ ἡ αὐτὴ τιμωρία καθάπερ ἂν τὸν Ἀθηναῖον ἀποκτείνῃ", κυρίους μὲν ἐῶντες τοὺς περὶ τούτων ὑπάρχοντας ὑμῖν νόμους, σεμνοὺς δ' ἀποφαίνοντες, οἵ γε ἐν δωρεᾶς ἐποιήσαντο τάξει τὸ τούτων μεταδοῦναι. ἀλλ' οὐκ Ἀριστοκράτης, ἀλλὰ προπηλακίζει μὲν καθ' ὅσον δύναται τούτους (ὡς γοῦν οὐδενὸς ἀξίων ὄντων ἴδιόν τι γράφειν ἐπεχείρησεν), μικρὰν δ' ἀποφαίνει κἀκείνην τὴν δωρεὰν ᾗ τὴν πολιτείαν δεδώκατε τῷ Χαριδήμῳ. ὃς γάρ, ὡς ἀγαπώντων τοῦθ' ὑμῶν καὶ προσοφειλόντων χάριν αὐτῷ, γέγραφεν καὶ πρὸς φυλάττειν ὑμᾶς ἐκεῖνον, ὅπως ἀδεῶς ὅ τι ἂν βούληται ποιῇ, πῶς οὐ τοῦθ' ὃ λέγω διαπράττεται;

87 *πάνυ—ψήφισμα* Aristid. 35.24

---

2 ⟨*καὶ*⟩ *παρὰ* AF   4 *γέγραφέ* ⟨*τι*⟩ AFY   11 *ὑμῖν* AF   13 *ὑμῖν ἀκούειν* A   15 *λέγε* ⟨*ἐκ τῶν ψηφισμάτων*⟩ A   17 *ὦ* om. S   22 *μεταδοῦναί* ⟨*τινι*⟩ A   23 *δύναται* ⟨*τρόπον*⟩ A   *ὄντων ἀξίων* A : *ὄντων* om. S   25 ⟨*ἐν*⟩ *ᾗ* AF[γρ]Y   *τῆς πολιτείας* F[γρ]Y   27 *προσφυλάττειν* SY : corr. Reiske : *πρός, φυλάττειν* F : *προσέτι φυλάττειν* A   28 *ποιῇ* om. S[a]

90. *Οὐκ ἀγνοῶ τοίνυν, ὦ ἄνδρες Ἀθηναῖοι,* ὅτι ὡς μὲν οὐ παρὰ τοὺς νόμους φανερῶς γέγραφε τὸ ψήφισμα Ἀριστοκράτης οὐχ ἕξει δεῖξαι, ὃ δὲ δεινότατον πάντων ἐστίν, τὸ μηδεμίαν κρίσιν ἐν παντὶ ποιῆσαι τῷ ψηφίσματι τοιαύτης αἰτίας, τοῦθ' ὑφαιρεῖσθαι πειράσεται. ἐγὼ δὲ περὶ αὐτοῦ τούτου πολλὰ μὲν λέγειν οὐκ οἴομαι δεῖν, ἐκ δὲ τοῦ ψηφίσματος αὐτοῦ δείξω σαφῶς οὐδ' αὐτὸν τοῦτον ἡγούμενον εἶναι κρίσιν οὐδεμίαν τῷ τὴν αἰτίαν ἔχοντι. **(91)** γέγραφε γὰρ "ἐάν τις ἀποκτείνῃ Χαρίδημον, ἀγώγιμος ἔστω, ἐὰν δέ τις ἀφέληται ἢ πόλις ἢ ἰδιώτης, ἔκσπονδος ἔστω", οὐκ "ἐὰν μὴ παράσχῃ εἰς κρίσιν τὸν ἀφαιρεθέντα," ἀλλ' ὅλως εὐθύς. καίτοι εἴ γε ἐδίδου κρίσιν καὶ μὴ ἀφῃρεῖτο, τότ' ἂν προσέγραψεν κατὰ τῶν ἀφελομένων τὴν τιμωρίαν, ὁπότε εἰς τὴν κρίσιν μὴ παρέσχον ὃν ἐξείλοντο.

92. *Οἴομαι τοίνυν* αὐτὸν κἀκεῖνον ἐρεῖν τὸν λόγον, καὶ σφόδρα ταύτῃ ζητήσειν ἐξαπατᾶν ὑμᾶς, ὡς ἄκυρόν ἐστι τὸ ψήφισμα· προβούλευμα γάρ ἐστιν, ὁ νόμος δ' ἐπέτεια κελεύει τὰ τῆς βουλῆς εἶναι ψηφίσματα, ὥστε κἂν αὐτοῦ νῦν ἀποψηφίσησθε, ἥ γε πόλις φλαῦρον οὐδὲν πείσεται κατὰ τὸ ψήφισμα τοῦτο. **(93)** ἐγὼ δὲ πρὸς ταῦτ' οἶμαι δεῖν ὑμᾶς ἐκεῖνο ὑπολαμβάνειν, ὅτι τὸ ψήφισμα τοῦθ' οὗτος ἔγραψεν οὐχ ἵνα ὄντος ἀκύρου μηδὲν ἀηδὲς ὑμῖν συμβῇ (τὴν ἀρχὴν γὰρ ἐξῆν αὐτῷ μὴ γράφειν, εἴ γε τὸ βέλτιστον τῇ πόλει σκοπεῖν ἐβούλετο) ἀλλ' ἵν' ἐξαπατηθέντων ὑμῶν διαπράξαιντό τινες τἀναντία τοῖς ὑμῖν συμφέρουσιν. οἱ δὲ γραψάμενοι καὶ χρόνους ἐμποιήσαντες καὶ δι' οὓς ἄκυρόν ἐστιν, ἡμεῖς ἐσμεν. ἄτοπον

91 *ἐὰν δέ—ἔστω* Schol. D. 23.88.53
92 *ἄκυρόν—ψηφίσματα* Schol. D. 23.88.53 *ἐπέτεια* Lex. Pat. ad loc.
93 *οἶμαι—ἐσμεν* Prol. 440.7

---

5 *δὲ*] *δὴ* F[c] 9–10 *δέ τις πόλις ἀφέληται ἢ ἰδιώτως* Schol. D. 12 *καὶ*] *ἢ* SF[a] *ἔγραψεν* A 14 *ἀφείλοντο* A 15 *οἶμαι* FY 16 *ζητεῖν* AF[γρ] 20 *τοῦτο τὸ ψήφισμα* SFY 21 *τοῦθ'* om. Prol. *οὕτως* Y 22 *ἵνα* om. Prol. 23 *τὸ τῇ πόλει βέλτιστον* Prol. 24 *ὑμῶν* om. Prol. 26 *καὶ* del. Schaefer *ἐστι ⟨τὸ ψήφισμα⟩* A *ἐσμεν*] *μὲν* S[a]

δὴ γένοιτ᾿ ἄν, εἰ ὧν ἡμῖν χάριν εἰκὸς ὑπάρχειν, ταῦτα τούτοις εἰς σωτηρίαν ὑπάρξειεν. **(94)** ἔτι τοίνυν οὐδ᾿ ἁπλοῦν τοῦθ᾿ οὕτως ἐστίν, ὥς τις οἴεται. εἰ μὲν γὰρ μηδεὶς ἄλλος ἦν ὅστις ἔμελλεν ὁμοίως τούτῳ τῶν συμφερόντων ὑμῖν ὀλιγωρήσας γράφειν, ἴσως ἂν ἦν τοῦτο· νῦν δ᾿ ὄντων οὐκ ὀλίγων οὐχὶ καλῶς ἔχει μὴ λῦσαι τὸ ψήφισμα ὑμῖν. τίς γὰρ οὐ γράψει θαρρῶν πάλιν, ἡνίκ᾿ ἂν ᾖ τοῦτο ἀποπεφευγός; τίς δ᾿ οὐκ ἐπιψηφιεῖ; τίς δὲ γράψεται; οὐ τοίνυν τοῦτο σκεπτέον, εἰ τοῦτ᾿ ἐστὶν ἄκυρον τοῖς χρόνοις, ἀλλ᾿ ἐκεῖνο, ὅτι τῇ περὶ τούτου ψήφῳ, νῦν ἐὰν ἀποψηφίσησθε, τοῖς ἀδικεῖν βουλομένοις αὖθις ὑμᾶς ἄδειαν δώσετε.

95. Οὐ τοίνυν οὐδ᾿ ἐκεῖνό με, ὦ ἄνδρες Ἀθηναῖοι, λέληθεν, ὅτι ἁπλῆν μὲν οὐδὲ δικαίαν οὐδ᾿ ἡντινοῦν ἀπολογίαν Ἀριστοκράτης ἕξει λέγειν, παραγωγὰς δὲ τοιαύτας τινας ἐρεῖ, ὡς ἄρα πολλὰ τοιαῦτ᾿ ἤδη γέγονε ψηφίσματα πολλοῖς. ἔστι δ᾿ οὐδέν, ὦ ἄνδρες Ἀθηναῖοι, τοῦτο σημεῖον τοῦ τοῦτον ἔννομα εἰρηκέναι· πολλαὶ γὰρ προφάσεις εἰσὶν δι᾿ ἃς πολλάκις ὑμεῖς ἐξηπάτησθε. **(96)** οἷον εἴ τι τῶν ἑαλωκότων ψηφισμάτων παρ᾿ ὑμῖν μὴ ἐγράφη, κύριον ἂν δήπουθεν ἦν· καὶ μὴν παρὰ τοὺς νόμους γ᾿ ἂν εἴρητο. καὶ εἴ τί γε γραφὲν ἢ καθυφέντων τῶν κατηγόρων ἢ μὴ δυνηθέντων μηδὲν διδάξαι ἀπέφυγεν, καὶ τοῦτο οὐδὲν κωλύει παράνομον εἶναι. οὐκ ἄρ᾿ εὐορκοῦσιν οἱ δικάσαντες αὐτό; ναί. πῶς; ἐγὼ διδάξω. γνώμῃ τῇ δικαιοτάτῃ δικάσειν ὀμωμόκασιν, ἡ δὲ τῆς γνώμης δόξα ἀφ᾿ ὧν ἂν ἀκούσωσι παρίσταται· ὅτε τοίνυν κατὰ ταύτην ἔθεντο

94 *εἰ—συμφερόντων* Syr. Soptr. Marcell. 4.78.6 W. —*ὀλίγων* cf. Soptr. 5.36.18 W.

---

2 *ὑπάρξει* A 3 *ἄλλος* om. Soptr. Syr. Soptr. Marcell. *ὅς* Soptr. Syr. Soptr. Marcell. 4 *τούτῳ—συμφερόντων*] *τῶν ἡμετέρων νόμων* Soptr. (*ὑμ-* Soptr.) Syr. Soptr. Marcell. *ἡμῖν* A 4–5 *ὑμῖν—τοῦτο*] *τῶν ὑμετέρων νόμων καταφρονήσας τὰ αὐτὰ γράφειν. ἧττον ἂν ἦν δεινόν* Soptr. 5 ⟨*ἧττον*⟩ *ἦν τοῦτο* FY : ⟨*ἧττον*⟩ *ἦν δεινόν* A : ⟨*ἧττον*⟩ *ἂν ἦν δεινόν* (*ἴσως* om.) Soptr. : ⟨*φορητὸν*⟩ *ἦν τοῦτο* Dindorf 7 *ἂν* om. S 9 *ἐκεῖνο* ⟨*ὁρᾶν*⟩ FY 10 *βουλησομένοις* A 12 *λέληθεν* ante *ὦ* A 14 *τινας τοιαύτας* A 19 *ἡμῖν* SFY 20 *γέγραφεν* SAY *ἢ* om. S[c] 23 *αὐτό* del. Bl.

τὴν ψῆφον, εὐσεβοῦσιν. **(97)** πᾶς γὰρ ὁ μήτε δι' ἔχθραν μήτε δι' εὔνοιαν μήτε δι' ἄλλην ἄδικον πρόφασιν μηδεμίαν παρ' ἃ γιγνώσκει θέμενος τὴν ψῆφον εὐσεβεῖ· εἰ γὰρ ἠγνόησέν τι διδασκόμενος, τοῦ μὴ συνεῖναι δίκην οὐκ ὀφείλει δοῦναι· ἀλλ' εἴ τις εἰδὼς ἐκείνους προδέδωκεν ἢ ἐξαπατᾷ, οὗτός ἐστ' ἔνοχος τῇ ἀρᾷ. διόπερ καταρᾶται καθ' ἑκάστην ἐκκλησίαν ὁ κῆρυξ, οὐκ εἴ τινες ἐξηπατήθησαν, ἀλλ' εἴ τις ἐξαπατᾷ λέγων ἢ βουλὴν ἢ δῆμον ἢ τὴν ἡλιαίαν. **(98)** μὴ δὴ τοῦθ' ὑμῖν ἐᾶτε λέγειν, ὡς γέγονεν, ἀλλ' ὡς ἔστι δίκαιον γίγνεσθαι, μηδ' ὡς ἕτεροι δικάσαντες ἐκύρωσαν ἐκεῖνα, ἀλλ' ὑμᾶς αὐτοὺς ἀξιοῦτε διδάσκειν ὡς δικαιότερ' ἡμῶν περὶ τοῦδε λέγουσιν. εἰ δὲ τοῦτο μὴ δυνήσονται, οὐχὶ καλῶς ἔχειν ὑμῖν ἡγοῦμαι τὴν ἑτέρων ἀπάτην κυριωτέραν ποιήσασθαι τῆς ὑμετέρας αὐτῶν γνώμης. **(99)** ἔτι τοίνυν ἔμοιγε δοκεῖ καὶ σφόδρ' ἀναιδὴς ὁ τοιοῦτος εἶναι λόγος, ὡς γέγονεν καὶ πρότερόν τισιν ἄλλοις τοιαῦτα ψηφίσματα. οὐ γὰρ εἴ τι πώποτε μὴ κατὰ τοὺς νόμους ἐπράχθη, σὺ δὲ τοῦτ' ἐμιμήσω, διὰ τοῦτ' ἀποφεύγειν σοι προσήκει, ἀλλὰ τοὐναντίον πολὺ μᾶλλον ἁλίσκεσθαι διὰ ταῦτα. ὥσπερ γάρ, εἴ τις ἐκείνων ἑάλω, σὺ τάδ' οὐκ ἂν ἔγραψας, οὕτως, ἐὰν σὺ νῦν ἁλῷς, ἄλλος οὐ γράψει.

100. Ὡς μὲν τοίνυν οὐ παρὰ πάντας τοὺς νόμους φανερῶς γέγραφε τὸ ψήφισμα Ἀριστοκράτης, οὐκ οἶμαι λέγειν αὐτὸν ἕξειν· ἤδη δέ τιν' εἶδον, ὦ ἄνδρες Ἀθηναῖοι, γραφὴν ἀγωνιζόμενον παρανόμων τοῖς νόμοις μὲν ἁλισκόμενον, ὡς δὲ συμφέρονθ' ὑμῖν γέγραφεν λέγειν ἐπιχειροῦντα καὶ ταύτῃ βιαζόμενον, εὐήθη μέν, οἶμαι, μᾶλλον δὲ ἀναιδῆ λόγον. **(101)** εἰ γὰρ καὶ κατὰ τἄλλα πάντα συμφέρει τὰ εἰρημένα, ᾗ

99 *οὐ γὰρ—γράψει* 22.7 Theon 2.64.11 Sp. (= Caecil. 205.1) Quint. 5.14.4 *ὥσπερ—ἔγραψας* Schol. D. 20.6.20 *—γράψει* Demetr. Eloc. 11.12, 52.3 Ra.

1 *ψῆφον*] *γνώμην* ⟨*διὰ λόγου*⟩ F[γρ] 5 *ἐκεῖνο προὔδωκεν* A 9 *γενέσθαι* A 12 *ὑμῖν* om. A 17 *ἀποφυγεῖν* SFY : *ἀποφεύγοις* ⟨*ἂν δικαίως*⟩ (*σοι προσήκει* om.) 22.7 Aps. Theon (*-φυγ-* Theon 18–19 *διὰ ταῦτα* om. Quint. 19 *προήλω* 22.7 20 *νῦν ἁλῷς*] *δίκην δῷς* 22.7 Theon : *σὺ ἁλῷς* videtur legisse Quint. 27 *συμφέροι* A

γε ὀμωμοκότας κατὰ τοὺς νόμους δικάσειν ὑμᾶς ἀξιοῖ κυροῦν ἃ μηδ' αὐτὸς ἔχει δικαίως δεῖξαι γεγραμμένα, ἀσύμφορα ἂν εἴη, εἴπερ τὸ εὐορκεῖν περὶ πλείστου πᾶσίν ἐστι ποιητέον· οὐ μὴν ἀλλ' ἔχει τιν' ὅμως ἡ ἀναίδεια αὕτη λόγον. τούτῳ τοίνυν οὐδ' οὗτος ἐνέσται πρὸς ὑμᾶς ὁ λόγος· οὕτω γὰρ σφόδρα ἐναντίον ὂν τοῖς νόμοις τὸ ψήφισμα μᾶλλον ἀσύμφορόν ἐστιν ἢ παράνομον. **(102)** βούλομαι δ' ἤδη καὶ τοῦθ' ὑμῖν ἐπιδεικνύναι. ἵνα δ' ὡς διὰ βραχυτάτου λόγου δῆλον ὃ βούλομαι ποιήσω, παράδειγμά τι γνώριμον πᾶσιν ὑμῖν ἐρῶ. ἴσθ' ὅτι συμφέρει τῇ πόλει μήτε Θηβαίους μήτε Λακεδαιμονίους ἰσχύειν, ἀλλὰ τοῖς μὲν Φωκέας ἀντιπάλους, τοῖς δ' ἄλλους τινὰς εἶναι· ἐκ γὰρ τοῦ ταῦθ' οὕτως ἔχειν ἡμῖν ὑπάρχει μεγίστοις οὖσιν ἀσφαλῶς οἰκεῖν. **(103)** τοῦτο τοίνυν νομίζετε ταὐτὸ καὶ τοῖς Χερρόνησον οἰκοῦσι τῶν πολιτῶν συμφέρειν, μηδένα εἶναι τῶν Θρᾳκῶν ἰσχυρόν· ἡ γὰρ ἐκείνων πρὸς ἀλλήλους ταραχὴ καὶ ὑποψία φρουρὰ Χερρονήσου μεγίστη τῶν πασῶν ἐστιν καὶ βεβαιοτάτη. τὸ τοίνυν ψήφισμα τουτὶ τῷ μὲν ἡγουμένῳ τῶν Κερσοβλέπτου πραγμάτων ἀσφάλειαν διδόν, τοῖς δὲ τῶν ἑτέρων βασιλέων στρατηγοῖς φόβον καὶ δέος μή τιν' αἰτίαν ἔχωσι παριστάν, τοὺς μὲν ἀσθενεῖς, τὸν δ' ἕνα ὄντα ἰσχυρὸν καθίστησιν. **(104)** ἵνα δὲ μὴ πάνυ θαυμάζητε εἰ τὰ παρ' ὑμῖν ψηφίσματα τηλικαύτην ἔχει δύναμιν, γεγονὸς καὶ ὃ πάντες ἐπίστασθε πρᾶγμα ὑμᾶς ὑπομνήσω. ὅτε Μιλτοκύθης ἀπέστη Κότυος, συχνὸν ἤδη χρόνον ὄντος τοῦ πολέμου, καὶ ἀπηλλαγμένου μὲν Ἐργοφίλου, μέλλοντος δ' Αὐτοκλέους ἐκπλεῖν στρατηγοῦ, ἐγράφη τι παρ' ὑμῖν ψήφισμα τοιοῦτον, δι' οὗ Μιλτοκύθης μὲν ἀπῆλθε φοβηθεὶς καὶ νομίσας ὑμᾶς

101 *οὕτω—παράνομον* Aristid. 36.9

103 *τὸ τοίνυν—καθίστησιν* Hermog. 292.17 R. Tib. Fig. 36.6 Ball. Anon. Schol. in Id. 7.1031n W.

---

2 *δεῖξαι δικαίως* A *ἀσύμφορον* SFY 5 *οὗτος*] *οὕτως* Y *ὁ* om. S 6 *ὂν* om. Aristid. 7 *δ'—ὑμῖν*] *δ' ὑμῖν καὶ τοῦτο* A *δ' ἤδη*] *δὲ δὴ* F$^{\gamma\rho}$ 9 *πᾶσι γνώριμον* A 12 *ὑμῖν* A 13 *ταὐτὸ . . . τοῦτο* AF^{c} 17 ⟨*τοῦτο*⟩ *τοίνυν τὸ* Hermog. *τουτὶ* om. Hermog. 17–18 *ἡγουμένῳ—πραγμάτων*] *ἑνὶ τῷ Κερσοβλέπτῃ συμπράττοντι τὴν ἀρχὴν Χαριδήμῳ* Hermog. 20 *σχῶσι* Tib. *ἕνα ὄντα* om. Tib. 26 *ἡμῖν* A

οὐ προσέχειν αὐτῷ, Κότυς δ' ἐγκρατὴς τοῦ τε ὄρους τοῦ Ἱεροῦ καὶ τῶν θησαυρῶν ἐγένετο. καὶ γάρ τοι μετὰ ταῦτα, ὦ ἄνδρες Ἀθηναῖοι, Αὐτοκλῆς μὲν ἐκρίνετε ὡς ἀπολωλεκὼς Μιλτοκύθην, οἱ δὲ χρόνοι κατὰ τοῦ τὸ ψήφισμα εἰπόντος τῆς γραφῆς ἐξεληλύθεσαν, τὰ δὲ πράγματ' ἀπωλώλει τῇ πόλει. **(105)** εὖ τοίνυν ἴστε ὅτι καὶ νῦν, εἰ μὴ λύσετε τὸ ψήφισμα τοδί, καὶ τοῖς βασιλεῦσι θαυμαστὴ γενήσεται δι' αὐτὸ ἀθυμία καὶ τοῖς στρατηγοῖς αὐτῶν· ὅλως γὰρ ἡγήσονται παρεῶσθαι μὲν αὐτοί, πρὸς Κερσοβλέπτην δ' ἀποκλίνειν ὑμᾶς. εἰ δ' ἐκ τοῦ ταῦτα γνῶναι παραχωρήσονται τῆς ἀρχῆς ἐπὶ καιροῦ τινος αὐτοῖς ἐπιθεμένου τοῦ Κερσοβλέπτου, πάλιν ὁρᾶτε τί συμβήσεται. **(106)** φέρε γὰρ πρὸς θεῶν, ἂν ἡμᾶς ἀδικῇ Κερσοβλέπτης, ὃ μᾶλλον ἐλπὶς ἢ μὴ δυνηθέντα ποιῆσαι, οὐκ ἐπ' ἐκείνους ἴμεν καὶ δι' ἐκείνων ἀσθενῆ ποιεῖν αὐτὸν ζητήσομεν; ἂν οὖν εἴπωσιν ἡμῖν ὅτι "ὑμεῖς, ὦ ἄνδρες Ἀθηναῖοι, οὐ μόνον ἡμῖν ἀδικουμένοις οὐκ ἐβοηθήσατε, ἀλλὰ καὶ φόβον, ἂν ὑπὲρ ἡμῶν αὐτῶν ἀμυνώμεθα, θαυμαστὸν παρεστήσατε, ψήφισμα ποιησάμενοι, τὸν ἐναντία τοῖς ὑμῖν συμφέρουσι καὶ ἡμῖν πράττοντα ἄν τις ἀποκτείνῃ, ἀγώγιμον εἶναι· οὔκουν ἐστὲ δίκαιοι βοηθοὺς καλεῖν ἡμᾶς, ἐφ' οἷς καὶ περὶ ὑμᾶς αὐτοὺς καὶ περὶ ἡμᾶς κακῶς ἐβουλεύσασθε," εἰπέ μοι, ταῦτ' ἐὰν λέγωσιν, οὐ δικαιότερ' ἡμῶν ἐροῦσιν; ἔγωγ' οἶμαι.

107. Καὶ μὴν οὐδ' ἐκεῖνό γ' ἔστιν εἰπεῖν, ὅτι νὴ Δί' εἰκότως ἐφενακίσθητε καὶ παρεκρούσθητε. εἰ γὰρ μηδὲν εἴχετε τῶν ἄλλων λογίσασθαι, μηδ' ἐφ' ὑμῶν αὐτῶν οἷοί τε ἦτε ταῦτα συνεῖναι, ἦν ἰδεῖν παράδειγμα Ὀλυνθίους τουτουσί,

106 ἂν οὖν—ἐβοηθήσατε Io. Sard. 212.4 R.

---

2 καὶ γάρ τοι om. A 5 ἀπολώλει SF[a]AY 6 λύσητε SAFY: corr. Aldina 8 παρεωρᾶσθαι S[a]AFY 13 ἐλπὶς ⟨αὐτὸν⟩ A δυνηθέντ' ⟨ἂν⟩ Cobet 14 ⟨πάλιν⟩ ἀσθενῆ AF 15 ζητήσομεν] ἐπιχειρήσομεν A ὑμῖν Io. Sard. ὅτι] πρὸς ταῦτα ἐκεῖνοι A ὑμεῖς ⟨δὲ⟩ A 16 ⟨ὡς⟩ οὐ Io. Sard. ἀδικουμένοις ἡμῖν Io. Sard. 16–17 φόβον—παρεστήσατε SFY (ἂν—ἀμυνώμεθα om. Y) : φόβον ἀνυπέρβλητον καὶ θαυμαστόν. ἂν ὑπὲρ ὑμῶν αὐτῶν ἀμυνώμεθα, παρεστήσατε S[γρ]A (παρεστήσατε post θαυμαστὸν A) 17 ἡμῶν cod. k : ὑμῶν SAF 19 ἡμῖν A 23 ἔνεστιν A 26 ἦτε om. A

οἳ τί πεποιηκότος αὐτοῖς Φιλίππου πῶς αὐτῷ χρῶνται; ἐκεῖνος ἐκείνοις Ποτείδαιαν οὐχὶ τηνικαῦτ' ἀπέδωκεν, ἡνίκ' ἀποστερεῖν οὐδέθ' οἷός τ' ἦν, ὥσπερ ὑμῖν Κερσοβλέπτης Χερρόνησον· ἀλλὰ πρὸς ὑμᾶς πολεμῶν χρήματα πολλὰ ἀναλώσας, ἑλὼν καὶ δυνηθεὶς ἂν αὐτὸς ἔχειν, εἴπερ ἐβουλήθη, παρέδωκεν καὶ οὐδ' ἐπεχείρησεν ἄλλο ποιεῖν οὐδέν. **(108)** ἀλλ' ὅμως ἐκεῖνοι, τέως μὲν ἑώρων αὐτὸν τηλικοῦτον ἡλίκος ὢν καὶ πιστὸς ὑπῆρχεν, σύμμαχοί τε ἦσαν καὶ δι' ἐκεῖνον ἡμῖν ἐπολέμουν, ἐπειδὴ δὲ εἶδον μείζω τῆς πρὸς αὐτοὺς πίστεως γιγνόμενον, τοσοῦτ' ἀπέχουσι τοῦ ψηφίσασθαι, ἐάν τις ἀποκτείνῃ τινὰ τῶν ἐκείνῳ συγκατεσκευακότων τὴν ἀρχήν, ἐκ τῶν ἑαυτῶν συμμάχων ἀγώγιμον εἶναι, **(109)** ὥσθ' ὑμᾶς, οὓς ἴσασιν ἁπάντων ἀνθρώπων ἥδιστ' ἂν καὶ τοὺς ἐκείνου φίλους καὶ αὐτὸν τὸν Φίλιππον ἀποκτείναντας, φίλους πεποίηνται, φασὶ δὲ καὶ συμμάχους ποιήσεσθαι. εἶτ' Ὀλύνθιοι μὲν ἴσασι τὸ μέλλον προορᾶν, ὑμεῖς δὲ ὄντες Ἀθηναῖοι ταὐτὸ τοῦτο οὐχὶ ποιήσετε; ἀλλ' αἰσχρὸν τοὺς ⟨τῷ⟩ περὶ πραγμάτων ἐπίστασθαι βουλεύσασθαι δοκοῦντας προέχειν ἧττον Ὀλυνθίων τὸ συμφέρον εἰδότας ὀφθῆναι.

110 Ἀκούω τοίνυν αὐτὸν καὶ τοιοῦτόν τινα ἐρεῖν λόγον, οἷον καὶ πρότερόν ποτε Ἀριστόμαχος παρ' ὑμῖν ἐδημηγόρει, ὡς οὐκ ἔστιν ὅπως ποτὲ Κερσοβλέπτης αἱρήσεται Χερρόνησον ἀποστερεῖν ἐπιχειρῶν ἐχθρὸς ὑμῖν εἶναι· οὐδὲ γὰρ εἰ λάβοι καὶ κατάσχοι, λυσιτελήσειν αὐτῷ. ἐκ μέν γε ἐκείνης οὐκ ἔστιν ὑπὲρ τριάκοντα τάλανθ' ἡ πρόσοδος μὴ πολεμουμένης, εἰ πολεμήσεται δέ, οὐδέν· ἐκ δὲ τῶν ἐμπορίων, ἃ τότ' ἂν κλεισθείη, πλέον ἢ διακόσια τάλαντά ἐστιν ἡ πρόσοδος· ὥστε

109 εἶτ'—ποιήσετε Hermog. 258.22 R. Anon. Fig. 3.123.10 Sp.
110 πλείω] κα[ὶ—**119** ἠδίκε[ι τοὺς ἀ]π[ο P. Oxy. III 459

1 ⟨οὐ⟩ πεποιηκότος Naber   κέχρηνται A   3 ⟨ὁ⟩ κερσοβλέπτης A   7 τηλικοῦτον αὐτὸν A   8 καὶ[I] om. A   9 μεῖζον SFY   αὐτοὺς SAFY : corr. Bk.   14 ἀποκτείνοντας F[c]Y   17 ποιήσετε] φυλάξεσθε Hermog. Anon.   τοὺς] τῷ Bl.   add. Wolf   18 προέχειν del. Cobet   20 αὐτοὺς A   21 ἡμῖν A   26 πολεμήσετε Y   οὐδὲ ἕν Bl.   27 τριακόσια AF[γρ]   τάλαντα—πρόσοδος del. Bl.

τί βουλόμενος μικρὰ λαμβάνειν καὶ πολεμεῖν ἂν ἕλοιτο, ἐξὸν τὰ πλείω καὶ φίλος εἶναι, θαυμάζειν φήσουσιν. **(111)** *ἐγὼ δ' οὐκ ἀπορῶ μὲν εἰπεῖν πολλὰ ἅ μοι δοκεῖ μᾶλλον ἄν τις ἰδὼν ἀπιστεῖν εἰκότως ἢ τούτοις πιστεύων ἐκεῖνον ἐὰν μέγαν γίγνεσθαι· οὐ μὴν ἀλλ' ὃ μάλιστα πρόχειρον ἔχω, τοῦτ' ἐρῶ. ἴστε δήπου Φίλιππον, ἄνδρες Ἀθηναῖοι, τουτονὶ τὸν Μακεδόνα, ᾧ πολὺ δήπου μᾶλλον ἐλυσιτέλει τὰς ἐξ ἁπάσης Μακεδονίας προσόδους ἀδεῶς λαμβάνειν ἢ μετὰ κινδύνων τὰς ἐξ Ἀμφιπόλεως, καὶ χρῆσθαι φίλοις αἱρετώτερον ἦν αὐτῷ τοῖς πατρικοῖς ὑμῖν ἢ Θετταλοῖς, οἳ τὸν πατέρ' αὐτοῦ ποτ' ἐξέβαλον.* **(112)** *ἄνευ γὰρ τούτου κἀκεῖνο ἔστιν ἰδεῖν· ὑμεῖς μέν, ὦ ἄνδρες Ἀθηναῖοι, οὐδένα προυδώκατε πώποτε τῶν φίλων, Θετταλοὶ δὲ οὐδένα πώποθ' ὅντιν' οὔ. ἀλλ' ὅμως οὕτως ἐχόντων τούτων μικρὰ λαμβάνειν καὶ τοὺς ἀπίστους φίλους καὶ τὸ κινδυνεύειν ἀντὶ τοῦ μετ' ἀσφαλείας ζῆν ὁρᾶτε προῃρημένον αὐτόν.* **(113)** *τί δή ποτε τὸ αἴτιον; οὐ γὰρ δὴ λόγον γε τὸ πρᾶγμα οὑτωσὶ πρόχειρον ἔχει. ὅτι, ὦ ἄνδρες Ἀθηναῖοι, δυοῖν ἀγαθοῖν ὄντοιν πᾶσιν ἀνθρώποις, τοῦ μὲν ἡγουμένου καὶ μεγίστου πάντων, τοῦ εὐτυχεῖν, τοῦ δὲ ἐλάττονος μὲν τούτου, τῶν δ' ἄλλων μεγίστου, τοῦ καλῶς βουλεύεσθαι, οὐχ ἅμα ἡ κτῆσις παραγίγνεται τοῖς ἀνθρώποις, οὐδ' ἔχει τῶν εὖ πραττόντων οὐδεὶς ὅρον οὐδὲ τελευτὴν τῆς τοῦ πλεονεκτεῖν ἐπιθυμίας· δι' ὅπερ πολλοὶ πολλάκις μειζόνων ἐπιθυμοῦντες τὰ παρόντα ἀπώλεσαν.* **(114)** *καὶ τί δεῖ Φίλιππον λέγειν ἤ τιν' ἄλλον; ἀλλ' ὁ πατὴρ αὐτὸς ὁ Κερσοβλέπτου Κότυς, ἡνίκα μὲν στασιάζοι πρός τινας, πρέσβεις πέμπων ἅπαντα ποιεῖν ἕτοιμος ἦν, καὶ τότε ᾐσθάνετο ὡς ἀλυσιτελὲς τὸ τῇ πόλει*

112 *ὑμεῖς—οὔ* AB 139.1 *Θετταλοὶ—οὔ* Hermog. 306.7, 311.14 R. Anon. Fig. 3.138.6 Sp. *ὅντιν' οὔ* Ps. Castor 19.12
113 *δυοῖν—βουλεύεσθαι* cf. Sublim. 2.3

---

1 *τί*] *εἰ* S[c]F[a] : *ἢ* SY *μικρὰν* F *λαμβάνων πολεμεῖν* A 3 *ἃ* om. Π459[a] 6 ⟨*ὦ*⟩ *ἄνδρες* A Π459 9 *ἐξ*] *ἐπ'* Π459[a] 10 *ὑμῖν* om. Π459[a] 11 *γὰρ*] *δὲ* Π459 12 *πώποτε* om. AB 16 *τὸ* Π459 : om. SAFY 20 *βουλεύσα*[*σθαι* Π459 21 *εὖ* om. A : [Π459] 22 *οὐδὲ*] *ἢ* S 23 *ἐπιθυμήσαντες* F 24 *τὰ*] *καὶ τὰ* Π459 26 *πέμπων* ⟨*πρὸς ἡμᾶς*⟩ A

πολεμεῖν· ἐπειδὴ δ' ὑφ' αὑτῷ τὴν Θρᾴκην ἔχοι, κατελάμβανε τὰς πόλεις, ἠδίκει, μεθύων ἐπαρῴνει μάλιστα μὲν εἰς αὑτόν, εἶτα καὶ εἰς ἡμᾶς, τὴν χώραν ἐποιεῖθ' ἑαυτοῦ, τὸ πρᾶγμα ἀμήχανον ἦν. τῶν γὰρ ὑπὲρ τοῦ πλεονεκτεῖν ἐπιχειρούντων οἷς οὐ χρὴ οὐ τὰ δυσχερέστατα ἕκαστος εἴωθε λογίζεσθαι, ἀλλ' ἃ κατορθώσας διαπράξεται. **(115)** ἐγὼ δὴ δεῖν ὑμᾶς οἶμαι τοῦτον τὸν τρόπον βεβουλεῦσθαι, ὅπως, ἂν μὲν ἃ χρὴ περὶ ὑμῶν γιγνώσκῃ Κερσοβλέπτης, μηδὲν ὑφ' ὑμῶν ἀδικήσεται, ἂν δὲ ἀλόγως ἀδικεῖν ἐπιχειρῇ, μὴ μείζων ἔσται τοῦ δίκην δοῦναι. ἀναγνώσομαι δ' ὑμῖν τὴν ἐπιστολὴν ἥν, ὅτε ἀφειστήκει Μιλτοκύθης, Κότυς ἔπεμψεν, καὶ ἣν {ὅτε} πᾶσαν ἔχων τὴν ἀρχὴν πέμψας Τιμομάχῳ τὰ χωρί' ὑμῶν ἐξεῖλεν.

ΕΠΙΣΤΟΛΑΙ

116. *Τοῦτο, ὦ ἄνδρες Ἀθηναῖοι, τὸ παράδειγμα ἑορακότες,* ἂν ἐμοὶ πείθησθε, κἀκεῖν' εἰδότες, ὅτι Φίλιππος, ὅτε μὲν Ἀμφίπολιν ἐπολιόρκει, ἵν' ὑμῖν παραδῷ πολιορκεῖν ἔφη, ἐπειδὴ δ' ἔλαβεν, καὶ Ποτείδαιαν προσαφείλετο, ἐκείνην τὴν πίστιν βουλήσεσθ' ἔχειν, ἥνπερ φασὶ πρὸς Λακεδαιμονίους ποτ' εἰπεῖν Φιλοκράτην τὸν Ἐφιάλτου. **(117)** καὶ γὰρ ἐκεῖνόν φασιν, ἐξαπατώντων τι τῶν Λακεδαιμονίων καὶ προτεινόντων πίστιν ἥντινα βούλεται λαμβάνειν, εἰπεῖν ὅτι πίστιν ἂν οἴεται γενέσθαι μόνην, εἰ δείξειαν ὅπως, ἂν ἀδικεῖν βούλωνται, μὴ δυνήσονται, ἐπεὶ ὅτι γ' ἀεὶ βουλήσονται εὖ εἰδέναι· ἕως ἂν οὖν δύνωνται, πίστιν οὐκ εἶναι. ταύτην, ἂν ἐμοὶ χρῆσθε

1 πολεμεῖν ἐστι Π459 εἶχεν Π459[a] et Wolf 2 τὴν πόλιν A μεθύων del. Weidner 3 εἶτα] ἔπειτα δὲ A ὑμᾶς AF Π459 ⟨ὑφ'⟩ ἑαυτῷ A Π459 (ut videtur) 8 μηδὲν om. S[a] 9 ἀδικηθήσεται FY ἀδικεῖν del. Rosenberg 10 δοῦναι δίκην A 11 del. Reiske 12 ἐξεῖλε. λέγε Π459 13 ἐπιστολαί Π459 et Reiske : -λή SAFY 14 τοῦτο τοίνυν Π459[c] 15 ἐμοὶ ⟨μὴ⟩ SF[a]Y : ⟨μὲν⟩ cod. B πεισθῆτε SF Π459 : πίθησθε Cobet κἀκεῖν' om. (in lac. 15 litt.) Π459 16 ἐπολιόρκει ἀμφίπολιν A : [Π459] 19 φλιοκράτην [sic] τὸν Π459[c] : [Π459]: ἰφικράτην AF ἐφιαλ (ras. 6 litt.) S 20 φασιν post 21 εἰπεῖν Π459 : del. Rosenberg 23 γ' ἀεὶ om. Π459[a] βουλήσονται ἀδικεῖν Π459[a] 23–24 ἕως—εἶναι del. Dobree

συμβούλῳ, φυλάξετε τὴν πίστιν πρὸς τοῦτον τὸν Θρᾷκα, καὶ μὴ βουλήσεσθε εἰδέναι τίνα ἄν, εἰ πάσης ἄρξειε Θρᾴκης, πρὸς ὑμᾶς σχοίη γνώμην.

118. Ὅτι τοίνυν ὅλως οὐδ' ὑγιαινόντων ἐστὶν ἀνθρώπων τοιαῦτα γράφειν ψηφίσματα καὶ διδόναι τισὶ τοιαύτας δωρεάς, καὶ τοῦτ' ἐκ πολλῶν ῥᾴδιον γνῶναι. ἴστε γὰρ δήπου πάντες, ὦ ἄνδρες Ἀθηναῖοι, τοῦτο ὁμοίως ἐμοί, ὅτι τὸν Κότυν ποτ' ἐκεῖνον ἐποιήσασθε πολίτην, δῆλον ὡς κατ' ἐκεῖνον τὸν χρόνον εὔνουν ἡγούμενοι καὶ φίλον. καὶ μὴν καὶ χρυσοῖς στεφάνοις ἐστεφανοῦτε, οὐκ ἄν, εἴ γ' ἐχθρὸν ἡγεῖσθε. **(119)** ἀλλ' ὅμως, ἐπειδὴ πονηρὸς καὶ θεοῖς ἐχθρὸς ἦν καὶ μεγάλα ὑμᾶς ἠδίκει, τοὺς ἀποκτείναντας ἐκεῖνον Πύθωνα καὶ Ἡρακλείδην, τοὺς Αἰνίους, πολίτας ἐποιήσασθε ὡς εὐεργέτας καὶ χρυσοῖς στεφάνοις ἐστεφανώσατε. εἰ δὴ τότε, ὅθ' ὑμῖν οἰκείως ἔχειν ὁ Κότυς ἐδόκει, ἔγραψέ τις, ἄν τις ἀποκτείνῃ Κότυν, ἔκδοτον αὐτὸν εἶναι, πότερον ἐξέδοτ' ἂν τὸν Πύθωνα καὶ τὸν ἀδελφόν, ἢ παρὰ τὸ ψήφισμα τοῦτο πολίτας ἐποιεῖσθε καὶ ὡς εὐεργέτας ἐτιμᾶτε; **(120)** τί δ'; Ἀλέξανδρον ἐκεῖνον τὸν Θετταλόν, ἡνίκα εἶχε μὲν αἰχμάλωτον δήσας Πελοπίδαν, ἐχθρὸς δ' ὡς οὐδεὶς ἦν Θηβαίοις, ὑμῖν δ' οἰκείως διέκειτο οὕτως ὥστε παρ' ὑμῶν στρατηγὸν αἰτεῖν, ἐβοηθεῖτε δ' αὐτῷ καὶ πάντ' ἦν Ἀλέξανδρος, πρὸς Διὸς εἴ τις ἔγραψεν, ἄν τις ἀποκτείνῃ Ἀλέξανδρον, ἀγώγιμον εἶναι, ἆρ' ἂν ὧν μετὰ ταῦθ' ὕβρισεν καὶ προὐπηλάκισεν ἀσφαλὲς ἦν τῳ παρ' αὐτοῦ δίκην πειρᾶσθαι λαβεῖν; **(121)** τί δὲ τἄλλα λέγοι τις ἄν; ἀλλ' ὁ μάλιστα δοκῶν νῦν ἡμῖν ἐχθρὸς εἶναι Φίλιππος οὑτοσί, εἰ τότε, ὅτ' Ἀργαῖον κατάγοντας λαβὼν τῶν ἡμετέρων τινὰς πολιτῶν ἀφῆκε μὲν αὐτούς, ἀπέδωκε δὲ πάνθ' ὅσ' ἀπώλεσαν αὐτοῖς, πέμψας δὲ γράμματα ἐπηγγέλλετο ἕτοιμος εἶναι συμμαχίαν ποιεῖσθαι καὶ τὴν πατρικὴν φιλίαν ἀνανεοῦσθαι,

120 *τί—Θετταλόν* Harp. α 70

---

2 *βούλη[σθ]ε* Π459 et Reiske : *βούλεσθε* Bk. : *βουλεύσθε* A *ἄρξας* S[c] et (*εἰ* deleto) Bl. ⟨*τῆς*⟩ *θρᾴκης* A 4 *ἀνθρώπων* del. Bl. coll. 122 9 *καὶ φίλον* om. S Π459[c] 14 *ποτε* S 16 *εἶναι* om. S[a] *πότερα* A 20 *θηβαίοις ἦν* A 24 *τῷ* A 26 *ὑμῖν* A 28 *ἀπώλεσεν* S

εἰ τότε ἠξίωσε τυχεῖν τούτων καί τις ἔγραψε τῶν ἀφεθέντων ὑπ' αὐτοῦ, ἐάν τις ἀποκτείνῃ Φίλιππον, ἀγώγιμον εἶναι, καλήν γ' ὕβριν ἦμεν ἂν ὑβρισμένοι. **(122)** *ἆρά γε ὁρᾶτε καὶ καταμανθάνετε, ὦ ἄνδρες Ἀθηναῖοι, ἐφ' ἑκάστου τούτων ἡλίκην ἂν ὠφληκότες ἦτε παράνοιαν, εἴ τι τοιοῦτον ἐτυγχάνετε ἐψηφισμένοι; ἔστι γὰρ οὐχ ὑγιαινόντων, οἶμαι, ἀνθρώπων, οὔθ' ὅταν τινα ὑπειλήφωσι φίλον, οὕτω πιστεύειν ὥστε, ἂν ἀδικεῖν ἐπιχειρῇ, τὸ ἀμύνασθαι σφῶν αὐτῶν ἀφελέσθαι, οὔθ' ὅταν ἐχθρόν τινα ἡγῶνται, οὕτως αὖ μισεῖν ὥστε, ἂν παυσάμενος βούληται φίλος εἶναι, τὸ ποιεῖν ἐξεῖναι ταῦτα κωλῦσαι· ἀλλ' ἄχρι τούτου καὶ φιλεῖν, οἶμαι, χρὴ καὶ μισεῖν, μηδετέρου τὸν καιρὸν ὑπερβάλλοντας.*

123. *Οὐ τοίνυν ἔγωγε οὐδ' ἐκεῖνο ἰδεῖν δύναμαι, ὡς οὐχὶ πάντες ἄνθρωποι τούτων ἀξιώσουσι τυχεῖν, ὅσοις πέρ ἐστι καὶ ἡτισοῦν εὐεργεσίας πρόφασις πρὸς ὑμᾶς, εἰ Χαριδήμῳ δώσετε, οἷον, εἰ βούλεσθε, Σίμων, Βιάνωρ, Ἀθηνόδωρος, ἄλλοι μυρίοι. εἰ μὲν τοίνυν πᾶσι ψηφιούμεθα ταῦτα, λήσομεν, ὡς ἔοικε, μισθοφόρων ἔργον ἀνθρώπων ποιοῦντες τὴν ἑκάστου σωτηρίαν τούτων δορυφοροῦντες· εἰ δὲ τῷ μέν, τοῖς δ' οὔ, δικαίως ἐγκαλοῦσιν οἱ μὴ τυχόντες.* **(124)** *φέρ', ἐὰν δὲ δὴ καὶ Μενέστρατος ἡμᾶς ὁ Ἐρετριεὺς ἀξιοῖ ταὐτὰ καὶ αὐτῷ ψηφίσασθαι, ἢ Φάυλλος ὁ Φωκεὺς ἤ τις ἄλλος δυνάστης (πολλοῖς δὲ δήπου διὰ καιρούς τινας πολλάκις φίλοι γιγνόμεθα), πότερον ψηφιούμεθα πᾶσιν ἢ οὔ; ψηφιούμεθα νὴ Δία. καὶ τί φήσομεν, ὦ ἄνδρες Ἀθηναῖοι, {καλόν}, εἰ τῶν Ἑλλήνων ἐπ' ἐλευθερίᾳ προεστάναι φάσκοντες τοὺς ἰδίᾳ δυνάμεις ἐπὶ τοῖς πλήθεσι κεκτημένους δορυφοροῦντες*

123 *εἰ μὲν—δορυφοροῦντες* Anon. Fig. 3.127.5 Sp.
124 *καὶ τί—φανούμεθα* AB 164.4

5 *παρανομίαν ὠφληκότες ἦτε* A 6 *οἶμαι ἀνδρῶν* F[γρ] : *ἀνδρῶν οἶμαι* A 8 *ἀμύνεσθαι* A 10 *φίλος εἶναι βούληται* F 14 *ὁπόσοις* A 15 *ἡτισοῦν*] *εἴ τις οὖν* SY 17 *ταὐτά* Y : [S] 19 *τῷ*] *τοῖς* A 20 *ἐγκαλέσουσιν* SAFY : corr. Cobet 21 *ταῦτα* A 24 *πότερα* A 25 *φήσομεν*] *ψηφίσομεν* F[a] del. Cobet 26 ⟨*καὶ*⟩ *τῶν* AB 27 *ἰδίας* Y AB

φανούμεθα; **(125)** εἰ γάρ ἐστί τῳ δοτέον τι τοιοῦτον, ὥς ἔγωγε οὔ φημι, πρῶτον μὲν τῷ μηδὲν ἠδικηκότι πώποτε, δεύτερον δὲ ⟨τῷ⟩ μηδ᾽ ἂν ἀδικεῖν βούληται δυνησομένῳ, ἔπειθ᾽ ὡς ἀληθῶς ὅστις ἅπασιν ἀνθρώποις ἔσται φανερὸς ὑπὲρ τοῦ μή ⟨τι⟩ παθεῖν ταῦτα εὑρισκόμενος, καὶ οὐκ ἐπὶ τῷ ποιεῖν μετ᾽ ἀδείας ἑτέρους κακῶς, τούτῳ δοτέον. ὅτι μὲν τοίνυν ὁ Χαρίδημος οὔτε τῶν ἀναμαρτήτων ἐστὶ πρὸς ὑμᾶς οὔτε τῶν ἵνα μή τι πάθῃ ταῦτα εὑρισκομένων, ἐάσω· ἀλλ᾽ ὡς οὐδὲ πιστὸς εἰς τὸν ἔπειτα χρόνον, ἀκούσατέ μου, καὶ σκοπεῖτε, ἂν ὑμῖν ὀρθῶς ἐξετάζειν δοκῶ.

126. Ἐγὼ νομίζω, ὦ ἄνδρες Ἀθηναῖοι, ὅσοι μὲν τῶν ἡμετέρων ἐθῶν καὶ νόμων ἐπιθυμηταὶ γενόμενοι πολῖται ἐσπούδασαν γενέσθαι, ἅμα τ᾽ αὐτοὺς ἂν τυγχάνειν τούτων καὶ παρ᾽ ἡμῖν οἰκεῖν καὶ μετέχειν ὧν ἐπεθύμησαν· ὅσους δὲ τούτων μὲν μηδενὸς μήτ᾽ ἐπιθυμία μήτε ζῆλος εἰσέρχεται, τὴν πλεονεξίαν δ᾽ ἀγαπῶσιν ἣν διὰ τοῦ δοκεῖν ὑφ᾽ ὑμῶν τιμᾶσθαι καρποῦνται, τούτους δ᾽ οἴομαι, μᾶλλον δὲ οἶδα σαφῶς, ὅταν ποτὲ μείζονος πλεονεξίας ἑτέρωθεν ἐλπίδα ἴδωσιν, οὐδ᾽ ὁτιοῦν ὑμῶν φροντίσαντας ἐκείνην θεραπεύσειν. **(127)** οἷον, ἵν᾽ εἰδῆτε καὶ ὑμεῖς πρὸς ὃ ταῦτ᾽ ἐγὼ βλέπων λέγω, Πύθων οὑτοσί, ὅτε μὲν Κότυν εὐθὺς ἀπεκτονὼς οὐκ ἀσφαλὲς ἡγεῖτο ἀπελθεῖν ὅποι τύχοι, ἦλθεν ὡς ὑμᾶς καὶ πολιτείαν ᾔτησεν καὶ πάντων ἐποιήσατο πρώτους ὑμᾶς, ἐπειδὴ δὲ οἴεται τὰ Φιλίππου πράγματα συμφέρειν αὑτῷ μᾶλλον, οὐδ᾽ ὁτιοῦν ὑμῶν φροντίσας τἀκείνου φρονεῖ. οὐ γάρ ἐστιν, οὐκ ἔστιν, ὦ ἄνδρες Ἀθηναῖοι, παρὰ τούτοις τοῖς ἐπὶ τῇ τοῦ πλεονεκτεῖν προαιρέσει ζῶσιν οὐδὲν οὔτε βέβαιον

127 *οὐ γὰρ—ὅσιον* AB 139.7, 160.27

---

1 *φαινόμεθα* AB : *φανούμεθα ⟨ἐγὼ μὲν οὐχ ὁρῶ⟩* AF^{γρ} : *⟨ἐγὼ μὲν οὐκ ἔχω⟩* FY   2 *τῷ πρῶτον μὲν* Weil : *τῷ* del. Cobet   3 *δεύτερον δὲ* del. Cobet   add. Lamb.   5 add. Markland   *ταὐτὰ* A : [S] *καὶ* del. Sykutris   6 *τούτῳ δοτέον* del. Cobet   8 *πάθωσι* Reiske   9 *ἔπειτα*] *ἅπαντα* A   13 *γενέσθαι ἐσπούδασαν* AF   14 *ὅσοις* AFY   16 *ἡμῶν* A   17 *δ᾽* om. AF   19 *ἡμῶν* SFY   20 *ἃ βλέπων ἐγὼ ταῦτα* A   22 *ἡγεῖτο ⟨τὸ⟩* S   *ὅπου* A   23 *ἐποιεῖτο* A   27 *ζῶσιν* om. AB (160)

οὔθ᾽ ὅσιον, ἀλλὰ δεῖ τούτων, ὅστις εὖ φρονεῖ, φυλαττόμενον περιεῖναι, μὴ προπιστεύσαντα κατηγορεῖν. **(128)** εἰ τοίνυν, ὦ ἄνδρες Ἀθηναῖοι, τοὐναντίον ἢ τἀληθὲς ὑπάρχει, θείημεν τὸν Χαρίδημον αὐτὸν καὶ γεγενῆσθαι περὶ ἡμᾶς σπουδαῖον καὶ εἶναι καὶ ἔσεσθαι, καὶ μηδέποτ᾽ ἄλλην γνώμην ἢ ταύτην σχήσειν, οὐδὲν μᾶλλον ἔχει καλῶς ταῦτ᾽ αὐτῷ ψηφίσασθαι. εἰ μὲν γὰρ ἐπ᾽ ἄλλο τι ταύτην τὴν ἄδειαν ἐλάμβανε, τὴν ἐκ τοῦ ψηφίσματος, ἢ τὰ Κερσοβλέπτου πράγματα, ἧττον ἂν ἦν δεινόν· νῦν δέ, ὑπὲρ οὗ καταχρήσεται τῇ διὰ τοῦ ψηφίσματος πλεονεξίᾳ, οὐκ ἀξιόπιστον οὔθ᾽ ἡμῖν οὔτ᾽ ἐκείνῳ λογιζόμενος τοῦτον εὑρίσκω. **(129)** σκέψασθε δὲ ὡς δικαίως ἕκαστα ἐξετάζω, καὶ σφόδρα γε εἰκότως δεδιώς. ἐγὼ σκοπῶ Κότυν, ὅτι κηδεστὴς ἦν Ἰφικράτει τὸν αὐτὸν τρόπον ὅνπερ Χαριδήμῳ Κερσοβλέπτης, καὶ τὰ πεπραγμένα ὁρῶ πολλῷ μείζονα καὶ χάριτος πλείονος ἄξια ὑπὲρ Κότυος Ἰφικράτει ἢ ὑπὲρ Κερσοβλέπτου Χαριδήμῳ. **(130)** σκεψώμεθα δ᾽ οὑτωσί. ἴστε δήπου τοῦτ᾽, ἄνδρες Ἀθηναῖοι, ὅτι χαλκῆς εἰκόνος οὔσης παρ᾽ ὑμῖν Ἰφικράτει καὶ σιτήσεως ἐν πρυτανείῳ καὶ δωρεῶν καὶ τιμῶν ἄλλων, δι᾽ ἃς εὐδαίμων ἐκεῖνος ἦν, ὅμως ἐτόλμησεν ὑπὲρ τῶν Κότυος πραγμάτων ἐναντία τοῖς ὑμετέροις στρατηγοῖς ναυμαχεῖν, καὶ περὶ πλείονος ἐποιήσατο τὴν ἐκείνου σωτηρίαν ἢ τὰς ὑπαρχούσας ἑαυτῷ παρ᾽ ὑμῖν τιμάς· καὶ εἰ μὴ μετριωτέραν ἔσχετε τὴν ὀργὴν ὑμεῖς τῆς ἐκείνου προπετείας, οὐδὲν ἂν αὐτὸν ἐκώλυεν ἀθλιώτατον ἀνθρώπων ἁπάντων εἶναι. **(131)** ἀλλ᾽ ὅμως ὁ Κότυς, ὑπ᾽ ἐκείνου σωθεὶς καὶ λαβὼν ἔργῳ τῆς ἐκείνου φιλίας πεῖραν, ἐπειδὴ βεβαίως ἡγήσατο σῶς εἶναι, οὐχ ὅπως ἀποδώσει χάριν ἐσπούδασεν αὐτῷ καὶ πρὸς ὑμᾶς δι᾽ ἐκείνου τι φιλάνθρωπον ἔπραξεν, ἵνα συγγνώμης ἐπὶ τοῖς πεπραγμένοις τύχῃ, ἀλλὰ πᾶν τοὐναντίον ἠξίου μὲν αὐτὸν συμπολιορκεῖν τὰ λοιπὰ τῶν ὑμετέρων χωρίων, **(132)** οὐκ

3 ὑπάρχει] ἔχει A   11 τοῦτον Bl. : αὐτὸν SAFY : om. cod. Wb : del. Taylor   12 γε om. A   17 ⟨ὦ⟩ ἄνδρες A   20 ἡμ- S   22 ὑμῶν A   23 ὑμεῖς ἔσχετε τὴν ὀργὴν A   24 ἐκώλυσεν FY cf. 51.9   ἀνθρώπων ἁπάντων ἀθλιώτερον A   25 ⟨τότε⟩ σωθεὶς F   27 καὶ] οὐδὲ Reiske   28 ἐκεῖνον Y

ἐθέλοντος δ' ἐκείνου, λαβὼν αὐτὸς τήν τε βαρβαρικὴν δύναμιν καὶ τὴν ὑπ' ἐκείνου συνειλεγμένην, καὶ τὸν Χαρίδημον τοῦτον προσμισθωσάμενος, προσέβαλλε τοῖς ὑμετέροις χωρίοις, καὶ εἰς τοῦτο κατέστησε τὸν Ἰφικράτην ἀπορίας, ὥστε ἀπελθόντα εἰς Ἄντισσαν οἰκεῖν καὶ πάλιν εἰς Δρῦν, ἡγούμενον ὡς μὲν ὑμᾶς οὐχὶ καλῶς ἔχειν ἐλθεῖν, οὓς ὑστέρους ἐπεποίητο τοῦ Θρᾳκὸς καὶ τοῦ βαρβάρου, παρ' ἐκείνῳ δ' οὐκ ἀσφαλὲς εἶναι μένειν, ὃν οὕτως ὀλιγωροῦνθ' ἑώρα τῆς ἑαυτοῦ σωτηρίας. **(133)** *ἂν οὖν, ὦ ἄνδρες Ἀθηναῖοι, καὶ Κερσοβλέπτης ἐκ τῆς τῷ Χαριδήμῳ νῦν ἀδείας κατασκευαζομένης αὐξηθεὶς ὀλιγωρῇ μὲν ἐκείνου, νεωτερίζῃ δέ τι καὶ κινῇ πρὸς ὑμᾶς, ἐξαρκεῖ τοῦθ' ὑμῖν, ἐὰν Χαρίδημος ἐξαπατηθῇ, τὸν Θρᾷκα ἰσχυρὸν ἐφ' ὑμᾶς αὐτοὺς κατεσκευακέναι; ἐγὼ μὲν οὐκ ἀξιῶ. καὶ γὰρ ἐκεῖνο νομίζω δίκαιον, εἰ μὲν αἰσθάνεται ταῦτα καὶ προορᾷ Χαρίδημος, εἶθ' ὅπως τοιούτων ψηφισμάτων τεύξεται διαπράττεται,* **(134)** *ὡς ἐπιβουλεύοντι μὴ ἐπιτρέπειν αὐτῷ, εἰ δὲ λέληθεν αὐτόν, ὅσῳ μᾶλλον εὔνουν τις αὐτὸν ὑπείληφεν εἶναι, τοσούτῳ μᾶλλον προϊδέσθαι καὶ ὑπὲρ αὐτοῦ καὶ ὑπὲρ ἐκείνου. ἔστι γὰρ φίλων ἀγαθῶν οὐ τὰ τοιαῦτα χαρίζεσθαι τοῖς εὔνοις, ἐξ ὧν κἀκείνοις καὶ σφίσιν αὐτοῖς ἔσται τις βλάβη, ἀλλ' ὃ μὲν ἂν μέλλῃ συνοίσειν ἀμφοῖν, συμπράττειν, ὃ δ' ἂν αὐτὸς ἄμεινον ἐκείνου προορᾷ, πρὸς τὸ καλῶς ἔχον τίθεσθαι καὶ μὴ τὴν ἤδη χάριν τοῦ μετὰ ταῦτα χρόνου παντὸς περὶ πλείονος ἡγεῖσθαι.* **(135)** *οὐ τοίνυν οὐδ' ἐκεῖνο λογιζόμενος δύναμαι κατιδεῖν, ὡς, εἰ καὶ βάρβαρος καὶ ἄπιστος ὁ Κερσοβλέπτης, ὅμως προνοηθείη γ' ἂν μὴ τὰ τηλικαῦτα ἀδικῆσαι Χαρίδημον. ὅταν γὰρ πάλιν ἐξετάσω ἡλίκων Κότυς Ἰφικράτην ἀποστερήσειν μέλλων οὐδὲν ἐφρόντισεν, παντελῶς τούτῳ γε οὐδὲν ἂν ἡγοῦμαι μελῆσαι τῶν ἀπολουμένων Χαριδήμῳ.* **(136)** *ὁ μέν γε ἐκεῖνον τιμάς, σίτησιν, εἰκόνας, πατρίδα ᾗ ζηλωτὸν αὐτὸν ἐποίησεν, ὀλίγου δέω λέγειν πάνθ' ὧν ἄνευ ζῆν οὐκ ἄξιον ἦν Ἰφικράτει,*

3 *τοῖς ὑμετέροις προσέβαλλε* A 9 ⟨*ὁ*⟩ *κερσοβλέπτης* A 11 *τι* om. S[a] *τοῦθ'*] *τόθ'* Naber 12 *αὐτοὺς* om. A 16 *αὐτόν* om. A 18 *αὐτοῦ* FY : *αὐτῶν* Weil *ἐκείνων* A 27 *πηλίκων* Y *ἀποστερεῖν* A 28 *τοῦτό* Y 30 *εἰκόνας σίτησιν* A *εἰκόνα* Bl.

νομίζων ἀποστερήσειν οὐκ ἐπεστράφη· οὗτος δ᾽ ὡς ἀληθῶς τίνος ἂν καὶ λόγον σχοίη μὴ {τίνος} Χαρίδημον ἀποστερήσῃ; οὐδ᾽ ὁτιοῦν ἔστι γὰρ παρ᾽ ὑμῖν αὐτῷ, οὐ παῖδες, οὐκ εἰκών, οὐ συγγενεῖς, οὐκ ἄλλ᾽ οὐδέν. **(137)** καὶ μὴν εἰ μήτε φύσει πιστὸς ὁ Κερσοβλέπτης, ἔκ τε τῶν γεγενημένων πρότερον δικαίως ἄπιστος, μηδέν τε τοιοῦτον ὑπάρχει τοῖς πράγμασιν δι᾽ ὃ κἂν παρὰ γνώμην καὶ φύσιν προνοηθείη τι τοῦ Χαριδήμου, τίνος ἕνεκα ἁπλῶς καὶ κομιδῇ τετυφωμένως οὕτως, ἃ βούλεται διαπράξασθαι, συλλάβωμεν αὐτῷ, καὶ ταῦτα ἐφ᾽ ἡμῖν ὄντα; ἐγὼ μὲν οὐχ ὁρῶ.

138. Ὅτι τοίνυν ἄνευ τοῦ τοῖς πράγμασι μὴ συμφέρειν τὸ ψήφισμα, οὐδὲ πρὸς δόξαν συμφέρει τῇ πόλει τοιοῦτον οὐδὲν ἐψηφισμένῃ φαίνεσθαι, καὶ τοῦτο δεῖ μαθεῖν ὑμᾶς. εἰ μὲν γάρ, ὦ ἄνδρες Ἀθηναῖοι, πόλιν οἰκοῦντί τῳ καὶ νόμοις πολιτευομένῳ τὸ ψήφισμα ἐγέγραπτο, δεινὸν ὂν ἧττον ἂν ἦν αἰσχρόν· νῦν δὲ γέγραπται Χαριδήμῳ τῷ πόλιν μὲν οὐδ᾽ ἥντινοῦν οἰκοῦντι, Θρᾳκὶ δὲ ἀνθρώπῳ {βασιλεῖ} στρατηγοῦντι καὶ διὰ τῆς ἐκείνου βασιλείας πολλοὺς ἀδικοῦντι. **(139)** ἴστε γὰρ δήπου τοῦθ᾽ ὅτι πάντες οἱ ξεναγοῦντες οὗτοι πόλεις καταλαμβάνοντες Ἑλληνίδας ἄρχειν ζητοῦσιν, καὶ πάντων, ὅσοι περ νόμοις οἰκεῖν βούλονται τὴν αὑτῶν ὄντες ἐλεύθεροι, κοινοὶ περιέρχονται κατὰ πᾶσαν χώραν, εἰ δεῖ τἀληθὲς εἰπεῖν, ἐχθροί. ἆρ᾽ οὖν, ὦ ἄνδρες Ἀθηναῖοι, καλὸν ἢ πρέπον ὑμῖν τοῦ μὲν ἕνεκα τῆς ἑαυτοῦ πλεονεξίας ἐπιβουλεύσοντος οἷς ἂν τύχῃ τοιαύτην φυλακὴν ἐψηφισμένους φαίνεσθαι, τοῖς δ᾽ ὑπὲρ τῆς ἑαυτῶν ἐλευθερίας ἀμυνουμένοις εἴργεσθαι τῆς ὑμετέρας συμμαχίας προειρηκέναι; **(140)** ἐγὼ μὲν οὐχ ὑπολαμβάνω τοῦτο οὔτε καλῶς ἔχειν οὔθ᾽ ὑμῶν ἀξίως. πῶς γὰρ οὐκ αἰσχρὸν Λακεδαιμονίοις μὲν ἐγκαλεῖν ὅτι τοὺς τὴν Ἀσίαν οἰκοῦντας Ἕλληνας ἔγραψαν ἐξεῖναι δρᾶσαι πᾶν ὅ τι ἂν θέλῃ

1 ἀπεστράφη A 2 del. Taylor 3 γάρ ἐστι A 10 μὲν ⟨γὰρ⟩ S^c AF 14 τῷ S 16 Χαριδήμῳ del. Weil 17 del. Cobet 19 ξεναγωγοῦντες Y 21 αὐτῶν SFY : corr. Markland : [A] 23 ἡμῖν A 24 ἐπιβουλεύσαντος A 26 αυτῶν A ἀμυνομένοις SAFY : corr. Cobet 29 τοὺς ⟨μὲν⟩ FY 30 ἂν θέλῃ] οὖν βούλεται A

βασιλεύς, αὐτοὺς δ᾽ ἐκδοῦναι καὶ τοὺς τὴν Εὐρώπην οἰκοῦντας Κερσοβλέπτῃ καὶ πάντας ὅσων περ ἂν οἴηται κρείττων Χαρίδημος ἔσεσθαι; οὐ γὰρ ἄλλο τι ποιεῖ τὸ ψήφισμα τουτί, ὅτε τῷ μὲν ἐκείνου στρατηγῷ οὐ διῄρηται τί πρακτέον ἢ μή, πᾶσι δέ, ἄν τις ἀμύνηται, τοσοῦτος ἐπήρτηται φόβος.

141. *Καὶ μήν, ὦ ἄνδρες Ἀθηναῖοι, καὶ γεγονός τι πρᾶγμα φράσαι πρὸς ὑμᾶς βούλομαι, δι᾽ οὗ μᾶλλον ἔθ᾽ ὑμῖν γενήσεται δῆλον ὡς σφόδρα δεῖ λῦσαι τὸ ψήφισμα τουτί. ὑμεῖς ἐποιήσασθε ἔν τισι καιροῖς καὶ χρόνοις Ἀριοβαρζάνην πολίτην καὶ δι᾽ ἐκεῖνον Φιλίσκον, ὥσπερ νῦν διὰ Κερσοβλέπτην Χαρίδημον. ὢν δ᾽ ὅμοιος ἐκεῖνος τούτῳ τῇ προαιρέσει τοῦ βίου, διὰ τῆς Ἀριοβαρζάνου δυνάμεως πόλεις κατελάμβανεν Ἑλληνίδας, εἰς ἃς εἰσιὼν πολλὰ καὶ δεινὰ ἐποίει, παῖδας ἐλευθέρους {ἀδικῶν} καὶ γυναῖκας ὑβρίζων, καὶ πάντα ποιῶν ὅσ᾽ ἂν ἄνθρωπος ποιήσειεν ἄνευ νόμων καὶ τῶν ἐν πολιτείᾳ καλῶν τεθραμμένος εἰς ἐξουσίαν ἐλθών.* **(142)** *ἐν δὴ Λαμψάκῳ τινὲς ἄνθρωποι γίγνονται δύο· Θερσαγόρας ὄνομ᾽ αὐτῶν θατέρῳ, τῷ δὲ Ἐξήκεστος· οἳ παραπλήσια τοῖς παρ᾽ ἡμῖν γνόντες περὶ τῶν τυράννων ἀποκτιννύασι τὸν Φιλίσκον δικαίως, τὴν αὑτῶν πατρίδα οἰόμενοι δεῖν ἐλευθεροῦν. εἰ δὴ τῶν τότε ὑπὲρ Φιλίσκου λεγόντων, ὅτε ἐμισθοδότει μὲν τοῖς ἐν Περίνθῳ ξένοις, εἶχεν δ᾽ ὅλον τὸν Ἑλλήσποντον, μέγιστος δ᾽ ἦν τῶν ὑπάρχων, ἔγραψέ τις ὥσπερ οὗτος νυνί, ἐάν τις ἀποκτείνῃ Φιλίσκον, ἀγώγιμον αὐτὸν ἐκ τῶν συμμάχων εἶναι, πρὸς Διὸς θεάσασθε εἰς ὅσην αἰσχύνην ἂν ἡ πόλις ἡμῶν ἐληλύθει.* **(143)** *ἧκε μὲν γὰρ ὁ Θερσαγόρας καὶ ὁ Ἐξήκεστος εἰς Λέσβον καὶ ᾤκουν ἐκεῖ· εἰ δ᾽ ἐφήπτετό τις τῶν Φιλίσκου φίλων ἢ*

1 *ἐκδεδωκέναι* A 3 *ἔσεσθαι χαρίδημος* A : *Χαρίδημος* del. Weil *ποιεῖ—τουτί*] *τὸ ψήφισμα ποιεῖ ⟨ἢ⟩ τοῦτο* A 4 *ὅτε* om. A : *οὗ γε* Y : [S[a]] *μὲν ⟨γὰρ⟩* A *διείρηται* SFY 9 *καὶ χρόνοις* om. A 13 *δεινὰ ⟨ἔργα⟩* A 14 del. Reiske *ἂν* om. SAY 17–18 *αὐτῶν* (*αὐτῷ* A[a]) *θατέρῳ, τῷ δὲ* A : *αὐτῷ, θατέρῳ δ᾽* SFY : *αὐτῶν θατέρῳ, ⟨θατέρῳ⟩ δ᾽* van Herwerden 19 *τὸν τύραννον* SAF *ἀποκτιννύουσι* F[c] *τὸν* om. A 21 *Φιλίσκου*] *Ἀριοβαρζάνου* Weil 23 *νῦν οὗτος* A 25 *ἂν αἰσχύνην* A *ὑμῶν* SFY 27 *⟨τοῦ⟩ φιλίσκου* (*φίλων ἢ* om.) F

παίδων, ἐξεδίδοντ᾽ ἂν ὑπὸ τοῦ ὑμετέρου ψηφίσματος. πῶς οὖν οὐκ αἰσχρὸν καὶ δεινὸν ἂν ἦτε πεποιηκότες, ἄνδρες Ἀθηναῖοι, εἰ τοὺς μὲν παρ᾽ ὑμῖν τοιοῦτό τι πράξαντας χαλκοῦς ἱστάντες καὶ ταῖς μεγίσταις δωρεαῖς τιμῶντες ἐφαίνεσθε, τοὺς δ᾽ ἑτέρωθί που τὴν αὐτὴν τούτοις διάνοιαν ὑπὲρ τῆς αὑτῶν πατρίδος ἔχοντας ἐκδότους εἶναι κατεψηφισμένοι; τοῦτο τοίνυν ἐπ᾽ ἐκείνου μέν, εὖ ποιοῦν, οὐ συνέβη φενακισθεῖσιν ὑμῖν αἰσχύνην ὀφλεῖν· ἐπὶ τούτου δέ, ἂν ἐμοὶ πίθησθε, φυλάξεσθε. μὴ γὰρ ὡρισμένου μηδενός, ἀλλ᾽ ἁπλῶς "ἄν τις ἀποκτείνῃ Χαρίδημον" γεγραμμένου, τάχ᾽ ἄν, εἰ τύχοι, καὶ τοιοῦτόν τι συμβαίῃ.

144. *Βούλομαι τοίνυν ἤδη καὶ τὰ πεπραγμένα ἐξετάσαι τῷ Χαριδήμῳ διὰ βραχέων, καὶ δεῖξαι τὴν ὑπερβολὴν τῆς ἀναιδείας τῶν ἐπαινούντων αὐτόν. ἓν δ᾽ ὑμῖν ἐκεῖνο ὑπισχνοῦμαι, καί μου μηδεὶς ἀχθεσθῇ τῇ ὑποσχέσει· οὐ μόνον ὑμῖν ἐπιδείξω τῆς φυλακῆς οὐκ ἄξιον ἣν γέγραφεν οὗτος, ἀλλὰ καὶ δίκην δόντ᾽ ἂν δικαίως τὴν μεγίστην, εἴπερ οἱ κακόνοι καὶ φενακίζοντες ὑμᾶς καὶ διὰ παντὸς ἐναντία πράττοντες κολάζοιντ᾽ ἂν δικαίως.* **(145)** *ἴσως δέ τισιν λογιζομένοις ὑμῶν ὅτι πρῶτον μὲν πολίτης γέγονεν ἄνθρωπος, εἶτα πάλιν χρυσοῖς στεφάνοις ὡς εὐεργέτης ἐστεφάνωται, θαυμάζειν ἐπελήλυθεν εἰ τὰ τηλικαῦτα οὕτως ἐξηπάτησθε ῥᾳδίως. εὖ τοίνυν ἴστε, ὦ ἄνδρες Ἀθηναῖοι, ὅτι ἐξηπάτησθε. καὶ δι᾽ ἅ γε εἰκότως τοῦτο πεπόνθατε, ἐγὼ πρὸς ὑμᾶς φράσω. ὅτι, ὦ ἄνδρες Ἀθηναῖοι, πολλὰ γιγνώσκοντες ὀρθῶς ὑμεῖς οὐ διὰ τέλους αὐτοῖς χρῆσθε.* **(146)** *οἷον τί λέγω; εἴ τις ὑμᾶς*

145 *εὖ—πεπόνθατε* Aristid. 37.13
146 *εἴ—πόλει* Greg. Cor. 7.1203.16 (= Caecil. 40.17)

---

1 *ἐξεδίδοτο* SAFY : corr. Seager *ἡμετέρου* SAFY : corr. Wolf 3 *μὲν* om. S[a] *τι* om. Y 4 *φαίνεσθε* SY 6 *κατεψηφίζεσθε* A : *κατεψήφισθε* F[γρ] 7 *ποιοῦσιν* Richards 8 *πείθησθε* SFY : corr. Cobet : *πεισθῆτε* A 15 *μόνον* ⟨*γὰρ*⟩ A 16 *ἄξιον* ⟨*αὐτὸν*⟩ F : ⟨*ὄντ᾽*⟩ Cobet 17 *διδόντ᾽* A 20 *ἄνθρωπος* FY : corr. Bk. : [SA] 21 *ἐστεφάνωτο* A 23–4 *ἅ γ᾽*] *ἅττ᾽* Cobet 24 *ταῦτα* A *πεπόνθατε* ⟨*ἀκούσατέ μου*⟩ Aristid. *φράσω πρὸς ὑμᾶς* A 26 *οἷον*] *ποῖον* Richards 26–1 *ἔροιτο ὑμᾶς* A

ἔροιτο τί πονηρότατον νομίζετε τῶν ἐν τῇ πόλει πάντων ἐθνῶν, οὔτε τοὺς γεωργοὺς οὔτε τοὺς ἐμπόρους οὔτε τοὺς ἐκ τῶν ἀργυρείων οὔτε τῶν τοιούτων οὐδὲν ἂν εἴποιτε, ἀλλ' εἰ τοὺς ἐπὶ μισθῷ λέγειν καὶ γράφειν εἰωθότας εἴποι τις, εὖ οἶδ' ὅτι συμφήσαιτ' ἂν ἅπαντες. μέχρι μὲν δὴ τούτου καλῶς ἐγνώκατε, ἔπειτ' οὐκέτ' ὀρθῶς τὸ λοιπόν. **(147)** *οὓς γὰρ πονηροτάτους νομίζετε πάντων, τούτοις περὶ τοῦ ποῖόν τιν' ἕκαστον χρὴ νομίζειν πεπιστεύκατε· οἱ δ' ὃν ἂν αὑτοῖς λυσιτελῇ, καὶ χρηστὸν καὶ πονηρὸν εἶναί φασιν, οὐχ ὃν ἂν ᾖ δίκαιον καὶ ἀληθές. ὅπερ πεποιήκασι τὸν Χαρίδημον τοῦτον οἱ ῥήτορες πάντα τὸν χρόνον, ὡς καὶ ὑμεῖς ὁμολογήσετε, ἐπειδὰν ἀκούσητέ μου τὰ πεπραγμένα αὐτῷ.*

148. *Ὅσα μὲν δὴ στρατιώτης ὢν ἐν σφενδονήτου καὶ ψιλοῦ μέρει τὸ ἀπ' ἀρχῆς ἐναντία ἐστράτευται τῇ πόλει, οὐ τίθημι ἐν ἀδικήματος μέρει, οὐδ' ὅτι ληστικόν ποτε πλοῖον ἔχων ἐλῄζετο τοὺς ὑμετέρους συμμάχους, ἀλλ' ἐῶ ταῦτα. διὰ τί; ὅτι, ὦ ἄνδρες Ἀθηναῖοι, αἱ ἀναγκαῖαι χρεῖαι τοὺς τοῦ τί πρακτέον ἢ μὴ λογισμοὺς ἀναιροῦσιν ἅπαντας, ὥστ' οὐ πάνυ ταῦτα ἀκριβολογεῖσθαι δεῖ τὸν δικαίως ἐξετάζοντα. ἀλλ' ὅθεν ἀρξάμενος ξεναγῶν ἤδη καί τινων ἄρχων στρατιωτῶν κακῶς ὑμᾶς ἐποίει, ταῦτ' ἀκούσατέ μου.* **(149)** *οὗτος ἓν μὲν ἁπάντων πρῶτον, μισθωθεὶς ὑπὸ Ἰφικράτους καὶ πλεῖον ἢ τρία ἔτη μισθοφορήσας παρ' ἐκείνῳ, ἐπειδὴ τὸν μὲν Ἰφικράτην ἀποστράτηγον ἐποιήσατε, Τιμόθεον δὲ ἐπ' Ἀμφίπολιν καὶ Χερρόνησον ἐξεπέμψατε στρατηγόν, πρῶτον μὲν τοὺς Ἀμφιπολιτῶν ὁμήρους, οὓς παρ' Ἁρπάλου λαβὼν Ἰφικράτης ἔδωκε φυλάττειν αὐτῷ, ψηφισαμένων ὑμῶν ὡς ὑμᾶς κομίσαι παρέδωκεν Ἀμφιπολίταις· καὶ τοῦ μὴ λαβεῖν Ἀμφίπολιν τοῦτ' ἐμποδὼν κατέστη. δεύτερον δέ, μισθουμένου Τιμοθέου πάλιν*

146 *πονηράτατον—ἐμπόρους* Harp. ε 5

1 *πονηρὸν* Y *τῶν* om. Greg. Cor. 2 *ἔθνος* Cobet *γεωργοῦντας* A 3 *οὐδένα* Lamb. 6 *ἔπειτα* ⟨*δὲ*⟩ A 7 *γὰρ* ⟨*αὐτοὶ*⟩ AF : *γὰρ* ⟨*ὑμεῖς αὐτοὶ*⟩ $S^{c(m.a.)}$: *αὖ* Y : *αὐτοὺς* Dobree 9 *καὶ πονηρὸν καὶ χρηστὸν* A 15 *μέρει*] *τάξει* Cobet *ληστρικόν* AF 18 *οὐ* ⟨*μὴ*⟩ S 29 *ἐμπόδιον* A

αὐτὸν καὶ τὸ στράτευμα, τούτῳ μὲν οὐ μισθοῖ, πρὸς δὲ Κότυν πλέων ᾤχετο ἔχων τὰς ὑμετέρας τριακοντόρους, ὃν ἀκριβῶς ᾔδει τῶν ὄντων ἀνθρώπων ἐχθρόταθ' ὑμῖν διακείμενον. **(150)** *καὶ μετὰ ταῦτα, ἐπειδὴ τὸν πρὸς Ἀμφίπολιν πόλεμον πρότερον πολεμεῖν εἵλετο Τιμόθεος τοῦ πρὸς Χερρόνησον, καὶ οὐδὲν εἶχε ποιεῖν ὑμᾶς ἐκεῖ κακόν, μισθοῖ πάλιν αὑτὸν Ὀλυνθίοις τοῖς ὑμετέροις ἐχθροῖς καὶ τοῖς ἔχουσιν Ἀμφίπολιν κατ' ἐκεῖνον τὸν χρόνον. καὶ πλέων ἐκεῖσε, ἐκ Καρδίας ἀναχθείς, ἵνα τἀναντία τῇ πόλει πολεμῇ, ὑπὸ τῶν ἡμετέρων τριήρων ἑάλω. διὰ τὸν παρόντα δὲ καιρὸν καὶ τὸ δεῖν ξένων ἐπὶ τὸν πόλεμον τὸν ἐπ' Ἀμφίπολιν, ἀντὶ τοῦ δίκην δοῦναι ὅτι οὐκ ἀπεδεδώκει τοὺς ὁμήρους καὶ διότι πρὸς Κότυν ἐχθρὸν ὄνθ' ὑμῖν ηὐτομόλησεν ἔχων τὰς τριακοντόρους, πίστεις δοὺς καὶ λαβὼν ἐστράτευσε μεθ' ὑμῶν.* **(151)** *ὧν δ' ἐκεῖνον δίκαιον ἦν χάριν ὑμῖν ἔχειν οὐκ ἀπολωλότα, τοῦτο παθόντ' ἂν δικαίως, ἀντὶ τούτων ὡς ὀφείλουσα ἡ πόλις αὐτῷ στεφάνους καὶ πολιτείαν καὶ ἃ πάντες ἐπίστασθε δέδωκε. καὶ ὅτι ταῦτ' ἀληθῆ λέγω, τό τε ψήφισμα ἀνάγνωθί μοι τὸ περὶ τῶν ὁμήρων, καὶ τὴν Ἰφικράτους ἐπιστολὴν καὶ τὴν Τιμοθέου, καὶ μετὰ ταῦτα τὴν μαρτυρίαν ταυτηνί· ὄψεσθε γὰρ οὐ λόγους οὐδ' αἰτίας, ἀλλ' ἀλήθειαν οὖσαν ὧν λέγω. λέγε {τὴν μαρτυρίαν}.*

ΨΗΦΙΣΜΑ. ΕΠΙΣΤΟΛΑΙ. ΜΑΡΤΥΡΙΑ

152. *Ὅτι μὲν τοίνυν καὶ τὸ πρῶτον, οὗ πολεμεῖν ὑμῖν ᾤετο, ἐκεῖσε ἐμίσθωσεν αὑτὸν πολλαχόσε ἄλλοσε μισθῶσαι παρόν,*

149 *-τέρα[ς τ]ριακ[ον]τόρους*—**150** *ἐχ[θροῖς* P. Oxy. VI 883

3 *τῶν ὄντων*] *πάντων* A Π883 : *τῶν ὄντων* ⟨*ἁπάντων*⟩ F *διακείμενον ἐχθρότατα ὑμῖν* Π883 5 *πρότερον*] *πάλιν* Π883 *προείλετο* A Π883 ut videtur *τιμόθεος*—*πρὸς* om. Π883 7 *καὶ* del. Cobet 8 *ἐκεῖθεν* A 10 *δεῖσθαι* S^{γρ}AF^{γρ} 11 ⟨*δι'*⟩ *ὅτι* A 12 *ἀπέδωκε* A 14–15 *ὧν*—*ἦν*] *ὧν οὐκ ἦν δίκαιον ἐκεῖνον* S^{γρ} 16 *ἀντὶ τούτων* om. A 17 *ἃ πάντες*] *ἅπανθ'* ⟨*ὅσα*⟩ A 21 *λόγον* A *αἰτίαν* SY 21–2 del. Reiske : *τὴν ἐπιστολὴν* AF 23 *ἐπιστολὴ* SFY : corr. Reiske : *ἐπιστολὴ ψήφισμα* A 24 *πολεμήσειν* AF^{c} 25 *μισθῶσαι* del. van Herwerden

καὶ μετὰ ταῦτα, ὡς οὐδὲν ἐκεῖ κακὸν εἶχε ποιεῖν ὑμᾶς, ἔπλει δεῦρο πάλιν οὗ τἀναντί' ἔμελλε πράξειν τῇ πόλει, καὶ τοῦ μὴ λαβεῖν Ἀμφίπολιν πάντων οὗτος αἰτιώτατός ἐστιν, ἀκηκόατ' ἐκ τῆς ἐπιστολῆς καὶ τῆς μαρτυρίας. καὶ τὰ μὲν πρῶτα τοιαῦτ' ἐστὶν τῶν ἔργων τῶν Χαριδήμου, μετὰ ταῦτα δ' ἄλλα θεάσασθε. **(153)** χρόνου γὰρ διελθόντος καὶ τοῦ πολέμου πρὸς Κότυν ὄντος ἤδη, πέμπει πρὸς ὑμᾶς ἐπιστολήν (μᾶλλον δ' οὐχὶ πρὸς ὑμᾶς, ἀλλὰ πρὸς Κηφισόδοτον· οὕτω σφόδρ' ὑπ' αὐτοῦ γε οὐδὲν ἐξαπατηθῆναι τὴν πόλιν ἡγεῖτο, συνειδὼς ἃ πεποίηκεν) ἐν ᾗ Χερρόνησον ὑπέσχετο τῇ πόλει κομιεῖσθαι, πάντα τούτοις τἀναντί' ἐγνωκὼς ποιεῖν. δεῖ δ' ὑμᾶς τὸ πρᾶγμ' οἷον ἦν τὸ περὶ τὴν ἐπιστολὴν ἀκοῦσαι (καὶ γάρ ἐστι βραχύ) καὶ θεωρῆσαι τὸν τρόπον τἀνθρώπου, ὡς ὑμῖν ἀπ' ἀρχῆς κέχρηται. **(154)** ἐκεῖνος ὡς ἀπόμισθος γίγνεται παρὰ τοῦ Τιμοθέου τότε, ἀπ' Ἀμφιπόλεως ἀναχωρῶν, διαβὰς εἰς τὴν Ἀσίαν, διὰ τὴν σύλληψιν τὴν Ἀρταβάζῳ συμβᾶσαν τότε ὑπ' Αὐτοφραδάτου μισθοῖ τὸ στράτευμα καὶ αὑτὸν τοῖς Ἀρταβάζου κηδεσταῖς, λαβὼν δὲ πίστεις καὶ δούς, ὀλιγωρήσας τῶν ὅρκων καὶ παραβὰς αὐτούς, ἀφυλάκτων ὄντων ὡς ἂν πρὸς φίλον τῶν ἐν τῇ χώρᾳ, καταλαμβάνει Σκῆψιν καὶ Κεβρῆνα καὶ Ἴλιον αὐτῶν. **(155)** ἐγκρατὴς δὲ γενόμενος τούτων τῶν χωρίων πρᾶγμ' ἔπαθεν τοιοῦτον οἷον οὐχ ὅτι στρατηγὸς ἂν {ἠγνόησέ} τις εἶναι φάσκων, ἀλλ' οὐδ' ὁ τυχὼν ἄνθρωπος. οὐδ' ὁτιοῦν γὰρ χωρίον ἔχων ἐπὶ θαλάττῃ, οὐδ' ὅθεν ἂν σιτοπομπίας εὐπόρησε τοῖς στρατιώταις, οὐδ' αὖ σῖτον ἔχων ἐν τοῖς χωρίοις, ὑπέμεινεν ἐν τοῖς τείχεσιν καὶ οὐ διαρπάσας ᾤχετο, ἐπειδή γε ἀδικεῖν ἔγνω. ὡς δὲ συλλέξας δύναμιν παρῆν

2 πρᾶξαι A 3 πάντων om. A 4 ἐπιστολῆς ⟨καὶ τοῦ ψηφίσματος⟩ AF[c] 5 δὲ ταῦτα A 6 ⟨βραχέος⟩ διελθόντος A 8 οὐχὶ] οὐ A 9 αὑτοῦ cod. P[c] et Reiske γε om. A οὐδὲν Weil : οὐδ' SAFY : οὐκ Dobree 11 διεγνωκὼς F 12 τὸ περὶ—ἐπιστολὴν del. van Herwerden 17 μισθοῦ S : μισθοῦται S[c]Y τό ⟨τε⟩ A 19 παραβὰς αὐτούς del. van Herwerden 20 κέβρηνα FY 21 τούτων γενόμενος A 23 del. Dobree 24 ἔχων χωρίον A ⟨τῇ⟩ θαλάττῃ A οὐδ' del. Cobet 25 εὐπορήσειε A : εὐπορήσει Y

ὁ Ἀρτάβαζος, ἀφειμένος παρὰ τοῦ Αὐτοφραδάτου, τῷ μὲν ὑπῆρχεν ἐπισιτισμὸς ἐκ τῆς ἄνωθεν Φρυγίας καὶ Λυδίας καὶ Παφλαγονίας οἰκείας οὔσης, τῷ δ' οὐδ' ὁτιοῦν ἄλλο πλὴν πολιορκία περιειστήκει. **(156)** αἰσθόμενος δ' οὗ ἦν κακοῦ καὶ λογισμὸν λαβὼν ὅτι ληφθήσεται, κἂν μηδενὶ τῶν ἄλλων, τῷ γε λιμῷ, εἶδεν, εἴτε δή τινος εἰπόντος εἴτ' αὐτὸς συνείς, ὅτι σωτηρία μόνη γένοιτ' ἂν αὐτῷ ἥπερ ἅπαντας ἀνθρώπους σῴζει. ἔστι δ' αὕτη τίς; ἡ ὑμετέρα, ὦ ἄνδρες Ἀθηναῖοι, εἴτε χρὴ φιλανθρωπίαν λέγειν εἴθ' ὅ τι δήποτε. γνοὺς δὲ τοῦτο πέμπει τὴν ἐπιστολὴν ὑμῖν, ἧς ἄξιόν ἐστιν ἀκοῦσαι, βουλόμενος διὰ τῆς ὑποσχέσεως τοῦ κομιεῖσθαι Χερρόνησον ὑμῖν, καὶ διὰ τοῦ τὸν Κηφισόδοτον δοκεῖν ἐχθρὸν ὄντα τοῦ Κότυος καὶ τοῦ Ἰφικράτους ταῦτα βούλεσθαι, τριήρων εὐπορήσας παρ' ὑμῶν ἀσφαλῶς ἐκ τῆς Ἀσίας ἀποδρᾶναι. **(157)** τί δὴ συμβαίνει παραυτά, ὅθεν ἐξηλέγχθη τὸ πρᾶγμ' ἐπ' αὐτοφώρῳ; ὁ Μέμνων καὶ ὁ Μέντωρ, οἱ κηδεσταὶ τοῦ Ἀρταβάζου, ἄνθρωποι νέοι καὶ κεχρημένοι ἀπροσδοκήτῳ εὐτυχίᾳ τῇ τοῦ Ἀρταβάζου κηδείᾳ, βουλόμενοι τῆς χώρας ἄρχειν εὐθὺς ἐν εἰρήνῃ καὶ τιμᾶσθαι καὶ μὴ πολεμεῖν μηδὲ κινδυνεύειν, πείθουσι τὸν Ἀρτάβαζον τοῦ μὲν τιμωρεῖσθαι τὸν Χαρίδημον ἀφέσθαι, ἀποστεῖλαι δ' ὑπόσπονδον, διδάσκοντες ὡς ὑμεῖς, κἂν ἐκεῖνος μὴ 'θέλῃ, διαβιβᾶτε καὶ οὐ δυνήσεται κωλύειν. **(158)** ὡς δὲ τυγχάνει ταύτης τῆς ἀλόγου καὶ ἀπροσδοκήτου σωτηρίας ὁ Χαρίδημος, διαβὰς εἰς τὴν Χερρόνησον ἐφ' αὑτοῦ διὰ τὰς σπονδάς, τοσούτου ἐδέησεν ἐπελθεῖν τῷ Κότυϊ, γεγραφὼς ὅτι οὐχ ὑπομενεῖ Κότυς αὐτὸν ἐπιόντα, ἢ τὴν Χερρόνησον ὅπως κομιεῖσθε ὑμεῖς συμπρᾶξαι, ὥστε πάλιν μισθώσας αὑτὸν τῷ Κότυϊ τὰ ὑπόλοιπα τῶν ὑμετέρων χωρίων Κριθώτην καὶ

156 εἴτε—δήποτε Alex. 3.24.25 Sp.

---

2 ἄνω A 4 δ' om. S^aA^aY 6 δή om. Alex. συνιείς, ⟨οὐκ ἔχω εἰπεῖν⟩ Alex. 7 ⟨δὲ⟩ σωτηρία Alex. γίνοιτο Alex. 7–8 ἥπερ—τίς om. Alex. 8 ἡμετέρα (ὦ—Ἀθηναῖοι om.) Alex. 9 φιλανθρωπία SF λέγειν ⟨αὐτὴν⟩ Y : ⟨αὐτὴν⟩ λέγειν Alex. δήποτε ⟨ἄλλο⟩ Alex. 13 ὑμῖν A 15 ἐξηλέγχθη ⟨φανερῶς⟩ SY 20 ἀφεῖσθαι A : corr. Cobet : ἀφεῖσθαι ⟨καὶ μὴ πολεμεῖν⟩ SFY 28 κριθωτὴν FY

Ἐλαιοῦντα ἐπολιόρκει. καὶ ὅτι ταῦτα, καὶ ἡνίκα ἔτ' ἦν ἐν τῇ Ἀσίᾳ καὶ τὴν ἐπιστολὴν ἔπεμπε πρὸς ὑμᾶς, ἐγνωκὼς ποιεῖν ἐφενάκιζεν ὑμᾶς, ἀπὸ τῆς διαβάσεως ἣν ἐποιήσατο γνώσεσθε· ἐκ γὰρ Ἀβύδου τῆς τὸν ἅπαντα χρόνον ὑμῖν ἐχθρᾶς καὶ ὅθεν ἦσαν οἱ Σηστὸν καταλαβόντες, εἰς Σηστὸν διέβαινεν, ἣν εἶχε Κότυς. **(159)** καίτοι μὴ νομίζετε μήτ' ἂν τοὺς Ἀβυδηνοὺς αὐτὸν ὑποδέχεσθαι μήτ' ἂν τοὺς ἐν τῇ Σηστῷ, τῆς ἐπιστολῆς ὑμῖν ἐκείνης πεπεμμένης, εἰ μὴ συνῄδεσαν φενακίζοντι αὐτῷ τότε καὶ συνεξηπάτων αὐτοί, βουλόμενοι τοῦ μὲν διαβῆναι τὸ στράτευμα ὑμᾶς παρέχειν τὴν ἀσφάλειαν, διαβάντος δέ, ὅπερ συνέβη δόντος Ἀρταβάζου τὴν ἄδειαν, αὐτοῖς ὑπάρξαι τὴν χρείαν. ὅτι τοίνυν οὕτω ταῦτ' ἔχει, λέγε τὰς ἐπιστολάς, ἥν τ' ἔπεμψεν ἐκεῖνος καὶ τὰς παρὰ τῶν ἀρχόντων τῶν ἐκ Χερρονήσου· γνώσεσθε γὰρ ἐκ τούτων ὅτι ταῦθ' οὕτως ἔχει.

ΕΠΙΣΤΟΛΗ

160. Ἐνθυμεῖσθε ὅθεν οἷ διέβη, ἐξ Ἀβύδου εἰς Σηστόν. ἆρ' οὖν οἴεσθ' ἂν ὑποδέξασθαι τοὺς Ἀβυδηνοὺς ἢ τοὺς Σηστίους, εἰ μὴ συνεξηπάτων ὅτε τὴν πρὸς ὑμᾶς ἔπεμπεν ἐπιστολήν;

Λέγ' αὐτοῖς τὴν ἐπιστολὴν αὐτήν. καὶ θεωρεῖτε, ὦ ἄνδρες Ἀθηναῖοι, τὰς ὑπερβολὰς ὧν αὐτὸς περὶ αὑτοῦ πρὸς ὑμᾶς ἔγραψεν ἐπαίνων, {καὶ} τὰ μὲν ὡς πεποίηκε λέγων, τὰ δ' ὑπισχνούμενος ποιήσειν.

ΕΠΙΣΤΟΛΗ

161. Καλά γε, οὐ γάρ; ὦ ἄνδρες Ἀθηναῖοι, τὰ γεγραμμένα καὶ χάριτος πολλῆς ἄξια, εἴ γ' ἦν ἀληθῆ. νῦν δέ, ὅτε μὲν

1 ἐλεοῦντα SAF 2 ⟨τἀναντία⟩ ἐγνωκὼς A 3 ἣν] ᾗ Dobree 5 ὃν SᵃFᵃY 7 ἂν τοὺς] αὐτοὺς A : αὖ τοὺς Lamb. τῇ Lamb.ᶜ : τῷ SAFY 8 πεμφθείσης A αὐτῷ φενακίζοντι A 10 παρασχεῖν A 11 διδόντος Y 12 ταῦθ' οὕτως A 13 τῶν² om. S 14 ἔχει ⟨λέγε⟩ AF 15 ἐπιστολαὶ AFY 16 οἷ om. SY 17 ἀβυδηνοὺς ⟨αὐτὸν⟩ FY 19 λέγε ⟨δὲ⟩ A αὐτὴν τὴν ἐπιστολὴν A 21 ἐπαινῶν SAFY : corr. Reiske del. Reiske 22 ποιήσειν. ⟨λέγε⟩ AF 24 οὐ γάρ om. Sᵃ 25 μὲν om. SY

τῶν σπονδῶν οὐκ ᾤετο τεύξεσθαι, ταῦτ᾽ ἔγραφεν ἐξαπατῶν· ἐπειδὴ δ᾽ ἔτυχεν, λέγε οἷα ἐποίησεν.

ΕΠΙΣΤΟΛΗ

Οὐκοῦν τοῦ κομιεῖσθαι τὰ ἀπολωλότα χωρία ὑποσχομένου Χαριδήμου διαβάντος φησὶν ὁ ἄρχων Κριθώτης περὶ τῶν ὑπαρχόντων γεγενῆσθαι μείζους τῶν πρότερον τοὺς κινδύνους. λέγ᾽ ἐξ ἑτέρας ἐπιστολῆς ἐπιδείξας.

ΕΠΙΣΤΟΛΗ

Λέγ᾽ ἐξ ἑτέρας.

ΕΠΙΣΤΟΛΗ

162. *Ὁρᾶτε ὅτι πανταχόθεν τὸ πρᾶγμα μαρτυρεῖται, ὅτι διαβὰς οὐκ ἐπὶ τὸν Κότυν, ἀλλ᾽ ἐφ᾽ ἡμᾶς μετ᾽ ἐκείνου ἐπορεύετο. ἔτι τοίνυν ταύτην μόνην ἀνάγνωθί μοι τὴν ἐπιστολήν, τὰς δ᾽ ἄλλας ἔα· δῆλον γάρ που ὑμῖν γέγονεν ὡς πεφενάκικεν ὑμᾶς. λέγε.*

ΕΠΙΣΤΟΛΗ

Ἐπίσχες. ἐνθυμεῖσθε ὅτι γράψας μὲν ὡς ἀποδώσει Χερρόνησον, τὰ λοιπὰ ἀφελέσθαι μισθώσας αὐτὸν τοῖς ὑμετέροις ἐχθροῖς ἐπεχείρει, γράψας δὲ ὡς Ἀλεξάνδρου πρεσβευσαμένου πρὸς αὐτὸν οὐ προσεδέξατο, τοῖς λῃσταῖς φαίνεται τοῖς παρ᾽ ἐκείνου ταὐτὰ πράττων. εὔνους γε, (οὐ γάρ;) ἁπλῶς ὑμῖν, καὶ οὐδὲν ἂν ἐπιστείλας ψεῦδος οὐδ᾽ ἐξαπατήσας.

163. *Οὐ τοίνυν ἐκ τούτων πω δῆλόν ἐσθ᾽, οὕτω σαφῶς δῆλον ὄν, ὡς οὐδὲν πιστόν ἐσθ᾽ ὧν ἐκεῖνός φησιν {προσποιεῖται} τῇ πόλει προσέχειν, ἀλλ᾽ ἐκ τῶν μετὰ ταῦτα συμβάντων ἔσται*

1 *ἐξαπατῶν* ⟨*ὑμᾶς*⟩ A 3 *ἐπιστολή* om. S 5 *Χαριδήμου* del. Weil *κριθωτῆς* SFY 7 *λέγε* ⟨*γ'*⟩ F *ἐπιδείξας* ⟨*λέγε*⟩ A 8 *ἐπιστολή* om. Y 9–10 *λέγ'—ἐπιστολή* om. A 12 *ὑμᾶς* A 14 *ποῦ ὑμῖν* S : *ὑμῖν δήπου* A : *ὑμῖν* del. Weil 20 *πρὸς—οὐ* om. S[a] 22 *ἂν* om. A 24–5 *δῆλον ὄν* om. Y 25 *φησιν* ⟨*ἢ*⟩ AY : *φησιν* ⟨*καὶ*⟩ Feliciana del. van Herwerden 26 *ἀλλὰ* ⟨*καὶ*⟩ AFY

φανερώτερον. τὸν μὲν γὰρ Κότυν, εὖ ποιῶν, ὄντα γ' ἐχθρὸν ἡμῖν καὶ πονηρὸν ἀποκτίννυσιν ὁ Πύθων, ὁ δὲ Κερσοβλέπτης ὁ νυνὶ βασιλεύων μειρακύλλιον ἦν καὶ πάντες οἱ τοῦ Κότυος παῖδες, τῶν δὲ πραγμάτων κύριος διὰ τὴν παρουσίαν καὶ τὸ δύναμιν ἔχειν ὁ Χαρίδημος ἐγεγόνει, ἧκε δὲ Κηφισόδοτος στρατηγῶν, πρὸς ὃν αὐτὸς ἔπεμψε τὴν ἐπιστολὴν ἐκείνην, καὶ αἱ τριήρεις, αἵ, ὅτ' ἦν ἄδηλα τὰ τῆς σωτηρίας αὐτῷ, καὶ μὴ συγχωροῦντος Ἀρταβάζου σῴζειν ἔμελλον αὐτόν. **(164)** τί δὴ προσῆκεν, ὦ ἄνδρες Ἀθηναῖοι, τὸν ὡς ἀληθῶς ἁπλοῦν καὶ φίλον, παρόντος μὲν στρατηγοῦ οὐχ ὧν ἐκεῖνος ἔφησεν ἂν αὐτῷ φθονεῖν οὐδενός, ἀλλ' ὃν αὐτὸς ἑαυτοῦ φίλον προείλετο τῶν παρ' ὑμῖν, καὶ πρὸς ὃν τὴν ἐπιστολὴν ἐπεπόμφει, τετελευτηκότος δὲ Κότυος, κύριον δ' ὄντα τῶν πραγμάτων; οὐκ ἀποδοῦναι μὲν τὴν χώραν εὐθέως ὑμῖν, κοινῇ δὲ μεθ' ὑμῶν καθιστάναι τὸν βασιλέα τῆς Θρᾴκης, δηλῶσαι δ' ὡς εἶχεν εὐνοϊκῶς ὑμῖν, καιροῦ τοιούτου λαβόμενον; **(165)** ἔγωγ' ἂν φαίην. ἆρ' οὖν ἐποίησέ τι τούτων; πολλοῦ γε δεῖ. ἀλλὰ τὸν μὲν ἅπαντα χρόνον μῆνας ἑπτὰ διήγαγεν ἡμᾶς πολεμῶν, ἐκ προφανοῦς ἐχθρὸς ὢν καὶ οὐδὲ λόγον φιλάνθρωπον διδούς. καὶ κατ' ἀρχὰς μὲν ἡμῶν δέκα ναυσὶ μόναις εἰς Πέρινθον ὁρμισαμένων, ἀκηκοότων ὅτι πλησίον ἐστὶν ἐκεῖνος, ὅπως συμμείξαιμεν αὐτῷ καὶ περὶ τούτων εἰς λόγους ἔλθοιμεν, ἀριστοποιουμένους φυλάξας τοὺς στρατιώτας ἐπεχείρησε μὲν ἡμῶν τὰ σκάφη λαβεῖν, πολλοὺς δ' ἀπέκτεινε τῶν ναυτῶν, κατήραξε δ' εἰς τὴν θάλατταν ἅπαντας, ἱππέας ἔχων καὶ ψιλούς τινας. **(166)** μετὰ ταῦτα δὲ πλευσάντων ἡμῶν—οὐκ ἐπὶ τῆς Θρᾴκης τόπον οὐδένα οὐδὲ χωρίον· οὐδὲ γὰρ τοῦτό γ' ἂν εἴποι τις "νὴ Δί', ἀμυνόμενος γὰρ ὑπὲρ τοῦ μὴ παθεῖν ἐποίει τι κακόν"· οὐκ ἔστι τοῦτο· οὐ γὰρ ἤλθομεν οὐδαμοῖ τῆς

2 ὑμῖν A 3 τοῦ om. A 5 ἥκει δὲ ⟨ὁ⟩ A 6 αὐτὸς] οὗτος van Herwerden 10 φίλον ⟨ποιῆσαι⟩ A ὧν] ὃν S[c] : [S] 10–11 φθονεῖν αὐτῷ ἔφησεν ἂν A 10 ἂν om. SF 12 ἡμῖν A 13 ⟨τοῦ⟩ κότυος A 15 τὸν βασιλέα καθιστάναι A 17 ⟨καὶ⟩ δεῖ AF 18 ⟨ἄλλον⟩ ἅπαντα A ἡμῖν A : ⟨πρὸς⟩ ἡμᾶς Cobet 21 ὁρμησαμένων S[a]AF 23 ἐνεχείρησε A 28 γ' om. A 29 οὐδαμοῦ S[c]AF : [S]

Θρᾴκης, ἀλλ᾽ ἐπ᾽ Ἀλωπεκόννησον, ἣ Χερρονήσου μέν ἐστι καὶ ἦν ὑμετέρα, ἀκρωτήριον δ᾽ ἀνέχον πρὸς τὴν Ἴμβρον ἀπωτάτω τῆς Θρᾴκης, λῃστῶν δὲ ἦν μεστὴ καὶ καταποντιστῶν— **(167)** *ἐνταῦθα δ᾽ ἐλθόντων ἡμῶν καὶ πολιορκούντων τούτους, πορευθεὶς διὰ Χερρονήσου πάσης τῆς ὑμετέρας ἡμῖν μὲν προσέβαλλεν, ἐβοήθει δὲ τοῖς λῃσταῖς καὶ καταποντισταῖς. καὶ πρότερον προσκαθήμενος τὸν ὑμέτερον στρατηγὸν ἔπεισε καὶ ἠνάγκασε μὴ τὰ βέλτισθ᾽ ὑπὲρ ὑμῶν πράττειν, ἢ αὐτὸς ὑπὸ τούτου ἐπείσθη ὧν ὡμολογήκει καὶ ὑπέσχητό τι πρᾶξαι, καὶ γράφει δὴ τὰς συνθήκας ταύτας τὰς πρὸς Κηφισόδοτον, ἐφ᾽ αἷς ὑμεῖς οὕτως ἠγανακτήσατε καὶ χαλεπῶς ἠνέγκατε, ὥστε ἀπεχειροτονήσατε μὲν τὸν στρατηγόν, πέντε ταλάντοις δ᾽ ἐζημιώσατε, τρεῖς δὲ μόναι ψῆφοι διήνεγκαν τὸ μὴ θανάτου τιμῆσαι.* **(168)** *καίτοι πηλίκην τινὰ χρὴ νομίζειν, ὦ ἄνδρες Ἀθηναῖοι, ταύτην {τὴν} ἀλογίαν, ὅταν τις ἴδῃ διὰ τὰς αὐτὰς πράξεις τὸν μὲν ὡς ἀδικοῦντα κολασθέντα πικρῶς οὕτως, τὸν δ᾽ ὡς εὐεργέτην ἔτι καὶ νῦν τιμώμενον; ὅτι τοίνυν ταῦτ᾽ ἀληθῆ λέγω, τῶν μὲν τῷ στρατηγῷ συμβάντων δήπου μάρτυρες ὑμεῖς ἐστέ μοι· καὶ γὰρ ἐκρίνεθ᾽ ὑμεῖς καὶ ἀπεχειροτονεῖτε καὶ ὠργίζεσθε, καὶ πάντα ταῦτα σύνισθ᾽ ὑμεῖς· τῶν δ᾽ ἐν Περίνθῳ καὶ τῶν ἐν Ἀλωπεκοννήσῳ κάλει μοι τοὺς τριηράρχους μάρτυρας.*

ΜΑΡΤΥΡΕΣ

169. *Μετὰ ταῦτα τοίνυν, ἐπειδὴ Κηφισόδοτος μὲν ἀπηλλάγη τοῦ στρατηγεῖν, ὑμῖν δ᾽ οὐκ ἐδόκουν καλῶς ἔχειν*

166 *λῃστῶν—καταποντιστῶν* Lex. Pat. ad loc. *λῃσ]τῶν*—**167** *τι* P. Mich. inv. 5472
167 *ὥστε—ἐζημιώσατε* AB 146.18 *τρεῖς—τιμῆσαι* AB 175.11

---

4 *δ᾽* om. AF Π5472 *ἐλθόντων μὲν* Π5472 *τούτους* om. Π5472 5 *⟨λαθὼν καὶ⟩ πορευθεὶς* A *ὑμῖν* A Π5472 7 *⟨οὐ⟩ πρότερον προσκαθήμενος ⟨ἐπαύσατο πρὶν⟩* F$^{\gamma\rho}$ *προσκαθήμενος* om. Π5472 8 *μὴ πράττειν* Π5472 8–9 *ὑπὸ τούτου* del. Benseler cf. 20.14 9 *ὑπέσχετό* AF *τι* om. S^{a}Y 10 *τὰς²* om. AF 12 *τὸν*] *αὐτὸν* Dobree 13 *τὸ*] *τοῦ* S 15 del. Dobree 16 *ἀδικήσαντα* A 20 *δ᾽* om. Y

οὐδὲ δικαίως αἱ πρὸς ἐκεῖνον γραφεῖσαι συνθῆκαι, τὸν μὲν Μιλτοκύθην, τὸν διὰ παντὸς εὔνουν ὑμῖν τοῦ χρόνου, λαβὼν προδοθένθ᾽ ὑπὸ τοῦ Σμικυθίωνος ὁ χρηστὸς οὗτος Χαρίδημος, οὐκ ὄντος νομίμου τοῖς Θρᾳξὶν ἀλλήλους ἀποκτιννύναι, γνοὺς ὅτι σωθήσεται πρὸς Κερσοβλέπτην ἂν ἀχθῇ, παραδίδωσι Καρδιανοῖς τοῖς ὑμετέροις ἐχθροῖς. κἀκεῖνοι λαβόντες καὶ αὐτὸν καὶ τὸν υἱόν, ἀναγαγόντες εἰς τὸ πέλαγος ἐν πλοίῳ, τὸν μὲν υἱὸν ἀπέσφαξαν, ἐκεῖνον δ᾽ ἐπιδόντα τὸν υἱὸν ἀποσφαττόμενον κατεπόντισαν. **(170)** τῶν δὲ Θρᾳκῶν ἁπάντων χαλεπῶς ἐνεγκόντων ἐπὶ τούτοις, καὶ συστραφέντων τοῦ τε Βηρισάδου καὶ τοῦ Ἀμαδόκου, ἰδὼν τὸν καιρὸν τοῦτον Ἀθηνόδωρος, συμμαχίαν ποιησάμενος πρὸς τούτους οἷος ἦν πολεμεῖν. ἐν φόβῳ δὲ καταστάντος τοῦ Κερσοβλέπτου γράφει ὁ Ἀθηνόδωρος συνθήκας, καθ᾽ ἃς ἀναγκάζει τὸν Κερσοβλέπτην ὀμόσαι πρός τε ὑμᾶς καὶ τοὺς βασιλέας εἶναι μὲν τὴν ἀρχὴν κοινὴν τῆς Θρᾴκης εἰς τρεῖς διῃρημένην, πάντας δ᾽ ὑμῖν ἀποδοῦναι τὴν χώραν. **(171)** ὡς δ᾽ ἐν ἀρχαιρεσίαις ὑμεῖς Χαβρίαν ἐπὶ τὸν πόλεμον τοῦτον κατεστήσατε, καὶ τῷ μὲν Ἀθηνοδώρῳ συνέβη διαφεῖναι τὴν δύναμιν χρήματα οὐκ ἔχοντι παρ᾽ ὑμῶν οὐδ᾽ ἀφορμὴν τῷ πολέμῳ, τῷ Χαβρίᾳ δὲ μίαν ναῦν ἔχοντι μόνην ἐκπλεῖν, τί πάλιν ποιεῖ οὗτος ὁ Χαρίδημος; ἃς μὲν ὤμοσε πρὸς τὸν Ἀθηνόδωρον συνθήκας ἔξαρνος γίγνεται καὶ τὸν Κερσοβλέπτην ἀρνεῖσθαι πείθει, γράφει δ᾽ ἑτέρας πρὸς τὸν Χαβρίαν ἔτι τῶν πρὸς Κηφισόδοτον δεινοτέρας· οὐκ ἔχων δ᾽ ἐκεῖνος, οἶμαι, δύναμιν στέργειν ἠναγκάζετο

169 σωθ]ήσεται—**170** καταστάν]τος P. Mich. inv. 5472
170 ἰδὼν—πολεμεῖν Lex. Pat. ad loc.
171 πόλεμον—**172** Γλ[αύκωνος P. Mich. inv. 5472
171 ἐκεῖνος—τούτοις Sud. σ 1045

---

5 ἂν ἀναχθῇ A : [Π5472] 6–7 καὶ τὸν υἱὸν καὶ αὐτόν A : [Π5472] 12 πρὸς τούτους om. S[a] : τούτοις F[a] οἷός ⟨τ'⟩ S[c]F et (ut var. lect.) Lex. Pat. : [Π5472] 14 ὁ om. A καθ' ἃς om. S[a]FY : ἐν αἷς AF[γρ] 15 ἡμᾶς SFY ⟨πρὸς⟩ τοὺς AY 16 ⟨τοὺς⟩ τρεῖς Bl. 20 παρ' ὑμῶν om. Π5472 ἀφορμὴν ⟨οὐδεμίαν⟩ F τῷ[2] om. A δ[ὲ χαβρίᾳ] μίαν Π5472 21 ποιεῖ πάλιν A Π5472 οὗτος post χαρίδημος Π5472 ὁ Χαρίδημος del. van Herwerden 24 τὸν om. A 25 δυνάμει Sud.

τούτοις. **(172)** *ἀκούσαντες δ᾽ ὑμεῖς ταῦτα, ἐν τῷ δήμῳ λόγων ῥηθέντων πολλῶν καὶ τῶν συνθηκῶν ἀναγνωσθεισῶν, οὔτε τὴν Χαβρίου δόξαν αἰσχυνθέντες οὔτε τῶν συναγορευόντων οὐδένα, ἀπεχειροτονήσατε καὶ ταύτας πάλιν τὰς συνθήκας, καὶ ἐψηφίσασθε ψήφισμα Γλαύκωνος εἰπόντος ἑλέσθαι πρέσβεις δέκα ἄνδρας ἐξ ὑμῶν αὐτῶν, τούτους δέ, ἐν μὲν ταῖς πρὸς Ἀθηνόδωρον συνθήκαις {ὁ Κερσοβλέπτης}, ὁρκίσαι πάλιν αὐτόν, εἰ δὲ μή, παρὰ μὲν τοῖν δυοῖν βασιλέοιν ἀπολαβεῖν τοὺς ὅρκους, πρὸς δ᾽ ἐκεῖνον ὅπως πολεμήσετε βουλεύεσθαι.* **(173)** *ἐκπεπλευκότων δὲ τῶν πρέσβεων συμβαίνει τοῖς χρόνοις εἰς τοῦθ᾽ ὑπηγμένα τὰ πράγματα ἤδη, τριβόντων τούτων καὶ οὐδὲν ἁπλοῦν οὐδὲ δίκαιον ὑμῖν ἐθελόντων πρᾶξαι, ὥστ᾽ ἐβοηθοῦμεν εἰς Εὔβοιαν, καὶ Χάρης ἧκεν ἔχων τοὺς ξένους, καὶ στρατηγὸς ὑφ᾽ ὑμῶν αὐτοκράτωρ εἰς Χερρόνησον ἐξέπλει. οὕτω γράφει πάλιν συνθήκας πρὸς τὸν Χάρητα, παραγενομένου Ἀθηνοδώρου καὶ τῶν βασιλέων, ταύτας αἵπερ εἰσὶν ἄρισται καὶ δικαιόταται. καὶ ἔργῳ ἑαυτὸν ἐξήλεγξεν ὅτι καιροφυλακεῖ τὴν πόλιν ἡμῶν, καὶ οὐδὲν ἁπλοῦν ἔγνωκε ποιεῖν οὐδ᾽ ἴσον.* **(174)** *εἶθ᾽ ὃν ὁρᾶτε ἐκ προσαγωγῆς ὑμῖν φίλον, καὶ ὅπως ἂν ὑμᾶς δύνασθαι νομίσῃ, οὕτω πρὸς ὑμᾶς εὐνοίας ἔχοντα, τοῦτον οἴεσθε δεῖν ἰσχυρόν ποτ᾽ ἐᾶσαι γενέσθαι, καὶ ταῦτα δι᾽ ὑμῶν; οὐκ ἄρ᾽ ὀρθῶς ἐγνώκατε. ἵνα τοίνυν εἰδῆτε ὅτι τὰ ἀληθῆ λέγω, λαβέ μοι τὴν ἐπιστολὴν ἣ μετὰ τὰς πρώτας συνθήκας ἦλθεν, εἶτα τὴν παρὰ Βηρισάδου· μάλιστα γὰρ οὕτω γνώσεσθε διδασκόμενοι.*

ΕΠΙΣΤΟΛΗ

Λέγε καὶ τὴν ἐπιστολὴν τὴν τοῦ Βηρισάδου.

1 *τῶν λό[γων ἐν] τῷ δήμῳ* Π5472   2 *παραναγνωσθεισῶν* AY   4 *καὶ ταύτας* om. Π5472   5 *ψηφίζεσθε* A : [Π5472]   6 *αὐτῶν*] *ἁπάντων* Cobet   *ἐν μὲν*] *ἐὰν μὲν ἐμμένῃ* $S^{c(m.a.)}$F (*ἂν* F) : *ἂν ἐμμένῃ* A   7 *ὁ κερσοβλέπτης* $S^{c(m.a.)}$AF : om. SY : del. Weil   11 *ἤδη* om. S^{a} *διατριβόντων* $S^{c(m.a.)}$ 13–14 *ἧκεν τοὺς ξένους ἄγων* A   15 *πάλιν γράφει* A   16 ⟨*τοῦ*⟩ *Ἀθηνοδώρου* Benseler   17 *βέλτισται* A   19 *ἴσον*] *ὅσιον* $S^{c(m.a.)}F^{\gamma\rho}$ *ὃν* om. S^{a} ⟨*ὅνθ᾽*⟩ *ὑμῖν* F^{c} 20 *νομίζῃ* F^{c} 23 *τὰ*] *ταῦτ᾽* AF   27–1 *λέγε—ἐπιστολή* om. A   27 ⟨*παρὰ*⟩ *τοῦ* F

ΕΠΙΣΤΟΛΗ

175. *Ἡ μὲν τοίνυν συμμαχία τοῖς βασιλεῦσι {τοῖν δυοῖν} τοῦτον τὸν τρόπον μετὰ τὴν παράκρουσιν τὴν διὰ τῶν πρὸς Κηφισόδοτον συνθηκῶν συνεστάθη, ἤδη Μιλτοκύθου μὲν ἀνῃρημένου, Χαριδήμου δ' ἔργῳ φανεροῦ γεγενημένου ὅτι τῆς πόλεως ἐχθρός ἐστιν. ὃς γὰρ ὃν ᾔδει διὰ παντὸς τοῦ χρόνου πάντων τῶν Θρᾳκῶν εὐνούστατον ὄνθ' ὑμῖν, τοῦτον ἠξίωσεν ὑποχείριον λαβὼν τοῖς ὑμετέροις ἐχθροῖς Καρδιανοῖς ἐγχειρίσαι, πῶς οὐ μεγάλης ἔχθρας δεῖγμα πρὸς ὑμᾶς ἐξέφερεν; ἃς δὴ τὸν πόλεμον δεδιὼς τὸν πρὸς τοὺς Θρᾷκας καὶ πρὸς Ἀθηνόδωρον ἐποιήσατο συνθήκας μετὰ ταῦθ' ὁ Κερσοβλέπτης, λέγε.*

ΣΥΝΘΗΚΑΙ

176. *Ταῦτα τοίνυν γράψας καὶ συνθέμενος, καὶ τὸν ὅρκον ὃν ὑμεῖς ἠκούσατε ὀμόσας, ἐπειδὴ τὴν μὲν Ἀθηνοδώρου δύναμιν διαφειμένην εἶδεν, μιᾷ δὲ μόνον τριήρει Χαβρίαν ἥκοντα, οὔτε τὸν Ἰφιάδου παρέδωκεν υἱὸν ἡμῖν οὔτ' ἄλλ' οὐδὲν ὧν ὤμοσ' ἐποίησεν, ἀλλὰ καὶ περὶ τῶν ἄλλων τῶν γεγραμμένων ἐν ταῖς συνθήκαις ἔξαρνος γίγνεται, καὶ γράφει ταύτας τὰς συνθήκας. λαβέ μοι καὶ λέγε ταυτασί.*

ΣΥΝΘΗΚΑΙ

177. *Ἐνθυμεῖσθ' ὅτι καὶ τέλη καὶ δεκάτας ἠξίου λαμβάνειν, καὶ πάλιν ὡς αὑτοῦ τῆς χώρας οὔσης τοὺς λόγους ἐποιεῖτο, τοὺς δεκατηλόγους ἀξιῶν τοὺς αὑτοῦ τῶν τελῶν κυρίους εἶναι, καὶ τὸν ὅμηρον τὸν υἱὸν τὸν Ἰφιάδου, ὃν ὑπὲρ Σηστοῦ ἔχων ὤμοσε πρὸς τὸν Ἀθηνόδωρον παραδώσειν, οὐδ'*

177 *τοὺς δεκατηλόγους—αὑτοῦ* Lex. Pat. ad loc.

2 *τοῖν βασιλέοιν τοῖν δυοῖν* A : *τοῖν δυοῖν βασιλέοιν* F : del. Baiter–Sauppe 8 *ὑποχείριον ἠξίωσε* SFY 9 *ἐγχειρῆσαι* A 10 *δὲ* A 11 ⟨*καὶ*⟩ *μετὰ* F 15 *ἠκούσατε ὑμεῖς* A 16 *μιᾷ*] *μόνῃ* F 17 *ὑμῖν* A : del. Rosenberg : *ἡμῖν υἱὸν* Y 25 *τὸν*³] *τοῦ* SY

ὑπισχνεῖται παραδώσειν ἔτι. λαβὲ τὸ ψήφισμα ὃ πρὸς ταῦθ' ὑμεῖς ἐψηφίσασθε. λέγε.

ΨΗΦΙΣΜΑ

178. Ἐλθόντων τοίνυν μετὰ ταῦτα τῶν πρέσβεων εἰς Θρᾴκην, ὁ μὲν Κερσοβλέπτης ὑμῖν ἐπιστέλλει ταυτί, καὶ οὐδ' ὁτιοῦν ὡμολόγει δίκαιον, οἱ δ' ἕτεροι ταυτί. λέγε αὐτοῖς.

ΕΠΙΣΤΟΛΗ

Λέγε δὴ τὴν παρὰ τῶν βασιλέων. καὶ σκοπεῖτε εἰ ἄρα ὑμῖν δοκοῦσι μηδὲν ἐγκαλεῖν.

ΕΠΙΣΤΟΛΗ

Ἆρα γ' ὁρᾶτε καὶ συνίετε, ὦ ἄνδρες Ἀθηναῖοι, τὴν πονηρίαν καὶ τὴν ἀπιστίαν, ὡς ἄνω καὶ κάτω; τὸ πρῶτον ἠδίκει Κηφισόδοτον, πάλιν φοβηθεὶς Ἀθηνόδωρον ἐπαύσατο· αὖθις ἠδίκει Χαβρίαν, πάλιν ὡμολόγει Χάρητι. πάντ' ἄνω καὶ κάτω {πεποίηκεν}, καὶ οὐδὲν ἁπλῶς οὐδὲ δικαίως ἔπραξεν.

179. *Μετὰ ταῦτα τοίνυν ὅσον μὲν χρόνον ἡ ὑμετέρα δύναμις παρῆν ἐν Ἑλλησπόντῳ, κολακεύων καὶ φενακίζων ὑμᾶς διαγέγονεν· ἐπεὶ δὲ εἶδε τάχιστα τὸν Ἑλλήσποντον ἔρημον δυνάμεως, εὐθὺς ἐνεχείρει καταλύειν καὶ ἀπαλλάξαι τοὺς δύο {τῆς ἀρχῆς} καὶ πᾶσαν ὑφ' ἑαυτῷ ποιήσασθαι τὴν ἀρχήν, ἔργῳ πεῖραν ἔχων ὅτι τῶν πρὸς ὑμᾶς οὐδὲν μὴ δυνηθῇ πρότερον λῦσαι, πρὶν ἂν ἐκβάλῃ τούτους.* **(180)** *ἵνα δ' ὡς ῥᾷστα τοῦτο περάνειε, ψήφισμα τοιοῦτο παρ' ὑμῶν εὕρετο ἐξ οὗ κυρωθέντος ἄν, εἰ μὴ δι' ἡμᾶς καὶ ταύτην τὴν γραφήν, ἠδίκηντο μὲν φανερῶς οἱ δύο τῶν βασιλέων, ἡσυχίαν δ' ἂν ἦγον οἱ στρατηγοῦντες αὐτοῖς, ὁ Βιάνωρ, ὁ Σίμων, ὁ Ἀθηνόδωρος, φοβούμενοι τὴν διὰ τοῦ ψηφίσματος συκο-*

1 λαβὲ ⟨δὴ⟩ A 2 ἐψηφίσασθε ὑμεῖς A 8 βασιλέων ⟨ἐπιστολήν⟩ F 11 ἆρα γ' om. SY (cf. 122) : γ' om. A ὁρᾶτε καὶ del. Cobet 15 del. Cobet 18 ἐπειδὴ δὲ A 18–19 τάχιστα ἔρημον τὸν ἑλλήσποντον εἶδε A 19 καταλύσας . . . ἀπαλλάξας A 20 del. Dobree καὶ om. A 21 τὴν ἀρχήν del. Bl. 23 τοιοῦτόν ⟨τι⟩ F : παρ' ὑμῶν τοιοῦτον A

φαντίαν, ὁ δὲ ταύτης τῆς ἐξουσίας ἀπολαύσας καὶ πᾶσαν ὑφ' αὑτῷ λαβὼν τὴν ἀρχὴν ἰσχυρὸς ἂν ἐχθρὸς ὑπῆρχεν ὑμῖν.

181. Ἔχει δ' ὁρμητήριον παρὰ πάντα τὸν χρόνον αὑτῷ τετηρημένον τὴν Καρδιανῶν πόλιν, ἣν ἐν ἁπάσαις μὲν ταῖς συνθήκαις ἐξαίρετον αὑτῷ γέγραφεν, τὸ τελευταῖον δὲ καὶ φανερῶς αὐτὴν ἀφείλετο παρ' ὑμῶν. καίτοι τοῖς ἀπηλλαγμένοις μὲν τοῦ περὶ ἡμῶν τι φρονεῖν ἄδικον, μετὰ πάσης δ' ἀληθείας ἁπλῶς εὐνοεῖν ἡμῖν ᾑρημένοις τί προσῆκεν αὑτοῖς ὁρμητήριον καταλείπειν χρήσιμον τοῦ πρὸς ἡμᾶς πολέμου; **(182)** ἴστε γὰρ δήπου τοῦτο, οἱ μὲν ἀφιγμένοι σαφῶς, οἱ δ' ἄλλοι τούτων ἀκούοντες, ὅτι τῆς Καρδιανῶν πόλεως ἐχούσης ὡς ἔχει, εἰ γενήσεται τὰ πρὸς τοὺς Θρᾷκας εὐτρεπῆ τῷ Κερσοβλέπτῃ, παρ' ἡμέραν ἔξεστιν αὐτῷ βαδίζειν ἐπὶ Χερρόνησον ἀσφαλῶς. ὥσπερ γὰρ Χαλκὶς τῷ τόπῳ τῆς Εὐβοίας πρὸς τῆς Βοιωτίας κεῖται, οὕτω Χερρονήσου κεῖται πρὸς τῆς Θρᾴκης ἡ Καρδιανῶν πόλις. ἣν ὃν ἔχει τόπον ὅστις οἶδεν ὑμῶν, οὐδ' ἐκεῖν' ἀγνοεῖ, τίνος εἵνεκα καιροῦ περιπεποίηται καὶ διεσπούδασται μὴ λαβεῖν ὑμᾶς. **(183)** ὃν οὐ συμπαρασκευάσαι καθ' ὑμῶν αὐτῶν ὀφείλετε, ἀλλὰ κωλῦσαι καθ' ὅσον δυνατὸν καὶ σκοπεῖν ὅπως μὴ γενήσεται, ἐπεὶ ὅτι γε οὐδ' ἂν ὁντινοῦν καιρὸν παρείη, δεδήλωκεν. Φιλίππου γὰρ εἰς Μαρώνειαν ἐλθόντος ἔπεμψε πρὸς αὐτὸν Ἀπολλωνίδην, πίστεις δοὺς ἐκείνῳ καὶ Παμμένει· καὶ εἰ μὴ κρατῶν τῆς χώρας Ἀμάδοκος ἀπεῖπε Φιλίππῳ μὴ ἐπιβαίνειν, οὐδὲν ἂν ἦν ἐν μέσῳ πολεμεῖν ἡμᾶς πρὸς Καρδιανοὺς ἤδη καὶ Κερσοβλέπτην. καὶ ὅτι ταῦτ' ἀληθῆ λέγω, λαβὲ τὴν Χάρητος ἐπιστολήν.

ΕΠΙΣΤΟΛΗ

182 *ὥσπερ—πόλις* Greg. Cor. 7.1150.24 W.

3 εἶχε AF^γρ 6 αὐτὴν om. A 7 ὑμῶν A 8 ὑμῖν προηρημένοις τί προσῆκον A 9 καταλιπεῖν AF : καταλειπεῖν sic S ὑμᾶς A 12 εὐπρεπῆ A 13 ἀσφαλῶς ἐπὶ χερρόνησον A 14 ὥσπερ γὰρ] ὡς ἡ Greg. Cor. 14–15 πρὸ . . . πρὸ A Greg. Cor. 15–16 κεῖται ante πόλις Greg. Cor. 18 ὃν ⟨ὑμεῖς⟩ F 20 γενήσεται] δυνήσεται S^c F^c 24 ἂν om. A ⟨τοῦ⟩ πολεμεῖν (vel ⟨τὸ μὴ⟩) Dobree ἡμῖν A 25 ἤδη om. A κερσοβλέπτῃ S 26 λαβέ ⟨μοι⟩ AF

184. *Ταῦτα μέντοι δεῖ σκοπουμένους ἀπιστεῖν καὶ μὴ τετυφῶσθαι, μηδ᾽ ὡς εὐεργέτῃ προσέχειν τὸν νοῦν. οὐ γὰρ ὧν ἀναγκαζόμενος φίλος εἶναί φησι φενακίζων ὑμᾶς, χάριν ἐστὶ δίκαιον ὀφείλειν Κερσοβλέπτῃ, οὐδ᾽ ὧν μικρὰ ἀναλίσκων ἰδίᾳ καὶ τοῖς στρατηγοῖς καὶ τοῖς ῥήτορσι Χαρίδημος διαπράττεται πρὸς ὑμᾶς ἐπαίνους αὑτοῦ γράφεσθαι· ἀλλ᾽ ὧν, ὁσαχοῦ κύριος γέγονε τοῦ πράττειν ὅ τι βούλεται, πανταχοῦ κακῶς ἐπιχειρῶν ἡμᾶς ποιεῖν φαίνεται, τούτων πολὺ μᾶλλον ὀργίζεσθαι προσήκει.* **(185)** *οἱ μὲν τοίνυν ἄλλοι πάντες, ὅσοι τι παρ᾽ ὑμῶν εὕρηνται πώποτε, ἐφ᾽ οἷς εὖ πεποιήκασιν ὑμᾶς τετίμηνται, οὗτος δὲ εἷς ἁπάντων τῶν ἄλλων μόνος ἐφ᾽ οἷς ἐγχειρῶν οὐ δεδύνηται κακῶς ποιῆσαι. καίτοι τῷ τοιούτῳ τὸ δίκης, ἣν ἔδωκε δικαίως ἄν, ἀφεῖσθαι, μεγάλη δωρεὰ παρ᾽ ὑμῶν ἦν. ἀλλ᾽ οὐ ταῦτα δοκεῖ τοῖς ῥήτορσιν, ἀλλὰ πολίτης, εὐεργέτης, στέφανοι, δωρεαί, δι᾽ ἃ τούτοις ἰδίᾳ δίδωσιν· οἱ δ᾽ ἄλλοι πεφενακισμένοι κάθησθε, τὰ πράγματα θαυμάζοντες.* **(186)** *τὸ τελευταῖον δὲ νυνὶ καὶ φύλακας κατέστησαν ὑμᾶς ἐκείνου διὰ τοῦ προβουλεύματος τούτου, ⟨κ⟩εἰ μὴ τὴν γραφὴν ἐποιησάμεθ᾽ ἡμεῖς ταυτηνί, καὶ {τὸ τοῦ} μισθοφόρου καὶ θεραπεύοντος ἐκεῖνον ἔργον ἡ πόλις ἂν διεπράττετο, ἐφρούρει Χαρίδημον. καλόν γέ, οὐ γάρ; ὦ Ζεῦ καὶ θεοί, ὃς αὐτός ποτε τοὺς ὑμετέρους ἐχθροὺς μισθὸν λαμβάνων ἐδορυφόρει, τοῦτον ὑφ᾽ ὑμετέρου ψηφίσματος φανῆναι φυλαττόμενον.*

187. *Ἴσως τοίνυν ἐκεῖνο ἄν τίς μ᾽ ἔροιτο, τί δήποτε ταῦτ᾽ εἰδὼς οὕτως ἀκριβῶς ἐγὼ καὶ παρηκολουθηκὼς ἐνίοις τῶν ἀδικημάτων εἴασα, καὶ οὔθ᾽ ὅτ᾽ αὐτὸν ἐποιεῖσθε πολίτην οὐδὲν ἀντεῖπον, οὔθ᾽ ὅτ᾽ ἐπῃνεῖτε, οὔθ᾽ ὅλως πρότερον, πρὶν*

186 *καὶ τὸ—Χαρίδημον* Syr. 1.81.7 R.

---

4 *Κερσοβλέπτῃ* del. Baiter–Sauppe ‘ut Charidemus intelligi possit’ 5 *Χαρίδημος* del. Weil 8 *ὑμᾶς* A 12 *ποιῆσαι κακῶς* A 17 *καὶ*] *κἂν* Cobet *φύλακας* ⟨*ἂν*⟩ S[c]F 18 add. Westermann 19 del. Dobree 20 *πόλις* ⟨*ἡμῶν*⟩ Syr. *ἂν* om. Syr. 20–1 *ἐφρούρει Χαρίδημον* del. Cobet 21 *Χαρίδημον* ⟨*οἴμοι*⟩ Syr. *ὅς* ⟨*γε*⟩ F[c] 22 *ἡμετ-* A *τοῦτον* om. S[a] 23 *ἡμετ-* AF[c] *φυλαττόμενον φανῆναι* A 24 *τις ἄν* A 25 *ἀκριβῶς οὕτως* A

τὸ ψήφισμα τουτὶ γενέσθαι, λόγον ἐποιησάμην οὐδένα. ἐγὼ δ', ὦ ἄνδρες Ἀθηναῖοι, πρὸς ὑμᾶς ἅπασαν ἐρῶ τὴν ἀλήθειαν. καὶ γὰρ ὡς ἀνάξιος ἦν ᾔδειν, καὶ παρῆν ὅτε τούτων ἠξιοῦτο, καὶ οὐκ ἀντεῖπον· ὁμολογῶ. **(188)** διὰ τί; ὅτι, ὦ ἄνδρες Ἀθηναῖοι, πρῶτον μὲν ἀσθενέστερον ἡγούμην ἔσεσθαι πολλῶν ψευδομένων ἑτοίμως περὶ αὐτοῦ πρὸς ὑμᾶς ἕνα τἀληθῆ λέγοντ' ἐμαυτόν· ἔπειθ' ὧν μὲν ἐκεῖνος εὑρίσκετο ἐξαπατῶν ὑμᾶς, μὰ τὸν Δία καὶ θεοὺς πάντας οὐδενὸς εἰσῄει μοι φθονεῖν, κακὸν δ' οὐδὲν ἑώρων ὑπερφυὲς πεισομένους ὑμᾶς, εἴ τιν' ἠδικηκότα πολλὰ ἀφίετε καὶ προυκαλεῖσθέ τι τοῦ λοιποῦ ποιεῖν ὑμᾶς ἀγαθόν· ἐν γὰρ τῷ πολίτην ποιεῖσθαι καὶ στεφανοῦν ταῦτ' ἐνῆν ἀμφότερα. **(189)** ἐπειδὴ δὲ ὁρῶ προσκατασκευαζόμενόν τι τοιοῦτον δι' οὗ, ἂν μόνον εὐτρεπίσηται τοὺς ἐνθάδε ἐξαπατήσοντας ὑμᾶς ὑπὲρ αὐτοῦ, τῶν γ' ἔξω φίλων καὶ βουλομένων ἄν τι ποιεῖν ὑμᾶς ἀγαθὸν κἀκεῖνον κωλύειν ἐναντία πράττειν ὑμῖν, οἷον Ἀθηνόδωρον λέγω, Σίμωνα, Βιάνορα, Ἀρχέβιον τὸν Βυζάντιον, τοὺς Θρᾷκας τοὺς δύο, τοὺς βασιλέας, τούτων μηδενὶ μήτ' ἐναντιωθῆναι μήτε κωλύειν ἐκεῖνον ἐξέσται, τηνικαῦθ' ἥκω καὶ κατηγορῶ. **(190)** καὶ νομίζω τὸ μέν, οἷς ἔμελλεν ἐκεῖνος λαβὼν μηδὲν ὑπερμέγεθες τὴν πόλιν βλάψειν, ἀντιλέγειν ἢ κακῶς ἰδίᾳ πεπονθότος ἢ συκοφαντοῦντος εἶναι, τὸ δ', ἐφ' οἷς μέγα πρᾶγμα ἀλυσιτελὲς τῇ πόλει κατεσκευάζετο, ἐναντιοῦσθαι χρηστοῦ καὶ φιλοπόλιδος ἀνδρὸς ἔργον εἶναι. διὰ ταῦτ' ἐπ' ἐκείνοις οὐδὲν εἰπὼν νῦν λέγω.

191. Ἔστι τοίνυν τις αὐτοῖς τοιοῦτος λόγος δι' οὗ προσδοκῶσι παράξειν ὑμᾶς, ὡς ὁ Κερσοβλέπτης καὶ ⟨ὁ⟩ Χαρίδημος ἴσως ἐναντί' ἔπραττον τῇ πόλει τότε ὅτ' ἦσαν ἐχθροί, νῦν δὲ φίλοι καὶ χρησίμους παρέχουσιν ἑαυτούς. οὐ δὴ δεῖ μνησικακεῖν· οὐδὲ γὰρ Λακεδαιμονίους ὅτ' ἐσῴζομεν, οὐκ

1 *γενέσθαι τουτί* A *οὐδένα ἐποιησάμην* A 3 *ἦν* om. S 7 *εὑρίσκετο*] *ἐφαίνετο* F 8 ⟨*τοὺς*⟩ *θεοὺς* A *ἐπῄει* A 9 *ὑμᾶς πεισομένους* F *εἴ*] *ἤ* S[a] 10 *ἀφείετε* S : *ἠφείετε* S[c(m.a.)] *προκαλεῖσθέ* Y 12 *προκατασκ.* A 14 *ὑμᾶς* om. A 18 *βασιλεῖς* SA *μηδὲν* A 27 add. Schaefer 29 *δέ* ⟨*γ' εἰσι*⟩ AF 30 *δεῖν* Cobet

ἀνεμιμνῃσκόμεθα εἴ τι κακῶς ἐποίησαν ἡμᾶς ὄντες ἐχθροί, οὐδὲ Θηβαίους, οὐδ' Εὐβοέας τὰ τελευταῖα νυνί. **(192)** ἐγὼ δ' ἡγοῦμαι τοῦτον τὸν λόγον, εἰ μὲν ἔν τινι καιρῷ, βοηθείας γεγραμμένης τῷ Κερσοβλέπτῃ καὶ τῷ Χαριδήμῳ, κωλυόντων ἡμῶν ταύτην, ἔλεγον, ὀρθῶς ἂν λέγεσθαι· εἰ δὲ τοιούτου μὲν μηδενὸς ὄντος μηδὲ γεγραμμένου, βουλόμενοι δὲ μείζω τοῦ δέοντος ποιῆσαι διὰ τοῦ παρ' ὑμῶν ἄδειαν λαβεῖν τοὺς ἐκείνου στρατηγοὺς ἐροῦσι, δεινὰ ποιεῖν αὐτοὺς ἡγοῦμαι. οὐ γάρ ἐστι δίκαιον, ἄνδρες Ἀθηναῖοι, τοὺς τῶν σωθῆναι ζητούντων λόγους πρὸς ὑμᾶς λέγειν ὑπὲρ τῶν ὅπως ἀδικεῖν αὐτοῖς ἐξέσται πραττόντων. **(193)** χωρὶς δὲ τούτων, εἰ μὲν ἐχθρὸς ὢν κακῶς ἐποίει, φίλος δὲ φήσας μετεβέβλητο, τάχ' ἂν ταῦτά τις ἤκουεν· ἐπειδὴ δ' οὐ τοιοῦτ' ἐστίν, ἀλλ' ἐξ οὗ φίλος εἶναι προσποιεῖται, ἐκ τούτου πλεῖστα καὶ ὑμᾶς ἐξηπάτηκεν, εἰ μὴ καὶ δι' ἐκεῖνα μισεῖν, διά γε ταῦτ' ἀπιστεῖν δήπου προσήκει. καὶ μὴν περὶ τοῦ γε μὴ μνησικακεῖν ἔγωγε ὡδί πως λέγω· ὁ μὲν ἕνεκα τοῦ κακόν τι ποιεῖν τὰ τοιαῦτ' ἐξετάζων μνησικακεῖ, ὁ δ' ὑπὲρ τοῦ μὴ παθεῖν, ἀλλὰ φυλάξασθαι σκοπῶν σωφρονεῖ.

194. Ἴσως τοίνυν καὶ τοιαύτην τιν' ἐροῦσιν ὑπόνοιαν, ὡς ὡρμηκότα νῦν τὸν ἄνθρωπον φίλον εἶναι καὶ βουλόμενόν τι ποιεῖν ἀγαθὸν τὴν πόλιν εἰς ἀθυμίαν τρέψομεν, εἰ καταψηφιούμεθα, καὶ ποιήσομεν ὑπόπτως ἔχειν πρὸς ἡμᾶς. ἐγὼ δ', ὦ ἄνδρες Ἀθηναῖοι, θεάσασθ' ὡς ἔχω. εἰ μετ' ἀληθείας ἁπλῶς ἦν ἡμῖν φίλος καὶ νὴ Δία πάντα {τ}ἀγαθὰ ἔμελλεν ἡμᾶς ποιήσειν, οὐδ' ἂν οὕτως ᾤμην δεῖν τοῦτον ἀκούειν τὸν λόγον· οὐδένα γὰρ ἂν νομίζω τοσαῦτ' ἀγαθὰ ποιῆσαι, δι' ὃν ὑμῖν προσήκειν ἐπιορκῆσαι καὶ παρ' ἃ φαίνεται δίκαια τὴν

5 ταύτη S[a]Y : ταῦτ' ⟨ἂν⟩ A 6–7 ποιῆσαι τοῦ δέοντος F 8 ἐροῦσι om. A 9 ⟨ὦ⟩ ἄνδρες AF 11 ἔσται A 12 ὢν ⟨χαρίδημος⟩ A φήσας ⟨εἶναι⟩ AF 13 ταῦτά om. A 14 καὶ om. AF : καὶ πλεῖστα Butcher 15 καὶ om. A ⟨δεῖ⟩ μισεῖν F ταὐτά γε F 16 ⟨καὶ⟩ περὶ F γε om. AF 17 τι κακὸν AF 23 ὑμᾶς A : πρὸς ἡμᾶς ἔχειν F 25 del. Dobree 26 οὕτω τοῦτον ᾤμην δεῖν F 27 ἂν om. F : ἂν ante ποιῆσαι cod. V 28 δίκαια ⟨εἶναι⟩ FY

ψῆφον θέσθαι. **(195)** ἐπειδὴ δὲ καὶ φενακίζων καὶ οὐδ᾽ ὁτιοῦν ὑγιὲς πράττων ἐξελέγχεται, δυοῖν ἀγαθοῖν θάτερον ὑμῖν, ἂν καταψηφίσησθε, συμβήσεται· ἢ γὰρ ἐξαπατῶν παύσεται νομίσας οὐκέτι λανθάνειν ἢ εἴπερ αὐτῷ βουλομένῳ πρὸς ὑμᾶς ἔστιν οἰκείως ἔχειν ὡς ἀληθῶς, ἀγαθόν τι ποιεῖν πειράσεται, γνοὺς ὅτι τῷ φενακίζειν οὐκέθ᾽ ἃ βούλεται πράξει. ὥστε καὶ εἰ μηδὲ δι᾽ ἓν τῶν ἄλλων, διὰ τοῦτο καταψηφίσασθαι συμφέρει.

196. Ἄξιον τοίνυν, ὦ ἄνδρες Ἀθηναῖοι, κἀκεῖνο ἐξετάσαι, πῶς ποθ᾽ οἱ πάλαι τὰς τιμὰς ἔνεμον καὶ τὰς δωρεὰς τοῖς ὡς ἀληθῶς εὐεργέταις, καὶ ὅσοι πολῖται τύχοιεν ὄντες καὶ ὅσοι ξένοι. κἂν μὲν ἴδητ᾽ ἐκείνους ἄμεινον ὑμῶν, καλὸν τὸ μιμήσασθαι, ἂν δ᾽ ὑμᾶς αὐτούς, ἐφ᾽ ὑμῖν ἔσται τὸ πράττειν. πρῶτον μὲν τοίνυν ἐκεῖνοι Θεμιστοκλέα τὸν τὴν ἐν Σαλαμῖνι ναυμαχίαν νικήσαντα καὶ Μιλτιάδην τὸν ἡγούμενον Μαραθῶνι καὶ πολλοὺς ἄλλους, οὐκ ἴσα τοῖς νῦν στρατηγοῖς ἀγαθὰ εἰργασμένους, οὐ χαλκοῦς ἵστασαν οὐδ᾽ ὑπερηγάπων. **(197)** οὐκ ἄρα τοῖς ἑαυτοὺς ἀγαθόν τι ποιοῦσιν χάριν εἶχον; σφόδρα γε, ὦ ἄνδρες Ἀθηναῖοι, καὶ ἀπεδίδοσάν γε καὶ αὑτῶν κἀκείνων ἀξίαν· ὄντες γὰρ πολλοῦ πάντες ἄξιοι προὔκρινον ἐκείνους αὑτῶν ἡγεῖσθαι. ἔστι δὲ σώφροσιν ἀνθρώποις καὶ πρὸς ἀλήθειαν βουλομένοις σκοπεῖν πολὺ μείζων τιμὴ τῆς χαλκῆς εἰκόνος τὸ καλῶν κἀγαθῶν ἀνδρῶν κεκρίσθαι πρῶτον. **(198)** καὶ γάρ τοι τῶν ἔργων τῶν τότε, ἄνδρες Ἀθηναῖοι, οὐδενὸς ἀπεστέρησαν ἑαυτούς, οὐδ᾽ ἔστ᾽ οὐδεὶς ὅστις ἂν εἴποι τὴν ἐν Σαλαμῖνι ναυμαχίαν Θεμιστοκλέους, ἀλλ᾽ Ἀθηναίων, οὐδὲ τὴν Μαραθῶνι μάχην Μιλτιάδου, ἀλλὰ τῆς πόλεως. νῦν

195 *καὶ εἰ—ἄλλων* Hermog. 306.5 R.
196 *ἐκεῖνοι*—**200** *μόνον* D. 13.21–4
198 *οὐδ᾽—εἴποι* AB 160.31

---

7 *τῶν ἄλλων*] *ἄλλο* Hermog. ⟨*γε*⟩ *τοῦτο* A : *τοῦτό* ⟨*γε*⟩ F 11 *ὑμῶν* ⟨*χρωμένους*⟩ A 12 *ἐστι* Y 14 *νικήσαντα*] *στρατηγοῦντα* 13.21 (SAY[γρ]) : *στρατηγήσαντα* 13.21 (FY) 16 ⟨*μὰ δι᾽*⟩ *οὐ* 13.21 *οὐδ᾽ ὑπερηγάπων* om. 13.21 (SA[a]) 17 hoc caput om. or. 13 *ἑαυτοὺς* post *ποιοῦσιν* AF : susp. Weil 19 *ἄξια* SY 22 *ἀνδρῶν* om. Y *πρώτους* SFY 23–4 *τῶν τότε . . . οὐδενὸς*] *οὐδενὸς . . . τῶν τότε* F 13.22 23 ⟨*ὦ*⟩ *ἄνδρες* AF 13.22 24 *ἀπέστησαν αὑτοῖς* Cobet

δ᾽, ὦ ἄνδρες Ἀθηναῖοι, πολλοὶ τοῦτο λέγουσιν, ὡς Κέρκυραν εἷλε Τιμόθεος καὶ τὴν μόραν κατέκοψεν Ἰφικράτης καὶ τὴν περὶ Νάξον ἐνίκα ναυμαχίαν Χαβρίας· δοκεῖτε γὰρ αὐτοὶ τῶν ἔργων τούτων παραχωρεῖν τῶν τιμῶν ταῖς ὑπερβολαῖς αἷς δεδώκατ᾽ ἐπ᾽ αὐτοῖς ἑκάστῳ τούτων. **(199)** τὰς μὲν δὴ πολιτικὰς δωρεὰς οὕτως ἐκεῖνοί τε καλῶς καὶ λυσιτελούντως αὑτοῖς ἐδίδοσαν καὶ ἡμεῖς οὐκ ὀρθῶς· τὰς δὲ τῶν ξένων πῶς; ἐκεῖνοι Μένωνι τῷ Φαρσαλίῳ δώδεκα μὲν τάλαντα ἀργυρίου δόντι πρὸς τὸν ἐπ᾽ Ἠιόνι τῇ πρὸς Ἀμφιπόλει πόλεμον, τριακοσίοις δ᾽ ἱππεῦσι πενέσταις ἰδίοις βοηθήσαντι, οὐκ ἐψηφίσαντ᾽ αὐτὸν ἄν τις ἀποκτείνῃ, ἀγώγιμον εἶναι, ἀλλὰ πολιτείαν ἔδοσαν καὶ ταύτην ἱκανὴν ὑπελάμβανον εἶναι τὴν τιμήν. **(200)** καὶ πάλιν Περδίκκᾳ τῷ κατὰ τὴν τοῦ βαρβάρου ποτ᾽ ἐπιστρατείαν βασιλεύοντι Μακεδονίας, τοὺς ἀναχωροῦντας ἐκ Πλαταιῶν τῶν βαρβάρων διαφθείραντι καὶ τέλειον τἀτύχημα ποιήσαντι τῷ βασιλεῖ, οὐκ ἐψηφίσαντο ἀγώγιμον, ἄν τις ἀποκτείνῃ Περδίκκαν, ᾧ βασιλεὺς ὁ Περσῶν ἐχθρὸς δι᾽ ἡμᾶς ἀπεδέδεικτο, ἀλλὰ πολιτείαν ἔδωκαν μόνον. καὶ γάρ τοι τότε μὲν οὕτω τίμιον ἦν πᾶσιν ἀνθρώποις τὸ γενέσθαι πολίταις παρ᾽ ὑμῖν ὥσθ᾽ ὑπὲρ τοῦ τυχεῖν τούτου τηλικαῦτα ὑμᾶς ἀγαθὰ ἤθελον ποιεῖν, νῦν δ᾽ οὕτως ἄτιμον ὥστε τῶν τετυχηκότων πολλοὶ πλείω κακὰ τῶν φανερῶς ἐχθρῶν εἰσιν ὑμᾶς εἰργασμένοι. **(201)** οὐ μόνον δ᾽ αὕτη τῆς

198 *καὶ τὴν—μόραν* Lex. Pat. ad loc. *μόραν* P. Berolin. 5008
199 *τριακοσίοις—βοηθήσαντι* Lex. Pat. ad loc.

3 *ναυμαχίαν ἐνίκα* F 13.22 (SA) 4 *τῶν—ὑπερβολαῖς* om. S[a] 5 *αἷς*] *ἃς* 13.22 (FY) *ἐπ᾽* om. F 13.22 (SY[c]) 6 *δωρεὰς* om. S *οὕτως* om. 13.23 (FY[a]) *καλῶς* ⟨*ἔδοσαν*⟩ 13.23 (A) : ⟨*ἔνεμον*⟩ 13.23 (FY) 6–7 *καὶ—ἐδίδοσαν* om. 13.23 (S) 7 *ἐδίδοσαν αὐτοῖς* F : *ἐδίδοσαν* del. Bl. *ὑμεῖς* F 13.23 10 *διακοσίοις* 13.23 11–13 *αὐτὸν—πάλιν*] *πολιτείαν, ἀλλ᾽ ἀτέλειαν ἔδωκεν μόνον. καὶ πρότερον τούτου* 13.23–4 11 *ἄν τις αὐτὸν* A : *αὐτὸν* susp. Weil 12 *ὑπελάμβανον*] *ἐνόμιζον* S[γρ] 15 ⟨*ἀπὸ τῆς ἥττης*⟩ *διαφθείραντι* 13.24 16 *ἐψηφίσαντο—* 18 *πολιτείαν*] *ἐψηφίσαντο πολιτείαν, ἀλλ᾽ ἀτέλειαν* 13.24 17 *ἀγώγιμον* ⟨*εἶναι*⟩ A *ὁ περσῶν* om. cod. B 18 *ὑμᾶς* AF 20 *πολίτας* A 21 *ἡμᾶς* F 22 ⟨*ἔνιοι*⟩ *πολλῷ πλείω* S[γρ] 23 *ἡμᾶς εἰσιν* AF (*ὑμᾶς* F)

πόλεως ἡ δωρεὰ προπεπηλάκισται καὶ φαύλη γέγονεν, ἀλλὰ καὶ πᾶσαι διὰ τὴν τῶν καταράτων καὶ θεοῖς ἐχθρῶν ῥητόρων, τῶν τὰ τοιαῦτα γραφόντων ἑτοίμως, πονηρίαν, οἳ τοσαύτην ὑπερβολὴν πεποίηνται τῆς αὑτῶν αἰσχροκερδείας ὥστε τὰς τιμὰς καὶ τὰς παρ' ὑμῶν δωρεάς, ὥσπερ οἱ τὰ μικρὰ καὶ κομιδῇ φαῦλα ἀποκηρύττοντες, οὕτω πωλοῦσιν ἐπευωνίζοντες καὶ πολλοῖς ἀπὸ τῶν αὐτῶν λημμάτων γράφοντες πᾶν ὅ τι ἂν βούλωνται. **(202)** *πρῶτον μέν, ἵνα τῶν τελευταίων πρώτων μνησθῶμεν, Ἀριοβαρζάνην ἐκεῖνον οὐ μόνον αὐτὸν καὶ τοὺς υἱεῖς τρεῖς ὄντας πάντων ἠξίωσαν ὅσων ἐβουλήθησαν, ἀλλὰ καὶ δύο Ἀβυδηνούς, μισαθηναιοτάτους καὶ πονηροτάτους ἀνθρώπους, προσέθηκαν αὐτῷ Φιλίσκον καὶ Ἀγαυόν. πάλιν Τιμοθέου δόξαντός τι ποιῆσαι τῶν δεόντων ὑμῖν, πρὸς τῷ πάνθ' ἃ μέγιστα ἦν αὐτῷ δοῦναι προσέθηκαν αὐτῷ Φρασιηρίδην καὶ Πολυσθένην, ἀνθρώπους οὐδ' ἐλευθέρους, ὀλέθρους καὶ τοιαῦτα πεποιηκότας οἷα λέγειν ὀκνήσειεν ἄν τις εὖ φρονῶν.* **(203)** *τὸ τελευταῖον δὲ νῦν, ἐπειδὴ Κερσοβλέπτην ἠξίουν ὧν αὐτοῖς ἐδόκει, καὶ περὶ τούτων ἦν ἡ σπουδή, προστιθέασιν δύο αὐτῷ, τὸν μὲν ὅσα ὑμεῖς ἀκηκόατε εἰργασμένον κακά, τὸν δ' ὅλως οὐδεὶς οἶδεν ἀνθρώπων τίς ἐστιν, Εὐδέρκην ὄνομα. τοιγάρτοι διὰ ταῦτα, ὦ ἄνδρες Ἀθηναῖοι, μικρά, ἃ πρὸ τοῦ μεγάλα ἦν, φαίνεται, καὶ τὸ πρᾶγμα ἤδη καὶ πορρωτέρω βαδίζει καὶ οὐκέτι ταῦτα ἀπόχρη, ἀλλ' εἰ μὴ καὶ φυλάξετε ἕκαστον τούτων, ἐκείνων γε οὐδεμία χάρις, ὡς ἔοικεν.*

204. *Τοῦ μέντοι ταῦθ' οὕτως αἰσχρῶς προεληλυθέναι, εἰ δεῖ μετὰ παρρησίας εἰπεῖν τἀληθῆ, οὐδένες ὑμῶν, ὦ ἄνδρες Ἀθηναῖοι, μᾶλλόν εἰσιν αἴτιοι. οὐδὲ γὰρ δίκην ἔτι λαμβάνειν ἐθέλετε παρὰ τῶν ἀδικούντων, ἀλλὰ καὶ τοῦτ' ἐξελήλυθεν ἐκ τῆς πόλεως. καίτοι σκέψασθε ὡς ἐκόλαζον οἱ πρόγονοι τοὺς ἀδικοῦντας ἑαυτούς, εἰ παραπλησίως ὑμῖν.*

3 *τῶν—ἑτοίμως* del. Cobet   8 *μὲν ⟨τοίνυν⟩* F   *πρῶτον* SAFY : corr. Lobeck   12 *προσέθηκαν αὐτῷ* del. Bl.   13 *τῷ*] *τὸ* F   14 *αὐτῷ*] *αὖ τούτῳ* S[a] : *αὐτῷ ⟨δύο⟩* A   15 *⟨ἀλλ'⟩ ὀλέθρους* S[c]FY   20 *⟨ὃν⟩ οὐδεὶς* AF   21 *μικρά, ἃ* om. S[a] : *ἃ* om. A[a]   23 *μὴ καὶ* Cobet : *καὶ μὴ* SAFY   30 *πρόγονοι*] *πρότερον* F[a]

(205) ἐκεῖνοι Θεμιστοκλέα λαβόντες μεῖζον αὑτῶν ἀξιοῦντα φρονεῖν ἐξήλασαν ἐκ τῆς πόλεως καὶ μηδισμὸν κατέγνωσαν· καὶ Κίμωνα, ὅτι τὴν πάτριον μετεκίνησε πολιτείαν ἐφ' ἑαυτοῦ, παρὰ τρεῖς μὲν ἀφεῖσαν ψήφους τὸ μὴ θανάτῳ ζημιῶσαι, πεντήκοντα δὲ τάλαντα ἐξέπραξαν. καὶ τοῦτον τὸν τρόπον προσεφέροντο τηλικαῦτ' αὐτοὺς ἀγαθὰ εἰργασμένοις ἀνθρώποις. δικαίως· οὐ γὰρ αὐτοῖς ἀπεδίδοντο τὴν αὑτῶν ἐλευθερίαν καὶ μεγαλοψυχίαν τῶν ἔργων, ἀλλὰ χρηστοὺς μὲν ὄντας ἐτίμων, ἀδικεῖν δ' ἐπιχειροῦσιν οὐκ ἐπέτρεπον. **(206)** ὑμεῖς δ', ὦ ἄνδρες Ἀθηναῖοι, τοὺς τὰ μέγιστ' ἀδικοῦντας καὶ φανερῶς ἐξελεγχομένους, ἂν ἓν ἢ δύο ἀστεῖα εἴπωσιν καὶ παρὰ τῶν φυλετῶν τινες ᾑρημένοι σύνδικοι δεηθῶσιν, ἀφίετε· ἂν δὲ καὶ καταψηφίσησθέ του, πέντε καὶ εἴκοσι δραχμῶν ἐτιμήσατε. καὶ γάρ τοι τότε τὰ μὲν τῆς πόλεως ἦν εὔπορα καὶ λαμπρὰ δημοσίᾳ, ἰδίᾳ δὲ οὐδεὶς ὑπερεῖχε τῶν πολλῶν. **(207)** τεκμήριον δέ· τὴν Θεμιστοκλέους μὲν οἰκίαν καὶ τὴν Μιλτιάδου καὶ τῶν τότε λαμπρῶν, εἴ τις ἄρα ὑμῶν οἶδεν ὁποία ποτ' ἐστίν, ὁρᾷ τῶν πολλῶν οὐδὲν σεμνοτέραν οὖσαν, τὰ δὲ τῆς πόλεως οἰκοδομήματα καὶ κατασκευάσματα τηλικαῦτα καὶ τοιαῦτα ὥστε μηδενὶ τῶν ἐπιγιγνομένων ὑπερβολὴν λελεῖφθαι, προπύλαια ταῦτα, νεώσοικοι, στοαί, Πειραιεύς, τἄλλα οἷς κατεσκευασμένην ὁρᾶτε τὴν πόλιν. **(208)** νῦν δὲ ἰδίᾳ μὲν ἑκάστῳ τῶν τὰ κοινὰ πραττόντων τοσαύτη περιουσία ἐστὶν ὥστε τινὲς μὲν αὐτῶν {πολλῶν} δημοσίων οἰκοδομημάτων σεμνοτέρας τὰς ἰδίας

205 Θεμιστο]κλέ[α—φρο]νε[ῖν P. Berolin. 5008
207 καὶ τὴν—οὖσαν D. 3.26 ὥστε—λελεῖφθαι Minuc. 1.345.2 Sp. Ha. προπύλαια—στοαί cf. 22.76

1 αὐτῶν FY : corr. Bk. : [SA Π5008] 3 πάτριον] παρίων S^aY 5 εἰσέπραξαν $AF^{γρ}$: ἐπράξαντο $S^{γρ}$: ἔπραξαν F 11 καὶ del. Dobree 14 τότε ⟨μὲν⟩ Bl. 16 μὲν ⟨γὰρ⟩ A 17 τὴν F 3.26 (SF) : om. SAY 3.26 (A) D.H. λαμπρῶν ⟨οἰκίαν⟩ 3.26 18 οἶδεν ὑμῶν F 3.26 τῶν πολλῶν] τῆς τοῦ γείτονος 3.26 20 ὥστε] ὡς Minuc. 21 ⟨μηδεμίαν⟩ ὑπερβολὴν Minuc. 22 ⟨ὁ Παρθενών⟩ στοιαί, νεώσοικοι 22.76 23 ἑκάστων S^aY 24 ἐστὶν del. Bl. 25 del. Rosenberg : πολλῶν ⟨τῶν⟩ F

κατεσκευάκασιν οἰκίας, γῆν δ᾽ ἔνιοι πλείω πάντων ὑμῶν τῶν ἐν τῷ δικαστηρίῳ συνεώνηνται· δημοσίᾳ δ᾽ ὑμεῖς ἃ μὲν οἰκοδομεῖτε καὶ κονιᾶτε, ὡς μικρὰ καὶ γλίσχρα, αἰσχύνη λέγειν. ἀλλ᾽ ἔχετ᾽ εἰπεῖν ὅ τι κοινῇ κτησάμενοι καταλείψετε, ὥσπερ ἐκεῖνοι Χερρόνησον, Ἀμφίπολιν, δόξαν ἔργων καλῶν; ἣν οἱ τοιοῦτοι πολῖται πάντ᾽ ἀναλίσκοντες τρόπον οὐχ οἷοί τε εἰσὶν ἀφανίσαι, ὦ ἄνδρες Ἀθηναῖοι. **(209)** εἰκότως· τότε μὲν γὰρ τῷ κυρίῳ τῶν φόρων γενομένῳ τάξαι Ἀριστείδῃ οὐδὲ μιᾷ δραχμῇ πλείω τὰ ὑπάρχοντα ἐγένετο, ἀλλὰ καὶ τελευτήσαντ᾽ αὐτὸν ἔθαψεν ἡ πόλις· ὑμῖν δέ, εἴ τι δέοισθε, χρήματα ὑπῆρχε κοινῇ πλεῖστα τῶν πάντων Ἑλλήνων, ὥσθ᾽ ὁπόσου χρόνου ψηφίσαισθ᾽ ἐξιέναι, τοσούτου μισθὸν ἔχοντες ἐξῇτε. νῦν δ᾽ οἱ μὲν τὰ κοινὰ διοικοῦντες ἐκ πτωχῶν εὔποροι καὶ πολλοῦ χρόνου τροφὴν ἄφθονόν εἰσιν ἡτοιμασμένοι· ὑμῖν δὲ οὐδὲ μιᾶς ἡμέρας ἐφόδι᾽ ἐστὶν ἐν τῷ κοινῷ, ἀλλ᾽ ἅμα δεῖ τι ποιεῖν, καὶ πόθεν οὐκ ἔχετε. τότε μὲν γὰρ ὁ δῆμος ἦν δεσπότης τῶν πολιτευομένων, νῦν δ᾽ ὑπηρέτης. **(210)** αἴτιοι δ᾽ οἱ τὰ τοιαῦτα γράφοντες, καὶ συνεθίζοντες ὑμᾶς ὑμῶν μὲν αὐτῶν καταφρονεῖν, ἕνα δ᾽ ἢ δύο θαυμάζειν ἀνθρώπους. εἶθ᾽ οὗτοι κληρονομοῦσι τῆς ὑμετέρας δόξης καὶ τῶν ἀγαθῶν, ὑμεῖς δ᾽ οὐδ᾽ ὁτιοῦν ἀπολαύετε, ἀλλὰ μάρτυρές ἐστε τῶν ἑτέρων ἀγαθῶν, οὐδενὸς ἄλλου μετέχοντες ἢ τοῦ ἐξαπατᾶσθαι. καίτοι πηλίκον τί ποτ᾽ ἂν στενάξαιεν οἱ ἄνδρες ἐκεῖνοι, οἱ ὑπὲρ δόξης καὶ ἐλευθερίας τελευτήσαντες, καὶ πολλῶν καὶ καλῶν ἔργων ὑπομνήματα καταλιπόντες, εἰ ἄρα αἴσθοινθ᾽ ὅτι νῦν ἡ πόλις

210 *ὑμεῖς—ἐξαπατᾶσθαι* AB 123.3   *καίτοι—ἐκεῖνοι* Aristid. 17.25 —**211** *ἀνθρώπων* Greg. Cor. 7.1197.15 W.   *πηλίκον—τελευτήσαντες* Luc. Enc. D.

---

8 *γενομένῳ* om. S[a]   *οὐδεμιᾷ* SAY   12 *ἐξιέναι* del. Bl.   13 ⟨*εἰσιν*⟩ *εὔποροι* F   14 *ἡτοιμασμένοι ἄφθονον* (*εἰσιν* om.) F   15 *ἐφόδιον* A   16 *οὐκ* om. S[a]   19 *ἀνθρώπους θαυμάζειν* F   20 ⟨*ὑμετέρων*⟩ *ἀγαθῶν* FY   21 *ἀλλὰ* om. S[a]   23 *τί* om. AF Luc. Greg. Cor. : *τί ποτ᾽* om. Aristid.   *στενάξειαν* F   *ἄνδρες ἐκεῖνοι*] *πρόγονοι* Aristid.   25 *καταλείποντες* S

εἰς ὑπηρέτου σχῆμα καὶ τάξιν προελήλυθεν, καὶ Χαρίδημον εἰ χρὴ φρουρεῖν βουλεύεται; Χαρίδημον; οἴμοι.

211. *Ἀλλ᾽ οὐ τοῦτ᾽ ἐστὶ τὸ δεινόν, εἰ τῶν προγόνων, οἳ διενηνόχασιν ἁπάντων ἀρετῇ, χεῖρον βουλευόμεθα, ἀλλ᾽ ὅτι καὶ πάντων ἀνθρώπων. πῶς γὰρ οὐκ αἰσχρὸν Αἰγινήτας μὲν τουτουσί, νῆσον οἰκοῦντας οὕτω μικρὰν καὶ οὐδὲν ἔχοντας ἐφ᾽ ᾧ μέγα χρὴ φρονεῖν αὐτούς, Λάμπιν, ὃς μέγιστα ναυκλήρια κέκτηται τῶν Ἑλλήνων, καὶ κατεσκεύακε τὴν πόλιν αὐτοῖς καὶ τὸ ἐμπόριον, μηδέπω καὶ τήμερον πολίτην πεποιῆσθαι, ἀλλὰ μόλις τῆς ἀτελείας αὐτὸν ἠξιωκέναι τῆς τοῦ μετοικίου·* **(212)** *καὶ Μεγαρέας τουτουσὶ τοὺς καταράτους οὕτως εὖ τὰ παρ᾽ αὐτοῖς σεμνύνειν ὥστε Ἕρμωνα τὸν κυβερνήτην, τὸν μετὰ Λυσάνδρου λαβόντα τριήρεις διακοσίας ὅτ᾽ ἐν Αἰγὸς ποταμοῖς ἠτυχήσαμεν ἡμεῖς, πεμψάντων Λακεδαιμονίων καὶ κελευόντων ποιήσασθαι πολίτην ἀποκρίνασθαι ὅτι, ὅταν αὐτοὺς ἴδωσι Σπαρτιάτην αὐτὸν πεποιημένους, τότε καὶ αὐτοὶ Μεγαρέα ποιήσονται·* **(213)** *καὶ Ὠρείτας ἐκείνους, μέρος τέταρτον Εὐβοίας οἰκοῦντας, τὸν Χαρίδημον τοῦτον αὐτόν, ᾧ μήτηρ μὲν ὑπάρχει πολῖτις ἐκεῖ, πατὴρ δ᾽ οὐκ ἐρῶ τίς ἢ πόθεν (οὐδὲν γὰρ δεῖ πλείω τῶν ἀναγκαίων αὐτὸν ἐξετάζεσθαι), ἀλλ᾽ ὅμως, τὸ ἥμισυ τοῦ γένους αὐτοῦ συμβαλλομένου, τοῦ ἡμίσεος μέχρι τῆς τήμερον ἡμέρας οὐκ ἠξιώκασιν, ἀλλ᾽ εἰς τοὺς νόθους ἐκεῖ συντελεῖ, καθάπερ ποτ᾽ ἐνθάδε εἰς Κυνόσαργες οἱ νόθοι·* **(214)** *ὑμεῖς δ᾽, ὦ ἄνδρες Ἀθηναῖοι, πάσης τῆς πόλεως μεταδόντες αὐτῷ καὶ τετιμηκότες ἄλλοις,*

210 *καὶ Χαρίδημον—οἴμοι* Hermog. 353.6 R. *Χαρίδημον οἴμοι* Aristid. 19.1 Hermog. 356.15 R.
213 *ᾧ—ἐξετάζεσθαι* Tib. Fig. 10.6 Ball. (= Caecil. 37.6) Alex. 3.22.10 Sp. *καθάπερ—νόθοι* Lex. Pat. ad loc. cf. Harp. *ν* 18
214 *ὑμεῖς—αὐτῷ* Sud. *μ* 691 *—ἄλλοις* AB 175.17

---

1 *προσελήλυθεν* A Greg. Cor. 2 *βουλεύεσθε* Hermog. 3 *οὐ* om. Greg. Cor. 13 *τριακοσίας* F 15 *ἀποκρίνασθαι* ⟨*αὐτοὺς*⟩ A : ⟨*αὐτοῖς*⟩ F 16 *καὶ* om. S[a]AY 17 ⟨*οἳ*⟩ *μέρος . . . οἰκοῦντες* Dobree 19 *ὑπάρχει—δ᾽* om. Tib. *ὑπῆρχε* Alex. *ἐκεῖ* om. Alex. *τίς ἢ* om. Alex. 20 *δεῖ* om. Alex. *πλεῖον* Alex. *ἐξετάσασθαι* Alex. 21 *αὐτῷ* A *συμβαλομένου* SY 23 *τελεῖ* Harp. 24 *οἱ νόθοι* del. Dobree 25 *ἀλλήλοις* AB

ἔτι καὶ τοῦτ᾿ αὐτῷ προσθήσετε; ὅτι τί; ποίας ἔλαβεν ναῦς ὑμῖν δι᾿ ἃς ὑπὸ τῶν ἀπολωλεκότων ἐπιβουλεύεται; ἢ ποίαν πόλιν παρέδωκεν αἰχμάλωτον λαβών; ἢ τίνας κινδύνους ὑπὲρ ὑμῶν κεκινδύνευκεν; ἢ τίνας ἐχθροὺς τοὺς αὐτοὺς ὑμῖν ᾕρηται; οὐδεὶς ἂν εἰπεῖν ἔχοι.

215. *Περὶ δὴ τῶν νόμων ὧν παραγεγράμμεθα, ὦ ἄνδρες δικασταί, βούλομαι μικρὰ πρὸς ὑμᾶς εἰπὼν καταβαίνειν, ἃ νομίζω μνημονεύοντας ὑμᾶς ἄμεινον φυλάττειν, ἂν παράγειν καὶ φενακίζειν οὗτοι ζητῶσιν. ὁ πρῶτος νόμος ἄντικρυς εἴρηκεν, ἄν τις ἀποκτείνῃ, τὴν βουλὴν δικάζειν· ὁ δέ, ἄν τις ἀποκτείνῃ, εὐθὺς γέγραφεν ἀγώγιμον εἶναι. τοῦτο φυλάττετε καὶ μέμνησθε, ὅτι πάντων ἐστὶν ἐναντιώτατον τῷ κρίνειν τὸ μὴ διδόντα κρίσιν ἔκδοτον ποιεῖν. **(216)** οὐκ ἐᾷ μετὰ ταῦτα ὁ δεύτερος νόμος οὐδὲ τὸν ἑαλωκότα ἀνδροφόνον λυμαίνεσθαι οὐδὲ χρήματα πράττεσθαι· ὁ δ᾿ ἐν τῷ ποιεῖν ἀγώγιμον πάντα ταῦτα δέδωκεν· ἐπὶ γὰρ τοῖς λαβοῦσιν ἔσται ποιεῖν ὅ τι ἂν βούλωνται. ἀπάγειν ὁ νόμος ὡς τοὺς θεσμοθέτας κελεύει, καὶ τοῦτ᾿, ἂν ἐν τῇ τοῦ πεπονθότος λάβῃ τις πατρίδι· ὁ δ᾿ ἀγώγιμον αὐτῷ τῷ τὴν αἰτίαν ἐπενεγκόντι δίδωσιν ὡς αὐτόν, κἂν τῆς ἀλλοτρίας που λάβῃ. **(217)** ἔστιν ἐφ᾿ οἷς ἀδικήμασιν δέδωκεν ἀποκτείνειν ὁ νόμος· ὁ δ᾿ οὐδὲν ὑπειπών, κἂν ἐπὶ τούτοις τις κτείνῃ, δίδωσιν ἔκδοτον τὸν ἀθῷον ἀφειμένον ἐν τοῖς νόμοις. ἄν τις πάθῃ τι τοιοῦτον, δίκας ὁ νόμος κελεύει αἰτεῖν πρῶτον· ὁ δὲ τοὐναντίον οὐδεμίαν κρίσιν οὔτ᾿ αὐτὸς εἰπὼν οὔτε παρ᾿ ὧν ἀξιοῖ λαβεῖν αἰτήσας, ἀγώγιμον εὐθὺς ἔγραψεν, κἄν τις ἀφαιρῆται, παραχρῆμα ἔκσπονδον ποιεῖ. **(218)** τὸ ἀνδρολήψιον, παρ᾿ οἷς ἂν ὁ δράσας ᾖ, ἂν μὴ

214 ὅτι τί Lex. Pat. ad loc.
215 ἔκδοτον ποιεῖν Lex. Pat. ad loc.

1 ἡμῖν SAY   3 παραδέδωκεν A   4 ὑμῖν om. A   5 οὐδ᾿ ἂν εἷς F   6 ⟨μὲν⟩ δὴ A : ⟨δὲ⟩ δὴ F   7 ⟨ἔτ᾿⟩ εἰπὼν Cobet   8 ⟨ἂν⟩ ὑμᾶς A   9 ζητῶσιν ⟨ὑμᾶς⟩ AFY   10 ἀποκτείνῃ ⟨τινὰ⟩ FY   11 ἔγραψεν Bl.   12 ἐναντιώτατόν ἐστιν SY   13 τὸ] τὸν F   δόντα AF   15 ἐν om. Y   24 ἀπαιτεῖν FY   25 ⟨αὐτὸς⟩ ἀξιοῖ F   26 εὐθὺς ἔγραψεν] ἐποίησεν Y   27 ποιεῖ om. S[a]   τὸ om. S[a]   οἷς] ὧν S   ἂν² ⟨δὲ⟩ FY

διδῶσι δίκας, κελεύουσιν οἱ νόμοι μέχρι τριῶν εἶναι· ὁ δέ, ἂν ἀφέληταί τις τὸν ἄγοντα μὴ βουλόμενος πρὸ δίκης ἐκδοῦναι, εὐθὺς ἔκσπονδον ποιεῖ. οὐκ ἐᾷ νόμον, ἂν μὴ τὸν αὐτὸν ἐπὶ πᾶσι τιθῇ τις, εἰσφέρειν· ὁ δ' ἐπ' ἀνδρὶ γράφει ψήφισμα ἴδιον. οὐκ ἐᾷ ψήφισμα ὁ νόμος κυριώτερον εἶναι νόμου· ὁ δ' ὑπαρχόντων τοσούτων νόμων ψήφισμα ποιεῖ κύριον τοὺς νόμους ἀναιρῶν. **(219)** ταῦτα φυλάττετε καὶ μεμνημένοι κάθησθε. καὶ τὰς μὲν παραγωγάς, ἃς οὗτοι ποιήσονται, χαίρειν ἐᾶτε καὶ μὴ ἐπιτρέπετε λέγειν αὐτοῖς, κελεύετε δὲ δεῖξαι ποῦ γέγραφεν κρίσιν, ἢ ποῦ γέγραφεν, ἄν τις ἁλῷ φόνου, κατὰ τούτου τὰς τιμωρίας εἶναι. εἰ γὰρ ἢ τὸν ἄλλοθί που κριθέντα καὶ ἑαλωκότα ὅτι δεῖ κολάζειν ἔγραψεν, ἢ αὐτὸς ἔγραψεν κρίσιν εἰ πεποίηκεν ἢ οὒ καὶ εἰ δικαίως ἢ ἀδίκως, οὐκ ἂν ἠδίκει. **(220)** εἰ δὲ τὸ τῆς αἰτίας ὄνομα αὐτὸ γράψας "ἄν τις ἀποκτείνῃ", καὶ ὑπερβὰς τὸ "καὶ ἁλῷ φόνου", καὶ τὸ "δόξῃ ἀπεκτονέναι", καὶ τὸ "δίκας ὑπεχέτω τοῦ φόνου", καὶ τὸ "τὰς τιμωρίας εἶναι κατ' αὐτοῦ τὰς αὐτὰς ὥσπερ ἂν τὸν Ἀθηναῖον κτείνῃ", καὶ πάνθ' ὅσ' ἐστὶ δίκαια ὑπερβὰς ἀγώγιμον εἶναι γέγραφεν, μὴ φενακίζεσθε, ἀλλ' εὖ ἴστε ὅτι πάντων παρανομώτατα εἴρηκεν.

3 ⟨ὁ νόμος⟩ νόμον Feliciana 6 τοσούτων om. SA 9 λέγειν del. Rosenberg 10 τις ⟨ἀποκτείνει καὶ⟩ $S^{γρ}$ 11 εἶναι om. S^{a}A 14 αὐτὸ γράψας] ὑπογράψας A 17 καὶ] κἂν AF 20 πάντων ⟨ἀνθρώπων⟩ FY

In SFY subscriptum est *ΚΑΤΑ ΑΡΙΣΤΟΚΡΑΤΟΥΣ* In A, *ΔΗΜΟΣΘΕΝΟΥΣ ΚΑΤΑ ΑΡΙΣΤΟΚΡΑΤΟΥΣ.*

ΔΗΜΟΣΘΕΝΟΥΣ ΚΑΤΑ ΤΙΜΟΚΡΑΤΟΥΣ ΠΑΡΑΝΟΜΩΝ

1. *Τοῦ μὲν ἀγῶνος, ὦ ἄνδρες δικασταί, τοῦ παρόντος οὐδ' ἂν αὐτὸν οἶμαι Τιμοκράτην εἰπεῖν ὡς αἴτιός ἐστιν ἄλλος τις αὑτῷ πλὴν αὐτὸς αὑτῷ. χρημάτων γὰρ οὐκ ὀλίγων ἀποστερῆσαι βουλόμενος τὴν πόλιν, παρὰ πάντας τοὺς νόμους νόμον εἰσήνεγκεν οὔτ' ἐπιτήδειον οὔτε δίκαιον, ὦ ἄνδρες δικασταί· ὃς τὰ μὲν ἄλλ' ὅσα λυμανεῖται καὶ χεῖρον ἔχειν τὰ κοινὰ ποιήσει, κύριος εἰ γενήσεται, τάχα δὴ καθ' ἕκαστον ἀκούοντες ἐμοῦ μαθήσεσθε, ἓν δ', ὃ μέγιστον ἔχω καὶ προχειρότατον πρὸς ὑμᾶς εἰπεῖν, οὐκ ἀποτρέψομαι.* **(2)** *τὴν γὰρ ὑμετέραν ψῆφον, ἣν ὀμωμοκότες περὶ πάντων φέρετε, λύει καὶ ποιεῖ τοῦ μηδενὸς ἀξίαν ὁ τουτουὶ νόμος, οὐχ ἵνα κοινῇ τι τὴν πόλιν ὠφελήσῃ (πῶς γάρ; ὅς γε, ἃ δοκεῖ συνέχειν τὴν πολιτείαν, τὰ δικαστήρια, ταῦτα ἄκυρα ποιεῖ τῶν προστιμημάτων τῶν ἐπὶ τοῖς ἀδικήμασιν ἐκ τῶν νόμων ὡρισμένων), ἀλλ' ἵνα τῶν πολὺν χρόνον ὑμᾶς τινες ἐκκεκαρπωμένων καὶ πολλὰ τῶν ὑμετέρων διηρπακότων μηδ' ἃ κλέπτοντες φανερῶς ἐλήφθησαν καταθῶσιν.* **(3)** *καὶ τοσούτῳ ῥᾷόν ἐστ' ἰδίᾳ τινὰς θεραπεύειν ἢ τῶν ὑμετέρων δικαίων προΐστασθαι, ὥστε οὗτος μὲν ἔχει παρ' ἐκείνων*

1 *τοῦ—παρόντος* Lex. Pat. ad loc. —*εἰπεῖν* Hermog. 362.21 R. *οὐδ'—αὑτῷ* AB 123.21 *πλὴν—αὑτῷ* Syr. 1.18.13
2 *τὴν—ἀξίαν, οὐχ—ὠφελήσῃ* Schol. D. 24.1.2b (l. 28) *οὐχ—καταθῶσιν* AB 149.17 *πῶς—δικαστήρια* Grammatic. 372 *τὰ—προστιμημάτων* Schol. D. 24.1.2d
3 *θεραπεύειν*—**5** *εἰπεῖν* P. CtYBR inv. 3077 *ὥστε—ἀργύριον* et *ἐμοὶ—κίνδυνος* Schol. D. 24.1.2b

---

tit. *παρανόμων* om. A
3 *αὐτῷ* Syr. 9 *ἀποκρύψομαι* $S^{γρ}$ 10 *γὰρ* om. Schol. D. *περὶ πάντων* om. Schol. D. 11 *μηδὲν* A 12 *κοινῇ τι* om. Schol. D. *τι* om. AB 12–15 *πῶς—ὡρισμένων* om. AB 12–13 *ἃ δοκεῖ*] *ἀδικεῖς* Grammatic. 13–14 *τὰ δικαστήρια* post *προστιμημάτων* (*ταῦτα* om.) Schol. D. 14 $τῶν^2$ om. S^aAFY 15 *ἵνα*—17 *μηδ'* om. AB 17 *ἠλέγχθησαν* AB 19 *δικαίως* S

ἀργύριον καὶ οὐ πρότερον τοῦτον εἰσήνεγκε ὑπὲρ αὐτῶν τὸν νόμον, ἐμοὶ δ' ἐν χιλίαις ὑπὲρ ὑμῶν ὁ κίνδυνος· τοσοῦτ' ἀπέχω τοῦ λαβεῖν τι παρ' ὑμῶν. **(4)** εἰώθασιν μὲν οὖν οἱ πολλοὶ τῶν πράττειν τι προαιρουμένων τῶν κοινῶν λέγειν ὡς ταῦθ' ὑμῖν σπουδαιότατ' ἐστὶν καὶ μάλιστ' ἄξιον προσέχειν τούτοις, ὑπὲρ ὧν ἂν αὐτοὶ τυγχάνωσι ποιούμενοι τοὺς λόγους. ἐγὼ δ', εἴπερ τινὶ τοῦτο καὶ ἄλλῳ προσηκόντως εἴρηται, νομίζω κἀμοὶ νῦν ἁρμόττειν εἰπεῖν. **(5)** τῶν γὰρ ὄντων ἀγαθῶν τῇ πόλει καὶ τοῦ δημοκρατουμένην καὶ ἐλευθέραν εἶναι ὡς ἄλλο τι τῶν νόμων αἰτιώτερόν ἐστιν, οὐδ' ἂν ἕνα εἰπεῖν οἶμαι. περὶ τοίνυν αὐτοῦ τούτου νῦν ὑμῖν ἐστιν, πότερον δεῖ τοὺς μὲν ἄλλους νόμους, οὓς ἐπὶ τοῖς ἀδικοῦσι τὴν πόλιν ὑμεῖς ἀνεγράψατε, ἀκύρους εἶναι, τόνδε δὲ κύριον, ἢ τοὐναντίον τοῦτον μὲν λῦσαι, κατὰ χώραν δὲ μένειν τοὺς ἄλλους ἐᾶν.

Τὸ μὲν οὖν πρᾶγμα περὶ οὗ δεῖ νῦν ὑμᾶς γνῶναι, ὡς ἐν κεφαλαίῳ τις ἂν εἴποι, τοῦτ' ἐστίν. **(6)** ἵνα δ' ὑμῶν μηδεὶς θαυμάζῃ τί δή ποτ' ἐγὼ μετρίως, ὥς γ' ἐμαυτὸν πείθω, τὸν ἄλλον χρόνον βεβιωκὼς νῦν ἐν ἀγῶσι καὶ γραφαῖς δημοσίαις ἐξετάζομαι, βούλομαι μικρὰ πρὸς ὑμᾶς εἰπεῖν· ἔσται δὲ ταῦτ' οὐκ ἄπο τοῦ πράγματος. ἐγὼ γάρ, ὦ ἄνδρες Ἀθηναῖοι, προσέκρουσ' ἀνθρώπῳ πονηρῷ καὶ φιλαπεχθήμονι καὶ θεοῖς ἐχθρῷ, ᾧ τελευτῶσα ὅλη προσέκρουσεν ἡ πόλις, Ἀνδροτίωνα

4 *εἰώθασι—πολλοὶ* Hermog. 446.5 R. *—εἰπεῖν* Greg. Cor. 7.1315.23 W.

6 *ἐγὼ γὰρ—πονηρῷ* Hermog. 232.13 R. Anon. Seg. 58 *—φιλαπεχθήμονι* Hermog. 229.19 R. Syr. 1.27.15 Schol. D. 24.5.18a Plan. 5.467.12 W. *—λέγω* Ruf. 1.403.24 Sp. Ha. *ἄπο—πράγματος* Harp. α 212 *ἀνθρώπῳ—φιλαπεχθήμονι* Anon. Schol. in Id. 7.925.15 W. Plan. 5.469.23 W.

---

2 *ἐν* om. SFY : *δεῖν* $F^{\gamma\rho}$: [Π3077] ⟨*ἔσθ'*⟩ *ὁ* F 3 *μὲν οὖν* om. Greg. Cor. 5 *τούτοις* ⟨*τὸν νοῦν*⟩ F Π3077 : *τούτοις προσέχειν* ⟨*τὸν νοῦν*⟩ Greg. Cor. 5–6 *ὑπὲρ—λόγους* om. Greg. Cor. 7 *τοῦτό τινι* A Greg. Cor. : [Π3077] *κἀμοὶ νομίζω* A Greg. Cor. 9 *ἐλευθερίαν* A : [Π3077] 10 *οὐδὲν ἂν* AY : *οὐδεν' ἂν* cod. P : [Π3077] *ἕνα* om. AY *εἰπεῖν* ⟨*ἔχειν*⟩ $S^{\gamma\rho}$: [Π3077] 11 *ἐστι* ⟨*σκεπτέον*⟩ F : ⟨*γνωστέον*⟩ Weil 12 *ὑμεῖς* om. A 13 *τὸν* A 15 ⟨*καὶ*⟩ *περὶ* F *νῦν δεῖ* Y 20 *ἄπο* S^{c} : *ἀπὸ* S^{a} Harp. : [A] *γάρ* om. Plan. 21 *θεῶν* Ruf. 22 *Ἀνδροτίωνι* Ruf.

λέγω. **(7)** καὶ τοσούτῳ δεινότερα Εὐκτήμονος ἠδικήθην ὑπ' αὐτοῦ, ὥσθ' ὁ μὲν Εὐκτήμων εἰς χρήματ' ἔσθ' ἃ κακῶς ἔπαθεν, ἐγὼ δ', εἰ κατώρθωσεν ἐκεῖνος ἣν ἐπ' ἔμ' ἦλθεν ὁδόν, οὐχ ὅτι τῶν ὄντων ἂν ἀπεστερήμην, ἀλλ' οὐδ' ἂν ἔζων, οὐδ' ὃ κοινὸν ἅπασίν ἐστιν, ἀπαλλαγῆναι τοῦ βίου, ῥᾴδιον ἦν ἄν μοι. αἰτιασάμενος γάρ με ἃ καὶ λέγειν ἄν τις ὀκνήσειεν εὖ φρονῶν, τὸν ἐμαυτοῦ πατέρα ὡς ἀπέκτονα, ἀσεβείας γραφὴν κατασκευάσας εἰς ἀγῶνα κατέστησεν. ἐν δὲ τούτῳ τὸ πέμπτον μέρος τῶν ψήφων οὐ μεταλαβὼν ὦφλε χιλίας, ἐγὼ δ', ὥσπερ ἦν δίκαιον, μάλιστα μὲν διὰ τοὺς θεούς, ἔπειτα δὲ καὶ διὰ τοὺς δικάζοντας ὑμῶν ἐσώθην. **(8)** τὸν δὴ εἰς τοιαῦτα καταστήσαντά μ' ἀδίκως ἀδιάλλακτον ἐχθρὸν ἡγούμην. ἰδὼν δ' ἠδικηκότα κοινῇ πᾶσαν τὴν πόλιν καὶ περὶ τὴν εἴσπραξιν τῶν εἰσφορῶν καὶ περὶ τὴν ποίησιν τῶν πομπείων, καὶ χρήματα πολλὰ τῆς θεοῦ καὶ τῶν ἐπωνύμων καὶ τῆς πόλεως ἔχοντα καὶ οὐκ ἀποδιδόντα, ἦλθον ἐπ' αὐτὸν μετ' Εὐκτήμονος, ἡγούμενος ἁρμόττοντ' εἰληφέναι καιρὸν τοῦ βοηθῆσαί θ' ἅμα τῇ πόλει καὶ τιμωρίαν ὑπὲρ ὧν ἐπεπόνθειν λαβεῖν· βουλοίμην δ' ἂν ἐμέ τε τυχεῖν ὧν βούλομαι τοῦτόν τε παθεῖν ὧν ἄξιός ἐστι. **(9)** τοῦ δὲ πράγματος οὐκέτ' ὄντος ἀμφισβητησίμου, ἀλλὰ πρῶτον μὲν τῆς βουλῆς κατεγνωκυίας, εἶτα τοῦ δήμου μίαν ἡμέραν ὅλην ἐπὶ τούτοις αὐτοῖς ἀναλώσαντος, πρὸς δὲ τούτοις δικαστηρίοιν δυοῖν εἰς ἕνα καὶ χιλίους ἐψηφισμένων, ἐνούσης δ' οὐδεμιᾶς ἔτ' ἀποστροφῆς τοῦ μὴ τὰ χρήματ' ἔχειν ὑμᾶς, Τιμοκράτης οὑτοσὶ τοσοῦθ' ὑπερεῖδεν ἅπαντα τὰ πράγματα, ὥστε τίθησι τουτονὶ τὸν νόμον, δι' οὗ τῶν ἱερῶν μὲν χρημάτων τοὺς θεούς, τῶν ὁσίων δὲ τὴν πόλιν ἀποστερεῖ,

7 *αἰτιασάμενος—ἀπέκτονα* Aristid. 37.24 *—κατέστησεν* cf. 22.2
9 *τοῦ—ἀμφισβητησίμου* Schol. D. 24.5.18a *Τιμοκράτης—πράγματα* AB 177.24

---

4 *ἂν*[1] om. S[a]FY *ἀπεστερήθην* S[γρ] *ἔζην* SAFY : corr. cod. Ft 6 *ὀκνήσειέ τις* 22.2 7 ⟨*ἐγὼ*⟩ *τὸν ἐμαυτοῦ* post *ἀπέκτονα* Aristid. ⟨*τὸν*⟩ *πατέρα* Aristid. ⟨*καὶ*⟩ *ἀσεβείας* F 9 *οὐ*] *μὴ* A 11 *δικαστὰς* SFY *δ'* A 15 *καὶ*[2] om. SAY 17 *θ'* om. A 19 *ἐμέ τε*] *ἐπ' ἐμὲ* A : *ἔτι τε* coni. Butcher 20 *δὲ*] *γὰρ* Auger 21 *τῆς* om. SAY 23 *τούτοις*] *αὐτοῖς* A 26–7 *μὲν ἱερῶν* Ammon. Anon.

ἄκυρα δὲ τὰ γνωσθένθ' ὑπὸ τῆς βουλῆς καὶ τοῦ δήμου καὶ τοῦ δικαστηρίου καθίστησιν, ἄδειαν δὲ τὰ κοινὰ διαρπάζειν τῷ βουλομένῳ πεποίηκεν. **(10)** *ὑπὲρ δὴ τούτων ἁπάντων λύσιν εὑρίσκομεν ταύτην οὖσαν μόνην, εἰ γραψάμενοι τὸν νόμον καὶ εἰσαγαγόντες εἰς ὑμᾶς λῦσαι δυναίμεθα. ἐξ ἀρχῆς οὖν ἐν βραχέσιν τὰ πραχθέντα δίειμι πρὸς ὑμᾶς, ἵνα μᾶλλον μάθητε καὶ παρακολουθήσητε τοῖς περὶ τὸν νόμον αὐτὸν ἀδικήμασιν.*

11. *Ψήφισμα εἶπεν ἐν ὑμῖν Ἀριστοφῶν ἑλέσθαι ζητητάς, εἰ δέ τις οἶδέν τινα ἢ τῶν ἱερῶν ἢ τῶν ὁσίων χρημάτων ἔχοντά τι τῆς πόλεως, μηνύειν πρὸς τούτους. μετὰ ταῦτ' ἐμήνυσεν Εὐκτήμων ἔχειν Ἀρχέβιον καὶ Λυσιθείδην τριηραρχήσαντας χρήματα Ναυκρατιτικά, τίμημα τάλαντα ἐννέα καὶ τριάκοντα μνᾶς. προσῆλθε τῇ βουλῇ, προβούλευμ' ἐγράφη. μετὰ ταῦτα γενομένης ἐκκλησίας προὐχειροτόνησεν ὁ δῆμος.* **(12)** *ἀναστὰς Εὐκτήμων ἔλεγεν ἄλλα τε πολλὰ καὶ διεξῆλθεν πρὸς ὑμᾶς ὡς ἔλαβεν ἡ τριήρης τὸ πλοῖον ἡ Μελάνωπον ἄγουσα καὶ Γλαυκέτην καὶ Ἀνδροτίωνα πρεσβευτὰς ὡς Μαύσωλον, ὡς ἔθεσαν τὴν ἱκετηρίαν ὧν ἦν τὰ χρήματα ἄνθρωποι, ὡς ἀπεχειροτονήσαθ' ὑμεῖς μὴ φίλια εἶναι. τότε ἀνέμνησεν ὑμᾶς τοὺς νόμους {ἀνέγνω} καθ' οὓς τοῦτον τὸν τρόπον πραχθέντων τῆς πόλεως γίγνεται τὰ χρήματα. ἐδόκει δίκαια λέγειν ὑμῖν ἅπασιν.* **(13)** *ἀναπηδήσας Ἀνδροτίων καὶ Γλαυκέτης καὶ*

9 *τοσοῦθ'—ἅπαντα* Prisc. 372.1 *ὥστε—ἀποστερεῖ* Ammon. 358 *τῶν—ἀποστερεῖ* Anon. Fig. 3.120.27 Sp.
10 *ἐξ—ὑμᾶς* Schol. D. 24.5.18a
11 *ψήφισμα—ζητητάς* Schol. D. 24.5.18a *Ναυκρατιτικά* Harp. ν 4 *προσῆλθε—βουλῇ* Io. Sic. in Id. 6.367.14 W. *—ἐγράφη* Tib. fr. 4.4 Ball. Hermog. 316.3 R. Doxopatr. 2.228.8 W. Anon. Fig. 3.139.30 Sp.

---

2 *ἁρπάζειν* A[a] 3 *δὲ* A 4 *ταύτην εὑρίσκομεν* AFY 5–6 *ἐν βραχέσιν* om. Schol. D. 7 *αὐτὸν* om. A 8 *ζητήσας* SA 10 *μηνύει* Y 11 *λυσιθίδην* AF[a]Y 12 *ναυκρατητικά* SFY[c(m.a.)] 13 *προσῆλθε ⟨δὲ⟩* Y *ἔγραψε* Anon. 18 *ἄνθρωποι* S[c]AFY : corr. Bk. : *ἀνθρώποις* S : del. Schaefer 19 *εἶναι τοτε*, sic interpunxit Bl. 20 del. Dobree : ⟨*καὶ*⟩ *ἀνέγνω* Schaefer *πραχθέντων ⟨τῶν⟩* Y 21 *ἐγίνετο* A 22 ⟨*ὁ*⟩ *ἀνδροτίων* A 22–1 *καὶ μελάνωπος* om. SF

Μελάνωπος (καὶ ταυτὶ σκοπεῖτε ἂν ἀληθῆ λέγω) ἐβόων, ἠγανάκτουν, ἐλοιδοροῦντο, ἀπέλυον τοὺς τριηράρχους, ἔχειν ὡμολόγουν, παρ' ἑαυτοῖς ζητεῖν ἠξίουν τὰ χρήματα. ταῦτ' ἀκουσάντων ὑμῶν, ἐπειδή ποτ' ἐπαύσανθ' οὗτοι βοῶντες, ἔδωκε γνώμην Εὐκτήμων ὡς δυνατὸν δικαιοτάτην, ὑμᾶς μὲν εἰσπράττειν τοὺς τριηράρχους, ἐκείνοις δ' εἶναι περὶ αὐτῶν εἰς τοὺς ἔχοντας ἀναφοράν· ἐὰν δ' ἀμφισβητῆταί τι, ποιεῖν διαδικασίαν, τὸν δ' ἡττηθέντα, τοῦτον ὀφείλειν τῇ πόλει. **(14)** *γράφονται τὸ ψήφισμα· εἰς ὑμᾶς εἰσῆλθεν· ἵνα συντέμω, κατὰ τοὺς νόμους ἔδοξεν εἰρῆσθαι καὶ ἀπέφυγεν. ἐνταῦθα τί προσῆκεν; τὰ μὲν χρήματ' ἔχειν τὴν πόλιν, τὸν δ' ἀποστεροῦντα κολάζειν· νόμου δ' οὐδ' ὁτιοῦν οὐδενὸς δήπου προσέδει. μέχρι μὲν δὴ τούτων οὐδὲν ἠδίκησθ' ὑπὸ Τιμοκράτους τουτουί. μετὰ ταῦτα δὲ πάντ' ἀνεδέξατο ἐφ' ἑαυτὸν τὰ προειρημένα, καὶ πάντα ἠδικημένοι φανήσεσθ' ὑπὸ τούτου· ταῖς γὰρ ἐκείνων τέχναις καὶ πανουργίαις μισθώσας αὑτὸν καὶ παρασχὼν ὑπηρέτην ἐφ' αὑτὸν ἤγαγεν τἀδικήματα, ὡς ἐγὼ σαφῶς ὑμῖν ἐπιδείξω.* **(15)** *ἀνάγκη δὲ πρῶτον ὑπομνῆσαι τοὺς χρόνους ὑμᾶς καὶ τὸν καιρὸν ἐν ᾧ τίθησι τὸν νόμον· καὶ γὰρ ὑβριστικῶς προσεκκεχλευακὼς ὑμᾶς φανήσεται. ἦν μὲν γὰρ Σκιροφοριὼν μὴν ἐν ᾧ τὰς γραφὰς ἥττηντο ἐκεῖνοι τὰς κατὰ τοῦ Εὐκτήμονος· μισθωσάμενοι δὲ τοῦτον καὶ οὐδὲ παρεσκευασμένοι τὰ δίκαια ποιεῖν ὑμῖν κατὰ τὴν ἀγορὰν λογοποιοὺς καθίεσαν ὡς ἁπλᾶ μὲν ἕτοιμοι τὰ χρήματ' ἐκτίνειν, διπλᾶ δὲ οὐ δυνήσονται.* **(16)** *ἦν δὲ ταῦτ' ἐνέδρα μετὰ χλευασίας καὶ κατασκευασμὸς ὑπὲρ τοῦ λαθεῖν τόνδε τὸν νόμον τεθέντα. μαρτυρεῖ δ' ὅτι ταῦθ' οὕτως ἔχει*

13 *ὑμᾶς—ἀναφοράν* Anon. Fig. 3.120.29 Sp.
14 *γράφονται—ἀπέφυγεν* Tib. fr. 4.5
16 *μαρτυρεῖ—αὐτό* Schol. D. 24.5.18a, 11.27d

1 *ταῦτα* ⟨*εἰ*⟩ A 2–3 *ἔχειν ὡμολόγουν* del. Dobree 6 *εἰσπράττων* Anon. *ἐκείνους* A 9 *γράφων τε* A : *ἐγράψαντο* Tib. *εἰσῆλθον εἰς ὑμᾶς* Tib. 19 *ὑπομνῆσαι—καὶ* om. A *καιρὸν* ⟨*εἰπεῖν*⟩ A 20 *προσκεχλευακὼς* AY 23 *παρασκευασάμενοι* AY 24 *μέν* ⟨*εἰσιν*⟩ F 25 *ἐκτίνειν* ⟨*εἰσίν*⟩ A 27 *δ'* om. Schol. D.

τοὔργον αὐτό· τῶν μὲν γὰρ χρημάτων ἐκείνοις τοῖς χρόνοις δραχμὴν οὐ κατέθεικαν ὑμῖν, νόμῳ δ' ἑνὶ πλείστους τοὺς ὑπάρχοντας ἀκύρους ἐποίησαν, καὶ τούτῳ τῶν πώποτ' ἐν ὑμῖν τεθέντων αἰσχίστῳ καὶ δεινοτάτῳ.

17. Βούλομαι δὴ μικρὰ διεξελθὼν περὶ τῶν κειμένων νόμων, καθ' οὓς εἰσιν αἱ τοιαίδε γραφαί, περὶ αὐτοῦ τοῦ νόμου λέγειν ὃν γέγραμμαι· γενήσεσθε γὰρ εὐμαθέστεροι πρὸς τὰ λοιπὰ ταῦτα προακούσαντες. ἔστιν, ὦ ἄνδρες Ἀθηναῖοι, ἐν τοῖς οὖσι νόμοις ἡμῖν κυρίοις διωρισμένα ἀκριβῶς καὶ σαφῶς πάνθ' ὅσα δεῖ ποιεῖν περὶ τῶν μελλόντων τεθήσεσθαι νόμων. **(18)** καὶ πρῶτον μὲν ἁπάντων χρόνος ἐστὶ γεγραμμένος, ἐν ᾧ προσήκει νομοθετεῖν· εἶτ' οὐδὲ τόθ' ὡς ἂν ἑκάστῳ δοκῇ δέδωκε τοῦτο πράττειν, ἀλλὰ προστάττει πρῶτον μὲν ἐκθεῖναι πρόσθεν τῶν ἐπωνύμων γράψαντα σκοπεῖν τῷ βουλομένῳ, μετὰ ταῦτ' ἐπὶ πᾶσι τὸν αὐτὸν νόμον τιθέναι κελεύει, πρὸς τούτοις λύειν τοὺς ἐναντίους, ἄλλα περὶ ὧν οὐδὲν ἴσως ὑμᾶς κατεπείγει νῦν ἀκοῦσαι. ἂν δέ τις τούτων ἓν παραβῇ, τῷ βουλομένῳ δίδωσι γράφεσθαι. **(19)** εἰ μὲν οὖν μὴ πᾶσιν ἦν ἔνοχος τούτοις Τιμοκράτης, καὶ παρὰ πάντα ταῦτ' εἰσενηνόχει τὸν νόμον, ἓν ἂν αὐτοῦ τις ἐποιεῖτο κατηγόρημα, ὅ τι δήποτε τοῦτ' ἦν· νῦν δ' ἀνάγκη καθ' ἕκαστον, χωρὶς περὶ ἑκάστου διελόμενον, λέγειν. πρῶτον μὲν οὖν, ὅπερ ἠδίκησε πρῶτον, τοῦτ' ἐρῶ, ὡς παρὰ πάντας τοὺς νόμους ἐνομοθέτει, εἶτα τῶν ἄλλων ἑξῆς ὅ τι ἂν βουλομένοις ὑμῖν ἀκούειν ᾖ. καί μοι λαβὲ τουτουσὶ τοὺς νόμους καὶ ἀνάγνωθι· φανήσεται γὰρ τούτων οὐδὲν πεποιηκώς. προσέχετε, ἄνδρες δικασταί, τὸν νοῦν ἀναγιγνωσκομένοις τοῖς νόμοις.

ΕΠΙΧΕΙΡΟΤΟΝΙΑ ΝΟΜΩΝ

20. {Ἐπὶ δὲ τῆς πρώτης πρυτανείας τῇ ἑνδεκάτῃ ἐν τῷ δήμῳ,

1 *τοῖς χρόνοις* om. A 2 *πλείους* SAFY : corr. Dobree 3 *ἀκύρους* om. S[a] 3–4 *τιθέντων ἐν ὑμῖν* F 5 *δὲ* A 11 *μὲν* om. A *ἐγγεγραμμένος* F[a] 16 *ἀλλὰ* A 17 *ὑμᾶς* ⟨*οὐδὲν*⟩ F 20 *τις αὐτοῦ* A 21–2 *περὶ ἑκάστου* del. Cobet 22 *μὲν* om. AY 23 *πρῶτον* om. A ⟨*ὅτι*⟩ *ὡς* A 26 ⟨*ὦ*⟩ *ἄνδρες* A 28 ⟨*ἐπὶ*⟩ *χειροτονίαν* S

ἐπειδὰν εὔξηται ὁ κῆρυξ, ἐπιχειροτονίαν ποιεῖν τῶν νόμων, πρῶτον μὲν περὶ τῶν βουλευτικῶν, δεύτερον δὲ τῶν κοινῶν, εἶτα οἳ κεῖνται τοῖς ἐννέα ἄρχουσιν, εἶτα τῶν ἄλλων ἀρχῶν. ἡ δὲ χειροτονία ἔστω ἡ προτέρα, ὅτῳ δοκοῦσιν ἀρκεῖν οἱ νόμοι οἱ βουλευτικοί, ἡ δ' ὑστέρα, ὅτῳ μὴ δοκοῦσιν· εἶτα τῶν κοινῶν κατὰ ταὐτά. τὴν δ' ἐπιχειροτονίαν εἶναι τῶν νόμων κατὰ τοὺς νόμους τοὺς κειμένους. **(21)** ἐὰν δέ τινες τῶν νόμων τῶν κειμένων ἀποχειροτονηθῶσι, τοὺς πρυτάνεις, ἐφ' ὧν ἂν ἡ ἐπιχειροτονία γένηται, ποιεῖν περὶ τῶν ἀποχειροτονηθέντων τὴν τελευταίαν τῶν τριῶν ἐκκλησιῶν· τοὺς δὲ προέδρους, οἳ ἂν τυγχάνωσι προεδρεύοντες ἐν ταύτῃ τῇ ἐκκλησίᾳ, χρηματίζειν ἐπάναγκες πρῶτον μετὰ τὰ ἱερὰ περὶ τῶν νομοθετῶν, καθ' ὅ τι καθεδοῦνται, καὶ περὶ τοῦ ἀργυρίου, ὁπόθεν τοῖς νομοθέταις ἔσται· τοὺς δὲ νομοθέτας εἶναι ἐκ τῶν ὀμωμοκότων τὸν ἡλιαστικὸν ὅρκον. **(22)** ἐὰν δ' οἱ πρυτάνεις μὴ ποιήσωσι κατὰ τὰ γεγραμμένα τὴν ἐκκλησίαν ἢ οἱ πρόεδροι μὴ χρηματίσωσι κατὰ τὰ γεγραμμένα, ὀφείλειν τῶν μὲν πρυτάνεων ἕκαστον χιλίας δραχμὰς ἱερὰς τῇ Ἀθηνᾷ, τῶν δὲ προέδρων ἕκαστος ὀφειλέτω τετταράκοντα δραχμὰς ἱερὰς τῇ Ἀθηνᾷ. καὶ ἔνδειξις αὐτῶν ἔστω πρὸς τοὺς θεσμοθέτας, καθάπερ ἐάν τις ἄρχῃ ὀφείλων τῷ δημοσίῳ· οἱ δὲ θεσμοθέται τοὺς ἐνδειχθέντας εἰσαγόντων εἰς τὸ δικαστήριον κατὰ τὸν νόμον, ἢ μὴ ἀνιόντων εἰς Ἄρειον πάγον, ὡς καταλύοντες τὴν ἐπανόρθωσιν τῶν νόμων. **(23)** πρὸ δὲ τῆς ἐκκλησίας ὁ βουλόμενος Ἀθηναίων ἐκτιθέτω πρόσθε τῶν ἐπωνύμων γράψας τοὺς νόμους οὓς ἂν τιθῇ, ὅπως ἂν πρὸς τὸ πλῆθος τῶν τεθέντων νόμων ψηφίσηται ὁ δῆμος περὶ τοῦ χρόνου τοῖς νομοθέταις. ὁ δὲ τιθεὶς τὸν καινὸν νόμον ἀναγράψας εἰς λεύκωμα ἐκτιθέτω πρόσθεν τῶν ἐπωνύμων ὁσημέραι, ἕως ἂν ⟨ἡ⟩ ἐκκλησία γένηται. αἱρεῖσθαι δὲ καὶ τοὺς συναπολογησομένους τὸν δῆμον τοῖς νόμοις, οἳ ἂν ἐν τοῖς νομοθέταις λύωνται, πέντε ἄνδρας ἐξ Ἀθηναίων ἁπάντων, τῇ ἑνδεκάτῃ τοῦ Ἑκατομβαιῶνος μηνός.}

24. *Οὗτοι πάντες οἱ νόμοι κεῖνται πολὺν ἤδη χρόνον, ὦ ἄνδρες δικασταί, καὶ πεῖραν αὐτῶν πολλάκις δεδώκασιν ὅτι*

24 οὗτοι—εἰκότως Anon. Fig. 3.122.3 Sp.

2 περὶ del. Schoell ⟨περὶ⟩ τῶν² A 3 ἐπιχειροτονία AF 5 αὐτὰ SAY 8 ἀποχειροτονία AY 10 τύχωσι SFY παρεδρεύοντες SY 12 τοῦ om. SFY 13 τὸν om. A 14 ποιῶσι SFY προγεγραμμένα AFY 15 κατὰ—γεγραμμένα om. A προγεγραμμένα FY 16 ὀφειλόντων A 18 ἔστω αὐτῶν A 22 ἀθηναίων ⟨νομοθετεῖν⟩ F 24 ἐκτεθέντων F 26 add. Dobree 28 οἷοι A 29 τῇ—μηνός del. Schoell 31 αὐτῶν Anon.

συμφέροντες ὑμῖν εἰσιν, καὶ οὐδεὶς πώποτε ἀντεῖπεν μὴ οὐ καλῶς ἔχειν αὐτούς. εἰκότως· οὐδὲν γὰρ ὠμὸν οὐδὲ βίαιον οὐδ' ὀλιγαρχικὸν προστάττουσιν, ἀλλὰ τοὐναντίον πάντα φιλανθρώπως καὶ δημοτικῶς φράζουσι πράττειν. **(25)** *καὶ πρῶτον μὲν ἐφ' ὑμῖν ἐποίησαν διαχειροτονίαν, πότερον εἰσοιστέος ἐστὶ νόμος καινὸς ἢ δοκοῦσιν ἀρκεῖν οἱ κείμενοι· μετὰ ταῦτα δέ, ἂν χειροτονήσητε εἰσφέρειν, οὐκ εὐθὺς τιθέναι προσέταξαν, ἀλλὰ τὴν τρίτην ἀπέδειξαν ἐκκλησίαν, καὶ οὐδ' ἐν ταύτῃ τιθέναι δεδώκασιν, ἀλλὰ σκέψασθαι καθ' ὅ τι τοὺς νομοθέτας καθιεῖτε. ἐν δὲ τῷ μεταξὺ χρόνῳ τούτῳ προσέταξαν τοῖς βουλομένοις εἰσφέρειν ἐκτιθέναι τοὺς νόμους πρόσθε τῶν ἐπωνύμων, ἵν' ὁ βουλόμενος σκέψηται, κἂν ἀσύμφορον ὑμῖν κατίδῃ τι, φράσῃ καὶ κατὰ σχολὴν ἀντείπῃ.* **(26)** *τούτων μέντοι τοσούτων ὄντων οὐδὲν πεποίηκε Τιμοκράτης οὑτοσί· οὔτε γὰρ ἐξέθηκε τὸν νόμον, οὔτ' ἔδωκεν εἴ τις ἐβούλετο ἀναγνοὺς ἀντειπεῖν, οὔτ' ἀνέμεινεν οὐδένα τῶν τεταγμένων χρόνων ἐν τοῖς νόμοις, ἀλλὰ τῆς ἐκκλησίας, ἐν ᾗ τοὺς νόμους ἐπεχειροτονήσατε, οὔσης ἑνδεκάτῃ τοῦ Ἑκατομβαιῶνος μηνός, δωδεκάτῃ τὸν νόμον εἰσήνεγκεν, εὐθὺς τῇ ὑστεραίᾳ, καὶ ταῦτ' ὄντων Κρονίων καὶ διὰ ταῦτ' ἀφειμένης τῆς βουλῆς, διαπραξάμενος μετὰ τῶν ὑμῖν ἐπιβουλευόντων καθίζεσθαι νομοθέτας διὰ ψηφίσματος ἐπὶ τῇ τῶν Παναθηναίων προφάσει.* **(27)** *βούλομαι δ' ὑμῖν τὸ ψήφισμ' αὐτὸ ἀναγνῶναι τὸ νικῆσαν, ἵν' ἴδηθ' ὅτι πάντα συνταξάμενοι καὶ οὐδὲν ἀπὸ*

25 *διαχειροτονίαν* Harp. δ 45
26 *ἑνδεκάτῃ—Κρονίων* Schol. D. 19.60.147c *καὶ ταῦτ'—Κρονίων* Lex. Pat. ad loc. *—βουλῆς* Minuc. 1.345.14 Sp. Ha. *ἀφειμένης—βουλῆς* Schol. D. 24.29.76

1 *ἡμῖν* Anon. *ἀντεῖπεν* post 2 *ἔχειν* A 5 *ἐφ' ὑμῖν* om. A 6 *νόμος ἐστὶ* A 7 *χειροτονῆτε* S 8 *ἀπέδωκαν* S[γρ] 10 *καθίειτε* S : *καθεδεῖται* A : *καθεδεῖτε* F 13 *τι κατίδῃ* A *ἀντεπίῃ* S[a] 15 *οὔτ' ἔδωκεν* del. Cobet 17 *χρόνων* om. A 18 *ἑνδεκάτης* SAF[a]Y 18–19 *τοῦ—μηνός* om. Schol. D. 19 ⟨*καὶ*⟩ *δωδεκάτῃ* Schol. D. 19–20 *εὐθὺς—ταῦτ'* om. Schol. D. 20 *Κρονίων ὄντων* ⟨*καὶ ἱερομηνίας*⟩ Minuc. *ἀφειλαμένης* A : *τῆς βουλῆς ἀφειλάμενης* Minuc. *βουλῆς*] *τιμῆς* A[a] 21 *καθέζεσθαι* Bl. 23 *αὐτὸ τὸ ψήφισμα* A 24 *εἰδῆθ'* AFY *ἀπὸ*] *ἐκ* Schol. D. 24.27.73

ταὐτομάτου τούτων ἔπραττον. λαβὲ τὸ ψήφισμ' αὐτοῖς καὶ ἀναγίγνωσκε σύ.

ΨΗΦΙΣΜΑ

{Ἐπὶ τῆς Πανδιονίδος πρώτης, ἑνδεκάτῃ τῆς πρυτανείας, Ἐπικράτης εἶπεν, ὅπως ἂν τὰ ἱερὰ θύηται καὶ ἡ διοίκησις ἱκανὴ γένηται καὶ εἴ τινος ἐνδεῖ πρὸς τὰ Παναθήναια διοικηθῇ, τοὺς πρυτάνεις τοὺς τῆς Πανδιονίδος καθίσαι νομοθέτας αὔριον, τοὺς δὲ νομοθέτας εἶναι ἕνα καὶ χιλίους ἐκ τῶν ὀμωμοκότων, συννομοθετεῖν δὲ καὶ τὴν βουλήν.}

28. Ἐνθυμήθητε {ἀναγιγνωσκομένου} τοῦ ψηφίσματος ὡς τεχνικῶς ὁ γράφων αὐτὸ τὴν διοίκησιν καὶ τὸ τῆς ἑορτῆς προστησάμενος κατεπεῖγον, ἀνελὼν τὸν ἐκ τῶν νόμων χρόνον, αὐτὸς ἔγραψεν αὔριον νομοθετεῖν, οὐ μὰ Δί' οὐχ ἵν' ὡς κάλλιστα γένοιτό τι τῶν περὶ τὴν ἑορτήν (οὐδὲ γὰρ ἦν ὑπόλοιπον οὐδ' ἀδιοίκητον οὐδέν), ἀλλ' ἵνα μὴ προαισθομένου μηδενὸς ἀνθρώπων μηδ' ἀντειπόντος τεθείη καὶ γένοιτο κύριος αὐτοῖς ὅδ' ὁ νῦν ἀγωνιζόμενος νόμος. **(29)** τεκμήριον δέ· καθεζομένων γὰρ τῶν νομοθετῶν, περὶ μὲν τούτων, τῆς διοικήσεως καὶ τῶν Παναθηναίων, οὔτε χείρονα οὔτε βελτίω νόμον οὐδένα εἰσήνεγκεν οὐδείς, περὶ δε ὧν οὔτε τὸ ψήφισμα ἐκέλευεν οἵ τε νόμοι κωλύουσιν, Τιμοκράτης οὑτοσὶ κατὰ πολλὴν ἡσυχίαν ἐνομοθέτει, κυριώτερον μὲν νομίσας τὸν ἐκ τοῦ ψηφίσματος ἢ τὸν ἐν τοῖς νόμοις εἰρημένον χρόνον, οὐδ' ὁτιοῦν δὲ φοβηθεὶς εἰ ἁπάντων ὑμῶν ἀγόντων ἱερομηνίαν, καὶ νόμου κειμένου μήτ' ἰδίᾳ μήτε κοινῇ μηδὲν ἀλλήλους ἀδικεῖν ἐν τούτῳ τῷ χρόνῳ, μηδὲ χρηματίζειν ὅ τι ἂν μὴ περὶ τῆς ἑορτῆς ᾖ, αὐτὸς οὐχ ἕνα τὸν τυχόντα, ἀλλ' ὅλην ἀδικῶν φανήσεται τὴν πόλιν. **(30)** καίτοι πῶς οὐ δεινόν, εἰδότα μὲν

30 καίτοι—ἠκούσατε AB 122.15

1 ἔπραττον ⟨οὗτοι⟩ A λαβέ ⟨μοι⟩ Y καὶ om. SF 3 ψήφισμα ⟨τιμοκράτους⟩ S[c] 5 τιμοκράτης SF ⟨ὡς κάλλιστα⟩ θύηται Schoell coll. 28 ⟨πῶς⟩ ἡ S 6 προσδεῖ A 7 τοὺς[2] om. A 10 del. Weil 12 κατεπείγειν AY : καταπείγει F[c(m.a.)] 14 τι om. A 18 καθιζομένων SF μὲν ⟨δὴ τῶν γεγραμμένων⟩ AY : ⟨τῶν γεγραμμένων⟩ F 20 οὐδὲν A 22 μὲν om. A 24 δὲ om. Y

τοὺς νόμους, ὧν ὀλίγῳ πρότερον πάντες ἠκούσατε, κυρίους ὄντας, εἰδότα δ' οὐκ ἐῶνθ' ἕτερον νόμον ψήφισμα οὐδέν, οὐδ' ἂν ἔννομον ᾖ, νόμου κυριώτερον εἶναι, γράψαι καὶ θεῖναι νόμον ὑμῖν κατὰ ψήφισμα, ὃ καὶ αὐτὸ παρὰ τοὺς νόμους εἰρημένον ᾔδει; **(31)** ἢ πῶς οὐ σχέτλιον τὴν μὲν πόλιν {αὐτὴν} ἑκάστῳ ἡμῶν δεδωκέναι ἄδειαν τοῦ μή τι παθεῖν ἀηδὲς ἢ δεινὸν ἐν τούτῳ τῷ χρόνῳ ποιήσασαν ἱερομηνίαν, αὐτὴν δὲ μὴ τετυχηκέναι ταύτης τῆς ἀσφαλείας παρὰ Τιμοκράτους, ἀλλ' ἐν αὐτῇ τῇ ἱερομηνίᾳ τὰ μέγιστ' ἠδικῆσθαι; τί γὰρ ἄν τις μεῖζον ἠδίκησεν ἰδιώτης ἀνὴρ ἢ καταλύων τοὺς νόμους αὐτῆς, δι' ὧν οἰκεῖται;

32. Ὅτι μὲν τοίνυν οὐδὲν ὧν προσῆκέν τε καὶ κελεύουσιν οἱ νόμοι πεποίηκεν, εἰς τὰ προειρημένα τις σκοπῶν ἂν γνοίη. ὅτι δ' οὐ μόνον κατὰ τοῦτ' ἀδικεῖ, εἰ παραβὰς τὸν χρόνον τὸν ἐκ τῶν νόμων καὶ τὸ βουλεύσασθαι καὶ σκέψασθαι περὶ τούτων ὑμᾶς παντελῶς ἀνελὼν οὔσης ἱερομηνίας ἐνομοθέτει, ἀλλὰ καὶ κατ' ἐκεῖνο, ὅτι πᾶσιν ἐναντίον εἰσενήνοχεν τοῖς οὖσι νόμοις, αὐτίκα δὴ μάλα ἀκριβῶς μαθήσεσθε. ἀνάγνωθι δέ μοι λαβὼν τουτονὶ πρῶτον τὸν νόμον, ὃς διαρρήδην οὐκ ἐᾷ νόμον οὐδένα ἐναντίον εἰσφέρειν, ἐὰν δέ τις εἰσφέρῃ, γράφεσθαι κελεύει. ἀναγίγνωσκε.

ΝΟΜΟΣ

33. {*Τῶν δὲ νόμων τῶν κειμένων μὴ ἐξεῖναι λῦσαι μηδένα, ἐὰν μὴ ἐν νομοθέταις. τότε δ' ἐξεῖναι τῷ βουλομένῳ Ἀθηναίων λύειν, ἕτερον τιθέντι ἀνθ' ὅτου ἂν λύῃ. διαχειροτονίαν δὲ ποιεῖν τοὺς προέδρους περὶ τούτων τῶν νόμων, πρῶτον μὲν περὶ τοῦ κειμένου, εἰ δοκεῖ ἐπιτήδειος εἶναι τῷ δήμῳ τῷ Ἀθηναίων ἢ οὔ, ἔπειτα περὶ τοῦ τιθεμένου. ὁπότερον δ' ἂν χειροτονήσωσιν οἱ νομοθέται, τοῦτον*

30 *οὐκ—εἶναι* cf. 23.87 Andocid. 1.87
32 *ὅτι—γνοίη* Schol. D. 24.17.44d

2 ⟨*τὸ*⟩*ψήφισμα* F 5 del. Schaefer 6 *τοῦ—τι*] *τουτὶ* S^a *τοῦ* del. van Herwerden *μή* om. AY : *τουτὶ* S^a 9–10 *τίς γὰρ ἂν μεῖζον* A 10 *αὐτῆς* ⟨*τῆς πόλεως*⟩ S^c 12 *τοίνυν*] *οὖν* A *προσήκει* (*τε* om.) Schol. D. 13 *ἄν τις σκοπῶν* Schol. D. 14 *τὸν*^{2}] *τῶν* F 18 *δέ* om. Schol. D. 24.32.80 19 *πρῶτον τουτονὶ* A *νόμον οὐδένα* om. A 20 *κελεύῃ* F 27 *ἀθηναίῳ* S

κύριον εἶναι. ἐναντίον δὲ νόμον μὴ ἐξεῖναι τιθέναι τῶν νόμων τῶν κειμένων μηδενί. ἐὰν δέ τις λύσας τινὰ τῶν νόμων τῶν κειμένων ἕτερον ἀντιθῇ μὴ ἐπιτήδειον τῷ δήμῳ τῷ Ἀθηναίων ἢ ἐναντίον τῶν κειμένων τῳ, τὰς γραφὰς εἶναι κατ' αὐτοῦ κατὰ τὸν νόμον ὃς κεῖται ἐάν τις μὴ ἐπιτήδειον θῇ νόμον.}

34. Ἠκούσατε μὲν τοῦ νόμου· πολλῶν δὲ καλῶς κειμένων νόμων τῇ πόλει οὐδενὸς ἧττον ἡγοῦμαι καὶ τοῦτον ἀξίως ἐπαίνου γεγράφθαι. σκέψασθε γὰρ ὡς δικαίως καὶ σφόδρα ὑπὲρ τοῦ δήμου κεῖται. οὐκ ἐᾷ τοῖς ὑπάρχουσι νόμοις ἐναντίον εἰσφέρειν, ἐὰν μὴ λύσῃ τὸν πρότερον κείμενον. τίνος ἕνεκα; πρῶτον μὲν ἵν' ὑμῖν ἐξῇ τὰ δίκαια ψηφίζεσθαι μετ' εὐσεβείας. **(35)** εἰ γὰρ εἴησαν δύο τινὲς ἐναντίοι νόμοι, καί τινὲς ἀντίδικοι παρ' ὑμῖν ἀγωνίζοιντο ἢ περὶ δημοσίων ἢ περὶ ἰδίων πραγμάτων, ἀξιοῖ δ' ἑκάτερος νικᾶν μὴ τὸν αὐτὸν δεικνύων νόμον, οὔτ' ἀμφοτέροις ἔνι δήπου ψηφίσασθαι· πῶς γάρ; οὔτε θατέρῳ ψηφιζομένους εὐορκεῖν· παρὰ γὰρ τὸν ἐναντίον, ὄντα δ' ὁμοίως κύριον, ἡ γνῶσις συμβαίνει. **(36)** τοῦτό τ' οὖν ὑπὲρ ὑμῶν φυλαττόμενος ταῦτα προεῖπε καὶ ἔτι πρὸς τούτῳ βουλόμενος φύλακας ὑμᾶς τῶν νόμων καταστῆσαι· ᾔδει γὰρ ἐκεῖνο, ὅτι τὰς ἄλλας ἃς γέγραφεν αὐτῶν φυλακὰς ἔστι πολλαχῇ διακρούσασθαι. τοὺς συνηγόρους, οὓς χειροτονεῖτε, δύναιτ' ἂν πεῖσαί τις σιωπᾶν. ἐκτιθέναι κελεύει τοῦ προειδέναι πάντας· τάχ' ἄν, εἰ τύχοι, τοὺς μὲν ἀντειπόντας ἂν εἰ {μὴ} προαίσθοιντο, λάθοι, οἱ δ' οὐδὲν προσέχοντες ἀναγνοῖεν ἄν. **(37)** ἀλλὰ γράψασθαι νὴ Δί' ἕκαστον ἔστιν, ὃ κἀγὼ νυνὶ πεποίηκα· κἀνταῦθα, ἂν ἀπαλλάξῃ τὸν ἐπιστάντα, ἡ πόλις παρακέκρουσται. τίς οὖν μόνη φυλακὴ καὶ δικαία καὶ βέβαιος τῶν νόμων; ὑμεῖς οἱ πολλοί· οὔτε γὰρ τὸ γνῶναι καὶ

1 ⟨*τὸν*⟩ *κύριον* S   3 *ἀντιτιθῇ* S[c(m.a.)]   *ἢ* om. S[a]   6 *καλῶν* S[a]Y   7 *ἧττον* om. S[a]   12 *τινὲς* om. A   14 *ἀξιοίη* A   15 *γὰρ* ⟨*οὐ*⟩ S[c(m.a.)]   16 *ἐναντίον* ⟨*νόμον*⟩ F   18 *τούτοις* F[c]   19 *ὑμᾶς* ⟨*ὄντων*⟩ *νόμων* ⟨*ὑμᾶς*⟩ A   20 *αὐτῷ* A   21 ⟨*καὶ*⟩ *τοὺς* ⟨*γὰρ*⟩ S[c]   22 *τις πεῖσαι* A   23 ⟨*ὡς*⟩ *τάχ'* AY   del. Reiske   24 *ἀγνοοῖεν* SAY   26 ⟨*κἂν*⟩ *ἐνταῦθα* (*ἂν* om.) SFY   *ἀπαλλάξῃ* ⟨*τις*⟩ AY   27 ⟨*ἡ*⟩ *μόνη* AY   27–8 *βεβαία καὶ δίκαιος* A   28 *γνῶναι* ⟨*τὸ δίκαιον*⟩ Y

δοκιμάσαι τὸ βέλτιστον ἐξελέσθαι δύναιτ' ἂν ὑμῶν οὐδείς, οὔτε ἀπαλλάξας καὶ διαφθείρας πεῖσαι τὸν χείρω θέσθαι νόμον ἀντὶ τοῦ κρείττονος. **(38)** διὰ ταῦτα πάντα ἐφ' ἑκάστην ἀπαντᾷ τὴν ὁδὸν τῶν ἀδικημάτων, κωλύων καὶ οὐκ ἐῶν βαδίζειν τοὺς ἐπιβουλεύοντας ὑμῖν. ταῦτα πάντα Τιμοκράτης, οὕτω καλῶς καὶ δικαίως κείμενα, ἠφάνισεν, ἐξήλειψεν, ὅσον ἦν ἐπὶ τούτῳ, καὶ νόμον εἰσήνεγκεν ἅπασιν ἐναντίον, ὡς ἔπος εἰπεῖν, τοῖς οὖσιν, οὐ παραναγνούς, οὐ λύσας, οὐ δοὺς αἵρεσιν, οὐκ ἄλλο ποιήσας οὐδὲν τῶν προσηκόντων.

39. Ὡς μὲν οὖν ἔνοχος τῇ γραφῇ καθέστηκεν, ἐναντίον εἰσενηνοχὼς τοῖς οὖσι νόμοις, οἶμαι πάντας ὑμᾶς ᾐσθῆσθαι· ἵνα δ' εἰδῆτε παρ' οἵους νόμους οἷον οὗτος εἰσήνεγκεν, ἀναγνώσεται πρῶτον ὑμῖν τὸν τούτου νόμον, εἶτα τοὺς ἄλλους, οἷς οὗτος ἐναντίος ἐστίν. ἀναγίγνωσκε.

ΝΟΜΟΣ

{Ἐπὶ τῆς Πανδιονίδος πρώτης, δωδεκάτῃ τῆς πρυτανείας, Τιμοκράτης εἶπεν, καὶ εἴ τινι τῶν ὀφειλόντων τῷ δημοσίῳ προστετίμηται κατὰ νόμον ἢ κατὰ ψήφισμα δεσμοῦ ἢ τὸ λοιπὸν προστιμηθῇ, εἶναι αὐτῷ ἢ ἄλλῳ ὑπὲρ ἐκείνου ἐγγυητὰς καταστῆσαι τοῦ ὀφλήματος, οὓς ἂν ὁ δῆμος χειροτονήσῃ, ἦ μὴν ἐκτείσειν τὸ ἀργύριον ὃ ὦφλεν. τοὺς δὲ προέδρους ἐπιχειροτονεῖν ἐπάναγκες, ὅταν τις καθιστάναι βούληται. **(40)** τῷ δὲ καταστήσαντι τοὺς ἐγγυητάς, ἐὰν ἀποδιδῷ τῇ πόλει τὸ ἀργύριον ἐφ' ᾧ κατέστησε τοὺς ἐγγυητάς, ἀφεῖσθαι τὸν δεσμόν. ἐὰν δὲ μὴ καταβάλῃ τὸ ἀργύριον ἢ αὐτὸς ἢ οἱ ἐγγυηταὶ ἐπὶ τῆς ἐνάτης πρυτανείας, τὸν μὲν ἐξεγγυηθέντα δεδέσθαι, τῶν δὲ ἐγγυητῶν δημοσίαν εἶναι τὴν οὐσίαν. περὶ δὲ τῶν ὠνουμένων

38 ταῦτα—ἐξήλειψεν Schol. D. 24.34.84b ὅσον—τούτῳ Schol. D. 24.34.93 οὐ^{1}—προσηκόντων Schol. D. 24.34.84b
39 ἵνα—νόμον Schol. D. 24.17.44e

1 βέλτιον F οὐδὲ εἷς F 6 οὕτω] οὑτοσὶ Schol. D. ἠφάνισεν om. Schol. D. 7 ἦν—τούτῳ] ἧκεν εἰς τοῦτον Schol. D. 9 τῶν προσηκόντων οὐδέν Schol. D. 11 νόμον S^{γρ}F^{c} 12 νόμους om. A 13 πρῶτον ⟨μὲν⟩ Schol. D. τοῦτον τὸν νόμον Schol. D. 16 πρώτης om. SFY^{a} 19 ἢ om. Y^{a} 20 ὀφειλήματος S ἐκτίσειν SAFY : corr. Bl. 23 ᾧ] οἷς SF 24 τῶν δεσμῶν S^{c}AF : τοῦ δεσμοῦ Liban. Arg. 1.1 et Bu.

τὰ τέλη καὶ τῶν ἐγγυωμένων καὶ ἐκλεγόντων, καὶ τῶν τὰ μισθώσιμα μισθουμένων καὶ ἐγγυωμένων, τὰς πράξεις εἶναι τῇ πόλει κατὰ τοὺς νόμους τοὺς κειμένους. ἐὰν δ' ἐπὶ τῆς ἐνάτης ⟨ἢ δεκάτης⟩ πρυτανείας ὄφλῃ, τοῦ ὑστέρου ἐνιαυτοῦ {ἐπὶ τῆς ἐνάτης ἢ δεκάτης πρυτανείας} ἐκτίνειν.}

41. Ἀκηκόατε μὲν τοῦ νόμου, μνημονεύετε δ' ἐξ αὐτοῦ μοι πρῶτον μὲν τὸ "καὶ εἴ τινι τῶν ὀφειλόντων δεσμοῦ προστετίμηται ἢ τὸ λοιπὸν προστιμηθῇ," ἔπειθ' ὅτι πλὴν περὶ τῶν τελωνῶν καὶ περὶ τῶν μισθουμένων, καὶ ὅσοι ταῦτα ἐγγυῶνται, χρῆσθαι κελεύει τῷ νόμῳ. ὅλος μὲν γάρ ἐστιν ἅπασιν ἐναντίος τοῖς οὖσι, μάλιστα δὲ ταῦτα· γνώσεσθε δὲ τοὺς νόμους ἀκούοντες αὐτούς. λέγε.

ΝΟΜΟΣ

42. {Διοκλῆς εἶπεν· τοὺς νόμους τοὺς πρὸ Εὐκλείδου τεθέντας ἐν δημοκρατίᾳ καὶ ὅσοι ἐπ' Εὐκλείδου ἐτέθησαν καὶ εἰσὶν ἀναγεγραμμένοι, κυρίους εἶναι. τοὺς δὲ μετ' Εὐκλείδην τεθέντας καὶ τὸ λοιπὸν τιθεμένους κυρίους εἶναι ἀπὸ τῆς ἡμέρας ἧς ἕκαστος ἐτέθη, πλὴν εἴ τῳ προσγέγραπται χρόνος ὅντινα δεῖ ἄρχειν. ἐπιγράψαι δὲ τοῖς μὲν νῦν κειμένοις τὸν γραμματέα τῆς βουλῆς τριάκοντα ἡμερῶν· τὸ δὲ λοιπόν, ὃς ἂν τυγχάνῃ γραμματεύων, προσγραφέτω παραχρῆμα τὸν νόμον κύριον εἶναι ἀπὸ τῆς ἡμέρας ἧς ἐτέθη.}

43. Καλῶς ἐχόντων τῶν νόμων, ὦ ἄνδρες δικασταί, τῶν ὑπαρχόντων, ὅδε ὁ νῦν ἀναγνωσθεὶς νόμος ὡσπερεὶ διώρισεν καὶ βεβαιοτέρους ἐποίησεν αὐτούς. κελεύει γὰρ ἕκαστον ἀφ' ἧς ἡμέρας ἐτέθη κύριον εἶναι, πλὴν εἴ τῳ χρόνος προσγέγραπται, τούτῳ δὲ τὸν γεγραμμένον ἄρχειν. διὰ τί; ὅτι πολλοῖς τῶν νόμων προσεγέγραπτο "τὸν δὲ νόμον εἶναι κύριον τόνδ' ἀπὸ

41 εἴ—προστετίμηται 24.72,79 Schol. D. 24.43.105

1 ἐκλεγέντων A μισθώματα SFY 2 ⟨τῶν⟩ ἐγγυωμένων Ald. 3 add. Dobree 4 ἐπὶ—πρυτανείας del. Dobree 9 περὶ om. A 10 ὅλως F μὲν γάρ om. S[a] 11 ⟨ὃ δέ γε⟩ ἅπασιν F οὖσι ⟨νόμοις⟩ S[c] ταῦτα] τούτῳ S : τούτῳ ⟨τῷ νόμῳ⟩ S[c] δὲ om. F 12 τοὺς—αὐτούς. λέγε] ἀκούσαντες. λέγε τοὺς νόμους ⟨αὐτούς⟩ A : ἀκούοντες (ἀκούσαντες Y) τοὺς νόμους αὐτοὺς λέγε FY 22–3 ὦ ἄνδρες δικασταὶ τῶν ὑπαρχόντων νόμων F 23 ὁ om. A

τοῦ μετὰ τὸν νῦν ἄρχοντα.” ὕστερον δὲ γράφων ὁ τιθεὶς ἐπὶ τούτοις τόνδε τὸν νόμον τὸν ἀνεγνωσμένον, οὐκ ἐνόμιζε δίκαιον εἶναι τοὺς αὐτοὺς τῶν νόμων ἀναγεγραμμένους ὕστερον ἢ ἐτέθησαν κυρίους εἶναι ἀνενεγκεῖν ἐπὶ τὴν ἡμέραν, ἀφ' ἧς ἐτέθησαν, καὶ πρότερον ποιῆσαι κυρίους ἢ ὁ θεὶς ἕκαστον ἠξίωσεν. **(44)** τούτῳ μέντοι τῷ νόμῳ σκέψασθ' ὡς ἐναντίος ἐστὶν ὃν οὗτος τέθεικεν. ὁ μέν γε κελεύει τὸν γεγραμμένον χρόνον ἢ τὴν ἡμέραν ἀφ' ἧς ἂν τεθῇ κυρίαν εἶναι· ὁ δ' ἔγραψεν "καὶ εἴ τινι προστετίμηται", περὶ τῶν παρεληλυθότων λέγων. καὶ οὐδὲ τοῦθ' ὥρισεν, ἄρχοντα προσγράψας ἀφ' οὗ, ἀλλὰ πεποίηκεν οὐ μόνον πρὸ τῆς ἡμέρας ἐν ᾗ τέθεικε κύριον τὸν νόμον, ἀλλὰ καὶ πρὸ τοῦ γενέσθαι τιν' ἡμῶν· ἀόριστον γὰρ ἅπαντα τὸν παρεληλυθότα προσπεριείληφε χρόνον. καίτοι χρῆν σε, ὦ Τιμόκρατες, ἢ τοῦτον μὴ γράφειν ἢ ἐκεῖνον λύειν, οὐχ, ἵνα ὃ βούλει σὺ γένηται, πάντα τὰ πράγματα συνταράξαι. λέγε ἄλλον νόμον.

ΝΟΜΟΣ

45. {*Μηδὲ περὶ τῶν ἀτίμων, ὅπως χρὴ ἐπιτίμους αὐτοὺς εἶναι, μηδὲ περὶ τῶν ὀφειλόντων τοῖς θεοῖς ἢ τῷ δημοσίῳ τῷ Ἀθηναίων περὶ ἀφέσεως τοῦ ὀφλήματος ἢ τάξεως, ἐὰν μὴ ψηφισαμένων Ἀθηναίων τὴν ἄδειαν πρῶτον μὴ ἔλαττον ἑξακισχιλίων, οἷς ἂν δόξῃ κρύβδην ψηφιζομένοις. τότε δ' ἐξεῖναι χρηματίζειν καθ' ὅ τι ἂν τῇ βουλῇ καὶ τῷ δήμῳ δοκῇ.*}

46. Ἄλλος οὗτος νόμος, οὐκ ἐῶν περὶ τῶν ἀτίμων οὐδὲ τῶν ὀφειλόντων λέγειν οὐδὲ χρηματίζειν περὶ ἀφέσεως τῶν ὀφλημάτων οὐδὲ τάξεως, ἂν μὴ τῆς ἀδείας δοθείσης, καὶ ταύτης μὴ ἔλαττον ἢ ἑξακισχιλίων ψηφισαμένων. οὗτος δ' ἔγραψεν ἄντικρυς, καὶ εἴ τινι τῶν ὀφειλόντων δεσμοῦ προστετίμηται, εἶναι τὴν ἄφεσιν πορισαμένῳ τοὺς ἐγγυησομένους,

1 *δὴ* Weil 1–2 *ἐπὶ τούτοις ὁ τιθεὶς* A 3 *γεγραμμένους* A : *γεγραμμένης* F*γρ* 5 ⟨*μὴ*⟩ *πρότερον* F 6 *μὲν* F *τῷ* om. A[a] 8 *ἂν τεθῇ*] *ἐτέθη* A 9 *καὶ* om. S 11 *πρὸ*] *ἀπὸ* F 15 *συνταραχθῇ* AF*γρ* 19 *δήμῳ* S*γρ*A *τῷ*[2]] *τῶν* SY 25 ⟨*περὶ*⟩ *τῶν*[2] Y 26 *οὐδὲ*] *ἢ* A 27 *οὗτος δ'* om. A : *ὁ δ'* cod. k 28 *ἀνέγραψεν* A *δεσμοῦ* om. A : *δεσμοὺς* S[a] 29 *ἐγγυησαμένους* A

οὐ προτεθέντος οὐδενὸς περὶ τούτων, οὐδὲ δοθείσης ἀδείας λέγειν. **(47)** καὶ ὁ μὲν νόμος, οὐδ' ἐπειδὰν τὴν ἄδειαν εὕρηταί τις, ἔδωκεν ὡς ἂν βούληται πράττειν, ἀλλ' ὡς ἂν τῇ βουλῇ καὶ τῷ δήμῳ δοκῇ· τῷ δ' οὐκ ἀπέχρησε τοῦτ' ἀδικεῖν μόνον, εἰ μὴ δοθείσης τῆς ἀδείας λέγει καὶ νόμον εἰσφέρει περὶ τούτων, ἀλλὰ καὶ προσέτι οὐκ εἰς τὴν βουλήν, οὐκ εἰς τὸν δῆμον εἰπὼν περὶ τούτων οὐδέν, ἐν παραβύστῳ, τῆς βουλῆς μὲν ἀφειμένης, τῶν δ' ἄλλων διὰ τὴν ἑορτὴν ἱερομηνίαν ἀγόντων, λάθρα τὸν νόμον εἰσήνεγκεν. **(48)** καίτοι χρῆν σε, ὦ Τιμόκρατες, εἰδότα τὸν νόμον τόνδε ὃν ἀνέγνων, εἴ τι δίκαιον ἐβούλου πράττειν, πρῶτον μὲν πρόσοδον γράψασθαι πρὸς τὴν βουλήν, εἶτα τῷ δήμῳ διαλεχθῆναι, κᾆθ' οὕτως, εἰ πᾶσιν Ἀθηναίοις ἐδόκει, γράφειν καὶ νομοθετεῖν περὶ τούτων, καὶ τότε τοὺς χρόνους ἀναμείναντα τοὺς ἐκ τῶν νόμων, ἵνα τοῦτον τὸν τρόπον πράττων, εἰ καί τις ἐπεχείρει δεικνύειν οὐκ ἐπιτήδειον ὄντα τῇ πόλει τὸν νόμον, μὴ οὖν ἐπιβουλεύειν γ' ἐδόκεις, ἀλλὰ γνώμῃ διαμαρτὼν ἀποτυχεῖν. **(49)** νῦν δὲ τῷ λάθρα καὶ ταχὺ καὶ παρὰ τοὺς νόμους ἐμβαλεῖν τὸν νόμον εἰς τοὺς νόμους καὶ μὴ θεῖναι, πᾶσαν ἀφῄρησαι σαυτοῦ τὴν συγγνώμην· τοῖς γὰρ ἄκουσιν ἁμαρτοῦσι μέτεστι συγγνώμης, οὐ τοῖς ἐπιβουλεύσασιν, ὃ σὺ νῦν εἴληψαι ποιῶν. ἀλλὰ γὰρ αὐτίκ' ἐρῶ περὶ τούτων. νῦν δ' ἀναγίγνωσκε τὸν ἑξῆς νόμον.

ΝΟΜΟΣ

50. {Ἐὰν δέ τις ἱκετεύῃ ἐν τῇ βουλῇ ἢ ἐν τῷ δήμῳ περὶ ὧν δικαστήριον ἢ ἡ βουλὴ ἢ ὁ δῆμος κατέγνω, ἐὰν μὲν αὐτὸς ὁ ὀφλὼν ἱκετεύῃ πρὶν ἐκτεῖσαι, ἔνδειξιν εἶναι αὐτοῦ, καθάπερ ἐάν τις ὀφείλων τῷ δημοσίῳ ἡλιάζηται· ἐὰν δ' ἄλλος ὑπὲρ τοῦ ὠφληκότος ἱκετεύῃ πρὶν ἐκτεῖσαι, δημοσία ἔστω αὐτοῦ ἡ οὐσία ἅπασα. ἐὰν δέ τις τῶν

1 *προστεθέντος* S 5 *τῆς* om. A 8 *ἀγόντων* post *ἄλλων* A *λάθρα* del. Dobree *τὸν* om. SFY 10 *τόνδε τὸν νόμον* Y *ἀνέγνω* Dobree 12 *καθ'* S : corr. Bk. : *καὶ τόθ'* S[c]F : *καὶ* AY 16 *γε δοκεῖς* S 19 *καὶ* om. S[a]Y *τὴν* om. A 20 *ἄκουσιν*] *ἀκουσίως* S[γρ]F[γρ] *ἁμαρτάνουσιν* S[γρ]A 20–1 *ἐπιβουλεύουσιν* A 25 *ἢ*[1] om. S *ἡ* om. F 26 *ἱκετεύσῃ* A[a] 26, 28, 2 *ἐκτῖσαι* SAFY : corr. Bl.26 ⟨*κατ'*⟩ *αὐτοῦ* AFY 28 *αὐτοῦ ἔστω* A

προέδρων δῷ τινι τὴν ἐπιχειροτονίαν, ἢ αὐτῷ τῷ ὠφληκότι ἢ ἄλλῳ ὑπὲρ ἐκείνου, πρὶν ἐκτεῖσαι, ἄτιμος ἔστω.}

51. Ἔστι μὲν ἔργον, ὦ ἄνδρες δικασταί, εἰ περὶ πάντων τῶν νόμων οἷς οὗτος ἐναντίον εἰσενήνοχεν ἐροῦμεν· ἄξιον δ', εἰ περί του καὶ ἄλλου, καὶ περὶ τοῦδ' ὃν νῦν ἀνέγνω διελθεῖν. ὁ γὰρ τὸν νόμον τοῦτον, ὦ ἄνδρες Ἀθηναῖοι, θεὶς ᾔδει τὴν φιλανθρωπίαν καὶ τὴν πραότητα τὴν ὑμετέραν, καὶ διὰ ταύτην ἑώρα περὶ πολλῶν ὑμᾶς ἑκόντας ἤδη ποτὲ μεγάλα ζημιωθέντας. **(52)** βουλόμενος δὴ μηδεμίαν πρόφασιν τοῦ τὰ κοινὰ κακῶς ἔχειν ὑπολιπεῖν, τοὺς μετὰ τῶν νόμων κρίσει καὶ δικαστηρίῳ μὴ δίκαια ποιεῖν ἐγνωσμένους οὐκ ᾤετο δεῖν τῆς εὐηθείας τῆς ὑμετέρας ἀπολαύειν, τὸ δεῖσθαι καὶ μετὰ συμφορᾶς ἱκετεύειν ἔχοντας ἀφορμήν, ἀλλ' ὅλως ἀπεῖπεν μήτ' αὐτῷ μήτ' ἄλλῳ μηδενὶ μήθ' ἱκετεύειν μήτε λέγειν ὑπὲρ τῶν τοιούτων, ἀλλὰ ποιεῖν τὰ δίκαια σιγῇ. **(53)** εἰ τοίνυν τις ἔροιθ' ὑμᾶς ποτέροις μᾶλλον ἂν εἰκότως ποιήσαιθ' ὁτιοῦν, τοῖς δεομένοις ἢ τοῖς ἐπιτάττουσιν, οἶδ' ὅτι φήσαιτ' ἂν τοῖς δεομένοις· τὸ μὲν γὰρ χρηστῶν, τὸ δ' ἀνάνδρων ἀνθρώπων ἔργον ἐστίν. οὐκοῦν οἱ νόμοι μὲν ἅπαντες προστάττουσιν ἃ χρὴ ποιεῖν, οἱ τιθέντες δὲ τὰς ἱκετηρίας δέονται. εἰ τοίνυν ἱκετεύειν οὐκ ἔξεστιν, ἦ που νόμον γ' ἐπίταγμα ἔχοντα εἰσφέρειν; ἐγὼ μὲν οὐκ οἶμαι. καὶ γὰρ αἰσχρὸν περὶ ὧν μηδὲ χαρίζεσθαι δεῖν ὑπειλήφατε, περὶ τούτων ἀκόντων ὑμῶν ἐὰν ἅ τινες βούλονται πραχθῆναι. Λέγε τὸν μετὰ τοῦτον ἐφεξῆς.

ΝΟΜΟΣ

54. {Ὅσων δίκη πρότερον ἐγένετο ἢ εὔθυνα ἢ διαδικασία περί

51 *ᾔδει—ὑμετέραν* Syr. Soptr. Marcell. 4.511.27 W.
52 *ἐγνωσμένους—ὑμετέρας* AB 91.24 *οὐκ—ἀπολαύνειν* Lex. Vindob. 62.4
53 *ἔξεστιν ἢ]που*—**54** *ἐπιψηφίζειν* P. Oxy. II 232

---

5 *εἴπερ περί* S[c]AF *ἀνέγνων* cod. T 7 *φιλανθρωπότητα . . . ἡμ-* Syr. Soptr. Marcell. 11 *ἐγνωσμένου* S[a] *ἐγνωσμένος οὐκ ἠνείχετο* AB 12 *τῆς ἡμετέρας εὐηθείας* Lex. Vindob. 16 *ποιήσεθ'* A 18–19 *ἔργον ἀνθρώπων* Y 21 *νόμου* A : [Π232] 23 *περὶ τούτων* om. A[a] 24 *ἐφεξῆς* ⟨*νόμον*⟩ AY : [Π232]

του ἐν δικαστηρίῳ, ἢ ἰδίᾳ ἢ δημοσίᾳ, ἢ τὸ δημόσιον ἀπέδοτο, μὴ εἰσάγειν περὶ τούτων εἰς τὸ δικαστήριον μηδ' ἐπιψηφίζειν τῶν ἀρχόντων μηδένα, μηδὲ κατηγορεῖν ἐώντων ἃ οὐκ ἐῶσιν οἱ νόμοι.}

55. Τιμοκράτης τοίνυν, ὥσπερ μαρτυρίαν ὧν ἀδικεῖ γράφων, εὐθὺς ἀρχόμενος τοῦ νόμου τἀναντία ἔθηκε τούτοις. ὁ μέν γε οὐκ ἐᾷ περὶ ὧν ἂν ἅπαξ γνῷ δικαστήριον πάλιν χρηματίζειν· ὁ δ' ἔγραψεν, καὶ εἴ τινι προστετίμηται κατὰ νόμον ἢ κατὰ ψήφισμα, τὸν δῆμον τούτῳ χρηματίζειν, ὅπως ἃ μὲν ἔγνω τὸ δικαστήριον λυθήσεται, καταστήσει δ' ἐγγυητὰς ὁ ὀφλών. καὶ ὁ μὲν νόμος μηδ' ἐπιψηφίζειν φησὶ τῶν ἀρχόντων παρὰ ταῦτα μηδένα· ὁ δ' ἔγραψε τοῖς προέδροις ἐπάναγκες, ἐάν τις καθιστῇ, προσάγειν, καὶ προσέγραψεν "ὁπότ' ἂν τις βούληται".

56. Λέγ' ἕτερον νόμον.

ΝΟΜΟΣ

{Τὰς δίκας καὶ τὰς διαίτας, ὅσαι ἐγένοντο ἐπὶ τοῖς νόμοις ἐν δημοκρατουμένῃ τῇ πόλει, κυρίας εἶναι.}

Οὔ φησι Τιμοκράτης, οὔκουν ὁπόσοις γ' ἂν δεσμοῦ προστιμηθῇ. λέγε.

ΝΟΜΟΣ

{Ὁπόσα δ' ἐπὶ τῶν τριάκοντα ἐπράχθη ἢ δίκη ἐδικάσθη, ἢ ἰδίᾳ ἢ δημοσίᾳ, ἄκυρα εἶναι.}

57. Ἐπίσχες. εἰπέ μοι, τί δεινότατον πάντες ἂν ἀκούσαντες φήσαιτε, καὶ τί μάλιστ' ἂν ἀπεύξαισθε; οὐχὶ ταῦτα τὰ πράγματα ἅπερ ἦν ἐπὶ τῶν τριάκοντα μὴ γενέσθαι; ἔγωγ'

56 *τὰς—εἶναι* cf. Andocid. 1.87 *ὁπό[σα*—**58** *πληροῦται ταῦτα ἀ[δι* P. Oxy. II 232

1 *ἰδία ἢ δημοσία* A 6 *ὁ*] *οὓς* A : *ὃς* A[c] ⟨*τὸ*⟩ *δικαστήριον* AF *πάλιν* om. A 9 *καταστήσῃ* SA 10 *ὀφείλων* A 11 *τοὺς προέδρους* Dobree coll. 39.84 14 *ἄλλον* Bl. 18 *φήσει* S[γρ]F[c(m.a.)] *ὁπόσαις* SF : [Π232] 21 *ὁπόσα*] *οὗτος ἃ* A *δίκῃ* F 21–2 *ἰδία ἢ δημοσία* A Π232 ut videtur 24 *φήσητε . . . ἀπεύξησθε* A *τί* om. S[a] : [Π232] *ἂν μάλιστα* F

οἶμαι. ὁ γοῦν νόμος οὑτοσί, εὐλαβούμενος, ὥς γ' ἐμοὶ δοκεῖ, τὸ τοιοῦτον ἀπεῖπε τὰ πραχθέντα ἐπ' ἐκείνων μὴ κύρι' εἶναι. οὑτοσὶ τοίνυν τὴν αὐτὴν κατέγνω παρανομίαν τῶν ἐπὶ τῆς δημοκρατίας πεπραγμένων ἥνπερ ἐπ' ἐκείνων ὑμεῖς· ὁμοίως γοῦν ἄκυρα ποιεῖ. **(58)** καίτοι τί φήσομεν, ὦ ἄνδρες Ἀθηναῖοι, τοῦτον κύριον τὸν νόμον ἐάσαντες γενέσθαι; πότερον τὰ δικαστήρια, ἃ δημοκρατουμένης τῆς πόλεως ἐκ τῶν ὀμωμοκότων πληροῦται, ταὔτ' ἀδικήματα τοῖς ἐπὶ τῶν τριάκοντα ἀδικεῖν; καὶ πῶς οὐ δεινόν; ἀλλὰ δικαίως ἐψηφίσθαι; τίνος οὖν εἵνεκα τὸν λύσοντα ταῦτα νόμον θέσθαι φήσομεν; πλὴν εἰ τοῦτό τις εἴποι, μανέντες· ἄλλο γὰρ οὐκ ἔστιν εἰπεῖν.

59. *Λέγ' ἄλλον νόμον.*

ΝΟΜΟΣ

{Μηδὲ νόμον ἐξεῖναι ἐπ' ἀνδρὶ θεῖναι, ἐὰν μὴ τὸν αὐτὸν ἐπὶ πᾶσιν Ἀθηναίοις τιθῇ ⟨ἐὰν μὴ⟩ ψηφισαμένων μὴ ἔλαττον ἑξακισχιλίων οἷς ἂν δόξῃ κρύβδην ψηφιζομένοις.}

Οὐκ ἐᾷ νόμον ἀλλ' ἢ τὸν αὐτὸν τιθέναι κατὰ τῶν πολιτῶν πάντων, καλῶς καὶ δημοτικῶς λέγων. ὥσπερ γὰρ τῆς ἄλλης πολιτείας ἴσον μέτεστιν ἑκάστῳ, οὕτω καὶ τούτων ἴσον μετέχειν ἕκαστον ἀξιοῖ. δι' οὓς μὲν τοίνυν οὗτος εἰσέφερεν, ὑμεῖς οὐδὲν ἐμοῦ χεῖρον γιγνώσκετε· ἄνευ δὲ τούτων αὐτὸς ὡμολόγησεν μὴ ἐπὶ πᾶσι τὸν αὐτὸν τεθεικέναι, πλὴν περὶ τῶν τελωνῶν καὶ τῶν μισθουμένων καὶ τῶν τούτων ἐγγυητῶν

58 πλὴν—εἰπεῖν Aristid. 17.22
59 μηδὲ—Ἀθηναίοις 23.86, 46.12 Andoc. 1.87

1 γ' Π232 : om. SAFY 2 ἐπ' ἐκείνων om. A 4 ⟨τῶν⟩ ἐπ' Bernard ἐπ' om. Π232 ὑμεῖς om. Π232 5 τί] γε A 8 ταῦτα F : [Π232] 10 λύσαντα A 11 εἰ ⟨μὴ⟩ AFY 13 ἕτερον A 15 μηδὲ] μηδένα Y ἐπ' ἀνδρὶ ἐξεῖναι 23.86, 46.12 (FQ) : ἐπ' ἀνδρὶ νόμον ἐξεῖναι θεῖναι Andoc. 15–16 ἐὰν—Ἀθηναίοις] οἷς A 16 τιθῇ del. Bl. add. Petit coll. Andoc. 1.87 16–17 ψηφισαμένων—ἂν] ἑξακισχιλίους Andocid. 18–19 πάντων τῶν πολιτῶν A 20–1 οὕτω—ἕκαστον (ὁμ.) om. A 21 εἰσέφερε ⟨τὸν νόμον⟩ FY 22 οὐδὲν ὑμεῖς A 23 ὡμολόγηκε AY 23, 2 τεθηκ- SAFY : corr. Bl.

χρῆσθαι προσγράψας τῷ νόμῳ. οὐκοῦν ὁπότε εἰσίν τινες οὓς ἀφορίζεις, οὐκ ἂν ἔτι εἴης ἐπὶ πᾶσιν τὸν αὐτὸν τεθεικώς. **(60)** καὶ μὴν οὐδ᾽ ἐκεῖνό γ᾽ ἂν εἴποις, ὡς ὅσοις δεσμοῦ προστιμᾶται, τούτων μάλιστα ἢ τὰ μέγιστα ἀδικοῦσιν οἱ τελῶναι, ὥστε μόνοις αὐτοῖς μὴ μεταδοῦναι τοῦ νόμου. πολὺ γὰρ δήπου μᾶλλον οἱ προδιδόντες τι τῶν κοινῶν, οἱ τοὺς γονέας κακοῦντες, οἱ μὴ καθαρὰς τὰς χεῖρας ἔχοντες, εἰσιόντες δ᾽ εἰς τὴν ἀγοράν, ἀδικοῦσιν. οἷς ἅπασιν οἱ μὲν ὑπάρχοντες νόμοι δεσμὸν προλέγουσιν, ὁ δὲ σὸς λελύσθαι δίδωσιν. ἀλλ᾽ ἐνταῦθα πάλιν καταμηνύεις ὑπὲρ ὧν ἐτίθεις· διὰ γὰρ τὸ μὴ τελωνήσαντας ὀφείλειν αὐτούς, ἀλλὰ κλέψαντας, μᾶλλον δ᾽ ἁρπάσαντας τὰ χρήματα, διὰ τοῦτ᾽ οὐκ ἐφρόντισας, οἶμαι, τῶν τελωνῶν.

61. *Πολλοὺς δ᾽ ἄν τις ἔχοι νόμους ἔτι καὶ καλῶς ἔχοντας δεικνύναι, οἷς πᾶσιν ἐναντίος ἐστὶν ὃν οὗτος τέθεικεν. ἀλλ᾽ ἴσως ἐγὼ μέν, εἰ περὶ πάντων ἐρῶ, ἐξωσθήσομαι περὶ τοῦ μηδ᾽ ἐπιτήδειον ὅλως ὑμῖν εἶναι τὸν νόμον εἰπεῖν, ὑμῖν δ᾽ ὁμοίως ἔνοχος φανεῖται τῇ γραφῇ, καὶ εἰ ἑνὶ τῶν ὄντων νόμων ἐναντίος ἐστίν. πῶς οὖν μοι δοκεῖ; τοὺς μὲν ἄλλους ἐάν, περὶ δ᾽ οὗ πρότερόν ποτ᾽ αὐτὸς οὗτος ἔθηκεν νόμου διελθόντ᾽ ἐπ᾽ ἐκεῖνο ἰέναι τὸ μέρος τῆς κατηγορίας ἤδη, ὡς καὶ μεγάλα ἂν βλάπτοι γενόμενος κύριος τὴν πόλιν.* **(62)** *τὸ μὲν οὖν τοῖς τῶν ἄλλων ἐναντίον εἰσενηνοχέναι νόμον δεινὸν μέν, ἀλλ᾽ ἄλλου δεῖται κατηγόρου· τὸ δὲ τῷ ὑφ᾽ αὑτοῦ πρότερον κειμένῳ νόμῳ τἀναντία θεῖναι, τοῦτ᾽ ἤδη ποιεῖ κατήγορον αὐτὸν αὑτοῦ γεγενῆσθαι. ἵν᾽ οὖν τοῦτ᾽ εἰδῆτε γιγνόμενον, ἀναγνώσεται τὸν νόμον ὑμῖν αὐτὸν ὃν οὗτος ἔθηκεν· ἐγὼ δὲ σιωπήσομαι. λέγε.*

60 δ]εσμὸν—αὐτοὺς ἀλ]λὰ P. Oxy. XXXI 2548

4 τούτοις S^γρ F^c(m.a.) ⟨τὰ⟩ μάλιστα A 6 ⟨ἢ⟩ οἱ² S^c AY 7 κακοῦντες] καλοῦντες A ⟨ἢ⟩ οἱ AY τὰς χεῖρας καθαρὰς A 8 δ᾽ del. Cobet 10 κατ]αμηκύνεις Π2548^a 15 τέθηκεν SAFY : corr. Bl. 18 φαίνεται A εἰ καὶ A ὄντων νόμων] ἐν τῷ νόμῳ A 20 οὗτος om. SY^a 21 καὶ om. A μέγα ⟨δ᾽⟩ S^a : μέγα Y 22 γενόμενος κύριος] κύριος ὢν A 22–3 τῶν ἄλλων] ἄλλοις A 23 ἄλλου] οὐ Y 24 τῷ om. S^a : del. Weil ὑφ᾽ om. S^a αὐτοῦ A 25 τιθέναι S^γρ

ΝΟΜΟΣ

63. {*Τιμοκράτης εἶπεν· ὁπόσοι Ἀθηναίων κατ' εἰσαγγελίαν ἐκ τῆς βουλῆς ἢ νῦν εἰσιν ἐν τῷ δεσμωτηρίῳ ἢ τὸ λοιπὸν κατατεθῶσι, καὶ μὴ παραδοθῇ ἡ κατάγνωσις αὐτῶν τοῖς θεσμοθέταις ὑπὸ τοῦ γραμματέως τοῦ κατὰ πρυτανείαν κατὰ τὸν εἰσαγγελτικὸν νόμον, δεδόχθαι τοῖς νομοθέταις εἰσάγειν τοὺς ἕνδεκα εἰς τὸ δικαστήριον τριάκονθ' ἡμερῶν ἀφ' ἧς ἂν παραλάβωσιν, ἐὰν μή τι δημοσίᾳ κωλύῃ, ἐὰν δὲ μή, ὅταν πρῶτον οἷόν τ' ᾖ. κατηγορεῖν δ' Ἀθηναίων τὸν βουλόμενον οἷς ἔξεστιν. ἐὰν δ' ἁλῷ, τιμάτω ἡ ἡλιαία περὶ αὐτοῦ ὅ τι ἂν δοκῇ ἄξιος εἶναι παθεῖν ἢ ἀποτεῖσαι. ἐὰν δ' ἀργυρίου τιμηθῇ, δεδέσθω τέως ἂν ἐκτείσῃ ὅ τι ἂν αὐτοῦ καταγνωσθῇ.*}

64. *Ἀκούετε, ὦ ἄνδρες δικασταί; λέγε αὐτοῖς αὐτὸ τοῦτο πάλιν.*

ΝΟΜΟΣ

{*Ἐὰν δ' ἀργυρίου τιμηθῇ, δεδέσθω τέως ἂν ἐκτείσῃ.*}

Πέπαυσο. ἔστιν οὖν ὅπως ἐναντιώτερ' ἄν τις δύο θείη τοῦ δεδέσθαι, τέως ἂν ἐκτείσωσι, τοὺς ἁλόντας, καὶ τοῦ καθιστάναι τοὺς αὐτοὺς τούτους ἐγγυητάς, ἀλλὰ μὴ δεῖν; ταῦτα τοίνυν κατηγορεῖ Τιμοκράτης Τιμοκράτους, οὐ Διόδωρος, οὐδ' ἄλλος ὑμῶν οὐδεὶς τοσούτων ὄντων τὸ πλῆθος. **(65)** *καίτοι τίνος ἂν ὑμῖν ἀποσχέσθαι δοκεῖ λήμματος ἢ τί ποιεῖν ἂν ὀκνῆσαι κέρδους ἕνεκα, ὅστις ἐναντία αὐτὸς αὑτῷ νομοθετεῖν ἠξίωσεν, οὐδὲ τοῖς ἄλλοις τῶν νόμων ἐώντων; ἐμοὶ μὲν γὰρ ἕνεκ' ἀναιδείας ὁ τοιοῦτος δοκεῖ πᾶν ἂν ἑτοίμως ἔργον ποιῆσαι. ὥσπερ τοίνυν, ὦ ἄνδρες Ἀθηναῖοι, τῶν περὶ τἄλλα*

63 *το]ὺς ἕν[δεκα—ἧς ἄ]ν* et *ἢ ἀποτεῖσα[ι*—**64** *ἁλόντας* P. Oxy. IV 701
64 *ἐὰν—τιμηθῇ* AB 175.22
65 *ἐ[ναντία—πε]ρὶ [τἄλλα* P. Oxy. IV 701

---

6 *νομοθέταις*] *θεσμοθέταις* AFY *εἰσαγαγεῖν* A 7 ⟨*ἐντὸς*⟩ *τριάκονθ'* SFY *κωλύσῃ* F 9 *ἡ* om. Y 10 *ἀποτῖσαι* SAFY : corr. Π701ᶜ et Bl. *προστιμηθῇ* AB 11 *τε ἕως* SA 15 et 17 *τε ἕως* A : *τε ὡς* S 15 *ἐκτίσῃ* SFY : corr. Π701ᶜ et Bl. : *ἐκτισῇ* ⟨*ὅτι ἂν αὐτοῦ καταγνωσθῇ*⟩ A ex 63 16 ⟨*ἂν*⟩ *ἐναντιώτερα* S *ἄν* om. Sᵃ A Π701 17 *ἐκτίσωσι* SAFY : corr. Π701ᶜ et Bl. 20 *ὑμῶν* post *ὄντων* A 23 *τῶν νόμων οὐδὲ τοῖς ἄλλοις* A

κακούργων τοὺς ὁμολογοῦντας ἄνευ κρίσεως κολάζειν οἱ νόμοι κελεύουσιν, οὕτω δίκαιον καὶ τούτου, ἐπειδὴ τοὺς νόμους κακουργῶν εἴληπται, μὴ δόντας λόγον μηδ' ἐθελήσαντας ἀκοῦσαι καταψηφίσασθαι· ὡμολόγηκε γὰρ {θατέρῳ} τῷ προτέρῳ νόμῳ ἐναντίον τόνδε τιθεὶς ἀδικεῖν.

66. *Ὅτι μὲν τοίνυν καὶ παρὰ τούτους τοὺς νόμους καὶ παρὰ τοὺς προειρημένους, καὶ μικροῦ δέω παρὰ πάντας εἰπεῖν τοὺς ὄντας ἐν τῇ πόλει, τέθεικε τὸν νόμον, οἶμαι δῆλον ἅπασιν ὑμῖν εἶναι. θαυμάζω δ' αὐτοῦ τί ποτε καὶ τολμήσει λέγειν περὶ τούτων. οὔτε γὰρ ὡς οὐκ ἐναντίος ἔσθ' ὁ νόμος τοῖς ἄλλοις δεικνύειν ἕξει, οὔθ' ὡς δι' ἀπειρίαν ἰδιώτην αὐτὸν ὄντα τοῦτ' ἔλαθεν δύναιτ' ἂν πεῖσαι· πάλαι γὰρ μισθοῦ καὶ γράφων καὶ νόμους εἰσφέρων ὦπται.* **(67)** *καὶ μὴν οὐδ' ἐκεῖνό γ' ἔνεστιν αὐτῷ, ἀδίκημα μὲν εἶναι τὸ πρᾶγμα ὁμολογῆσαι, συγγνώμης δὲ τυχεῖν ἀξιοῦν· οὐ γὰρ ἄκων οὐδ' ὑπὲρ ἠτυχηκότων οὐδ' ὑπὲρ συγγενῶν καὶ ἀναγκαίων αὐτῷ τεθεικὼς φαίνεται τὸν νόμον, ἀλλ' ἑκὼν ὑπὲρ μεγάλα ἠδικηκότων ὑμᾶς, οὐδὲν προσηκόντων αὐτῷ, πλὴν εἰ συγγενεῖς ὑπολαμβάνειν φησὶν τοὺς μισθουμένους αὐτόν.*

68. *Ὡς τοίνυν οὐδ' ἐπιτήδειον νόμον ὑμῖν οὐδὲ συμφέροντ' εἰσενήνοχεν, τοῦτ' ἤδη πειράσομαι νυνὶ δεικνύειν. οἶμαι δὴ πάντας ἂν ὑμᾶς ὁμολογῆσαι, δεῖν τὸν ὀρθῶς ἔχοντα νόμον καὶ συνοίσειν μέλλοντα τῷ πλήθει πρῶτον μὲν ἁπλῶς καὶ πᾶσι γνωρίμως γεγράφθαι, καὶ μὴ τῷ μὲν εἶναι ταυτὶ περὶ αὐτοῦ νομίζειν, τῷ δὲ ταυτί. ἔπειτ' εἶναι δυνατὰς τὰς πράξεις*

65 *κακούρ]γων*—**66** *νόμους τ]ούτους* P. Aberdeen 120

1 *κακουργούντων* A : [Π120]   1–2 *κελεύουσιν οἱ νόμοι* A   2 *τοῦτον* SAFY Π120 : corr. Feliciana   4 *θάτερον* SA Π120 : del. Dindorf   4–5 *θάτερον . . . ἐπιθεὶς* Weil   4–5 *τῷ προτέρῳ* del. Bl.   5 *ἐναντίον* om. S Π120 ut videtur   6 *τοὺς νόμους τούτους* A Π120 ut videtur : *τοὺς νόμους* om. Y^{a} 9 *αὐτὸν* A   *καὶ* om. A   9–10 *περὶ τούτων λέγειν* A   11 *αὐτὸν* om. A   *τοῦτ'* om. A   13 *ἔστιν* A   15 *οὐ*] *οὐδὲ* AF   16 *ἀναγκαῖον* A^{a} 18 *εἰ* ⟨*μὴ*⟩ S^{γρ}AF   *φήσει* S^{γρ}A : *φήσῃ* F   19 *αὐτό* S   20 *ὑμῖν νόμον* A   21 *δεικνύναι* AFY   *δὴ* om. S^{a} Schol. D. 24.68.152a   22 *ἂν* om. SY   *ὑμᾶς* om. F   24 *πᾶσιν* ⟨*ὁμοίως*⟩ AFY

ἃς δεῖ γίγνεσθαι διὰ τοῦ νόμου· εἰ γὰρ αὖ καλῶς μὲν ἔχοι, μὴ δυνατὸν δέ τι φράζοι, εὐχῆς, οὐ νόμου διαπράττοιτ' ἂν ἔργον. **(69)** πρὸς δὲ τούτοις μηδενὶ τῶν ἀδικούντων φαίνεσθαι μηδεμίαν διδόντα ῥᾳστώνην. εἰ γὰρ δημοτικόν τις ὑπείληφεν τὸ πράους εἶναι τοὺς νόμους, τίσιν τούτοις προσεξεταζέτω, κἄνπερ ὀρθῶς βούληται σκοπεῖν, εὑρήσει τοῖς κρίνεσθαι μέλλουσιν, οὐ τοῖς ἐξεληλεγμένοις· ἐν μὲν γὰρ τοῖς ἄδηλον εἴ τις ἔστ' ἀδίκως διαβεβλημένος, τοῖς δὲ οὐδὲ λόγος λείπεται τὸ μὴ οὐ πονηροῖς εἶναι. **(70)** τούτων τοίνυν ὧν διεξελήλυθ' ἐγὼ νῦν οὐδ' ὁτιοῦν οὗτος ἔχων ὁ νόμος φανήσεται, τἀναντία δ' ἑξῆς πάντα. πολλαχόθεν μὲν οὖν ἄν τις ἔχοι τοῦτο διδάσκειν, μάλιστα δὲ τὸν νόμον αὐτὸν ὃν τέθεικε διεξιών. ἔστι γὰρ οὐ τὸ μὲν αὐτοῦ καλῶς κείμενον, τὸ δ' ἡμαρτημένον, ἀλλ' ὅλος ἐξ ἀρχῆς, ἀπὸ τῆς πρώτης συλλαβῆς μέχρι τῆς τελευταίας, ἐφ' ὑμῖν κεῖται. **(71)** λαβὲ δ' αὐτοῖς τὴν γραφὴν αὐτήν, καὶ μέχρι τοῦ πρώτου μέρους ἀνάγνωθι τὸν νόμον· ῥᾷστα γὰρ οὕτως ἐγώ τε διδάξω καὶ ὑμεῖς μαθήσεσθ' ἃ λέγω.

ΝΟΜΟΣ

{Ἐπὶ τῆς Πανδιονίδος πρώτης δωδεκάτῃ τῆς πρυτανείας τῶν προέδρων ἐπεψήφισεν Ἀριστοκλῆς Μυρρινούσιος, Τιμοκράτης εἶπεν· καὶ εἴ τινι τῶν ὀφειλόντων τῷ δημοσίῳ προστετίμηται κατὰ νόμον ἢ κατὰ ψήφισμα δεσμοῦ ἢ τὸ λοιπὸν προστιμηθῇ, εἶναι αὐτῷ ἢ ἄλλῳ ὑπὲρ ἐκείνου ἐγγυητὰς καταστῆσαι.}

72. Ἐπίσχες· αὐτίκα γὰρ καθ' ἕκαστον ἀναγνώσει. τουτὶ πάντων, ὦ ἄνδρες δικασταί, τῶν γεγραμμένων ἐν τῷ νόμῳ

71 *καὶ εἴ—δεσμοῦ* AB 175.23 *—προστιμηθῇ* 24.72, 79 Schol. D. 24.68.152c
72 *ἐπίσχες—γὰρ*[1] Schol. D. 24.71.157

3 *οὐδενὶ* F 4 *διδόντων* A 5 *τούτοις*] *τούτους* Dobree : *τοῦτο* Weil 8 *ἔνεστιν* AY *δὲ* om. A 11 *ἐφεξῆς* A *διδάσκων* A 13 *ὅλον* S 14 *τῆς*[1] om. SY 15 *ὑμῶν* A *ταύτην* F 19 *πρώτης . . . πρυτανείας* Weil : *πρώτης πρυτανείας δωδεκάτῃ τῆς πρυτανείας* S^c^AY : *δωδεκάτῃ τῆς* om. S : *πρώτης πρυτανείας δωδεκάτῃ* F 20 *ἐπεψήφιζεν* Schoell 23 *καταστῆσαι* ⟨*τοῦ ὀφλήματος οὓς ἂν ὁ δῆμος χειροτονήσῃ, ἦ μὴν ἐκτείσειν τὸ ἀργύριον ὃ ὤφλεν*⟩ add. Weil coll. 24.39, 77 24 *ἀναγνώσῃ* SAF

σχεδόν ἐστι δεινότατον. οἶμαι γὰρ οὐδὲ ἕνα ἀνθρώπων ἄλλον τολμῆσαι, νόμον εἰσφέροντα ἐπὶ τῷ χρῆσθαι τοὺς πολίτας αὐτῷ, τὰς κατὰ τοὺς πρότερον κυρίους νόμους κρίσεις γεγενημένας ἐπιχειρῆσαι λύειν. τοῦτο τοίνυν οὑτοσὶ Τιμοκράτης ἀναιδῶς καὶ οὐδ' ἀποκρυψάμενος πεποίηκεν, γράψας διαρρήδην "καὶ εἴ τινι τῶν ὀφειλόντων τῷ δημοσίῳ προστετίμηται κατὰ νόμον ἢ κατὰ ψήφισμα δεσμοῦ ἢ τὸ λοιπὸν προστιμηθῇ." **(73)** περὶ μὲν δὴ τῶν μελλόντων εἴ τι δίκαιον ἔπεισεν ὑμᾶς, οὐκ ἂν ἠδίκει· περὶ δ' ὧν δικαστήριον ἔγνωκεν καὶ τέλος ἔσχηκεν, πῶς οὐ δεινὰ ποιεῖ νόμον εἰσφέρων δι' οὗ ταῦτα λυθήσεται; ὥσπερ ἂν εἴ τις ἐάσας κύριον τὸν τούτου γενέσθαι νόμον γράψει' ἕτερον τοιόνδε "καὶ εἴ τινες, ὠφληκότες χρήματα καὶ δεσμοῦ προστετιμημένον αὐτοῖς, ἐγγυητὰς κατέστησαν κατὰ τὸν νόμον, μὴ εἶναι τὴν διεγγύησιν αὐτοῖς, μηδὲ τὸ λοιπὸν ἐξεγγυᾶν μηδένα." **(74)** ἀλλ' οὔτε ταῦτα ποιήσειεν ἂν οὐδεὶς ὑγιαίνων, οἶμαι, σύ τ' ἐκεῖνα λύων ἠδίκεις. χρῆν γὰρ αὐτόν, εἰ τὸ πρᾶγμ' ἐνόμιζεν δίκαιον, ἐπὶ τοῖς ὕστερον γενησομένοις θεῖναι τὸν νόμον, καὶ μὴ συνενεγκόντ' εἰς ταὐτὸ τὰ μέλλοντα τοῖς παρεληλυθόσιν καὶ τὰ μὴ δῆλα τοῖς φανεροῖς ἀδικήμασιν, εἶτ' ἐπὶ πᾶσι γράψαι τὴν αὐτὴν γνώμην. πῶς γὰρ οὐ δεινὸν τῶν αὐτῶν ἠξιωκέναι δικαίων τοὺς ἐξεληλεγμένους ἀδικοῦντας τὴν πόλιν πρότερον καὶ τοὺς μηδ' εἰ κρίσεως ἄξιον ἐργάσονταί τι δήλους;

75. *Καὶ μὴν κἀκεῖθεν ἴδοι τις ἂν ὡς δεινὸν πεποίηκεν τὸ θεῖναι περὶ τῶν παρεληλυθότων τὸν νόμον, εἰ λογίσαιτο παρ'*

72 *καὶ εἴ—ψήφισμα* Schol. D. 24.71.157   *προστιμηθῇ* 24,71,79 Schol. D. 24.68.152c
73 *λοιπὸν*—**74** *ταὐτ]ὸ τὰ* M. Ant. II 80
74 *πῶς—τι* Schol. D. 24.71.157   *δή]λους*—**75** *σώ]φ[ρονες* M. Ant. II 80

---

1 *οὐδένα* F : *μηδένα* AY : *οὐδ' ἂν ἕν'* Bl. : *οὐδέν' ἂν* Dahm   *ἄνθρωπον* SF[a]   5 *οὐδ'] οὐδὲν* AY   *ἀποκρουσάμενος* F   6 *τῷ δημοσίῳ] δεσμοῦ* Schol. D. (bis)   7 *δεσμοῦ ἢ* om. Schol. D.   11 *ἂν] οὖν* A   13 *προστετιμημένων* AY   14 ⟨*τούτου*⟩ *νόμον* F   *ἐγγύησιν* AY   16 *ἠ]δίκει* Π80[a]   18 *ταὐτὸν* AY[a]   22 *ἀδικεῖν* S[γρ] *ἀδικοῦντας—πρότερον* et *ἄξιον* om. Schol. D.   *μηδ' εἰ] μηδὲ* A[a]

αὐτῷ τί ποτ᾽ ἐστὶν ᾧ νόμος ὀλιγαρχίας διαφέρει, καὶ τί δή ποθ᾽ οἱ μὲν ὑπὸ νόμων ἐθέλοντες ἄρχεσθαι σώφρονες καὶ χρηστοὶ νομίζονται, οἱ δ᾽ ὑπὸ τῶν ὀλιγαρχιῶν ἄνανδροι καὶ δοῦλοι. **(76)** εὕροι γὰρ ἂν ὡς ἀληθῶς τοῦτο προχειρότατον, ὅτι τῶν μὲν ἐν ταῖς ὀλιγαρχίαις ἕκαστος καὶ τὰ πεπραγμένα λῦσαι καὶ περὶ τῶν μελλόντων ἂν αὐτῷ δοκῇ προστάξαι κύριός ἐστιν, οἱ δὲ νόμοι περὶ τῶν μελλόντων ἃ χρὴ γίγνεσθαι φράζουσιν, μετὰ τοῦ πεῖσαι τεθέντες ὡς συνοίσουσι τοῖς χρωμένοις. Τιμοκράτης τοίνυν ἐν δημοκρατουμένῃ τῇ πόλει νομοθετῶν τὴν ἐκ τῆς ὀλιγαρχίας ἀδικίαν εἰς τὸν αὑτοῦ νόμον μετήνεγκεν, καὶ περὶ τῶν παρεληλυθότων αὑτὸν κυριώτερον τῶν καταγνόντων δικαστῶν ἠξίωσε ποιῆσαι.

77. Καὶ οὐ τοῦτο μόνον πεποίηκεν ὑβριστικόν, ἀλλὰ καὶ γέγραπται, "ἢ τὸ λοιπὸν ἐάν τινι προστιμηθῇ δεσμοῦ, εἶναι καταστήσαντι τοὺς ἐγγυητάς, ἦ μὴν ἐκτείσειν, ἀφεῖσθαι." καίτοι χρῆν αὐτόν, εἰ τὸ δεδέσθαι δεινὸν ἡγεῖτο, μηδενὶ προστιμᾶν ὃς ἂν ὑμῖν ἐγγυητὰς καθιστῇ δεσμοῦ νομοθετῆσαι, μὴ προλαβόντα κατεγνωκότας ὑμᾶς τὸν δεσμὸν μηδ᾽ ἐχθρῶς διατεθέντα πρὸς ὑμᾶς τὸν ἡλωκότα, τηνικαῦτα ποιεῖν τὴν ἐξεγγύησιν. νυνὶ δ᾽, ὥσπερ ἐνδεικνύμενος ὅτι, κἂν ὑμῖν δοκῇ δεδέσθαι τινά, αὐτὸς ἀφήσει, τοῦτον τὸν τρόπον τὸν νόμον εἰσήνεγκεν. **(78)** ἆρ᾽ οὖν τῳ δοκεῖ συμφέρειν τῇ πόλει τοιοῦτος νόμος ὃς δικαστηρίου γνώσεως αὐτὸς κυριώτερος ἔσται, καὶ τὰς ὑπὸ τῶν ὀμωμοκότων γνώσεις τοῖς ἀνωμότοις προστάξει λύειν; ἐγὼ μὲν οὐκ οἶμαι. φαίνεται τοίνυν ὁ τούτου νόμος ταῦτ᾽ ἔχων ἀμφότερα. ὥστ᾽ εἴπερ ὑμῶν ἑκάστῳ μέλει τι τῆς πολιτείας καὶ δεῖν οἴεται κυρίαν εἶναι τὴν αὑτοῦ γνώμην

76 περ]ὶ τῶν μελ[λόντω]ν—ὀλ]ι[γαρχίας M. Ant. II 80
77 ἐκτείσειν—ἡλωκότα M. Ant. II 80 ἐξεγγύησιν Harp. ε 65

1–2 δή ποθ᾽ om. Π80 ut videtur 2 νόμον A : [Π80] σώφρονες ⟨καὶ ἐλεύθεροι⟩ A : [Π80] 3 χρηστοὶ ⟨πολῖται⟩ SFY : [Π80] 13 πεποίηκεν μόνον S[c] :[Π80] 14 γέγραφεν A : [Π80] ἢ] καὶ F : [Π80] 15 ἐκτίσειν SAFY : corr. Bl. : ἐκτεῖσ[α]ι Π80 17–18 νομοθετῆσθαι (μὴ om.) Π80[a] : ⟨καὶ⟩ νομοθετῆσαι S[c] 18 τῶν δεσμῶν A 19 διαθέντα F : [Π80] ἑαλωκότα A : [Π80] 24 ὑπὸ om. AF[γρ] γνώμας AF[γρ]

περὶ ὧν ἂν ὀμωμοκὼς ψηφίσηται, λυτέος καὶ οὐκ ἐατέος ὁ τοιοῦτος νόμος κύριος νυνὶ γενέσθαι.

79. Οὐ τοίνυν ἀπέχρησεν αὐτῷ τὰ δικαστήρια ἄκυρα ποιῆσαι τῶν προστιμημάτων, ἀλλ' οὐδὲ ἃ δίκαια ὡρίσατο αὐτὸς ἐν τῷ νόμῳ καὶ προσέταξε τοῖς ὠφληκόσιν, οὐδὲ ταῦτα ἁπλῶς οὐδ' ἀδόλως φανήσεται γεγραφώς, ἀλλ' ὡς ἂν μάλιστά τις ὑμᾶς ἐξαπατῆσαι καὶ παρακρούσασθαι βουλόμενος. σκέψασθε γὰρ ὡς γέγραφεν. "Τιμοκράτης εἶπεν" φησὶ "καὶ εἴ τινι τῶν ὀφειλόντων τῷ δημοσίῳ προστετίμηται κατὰ νόμον ἢ κατὰ ψήφισμα δεσμοῦ ἢ τὸ λοιπὸν προστιμηθῇ, εἶναι αὐτῷ ἢ ἄλλῳ ὑπὲρ ἐκείνου ἐγγυητὰς καταστῆσαι, οὓς ἂν ὁ δῆμος χειροτονήσῃ, ἦ μὴν ἐκτείσειν." **(80)** ἐνθυμεῖσθ' ἀπὸ τοῦ δικαστηρίου καὶ τῆς καταγνώσεως οἷ διεπήδησεν· ἐπὶ τὸν δῆμον, ἐκκλέπτων τὸν ἠδικηκότα καὶ τὴν παράδοσιν αὐτοῦ τὴν τοῖς ἕνδεκα. τίς γὰρ ἀρχὴ παραδώσει τὸν ὀφλόντα; τίς τῶν ἕνδεκα παραλήψεται; κελεύοντος μὲν τοῦ νόμου τούτου ἐν τῷ δήμῳ καθιστάναι τοὺς ἐγγυητάς, ἀδυνάτου δ' ὄντος αὐθημερὸν ἐκκλησίαν ἅμα καὶ δικαστήριον γενέσθαι, οὐδαμοῦ δ' ἐπιτάττοντος φυλάττειν τέως ἂν καταστήσῃ τοὺς ἐγγυητάς. **(81)** καίτοι τί ποτ' ἦν δι' ὃ προσγράψαι σαφῶς ὤκνησεν "τὴν δ' ἀρχὴν τὸν ὀφλόντα φυλάττειν τέως ἂν καταστήσῃ τοὺς ἐγγυητάς"; πότερ' οὐχὶ δίκαιον; εὖ οἶδ' ὅτι πάντες ἂν φήσαιτε. ἀλλ' ἐναντίον ἦν τινὶ τοῦτο νόμῳ; οὔκ, ἀλλὰ μόνον κατὰ τοὺς νόμους. τί ποτ' οὖν ἦν; οὐδὲν ἂν ἄλλο τις εὕροι πλὴν ὅτι οὐχ ὅπως δώσουσι δίκην ὧν ἂν ὑμεῖς καταγνῶτ' ἐσκόπει, ἀλλ' ὅπως μή.

79 καὶ εἴ—προστιμηθῇ 24.41, 79 Schol. D. 24.68.152c   εἶναι—ἐκτείσειν cf. Greg. Cor. 7.1165.11 W.
80 ἐνθυμεῖσθ'—διεπήδησεν Schol. D. 24.79.168a   τίς—ἐγγυητάς Io. Sard. 267.4

1 ⟨οὗτος⟩ ὁ S   2 γίνεσθαι S : γεγενῆσθαι A   9 τῷ δημοσίῳ] δεσμοῦ Schol. D.   10 δεσμοῦ ἢ om. Schol. D.   12 χειροτονήσειεν Greg. Cor.   ἐκτίσειν SAFY : corr. Bl. : ⟨ἐντὸς ῥητῆς προθεσμίας⟩ ἐκτ. Greg. Cor.   15–16 τίς[1]—ἕνδεκα (ὁμ.) om. F   15 ὀφλόντα] φίλον ὄντα Io. Sard.   16 μὲν—τούτου om. Io. Sard.   τοῦ νόμου om. S[a] : del. Bl.   18 ἐκκλησίαν om. A   19 τε ἕως A   21 τε ἕως A   22 πότερον F   οὐ A   23 μόνον] μᾶλλον F

82. *Εἶτα πῶς γέγραπται μετὰ ταῦτα;* "καθιστάναι τοὺς ἐγγυητὰς ἦ μὴν ἐκτείσειν τὸ ἀργύριον ὃ ὦφλεν." ἐνταυθὶ πάλιν τῶν μὲν ἱερῶν χρημάτων τὴν δεκαπλασίαν ὑφῄρηται, τῶν δ' ὁσίων, ὁπόσων ἐν τῷ νόμῳ διπλασιάζεται, τὸ ἥμισυ. πῶς δὴ τοῦτο ποιεῖ; γράψας ἀντὶ μὲν τοῦ τιμήματος τὸ ἀργύριον, ἀντὶ δὲ τοῦ "τὸ γιγνόμενον, ὃ ὦφλεν." **(83)** διαφέρει δὲ τί; εἰ μὲν ἔγραψε καθιστάναι τοὺς ἐγγυητὰς ἦ μὴν ἐκτείσειν τὸ τίμημα τὸ γιγνόμενον, προσπεριειλήφει τοὺς νόμους ἂν καθ' οὓς τὰ μὲν διπλᾶ, τὰ δὲ καὶ δεκαπλᾶ γίγνεται τῶν ὀφλημάτων· ὥστ' ἐκ τούτων ἦν ἀνάγκη τοῖς ὀφλοῦσιν τὸ γεγραμμένον τ' ἐκτίνειν καὶ τὰς ἐκ τῶν νόμων προσούσας ζημίας καταβάλλειν. νῦν δ' ἐν τῷ γράψαι "τὴν κατάστασιν εἶναι τῶν ἐγγυητῶν ἦ μὴν ἐκτείσειν τὸ ἀργύριον ὃ ὦφλεν," ἐκ τῆς λήξεως καὶ τῶν γραμμάτων ἐφ' οἷς ἕκαστος εἰσήχθη ποιεῖ τὴν ἔκτισιν, ἐν οἷς πᾶσιν ἁπλοῦν ὅ τις ὦφλεν ἀργύριον γέγραπται.

84. *Μετὰ ταῦτα τοίνυν τηλικοῦτο πρᾶγμα ἀνελὼν ἐν τῇ τῶν ῥημάτων μεταθέσει, προσέγραψεν* "τοὺς δὲ προέδρους ἐπιχειροτονεῖν ἐπάναγκες, ὅταν τις καθιστάναι βούληται," παρὰ πάντα τὸν νόμον οἰόμενος δεῖν σῴζειν τὸν ἠδικηκότα καὶ τὸν ἐν ὑμῖν ἑαλωκότα. δοὺς γὰρ ὅταν βούληται τὴν κατάστασιν αὐτῷ τῶν ἐγγυητῶν, ἐπ' ἐκείνῳ πεποίηκε μηδέποτ' ἐκτεῖσαι μηδὲ δεθῆναι. **(85)** τίς γὰρ οὐ πoριεῖται φαύλους ἀνθρώπους, οὓς ὅταν ὑμεῖς ἀποχειροτονήσητ' ἀπηλλάξεται; ἐὰν γάρ τις ὡς οὐ καθιστάντα τοὺς ἐγγυητὰς ἀξιοῖ δεδέσθαι, φήσει καὶ καθιστάναι καὶ καταστήσειν, καὶ δείξει τὸν τούτου νόμον, ὃς καθιστάναι μὲν ὅταν βούληται κελεύει, φυλάττειν δὲ τέως

83 *προσπεριειλή]φ[ει*—**84** *β]ούλ[ηται* P. Berolin. 21168

2 *ἐκτίσειν* SAFY : corr. Bl. *ἐνταυθοῖ* AF[c] 3 *ἱερῶν μὲν* A : *μὲν* om. S 4 *τῷ* om. S 7 *ἐκτίσειν* SAFY : corr. Bl. 9 *δεκαπλᾶ . . . διπλᾶ* SAFY Π21168 : corr. Reiske *καὶ* del. Schaefer 10 *ὀφείλουσι* AY 12 *ἐν* om. AY 13 *ἐκτίσειν* SAFY : corr. Bl. : [Π21168] *λέξεως* S[a]F[a] 14 *ἐφ' ᾧ ⟨κατέστησε τοὺς ἐγγυητὰς ἀφεῖσθαι τοῦ δεσμοῦ⟩* S[c] *ποιεῖν* AY 17–18 *χειροτονεῖν* A 21 *ἐκτῖσαι* SAFY : corr. Bl. 23 *ἀπαλλέξετε* AY : corr. Cobet (post Reiske) : *ἀπαλλάξονται* SF 24–5 *φήσῃ . . . δείξῃ* S 25 *δείξειν* A

οὐ λέγει, οὐδ', ἂν ἀποχειροτονήσηθ' ὑμεῖς τοὺς ἐγγυητάς, προστάττει δεδέσθαι, ἀλλ' ὡς ἀληθῶς ὥσπερ ἀλεξιφάρμακόν ἐστι τοῖς ἀδικεῖν βουλομένοις.

86. "Τῷ δὲ καταστήσαντί" φησι "τοὺς ἐγγυητάς, ἐὰν ἀποδιδῷ τῇ πόλει τὸ ἀργύριον." πάλιν ἐνταῦθ' ἐπέμειν' ἐπὶ τοῦ κακουργήματος ὃ μικρῷ πρότερον εἶπον, καὶ οὐκ ἐπελάθετο, οὐδ' ἔγραψε τὸ τίμημα τὸ γιγνόμενον, ἀλλὰ τὸ ἀργύριον ὃ ὦφλεν, ἐὰν ἀποδιδῷ, ἀφεῖσθαι τοῦ δεσμοῦ.

87. "Ἐὰν δὲ μὴ καταβάλῃ τὸ ἀργύριον ἢ αὐτὸς ἢ οἱ ἐγγυηταὶ ἐπὶ τῆς ἐνάτης πρυτανείας, τὸν μὲν ἐξεγγυηθέντα δεδέσθαι, τῶν δ' ἐγγυητῶν δημοσίαν εἶναι τὴν οὐσίαν." ἐν δὴ τῷ τελευταίῳ τούτῳ παντελῶς αὐτὸς αὑτοῦ κατήγορος, ὡς ἀδικεῖ, γεγονὼς φανήσεται. οὐ γὰρ ὅλως τὸ δεδέσθαι τινὰ τῶν πολιτῶν αἰσχρὸν ἢ δεινὸν νομίσας ἀπεῖπε μὴ δεῖν, ἀλλὰ τὸν καιρὸν ἐν ᾧ τὸν ἠδικηκότα ἐνῆν παρόντα λαβεῖν ἐκκλέψας, τοὔνομα μὲν τῆς τιμωρίας ἔλιπεν τοῖς ἀδικουμένοις ὑμῖν, τὸ δ' ἔργον ἀφείλετο. καὶ παρ' ἀκόντων ἔδωκεν ἄφεσιν τοῖς τὰ ὑμέτερ' ἀξιοῦσιν ἔχειν βίᾳ, καὶ μόνον οὐ προσέγραψε δίκην ἐξεῖναι λαχεῖν αὐτῷ κατὰ τῶν δικαστῶν τῶν προστιμησάντων τοῦ δεσμοῦ.

88. Ὃ δέ, πολλῶν ὄντων καὶ δεινῶν ὧν ἐν τῷ νόμῳ τέθεικε, μάλιστ' ἄξιόν ἐστ' ἀγανακτῆσαι, βούλομαι πρὸς ὑμᾶς εἰπεῖν. δι' ὅλου γὰρ τοῦ νόμου τῷ καταστήσαντι τοὺς ἐγγυητὰς ἅπαντα λέγει, τῷ δὲ μὴ καθιστάντι μήτε βελτίους μήτε χείρους, μηδ' ὅλως προσέχοντι τὸν νοῦν ὑμῖν, οὐδεμίαν οὔτε δίκην οὔτε τιμωρίαν προσγέγραφεν, ἀλλ' ἄδειαν πεποίηκε τοσαύτην ὅσην οἷόν τε γενέσθαι πλείστην. καὶ γὰρ τὸν χρόνον ὃν διώρισε, τὴν ἐνάτην πρυτανείαν, τῷ καταστήσαντι λέγει

86 ἀργύριο[ν—**87** παρό[ντα P. Berolin. 21168
87 καὶ μόνον—δεσμοῦ AB 175.25

2 δεδέσθαι προστάττει AFY 4 φήσει A 5 ἀργύριον ⟨ἐφ' ᾧ κατέστησε τοὺς ἐγγυητάς, ἀφεῖναι (ἀφεῖσθαι S[c]) τοῦ δεσμοῦ⟩ S[c]F[c(m.a.)] 6 εἶπεν A 10 ἐγγυηθέντα Π21168, ut videtur 12 ὡς] ὧν F[c(m.a.)] 13 γεγονὼς om. Π21168 14 εἶπε A 16 μὲν om. S[a] ὑμῖν ⟨λαβεῖν⟩ F 18 ἡμ- SA 25 μήθ' SAFY : corr. Franke

τοὺς ἐγγυητάς. **(89)** γνοίη δ' ἄν τις ἐκεῖθεν· προσέγραψε δημοσίαν εἶναι τὴν οὐσίαν τὴν τῶν ἐγγυητῶν, ἂν μή τις ἐκτείσῃ· τοῦ δὲ μὴ καταστήσαντος οὐκ ἔνι δήπουθεν ὑπάρχειν ἐγγυητάς. καὶ τοῖς μὲν προέδροις, οἳ κεκληρωμένοι καθίζουσιν ἐξ ὑμῶν, ἐπάναγκες ἐποίησεν, ὅταν καθιστῇ τις, δέχεσθαι· τοῖς δ' ἀδικοῦσι τὴν πόλιν οὐδεμίαν προσέγραψεν ἀνάγκην, ἀλλ' ὥσπερ εὐεργέταις αἵρεσιν αὐτοῖς ἔδωκεν εἰ χρὴ δοῦναι δίκην ἢ μή.

90. *Καίτοι πῶς ἂν ἀσυμφορώτερος ὑμῖν τούτου γένοιτο νόμος ἢ κάκιον ἔχων; ὃς πρῶτον μὲν περὶ τῶν ἐκ τοῦ παρεληλυθότος χρόνου κριθέντων ἐναντία τοῖς ὑφ' ὑμῶν ἐγνωσμένοις προστάττει, δεύτερον δὲ περὶ τῶν μελλόντων κριθήσεσθαι προστιμᾶν κελεύων τοὺς δικαστὰς τοὺς ὀμωμοκότας, ἄκυρα τὰ προστιμήματα ποιεῖ, πρὸς δὲ τούτοις ἐπιτίμους τοὺς ὀφείλοντας οὐ τὰ προσήκοντα ἐκτίνοντας καθίστησιν, ὅλως δ' ἐπιδείκνυσι μάτην ὀμνύντας, τιμῶντας, δικάζοντας, ὀργιζομένους, ἅπαντα ποιοῦντας ὑμᾶς. ἐγὼ μὲν γάρ, εἰ Κριτίας ὁ γενόμενος τῶν τριάκοντ' εἰσέφερεν τὸν νόμον, οὐκ ἂν ἄλλον τρόπον οἶμαι γράψαντ' εἰσενεγκεῖν ἢ τοῦτον.*

91. *Ὅτι τοίνυν ὅλην συγχεῖ τὴν πολιτείαν καὶ καταλύει πάντα τὰ πράγμαθ' ὁ νόμος, καὶ πολλὰς φιλοτιμίας περιαιρεῖται τῆς πόλεως, καὶ τοῦτο ῥᾳδίως ὑμᾶς νομίζω μαθήσεσθαι. ἴστε γὰρ δήπου τοῦθ' ὅτι σῴζεται πολλάκις ἡμῶν ἡ πόλις διὰ τὰς στρατείας καὶ τὰς ναυτικὰς καὶ τὰς πεζάς, καὶ πολλὰ καὶ καλὰ πολλάκις ἤδη διεπράξασθε καὶ σώσαντές τινας καὶ τιμωρησάμενοι καὶ διαλλάξαντες.* **(92)** *πῶς οὖν ἀνάγκη τὰ τοιαῦτα διοικεῖν ἐστιν; διὰ ψηφισμάτων καὶ νόμων τοῖς μὲν εἰσφέρειν ἐπιτάττοντας, τοὺς δὲ τριηραρχεῖν κελεύοντας, τοὺς δὲ πλεῖν, τοὺς δ' ἕκαστα ποιεῖν ὧν δεῖ. οὐκοῦν ταῦθ' ὅπως γίγνηται δικαστήρια πληροῦτε καὶ καταγιγνώσκετε δεσμὸν*

2 *τὴν*[2] om. A 3 *ἐκτίσῃ* SAFY : corr. Bl. 7 *δέδωκεν* A : om. F[c] 18 *εἶς ἔφερεν* A 22 *παραιτεῖται* F[γρ] 24 *ἡ πόλις* om. A[a] 25 *στρατιὰς* AFY *πεζικὰς* A 26 *κακὰ* AY 27 *τὰ* om. AY 28 *ταῦτα* AY 31 *γίγνεται* F *πληροῦται* A

τῶν ἀκοσμούντων. σκέψασθε δὴ τὸν τοῦ καλοῦ κἀγαθοῦ τούτου νόμον, ὡς λυμαίνεται ταῦτα καὶ διαφθείρει.

93. γέγραπται γὰρ δήπου ἐν τῷ νόμῳ αὐτοῦ, "καὶ εἴ τινι τῶν ὀφειλόντων προστετίμηται δεσμοῦ ἢ καὶ τὸ λοιπὸν προστιμηθῇ, εἶναι καταστήσαντι ἐγγυητάς, ἦ μὴν ἐπὶ τῆς ἐνάτης πρυτανείας ἐκτείσειν τὸ ἀργύριον, ἀφεῖσθαι τοῦ δεσμοῦ." τίς οὖν πόρος ἔσται; τίν' ἀποσταλήσεται τρόπον ἡ στρατιά; πῶς τὰ χρήματ' εἰσπράξομεν, ἂν ἕκαστος ὀφλισκάνων ἐγγυητὰς καθιστῇ κατὰ τὸν τούτου νόμον, ἀλλὰ μὴ τὸ προσῆκον ποιῇ; **(94)** ἐροῦμεν νὴ Δία τοῖς Ἕλλησιν "Τιμοκράτους νόμος ἐστὶ παρ' ἡμῖν· ἀναμείνατ' οὖν τὴν ἐνάτην πρυτανείαν· εἶτα τότ' ἔξιμεν·" τοῦτο γὰρ λοιπόν. ἂν δ' ὑπὲρ ὑμῶν αὐτῶν ἀμύνεσθαι δέῃ, ἆρά γ' οἴεσθε τοὺς ἐχθροὺς τὰς τῶν παρ' ἡμῖν πονηρῶν διαδύσεις καὶ κακουργίας ἀναμενεῖν; ἢ τὴν πόλιν, αὐτὴν ἐμποδίζοντας νόμους εἰ θήσεται καὶ τἀναντία τῶν συμφερόντων λέγοντας, δυνήσεσθαί τι ποιῆσαι τῶν δεόντων; **(95)** ἀλλ' ἀγαπητόν, ὦ ἄνδρες Ἀθηναῖοι, εἰ πάντων καλῶς ἐχόντων ἡμῖν καὶ μηδενὸς ὄντος τοιούτου νόμου, κρατοῖμεν τῶν ἐχθρῶν καὶ ταῖς ὀξύτησι δυναίμεθα καὶ τοῖς τοῦ πολέμου καιροῖς ἀκολουθεῖν καὶ μηδενὸς ὑστερίζειν. ἀλλὰ μὴν εἰ φαίνῃ τοιοῦτον τεθεικὼς νόμον ὃς τὰ τοιαῦτα λυμαίνεται δι' ὧν ἡ πόλις καὶ σεμνὴ καὶ λαμπρὰ παρὰ πᾶσι καθέστηκεν, πῶς οὐχὶ δικαίως ὁτιοῦν ἂν πάθοις;

96. Ἔτι τοίνυν, ὦ ἄνδρες Ἀθηναῖοι, τὴν διοίκησιν ἀναιρεῖ, τήν θ' ἱερὰν καὶ τὴν ὁσίαν. ὡς δέ, ἐγὼ φράσω. ἔστιν ὑμῖν κύριος νόμος, καλῶς εἴπερ τις καὶ ἄλλος κείμενος, τοὺς ἔχοντας τά τε ἱερὰ καὶ τὰ ὅσια χρήματα καταβάλλειν εἰς τὸ βουλευτήριον, εἰ δὲ μή, τὴν βουλὴν αὐτοὺς εἰσπράττειν χρωμένην τοῖς νόμοις τοῖς τελωνικοῖς. **(97)** διὰ τοίνυν τοῦ

94 ἐροῦμεν—ἔξιμεν Aristid. 18.5

3 ἐν—αὐτοῦ del. Benseler   6 ἐκτίσειν SAFY : corr. Bl.   8 εἰσπράξωμεν S   ⟨εἷς⟩ ἕκαστος F   12 πότ' S   13 ἡμῶν SFY   14 διαλύσεις Y   ἀναμένειν S^a AFY   15 θήσετε S^c(m.a.) AF   16 δυνήσεσθέ SAF^a   19 δυναίμεθ' ⟨ἂν⟩ A   21 ἀλλὰ] καὶ A   φανῇ A : φαίνεται F^γρ   22 λαμπρὰ . . . σεμνὴ AY   25 θ' om. AY   26 ⟨καλῶς⟩ κείμενος AY   27 τά om. A

νόμου τούτου διοικεῖται τὰ κοινά· τὰ γὰρ εἰς τὰς ἐκκλησίας καὶ τὰς θυσίας καὶ τὴν βουλὴν καὶ τοὺς ἱππέας καὶ τἄλλα χρήματ' ἀναλισκόμενα, οὗτός ἐσθ' ὁ νόμος ὁ ποιῶν προσευπορεῖσθαι. οὐ γὰρ ὄντων ἱκανῶν τῶν ἐκ τῶν τελῶν χρημάτων τῇ διοικήσει, τὰ προσκαταβλήματ' ὀνομαζόμενα διὰ τὸν τοῦ νόμου τούτου φόβον καταβάλλεται. **(98)** πῶς οὖν οὐχ ἅπαντ' ἀνάγκη καταλυθῆναι τὰ τῆς πόλεως, ὅταν αἱ μὲν τῶν τελῶν καταβολαὶ μὴ ἱκαναὶ ὦσιν τῇ διοικήσει, ἀλλ' ἐνδέῃ πολλῶν, καὶ μηδὲ ταῦτ' ἀλλ' ἢ περὶ λήγοντα τὸν ἐνιαυτὸν ᾖ λαβεῖν, τὰ δὲ προσκαταβλήματα τοὺς μὴ τιθέντας μὴ κυρία ᾖ ἡ βουλὴ μηδὲ τὰ δικαστήρια δῆσαι, ἀλλὰ καθιστῶσιν ἐγγυητὰς ἄχρι τῆς ἐνάτης πρυτανείας; **(99)** τὰς δ' ὀκτὼ τί ποιήσομεν; εἰπέ, Τιμόκρατες· οὐ σύνιμεν καὶ βουλευσόμεθα ἄν τι δέῃ; εἶτ' ἔτι δημοκρατησόμεθα; οὐ δικάσει τὰ δικαστήρια τά τ' ἴδια καὶ τὰ δημόσια; καὶ τίς ὑπάρξει τοῖς ἀδικουμένοις ἀσφάλεια; οὐκ εἴσεισιν ἡ βουλὴ καὶ διοικήσει τὰ ἐκ τῶν νόμων; καὶ τί λοιπὸν ἔσθ' ἡμῖν ἀλλ' ἢ καταλελύσθαι; ἀλλὰ νὴ Δί' ἀμισθεὶ ταῦτα ποιήσομεν. καὶ πῶς οὐ δεινόν, εἰ διὰ τὸν νόμον, ὃν σὺ τέθεικας μισθὸν λαβών, ἄμισθος ὁ δῆμος καὶ ἡ βουλὴ καὶ τὰ δικαστήρια ἔσται; **(100)** χρῆν γὰρ τοῦτό γέ σε, ὦ Τιμόκρατες, προσγράψαι τῷ νόμῳ, οὗπερ ἐποίεις κατὰ τῶν τελωνῶν καὶ τῶν ἐγγυητῶν {τὰς πράξεις κατὰ τοὺς ὑπάρχοντας νόμους}, "καὶ εἰ κατά τινων ἐν ἄλλῳ τινὶ νόμῳ ἢ ψηφίσματι τὰς αὐτὰς εἴρηται πράξεις ὧν ὀφείλουσιν εἶναι ἃς περὶ τῶν τελωνῶν, καὶ κατὰ τούτων εἶναι τὰς πράξεις κατὰ τοὺς ὑπάρχοντας νόμους". **(101)** νῦν δὲ κύκλῳ φεύγων τοὺς νόμους τοὺς τελωνικούς, ὅτι τὸ ψήφισμα τὸ Εὐκτήμονος εἴρηκε πράττειν τοὺς ὠφληκότας κατὰ τούτους τοὺς νόμους, διὰ ταῦτ' οὐ προσέγραψε τοῦτο. ἐκ δὲ τούτου τοῦ τρόπου τὴν μὲν ὑπάρχουσαν τιμωρίαν λύσας κατὰ τῶν τὰ τῆς πόλεως ἐχόντων, ἑτέραν δ' οὐ γράψας πάντα

1 τὰ κοινά om. A 2 οὐσίας S 3 ⟨διοικῶν καὶ⟩ ποιῶν Y[c] προευπορεῖσθαι A et Cobet 8 ὦσιν ἱκαναὶ Benseler ἐνδεεῖς A 10 μὴ[2] om. AY 10–11 κυρία—δεῖσαι] ᾖ κυρία δεῖν ἡ βουλὴ μηδὲ τὰ δικαστήρια A 11 μέχρι A 13 βουλευόμεθα AY 17 ὑμῖν AY ἀμισθὶ SAF 22 ⟨καὶ⟩ τὰς A del. Schaefer 23 εἰ] εἴτε A 30 προσγράψας AFY

τὰ πράγματ' ἀναιρεῖ, δῆμον, ἱππέας, βουλήν, ἱερά, ὅσια· ἀνθ' ὧν, ἅνπερ ὑμεῖς, ὦ ἄνδρες Ἀθηναῖοι, σωφρονῆτε, κολασθεὶς καὶ δοὺς ἀξίαν δίκην τοῖς ἄλλοις παράδειγμα γενήσεται μὴ τιθέναι τοιούτους νόμους.

102. Οὐ τοίνυν μόνον τὰ δικαστήρια ἄκυρα ποιεῖ τῶν προστιμημάτων, τοῖς ἀδικοῦσι τὰ κοινὰ δίδωσιν ἄδειαν, τὰς ὑπὲρ τῆς πόλεως στρατείας λυμαίνεται, τὴν διοίκησιν καταλύει, ἀλλὰ καὶ τοῖς κακούργοις καὶ τοῖς πατραλοίαις καὶ τοῖς ἀστρατεύτοις βοηθοῦντα τέθεικε τὸν νόμον· τὰς γὰρ ὑπαρχούσας ἐκ τῶν νῦν κυρίων νόμων τιμωρίας καταλύει. **(103)** λεγόντων γὰρ τῶν νόμων οὓς ἔθηκε Σόλων, οὐδὲν ὅμοιος ὢν τούτῳ νομοθέτης, ἐάν τις ἁλῷ κλοπῆς καὶ μὴ τιμηθῇ θανάτου, προστιμᾶν αὐτῷ δεσμόν, καὶ ἐὰν τις ἁλοὺς {τῆς} κακώσεως τῶν γονέων εἰς τὴν ἀγορὰν ἐμβάλλῃ, δεδέσθαι, κἂν ἀστρατείας τις ὄφλῃ καί τι τῶν αὐτῶν τοῖς ἐπιτίμοις ποιῇ, καὶ τοῦτον δεδέσθαι, Τιμοκράτης ἅπασι τούτοις ἄδειαν ποιεῖ, τῇ καταστάσει τῶν ἐγγυητῶν τὸν δεσμὸν ἀφαιρῶν. **(104)** ὥστ' ἔμοιγε δοκεῖ (καὶ γὰρ εἰ φορτικώτερον εἶναι τὸ ῥηθησόμενον δόξει, λέξω καὶ οὐκ ἀποτρέψομαι) κατὰ τοῦτο αὐτὸ ἄξιον αὐτὸν εἶναι θανάτῳ ζημιῶσαι, ἵν' ἐν Ἅιδου τοῖς ἀσεβέσιν θῇ τοῦτον τὸν νόμον, ἡμᾶς δὲ τοὺς ζῶντας τοῖσδε τοῖς ὁσίοις καὶ δικαίοις ἐᾷ τὸ λοιπὸν χρῆσθαι. ἀνάγνωθι δὲ καὶ τούτους τοὺς νόμους.

ΝΟΜΟΙ ΚΛΟΠΗΣ, ΚΑΚΩΣΕΩΣ ΓΟΝΕΩΝ, ΑΣΤΡΑΤΕΙΑΣ

105. {Ὅ τι ἂν τις ἀπολέσῃ, ἐὰν μὲν ἀπολάβῃ, τὴν διπλασίαν

103 ἐάν τις—θανάτου AB 123.13 —δεσμόν AB 175.29
104 ὥστ'—νόμον Isidor. Pelus. 3.260 καὶ—νόμον cf. Hermog. 419.13 R.

2 ἡμεῖς S 6 ⟨ἀλλὰ καὶ⟩ τοῖς SAFY : transposuit ante 8 τοῖς κακούργοις Dobree 7 στρατιὰς A 12 ἐὰν ⟨δὲ⟩ AB (123) 13 δεσμοῦ Y del. Dobree 14 ἐμβάλῃ AY 15 ὄφλῃ] ἁλῷ A 16 ποιεῖ A ⟨δ'⟩ ἅπασι AY 17 ⟨τῇ⟩ τῶν A 18 ὡς Isidor. 19 ἀποκρύψομαι S^γρ F Isidor. τοῦτό ⟨γε⟩ F Isidor. 20 αὐτὸν om. Y 20–1 τοῖς ἀσεβέσιν ἐν Ἅιδου Hermog. θῇ τοῖς ἀσεβέσιν Isidor. 24 νόμος A 25 ἀπολάβῃ Bernard : αὐτὸ λάβῃ SAFY

καταδικάζειν, ἐὰν δὲ μή, τὴν διπλασίαν πρὸς τοῖς ἐπαιτίοις. δεδέσθαι δ᾽ ἐν τῇ ποδοκάκκῃ τὸν πόδα πένθ᾽ ἡμέρας καὶ νύκτας ὅσας, ἐὰν προστιμήσῃ ἡ ἡλιαία. προστιμᾶσθαι δὲ τὸν βουλόμενον, ὅταν περὶ τοῦ τιμήματος ᾖ. ἐὰν δέ τις ἀπαχθῇ, τῶν γονέων κακώσεως ἑαλωκὼς ἢ ἀστρατείας ἢ προειρημένον αὐτῷ τῶν νόμων εἴργεσθαι, εἰσιὼν ὅποι μὴ χρή, δησάντων αὐτὸν οἱ ἕνδεκα καὶ εἰσαγόντων εἰς τὴν ἡλιαίαν, κατηγορείτω δὲ ὁ βουλόμενος οἷς ἔξεστιν. ἐὰν δ᾽ ἁλῷ, τιμάτω ἡ ἡλιαία ὅ τι χρὴ παθεῖν αὐτὸν ἢ ἀποτεῖσαι. ἐὰν δ᾽ ἀργυρίου τιμηθῇ, δεδέσθω τέως ἂν ἐκτείσῃ.}

106. Ὅμοιός γ᾽, οὐ γάρ; ὦ ἄνδρες Ἀθηναῖοι, Σόλων νομοθέτης καὶ Τιμοκράτης. ὁ μέν γε καὶ τοὺς ὄντας βελτίους ποιεῖ καὶ τοὺς μέλλοντας ἔσεσθαι· ὁ δὲ καὶ τοῖς γεγενημένοις πονηροῖς, ὅπως μὴ δώσουσι δίκην, ὁδὸν δείκνυσιν, καὶ τοῖς οὖσιν ὅπως ἄδεια γενήσεται κακουργεῖν εὑρίσκει, καὶ τοῖς μέλλουσιν ἔσεσθαι, τοὺς ἐξ ἁπάντων τῶν χρόνων πονηρούς, ὅπως ἔσονται σῷοι καὶ μηδὲν πείσονται, παρασκευάζων. **(107)** καίτοι τίνα ἂν ἀξίαν δοίης δίκην, ἢ τί σὺ παθὼν ἂν τὰ προσήκοντ᾽ εἴης πεπονθώς, ὅς, τὰ μὲν ἄλλ᾽ ἐῶ, ἀλλὰ τοὺς τῷ γήρᾳ βοηθοὺς λυμαίνει, οἳ καὶ ζῶντας ἀναγκάζουσι {τοὺς παῖδας} τοὺς γονέας τρέφειν, καὶ ἐπειδὰν ἀποθάνωσιν, ὅπως τῶν νομιζομένων τύχωσι παρασκευάζουσιν; ἢ πῶς οὐ κάκιστος ἁπάντων ἀνθρώπων δικαίως ἂν νομίζοιο, ὅστις, ὦ κατάρατε, περὶ πλείονος φαίνει τοὺς κλέπτας καὶ τοὺς κακούργους καὶ τοὺς ἀστρατεύτους τῆς πατρίδος ποιούμενος, καὶ διὰ τούτους καθ᾽ ἡμῶν νόμον τίθης;

108. Βούλομαι τοίνυν ὑμῖν, ἃ ὑπεσχόμην ἐν ἀρχῇ τοῦ

105 δεδέσθαι—ἡλιαίᾳ Lys. 10.16 ποδοκάκκῃ Harp. π 76 ἐὰν δὲ—ἑαλωκὼς Sud. α 1371 —ἀστρατείας AB 123.11
106 ὅμοιος—Τιμοκράτης Aristid. 18.15

---

1 διπλασίαν Heraldus : δεκαπλασίαν SAFY 2 ποδοκάκῃ S ἡμέρας δέκα τὸν πόδα (καὶ—ὅσας om.) Lys. 4 ἐπαχθῇ Sud. 5 προειρημένων SY νομίμων Salmasius εἰργάσθαι A[a] 6 μὴ om. A εἰσαγόντων ⟨αὐτὸν⟩ SFY 8 et 9 -τισ- SAFY : corr. Bl. 9 ἕως S : τε ἕως A 10 οὐ γάρ om. S[a]AY 10–11 ⟨ὁ⟩ νομοθέτης AY 12 ἐποίει Y 13 δώσωσι A 15 πονηροῖς Y 17 ἂν[1] om. S σὺ om. A : ante δοίης Y 19 γήρᾳ ⟨νόμους⟩ Weil βοηθοὺς ⟨νόμους⟩ Bernard ζῶντες S 20 del. Cobet 21 οὐχὶ A 25 τιθείς AY : τιθεῖς Cobet

λόγου, ἀπολογίσασθαι πεποιηκότα ἐμαυτόν. ἔφην γὰρ αὐτὸν ἐξελέγξειν κατὰ πάντα ἔνοχον ὄντα τῇ γραφῇ, πρῶτον μὲν παρὰ τοὺς νόμους νομοθετοῦντα, δεύτερον δ' ὑπεναντία τοῖς οὖσι νόμοις γεγραφότα, τρίτον δὲ τοιαῦτα δι' ὧν βλάπτει τὴν πόλιν. οὐκοῦν ἠκούσατε τῶν νόμων, ἃ κελεύουσι ποιεῖν τὸν τιθέντα νόμον καινόν· καὶ πάλιν ὑμᾶς ἐδίδαξα ὅτι τούτων οὐδ' ὁτιοῦν ἐποίησεν οὗτος. **(109)** καὶ μὴν κἀκείνων ἠκούετε τῶν νόμων οἷς ἐναντίος ὢν ἐφαίνεθ' ὁ τούτου· καὶ τούτους ὅτι πρὶν λῦσαι τόνδε τέθεικεν ἐπίστασθε. ἀλλὰ μὴν ὅτι γ' οὐκ ἐπιτήδειος, ἀκηκόατε· ἄρτι γὰρ λέγων ἐπαυσάμην. οὐκοῦν κατὰ πάντ' ἀδικεῖ φανερῶς, καὶ οὐδὲν ἔσθ' ὅ τι φροντίσας οὐδ' εὐλαβηθεὶς φαίνεται, ἀλλ' ἔμοιγε δοκεῖ, κἂν εἰ πρὸς τούτοις ἄλλο τι μὴ ποιεῖν ἐγέγραπτ' ἐν τοῖς οὖσι νόμοις, κἂν τοῦτο ποιῆσαι.

110. *Πανταχόθεν* μὲν τοίνυν δῆλός ἐσθ' ὅτι ταῦτ' ἔγραψεν ἐπιβουλεύσας {μετὰ τοῦ βουλεύσασθαι ταῦτ' ἀδικεῖν} καὶ οὐ γνώμῃ διαμαρτών, μάλιστα δ' ἐκ τοῦ πάντα τὸν νόμον μέχρι τῆς ὑστάτης συλλαβῆς τοιοῦτον εἶναι· οὐδὲ γὰρ οὐδ' ἄκων οὐδὲν ἔθηκεν ὀρθῶς ἔχον, οὐδ' ὡς ὑμῖν ἔμελλε λυσιτελήσειν. πῶς οὖν οὐκ εἰκὸς μισεῖν καὶ τιμωρεῖσθαι τοῦτον, ὅστις τοῦ μὲν δήμου ἠδικημένου ἠμέλησεν, ὑπὲρ δὲ τῶν ἠδικηκότων καὶ ὕστερον ἀδικησόντων τοὺς νόμους ἔθηκεν; **(111)** θαυμάζω δ', ὦ ἄνδρες δικασταί, τῆς ἀναιδείας αὐτοῦ, τὸ ἡνίκα μὲν ἦρχεν αὐτὸς μετ' Ἀνδροτίωνος, τὸν ἔλεον τοῦτον ἐπὶ τῷ πλήθει τῷ ὑμετέρῳ μὴ ποιήσασθαι, τῷ ἀπειρηκότι τὰ ἑαυτοῦ χρήματ' εἰσφέροντι, ἐπειδὴ δ' Ἀνδροτίωνα ἔδει ἃ πάλαι ὑφῄρητο τῆς πόλεως χρήματα καταθεῖναι, τὰ μὲν ἱερά, τὰ δ' ὅσια, τότε θεῖναι τὸν νόμον ἐπ' ἀποστερήσει τῶν μὲν ὁσίων τῆς διπλασίας, τῶν ἱερῶν δὲ τῆς δεκαπλασίας. καὶ οὕτω πρὸς τὸ

110 *ὅστις—ἠμέλησεν* AB 123.15
111 *θαυμάζω—αὐτοῦ* Schol. D. 24.108.215c

---

1 *ἀπολογήσασθαι* SAFY : corr. cod. k et Wolf   7 *ἠκούσατε* AF[c]Y
8 *φαίνεται* A   11 *φροντίσας* ⟨*ὑμῶν*⟩ F   12 *ἐμοί τε* A
13 *τούτῳ* A : [S]   16 del. Weil   ⟨*καὶ*⟩ *μετὰ . . . ἀδικεῖ* AY
18 *ἐσχάτης* AF[γρ]   20 *ὅστις*] *ὅτι* AB   21 *καὶ* ⟨*ὑπὲρ τῶν*⟩ A
24 *τούτῳ* SF[c]   29 *οὕτω*] *τοῦτο* A

πλῆθος τὸ ὑμέτερον προσενήνεκται ὁ αὐτίκα δὴ μάλα ὑπὲρ τοῦ δήμου φήσων τὸν νόμον τοῦτον θεῖναι. **(112)** *δικαίως δ' ἂν ἐμοὶ δοκεῖ παθεῖν ὁτιοῦν, ὅστις οἴεται δεῖν, εἰ μέν τις ἀγορανόμος ἢ ἀστυνόμος ἢ δικαστὴς κατὰ δήμους γενόμενος κλοπῆς ἐν ταῖς εὐθύναις ἑάλωκεν, ἄνθρωπος πένης καὶ ἰδιώτης καὶ πολλῶν ἄπειρος καὶ κληρωτὴν ἀρχὴν ἄρξας, τούτῳ μὲν τὴν δεκαπλασίαν εἶναι, καὶ νόμον οὐδένα τοῖς τοιούτοις ἐπικουροῦντα τίθησιν· εἰ δέ τινες πρέσβεις αἱρεθέντες ὑπὸ τοῦ δήμου, πλούσιοι ὄντες, ὑφείλοντο χρήματα πολλά, τὰ μὲν ἱερά, τὰ δ' ὅσια, καὶ εἶχον χρόνον πολύν, τούτοις ὅπως μηδὲν πείσονται μήθ' ὧν οἱ νόμοι μήθ' ὧν τὰ ψηφίσματα προστάττει, μάλ' ἀκριβῶς εὗρεν.* **(113)** *καίτοι γ' ὁ Σόλων, ὦ ἄνδρες δικασταί, ᾧ οὐδ' ἂν αὐτὸς Τιμοκράτης φήσειεν ὅμοιος νομοθέτης εἶναι, οὐχ ὅπως ἀσφαλῶς κακουργήσουσι φαίνεται παρασκευάζων τοῖς τοιούτοις, ἀλλ' ὅπως ἢ μὴ ἀδικήσουσιν ἢ δώσουσι δίκην ἀξίαν, καὶ νόμον εἰσήνεγκεν, εἰ μέν τις μεθ' ἡμέραν ὑπὲρ πεντήκοντα δραχμὰς κλέπτοι, ἀπαγωγὴν πρὸς τοὺς ἕνδεκ' εἶναι, εἰ δέ τις νύκτωρ ὁτιοῦν κλέπτοι, τοῦτον ἐξεῖναι καὶ ἀποκτεῖναι καὶ τρῶσαι διώκοντα καὶ ἀπαγαγεῖν τοῖς ἕνδεκα, εἰ βούλοιτο. τῷ δ' ἁλόντι ὧν αἱ ἀπαγωγαί εἰσιν, οὐκ ἐγγυητὰς καταστήσαντι ἔκτισιν εἶναι τῶν κλεμμάτων, ἀλλὰ θάνατον τὴν ζημίαν.* **(114)** *καὶ εἴ τίς γ' ἐκ Λυκείου ἢ ἐξ Ἀκαδημείας ἢ ἐκ Κυνοσάργους ἱμάτιον ἢ ληκύθιον ἢ ἄλλο τι φαυλότατον, ἢ εἰ τῶν σκευῶν τι τῶν ἐκ τῶν γυμνασίων ὑφέλοιτο ἢ ἐκ τῶν λιμένων, ὑπὲρ δέκα δραχμάς, καὶ τούτοις θάνατον ἐνομοθέτησεν εἶναι τὴν ζημίαν. εἰ δέ τις ἰδίαν δίκην κλοπῆς ἁλοίη, ὑπάρχειν μὲν αὐτῷ διπλάσιον ἀποτεῖσαι τὸ τιμηθέν, προστιμῆσαι δ' ἐξεῖναι τῷ δικαστηρίῳ πρὸς τῷ*

1 *τὸ ὑμέτερον* om. Schol. D. *δὴ* om. SAY 2–3 ⟨*ὥστε*⟩ *δικαίως ἄν μοι δοκῇ* AY (*δοκεῖ* Y) 6 *κλήρῳ τὴν* AFY 9 *ἀνείλοντο* F 11 *πείσωνται* A 13 *ᾧ*] *ὡς* A *φήσαι* SFY : corr. Weil coll. 22.54 : *φῆσαι* A 14–15 *οὐχ—παρασκευάζων*] *φαίνεται* ⟨*τούτοις*⟩ *οὐχ ὅπως ἀσφαλῶς κακουργήσωσι παρασκευάζων* A 15 *ἀδικήσωσιν* A 19 *ἀποκτεῖναι* ⟨*τοῦτον ἐξεῖναι*⟩ A *διώκοντα τρῶσαι* A 22 *θάνατον* ⟨*εἶναι*⟩ A 24 *ἢ εἰ . . . τι*] *ἢ εἴ τι* A : *ἢ . . . τι* F 27 *αὐτὸ* F *ἀποτῖσαι* SAFY : corr. Bl.

ἀργυρίῳ δεσμὸν τῷ κλέπτῃ, πένθ' ἡμέρας καὶ νύκτας ἴσας, ὅπως ὁρῷεν ἅπαντες αὐτὸν δεδεμένον. καὶ τούτων ὀλίγῳ πρότερον ἠκούσατε τῶν νόμων. **(115)** ᾤετο γὰρ δεῖν τόν γε τὰ αἰσχρὰ ἐργαζόμενον μὴ ἃ ὑφείλετο μόνον ἀποδόντ' ἀπηλλάχθαι (πολλοὶ γὰρ {ἂν} αὐτῷ ἐδόκουν οὕτω γ' οἱ κλέπται ἔσεσθαι, εἰ μέλλοιεν λαθόντες μὲν ἕξειν, μὴ λαθόντες δ' αὐτὰ μόνον καταθήσειν), ἀλλὰ ταῦτα μὲν διπλάσια καταθεῖναι, δεθέντα δὲ πρὸς τούτῳ τῷ τιμήματι ἐν αἰσχύνῃ ζῆν ἤδη τὸν ἄλλον βίον. ἀλλ' οὐ Τιμοκράτης, ἀλλ' ὅπως ἁπλᾶ μέν, ἃ δεῖ διπλάσια, καταθήσουσιν παρεσκεύασε, μηδ' ὁτιοῦν δ' ἐπιτίμιον ἔσται πρὸς τούτοις. **(116)** καὶ οὐκ ἀπέχρησεν ὑπὲρ τῶν μελλόντων αὐτῷ ταῦτ' ἀδικεῖν, ἀλλὰ καὶ εἴ τις ἄρ' ἠδικηκὼς καὶ κεκολασμένος ἦν, καὶ τοῦτον ἀφῆκεν. καίτοι ἔγωγ' ᾤμην δεῖν τὸν νομοθετοῦντα περὶ τῶν μελλόντων ἔσεσθαι, οἷα δεῖ γίγνεσθαι καὶ ὡς ἕκαστα ἔχειν, καὶ τὰς τιμωρίας ὁποίας τινὰς ἐφ' ἑκάστοις δεῖ τοῖς ἀδικήμασιν εἶναι, περὶ τούτων νομοθετεῖν· τοῦτο γάρ ἐστι τὸ ἐφ' ἅπασι τοῖς πολίταις κοινοὺς τοὺς νόμους τιθέναι. τὸ δὲ περὶ τῶν γεγονότων πραγμάτων νόμους γράφειν, οὐ νομοθετεῖν ἐστιν, ἀλλὰ τοὺς ἀδικοῦντας σῴζειν. **(117)** σκοπεῖτε δ' ὡς ἀληθῆ λέγω, ἐκ τωνδί. εἰ μὲν γὰρ Εὐκτήμων ἑάλω τὴν τῶν παρανόμων γραφήν, οὐκ ἂν ἔθηκε τοῦτον τὸν νόμον ὁ Τιμοκράτης, οὐδ' ἂν ἐδεῖτο ἡ πόλις τούτου τοῦ νόμου, ἀλλ' ἐξήρκει ἂν αὐτοῖς ἀπεστερηκόσι τὴν πόλιν τὰ χρήματα τῶν ἄλλων μὴ φροντίζειν. νῦν δ', ἐπειδὴ ἀπέφυγεν, τὸ μὲν ὑμέτερον δόγμα καὶ τὴν τοῦ δικαστηρίου ψῆφον καὶ τοὺς ἄλλους νόμους ἀκύρους οἴεται δεῖν εἶναι, αὐτὸν δὲ καὶ τὸν αὑτοῦ νόμον κύριον. **(118)** καίτοι, ὦ Τιμόκρατες, οἱ μὲν ὄντες ἡμῖν κύριοι νόμοι τουτουσὶ ποιοῦσι κυρίους ἁπάντων, καὶ διδόασιν αὐτοῖς ἀκούσασιν, ὁποῖον ἄν τι νομίζωσι τὸ ἀδίκημα, τοιαύτῃ περὶ τοῦ ἠδικηκότος

1 ἴσας om. S 3 γε om. AF 4 αἰσχρὰ ⟨ἔργα⟩ SY 5 del. Cobet 7 καταθήσειν ⟨ἃ ὑφείλοντο⟩ AFY[c] 8 ἤδη ζῆν SY 9 διπλᾶ AY 12 καὶ[2] del. Dindorf 15 οἵας A 20 τῶνδε F[γρ] 22 ὁ del. Blass 28 μὲν ὄντες] μένοντες F[γρ] νόμοι ante ἡμῖν A 30 νομίζουσι A

χρῆσθαι τῇ ὀργῇ, μέγα μεγάλῃ, μικρὸν μικρᾷ. ὅταν γὰρ ᾖ "ὅ τι χρὴ παθεῖν ἢ ἀποτεῖσαι," τὸ τιμᾶν ἐπὶ τούτοις γίγνεται. **(119)** σὺ τοίνυν τὸ παθεῖν ἀφαιρεῖς τὸν δεσμὸν ἀφιείς· καὶ ταῦτα τίσιν; τοῖς κλέπταις, τοῖς ἱεροσύλοις, τοῖς πατραλοίαις, τοῖς ἀνδροφόνοις, τοῖς ἀστρατεύτοις, τοῖς λιποῦσι τὰς τάξεις· τούτους γὰρ πάντας σῴζεις τῷ νόμῳ. καίτοι ὅστις ἐν δημοκρατίᾳ νομοθετῶν μήθ' ὑπὲρ τῶν ἱερῶν μήθ' ὑπὲρ τοῦ δήμου νομοθετεῖ, ἀλλ' ὑπὲρ ὧν εἶπον ἀρτίως, πῶς οὐ δίκαιός ἐστι τῆς ἐσχάτης τιμωρίας τυχεῖν; **(120)** οὐ γὰρ δὴ ἐρεῖ γε ὡς τοὺς τοιούτους οὐ καὶ προσήκει καὶ οἱ νόμοι κελεύουσιν ταῖς μεγίσταις τιμωρίαις ἐνόχους εἶναι, οὐδ' ὡς οὗτοι, ὑπὲρ ὧν εὕρηκε τὸν νόμον, οὐ καὶ κλέπται καὶ ἱερόσυλοί εἰσιν, τὰ μὲν ἱερά, τὰς δεκάτας τῆς θεοῦ καὶ τὰς πεντηκοστὰς τῶν ἄλλων θεῶν, σεσυληκότες καὶ ἀντὶ τοῦ ἀποδοῦναι αὐτοὶ ἔχοντες, τὰ δ' ὅσια, ἃ ἐγίγνετο ὑμέτερα, κεκλοφότες. διαφέρει δὲ τοσοῦτον αὐτῶν ἡ ἱεροσυλία τῶν ἄλλων, ὅτι τὴν ἀρχὴν οὐδ' ἀνήνεγκαν εἰς τὴν ἀκρόπολιν, δέον αὐτούς. **(121)** οἶμαι δέ, νὴ τὸν Δία τὸν Ὀλύμπιον, ὦ ἄνδρες δικασταί, οὐκ ἀπὸ ταὐτομάτου τὴν ὕβριν καὶ τὴν ὑπερηφανίαν ἐπελθεῖν Ἀνδροτίωνι, ἀλλ' ὑπὸ τῆς θεοῦ ἐπιπεμφθεῖσαν, ἵν', ὥσπερ οἱ τὰ ἀκρωτήρια τῆς Νίκης περικόψαντες ἀπώλοντο αὐτοὶ ὑφ' αὑτῶν, οὕτω καὶ οὗτοι αὐτοὶ αὑτοῖς δικαζόμενοι ἀπόλοιντο, καὶ τὰ χρήματα καταθεῖεν δεκαπλάσια κατὰ τοὺς νόμους ἢ δεθεῖεν.

122. *Βούλομαι* δ' ὑμῖν, ὃ μεταξὺ λέγων περὶ τούτων

118 *μέγα—μικρᾷ* Minuc. 1.345.4 Sp. Ha.
119 *τοῖς λιποῦσι—τάξεις* Schol. D. 24.150.235
120 *ἱερόσυλοί—αὐτούς* Minuc. 1.346.2 Sp. Ha.
122 *ὃ—ἐνεθυμήθην* Tib. 17.3 Ball.

2 *ὅ τι*] *τὸ τί* AY *ἀποτῖσαι* SAFY : corr. Bl. *τὸ* om. S 3 *ἀφίεις* SA 6 *λείπουσι* S 7–8 *μηδ' . . . μηδ'* A 8 ⟨*τῶν*⟩ *τοῦ* A 10 *γε ἐρεῖ* A 12 *εἴρηκε* Fᵃ : ⟨*οὗτος*⟩ *εἴρηκε* AY 13 ⟨*ἢ οὐχ*⟩ *ἱερόσυλοι* ⟨*οὗτοι*⟩ (*καὶ—καὶ* om.) Minuc. *εἰσιν* om. Minuc. 14 *τὰς* om. Minuc. 15 *αὐτὰς* Minuc. *ὅσια*] *θεῖα* Minuc. 16 *τοσούτων* A 17 *ὅτι—οὐδ'*] *ὅσον οὐδὲν* Minuc. *οὐδὲ τὴν ἀρχὴν* A *οὐδὲν* Minuc. 22 ⟨*ἐν*⟩ *ἑαυτοῖς* A *διαδικαζόμενοι* AF 25 *ὃ* ⟨*τοίνυν*⟩ Tib. *περὶ τούτων* om. Tib.

ἐνεθυμήθην, εἰπεῖν περὶ οὗ τέθεικε νόμου, παράδοξόν τι, θαυμαστὸν ἡλίκον. οὗτος γάρ, ὦ ἄνδρες δικασταί, τοῖς μὲν τὰ τέλη ὠνουμένοις ἔγραψε τὰς τιμωρίας εἶναι, εἰ μὴ καταβάλοιεν τὰ χρήματα, κατὰ τοὺς νόμους τοὺς προτέρους, ἐν οἷς καὶ ὁ δεσμὸς καὶ ἡ διπλασία γέγραπται, ἀνθρώποις οἳ διὰ τὸ ζημιοῦσθαι ἐπὶ τῇ ὠνῇ ἄκοντες ἔμελλον τὴν πόλιν ἀδικήσειν· τοῖς δ' ὑφαιρουμένοις τὰ τῆς πόλεως καὶ ἱεροσυλοῦσι τὰ τῆς θεοῦ τὸν δεσμὸν ἀφεῖλεν. καίτοι εἰ μὲν ἐλάττω τούτους ἀδικεῖν ἐκείνων νομίσαι φήσεις, ἀνάγκη μαίνεσθαί σε ὁμολογεῖν, εἰ δὲ μείζω νομίζων, ὥσπερ ἔστιν, ἐκεῖνα τἀδικήματα τοὺς μὲν ἀφίῃς, τοὺς δὲ μή, οὐκ ἤδη δῆλος εἶ πεπρακὼς τὸ πρᾶγμα τούτοις;

123. Ἄξιον τοίνυν καὶ τοῦτ' εἰπεῖν, ὅσον ὑμεῖς διαφέρετε, ὦ ἄνδρες δικασταί, μεγαλοφροσύνῃ τῶν ῥητόρων. ὑμεῖς μέν γε τἀπὶ τῷ πλήθει νενομοθετημένα δεινά, ἐάν τις ἢ διχόθεν μισθοφορῇ ἢ ὀφείλων τῷ δημοσίῳ ἐκκλησιάζῃ ἢ δικάζῃ, ἢ ἄλλο τι ποιῇ ὧν οἱ νόμοι ἀπαγορεύουσιν, οὐ λύετε, καὶ ταῦτ' εἰδότες ὅτι διὰ πενίαν ⟨ἂν⟩ ποιήσειεν ὁ τούτων τι ποιῶν, οὐδὲ νόμους τοιούτους τίθεσθ' ὅπως ἐξουσία ἔσται ἐξαμαρτεῖν, ἀλλὰ τοὐναντίον ὅπως μή· οὗτοι δ', ὅπως οἱ τὰ αἴσχιστα καὶ τὰ δεινότατα ποιοῦντες δίκην μὴ δώσουσιν. **(124)** εἶτα προπηλακίζουσιν ὑμᾶς ἰδίᾳ τοῖς λόγοις, ὡς αὐτοὶ καλοὶ κἀγαθοί, πονηρῶν καὶ ἀχαρίστων οἰκετῶν τρόπους ἔχοντες. καὶ γὰρ ἐκείνων, ὦ ἄνδρες δικασταί, ὅσοι ἂν ἐλεύθεροι γένωνται, οὐ τῆς ἐλευθερίας χάριν ἔχουσι τοῖς δεσπόταις,

124 προπηλακίζουσιν—λόγοις Schol. D. 24.123.243b

---

1 παράλογόν S^γρ AF^γρ Y 2 ⟨καὶ⟩ θαυμαστὸν S^c F^γρ 5 ἐγέγραπτο A 7 τὰ[I]] τι A 8 καίτοι] καὶ S^a 9 ἐκείνων ἀδικεῖν A 10 ἐκεῖνα τἀδικήματα del. Weil 11 ἀφίεις SA : corr. Lamb. : ἀφιεὶς FY 15 τῷ πλήθει] τῶν πλουσίων S^c : [S] 16–17 μισθοφορεῖ . . . ἐκκλησιάζει . . . δικάζει . . . ποιεῖ A 16 μισθοφορήσῃ Schol. D. 24.123.243b ⟨ἢ⟩ ἐκκλ. S^c 17 ἀναγορεύουσιν Y λύετε] κωλύετε S^c 18 add. Bk. ποιήσει SFY 19 ἔσται ⟨αὐτοῖς⟩ FY 20 οὗτοι—οἱ] ὅπως δ' οὗτοι AY 23 οἰκετῶν ἀχαρίστων Y τρόπον A : τρόπων Y

ἀλλὰ μισοῦσι μάλιστ' ἀνθρώπων, ὅτι συνίσασιν αὑτοῖς δουλεύσασιν. οὕτω δὴ καὶ οὗτοι οἱ ῥήτορες οὐκ ἀγαπῶσιν ἐκ πενήτων πλούσιοι ἀπὸ τῆς πόλεως γιγνόμενοι, ἀλλὰ καὶ προπηλακίζουσι τὸ πλῆθος, ὅτι σύνοιδεν αὐτῶν ἑκάστῳ τὰ ἐν τῇ πενίᾳ καὶ νεότητι ἐπιτηδεύματα.

125. Ἀλλὰ νὴ Δί' αἰσχρὸν ἴσως ἦν Ἀνδροτίωνα δεθῆναι ἢ Γλαυκέτην ἢ Μελάνωπον. οὐ μὰ τὸν Δί', ὦ ἄνδρες δικασταί, ἀλλὰ πολὺ αἴσχιον τὴν πόλιν ἀδικουμένην καὶ ὑβριζομένην μὴ λαβεῖν δίκην καὶ ὑπὲρ τῆς θεοῦ καὶ ὑπὲρ αὑτῆς. ἐπεὶ Ἀνδροτίωνί γε πότερα οὐ πατρῷον τὸ δεδέσθαι; ἀλλ' αὐτοὶ ἴστε πολλὰς πεντετηρίδας ἐν τῷ δεσμωτηρίῳ διατρίψαντα τὸν πατέρ' αὐτοῦ, καὶ ἀποδράντα, ἀλλ' οὐκ ἀφεθέντα. **(126)** ἀλλὰ διὰ τὰ ἐπιτηδεύματα τὰ ἐν τῇ ἡλικίᾳ; ἀλλὰ καὶ διὰ ταῦτα δεδέσθαι αὐτῷ οὐχ ἧττον προσήκει ἢ δι' ἅπερ ὑφείλετο. ἢ ὅτι εἰσῄει εἰς τὴν ἀγορὰν οὐκ ἐξὸν αὐτῷ, καὶ ἐκ ταύτης τοὺς σωφρόνως βεβιωκότας αὐτὸς ἦγεν εἰς τὸ δεσμωτήριον; ἀλλὰ Μελάνωπος δεινὸν νὴ Δί' ἐστὶν εἰ δεθήσεσθαι νῦν ἔμελλεν. ἀλλὰ περὶ μὲν τοῦ πατρὸς αὐτοῦ οὐδὲν ἂν φλαῦρον εἴποιμι, οὐδ' εἰ πάνυ πόλλ' ἔχω περὶ κλοπῆς λέγειν, ἀλλ' ἔστω ἐμοὶ ἐκεῖνός γε τοιοῦτος οἷον ἂν Τιμοκράτης αὐτὸν ἐγκωμιάσειεν. **(127)** ἀλλ' εἰ χρηστοῦ πατρὸς ὢν πονηρὸς καὶ κλέπτης ἦν, καὶ προδοσίας γε ἁλοὺς τρία τάλαντα ἀπέτεισε, καὶ συνέδρου γενομένου κλοπὴν αὐτοῦ τὸ δικαστήριον κατέγνω καὶ δεκαπλάσιον ἀπέτεισεν, καὶ παρεπρεσβεύσατο εἰς Αἴγυπτον, καὶ τοὺς ἀδελφοὺς τοὺς ἑαυτοῦ ἠδίκει, οὐ τοσούτῳ μᾶλλον αὐτὸν ἔδει δεδέσθαι, εἰ χρηστοῦ πατρὸς ὢν τοιοῦτος ἦν; οἶμαι γὰρ ἔγωγε, εἴπερ τῷ ὄντι χρηστὸς ἦν Λάχης καὶ φιλόπολις, ὑπ' αὐτοῦ ἂν ἐκείνου δεθῆναι αὐτὸν τοιοῦτόν γ' ὄντα καὶ οὕτως αἰσχροῖς ὀνείδεσιν

1 ⟨πάντων⟩ ἀνθρώπων AY : ⟨ἁπάντων⟩ ἀνθρ. F   αὑτοῖς Bk. : [AF]   2 δὲ SF   4 ἕκαστος SF : corr. Cobet : ἑκάστοις AY   5 ⟨τῇ⟩ νεότητι AY   6 ⟨ἂν⟩ ἦν AY   8 αἰσχρὸν S[a] : αἴσχιστον A   9 καὶ[1] om. Y   17 ⟨τὸν⟩ δία AY   18 νῦν om. AY   19 ἂν om. A   22 τε A   24 δεκαπλασίαν A   26 οὐ τοσούτῳ] οὗτος οὕτω A   εἰ ⟨καὶ⟩ Y   27 ἦν] ἐστιν AY   28 ἐκείνου ἂν AY   29 αἰσχρῶς A[a]

περιβάλλοντ᾽ ἐκεῖνον. καὶ τοῦτον μὲν δὴ ἐῶμεν, Γλαυκέτην δὲ σκεψώμεθα. **(128)** οὐχ οὗτός ἐστιν ὁ πρῶτον μὲν εἰς Δεκέλειαν αὐτομολήσας, κἀκεῖθεν ὁρμώμενος καταθέων καὶ φέρων καὶ ἄγων ὑμᾶς; ἀλλὰ πάντες ἴστε ταῦτα. καὶ ὁ ἀπὸ μὲν τῶν ὑμετέρων παίδων καὶ γυναικῶν καὶ τῶν ἄλλων χρημάτων ὅσα λάβοι, δεκάτας ἐκεῖ τῷ ἁρμοστῇ κατατιθεὶς τούτων ἀκριβῶς, **(129)** τὴν δέ γ᾽ ἐνθάδε θεόν, πρεσβευτὴς ἀξιωθεὶς εἶναι ὑφ᾽ ὑμῶν, ἀποστερῶν τὰς ἀπὸ τῶν ὑμετέρων πολεμίων δεκάτας; ἔπειτα ταμιεύσας ἐν ἀκροπόλει τἀριστεῖα τῆς πόλεως ἃ ἔλαβεν ἀπὸ τῶν βαρβάρων ὑφῃρημένος ἐξ ἀκροπόλεως, τόν τε δίφρον τὸν ἀργυρόποδα καὶ τὸν ἀκινάκην τὸν Μαρδονίου, ὃς ἦγε τριακοσίους δαρεικούς; ἀλλὰ ταῦτά γ᾽ οὕτω περιφανῆ ἐστιν ὥστε πάντας ἀνθρώπους εἰδέναι. ἀλλὰ τἄλλα οὐ βίαιος; ὡς οὐδεὶς ἀνθρώπων. **(130)** εἶτα φείσασθαί τινος αὐτῶν ἄξιόν ἐστιν, ὥστε διὰ τούτους ἢ τῶν δεκατῶν τῶν τῆς θεοῦ ἀμελῆσαι ἢ τῆς διπλασίας τῶν ὁσίων χρημάτων, ἢ τὸν τούτους πειρώμενον σῴζειν μὴ τιμωρήσασθαι; καὶ τί κωλύσει ἅπαντας εἶναι πονηρούς, ὦ ἄνδρες δικασταί, εἰ διὰ ταῦτα πλέον ἕξουσιν; ἐγὼ μὲν γὰρ οἶμαι οὐδέν.

131. *Μὴ* τοίνυν αὐτοὶ διδάσκετε, ἀλλὰ τιμωρεῖσθε. καὶ μὴ ἐᾶτε ἀγανακτεῖν εἰ δεθήσονται ἔχοντες τὰ ὑμέτερα ἀλλ᾽ ἄγετ᾽ αὐτοὺς ὑπὸ τοὺς νόμους. οὐδὲ γὰρ οἱ τῆς ξενίας ἁλισκόμενοι ἀγανακτοῦσιν ἐν τῷ οἰκήματι τούτῳ ὄντες, ἕως ἂν τῶν ψευδομαρτυριῶν ἀγωνίσωνται, ἀλλὰ μένουσιν καὶ οὐκ οἴονται δεῖν ἐγγυητὰς καταστήσαντες περιέναι. **(132)** ἔδοξε γὰρ τῇ πόλει ἀπιστεῖν αὐτοῖς, καὶ οὐκ ᾤετο δεῖν διακρουσθῆναι τῆς τιμωρίας δι᾽ ἐγγυητῶν καταστάσεως, ἀλλ᾽ ἐνταῦθα μένειν αὐτοὺς οὗ καὶ ἄλλοι πολλοὶ τῶν πολιτῶν. καίτοι καὶ ἐπὶ

129 *καὶ—δαρεικούς* Σ[b] α 252
131 *ἕως—ἀγωνίσωνται* AB 123.24
132 *ἔδοξε—αὐτοῖς* AB 123.25

1 *ἐάσωμεν* AY 4 *ταῦθ᾽* ⟨*ἃ λέγω*⟩ AY *ὁ* om. AY 6 *ἐκεῖ τῷ*] *ἐκείνῳ* AY 7 *δέ* om. A 10 *ἃ* om. S 12 *ἦγε*] *εἶχε* Σ[b] 14 *οὐδείς* ⟨*γ᾽*⟩ A 15 *ἄξιός* A 16 *τῶν*[1] om. SA[a]F 26 *πολιτείᾳ* AB 28 *καὶ*[1] om. S[c] *καὶ*[2] om. Y

χρήμασιν ἤδη τινὲς ἐδέθησαν καὶ ἐπὶ κρίσεσιν, ἀλλ' ὅμως ὑπέμενον. ἀηδὲς μὲν οὖν ἴσως ἐστὶν ὀνομαστὶ περί τινων μεμνῆσθαι, ἀναγκαῖον δὲ παρεξετάσαι αὐτοὺς παρὰ τούτους. **(133)** *τοὺς μὲν οὖν πρὸ Εὐκλείδου ἄρχοντος ἐάσω καὶ τοὺς σφόδρα παλαιούς. καίτοι κατὰ τοὺς χρόνους οὓς ἕκαστοι αὐτῶν ἦσαν, πολλοῦ ἄξιοι δοκοῦντες γεγενῆσθαι τὸν ἔμπροσθεν χρόνον ὅμως ἰσχυρᾶς παρὰ τοῦ δήμου ὀργῆς ἐτύγχανον ἐπὶ τοῖς ὕστερον γιγνομένοις ἀδικήμασιν· οὐ γὰρ χρόνον τινὰ δικαίους ᾤετο δεῖν αὐτοὺς ἡ πόλις εἶναι, εἶτα κλέπτας, ἀλλὰ περί γε τὰ κοινὰ ἀεὶ δικαίους· ἐδόκει γὰρ τὸν ἔμπροσθεν χρόνον οὐ φύσει, ἀλλ' ἐπιβουλεύων, τοῦ πιστευθῆναι, δίκαιος γεγονέναι ὁ τοιοῦτος ἄνθρωπος.* **(134)** *ἀλλὰ μετ' Εὐκλείδην ἄρχοντα, ὦ ἄνδρες δικασταί, πρῶτον μὲν Θρασύβουλον τὸν Κολλυτέα πάντες μέμνησθε δὶς δεθέντα καὶ κριθέντα ἀμφοτέρας τὰς κρίσεις ἐν τῷ δήμῳ· καίτοι τῶν ἐκ Πειραιῶς κἀπὸ Φυλῆς οὗτος ἦν. ἔπειτα Φιλέψιον τὸν Λαμπτρέα. ἔπειτα Ἀγύρριον τὸν Κολλυτέα, ἄνδρα χρηστὸν καὶ δημοτικὸν καὶ περὶ τὸ πλῆθος τὸ ὑμέτερον πολλὰ σπουδάσαντα·* **(135)** *ἀλλ' ὅμως τοὺς νόμους ᾤετο δεῖν καὶ αὐτὸς ἐκεῖνος ὁμοίως, ὥσπερ ἐπὶ τοῖς ἀδυνάτοις, οὕτω καὶ ἐφ' αὑτῷ ἰσχύειν, καὶ ἐγένετο ἐν τῷ οἰκήματι τούτῳ πολλὰ ἔτη, ἕως τὰ χρήματα ἀπέτεισεν ἃ ἔδοξε τῆς πόλεως ὄντα ἔχειν· καὶ ἐπ' ἐκείνῳ Καλλίστρατος δυνάμενος καὶ ἀδελφιδοῦς ὢν αὐτοῦ οὐκ ἐτίθει νόμους. καὶ Μυρωνίδης ὁ Ἀρχίνου υἱός, τοῦ καταλαβόντος Φυλὴν καὶ μετά γε τοὺς θεοὺς αἰτιωτάτου ὄντος τῆς καθόδου τῷ δήμῳ, καὶ ἄλλα πολλὰ καὶ καλὰ πεπολιτευμένου καὶ ἐστρατηγηκότος πολλάκις.* **(136)** *ἀλλ' ὅμως ἅπαντες οὗτοι ὑπέμενον τοὺς νόμους. καὶ οἱ ταμίαι ἐφ' ὧν ὁ Ὀπισθόδομος ἐνεπρήσθη, καὶ οἱ τῶν τῆς θεοῦ καὶ οἱ τῶν ἄλλων θεῶν, ἐν τῷ οἰκήματι τούτῳ ἦσαν, ἕως ἡ κρίσις αὐτοῖς ἐγένετο. καὶ οἱ*

1 *τινὲς* om. S[a]AY 4 *ἄρχοντας* A *ἐῶ* F 5 ⟨*καθ'*⟩ *οὓς* AFY 7 *ὁμοίως* S 8 *γενομένοις* A[a] 10 *γε περὶ* F 11 *τοῦ* del. S[c] *πιστευθῆναι* ⟨*ἕνεκεν*⟩ F 12 *ὁ τοιοῦτος γεγονέναι* F 13 *δικασταί* om. A 14 *κολυττέα* AFY 16 *ἀπὸ* A *λαμπρέα* SAF 17 *ἀργύρριον* S[a]F[a] (-*ύρι*- Y) Y ⟨*καὶ*⟩ *χρηστὸν* SAY 30 *τούτῳ* post 29 *ἐν* Y

περὶ τὸν σῖτον ἀδικεῖν δόξαντες, καὶ ἄλλοι πολλοί, ὦ ἄνδρες δικασταί, πάντες βελτίους Ἀνδροτίωνος ὄντες. **(137)** εἶτα τούτοις μὲν ἔδει κυρίους τοὺς πάλαι κειμένους νόμους εἶναι, καὶ δεδωκέναι δίκην αὐτοὺς κατὰ τοὺς ὑπάρχοντας νόμους· δι' Ἀνδροτίωνα δὲ καὶ Γλαυκέτην καὶ Μελάνωπον καινὸν δεῖ γενέσθαι νόμον, {διὰ} τοὺς ἑαλωκότας καὶ ψήφῳ κεκριμένους κατὰ τοὺς πάλαι κειμένους νόμους καὶ δόξαντας ἔχειν ἱερὰ χρήματα καὶ ὅσια; εἶτ' οὐ καταγέλαστος δόξει ἡ πόλις εἶναι, εἰ τοῖς ἱεροσύλοις, ὅπως σωθήσονται, νόμον φανεῖται τιθεμένη; ἔγωγ' οἶμαι. **(138)** μὴ τοίνυν ἐάσητε ὑμᾶς αὐτοὺς ὑβρίζεσθαι μηδὲ τὴν πόλιν, ἀλλὰ μνησθέντες ὅτι Εὔδημον τὸν Κυδαθηναιᾶ νόμον δόξαντα θεῖναι οὐκ ἐπιτήδειον, οὐ πάλαι ἀλλ' ἐπ' Εὐάνδρου ἄρχοντος ἀπεκτείνατε, καὶ Φίλιππον τὸν Φιλίππου τοῦ ναυκλήρου υἱὸν μικροῦ μὲν ἀπεκτείνατε, χρημάτων δὲ πολλῶν αὐτοῦ ἐκείνου ἀντιτιμωμένου παρ' ὀλίγας ψήφους ἐτιμήσατε, ταύτην τὴν ὀργὴν καὶ νῦν ἐπὶ τουτονὶ λάβετε, ἐκεῖνο πρὸς τούτοις ἅπασιν ἐνθυμηθέντες, τί ποτ' ἂν ἐπάθετε ὑπὸ τούτου αὐτοῦ, εἰ οὗτος εἷς ὢν ἐπρέσβευσεν ὑπὲρ ὑμῶν. οἶμαι γὰρ τοιοῦτον οὐδὲν εἶναι ὅτου ἂν ἀπέσχετο. ὁρᾶτε δὲ τὴν διάνοιαν αὐτοῦ· ὁ γὰρ νόμος ὃν ἐτόλμησε θεῖναι τὸν τρόπον αὐτοῦ δείκνυσιν.

139. Βούλομαι δ' ὑμῖν, ὦ ἄνδρες δικασταί, ἐν Λοκροῖς ὡς νομοθετοῦσι διηγήσασθαι· οὐδὲν γὰρ χείρους ἔσεσθε παράδειγμά τι ἀκηκοότες, ἄλλως τε καὶ ᾧ πόλις εὐνομουμένη χρῆται. ἐκεῖ γὰρ οὕτως οἴονται δεῖν τοῖς πάλαι κειμένοις χρῆσθαι νόμοις καὶ τὰ πάτρια περιστέλλειν καὶ μὴ πρὸς τὰς βουλήσεις μηδὲ πρὸς τὰς διαδύσεις τῶν ἀδικημάτων

139 *βούλομαι—χρῆται* Aps. 6.3

3 *εἶναι* om. Y   4 *καὶ—νόμους* del. Weil   *κατὰ—νόμους* del. Dobree   6 del. Dobree : *νὴ Δία* Reiske   9 *σωθήσωνται* A   10 *ἐγὼ* ⟨*μὲν*⟩ A   11 *ἀναμνησθέντες* F   12 *κυδαθηνέα* S : corr. Lamb.[c] : *κυδαθηναιέα* AFY   16 *ἠτιμώσατε* AFY   *νῦν ἐπὶ* om. A[a]   18 *τούτου*] *τοῦ* A   *αὐτοῦ* om. F   19 *ἐπρέσβευεν* SFY   *ἡμῶν* A   *οὐδὲν τοιοῦτον εἶναι* AF : *οὐδὲν εἶναι τοιοῦτον* Y   20 *δὴ* AF   25 *ἐκεῖ*] *ἐκεῖνοι* F   26 *χρήσασθαι* S   27 *διαλύσεις* SFY   *ἀδικησάντων* Sauppe

νομοθετεῖσθαι, ὥστ᾽ ἄν τις βούληται νόμον καινὸν τιθέναι, ἐν βρόχῳ τὸν τράχηλον ἔχων νομοθετεῖ, καὶ ἐὰν μὲν δόξῃ καλὸς καὶ χρήσιμος εἶναι ὁ νόμος, ζῇ ὁ τιθεὶς καὶ ἀπέρχεται, εἰ δὲ μή, τέθνηκεν ἐπισπασθέντος τοῦ βρόχου. **(140)** καὶ γάρ τοι καινοὺς μὲν οὐ τολμῶσι τίθεσθαι νόμους, τοῖς δὲ πάλαι κειμένοις ἀκριβῶς χρῶνται. ἐν πολλοῖς δὲ πάνυ ἔτεσιν, ὦ ἄνδρες δικασταί, εἷς λέγεται παρ᾽ αὐτοῖς νόμος καινὸς τεθῆναι. ὄντος γὰρ αὐτόθι νόμου, ἐάν τις ὀφθαλμὸν ἐκκόψῃ, ἀντεκκόψαι παρασχεῖν τὸν ἑαυτοῦ, καὶ οὐ χρημάτων τιμήσεως οὐδεμιᾶς, ἀπειλῆσαί τις λέγεται ἐχθρὸς ἐχθρῷ ἕν᾽ ἔχοντι ὀφθαλμὸν ὅτι αὐτοῦ ἐκκόψει τοῦτον τὸν ἕνα. **(141)** γενομένης δὲ ταύτης τῆς ἀπειλῆς χαλεπῶς ἐνεγκὼν ὁ ἑτερόφθαλμος, καὶ ἡγούμενος ἀβίωτον αὑτῷ εἶναι τὸν βίον τοῦτο παθόντι, λέγεται τολμῆσαι νόμον εἰσενεγκεῖν, ἐάν τις ἕνα ἔχοντος ὀφθαλμὸν ἐκκόψῃ, ἄμφω ἀντεκκόψαι παρασχεῖν, ἵνα τῇ ἴσῃ συμφορᾷ ἀμφότεροι χρῶνται. καὶ τοῦτον μόνον λέγονται Λοκροὶ θέσθαι τὸν νόμον ἐν πλέον ἢ διακοσίοις ἔτεσιν. **(142)** οἱ δὲ παρ᾽ ἡμῖν ῥήτορες, ὦ ἄνδρες δικασταί, πρῶτον μὲν ὅσοι μῆνες μικροῦ δέουσι νομοθετεῖν τὰ αὑτοῖς συμφέροντα, ἔπειτα αὐτοὶ μὲν τοὺς ἰδιώτας εἰς τὸ δεσμωτήριον ἄγουσιν ὅταν ἄρχωσιν, ἐφ᾽ ἑαυτοῖς δ᾽ οὐκ οἴονται δεῖν ταὐτὸ δίκαιον τοῦτ᾽ εἶναι· ἔπειτα τοὺς μὲν τοῦ Σόλωνος νόμους τοὺς πάλαι δεδοκιμασμένους, οὓς οἱ πρόγονοι ἔθεντο, λύουσιν αὐτοί, τοῖς δ᾽ ἑαυτῶν, οὓς ἐπ᾽ ἀδικίᾳ τῆς πόλεως τιθέασιν, χρῆσθαι ὑμᾶς οἴονται δεῖν. **(143)** εἰ οὖν μὴ τιμωρήσεσθε τούτους, οὐκ ἂν φθάνοι τὸ πλῆθος τούτοις τοῖς θηρίοις δουλεῦον. εὖ δ᾽ ἴστε, ὦ ἄνδρες δικασταί, ὅτι ἐὰν μὲν σφόδρ᾽ ὀργίζησθε, ἧττον ἀσελγανοῦσιν, ἂν δὲ μή, πολλοὺς τοὺς ἀσελγεῖς εὑρήσετε καὶ τοὺς ὑβρίζοντας ὑμᾶς ἐπὶ τῇ τοῦ φιλοτιμεῖσθαι προφάσει.

144. Ἵνα δὲ καὶ περὶ ἐκείνου εἴπω τοῦ νόμου, ὦ ἄνδρες

1 νομοθετεῖν AY 3 ἀπάρχεται S 5 τιθέναι FY νόμους om. SA 5 πάλαι] παλαιοῖς AY 6 ⟨καὶ⟩ ἐν S 13 αὐτῷ εἶναι S : corr. Bk. : εἶναι αὐτῷ AFY 14 ἔχοντα Y 17 πλείοσι $\mathrm{S}^{\gamma\rho}$AF : πλείοις Y : πλεῖν Dindorf 21 εἶναι τοῦτο A 22 τοῦ om. Y 23 αὐτῶν SF 27 ὀργίζεσθε AY^{a} ἀσελγαίνουσιν F 29 ὑμᾶς om. A

δικασταί, ᾧ ἀκούω μέλλειν παραδείγματι χρῆσθαι τοῦτον καὶ φήσειν ἀκόλουθον αὐτῷ τεθεικέναι, ἐν ᾧ ἔνι "οὐδὲ δήσω Ἀθηναίων οὐδένα, ὃς ἂν ἐγγυητὰς τρεῖς καθιστῇ τὸ αὐτὸ τέλος τελοῦντας, πλὴν ἐάν τις ἐπὶ προδοσίᾳ τῆς πόλεως ἢ ἐπὶ καταλύσει τοῦ δήμου συνιὼν ἁλῷ, ἢ τέλος πριάμενος ἢ ἐγγυησάμενος ἢ ἐκλέγων μὴ καταβάλλῃ", ἀκούσατέ μου καὶ περὶ τούτου. **(145)** οὐ γὰρ ἐρῶ ὅτι αὐτὸς Ἀνδροτίων ἦγεν εἰς τὸ δεσμωτήριον καὶ ἔδει τούτου κειμένου τοῦ νόμου, ἀλλ' ἐφ' οἷς κεῖται ὁ νόμος οὗτος, διδάξω ὑμᾶς. οὗτος γάρ, ὦ ἄνδρες δικασταί, οὐκ ἐπὶ τοῖς κεκριμένοις καὶ ἠγωνισμένοις κεῖται, ἀλλ' ἐπὶ τοῖς ἀκρίτοις, ἵνα μὴ διὰ τὸ δεδέσθαι χεῖρον ἀναγκάζοιντο ἀγωνίζεσθαι ἢ καὶ παντάπασιν ἀπαράσκευοι εἶεν. οὑτοσὶ δέ, ἃ ἐπὶ τοῖς ἀκρίτοις κεῖται, ὡς περὶ ἁπάντων εἰρημένα μέλλει πρὸς ὑμᾶς λέγειν. **(146)** ὡς δὲ σαφῶς γνώσεσθε ὅτι ἀληθῆ λέγω, ἐγὼ ὑμῖν ἐρῶ. οὔτε γὰρ ἄν, ὦ ἄνδρες δικασταί, τιμᾶν ἐξῆν ὑμῖν ὅ τι χρὴ παθεῖν ἢ ἀποτεῖσαι (ἐν γὰρ τῷ παθεῖν καὶ ὁ δεσμὸς ἔνι· οὐκ ἂν οὖν ἐξῆν δεσμοῦ τιμῆσαι), οὔθ' ὅσων ἔνδειξίς ἐστιν ἢ ἀπαγωγὴ προσεγέγραπτο ἂν ἐν τοῖς νόμοις "τὸν δ' ἐνδειχθέντα ἢ ἀπαχθέντα δησάντων οἱ ἕνδεκα ἐν τῷ ξύλῳ", εἴπερ μὴ ἐξῆν ἄλλους ἢ τοὺς ἐπὶ προδοσίᾳ τῆς πόλεως ἢ ἐπὶ καταλύσει τοῦ δήμου συνιόντας ἢ τοὺς τὰ τέλη ὠνουμένους καὶ μὴ καταβάλλοντας δῆσαι. **(147)** νῦν δὲ ταῦθ' ὑμῖν τεκμήρια ἔστω ὅτι ἔξεστι δῆσαι· παντελῶς γὰρ ἤδη ἄκυρα ἂν ἦν τὰ τιμήματα. ἔπειτα δ', ὦ

144 *οὐδὲ—οὐδένα* Schol. D. 24.68.152c, 145.288a
145 *οὐ—νόμου* Schol. D. 24.145.288a *δι]ὰ τὸ*—**146** *ὠνου]μέ* P. Oxy. II 233
146 *οὔτε—ἀποτεῖσαι* et *εἴπερ—πόλεως* Schol. D. 24.145.288a
147 *ἔπειτα—νόμος* Schol. D. 24.145.288a

---

1 *πράγματι* S *τουτονὶ* AFY 2 *φησὶν* A 3 *καθίστῃ* SY 5 *τέλος* ⟨*τι*⟩ AY 6 *καταβάλῃ* F 7–8 *εἰς—δεσμωτήριον* om. Schol. D. 8 *τοῦ νόμου κειμένου* Schol. D. 10 *καὶ ἠγωνισμένοις* om. Schol. D. 24.145.288a 14 *δὴ* Π233 15 *ἄν* om. SA Schol. D. 16 *ἐξῆν ὑμῖν τιμᾶν* S *παθεῖν*] *παθῆσαι* Π233 *ἀποτῖσαι* SAFY Π233 : corr. Bl. 18 *ἐστί* ⟨*τινι*⟩ AY *ἢ*] *ἡ* Y : [Π233] 19 *ἂν* om. A : [Π233] *δὲ δ[ειχθέντα* Π233[a] 21 *πόλεως* ⟨*ἁλισκομένους*⟩ Schol. D. 23 *ἡμῖν* A

ἄνδρες δικασταί, τοῦτο τὸ γράμμα αὐτὸ μὲν καθ' αὑτὸ οὐκ ἔστι νόμος, τὸ "οὐδὲ δήσω Ἀθηναίων οὐδένα," ἐν δὲ τῷ ὅρκῳ τῷ βουλευτικῷ γέγραπται, ἵνα μὴ συνιστάμενοι οἱ ῥήτορες οἱ ἐν τῇ βουλῇ δεσμὸν κατά τινος τῶν πολιτῶν λέγοιεν. **(148)** ἄκυρον οὖν τοῦ δῆσαι τὴν βουλὴν ποιῶν ὁ Σόλων τοῦτο πρὸς τὸν ὅρκον τὸν βουλευτικὸν προσέγραψεν, ἀλλ' οὐ πρὸς τὸν ὑμέτερον· ἁπάντων γὰρ κυριώτατον ᾤετο δεῖν εἶναι τὸ δικαστήριον, καὶ ὅ τι γνοίη, τοῦτο πάσχειν τὸν ἁλόντα. ἀναγνώσεται δ' ὑμῖν αὐτοῦ τούτου ἕνεκα τὸν τῶν ἡλιαστῶν ὅρκον. λέγε σύ.

ΟΡΚΟΣ ΗΛΙΑΣΤΩΝ

149. *Ψηφιοῦμαι κατὰ τοὺς νόμους καὶ τὰ ψηφίσματα τοῦ δήμου τοῦ Ἀθηναίων καὶ τῆς βουλῆς τῶν πεντακοσίων. καὶ τύραννον οὐ ψηφιοῦμαι εἶναι οὐδ' ὀλιγαρχίαν· οὐδ' ἐάν τις καταλύῃ τὸν δῆμον τὸν Ἀθηναίων ἢ λέγῃ ἢ ἐπιψηφίζῃ παρὰ ταῦτα, οὐ πείσομαι· οὐδὲ τῶν χρεῶν τῶν ἰδίων ἀποκοπὰς οὐδὲ γῆς ἀναδασμὸν τῆς Ἀθηναίων οὐδ' οἰκιῶν· οὐδὲ τοὺς φεύγοντας κατάξω, οὐδὲ ὧν θάνατος κατέγνωσται, οὐδὲ τοὺς μένοντας ἐξελῶ παρὰ τοὺς νόμους τοὺς κειμένους καὶ τὰ ψηφίσματα τοῦ δήμου τοῦ Ἀθηναίων καὶ τῆς βουλῆς οὔτ' αὐτὸς ἐγὼ οὔτ' ἄλλον οὐδένα ἐάσω.* **(150)** *οὐδ' ἀρχὴν καταστήσω ὥστ' ἄρχειν ὑπεύθυνον ὄντα ἑτέρας ἀρχῆς, καὶ τῶν ἐννέα ἀρχόντων καὶ τοῦ ἱερομνήμονος καὶ ὅσαι μετὰ τῶν ἐννέα ἀρχόντων κυαμεύονται ταύτῃ τῇ ἡμέρᾳ, καὶ κήρυκος καὶ πρεσβείας καὶ συνέδρων· οὐδὲ δὶς τὴν αὐτὴν ἀρχὴν τὸν αὐτὸν ἄνδρα, οὐδὲ δύο ἀρχὰς ἄρξαι τὸν αὐτὸν ἐν τῷ αὐτῷ ἐνιαυτῷ. οὐδὲ δῶρα δέξομαι τῆς ἡλιάσεως ἕνεκα οὔτ' αὐτὸς ἐγὼ οὔτ' ἄλλος ἐμοὶ οὔτ' ἄλλη εἰδότος ἐμοῦ, οὔτε τέχνῃ οὔτε μηχανῇ οὐδεμιᾷ.* **(151)** *καὶ γέγονα οὐκ ἔλαττον ἢ τριάκοντα ἔτη. καὶ ἀκροάσομαι τοῦ τε κατηγόρου καὶ τοῦ ἀπολογουμένου ὁμοίως ἀμφοῖν, καὶ διαψηφιοῦμαι περὶ αὐτοῦ οὗ ἂν ἡ δίωξις ᾖ. ἐπομνύναι Δία, Ποσειδῶ, Δήμητρα, καὶ ἐπαρᾶσθαι ἐξώλειαν ἑαυτῷ καὶ οἰκίᾳ τῇ ἑαυτοῦ, εἴ τι τούτων παραβαίνοι, εὐορκοῦντι δὲ πολλὰ κἀγαθὰ εἶναι.*

149 *ο[ὐδένα*—**150** *ἐννέ[α* P. Oxy. II 233

---

5 *ὁ* om. S 9 *ἡλιαστῶν*] *δικαστῶν* S 11 tit. om. S 12 *καὶ* ⟨*κατὰ*⟩ F 13 *τοῦ*] *τῶν* F 14 *τὸν*²] *τῶν* AFY 18 *μένοντας*] *μὲν ὄντας* S 19 *τοῦ*²] *τῶν* A 20 *οὐδ'*] *οὔτ'* F : [Π233]22 *ὅσοι* S 28 *τε* om. S *ἀπολογησομένου* F 29 *ᾖ ἡ δίωξις* AFY *ἐπόμνυμαι* SAY : corr. Bk. : *ἐπόμνυμι* S^γρ : *ὄμνυμι* F 30 *ποσειδῶνα* S 31 *παραβαίνοιμι* A *πολλὰ*] *καλὰ* S

Ἐνταῦθ' οὐκ ἔνι, ὦ ἄνδρες δικασταί, "οὐδὲ δήσω Ἀθηναίων οὐδένα". τὰ γὰρ κρίνοντα τὰς κρίσεις ἁπάσας τὰ δικαστήριά ἐστιν, οἷς ἐξουσία ἐστὶ καὶ δεσμὸν καὶ ἄλλ' ὅ τι ἂν βούλωνται καταγιγνώσκειν.

152. Ὡς μὲν οὖν ἔξεστιν ὑμῖν δεσμὸν καταγιγνώσκειν ταῦτ' ἐπιδείκνυμι· ὡς δὲ τὰ δεδικασμένα ἄκυρα ποιεῖν καὶ δεινὸν καὶ ἀνόσιόν ἐστι καὶ δήμου κατάλυσις, πάντας ἂν οἶμαι ὁμολογῆσαι. ἡ γὰρ πόλις ἡμῶν, ὦ ἄνδρες δικασταί, νόμοις καὶ ψηφίσμασιν διοικεῖται. εἰ δή τις τὰ ψήφῳ κεκριμένα νόμῳ καινῷ λύσει, τί πέρας ἔσται; ἢ πῶς τοῦτον δίκαιόν ἐστι νόμον προσαγορεύειν, ἀλλ' οὐκ ἀνομίαν; ἢ πῶς οὐ τῆς μεγίστης ὀργῆς ὁ τοιοῦτος νομοθέτης ἄξιός ἐστιν; **(153)** ἐγὼ μὲν γὰρ τῶν ἐσχάτων νομίζω, οὐχ ὅτι τοῦτον μόνον τὸν νόμον ἔθηκεν, ἀλλ' ὅτι καὶ τοῖς ἄλλοις ὁδὸν δείκνυσι καὶ περὶ δικαστηρίων καταλύσεως καὶ περὶ τῶν φευγόντων καθόδου καὶ περὶ τῶν ἄλλων τῶν δεινοτάτων. τί γὰρ κωλύει, ὦ ἄνδρες δικασταί, εἰ οὗτος χαίρων ἀπαλλάξει ὁ τοιοῦτον νόμον τιθείς, ἕτερον φανῆναι ἄλλο τι τῶν τῆς πόλεως ἰσχυροτάτων καταλύοντα νόμῳ καινῷ; ἐγὼ μὲν γὰρ οἶμαι οὐδέν. **(154)** ἀκούω δ' ἔγωγε καὶ τὸ πρότερον οὕτω καταλυθῆναι τὴν δημοκρατίαν, παρανόμων πρῶτον γραφῶν καταλυθεισῶν καὶ τῶν δικαστηρίων ἀκύρων γενομένων. ἴσως μὲν οὖν ἄν τις ὑπολάβοι ὅτι οὐχ ὁμοίων ὄντων τῶν πραγμάτων νῦν καὶ τότε λέγω περὶ καταλύσεως τοῦ δήμου. ἀλλ' οὐδὲ σπέρμα δεῖ καταβάλλειν ἐν τῇ πόλει οὐδένα, ὦ ἄνδρες δικασταί, τοιούτων πραγμάτων, οὐδ' εἰ μήπω ἂν ἐκφύοι, ἀλλὰ τὸν ἐγχειροῦντα λέγειν ἢ ποιεῖν τι τοιοῦτον δίκην διδόναι.

155. Ὅτι τοίνυν καὶ τέχνῃ κακῶς ἐνεχείρησε ποιεῖν ὑμᾶς,

151 οὐδὲ—οὐδένα 24.144 Schol. D. 24.68.152c, 145.288a
155 ὅτι—ἀκοῦσαι Schol. D. 24.152.307a

1 ἐνταῦθα ⟨δ'⟩ A 3 ἄλλ' om. A 6 ταῦτ'] ταύτῃ Wolf ⟨καὶ⟩ τὰ SF 7 πάντως A 9 δέ AFY 11 προσαγορεῦσαι F 13 τῆς ἐσχάτης AFY 17 θείς AFY 18 καταλύσαντα A : καταλύσοντα FY 19 οὐδένα A 26 ἀλλὰ ⟨καὶ⟩ AFY 28 ὑμᾶς om. Schol. D.

ἄξιόν ἐστιν ἀκοῦσαι. ὁρῶν γὰρ ἑκάστοτε πάντας, καὶ τοὺς πολιτευομένους καὶ τοὺς ἰδιώτας, τοὺς νόμους τῶν τῆς πόλεως ἀγαθῶν αἰτίους ὑπολαμβάνοντας, ἐσκόπει πῶς λήσει τούτους καταλύσας, κἂν ἄρα ληφθῇ τοῦτο ποιῶν, μὴ δόξει δεινὸν μηδ' ἀναιδὲς μηδὲν εἰργάσθαι. **(156)** *εὗρεν οὖν τοῦτο ὃ πεποίηκεν, νόμῳ τοὺς νόμους καταλῦσαι, ἵνα τἀδικήματ' αὐτοῦ τὸ τῆς σωτηρίας ὄνομ' ἔχῃ. οἵ τε γὰρ σῴζοντες τὴν πόλιν εἰσὶ νόμοι, ὅν τε οὗτος ἔθηκεν οὐδὲν ἐκείνοις τῶν αὐτῶν ἔχοντα, νόμος. τὴν μὲν οὖν τοῦ ὀνόματος φιλανθρωπίαν, ὅτι ταύτην ἂν μάλιστα προσεῖσθε, κατεῖδεν· τὴν δὲ χρείαν, ὅτι τἀναντία ἔχουσα φανήσεται, παρεῖδεν.* **(157)** *φέρε γὰρ πρὸς Διός, ἔστιν ὅστις ἂν ἢ πρόεδρός ποτ' ἐπεψήφισεν ἢ πρύτανις τούτων τι τῶν ἐν τῷ νόμῳ γεγραμμένων; ἐγὼ μὲν οὐδέν' ἂν οἶμαι. πῶς οὖν τοῦθ' ὑπέδυ; νόμον ἔθετο ὄνομα τοῖς αὑτοῦ κακουργήμασιν. οὐ γὰρ ἁπλῶς, οὐδ' ὅπως ἔτυχον, ποιοῦσι κακῶς ὑμᾶς, ἀλλ' ἐσκεμμένως καὶ τοῦτ' αὐτὸ πράττοντες, οὐχ οὗτοι μόνον, ἀλλὰ πολλοὶ τῶν πολιτευομένων, οἳ τούτῳ παριόντες αὐτίκα δὴ μάλα συναπολογήσονται, οὐ μὰ Δί' οὐ Τιμοκράτει χαρίσασθαι βουλόμενοι, πόθεν; ἀλλ' αὑτῷ συμφέρειν ἕκαστος ἡγούμενος τὸν νόμον. ὥσπερ τοίνυν οὗτοι σφίσιν αὐτοῖς βοηθοῦσιν ἐφ' ὑμᾶς, οὕτω δεῖ καὶ ὑμᾶς ὑμῖν αὐτοῖς βοηθεῖν.* **(158)** *καίτοι ἀνερωτῶντός τινος αὐτὸν ὅτου ἕνεκα τοιαῦτα ἠθέλησε γράφειν, καὶ διεξιόντος ὡς χαλεπὸν τὸν ἀγῶνα ὑπολαμβάνοι τόνδε, τετυφῶσθαι τὸν ταῦτα λέγοντ' ἔφη· συμπαρέσεσθαι γὰρ Ἀνδροτίων' ἑαυτῷ, καὶ τοιούτους λόγους σχολὴν ἄγοντα ἐσκέφθαι περὶ πάντων ὥστ' εὖ εἰδέναι ὅτι οὐδὲν αὐτῷ γενήσοιτο φλαῦρον ἀπὸ τῆς γραφῆς τῆσδε.* **(159)** *καὶ δῆτα καὶ τεθαύμακα τὴν ἀναισχυντίαν τὴν τούτου*

158 *καίτοι—αὐτὸν* Schol. D. 24.152.307a

---

4 *δόξῃ* AF[γρ] 6 *λῦσαι* AFY 8–9 *ἔχοντα τῶν αὐτῶν* F 10 *προσίεσθε* S : *προΐεσθε* AY 13 *οὐδὲν* SAF *ἂν* om. AY 15 *ἔτυχεν* AFY 17 *οὗτος* Weil *μόνοι* F 19 *βουλομένους* S[a] 22 ⟨*εἰπὲ τοίνυν ποῦ λέγων ἐρωτῶντος τίνος ἕνεκα.*⟩ *καίτοι* AY 24 *τὸν*[1] om. AY *τετυφλῶσθαι* S[a]Y[a] *ταῦτα* om. AY 26 *ἄγοντα σχολὴν* AFY *ὡς* AY 27 *μηδὲν* F

τε κἀκείνου, τοῦ μέν, εἰ καλεῖ, τοῦ δέ, εἰ πάρεισι καὶ συναπολογήσεται. μαρτυρία γὰρ δήπου φανερὰ γενήσεται πᾶσιν ὑμῖν ὅτι τὸν νόμον τούτου ἕνεκ᾽ ἐτίθει, ἀλλ᾽ οὐκ ἐπὶ πᾶσι τὸν αὐτόν. ὅμως δὲ καὶ περὶ τῶν ἐκείνῳ πεπολιτευμένων ὑμᾶς μικρὰ βέλτιόν ἐστιν ἀκοῦσαι, καὶ τούτων ταῦτα ὧν κεκοινώνηκεν οὗτος, καὶ δι᾽ ἃ τοῦτον οὐδὲν ἧττον ἐκείνου δικαίως ἂν μισοῖτε. λέξω δ᾽ οὐδὲν ὧν ἀκηκόαθ᾽ ὑμεῖς, εἰ μή τινες ἄρ᾽ ἐπὶ τοῖς Εὐκτήμονι γιγνομένοις ἀγῶσι παρῆσαν.

160. Καὶ πρῶτον μέν, ἐφ᾽ ᾧ μέγιστον φρονεῖ, τὴν τῶν χρημάτων εἴσπραξιν ἐξετάσωμεν αὐτοῦ, ἣν μετὰ τούτου τοῦ χρηστοῦ πάντας εἰσέπραξεν ὑμᾶς. αἰτιασάμενος γὰρ Εὐκτήμονα τὰς ὑμετέρας ἔχειν εἰσφοράς, καὶ τοῦτ᾽ ἐξελέγξειν ἢ παρ᾽ ἑαυτοῦ καταθήσειν ὑποσχόμενος, καταλύσας ψηφίσματι κληρωτὴν ἀρχὴν ἐπὶ τῇ προφάσει ταύτῃ, ἐπὶ τὴν εἴσπραξιν παρέδυ, καὶ τοῦτον προὐβάλετο, εἰπὼν τὴν τοῦ σώματος ἀρρωστίαν, ἵν᾽, ἔφη, συνδιοικῇ μοι. **(161)** δημηγορίαν δ᾽ ἐπὶ τούτοις ποιούμενος, ὡς ἔστι τριῶν αἵρεσις, ἢ τὰ πομπεῖα κατακόπτειν ἢ πάλιν εἰσφέρειν ἢ τοὺς ὀφείλοντας εἰσπράττειν, αἱρουμένων εἰκότως ὑμῶν τοὺς ὀφείλοντας εἰσπράττειν, ταῖς ὑποσχέσεσιν κατέχων καὶ διὰ τὸν καιρὸν ὃς ἦν τότ᾽ ἔχων ἐξουσίαν, τοῖς μὲν κειμένοις νόμοις περὶ τούτων οὐκ ᾤετο δεῖν χρῆσθαι, οὐδ᾽, εἰ μὴ τούτους ἐνόμιζεν ἱκανούς, ἑτέρους τιθέναι, ψηφίσματα δ᾽ εἶπεν ἐν ὑμῖν δεινὰ καὶ παράνομα, δι᾽ ὧν ἠργολάβει, προσαγωγεῖ τούτῳ χρώμενος τῶν λημμάτων. **(162)** καὶ πολλὰ τῶν ὑμετέρων κέκλοφεν μετὰ τούτου,

160 *καὶ—αὐτοῦ* 22.47 Schol. D. 24.152.307a *αἰτιασάμενος—* **162** *οἰκίας* 22.48–9

161 *ἢ—κατακόπτειν* Lex. Pat. ad loc.

1 *τε* om. SF 3 *τούτων* A^{c} 6 *διὰ* SAY *ἐκεῖνον* S : ⟨*ἢ*⟩ *ἐκεῖνον* S^{c} 7 *μισοῖτο* A *οὐδὲν* ⟨*πλέον*⟩ AY 8 *γενομένοις* AY : *γεγενημένοις* F 10 *αὐτοῦ* om. F^{c} *τούτου* om. AY 13 *ὑποσχόμενος* om. 22.48 14 *κλήρῳ τὴν* AFY 22.48 (SA^{a}) 15 *καὶ—*16 *μοι* om. 22.48 16 *δημηγορίας* AFY 22.48 17 *αἵρεσις* ⟨*ὑμῖν*⟩ FY 22.48 ($S^{c}AFY$) 20 *κατέχειν* Y *ὅσην* $S^{a}F$ 22.49 (SFY) 21 ⟨*τὴν*⟩ *ἐξουσίαν* AY *περὶ τούτων* om. F 24 *προσαγωγεῖ—λημμάτων* om. 22.49 25 *μετὰ τούτου* om. 22.49 *τοῦτο* S^{c} : [S]

γράψας τοὺς ἕνδεκα καὶ τοὺς ἀποδέκτας καὶ τοὺς ὑπηρέτας ἀκολουθεῖν μεθ' αὑτοῦ. εἶτ' ἔχων τούτους ἦγεν ἐπὶ τὰς ὑμετέρας οἰκίας, καὶ σύ, ὦ Τιμόκρατες, συνηκολούθεις μόνος τῶν συναρχόντων δέκα ὄντων. καὶ μηδεὶς ὑπολαμβανέτω με λέγειν ὡς οὐ χρῆν εἰσπράττειν τοὺς ὀφείλοντας. χρῆν γάρ. ἀλλὰ πῶς; ὡς ὁ νόμος ἀγορεύει· τῶν ἄλλων ἕνεκα· τοῦτο γάρ ἐστι δημοτικόν. οὐ γὰρ τοσοῦτον, ὦ ἄνδρες Ἀθηναῖοι, πέντε ταλάντων ὑμῖν, ὧν οὗτοι τότ' εἰσέπραξαν, τεθέντων ὠφέλησθε, ὅσον βέβλαφθε τοιούτων ἐθῶν εἰς τὴν πολιτείαν εἰσαγομένων. **(163)** εἰ γὰρ θέλετ' ἐξετάσαι τίνος ἕνεκα μᾶλλον ἂν τις ἕλοιτο ἐν δημοκρατίᾳ ζῆν ἢ ἐν ὀλιγαρχίᾳ, τοῦτ' ἂν εὕροιτε προχειρότατον, ὅτι πάντα πραότερα ἐν τῇ δημοκρατίᾳ. ὅτι μὲν τοίνυν τῆς ὅπου βούλεσθ' ὀλιγαρχίας πολλῷ ἀσελγέστερα καὶ δεινότερ' ἐποίουν οὗτοι, παραλείψω. ἀλλὰ παρ' ἡμῖν πότε πώποτε δεινότατα ἐν τῇ πόλει γέγονεν; εὖ οἶδ' ὅτι ἐπὶ τῶν τριάκοντα ἅπαντες ἂν εἴποιτε. **(164)** τότε τοίνυν, ὡς ἔστιν ἀκούειν, οὐδεὶς ἔστιν ὅστις ἀπεστερεῖτο τοῦ σωθῆναι, ὅστις ἑαυτὸν οἴκοι κρύψειεν, ἀλλ' αὐτὸ τοῦτο κατηγοροῦσι τῶν τριάκοντα, ὅτι τοὺς ἐκ τῆς ἀγορᾶς ἀδίκως ἀπῆγον. οὗτοι τοίνυν τοσαύτην ὑπερβολὴν ἐποιήσαντο ἐκείνων τῆς αὑτῶν πονηρίας ὥστ' ἐν δημοκρατίᾳ πολιτευόμενοι τὴν ἰδίαν οἰκίαν ἑκάστῳ δεσμωτήριον καθίστασαν, τοὺς ἕνδεκ' ἄγοντες ἐπὶ τὰς οἰκίας. **(165)** καίτοι, ὦ ἄνδρες Ἀθηναῖοι, τί οἴεσθε ὁπότ' ἄνθρωπος πένης ἢ καὶ πλούσιος, πολλὰ δ' ἀνηλωκὼς καί τιν' ἴσως τρόπον εἰκότως οὐκ εὐπορῶν ἀργυρίου, μὴ μόνον εἰς τὴν ἀγορὰν φοβοῖτ' ἐμβαλεῖν, ἀλλὰ μηδ' οἴκοι μένειν ἀσφαλὲς

162 *καὶ μηδεὶς*—**168** *δεδέσθαι* 22.51–6

1 *τοὺς ἕνδεκα γράψας* 22.49 *καὶ*[1]—*ὑπηρέτας* om. 22.49 2 *τουτουσὶ* S 2–3 *τὰς ὑμετέρας*] *τῶν πολιτῶν* 22.49 3 *ὦ* om. A 6 *κελεύει* F 22.51 8 *ὑμεῖς* S[γρ]F[c(m.a.)] 10 *ἐθέλοιτ'* AFY 22.51 (AF) 12 *πραότερά* ⟨*ἐστιν*⟩ AFY 22.51 (SFY) *τῇ* om. AFY 22.51 13 *μὲν* om. AY *ὅποι* SAFY 22.52 (AF[a]): corr. Reiske 15 *δεινότερα* AY ⟨*τὰ*⟩ *ἐν* S *εὖ*—*ὅτι* om. 22.52 : del. Bl 17 *ὅστις*] *εἴ τις* F 18 *αὐτὸ* om. 22.52 *κατηγοροῦμεν* F 22.52 20 *ἐκείνων* om. AY 21 *βδελυρίας* 22.52 23 *τὰς*] *τῆς* F *δικασταί* F *ὁπότ'* ⟨*ἂν*⟩ SF 22.53 (F) 24 *δ'* om. S 22.53 (F[c]Y) 26 ⟨*ἂν*⟩ *ἀσφαλὲς* S

ἡγοῖτο, ὁ δὲ τούτων αἴτιος Ἀνδροτίων εἴη, ὃν οὐδ' ὑπὲρ αὑτοῦ δίκην ἐᾷ λαβεῖν τὰ πεπραγμένα καὶ βεβιωμένα, μή τί γ' ὑπὲρ τῆς πόλεως {εἰσπράττειν εἰσφοράς}; **(166)** καίτοι εἴ τις ἔροιτ' αὐτὸν ἢ σέ, ὦ Τιμόκρατες, τὸν ἐπαινέτην τούτων καὶ συνεργόν, τὰς εἰσφορὰς πότερον τὰ κτήματα ἢ τὰ σώματα ὀφείλει, τὰ κτήματα φήσαιτ' ἄν, εἴπερ ἀληθῆ λέγειν βούλοισθε· ἀπὸ γὰρ τούτων εἰσφέρομεν. τίνος οὖν ἕνεκ', ὦ κάκιστοι πάντων ἀνθρώπων, ἀφέντες τὸ τὰ χωρία δημεύειν καὶ τὰς οἰκίας καὶ ταῦτ' ἀπογράφειν, ἐδεῖτε καὶ ὑβρίζετε πολίτας ἀνθρώπους καὶ τοὺς ταλαιπώρους μετοίκους, οἷς ὑβριστικώτερον ὑμεῖς ἢ τοῖς οἰκέταις τοῖς ὑμετέροις αὐτῶν ἐχρῆσθε; **(167)** καὶ μὴν εἰ θέλετε σκέψασθαι παρ' ὑμῖν αὐτοῖς, ὦ ἄνδρες δικασταί, τί δοῦλον ἢ ἐλεύθερον εἶναι διαφέρει, τοῦτο μέγιστον ἂν εὕροιτε, ὅτι τοῖς μὲν δούλοις τὸ σῶμα τῶν ἀδικημάτων ἁπάντων ὑπεύθυνόν ἐστιν, τοῖς δ' ἐλευθέροις ὕστατον τοῦτο προσήκει κολάζειν. οἱ δὲ τοὐναντίον εἰς τὰ σώματα, ὥσπερ ἀνδραπόδοις, ἐποιήσαντο τὰς τιμωρίας. **(168)** οὕτω δ' ἀνίσως καὶ πλεονεκτικῶς ἔσχε πρὸς ὑμᾶς Ἀνδροτίων ὥστε τὸν μὲν αὑτοῦ πατέρ' ᾤετο δεῖν, δημοσίᾳ δεθέντ' ἐπὶ χρήμασιν ἐν τῷ δεσμωτηρίῳ, μήτ' ἀποδόντα ταῦτα μήτε κριθέντ' ἀποδρᾶναι, τῶν δ' ἄλλων πολιτῶν τὸν μὴ δυνάμενον τὰ ἑαυτοῦ θεῖναι οἴκοθεν εἰς τὸ δεσμωτήριον ἀχθέντα ὑπ' αὐτοῦ δεδέσθαι. **(169)** καὶ Τιμοκράτης τῶν μὲν πολλῶν ἡμῶν τότε, ὅτε τὴν διπλασίαν εἰσέπραττεν, οὐδ'

167 ὅτι—ἐστιν AB 177.26 τὸ—ἐστιν Sud. υ 403
169–71 eadem fere 22.57–64

1 ἡγοῖτο] ἢ τοῦτο S[a] 2 ἐᾷ] ἔδει AY λαμβάνειν ἐᾷ 22.53 3 del. van Herwerden : om. 22.53 4 ἢ—5 συνεργόν om. 22.54 5 τούτου F 6–7 φήσειεν . . . βούλοιτο 22.54 7 βούλεσθε F 8 ὦ—ἀνθρώπων om. 22.54 10 ἀνθρώπους πολίτας 22.54 (A) 11 ὑμεῖς post αὐτῶν F : ὑμεῖς om. 22.54 ὑμετέροις αὐτῶν] ἑαυτοῦ F : σαυτοῦ 22.54 αὐτῶν] οὕτως S[a] 12 κέχρησθε AFY θέλοιτε cod. v σκέψασθε SAY 12–13 παρ'—δικασταί om. 22.55 14 τοῖς—δούλοις om. AB 15 ἁπάντων om. AB : post ἐστιν Sud. 18 ἀνίσως] αἰσχρῶς 22.56 19 Ἀνδροτίων om. 22.56 21 δ' om. S[a] 22 θεῖναι ante τὰ AY 23 ἀχθέντα—δεδέσθαι] ἕλκεσθαι 22.56 ἑαυτοῦ S

ἂν παρ' ἑνὸς λαβεῖν ἠθέλησεν ἐγγυητάς, μὴ ⟨ὅτι⟩ μέχρι τῆς ἐνάτης πρυτανείας, ἀλλ' οὐδὲ μιᾶς ἡμέρας, ἀλλ' ἢ διπλᾶ τὰ χρήματ' ἔδει καταβάλλειν ἢ παραχρῆμα δεδέσθαι· παρεδίδου δ' οὗτος τοῖς ἕνδεκα τὸν οὐκ ὠφληκότα ἐν τῷ δικαστηρίῳ. νῦν δ' ὅπως ὧν ἂν ὑμεῖς καταγνῶτε ἄδετοι περίασιν, ὑπεύθυνον αὑτὸν ποιήσας νόμον εἰσενεγκεῖν ἐτόλμησεν.

170. Ἀλλ' ὅμως κἀκεῖνα καὶ τάδε φήσουσιν ὑπὲρ ὑμῶν πράττειν. εἶτα ταῦθ' ὑμεῖς ἀναδέξεσθε ὑπὲρ ὑμῶν πεπρᾶχθαι, καὶ τὰ τῆς τούτων θρασύτητος καὶ πονηρίας ἔργα πράως οἴσετε; ἀλλὰ μισεῖν ὀφείλετε τοὺς τοιούτους, ὦ ἄνδρες Ἀθηναῖοι, μᾶλλον ἢ σῴζειν. τὸν γὰρ ὑπὲρ τῆς πόλεως πράττοντά τι καὶ πράων ὑμῶν τευξόμενον τὸ τῆς πόλεως ἦθος ἔχοντα δεῖ φαίνεσθαι. **(171)** τοῦτο δ' ἐστὶ τί; τοὺς ἀσθενεῖς ἐλεεῖν, τοῖς ἰσχυροῖς καὶ δυναμένοις μὴ ἐπιτρέπειν ὑβρίζειν, οὐ τοὺς μὲν πολλοὺς ὠμῶς μεταχειρίζεσθαι, κολακεύειν δὲ τὸν ἀεί τι δύνασθαι δοκοῦντα. ὃ σὺ ποιεῖς, ὦ Τιμόκρατες· δι' ἃ πολλῷ μᾶλλον ἂν εἰκότως μὴ θελήσαντες ἀκοῦσαί σου θάνατον καταψηφίσαιντ' οὗτοι ἢ δι' Ἀνδροτίων' ἀφείησαν.

172. Ὅτι τοίνυν οὐδὲ τὴν εἴσπραξιν αὐτὴν ὑπὲρ ὑμῶν πεποίηνται, καὶ τοῦτ' αὐτίκα δὴ μάλ' ὑμῖν δῆλον ποιήσω. εἰ γάρ τις ἔροιτο αὐτοὺς πότερ' αὐτοῖς δοκοῦσιν ἀδικεῖν μᾶλλον τὴν πόλιν οἱ γεωργοῦντες καὶ φειδόμενοι, διὰ παιδοτροφίας δὲ καὶ οἰκεῖα ἀναλώματα καὶ λειτουργίας ἑτέρας ἐλλελοιπότες εἰσφοράν, ἢ οἱ τὰ τῶν ἐθελησάντων εἰσενεγκεῖν χρήματα καὶ τὰ παρὰ τῶν συμμάχων κλέπτοντες καὶ ἀπολλύντες, οὐκ

172 ὅτι—**174** λέγω 22.65–7 πότερ'—**174** ὑφαιροῦνται Tib. 19.7 Ball.

---

1 add. Schaefer 2 οὐδὲ om. S : οὐδεμιᾶς A 4 ⟨καὶ⟩ τὸν Cobet οὐκ om. S 5 ὅπως ὧν] ὁπόσων A περιιῶσιν AY[c] : [Y] 6 ἐπενεγκεῖν F 8 πεπρᾶχθαι F ταῦθ' om. F[γρ] ὑμεῖς ⟨ἐφ' ἑαυτοὺς⟩ F ἀνέξεσθε AF[γρ] 8–9 ὑπὲρ—πεπρᾶχθαι del. Schaefer 11 τῆς om. 22.64 (SY) 16 ὃ] ἃ AY 17 μηδὲ A σοῦ FY 18 ἀφίεσαν SAFY : corr. cod. P[c] 19 ⟨ὅλως⟩ οὐδὲ 22.65 20 πεποίηται AY 22.65 δῆλον ὑμῖν 22.65 (F) 21 πότεροι SAFY 22.65 : corr. Benseler 24 εἰσφοράς S : corr. 22.65 (S) : ⟨τὰς⟩ εἰσφορὰς AFY 22.65 (AFY) 25 τὰ om. S 22.65 (F)

ἂν εἰς τοῦτο δήπου τόλμης, καίπερ ὄντες ἀναιδεῖς, ἔλθοιεν, ὥστε φῆσαι τοὺς τὰ ἑαυτῶν μὴ εἰσφέροντας μᾶλλον ἀδικεῖν ἢ τοὺς τὰ κοινὰ ὑφαιρουμένους. **(173)** τίνος οὖν ἕνεκ', ὦ Τιμόκρατες καὶ Ἀνδροτίων, ἐτῶν ὄντων πλειόνων ἢ τριάκοντ' ἀφ' οὗ ὅ γε ἕτερος ὑμῶν πολιτεύεται, καὶ ἐν τούτῳ τῷ χρόνῳ πολλῶν μὲν στρατηγῶν ἠδικηκότων τὴν πόλιν, πολλῶν δὲ ῥητόρων, οἳ παρὰ τουτοισὶ κέκρινται, ὧν οἱ μὲν τεθνᾶσιν ἐφ' οἷς ἠδίκουν, οἱ δ' ὑποχωρήσαντες ᾤχοντο καταγνόντες αὑτῶν, οὐδενὸς πώποτε τούτων ἐξητάσθη κατήγορος ὑμῶν οὐδέτερος, οὐδ' ἀγανακτῶν ὤφθη ὑπὲρ ὧν ἡ πόλις πάσχοι, ἀλλ' ἐνταῦθ' ἐφάνηθ' ἡμῶν κηδόμενοι οὗ πολλοὺς ἔδει κακῶς ποιῆσαι; **(174)** βούλεσθε, ὦ ἄνδρες Ἀθηναῖοι, τὸ τούτων αἴτιον ἐγὼ ὑμῖν εἴπω; ὅτι τούτων μὲν μετέχουσιν ὧν ἀδικοῦσιν ὑμᾶς τινες, ἀπὸ δὲ τῶν εἰσπραττομένων ὑφαιροῦνται· δι' ἀπληστίαν δὲ τρόπων διχόθεν καρποῦνται τὴν πόλιν. οὔτε γὰρ ῥᾷον πολλοῖς καὶ {κατὰ} μικρὰ ἀδικοῦσιν ἀπεχθάνεσθαι ἢ ὀλίγοις καὶ μεγάλα, οὔτε δημοτικώτερον δήπου τὰ τῶν πολλῶν ἀδικήμαθ' ὁρᾶν ἢ τὰ τῶν ὀλίγων. ἀλλὰ τοῦτ' αἴτιον οὑγὼ λέγω. **(175)** δεῖ τοίνυν ὑμᾶς ταῦτα λογισαμένους, καὶ μεμνημένους ὧν ἂν ἕκαστος ἁμάρτῃ, κολάζειν, ὅταν λάβητέ τινα, καὶ μὴ τὸν χρόνον εἰ πολύς ἐστ' ἀπ' ἐκείνου σκοπεῖν, ἀλλ' εἰ ταῦτ' ἐποίουν. ὡς εἰ νῦν πράως οἴσετ' ἐφ' οἷς τότ' ἠγανακτεῖτε, δόξετ' ὀργιζόμενοι κατεγνωκέναι τὰ χρήματα τούτων, οὐκ ἀδικούμενοι. τῶν μὲν γὰρ ὀργιζομένων ἐστὶν ὀξέως τι κακὸν τὸν λελυπηκότ' ἐργάσασθαι, τῶν δ' ἀδικουμένων, ὅταν ποθ' ὑφ' αὑτοῖς λάβωσι τὸν ἠδικηκότα,

1 *τόλμης δήπου* 22.65 (SFY) 3–4 *τίνος—ὄντων*] *τίποτ' οὖν ὄντων ἐτῶν* Tib. 4 *Τιμόκρατες—Ἀνδροτίων*] *βδελυρέ* 22.64 5–7 *ἀφ'—οἳ*] *ἐν οἷς πολλοὶ* Tib. 7 *τουτουσὶ* F : *τούτοις ἐπικέκρινται* Tib. *ὧν*—9 *αὑτῶν* om. Tib. 8–9 *ᾤχοντο—αὑτῶν*] *φεύγουσιν* 22.66 9 *τούτων* om. A[a] 22.66 (SFY) Tib. 9–10 *ὑμῶν οὐδέτερος* om. 22.66 10 *πάσχει* SF 22.66 (SFY) : corr. Bk. : *ἔπασχεν* AF[γρ]Y 11 *ὑμῶν* A ⟨*σε*⟩ *πολλοὺς* 22.66 (SFY) : *πολλούς* ⟨*σε*⟩ 22.66 (A) 13 *τούτων*] *τῶν* 22.67 (S[a]Y) 14 *ὑφῃροῦντο* S 16 del. Reiske : *καὶ τὰ* 22.67 (SY) 19 *λογιζομένους* AFY 22 *τοιαῦτ'* F 25 *εἰργάσθαι* F 26 *ὑπ' αὐτοῖς* SAFY : corr. Lamb.[c]

τότε τιμωρήσασθαι. οὔκουν δεῖ δοκεῖν, νῦν μαλακισθέντας, τότε τῶν ὀμωμοσμένων ὅρκων ἀμελήσαντας ὑμῖν αὐτοῖς χαρίσασθαι παρὰ τὸ δίκαιον, ἀλλὰ μισεῖν καὶ μηδ' ἀνέχεσθαι φωνὴν μήτε τούτου μήτ' ἐκείνου, τοιαῦτα πεπολιτευμένων.

176. Ἀλλὰ νὴ Δία ταῦτα μόνον τοιοῦτοι γεγόνασιν ἐν οἷς πεπολίτευνται, ἄλλα δ' ἔσθ' ἃ καλῶς διῳκήκασιν. ἀλλὰ καὶ τἄλλα οὕτω προσεληλύθασι πρὸς ὑμᾶς ὥσθ' ἥκιστα ἐν οἷς ἀκηκόατε ἄξιόν ἐστι μισεῖν αὐτούς. τί γὰρ βούλεσθε εἴπω; τὰ πομπεῖ' ὡς ἐπεσκευάκασι, καὶ τὴν τῶν στεφάνων καθαίρεσιν, ἢ τὴν τῶν φιαλῶν ποίησιν τὴν καλήν; **(177)** ἀλλ' ἐπὶ τούτοις γε, εἰ μηδὲν ἄλλο ἠδίκουν τὴν πόλιν, τρίς, οὐχ ἅπαξ τεθνάναι δικαίως ἄν μοι δοκοῦσιν· καὶ γὰρ ἱεροσυλίᾳ καὶ ἀσεβείᾳ καὶ κλοπῇ καὶ πᾶσι τοῖς δεινοτάτοις εἴσ' ἔνοχοι. τὰ μὲν οὖν πόλλ' ὧν λέγων ἐφενάκιζεν ὑμᾶς Ἀνδροτίων, παραλείψω· φήσας δ' ἀπορρεῖν τὰ φύλλα τῶν στεφάνων καὶ σαπροὺς εἶναι διὰ τὸν χρόνον, ὥσπερ ἴων ἢ ῥόδων ὄντας, ἀλλ' οὐ χρυσίου, συγχωνεύειν ἔπεισεν. αἱρεθεὶς δ' ἐπὶ ταῦτα προσείλετο τοῦτον τὸν πάντων τῶν κακῶν κοινωνόν. **(178)** κᾆτ' ἐπὶ μὲν ταῖς εἰσφοραῖς τὸν δημόσιον παρεῖναι προσέγραψεν ὡς δὴ δίκαιος ὤν, ὧν ἕκαστος ἀντιγραφεὺς ἔμελλεν ἔσεσθαι τῶν εἰσενεγκόντων· ἐπὶ τοῖς στεφάνοις δ' οὓς κατέκοπτεν οὐχὶ προσήγαγεν ταὐτὸ δίκαιον τοῦτο, ἀλλ' αὐτὸς ῥήτωρ, χρυσοχόος, ταμίας, ἀντιγραφεὺς γέγονεν. **(179)** καὶ μὴν εἰ μὲν ἅπαντ' ἠξίους, ὅσα πράττεις τῇ πόλει, σαυτῷ πιστεύειν, οὐκ ἂν ὁμοίως κλέπτης ὢν ἐφωρῶ· νῦν δ' ἐπὶ ταῖς εἰσφοραῖς ὃ δίκαιόν ἐσθ'

176 ἀλλὰ—**186** βεβίωται 22.69–78

4 ἐκείνου . . . τούτου AY : τούτων . . . ἐκείνων F 5 μόνον] μὲν 22.69 (S^c^AF) et Cobet : om. 22.69 (SY) 6 καὶ om. 22.69 (S^a^FY) 7 ⟨πάντα⟩ πρὸς 22.69 8 ἀξιός . . . μισεῖσθαι (αὐτοὺς om.) 22.69 11 εἰ ⟨καὶ⟩ 22.69 (SFY) ἠδίκουν] ἀδικῶν ἔτυχεν 22.69 11–12 τεθνάναι post μοι AFY 12 δίκαιος ὢν φαίνεται 22.69 14 ὑμᾶς ἐφενάκιζεν AFY 22.70 Ἀνδροτίων om. 22.70 17–18 αἱρεθεὶς—κοινωνόν om. 22.70 17 προείλετο AY 18 τουτονὶ AY 18 κᾆτ'] κἄπειτα A : καὶ Y 20 ὧν om. AY 21–2 προσηγάγετο A 22 ταὐτὸ] αὐτὸ A αὐτὸς SFY : corr. Bl. coll. 22.70 : [A] 25 ἐφορῶ A^a^Y ἐπὶ] περὶ 22.71 (S^a^F^a^Y^a^)

ὁρίσας, μὴ σοὶ πιστεύειν, ἀλλὰ τοῖς αὐτῆς δούλοις τὴν πόλιν, ὁπότ' ἄλλο τι πράττων καὶ χρήματα κινῶν ἱερά, ὧν ἔνια οὐδ' ἐπὶ τῆς ἡμετέρας γενεᾶς ἀνετέθη, μὴ προσγραψάμενος τὴν αὐτὴν φυλακὴν ἥνπερ ἐπὶ τῶν εἰσφορῶν φαίνει, οὐκ ἤδη δῆλον δι' ὃ τοῦτ' ἐποίησας; ἐγὼ μὲν οἶμαι. **(180)** καὶ μήν, ὦ ἄνδρες Ἀθηναῖοι, καὶ κατὰ παντὸς τοῦ χρόνου σκέψασθε ὡς καλὰ καὶ ζηλωτὰ ἐπιγράμματα τῆς πόλεως ἀνελὼν ὡς ἀσεβῆ καὶ δείν' ἀντεπέγραψεν. οἶμαι γὰρ ὑμᾶς ἅπαντας ὁρᾶν ὑπὸ τῶν στεφάνων ταῖς χοινικίσιν κάτωθεν γεγραμμένα "οἱ σύμμαχοι τὸν δῆμον ἀνδραγαθίας εἵνεκα ἐστεφάνωσαν καὶ δικαιοσύνης", ἢ "οἱ σύμμαχοι ἀριστεῖον τῇ Ἀθηναίᾳ ἀνέθεσαν", ἢ κατὰ πόλεις "οἱ δεῖνες τὸν δῆμον ἐστεφάνωσαν σωθέντες ὑπὸ τοῦ δήμου", οἷον "*Εὐβοεῖς* ἐλευθερωθέντες ἐστεφάνωσαν τὸν δῆμον" ἐπεγέγραπτό που, πάλιν "*Κόνων* ἀπὸ τῆς ναυμαχίας τῆς πρὸς *Λακεδαιμονίους*", "*Χαβρίας* ἀπὸ τῆς ἐν *Νάξῳ* ναυμαχίας"· τοιαῦτα γὰρ ἦν τὰ τῶν στεφάνων ἐπιγράμματα. **(181)** ταῦτα μὲν τοίνυν, ἃ {πρότερον} ζῆλον πολὺν εἶχεν καὶ φιλοτιμίαν ὑμῖν, ἠφάνισται καθαιρεθέντων τῶν στεφάνων· ἐπὶ ταῖς φιάλαις δὲ ἃς ἀντ' ἐκείνων ἐποιήσαθ' ὑμῖν ὁ πόρνος οὗτος, "*Ἀνδροτίωνος* ἐπιμελουμένου" ἐπιγέγραπται, καὶ οὗ τὸ σῶμα ἡταιρηκότος οὐκ ἐῶσιν οἱ νόμοι εἰς τὰ ἱερὰ εἰσιέναι, τούτου τοὔνομα ἐν τοῖς ἱεροῖς ἐπὶ τῶν φιαλῶν γεγραμμένον ἐστίν. ὅμοιόν γε, οὐ γάρ; τοῦτο τοῖς προτέροις ἐπιγράμμασιν, ἢ φιλοτιμίαν ἴσην ἔχον ὑμῖν. **(182)** τρία τοίνυν ἐκ τούτου τὰ δεινότατ' ἄν τις ἴδοι πεπραγμέν' αὐτοῖς. τὴν μὲν γὰρ

180 *οἱ σύμμαχοι—ἀνέθεσαν* Eust. Od. 1456.45

4 *φαίνῃ* 22.71 (AFY^{c}) : *φανείη* 22.71 (SF^{γρ})　*ἤδη δῆλον*] *εὔδηλον* 22.71　8 *ἀντεπιγέγραφεν* 22.72　10 *δῆμον* ⟨*τὸν ἀθηναίων*⟩ AFY (*τῶν* AY)　*ἐστεφάνωσαν* om. 22.72 : del. Bk.　11 *ἀθηνᾷ* SAFY : corr. 22.72 (S)　*ἀνέθεσαν* om. 22.72 : del. Bl.　12 *οἱ δεῖνες*] *οἵ τινες* SA^{a}Y　*ἐστεφάνωσαν* om. 22.72 : del. Bl.　13 *ἐλευθερωθέντες*] *σωθέντες* A　14 *ἐπεγέγραπτό που* om. 22.72 : del. Bl. 15–16 *Χαβρίας—ναυμαχίας* om. 22.72　17 *πρότερον* om. 22.73 : del. Bk. : *ζῆλον πρότερον* F　19 *δὲ ταῖς φιάλαις δὲ* SAY　*ἡμῖν* Y 20 *οὗτος* ⟨*τοῦτο τὸ ἐπίγραμμα*⟩ Y^{c}　*ἐπιμελουμένου* ⟨*ἐποιήθησαν*⟩ AFY 22.73　22 *ἐπιγεγραμμένον* F　23 *πρότερον* F^{a} 24 *τούτων* A

θεὸν τοὺς στεφάνους σεσυλήκασιν· τῆς πόλεως δὲ τὸν ζῆλον ἠφανίκασιν τὸν ἐκ τῶν ἔργων, ὧν ὑπόμνημ' ἦσαν ὄντες οἱ στέφανοι· τοὺς δ' ἀναθέντας δόξαν οὐ μικρὰν ἀφῄρηνται, τὸ δοκεῖν ὧν ἂν εὖ πάθωσ' ἐθέλειν μεμνῆσθαι. καὶ τοιαῦτα καὶ τοσαῦτα τὸ πλῆθος κακὰ εἰργασμένοι εἰς τοῦτ' ἀναισθησίας καὶ τόλμης προεληλύθασιν, ὥσθ' ὁ μὲν οἴεται δι' ἐκεῖνον ὑφ' ὑμῶν σωθήσεσθαι, ὁ δὲ παρακάθηται καὶ οὐ καταδύεται τοῖς πεπραγμένοις. **(183)** οὕτω δ' οὐ μόνον εἰς χρήματ' ἀναιδής, ἀλλὰ καὶ σκαιός ἐστιν, ὥστ' οὐκ οἶδεν ἐκεῖνο, ὅτι στέφανοι μέν εἰσιν ἀρετῆς σημεῖον, φιάλαι δὲ καὶ τὰ τοιαῦτα πλούτου, καὶ στέφανος μὲν ἅπας, κἂν μικρὸς ᾖ, τὴν ἴσην φιλοτιμίαν ἔχει τῷ μεγάλῳ, ἐκπώματα δ' ἢ θυμιατήρια ἢ τὰ τοιαῦτα κτήματα, ἐὰν μὲν ὑπερβάλλῃ τῷ πλήθει, πλούτου τινὰ δόξαν προσετρίψατο τοῖς κεκτημένοις, ἐὰν δ' ἐπὶ μικροῖς σεμνύνηταί τις, τοσοῦτ' ἀπέχει τοῦ τιμῆς τινος διὰ ταῦτα τυχεῖν ὥστ' ἀπειρόκαλος πρὸς ἔδοξεν εἶναι. οὗτος τοίνυν ἀνελὼν τὰ τῆς δόξης κτήματα ⟨τὰ⟩ τοῦ πλούτου πεποίηται μικρὰ καὶ ἀνάξια ὑμῶν. **(184)** καὶ οὐδ' ἐκεῖνο εἶδεν, ὅτι πρὸς μὲν χρημάτων κτῆσιν οὐδεπώποθ' ὁ δῆμος ἐσπούδασεν, πρὸς δὲ δόξης ὡς οὐδὲ πρὸς ἓν τῶν ἄλλων. τεκμήριον δέ· χρήματα μὲν γὰρ πλεῖστα τῶν Ἑλλήνων ποτὲ σχὼν ἅπανθ' ὑπὲρ φιλοτιμίας

183 σημ[εῖ]ον—**184** χρημά]των P. Oxy. XV 1811 οὗτος—**185** ἀνέθεσαν Greg. Cor. 7.1196.16 W.
184]των τ[ῶ]ν ἐπ'—**186** ὥστ' [ο]ὐ[δέ P. Oxy. XV 1811

---

1 δὲ πόλεως S 2 ὑπομνήματ' AY 22.74 (AF) ὄντες om. F 22.74 (AF) 5 ἐργασμένοι κακὰ A (εἰργ- Y) Y ⟨ἅμ'⟩ ἀναισθησίας 22.74 (SFY) : ἀναισχυντίας SF 22.74 (A) 6 προεληλύθασιν ⟨ὥστε μέμνηται τούτων ὡς καλῶς αὐτοῖς διῳκημένων⟩ 22.74 ἐκείνων A §§183–6 secl. Weil coll. 22.75–8 9 ἐστιν post 8 ἀναιδής F 10 δὲ ⟨καὶ ἐκπώματα⟩ F 12–13 ἢ τὰ—κτήματα SAFY Π1811 : om. 22.75 : del. Bl. 13 ὑπερβάλῃ AY 14–15 τις σεμνύνηται F Π1811 22.75 16 προσέδοξεν SAFY : corr. Π1811 et Dindorf 17 add. Reiske ex 22.75 (SFY) 17–18 ⟨οὐχ⟩ ὑμῶν ἄξια F Π1811 22.75 18 οἶδεν A 22.76 (A) Greg. Cor. κτημάτων Greg. Cor. 19 πρὸς—δόξης om. Greg. Cor. 21 ἔχων AF$^{\gamma\rho}$Y 22.76 (AF) Greg. Cor.

ἀνήλωσεν, ὑπὲρ δὲ δόξης εἰσφέρων ἐκ τῶν ἰδίων οὐδένα πώποτε κίνδυνον ἐξέστη. ἀφ' ὧν κτήματ' ἀθάνατ' αὐτῷ περίεστιν, τὰ μὲν τῶν ἔργων ἡ μνήμη, τὰ δὲ τῶν ἀναθημάτων τῶν ἐπ' ἐκείνοις σταθέντων τὸ κάλλος, προπύλαια ταῦτα, ὁ Παρθενών, στοαί, νεώσοικοι, οὐκ ἀμφορίσκοι δύο οὐδὲ χρυσίδες τέτταρες ἢ τρεῖς, ἄγουσα ἑκάστη μνᾶν. **(185)** οὐ γὰρ ἑαυτοὺς δεκατεύοντες, οὐδ' ἃν καταράσαινθ' {ἂν} οἱ ἐχθροὶ ποιοῦντες, διπλᾶς πράττοντες τὰς εἰσφοράς, ταῦτ' ἀνέθεσαν, οὐδ' οἷοισπερ σὺ χρώμενοι συμβούλοις ἐπολιτεύοντο, ἀλλὰ τοὺς ἐχθροὺς κρατοῦντες, καὶ ἃ πᾶς τις ἂν εὖ φρονῶν εὔξαιτο, τὴν πόλιν εἰς ὁμόνοιαν ἄγοντες, ἀθάνατον κλέος αὑτῶν λελοίπασι, τοὺς ἐπιτηδεύοντας οἷά σοι βεβίωται τῆς ἀγορᾶς εἴργοντες. **(186)** ὑμεῖς δ' εἰς τοσοῦτον, ὦ ἄνδρες Ἀθηναῖοι, προῆχθ' εὐηθείας καὶ ῥαθυμίας ὥστ' οὐδὲ τοιαῦτ' ἔχοντες παραδείγματα ταῦτα μιμεῖσθε, ἀλλ' Ἀνδροτίων ὑμῖν πομπείων ἐπισκευαστής, Ἀνδροτίων, ὦ γῆ καὶ θεοί. καὶ τοῦτ' ἀσέβημα ἔλαττον τίνος ἡγεῖσθε; ἐγὼ μὲν γὰρ ἡγοῦμαι δεῖν τὸν εἰς ἱερὰ εἰσιόντα καὶ χερνίβων καὶ κανῶν ἁψόμενον, καὶ τῆς πρὸς τοὺς θεοὺς ἐπιμελείας προστάτην ἐσόμενον οὐχὶ τακτὸν

186 *ἀλλ'—θεοὶ* Hermog. 353.3, 425.1 R. *—βεβίωται* Greg. Cor. 7.1197.5 W. *Ἀνδροτίων ὦ—θεοὶ* Hermog. 356.15 R. Olymp. in Grg. 32.4 W. Prol. 392.11n R. Plan. Schol. 5.527.2, 538.9 W. *καὶ χερνίβων—ἁψόμενον* Sud. χ 212 *ἡγνευκέ]ναι*—**188** *τοῦτον [ο]ὐ[δὲ* P. Oxy. XV 1811

---

1 *ὑπὲρ—δόξης* post 2 *κίνδυνον* 22.76 *εἰσφέρων ⟨δ'⟩* 22.76 2 *ἀφ'*] *ἄνθ'* Greg.Cor. *αὐτῷ ἀθάνατα* Y 6 *ἄγουσαι* F : *ἑκάστη ἄγουσα μνᾶς* Greg. Cor. *μνᾶν* SA Π1811 : *μνᾶν, ⟨ἅς, ὅταν σοι δοκῇ, πάλιν* (*⟨σὺ⟩ πάλιν* 22.76) *γράφεις* (*γράψεις* 22.76 (SFY)) *καταχωνεύειν⟩* FY 22.76 7 *οὔτ'* Greg. Cor. *ἃ καταράσαινθ' ἂν* SAFY Π1811 : corr. Bl. coll. epist. 4.11 del. Bl. 9 *οἷόσπερ* Reiske *συμβόλοις* A[a] 11 *ἀγαγόντες* AY : *λέγοντες* S[a] 11–12 *αὑτῶν κλέος* F Π1811 : *κλ. αὐτοῖς* AY 12 *ἐπιτηδεύσαντας* F[c] 22.77 (SF[c]Y) 13 *τοῦτο* F[a] Π1811 22.78 14 *πρόηχθε* S : corr. Bl. : *προήχθητ'* AFY Π1811 22.78 15 *⟨τὰ⟩ παραδείγματα* Y *ἡμῖν* Hermog. (425) 17 *ἐλάττονός* Greg. Cor. *τινος* AY 22.78 (A) Greg. Cor. *ἡγοῦμαι*] *οἶμαι* F : *οἴομαι* 22.78 18–19 *ταῖς . . . ἐπιμελείαις* Greg. Cor. 19 *τακτὸν*] *προειρημένων* AY 22.78 : *⟨προειρημένων⟩ τακτὸν* F : *προειρημένον ἀριθμὸν ἡμερῶν* Greg. Cor.

ἡμερῶν ἀριθμὸν ἁγνεύειν, ἀλλὰ τὸν βίον ἡγνευκέναι τοιούτων ἐπιτηδευμάτων οἷα τούτῳ βεβίωται.

187. *Καὶ περὶ μὲν τούτου κατὰ σχολήν· ἃ δὲ Τιμοκράτης νῦν ἐρεῖ, πολλὰ λέγειν ἔτι πρὸς τούτοις ἔχων παύσομαι. οἶδα δ' ὅτι, ὡς μὲν οὐκ ἀσύμφορος ὑμῖν ἐστιν ὁ νόμος καὶ παρὰ πάντας τοὺς νόμους εἰσενηνεγμένος καὶ κατὰ πάντ' ἀδίκως ἔχων, οὐχ ἕξει λέγειν· ἀκούω δ' αὐτὸν λέγειν ὡς ἐκτέτεισται τὰ χρήματ' Ἀνδροτίωνι καὶ Γλαυκέτῃ καὶ Μελανώπῳ, καὶ ὅτι δεινότατ' ἂν πάθοι πάντων ἀνθρώπων, εἰ πεποιηκότων ἐκείνων τὰ δίκαια, ὑπὲρ ὧν {αὐτὸς} αἰτίαν ἔχει θεῖναι τὸν νόμον, μηδὲν ἧττον αὐτὸς ἁλίσκοιτο.* **(188)** *ἐγὼ δὲ τὸν λόγον ἡγοῦμαι τοῦτον οὐδὲ καθ' ἓν λέγειν ἐνεῖναι τούτῳ. εἰ μὲν γὰρ ὑπὲρ τούτων, οὓς τὰ προσήκοντα φῂς πεποιηκέναι, θεῖναι τὸν νόμον ὁμολογεῖς, κατ' ἐκεῖνο προσήκει σε ἁλίσκεσθαι φανερῶς, ὅτι μὴ τιθέναι νόμον, ἂν μὴ τὸν αὐτὸν ἐπὶ πᾶσι τοῖς πολίταις, ἄντικρυς οἱ κύριοι νόμοι λέγουσι, καθ' οὓς οὗτοι δικάσειν ὀμωμόκασιν.* **(189)** *εἰ δὲ τοῦ πᾶσι συμφέροντος ἕνεκα ταῦτα νομοθετῆσαι φήσεις, μὴ λέγε τὴν ἔκτισιν τὴν τούτων· οὐδὲν γὰρ κοινωνεῖ τῷ νόμῳ τῷδε· ἀλλ' ὡς ἐπιτήδειός ἐστιν καὶ καλῶς ἔχων ὁ νόμος, τοῦτο δίδασκε. τοῦτο γάρ ἐσθ' ὑπὲρ οὗ σὺ μὲν εἰσενεγκεῖν φῄς, ἐγὼ δὲ γέγραμμαι τἀναντία φάσκων, κρῖναι δὲ προσήκει τουτουσί. καίτοι καὶ τοῦτ' οὐκ ἀπορήσαιμ' ἂν δεῖξαι, πάντα μᾶλλον ἢ κατὰ τοὺς νόμους*

187 *ἀκούω—ἐκτέτεισται* Schol. D. 24.187.338 *ἐκτέτεισται —Μελανώπῳ, ὑπὲρ—νόμον* Prol. 432.15 R.

189 *μὴ—γέγραμμαι* et *ἀλλὰ—ψῆφον* Schol. D. 24.187.336ab (*τοῦτο*² *—γέγραμμαι* om. 336b)

---

1 *βίον* ⟨*ὅλον*⟩ AF$^{\gamma\rho}$Y 22.78 (AFY) Greg. Cor. 2 *τοῦτο* Greg. Cor. 3 *τούτων* AFY : [Π1811] : *τούτου* ⟨*καὶ τῶν*⟩ Sauppe : *τούτου* ⟨*τοῦ ἐσκεμμένου*⟩ Weil 3–4 *τιμοκράτει συνερεῖ* SAFY Π1811 : corr. Dobree 5 *ἐσθ' ὑμῖν* F *καὶ* om. S^{a} 7 *λέγειν αὐτὸν* Schol. D. *λέγειν* post 8 *μελανώπῳ* Π1811 *ἔκτισται* A^{a}Y 8 *μελανώπῳ*⟨*ἐκείνῳ*⟩A^{a}(?) 10 *ἐκείνων*] *τούτων* F *αὐτὸς* om. Prol.: del. Bl. 11 *αὐτὸς ἧττον* Y : *αὐτὸς* om. Π1811^{a} 12 *τοῦτον ἡγοῦμαι* F *ἕνα* S *εἶναι* AY 13 *φήσεις* AY 16 *ἄγουσι* S^{a} 18 *νομοθετήσας* AY 18–19 *τὴν τούτων* om. Schol. D. 19 *ἐπικοινωνεῖ* Schol. D. (bis) 23 *ἀπορήσαιμεν* SF

πεποιημένους τὴν ἔκτισιν ἐκείνους τὴν τῶν χρημάτων· ἀλλὰ μὴ περὶ τούτων ὑμῶν οἰσόντων τὴν ψῆφον, τί δεῖ ταῦτα λέγοντ' ἐνοχλεῖν με νυνί;

190. *Οἶμαι τοίνυν αὐτὸν οὐδ' ἐκείνων ἀφέξεσθαι τῶν λόγων, ὡς δεινὰ ἂν πάθοι, εἰ γράψας ὅπως Ἀθηναίων μηδεὶς δεθήσεται αὐτὸς πείσεταί τι κακόν, καὶ ὅτι τοὺς νόμους ὡς πραοτάτους καὶ μετριωτάτους εἶναι ὑπὲρ τῶν ἀδυνάτων μάλιστα ἐστίν. πρὸς δὴ τοὺς τοιούτους λόγους βέλτιον προακηκοέναι μικρὰ πάντας ὑμᾶς, ἵν' ἧττον ἐξαπατᾶσθε.* **(191)** *ὅταν μὲν γὰρ λέγῃ, ὅπως μηδεὶς δεθήσεται Ἀθηναίων, μὴ λανθανέτω ψευδόμενος ὑμᾶς. οὐ γὰρ τοῦτο τέθεικεν, ἀλλ' ὅπως ὑμεῖς ἄκυροι τῶν προστιμημάτων ἔσεσθε· καὶ τὴν μεθ' ὅρκου καὶ λόγου καὶ κρίσεως ψῆφον ἐνηνεγμένην ἀνάδικον καθίστησιν. μὴ δὴ ταῦθ' ὑμῖν τῶν ἐκ τοῦ νόμου ῥημάτων ἐκλέξας λεγέτω, ἃ φιλανθρωπότατ' ἐστὶν ἀκοῦσαι· ἀλλ' ὅλον δεικνύτω τὸν νόμον ἑξῆς, καὶ τὰ συμβαίνοντ' ἐξ αὐτοῦ σκοπεῖν ἐάτω. εὑρήσετε γὰρ ταῦτ' ὄντα ἃ ἐγὼ λέγω, καὶ οὐχ ἃ φησιν οὗτος.* **(192)** *ἀλλὰ μὴν πρός γε τὸ τοῖς πολλοῖς συμφέρειν τοὺς νόμους πράους καὶ μετρίους εἶναι τάδε χρὴ σκοπεῖν. ἔστιν, ὦ ἄνδρες Ἀθηναῖοι, δύο εἴδη περὶ ὧν εἰσιν οἱ νόμοι καθ' ἁπάσας τὰς πόλεις· ὧν τὸ μέν ἐστιν, δι' ὧν χρώμεθα ἀλλήλοις καὶ συναλλάττομεν καὶ περὶ τῶν ἰδίων ἃ χρὴ ποιεῖν διωρίσμεθα καὶ ζῶμεν ὅλως τὰ πρὸς ἡμᾶς αὐτούς, τὸ δέ, ὃν τρόπον δεῖ τῷ κοινῷ τῆς πόλεως ἕν' ἕκαστον ἡμῶν χρῆσθαι, ἂν πολιτεύεσθαι βούληται καὶ φῇ κήδεσθαι τῆς πόλεως.* **(193)** *ἐκείνους μὲν τοίνυν τοὺς νόμους τοὺς περὶ τῶν ἰδίων ἠπίως κεῖσθαι καὶ φιλανθρώπως ὑπὲρ τῶν πολλῶν ἐστιν· τούσδε δὲ τοὺς περὶ τῶν πρὸς τὸ δημόσιον τοὐναντίον ἰσχυρῶς καὶ χαλεπῶς ἔχειν ὑπὲρ ὑμῶν ἐστιν· οὕτω γὰρ ἂν*

1 *αὐτοὺς* F 2 *οἰσόντων ὑμῶν* Schol. D. (bis) 5 *μηδεὶς ἀθηναίων* F 6 *τι*] *τὸ* Y 8 *δὲ* AFY 9 *ἀκηκοέναι* S 10 *ἀθηναίων δεθήσεται* F 11 *ἔθηκεν* AY 12 *γενήσεσθε* F 13 *ἄδικον* F 16 ⟨*τὸν*⟩ *ἑξῆς* Y 17 *ταὐτὰ* A *ὄντα* om. S 20–1 *οἱ νόμοι κεῖνται* S^γρ 21 *κατὰ πάσας* AY 23 *διοριζόμεθα* F 25 *βούληται πολιτεύεσθαι* F 28 *δημόσιον* ⟨*προσιόντων*⟩ F 29 *ἔχειν καὶ χαλεπῶς* F *ὑμῶν* AY

ἥκισθ' οἱ πολιτευόμενοι τοὺς πολλοὺς ὑμᾶς ἀδικοῖεν. ὅταν δὴ τούτῳ τῷ λόγῳ χρῆται, ἐπὶ ταῦτα ἀπαντᾶτε, ὅτι τοὺς νόμους οὐκ ἐκείνους τοὺς ὑπὲρ ὑμῶν πράους ποιεῖ, ἀλλὰ τούσδε οἳ τοῖς πολιτευομένοις φόβον παρέχουσι.

194. *Πολλὰ δ' ἄν τις ἔχοι λέγειν, εἰ καθ' ἕκαστον ὧν* ἐρεῖ δεικνύναι βούλοιτο φενακισμοῦ καὶ παρακρούσεως ἕνεκα ῥηθησόμενα. ἀλλὰ τὰ μὲν πολλὰ παρήσω, κεφάλαιον δ' ὑμῖν ὃ μνημονεύσετ' ἐρῶ. σκοπεῖτ' ἐν ἅπασι τοῖς λόγοις, ὁπόσους ἂν λέγῃ, εἴ τι δυνήσεται τοιοῦτον εἰπεῖν δι' οὗ διδάξει ὡς ἔστι δίκαιον τὸν τιθέντα νόμον ταὐτὰ προστάξαι περὶ τῶν παρεληλυθότων καὶ τέλος ἐσχηκότων ποιεῖν καὶ περὶ τῶν μελλόντων γενήσεσθαι· πάντων γὰρ ὄντων αἰσχρῶν καὶ δεινῶν τῶν γεγραμμένων ἐν τῷ νόμῳ, τοῦτο δεινότατον καὶ μάλιστα παράνομον γέγραπται. **(195)** εἰ δὲ μήθ' οὗτος μήτ' ἄλλος μηδεὶς τοῦτο δυνήσεται δεῖξαι, εἰδέναι χρὴ σαφῶς φενακιζομένους, καὶ λογίζεσθαι πρὸς ὑμᾶς αὐτοὺς ἐκ τίνος ποτ' ἐπῆλθε τούτῳ τοιαῦτα νομοθετεῖν. οὐ προῖκα, ὦ Τιμόκρατες, πόθεν; οὐδ' ὀλίγου δεῖ, τοῦτον ἔθηκας τὸν νόμον· οὐδεμίαν γὰρ ἂν εἰπεῖν ἔχοις ἄλλην πρόφασιν δι' ἣν τοιοῦτον ἐπήρθης εἰσενεγκεῖν νόμον, ἢ τὴν σαυτοῦ θεοῖς ἐχθρὰν αἰσχροκέρδειαν· οὔτε γὰρ συγγενὴς οὔτ' οἰκεῖος οὔτ' ἀναγκαῖος ἦν σοι τούτων οὐδείς. **(196)** οὐδ' ἐκεῖν' ἂν ἔχοις εἰπεῖν, ὡς ἐλεήσας δεινὰ πάσχοντας ἀνθρώπους εἵλου διὰ ταῦτα βοηθεῖν αὐτοῖς· οὔτε γὰρ τὰ τούτων πολλοστῷ χρόνῳ μόλις ἄκοντας, ἐν τρισὶν ἐξελεγχθέντας δικαστηρίοις, κατατιθέναι, τοῦθ' ἡγήσω {τὸ} δεινὰ πάσχειν εἶναι· ποιεῖν γάρ

195 *καὶ—αὐτοὺς* Schol. D. 24.190.344b

4 *φόβον*] *φόρον* F[a] 8 *ὃ*] *ὧν* Ald. *μνημονεύετε* A 10 ⟨*τὸν*⟩ *νόμον* AY *ταῦτα* A 11 ⟨*πρότερον*⟩ *τέλος* SF *ποιεῖν* del. Reiske 13 *ἐν—νόμῳ* post *τῶν* F 14 ⟨*τοῦτο*⟩ *μηθ'* F 15 *δεῖξαι δυνήσεται* F *χρὴ* ⟨*καὶ συνιέναι*⟩ F 16 *σαφῶς* om. F *λογίσασθαι* A : *λογίζεσθε* Schol. D. 17 *ταῦτα* F 18 *δεῖ*] *δὴ* AY 19 *εἰπεῖν ἂν* Y *εἰπεῖν ἔχοις*] *εἴποις* F 20 *ἢ*] *ἀλλὰ* AY 21 *οἰκεῖος οὔτε συγγενὴς* AFY : *οὔτ' οἰκεῖος* om. Schol. D. 24.190.344b, 195.349 22 *οὔτ'* SFY 24 ⟨*τὸ*⟩ *τὰ* FY[c(m.a.)] 25 *μόγις* F 25–6 *καταθεῖναι* AY del. Cobet 26–1 *ποιεῖν—δεινά*] *δεινὰ γὰρ ποιεῖν ἔστι τοῦτό γε* F

ἐστι τοῦτό γε δεινά, καὶ παροξύνειε μᾶλλον ἄν τινα μισεῖν ἢ προτρέψειεν ἐλεεῖν· οὔτ᾽ ἄλλως πρᾶος καὶ φιλάνθρωπος σύ τις τῶν ἄλλων διαφόρως ὢν ἐλεεῖς αὐτούς· **(197)** οὐ γάρ ἐστι τῆς αὐτῆς ψυχῆς Ἀνδροτίωνα μὲν καὶ Μελάνωπον καὶ Γλαυκέτην ἐλεεῖν, ἃ κλέψαντες εἶχον εἰ καταθήσουσι, τουτωνὶ δὲ τοσούτων ὄντων καὶ τῶν ἄλλων πολιτῶν, ὧν ἐπὶ τὰς οἰκίας ἐβάδιζες σὺ τοὺς ἕνδεκα καὶ τοὺς ἀποδέκτας ἔχων καὶ τοὺς ὑπηρέτας, μηδένα πώποτ᾽ ἐλεῆσαι, ἀλλὰ θύρας ἀφαιρεῖν καὶ στρώμαθ᾽ ὑποσπᾶν καὶ διάκονον, ᾗ τις ἐχρῆτο, ταύτην ἐνεχυράζειν· ἃ σὺ πάντ᾽ ἐποίεις ἐνιαυτὸν ὅλον μετ᾽ Ἀνδροτίωνος. **(198)** πολλῷ γὰρ δήπου σχετλιώτερ᾽ ἐπάσχεθ᾽ ὑμεῖς, καὶ πολὺ μᾶλλον ἂν εἰκότως ἠλέεις τούτους, οἳ δι᾽ ὑμᾶς, ὦ κατάρατε, τοὺς λέγοντας οὐδ᾽ ὁτιοῦν εἰσφέροντες παύονται. καὶ οὐκ ἀπόχρη τοῦτο, ἀλλὰ καὶ διπλᾶ πράττονται, καὶ ταῦθ᾽ ὑπὸ σοῦ καὶ Ἀνδροτίωνος, οἳ μίαν εἰσφορὰν οὐδεπώποτ᾽ εἰσενηνόχατε. **(199)** τηλικοῦτο τοίνυν ἐφρόνησεν οὗτος, ὡς ἄρ᾽ οὐδὲ δίκην τούτων οὐδεμίαν δώσων, ὥστε μόνος δέκα τῶν συναρχόντων ὄντων κοινῇ τὸν λόγον ἐγγράψαι μετ᾽ Ἀνδροτίωνος ἐτόλμησεν. προῖκα γάρ, οὐδὲν ὠφελούμενος, ὑμῖν Τιμοκράτης ἀπεχθάνεται καὶ νόμους εἰσφέρει πᾶσιν ἐναντίους, τὸ τελευταῖον δὲ καὶ αὑτοῦ νόμῳ προτέρῳ, ὃ μὰ τὴν Ἀθηνᾶν οὐδ᾽ ὑμᾶς οἴομαι λανθάνειν.

200. Ὃ τοίνυν ἔμοιγε δοκεῖ μάλιστ᾽ ἄξιον ὀργῆς εἶναι, φράσω καὶ οὐκ ἀποτρέψομαι, ὅτι ταῦτ᾽, ὦ ἄνδρες Ἀθηναῖοι, πράττων ἐπ᾽ ἀργυρίῳ, καὶ προῃρημένος ὡς ἀληθῶς μισθαρνεῖν, οὐκ εἰς ἃ καὶ συγγνώμην ἀκούσας ἄν τις ἔσχε, ταῦτ᾽ ἀναλίσκει. ταῦτα δ᾽ ἐστὶν τί; ὁ πατήρ, ὦ ἄνδρες δικασταί, ὁ τούτου τῷ δημοσίῳ ὀφείλει· καὶ οὐκ ὀνειδίζων ἐκείνῳ λέγω, ἀλλ᾽ ἀναγκαζόμενος·

200 ὃ—μάλιστ᾽ Schol. D. 24.195.348a

1 παροξύνειν S 3 διάφορος SAFY : corr. Lamb. : διαφερόντως Cobet ὢν om. S[γρ] : ὢν ⟨μᾶλλον⟩ F ⟨ὥστ᾽⟩ ἐλεεῖν S[γρ] 4–5 γλαυκέτην . . . μελάνωπον AY 9 ὑφαιρεῖν SFY στρῶμα S ᾗ SAF : corr. Ald. : ἢ Y 11 σχετλιώτερον AY 12 καὶ] κοὐ Weil 15 ὑπό ⟨τε⟩ AY εἰσφορὰν ⟨μίαν⟩ S 18 γράψαι F 21 ὃν SFY 23 ὀργῆς ἄξιον AY 24 ἀποκρύψομαι AFY 26 ἄν τις ἀκούσας F : ἂν om. A

καὶ οὗτος ὁ χρηστὸς περιορᾷ. **(201)** *καίτοι ὅστις μέλλων κληρονομήσειν τῆς ἀτιμίας, ἂν ἐκεῖνός τι πάθῃ, μὴ οἴεται δεῖν ἐκτεῖσαι, ἀλλὰ κερδαίνειν, ὃν ἐκεῖνος ζῇ χρόνον, ἀξιοῖ τοῦτο τὸ κέρδος, τίνος ἂν ὑμῖν ἀποσχέσθαι δοκεῖ; καὶ τὸν μὲν πατέρ' οὔτ' ἐλεεῖς οὔτε δεινά σοι δοκεῖ πάσχειν, εἰ σοῦ λαμβάνοντος καὶ χρηματιζομένου ἀπὸ τῶν εἰσφορῶν ὧν εἰσέπραττες, ἀπὸ τῶν ψηφισμάτων ὧν γράφεις, ἀφ' ὧν εἰσφέρεις νόμων, διὰ μικρὸν ἀργύριον μὴ μετέχει τῆς πόλεως, ἑτέρους δ' ἐλεῆσαί τινας φῄς;* **(202)** *ἀλλὰ νὴ Δία τὴν ἀδελφὴν καλῶς διῴκηκεν. ἀλλ' εἰ καὶ μηδὲν ἄλλο ἠδίκει, κατὰ τοῦτ' ἄξιός ἐστ' ἀπολωλέναι· πέπρακε γὰρ αὐτήν, οὐκ ἐκδέδωκεν. τῶν γὰρ ὑμετέρων ἐχθρῶν ἑνί, Κερκυραίῳ τινὶ τῶν νῦν ἐχόντων τὴν πόλιν, καταλύοντι παρ' αὐτῷ, ὅτε δεῦρο πρεσβεύοι, καὶ βουληθέντι λαβεῖν αὐτήν (ἐξ οὗ δὲ τρόπου, παραλείψω) λαβὼν ἀργύριον δέδωκεν· καὶ νῦν ἐστιν ἐν Κερκύρᾳ.* **(203)** *ὃς οὖν τὴν μὲν ἀδελφὴν ἐπ' ἐξαγωγῇ, φησὶ μὲν ἐκδοῦναι, πέπρακε δὲ τῷ ἔργῳ. τὸν δ' αὑτοῦ πατέρα οὕτω γηροτροφεῖ, κολακεύει δὲ καὶ μισθοῦ γράφει καὶ πολιτεύεται, τοῦτον ὑμεῖς λαβόντες οὐκ ἀποκτενεῖτε; δόξετε ἄρα, ὦ ἄνδρες Ἀθηναῖοι, κρίσεις βούλεσθαι καὶ πράγματ' ἔχειν, ἀλλ' οὐκ ἀπηλλάχθαι τῶν πονηρῶν.*

204. *Καὶ μὴν ὅτι μὲν προσήκει πάντας κολάζειν τοὺς ἀδικοῦντας, εὖ οἶδ' ὅτι πάντες ἄν, εἴ τις ἔροιτο, φήσαιτε· ὅσῳ δὲ μάλιστα τοῦτον, ὃς νόμον εἰσενήνοχεν ἐπὶ βλάβῃ τοῦ πλήθους, ἐγὼ πειράσομαι διδάξαι. τῶν μὲν γὰρ κλεπτῶν καὶ λωποδυτῶν καὶ τὰ τοιαῦτα κακουργούντων ἕκαστος πρῶτον μὲν ὡς ἀληθῶς τὸν ἐντυχόντα ἀδικεῖ, καὶ οὐκ ἂν οἷός τ' εἴη πάντας ἐκδύειν οὐδὲ τὰ πάντων ὑφελέσθαι, εἶτα*

202 *βουληθέντι—αὐτήν* Schol. D. 24.201.366

---

2 *ἐκείνοις* S[a] *οἴηται* A 3 *ἐκτῖσαι* SAFY : corr. Bl. 5 *πάσχειν δοκεῖ* AY 7 *τῶν* om. S 8 *μετέχῃ* A : *μετέχειν* F 10 *καὶ εἰ* F *ἠδικήκει* F 11 ⟨*καὶ*⟩ *οὐκ* AY 15 *ἔδωκεν* AFY *κορκύρᾳ* S : *δερκύρᾳ* F 16 *φήσει* SF[c] 23 *φήσετε* AFY 24 *μᾶλλον* F ⟨*τὸν*⟩ *νόμον* AY 26 *καὶ* ⟨*τῶν*⟩ . . . *καὶ* ⟨*τῶν*⟩ F 28 *οἷός—εἴη*] *δύναιτο* F : ⟨*ἂν*⟩ *ᾖ* AY *ἀφελέσθαι* A

καταισχύνει τὴν αὑτοῦ δόξαν καὶ τὸν βίον μόνον. **(205)** *εἰ δέ τις εἰσφέρει νόμον ἐξ οὗ τοῖς ὑμᾶς βουλομένοις ἀδικεῖν ἡ πᾶσα ἐξουσία καὶ ἄδεια γενήσεται, οὗτος ὅλην ἀδικεῖ τὴν πόλιν καὶ καταισχύνει πάντας· νόμος γὰρ αἰσχρὸς ὅταν κύριος ᾖ, τῆς πόλεως ὄνειδός ἐστι τῆς θεμένης, καὶ βλάπτει πάντας ὅσοι περ ἂν αὐτῷ χρῶνται. τὸν οὖν καὶ βλάπτειν ὑμᾶς καὶ δόξης ἀναπιμπλάναι φαύλης ἐπιχειροῦντα, τοῦτον οὐ τιμωρήσεσθε λαβόντες; καὶ τί φήσετε;* **(206)** *γνοίη δ' ἄν τις οὕτω μάλισθ' ἡλίκα πράγματα συσκευάσας γέγραφ' αὐτόν, καὶ ταῦθ' ὡς ὑπεναντία τῇ καθεστώσῃ πολιτείᾳ, εἰ λογίσαιθ' ὅτι πάντες, ὅταν που καταλύοντες τὸν δῆμον πράγμασιν ἐγχειρῶσι νεωτέροις, τοῦτο ποιοῦσι πρῶτον ἁπάντων· ἔλυσαν τοὺς πρότερον νόμῳ δι' ἁμαρτίαν τινὰ ταύτην ὑπέχοντας τὴν δίκην.* **(207)** *πῶς οὖν οὐκ ἄξιος οὗτος, εἰ δυνατόν, τρίς, οὐχ ἅπαξ ἀπολωλέναι, ὃς εἷς ὢν καὶ οὐ δήπου μέλλων καταλύσειν ὑμᾶς, ἀλλὰ τοὐναντίον αὐτὸς ἐν ὑμῖν, ἂν τὰ δίκαια καὶ τὰ προσήκοντα ποιῆτε, ἀπολεῖσθαι, ὅμως ἐμιμήσατο τοῦτο τἀδίκημα, καὶ διὰ τοῦ νόμου λύειν ἠξίωσεν οὓς δέδεκεν τὰ δικαστήρια, γράψας ἀναιδῶς, εἴ τινι προστετίμηται δεσμοῦ κἂν τὸ λοιπόν τινι προστιμήσητε, τοῦτον ἀφεῖσθαι.* **(208)** *καὶ μὴν εἰ αὐτίκα δὴ μάλα κραυγὴν ἀκούσαιτε πρὸς τῷ δικαστηρίῳ, εἶτ' εἴποι τις ὡς ἀνέῳκται τὸ δεσμωτήριον, οἱ δὲ δεσμῶται φεύγουσιν, οὐδεὶς οὔτε γέρων οὔτ' ὀλίγωρος οὕτως*

205 *καὶ βλάπτειν—τιμωρήσεσθε* Caecil. 190.27
207 *γράψας—δεσμοῦ* Sud. *π* 2886
208 *καὶ—τυχὼν* Sublim. 15.9

2 *βουλομένοις ὑμᾶς* AFY   3 *ἀδικεῖ ὅλην* F   5 *βλάπτειν* Caecil. Sud.   6 *ἂν* om. A   7 *αὐτὸν* Caecil. Sud.   10 *ἐναντία* F   *εἰ λογίσαιθ'*] *ἐλογίσατο* S   11 *ὅταν—δῆμον*] *οἱ καταλύοντες τὸν δῆμον ὅταν* AFY   13 *τοὺς ⟨ὅρκους⟩* AY   *ὑπέχοντες* A   14 *δυνατόν ⟨ἐστι⟩* AY   15 *καταλύειν* SA[a]F   16–17 *καὶ—ποιῆτε*] *ποιῆτε καὶ προσήκοντα* F   17 *ἀπολέσθαι* SF   18 *δέδωκεν* F   19 *τινι* om. AY   *προστιμηθῇ* AY : *προτετίμηται* Sud.   21 *εἴ ⟨τις⟩* F Sublim. *ἀκούσεται* SA[c] : corr. Reiske : *ἀκούσεται ⟨τις⟩* A : *ἀκούσαι* F : *ἀκούσετε* Y : *κραυγῆς ἀκούσειε* Sublim.   21–2 *πρὸ τῶν δικαστηρίων* Sublim.   23 *οὐδεὶς—οὕτως*] *οὐδεὶς ⟨οὔτε νέος⟩ οὔτε γέρων ὀλίγωρος οὕτως ⟨ἐστὶν⟩* F : *οὐδεὶς οὕτως οὔτε γέρων ⟨οὔτε νέος⟩ ὀλίγωρός ⟨ἐστιν⟩* Sublim.

ὅστις οὐχὶ βοηθήσειεν ἂν καθ’ ὅσον δύναται. εἰ δὲ δή τις εἴποι παρελθὼν ὡς ὁ τούτους ἀφείς ἐστιν οὑτοσί, οὐδὲ λόγου τυχὼν εὐθὺς ἂν ἀπαχθεὶς θανάτῳ ζημιωθείη. **(209)** νῦν τοίνυν ἔχετ’, ὦ ἄνδρες Ἀθηναῖοι, τοῦτον, ὃς οὐχὶ λάθρα πεποίηκε τοῦτο, ἀλλὰ φενακίσας καὶ παρακρουσάμενος νόμον τέθεικεν φανερῶς ὃς οὐκ ἀνοίγνυσι τὸ δεσμωτήριον, ἀλλὰ καθαιρεῖ, προσπεριείληφε δὲ καὶ τὰ δικαστήρια. τίς γὰρ ἢ τούτων ἢ ἐκείνων χρεία, ὅταν οἷς τετίμηται δεσμοῦ λύωνται, κἂν τὸ λοιπὸν τιμήσητέ τῳ, μηδὲν ὑμῖν ᾖ πλέον;

210. Δεῖ τοίνυν ὑμᾶς κἀκεῖνο σκοπεῖν, ὅτι πολλοὶ τῶν Ἑλλήνων πολλάκις εἰσὶν ἐψηφισμένοι τοῖς νόμοις χρῆσθαι τοῖς ὑμετέροις, ἐφ’ ᾧ φιλοτιμεῖσθε ὑμεῖς, εἰκότως· ὃ γὰρ εἰπεῖν τινά φασιν ἐν ὑμῖν, ἀληθὲς εἶναί μοι δοκεῖ, ὅτι τοὺς νόμους ἅπαντες ὑπειλήφασιν, ὅσοι σωφρονοῦσι, τρόπους τῆς πόλεως. χρὴ τοίνυν σπουδάζειν ὅπως ὡς βέλτιστοι δόξουσιν εἶναι, καὶ τοὺς λυμαινομένους καὶ διαστρέφοντας αὐτοὺς κολάζειν, ὡς εἰ καταρραθυμήσετε, τῆς φιλοτιμίας τε ταύτης ἀποστερήσεσθε καὶ κατὰ τῆς πόλεως δόξαν οὐ χρηστὴν ποιήσετε. **(211)** καὶ μὴν εἰ Σόλωνα καὶ Δράκοντα δικαίως ἐπαινεῖτε, οὐκ ἂν ἔχοντες εἰπεῖν οὐδετέρου κοινὸν εὐεργέτημ’ οὐδὲν πλὴν ὅτι συμφέροντας ἔθηκαν καὶ καλῶς ἔχοντας νόμους, δίκαιον δήπου καὶ τοῖς ὑπεναντίως τιθεῖσιν ἐκείνοις ὀργίλως ἔχοντας καὶ κολάζοντας φαίνεσθαι. οἶδα δὲ Τιμοκράτην, ὅτι τὸν νόμον εἰσενήνοχε τοῦτον οὐχ ἥκισθ’ ὑπὲρ αὑτοῦ· πολλὰ γὰρ ἡγεῖτο πολιτεύεσθαι παρ’ ὑμῖν ἄξια δεσμοῦ.

210 πολλοὶ—χρῆσθαι Minuc. 1.349.12 Sp. Ha.

1 ὅστις—ἂν] ὃς οὐχὶ βοηθήσει Sublim. 2 ὡς ⟨ὅτι⟩ F ἀφιείς AY οὑτοσί ἐστιν F Sublim. (οὗτός Sublim.) 3 τυχὼν ⟨παραυτίκ’ ἂν ἀπόλοιτο⟩ Sublim. ἂν εὐθὺς F 5 παρακρουσάμενος ⟨ὑμᾶς⟩ AY ⟨καὶ⟩ νόμον F ἔθηκε S 6 ἀνοίγνυσι ⟨μόνον⟩ AFY$^{c(m.a.)}$ ἀλλὰ ⟨καὶ⟩ F καθαίρει S 7 τὰ om. A 8 ἐκείνου F 11 πολλάκις om. Minuc. 11–12 τοῖς ὑμετέροις νόμοις χρῆσθαι Minuc. 14 ἅπαντες ⟨ὑμεῖς⟩ A ὑπειλήφασιν ⟨ἐν ὑμῖν⟩ FY πόλεως ⟨εἶναι⟩ F 15 ὡς om. SF δόξωσι Y 17 ῥᾳθυμήσετε F ἀποστερηθήσεσθε FY 21 καλοὺς Y 22 ὑπεναντίους AY : ὑπεναντίον F τεθεῖσιν S 25 παρ’ om. F

212. *Βούλομαι τοίνυν ὑμῖν κἀκεῖνο διηγήσασθαι, ὅ φασί ποτ' εἰπεῖν Σόλωνα κατηγοροῦντα νόμον τινὸς οὐκ ἐπιτήδειον θέντος. λέγεται γὰρ τοῖς δικασταῖς αὐτὸν εἰπεῖν, ἐπειδὴ τἄλλα κατηγόρησεν, ὅτι νόμος ἐστὶν ἁπάσαις, ὡς ἔπος εἰπεῖν, ταῖς πόλεσιν, ἐάν τις τὸ νόμισμα διαφθείρῃ, θάνατον τὴν ζημίαν εἶναι. ἐπερωτήσας δ' εἰ δίκαιος αὐτοῖς καὶ καλῶς ἔχων ὁ νόμος φαίνεται,* **(213)** *ἐπειδὴ φῆσαι τοὺς δικαστάς, εἰπεῖν ὅτι αὐτὸς ἡγεῖται ἀργύριον μὲν νόμισμ' εἶναι τῶν ἰδίων συναλλαγμάτων ἕνεκα τοῖς ἰδιώταις εὑρημένον, τοὺς δὲ νόμους {ἡγοῖτο} νόμισμα τῆς πόλεως εἶναι. δεῖν δὴ τοὺς δικαστὰς πολλῷ μᾶλλον, εἴ τις ὃ τῆς πόλεώς ἐστι νόμισμα, τοῦτο διαφθείρει καὶ παράσημον εἰσφέρει, μισεῖν καὶ κολάζειν, ἢ εἴ τις ἐκεῖν' ὃ τῶν ἰδιωτῶν ἐστιν.* **(214)** *προσθεῖναι δὲ τεκμήριον τοῦ καὶ μεῖζον εἶναι τἀδίκημα, τὸ τοὺς νόμους διαφθείρειν ἢ τὸ ἀργύριον, ὅτι ἀργυρίῳ μὲν πολλαὶ τῶν πόλεων καὶ φανερῶς πρὸς χαλκὸν καὶ μόλυβδον κεκραμένῳ χρώμεναι σῴζονται καὶ οὐδ' ὁτιοῦν παρὰ τοῦτο πάσχουσιν, νόμοις δὲ πονηροῖς χρώμενοι καὶ διαφθείρεσθαι τοὺς ὄντας ἐῶντες οὐδένες πώποτ' ἐσώθησαν. ταύτῃ μέντοι τῇ κατηγορίᾳ Τιμοκράτης ἔνοχος καθέστηκε νυνί, καὶ δικαίως ἂν ὑφ' ὑμῶν τοῦ προσήκοντος τύχοι τιμήματος.*

215. *Χρὴ μὲν οὖν πᾶσιν ὀργίλως ἔχειν, ὅσοι τιθέασι νόμους αἰσχροὺς καὶ πονηρούς, μάλιστα δὲ τούτοις οἳ τοὺς τοιούτους τῶν νόμων διαφθείρουσι δι' ὧν ἔστιν ἢ μικρὰν ἢ μεγάλην εἶναι τὴν πόλιν. εἰσὶ δ' οὗτοι τίνες; οἵ τε τοὺς ἀδικοῦντας τιμωρούμενοι καὶ ὅσοι τοῖς ἐπιεικέσι τιμάς τινας διδόασιν.* **(216)** *εἰ γὰρ ἅπαντες προθυμηθεῖεν ποιεῖν ἀγαθόν τι τὸ κοινόν, τὰς τιμὰς καὶ τὰς δωρεὰς τὰς ὑπὲρ τούτων ζηλώσαντες, καὶ πάντες ἀποσταῖεν τοῦ κακουργεῖν {ἢ κακόν τι πράττειν}, τὰς βλάβας καὶ τὰς ζημίας τὰς ἐπὶ τούτοις κειμένας φοβηθέντες,*

1 *ὑμῖν* om. Schol. D. 24.212.380 *διηγήσασθαι κἀκεῖνο* F 7 ⟨*πάντας*⟩ *τοὺς* F 8 *εἶναι νόμισμα* F del. Cobet : *ἡγεῖτο* S 14 *καὶ* om. F 14–15 *τὸ*[1]—*ἀργύριον* del. Weil 17 ⟨*ὁμοίως*⟩ *δὲ νόμοις* AY 22 *χρῆν* AY 26 *τινας* om. AY 28 ⟨*καὶ*⟩ *τὰς*[1] Y 29 del. Reiske

ἔσθ' ὅ τι κωλύει τὴν πόλιν μεγίστην εἶναι; οὐ τριήρεις ὅσας οὐδεμία πόλις Ἑλληνὶς κέκτηται; οὐχ ὁπλίτας; οὐχ ἱππέας; οὐ προσόδους; οὐ τόπους; οὐ λιμένας; ταῦτα δὲ πάντα τί σῴζει καὶ συνέχει; οἱ νόμοι· κατὰ γὰρ τούτους οὔσης τῆς πολιτείας ἐστὶ ταῦτα χρήσιμα τῷ κοινῷ. **(217)** εἰ δὲ τοὐναντίον γένοιτο τοῖς χρηστοῖς μὲν μηδ' ὁτιοῦν πλέον, τοῖς δ' ἀδικοῦσιν ἄδεια ὅσην Τιμοκράτης γέγραφεν, πόση ταραχὴ γένοιτ' ἂν εἰκότως; εὖ γὰρ ἴσθ' ὅτι τούτων ὧν διεξῆλθον κτημάτων, οὐδ' εἰ δὶς γένοιτο ὅσα νῦν ἐστιν, οὐδ' ὁτιοῦν ἂν ὄφελος εἴη. οὗτος τοίνυν ἐν τούτῳ τῷ νόμῳ φαίνεται κακῶς ἐπιχειρῶν ὑμᾶς ποιεῖν δι' οὗ τοῖς ἀδικεῖν ἐπιχειροῦσίν εἰσιν αἱ τιμωρίαι.

218. *Πάντων οὖν ἕνεκα τῶν εἰρημένων ἄξιον ὀργισθῆναι καὶ κολάσαι καὶ παράδειγμα ποιῆσαι τοῖς ἄλλοις· ὡς τὸ πράως ἔχειν τοῖς τοιούτοις, καὶ καταψηφίζεσθαι μέν, ὀλίγου δὲ τιμᾶν, ἐθίζειν καὶ προδιδάσκειν ἔστ' ἀδικεῖν ὑμᾶς ὡς πλείστους.*

2 μηδεμία F ⟨ἄλλη⟩ πόλις AFY 3 τόπον S δὴ S τί om. F 5 ταῦτα] τὰ τοιαῦτα F 5–6 γένοιτο ⟨τῷ κοινῷ⟩ τοῖς μὲν χρηστοῖς F 6 ἀδικοῦσιν δὲ F 8 ⟨ἂν⟩ εἰ AY 10 τῶν νόμων Sau. : del. Weil 11 εἰσιν] ὑπάρχουσιν Schol. D. 24.217.389 12 ⟨ἐστιν⟩ ἄξιον F 12–13 ὀργισθῆναι καὶ om. F 13 ⟨τοῦτον⟩ κολάσαι F ποιῆσαι ⟨τοῦτον⟩ FY 15 προδιδάξαι ἔσται F

In SF subscriptum *ΚΑΤΑ ΤΙΜΟΚΡΑΤΟΥΣ ΠΑΡΑΝΟΜΩΝ*; in A *ΠΑΡΑΝΟΜΩΝ ΚΑΤΑ ΤΙΜΟΚΡΑΤΟΥΣ*; in Y, *ΚΑΤΑ ΤΙΜΟΚΡΑΤΟΥΣ ΠΑΡΑΝΟΜΩΝ XX*